甘肃发展年鉴

GANSU DEVELOPMENT YEARBOOK

2010

甘肃发展年鉴编委会·编
Gansu Development Yearbook Editorial Board

（第一期）

中国统计出版社
China Statistics Press

甘肃发展年鉴

陸浩題

序

2009年，甘肃经受了国际金融危机的严重冲击、干旱洪涝等自然灾害的频繁侵袭和特大地震后恢复重建任务的艰巨考验，是新世纪以来全省经济社会发展最困难的一年。面对严峻的形势，甘肃省委、省政府以科学发展观统领经济社会发展全局，全面贯彻落实中央应对金融危机的一揽子计划和政策措施，坚持“四抓三支撑”的总体工作思路，深入实施“工业强省”战略和“中心带动，两翼齐飞，组团发展，整体推进”的区域发展战略，奋力开拓，狠抓落实，有效遏制了经济下滑态势，经济企稳回升的态势日益稳固，应对金融危机取得明显成效。2009年，全省生产总值比上年增长10.3%，连续七年保持10%以上的增长速度，全社会固定资产投资增长42.9%，社会消费品零售总额增长15.6%，城镇居民人均可支配收入增长8.8%，农民人均纯收入增长9.4%。

随着国务院办公厅《关于进一步支持甘肃经济社会发展的若干意见》的逐步落实、国家新一轮西部大开发战略的深入实施以及甘肃作为全国唯一省级循环经济试点工作的展开，这一系列重大决策部署为甘肃转变经济发展方式、加快发展步伐、实现全面建设小康社会的奋斗目标带来了新的重大机遇。站在新的历史起点上，我们要立足省情，抢抓机遇，奋力开拓，相信通过全省各族人民的不懈努力，甘肃的明天将更加灿烂美好！

创刊于1994年的《甘肃年鉴》是甘肃省人民政府按年出版的大型综合年刊，截止2009年已出版16卷。为充分展示甘肃省经济社会发展成就，自2010年起，原《甘肃年鉴》更名为《甘肃发展年鉴》。《甘肃发展年鉴》以大量翔实的资料，全面、系统、准确地记载甘肃政治、军事、法律、经济及社会发展情况，以大量的统计数据着重反映全省经济社会各项事业发展变化情况，将为我们了解甘肃，正视现状，客观分析研究经济社会发展中存在的深层次问题，进行科学决策提供可靠依据。

“鉴，戒也，观察古今成败为法戒者曰鉴”。愿《甘肃发展年鉴》本着“精品意识、前瞻意识、服务意识”的宗旨，不断开拓进取，为促进全省经济社会又好又快发展发挥积极的借鉴作用！

刘伟平

二〇一〇年九月

省委书记：陆浩
The secretary of the Party Committee of Gansu Province：Lu Hao

12月16日，省委书记陆浩（右二）深入白银公司棚户区调研。
on Dec.16th,Lu Hao，the secretary of the party committee of Gansu Province have a research on shantytowns of BaiYin Company .

9月25日，宝天高速公路甘肃段建成通车。这条高速公路的建成通车，标志着我省连接陕西及中部、东部地区的快速通道彻底打通。

On September 25th, the Gansu section of Baoji-Tianshui highway completed and opened to traffic,which marked that the fast track to the connection of shanxi province ,the middle and east district in China had been completely opened.

全省第六次民族团结进步表彰大会9月12日上午在兰州隆重召开。省上主要领导接见全省民族团结进步模范个人。

The sixth award and grand ceremony for national unity and pragress of Gansu province opened in Lanzhou on Sep.12th AM.

9月25日，省委书记陆浩，原省长徐守盛在成县店村镇新村考察灾后重建工作时与当地群众亲切交谈。

On sep.25th,the secretory of the party Committee of Gansu Province Lu Hao and the Governor of Gansu Province Xu Shousheng inspected the rebuilding work of the after-disaster in Cheng cunty and talked with people friendly.

12月24日，平定高速公路建成通车。它宣告了我省陇东地区无高速公路历史的终结，是我省实施西部大开发战略，加快交通基础设施建设取得的一项重大成果。

On December 24th,the Ping Liang-Dingxi highway completed and opened to traffic. It proclaimed an end that Longdong district in our province had no highway.It is a great achievement after implementing western-development shrategy and speeding transportion basic instruction in our province.

省委副书记、代省长：刘伟平

The Deputy Secretary of theParty Committee and Acting Governor of Gansu Province:Liu Weiping

7月13日上午，省政府召开第四次全体会议，会议总结分析了上半年全省经济形势，对下半年工作进行了安排部署。

On July 13th AM,provincial government held the fourth plenary meeting,in which they summarized the economic situation of the first half year of the province and worked on the arrangements for the deployment of the second half year.

全省推进城乡一体化工作现场会11月30日在金昌市召开。省上主要领导实地参观宁远堡镇城乡一体化改造工程。

Working on-site meetings to promotethe integration of urban and rural of the whole province held in Jinchang on November 30th. Provincial major leaders visited the urban and rural reconstruction project of Ningyuanbao town.

国家部委联合调研组6月15日抵达兰州，就加快甘肃经济社会发展进行全面调研。下午，省委、省政府与国家部委联合调研组举行见面会。

The joint research group of the national ministriesarrived in Lanzhou on June 15th,who conducted acomprehensive investigation about accelerating the economic and social development in Gansu.Inthe afternoon, provincial committee andgovernment held a meeting with the joint researchgroup of the national ministries.

6月12日，第十五届中国兰州投资贸易洽谈会在兰州隆重开幕。

on June 12th,the15 china Lanzhou Investment and Trade Fair opened in Lanzhou.

被誉为“天下黄河第一桥”的兰州黄河中山铁桥迎来百岁生日。8月26日，中山铁桥百年庆典仪式在黄河岸边隆重举行。

"The first bridge on Yellow River in the word"-Zhong shan bridge in Lanzhou usher its hundredth birthday. On August 26th,the centennial ceremony about Zhongshan bridge was held on the bank of the Yellow River.

甘肃省统计局

Gansu Provincial Bureau of Statistics

局长樊怀玉就甘肃经济社会发展情况接受甘肃电视台记者采访。
The director Fan Huaiyu acceptcd the interview from Gansu TV about the economic and social development situation in Gansu .

与省政府新闻办联合发布2009年前三季度甘肃省国民经济运行情况。
With provincial press office released the national economic conditions of the first three quarters of 2009 in Gansu Province.

省政府统计巡查组对省新闻出版局开展统计巡查工作。
The provincial government Statistics inspection group made an inspection to the Gansu provincial press and publication bureau.

省统计局庆祝建国60周年文艺演出。
The theatrical performance was held by the provincial statistical bureau for celebrating the 60th anniversary of the country.

全省市州统计局长培训班在兰州举办。
The training couses for citys' statistical directors was held in Lanzhou.

国家统计局局长马建堂、常务副省长冯健身与省统计局干部职工合影留念。
The director of national bureau of statistics of China Ma Jiantang and Gansu vice governor Feng Jianshen took a photograph with the Staff of the Gansu provincial statistics bureau.

甘肃省国家税务局

National Tax Bureau of Gansu Province

1、国家税务总局党组副书记、副局长钱冠林（中）在省国税局局长朱俊福（左二）陪同下在甘肃基层国税机关调研。
The deputy secretary of the party committee of national tax and deputy director Qian Guanlin(in the middle) were investigating at Gansu National Tax grass roots office ,accompanied by Zhu Junfu who was the director of National Tax Bureau of Gansu province (2st on the left).

2、省国税局局长朱俊福带领有关负责人走进政风行风热线直播间。
The director of national Tax bureau of Gansu Province Zhu Junfu led the staff came into the studio hot-line of profession climate and government Ethice.

3、贾曼莹副局长代表省国税局向税收教育基地捐款。
The deputy director Jia Manying on behalf of provincial bureau of national tax contributed to the education base.

4、朝气蓬勃的基层国税青年志愿者队伍。
The Primary tax youth volunteers vibrant .

5、饱受好评的12366纳税服务中心。
Suffered praise 12366 tax service centers.

地址：兰州市城关区金昌南路353号
Address: NO.353, Jinchang South Road, Chengguan District, Lanzhou,city
电话：0931-8416956 Tel :0931-8416956
邮编: 730030 Post Code: 730030

甘肃省工商行政管理局

Gansu Industrial and Commercial Administration Bureau

(1)

(2)

(3)

1、省工商局党组书记、局长张绪胜在白银检查流通环节食品安全。
The secretary of the party committee of industrial and commercial bureau and the director Zhang Xusheng cheeked the circulation of food safety in Baiyin.

2-3、省委把非公有制企业工委挂靠到省工商局以来，全省非公企业党建工作取得突破性进展，初步形成省、市、县三级贯通的组织体系，走在了全国前列。
Since non-public enterprises have been affiliated to the provincial industrial and commercial bureau ,party building of the non-public enterprises across the province made a breakthrough progress, formed provincial, city and county levels through the organizational system,and get the forefront in the nation.

4、工商干部到田间地头热情服务“三农”。
Staff cadres went to the fields and provided enthusiastic service for rural economy, rural development and rural demography.

5、针对金融危机对工业企业的影响，工商干部积极发挥工商职能，帮扶企业共度难关。
For the financial crisis on the impact of industrial enterprises,business leaders played the business function, assisted companies tide over the difficulties.

(4)

(5)

6、工商机关恢复建制31年来，全国工商局长座谈会首次在甘肃举办，并获得圆满成功。总局领导在甘期间深入12个市州进行了工作检查指导。

Since the industry and commerce bureau resumed organizational 31 years, national forum was held the first in Gansu and get a complete success. Administration leaders carried out inspection and guidance in 12 cities of Gansu.

7、工商干部在吉利(兰州)生产基地开展主动服务、追踪服务。

Staff carry out active service,tracking service at the Ji Li(Lanzhou) production base.

8、丰富多彩的工商文化。

variety of business culture.

9、实施"红盾助推工程"、开辟三个"绿色通道"、开展"万户企业服务行"活动，延伸服务链，打好组合拳。在第15届"兰洽会"上签约项目111个，招商引资36.7亿元。全年全省各类市场主体增长数量及规模均创历史新高。

Implemented the "Hongdun boost Project",opened three "Green Channel",carried out the"10 000 Enterprise Services" activities, extended service chain, combined boxing fight. In the 15th " Lanzhou Fair" contracted 111 projects and attracted investments 3.67 billion yuan. Quantity and scale of all types of the market players get to the high tide historial history in the province full year.

10、全省工商系统开展以"立足岗位练兵、立志岗位成才"为主题的全员岗位练兵，413名岗位标兵和803名岗位能手脱颖而出，成为基层监管执法骨干。

The province Systemly carried out full-post training which themed as"Based on Job Training,Determined to Post Tolent".There were 413 posts and 803 posts skilled model emergy and became the bacbone of the grassroots regulation and law enforcement.

11、全省工商行政管理机关着力打造服务消费者维权平台，实现消费维权与服务经济社会发展的有机结合。

The provincial industrial and commercial administrative management authority focused on building a service platform for consumer rights protection,and realized the combination between consumer rights and service economic and social development.

地址：兰州市金昌南路279号

Address:NO.279,Jinchang south Road,Lanzhou city

电话：0931-8533001　　Tel: 0931-8533001

邮编：730030　　Post Code: 730030

中国人民解放军
甘肃省军区

Gansu Provincial Military Region of the People`s Liberation Army of China

成立抗洪抢险分队
The establishment of flood rescue group

现役分队进行快反训练
Active unit conducted the training for rapid reaction

2009年金昌市金川区民兵整组集中点验大会
In 2009 Jinchuan district the entire militias group and full examination of the general assembly

扶持复转军人创业致富活动启动仪式会场
The hall of launching the activities Supporting the ex-servicemen to create enterprises and acquire wealth

2009年省军区组织的庆祝建国60周年歌咏比赛大会
Provincial military region organized the singing Competitions celebrated the 60th anniversary in 2009

组织民兵拉练
Organized the militas drill

通信兵训练
Signal corps training

向帮扶对象捐款捐物
Donate to help the people

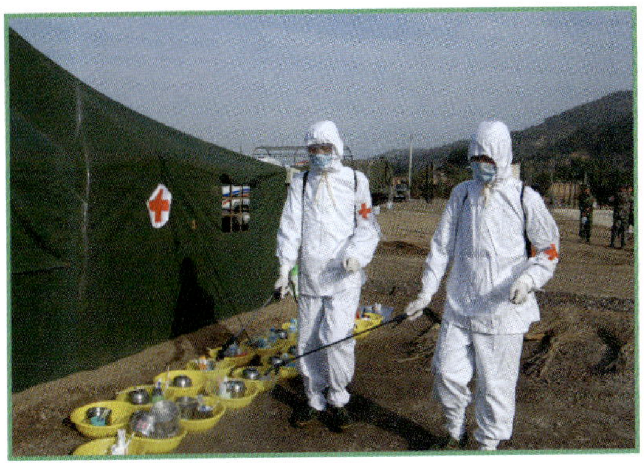

消毒
Disinfection

为遭受旱灾地区的群众送水
Sent water to the people in the drought-stricken areas

组织民兵、驻武部队植树造林、防风固沙
Organized the militias and armed forces stationed in afforestation, sand-fixing

组织民兵、驻武部队植树造林、防风固沙
Organized the militias and armed forces stationed in afforestation, sand-fixing

中国银行业监督管理委员会甘肃监管局

Gansu Bureau of China Banking Supervisory Commission

银监会副主席郭利根在甘肃检查指导工作。席前进局长陪同。
The vice Chairman of China Banking Supervisory Commission Guo Ligen inspected and guided the work in Gansu,accompanied by the director Xi Qianjin.

银监会纪委书记王华庆在天水银监分局视察工作。席前进局长，何伟纪委书记陪同。
The secretary of discipline inspection commission of China Banking Supervisory Commission Wang Huaqing inspected the work in Tianshui Branch ,accompanied by the director Xi Qianjin and the secretary of discipline inspection commission He Wei.

甘肃银监局举办庆七·一“廉政杯”书法摄影短信作品大赛。
Gansu Bureau of China Banking Supervisory Commission held a celebration on July 1st " Integrity Cup" photo messaging works of calligraphy contest.

在甘部分全国人大代表、全国政协委员在甘肃银监局调研，听取甘肃银监局监管工作汇报。
In Gansu some NPC deputies,CPPCC members investig ated and Listened the monitoring report in Gansu Bureau of Banking Supervision.

甘肃银监局召开2009年工作会议。
Gansu Bureau of China Banking Supervisory Commission Convened 2009 working conference.

地址：兰州市城关区南滨河东路635号
Address: No.635, South Binhe Road, Chengguan District, Lanzhou City
电话：0931-8854498 Tel :0931-8854498
邮编：730030 Post Code: 730030

(1)

(2)

(3)

中国工商银行甘肃省分行

Gansu branch of Industrial and Commercial Bank of China

(4)

1、积极支持社会公益事业。2009年10月16日，许海行长代表甘肃工行向甘肃省见义勇为基金会捐款20万元。

Support for social welfare actively. On October 16th,2009, president Xu Hai, contributed to the “Ready to Help Others for a Just Cause” fund with 200 thousand yuan on behalf of the Gansu Provincial branch of industrial and commercial bank of China.

2、2009年4月23日，甘肃工行大力发展投行业务，根据企业需求为电力行业量身制定融资方案建议书，重点针对企业资本金的筹集需要提出解决方案，总行李晓鹏副行长出席了甘肃工行与甘肃省电力投资公司签署融资顾问合作协议。

On April 23th,2009 Gansu ICBC developed investment business, according to business needs for the power sector financing scheme tailored to develop proposals,focusing on raising funds for enterprises need a solution,and Li Xiaopeng,vice president of headquarters attended the meeting . Gansu ICBC and Gansu electric power investment company signed financing consultant cooperation agreement.

3、积极支持灾区重建。2009年5月12日，汶川地震一周年之际，甘肃工行向陇南宕昌县捐建两所希望小学。

Actively support the reconstruction. On May 12th, 2009 in the first anniversary of Wen chuan earthquake, Gansu ICBC donated two primary schools of hope to Tanchang County of Longnan city.

4、2009年是祖国60岁华诞，4月22日，总行牛锡明副行长专程赶赴甘肃，到距兰州700多公里的酒泉慰问看望了甘肃工行退休员工、老红军郭忠义同志，带去总行党委和全行员工对老红军的热心关怀和亲切问候。

2009 is the birthday of the motherland 60 years old, On April 22th, Niu Ximing,vice president of headquarters rushed a special trip in Gansu to go to Jiuquan which lies more than 700 km from Lanzhou to visit Gansu ICBC retired employees and the old Red Army comrades Guo Zhongyi,with the enthusiastic care and kind greeting from the staff in ICBC.

地址：兰州市城关区庆阳路408号 Address: No.408, Qingyang Road, Chengguan District, Lanzhou City
电话：0931-8434172 Tel :0931 – 8434172 邮编：730030 Post Code: 730030

中国建设银行股份有限公司 甘肃省分行

Gansu Division of China Construction Bank

(1)

(2)

(3)

1、建行甘肃省分行领导检查基层网点。
The leader of the Gansu Division of China Construction Bank inspected grassroots neetwork.

2、2009年12月24日，甘肃分行与读者出版集团在宁卧庄宾馆共同启动“双百双优送文化”主题活动暨业务合作签约仪式。
On December 24th,2009 Gansu branch and Readers Publishing Group jointly launched the "Double Hundred Double Elite Delivery Culture" theme activities and Business cooperation signing ceremony in Ning Wo Zhuang hotel.

3、2009年10月6日建行甘肃省分行与兰大一院举行健康龙卡揭牌。
On October 6th, 2009 Gansu Branch of China Construction Bank and the first accessory hospital of Lanzhou University held a unveiling Ceremony for health Dragon Credit card.

地址：兰州市秦安路59号　Address: No.59, Qinan Road, Lanzhou, City
电话：0931-4891555　Tel :0931-4891555　邮编：730030　Post code: 730030

党委书记、总经理：孔凡武
The Party Secretary and General Manager：Kong Fanwu.

永安财产保险股份有限公司甘肃分公司
Yong An Insurance Co.,LLd. Gansu Branch

《崛起》首发式（从左至右：车险部总经理刘国军、党委委员方齐家、总经理孔凡武、原党委书记王新、甘肃保险行业协会副秘书长陈睿、白银中心支公司总经理周辽东）。
"The Rise" ceremony (From left to right：the General manager of automobile insurance Liu Guojun,the Party members Fang Jiaqi, Deputy General Manager Kong Fanwu, the Party Secretary Wangxin, Deputy Secretary General of Gansu Insurance Association Chenrui,the General Manager of Center branch in Baiyin Zhou Liaodong).

地址：兰州市城关区庆阳路169号陇鑫大厦13－14楼
Address: 13th－14th floor, Long Xin building, No.169, Qingyang Road, Chengguan District,Lanzhou City
电话：0931-2183577 Tel :0931-2183577 邮编:730000 Post Code: 730000

五十周年厂庆
Celebrate the fiftieth anniversary of factory.

铜电解车间
Copper electrolysis plant

金川集团有限公司
Jinchuan Group Ltd.

地址：金昌市金川路98号
Address: No.98, Jinchuan Road, Jinchang City
电话：0935-8812230
Tel :0935-8812230

优美的厂区
Beautiful plant.

东航甘肃分公司

The Gansu Branch of China Eastern Airline Co.Ltd

出发前的准备

Preparations before departure

飞行归来

Return after flighting

规范操作做好准备

Standard operation and preparing

优质的空中服务

High quality air services

机务大修

Aircraft locomotive overhaul

清点行李

Check luggage

地址：兰州市嘉峪关西路119号

Address: No.119, Jiayuguan West Road, Lanzhou City

电话：0931-8968148 8969151 Tel :0931-8968148 8969151

邮编：730030 Post Code: 730030

甘肃省广播电影电视局

Gansu Province Bureau of Broadcast, Movie and Television

省广电局领导班子成员
The leadership members of Gansu Province Bureau of Broadcast, movie and Television.

省广电局党组书记、局长、省广电总台党委书记孙伟（右二）在安宁区调研广播电视工作
The Secretary of the Party Committee and the Director of Gansu Province Bureau of Broadcast , Movie and Television, and the Secretary of the Party Committee of Provincial Total Station Sunwei(2nd on the right) investigated the Broadcast and television work in the Anning district.

地址：兰州市东岗西路226号
Address:No.226,Donggang west Road, Lanzhou City
电话：0931-8539515
Tel:0931-8539515

甘肃省农牧厅

Gansu Agriculture and Animal Husbandry Department

1、农业部副部长危朝安（右）在省委副书记刘伟平（中）、省农牧厅厅长武文斌（左）陪同下考察甘肃省旱作农业一天水花牛苹果。
The deputy minister of agriculture Wei Chaoan(on the right) inspected the dry farming in our province,Tianshui Hua niu Apple in Gansu Province and accompanied by the deputy secretary of Provincial Committee Liu Weiping(in the middle) and the provincial director of agriculture and animal husbandry department Wu Wenbin(on the left).

2、副省长泽巴足在省农牧厅厅长武文斌、庆阳市市长周强陪同下检查指导华池县沼气后续服务网点建设。
Vice Governor Ze Bazu inspected and guided the biogas follow-up network build in Huachi county,accompanied by the provincial director of agriculture and animal husbandry department Wu Wenbin and the mayor of Qingyang city Zhouqiang.

3、天水花牛苹果。
Tianshui Hua niu Apple.

5、药材交易市场。
Medicine market.

4、2008年定西市在岷县建立的高山隔离脱毒马铃薯原种生产基地。
It was established the mountain isolated virus-free potato seed production bases Dingxi Min county in 2008.

河西制种基地。
Hexi seed production base.

地址：兰州市秦安路1号
Address:No.1 Qin'an Road, Lanzhou city
电话：0931-8882075　Tel :0931-8882075
邮编：730030　Post Code:730030

《甘肃发展年鉴》编纂委员会

Gansu Development Yearbook Editorial Board

编委：（按姓氏笔划为序）

Editorial Board(in order of strokes of Chinese surname)

《甘肃发展年鉴》编辑部

Gansu Development Yearbook Editorial Department

编辑人员：（以姓氏笔划为序）

Editorial Staff (in order to strokes of Chinese surname)

编者说明

一、从2010年开始，原《甘肃年鉴》更名为《甘肃发展年鉴》，编纂方式和内容与原《甘肃年鉴》保持不变，《甘肃年鉴》编委会随之更名为《甘肃发展年鉴》编委会。

二、《甘肃发展年鉴》是由甘肃发展年鉴编委会编辑，中国统计出版社出版，国内外公开发行的大型综合性年刊。它以大量翔实可靠的资料，全面记载了甘肃政治、经济、法律及社会发展情况，是各级党政领导、经济管理部门、企事业单位、科研部门和中外投资者了解省情、市情、县情，进行科学决策、咨询和研究的重要工具书。

三、《甘肃发展年鉴—2010》全部为中英文对照版并配有电子版，主要记载2009年甘肃经济社会发展情况，但统计资料在时间上有所上溯。

四、本年鉴共分为三部分：第一部分设特载、大事记、概况、政治、法制、民族宗教、经济、建设测绘、交通通信邮政、财政金融、经济管理、社会事业、人民生活、地县概况14个篇目；第二部分设综合、人口劳动力、固定资产投资、对外经济贸易、能源消费、财政金融保险、物价、人民生活、城市概况、环境保护、农业、工业、建筑业、交通运输邮电通信业、批发零售贸易业餐饮业及旅游、教育科技及文化、卫生、社会福利及其他、少数民族、企业景气指数统计资料；第三部分以彩色插图的形式，介绍了甘肃省名优新特产品，部分机关、企业和事业单位。

五、本年鉴的体例分为篇目、分目和条目三个层次，以条目作为基本结构单元。条目标题均用黑体字加【 】。

六、本年鉴中的统计资料由省统计局提供。由于统计制度方法改革，有些统计指标的口径、包括范围和计算方法有所变化，使用时请注意。文稿中的数据由各单位提供，部分为初步统计数，如与统计表中不一致，以统计表为准。

七、为方便读者使用资料，统计资料各篇章前附有简要说明，篇末附有主要统计指标解释。

八、本年鉴的编辑出版，得到省直各部门、各市州、县（市、区）统计局及有关企业事业单位的大力支持，我们对此表示诚挚的谢意！

编　者

2010年9月

Preface

I. From 2010 the original *Gansu Yearbook* is renamed *Gansu development Yearbook*, which compilation methods and content remains the same as *Gansu Yearbook*, and *Gansu Yearbook* editorial board renames *Gansu development Yearbook* editorial board.

II. *Gansu Development Yearbook*, edited by the Gansu development yearbook editorial board and published by china statistics press, is a large-scale domestic and international public offering comprehensive annual publication. It records comprehensively Gansu political, economic, legal and social development situation by the large amount of reliable data, and is a important tool to understand the situation of the province, city, county and conduct a scientific decision-making, consult and research for every level party and government leaders, economic management department, enterprise and public institution, research departments and domestic and foreign investors.

III. *Gansu Development Yearbook-2010*, which is all the in Chinese-English and equipped with electronic version, records mainly Gansu economic and social development situation in 2009, but its statistics materials have traced back in time.

IV. The yearbook contains the following three parts: The first part contains special set, events, overview, politics, legal, ethnic and religious, economy, construction and mapping , transport, communication and post, fiscal and finance, economy management, social career, people's livelihood and county profiles 14 contents; The second part contains general survey, population and labor force, investment in fixed assets, foreign trade and economic cooperation, energy consumption, finance, banking and insurance, commodities price, people's livelihood, general survey of cities, environment protection, agriculture, industry, construction, transport, post and telecommunication, wholesale and retail trade and catering and tourism, education, science and culture, health, social welfare and others, minority ,and business climate index statistics materials; The third part introduces the known, new and special products in Gansu province, some organs, enterprises and public institutions by the forms of illustrations in color.

V. The yearbook style is divided into contents, subhead and entry three levels, entry as the basic structural unit. The entry titles are in bold and add 【 】.

VI. The statistical data sources of this publication are obtained from Gansu statistics bureau. As the methods of statistical system reform, some of the caliber of statistical indicators, including the scope and computational method change and please note that when used. The presentation data is provided by the units and some are preliminary statistics, if they does not accord with the statistical tables to tables shall prevail.

VII. For the convenience of using information for the readers, statistics have a brief introduction at the beginning of each part. In addition, explanatory notes on main statistical indicators are provided at the end of each part.

VIII. Edit and publishing of the Yearbook, were strongly supported by the departments under the provincial leadership, all the cities, prefectures and counties (cities, districts) statistics bureau, relevant enterprises and public institutions. We express our heartfelt thanks!

Editor

September 2010

目　录

特载

FEATURED ARTICLES

大事记

EVENTS

概　况

SURVEY

政　治

POLITICS

法　制

LOCAL LEGISLATION

民族宗教

ETHNIC AND RELIGIOUS

国民经济

NATIONAL ECONOMY

建设测绘

CONSTRUCTION SURVEY & DRAWING

交通通信邮政

TRANSPORTATION
TELECOMMUNICATION & POST

财政　金融

FINANCE AND BANKING

经济管理

ECONOMY & MANAGEMENT

社会事业

SOCIAL UNDER TAKING

人民生活

PEOPLE'S LIVING CONDITION

地县概况

GENERAL SITUATION OF PREFECTURES AND COUNTIES

统计资料

STATISTICS

二、人口、劳动力
Population, Employment

三、固定资产投资
Investment in Fixed Assets

四、对外经济贸易
Foreign Trade and Economic Cooperation

五、能源消费
Energy Consumption

六、财政、金融、保险
Finance, Banking, Insurance

七、物价
Price

八、人民生活
People's Living Condition

九、城市概况
General Survey of Cities

十、环境保护
Environmental Protection

十一、农业
Agriculture

十二、工业
Industry

十三、建筑业
Construction

十四、交通运输、邮电通信业
Transport, Postal, Telecommunication Services

十五、批发零售贸易业、餐饮业及旅游
Wholesale and Retail Trades, Catering Services and Tourism

十六、教育、科技及文化
Education, Science, Technology and Culture

十七、卫生、社会福利及其他
Health, Social Welfare and Others

十八、少数民族
Ethnic Minorities

十九、企业景气指数
Business Climate Index

附录
APPENDIX

特　　载

甘肃省人大常委会工作报告

——2010年1月27日在省第十一届人民代表大会第三次会议上

甘肃省人大常委会副主任　洛桑灵智多杰

各位代表：

我受省人大常委会委托，向大会报告工作，请予审议。

2009年的主要工作

刚刚过去的2009年，我省改革、发展、稳定等各方面工作都取得了新的成就，同时，我省也经受了国际金融危机的严重冲击、干旱洪涝等自然灾害的频繁侵袭和特大地震后恢复重建任务的艰巨考验，是新世纪以来全省经济社会发展最困难的一年。面对严峻的形势，省人大常委会在中共甘肃省委的正确领导下，以邓小平理论和"三个代表"重要思想为指导，深入贯彻落实科学发展观，认真贯彻党的十七大和十七届三中、四中全会精神，围绕保增长、保民生、保稳定的全省大局，认真履行宪法和法律赋予的职权，积极开展工作，较好地完成了省十一届人大二次会议确定的各项任务，为我省物质文明、政治文明、精神文明、生态文明建设作出了新的贡献。

一、围绕保增长、保民生、保稳定的全省大局，开展专题调研、决定重大事项

去年，常委会坚持从全省大局出发，以保增长、保民生、保稳定作为依法行使职权的重点，有计划、有组织地开展了7项专题调研，并对政府提出的事关保增长、保民生、保稳定的重大事项及时作出决定。

国家推出应对国际金融危机一揽子计划以来，中央政府在我省新增一大批重大公共投资项目。为了确保这些重大项目良好运行，让中央放心，让人民放心，常委会调研组和全国人大常委会调研组，共同对中央政府在我省新增的教育、卫生、人口和计划生育方面的公共投资项目的实施情况，进行了专题调研。常委会审议调研组的调研报告后，提出了切实解决配套资金、出台优惠政策减轻项目建设负担、加强配套工程建设、加强部门之间的协调配合及项目管理等方面的建议。

农村公路建设是农村基础设施建设的重点，也是国家"十一五"以来推进社会主义新农村建设的重大举措。为了深入了解我省农村公路建设的进展情况和存在的问题，常委会对此进行了专题调研。常委会审议调研组的调研报告后，提出了超前谋划我省农村公路建设"十二五"规划、拓宽农村公路建设投融资渠道、规范资金拨付、加快农村公路养护体制改革、提高路政管理水平等建议。

保障性住房和安居工程建设是拉动经济、扩大内需、改善民生的重点内容。为进一步推动这项工作，常委会组成专题调研组，与全国人大常委会调研组一道，联合对我省保障性住房和安居工程建设情况进行了专题调研。常委会审议了调研组的调研报告，对廉租房的建设规模、产权共有、地方配套资金和农村危旧房改造范围、标准以及城市住房工作思路等方面提出了符合我省实际的意见和建议。

我省地震灾区的恢复重建是事关民生和稳定的重要工作。为切实掌握灾后一年恢复重建的基本情况，常委会组织调研组进行了专题调研。常委会审议了调研组的调研报告，提出了简化项目审批环节、加强重建项目监督管理、尽早出台灾区移民实施方案、尽快解决城镇受灾居民住房重建问题、减免运输灾后重建物资车辆过路费、增加灾区群众经济收入等建议。

增加农民收入是农村工作的出发点和落脚点。农民增收难一直是我省的突出问题，在受金融危机冲击、经济严重萎缩的形势下，实现农民收入增长困难更多。为此，常委会对我省促进农民增收情况进行了专题调研。常委会审议调研组的调研报告后，从加大争取国家政策扶持力度、贯彻落实省委省政府"促进农民增收六大行动"、正确处理农民增收与科学发展的关系、构建促进农民增收长效机制等方面提出了建议。

为确保民族地区新农村建设顺利进行，尽快改变民族地区农村的落后面貌，不断缩小民族地区与全省的发展差距，常委会对民族地区新农村建设情况进行了专题调研。常委会审议了调研组的调研报告，提出了进一步推动民族地区新农村建设的意见和建议。

涉法涉诉信访问题是影响社会和谐稳定的重要因素。常委会对我省涉法涉诉信访问题进行了专题调研。常委会审议调研组的调研报告后，提出了加强领导、重心下移、强化责任追究、发挥调解作用、提高办案质量、规范行政执法、建立处理缠访缠诉有效办法、完善涉法涉诉救助资金制度、加大宣传教育力度等方面的建议。

在国家扩大内需政策的支持下，我省一大批项目相继获准开工建设，但项目建设的地方配套资金短缺问题十分突出。常委会在审议《甘肃省人民政府关于我省发行中期票据融资工作的报告》后，作出了关于批准这个报告的决定，决定我省在全国银行间债券市场发行8年期中期票据100亿元人民币。这是我省融资方式的一次创新，缓解了我省项目建设面临的资金短缺问题。

财政部核定我省发行2009年地方政府债券65亿元。常委会听取和审查了省政府《关于发行2009年地方政府债券相应调整全省及省级财政预算的报告》，并依照《预算法》的规定批准了这个报告，对本年度全省及省级财政预算作出了部分调整。这对做好地方政府债券发行、管理和使用，落实积极财政政策，促进全省经济社会平稳较快发展，发挥了重要作用。

在依法行使任免权方面，一年来，常委会共任免地方国家机关工作人员136名，其中，决定任命11人，任命79人，批准任命1人，决定免职6人，免职38人，批准免职1人。

在过去一年里，常委会通过开展专题调研和依法行使重大事项决定权，有力地促进了中央和我省在保增长、保民生、保稳定上的各项重大决策部署的实施。常委会组成人员在审议中提出的各种意见和建议，通过常委会办事机构向"一府两院"转送后，得到了"一府两院"的认真采纳和吸收，较好地发挥了常委会在保增长、保民生、保稳定中的积极作用，为我省在金融危机严重冲击形势下保持经济社会平稳较快发展做出了努力。通过一年的实践，常委会在围绕全省大局寻找依法行使职权的切入点和突破口上，有了更深切的体会，积累了许多有益的经验。

二、围绕经济社会发展中的重点、难点和群众关注的热点问题，开展监督工作

一年来，常委会听取和审议了"一府两院"5项专项工作报告和5项计划、财政、审计方面的报告，对6个方面的7部法律法规实施情况进行了检查，促进了经济社会发展中的重点、难点和群众关注的热点问题的解决，促进了"一府两院"依法行政、公正司法，增强了监督实效。

我省"十一五"规划纲要的实施，到2009年已进入第4年。为进一步了解规划纲要实施以来的情况，加强对政府实施规划纲要的监督，常委会听取和审议了省政府《关于全省"十一五"规划纲要实施中期情况的报告》。常委会组成人员在审议中，提出了进一步加强重大项目的谋划和实施、落实促进发展的重大政策措施、加大规划纲要的组织实施力度，确保规划纲要提出的各项目标任务顺利完成等方面的意见和建议。

应对国际金融危机冲击，保持经济社会平稳较快发展是去年全省工作的重中之重。常委会听取和审议了省政府《关于应对金融危机、促进全省经济社会发展重要措施落实情况的专项工作汇报》。常委会组成人员在审议中，建议政府加快经济结构调整步伐，转变经济增长方式，认真研究内需不旺的问题，继续做好促进中小企业发展工作，继续把基础设施建设作为重点，继续争取国家在扩大内需政策中对我省的照顾和倾斜，加大对重点产业、新型产业扶持力度，努力保持我省经济平稳较快发展。

融资难一直是我省中小企业发展中的突出问题。为支持中小企业持续健康发展，常委会在对我省中小企业融资情况进行专题调研的基础上，听取和审议了省政府《关于甘肃省中小企业融资情况的汇报》，提出了积极帮助中小企业增强自身融资能力、大力支持和发展地方金融机构、设立中小企业贷款风险奖励和补偿资金、加快信用担保体系建设、进一步创新金融产品和监管机制、加快中小企业融资信用平台建设等建议。

当前我国正处在改革发展的关键时期，渎职侵权犯罪问题比较突出。加强反渎职侵权工作，是人民群众的热切期待。常委会对我省五个市州检察机关开展反渎职侵权工作情况进行了专题调研，并听取和审议了省人民检察院《关于全省检察机关开展反渎职侵权工作情况的报告》。常委会组成人员在审议中，对进一步加强反渎职侵权工作提出了不少意见和建议。

执行积案是社会热点，也是难点。对执行积案进行清理，关系到给社会信心、给群众温暖，更关系到司法权威的树立。省人大有关专门委员会和部分在兰省人大代表，听取了省高级人民法院关于全省清理执行积案工作专题汇报，对进一步做好清理执行积案工作给予了监督和支持。

常委会听取和审议了2009年上半年计划执行情况报告、2008年全省及省级财政决算草案和2009年上半年财政预算执行情况的报告、2008年预算外资金收支和管理情况的报告，批准了2008年省级财政决算。常委会组成人员在审议中，对加强计划和预算的执行工作提出了不少意见和建议，常委会办事机构将审议意见书面转送了省政府。

常委会听取和审议了2008年度省级预算执行及其他财政收支情况的审计工作报告。常委会组成人员在审议中对进一步落实整改措施、加强整改力度提出了意见和建议。4个月后，审计厅按照常委会的要求，代表省政府再次向常委会书面报告了审计决定的落实情况。

常委会对《中华人民共和国矿产资源法》、《甘肃省矿产资源管理条例》的实施情况进行了检查，听取和审议了执法检查组的执法检查报告，提出了进一步增强依法行政意识，不断提高矿产资源勘查开发监管效能，加大矿产资源的勘查力度，切实把矿产资源优势转化为经济发展优势，加强矿山生态及地质环境的保护与恢复治理等方面的建议。

常委会对《甘肃省发展中医条例》的实施情况进行了检查，听取和审议了执法检查组的执法检查报告，提出了进一步推进中医药服务体系建设，加强中医药人才队伍建设和科研工作，加大对中医药事业的投入等方面的建议。

常委会对《甘肃省实施〈中华人民共和国民族区域自治法〉若干规定》的执行情况进行了检查，重点检查了省政府各委、办、厅、局的贯彻落实情况。常委会听取和审议了执法检查组的执法检查报告，对省政府进一步贯彻落实该法规提出了意见和建议。

常委会还配合全国人大常委会对《中华人民共和国工会法》、《中华人民共和国食品安全法》、《中华人民共和国畜牧法》3部法律的实施情况进行了检查。陇原环保世纪行以“自然保护与生态文明”为主题，对全省重点自然保护区的保护与建设情况进行了监督和检查。

规范性文件备案审查是常委会的一项新工作。常委会召开了全省市州规范性文件备案审查工作会议，加强了备案审查工作的组织建设和制度建设，对省政府、市州人大常委会和兰州市政府报送的 114 件规范性文件全部进行了审查，对其中3件违反制定权限的规范性文件，督促原制定单位进行了纠正。

继续坚持常委会领导联系信访制度，进一步落实信访办理工作责任制，召开全省市州人大信访工作会议，加强人民来信来访的受理和督办工作。全年受理人民群众来信来访 2204 件次，其中来信 1104 件，来访 1100 人次，督促解决了一批有影响的信访案件，起到了化解社会矛盾、维护社会稳定、促进社会和谐的作用。

三、从省情、民情出发，突出针对性和可操作性，加强地方立法工作

常委会以科学发展观为指导，坚持从省情、民情出发，坚持突出法规的针对性和可操作性，进一步加强了地方立法工作，提高了法规质量。在立法工作中，常委会注重把以人为本、科学发展的理念融入法规中，力求突出为科学发展服务的思想；着眼于解决本省实际问题，突出地方特色；加强民主立法、科学立法，建立公民参与立法平台，充分发挥专家作用，调动基层立法联系点积极性，草案稿公开向社会征求意见，重要法规草案实行隔次审议。一年来，常委会共制定地方性法规6件，修订地方性法规3件，批准兰州市地方性法规2件，批准民族自治地方单行条例3件，对2件法规草案进行了一审，配合全国人大常委会对 8 件法律草案征求了意见。

中小企业对促进就业、增加税收、发展地方经济、维护社会稳定有着非常重要的作用，但制约我省中小企业发展的问题和困难较多，通过立法促进中小企业的发展十分必要。常委会审议通过了《甘肃省促进中小企业发展条例》，从资金支持、创业扶持、技术创新、市场开拓、社会服务、权益保护等方面作出了促进我省中小企业发展的具体规定。

加强政府非税收入的管理，对促进我省经济社会发展意义重大。常委会审议通过的《甘肃省政府非税收入管理条例》，对政府非税收入的管理作出了具体规定，为增强政府宏观调控能力、规范收入分配秩序、从源头上防止腐败问题的产生提供了法制保障。

依法行政是贯彻依法治国基本方略的重要内容，但我省部分行政执法机构和执法人员有法不依、执法不严、违法不究的问题还不同程度存在，不作为和乱作为现象时有发生，人民群众反映强烈。常委会审议通过的《甘肃省行政执法监督条例》，从监督范围、监督措施、监督程序和监督者应承担的责任，对加强行政执法监督作出了具体规定。

保护好林地是经济社会可持续发展的物质基础，也是建设生态文明最根本的要求。为了加强林地保护，规范林地管理，合理利用林地，保障林业稳定持续发展，常委会审议通过了《甘肃省林地保护条例》。

城乡规划是各级政府指导、调控城镇化发展和城乡建设的重要依据和基本手段。为加强城乡规划管理工作，促进经济社会与人居环境全面协调可持续发展，常委会审议通过了《甘肃省城乡规划条例》。

职业教育是解决“三农”问题、促进社会就业和再就业的重要途径，在实施科教兴国战略和人才强国战略中具有重要地位，常委会审议通过的《甘肃省职业教育发展条例》，为职业教育健康发展提供了保障。

常委会修订了《甘肃省档案条例》、《甘肃省实施〈中华人民共和国未成年人保护法〉办法》、《甘肃省乡镇人民代表大会工作条例》，对《甘肃省实施〈中华人民共和国各级人民代表大会常务委员会监督法〉办法》、《甘肃省就业促进条例》两个法规草案进行了一审。

常委会批准了《兰州市无公害蔬菜管理条例》、《兰州市经济技术开发区条例》和《东乡族自治县教育条例》、《东乡族自治县水土保持管理条例》、《东乡族自治县城镇规划建设管理条例》。

常委会还建立了地方性法规质量跟踪评估制度，制定了跟踪评估办法，对《甘肃省实施〈中华人民共和国防空法〉办法》进行了立法后评估。

四、着眼于保障代表依法履职、充分发挥代表作用，加强代表工作

常委会进一步加强了代表依法履职、发挥代表作用的保障服务工作。继续坚持扩大代表知情知政渠道，通过多种形式及时向代表通报情况。组织代表开展集中视察和专题调研，邀请代表列席常委会会议和参加执法检查等活动，较好地发挥了代表在立法和监督工作中的作用。继续坚持开展“两联系”活动，常委会组成人员每人重点联系3至5名基层人大代表，采取走访、电话、信函等多种方式加强与代表的联系，征求基层代表对各方面工作的意见和建议；代表密切联系选举单位和人民群众，积极听取和反映群众的意见建议。继续加强代表培训工作，先后举办两期省人大代表培训班，170多位代表参加了培训。召开了代表工作座谈会，研究了提高代表履职能力、增强代表活动实效的办法和措施。

进一步重视和加强代表建议办理工作。省十一届人大二次会议上，代表所提建议953件，所提问题已经解决和基本解决的229件，正在解决和列入规划逐步解决的495件，这两类占代表建议总数的75.97%，比上年提高了5.6个百分点。一年来，常委会加大了对代表建议的督办力度，常委会各位副主任和各专门委员会、工作委员会对涉及重点、难点、热点问题的15件代表建议进行了重点督办，对办理代表建议工作起到了较大推动作用。常委会和各承办单位对办理机制和办理方式进行了进一步完善、创新，办理前，认真研究代表建议内容，了解代表建议背景，找准问题症结，提出切实可行的解决办法；办理中，通过走出去上门拜访，请进来当面座谈，以及电话信函沟通，加强与代表联系，增强办理的针对性；办理后，主动征询代表意见，对不满意和有新的意见建议的，进行二次办理。在办理代表建议工作中，继续坚持从实际出发，正确处理需要与可能、局部与全局、当前与长远的关系，对涉及扩大内需、改善民生、调整结构、加强“三农”工作和改进完善政策等方面的代表建议，进行了重点办理。

五、总结地方人大设立常委会30年的经验，加强人大常委会自身建设

去年，是县级以上地方人大设立常委会30周年。常委会围绕纪念地方人大设立常委会30周年这个主题，开展了一系列纪念活动，召开了纪念座谈会，举办了成就展和书画展，加强了常委会设立30周年专题宣传，对我省地方人大设立常委会30年的实践和经验进行了深入总结。

30年来，我省各级人大常委会在中共甘肃省委和本级党委的正确领导下，忠实地履行宪法和法律赋予的神圣职责，为促进我省的改革开放事业和经济社会又好又快发展作出了积极努力和重要贡献，也为进一步坚持和完善人民代表大会制度、做好人大工作积累了宝贵的经验。

30年的实践证明，坚持正确的政治方向是做好人大工作的根本。人大工作坚持正确的政治方向，最根本的是坚持党的领导、人民当家作主和依法治国有机统一，核心是坚持党的领导。在重大原则问题上，必须坚定不移地同党中央和省委保持高度一致。人大的各项工作，都要有利于加强和改善党的领导，有利于巩固党的执政地位，有利于保证党领导人民有效治理国家。

30年的实践证明，坚持依法履行职责是做好人大工作的保证。人大及其常委会只有严格按照宪法、法律的规定和法定程序履行职责，才能充分发挥国家权力机关的作用。既不失职又不越权、集体行使职权、依法行使职权，是人大及其常委会行使职权必须遵循的原则。

30年的实践证明，坚持围绕中心、服务大局是做好人大工作的前提。只有牢牢抓住发展这个党执政兴国的第一要务，紧紧围绕经济建设这个中心，自觉服从和服务于改革发展稳定的大局，找准人大工作的切入点和着力点，才能在促进经济社会又好又快发展中有作为、有地位。

30年的实践证明，始终代表人民群众的根本利益是做好人大工作的基础。人大工作要以关注民生、服务人民为工作出发点，把推进和督促解决好人民群众关注的热点、难点问题，作为常委会的重要议题。人大代表和常委会组成人员，要密切联系人民群众，充分反映社会各方面的意见和建议，保证人大及其常委会通过的法规和作出的决定、决议符合最广大人民群众的根本利益。

30年的实践证明，坚持解放思想、开拓创新是做好人大工作的时代要求。在人大工作中，要正确处理依法行使职权与改革创新的关系，在依法履行职责的同时，必须根据不断发展变化的新形势和人大工作面临的新任务，积极探索，勇于创新。

常委会以纪念地方人大设立常委会30周年为契机，进一步加强了自身建设。继续坚持每次常委会会议闭会后，举办专题讲座和法制讲座。常委会党组理论学习中心组紧紧围绕常委会的工作任务和国际国内新形势，有计划、有组织地开展了如何按照科学发展观的要求加强和改进人大工作、如何促进我省农村经济社会发展等五个专题学习。常委会组成人员进一步改进工作作风，深入基层，深入群众，做了大量调查研究工作。常委会机关继续深入开展建设学习型机关活动，组织干部职工举办人大制度知识、法律知识、公文处理知识的讲座或学习班，干部职工的综合素质和业务水平得到了全面提升，常委会机关的集体参谋助手作用、服务保障作用明显增强。

各位代表！

在过去一年中，我们在工作中尽管取得了一定成绩，但还存在不少需要改进的地方：一是需要进一步发挥代表作用，深入听取基层和群众的意见，在吃透省情上下功夫，使人大工作更有效地服务于全省工作的大局；二是地方立法的针对性还需要进一步增强，法规质量还需要进一步提高；三是监督工作的力度需要进一步加大，听取和审议专题调研报告、专项工作报告和执法检查报告后，对审议意见的跟踪落实工作还要进一步加强；四是需要进一步加强自身建设，使常委会组成人员和机关工作人员的能力和素质不断适应新形势、新任务的需要。

2010 年的主要任务

2010 年，省人大常委会要在中共甘肃省委领导下，高举中国特色社会主义伟大旗帜，以邓小平理论和“三个代表”重要思想为指导，深入贯彻落实科学发展观，认真贯彻党的十七大、十七届三中、四中全会和中央及全省经济工作会议精神，围绕“四抓三支撑”的总体工作思路，围绕实施“中心带动、两翼齐飞、组团发展、整体推进”的区域发展战略，认真履行宪法和法律赋予的职责，努力做好人大各项工作，为促进我省经济社会又好又快发展做出努力。

一、进一步加强地方立法工作

根据五年立法规划和我省经济社会发展实际，本年度安排法规草案审议、修订、废止项目有科学技术普及、就业促进、无障碍建设管理、林业生态环境保护、实施监督法办法、消防条例、实施防空法办法、建筑市场管理和公路交通规费征收管理等方面的 9 件，预备立法项目 5 件，立法调研项目 14 件。常委会要进一步提高立法质量，把立法的重点放在保障民生、促进发展上。立法选项要紧密结合甘肃实际，坚持针对问题立法，立法解决问题，提高法规的针对性和可操作性，努力推动解决影响我省科学发展的体制、机制问题，以及涉及人民群众合法权益和切身利益的问题。进一步加强法规草案起草的协调和指导工作。认真做好我省现行地方性法规的全面清理工作，对地方性法规中存在的明显不适应、不一致、不协调、操作性不强的问题，区别轻重缓急，分类进行处理。积极推进科学立法、民主立法，继续坚持和完善面向社会征集立法项目、重要法规草案向社会公开征求意见、法规委托起草、立法后评估制度，加强立法调研、立法论证、立法听证，发挥好立法联系点和立法顾问作用，扩大公民对立法的有序参与。

二、进一步加强监督工作

以全省经济社会发展中的突出矛盾和人民群众反映强烈的问题为重点，依法行使好监督权，进一步增强监督实效。加强对扩大内需、改善民生和促进稳定等工作的监督，听取和审议省政府关于推进城镇化工作情况和扩大内需政府投资项目实施情况、省高级人民法院关于全省审判机关民事案件审判工作情况、省人民检察院关于全省检察机关查处涉农职务犯罪工作情况等方面的专项工作报告。加强对计划、预算执行的监督，听取、审议省政府有关计划和预算执行情况及审计情况的报告。进一步加强执法检查工作，计划对涉及老年人权益保障、农作物种子管理、食品安全、禁止非医学需要鉴定胎儿性别等 4 个方面的 6 部法律法规进行执法检查。加强规范性文件备案审查工作。加强信访督办工作。

三、进一步加强专题调研和决定重大事项工作

要在总结去年专题调研工作的基础上，围绕全省工作大局和重点工作，抓住关系全省科学发展的突出矛盾和人民群众普遍关注的热点、难点问题，进一步做好专题调研工作，对发展循环经济、归侨侨眷权益保护、草原生态建设、民族地区医疗体制改革、科技领军人才创新创业和重大科技成果转化等问题进行专题调研。要在深入调研、吃透省情的基础上，围绕我省的总体工作思路和区域发展战略，对带有全局性、根本性、长远性的重大事项，依照法定程序作出决定、决议，促进我省经济社会又好又快发展。

四、进一步加强人事任免和代表工作

坚持党管干部原则与人大常委会依法行使人事任免权的统一，进一步做好人事任免工作。深入贯彻落实 2005 年中央 9 号文件和省委 59 号文件精神，坚持尊重代表的主体地位，做好为代表履职的服务保障工作。组织好代表集中视察、专题视察和专题调研工作。扩大代表对常委会、专门委员会工作和活动的参与。做好常委会组成人员联系代表、代表联系选举单位和人民群众的活动。加强代表议案、建议的督办工作。继续做好代表培训工作，办好代表培训班，召开代表工作座谈会。

五、进一步加强常委会自身建设

切实抓好思想政治建设，深入学习中国特色社会主义理论体系，深入学习宪法和法律，牢固树立党的观念、政治观念、大局观念、群众观念和法治观念。坚持民主集中制原则，依法按程序办事。进一步增强常委会组成人员的履职意识，改进常委会的会议组织和服务工作，提高常委会的审议质量和水平。继续办好常委会专题讲座和法制讲座。加强各专门委员会之间的沟通和配合，充分发挥专门委员会的作用。常委会机关继续深入开展建设学习型机关活动，加强机关思想、作风、组织建设，搞好为常委会和代表大会的服务保障工作。加强人大理论研究和宣传工作。加强与市（州）、县（市、区）人大常委会的工作联系。

各位代表！

今年是实施“十一五”规划的最后一年，也是有效应对国际金融危机冲击更加关键的一年。常委会面临的任务十分繁重。我们将努力工作，为圆满完成“十一五”规划的目标和任务，为加快我省全面建设小康社会的步伐而努力奋斗！

政府工作报告

——2010年1月25日在甘肃省第十一届人民代表大会第三次会议上

甘肃省省长 徐守盛

各位代表：

现在，我代表省人民政府，向大会作政府工作报告，请予审议，并请政协委员和列席人员提出意见。

2009年工作回顾

2009年是新世纪以来我省经济发展最为困难的一年。面对国际金融危机严重冲击和干旱、洪涝等自然灾害的影响，我们坚持以科学发展观统领经济社会发展全局，全面贯彻落实中央应对金融危机的一揽子计划和政策措施，坚持"四抓三支撑"的总体工作思路，以保增长、保民生、保稳定为主线，强化薄弱环节，破解发展难题，有效遏制了经济下滑态势，经济增幅较快回升，社会事业协调发展。总体上看，全省经济发展困难比预想的多，结果比预料的好。除进出口总额实现38.2亿美元，下降37.3%以外，主要预期目标完成了省第十一届人大二次会议确定的任务。预计，完成生产总值3380亿元，增长10%，其中：第一产业486亿元，增长4.9%；第二产业1508亿元，增长10.5%；第三产业1386亿元，增长11.1%。大口径财政收入完成604亿元，增长36.6%；地方财政收入完成286.7亿元，增长20.9%。城镇居民人均可支配收入12060元，增长10%；农民人均纯收入3050元，增长12%。居民消费价格涨幅1.1%；城镇登记失业率3.3%；人口自然增长率6.61‰。

一年来，我们主要做了八个方面的工作：

一、全力应对挑战，较快扭转经济下滑趋势

贯彻落实并主动对接国家扩大内需政策，及时组织实施了保障性住房、基础设施、生态环境、民生工程、教育卫生、节能减排、结构调整和自主创新等一大批项目。大力推进节假日消费、旅游以及"家电下乡"，形成了新的消费热点。投资和消费的较快增长直接拉动了经济回升。2008年11月以来，争取国家扩大内需和预算内投资145.7亿元，发行政府债券65亿元、中期票据100亿元。全年新增贷款915.9亿元，同比多增453.6亿元。努力扩大招商引资，第十五届"兰洽会"签约合同项目总投资1061亿元。执行招商引资项目1425个，实际到位资金449.2亿元，增长58.3%。全年实现全社会固定资产投资2430亿元，增长40%。投资增长直接拉动了即期需求，带动了全省消费快速增长，社会消费品零售总额1170亿元，增长18%；旅游接待人数达到3393.7万人次，实现旅游收入192.8亿元，分别增长36.3%和40.2%。

二、加强基础设施建设，发展环境不断改善

交通、水利、能源等基础设施和生态环境建设步伐加快。宝鸡至天水、平凉至定西高速公路建成通车，高速公路通车里程达到1665公里，比上年增加349公里。天水至定西、武都至罐子沟等高速公路正在抓紧建设，新开工兰州南山公路、瓜州至星星峡高速公路。兰渝、西平、天平铁路建设进展顺利，兰新铁路第二双线开工建设。嘉峪关机场航站区改扩建和金昌机场建设项目顺利实施。兰州中川、庆阳机场扩建及新建夏河机场、张掖机场军民合用项目已得到国家批复立项。兰州至郑州至长沙成品油输油管道甘肃段建成，"西气东输"二线、涩宁兰复线、兰州国家石油储备基地等工程开工建设。乌金峡和炳灵水电站、景泰电厂、永昌电厂"上大压小"工程投产发电，平凉电厂二期、崇信电厂、兰州范家坪热电厂建设进展顺利。开工建设盐环定扬黄续建甘肃专用工程。引洮供水一期、甘南黄河重要水源补给生态功能区保护与建设、石羊河流域重点治理、天然林保护等工程稳步推进。一批城市污水、垃圾处理和供水管网改造项目开工建设。

三、加快结构调整步伐，工业经济企稳回升

制定了促进企业稳定增长的16条政策和支持重点工业企业发展的10项措施，对23户骨干工业企业予以重点扶持。开展大规模、高起点技术改造。推动省属企业同中央企业联合重组。加强经济运行协调服务，有效缓解了中小企业融资难问题。新建6个省级重点实验室、12个省级工程技术研究中心、4户国家企业技术中心、10户省级企业技术中心。获国家科技奖11项，实现技术交易额35.6亿元。全国第一个千万千瓦级风电基地在酒泉启动，装机容量达到220万千瓦，风电装备制造业实现销售收入64亿元。敦煌20兆瓦、嘉峪关10兆瓦光伏发电项目开工。实施节能减排重点改造项目95个。淘汰钢铁、铁合金、水泥、造纸等落后产能375万吨，关停小火电机组30万千瓦。从二季度开始，工业生产形势逐月好转，预计全年规模以上工业增加值完成1120亿元，增长9.5%。万元GDP能耗下降5.2%，二氧化硫和化学需氧量均完成年度减排计划。

四、继续强化农业基础，农村经济稳定发展

全面落实强农惠农政策，努力增加投入，加强农田水利、农村电网等基础设施和抗震安居工程建设，进一步改善农村生产生活条件。开展统筹城乡一体化试点，推进新农村建设。全省粮食、良种、农机及农资“四项”补贴资金达25.7亿元，增加6.3亿元。兑现小麦、玉米、水稻、棉花良种补贴资金2.4亿元，是上年的近3倍。粮食总产量达到906万吨，创历史新高。全膜双垄沟播面积达到758万亩，增产粮食60万吨以上。整合13.3亿元支持马铃薯、中药材和43个牛羊产业大县建设，马铃薯、中药材种植面积达到1000万亩和246万亩。草食畜牧业加快发展，肉类总产量85万吨，增长7.4%。新增有效灌溉面积37万亩，完成节水灌溉面积89万亩，新修梯田110万亩。实施596个扶贫开发整村推进项目，减贫40余万人。解决153万农村人口的饮水安全，新建农村户用沼气40.2万户，新建改建农村公路1.6万公里。劳务输转477.5万人次，创劳务收入365亿元。

五、切实改善民生，社会事业协调发展

省级投入资金61.5亿元，承诺为老百姓办的12件实事基本落实。制定了30条促进就业政策措施，启动实施就业服务专项行动。安置3838名纯农牧户零就业家庭高校毕业生就业，争取国家“特岗计划”5000名，选拔5000名高校毕业生到农村中小学任教、5000名高校毕业生到乡镇卫生院工作，招录公务员2857名。城镇新增就业27.8万人，实现再就业11万人。提高城乡低保标准、五保户供养标准和工伤伤残标准。城乡低保资金达到31亿元，增长51.8%，低保人数增加107.5万人。村干部、被征地农民养老保险全面实施。新开工建设廉租住房4.86万套、232.23万平方米，完成年度计划的154.8%。完成农村危房改造21.3万户。全面化解农村义务教育债务，启动实施义务教育学校绩效工资，完成宕昌县“两基”攻坚任务。率先开展中职教育减免学费工作，覆盖率达97%。医疗卫生服务体系建设不断加强，新农合参合率达到95.5%。甲型H1N1流感防控工作科学有序进行。落实计划生育奖励扶助、少生快富和计划生育家庭特别扶助“三项制度”，继续保持低生育水平。制定《关于加快残疾人事业发展的实施意见》和《甘肃省扶助残疾人规定》，推动残疾人事业发展。庆祝新中国成立60周年文化活动丰富多彩，舞剧《丝路花雨》、《大梦敦煌》等一批文艺精品获国家大奖。第三次文物普查、丝绸之路申遗、敦煌莫高窟保护利用工程和长城资源调查工作进展顺利，申报保护了一批非物质文化遗产。完成2.2万个广播电视村村通工程。新建6000个农家书屋。全民健身活动蓬勃开展。新闻出版、外事、侨务、地震、气象、人防、测绘、参事、文史、地方志和档案管理等都取得了新的成绩。

六、加大工作力度，灾后重建阶段性任务基本完成

按照国务院目标要求，举全省之力加快灾后重建。落实各类补助性重建资金406.7亿元。纳入规划落实重建资金的9685个项目已开工7299个，占规划项目数的75.4%。完成投资390.1亿元，占规划总投资的57.1%。灾区农村居民住房重建和维修任务全面完成。基层学校、医院等公用设施重建工作完成80%以上，通路、通电、通水、通信息、通广播电视、通宽带目标基本实现，市场服务体系初步恢复，水利、电力、交通、城市基础设施建设等项目有序推进。深圳援建项目全部开工，18个项目建成。

七、创新体制机制，改革开放取得新进展

开展深入学习实践科学发展观活动，围绕破解发展难题，推进产业发展、科技创新、资源配置、财税分配、城镇规划、环保约束、民生保障等10个方面体制机制创新。重点领域和关键环节改革继续推进。全省土地流转面积达85.6万亩。集体林权制度改革全面推开。白银公司与中信集团、华亭煤业与华能集团、祁连山建材与中材集团实现战略重组，兰石集团、读者集团完成股份制改造，大禹节水在创业板成功上市，6户省属困难企业政策性破产进展顺利。县级基本财力保障机制初步建立，省直管县财政试点达到41个。设立地质勘查基金5亿元。中信银行兰州分行正式开业。新型农村金融机构改革试点步伐加快。医药卫生体制改革重点工作全面推开。新型农村社会养老保险试点工作启动。省级政府机构改革全部完成，市县政府机构改革有序开展。

八、加强政府自身建设，行政水平不断提高

坚持依法行政，认真办理人大代表建议和政协委员提案，自觉接受人大依法监督和政协民主监督。提请省人大常委会审议地方性法规草案7件，制定政府规章11件。加强政府信息公开，完善新闻发布制度，有序推进电子政务建设。强化应急管理，果断处置突发事件。妥善解决了一批信访积案和群体性上访事件。加大惩治和预防腐败力度，监察审计工作继续加强。积极推进村务、厂务公开和村民自治、城市居民自治。精神文明建设、双拥工作、民兵预备役建设取得新成绩。认真贯彻民族宗教政策，依法加强宗教事务管理，有效防范打击民族分裂势力和利用宗教进行的渗透活动。深入开展安全隐患排查治理，安全生产四项指标全面下降。强化社会治安综合治理，化解社会矛盾纠纷，依法严厉打击黑恶势力、刑事犯罪和经济犯罪，维护了社会稳定。

各位代表，过去的一年，经济环境变化加剧，外部市场需求萎缩，工业品价格跌宕起伏。在如此困难的情况下，经济社会实现了平稳较快发展，取得这样的成绩极其不易。这是党中央国务院总揽全局、英明决策的结果，是省委创新思路、正确领导的结果，是省人大、省政协同心协力、监督支持的结果，是全省各族人民迎难而上、共克时艰、奋力拼搏的结果。我代表省人民政府，向奋战在各条战线的劳动者，向人大代表、政协委员，向驻甘人民解放军、武警官兵和中央在甘单位，向各民主党派、人民团体和社会各界人士、离退休老同志致以崇高的敬意！向所有关心支持甘肃发展和灾后重建的兄弟省区市，香港和澳门特别行政区，台湾同胞、海外侨胞和国际友人表示衷心的感谢！

在肯定成绩的同时，我们清醒地看到，经济社会发展仍然面临诸多挑战和困难。一是工业经济持续回升的基础还不稳固。石化、有色、冶金等支柱产业受国际市场需求疲软的影响，主营业务收入下降、库存上升、产成品资金占用增加、订单不足等问题仍然比较突出。二是消费需求拉动经济增长的内在动力仍然不足。外贸出口量增价跌局面短期难以改变。工业化、城镇化进程缓慢，城乡居民收入水平低，购买力不足，产业结构、产品结构与国家刺激消费政策匹配性不强。三是转变发展方式的任务十分艰巨。产业结构不合理，对能源、原材料依赖性强，节能降耗和资源保障压力大。产业链条短、深加工产品少、企业自主创新能力弱，非公经济和中小企业发展活力不足。四是农业稳定发展和农民持续增收难度大。农业基础条件差，抵御风险的能力不强，农村贫困面大。农业产业化水平不高，农村二、三产业发展滞后，劳动力技能低，农民增收渠道不多。五是就业压力持续增加。劳动力供大于求的矛盾突出，扩大就业和稳定就业双重任务并重，就业形势严峻。六是政府自身建设亟待加强。政府职能转变还不到位，少数部门和公务员改革开放意识不强，体制机制创新不够，缺乏事业心和责任感，办事拖拉，形式主义、官僚主义和腐败现象仍然存在。对于这些问题，省政府将认真研究，努力加以解决。

2010年奋斗目标和主要任务

今年是实施“十一五”规划最后一年。做好今年的工作，对全面完成“十一五”规划目标，为“十二五”发展奠定良好基础具有重要意义。纵观国内外形势，今年经济发展环境将好于去年。一方面，国际金融市场渐趋稳定，世界经济逐步向好。我国经济回升基础不断巩固，市场信心明显增强，扩大内需和改善民生政策效应将继续显现。新的产业革命正在孕育，战略性新兴产业加快发展，为我省调整经济结构、转变发展方式带来新的机遇。另一方面，国家宏观经济政策保持基本稳定，继续加大调整经济结构和收入分配力度，对我省加快基础设施建设、新能源产业发展和改善民生将起到积极的促进作用。我们必须正确判断形势，统一思想认识，坚定发展信心，凝聚全省人民的智慧和力量，发扬甘肃精神，抢抓机遇，加快发展。

政府工作总体要求是：全面贯彻党的十七大、十七届三中、四中全会和中央经济工作会议精神，以科学发展观为指导，认真贯彻落实中央宏观调控政策，坚持“四抓三支撑”的总体工作思路，全面实施“中心带动、两翼齐飞、组团发展、整体推进”的区域发展战略，围绕加快转变经济发展方式和调整经济结构，坚持改革创新，继续强化基础设施建设、生态环境建设和特色产业培育，着力培育区域经济增长极，加大民生工程建设力度，促进全省经济社会又好又快发展，全面完成“十一五”规划的各项目标任务，为“十二五”时期的发展奠定良好的基础。

经济社会发展主要预期目标是：生产总值增长10%以上，规模以上工业增加值增长11%，全社会固定资产投资增长30%，社会消费品零售总额增长16%，地方预算收入增长12%，外贸进出口总额增长20%，城镇居民人均可支配收入增长8%，农民人均纯收入增长10%以上，居民消费价格涨幅3.5%左右，城镇登记失业率控制在4%以内，人口自然增长率控制在7‰以内，万元生产总值能耗降低5%以上。

确定这样的预期目标，主要有三个方面考虑。一是基于继续保持较快发展速度的需要。只有保持经济平稳较快增长，才能稳定社会预期，增强发展信心。这对于扩大就业、增加收入、改善民生、促进社会和谐都是非常必要的。也只有保持较高的发展速度，才能逐步缩小我省与全国的差距。二是基于对有利条件和积极因素不断增多的认识。国家扩大内需的政策取向没有改变，特别是继续实施西部大开发战略，进一步加大对生态环境建设、基础设施建设、社会事业发展和强化农业基础等方面的支持力度，而这些方面正是我省的薄弱环节，也是我省争取国家支持、加快发展的宝贵机遇。三是基于区域发展战略所带来的发展信心和动力。省委十一届七次全委扩大会议提出的区域发展战略，是对省情认识的升华，极大地调动了全省加快发展的积极性。河西新能源及装备制造业显示出良好的发展前景，陇东石油煤电开发利用项目投资强度加大，各市州精心谋划、竞相发展，形成了一批新的经济增长点，为加快发展创造了有利条件。

按照总体要求和预期目标，政府工作的主要任务是：

一、加快项目建设，保持投资持续快速增长

继续贯彻落实国家扩大内需政策措施，加大项目建设力度，扩大投资规模，增强投资对经济增长的拉动作用。

一是加快重大交通基础设施项目建设进度。建成天水至定西、康家崖至临夏、永昌至金昌高速公路。全面开工建设营盘水至武威、成县至武都高速公路。抓好武都至罐子沟、西峰至长庆桥至凤翔路口、徐家磨至古浪、瓜州至星星峡等高速公路建设。新开工敦煌至当金山二级公路及临夏至大河家、岷县至合作等10条942公里国省道改造项目。按照本届政府任期内，用三年时间完成全省所有县城通二级及以上公路的目标，今年完成12个县的建设任务。确保兰渝、西平、天平、兰州铁路枢纽、兰新铁路第二双线等重点铁路项目按计划完成投资，全面开工建设宝鸡至兰州客运专线，争取开工建设天平铁路北延线及包兰铁路兰州至银川扩能改造工程。完成嘉峪关机场航站区扩建工程，加快金昌机场建设进度，争取开工建设兰州中川、庆阳、夏河机场及张掖军民合用机场改扩建项目。

二是加强生态环境保护与建设。积极争取石羊河流域防沙治沙与生态恢复、祁连山北麓生态环境综合治理、敦煌水资源综合利用与生态保护等项目。加快实施甘南黄河重要水源补给生态功能区保护与建设、黄土高原地区综合治理、陇南山地水土流失治理及重点生态建设等工程。继续推进天然林保护、“三北四期”、退耕还林、退牧还草等项目建设。加快引洮供水一期、盐环定扬黄续建甘肃专用工程建设进度。

三是壮大能源基础产业。加快酒泉380万千瓦风电场项目建设，开工建设一批10兆瓦并网型光伏发电项目，开展50兆瓦光伏发电特许权招标工作。抓好黄河河口、白龙江沙川坝等在建水电站建设，建成崇信电厂、平凉电厂二期、兰州范家坪热电厂，加快酒泉热电厂等项目建设，全面开工建设永登至金昌至酒泉至瓜州750千伏双回路输变电工程和酒泉风电基地“十一五”风电场升压站工程。积极推进核桃峪、新庄、刘园子矿井建设和煤矿安全改造项目进度，力争大柳矿井及选煤厂和新安煤矿建成投产。加快庆化搬迁改造和兰州原油储备基地工程建设，建设一批城市天然气管网。

四是抓好重大项目前期工作。精心谋划一批关系长远发展和增强发展后劲的重大项目，加快推进引洮二期、黑河治理二期、引哈济党、庆华集团张掖煤制气、兰州11.8万吨碳五全分离综合利用等重大项目前期工作。争取雷家角至西峰、临洮至渭源、兰州南绕城、十堰至天水甘肃段高速公路可研和初设批复。完成天平铁路向南延伸、干塘至武威增建二线等铁路项目前期工作。争取国家启动兰州至张掖增建三、四线铁路项目。加快部分支线机场及改扩建机场前期审批。完成正宁、沙井子和甜水堡矿区规划批复。加快兰州轨道交通项目的前期工作。

五是努力提高项目管理水平。强化项目管理，创新管理模式，严格执行基本建设程序，做好项目规划、论证、勘察、设计等前期工作，及时履行环评、节能、土地等前置审批手续。依法依规推进征地拆迁、移民安置等工作。严格执行项目法人责任制、招投标制、合同管理制、工程监理制和工程质量终身责任制。加强对项目建设全过程的监督检查和审计，确保项目廉洁、工程优质和资金安全。

六是基本完成灾后重建任务。今年是完成灾后重建任务最后一年，必须突出重点，靠实责任，全面加快城镇居民住房、城市基础设施以及水利、交通、医院、学校等项目建设进度，确保按时完成重建任务。加强与深圳市的协调配合和省内对口支援，精心组织，确保重建项目有序推进。加强检查验收，确保重建工程质量。

二、加快产业结构调整，促进工业经济快速发展

继续深入实施工业强省战略，加大对重点企业的扶持力度，开展企业科技创新年和质量效益年活动，加快结构调整，提升产业层次，在转变发展方式中加快发展速度。

一是推进产业结构优化升级，促进发展方式转变。加快实施石油化工、钢铁有色、装备制造、新型能源、电子信息和轻工纺织等6个产业调整振兴规划。用新技术、新材料、新工艺、新装备改造提升传统产业，推进信息化与工业化融合。不断延伸产业链，发展高附加值产品。支持企业拓展石油化工精细加工，提高钢铁有色金属深加工比例。加大资源勘探开发力度，优化矿区资源配置。在能源资源优势地区建设大型现代高载能产业基地。加快发展装备制造业，支持兰州吉利轿车扩能改造，推进石油钻采和炼化设备、数控机床、风力发电设备成套化和高端化。利用中药材特色资源和生物技术优势，推动特色中成药、藏药和生物制药快速发展。加快发展畜产品、马铃薯、果品蔬菜等农产品精深加工和葡萄酒产业。推进品牌战略，提高产品市场竞争力。

二是加强新能源基地建设，加快发展战略性新兴产业。围绕国家自主创新产业化项目，充分发挥资源优势，加快风能、太阳能、生物质能等新能源开发，积极培育新材料、电子信息、生物工程、现代制药、航空航天等新兴产业，加快发展低碳经济。组织实施重大产业技术开发专项，在石油化工装备、新型催化剂、精细化工、新型功能材料等方面组织实施一批产学研联合开发项目。新建一批工程研究中心、实验室和产业技术创新联盟。鼓励企业加大研发投入，提高自主创新能力。

三是大力发展循环经济，加大节能减排力度。加快实施《甘肃省循环经济总体规划》，建设“一区七基地”，培育16条产业链，实施72类重点支撑项目，总投资2133亿元。提高煤炭、黑色和有色金属共伴生矿产资源综合利用水平。支持工业园区提升循环经济发展功能。抓好省级43个节水型社会试点建设。加强重点工业行业和160户重点企业的节能工作，落实差别电价政策，淘汰高耗能高污染落后产能。大力实施资源节约和环境保护技术改造项目，开发和推广资源节约替代、回收处理等新产品新技术。加大兰州大气污染治理力度，加快城区污水“全收集、全处理”工程建设进度。加强农业面源污染治理和饮用水源保护，加大工业和重金属污染防治力度。积极推进公共机构节能工作。二氧化硫和化学需氧量排放量分别控制在56.3万吨、16.8万吨以内。

四是积极创造环境，促进中小企业发展。加大力度落实促进非公经济、中小企业发展的各项政策，降低准入门槛，鼓励民间资本进入基础设施、金融服务、公共事业领域，促进产业结构调整。加快建设中小企业创业基地、信息网络和公共服务平台，形成功能齐全的中小企业服务体系。发挥兰州银行、农村信用社、村镇银行和小额贷款公司服务中小企业发展的优势，努力增加信贷投放。推进中小企业信用担保体系建设，建立信用担保风险补偿机制，努力解决中小企业融资难问题。落实出口退税政策，支持中小企业开拓国际市场。

三、夯实“三农”发展基础，持续增加农民收入

坚持把解决好“三农”问题作为全部工作的重中之重，加大投入，夯实农业农村持续发展的基础，积极发展现代农业。

一是提高农业综合生产能力。全面落实粮食直补、良种补贴、农资综合补贴、农机具购置补贴和扶持奶牛、生猪养殖等强农惠农政策，进一步调动农民生产积极性。健全财政支农资金稳定增长机制。加快中低产田改造，扩大节水灌溉面积，推广旱作农业新技术。全膜双垄沟播面积达到1000万亩、高效节水200万亩、脱毒种薯400万亩。开展高标准农田示范工程建设，推进粮棉油高产创建活动，提高单产，增加总产。提升农产品质量安全水平。

二是多渠道增加农民收入。继续实施促进农民增收“六大行动”。加快马铃薯、高原夏菜、中药材、制种、果品、酿酒原料等特色优势产业发展，推进牛羊产业大县建设。支持产业化龙头企业开展精深加工，扩大农产品外销。推进乡镇企业产业升级，发展休闲农业、乡村旅游和农村服务业。积极发展各类农村专业合作组织，大力推广订单农业。加强农业科技创新和技术推广，加快良种繁育、设施农业发展。整合培训资源，加强农民技能培训、就业指导和权益保护，努力增加现金收入。

三是继续推进农村基础设施建设。加快大中小型灌区续建配套与节水改造，加大大型泵站更新改造力度，实施小型农田水利重点县项目和农牧区节水灌溉示范项目建设，全面完成列入国家规划的病险水库除险加固任务。继续实施22个农村电气化县项目。建立健全农村沼气服务体系。加快实施农村信息化民生工程、电网改造工程和广播电视村村通工程。

四是促进城镇化与新农村建设良性互动。以兰州、嘉峪关、金昌3个省级试点市和11个试点县为重点，整体推进新一轮新农村建设和统筹城乡一体化试点工作。把城市发展与壮大县域经济结合起来，推进沿西陇海兰新线各城市发展。加强小城镇基础设施建设，增强产业集聚、吸纳就业和公共服务能力。推进户籍制度改革，放宽中小城市和城镇落户条件，使在城镇稳定就业和居住的农民有序转变为城镇居民，努力提高城镇化率。

四、扩大消费需求，提升服务业发展水平

坚持把扩大消费需求作为促进经济增长的战略方针，把发展现代服务业作为调整经济结构、转变发展方式的重点，构建特色突出、优势互补的发展格局。

一是加快建设综合交通运输体系。坚持“陆水空并重、建管运并举”的发展思路，在适应大交通、建设大通道、构筑大枢纽、发展大物流上找准切入点，推动以物流园区为龙头、物流中心为骨干、城乡快速货运为支撑的交通运输网络建设。积极探索综合交通运输发展统一协调的政策、规则和标准，促进交通运输一体化发展。

二是扎实推进城乡流通体系建设。以中心城市、交通干线和物流园区为依托，建设多层次、多功能现代物流网络体系。支持城市商业网点向农村延伸，加大“万村千乡市场工程”、“农村县乡集贸市场改造工程”、“新网工程”和邮政服务“三农”工程等实施力度，建立大宗农产品产销衔接体系，开展“农超对接”试点。加快社区肉菜市场标准化改造和粮油副食品等重要商品储备设施建设。

三是着力培育城乡消费热点。完善“家电下乡”、“以旧换新”和“汽车、摩托车下乡”政策，增加种类和型号，扩大补贴范围，提高补贴标准。加快宽带网络建设和农村信息化步伐，推进“三网”融合，促进信息消费。鼓励发展消费信贷，营造便利、安全、放心的消费环境，促进金融、科技、文化、中介、培训、家政、养老、健身等服务消费。

四是促进对外贸易恢复性增长。用好国家进口贴息政策，扩大镍、铜、铅、锌精矿进口规模。实施“走出去”战略，支持金川公司、酒钢集团等大型骨干企业拓展境外投资，获取资源。抓住国家提高农产品深加工、机电、钢铁制品等部分商品出口退税率的时机，调整结构，促进优势产品扩大出口。

五是做大做强旅游产业。贯彻国务院《关于加快发展旅游业的意见》，把旅游业作为战略性支柱产业来培育。加强旅游基础设施建设，搞好旅游示范县创建工作，整合旅游品牌和精品线路。积极争取开通兰州中川机场航空口岸，扩大入境旅游。加快旅游企业改革，培育骨干龙头企业。促进旅游与文化体育相结合，加大宣传促销和市场开拓力度，扩大旅游消费。

六是促进房地产业健康发展。贯彻落实国务院关于促进房地产市场健康发展的政策措施，编制2010~2012年住房建设规划，明确中低价位、中小套型普通商品住房和限价商品住房、公共租赁住房、经济适用住房、廉租住房建设规模。加大住房供应结构调整力度，增加保障性住房和普通商品住房有效供给，确保资金、土地供应和优惠政策落实到位。加大对圈地不建、捂盘惜售和哄抬房价等违规行为的查处力度。

五、全面实施区域发展战略，努力培育经济增长极

以深入研究、搞好规划为基础，全面启动实施区域发展战略，发挥比较优势，优化产业布局，创新发展模式，提升中心城市辐射带动能力，推进区域合作与协调发展，整体推动我省经济发展迈上新台阶。

一是切实增强兰白都市经济圈辐射带动能力。研究编制兰白都市经济圈发展规划。积极探索形成兰白都市圈协调合作发展的工作机制，依托区域内经济技术和高新技术开发区，优化产业布局，加快兰州国家石化新材料产业化基地、国家火炬计划白银有色金属新材料及制品产业基地建设。打造国家重要的能源及石油化工、有色冶金、装备制造、特色农产品加工、生物制药及中藏药现代化基地。加快建设西北交通枢纽、区域金融中心和商贸物流中心，发挥全省经济社会发展的龙头作用。

二是着力打造河西新能源和陇东能源化工基地。加快酒泉千万千瓦级风电基地建设，启动河西百万千瓦级光电基地建设，带动新能源装备制造业发展。加快陇东能源化工基地建设，做好石油煤炭资源勘探开发和加工产业链延伸工作。积极推进大型坑口电站和骨干电网建设，提高电力送出能力。加快实施《关中—天水经济区发展规划》，推进陇东南区域经济快速发展。

三是大力发展各具特色的区域经济。培育和发展区域中心城市，加快建设嘉峪关不锈钢生产基地，金昌镍铜钴生产基地，陇南、甘南黄金铅锌生产基地，张掖、武威和定西特色农副产品加工基地，天水机械电工设备制造基地，平凉电子真空器件制造基地，临夏商贸和民族产品生产基地。规划建设精深加工园区，延伸产业链，大力发展循环经济、绿色经济，形成优势互补的区域发展新格局。

四是全面加快贫困地区、民族地区和革命老区发展。加大扶贫开发、以工代赈投入力度，加快特色产业发展。实施贫困地区集中连片扶贫综合开发，继续开展河西特困移民帮扶工作。落实扶持民族地区、革命老区的发展政策，采取切实有力措施，促进甘南、临夏等民族地区和庆阳革命老区加快发展。力争易地扶贫搬迁 6 万人。减少贫困人口 40 万人。

六、着力改善民生，加快社会事业发展

坚持把保障和改善民生摆在突出位置，继续加大公共财政用于民生的支出力度，使人民群众得到更多实实在在的利益。

一是实施积极的就业政策，努力扩大城乡就业。把高校毕业生和困难群体就业作为就业工作的重中之重，通过政府主导、市场拉动、鼓励创业等措施，促进高校毕业生就业创业。落实支持企业吸纳就业政策，促进企业增加就业岗位。继续推动全民创业。扩大就业再就业和妇女创业小额担保贷款。继续做好城镇零就业家庭就业援助工作。建立统筹城乡的就业服务体系。城镇新增就业 25 万人，下岗再就业 8 万人，输转城乡富余劳动力 500 万人次，创劳务收入 400 亿元。

二是推进制度创新，完善城乡社会保障体系。加快新型农村社会养老保险试点，实现被征地农民、村干部养老保险与新农保制度并轨。以农民工、个体私营、灵活就业人员为重点，扩大城镇职工养老保险、工伤保险、失业保险参保范围。以大学生、中小学生和困难群体为重点，扩大城镇职工和居民医疗保险参保范围。彻底解决未参保集体企业参加城镇养老保险、关闭破产企业退休人员参加医疗保险、“老工伤”全部纳入工伤保险等遗留问题。提高企业退休人员养老金水平。

三是坚持优先发展教育，重点发展职业教育。以就业为导向，继续扩大中等职业教育招生规模，创新体制机制和办学模式，推进职业教育资源整合和集团化办学，加快实训基地建设，着力培养学生的就业创业能力。全面完成“两基”攻坚任务，加快中小学教育布局调整，促进义务教育均衡发展。加强师资队伍建设，促进民族地区教育发展。改善高等教育办学条件，引导学科专业调整结构、优化布局，提高教育质量。继续实行中等职业教育减免学费政策，实施普通高中家庭经济困难学生助学金政策。

四是加快发展医疗卫生事业，提高基层服务水平。重点发展基层公共医疗卫生事业，加快县级医院、乡镇卫生院、村卫生室和社区卫生中心建设，加强技术人员专业培训，提高基层卫生机构综合服务水平。深化医药卫生体制改革，推进国家基本药物省级招标采购和统一配送，逐步实现基本药品零差价销售。推进中医药和民族医药事业发展。鼓励社会资本兴办医疗卫生机构。继续做好甲型 H1N1 流感等重大传染病防控和慢性病、职业病、地方病防治，提高突发公共卫生事件应急处置能力。

五是做好人口与计划生育工作，确保完成人口控制计划。全面落实奖励扶助、少生快富、特别扶助等政策措施，完善人口计生利益导向机制。实施优生促进工程，做好出生缺陷一级预防工作。加强流动人口计划生育管理。搞好第六次人口普查。完善人口计生经费财政投入保障机制，人口计生事业费达到人均 30 元。积极应对人口老龄化趋势，推进老龄事业健康发展。

六是促进文化繁荣，加快各项社会事业发展。统筹城乡文化事业发展，加快重点文化设施项目建设，加大改革创新力度，创新体制机制，提高公共文化服务能力。扶持精品剧目创作，丰富群众文化生活。推进文化产业园区建设，组建文化龙头企业，加快发展文化产业。积极推进广播影视领域项目建设和产品创新。建设国家敦煌古壁画保护工程技术研究中心。积极筹建国家亚高原训练基地，办好省第十二届运动会。推进残疾人社会保障和服务体系建设。继续做好新闻出版、外事、侨务、地震、气象、测绘、参事、文史、地方志和档案管理等工作。

七是强化措施，为民办好14件23项实事。(1)解决120万农村人口饮水安全、新增农村户用沼气10万户。(2)完成甘谷、舟曲等12个县城通二级公路建设任务。建成2000公里通乡油路。(3)新修梯田134万亩，土地整理复垦开发32万亩，其中新增耕地7.1万亩。(4)整合培训资源，实施14万农民技能培训工程。(5)推广农户小额信用贷款，安排信用贷款额度450亿元。(6)提高村组干部报酬和村办公经费。村干部报酬按每年6000元标准补助，组干部误工补贴按村干部报酬的30%确定，村办公经费按每年5000元标准补助。(7)城市低保标准提高10%，农村低保标准由728元提高到850元。(8)实施城乡居民临时救助制度。(9)完善城乡医疗救助制度。(10)新型农村合作医疗政府补助水平提高到每人每年120元，基本公共卫生服务经费达到每人每年15元。(11)实施全省中小学校舍安全工程。安排资金19亿元。其中，中央补助11亿元，省财政安排4亿元，市县配套4亿元。(12)实施特殊教育学校建设工程，逐步达到每个市州及人口在30万人以上的县区都有1所特教学校。(13)选拔5000名普通高校毕业生到农村中小学任教，招录4500名医学类(含护理专业)、500名兽医专业普通高校毕业生到乡镇卫生院、基层兽医站工作。(14)实施城乡危旧房改造工程，包括农村危旧房改造20万户，农村贫困残疾人危房改造6000户，新建廉租住房3万套、发放租赁补贴10万户，城镇居民住房灾后重建3.69万套、维修加固4.5万套，城市和国有工矿棚户区改造6.37万户，省属企业矿山塌陷区危旧房改造2000户，国有林区棚户区改造5000户。

七、加强安全管理，切实维护社会稳定

整顿规范市场秩序，确保食品药品质量安全。加强安全生产工作，抓好交通、煤炭、消防、民爆、建筑、非煤矿山、危险化学品等重点行业和领域的安全专项治理，严厉打击违法生产行为。加强商场、学校、幼儿园、娱乐场所等人员聚集地的安全防范，防止重特大事故发生。深入推进社会矛盾化解、社会管理创新、公正廉洁执法。坚决纠正各种损害群众利益的行为，妥善处理土地征用、拆迁安置、企业改制、环境污染、劳资纠纷、涉法涉诉等方面的矛盾和问题。创新信访工作机制，着力解决突出的信访问题。加强防灾减灾工作力度。积极预防、妥善处置群体性事件和突发公共事件。完善社会治安防控体系，强化社会治安综合治理和专项整治，依法严厉打击各类刑事犯罪和经济犯罪，全力维护社会稳定。

八、认真调查研究，编制好“十二五”规划

编制“十二五”规划，必须贯彻落实科学发展观，认真分析国际环境新变化和国内发展新要求，准确把握省情和发展阶段特征，围绕结构调整和转变发展方式，着力增强自主创新和可持续发展能力。围绕全省经济社会发展基础性、全局性和战略性重大问题，重点对“十二五”时期发展环境、思路目标、基础设施、结构调整、产业布局、区域发展、生态环境、社会事业、改革开放和人民生活等方面深入研究，集思广益，完善发展思路。加强重大项目储备，把规划目标与城乡统筹结合起来，与实现全面建设小康社会目标结合起来，与国家各项支持政策对接起来，落实到具体项目上，提高规划的科学性、前瞻性和可操作性。

保障措施

完成今年的目标任务，必须依靠解放思想、转变观念来引导，依靠科技进步、人力资源来支撑，依靠深化改革、创新体制机制来推动。

一、深化改革开放，增强发展的动力和活力

积极推进国有企业改革。深化大型骨干国有企业改革，积极引进战略投资者和社会资本，实现产权多元化，完善法人治理结构和高管人员激励约束机制。加快长风集团、驼铃客车、长控电缆三户企业政策性破产步伐。积极推进商贸流通、建筑、农牧、交通、旅游、供销社等领域的国有企业改革，完成企业产权多元化、与政府部门脱钩和职工身份置换三大任务。认真做好国企改革“回头看”工作。

继续深化农村改革。推动农村改革创新，健全有利于农业农村发展的体制机制。建立健全土地流转制度，发展多种形式的适度规模经营。继续全面推进集体林权制度改革，稳定和完善草原承包经营制度。实施农垦改革方案。建立和完善各级政府责任明确、财政分级投入、经费稳定增长、管理以县为主的农村义务教育管理体制。健全乡村两级运转经费保障机制。继续推进乡镇政府职能转变，增强社会管理和公共服务职能。

加快财税金融物价改革。完善省直管县财政管理体制。推进非税收入管理改革，做好国有土地有偿使用、“两权”价款收入监缴工作。完善国有资本经营预算，深化政府采购制度和收入分配制度改革。加强地方政府债务管理，努力防范和化解财政风险。加快地方金融机构改革，发展面向中小企业和“三农”的金融服务机构。落实和完善涉农贷款税收优惠、定向费用补贴、增量奖励政策。稳定扩大政策性农业保险。实施天然气、电力、水价等价格改革。

努力提高对外开放水平。完善招商引资优惠政策，建立招商引资项目责任制，落实投资服务、重点招商项目跟踪、客商投诉受理等工作制度，提高项目履约率和资金到位率。扩大利用外国政府优惠贷款和国际金融组织贷款规模。全力办好第十六届“兰洽会”，做好参加上海世博会的筹备和组织工作。

二、推进科技进步，提高自主创新能力

充分发挥市场在科技资源配置中的基础性作用，紧紧围绕发展方式转变和经济结构调整，促进经济与科技结合。深化地方科研院所改革，发挥大专院校、科研院所原始创新和集成创新的骨干作用。实施国家中长期人才发展规划，启动高层次人才科技创新创业扶持行动。加快科技园区、孵化器、创业中心建设，围绕重点产业和特色优势产业，加快科技成果转化和产业化。鼓励创新要素向企业聚集，使企业真正成为技术创新和成果转化的主体。加快新能源、有色金属新材料技术攻关和产品开发。推进国家中药现代化科技产业甘肃基地和兰州生物医药科技产业基地建设。推动重离子治癌关键技术研究和大型治疗设备开发。开展全膜双垄沟播生产配套技术及装备的研究与开发，建设高效节水设施农业科技示范工程。

三、加大资金筹措力度，进一步拓宽融资渠道

认真落实积极的财政政策和适度宽松的货币政策。积极争取增加我省转移支付规模和政府债券发行额度。优化信贷结构，增加信贷总量。继续做好银政、银企合作项目对接。鼓励支持金融机构创新产品和服务，加快业务发展。强化金融机构支持地方经济发展的责任，对支持力度大的，在资金开户、项目安排等方面予以倾斜。积极培育和发展资本市场，鼓励有条件的企业通过发行企业债券和短期融资券等方式直接融资。加快企业上市步伐，支持优势企业借壳买壳上市，推动上市公司并购重组、增资扩股，提高再融资能力。加快发展产权交易市场，开展股权抵押、股权融资试点，积极争取设立产业投资基金，鼓励股权投资、风险投资机构发展。推进社会信用体系建设，加强金融监管，防范金融风险。管好用活100亿元中期票据资金，充分发挥政府融资平台作用。继续做好“招行引资”工作，争取光大银行、民生银行、浙商银行、中国进出口银行和中国出口信用保险公司在兰州设立分支机构。

四、认真落实国家政策，积极争取更多支持

党中央、国务院对甘肃经济社会发展高度重视，近年来，连续印发了《关于支持青海等省藏区经济社会发展的若干意见》、《关于应对国际金融危机保持西部地区经济平稳较快发展的意见》、《关中—天水经济区发展规划》和《甘肃省循环经济总体规划》，特别是在国家34个部委和单位联合实地调研的基础上，国务院正在研究制定支持甘肃加快经济社会发展的指导意见。这是我省发展史上千载难逢的重大机遇，也是对我们推动经济社会又好又快发展能力的重大考验。我们必须抢抓机遇，迎接挑战，认真做好国家政策与甘肃区域发展战略的衔接、与“十二五”规划的衔接，认真制定实施方案，突出发展重点，全力抓好落实，用好用足政策，把项目和资金落到实处，推动甘肃经济社会进入新的发展阶段。

加强政府自身建设

加快转变政府职能，推进依法行政、科学行政、民主行政、廉洁行政，努力建设人民群众满意的法治型、服务型、效能型和廉洁型政府。

一、加强民主法制建设，提高依法行政水平

深入贯彻《全面推进依法行政实施纲要》，制定发布《全面推进依法行政第二个五年规划》。规范政府行政行为，依法管理经济社会事务，做到用制度管人、管权、管事，坚决制止不作为、乱作为。加快建立权责明确、行为规范、监督有效、保障有力的行政执法体制，确保行政执法规范、公正、文明。认真执行人大及其常委会的决议和决定，及时报告工作。积极支持人民政协履行职能，主动听取各民主党派、工商联和无党派人士的意见建议。认真办理人大代表建议和政协委员提案，自觉接受人大依法监督、政协民主监督和社会公众监督。支持人民法院、检察院依法履行职责，支持工会、共青团、妇联等群团组织依照法律和章程开展工作。推进基层民主建设，扩大政务、村务和厂务公开。完善利益协调机制、诉求表达机制、矛盾纠纷调处机制和权益保障机制，切实维护群众的合法权益。加强全民国防教育、国防后备力量和人民防空工作，开展双拥共建活动。深入推进法治宣传教育活动，加强法律服务和法律援助，努力营造良好的法治环境。加强社会主义核心价值体系建设，广泛开展群众性精神文明创建活动。全面贯彻党的民族宗教政策和民族区域自治制度，广泛、深入、持久开展民族团结宣传教育活动，依法加强宗教事务管理，有效防范和坚决打击民族分裂活动，巩固和发展平等团结互助和谐的社会主义民族关系。

二、推进职能转变，增强服务能力

以政府机构改革为契机，进一步理顺职责关系，强化部门协调配合，逐步形成权责一致、分工合理、决策科学、执行顺畅、监督有力的行政管理体制。推动政府职能转变和管理创新，加快政府职能向创造良好发展环境、提供优质公共服务、维护社会公平正义转变。完善重大事项集体决策、专家咨询、听证与公示、新闻发布等制度，保障人民群众的知情权、参与权、表达权、监督权，提高政府的公信力。支持行业协会、中介机构承担行业规范建设和公共服务职能。深化行政审批制度改革，可以下放的权力一律下放，可以取消的收费一律取消，可以精简的审批一律精简。推行联合审批、集中审批和现场审批。加强电子政务建设，健全信息发布制度，公开办事程序，努力提高服务质量。

三、狠抓工作落实，提高工作效能

以提高执行力为突破口，强化目标管理责任制和绩效考核制度，完善市州、中央驻甘单位和省属企业对省政府部门工作评议制度。健全对重大决策部署执行情况检查和专项督查制度，完善重点工作和重大项目考核责任制，确保重点工作和重大项目不折不扣完成。加强政府效能建设，完善督查机制，加强跟踪落实和监督检查，确保政令畅通，提高行政效率，坚决杜绝有令不行、有禁不止的现象。健全应急管理体系，提高应对处置突发事件的能力。

四、坚持执政为民，加强勤政廉政建设

大兴密切联系群众之风，大兴求真务实之风，大兴艰苦奋斗之风，大兴批评和自我批评之风。深入开展调查研究，坚决克服形式主义、官僚主义。把更多的时间和精力用于深入基层，认真解决人民群众普遍关心、影响经济发展和社会和谐的突出矛盾和问题。扎实开展作风建设年活动，切实转变机关作风。坚持勤俭办事，反对铺张浪费，严格控制公务用车、会议经费、公务接待和出国出境经费。认真落实党风廉政建设责任制，建立健全教育、制度、监督并重的惩治和预防腐败体系，着力推进反腐倡廉制度建设，注重从源头上防治腐败。以制约和监督权力为核心，切实加大行政审批、招投标、矿产资源配置、工程建设、土地出让、国有产权转让、政府采购等重点领域和关键环节的监管，严肃查处违纪违法行为。加强公务员队伍建设，严格遵守廉洁自律各项规定，追求健康向上的生活情趣，做勤政、为民、务实、廉洁的表率。

各位代表：做好今年的工作，对于巩固经济回升向好势头，促进经济社会平稳较快发展至关重要。让我们更加紧密地团结在以胡锦涛同志为总书记的党中央周围，高举中国特色社会主义伟大旗帜，以邓小平理论和“三个代表”重要思想为指导，深入学习实践科学发展观，在省委的坚强领导下，坚定信心，锐意进取，开拓创新，扎实工作，为全面完成“十一五”各项目标任务而努力奋斗！

关于甘肃省2009年国民经济和社会发展计划执行情况及2010年国民经济和社会发展计划草案的报告（摘要）

——2010年1月25日在甘肃省第十一届人民代表大会第三次会议上

甘肃省发展和改革委员会主任　赵春

一、2009年经济社会发展计划执行情况

2009年，全省上下坚持以科学发展观为指导，积极应对国际金融危机的冲击和影响，全面落实中央促进经济发展的一揽子计划，实现了经济的稳定较快发展。初步预计，全省生产总值达到3380亿元，增长10%；规模以上工业增加值1120亿元，增长9.5%。全社会固定资产投资2430亿元，增长40%；社会消费品零售总额1170亿元，增长18%。全省一般预算收入完成286.7亿元，增长20.9%。城镇居民人均可支配收入12060元，增长10%；农民人均纯收入3050元，增长12%。居民消费价格上涨1.1%。城镇登记失业率3.3%。进出口总值38.2亿美元，下降37%。全省在保增长、保民生、保稳定方面主要做了以下工作。

一是抢抓扩大内需政策机遇，积极争取国家扶持。自扩大内需政策实施以来，共争取中央预算内投资145.7亿元，成功发行100亿元中期票据，争取到中央代发的65亿元地方政府债券，重点用于基础设施、生态建设和结构调整等项目建设。积极配合国家部委联合调研组完成了《关于促进甘肃省加快经济社会发展的调研报告》和《甘肃藏区经济社会发展综合研究报告》。

二是加快重大项目建设，努力改善基础条件。引洮供水一期等重点治理项目加快推进；全省高速公路通车里程达到1665公里，比上年增加349公里；兰渝等铁路建设全面展开；机场扩建工程进展顺利；全省电力装机达到1883万千瓦，新增345万千瓦；兰新铁路第二双线等一批新开工项目顺利实施，重点预备项目前期工作进度加快。

三是落实强农惠农政策，农村经济平稳运行。全省落实粮食直补、农机具购置补贴、良种补贴等各类补贴资金25.7亿元。粮食播种面积4110万亩，粮食总产达到906万吨，创历史最高水平。特色优势作物种植面积达到2540万亩，同比增加40万亩。新增梯田110万亩。加大扶贫攻坚力度，争取中央新增扶贫资金2亿元，减少农村贫困人口40万。加大农村人畜饮水、农村沼气、易地搬迁等项目建设力度。

四是遏制工业经济下滑，推进产业结构调整。省上研究制定了一系列扶持政策，促进工业发展。出台丰枯电价政策，减少工业企业电费支出约9.9亿元。积极推进技术改造项目建设，兰州石化550万吨常减压异地改建等基本建成，新川化工20万吨PVC项目已经投产。酒泉风电一期380万千瓦项目开工建设，敦煌10兆瓦光伏发电工程完成奠基。海螺、祁连山、中材等骨干企业多条水泥生产线相继建设，新型干法水泥比例大幅度提高。

五是重视改善民生问题，保持社会和谐稳定。全力实施省政府确定为民兴办的“十二件实事”，推进农村校舍安全改造、中等职业教育、基层医疗卫生服务体系建设等项目建设。21.3万户农村危旧房改造、廉租住房保障任务已超额完成，城乡低保和五保供养提标扩面任务全面完成，实现了应保尽保。先后扶持3838名纯农(牧)户零就业家庭的高校毕业生就业，选拔1万名高校毕业生到农村中小学和乡镇卫生院工作，在全省范围内招录2857名公务员，落实国家特殊岗位就业计划5000名。

六是加快推进灾后重建，基本完成阶段任务。落实各类补助性重建资金406.7亿元。纳入规划的9685个项目开工7299个，占总数的75.4%，完成投资390.1亿元。全省地震灾后农村居民住房维修和30.2万户重建任务全部完成，基层学校、医院等公用设施重建基本完成，水利、交通、城市基础设施等项目建设有序推进。

七是加快体制机制创新，努力扩大对外开放。积极稳妥推进农村土地承包经营流转工作，全省土地流转面积达86万亩。集体林权制度改革在7个县区试点的基础上在全省全面铺开。6户重点破产企业破产收尾和重组工作进展顺利。医药卫生体制改革稳步推进，《甘肃省深化医药卫生体制改革实施方案(2009~2011年)》已经下发执行。财政体制改革不断深化，省直管县财政试点达到41个。通过举办各种招商活动引进资金468.7亿元，同比增长58%；全年外资实际到位3.8亿美元。

2009年，全省经济运行仍然存在一些突出问题：产业结构性问题突出，传统产业比重高，高耗能、高污染、资源性企业比重大，产业链条短、产品附加值不高；工业品价格波动并在低位运行，工业经济回升的基础不稳固；全省对外贸易额持续大幅度下滑，进而影响到能源原材料工业的发展；建设资金不足，项目建设和民生改善对资金的需求压力大，地方配套资金落实难。总体来看，全省经济仍然处于企稳向好的关键时期，进一步回升的基础还不稳定、不巩固、不平衡。

二、2010年经济发展环境和主要预期目标

从全面完成“十一五”规划目标的要求出发，2010年全省生产总值增长的预期目标确定为10%以上。与经济增长目标相适应，2010年经济社会发展主要预期目标为：规模以上工业增加值增长11%左右；新增贷款规模力争保持去年的水平，地方财政收入预算增长12%；全社会固定资产投资增长30%以上；社会消费品零售总额增长16%；外贸进出口增长20%；城镇居民人均可支配收入增长8%，农民人均纯收入增长10%以上；城镇新增就业25万人，劳务输转500万人(次)，城镇登记失业率控制在4%以内；居民消费价格涨幅为3.5%左右；与“十一五”总体发展目标相衔接，万元生产总值能耗降低5%以上，二氧化硫排放量控制在56.3万吨之内，化学需氧量排放量控制在16.8万吨之内；人口自然增长率控制在7‰以内。

三、2010年全省经济社会发展的主要任务

(一)加快项目建设，保持投资较快增长。完成天水至定西等高速公路项目，全面开工建设地方高速公路和10条、942公里的重要国省道改造项目。全面开工建设重点铁路项目，加快推进兰州铁路枢纽工程建设。加快金昌机场建设进度，开工建设2个机场改扩建项目。抓好在建水电站建设，加快电厂项目建设、酒泉风电基地建设，力争年底新增光伏发电装机50兆瓦。积极推进矿井建设和一批煤矿安全改造项目。开展全省太阳能资源及建设条件摸底调查，加大矿产资源勘探开发力度。全面加快城镇住房、公共服务、基础设施等重建进度，加强项目监督管理，确保灾后重建三年任务两年基本完成。

(二)发展特色经济，促进区域协调发展。一是发挥兰白都市经济圈的带动辐射作用，加快兰州传统产业升级和新兴产业发展，推动白银资源枯竭型城市转型。二是打造陇东能源化工和河西新能源及新能源装备制造两大基地，加快发展酒泉千万千瓦级风电基地建设和陇东能源化工基地建设，带动当地相关配套产业的发展。三是发展各具特色的区域经济。加快定西马铃薯等传统优势产业发展，加快天水装备制造业、设施农业、旅游业发展，支持平凉、庆阳、白银与周边3省7市联合建立陕甘宁革命老区生态能源经济示范区。四是加快贫困地区和民族地区发展，实施集中连片贫困地区综合开发项目，全年力争易地扶贫搬迁6万人。落实民族地区发展政策，促进甘南、临夏等民族地区发展。五是推进城乡一体化进程。全面推进兰州、金昌和嘉峪关城乡一体化试点工作，进一步完善城镇用地、购房等相关政策，推进户籍制度改革，积极研究促进农民工在城镇落户的政策措施。

(三)抓好农业生产，努力增加农民收入。继续抓好农村人口饮水安全、道路、沼气、电网、通信、广播电视等基础设施建设，实施好引洮供水一期、石羊河流域重点治理等一批重大项目。推广全膜双垄沟播玉米面积1000万亩，新增梯田面积134万亩，粮食总产量稳定在900万吨以上。继续抓好马铃薯、蔬菜、中药材等特色优势产业发展，加强农产品基地建设，扶持发展大型农产品龙头企业，推进特色产业向优势产区集中。加快草食畜为重点的现代畜牧业发展。继续实施农民增收“六大行动”，加强技能培训，做好劳务输转，拓宽增收渠道。

(四)推动结构调整，大力发展新兴产业。推进产业结构调整升级，支持骨干冶炼企业开展冶电联营，形成煤、电、冶一体化发展。支持骨干企业和国内大型企业的联合重组。加快重大技术

改造项目建设，保证祁连山、海螺集团等12条新型干法水泥生产线投产，新增产能1200万吨以上。支持省内企业加快风光电设备研发和制造能力，把风电装备制造业培育成新的支柱产业。培育和发展生物医药、现代农业、新能源、新材料、电子信息、节能环保等高技术的产业化。加快民营经济和中小企业发展，为中小企业发展提供良好的外部环境。

（五）加强生态保护，完成节能减排任务。抓好节能减排工作，大力推广热电联产、余热利用，加快燃煤机组节能降耗改造，继续淘汰小火电机组。加快淘汰落后产能，做好重点行业和160户重点企业的节能工作，落实差别电价政策，推动污水处理、垃圾回收等项目建设和收费改革。按照国家批准实施的《甘肃省循环经济总体规划》，打造16条循环经济产业链，重点培育100户骨干企业，改造提升36个省级以上开发区，逐步形成覆盖全省、各具特色的7大循环经济专业基地。大力发展风电、太阳能、核电等清洁能源和可再生能源，促进低碳经济发展。

（六）切实改善民生，推动社会事业发展。拓宽就业渠道，做好高校毕业生就业工作。及时增加对低收入群体和受灾群众的补助，加强社会救助。做好新型农村社会养老保险试点工作，全面完成养老服务体系等试点项目建设。提高城镇居民和新农合医疗补助标准。抓紧实施校舍安全工程，加快实施特殊教育学校建设工程，进一步加强中等职业教育基础能力建设，继续完善省属高校基础设施建设和专业设置调整。全面推进县级医院、中心乡镇卫生院、社区卫生服务中心、村卫生室和重点中医院建设，启动精神卫生防治体系，提高公共卫生服务能力。继续实施好乡镇文化站工程，全面完成广播电视村村通工程，继续实施西新工程和农村电影放映工程，加大文物保护和历史文化名城建设力度。加快城市廉租房、棚户区改造等保障性住房建设进度，继续推进农村危旧房改造。

（七）扩大消费需求，加强市场价格监管。继续加快农村“双百市场”工程、县乡集贸市场和农产品批发市场建设，深入推进“家电下乡”活动，扩大销售网点覆盖范围，加快补贴兑付进度。加快发展旅游业，打造旅游品牌，提升重点景区和精品旅游线吸纳游客的能力。大力发展商贸物流业，进一步加强运输、仓储、物流配送等现代物流业的发展。抓好省内重点城市物流园区和信息平台建设。做好粮油仓储建设。加强市场价格监测和监督检查，清理整顿各种乱收费，做好防范和处置价格市场异动的措施，保持价格基本稳定。

（八）努力稳定外需，抓好重点领域改革。积极支持金川公司、酒钢集团等大型骨干企业稳定进出口，努力扩大机电产品、农产品、高新技术产品和文化产品出口。支持重点企业实施“走出去”战略，拓展境外投资。加快集体林权制度改革。加快征地制度改革步伐。稳定和完善草原承包经营制度。完善“省直管县”财政管理体制，积极推进“乡财县管”、“村财乡管”财政管理方式改革。积极推进医疗卫生体制改革，扩大基本医疗保障覆盖面并提高保障水平，健全基层医疗卫生服务体系，初步建立基本药物制度，深入推动金昌、庆阳两市公立医院改革试点。

（九）加强形势分析，研究编制“十二五”规划。加强经济形势分析，研究判断当前经济发展的走势，及时把握国家宏观政策取向，深化对省情的认识，研究制约我省经济社会长远发展的重点难点问题。研究制定后十年我省西部开发思路和规划，提出相应的政策建议。深入开展对“十二五”发展环境、思路目标以及经济社会发展重大问题的研究，在做好基本思路重大问题研究和形成基本思路框架的基础上，起草形成全省“十二五”规划纲要（草案）。进一步做好兰白、酒嘉等区域经济一体化发展规划编制工作，做好全省主体功能区规划编制以及与国家规划的衔接和实施工作。

关于2009年全省财政预算执行情况和2010年全省及省级预算草案的报告（摘要）

——2010年1月25日在甘肃省第十一届人民代表大会第三次会议上

甘肃省财政厅厅长　周多明

一、2009年全省财政预算执行情况

2009年，各级各部门在省委、省政府的坚强领导下，深入践行科学发展观，坚决贯彻中央保增长、保民生、保稳定的决策部署，坚持“四抓三支撑”的总体工作思路，克服困难，抢抓机遇，开拓进取，狠抓落实，全省经济社会保持了平稳较快发展的态势。在此基础

上，各级财税部门充分发挥职能作用，切实加强科学化精细化管理，积极组织收入，努力争取中央支持，不断优化支出结构，全力保障重点支出，圆满完成了各项目标任务。

全省地方财政收入实现 286.7 亿元，完成汇总预算的 111%，同比增长 20.9%。其中省级收入 109.3 亿元，完成预算的 105.7%，同比增长 23.3%。大口径财政收入实现 604 亿元，完成计划的 108.2%，增长 36.6%。全省财政支出迈上千亿元台阶，实现 1245.6 亿元，完成变动预算的 91.6%，比上年增支 280 亿元，增长 29%，其中省级支出 269.9 亿元，完成变动预算的 79.3%，增长 27.8%。预计各级财政均能实现当年收支平衡。

在过去的一年里，我们重点做了以下工作：

（一）全力完成预算收支任务

2009 年，各级财税部门协调配合，强化执行分析，落实征管责任，实行重点税源动态监控，努力做到应收尽收。认真贯彻落实《甘肃省政府非税收入管理条例》，深化非税收入收缴管理改革，积极推进国有资本经营预算制度实施，保证行政事业性收费、罚没收入等收入及时足额入库。积极采取有效措施，强化支出管理，从严控制一般性支出，全力保障重点支出。农林水、教育、医疗卫生、社会保障和就业、交通运输等支出增幅分别达到 48.4%、24.2%、51.1%、30%、76.3%。累计下达资金 236.5 亿元，有力地支持了灾后重建工作。12 件 27 项实事顺利推进，省级共下达资金 61.5 亿元，比年初预算增加 13.3 亿元。

（二）努力争取中央支持

经过各部门共同努力，中央下达我省各类补助 885 亿元，增长 24%。义务教育绩效工资、司法经费保障、医药卫生体制等改革政策起步实施。农村公益事业建设“一事一议”奖补、乡村公益性债务清理化解工作列入国家试点范围。白银、玉门两个资源枯竭城市转型加大补助力度。继宕昌等县之后，又有一批县有望进入国家重点生态功能区转移支付扶持范围。《甘肃省循环经济总体规划》正式批复。《国务院关于进一步支持甘肃加快经济社会发展的若干意见》即将出台。在中央的大力支持下，省上当年下达市县补助 799 亿元，增长 25%。

（三）有效落实积极财政政策

着力加大政府公共投资。及时拨付中央扩大内需投资 116 亿元，争取中央代理发行地方政府债券 65 亿元，募集中期票据资金 100 亿元、地震灾区农户住房重建贷款 32 亿元，加大对民生工程、重大基础设施建设等的投入力度，支持铁路、公路、机场等重点项目建设，保证灾后重建工作的顺利推进。大力推进经济结构调整。安排资金 28 亿元，加快实施科技重大专项、重点实验室、创新服务计划等项目，推进企业节能技术改造，支持城镇污水处理配套设施建设，加强对环境污染的检测和防治，支持兰州通用机器厂等国有企业实施政策性关闭破产，促进中小企业科技创新、结构调整。办理出口退税 7 亿元，支持外贸企业扩大出口。认真落实扩大消费政策。落实增值税转型、降低小规模纳税人增值税征收率、取消或停征收费项目等税费减免政策，减轻企业和居民负担 28 亿元。下达资金 4.5 亿元，保证了家电、汽车摩托车下乡等政府补贴的及时兑付，有效降低了石油价格变动对相关行业的影响。

（四）进一步加大“三农”投入

全省用于农林水事务、天然林保护、退耕还林、退牧还草、道路建设等方面支出 212.9 亿元，比上年增加 40.5 亿元。提高粮食直补等补贴补助标准，扩大补贴品种和范围。认真落实退耕还林扶持政策。围绕促进农民增收“六大行动”，支持旱作农业、草食畜、马铃薯等特色优势产业发展，推进农业产业化经营。加大对中低产田和中型灌区节水改造力度。解决了 153 万农村人口饮水安全问题，新建农村沼气用户 40.2 万户。支持水利工程和农田水利基础设施建设。加强整村推进、劳动力输转培训等扶贫项目建设。支持自然灾害救助、农作物病虫害防控、动物防疫和防汛抗旱工作。推进村级公益事业一事一议奖补试点，全面开展集体林权制度改革。积极支持农村公路建设。

（五）有力保障民生支出

继续完善社会保障机制。全省社会保障和就业支出 199.7 亿元，比上年增加 46 亿元。提高城乡低保和农村五保供养标准，保障人数达到 346 万人，实现了应保尽保。保证了企业离退休人员基本养老金按时足额发放。有效落实公共就业服务、小额担保贷款贴息等就业政策。解决 3838 名纯农牧户零就业家庭毕业生就业问题，招录 1 万名普通高校毕业生充实农村中小学和乡镇卫生院力量。支持城市保障性住房建设，11.8 万户住房困难家庭享受到了政府廉租房租赁补贴，1.2 万困难户入住了新建廉租住房。支持推进灾后农民住房重建、农村危旧房等改造工程。提高街道办事处、社区经费补助标准，实施村干部养老保险制度，在 10 个县开展新型农村社会养老保险试点。积极推进城乡医疗保障体系建设。全省医疗卫生支出 87 亿元，比上年增加 29.4 亿元。认真落实新农合补助资金，提高报销比例，参合农民达到 1907 万人。积极推进医疗卫生体制改革。城镇居民基本医疗保险扩大了覆盖面，提高了报销比例。切实保障甲型 H1N1 流感防控所需资金，积极支持疫情应急处置。基本完成了 50 个城市社区卫生服务中心建设任务。大力支持教育事业发展。全省教育支出达到 205.2 亿元。实施农村寄宿制初中建设和中小学校舍安全工程，增加寄宿生 14.1 万人。支持义务教育学校绩效工资改革顺利推进。继续巩固农村义务教育经费保障机制。基本完成了农村“普九”债务化解工作。提高少数民族地区中小学寄宿生生活费补助标准，部分减免普通中等职业学校新生学费，免除城市义务教育阶段学生学杂费，实行公用经费以奖代补政策，支持特色专业、精品课程、博士点以及学科实验室等项目建设。加大公共文化事业投入力度。文体传媒支出达到 24.2 亿元，支持推进农村电影放映、农家书屋、文化信息共享等重点文化工程，继续扩大博物馆、纪念馆免费开放范围，落实人口和计划生育等政策。

（六）稳步推进各项改革

全面实施增值税转型改革，税收制度更加符合科学发展的要求。顺利推行成品油价格和税费改革，建立了以税收筹集公路发展资金、调控能源消费的新机制。调整完善了省对市州及直管县的财政管理体制，直管县数达到 41 个。积极推进“乡财县管”、“村财乡管”改革，全面推行“一册明、一折统”惠农补贴发放方式改革。部门预算改革向县级推进，综合预算编制不断强化。国库集中支付改革在市州及省管县深入实施，在省级垂管系统全面推进。公务卡应用范围继续扩大。财税库银横向联网工作稳步展开。政府采购规模进一步扩大。省级行政事业单位国有资产收入管理及资产处置办法出台，管理机制得到加强。“小金库”专项治理工作取得了阶段性成效。组织开展了扩大内需政策落实、灾后重建、化解“普九”债务等资金使用情况的专项检查。对 1470 户企事业单位、6 家事务所进行了会计信息质量检查。

在财政运行中还存在一些不容忽视的问题：一是财政收支矛盾更加突出。加强经济社会发展的薄弱环节，推进经济发展方式转变和经济结构调整，保障和改善民生等方面投入需求不断增加，各级财政落实项目配套资金压力加大。二是受经济形势和经济结构影响，税收收入增长的基础很不稳固，财政收入结构不够合理，政策性、一次性收入所占比重较大。三是财政绩效评价机制不健全，管理不够科学精细，支出的时效性、均衡性有待进一步提高。四是历史欠账多，政府性债务不断积累，潜在的财政风险加大。五是部分市县和部门资金管理、使用不够规范，违规违纪现象时有发生，财政监督的深度、广度、力度不够。

二、2010 年全省及省级预算草案编制情况

全省财政收支预算安排的基本思路是：收入预算安排充分考虑税收政策和非税收入因素，实事求是、积极稳妥，与全省经济社会发展预期指标相适应；支出预算安排处理好保障运转、改善民生和支持经济发展的关系，量力而行、尽力而为，统筹兼顾、保证重点。

今年收入按增长 12%安排，全省地方收入代编预算为 321 亿元，大口径财政收入任务为 677 亿元，财政支出预算将达到 1400 亿元。

省级预算收入安排为 114.7 亿元，加上中央财力性补助等，省级总财力为 221.7 亿元。省级支出预算相应安排为 221.7 亿元。基本做到了人员经费足额安排，公用经费根据中央和省上要求分项目按比例压减，为民办实事资金全面落实，改革政策等重点支出所需资金尽力保障。

三、2010 年的重点工作

（一）发挥职能作用，积极促进经济平稳较快发展

多渠道筹集资金，支持铁路、公路、机场、水利等重大工程项目建设，努力改善我省基础设施条件。全面贯彻“中心带动、两翼齐飞、组团发展、整体推进”的区域发展战略，支持实施工业强省和 6 大产业调整振兴规划，促进石油化工、钢铁有色、装备制造、新型能源、电子信息和轻纺等支柱产业加快发展。充分发挥财政资金和财税政策效应，采取税收优惠、资金投入、财政贴息、以奖代补等方式，吸引社会资本投入，加快推进重点财源项目建设。大力支持科技创新、高新技术改造和循环经济发展，推进重点行业和企业节能减排。加大对中小企业融资担保、技术创新、产品开发的扶持力度。落实结构性减税和财税优惠政策，认真清理收费项目，坚决取缔乱收费，切实减轻企业和居民负担。积极做好家电、汽车摩托车下乡等工作。实施万村千乡市场工程，推动农村流通体系建设，繁荣和发展农村消费市场。

（二）强化收支管理，努力确保预算目标任务完成

切实加强收入征管。坚持依法治税、不征过头税，坚决制止越权减免税，切实维护税法的权威性和严肃性。加大税务稽查和税收专项检查力度，严厉打击偷逃骗税行为。认真执行《甘肃省政府非税收入管理条例》，深入推进非税收入管理改革。加大对国有股权出让、国有土地有偿使用、“两权”价款以及行政事业单位国有资产处置、出租出让收入监缴力度。完善国有资本经营预算管理制度，深化矿产资源有偿使用和矿业权有偿取得制度改革。进一步强化支出管理。落实部门支出主体责任，建立健全预算执行动态监控体系，确保各类专项及时下达，财政支出及时实现。优化支出结构，加大专项资金整合力度，坚持集中财力办大事，提高资金分配、使用、管理的科学性。强化财政拨款结余资金管理，探索建立部门消化结余资金的激励约束机制。从严控制一般性支出。按照中央和省上要求，分项目按比例压减行政单位公用经费，出国(境)经费、车辆购置及运行费、公务接待支出，不超过 2009 年压缩三项经费后的规模。

（三）增强机遇意识，大力争取中央政策和资金支持

抢抓机遇，积极争取中央在改善民生、基础设施建设、生态环境保护、灾后重建等方面更多支持。加强与中央政策对接，做好甘南黄河重要水源补给生态功能区、祁连山北麓生态环境综合治理以及引洮二期、黑河治理二期等重大规划的启动实施工作。围绕推进基本公

共服务均等化和主体功能区建设，积极开展调查研究，争取中央进一步加大我省财力性转移支付力度。继续做好中央代理发行地方政府债券工作，积极吸引银行优惠贷款支持，弥补重点建设资金缺口。

（四）落实政策措施，扎实推进农村改革与发展

支持发展农业生产。加大投入力度，支持实施土地整治工程，新修134万亩梯田，扩大全膜双垄沟播、高效节水和脱毒种薯面积，促进粮食增产。推进农业综合开发，加快中低产田改造和高标准农田建设。完善贷款贴息和补助等方式，推动农业产业化经营和现代农业建设。健全政策性农业保险制度，扩大农业保险覆盖面。完善以奖代补方式，推进支农资金整合，提高资金使用效益。促进增加农民收入。支持实施农民增收“六大行动”计划，推进马铃薯、高原夏菜、中药材等特色优势产业开发。落实农资综合补贴动态调整机制，进一步完善粮食直补等补贴制度。支持农业产业化龙头企业发展，促进农业专业合作组织和服务体系建设。坚持开发式扶贫方针，完善整村推进、连片开发扶贫措施，帮助困难群众脱贫致富。整合资金，支持实施农民技能培训工程。加强农村基础设施建设。支持实施小型农田水利重点县项目，推进中小河流治理、大型灌区续建配套节水改造等工程。支持做好120万农村人口饮水安全项目，新增10万户农村沼气用户，建成12个县通县二级及以上公路和2000公里通乡油路。深化农村综合改革。抓好村级公益事业建设一事一议奖补制度试点，进一步提高村干部报酬、村办公经费补助标准，完善村级组织运转经费保障机制。继续推进集体林权制度改革。支持新一轮新农村建设和城乡一体化试点工作。

（五）优化支出结构，着力保障和改善民生

支持教育事业优先发展。进一步完善农村义务教育经费保障机制，认真落实普通高校、职业学校、普通高中家庭经济困难学生资助政策，大力推动生源地信用助学贷款。落实免除城市义务教育阶段学生学杂费政策，支持解决好进城务工人员子女平等接受义务教育问题。实施中小学校舍安全、特殊教育学校建设工程。支持实训基地建设，完善普通中等职业学校学生减免学费政策。加强社会保障体系建设。完善城乡低保和企业职工基本养老保险制度，提高城乡低保标准和企业退休人员基本养老金补助水平，实施城乡居民临时救助制度。

继续落实促进就业再就业的各项财税优惠政策，扶持1万名高校毕业生到基层就业。支持做好农民工、被征地农民以及困难群体的就业和社会保障工作。完善村干部养老保险制度，推进新型农村社会养老保险试点工作。深化医药卫生体制改革。完善城镇居民基本医疗保险、城乡医疗救助等制度，建立健全医疗保障和药品供应保障体系。巩固新型农村合作医疗制度，进一步提高参保率，将政府补助标准提高到每人每年120元。完善城乡基本公共卫生服务经费保障机制，支持实施国家免疫规划等重大公共卫生项目。开展公立医院改革试点。继续做好关闭破产企业退休人员及困难企业职工参加基本医疗保险工作。支持做好甲型H1N1流感等重大疫病防控工作。加快保障性安居工程建设。继续实施农村抗震安居房工程，支持农村危旧房、农村贫困残疾人危房、城市和国有工矿棚户区、国有林区棚户区以及矿山塌陷区危旧房改造等工程建设。落实廉租住房保障制度，建设廉租房100万㎡，对人均住房面积低于10㎡的10万户困难群众发放租赁补贴，着力解决困难家庭住房问题。支持地震灾区恢复重建。多方筹措资金，突出重点，靠实责任，力争圆满完成重建任务。推进文化事业发展。继续支持实施广播电视“村村通”、农村电影放映、农家书屋等重点文化项目。巩固和完善博物馆、纪念馆免费开放成果。推进文化体制改革，支持文化产业发展。增加公共安全投入。落实司法经费保障制度改革政策，完善资金分配和管理制度，加强基层政法部门基础设施建设。支持加强防灾减灾能力建设。

（六）完善体制机制，全面推进财政科学化精细化管理

继续扩大省直管县财政体制改革试点范围，积极推进“乡财县管”、“村财乡管”财政管理方式改革。加强乡镇财政建设，充分发挥监管优势。完善“一册明、一折统”发放办法，确保涉农惠民政策落实到位。改进转移支付办法，探索建立县级基本财力保障制度。细化预算编制内容，提高年初预算到位率。推进县级部门预算改革，建立部门预算责任制度。完善国有资本经营预算体系，规范政府性基金预算编制。研究制定行政事业单位资产配置标准，促进预算编制与资产管理的有机结合。扩大国库集中支付覆盖面，完善国库单一账户体系，推进公务卡改革。深化政府采购制度改革。加强政府性债务管理，努力防范和化解财政风险。

（七）强化财政监督，切实提高依法理财水平

认真贯彻《监督法》，严格执行《甘肃省预算审批监督条例》，及时向人大及其人大常委会报告预算、决算草案和预算执行等情况，自觉接受人大监督，努力提高依法理财水平。高度重视审计、监察和社会监督，认真抓好有关问题的整改落实。巩固治理“小金库”成果，积极推进社会团体、国有及国有控股企业“小金库”治理。加强财政“大监督”建设，加大对扩大内需、灾后重建、保障民生等重点资金的监督检查力度。积极开展绩效评价，探索建立评价结果公开和问责机制。加强会计基础工作，切实提高会计信息的准确性和真实性。

甘肃省党政群团机构及领导人（2009年）

省委及各部门

省委书记：陆　浩

省委副书记：徐守盛　刘伟平

省委常委：陆　浩　徐守盛　刘伟平　蒋文兰　励小捷
侯长安　刘巨魁　冯健身　刘永富　罗笑虎
刘立军　姜信治　陆武成

省纪律检查委员会书记：蒋文兰（女）

省委秘书长：姜信治

省委办公厅主任：陈田贵

省直机关工委书记：姜信治

省委组织部部长：侯长安

省委宣传部部长：励小捷

省委统战部部长：刘立军

省委政法委员会书记：罗笑虎

省委研究室主任：贾廷权

省委保密委员会主任：姜信治

省委党史研究室主任：史尚唐

省委老干部工作局局长：万鹏举

省档案局局长：刘玉生

省人大常委会及各部门

主　任：陆　浩

副主任：洛桑灵智多杰　嘉木样•洛桑久美•图丹却吉尼玛
朱志良　马尚英　孙效东　崔玉琴

秘书长：张开勋

副秘书长：安晨光　薛金山　朱雪明　张国荣

法制委员会主任委员：杨育荣

民族侨务委员会主任委员：朱同心

内务司法委员会主任委员：梁国安

财政经济委员会主任委员：屠锦敏

农业与农村委员会主任委员：程正明

教育科学文化卫生委员会主任委员：周德祥

环境资源保护委员会主任委员：赵伟民

办公厅主任：薛金山

研究室主任：邹通祥

法制工作委员会主任：马发明

代表工作委员会主任：杨　诚

民族侨务办公室主任：傅九大

内务司法办公室主任：姚爱然

财政经济办公室主任：屠锦敏

农业与农村办公室主任：朱　红

教育科学文化卫生办公室主任：邢同义

环境资源保护办公室主任：赵伟民

省政府

省　长：徐守盛

副省长：冯健身　刘永富　石　军　泽巴足　咸　辉
郝　远　张晓兰

省长助理：夏红民

秘书长：李沛文

办公厅主任：火荣贵

省政府组成部门

省发展和改革委员会主任：赵　春

省教育厅厅长：白继忠

省科学技术厅厅长：张天理

省工业和信息化委员会主任：李　平

省民族事务委员会主任：贡保甲

省公安厅厅长：罗笑虎（兼）

省国家安全厅厅长：刘吉银

省监察厅厅长：张光义

省民政厅厅长：田宝忠

省司法厅厅长：王禄维

省财政厅厅长：周多明

省人力资源和社会保障厅厅长：庞　波

省国土资源厅厅长：张力学

省环境保护厅厅长：冯　杰

省住房和城乡建设厅厅长：李　慧

省交通运输厅厅长：杨咏中

省水利厅厅长：康国玺

省农牧厅厅长：武文斌

省林业厅厅长：高清和

省商务厅厅长：王锐

省文化厅厅长：邵　明

省卫生厅厅长：刘维忠

省人口和计划生育委员会主任：苏　君

省审计厅厅长：何振中

省政府外事办公室主任：郭颖纯

省政府直属特设机构

省政府国有资产监督管理委员会主任：马艾武

省政府直属机构

省地方税务局局长：张性忠
省工商行政管理局局长：张绪胜
省质量技术监督局局长：武敬东
省广播电影电视局局长：孙　伟
省新闻出版局局长：张余胜
省体育局局长：杨　卫
省安全生产监督管理局局长：王建中
省统计局局长：樊怀玉
省宗教局局长：丁军年
省旅游局局长：黄周会
省粮食局局长：何水清
省政府法制办公室主任：卢效东
省政府研究室主任：武　毅
省信访局局长：张兴照
省人防办公室主任：刘如厚
省扶贫开发办公室主任：沙拜次力

部门管理机构

省政府参事室主任：卢有治
省政府金融工作办公室主任：张勤和
省机关事务管理局局长：王志贵
省监狱管理局局长：王忠民
省公务员局局长：李德福
省食品药品监督管理局局长：高建邦

直属事业单位

省文史研究馆馆长：刘醒初
省机械设备成套局局长：高建国

部分中央在甘单位和金融、保险机构

省国税局局长：朱俊福
省电力公司总经理：肖创英
省通信管理局局长：王祥瑞
省邮政管理局局长：张玉虎
省储备物资局局长：李满良
省气象局局长：张书余
省地震局局长：王兰民
甘肃煤矿安全监察局局长：张家渔
兰州铁路局局长：吴云天
民航甘肃监管办主任：黄卫国
省烟草专卖局局长：武卫东
甘肃出入境检验检疫局局长：朱宽胜
人行兰州中心支行行长：杨明基
银监会甘肃监管局局长：席前进
开发行甘肃分行行长：杨文清
工商行甘肃分行行长：许　海
建行甘肃分行行长：艾尔肯•艾则孜
中行甘肃分行行长：郭心刚
农行甘肃分行行长：傅志辉
农发行甘肃分行行长：蔺秦生
交通银行兰州分行行长：陈双城
招商银行兰州分行行长：管奇志
证监会甘肃监管局局长：（无正职）
保监会甘肃监管局局长：张　瑞
人寿保险甘肃公司经理：王福祥
兰州海关关长：张云喜
审计署驻兰办特派员：（无正职）
财政部驻甘办专员：王国利
甘肃省电信有限公司总经理：杨建青
中国移动甘肃有限公司总经理：颜永庆
中国联合通信有限公司甘肃分公司总经理：李伟中

省政协及各部门

主　席：陈学亨
副主席：邵克文　德哇仓(藏族)　张津梁　李永军　侯生华
黄选平(回族)　栗震亚　张世珍　马国瑜(回族)
秘书长：石　晶
副秘书长：张海亚　杜孟嘉　赵祥明　邢永安　陈　强
办公厅主任：张海亚
研究室主任：邢永安
提案委员会主任：马得成
社会和法制委员会主任：盛世高
文史资料和学习委员会主任：樊佩君
经济委员会主任：孙矿生
人口资源环境委员会主任：张亚生
科教文卫体委员会主任：张家昌
民族和宗教委员会主任：郭长乐
港澳台侨和外事委员会主任：郭颖纯
农业和农村工作委员会主任：葛正芳

大事记

大事记

一月

5日　省长徐守盛带领省政府有关方面负责人专程前往省人大常委会、省政协，听取省人大常委会组成人员、省政协委员、省级各民主党派负责人对《政府工作报告（征求意见稿）》的意见和建议。

7日　省委书记、省人大常委会主任陆浩在兰州会见了专程来我省走访慰问企业困难职工的全国总工会党组副书记、副主席、书记处书记乔传秀一行。

8日　省长徐守盛主持召开了省政府第20次常务会议，讨论了2009年拟为民办实事意见；听取了2008年预算执行情况和2009年年预算编制情况的汇报；听取了关于调整和完善省对市州财政管理体制的汇报；听取了关于调整和完善全省乡镇职能强化乡镇财政管理情况的汇报；听取了关于中央财政灾后重建基金我省分市州包干使用初步意见的汇报；审议并原则通过了《甘肃省地方志工作规定（草案）》。

9日　省委常委会在兰州召开会议，传达学习了全国组织部长会议和全国宣传部长会议精神，对今年的组织工作、宣传工作进行了安排部署，研究讨论了今年为民要办的实事。省委书记陆浩主持了会议。

13日　"感动甘肃·2008十大陇人骄子"评选揭晓。省委书记、省人大常委会主任陆浩，省长徐守盛亲切接见"陇人骄子"，并为他们颁奖。

14日　省委书记、省人大常委会主任陆浩，省长徐守盛在兰州会见了教育部副部长陈希一行。

11～15日　政协甘肃省十届二次会议在兰州召开。会议通过了政协甘肃省第十届委员会第二次会议政治决议；通过了政协甘肃省第十届委员会第二次会议关于常务委员会工作报告的决议；通过了政协甘肃省第十届委员会提案委员会关于政协甘肃省第十届二次会议提案审查情况的报告。

12～16日　省十一届人大二次会议在兰州召开。会议通过了关于甘肃省人民政府工作报告的决议；通过了关于甘肃省2008年国民经济和社会发展计划执行情况及2009年国民经济和社会发展计划的决议；通过了关于2008年全省财政预算执行情况和2009年全省及省级预算的决议；通过了关于甘肃省人大常委会工作报告的决议；通过了关于甘肃省高级人民法院工作报告的决议；通过了关于甘肃省人民检察院工作报告的决议。

15～17日　中共中央政治局常委、国务院副总理李克强在甘肃省委书记陆浩、省长徐守盛等陪同下，先后到天水、陇南、兰州等地，深入地震灾区看望慰问群众，走进城乡居民家庭、社区医院、工厂车间，着重就灾区群众安全过冬、恢重建和经济运行情况进行考察调研。强调，要加快恢复灾区重建工作，着力保障民生，促进经济平稳较快发展。

18日　省委书记、省人大常委会主任陆浩，省长徐守盛在兰州会见了到我省考察调研灾后市场重建恢复和春节前市场情况的国家工商总局局长周伯华一行。

同日，省长徐守盛主持召开了省政府第21次常务会议，研究了2008年度政府工作目标管理责任通报表彰意见，审定了2009年度政府工作目标管理责任书；审定了2009年政府工作任务分解意见；研究了安全生产工作；听取了2008年度甘肃省科学技术奖评审情况汇报；听取了全国民族工作座谈会主要精神及我省民族工作有关情况汇报。

19日　省政府第三次全体会议在兰州召开。会议通报了各市州2008年度目标管理责任书完成情况，对各项工作排名前六名的市州进行了表彰；签订了2009年度目标管理责任书。省长徐守盛强调，要进一步研究分析当前我省经济社会发展中面临的形势，坚定加快发展的信心和决心，明确任务，突出重点，强化措施，狠抓工作落实，确保今年各项工作开好头、起好步。

20日　省长徐守盛到兰州铁路局看望、慰问了奋战在铁路战线上的广大干部职工，详细了解春节期间列车调度等有关情况。

21日　省委、兰州军区、兰州军区空军、省人大、省政府、省政协、省军区在兰州举行党政军春节团拜会。省委书记、省人大常委会主任陆浩、兰州军区司令员王国生致辞，省长徐守盛主持，兰州军区政委李长才、省政协主席陈学亨等出席。

同日，省委书记、省人大常委会主任陆浩、省长徐守盛、省政协主席陈学亨率领省市慰问团，走访慰问了兰州军区、兰州军区空军、甘肃省军区和武警甘肃总队。

22日　省委学习实践科学发展观活动领导小组会议在兰州召开，传达学习中央学习实践活动领导小组天津会议、中央指导检查组会议精神，对我省学习实践活动下一步工作进行安排部署。省委书记、省人大常委会主任、省委学习实践活动领导小组组长陆浩主持会议，省委副书记、省长、省委学习实践活动领导小组副组长徐守盛等出席会议。

二月

1日　省委书记、省人大常委会主任陆浩到甘南藏族自治州进行考察慰问，强调，要珍惜经济社会发展好形势，更加自觉维护社会稳定的大局。

2日　省委书记、省人大常委会主任陆浩到临夏回族自治州考察工作、慰问了干部群众，强调，要把各方面力量凝聚到第一要务上来，聚精会神搞建设，一心一意谋发展。

4日　省长徐守盛主持召开了省政府第22次常务会议，听取了今年全省重大项目基本情况汇报；审议并原则通过了《甘肃省行政执法监督条例（草案）》、《甘肃省机构编制管理办法》；讨论了甘肃省人民政府机构改革方案。

5日　省委常委会在兰州召开会议，学习贯彻十七届中央纪委三次全会精神，研究部署了党风廉政建设纪检工作，对当前抗旱和春耕生产工作作了安排。省委书记陆浩主持了会议。

6日　全省财政工作会议在兰州召开。省长徐守盛出席会议并讲话，强调，要不断提高财政工作水平，确保全省经济社会平稳较快发展。

7日　省长徐守盛在兰州会见了由农业部副部长张桃林带领的国务院抗旱春耕生产督导组一行，就当前我省抗旱和春耕生产工作交换了意见。

9日　全省重大项目建设工作电视电话会议在兰州召开。省长徐守盛出席会议并讲话，强调，要突出重点，强化措施，全面加快重大项目建设，统一思想，正视问题，营造良好建设投资环境。

11日　省委书记、省人大常委会主任陆浩到定西市安定区视察旱情，指导抗旱春耕生产工作。

同日，省长徐守盛到兰州市干旱山区，实地查看旱情，了解群众生活，指导抗旱工作。强调，要统一思想，多措并举，狠抓落实，全力以赴抓好抗旱春耕生产。

13日　省委常委会在兰州召开会议，专题研究部署了当前信访和维护社会稳定工作。省委书记陆浩主持会议。

17日　省委在兰州召开省级党员领导干部会议，传达学习了中央有关文件精神。受省委书记陆浩委托，省委副书记、省长徐守盛主持会议并讲话，强调，要扎实做好当前各项工作，努力保持全省经济社会平衡较快发展。

18日　省长徐守盛主持召开了省政府第23次常务会议，研究了2009年省级预算内基建投资计划和我省发行中期票据募集重点项目和灾后重建资金问题；研究了19宗省属国有地勘单位与大型企业合作勘查项目和13宗探矿权采矿权新立、转让项目审批事宜；分析了一月份经济运行情况。

19日　省长徐守盛在兰州会见了全国人大常委会副委员长、民革中央主席周铁农一行。

20日　塞浦路斯总统赫里斯托菲亚斯在首都尼科西亚会见了中共中央委员、甘肃省委书记陆浩率领的中共代表团一行。

同日，省委学习实践科学发展观活动领导小组在兰州召开会议，贯彻落实了中央学习活动领导小组第四次会议和有关文件精神，研究了我省第一批学习实践活动的总结和满意度测评，安排部署了第二批学习实践活动的准备和启动工作。受省委书记、省人大常委会主任、省委学习实践科学发展观活动领导小组组长陆浩的委托，省委副书记、省长、省委学习实践科学发展观活动领导小组副组长徐守盛主持会议并讲话。

23日　全省第一批学习实践科学发展观活动工作汇报会在兰州召开。省委副书记、省长、省委学习实践活动领导小组副组长徐守盛主持会议。中央学习实践活动指导检查四组组长周声涛出席会议并讲话。

25日　省长徐守盛到白银进行了工作调研，强调，要做好项目争取和建设工作，大力发展循环经济，加快产业结构调整，推动科学发展。

27日　省长徐守盛主持召开了省政府第24次常务会议，研究了规范公务员津贴补贴工作、全省义务教育学校实施绩效工资工作；讨论并原则通过了《甘肃省职业教育发展条例（草案）》、《甘肃省内部审计办法（草案）》；安排了近期工作。

28日　省委常委会在兰州召开会议，传达学习了中央深入学习科学发展观第一批总结暨第二批动员会议精神，对我省开展第二批深入学习科学发展观进行了研究部署。受省委书记陆浩委托，省委副书记徐守盛主持了会议

三月

1日　省委常委会深入学习实践科学发展观活动群众满意度测评大会在兰州举行。省委副书记、省长、省委学习实践活动领导小组副组长徐守盛通报了省委常委会班子开展学习实践活动情况。

同日，全省第一批深入学习实践科学发展观活动总结大会在兰州召开。省委副书记、省长、省委学习实践活动领导小组副组长徐守盛出席会议并讲话，强调，要巩固第一批学习实践活动的成果，深入整改，狠抓落实，推动科学发展。

同日，全省第二批深入学习实践科学发展观活动动员大会在兰州召开，会议学习贯彻了中央精神，对全省第二批学习实践活动进行了动员部署。省委副书记、省长、省委学习实践活动领导小组副组长徐守盛出席会议并讲话。

3日　出席十一届全国人大二次会议的我省代表在北京举行第一次全体会议，推选陆浩为甘肃代表团团长，徐守盛、刘伟平、洛桑灵智多杰为副团长。

酝酿了十一届全国人大二次会议主席团和秘书长名单（草案）；审议了十一届全国人大二次会议议程（草案）；传达了有关讲话和会议精神。

6日　中共中央政治局常委、国务院总理温家宝到他所在的甘肃代表团，听取了代表们的意见建议，同代表们一起审议了政府工作报告，共商国事，共话甘肃发展大计。温总理非常关心甘肃经济社会发展以及涉及民生的三项任务：一是扶贫开发，二是保护生态环境，三是灾区恢复重建。

同日，全国人大代表、省委书记、省人大常委会主任陆浩，全国人大代表、省长徐守盛同代表们一起审议了政府工作报告。

同日，省长徐守盛在北京就扩大内需、拉动消费，加强商贸流通和加快经济开发区建设等问题与商务部部长陈德铭进行了座谈。

7日　全国人大代表、省委书记、省人大常委会主任陆浩在北京接受了《经济日报》记者的专访，重点回答了甘肃地震灾区灾后重建进展，以及灾区群众生产生活情况。

8日　全国人大代表、省委书记、省人大常委会主任陆浩在北京接受了《人民日报》记者的专访，强调，要坚定不移地贯彻落实科学发展观，在应对挑战中推进甘肃科学发展。

9日　全国人大代表、省委书记、省人大常委会主任陆浩在北京就民生问题接受了《光明日报》记者的专访，陆浩表示：在全力以赴保增长的同时，要更加重视民生，困难再大也要努力解决好民生问题。

9～10日　省委书记、省人大常委会主任陆浩到甘南藏族自治州调研，强调，要巩固寺庙法制宣传教育成果，改善民生问题，促进经济发展，确保我省藏区长期和谐稳定。

10日　省长徐守盛在北京与财政部部长谢旭人就财政扶持甘肃经济社会发展问题进行了座谈。

同日，省长徐守盛在北京与民政部部长李学举就进一步加强我省民政工作进行了座谈。

12日　全国政协副主席、科技部部长万钢在北京与省长徐守盛就进一步加强我省科技工作进行了座谈。

同日，省长徐守盛在北京与国家发改委主任张平就继续支持甘肃经济社会发展有关事宜进行了座谈。

15日　省委书记、省人大常委会主任陆浩，省长徐守盛在兰州会见了教育部部长周济一行。

16日　省政府与教育部在兰州签署共建西北师范大学协议。教育部部长周济，省委书记、省人大常委会主任陆浩，省长徐守盛，省政协主席陈学亨等出席签约仪式。徐守盛和周济分别讲话并在共建协议上签字。

19日　省长徐守盛主持召开了省政府第25次常务会议，讨论通过了《关于做好2009年普通高校毕业生就业工作的意见》和《关于促进高校毕业生就业行动计划的实施方案》；分析了我省1～2月份经济运行情况。

20日　世界银行汶川地震灾后恢复重建贷款项目签字仪式在北京举行。世界银行提供2亿美元贷款支持我省地震灾区灾后恢复重建。

21日　中央学习实践活动第六检查组一行来我省检查指导第二批学习实践活动情况。委书记、省人大常委会主任、省委学习实践科学发展观活动领导小组组长陆浩主持汇报会，中央学习实践活动第六检查组组长、江西省政协主席傅克诚出席汇报会并讲话，省委副书记、省长、省委学习实践科学发展观活动领导小组副组长徐守盛等出席汇报会。

23日　省委、省政府在兰州召开甘肃省人民政府机构改革动员大会，后面动员，具体部署省政府机构改革工作。省委书记、省人大常委会主任陆浩出席会议并作重要讲话，省长徐守盛作动员讲话。

24～25日　省委书记、省人大常委会主任陆浩到白银检查指导深入学习科学发展观活动，强调，要突出实践特色，积极应对挑战，不断拓宽思路，推动科学发展。

27日　省委书记、省人大常委会主任陆浩在兰州会见了中材集团公司总经理、中材股份有限公司董事长谭仲明一行。

四月

2日　省委书记、省人大常委会主任陆浩在兰州会见了中央扩大内需促进经济增长政策落实检查组第21组组长李秋芳一行。

7日　甘肃省、深圳市在兰州召开了对口支援座谈会，就深圳市对口支援我省灾后恢复重建工作进行进一步协商和衔接。省委书记、省人大常委会主任陆浩，省长徐守盛，深圳市委书记刘玉浦出席会议并分别讲话。

8日　中国航天科技集团公司510所“兰州航天科技园”奠基典礼在兰州举行。省委书记、省人大常委会主任陆浩，省长徐守盛，中国人民解放军总装备部副部长、中国载人航天工程常务副总指挥张建启中将，中国航天科技集团公司总经理、中国载人航天工程副总指挥马兴瑞等出席奠基典礼。

10日　省委书记、省人大常委会主任陆浩，省长徐守盛在兰州与中国石油天然气集团公司总经理蒋洁敏就双方进一步加强合作进行了会谈。

13日　省委理论学习中心组在兰州举行报告会，邀请中共中央统战部副部长斯塔作与达赖集团斗争情况专题报告。省委书记、省人大常委会主任陆浩主持报告会并讲话，强调，要认真贯彻落实中央方针政策，确保藏区社会稳定，经济发展。省长徐守盛等参加报告会。

14日　省长徐守盛主持召开了省政府第26次常务会议，分析了一季度经济形势；讨论并原则通过了《甘肃省被征地农民养老保险暂行办法（草案）》；研究了我省地方政府债券额度分配和项目安排意见；研究了中期票据融资平台搭建工作。

15～16 日　省委书记、省人大常委会主任陆浩到武威进行了工作调研，强调，要坚定不移推动石羊河流域的综合治理，集中精力抓好经济社会的全面发展。

16 日　金昌机场开工奠基仪式在金昌市金川区举行。省委书记、省人大常委会主任陆浩出席奠基仪式并宣布开工。

16～17 日　省委书记、省人大常委会主任陆浩到金昌市进行了工作调研，强调，要积极应对国际金融危机带来的挑战，努力推动经济社会的平衡较快发展。

17 日　省长徐守盛在庆阳会见了中国华能集团公司总经理曹培玺一行，双方就进一步加强合作交换了意见。

同日，华能庆阳 1200 万吨核桃峪煤矿奠基仪式在庆阳举行。省长徐守盛，中国华能集团公司总经理曹培玺出席奠基仪式并讲话。

21 日　省长徐守盛主持召开了省政府第 27 次常务会议，听取了全省开发区建设和发展情况汇报；讨论并原则通过了《甘肃省深入实施工作强省战略考核奖励细则（试行）》；听取了 2008 年全省节能减排工作汇报；研究了宕昌县丁藏里地区铅锌普查探矿权等 52 宗探矿权采矿权合作、新立及转让项目审批事宜；研究了酒泉钢铁（集团）有限责任公司整体上市过程中土地资产评估结果及处置方案。

23 日　省长徐守盛到省电力投资集团公司调研，强调，要大力解放思想，紧密联系实际，加强学习实践，推动当前工作。

26～28 日　省委书记、省人大常委会主任陆浩，省长徐守盛率领甘肃党政代表团赴天津市学习考察。中央政治局委员、天津市委书记张高丽，市长黄兴国会见了党政代表团一行，双方就进一步加强合作交流交换了意见。代表团在天津期间，重点参观了滨海新区的开发和建设，实地考察了企业、重大产业项目建设、城市管理、港口贸易、新农村建设和特色优势产业发展情况，并签署了《甘肃天津新阶段战略合作框架协议》、《甘肃天津进一步加强东西扶贫协作纪要》和八个具体协议，取得了丰硕的成果。

五月

4 日　甘肃省纪念五四运动 90 周年暨先进青年表彰大会在兰州举行。省委书记、省人大常委会主任陆浩，省长徐守盛出席会议并接见了受表彰的青年代表。

5 日　省委常委会在兰州召开会议，研究地方债券和中期票据发行等问题，部署甲型 H1N1 流感疫情防控工作。省委书记陆浩主持了会议。

7 日　省委书记、省人大常委会主任陆浩，省长徐守盛在兰州会见了国电集团公司总经理朱永芃、党组书记乔保平、副总经理高嵩一行。

8 日　省委常委会在兰州召开会议，安排部署了加快灾后恢复重建工作，研究了工业经济发展等问题。省委书记陆浩主持了会议。

同日，省长徐守盛主持召开了省政府第 28 次常务会议，讨论了甘肃机械电子职工大学改制为甘肃机电职业技术学院的意见；研究了加快我省灾后恢复重建工作的意见；审定了全省主体功能区规划基本思路框架；听取了阳山金矿安坝里南探矿权转让价款奖励部队等问题的意见；讨论了分级解决白龙江林区职工生活困难问题的意见。

11 日　省委、省政府在兰州召开电视电话会议，总结弘扬伟大的抗震救灾精神，部署进一步加快灾后重建工作。省委书记、省人大常委会主任陆浩，省长徐守盛出席会议并讲话。

8～12 日　中央第二批深入学习实践科学发展观活动第六巡回检查组副组长、辽宁省人大常委会副主任宋勇一行到我省嘉峪关、张掖、金昌、武威市检查指导学习实践活动。

15 日　我省产能规模最大的水泥生产线之一，日产 5000 吨新型干法水泥生产线在永登中堡镇开工建设。省政协主席陈学亨出席了开工仪式。

17 日　省长徐守盛主持召开了省政府第 29 次常务会议，听取了我省近期甲型 H1N1 流感防控工作情况汇报；听取了支持重点工业企业发展有关情况汇报；研究了正宁南煤田北矿区和宁县南煤田矿业权配置价款问题；研究了中国华能集团公司与华亭煤业集团有限责任公司二次重组的意见；研究了省农垦集团有限责任公司部分农业企业资源重组事宜；讨论并原则通过了《甘肃省城乡规划条例》；通过了人事任免事项。

15～18 日　全国党建研究会会长，中组部原部长张全景到庆阳市进行了调研，强调，要推动庆阳经济社会又好又快发展。

18～19 日　政协甘肃省十届七次常委会在兰州召开。会议审议通过了省政协《关于兰州、金昌、嘉峪关市率先推进城乡经济社会发展一体化有关问题的建议案》。

19～23 日　全国人大常委会副委员长司马义·铁力瓦尔地在全国人大常委会委员、民族委员会主任委员马启智的陪同下到我省考察调研。强调，要切实维护社会和谐稳定，保持经济平稳较快发展。

25 日　省长徐守盛到省商务厅调研，强调，要充分认识商务工作的重要性和艰巨性，进一步解放思想，采取切实有效的措施，尽快使全省经济走出低谷，恢复快速发展。

31 日　省委常委会在兰州召开会议，听取了省委常委学习实践科学发展观活动整改落实进展情况汇报，研究了巩固扩大学习实践活动成果工作。省委书记陆浩主持了会议。

同日，省委在兰州召开了领导干部会议，传达了中央有关文件精神，研究分析了我省改革发展稳定面临的形势，安排部署了当前重点工作任务。省委书记、省人大常委会主任陆浩，省长徐守盛出席会议并讲话。

六月

2 日　省委常委会在兰州召开会议，传达学习了全国干部监督工作会议精神，研究部署了我省干部监督和整治工作。省委书记陆浩主持了会议。

5 日　省长徐守盛主持召开了省政府第 30 次常务会议，听取了第十五届兰洽会筹备工作情况汇报；听取了义务教育学校实施绩效工资工作情况汇报；讨论并原则通过了《甘肃省人民政府拟定地方法规草案和制定政府规章程序规定（草案）》。

8 日　第十五届兰洽会组委会第二次会议在兰州召开，省长、第十五届兰洽会组委会主任徐守盛出席会议并讲话。

7～10 日　中共中央政治局常委、中央书记处书记、国家副主席习近平和同行的中共中央政治局委员、中央书记处书记、中央组织部部长李源潮等在我省领导陆浩、徐守盛的陪同下，就我省应对国际金融危机做好保增长、保民生、保稳定工作，加快地震灾区恢复重建工作，开展深入学习实践科学发展观活动和加强党的建设进行了视察调研，并专程前往南梁革命老区参观考察。习近平强调，要结合学习实践科学发展观活动，弘扬党的优良传统和甘肃精神。

11 日　省委书记、省人大常委会主任陆浩，省长徐守盛，省政协主席陈学亨在兰州会见了前来我省参加第十五届中国兰州投资贸易洽谈会的国内外贵宾。

同日，省委常委会在兰州召开会议，传达学习了中共中央政治局常委、中央书记处书记、国家副主席习近平同志视察我省时的重要讲话精神，并就如何贯彻落实进行了研究部署。省委书记陆浩主持了会议。

同日，省长徐守盛主持召开了省政府第 31 次常务会议，听取了配合国家部委联合调研组做好各项准备工作的情况汇报；通过了人事任免事项。

12 日　第十五届中国兰州投资贸易洽谈会在兰州开幕。全国政协副主席李金华宣布兰洽会开幕。省委书记、省人大常委会主任陆浩，省政协主席陈学亨等出席开幕式，省长徐守盛致辞。

13 日　深圳•陇南投资采购启动暨招商引资签约仪式在兰州举行。省委书记、省人大常委会主任陆浩，省长徐守盛，省政协主席陈学亨，深圳市政协主席王顺生出席了签约仪式。

15 日　国家部委联合调研组抵达兰州，就加快甘肃经济社会发展进行全面调研，省委、省政府与国家部委联合调研组举行了见面会。省委书记、省人大常委会主任陆浩致欢迎辞，省长徐守盛介绍了甘肃省情况，国家发改委副主任杜鹰作重要讲话，国务院扶贫办副主任郑文凯出席会议。

17 日　省委书记、省人大常委会主任陆浩，省长徐守盛在兰州与中国华能集团公司总经理曹培玺，党组书记、副总经理黄永达一行举行座谈，双方就进一步加强陇东煤电资源开发方面的合作事宜交换了意见。

17～18 日　最高人民检察院检察长曹建明到我省调研，强调，要在“三个强化”上下工夫见成效。

22 日　省政府与中国农业银行股份有限公司银政战略合作备忘录签署仪式在兰州举行。省委书记、省人大常委会主任陆浩出席，省长徐守盛，中国农业银行股份有限公司董事长、党委书记项俊波等出席签约仪式并致辞。

16～23 日　国家发改委副主任杜鹰率国家部委联合调研组到我省进行实地考察调研，就甘肃经济社会在发展中遇到的困难和问题，“把脉问诊”。通过现场视察，意见征询，座谈交流等多种形式，调研组对甘肃经济社会发展现状有了初步认识，并形成了 10 个专题报告和 1 个综合调研报告，上报国务院。

23 日　甘肃省与国家部委联合调研组交换意见会在兰州召开。省委书记、省人大常委会主任陆浩，省长徐守盛，国家发改委副主任杜鹰分别作重要讲话。

25 日　省政府与国家质检总局支持甘肃优势产业促进外向型经济发展合作备忘录签署仪式在兰州举行。省委书记、省人大常委会主任陆浩出席签约仪式。省长徐守盛，国家质检总局局长、党组书记王勇致辞并在合作备忘录上签字。

26 日　省长徐守盛到兰州金川科技园进行了工作调研，强调，要加快企业科学发展步伐，推动全省工业化进程。

26～28 日　省委书记、省人大常委会主任陆浩率领我省党政代表团赴宁夏回族自治区，就宁夏推进新农村建设、加快资源转化和城市建设步伐等问题进行了学习考察。

29 日　省直机关纪念建党 88 周年暨省直机关党组织成立 60 周年座谈会在兰州召开。省委书记、省人大常委会主任陆浩出席会议并讲话。省长徐守盛等出席会议。

同日，省委书记、省人大常委会主任陆浩，省长徐守盛在兰州会见了中国石化公司党组书记、总经理、股份公司董事长苏树林和中国石化股份公司副总裁张海潮、雷典武一行。

同日，省长徐守盛主持召开了省政府第 32 次常务会议，讨论并原则通过了《关于强化建设用地服务保障促进经济平稳较快发展的意见》、《关于进一步加强和改进矿业权管理工作的意见》、

《关于进一步加强土地整理复垦开发项目管理工作的意见》和《甘肃省单位GDP固定资产投资规模工业增加值增长和新增建设用地消耗考核办法（试行）》；讨论并原则通过了《甘肃省林地保护条例（草案）》、《甘肃省商品条码管理办法（草案）》。

30日　全省科学有序做好灾后重建工作会议在兰州召开，会议分析研究了灾后重建工作中出现的新情况、新问题，确保全省灾后重建目标任务的完成。省委书记、省人大常委会主任陆浩，省长徐守盛出席会议并讲话。

同日，省委书记、省人大常委会主任陆浩，省长徐守盛在兰州会见了到我省进行调研的全国人大财经委员会副主任委员闻世震一行。

七月

1日　省长徐守盛在兰州会见了到我省考察项目的中铁股份有限公司总裁赵广发一行。

5日　全省第一批学习实践科学发展观活动整改落实情况座谈会在兰州召开。中央第六巡回检查组组长、江西省政协主席傅克诚出席会议并讲话。

7～8日　中共中央政治局常委、中央纪委书记贺国强和中央纪委副书记李玉赋在我省领导陆浩陪同下到敦煌市、嘉峪关市等地视察指导工作。贺国强强调，要集中力量抓好全年各项工作任务的落实，以推进党风廉政建设和反腐败工作的新成绩迎接新中国成立60周年。

8日　省长徐守盛主持召开了省政府第33次常务会议，分析了全省上半年经济运行形势，听取了关于2008年度省级预算执行和其他财政收支情况的审计结果报告。

9日　省委书记、省人大常委会主任陆浩，省长徐守盛在兰州会见了国家工商总局党组书记、局长周伯华一行。

10日　省委常委会在兰州召开会议，传达学习了中央政治局常委会会议精神，安排部署了我省当前维稳工作。省委书记陆浩主持了会议。

13日　省政府在兰州召开第四次全体会议，总结分析了上半年全省经济形势，安排部署了下半年工作任务。省长徐守盛出席会议并讲话，强调，要继续贯彻落实中央宏观调控政策，全力以赴确保完成全年经济增长目标。

14日　省委书记、省人大常委会主任陆浩到白银考察旱情、指导抗旱工作。强调，要千方百计安排好群众生产生活，最大限度地把灾害造成的损失减少到最低程度。

15日　全国政协副主席、中央统战部部长杜青林在兰州与我省领导就进一步做好藏区发展稳定工作进行了座谈。省委书记、省人大常委会主任陆浩主持了座谈会。

15～17日　全国人大常委会副委员长、全国妇联主席陈至立到我省考察妇女工作。强调，要抓住机遇，迎接挑战，促进妇女事业进一步发展，开创妇联工作新局面。

17日　西北区域妇女发展合作会议暨"保增长、保民生、保稳定与妇女发展"论坛在兰州开幕。全国人大常委会副委员长、全国妇联主席陈至立出席会议并讲话。省委书记、省人大常委会主任陆浩致辞。

14～20日　全国人大常委会副委员长陈昌智率领全国人大调研组到我省就保障性住房建设情况进行了专题调研。指出，要切实抓好保障性住房建设，着力解决低收入群众住房困难。

22日　省委、省政府在兰州召开电视电话会议，对全省市县政府机构改革工作进行动员和安排部署。省委副书记、省长、省编委主任徐守盛出席会议并作动员讲话。

24日　省委常委会在兰州召开会议，传达学习了全国纪委书记座谈会议精神和《中国共产党巡视工作条例（试行）》等四个反腐倡廉重要文件，研究部署了我省贯彻落实的意见。省委书记陆浩主持了会议。

29日　省委、省政府在兰州举行庆祝"八一"建军节座谈会。出席座谈会的甘肃省领导陆浩和兰州军区领导郭洪超分别发表讲话。省长徐守盛主持了座谈会。

同日，省长徐守盛主持召开了省政府第34次常务会议，听取了省人力资源和社会保障厅关于全省社会保险工作情况的汇报；审议并原则通过了《甘肃省价格监督检查办法（草案）》和《甘肃省档案管理条例（修正案草案）》；研究了聘任10名文史馆员事宜。

30日　国家古代壁画保护工程技术研究中心在敦煌成立，全国政协副主席、科技部部长万钢为工程中心揭牌。

27～31日　省十一届人大常委会第十次会议在兰州召开。会议通过了《甘肃省行政执法监督条例》、《甘肃省职业教育发展条例》；通过了省十一届人大常委会关于批准《甘肃省东乡族自治县水土保持管理条例》和《甘肃省东乡族自治县城镇规划建设管理条例》的决定；通过了省十一届人大常委会关于批准2008年省级财政决算的决议；通过了人事任免事项。

30～31日　省长徐守盛到临夏回族自治州考察了项目建设、农业产业结构调整、商贸流通和城市规划等情况，强调，要抓住机遇、坚定信心、扎实工作，加快少数民族地区发展步伐。

八月

4日　省政府与国家开发银行在北京举行了座谈会。省长徐守盛与国家开发银行董事长陈元就进一步加强双方合作、促进共同发展交换了意见。

6日　中国档案珍品展在兰州开展。省委书记、省人大常委会主任陆浩、省长徐守盛出席开展仪式并剪彩。

7日　省委书记、省人大常委会主任陆浩，省长徐守盛到武威进行了工作调研。强调，要加快高新技术的转化应用，推动全省新能源产业快速发展。

8日　酒泉千万千瓦级风电基地一期工程开工。国家发改委副主任、国家能源局局长张国宝，省委书记、省人大常委会主任陆浩共同启动工程开工按钮。张国宝，省长徐守盛在开工仪式上讲话。

9日　国家能源局与甘肃省在酒泉召开新能源工作座谈会，分析新能源发展形势，共商新能源发展大计。国家发改委副主任、国家能源局局长张国宝，省委书记、省人大常委会主任陆浩，省长徐守盛参加会议并讲话。

10～11日　省委书记、省人大常委会主任陆浩到张掖市，就加快经济社会发展、加强生态保护、深入开展学习实践科学发展观活动等进行了调研。强调，要理清思路，发挥优势，加快经济社会发展。

12日　省委书记、省人大常委会主任陆浩在兰州会见了各国议会联盟主席、纳米比亚国民议会议长古里拉布。

同日，省长徐守盛主持召开了省政府第35次常务会议，听取了全省深化医药卫生体制改革工作进展情况汇报，讨论了《甘肃省深化医药卫生体制改革实施方案》；研究了兰新铁路第二双线、宝兰客运专线及兰州枢纽前期工作情况汇报；研究了省干部保健院移交省卫生厅管理事宜；宣布了部分副省长工作分工；通过了人事任免事项。

11～15日　全国人大常委会副委员长、民盟中央主席蒋树声带领联合调研组到定西进行了水土流失问题专题调研。指出，要坚持保护与开发并举，努力提高生态环境保护与治理水平，促进经济社会又好又快发展。

15日　全国人大常委会副委员长、民盟中央主席蒋树声在兰州与我省领导就进一步做好渭河源区生态保护、黄河上游坡耕地水土流失综合治理和扶贫开发等工作进行了座谈。省委书记、省人大常委会主任陆浩主持座谈会。省长徐守盛等参加了座谈会。

16日　省委书记、省人大常委会主任陆浩在兰州会见了参加全国组织工作满意度民意调查工作会议的国家统计局局长马建堂，中央组织部秘书长高世琦一行。

18日　玉门油田开发建设70周年庆祝大会在酒泉举行。省委书记、省人大常委会主任陆浩出席庆祝大会。省长徐守盛，中石油集团公司副总经理、股份公司总裁周吉平分别致辞。

20日　全省财政工作座谈会在兰州召开。省长徐守盛出席座谈会并讲话。强调，要继续抓好增收节支工作，切实保障和改善民生问题。

21日　全省第二批学习实践科学发展观活动汇报座谈会在兰州召开。中央第六巡回检查组组长、江西省政协主席傅克诚出席会议并讲话。

24日　省政府与国家开发银行在兰州签订了《"5•12"地震受灾农户住房重建项目合作协议》。省委书记、省人大常委会主任陆浩出席签约仪式。省长徐守盛，国家开发银行监事长姚中民出席仪式并讲话。

同日，省长徐守盛到白银公司调研。强调，要加快10万吨高纯阴极铜冶炼工程建设进度，确保重点项目早投产、早见效。

25日　省长徐守盛主持召开了省政府第36次常务会议，听取了关于甘肃省信托投资有限责任公司增资扩股有关情况汇报；讨论并原则通过了《甘肃省省属国有金融机构监事会暂行办法（审议稿）》；研究了陇南市"徽县黄金公司徽县老圣沟地区金矿"采矿权等18宗矿业权审批事宜；听取了兰州饭店改造改制意见的汇报。

26日　庆祝兰州解放60周年大会在兰州隆重举行。省委书记、省人大常委会主任陆浩出席大会并讲话。省长徐守盛等领导出席庆祝大会。

同日，第十一届全运会甘肃省火炬传递起跑仪式在兰州举行。省委书记、省人大常委会主任陆浩点燃火炬，并与省长徐守盛一同展示火炬。

27日　金川集团公司年产10万吨钢材深加工项目竣工投产。省委书记、省人大常委会主任陆浩，省长徐守盛共同为该项目竣工投产剪彩。

30日　省委书记、省人大常委会主任陆浩，省长徐守盛率领我省代表团到香港进行为期4天的考察访问。

九月

3日　全国政协副主席王志珍率调研组到我省调研节水农业问题。省政协主席陈学亨主持了汇报会。

3～7日　省委书记、省人大常委会主任陆浩，省长徐守盛率领我省党政代表团赴广东省开展学习考察。中共中央政治局委员、广东省委书记汪洋，省长黄华华与代表团一行座谈，就进一步加强两省合作进行了交流。广东省主要领导陪同我省代表团到广州市、珠海市、深圳市进行了学习考察。

8日　省委常委会在兰州召开会议，传达中央学习实践活动第二批总结暨第三批动员会议精神，听取我省第二批学习实践活动工作汇报，讨论了开展第三批学习实践活动实施方案。省委书记陆浩主持了会议。

10日　省长徐守盛主持召开了省政府第37次常务会议，讨论了国家调研组《关于促进甘肃省加快经济社会发展的调研报告（征求意见稿）》；审定了全省征地补偿标准；听取了全省甲型H1N1流感防控工作汇报；审定了我省上报全国民族团结进步模范集体和模范个人暨研究了全省民族团结进步模范集体和模范个人评选表彰事宜。

11日　甘肃省庆祝中国人民政治协商会议成立60周年大会在兰州隆重举行。省委书记、省人大常委会主任陆浩出席会议并讲话。省长徐守盛出席会议，省政协席陈学亨主持会议。

12 日　中央巡视工作组到我省开展巡视工作，与我省省级领导班子在兰州举行了见面会。中央巡视工作组组长金炳华就将开展的巡视工作作了讲话。省委书记、省人大常委会主任陆浩代表省级领导班子讲话。省长徐守盛，省政协主席陈学亨等出席了会议。

19 日　庆祝“兰州大学”建校 100 周年大会在兰州召开。中共中央总书记、国家主席、中央军委主席胡锦涛为兰州大学建校 100 周年发来贺信。中共中央政治局委员、国务委员刘延东出席会议并作重要讲话。教育部部长周济，省委书记、省人大常委会主任陆浩出席大会并讲话。省长徐守盛等领导出席大会。

20 日　省委书记、省人大常委会主任陆浩在兰州与清华大学党委书记胡和平一行座谈，就深化甘肃省与清华大学的合作交流交换了意见，形成了共识。

21 日　白银有色集团股份有限公司铜冶炼 20 万吨高纯阴极铜项目一期工程竣工投产，二期开工建设。省委书记、省人大常委会主任陆浩及中信集团领导等出席投产仪式，省长徐守盛出席仪式并讲话。

同日，省委书记、省人大常委会主任陆浩在兰州会见了以全国事务书记圣地亚哥•巴雷达•阿里亚斯为团长的秘鲁阿普拉党干部考察团一行。

22 日　省委书记、省人大常委会主任陆浩，省长徐守盛在兰州会见了水利部黄河水利委员会主任李国英一行。

23 日　省委书记、省人大常委会主任陆浩对兰州进行了调研。强调，要努力加快经济社会发展步伐，发挥中心城市的龙头带动作用。

同日，甘肃省庆祝新中国成立 60 周年系列成就报告会在兰州举行。省长徐守盛作了题为《新中国成立 60 年来甘肃建设成就与未来发展》的首场报告。

25 日　宝鸡至天水高速公路甘肃段建成通车。省委书记、省人大常委会主任陆浩宣布通车，省长徐守盛讲话。

25 ~ 28 日　省委书记、省人大常委会主任陆浩，省长徐守盛到陇南、甘南地震灾区，实地察看了灾后恢复重建进展情况，看望慰问了灾区群众和干部职工。

29 日　省长徐守盛主持召开了省政府第 38 次常务会议，讨论并原则通过了《甘肃省全面推进集体林权制度改革工作方案（送审稿）》、《甘肃省新型农村社会养老保险试点办法》；学习了十七届四中全会精神，安排部署了第四季度工作。

30 日　甘肃省庆祝中华人民共和国成立 60 周年大会在兰州隆重举行。省委书记、省人大常委会主任陆浩出席大会并讲话。省长徐守盛主持大会。省政协主席陈学亨等出席了大会。

十月

10 日　省委学习实践科学发展观活动领导小组会议在兰州召开。省委书记、省人大常委会主任、省委学习实践活动领导小组组长陆浩主持会议并讲话，强调，要认真贯彻落实十七届四中全会精神，确保学习实践活动扎实有效开展。省委副书记、省长、省委学习实践活动领导小组副组长徐守盛出席会议。

14 日　全省林业工作会议在兰州召开。会议传达贯彻了中央林业工作会议精神，交流了林改试点工作经验，重点安排部署了全面推进集体林权制度改革工作。省长徐守盛，国家林业局副局长张建龙出席会议并讲话。

同日，省委书记、省人大常委会主任陆浩，省长徐守盛在兰州会见了到我省参加中国农业银行服务“三农”试点总结推广会的中国农业银行股份有限公司党委书记、董事长项俊波一行。

16 ~ 18 日　中共中央政治局常委、国务院总理温家宝到甘肃进行了考察。省委书记、省人大常委会主任陆浩，省长徐守盛陪同到定西、兰州等地，走访农户，考察市场、企业、研究所，就扶贫开发、生态建设、改善民生情况进行了调查研究，并在兰州主持召开了座谈会，听取了甘肃省委、省政府工作汇报，并作重要讲话。

19 日　省委书记、省人大常委会主任陆浩到平凉市进行了工作调研。强调，要继续加快项目建设进度，强力推进优势产业开发。

19 ~ 20 日　中央第三批学习实践科学发展观活动第四巡回检查组副组长、全国政协委员、提案委员会副主任毛林坤率检查组一行到酒泉市、嘉峪关市检查指导第三批学习实践科学发展观活动开展情况。

20 日　华能庆阳 800 万吨新庄煤矿在庆阳隆重奠基。省委书记、省人大常委会主任陆浩，省长徐守盛，华能集团公司党委书记、副总经理黄永达出席奠基仪式并为矿井奠基。

21 日　省委书记、省人大常委会主任陆浩在平凉会见了华能集团公司副总经理那希智。

19 ~ 22 日　省市主要领导干部研讨班暨省委十一届七次全委扩大会议在平凉市召开。会议深入贯彻党的十七届四中全会精神，传达贯彻温家宝总理视察我省时的重要讲话精神，全面总结省委十一届五次全委会议以来的工作，对全省党的建设、当前及今后一段时期经济社会发展等方面的工作作出了安排部署，并决定实行“中心带动、两翼齐飞、组团发展、整体推进”的区域发展战略，力争实现“五个大幅度提升”的奋斗目标。会议审议通过了《中共甘肃省委关于学习贯彻党的十七届四中全会精神的决议》。

23 日　省委书记、省人大常委会主任陆浩在北京出席首届“中美清洁能源务实合作战略论坛”并发表演讲。

同日，省长徐守盛主持召开了省政府第 39 次常务会议，听取了甘肃省葡萄酒产业发展规划汇报；讨论并原则通过了《甘肃省就业促进条例（草案）》和《甘肃省扶助残疾人规定（草案）》；听取了2008年省属企业领导人员薪酬兑现方案的汇报。

同日，国家发改委部分省区市经济体制改革座谈会在兰州召开。会议交流了2009年度经济体制改革工作意见的贯彻落实情况，研讨了“十二五”时期的改革思路，部署了近期改革工作。国家发改委副主任彭森出席会议并讲话。

26日　甘肃省与深圳市在兰州签署了长期战略合作框架协议。省长徐守盛，深圳市代市长王荣出席签约仪式，并就双方进一步加强合作与对口支援我省灾后重建等进行了座谈。

29～30日　省长徐守盛对兰州市的重点项目建设情况和产业园区重点企业的发展情况进行了实地调研。强调，要进一步解放思想，抓住机遇，努力破解发展难题，力争为全省改革发展创出新路。

十一月

4日　新建兰新铁路第二双线建设动员大会在乌鲁木齐市举行。中共中央政治局委员、新疆维吾尔自治区党委书记王乐泉出席开工动员大会，宣布新建兰新铁路第二双线开工，并与铁道部部长刘志军，青海省委书记强卫，甘肃省省长徐守盛为兰新铁路新疆公司、兰新铁路甘青公司揭牌。

同日，省委书记、省人大常委会主任陆浩在兰州会见了到我省考察灾后恢复重建工作，调研检查指导新社会组织学习实践活动的民政部党组书记、部长、中央新社会学习实践活动指导小组组长李学举。

5～6日　民政部党组书记、部长李学举到我省陇南、天水灾区检查指导灾后恢复重建工作，看望慰问了灾区群众。

6日　省长徐守盛主持召开了省政府第40次常务会议，讨论并原则通过了《甘肃省深化医药卫生体制改革实施方案（2009～2011年）（送审稿）》；听取了引洮工程建设管理运营体制的意见；研究了清理检查涉企收费工作有关问题；研究了4个采矿权转让有关问题。

3～7日　中共中央书记处书记、中央纪委副书记何勇到我省兰州、定西、白银等地考察。强调，要加快推进惩治和预防腐败体系建设，做好扩内需政策落实情况监督检查工作。

8～10日　国家粮食局党组书记、局长聂振邦到我省考察粮食工作。强调，要确保粮食安全，推动粮食企业大发展。

12日　北方地区集体林权制度改革现场会议在泾川县召开。会议深入贯彻落实中央林业工作会议精神，总结交流北方地区集体林权制度改革制度的经验，对北方地区集体林权制度改革工作进行了专门部署。国家林业局局长贾治邦出席会议并讲话。

9～14日　中共中央政治局常委、全国人大常委会委员长吴邦国和全国人大常委会副委员长、秘书长李建国到我省调研。省委书记、省人大常委会主任陆浩，省长徐守盛陪同先后到酒泉、嘉峪关、兰州和天水等地，实地考察了甘肃经济社会发展情况，同大家共话改革发展大计。

16日　省委书记、省人大常委会主任陆浩，省长徐守盛在兰州会见了住房和城乡建设部党组书记、部长姜伟新一行。

同日，省委书记、省人大常委会主任陆浩，省长徐守盛在兰州会见了到我省调研人口计生工作情况的国家人口计生委主任李斌一行。

17日　省长徐守盛到省供销合作社调研。强调，要努力解决困难和问题，加快供销社改革发展步伐。

18日　省长徐守盛主持召开了省政府第41次常务会议，审议并原则通过了《甘肃省城乡居民临时救助办法（草案）》、《甘肃省城乡医疗救助办法（草案）》和《甘肃省政府安全生产监督管理责任规定（草案）》、《甘肃省生产经营单位安全生产主体责任规定（草案）》；听取了我省参加2010年上海世博会筹备情况汇报；研究了48宗矿业权审批事宜。

20日　甘肃省太阳能协会成立大会暨第一届会员代表大会在兰州召开。省委书记、省人大常委会主任陆浩，省长徐守盛担任协会名誉会长。

21日　省委常委会在兰州召开会议，传达了学习中央纪委2009年度推进惩治和预防腐败体系建设检查工作会议精神，研究部署了我省贯彻意见。省委书记陆浩主持了会议。

23日　省委在兰州召开领导干部会议，传达学习了中共中央政治局常委、全国人大常委会委员长吴邦国在甘肃考察时的重要讲话精神，并就贯彻落实作出了安排部署。

23～27日　省十一届人大常委会第十二次会议在兰州召开。会议通过了《甘肃省城乡规划条例》和《甘肃省档案条例（修订案）》、《甘肃省实施〈中华人民共和国未成年人保护法〉办法（修订案）》、《甘肃省乡镇人民代表大会工作条例（修订案）》；通过了甘肃省人大常委会关于批准《兰州市无公害蔬菜管理条例》的决定、甘肃省人大常委会关于批准《兰州经济技术开发区条例》的决定和《甘肃省人大常委会关于召开甘肃省第十一届人民代表大会第三次会议的决定》。通过了人事任免事项。

27日　省长徐守盛到省政府参事室调研，与省政府参事们进行了座谈。

30日　全省推进城乡一体化工作现场会在金昌召开。会议总结交流了兰州、金昌、嘉峪关三市试点工作的经验，研究部署了进一步深化试点工作和逐步有序推进全省城乡一体化工作。省委书记、省人大常委会主任陆浩，省长徐守盛出席会议并讲话。

十二月

1日　省长徐守盛在金昌会见了到我省考察的澳大利亚必和必拓公司西部镍分部总裁威恩•伊萨克期一行。

1~2 日　省长徐守盛到张掖市进行了工作调研。强调，要拓宽思路，拓展视野，抢抓机遇，进一步推动张掖经济社会又好又快发展。

2日　省委学习实践科学发展观活动领导小组会议在兰州召开。省委书记、省人大常委会主任、省委学习实践科学发展观活动领导小组组长陆浩主持会议。强调，要抓好学习实践活动，推进我省科学发展。

4日　全省第三批学习实践科学发展观活动分析检查阶段工作汇报会在兰州召开。中央第四巡回检查组组长、全国政协常委、人口资源环境委员会主任张维庆出席会议并讲话。

9日　省委常委扩大会议在兰州召开，会议传达学习了中央经济工作会议精神。省委书记、省人大常委会主任陆浩就学习贯彻中央经济工作会议精神作了重要讲话。省长徐守盛出席大会。

10 日　省长徐守盛主持召开了省政府第 42 次常务会议，听取了全省人口和计划生育工作情况汇报；听取了中国中材集团与甘肃祁连山建材控股有限公司战略合作情况汇报；听取了我省国有资本收益收取管理有关情况汇报；通过了人事任免事项。

11 日　省委、省政府在兰州举办了《甘肃通史》首发式。省委书记、省人大常委会主任、《甘肃通史》编纂委员会主任陆浩为《甘肃通史》揭幕，省长徐守盛讲话。

16 日　省委书记、省人大常委会主任陆浩到白银市进行了工作调研。强调，要认真贯彻中央领导的指示精神，全力以赴推进棚户区改造工程。

同日，兰州至张掖增建三、四线铁路座谈会在兰州召开。省委书记、省人大常委会主任陆浩，铁道部副部长陆东福出席会议。省长徐守盛主持座谈会。

16~17 日　省长徐守盛主持召开了省政府第 43 次常务会议，听取了我省重点产业调整振兴规划编制情况的汇报；听取了兰州炭素集团公司等 3 户企业破产补助资金的情况汇报；分析了当前经济形势，研究了 2010 年经济工作；听取了二级公路建设情况汇报。

18 日　省委常委会在兰州召开会议，分析研究了 2010 年全省经济工作，听取了我省参加上海世博会筹备情况的汇报，传达学习了全国组织部长会议与贯彻落实干部人事制度改革《规划纲要》座谈会精神。省委书记陆浩主持了会议。

19 日　省长徐守盛到兰州铁路枢纽工程建设现场进行了工作调研。强调，要统一思想认识，明确责任分工，加快推进重点项目建设进度。

21~22 日　全省经济工作会议在兰州召开。会议认真贯彻了中央经济工作会议精神，总结了我省 2009 年经济工作，科学分析形势，安排部署了 2010 年经济工作。省委书记、省人大常委会主任陆浩，省长徐守盛出席会议并分别讲话。

23 日　中国铝业公司在兰州举行项目改造启动仪式投资 49.7 亿元改造三大在甘项目。省委书记、省人大常委会主任陆浩，省长徐守盛，中国铝业公司总经理熊维平等出席了启动仪式。

24 日　平凉至定西高速公路建成通车仪式在会宁举行。省委书记、省人大常委会主任陆浩宣布通车，省长徐守盛讲话。

25 日　酒泉千万千瓦级风电基地 200 万千瓦吊装、并网发电仪式在玉门举行。省委书记、省人大常委会主任陆浩，省长徐守盛启动并网发电按钮。

同日，我省首台 3 兆瓦风机下线仪式在酒泉市举行。省委书记、省人大常委会主任陆浩，省长徐守盛等出席仪式。

27 日　省政府与中国中材集团在兰州签署战略合作协议。省委书记、省人大常委会主任陆浩，省长徐守盛，中材集团董事长谭仲民，中材集团党委书记于世良等出席签约仪式。

同日，省长徐守盛主持召开了省政府第 44 次常务会议，听取了组织实施《甘肃省循环经济总体规划》有关情况汇报；听取了兰州、金昌、嘉峪关 3 市统筹城乡综合配套改革试点工作进展汇报；讨论了《甘肃省人民政府贯彻落实〈关中—天水经济区发展规划〉实施意见》；

29 日　我省与清华大学在北京签署战略合作协议，双方将在人才培养、人员培训、相关领域科技攻关、重大战略决策咨询等领域加强全面战略合作。省委书记、省人大常委会主任陆浩，清华大学校长顾秉林致辞。省长徐守盛，清华大学党委书记胡和平等领导出席签约仪式。

同日，省委书记、省人大常委会主任陆浩到清华大学作了主题为《坚持科学发展、再创新的辉煌》的演讲。

概　况

甘肃省情

【甘肃概况】甘肃，由古甘州（今张掖）肃州（今酒泉）两地首字而得名，由于陇山在境内绵延又简称陇。位于黄土高原、青藏高原、内蒙古高原三大高原和西北干旱区、青藏高寒区、东部季风区三大自然区域的交汇处，东邻陕西省，南与四川省、青海省接壤，西与新疆维吾尔自治区相邻，北与内蒙古自治区和蒙古国交界，东北部与宁夏回族自治区连接。全省有兰州、嘉峪关、金昌、酒泉、张掖、武威、白银、天水、平凉、庆阳、定西、陇南等 12 个地级市，临夏、甘南 2 个自治州；有 86 个县（市、区），其中，4 个县级市、58 个县、7 个民族自治县、17 个市辖区。甘肃是一个多民族省份，有 55 个民族成份，人数较多的主要有汉、回、藏、东乡、土、满、裕固、保安、蒙古、撒拉、哈萨克等民族，其中裕固、保安、东乡族是甘肃的独有民族。

【甘肃简史】甘肃是中华文明的发祥地之一。早在 20 万年以前的旧石器时代，先民们就曾在这里生息繁衍。进入新石器时代，甘肃的大地湾文化距约八千年，其后的仰韶文化、马家窑文化创造了彩陶文化的辉煌时代。中华民族的人文始祖伏羲、女娲和黄帝相传就生在甘肃，故有"羲轩桑梓"之称。周秦时期，甘肃的庆阳、天水又是周文化和秦文化的发祥地。早在西汉初年，设有武威、张掖、敦煌、酒泉四郡，河西千里走廊将中原、黄河上中游地区与西域连接在一起，对祖国版图的形成发挥了重要作用。张骞出使西域是丝绸之路兴起的标志，隋唐时期贯穿甘肃河西走廊的丝绸之路进入了繁荣时期，甘肃的战略地位进一步显现，司马光《资治通鉴》有"天下称富庶者无如陇右"的记载。元代设立甘肃行省，是甘肃设省的开始。明代长城由东向西穿越 9 省区后，抵达甘肃河西地区，嘉峪关成为大西北的重要关隘和前沿阵地，有"天下第一雄关"之称。晚清时期，时任陕甘总督左宗棠曾奏称"陇中苦脊甲于天下"，并在兰州开始兴办近代工业。这一时期，甘肃的重要战略地位再次凸显出来，所谓"欲保关中，先固陇右"，甘肃成为维护中原、连接和支撑大西北的战略基地。

新中国成立后，甘肃经济全面发展。"一五"期间国家重点建设的 156 项工程中，布局在甘肃的有 16 项，被誉为"中国石油工业长子"的兰州炼油厂、"中国石化工业摇篮"的兰州化工厂、"中国石油机械的脊梁"的兰州石油机器厂等都是这个时期投资兴建的。围绕资源开发，先后建成了"石油工业的摇篮"玉门、"铜城"白银、"镍都"金昌、"西北钢城"嘉峪关和新型工业城市兰州等一批工业企业和工业城市。"三线"建设时期，国家向甘肃布局和搬迁了一批国防军工、机械电子、轻工等骨干企业，奠定了甘肃能源、原材料为主的工业基础以及在全国的重要地位。

改革开放以来，甘肃认真贯彻国家的一系列方针政策，坚持以改革开放为动力，全省经济社会取得了长足发展，城乡面貌发生了深刻变化。特别是 2000 年实施西部大开发战略以来，甘肃经济社会发展进入一个新阶段，在国家的大力支持下，加强基础设施和生态环境建设，兴建了一批农林水利、交通能源、生态保护和产业升级项目，基础设施状况明显改善，特色优势产业快速发展，进一步增强了经济发展的后劲和活力。

【地理地貌】甘肃位于祖国地理中心，介于北纬 32° 11′ ~42° 57′，东经 92° 13′ ~108° 46′，地貌复杂多样，山地、高原、平川、河谷、沙漠、戈壁，类型齐全，交错分布，地势自西南向东北倾斜。地形呈狭长状，东西长 1655 公里，南北宽 530 公里，复杂的地貌形态，大致可分为各具特色的六大地形区域。

陇南山地：这里重峦叠嶂，山高谷深，植被丰厚，到处清流不息。这一区域大致包括渭水以南、临潭、迭部一线以东的山区，为秦岭的西延部分。

陇中黄土高原：位于甘肃省中部和东部，东起甘陕省界，西至乌鞘岭畔。这里曾经孕育了华夏民族的祖先，建立过炎黄子孙的家园，亿万年地壳变迁和历代战乱，灾害侵蚀，使它支离破碎，尤以定西中部地区成了祖国最贫瘠的地方之一，但蕴含着无尽的宝藏，有丰富的石油、煤炭资源。

甘南高原：它是"世界屋脊"—青藏高原东部边缘一隅，地势高耸，平均海拔超过 3000 米，是个典型的高原区。这里草滩宽广，水草丰美，牛肥马壮，是甘肃省主要畜牧业基地之一。

河西走廊：斜卧于祁连山以北，北山以南，东起乌鞘岭，西迄甘新交界，是块自东向西、由南而北倾斜的狭长地带。海拔在 1000~1500 米之间。长约 1000 余公里，宽由几公里到百余公里不等。这里地势平坦，机耕条件好，光热充足，水资源丰富，是著名的戈壁绿洲，有着发展农业的广阔前景，是甘肃主要的商品粮基地。

祁连山地：在河西走廊以南，长达1000多公里，大部分海拔在3500米以上，终年积雪，冰川逶迤，是河西走廊的天然固体水库，荒漠、草场、森林、冰雪等植被垂直分布明显。

河西走廊以北地带：这块东西长1000多公里，海拔在1000~3600米的地带，习惯称之为北山山地，这里靠近腾格里沙漠和巴丹吉林沙漠，风高沙大，山岩裸露，荒漠连片，具有“大漠孤烟直，长河落日圆”的塞外风光。

【自然资源】甘肃地域辽阔，自然条件复杂，大部分地区气候干燥，属大陆性很强的温带季风气候，省内年平均气温在0~16℃之间，年降水量在36.6~734.9毫米，气温差别较大，日照充足，不仅有适于农、林、牧、渔各业综合发展的气候资源、土地资源，更有在全国占据重要地位的矿产资源、生物资源和能源资源。

土地资源：甘肃的土地资源丰富。全省总土地面积45.44万平方公里，居全国第七位，人均占有土地量居全国第五位，土地大体可分为“三山、三草、二沙、一林、一田”。全省耕地面积居全国第十一位，人均耕地2.65亩，居全国第六位。

根据2008年土地利用现状变更调查，全省耕地46237万公顷；园地20.60万公顷；林地518.32万公顷；牧草地1410.69万公顷；其它农用地129.67万公顷；居民点及工矿用地88.17万公顷；交通用地6.63万公顷；水利设施用地2.88万公顷；未利用土地1849.70万公顷；其它土地58.71万公顷。

植物资源：甘肃是一个少林省区，据第六次全省森林资源清查，全省林业用地面积981.21万公顷，森林覆盖率13.42%。主要树种有冷杉、云杉、栎类、杨类以及华山松、桦类等。甘肃草场有天然草地、人工草地和半人工草地三种，天然草场主要分布在甘南草原、祁连山地、西秦岭、马衔山、哈思山、关山等地，海拔一般在2400~4200米之间，气候高寒阴湿。甘肃是全国药材主要产区之一，现有药材品种9500多种，居全国第二位。目前经营的主要药材有450种，如当归、大黄、党参、甘草、红芪、黄芪、冬虫草等，特别是“岷当”、“纹党”产量大、质量好，是闻名中外的出口药材。

动物资源：甘肃境内共有野生动物650多种。其中：两栖动物24种，爬行动物57种，鸟类441种，哺乳动物137种。这些野生动物主要分布在文县、武都、康县、成县、天水、两当等地。文县让水河、丹堡一带，已列为全国第十三号自然保护区，出产大熊猫、金丝猴、麝、猞猁、扫雪等世界珍贵动物，并对梅花鹿、马鹿、麝进行人工饲养。野生动物中，属于国家保护的稀有珍贵动物有90多种，其中属一类保护的24种，二类保护的24种，三类保护的4011种。

矿产资源：甘肃是矿产资源比较丰富的省份之一，省内地质环境复杂，成矿条件优越，矿产资源相对丰富。截至2008年底，全省已发现各类矿产178种(含亚矿种，下同)。已查明矿产资源储量的110种：能源矿产7种、金属矿产36种、非金属矿产65种、水气矿产2种。列入《甘肃省矿产资源储量表》的固体矿产92种、矿区868处、矿产地1123处(含共伴生矿产)。其中大型规模矿床97个、中型207个、小型819个。据《2008年全国主要矿产资源储量通报》统计，在已查明的矿产中，甘肃省资源储量名列全国第1位的矿产有10种，居前5位的有32种，居前10位的有60种。

水利资源：甘肃省水资源主要分属黄河、长江、内陆河3个流域、9个水系。黄河流域有洮河、湟河、黄河干流、渭河、泾河等5个水系；长江流域有嘉陵江水系；内陆河流域有石羊河、黑河、疏勒河3个水系。全省河流年总径流量415.8亿立方米，其中，1亿立方米以上的河流有78条。黄河流域除黄河干流纵贯省境中部外，支流就有36条；长江水系包括省境东南部嘉陵江上源支流的白龙江和西汉水，蕴藏有丰富的水能资源；内陆河流域包括石羊河、黑河和疏勒河3个水系，有15条，年总地表径流量174.5亿立方米，流域面积27万平方公里。

能源资源：甘肃省能源种类较多，除煤炭、石油、天然气外，还有太阳能、风能等新能源。其中，石油可采储量为6亿吨，天然气探明储量31.57亿立方米，集中分布在河西玉门和陇东长庆两油区。全省煤炭预测储量为1428亿吨，已探明125亿吨，保有资源储量120亿吨，煤炭资源集中分布于庆阳、华亭、靖远和窑街等矿区。甘肃风能资源丰富，总储量为2.37亿千瓦，风力资源居全国第5位，可利用和季节可利用区的面积为17.66万平方公里，主要集中在河西走廊和省内部分山口地区，河西的瓜州素有“世界风库”之称。甘肃是我国太阳能最为丰富的三个区域之一，各地年太阳总辐射值大约为4800~6400兆焦/平方米，其中河西西部、甘南西南部是我国太阳能资源最丰富的地区，按现有利用水平测算可开发资源量约为520万吨标准煤/年。

【交通条件】甘肃具有独特的区位优势，是西北地区连接中、东部地区的桥梁和纽带，是贯通东亚与亚州中部、西亚与欧洲之间的陆上交通通道。近年来，甘肃交通基础设施建设发展迅速，已形成以公路、铁路、航空、水运和管道为主体的四通八达的交通网络，交通条件十分便捷。

公路。基本形成了以省会兰州为中心，以连（云港）霍（尔果斯）、丹（东）拉（萨）2条国道主干线和10条国道及32条省道为干线，以县乡公路为分支，沟通全省城乡、连接周边省区的呈放射状的高速公路网。2009年，全省公路通车总里程达到11400公里，其中高速公路1644公里；营运性客货运输车辆达到16.84万辆，客运量4.78亿人，货运量达到2.08亿吨。全省97.91%的建制村、99.53%的乡镇通了公路。

铁路。兰州是西北地区最大的铁路枢纽中心，陇海、兰新、包兰、兰青、宝中等铁路干线均交汇于此。加之正在建设中的兰渝、兰成、兰新二线以及天平铁路，贯通东西南北日益发达的铁路运输网络已初步形成。2009年，全省铁路营运里程达到2149公里，客运量达到2038万人，货运量达到4646万吨。

民航。全省境内有兰州中川、庆阳、敦煌、嘉峪关、天水军民合用机场等5个机场开通了民航运输线路，经营的航空公司达14家，航线45条，可通达全国30多个大中城市。金昌机场、夏河机场、陇南机场等正在抓紧开展前期工作，将陆续开工建设。

管道运输。甘肃是国家重要的能源供应战略通道，以"兰—成—渝"、"西部原油"成品油管道为代表的石油管道，以"西气东输"、"兰州—银川"管线为代表的天然气管道，为满足中东部地区的能源需求、促进西部地区经济发展和保障国家能源安全做出了巨大贡献。随着"兰州—郑州—长沙成品油管道"、"兰州—成都原油管道"，以及"西气东送二线"、"涩宁兰复线"试验段工程的建设，到2010年途径甘肃境内的油气管道将达到7000公里，是全国石油天然气管线最长的省份之一。

【特色产业】甘肃是新中国成立后国家重点投资建设工业体系的区域之一。改革开放以来，甘肃大力推进农业产业化、工业化、城镇化、信息化建设，努力走发挥比较优势、发展特色经济的路子，初步形成了石油化工、冶金有色、装备制造、农产品加工和制药五大特色优势产业。

石油化工。甘肃是我国最早的石油化工基地之一，玉门油田是新中国第一个工业油田，培养出了像"铁人"王进喜那样的工人阶级楷模。兰州炼油厂是新中国第一座大型现代化石油炼制企业，兰州化学工业公司的建成投产结束了中国不能生产合成橡胶、西北不能生产化肥的历史，在中国第一次以石油烃为原料生产出合格的乙烯。目前，甘肃石化工业已形成石油勘探与加工、合成橡胶、精细化工产品、化学清洗等25个行业。兰州石化公司生产的烟气轮机、特种橡胶和石油树脂代表着全球同行业核心技术的尖端，其中特种橡胶的生产为我国国防和航天航空事业的发展做出了重大贡献。

冶金有色。甘肃是我国有色金属工业生产的重要基地，从"一五"计划开始，陆续建成了白银有色金属公司、金川有色金属公司和酒泉钢铁公司。目前，冶金有色工业已拥有从地质勘探、采矿、选矿到冶炼加工，从科研、设计、施工到生产、设备制造等完整的工业体系，成为仅次于石化工业的第二大支柱产业。金川公司是我国最大的镍钴及稀贵金属生产基地。酒钢公司已连续多年入围全国工业企业500强和中国制造业500强，成为我国西北最大的钢铁生产基地之一。2009年全省十种有色金属产量达到172.65万吨，占全国总量的6.51%，居全国第五位。

装备制造。甘肃的装备制造业有过辉煌的历史。"一五"和"二五"时期，甘肃诞生过我国第一台大型无油超真空抽气机组、第一台大型天文望远镜镀膜机、第一台"92"钻机和第一台电驱动5000米海洋钻机。如今甘肃已经具备了较强的机械、电子产品制造能力和零部件加工配套能力，在石油钻采及炼化设备、数控机床、真空设备、风动设备、电工电器、无线电整机、集成电路封装、矿山机械制造等领域已形成突出的产业优势，拥有兰石集团、兰州电机、星火机床、华天微电子、兰州真空设备、天水风动工具等一大批品牌和知名度较高的国内行业"龙头"企业。

农产品加工。依托丰富的农产品资源，甘肃大力发展农产品加工业，涌现出了以莫高实业、敦煌种业、荣华生化、黄河啤酒、皇台酒业、亚盛集团等上市公司为代表的一大批上规模、上水平、上档次的企业，农副产品加工业和食品工业成为全省新的经济增长点。苹果汁、干酪素、番茄酱、肠衣、籽仁、种子、小杂粮等特色农产品，以其优良的品质源源不断地出口北美、欧盟、非洲、中东及东南亚、港澳台等国家和地区，在国际市场上占有一席之地。

制药。甘肃省充分利用中药材资源和生物制药技术优势，大力扶持和发展特色中成药、生物制品、藏药及中草药饮片和提纯制剂等，形成了兰州生物制品研究所、甘肃奇正实业、甘肃独一味和兰州佛慈等一批竞争力较强的优势企业，开发生产了浓缩当归丸、贞芪扶正颗粒和胶囊、独一味胶囊、奇正消痛贴等一系列产品，并逐步形成品牌优势，甘肃制药工业初具规模。

甘肃坚持发挥比较优势，全面发展特色农业。2009年全省特色优势农产品播种面积达到2582万亩，占农作物播种面积的近50%。玉米制种、啤酒原料、马铃薯等已成为特色优势明显、发展势头强劲的产业。

马铃薯产业。以定西、白银、兰州、天水、陇南等市（州）的马铃薯主产县（区）为布局优势区域，发展产业化经营。2009年种植面积达到965万亩，鲜薯总产量近957万吨。

制种产业。河西走廊的武威、张掖和酒泉等地已发展为颇具规模的制种基地。2009年，全省杂交玉米种子生产面积120万亩，产种量6.6亿公斤。

酿造原料产业。2009年，全省啤酒大麦种植面积117万亩，总产43万吨；全省啤酒花面积5万亩，产量0.92万吨。

蔬菜产业。以河西走廊、沿黄灌区、泾渭河流域、徽成盆地为主的蔬菜主产区，大力发展无公害、无污染的绿色瓜果蔬菜。2009年，全省蔬菜总面积557万亩，总产量1145万吨。已成为全国重要的"高原夏菜"基地和西北地区重要的冬春淡季蔬菜生产供应中心。

中（藏）药材产业。2009 年，全省药材种植面积 248 万亩，产量 50 万吨。当归、党参、红黄芪、甘草等道地药材占全国总量的 50%以上。目前，当归、党参、红芪和大黄四大名贵药材主要销往台湾、香港、东南亚地区，部分远销欧美。

【文化旅游】甘肃作为我国远古文明的重要发祥地和中西文化的交流交汇要道，历史文化积淀深厚，民族民间文化特色鲜明，革命文化星光闪耀，现代文化亮点频出，形成了一道神秘而独特的西部文化风景长廊。

伏羲文化。伏羲是中华民族共同的人文初祖，伏羲文化是距今七八千年的史前文明和中华民族传统文化的源头。甘肃天水是传说中的伏羲诞生地和伏羲文化的发祥地，是以伏羲为代表的华夏先民长期生活的主要地域。天水境内至今保存的伏羲庙、卦台山以及风沟、风谷、风台等与伏羲“风姓”有关的地名，大地湾附近的女娲祠、羲皇故里的砖刻、牌坊、白蛇匾等遗迹，都与伏羲文化密不可分。

丝路文化。闻名于世的丝绸之路，在甘肃东西绵延长达 1600 公里，占其全程总长度的五分之一。甘肃是丝路古道的黄金路段和枢纽地带，也是中国历史上最早对外开放的地区。东西方文明在这里交融汇聚，西传东渐，陇原各地得以长时期地汲取这条道路上荟萃的各种文明成果来滋养自己，促进自身经济文化的发展和繁荣。丝绸之路及其丰富的文化遗存无疑是甘肃历史文化旅游资源中最有优势、最具光彩和魅力的亮点。

民族民间文化。甘肃节庆习俗丰富多彩。回族的古尔邦节、开斋节；藏族的正月十五晒佛节、五月采花节；哈萨克族的叼羊、“姑娘追”；土族的“纳顿”节、“二月二”跳神会等。甘肃饮食文化异彩纷呈。兰州牛肉面是最具特色的大众化经济小吃，声名远扬；以手抓羊肉为代表的清真风味食品，独特可口；糌粑、酸奶、奶茶、蕨麻米饭等藏族风味的食物，－值得品尝；还有各种地方小吃，更是独具特色。甘肃民族歌舞多姿多彩。社火歌舞是广泛流传于甘肃民间的一种艺术，尤以兰州的太平鼓舞、武威的“滚鼓子”、张掖的顶腕舞、陇东的秧歌、天水一带的扇鼓舞、腊花等著称，还有莲花山花儿、二郎山花儿、河湟花儿、裕固族民歌等。此外，兰州微雕葫芦，平凉纸织画，庆阳牛皮影、香包、剪纸、刺绣，保安腰刀，天水雕漆漆器，酒泉夜光杯，卓尼洮砚，武威“铜奔马”等民间工艺品也久负盛名。

现代文化。源远流长、底蕴深厚的甘肃历史文化，不断催生着时代精神，培育了《读者》、《丝路花雨》、《大梦敦煌》等一系列著名文化品牌，使甘肃的现代文化日益显露生机和光芒。《读者》杂志创下月发行量 1003 万册的记录，位居综合类期刊亚洲第一、世界第四，在海内外亿万读者中产生了深远的影响，被誉为“中国人的心灵读本”。诞生于 1979 年的华人经典舞剧《丝路花雨》，成为中华民族舞剧的里程碑，被海内外誉为“此舞只应天上有，人间难得看几回”。透过敦煌艺术，使世界更深刻地了解了中国、了解了甘肃。由甘肃首创的“农家书屋”工程，是新时期服务新农村建设的知名文化品牌，是千百万农民群众的精神天地。甘肃已建成“农家书屋”4600 多家，并在全国广泛推广，深受农民群众的欢迎。

甘肃省旅游资源丰富多彩。中国旅游标志铜奔马和邮政标志释使图就出土于甘肃。众多的历史遗存、独特的自然风貌和浓郁的民族风情，形成了以特色旅游资源为基础的独具魅力的四条黄金旅游线路。

丝绸之路旅游线。丝绸之路全长 7000 多公里，在甘肃境内有 1600 多公里。甘肃被誉为“丝绸之路的黄金路段”，这个黄金路段也被国家旅游局称为“永不衰落的旅游产品”，并被列为中国对外推出的九大经典旅游线路之一。丝绸之路甘肃段从东往西连接了甘肃的天水、平凉、兰州、武威、张掖、酒泉、嘉峪关、敦煌八个优秀旅游城市，可以看到“东方雕塑馆”麦积山石窟，纪念华夏民族人文始祖的伏羲庙，气势恢弘的武威雷台汉墓、“石窟鼻祖”天梯山石窟、举世无双的西夏碑和西藏纳入中国版图的见证地百塔寺，世界最大的室内卧佛寺—张掖大佛寺，“天下第一雄关”的嘉峪关，“世界艺术宝库”莫高窟，以及鸣沙山、月牙泉、玉门关和雅丹地质公园等一批世界级的旅游景点，还有森林、草原、大漠、雪峰等独特的风光。

民俗风情和草原风光线路。源远流长的民族传统文化和奇丽多姿的民俗风情，形成了甘肃旅游的又一特色。从兰州南行，经临夏回族自治州、甘南藏族自治州和陇南市，可以欣赏到有“小麦加”之称的临夏浓郁的回族风情，和政古生物化石博物馆，亚洲最美的玛曲草原风光，被誉为“东方小瑞士”的郎木寺，甘南浓郁的藏族民俗风情，世界最大的藏传佛教学府拉卜楞寺和唐蕃古道遗迹，还可以领略到武都万象洞、文县天池、礼县祁山武侯祠、成县鸡峰山的独特风貌。

黄河风景线路。黄河发源于青海的巴颜喀拉山，纵贯甘肃南北 930 多公里。沿着黄河，可以观赏玛曲天下黄河第一湾、兰州百里黄河风情线、永靖黄河三峡、炳灵寺石窟、景泰黄河石林等名胜古迹和众多黄河文化遗存。特别是黄河穿越甘肃省会兰州市 110 多公里，使兰州成为全国黄河惟一穿城而过的省会城市，形成了独特的百里黄河风情线。“天下黄河第一桥”的中山铁桥、黄河母亲雕塑、羊皮筏子、水车博览园，以及南北滨河路的绿色长廊、亭台楼阁，形成了“黄河之都”的独特风景。

红色旅游线路。甘肃是红军长征经过的主要省份。也是三大主力红军都经过的唯一省份，红军长征在甘肃留下了许多珍贵的遗址遗迹，是全国红色旅游资源大省。这里有打开红军通往陕甘革命根据地胜利之门的迭部天险腊子口；有决定红军长征最终去向和目的地的宕昌哈达铺会议遗址；有纪念三大主力红军长征胜利大会师的会宁纪念馆和会师楼，有抗日战争期间为推进抗日民族统一战线做出巨大贡献的“路军兰州办事处”；有陕甘宁边区最早的红色革命政权—华池南梁苏维埃政权遗址。目前被列为各级文物保护的革命文物有300多处，各级博物馆收藏的珍贵革命文物近万件。依托丰富的革命历史资源，已建成各级各类爱国主义和国防教育基地达1000多家，在传承革命文化、弘扬民族精神和时代精神中发挥着不可替代的作用。

国民经济运行

【应对金融危机成效显著，经济企稳回升态势日益稳固】2009年是新世纪以来甘肃经济发展最为困难的一年，面对全球金融危机带来的不利影响，全省上下围绕“保增长、扩内需、调结构”的总体目标，全面贯彻落实中央和省委、省政府促进经济平稳较快发展的一揽子政策措施，全省经济企稳回升的态势日益稳固，整体向好的迹象更加明显，应对金融危机取得明显成效。2009年，全省实现生产总值3382.35亿元，比上年增长10.1%。其中，第一产业实现增加值497.5亿元，增长4.9%；第二产业实现增加值1510.98亿元，增长10.4%；第三产业实现增加值1373.87亿元，增长11.3%。经济增长速度呈现持续回升的态势，工业生产增速不断加快，固定资产投资强劲增长，消费品市场持续活跃，居民消费价格涨幅趋于稳定，工业品出厂价格降幅持续缩小。

（一）国民经济增长速度不断加快，居民消费价格涨幅趋于稳定

2008年四季度开始，国际金融危机对甘肃实体经济形成巨大冲击，工业增速大幅回落，进出口总值大幅下降。受工业生产速度下滑的影响，甘肃一季度生产总值仅增长4.2%，是1995年以来最低的经济增长速度。5月份以来，扩大内需和产业振兴规划等政策效应逐步显现，甘肃部分行业出现积极变化，工业增加值增速不断加快，带动经济增长速度缓慢回升。上半年全省生产总值增长6.1%，前三季度增长8.8%，全年增长10.1%，全省经济走势呈现“V”字形曲线。

全省居民消费价格总水平一季度同比上涨1.9%，上半年上涨1.7%，前三季度上涨1.3%，全年全省居民消费价格总水平比上年上涨1.3%，居民消费价格涨幅持续回落。八大类商品及服务价格呈现“六升二降”态势。2009年全省食品、烟酒及用品、家庭设备用品及维修服务、医疗保健和个人用品、居住、娱乐教育文化用品及服务六类价格分别比上年上涨3.5%、2.6%、1.4%、1.4%、1.0%和0.3%；衣着类、交通和通信价格分别下降0.2%和2.5%。

随着国际国内经济逐渐复苏，国家宏观调控效应逐步显现，各方面信心增强，企业家信心出现回升态势，企业景气继续攀升。四季度全省企业家信心指数为119.3，企业景气指数为121.4，两个综合景气指数在四季度均达到全年最高值。

（二）农业生产形势良好，工业生产不断加快

1. 农业生产形势良好

全年完成农林牧渔业增加值497.5亿元，比上年增长4.9%。

粮食生产创历史新高。全年粮食产量达906.2万吨，比上年增长2.0%，产量创历史最高水平。上半年严重干旱导致全省夏粮播种面积和产量均有下降。由于全膜双垄沟播技术在旱作农业区的进一步推广，全省秋粮面积比上年增长5.71%，增产5.16%，为全年粮食丰收奠定了良好的基础。

牲畜存栏稳定，畜禽出栏继续提高，肉蛋奶毛产量继续增加。年末大牲畜存栏623.22万头，比上年增长4.27%，其中牛存栏464.49万头，比上年增长6.16%。猪存栏600.59万头，比上年增长3.8%。羊存栏1726.7万头，增长4.78%。肉类总产量达到83.32万吨，增长5.19%；禽蛋产量10.55万吨，牛奶产量37.69万吨，绵羊毛产量2.64万吨，分别比上年增长4.04%、3.12%和6.55%。

2. 工业生产不断加快

全年全省规模以上工业企业完成工业增加值1136.71亿元，比上年增长10.6%。

2008年四季度以来，甘肃工业生产增长速度不断下滑，2009年2月、3月、4月更是连续三个月呈下降趋势。5月份当月规模以上工业增加值增速由降转升，6月份当月规模以上工业增加值增长9.8%，增速基本恢复到2008年10月份的水平。12月份当月增速达到28.9%，是自1998年以来全省工业生产增速最高的一个月，且连续四个月当月增速在20%以上运行。

23户重点企业对全省工业生产回升支撑作用明显。2009年全省23户重点工业企业共完成工业增加值516.28亿元，占全省规模以上工业的45.42%，比上年增长13.6%，高于全省增速3.0个百分点。

（三）固定资产投资快速增长，消费品市场持续活跃，进出口总值降幅缩小

1. 固定资产投资快速增长

全年全省完成全社会固定资产投资2479.60亿元，比上年增长42.85%。

受扩大内需政策和灾后重建的拉动，2009年全省固定资产投资保持稳定快速的增长态势，累计增速均高于上年同期。全社会固定资产投资额总量迅速增加，在6月、7月、9月投资总量分别超过了2006年、2007年和2008年全社会固定资产投资总量。全年全社会固定资产投资比上年增长42.85%，增幅同比提高10.38个百分点。

大项目带动作用明显。全年全省共有在建项目9460个，比上年增加1638个。其中，亿元及以上在建项目564个，增加51个，亿元以上项目平均投资规模为6.37亿元/个，比上年增长14.36%，亿元及以上项目完成投资占城镇项目投资的53.38%。

房地产开发投资平稳增长。房地产开发投资在经历了年初短暂的低迷之后，5月份开始呈现缓慢的恢复性增长，9月份后连续四个月保持19%以上的增速。全年全省完成房地产开发投资204.14亿元，比上年增长19.59%。商品房销售情况较好，全年全省完成商品房销售面积696万平方米，比上年增长47.73%，其中，住宅销售657万平方米，增长45.74%。

2. 社会消费品零售总额突破千亿元

全年全省实现社会消费品零售总额1183.01亿元，突破千亿元，比上年增长18.88%。

主要热点商品销售旺盛。一是食品消费明显增长，全年全省食品、饮料、烟酒类商品零售额分别比上年增长33.7%、9.3%和70.5%；二是个人享受及婚庆带动的商品销售较快增长，金银珠宝类零售额增长33.4%，化妆品类增长18.9%，家用电器和影像器材类增长27.4%，家具类增长10.7%，体育、娱乐用品类增长23.7%；三是受需求增长和消费政策刺激，汽车销售增长64.51%。

3. 进出口总值降幅缩小

2009年，全省完成进出口总值38.21亿美元，比上年下降37.3%，降幅比上半年缩小15.6个百分点。其中：出口总值7.35亿美元，下降54.1%；进口总值30.86亿美元，下降31.3%。其中，11月份和12月份进出口总值分别为4.88和5.89亿美元，分别比上年同月增长11.65%和1.18倍。

农产品出口比重大幅提升。9月份农产品出口打破了自年初以来大幅下降的局面，环比增长95%，12月份达到3832万美元，创出单月农产品出口最高纪录。2009年全省农产品共实现出口总值2.34亿美元，比上年下降17.6%，占全省出口总值的比重为31.8%，比重同比提高近15个百分点，其中干洋葱、鲜苹果和番茄酱增长较快，分别比上年增长56倍、1.42倍和12%。

（四）财政、企业、居民三大收入稳步增长

1. 大口径财政收入突破600亿元

2009年，全省完成大口径财政收入604.01亿元，比上年增长36.63%。完成一般预算收入286.69亿元，增长20.94%。其中，营业税和个人所得税分别增长22.76%和10.54%，增值税和企业所得税分别下降2.07%和17.8%。

全省完成一般预算支出1245.57亿元，首次突破千亿元大关，比上年增长28.62%。保障和改善民生等社会事业支出增长较快。一是全省教育支出205.17亿元，增长12.16%，提前实现了农村义务教育经费保障机制改革政策目标。二是全省医疗卫生支出87.03亿元，增长49.23%，稳步实施医药卫生体制改革试点工作，有效提高新农合参保范围和报销比例。三是全省社会保障和就业支出199.7亿元，增长29.93%，进一步完善了城乡低保动态调整管理机制，提高了保障标准。四是全省文体传媒支出24.21亿元，增长24.49%，支持了农家书屋、农村电影放映工程、文化信息共享工程、陇剧精品等全省精神文明建设事业。五是环境保护支出52.87亿元，增长12.85%，有效促进了环境污染治理、节能减排、自然生态环境保护。

2. 工业企业利润成倍增长

受成品油定价机制和燃油税改革、国家扩大基础设施投资以及化工产品涨价等因素的影响，2009年，全省规模以上工业企业实现利润155.23亿元，比上年增长1.13倍。利润增长较快的主要行业有石油加工、炼焦及核燃料加工业，盈利23.96亿元，而上年亏损118.26亿元；化学原料及化学制品业盈利1.2亿元，上年亏损8.99亿元；非金属矿物制品业盈利13.89亿元，上年盈利7.37亿元。

3. 城乡居民收入稳步增长

2009年，全省城镇居民人均可支配收入为11929.78元，比上年增长8.75%。其中，转移性收入增速居首位，增长14.38%；工资性收入仍然是城镇居民收入的主要来源，占总收入的71.08%，达到9182.24元，增长9.91%，工资性收入对居民家庭总收入的贡献率为66.23%，拉动总收入增长7.09个百分点；最低保障收入增长70.76%，离退休金增长16.42%；财产性收入下降8.94%。

2009年，全省农民人均纯收入2980.10元，比上年增长9.41%。工资性收入仍是农民增收的主要因素，全省农民人均工资性收入为994.94元，比上年增长14.63%，对纯收入增长的贡献率达到49.53%，连续多年成为农民增收的主要推动因素。其中，农村居民在本乡地域内劳动得到的收入人均296.40元，增长26.02%，成为农民增收新的亮点。

（五）经济运行环境好转

1. 工业品出厂价格降幅持续缩小

2009年，全省工业品出厂价格总水平比上年下降9.0%，降幅分别比一季度、上半年和前三季度缩小5.2、5.4和3.6个百分点，全年工业品出厂价格运行呈现“V”型走势。原材料、燃料、动力购进价格总水平下降9.5%。

2. 金融机构贷款增幅持续高位运行

2009年末，全省金融机构人民币各项贷款余额为3649.62亿元，比上年增长33.59%，增速创近22年来新高。其中，短期贷款余额为1589.60亿元，增长31.63%；中长期贷款余额为1842.17亿元，增长31.13%。金融机构人民币各项存款余额为5881.82亿元，比上年增长24.38%。

3. 货运量由降转升

下半年以来全省货运量逐步摆脱了上半年持续下降的态势。2009年，全省完成货运量2.55亿吨，比上年增长12.08%，增速比上年提高0.37个百分点。其中铁路货运量增长2.97%，公路货运量增长14.35%。

【积极应对金融危机，政策效应凸显】随着中央和省委、省政府促进经济平稳较快发展的一揽子政策措施的逐步落实到位，扩大内需和产业振兴规划等政策效应逐步显现，成效显著。

一是扩大内需项目投资表现突出。2009年，全省城镇基础设施完成投资690.86亿元，比上年增长50.65%，增幅高于全省城镇项目投资8.84个百分点。从具体行业来看，电力、燃气及水的生产和供应业投资407.80亿元，增长56.73%；交通运输、仓储和邮政业投资145.04亿元，增长37.07%；水利管理业投资93.96亿元，增长28.78%；教育投资50.76亿元，增长58.61%；卫生、社会保障和社会福利业投资27.67亿元，增长99.55%；文化、体育和娱乐业投资17.92亿元，增长83.0%。

二是甘肃支持企业发展等政策措施及产业振兴规划带动工业生产加快增长。早在爆发金融危机之初，省政府就出台了《关于支持企业生产经营，促进全省工业稳定发展的意见》。2009年5月份，甘肃又出台了《关于支持重点企业发展的若干意见》，加强了对23户重点企业的监测力度。随着这些政策措施的逐步落实到位以及有色、装备制造、轻工、钢铁、石化等产业振兴规划的带动，全年全省有色、装备制造、食品、石化等行业增加值分别增长15.03%、13.86%、10.06%和13.51%，增长速度均在两位数以上。钢铁工业增长2.61%，但与年初25%以上的降幅相比已有了很大幅度的提高，且下半年以来当月增幅一直在两位数以上，11月份和12月份当月增幅均超过了60%。受这些行业快速增长的影响，工业生产也走出年初下降的态势，且增幅不断加快，11月份和12月份当月规模以上工业增加值增幅连创1998年以来的新高。

三是农村投资和农村消费品市场快速增长。2009年，全省农村固定资产投资比上年增长41.89%，高于城镇固定资产投资增幅3.06个百分点。随着国家一系列“扩内需、促消费”措施的出台，特别是在“汽车、家电下乡”等各项刺激农村消费措施的推动下，农村消费品市场快速发展。2009年，全省县及县以下社会消费品零售额比上年增长19.58%，高于城市增幅0.86个百分点。

四是国家补贴、鼓励的消费商品成为新热点。在减征乘用车购置税、开展“汽车下乡”以及调整老旧汽车报废更新财政补贴等政策的拉动下，汽车销售增长不断加快。2009年，全省实现汽车销售额比上年增长64.51%，月度增幅曾一度达到70%以上。

五是税收收入由降转升。元月份，税收收入中增值税、营业税、个人所得税、企业所得税均呈下降态势，2月份税收收入下降8.54%。随着工业企业效益逐步好转，上半年税收收入增长0.75%，2009年以来首次出现正增长，之后增幅不断提高，2009年税收收入增长8.17%。

六是惠民政策拉动城乡居民转移性收入较快增长。救灾款、退耕还林还草补贴和粮食直补拉动农民转移性收入快速增长。2009年，全省农民人均转移性收入比上年增长25.52%，增速高于农民纯收入16.11个百分点。其中，救助款和救灾款人均增加60.06元。社会保障力度继续加大，城镇居民转移性收入快速增长，城镇居民转移性收入比上年增长14.38%，增速高于城镇居民人均可支配收入5.63个百分点，拉动城镇居民家庭总收入增长3.22个百分点。

【当前经济运行中存在的主要问题】在看到整体经济企稳回升、积极向好的同时，我们还要清醒地认识到，当前经济回升的基础尚需继续巩固，扩大内需和结构调整的任务仍相当艰巨，当前全省经济还存在着一些不容忽视的问题。

（一）产业结构层次低，高耗能产业比重较高

能源、原材料产业比重偏大，一直是全省工业的基本特征。2009年，全省石化、有色、电力和冶金工业完成工业增加值分别占全省规模以上工业增加值的22.77%、17.64%、12.84%和12.60%，四个行业增加值占全部规模以上工业增加值的比重高达65.85%。同时，全省装备制造业占规模以上工业增加值的比重仅为8.1%。

（二）企业利润结构问题突出，利润来源相对单一

2009年，全省规模以上工业企业实现利润155.23亿元，比上年增长1.13倍。但有色、冶金、电力工业效益大幅下滑，全省有色工业盈利29.98亿元，同比下降50.31%，冶金工业盈利6.05亿元，同比下降64.74%，电力工业更是由上年盈利7.35亿元转而全行业亏损7.37亿元。

同时，据国家发改委公告，从2009年12月13日零时起，国家铁路货物统一运价平均每吨公里由现行的9.61分提高至10.31分，平均每吨公里将提高0.7分，这将对甘肃工业中严重依赖铁路运输原材料、燃料和产成品的有色、冶金工业，以及电力行业中的电煤运输产生重要影响，生产成本将进一步增大。

（三）投资结构问题突出，促进产业升级的工业投资项目不足

随着国家宏观调控政策的实施，甘肃投资增幅快速上升，虽然投资总体上呈现平稳发展的良好态势，但也引发了很多结构性的问题，如：钢铁、水泥、平板玻璃、多晶硅、风电设备等行业重复建设，造成行业产能过剩，尤其是高耗能行业快速发展，而促进产业结构升级的投资项目较少，投资力度较小。甘肃电力投资快速发展，2009 年增长 56.73%，而甘肃制造业投资增幅低于全省工业投资达 10 个百分点以上。因此，投资的结构性问题将会对未来工业生产增长以及节能降耗产生一定影响。

（四）房地产开发投资增长较快，房价过快上涨

2009 年，房地产开发投资到位资金 245.49 亿元，绝对量高出投资完成量 41.35 亿元，增速也高于投资完成额，特别应关注的是以定金、预收款、个人按揭贷款为主的其他资金增长快速。在土地供应有限的情况下，房价快速上涨驱动投资和投机利益，带动了当前房地产销售市场，给房地产开发投资的健康发展带来潜在危机，同时也给民生和消费需求的正常增长带来压力。

（五）农产品价格低迷，影响农民增收

2009 年，全省农产品生产价格总水平上涨 0.22%，其中，种植业产品生产价格比上年上涨 4.93%，但主要农产品中玉米、大麦、豆类、水果、中药材价格分别下降 3.45%、22.34%、6.7%、2.78%和 39.29%。畜牧业产品价格下降 8.87%，主要畜禽产品中，猪肉、鸡肉和牛奶价格分别下降 14.43%、4.89%和 7.75%。农产品价格低迷一方面影响农民种养的积极性，对稳定农产品供给极为不利，另一方面也直接影响农民增收。2009 年，全省农民家庭经营纯收入中第一产业收入为 1347.20 元，占农民人均纯收入的 45.2%，仅增长 1.92%，严重影响了农民收入的快速增长。

（六）城乡居民收入水平低，居全国后位

一是城镇居民收入居全国末位。2009 年，甘肃城镇居民人均可支配收入仅相当于全国水平的 69.5%，居全国末位。

二是农民增收形势不容乐观。2009 年，甘肃农民人均纯收入仅相当于全国水平的 57.8%，居全国末位。同时，农业生产成本仍然较高，抵减了国家补贴政策给农民带来的实惠，加之，农产品生产价格持续低迷，农民收入增长形势不容乐观。

【对策建议】

（一）加大产业结构调整力度，增强经济抵御风险的能力

与全国相比，甘肃第一产业比重相对较高，第二、三产业发展相对缓慢，加之甘肃第二产业又以能源和原材料为主，当金融危机来临，国际大宗产品价格回落，甘肃经济迅速陷入低谷，经济增长速度曾处于全国倒数第三位。因此，要想保持全省国民经济快速、健康、持续地发展，就必须调整产业结构。一是按照产业化的要求，调整农村产业结构，以农业增效、农民增收为目标，以建设特色农业基地和培育龙头加工企业为突破口，大力发展高效农业、生态农业和创汇农业，积极培育林果、畜牧、农副产品加工等农村支柱产业。二是按照集团化、规模化、市场化的要求，加快对石油化工、有色冶金、机械装备、建筑材料、食品等行业的改组、改造和扩张，以组织结构调整和技术结构调整为重点，以资产重组为重要手段，推动产品更新换代和工业的优化升级，改变重型化、初级化的工业结构。三是大力发展信息、金融、旅游、房地产、社区服务和中介服务等新兴产业。要把旅游业作为大产业来发展，使之尽快成为新的经济增长点。四是借我国能源结构调整的契机，大力发展风能、太阳能等新能源产业，把甘肃建设成为全国重要的大型新能源示范基地。

（二）抓住金融危机带来的契机，促进工业支柱产业和前沿战略产业协调发展

金融危机发生和发展的过程，也是一次企业加快洗牌，产业进一步优化重组的过程，更是推进产业结构调整和转型升级的难得的机遇。

一是支持传统产业和新兴产业结合，促进支柱产业和前沿战略产业协调发展。从甘肃的实际情况看，提升石化、有色、冶金、装备制造等产业的国际竞争力，是当前及以后一段时间内产业结构调整的重要方面。这些产业在经济增长中起着基础和决定性作用，其较快发展可以减少经济增长的瓶颈。对于这些产业主要是加快兼并重组步伐，着力提高经营管理水平，扩展和延伸产业链，努力赶超世界先进水平，尽快形成较强的自主研发能力和核心产品优势。对于以生物技术、新医药、新材料、新能源及低碳经济等为代表的新兴和前沿战略产业，应该以发展的眼光进行科学分析和超前谋划，采取措施抢先发展，确保在未来的产业接替中保持领先地位。

二是大力扶持农产品加工工业，加快轻工业的发展。甘肃轻重工业结构比例失调，并非由重工业发展过快所造成，而主要是由于轻工业发展相对过缓引起的。因此在进行轻重工业结构调整过程中，不是抑制重工业的发展，而是在重工业发展的同时，加大对轻工业的支持力度。首先，制定鼓励政策，积极推进农业产业化进程，要着力扩大农业企业规模，可以通过联合、并购等方式鼓励龙头企业扩大规模，来弥补农业企业规模较小的劣势。其次，发展特色农业、食品饮料等传统优势产业，通过发展农产品加工产业，带动消费性服务业的发展。

（三）拓宽融资渠道，支持中小企业发展

长期以来，甘肃中小企业融资难的问题未能得到有效解决，融资渠道狭窄，即使 2009 年贷款增长较快，中小企业融资却依然处于深度不景气区。因此，企业、银行、政府等各个方面要共同努力，积极创造良好的融资环境，共同来缓解中小企业融资难问题。中小企业要努力提高其市场竞争能力，维护和树立良好的信誉，结合自身的发展拓宽融资渠道，加大直接融资的比例；商业银行要不断创新，提高对中小企业的服务水平和支持力度，在加强监管和控制风险的前提下，多为中小企业提供专门的融资服务，并完善中小企业信用担保体系和方式；政府有关部门应加大对中小企业的政策性扶持力度，建立有效的资金补偿机制，推动中小企业信用担保机构的发展，并积极发展资本市场。

（四）提高城乡居民收入，扩大消费需求

从拉动甘肃经济增长的三大需求来看，消费需求是三大需求中份额最大的部分。2008 年全省最终消费占 GDP 的比重为 61%，是甘肃经济增长的重要拉动力量。同时 2000 年以来，甘肃居民消费占最终消费总量的比重不断下降，2008 年居民消费占最终消费的比重为 65%，比 2000 年下降 13 个百分点。收入是决定消费最重要的因素，甘肃城乡居民收入偏低，与全国的收入差距不断拉大。因此，提高城乡居民收入，从而提高消费能力，增强消费对经济增长的推动作用应是甘肃加快经济增长的主要抓手。

在城镇，一是进一步健全社会保障体系。加大转移性支出力度，提高最低生活保障和最低工资标准，着力提高低收入者收入水平，并逐步扩大中等收入者比重。二是适当出台地方补贴政策，如：恢复通讯补贴，增加交通补贴、生活补贴、污染补贴等。

在农村，一是加大农村扶贫开发力度。提高贫困地区人口素质，改善基本生产生活条件，开辟增收途径，对丧失劳动能力的贫困人口建立救助制度。二是加强农村劳动力技能培训。加大对农村青壮年劳动力的素质教育和技能培训力度，进一步扩大劳动力转移规模，提高岗位的技术含量，切实提高劳务收入水平。三是做好农产品流通工作，防止农产品价格下跌和“卖难”现象再度发生，确保农民增产增收。同时，积极协调运力，促进农产品运输畅通，搞好运力协调服务，确保大宗农产品及时发运。

（五）继续加大项目投资力度，为经济后续发展打好基础

加大对项目投资方向的引导，在加大基础设施和民生工程建设投资的基础上，关注投资结构的调整，使项目投资能确实投向增强当地经济发展后劲的领域，避免盲目追求发展速度造成重复建设，保证新建工业投资项目和制造业投资及时跟上，为经济后续发展打好基础。

同时，要进一步做好项目前期工作，加大资金支持力度，加强对非中央投资资金的监管，拓宽招商引资渠道，确保项目储备、开工建设、资金配套等及时跟上。

【2010 年展望】一方面，近期各种预测和数据都在表明全球经济正在摆脱衰退，走上复苏。同时，中央经济工作会议明确 2010 年将继续实施积极的财政政策和适度宽松的货币政策，增加对“三农”、科技、教育、卫生、文化、社会保障、保障性住房、节能环保等方面和中小企业、居民消费、欠发达地区支持力度，并支持重点领域改革。

另一方面，国际原油价格、有色金属产品价格变动的不确定性依然存在。同时，甘肃经济自身发展还缺乏足够的内在活力，培育新的经济增长点还需一定的时间。

在宏观经济形势总体有利的情况下，预计 2010 年全省经济能够保持平稳较快的增长，全省生产总值将增长 10%左右。

国土资源

【土地利用现状】2009 年，全省主要地类面积及地类构成情况为：农用地 2541.66 万公顷(38124.86 万亩)，占土地总面积的 55.90%。其中：耕地 462.37 万公顷(6935.52 万亩)；园地 20.60 万公顷(309.01 万亩)；林地 518.32 万公顷(7774.82 万亩)；牧草地 1410.69 万公顷(21160.32 万亩)；其它农用地 129.67 万公顷(1945.19 万亩)。建设用地 97.67 万公顷(1465.10 万亩)，占土地总面积的 2.15%。其中：居民点及工矿用地 88.17 万公顷(1322.55 万亩)；交通用地 6.63 万公顷(99.39 万亩)；水利设施用地 2.88 万公顷(43.16 万亩)；未利用地 1908.41 万公顷(28626.09 万亩)，占土地总面积的 41.98%。其中：未利用土地 1849.70 万公顷(27745.52 万亩)；其它土地 58.71 万公顷(880.57 万亩)。

全省土地面积居全国第七位，人均占有土地量居全国第五位。耕地面积居全国第十一位，人均占有耕地 2.65 亩，居全国第六位。

全省耕地中包括果园在内的灌溉面积共有 123.09 万公顷，以有林地加灌木林地计算的森林覆盖率为 9.19%。

全省土地利用率为 58.02%，尚为利用的土地占全省总土地面积的 41.98%，包括沙漠、戈壁、高寒石山、裸石、低洼盐碱、沼泽等。

根据 2006 年变更调查坡耕地及耕地后备资源调查结果，全省小于 15° 坡耕地 4751.22 万亩，占 68.46%；15°～25° 的坡耕地 1800.96 万亩，占 25.95%；大于 25° 坡耕地 388.51 万亩，占 5.59%。

【耕地及基本农田保护】2009 年耕地保护工作着眼于保数量、提质量，落实建设占用耕地先补后占制度，加大土地整理复垦开发力度，使基本农田数量不减少，用途不改变，质量有提高，耕地保有量、基本农田保护面积、保护率均达到年初预定的计划指标。截止 2009 年底，全省耕地保有量 462.41 万公顷（6939.13 万亩），基本农田保护面积 385.10 万公顷（5776.44 万亩），保护面积占耕地总面积的 83.25%，确保了全省耕地总量的动态平衡。

【土地整理开发项目建设情况】2009 年共完成国家和省级投资土地整

理复垦开发项目130个，项目建设总规模30209公顷（45.31万亩），新增耕地8022公顷（12.03万亩）。

2009年，全省安排国家和省级投资土地整理复垦开发项目267个，总投资13.12亿元。其中，国家投资7.93亿元，包括灾后重建资金两期投资4.51亿元，新增建设用地土地有偿使用费投资3.43亿元。省级新增建设用地土地有偿使用费、耕地开垦费投资5.19亿元。其中，4.6亿元切块下达市州安排土地整理复垦开发项目。2010年实施土地整理复垦开发建设总规模可达59万亩，预计新增耕地14万亩。

【土地供应情况】2009年，全省供应建设用地1541宗，面积12226.48公顷(新增土地供应1266.72公顷，存量土地供应10959.77公顷)。其中，以招标拍卖挂牌出让方式供地594宗，面积1278.05公顷；以协议出让方式供地393宗，面积369.90公顷；以划拨方式供地457宗，面积1241.39公顷；以其它有偿方式供地97宗，面积9337.15公顷。土地的合理供应，保障了国家重点能源、交通、水利等基础设施建设用地，提高了运用土地政策参与国家宏观调控的能力。

【矿产资源概况】截止2008年底，全省已发现各类矿产178种(含亚矿种，下同)。已查明矿产资源储量的110种：能源矿产7种、金属矿产36种、非金属矿产65种、水气矿产2种。

列入《甘肃省矿产资源储量表》的固体矿产92种、矿区868处、矿产地1123处(含共伴生矿产)。其中大型规模矿床97个、中型207个、小型819个。

据《2008年全国主要矿产资源储量通报》统计，在已查明的矿产中，甘肃省资源储量名列全国第1位的矿产有10种，居前5位的有32种，居前10位的有60种。

截止2008年底，列入《甘肃省矿产资源储量表》的92种固体矿产中，与2007年比较，48个矿种的资源储量没有发生变化，有44个矿种的资源储量发生了变化，其中资源储量增加的有11种，减少的有33种，分别占52.17%、11.96%和35.87%。变化幅度在-224.72%～100%之间。

【矿产资源勘查】2009年，在全省开展矿产勘查项目253个，投入地勘资金91010万元，其中中央财政投入4087万元，地方财政投入22117万元，社会资金投入64806万元。项目涉及能源矿产勘查28个、黑色金属勘查15个、有色金属勘查59个、贵金属勘查121个、稀有矿产勘查1个、化工建材及其他非金属矿勘查29个。

2009年全省在地质勘查方面取得以下重要成果：

玛曲县格尔珂金矿接替资源勘查。通过钻探工程施工，扩大了金2号矿体和金111号矿体的规模；通过硐探工程，控制了金20－2矿体。经初步估算，格尔珂金矿共新增金金属资源量29.7吨。

肃北县多若诺尔铁矿普查。已圈定铁矿体21条，其中Ⅰ号矿体长约916m，平均厚度3.81m，矿体平均品位全铁23.12～27.87%；Ⅱ号矿体长约3516m，厚约2.76m～10m，平均品位全铁27.78%；Ⅴ号矿体长约4590m，地表厚度在2m～10m之间，平均品位全铁25.48%。估算铁矿石资源量大于1.17亿吨。

阿克塞县化石沟铜矿详查。2009年施工终孔总进尺21975.24m。完工的58个钻孔中有6个钻孔未见矿，见矿率89.66%。通过2009年勘查，矿区共圈定39个矿体，其中铜矿体37个，金矿体1个，钨矿体1个。铜矿体长200m～1455m，厚度在1m～16m之间，平均品位0.2%～0.75%。已控制铜矿资源量14万吨。新增铜资源量约10万吨。

合作市枣子沟金矿深部探矿。通过2009年的勘查工作，枣子沟金矿可新增金资源量10吨。

2009年地质科技研究取得以下成果：

全省矿产资源潜力评价。完成全省28幅1∶25万实际材料图和构造建造图，初步完成1∶50万大地构造相预研究和从1∶25万到1∶50万点缩编工作及拓扑检查，基本完成与铁铝矿产相关的预测工作区底图的编制工作。进行成矿预测区和成矿规律的研究，完成铁矿典型矿床研究和部分铜、金等矿种的典型矿床研究，编制典型矿床成矿要素图及成矿模式图、预测要素图及预测模式图，开展铁预测工作区预测图件编制，编写典型矿床研究报告。完成全省基础遥感图件112张和省类图件2张，省类重力和磁测编图7张，典型矿床和预测工作区图件86张，各类全省单元素地球化学图、全省单元素地球化学异常图各39张，为资源预测提供基础信息。

白银厂矿田找矿研究。通过对以往资料进行综合分析，认为白银地区折腰山、火焰山等矿床在500m以下仍有工业矿体赋存，深部具有较好的找矿前景。综合地质、航磁、化探找矿有利信息提取与找矿异常组合优化，进一步厘定找矿靶区A类区3个、B类区3个、C类区1个，今年已通过深部钻探验证。

【矿产开发利用】截止2008年底，全省共有各类持证矿山企业3137个（不含石油、天然气、煤层气和放射性矿产）。其中：国有及国有控股矿山企业119个，其他经济类型矿山企业3018个；大型矿山28个、中型矿山68个、小型矿山1584个、小矿1457个。开发利用矿种共计74种，年产矿量9442.45万吨。其中：固体矿产9405.39万吨，液体矿产37.06万吨。矿业从业总人数17.9万人。实现矿业总产值197.14亿元，综合利用产值5.21亿元，矿产品销售收入188.29亿元，利润总额23.92亿元。

【地质勘查基金】2009年是甘肃省地质勘查基金设立的第一年，省政府颁发《甘肃省地质勘查基金管理办法》(甘政办发[2009]1号)。首批下拨基金5亿元，之后又补充1.8亿元。2009年全省共安排基金项目 20 个，其中，煤炭项目 5 个、铀矿项目 1 个、其它项目 14 个，项目总投入经费 17242 万元。

【国土资源规划】土地利用总体规划的编制与实施。2009 年省级土地利用总体规划大纲已经国土资源部审查通过，目前正在编制土地利用总体规划成果，近期报省政府审查，通过后将报国务院审批，市（州）级土地利用总体规划修编工作已基本完成，待报省政府审查批准。

矿产资源规划的编制与实施。2009 年按照国土资源部统一部署，全面完成《甘肃省矿产资源总体规划（2008～2015 年）》编制任务，如期上报国土资源部审批。市、县级第二轮矿产资源规划编制工作已基本结束，目前正在进行省级审查。

【地质环境】地质灾害防治。组织编制《甘肃省 2009 年度地质灾害防治方案》并下发各市州。以省政府名义印发《关于进一步加强地质灾害防治工作的意见》。组织 3 个巡查组，对陇南、甘南、兰州、天水、定西、临夏等 6 个市（州）、16 个重点县（区）汛期地质灾害防治情况进行了巡查。兰州"5.16"九州石峡口特大滑坡发生后，省国土资源厅第一时间组织应急专家组赶赴现场组织应急调查，形成《应急处置专家意见》，为兰州市应急指挥部决策提供依据。继续推进群测群防体系建设和监测预警工作，全省共建立地质灾害群测群防点 8698 个，市、县、乡、村四级地质灾害群测群防网络已基本建立。开展"十有县"建设活动，兰州市城关区等 10 个县区已获得国土资源部正式命名，成为我省首批地质灾害防治"十有县"。

全年共发生地质灾害 161 起，其中：特大型 2 起、大型 1 起、中型 3 起、小型 155 起，造成 19 人死亡，6 人受伤，经济损失 11236.8 万元。主汛期共发布地质灾害气象预报预警 32 次，其中Ⅲ级 22 次，Ⅳ级 10 次，成功预报 17 次。积极争取国家资金投入，2009 年共争取国家级特大型地质灾害防治项目 24 个，获得中央财政专项资金 6391 万元。

矿山地质环境治理。《甘肃省矿山地质环境恢复治理保证金管理暂行办法》实施两年来，取得了初步成效，截至 2009 年 10 月底，全省建立保证金制度的矿山企业共 897 家，专户存储保证金 2852 万元。

2009 年，清水县毕家里白云石矿等 6 个矿山环境恢复治理项目获得国家立项，专项补助经费 13800 万元。天祝县抓喜秀龙等 23 个矿山环境恢复治理项目获得省级财政补助经费 3300 万元。

汶川地震重灾区灾后恢复重建地质灾害防治。根据甘肃省重建办批复的《中央重建基金陇南市防灾减灾年度实施计划》、《甘南州中央财政地震灾后重建基金项目年度实施计划》，从中央灾后恢复重建专项资金中安排陇南市、甘南州地质灾害防治专项资金 15.67 亿元，共确定项目 340 个，其中地质灾害防治项目 290 个，涉及资金 13.02 亿元；基础调查、危险区群众搬迁避让、应急指挥能力建设、群测群防点建设、专业监测点和预警示范区建设、地质灾害气象预警预报信息系统建设项目共计 50 个，投入资金 2.66 亿元。地震灾区灾后重建地质灾后防治工作正在有序进行中，部分项目已经完工并取得初步效果。

地下水动态监测和干旱地区找水。地下水动态监测主要集中在河西走廊和黄河流域，监测面积为 15877.3k ㎡，占全省国土资源总面积的 3.50%。截至 2009 年末，全省共有各类地下水监测点 325 个，其中国家级水位监测点 57 个，省级监测点 251 个，地级监测点 17 个。

2009 年，安排西和县、平川区等干旱地区找水项目 5 个，投入经费 280 万元；安排甘肃省浅层地热能开发调查评价及规划、甘肃省地下水动态监测调查评价（石羊河流域）、甘肃省城市供水后备资源地调查规划等基础项目 3 个，投入经费 250 万元；继续实施鄂尔多斯盆地甘肃能源基地地下水勘查项目，省级财政投入经费 320 万元。

（傅军）

防震减灾

【地震概况】2009 年甘肃共发生 M≥2.0 级地震 132 次。其中，2.0～2.9 级地震 117 次，3.0～3.9 级地震 11 次，4.0～4.9 级地震 4 次，最大地震为 10 月 2 日发生的肃北 4.9 级地震。2009 年地震活动在时间上具有成丛性，2.0 级以上地震在 1、2、4、10 和 11 月活动水平较高，11 月地震活动水平最高，其余时间活动水平较低。3.0 级以上地震主要集中在 9、10 月。地震活动在空间上延续了 2006 年以来甘肃地区地震活动的格局，2.0 级地震主要分布于祁连山地震带西段和东段古浪及其周围和甘青川交界地区，3.0 级以上地震在祁连山西段与阿尔金交汇部位最为集中，其余地区分布不集中。10 月 2 日在肃北县发生 4.9 级地震，微观震中为 39.67° N，96.08° E，位于祁连山断裂西段和阿尔金断裂东段交汇处的野马山断裂上，余震比较"发育"。

【地震监测预报】2009 年地震监测以建立完善现代地震台网管理体制和运行机制为核心，从"十五"数字化测震、前兆、强震台网的运维和管理入手，组织力量对 350 多个专业地震台站的观测技术系统进行巡查、巡检，及时消除了系统运行隐患，加强维修和革新改造，对 320 台（套）各类仪器进行了维修、180 台（套）仪器进行了更新改造，保证了观测系统的正常运行，观测数据连续可靠；高质量完成静宁、武威和山丹地震台站的环境优化改造，极大地改善了三个地震台站基础设施、观测环境和观测技术条件；加强地震监测设施和地震观测环境保护，将289个地震台站（点）相关资料向城乡规划和土地规划部门进行了备案，地震观测环境保护逐步得到各级政府和有关部门的关注，对平凉、定西、天水、张掖地震台站等9起地震观测环境受干扰事件进行了执法，部分地震台站保护问题得到妥善解决；举办和参加了各种监测管理、观测技术等培训共计134人次，进一步提高了观测人员的综合素质。本年度甘肃省测震台网运行率达到96%以上，共速报国内外地震148个，编目省内外地震4558个，及时向中国地震局预测研究所、各市州地震局提供观测资料800份；前兆台网运行率达到99%以上，数据完整率达到99.8%以上；强震台网运行率达到92%，55个固定台站工作正常；信息网络运行率达到99%以上，满足了信息发布，地震速报，地震目录和前兆资料的查询。在全国地震观测资料评比中，共21台项获前三名，其中第一名5台项，第二名9台项，第三名7台项。

地震预报以年度地震重点危险区为重点，开展不间断的震情监视与分析研判，特别是进入9月中旬以来，在祁连山中西段地区接连发生7起显著地震，震情的复杂变化引起了甘肃省委、省政府的高度重视和社会的广泛关注。甘肃省地震局及时将震情发展变化趋势报告省委、省政府，积极落实徐守盛省长、冯健身常务副省长、泽巴足副省长重要批示，采取了一系列措施，加大地震观测资料分析应用力度，提高地震预测的科技含量；加强震情监测，满足震情跟踪的实际需求；加强异常落实，保证重大前兆信息不过夜；加强震情值班，确保各类信息的畅通。及时下发通知，从组织领导、落实责任、加强监测、强化跟踪、落实异常等方面对全省地震系统工作进行总体部署，密切监视震情发展变化。本年度对省内发生的8起显著地震事件做出较准确的震后趋势判定，为政府决策提供可靠的依据。

【地震灾害预防】依法加强建设工程抗震设防要求和重大建设工程、生命线工程地震安全性评价监督管理，努力提高建筑物抗震能力。甘肃省地震局在汶川特大地震灾后恢复重建中，会同省发展改委、省残联等部门对7个市州、11个县市区城乡30多个重建村镇和工程场点开展抗震设防要求落实情况检查。在此基础上，组织召开8个市州、17个县市区政府领导和地震局负责人参加的恢复重建抗震设防要求督导工作会议。会后省政府办公厅批转了省地震局《关于进一步加强恢复重建工程抗震设防要求监督管理工作的通知》，对各地、各部门依法加强恢复重建工程项目抗震设防要求监督管理提出具体要求。各市州地震部门积极推进将抗震设防要求管理纳入基本建设管理程序，对建设工程实施提前介入、中途管理和建成检查等措施，进一步加强抗震设防要求管理。本年度全省共审批包括一般建设工程在内的抗震设防要求1018项。

依法加强地震安全性评价执业资格和资质管理，完成二级地震安全性评价职业资格审核颁证；制定《甘肃省地震局地震安全性评价工程师注册管理暂行规定》和《甘肃省二级地震安全性评价工程师注册实施办法》，对从业人员实现了规范化管理；在全省范围内组织开展地震安全性评价资质单位工作质量和资质使用情况的检查，对存在问题的单位进行通报批评并责令整改，有效地规范地震安全性评价工作和市场管理；甘肃省地震局与省物价局联合制定了《甘肃省地震安全性评价收费试行标准》，为推动市场良性竞争发挥积极作用。本年度对57项重点项目的地震安全性评价报告进行了审查、评审，确定科学合理的抗震设防要求。

扎实推进全省农村民居防震保安工作。甘肃省地震局积极将甘肃省抗震安居工程与国家农居地震安全技术服务工程相衔接，并将“农居地震安全技术服务工程”纳入省政府5年（2009～2013年）建设200万户抗震安居房规划中，为其提供地震科技服务。本年度按照省政府主要工作任务分解和为民办12件实事实施方案要求，在“建设40万户抗震安居房项目”中，积极组织实施“农居地震安全技术服务工程”项目，编制《甘肃省1∶50万地震动参数区划工作图》、《甘肃省活动断层分布图》(1∶50万）及其避让表，以省政府办公厅文件形式下发各地执行；“农居地震安全技术服务网络”已完成软件研发及评审；编印发放《农居地震安全基础》；举办了4期农村民居建设抗震设防培训班，参训人数达到2000多人。各市州地震部门推广科学合理、经济适用等不同类型结构的农村民房建设图集和施工技术，加强技术指导和服务，完善农村建筑施工队和施工技术员管理制度，本年度全省新建一批抗震安居房示范点和示范户。

积极开展防震减灾宣传。全省各级地震部门坚持法制宣传与防震减灾科普教育相结合，依托主流媒体、地震信息网、科普教育墓地，坚持不懈地开展经常性的防震减灾法制与知识宣传。在新修订的《中华人民共和国防震减灾法》颁布实施普及宣传和首个防灾减灾日纪念宣传等特殊时段，组织全省地震系统开展形式多样的防震减灾法制和科普宣传。本年度全省地震系统共举办《中华人民共和国防震减灾法》培训60场次，在各类报刊发表文章500篇，举办地震科普知识讲座150场次，接受电视、电话访谈70次，展出展板4000块，发放各类宣传资料600万份，悬挂张贴各类横幅和标语200条，发送手机短信5万人次，出动宣传车50辆，播放宣传光盘500张。通过宣传，有力推动了防震减灾科普知识“进机关、进企业、进社区、进学校、进农村”活动的开展，社会公众防震减灾意识、自救互救能力明显提高。

【地震应急和救援】加强地震应急

预案动态管理，全省各市州政府及相关部门、单位汲取汶川特大地震应急救援工作经验教训，结合本地实际，制定或修订了本级政府、本部门、本单位地震应急预案 1216 件，并完成备案工作。甘肃省地震局积极推广地震应急预案管理系统软件应用，数据库更新录入了气象、经济、人口等数据；14 个市州及部分县区地震局数据库更新录入了经济、人口、学校、医院、房屋建筑、工业厂房、次生灾害源等数据。经过各级政府，各部门、单位的共同努力，全省地震应急预案的覆盖面更加广泛，管理更加规范，施行更加可操作，以甘肃省地震应急预案为核心，纵向到底，横向到边的地震应急预案框架和动态管理模式基本形成。各级政府，各部门、单位组织了本地区、本系统和学校、企业地震应急演练及地震紧急避险演练 600 场次，参加人数达到 35.5 万人，提高了应急预案的可操作性和应对地震的灵活性。

提升地震应急救援能力，甘肃省地震局加强地震现场应急工作队伍建设，制定《地震现场工作指南》和《地震现场应急工作手册》，进一步完善现场工作管理，举办了地震应急现场工作队员技能培训，开展应急演练，全体队员现场工作能力不断提高。

大力推进市县级地震灾害紧急救援队伍建设，兰州市、酒泉市、武威市、金昌市、临夏州、临夏市、嘉峪关市和酒泉市、白银市的部分县区，结合本地实际，本年度先后组建了 23 支本地区地震灾害紧急救援队，目前全省已建成 27 支地震灾害紧急救援队，做到有组织、有旗帜、有章程、有计划、有场所、有装备、有活动、有演练。陇南、甘南、庆阳等市州地震灾害紧急救援队建设方案已经当地政府批准。

推进地震灾害应急志愿者队伍建设，酒泉、嘉峪关、张掖、武威、兰州、定西、平凉、临夏等市州及县区地震局，本年度新组建地震应急救援志愿者队伍 125 支，目前全省已建成地震应急救援志愿者队伍 185 支，总人数达到 6000 多人，其中酒泉市在全市沿山及牧区乡镇建立了地震应急志愿者摩托车通信队，共 275 人。

推进应急避难场所建设，全省各市州、县区市地震部门协调民政、发改委、城乡规划等部门，新建应急避难场所 120 处，全省应急避难场所共有 380 处，做到有组织、有方案、有规划、有场地、有标志、有设施。陇南、甘南、平凉、武威等市州应急避难场所建设工作方案已得到发改委的批准。

有效应对地震突发事件，本年度高效应对甘肃省及边邻地区显著地震事件 20 次。特别是 9 月 18 日酒泉市肃北蒙古族自治县 4.8 级地震发生后，甘肃省地震局立即启动内部地震应急预案，迅速开展震后趋势判定、信息发布、灾情上报等工作，及时派出地震现场工作队与酒泉市地震局地震现场工作队共同开展灾害损失调查，客观、公正地完成灾害损失评估工作，并向省政府提交《2009 年 9 月 18 日酒泉市肃北蒙古族自治县 4.8 级地震灾害损失评估报告》。

【地震科技创新】甘肃省地震局地震科研紧密结合防震减灾工作需求，加速重大课题、专项课题的科研成果转化，以扩大成果效益为前提，多渠道争取科研项目，本年度申报各类科研项目 79 项，22 项获得资助，获得资助项目继续保持较高水平；组织实施各类在研项目 65 项，共有 21 个项目结题，部分项目取得了一定创新科研成果，并在地震预测、震害防御、应急救援中得到应用；发表论文 70 多篇，其中 SC17 篇、E14 篇，出版专著 1 部。

广泛开展国际交流与合作，以“西部地球科学与减灾工程论坛”为平台，邀请国内外专家学者 13 人作了 11 场学术报告，促进了学术成果交流；先后派出 7 人次赴美国、日本、土耳其进行学术交流，特别是王兰民研究员出席在土耳其伊斯坦布尔召开的“地震与海啸联合国际会议”并作了题为“汶川地震经验教训”的大会主题报告，赢得了与会人员的广泛赞誉；《西北地震学报》办刊质量进一步提高，影响因子已达到 0.779；组织年度学术年会，40 多人作了主题报告；举行了汶川特大地震周年学术研讨会和科技开放日活动。通过学术交流，扩大了科技交流与国际合作范围，营造了良好的学术和科研氛围，地震科技创新呈现崭新的面貌。

【实施“十一五”重大项目】加强“十一五”重点项目实施的组织领导，落实责任，追踪问效，努力实现项目投资效益的最大化。“甘肃省暨西北区域防灾减灾大厦建设”项目各种建设手续和初步设计工作正在进行中，全部建设经费得到落实；“国家陆地搜寻与救护基地（兰州）”完成项目可研报告批复和初步设计方案、投资概算的编制工作；“国家地震安全计划甘肃省分项工程”中的“地震背景场探测工程”子项目已全面启动，目前已完成测震、地电、地磁、地壳形变、地下流体、强震动台网的勘选，正在编制初步设计方案，“国家地震专业基础设施”子项目的可行性报告已上报中国地震局；“酒嘉地区城市活断层探测与地震小区划工程”项目被列入甘肃省政府拉动内需项目，部分经费得到落实，正在进行资料搜集、编制可研报告等工作；“敦煌莫高窟地震监测系统建设”项目已完成初步勘选、初步设计方案编制，开始订购部分仪器设备；“中国大陆构造环境监测网络建设”项目完成 8 个台站的施工建设，已全部通过土建验收，部分设备已开始订购。

【实施灾后恢复重建项目】甘肃省地震局在甘肃灾区恢复重建中承担“中央财政汶川地震灾后恢复重建基金”项目建设，其内容包括地震监测系统建设、地震信息公共服务及数据交换平台建设、救援队伍建设及震害防御工程建设。地震监测系统建设中完成 10 个地震台站维修和基础设施改造和部分新建地震台站仪器设备订购任务；在救援队伍建设及震害防御工程建设中落实天水市、陇南市、甘南州及文县等8个重灾区的县市区地震小区划项目。

加强对市州恢复重建工作指导与服务，组织有关专家先后对陇南市、甘南州、平凉市、白银市灾后恢复重建项目实施设计方案进行评审，对地震监测系统建设、地震信息公共服务及数据交换平台建设、救援队伍建设及震害防御工程建设提出了意见和建议。

加强灾后恢复重建项目抗震设防要求的监督检查，联合省发改委、省残联等部门，对7个市州、11个县市区、30多个重建村镇和工程场点进行抗震设防要求落实情况实地检查，在此基础上组织灾区8个市州政府分管领导、地震局长参加的抗震设防要求督导会，对今后一个阶段城镇和重要工程灾后恢复重建抗震设防要求重点工作进行安排部署。

在甘肃省中小学校舍安全工程中承担抗震设防要求确定，提供活断层分布图和避让表，开展场地地震地质灾害调查与评估，防震减灾科普示范学校创建活动任务。及时为全省中小学校舍安全工程领导小组办公室提供了全省VII度以上地区和VI度以上地区分布情况；及时转发中国地震局关于学校、医院等人员密集场所建设工程抗震设防要求确定原则和全国中小学校舍安全工程地震工作指南。

（吴瑾冰）

气象

【气候概述】2009年全省年平均气温普遍偏高，年降水量全省大部地方偏少，年平均日照时数大部地方偏少。年内出现的主要气候事件有干旱、沙尘暴、冰雹、暴洪、连阴雨、霜冻、高温、干热风、气象地质灾害、暴雪等，其中干旱、局部地区冰雹、暴洪对我省农业生产造成影响较大。经综合分析2009年的气候条件属一般年景。

年平均气温全省普遍偏高。全省年平均气温为8.8℃，比常年偏高1.1℃，是1997年以来连续第13个偏高年。各月气温与常年同期相比，大多数月份偏高（1～4月、6～7月、9～10月）0.8℃以上，其中2月偏高3.7℃，为近50年以来同期次高（仅次于2007年），4月偏高2.5℃，为近5年同期最高。

年降水量大部地方偏少。全省年平均降水量359.9毫米，与常年相比，全省平均偏少1成，为近5年最少。年降水量最少中心在瓜州，为19毫米；年降水量最多中心在康县，为944毫米。全省各月降水量时空分配不均。

年日照时数大部地方偏少。2009年全省年平均日照时数偏少107小时，为近20年最少年。河西为2600～3500小时，陇中北部和陇东2200～2800小时，陇中南部、甘南高原、陇南北部1800～2200小时，陇南南部为1200～1800小时。与常年相比，河西部分地方和陇东北部偏多20～240小时，省内其余地方偏少20～400小时。

【主要气象事件及其影响】2009年，河东部分地方连续发生了冬春旱连初夏旱和仲秋旱，其中春旱连初夏旱旱情严重，对农业生产影响较重。暴雨、冰雹日数少，范围小，但夏季局部地区暴雨、冰雹频繁且强度强，部分地方受灾严重。沙尘（暴）日数偏少，共出现3次区域性（≥3站）沙尘暴过程，主要出现在春季，属偏少年份，但影响程度重，河西个别地方和陇中北部个别地方受灾较重。晚霜冻次数偏少，但局部地区灾害较重。高温、干热风日数偏多，导致干旱加剧。区域性连阴雨接近常年，初秋连阴雨范围广、持续时间长且雨量多，利多弊少。秋末出现区域性暴雪天气过程一次，个别地方受灾。总的来说，2009年全省气象灾害程度与常年大致相同。

旱灾频繁，影响范围大、程度重。3月上旬～6月下旬河西西部、陇中中北部和陇东部分地方降水持续偏少，特别是5月下旬～6月下旬陇东和陇中降水不及常年一半，陇东部分地方出现春末夏初干旱，河西西部和陇中中北部发生了春旱连春末夏初干旱，仲秋（10月上旬～11月上旬），陇中大部、甘南高原个别地方、陇东大部和陇南北部出现干旱，给粮食生产和人畜饮水造成较大影响，部分水库干涸，机井出水不足，还造成一些地方人、畜饮水困难。

沙尘暴日数偏少，但影响程度重。全年沙尘暴日数比常年同期偏少，为近12年最少，主要出现在春季（河西走廊和陇中西北部个别地方），共出现区域性（≥3站）沙尘暴3次，属偏少年份。大风、沙尘暴天气对当地交通运输、农牧业生产、旅游业及生态环境造成很大影响，给人们出行及生活带来诸多不便，并造成部分地方受灾，其中河西个别地方和陇中北部个别地方受灾较重，影响程度重。

晚霜冻日数较少，但局部地区受灾较重。5月上旬初及中旬全省共有39站出现晚霜冻177日(次)，较常年同期偏少，主要出现在河西、陇中和甘南等地，部分地方玉米、油菜、胡麻、豌豆等农作物受灾，其中河西个别地方经济损失较重。

冰雹日数偏少，但局部地区冰雹灾害较重。全年共有22站出现冰雹34日（次），较常年偏少90日（次），为近50年最少。出现时段集中在春、夏两季，主要出现在河西个别地方、甘南高原大部、陇中部分地方及陇南东南部部分地方。春季末（5月19日）出现区域性(日降雹站数≥5站)冰雹1次，但年内夏季局部地区冰雹灾害频繁，共有16个县、区的部分乡、镇受灾，其中陇中部分地方和陇东局部地区冰雹灾害较重，造成较大经济损失。

高温日数偏多，导致干旱加剧。2009年全省共有56站出现日最高气温≥32℃高温日数992日（次），比常年同期偏多364日（次），为近3年最多。出现时段为5～9月，集中出现在夏季（占全年总日数97%），与常年同期相比，除河西个别地方和陇中个别地方偏少1～2天，其余地方偏多1～6天，其中河西西部部分地方和陇东南部偏多15～25天。高温日数偏多，利于冬麦收获，也能够满足农作物对热量资源的需求，但易形成干热风天气，影响春小麦产量，并使土壤水分蒸发和植物蒸腾加大，导致干旱加剧；对人们出行、旅游、野外工作也造成一定影响，并加大了水、电资源用量。

暴雨次数少、范围小，但强度大、局部地区灾害较重。2009年全省仅有12站出现暴雨（日降水量≥50毫米），且年总日数（16日次）较常年偏少，为近7年最少，均出现在夏季。盛夏7月中旬（7月17日）出现区域性暴雨（共6站），日降水量在51.7～162.0毫米之间，康县、玛曲均出现有气象记录以来的最大暴雨，分别为162.0毫米、93.5毫米。受局部地区暴雨（洪）灾害影响，使12个县、区（市）的部分乡（镇）不同程度受灾，经济损失较重。

干热风次数偏多，影响部分地方春小麦产量。年内（夏季）在河西、陇中、陇东和陇南出现了干热风，出现次数为近12年最多，初夏6月全省共出现干热风459日(次)，为近50年最多，各地出现日次一般为5～24次，其中河西大部、陇中北部为14～60次，干热风时段内日最高气温为30.0～38.5℃，14时相对湿度为0～30%。在干旱和干热风的共同作用下，陇中北部和陇东部分地方春小麦出现高温逼熟现象，对春小麦产量和大秋作物的生长造成不同程度影响。

连阴雨次数少、区域性连阴雨接近常年，利弊皆有。全年共出现连阴雨312次，较常年略偏少，主要出现在5月上旬～10月中旬。全省除河西西部部分地方未出现连阴雨外，其余地方均出现1～8次（全省72站），其中陇东东部、甘南高原和陇南大部为5～8次，连阴雨最多中心在夏河和玛曲，均为9次。全年共出现区域性（一次连阴雨过程出现站数≥5站）连阴雨天气过程10次，属正常年份。连阴雨使土壤水分增加，不同程度缓解了河东部分地方旱情，对农作物及牧草的生长十分有利，也利于水库、塘坝蓄水；但春季末出现的区域性低温阴雨天气和初秋出现的长时间大范围连阴雨天气，对夏粮作物生长和大秋作物成熟收获、小秋作物的产量形成造成不利影响，也对人民生活及交通运输、旅游业造成了一定影响，并造成河西、陇东和陇南三地的个别地方不同程度受灾。

秋末降雪、降温，影响程度较重。秋末11月全省降雪日数为近6年同期最多，11月全省平均气温显著偏低，为近30年同期最低，降水量异常偏多，为近32年同期最多；11月中旬初，陇东部分地方降暴雪，个别地方受灾。降雪利于土壤蓄墒保墒，对冬小麦越冬十分有利，并净化了空气，对人体健康十分有利，但由于道路结冰，对交通和航空运输带来一些不利影响，低温天气对设施农业和畜牧业也造成一定影响。

气象地质灾害。2009年，部分地方出现局部地区强降水、强对流天气（8月）和大范围长时间连阴雨天气过程（9月），引发泥石流、滑坡、泽（积）涝等气象次生地质灾害，造成陇中和甘南部分地方不同程度受灾。次生地质灾害共造成5.733万人受灾，死亡13人（为近25年最多）、失踪1人，农作物受灾面积为86公顷，成灾面积为56公顷，绝收面积为30公顷，倒塌房屋1035间。共造成直接经济损失1.0112亿元，影响程度为近25年最重。

【气象服务】公众气象服务：省气象局共发布各类突发气象灾害预警信号40期，对造成重大影响的暴雨、寒潮、暴雪、地质灾害、沙尘暴等灾害天气过程均无空报漏报，特别是对“4·29”区域性强沙尘暴天气、“7·14”区域性暴雨、10月份大范围连阴雨、11月中旬全省降雪降温等重大天气过程都作了较为准确的预报，取得了显著的社会经济效益。预报准确率一般性降水达66.24%，晴雨88.97%，温度68.46%。通过手机短信发布各类气象预警217次，接收人数达2318万人；手机短信用户较去年增长31%，达235万户。据省统计局对不同职业和不同人群的抽样调查，甘肃城市公众气象服务满意率为83.8%，农村为88.6%。

决策气象服务：全年上报各类决策气象服务材料266期，省级领导批示13次。共收集灾情198份，报送《雨情快报》97期、《雨情旬报》18期、《重大突发事件报告》62期、《抗旱防汛气象服务》8期、《气象专题服务》18期、《甘肃省气象信息专报》50期、《甘肃省气象信息快报》11期、《重大气象信息专报》31期、《甘肃省气象服务每周动态》30期、《气象信息月报综述》12期、《甘肃气象灾害评估》报告6期、《干旱生态环境监测预警公报》2期。

副省长泽巴足批示：“今年7月以来，省气象局《重大气象信息专报》及时、准确，为省政府指导各地防灾减灾工作发挥了重要作用，向日夜值守在预测预报第一线的全体干部职工表示感谢。近来我省局部重大气象灾害增多，北旱南涝，望继续努力，加强灾害性气象的预测预报，为各级政府和社会公众提供准确及时的气象信息服务。”

专项气象服务：每日制作发布20多种60余份涵盖公路、铁路、电力、水利、能源、林业、农牧、通信等多个领域各类专业气象服务产品；在黄委会各服务单位的预测评比中名列第一；开展风电预报方法研究，建立风能预报系统；改版甘肃卫视频道“农情与生态”为“农用天气预报”，发布农业气象专题服务产品。

重大社会活动气象服务：为十运会火炬传递、兰洽会、高考等重大活动及各类节假日提供公众和决策气象服务。

以全省各市（州）大型文艺晚会、焰火晚会和文艺会演等庆祝活动为中心，认真制定服务方案、应急预案和重大业务设备应急保障预案，为国庆 60 周年各种重大活动提供跟进式气象服务。

人工影响天气服务：建设了 88 个标准化炮点，规范了人影炮点建设标准和作业操作流程，进行了标准化炮点验收，参与了《西北区域气象中心人工影响天气共同行动计划》制定工作。

应急保障气象服务：2009 年 5 月 17 日，兰州市九州开发区出现山体滑坡，造成居民楼倒塌，省气象局立即组织人员前往开展现场调查和应急气象服务，并及时向中国气象局报告。9 月 7 日 22 时许，兰州市西固区一家化工企业发生有害气体泄漏，省气象局迅速做出反应，及时向省政府应急办上报《重大突发事件报告》，预报未来 3 小时和 12 小时内天气情况和风向、风速变化情况，并实时上报最新的监测数据。

新农村气象服务：全省完成 766 个电子显示屏建设任务；完成“村村通”农村大喇叭选址，并与甘肃移动公司就建设问题达成协议，完成试点单位庆阳市正宁县 54 个行政村“电子显示屏+大喇叭”系统；组织建设了乡镇灾害预警及综合信息发布平台，制定相关管理制度和办法，组织发放《气象信息员知识读本》和《气象信息员工作手册》，同时开展乡村气象信息覆盖面调查，建成万余人的气象信息员队伍；结合基层气象队伍建设和电子显示屏建设项目的实施，在电子显示屏建设地点设立乡村气象工作站，并编制下发了《甘肃省乡镇气象工作站建设指导意见》，已建设 959 个乡镇气象工作站，挂牌 643 个。组织编写了“甘肃省中小学校雷电灾害防御工程可研报告”，完成全省 98 所农村中小学防雷示范建设任务，省气象局被列为全省中小学校舍安全成员单位；围绕甘肃粮食安全，针对干旱气候特点，积极开发空中云水资源。

【气象业务与现代化建设】明确全省农业气象业务发展思路，制定农业气象周年服务方案。全省初步建成特色农业服务体系，大力开展针对特色农业、生态农业、设施农业、畜牧业发展和农业产业结构调整的气象服务，定西马铃薯、平凉金苹果等特色服务效益显著。加强关键农时预报，强化农业保墒节水、全膜双垄沟播、测土施肥和病虫害防治气象服务。粮、棉、油、果品和蔬菜等农副产品和主要粮食产量预报服务成效明显。与省农牧厅、林业厅合作，农用天气预报电视节目正式播出，不断推出实用性较强的农业生产具体建议和措施。实施跨区域人工增雨作业，为大旱之年夺取农业丰收做出贡献。

开发了甘肃省公共气象服务平台。平台包括公众气象服务、专业气象服务、决策气象服务、灾害预警防御及公众气象信息发布 5 个模块，各模块既有通用的基本功能又有适应不同气象服务需求的功能。平台的建成体现了公共气象信息数字化、数值预报信息集成化、服务产品制作规范化、气象服务手段现代化、业务系统开发集约化等 6 大亮点，达到了“增强公共气象服务能力，提高公共气象服务水平”的目标。

开发了基于 T639、T213、EC、NCEP、WRF、Japan、Germany 等模式的多要素释用产品、多模式的数值集成产品、西北区数值集合预报系统；开发了西北区自动站、区域站雨量任意时段统计分析软件，引进短时临近预报业务系统（SWAN），增加了闪电定位仪及大气电场仪资料短临预警产品等功能；开发了基于卫星、雷达和自动站及闪电定位仪等资料为主的短时临近预报系统；开发了甘肃省暴雨、冰雹预报系统；开展降水相似预报。利用西北区深层地温资料，针对前期各纬度出现的地震状况这一地气图预测的强信号，逐月发布地气耦合方法预测结论。利用诊断风场模型 CALMET 对客观分析场进行诊断分析，以发散最小化原理建立风功率预报系统。

建设 322 个区域站（10 个国营大型林场自动气象站）。启动监测预警工程地面观测系统建设工作（6 个无人自动气象站、5 个有人自动气象站、6 个云地闪监测仪、17 个国家级台站自动站备份）。布设 80 个便携式土壤墒情快速监测仪。完成陇南武都 L 波段雷达建设工作，开展静宁雷达建设，启动了合作新一代天气雷达建设前期准备工作。组织完成全省风能观测网 20 座测风塔建设任务。

下发了我省首批气象专用技术装备使用许可标识；实施我省气象宽带网络统一授时工作；组织检查了库存物资及设备、备件的储备情况；完成精细化城镇天气预报业务调整和 11 月降雪天气加密观测的业务保障。

【气候变化与气候资源开发】省政府正式印发《甘肃省应对气候变化方案》，成立西北区域应对气候变化中心。省气象局领导在省直机关干部学习会议和省委党校、张掖、天水等地就应对气候变化作专题辅导报告，把应对气候变化列入省委党校学习课程。利用世界气象日、防灾减灾日、科技周等重大活动，广泛普及和提高了全社会应对气候变化的意识。围绕甘肃气候变化的热点问题，提供高质量的决策服务报告和动态信息。向省委、省政府上报粮食安全和太阳能开发利用的专题报告，完成气候变化对生态环境影响分析报告。组织编写《西北地区气候变化影响评估报告》。建成 20 座测风塔，实现了测风数据实时上传。完成酒泉千万千瓦级风电基地风能详查示范区详查评估报告。发布单点风电功率预报，开展风电场风电调度试验。开展气候变化对农牧业、水资源、重大工程、能源、交通、电力等行业的综合评估；加强气候变化对甘肃省农业产业结构调整及粮食安全的影响研究。

政 治

中共甘肃省委

【省委常委会议纪要】1月9日上午，会议听取了省政府办公厅关于征集选择2009年为民办实事情况的汇报。会议原则同意省政府办公厅提出的意见。要求按照省委常委会讨论意见进一步修订完善《实施方案》并抓好落实。会议研究确定了今年要办的农村饮水安全、农村沼气建设、农村公路建设、抗震安居房建设、发放廉租住房补贴和廉租房建设、农村寄宿制初中建设和义务教育阶段中小学危房改造、普通中等职业学校新招学生减免学费、城市义务教育阶段学校公用经费以奖代补、城市社区卫生服务中心建设、提高城乡低保和农村五保户供养标准、扶持大学生就业、补助街道办事处社区人员经费等12件实事。会议强调，要坚持量力而行、尽力而为的原则，从解决人民群众最关心最直接最现实的利益问题入手，保证每年都能为民办成几件实实在在的事情，让广大人民群众共享改革发展的成果。会议传达学习了全国宣传部长会议精神，研究了甘肃省贯彻意见。会议原则同意省委宣传部提出的贯彻意见，同意召开全省宣传部长会议。会议指出，全国宣传部长会议是一次十分重要的会议。会议深入学习贯彻党的十七大、十七届三中全会和中央经济工作会议精神，学习贯彻胡锦涛总书记关于切实做好意识形态工作的一系列重要指示精神，总结了去年宣传思想文化工作的成绩和经验，分析了当前面临的形势，对今年的宣传思想文化工作进行了安排部署。中央对这次会议非常重视，李长春同志出席会议并作重要讲话。全省各级党委和宣传部门要认真学习贯彻全国宣传部长会议和李长春同志的重要讲话精神，统一思想，提高认识，进一步做好甘肃省的宣传思想文化工作。会议认为，在过去的一年里，宣传战线围绕战胜自然灾害、应对突发性事件，开展一系列重大宣传活动，有效地鼓舞了全省人民战胜困难的决心和信心。要认真总结宣传工作经验，坚持正确舆论导向，提高舆论引导能力，营造良好舆论环境，为推进全省经济社会发展凝聚起强大的精神力量。会议强调，要按照高举旗帜、围绕大局、服务人民、改革创新的总要求，坚持把舆论宣传的主基调放在克服困难、增强信心、抓住机遇、加快发展上，努力形成积极向上、团结和谐的主流舆论。要完善重大突发公共事件报道机制，加强和改进舆论监督。要提高网络文化建设和管理水平，重视发挥新兴媒体作用。要重视新闻人才队伍建设，进一步提高宣传质量和效果，推进省内宣传和省外宣传协调配合。会议传达学习了全国组织部长会议和农村基层组织建设、人才、老干部等工作会议精神，研究了甘肃省贯彻意见。会议原则同意省委组织部提出的贯彻意见，同意召开全省组织部长会议、老干部局长会议和人才工作座谈会。会议指出，全国组织部长会议是一次非常重要的会议。会议深入学习贯彻党的十七大、十七届三中全会和中央经济工作会议精神，学习贯彻胡锦涛总书记在纪念党的十一届三中全会召开30周年大会上的重要讲话精神，回顾总结了去年的组织工作，研究部署了今年组织工作主要任务。中央对这次会议十分重视，习近平同志出席会议并作重要讲话。全省各级党委和组织部门要认真学习贯彻全国组织部长会议和习近平同志的重要讲话精神，学习贯彻全国农村基层组织建设工作座谈会、人才工作座谈会、老干部局长会议精神，振奋精神，锐意进取，不断开创组织工作新局面。会议认为，去年以来，甘肃省组织工作坚持以党的执政能力建设和先进性建设为主线，以深入开展学习实践科学发展观活动为契机，大力加强领导班子思想政治建设和制度建设，有针对性地做好基层党建工作，大力改进干部作风，各项工作取得了显著成绩，为推进全省科学发展提供了坚强保证。会议强调，能否抓住机遇，应对挑战，继续保持全省经济平稳较快发展，关键在各级领导班子和广大党员干部。各级党委和组织部门要以开展深入学习实践科学发展观活动为重点，以服务科学发展为根本任务，着力做好选干部、配班子、建队伍、聚人才、抓基层、打基础的工作。要精心组织指导学习实践活动，大力推进理论武装；以提高思想政治建设水平为关键，大力加强领导班子和干部队伍建设；继续深化干部人事制度改革，推进干部工作的民主化、科学化；加强宏观指导和统筹协调，促进各级各类人才发挥作用；以农村党建为重点，全面加强基层组织和党员队伍建设。

2月5日下午，会议认真学习了胡锦涛同志在十七届中央纪委第三次全会上的重要讲话和中央纪委第三次全会精神，研究了甘肃省的贯彻意见。会议原则同意省纪委提出的贯彻意见，同意召开十一届省纪委三次全会和省预防腐败试点工作动员会议。会议指出，十七届中央纪委第三次全会是一次十分重要的会议。会议全面贯彻党的十七大和十七届三中全会精神，高举中国特色社会主义伟大旗帜，以邓小平理论和“三个代表”重要思想为指导，深入贯彻落实科学发展观，总结了党的十七大以来党风廉政建设和反腐败工作，研究部署了 2009 年的任务。胡锦涛总书记出席全会第二次大会并发表了重要讲话，贺国强同志作了工作报告。全省各级党委、政府和纪检监察机关要认真学习贯彻中央纪委三次全会精神，特别是胡锦涛同志的重要讲话和贺国强同志的工作报告，讲政治、顾大局、抓落实、作表率，完成好今年的纪检监察工作，努力开创党风廉政建设和反腐败工作新局面。会议强调，胡锦涛总书记在十七届中央纪委三次全会上的重要讲话，站在党和国家事业发展全局和战略的高度，在全面分析当前反腐倡廉形势、明确提出深入推进党风廉政建设和反腐败斗争的总体要求和主要任务的同时，着重就新时期加强领导干部党性修养、树立和弘扬良好作风这一重大问题进行了集中阐述，是指导当前和今后一个时期党的作风建设和反腐倡廉建设的纲领性文献，我们一定要认真学习领会胡锦涛总书记的重要讲话，坚决贯彻执行，切实把思想和行动真正统一到中央的要求上来。会议认为，去年以来，在全力推动经济社会发展的同时，省委始终把反腐倡廉建设摆在突出位置来抓，全省各级党委、政府和纪检监察机关认真贯彻中央关于党风廉政建设和反腐败工作的一系列方针政策，全面落实中纪委和省委的工作部署，围绕中心、服务大局，解放思想、开拓创新，以完善惩治和预防腐败体系为重点，推动反腐倡廉建设取得了新的成效。但我们也必须清醒地看到当前反腐倡廉建设面临着不少新情况、新问题，形势仍然严峻，任务仍然繁重。我们必须从坚持和发展中国特色社会主义的高度，从保持党的纯洁性和先进性的高度，充分认识反腐败斗争的长期性、复杂性、艰巨性，扎实抓好反腐倡廉的各项工作，不断把党风廉政建设和反腐败斗争引向深入。会议强调，必须全面贯彻党的十七大和十七届三中全会精神，以科学发展观为指导，坚持标本兼治、惩防并举、注重预防的方针，以完善惩治和预防腐败体系为重点加强反腐倡廉建设，以改革创新精神抓好《建立健全惩治和预防腐败体系 2008～2012 年工作规划》的落实，抓好预防腐败试点工作，严格执行党风廉政建设责任制，加强对中央关于推动科学发展、保持经济平稳较快发展政策措施执行情况的监督检查，着力解决党员干部在党性党风党纪方面存在的突出问题，以党风廉政建设和反腐败斗争的新成效取信于民，为改革发展稳定提供坚强保证。会议听取了省编办关于省政府机构改革方案和成立省预防腐败局问题的汇报，并作了研究。会议原则同意《甘肃省人民政府机构改革方案》，要求按照省委常委会讨论意见修改后报党中央、国务院审批。会议同意按照全国预防腐败试点工作的要求成立省预防腐败局，与省纪委、省监察厅合署办公。局长由省纪委副书记兼任，增加专职副局长 1 名（副厅级），为省纪委、省监察厅领导班子成员。同意增设预防综合室，增加综合室主任 1 名（副厅级）。所需行政编制和处级领导职数在省纪委、省监察厅内部调剂解决。会议听取了省农牧厅、省水利厅关于春耕生产准备情况的汇报，对当前抗旱和春耕生产工作作了安排部署。会议指出，入冬以来，甘肃省持续干旱，目前旱情仍在继续加重，春耕生产即将开始，做好抗旱和春耕备耕工作，直接关系全年农业生产大局。各级党委、政府要高度重视，立足于防大旱、抗大旱，认真落实各项抗旱措施，积极做好春耕备耕工作，为夺取全年农业丰收奠定坚实基础。会议强调，要高度重视人畜饮水问题，特别要关注和解决好极度干旱地区的人畜饮水困难。要及时掌握人畜饮水困难的实际状况，适时调整水利工程运行时间，为灌区周边群众拉水运水创造条件。没有水源的地方，要组织抗旱服务队为重灾区群众拉水送水，确保群众饮水安全。会议强调，要加强对春耕备耕工作的督查指导，农口部门要派出技术人员和专家深入各地了解旱情和春耕备耕情况，针对存在的问题因地制宜制定春耕生产工作方案。要加强春耕物资调拨和供应工作，及早组织货源，及时调运储备春耕所需的化肥、农药、农膜、农机具等物资，特别要备足备好去年受灾地区春耕所需的物资。要抓好小麦条锈病的监控和防护工作，确保小麦生产安全。会议强调，结构调整是抗旱生产的重要途径。要针对春旱严重的现状，适当压缩春小麦播种面积，做好春季顶凌覆膜工作，扩大全膜双垄沟播玉米和马铃薯种植面积，保证全年粮食产量稳定增长。要加大对农民技能培训力度，加强劳务输出组织工作，重点项目建设要尽量使用当地农民工，确保农民收入持续较快增加。

2 月 13 日上午，会议听取了省委政法委关于近期信访维稳工作情况的汇报，研究部署了当前信访和维护稳定工作。会议原则同意省委政法委提出的意见，要求认真抓好组织实施。会议认为，去年以来，全省各级党委、政府高度重视，工作到位，措施得力，排查处理了大量矛盾纠纷，解决了一批影响社会稳定的问题，维护了全省社会大局稳定，为经济社会平稳较快发展创造了良好的社会环境。会议指出，要从推进党和国家事业发展和维护人民群众根本利益的高度，充分认识信访和维稳工作的重要性，正确判断和把握当前信访和维护稳定工作面临的形势，按照“保增长、保民生、保稳定”的总要求，多措并举，加大力度，改进作风，狠抓落实，全力以赴做好信访和维护稳定工作。会议强调，要把藏区稳定作为维稳工作的重中之重，扎扎实实做好工作，确保重大活动和敏感日的社会政治稳定。要维护好全国“两会”等重大节会期间的社会稳定，加强对进京非正常上访人员的劝返工作。要高度重视社会面的稳定工作，全面落实社会治安综合治理的各项措施，不断增强人民群众的安全感。要进一步加强重点地区和重点领域的信访工作，注重政策研究和落实，着力解决好征地拆迁、促进就业、企业改制、社会保障等工作中存在的突出问题，从源头上减少因利益冲突引发的社会矛盾。要深入做好矛盾纠纷排查调处工作，高度重视苗头性问题，确保使各种可能影响稳定的问题早发现、早控制、早解决，力求把各种矛盾化解在基层、解决在萌芽状态。要高度重视对领导干部的培训教育工作，着力提高各级领导干部驾驭复杂局面、处置复杂问题的能力，做到勇于面对矛盾、善于化解矛盾。要强化党政一把手是信访工作第一责任人的责任，继续实行领导包案制度，对重点信访案件进行梳理和分解，加大责任追究力度，确保社会大局和谐稳定。

2 月 28 日晚，会议传达学习了中央学习实践活动第一批总结暨第二批动员大会精神，听取了省委学习实践活动领导小组办公室关于第二批学习实践活动准备工作情况的汇报，对甘肃省开展第二批学习实践活动进行了研究部署。会议原则同意省委学习实践活动领导小组办会室提出的意见，要求认真抓好组织实施。会议同意关于省委学习实践活动领导小组及办公室部分成员的调整意见，同意关于省委指导检查组的调整意见，同意甘南州的学习实践活动适当推后进行，同意 3 月 1 日至 2 日分别召开省委常委会学习实践活动满意度测评大会、全省第一批学习实践活动总结大会、全省第二批学习实践活动动员大会和第二批学习实践活动指导检查工作会议。会议指出，中央召开的这次会议，对第一批学习实践活动进行了系统总结，对第二批学习实践活动做出了全面安排部署，提出了新的更高的要求，对于巩固发展第一批学习实践活动成果、搞好第二批学习实践活动具有重要指导意义。我们一定要认真学习领会中央关于深入学习实践科学发展观活动的总体要求和这次会议精神，紧密结合甘肃实际，扎扎实实地抓好贯彻落实。会议指出，甘肃省第一批学习实践活动在中央和省委的正确领导下，在有关部门单位党组织和广大党员干部的共同努力下，取得了明显成效。通过学习实践活动，广大党员干部形成科学发展的新共识，理清了科学发展的新思路，取得了解决问题的新成效，构建了科学发展的新机制，推动了作风的新转变，创造了科学发展的新业绩，达到了预期目的，为搞好第二批学习实践活动提供了有益借鉴。第一批开展学习实践活动的单位，要进一步以科学发展观为指导，切实况固和发展学习实践活动成果的工作，特别是要坚持不懈地抓好整改方案的落实及体制机制创新工作，不断取得新的成效。会议指出，参加第二批学习实践活动的单位，既是党的路线方针政策和省委决策部署的执行者，又是本地区本单位经济、政治、文化、社会建设和党的建设的组织者、实施者，肩负着推动经济社会又好又快发展、维护社会和谐稳定等重要使命。扎实搞好第二批学习实践活动，时于推动全省经济社会又好又快发展至关重要。各级党委要充分认识搞好第二批学习实践活动的重大意义和现实紧迫性，进一步增强责任感和使命感，切实把思想统一到中央和省委对当前形势判断和一系列决策部署上来，精心组织，扎实工作，切实谋划好、组织好、指导好第二批学习实践活动。会议强调，要加强对第二批学习实践活动的组织协调和指导。省级领导干部要继续发挥好指导带动作用，深入联系点，开展调查研究，既抓分管工作，又指导开展学习实践活动。各级党委要强化领导责任，主要负责人要认真履行第一责任人的职责。领导小组及办会室要加强工作的统筹协调和指导。要下沉工作重心，多到基层单位，及时掌握新情况、新问题，增强工作指导的预见性、主动性和针对性。省委指导检查组要进一步熟悉掌握政策，尽快到岗工作，加强对学习实践活动的指导检查。会议强调，要把学习实践活动同当前工作紧密结合起来，统筹做好各项工作。当前正值全省抗旱春耕、重大项目建设、企业生产经营、学校教学科研等方面工作全面展开的关键时候，发展的任务紧迫而繁重，尤其是在国际金融危机对甘肃省的影响日益显现的情况下，今年保增长、保民生、保稳定的任务非常艰巨。第二批学习实践活动启动后，要统筹兼顾，合理安排，有机结合，做到经济社会发展与学习实践活动“两不误、两促进”，确保学习实践活动取得更大的成效。

5 月 5 日上午，会议听取了甘肃省地方政府债券额度分配和项目安排意见的汇报，对有关问题进行了研究。会议原则同意省政府提出的意见，要求按财政部有关规定，认真做好发行工作。会议指出，为实施好积极的财政政策，增强项目建设地方配套资金和扩大政府投资的能力，国务院同意甘肃省发行地方政府债券 65 亿元。这项政策的实施，体现了中央对中西部地区倾斜的政策和对甘肃省工作的支持，对促进甘肃省经济社会发展具有重大意义。我们一定要把这件事情办好，争取早使用、早见效。会议强调，地方政府债券的发行事关重大，一定要加强管理，突出重点，加快进度，确保取得应有的效果。要做好项目筛选，根据实际情况调整项目安排，注意优先支持那些对甘肃省经济社会发展有重大作用、对解决群众生产生活效果显著的项目，真正把资金用到对长远发展关系重大、对保增长、促就业关系重大的骨干项目上。要加强对项目实施执行情况的跟踪监督。要预先做好到期还本付息工作。要把整个发行工作做细做扎实，切实把 65 亿地方政府债券用好。会议听取了中期票据发行工作的汇报，对有关问题进行了研究。会议原则同意省政府的意见，要求按照有关规定，把发行工作抓紧抓好。会议指出，国务院批准甘肃省用省属企业优质资产搭建融资平台，在银行间市场发行100亿元中期票据，筹措重点项目建设资本金和灾后重建资金，体现了中央对甘肃省经济社会发展和灾后重建的关心和支持，时于甘肃省有效缓解资金瓶颈、保持可持续快速发展具有重大而深远的意义。我们一定要切实办好这件事，不辜负党中央、国务院的亲切关怀。会议强调，发行中期票据，在甘肃省是第一次，各方面都非常关注，要本着对国家负责、对人民负责的态度，切实做好工作，确保发行成功。要加强发行管理，加快工作进度，优化发行方案，千方百计减少发行费用，确保如期保质保量完成发行计划。要严格按照国家法律和政策办事，不断完善各项工作制度和监管制度，切实做好风险控制工作，确保资金安全和资产安全。要做好股权被划转企业的思想政治工作，选派政治坚定、熟悉经济的干部到平台公司任职。要注意在实践中探索和总结好的做法，完善发行管理办法和工作模式，为今后甘肃省资金运筹积累经验。会议传达学习了全国培养选拔年轻干部工作座谈会和省部级后备干部集中调整工作部署会议精神，研究了甘肃省贯彻意见。会议原则同意省委组织部提出的贯彻意见，要求认真抓好组织实施。会议同意下半年适时召开全省培养选拔年轻干部工作座谈会。会议指出，全国培养选拔年轻干部工作座谈会和省部级后备干部集中调整工作部署会议，总结了培养选拔年轻干部的经验，研究部署了当前和今后一个时期全国培养选拔年轻干部工作和省部级党政领导班子后备干部集中调整工作，并对全国地厅级、县处级后备干部集中调整工作提出了要求，对于加强各级领导班子建设具有十分重要的意义。全省各级党委和组织部门要认真学习这两个会议精神及习近平同志的重要讲话精神，深刻领会中央关于做好培养选拔年轻干部的新思想、新要求，切实做好甘肃省培养选拔年轻干部工作。会议强调，要认真贯彻落实中央关于培养选拔年轻干部的基本要求和主要任务，制定甘肃省后备干部队伍建设中长期规划和贯彻中央《关于加强培养选拔年轻干部工作的意见》的实施办法，完善后备干部选拔、培养、管理、使用机制。要坚持德才兼备、以德为先的用人标准，坚持重在实践锻炼的培养方针，坚持重视基层的干部导向，坚持重在培养的工作思路，坚持从严要求的管理原则，遵循年轻干部的成长规律。要在年轻干部中加强党的历史和党的知识教育，为年轻干部创造更多实践锻炼机会，形成有利于优秀年轻干部脱颖而出的制度环境，保证年轻干部健康成长。要科学优化年龄结构，充分调动干部的积极性。要严肃考察工作纪律，加强监督，认真治理拉票行为。要加强时培养选拔年轻干部工作的组织领导，形成抓落实的工作机制，保证中央有关精神和要求得到正确贯彻落实。会议听取了省防范应对甲型H1N1流感联防联控办公室关于前一阶段甲型H1N1流感防控工作情况汇报，研究部署进一步防控措施。会议指出，最近，墨西哥、美国等国家相继发生了甲型H1N1流感疫情，已发展到20多个国家和地区，我国面临传入风险。甘肃省虽然目前尚未发现这种新的流感疫情，但我们决不能掉以轻心，必须引起高度重视。各级党委、政府要认真贯彻落实胡锦涛总书记、温家宝总理对做好流感防控工作的重要指示精神，按照中央的部署，坚持以人为本，密切关注疫情动态，及时采取综合措施，切实做好防控防范和应急准备工作，确保人民群众身体健康和生命安全。会议认为，甘肃省前一阶段已来取的防控措施是及时有效的。但必须清醒地认识到，甘肃省在公共卫生体系建设中仍有许多薄弱环节，防控任务艰巨。要认真总结近年来甘肃省传染病防控和突发公共卫生事件处置工作中形成的经验，加强监测和应急储备，落实联防联控机制，提高防控工作效能，继续毫不松懈地做好防控工作。会议强调，各地各有关部门要充分认识做好流感防控应急工作的重要性与紧迫性，积极主动做好防控工作。要靠实责任，及时成立防控工作组织领导机构，制定工作预案，明确工作流程，将具体责任落实到人。要充分发挥联防联控工作机制作用，积极应对，科学处里。要切实加强疫情监测，在全省范围内组织开展流感疫情排查，特别是要加强不明原因肺炎病例和流感样病例监测，建立疫情日报告和零报告制度，及时掌握疫情动态，切实做到早发现、早报告、早诊断、早隔离、早治疗。要做好应急准备工作，加强应急值班，切实做到人员到位、联系通畅。要及时确定流感病例定点收治医院，做好接诊救治病人的各项准备。要强化应急演练，加强业务培训，提高应急能力和水平。要增加防护防疫用品、有效抗病毒药品和临床救治器具等的储备，以应急需。要加强对民航、铁路、学校等重点区域和单位的消毒工作，降低疫病发生的风险。要采取多种方式，认真做好流感防治知识宣传普及工作，坚持正面引导，使全社会了解甲型H1N1流感可防、可控、不可怕，消除恐慌心理，维护社会和谐稳定。

5月8日下午，会议听取了灾后重建工作情况汇报，研究了进一步加快甘肃省灾后重建工作的措施。会议原则同意省政府提出的意见，要求按照常委会讨论意见进一步完善后抓紧实施。会议指出，“5.12”大地震发生一年来，我们在党中央、国务院的坚强领导和兄弟省市的大力支援下，始终把受灾群众住房建设作为重中之重，举全省之力开展灾后恢复重建。经过全省上下的艰苦努力，甘肃省灾后恢复重建工作总体上进展顺利，取得了阶段性成效。目前，灾区社会安定和谐，经济平稳发展，群众安居乐业。会议认为，灾后重建三年任务两年完成的目标，温家宝总理在视察甘肃省灾情时就提出来了，体现了党中央、国务院对我们的信任和期盼。我们一定要采取更加有力的措施，加快灾后恢复重建步伐，切实做好工作，不辜负党中央、国务院对我们的关怀和期望。会议强调，根据甘肃省目前灾后恢复重建剩余的工作量和时限要求，完成重建任务的时间紧，任务重，必须全力加快推进灾后恢复重建。要加强领导，强化责任，既要明确分工、分级负责，又要加强配合、通力协作，一级抓一级，层层抓落实。特别是陇南等重灾区要把灾后恢复重建作为当前和今后一个时期工作的重中之重，严格执行重建规划，充分调动群众自力更生、重建家园的积极性，全力以赴抓好工作落实。要明确目标任务，农村受灾群众的住房建设，力争到今年入冬前全部完成；基层学校、医院等公用设施的重建，要在今年年底前全部完成；县级以上的公用设施重建，要在明年9月底前全部完成；城镇受灾居民的住房重建，要在明年9月底全部完成；公路、电网、水利等大型基础设施重建，明年 9 月底前基本完成。要突出重点，继续坚持把受灾群众住房重建放在首位，加快公用设施和基础设施重建步伐，确保建设进度。要强化措施，针对重建工作中的薄弱环节和存在的问题，加强检查指导，加大技术援助力度，做好各类建筑材料供应和运输保障工作。要加强监管，继续认真贯彻执行中央纪委、监察部颁布的有关办法和规定，加大对重建款物使用的监督检查，保证各类灾后重建资金及时足额用于灾后重建。会议研究了工业经济发展问题。会议听取了全省工业经济运行情况汇报，原则同意省政府提出的意见，要求认真抓好组织实施。会议指出，今年以来，随着国际金融危机的影响逐步加深，甘肃省石化、有色、电力、冶金等支柱产业受到的冲击加大，企业生产经营遇到新的困难，工业经济形势不容乐观。总体上来看，国际金融危机的影响尚未见底，工业经济发展进入了波动期。会议认为，甘肃省前一阶段应对国际金融危机所采取的措施是有效的。面对严峻形势，只要我们增强发展信心，坚决贯彻“保增长、扩内需、强基础、调结构、促和谐”的要求，采取有力措施，工业增长的目标是可以实现的。会议强调，积极有效地应对金融危机带来的挑战，实现全省工业增长10%的目标任务，必须把支持重点企业发展放在首位。要坚持化“危”为“机”，加大结构调整力度，淘汰落后产能。有关部门要帮助企业论证筛选一批技术含量高、市场前景好的项目，不断提高企业应对风险的能力。要积极争取国家项目资金，支持企业进行技术改造。要采取措施扎实推进重大项目互保共建、抓紧抓好大用户电力直供试点、切实加强银企对接等政策，大力支持重点企业发展，同时要毫不放松地抓好其他企业发展。通过抓重点、带一般，努力完成今年工业经济目标任务。要充分利用国家宏观调控的政策机遇，切实提高招商引资工作水平，加大项目建设力度，不断培育新的经济增长点。会议研究了藏区维稳工作。会议听取了省维护藏区稳定工作联合指挥部关于近期藏区维稳工作情况汇报，原则同意指挥部提出的意见，要求认真抓好组织实施，切实维护藏区稳定。会议认为，今年以来，特别是在藏区民俗佛事活动和政治敏感节点相对集中的2、3月份，我们坚决贯彻落实中央指示精神，采取了强有力的措施，确保了藏区社会稳定，实现了“力争不出事，确保不出大事”的目标。目前，甘肃省藏区总体形势平稳，大局可控，人心思定。会议指出，甘肃省藏区不确定、不稳定、不安全的因素仍然存在，实现藏区长治久安的任务还相当艰巨繁重。与达赖集团的斗争具有长期性和复杂性，决不能掉以轻心、松懈麻痹。“4.24”非法游行事件的发生，教训是深刻的，必须认真反思，高度重视达赖集团策略上的新动向。会议强调，要进一步统一思想，强化责任，继续保持高度的政治敏锐性，坚决克服麻痹思想，深入做好常态下的藏区维稳工作。甘南州委、州政府要深刻吸取“4.24”事件的教训，调整工作思路，加强防控工作，牢牢把握工作主动权。要加强基层基础工作，加强群众性维稳力量建设，发挥基层干部群众在维稳工作中的重要作用。要加强正面宣传，扩大覆盖，增强效果。要加强学校思想政治工作和维稳工作，分层次、有针对性地抓好教师和青少年学生的思想教育。要加强情报信息工作，加大案件侦破力度，深挖幕后策划组织者，坚决打击煽动民族分裂的犯罪分子。要加快藏区经济社会发展，把广大藏区群众的积极性引导到促进发展上来。要认真研究建立维护藏区稳定的长效工作机制，形成维护藏区稳定的强大合力。会议决定，组织专门力量对藏区稳定工作进行综合性研究，省直组织、宣传、统战、政法部门和有关部门参加，从经济社会发展、维护稳定、宣传教育、统战宗教、基层基础工作等方面进行深入分析，为省委、省政府决策提供依据。

5 月 27 日下午，会议传达学习了中办发电【2009】11 号文件，研究部署近期甘肃省维护社会稳定工作。会议认为，今年以来，在党中央、国务院的坚强领导下，我们坚持以科学发展观为指导，有效应对国际金融危机带来的冲击，千方百计克服国内外发展形势变化带来的诸多困难，全力以赴保增长、保民生、保稳定，有力地促进了经济社会平稳较快发展和社会大局的和谐稳定。会议指出，目前，甘肃省经济社会发展仍然面临着较大的下行压力，影响社会稳定的因素仍然很多，维护社会稳定的形势严峻、任务繁重。一方面，境内外敌对势力、敌对分子在敏感时期的捣乱破坏活动加剧，必然对甘肃省社会稳定带来影响；另一方面，因民生、利益、环境等问题引发的社会矛盾多样多发，人民内部矛盾大量存在，各种新老问题交织叠加，对社会稳定带来了严重影响。对此，必须保持清醒认识，切不可麻痹大意。会议要求，各级党委、政府要正确判断和把握形势，把思想和行动统一到中央决策部署上来。要认真贯彻落实中办发电【2009】11号文件精神，按照胡锦涛总书记“全力以赴保增长、千方百计保民生、加大力度保稳定”和维护稳定“思想上的弦要绷得紧而又紧、对策上的准备细而又细、工作上的力度强而又强”的重要指示，充分认识做好当前维稳工作的极端重要性，切实增强责任感和使命感，把可能遇到的风险和困难估计得更周密，扎扎实实做好维护稳定的各项工作。会议强调，贯彻落实中央文件精神，做好当前甘肃省维稳工作，一是要以思想政治工作为重点，切实做好高校稳定工作。各高校要努力改进思想政治工作，加强对学生的教育和引导，及时妥善化解可能影响高校稳定的矛盾和问题。各有关部门要积极做好毕业生就业工作，加强对就业工作的指导和服务。要加强对校园网站、学术研讨活动和学生社团的管理，严密防范境内外敌对势力、敌对分子向高校渗透。二是要坚持从严从细要求，巩固和发展藏区和谐稳定的良好局面。省直有关部门和藏区州县的党委、政府，要进一步提高思想认识，保持高度警惕，高标准、严要求，全面贯彻执行中央和省委的决策部署，确保藏区社会大局的持续稳定。三是要深入开展矛盾纠纷排查调处，确保社会大局稳定。要高度重视群体性事件的预防和处置，尽量把问题解决在萌芽状态，防止事态蔓延扩大。要进一步建立健全以领导干部为责任主体的信访工作机制，坚持领导包案制度，着力解决好事关群众利益的突出问题。要深入开展平安建设，加强社会面的控制，全面落实社会治安综合治理的各项措施。四是要加强宣传舆论引导，努力营造良好的社会氛围。要加强正面宣传和网络管理，畅通信息发布渠道，防止不良信息在网上传播，防止极少数人和境内外敌对分子歪曲事实、煽动迷惑群众。五是要加强领导，切实担负起保一方平安的政治责任。各级党委、政府和有关部门要把维护稳定摆上重要工作日程，严格实行维护稳定的党政领导责任制、部门单位责任制和责任追究制。要按照“谁主管、谁负责”和属地管理的原则，层层落实责任制。各地各单位要进一步强化值班制度，严格信息报告制度。要加强对干部的教育和管理，切实改进和转变工作作风，坚决防止因干部作风不正不实而引发新的矛盾和刘纷。会议决定，5月31日召开领导干部会议，对当前重点工作作进一步安排部署。会议传达学习了第十七次全国高校党的建设工作会议精神，研究了甘肃省贯彻意见。会议原则同意省高校工委提出的贯彻意见，要求认真抓好组织实施。会议同意今年6月召开第十七次全省高校党的建设工作会议。会议指出，第十七次全国高校党建工作会议，是一次十分重要的会议。会议回顾总结了改革开放新时期高校党的建设的宝贵经验，以开展深入学习实践科学发展观活动为主线，以培养中国特色社会主义合格建设者和可靠接班人为目标，研究和部署高校党的建设工作。各有关部门和高校党组织要认真学习贯彻会议精神，进一步统一思想，提高认识，为全面加强甘肃省高等学校党的建设，为实现科教兴省和人才强省战略，为甘肃省高等教育事业的改革发展稳定提供坚强的组织保证。会议强调，要深入推进高校学习实践科学发展观活动，紧紧抓住学习、实践等重点环节，扎扎实实地落实好学习实践活动的各项要求，推动高等教育事业又好又快发展。要形成制度健全、运行规范、监督有序、保障有力的思想政治建设机制，坚持育人为本、德育为先，教育引导广大师生员工保持清醒头脑，坚定信心，维护学校稳定，构建和谐校园。要加强高校领导班子建设、高校党组织建设和党员队伍建设，为高校科学发展提供坚强的思想、政治和组织保证。要进一步规范民办高校组织建设，改进民办高校大学生思想政治教育工作，研究和创新民办高校党的建设的方式方法。

5月31日下午，会议听取了第一批学习实践科学发展观活动中整改任务落实情况以及体制机制创新工作汇报，专题研究巩固扩大学习实践活动成果工作。会上，常委分别汇报了各自牵头负责的整改任务落实情况以及体制机制创新工作，并谈了下一步工作的考虑和意见。会议同意常委们提出的工作意见，要求认真抓好落实。会议认为，省委常委会确定的第一批学习实践活动整改任务，经过各位常委的辛勤努力工作，大部分已得到很好落实，特别是推动科学发展的思路更加清晰，加强基础设施建设、解决“三农”问题、培育新兴特色产业、改善生态环境、开发人力资源、发展社会事业、保障和改善民生、党的建设等重点工作取得重要进展，重点领域和关键环节的体制机制创新积极推进，群众反映比较好，其余的也都提出了解决问题的思路和办法，正在按计划扎实有序向前推进，巩固和扩大了学习实践活动的成果。会议指出，省委常委会整改任务的落实虽然总体上进展比较顺利，效果也比较好，但还有一些难度比较大、因素比较复杂的整改任务，需要再加一把劲，继续抓好落实。会议强调，要狠抓任务落实，进一步巩固第一批学习实践活动成果。省委常委会抓整改落实的力度和态度，对全省各级党组织、对第二批和第三批学习实践活动单位，具有十分重要的示范和带动作用。各位常委要进一步加大工作力度，对已经分解到的任务要千方百计抓好落实。要注意把落实整改任务与搞好当前工作结合起来，把解决具体问题与改进工作作风结合起来，努力做到以整改任务的落实促进作风转变，推动当前工作的开展。会议强调，要集中力量攻坚克难，加快完善体制机制的步伐。创新机制体制是整改落实的一个关键环节，前一阶段已做了大量工作，剩下的任务仍然十分艰巨。各位常委要按照职责分工和分解的任务，围绕推动科学发展这个根本目标，积极探索，大胆创新，进一步推进体制机制创新。省委、省政府办公厅要加强与各具体责任部门沟通协调，对已经成熟的制度性文件，要及时提交省委、省政府研究讨论，须经过省人大立法的，要向人大沟通汇报，尽快提交审议，力争早日出台实施。要特别重视把解决老问题、难任务、新矛盾过程中形成的好的经验、思路和方法，用制度的形式固定下来，使我们的体制机制创新符合甘肃实际，富有甘肃特色，真正务实管用。会议强调，要继续创新发展思路，进一步破解影响和制约科学发展的难题。要随着思想的不断解放，以及对省情和客观规律、经济规律认识的不断深化，根据变化着的实际，不断完善“四抓三支撑”的总体工作思路，特别是要进一步完善各方面工作的具体思路。要注意加强薄弱环节，破解发展难题，全力实现保增长、保民生、保稳定的目标任务。今年我们在保增长、保民生、保稳定方面做了大量的工作，取得了比较好的效果，但千万不能松劲，对当前比较突出、群众呼声比较强烈的问题，要采取更加有力的措施。对已经解决的问题，要注意建章立制，形成规矩，防止反弹；对正在解决的问题，要一抓到底，务求实效，防止虎头蛇尾；对没有解决的问题，要进一步梳理，分清主次，研究解决办法。会议要求，要扎实推进第二批学习实践活动，谋划部署第三批学习实践活动。各地各单位党委主要负责同志要把学习实践活动紧紧抓在手上，在召开高质量的领导班子民主生活会的基础上，形成高水平的领导班子分析检查报告，使其真正起到指引方向、统一思想、凝聚力量、鼓舞干劲的作用。市县机关、高校和国有企业的整改落实工作，人民群众非常关注，工作一定要扎实，要取得实实在在的效果。各地各单位要靠实领导责任和工作责任，做到边查边改、即知即改，力争在集中学习实践活动结束前，解决一批突出问题，取得一批制度成果。要从抓好试点工作入手，及早谋划部署第三批学习实践活动，提高第三批学习实践活动的针对性和实效性。会议要求，各位常委和党员副省长要切实加强对学习实践活动的指导，经常深入到基层、深入到联系点上调研指导工作，把联系点建成全省学习实践活动的示范点。省委学习实践活动领导小组及办公室要加强督促检查，及时研究解决学习实践活动中遇到的问题，适时采取推进工作的有力措施，推动全省学习实践活动深入扎实开展。

6月2日上午，会议听取了省委宣传部关于将王一航研究员推荐为全国重大先进典型的情况汇报，研究了有关事宜。会议原则同意省委宣传部提出的意见，要求认真做好推荐重大先进典型的有关工作。会议认为，省农科院马铃薯研究所所长、研究员王一航，几十年如一日，扎根基层，把宝贵的青春年华奉献给了甘肃马铃薯事业，为农业发展和农民增收做出了突出贡献。他是一位脚踏实地、兢兢业业，一辈子为“三农”做奉献而不图名利的人，他的感人事迹得到了社会各界的广泛好评，他以执着的科学态度彰显了甘肃精神的内涵。他的先进事迹和敬业精神值得广泛宣扬。会议决定，以中共甘肃省委名义作出《关于向王一航研究员学习的决定》；以中共甘肃省委、国家科技部、国家农业部的名义，共同向中宣部呈报《关于将王一航研究员作为全国重大典型进行宣传的报告》。会议要求，要在全省广泛宣传、学习王一航研究员的先进事迹。全省广大干部群众，特别是广大知识分子和科技工作者要向王一航研究员学习，立足本职，勤奋工作，求真务实，开拓创新，为保增长、保民生、保稳定，为促进甘肃省经济社会又好又快发展做出应有的贡献。会议要求，要通过庆祝新中国成立60周年活动，大力宣传一批象王一航研究员一样，长期扎根在基层，潜心为基层服务，为老百姓带来实惠的先进典型，弘扬甘肃精神，凝聚人心，营造共同为甘肃发展不懈奋斗的良好氛围。会议传达学习了全国干部监督工作会议精神，研究部署甘肃省干部监督和整治用人上的不正之风工作。会议原则同意省委组织部提出的贯彻意见，要求认真抓好组织实施。会议认为，全国干部监督工作会议，围绕落实党的十七大提出的提高选人用人公信度的目标任务，研究部署了新形势下组织部门干部监督工作，提出了新时期干部监督工作的新要求，具有重要意义。全省各级党委和组织部门要认真学习贯彻这次会议精神，进一步明确干部监督工作的目标和任务，以更坚决的态度和强有力的措施，深入整治用人上的不正之风，努力打造一支素质过硬的干部队伍。会议指出，加强干部监督是贯彻党要管党、从严治党方针的关键举措，省委历来高度重视。党的十六大以来，全省各级组织人事部门紧紧围绕加强党的执政能力和先进性建设，认真贯彻落实《干部任用条例》和《党内监督条例》，把严格监督和严肃纪律贯穿选人用人始终，坚决整治用人上的不正之风，干部监督工作取得了显著成效。但必须清醒地看到，用人上的不正之风依然是群众反映强烈的突出问题。各级党委要按照新时期加强干部监督工作的新要求，进一步增强使命感、责任感和紧迫感，全力以赴抓好干部监督和整治工作各项任务的落实。会议强调，要把整治用人上的不正之风、提高选人用人公信度，作为当前和今后一个时期干部监督工作的首要任务来抓。要进一步深化干部选拔任用制度改革，加大从源头上防治用人上不正之风的力度。要强化公开监督，把选拔任用干部满意度民意调查作为提高选人用人公信度的有力杠杆，有针对地加强和改进干部工作。要严肃查处违规违纪行为，用严格的纪律保证选人用人风清气正。要加强对领导班子和领导干部的监督，深入整治用人上的不正之风和腐败现象，坚持从严教育、从严要求、从严管理、从严监督，使干部不敢懈怠、不敢腐败、不敢专权、不敢失责。要深入开展干部选拔任用和整治工作专项检查，切实抓好干部选拔任用和干部监督创新制度的落实。要加大对干部监督和整治工作的宣传力度，为整治用人上的不正之风营造良好的舆论氛围。要进一步做好举报受理工作，对反映的选人用人问题，要一查到底，决不姑息。

6 月 11 日下午，会议传达学习了习近平同志在甘肃调研时的重要讲话精神，就如何贯彻落实进行了研究部署。会议认为，习近平同志 6 月 10 日在甘肃省党政干部座谈会上的讲话中，对甘肃省工作给予了充分肯定。他指出，甘肃这些年取得的成绩和进步是明显的，主要是经济社会发展跃上了新台阶，民族团结进一步巩固、社会总体保持稳定，干部群众始终保持着坚韧不拔、昂扬向上的精神状态。他强调，甘肃在自然条件艰苦、经济社会发展制约因素较多的情况下，取得的成绩是很大的，也是很不容易的，这是历届省委省政府团结带领全省广大干部群众锲而不舍、艰苦奋斗的结果，是以陆浩同志为班长的省委领导班子带领全省各级领导班子和广大干部群众开拓创新、积极进取的结果，中央对甘肃的工作是充分肯定的。他指出，甘肃近年来的发展思路是明确的，确定的奋斗目标和重大举措是符合实际的，各方面的工作富有成效，展现出了良好的发展前景。特别是甘肃人民在长期艰苦奋斗中凝炼形成的甘肃精神，是一笔宝贵的精神财富，必须贯穿于社会主义现代化建设的全过程，不断发扬光大。习近平同志还对做好甘肃省今后的工作，从科学有序地做好灾后恢复重建工作、努力保持经济社会又好又快发展、切实维护社会安定和稳定、围绕科学发展加强和改进党的建设等四个方面提出了明确要求。会议认为，习近平同志在讲话中对甘肃省总体工作思路和经济社会所取得显著成绩给予的充分肯定，是对我们极大的鼓励和鞭策，为我们进一步做好工作增添了强大动力；习近平同志对甘肃省广大干部群众在长期艰苦奋斗中凝炼和形成的甘肃精神给予的高度赞扬，是对我们全省各族干部群众的巨大鼓舞，为我们继续弘扬甘肃精神、完成新时期新阶段的历史任务提供了巨大力量；习近平同志对做好甘肃省今后工作提出的要求，完全符合实际，具有很强的针对性和指导性，全省上下一定要认真学习领会，坚决贯彻落实。会议指出，学习贯彻习近平同志重要讲话精神，最根本的是要深入学习贯彻科学发展观，围绕实现省第十一次党代会确定的奋斗目标，坚持“四抓三支撑”的总体工作思路不动摇；最重要的是要解放思想、坚定信心，着力破解发展难题，大力加强薄弱环节，全力抓好保增长、保民生、保稳定各项任务的落实；最关键的是要大力弘扬甘肃精神，坚持一切从甘肃省实际出发，脚踏实地，扎实工作，一步一个脚印地前进，努力推动经济社会平稳较快发展。会议强调，要按照习近平同志的要求，立足当前，着眼长远，着力抓好以下四个方面的重点工作：第一，要全力以赴推进灾后恢复重建。关于进一步搞好灾后恢复重建工作，习近平同志在重要讲话中提出了“四句话”的要求，这些要求是我们工作中必须进一步把握好的重要原则。要认真总结过去一年多的工作，对好的经验和做法继续坚持，对工作中存在的不足认真加以改进，真正把习近平同志的要求落到实处。在实际工作中，要进一步把握好这样几点：要突出工作重点，始终把受灾农户住房重建摆在第一位，在确保质量的前提下加快建设进度；要坚持量力而行，因村、因户、因人制宜，防止简单化、一刀切；要按照中央的统一要求，确保重建目标如期实现；要进一步靠实工作责任，建立层层抓落实的工作机制，一抓到底，务求实效。第二，要全力以赴保持经济社会平稳较快发展。要结合深入开展学习实践科学发展观活动，积极配合和服务好国家部委联合调研组在甘肃省的调研工作，认真分析面临的形势，不断完善发展思路和举措，发挥比较优势，扬长避短，迎难而上，采取更加有力的措施，努力保持经济社会平稳较快发展的局面。在“三农”工作方面，要全面落实强农惠农政策，加大投入，不断强化农业基础地位，促进农业增效、农民增收。要继续深入实施促进农民增收六大行动计划，确保实现农民人均纯收入增长 12%的目标。在调整经济结构、转变发展方式方面，继续坚持用高新技术改造提升传统产业，延长产业链，发展循环经济，发展有基础有特色的高新技术产业，着力推进新型工业化进程。在深化改革开放方面，要进一步深化国有企业改革，加快资产重组和资源整合步伐，努力培育壮大市场竞争主体。要改善投资环境，进一步加快非公有制经济和中小企业发展。在改善民生方面，要在切实抓好今年确定的为民要办的 12 件 27 项实事的同时，着力解决好就业问题，不断加大公共财政对社会保障体系建设的投入，逐步创造条件提高社会保障程度和水平。要继续关心、帮助庆阳等革命老区的建设和发展。第三，要全力以赴维护社会和谐稳定。维护稳定始终是我们各级党委、政府的重大政治责任。要按照谁主管、谁负责和属地管理的原则，对发生的群众上访特别是集体上访问题，相关地区和部门要责任到人。要组织力量在全省范围内集中开展一次矛盾纠纷排查调处活动，对那些带有苗头性倾向性的问题真正做到早发现、早控制、早解决。要继续把维护藏区稳定摆在突出位置，切实靠实责任，强化工作措施，把各项工作做实做细，不断巩固和发展藏区和谐稳定的良好局面。要高度重视安全生产工作，切实维护好人民群众的生命财产安全。要努力做好新形势下的群众工作，维护好人民群众的合法权益。第四，要全力以赴加强和改进党的建设。要从保证科学发展的高度，坚持不懈地加强和改进党的思想、组织、作风、制度和反腐倡廉建设。要高标准、严要求，继续扎实推进深入学习实践科学发展观活动，确保学习实践活动真正成为群众满意工程。要大力弘扬甘肃精神，以良好的精神状态、扎实的工作作风，推动各项工作任务的全面落实。要下工夫研究解决基层党组织建设中存在的突出问题，不断提高基层党组织的凝聚力、创造力和战斗力。会议要求，全省各级党组织和领导干部，要认真学习领会习近平同志重要讲话精神，结合各地各部门实际，认真抓好贯彻落实，以更加饱满的精神、更加良好的作风、更加扎实的工作，努力把保增长、保民生、保稳定的各项任务落到实处，以优异的成绩迎接新中国成立 60 周年。会议听取了关于配合国家部委联合调研组做好各项准备工作的汇报，研究了有关事宜。会议原则同意省加快甘肃发展政策研究领导小组办公室的意见，要求全力以赴做好准备和接待工作。会议指出，党中央、国务院高度重视甘肃的发展，胡锦涛总书记、温家宝总理等党和国家领导同志多次作过重要批示。为了贯彻落实相关批示精神，国家发改委和国务院研究室牵头，会同国务院相关部门组成调研组，从全面建设小康社会、促进区域协调发展的全局和战略出发，将赴甘肃省进行深入调研，为甘肃今后一个时期的发展诊断把脉，研究提出支持甘肃加快发展的政策措施，充分体现了党中央、国务院对甘肃发展的深切关怀和巨大支持。我们要全力以赴，积极协调配合，确保这次调研工作顺利开展，争取在广泛调研的基础上形成更加富有针对性的政策，使我们能够更加充分地发挥潜力和优势，更加有效地克服制约因素，从而实现甘肃的快速发展。

7 月 10 日下午，会议传达学习了中央政治局常委会议和中央维稳工作领导小组会议纪要精神，研究部署甘肃省维护社会稳定工作。会议指出，新疆乌鲁木齐“7•5”打砸抢烧严重暴力犯罪事件发生后，按照中央的要求，甘肃省及时进行了相应的安排部署。全省各地各单位正在全面落实各项维稳措施，积极主动开展工作。目前，甘肃省的维稳形势总体上是好的，但由于甘肃省地处西北要冲，与新疆地区接壤，再加上甘肃省维稳工作本身的任务十分艰巨繁重，我们不能有丝毫的懈怠和麻痹。会议认为，新疆乌鲁木齐“7•5”打砸抢烧严重暴力犯罪事件，是一起由境外分裂势力遥控指挥煽动、境内分裂分子组织实施、有预谋有组织的严重暴力犯罪活动。我们一定要清醒地认识这一事件的严重性质和深刻背景，切实把思想统一到中央对形势的分析判断和对工作的决策部署上来，充分认识这场斗争的艰巨性、复杂性和长期性，切实增强政治敏锐性和政治鉴别力，按照中央的决策部署，采取有效措施，坚决打击任何企图通过制造事端分裂国家的行径，坚决维护国家统一、民族团结和社会稳定。会议强调，要坚决贯彻落实中央的决策部署，认真做好维护稳定各项工作。甘肃省战略位置特殊，又是一个多民族的省份，做好甘肃省的维稳工作，对于维护西北少数民族地区的社会和谐稳定至关重要。当前和今后一个时期，要全力抓好以下重点工作。一是要认真做好相关群众的工作，既要做好在甘维族群众的工作，维护民族团结；也要做好甘肃省在疆务工经商人员的工作，为维护好当地正常的生产生活秩序做出贡献。二是要切实加强社会面的控制，严格落实社会治安综合治理的各项措施，确保社会治安大局稳定。三是要强化情报信息工作，加强分析研判，做到预知预防，努力掌握斗争的主动权。四是要扎实做好藏区维稳工作，研究制定维护藏区稳定的长效机制，不断巩固和发展藏区和谐稳定的良好局面。五是要深入开展矛盾利纷排查调处，抓紧解决好企业改制、征地拆迁、涉法涉诉、大学生就业、社会保障、军转干部安置等方面存在的突出问题，切实维护好人民群众的合法权益。六是要切实维护好高校的稳定，有针对性地做好思想政治工作，教育引导广大师生正确认识“7•5”事件的性质，在大是大非面前保持清醒的头脑和坚定的立场，不信谣、不传谣、不受挑拨煽动，自觉维护民族团结和社会稳定。七是要进一步做好民族团结工作，大力宣传民族团结是福、民族分裂是祸的道理，不断夯实各民族共同团结奋斗、共同繁荣发展的基础。八是要加强舆论引导工作，揭露“三股势力”精心策划的“7•5”打砸抢烧严重暴力犯罪事件真相，理直气壮地宣传党和政府为维护国家统一、维护法律尊严、维护社会稳定、维护人民群众生命财产安全所采取的措施，努力营造依法、理性、有序的舆论氛围。会议强调，要加强领导、靠实责任，确保全省社会大局的稳定。各级党委、政府和有关部门要不断增强大局意识、忧患意识、责任意识，把维护稳定摆上重要工作日程，牢牢抓在手上，切实担负起保一方平安的政治责任。要进一步健全完善维稳工作机制，层层落实责任制，确保责任到位、协调指导到位、组织措施到位。要高度重视做好宗教界代表人士的工作，充分发挥他们在维护社会和谐稳定中的特殊作用。各地各单位要进一步强化值班备勤制度，做到及时发现问题、及时妥善处里。要进一步严格信息报告制度，对发生的问题在第一时间及时上报。要坚持两手抓、两手硬，统筹做好各方面的工作，把保增长、保民生、保稳定的各项任务落到实处。会议传达学习了贺国强同志在视察甘肃省时的重要指示精神，研究部署贯彻落实意见。会议指出，中央政治局常委、中央纪委书记贺国强 7 月 7 日至 8 日在甘肃省酒泉、嘉峪关市视察期间，充分肯定了甘肃省经济社会发展以及党风廉政建设和反腐败工作取得的成绩，并对做好甘肃省今后工作提出了明确要求，这是对我们的巨大鼓舞和鞭策，充分体现了党中央和中央纪委对甘肃工作的关怀和支持。我们一定要把中央领导同志对甘肃工作的肯定、对甘肃干部的关心和爱护，作为我们努力做好甘肃工作的动力，进一步保持和发扬艰苦奋斗的工作作风，以奋发向上的精神状态、扎实有力的工作措施，把各项工作做得更好。会议强调，要按照贺国强同志重要指示精神，在认真分析当前形势的基础上，切实抓好经济社会发展、改善民生等各项工作。要科学分析形势，进一步解放思想，转变观念，在坚持“四抓三支撑”总体工作思路的基础上，围绕目前甘肃省面临的重大机遇和突出制约因素，进一步拓展和细化各项具体工作思路，优化经济布局，拿出更加有力的措施，抢抓机遇，加快甘肃发展步伐。要紧紧围绕推动经济平稳较快发展，抓好当前工作，确保实现年初确定的各项目标任务。一是要高度重视“三农”工作，采取多种措施抗旱救灾，妥善安排群众生产生活，切实解决好农民增收、农业增效和农村发展问题。二是要进一步抓好工业经济的发展，特别是要引导企业加强管理，积极调整产品结构。三是要继续抓好项目工作，确保重大项目建设进度。四是要认真抓好各项民生工程的落实，在促进就业、扩大社会保障覆盖面、推动医疗改革等方面取得实质性的进展。会议强调，要按照贺国强同志的指示精神，以高度的政治敏感性，采取更加扎实过细的措施，切实维护社会稳定。要把保增长与保民生、保稳定有机统一起来，坚持以人为本、关注民生，不断夯实社会稳定的基础。同时要增强政治敏锐性和鉴别力，加强社会治安综合治理和矛盾纠纷排查调处，严密防范和坚决打击国内外各种敌对势力的干扰破坏活动，坚决维护国家统一、民族团结和社会稳定。会议强调，要按照贺国强同志的指示精神，以完善惩治和预防腐败体系为重点，扎实推进党风廉政建设和反腐倡廉工作。要突出完善惩治和预防腐败体系这个重点，认真开展党风廉政建设和反腐倡廉工作。要严明党的政治纪律，加强对政治纪律执行情况、贯彻落实科学发展观情况的监督检查，确保政令畅通；要加强作风建设，进一步密切党群干群关系；要加强党风廉政教育，认真抓好领导干部廉洁自律工作；要加大案件查办力度，维护党纪国法的严肃性；要坚决纠正损害群众利益的不正之风，下大力气解决好群众反映强烈的突出问题；搞好惩防体系建设试点工作，积极推进重点领域和关键环节改革，深化治本抓源头工作；切实加强对各级领导干部的监督，确保权力正确行使。

7 月 24 日上午，会议传达学习了全国纪委书记座谈会议精神和《中国共产党巡视工作条例（试行）》等四个反腐倡廉重要文件，研究甘肃省贯彻落实意见。会议原则同意省纪委提出的贯彻意见，要求认真抓好落实。会议同意召开全省纪委书记座谈会。会议认为，推进反腐倡廉法规制度建设，是完善惩治和预防腐败体系、从源头上防治腐败的根本途径，是以改革创新精神推进党的建设特别是反腐倡廉建设的具体体现。中央颁布实施《中国共产党巡视工作条例（试行）》、《关于实行党政领导干部问责的暂行规定》、《国有企业领导人员廉洁从业若干规定》和下发《关于开展工程建设领域突出问题专项治理工作的意见》，充分体现了党中央对党风廉政建设和反腐败斗争的高度重视，充分说明了法规制度建设在反腐倡廉建设中的重要地位。全省各级党委和纪检监察机关，要从全局和战略的高度，充分认识推进反腐倡廉法规制度建设的重要性，切实增强贯彻落实的责任感和紧迫感，深刻理解和全面把握四个重要文件的基本精神、主要内容和有关要求，切实把各项制度落到实处，推动党风廉政建设和反腐败工作取得新进展。会议强调，全省各级党委和纪检监察机关，要深刻认识反腐倡廉四个重要文件的重要意义，按照中央和中央纪委的要求，切实抓好贯彻落实。要认真落实《中国共产党巡视工作条例（试行）》，正确把握巡视的范围和内容，重视巡视成果的运用，抓好巡视整改工作。要认真落实《关于实行党政领导干部问责的暂行规定》，督促广大领导干部增强责任意识，忠实履行职责，真正收到“问责一人、教育一片”的效果。要认真落实《国有企业领导人员廉洁从业若干规定》，把廉洁从业的要求贯穿和落实到国有企业决策、管理、生产经营的全过程，做到关口前移、预防在先。要认真落实《关于开展工程建设领域突出问题专项治理工作的意见》，认真查找和解决工程建设重点部位和关键环节存在的突出问题，提出改进的措施和办法。要加大对四个文件的宣传力度，努力营造贯彻落实工作的浓厚氛围和良好环境。要抓紧起草制定甘肃省“三项法规”实施办法。要加强对工程建设领域突出问题专项治理工作的组织领导，制定方案，周密部署，务求取得实效。要以贯彻四个文件为契机，继续大力推进反腐倡廉法规制度建设，不断提高反腐倡廉工作的科学化、规范化、制度化水平。会议指出，今年以来，全省各级纪检监察机关按照中央和中央纪委的部署要求，以完善惩治和预防腐败体系为重点，全面推进教育、制度、监督、改革、纠风、惩处等各项工作，全省党风廉政建设和反腐败斗争取得了明显成效。各级党委和纪检监察机关要继续认真贯彻中央和中央纪委的决策部署，自觉把纪检监察工作放到党和国家工作大局中来思考、来谋划、来部署，努力抓好今年各项重点任务的落实，做到以重点工作的成效带动全局工作的发展，以关键环节的突破带动惩治和预防腐败体系建设整体推进，以党风廉政建设和反腐败工作的新成效迎接新中国成立 60 周年。会议传达学习了《中央政治局常委会关于进一步加强社会治安综合治理基层基础建设的重要指示》和中办发【2009】14 号文件精神，研究甘肃省贯彻落实意见。会议原则同意省综治办提出的贯彻意见，要求认真抓好组织实施。会议认为，中央政治局常委会专题研究社会治安综合治理基层基础建设工作，就此作出重要指示，并由中办、国办下发文件进行专门部署，充分体现了党中央从维护社会和谐稳定、实现国家长治久安的战略全局出发，对社会治安综合治理基层基础工作的高度重视，对推动综治工作科学发展、长远发展具有重要意义。各级党委、政府和社会治安综合治理部门要认真贯彻落实中央的决策部署，切实加强基层基础建设，积极推动社会治安综合治理的理念思路、体制机制、方法手段创新，完善和发展社会治安综合治理工作体系，确保人民群众安居乐业，确保社会和谐稳定。会议指出，当前，甘肃省社会和治安大局稳定，经济社会各项事业平稳发展，总的形势是好的。但必须清醒地看到，影响社会稳定的因素还在不断增多，社会治安压力明显加大，维护社会治安和社会稳定的任务将会更加艰巨繁重。社会治安综合治理重点、难点在基层，各项工作措施的落实关键在基层，只有切实加强基层基础建设，才能为维护社会和谐稳定打下坚实基础。会议强调，要继续抓紧抓好防范和化解各类社会矛盾的工作，深入开展矛盾纠纷集中排查调处活动，下大力气解决一批影响社会稳定的重大隐患和群体性事件，维护全省社会和治安大局持续稳定。要继续深入开展平安建设和社会治安防控体系建设，最大限度地减少违法犯罪问题的发生，促进社会和谐。要深入开展严打整治斗争，集中整治人民群众反映强烈的突出治安问题，不断增强人民群众安全感。要切实推进以流动人口服务管理为重点的各项社会管理工作，重视研究和解决社会管理工作中的新问题，不断探索新时期社会管理的有效形式。会议强调，各级党委、政府要切实加强对社会治安综合治理工作的组织领导，层层落实综治工作责任制。要加强综治基层组织建设，特别要研究加强乡镇、街道综治委、办建设的有效措施，整合基层维护社会治安的资源和力量，从人力、财力各方面为基层基础建设提供保障。各有关部门要加强协调配合，增强工作合力。省综治委要加大检查考核力度，推动工作落实。各级综治委要按照“属地管理”原则，加强对辖区内社会治安综合治理工作特别是基层基础建设的指导协调、督促检查，切实把社会治安综合治理的各项部署和要求落到实处，为保持经济平稳较快发展创造良好治安环境。会议研究明确了几个具体问题：一、关于省委、省政府主要领导和各市（州）党委、政府签订综治责任书问题，按中央要求落实，具体由省综治办负责，同时要研究制定考核实施办法。二、关于任用干部和干部评先、受奖、晋级时书面征求综治部门意见的问题，按中央有关规定抓好落实，由各级党委组织部门、人事部门和综治部门负责。三、关于各级综治办主任配备和专职人员调剂安排问题，由省编办研究，提出解决意见。四、关于综治工作经费保障问题，由省政府研究，省综治办要研究制定经费使用管理办法。会议通报了省部级后备干部考察工作。会议学习了中央领导同志关于加强后备干部队伍建设的重要讲话精神，听取了省委组织部关于省部级后备干部考察组成员培训会议精神的汇报。会议决定，7 月 25 日召开全省领导干部大会和省委十一届六次全委（扩大）会议，民主推荐甘肃省省部级后备干部人选。会议认为，最近，按照《2009 — 2020 年全国党政领导班子后备队伍建设规划》，中央作出省部级后备干部集中调整工作的部署，是一件关系党的事业兴旺发达、后继有人的大事，也是甘肃省政治生活中的一件大事，直接关系到省级领导班子的长远建设和未来甘肃经济社会的发展。我们要高度重视，充分认识这次省部级后备干部集中调整工作的重要意义，积极配合中央考察组开展工作，认真组织实施好每个环节，确保整个考察工作顺利进行。会议强调，要认真学习、积极宣传中央关于后备干部队伍建设的新精神新要求，使中央的新精神新要求深入人心、贯穿考察工作全过程。要认真做好省部级后备干部人选推荐考察的组织工作，把真正符合中央要求、甘肃发展需要的优秀干部推荐出来。要坚决整治集中调整工作中拉票等不正之风，努力营造风清气正的环境。各级领导干部要以高度的政治责任感，正确行使民主权利，严格把握中央要求，履行好自己的神圣职责。

7 月 29 日下午，会议讨论了《中共甘肃省委关于贯彻<中国共产党全国代表大会和地方各级代表大会代表任期制暂行条例>的实施办法》。会议听取了省委组织部关于制定《实施办法》及征求意见情况汇报并进行了认真讨论，要求按照常委会讨论意见修改后，进一步征求省委委员意见，形成审议稿，提交省委全委会审议。会议认为，党的代表大会制度是我们党一项带根本性的组织制度。党的各级代表大会代表是党的各级代表大会活动的主体，代表的整体素质和作用发挥情况，直接关系到党代会职权的行使，关系到党内民主建设的整体水平。试行党代表大会代表任期制是发展党内民主的重要举措，是进一步密切党和人民群众联系的重要渠道。会议强调，各级党委要以改革创新精神，切实抓好试行党代表大会代表任期制工作的落实，积极推进甘肃省党内民主，不断加强党的先进性建设和执政能力建设。要加强对各级党代表的培训，进一步强化他们的党员意识、党代表意识、职务意识和责任意识，切实增强履行职责的能力。要有计划、有步骤地组织党代表开展调研视察活动，提出议案，不断提高同级党委决策的科学化、民主化水平。要尽快研究确定甘肃省党代会常任制试点单位，适时开展试点工作，为全面推行党代会常任制积累经验。

9月8日上午，会议传达学习了中央深入学习实践科学发展观活动第二批总结暨第三批动员会议精神，听取了省委学习实践活动领导小组办公室关于甘肃省学习实践活动第一批整改、第二批开展情况和第三批准备工作情况汇报，对开展第三批学习实践活动进行了研究部署。会议原则同意省委学习实践活动领导小组办公室提出的意见，要求认真抓好组织实施。会议同意《甘肃省第三批学习实践活动实施方案》，要求按照常委会讨论意见修改后下发执行。会议同意关于调整补充省委学习实践活动领导小组成员和组建第三批学习实践活动巡回检查组和行业指导小组的意见。同意9月9日上午召开全省深入学习实践科学发展观活动第二批总结暨第三批动员大会。会议指出，中央召开的这次会议，对第二批学习实践活动进行了系统总结，对第三批学习实践活动作出了全面安排部署，提出了新的更高的要求，对于巩固发展第一二批学习活动成果、搞好第三批学习实践活动具有重要指导意义。我们一定要充分认识搞好第三批学习实践活动的重要性和艰巨性，全面贯彻中央关于深入开展学习实践科学发展观活动的总体要求和这次会议精神，紧密结合甘肃省实际，切实把第三批学习实践活动组织好、开展好。会议认为，在中央和省委的正确领导下，在省委学习实践活动领导小组及办公室、省委各指导检查组、省高等院校、国资委系统企业领导小组的精心组织下，第二批开展学习实践活动的各市县和各高校、各国有企业，紧密联系当前形势，结合各自实际，突出实践特色，加强组织领导，创造性地开展工作，收到了良好效果。会议指出，甘肃省参加第三批学习实践活动的单位类型多样、基层组织工作基础差异大、党员数量众多。因此，组织开展好第三批学习实践活动任务艰巨、意义重大，一定要认真贯彻落实中央的总体部署和各项要求，紧密结合基层单位实际，在活动的组织方式、阶段安排、指导检查等方面，都要更加注重取得实效，更加注重简便易行，更加注重分类指导，更加注重强化基层，更加注重统筹协调，着力破解影响基层单位科学发展的重点难点问题，使人民群众真正得到实惠。会议强调，要做好对党员干部的思想发动工作，切实提高思想认识，把党员干部的思想切实统一到中央和省委的要求上来，打牢开展学习实践活动的思想基础。要教育引导基层党员干部提高对开展学习实践活动重要性、必要性的认识，要深刻认识到推动经济社会持续健康发展必须用科学发展观作指导，从而增强开展学习实践活动的积极性和主动性，高质量地把学习实践活动开展好。会议强调，要把学习调研、排查解决问题作为第三批学习实践活动的重点。通过对照科学发展观的要求，认真查找出存在的突出问题，采取科学有效的措施加以解决，切切实实为群众办几件看得见、摸得着的实事。要认真清理现有各种规章制度，本着简便易行、务实管用的原则，建立健全符合科学发展观要求的规章制度。要统筹谋划学习实践活动与当前工作，努力做到两不误、两促进，不断增强学习实践活动的实际效果。会议强调，要加强组织领导，落实责任。省委学习实践活动领导小组要进一步增强责任感和使命感，精心谋划安排、扎实组织实施，积极指导推进工作，帮助基层解决好实际问题。各级党委，特别是县（市、区）党委要高度重视，全力以赴抓好学习实践活动，主要负责同志要切实负起第一责任人的责任，确保学习实践活动深入扎实开展。

11月21日下午，会议传达学习了中央纪委2009年度推进惩治和预防腐败体系建设检查工作部署会议精神，研究了甘肃省贯彻落实意见。会议听取了省纪委的汇报，原则同意省纪委提出的贯彻意见，要求认真抓好落实。会议原则同意《甘肃省落实党风廉政建设责任制推进惩治和预防腐败体系建设检查考核办法（试行）》和《甘肃省2009年度落实党风廉政建设责任制推进惩治和预防腐败体系建设检查考核工作实施方案》，要求按照常委会讨论意见修改后下发执行。会议指出，开展检查工作，是加快推进惩治和预防腐败体系建设的迫切需要，是确保年度反腐倡廉任务完成的重要举措。全省各地各部门要按照党中央和中央纪委的要求，认真贯彻落实党的十七大、十七届四中全会精神，以邓小平理论和“三个代表”重要思想为指导，深入贯彻落实科学发展观，坚持标本兼治、综合治理、惩防并举、注重预防的方针，发挥检查考核的导向、促进和保证作用，督促各级领导班子和领导干部认真落实党风廉政建设责任制，扎实推进惩治和预防腐败体系建设，为全省改革发展稳定提供有力保障。会议强调，检查考核工作要坚持实事求是、客观公正，依纪依法、民主会开，突出重点、注重实效的原则。要按照省委下发的《检查考核办法》规定的内容，重点检查考核领导班子及其成员党风廉政建设责任制落实情况、反腐倡廉各项工作推进情况、工作制度落实情况。要紧紧围绕中央关于扩大内需、结构调整、自主创新、节能减排、关注民生等政策的贯彻执行情况，围绕中央关于维护社会稳定、做好群众工作的要求来进行检查考核，切实维护党的政治纪律，确保党的路线方针政策的贯彻执行，更好地服务科学发展、促进社会和谐稳定。要注重成果运用，把检查考核结果作为领导干部选拔使用、评先选优的重要依据，对发现的问题，要及时整改，抓好落实，使检查考核工作真正对反腐倡廉建设起到推动作用。

12月18日上午，会议分析了甘肃省当前经济形势，研究了2010年全省经济工作。会议听取了省发改委关于2009年经济运行情况和2010年经济社会发展思路的汇报，原则同意省发改委提出的意见。会议指出，今年以来，面对严峻复杂的经济形势，在党中央、国务院的正确领导和亲切关怀下，省委、省政府团结带领全省人民，坚持以科学发展观为指导，全面落实中央促进经济发展的一揽子计划，坚持“四抓三支撑”的总体工作思路，围绕保增长、扩内需、强基础、调结构、促和谐这一主线，积极应对国际金融危机的冲击，经济增长逐月回升，投资拉动作用明显，消费需求持续旺盛，财政收入增长较快，银行信货高位增长，全省经济企稳回升。根据预测，全省主要经济社会发展指标能够完成年初的预期目标。会议指出，2010 年甘肃省经济发展面临的外部环境会有所好转，但形势依然不容乐观。我们一定要准确把握国际国内经济形势的变化，紧紧抓住中央基本建设投资将更多投向“三农”、教育、卫生等民生领域和民族地区、贫困地区的机遇，全面贯彻党的十七大和十七届三中、四中全会精神，认真落实中央经济工作会议的部署，按照“中心带动、两翼齐飞、组团发展、整体推进”的区域发展战略，积极落实好扩大内需政策，扎实工作，奋力拼搏，继续保持经济社会平稳较快发展。会议强调，做好明年经济工作，对于确保完成“十一五”目标任务，为“十二五”规划启动实施创造良好条件具有十分重要的意义。必须进一步提振发展信心，科学谋划明年经济工作。要拓宽投资领域和资金渠道，加快交通基础设施和民生等重大项目建设，壮大新能源产业，保持投资较快增长。要加大自主创新力度，推进产业结构升级，加快重大技术改造项目建设，积极振兴装备制造业，加快中小企业发展。要发挥各地优势，发展特色经济，促进区域协调发展。要加大城乡消费市场开拓力度，大力发展旅游业和商贸物流业，加强市场监管，保持价格基本稳定。要加快农村基础设施建设，推广先进农业技术，积极发展现代节水农业和劳务经济，促进农民增收。要加强生态保护建设，继续做好节能减排工作，推进循环经济发展。要更加注重民生，努力稳定和扩大就业，提高城乡社会保障水平，加快教育、医疗卫生、文化事业发展，维护社会和谐稳定。会议听取了省参博组委会关于甘肃省参加 2010 年上海世博会筹备情况的汇报。会议原则同意省参博组委会提出的意见，要求有关部门认真组织实施。会议指出，世博会是与奥运会具有同样国际影响力的国际盛会，将全方位展示主办国和世界各国政治、经济、社会、文化和科技等成就和发展前景。我们要根据上海世博会的要求，结合甘肃省实际，积极高效地做好甘肃省参与上海世博会的各项准备工作。目前距上海世博会开幕的时间越来越近，各成员单位要集中精力，凝聚力量，按照甘肃省参与上海世博会的总体工作方案，抓紧落实甘肃馆、活动周、文艺演出、网上世博等工作。会议传达学习了全国组织部长会议和贯彻落实干部人事制度改革《规划纲要》座谈会精神，研究了甘肃省贯彻意见。会议原则同意省委组织部提出的贯彻意见，要求认真抓好组织实施。会议认为，全国组织部长会议，认真贯彻党的十七大和十七届四中全会精神，回顾总结了 2009 年组织工作，研究部署了 2010 年的主要任务。贯彻落实干部人事制度改革《规划纲要》座谈会，全面总结了 10 年来干部人事制度改革经验，对新形势下继续推进改革提出了明确要求。中组部召开的这两个会议十分重要。全省各级党委和组织部门要认真学习贯彻这两个会议精神，努力提高组织工作科学化水平，为保持全省经济社会平稳较快发展和社会和谐稳定提供坚强组织保证。会议强调，要着眼于解决突出问题和建立长效机制，善始善终抓好深入学习实践科学发展观活动；要以建设学习型党组织和创建“五好班子”为抓手，不断推进领导班子思想政治建设；要进一步深化干部人事制度改革，不断提高选人用人的质量和水平；要坚持从严监督管理，确保领导干部正确行使权力；要探索发挥党员主体作用的途径，积极推进党内民主建设；要抓好人才规划的制定和落实，大力建设适应甘肃省经济社会发展需要的人才队伍；要立足于规范建设，发挥作用，全面加强基层党组织和党员队伍建设；要继续开展“讲党性、重品行、作表率”和“万名组织部长下基层”活动，建设过硬的组工干部队伍。

组织工作

【综述】2009 年，在省委的正确领导和中组部的有力指导下，省委组织部认真贯彻党的十七届四中全会和省委十一届七次全委会议精神，坚持以加强党的执政能力建设和先进性建设为主线，围绕服务科学发展和实现组织工作自身科学发展两大任务，进一步解放思想、转变观念、创新机制、改进方法，着力抓重点、破难题、强基础、求实效，全面加强领导班子、干部队伍、基层党组织、党员队伍和人才队伍建设，为有效应对国际金融危机、保持全省经济平稳较快发展和社会和谐稳定，提供了坚强的组织保证。

【认真贯彻中央和省委的部署要求，精心组织指导深入学习实践科学发展观活动】坚持把深入学习实践科学发展观活动作为今年组织工作的首要任务，加强指导、强化督查，推动学习实践活动扎实有序开展。一是切实加强组织指导。在每批活动启动前精心研究谋划，活动过程中深入调研指导，活动结束时认真回顾总结，活动开展期间还以座谈会、定期专报等形式及时通报情况，延伸了省委组织领导机构的触角。二是认真制定实施方案。对不同活动批次、不同领域单位、不同层面干部、不同群体党员，在活动目标、学习方式、进度安排、重点问题的解决等方面，提出针对性较强的不同要求，充分体现分类指导的原则。三是狠抓任务落实。坚持把省委提出的“解放思想，拓展思路，努力走出欠发达地区、西部老工业基地创新发展新路子”的实践主题，贯穿于三批活动始终。为推动整改落实和制度创新，坚持批次联动、上下互动，在抓好当前批次活动的同时，及时开展“回头看”，毫不松懈地抓好已完成批次的整改落实，兑现向干部群众作出的承诺。

【紧贴全省改革发展稳定大局，不断加强各级领导班子和干部队伍建设】着眼于提高领导水平和执政能力，从坚定理想信念、提高能力素质、加强教育培养等方面入手，着力建设贯彻落实科学发展观、推动全省改革发展稳定的坚强集体和骨干力量。一是切实加强和改进思想政治建设。制定《关于进一步加强领导班子思想政治建设的意见》，在全省市县领导班子中部署开展以“政治素质好、团结协作好、用人导向好、作风形象好、科学发展实绩好”为主要内容的“五好”班子创建活动。二是扎实推进大规模培训干部工作。制定甘肃省《新一轮大规模培训干部工作实施意见》，启动实施“一把手”、后备干部、企业经营管理人员、创新型人才、基层干部、民族地区干部六大培训工程。及时把党的十七届四中全会精神纳入干部教育培训内容。改革班次设置方式，缩短时间，增加数量，加大专题培训比重。改进干部教育培训的途径方法，全面推行“四个一周”拓展培训，继续探索实施“菜单化”选学，启动委托办班工作。整合培训资源、改进培训方式，采取“两头在内、中间在外”的办法开展境外培训。三是认真做好领导班子调整补充工作。坚持德才兼备、以德为先的用人标准，高度关注和选拔使用长期扎根基层、善于做群众工作、能够驾驭复杂局面的干部。围绕保证省政府机构改革的顺利进行，认真做好干部调整安置工作，研究制定了相关配套政策。四是进一步加强干部队伍宏观管理。制定《县（市、区）党政正职选拔任用办法》和《县（市、区）党政正职定期考核评价办法》，组织力量对县区党政正职进行集中考核。继续加大干部培养锻炼工作力度，采取多种方式选派和协调安排干部赴省外、基层一线、地震灾区、藏区挂职锻炼，实施甘南藏族自治州乡镇（街道）“百乡千人”挂职锻炼工程。五是大力推进后备干部队伍建设和优秀年轻干部培养工作。配合中组部完成省（部）级后备干部调整补充，制定正地（厅）级后备干部选拔补充方案，调整副地（厅）级后备干部排序和分类，研究提出“2112”后备干部培养工程和培养选拔“80后”年轻干部工作实施意见。

【围绕推进干部工作的民主化、科学化、制度化，继续深化干部人事制度改革】以进一步推进干部工作的科学化、民主化、制度化为目标，继续深化干部人事制度改革，进一步建立健全科学的选人用人机制。一是改进完善干部考核评价工作。制定《省管领导班子和领导干部定期考核评价办法》和《平时考核评价办法》，针对不同班子的特点，分类建立考核考绩档案。二是深化干部选拔任用各个环节的制度改革。大力推进中层干部竞争上岗，进一步总结经验，完善制度，组织78个省直单位的2418名干部参加统一笔试。稳步推进轮岗交流，制定下发《省直机关中层干部轮岗交流实施办法》，对本部门和跨部门轮岗交流的原则、条件、范围、程序作出具体规定。深入开展领导干部差额选任试点工作，探索形成“两公开四差额”的成功做法。继续推进公务员制度的完善和落实，不断推进公务员录用、考核、奖惩、职务升降与任免、调任等方面工作的规范化。三是深入整治用人上不正之风。严格落实《关于深入整治用人上不正之风进一步提高选人用人公信度的意见》，全面推行“一报告两评议”制度，开展干部选拔任用工作群众满意度万人问卷调查，对部分市州、省直部门干部选拔任用和整治用人上不正之风工作进行检查。四是积极推进干部监督工作制度创新。继续抓好“科学规范和有效监督县区委书记用人行为”试点工作，制定下发《规范和监督县（市、区）委书记用人行为暂行规定》，探索建立了干部选拔任用廉政申报、领导干部离任交接等制度。

【进一步加强宏观指导和统筹协调，促进各类人才在科学发展中充分发挥作用】认真落实党管人才原则，以服务全省经济社会科学发展为根本出发点和落脚点，在研究制定人才发展战略目标、实施重点人才工程和完善人才工作机制等方面狠下功夫。一是加强对人才工作的宏观指导和统筹规划。开展《甘肃省人才队伍建设中长期规划（2010～2020年）》编制工作，针对全省人才发展总体战略目标、重大人才政策措施、重点人才工程等进行深入研究，提出有针对性的政策措施。二是加大重点人才工程推进力度。启动“工业强省战略人才促进工程”，开展科技人员服务企业“百团千人”行动，深入推进“新农村建设人才保障工程”的实施，成立“甘肃省农村人才教育培训基地”，有计划、有重点地培训农村实用人才带头人。三是统筹抓好重点人才队伍建设。制定《领军人才队伍建设实施办法》，评审确定在产业发展、科技创新、学科建设、成果转化方面起引领和支撑作用的领军人才。实施引进海外高层次人才“百人计划”，继续实施陇原青年创新人才扶持计划，进一步加大资金扶持力度。加强少数民族地区人才队伍建设，实施了一批重点人才项目。四是全方位做好人才服务工作。加强与专家顾问的日常联系服务，有针对性地确定“博士服务团”成员到省内挂职锻炼，推荐“西部之光”访问学者进修学习。

【以农村党建工作为重点，全面推进基层党组织建设和党员队伍建设】按照中央关于基层党建工作的一系列部署和要求，坚持分类指导、整体推进，进一步增强了基层党组织的战斗力和党员队伍的先进性。一是突出抓好农村基层党建工作。制定下发《加强和改进农村基层党组织建设的意见》，启动实施“百乡党建整推行动”，从省市两级选派机关党员干部到新农村建设试点县区的乡镇挂职，督查各地为村干部办理养老保险。继续做好选聘高校毕业生到村任职工作，落实完善政策，培育创业项目。探索用项目制的办法推进农村党建工作，组织实施“农村党建综合示范县区建设”等创新项目。积极推行“一定三有”、“两推一选”、“四议两公开”等成功做法。依托移动手机平台，建成基层党建工作信息系统。二是统筹推进各领域基层党组织建设。先后组织召开机关党建工作会议、农村和城市社区基层党建经验交流会，指导向非公有制企业派驻党建指导员，对新社会组织党建工作进行研究推动。三是继续做好党员教育、管理和服务。提出进一步加强少数民族党员队伍建设的对策建议，指导各地有针对性地为返乡农民工和流动党员开展职业技能培训，提供服务和咨询，帮助解决实际困难。大力实施“农村党员致富能力培养工程”，加大在民族地区和非公企业发展党员力度，规范党费收缴管理使用，广泛开展慰问困难党员和老党员活动。认真履行抗震救灾“特殊党费”使用管理的监督职责。开通“12371”党员咨询服务电话。继续抓好农村党员干部现代远程教育工作，加强终端站点设备资产管理，开发特色教学课件。四是积极推进党内民主建设。制定《贯彻落实党代表任期制暂行条例的实施办法》，研究提出党代会常任制试点工作的意见，对省第十一次党代表大会代表进行集中培训，通过多种方式建立了与省级党代表的经常性联系。五是认真落实党建工作责任制。坚持和完善党委（党组）认真抓党建、书记带头抓党建、各有关部门齐抓共管、一级抓一级、层层抓落实的党建工作格局，指导各市州建立和落实党委书记抓党建工作述职制度，及时对基层党建重点工作进行通报，集中对县区委书记抓基层党建情况进行了专项督查。

在抓好各项重点工作的同时，坚持把加强和改进自身建设牢牢抓在手上，围绕打造模范部门和过硬队伍，在全省组织系统深化拓展“讲党性、重品行、作表率”活动，大力倡导和推动组织部长下基层。加强能力建设，不断强化“岗位练兵”，进一步提高了组工干部的能力素质。切实改进作风，开展蹲点调研活动，组织年轻干部深入乡村，了解社情民意，分析研究问题，总结基层经验。带头推进干部人事制度改革，开展部机关副处级领导干部竞争上岗，面向全省公务员队伍公开选调机关工作人员，有计划地组织开展机关干部大范围轮岗交流。围绕组织工作中的热点难点问题加强调查研究，《组织人事学研究》、《甘肃组工信息》等刊物质量有了新提高。继续加强和改进组织系统信息化建设，开通了“甘肃组工”门户网站，认真做好省管干部信息管理，对数据库进行更新维护，完成对全省干部档案审核工作的检查验收。

宣传工作

【理论武装工作】认真落实加强和改进全省党委中心组学习的《实施意见》，以科学发展观、中央和省委应对金融危机的决策部署、党的十七届三中四中全会精神等为主要内容，采取中心组学习、专题研讨等多种形式，加强领导干部理论学习。坚持以科学发展观为主线，纳入“六个为什么”、经济形势、新中国建设成就宣传等内容，组织省市县三级宣讲队伍广泛开展中国特色社会主义理论体系“进乡镇、入社区，进企业、入校园”宣讲对谈活动，举办理论对谈和各类宣讲报告会 14000 多场次，受教育干部群众 110 多万人次。开办全省“市民课堂”暨“陇右讲堂”，为探索社科宣传普及新渠道作了有益尝试。认真学习宣传贯彻党的十七届四中全会和省委十一届七次全委会议精神，组织开展“学习型党组织建设专题调研”，举办“甘肃区域发展战略高层论坛”。加强社科规划项目管理，获国家社科基金项目立项 64 项，获资助经费 621 万元。

【舆论引导工作】加强和改进经济宣传，指导和组织全省主流媒体主动贴近经济建设主战场，及时反映甘肃省经济发展的基本态势，大力宣传报道重大项目建设的进展成效，跟踪反映重点企业应对困难、增产提效的举措，形成促进经济平稳较快发展的舆论强势。精心组织了学习实践科学发展观活动、新中国成立 60 周年、全国全省“两会”、“5·12”地震一周年、第十五届兰洽会等重大主题宣传，营造了良好的舆论氛围。切实抓好民生问题宣传，大力宣传省委、省政府解决民生问题的政策措施，报道各级党委、政府为群众办实事好事的实际行动。主动做好社会热点问题引导，对大学生就业、农村代课教师、公务员考试、甲型 H1N1 流感防控等群众聚焦点和省内突发事件，及时准确、公开透明地进行了报道。积极推进藏区新闻宣传统一上网工程，在中国甘肃网为藏区 8 个县市统一开设“县区频道”，拓展了宣传藏区的渠道。出台“建立健全主流媒体主导舆论机制的意见”和“加强网上舆论引导监管”、“进一步加强和改进都市类报纸出版管理”、“突发公共事件新闻报道应急”三个实施办法，与财政厅联合制定“财政划拨、集订分送、分级负担”的办法，为加强传播能力建设、提高舆论引导水平提供了制度保障。

【思想道德建设和精神文明创建】以净化社会文化环境为重点加强未成年人思想道德建设，会同有关部门组织开展网络传播大防控、网吧经营大巡查、荧屏声频大清理、校园周边环境大治理专项整治行动，取得显著成效。强化“三位一体”教育网络，广泛组织开展“做一个有道德的人”、“祝福祖国”等系列主题教育实践活动。以大学生、企业职工和农民工为重点加强思想政治工作，深入开展20次“和谐之音城乡行，赞歌献给建设者”活动，联合有关部门到重大工程建设现场送政策、送法律、送医疗、送节目、送图书，参与人数达10万人次。组织举办46场全省优秀大学生建功立业报告会，主动服务大学生就业工作。以评选宣传先进典型为重点加强公民思想道德建设，天水市武山县农民张云霞获第二届全国诚实守信模范称号，王志睿、王一航等重大典型在全国产生影响。组织开展“感动甘肃•十大陇人骄子”评选活动，深入挖掘和集中宣传了一批践行甘肃精神的先进典型。以加强指导督查为重点深入推进精神文明创建工作，召开全省经济建设领域精神文明创建活动经验交流会，扎实开展“迎国庆讲文明树新风”、“三下乡”、诚信创建等活动，在全社会普及文明风尚、改善城乡环境、推进诚信建设。

【文化艺术工作】抓住国家扩大内需的机遇，加大广播电视村村通、乡镇综合文化站、农家书屋、文化信息资源共享等重大文化惠民工程建设力度。加强文艺精品创作生产，京剧《丝路花雨》、秦剧《百合花开》、电视连续剧《老柿子树》荣获中宣部第十一届精神文明建设“五个一工程”奖，获奖作品数历届最多；舞剧《丝路花雨》、《大梦敦煌》入选文化部首届“优秀保留剧目大奖”，获奖数位居全国第二，西部省区第一；陇剧《官鹅情歌》入选2007~2008年度国家舞台艺术精品工程，是西部省区唯一入选剧目。开展第六届敦煌文艺奖评奖，119项作品获奖，23名艺术家获“终身成就奖”，12名艺术家获“突出贡献奖”。省委、省政府拿出540万元隆重表彰优秀文艺作品、优秀文艺工作者。举办加快戏剧大省建设论坛，研究制定振兴甘肃戏剧规划，戏剧大省建设工作迈开步伐。继续打造“千台大戏送农村”这一支农惠农“文化品牌”，全省共组织演出5936场，观众达640多万人次，极大地活跃了基层群众文化生活。

【文化体制改革】读者出版集团完成股份制改造，省新华书店集团公司完成组建，农村电影体制改革继续深化，文化市场综合执法改革全面启动，经营性文化单位转企改制成效明显，甘肃文化出版社成功转企。开展银企对接活动，达成在甘金融机构支持文化产业发展备忘录。命名授牌甘肃省首批13家文化产业示范基地和2家园区。成功举办第四届省文博会，签约项目70多个，金额22亿多元。制定出台甘肃省国有文化资产管理办法，成立省国有文化企业资产经营管理中心，建立文化产业季度监测制度。“花儿”入选世界非物质文化遗产名录，成为甘肃省拥有的第一个世界级非物质文化遗产项目。

【对外宣传工作】邀请和组织中央主要对外媒体、省内主流媒体和境外媒体，开展“坚定信心，迎接挑战”、“走进重点工程”、“大力发展清洁能源，建设绿色生态屏障”、“辉煌60年”、“中外媒体聚焦甘肃省经济”等主题宣传活动和“港澳媒体陇东行”、“网络媒体河西行”、“关中—天水经济区网络媒体行”、“科学发展看甘肃”等专题采访报道活动。积极做好重要活动对外宣传，围绕第十五届兰洽会、党政代表团赴香港访问等重要活动，组织中央主要对外媒体和港澳台媒体专门采访报道。邀请香港凤凰卫视和香港无线电视台专访省委书记陆浩同志和省长徐守盛同志，扩大了甘肃对外影响力。做好对外信息发布工作力度，围绕党委政府中心工作、社会热点问题、突发公共事件等组织举办新闻发布会257场。建立省级新闻发言人联席会议、政府新闻发布会登记审批、重大题材新闻发布信息反馈和效果评估等制度。积极开展对外文化交流，先后组织10多个省直和有关市州、高校的文艺演出团体及文化单位，分赴非洲、欧洲、北美洲、亚洲的近20个国家和港澳台地区，进行文艺演出、摄影和文物展览、学术交流研讨等活动。

【队伍和阵地建设】认真实施拔尖创新人才培养工程，73名哲学社会科学领域专家学者入选全省领军人才。加大干部培训力度，举办市县宣传部长、哲学社会科学教学科研骨干研修、新闻发言人等培训班10多期，1000多人参加培训。加强对宣传思想领域社团机构的指导和管理，深化全省新闻战线“三项学习教育”活动，认真解决存在的突出问题。进一步提升调研督查和舆情工作水平，对农村公共文化服务体系建设、宣传文化干部队伍建设、经济形势对宣传思想文化工作的影响等重大问题认真研究，形成有价值的成果。围绕省委省政府的重大战略部署举措、社会热点和敏感时间节点等，及时收集研判社会思想反映和舆论动态，增强工作的预见性和主动性。加强出版市场监管，严格落实出版选题审批、出版物审读等制度，深入开展“扫黄打非”和打击假报刊、假新闻，假记者、假记者站专项行动。认真做好广播影视管理工作，在规范节目制播秩序、加强卫星地面电视接收设施管理、清理整治低俗违规广告等方面取得重要成效。

【宣传思想战线十件大事】

（一）庆祝新中国成立60周年系列宣传教育活动丰富多彩

精心组织举办成就报告会、建设成就展览、“我和我的祖国”干部职工演讲大赛、“迎国庆讲文明树新风”等一系列主题教育活动，制作播出《攻坚——甘肃扶贫之路》、《数说甘肃60年》电视专题片，编辑出版《甘肃60年图志》大型图书和《辉煌陇原60年》大型画册。成功编排演出“祝福我的祖国”大型文艺晚会，组织开展“向祖国致敬”全省职工、农民、大学生和少数民族文艺会演，“爱国歌曲大家唱”、“百名摄影家看陇原”等丰富多彩的群众文化活动。深入开展声势强大的新闻宣传，省直主要媒体和都市类报纸刊播各类消息、专题、系列报道、访谈节目 6000 多篇（条）。大力开展典型学习宣传活动，全省近 1200 万人次参与全国“双百”人物和“感动甘肃人物”评选，董振堂、吴焕先、王进喜、樊锦诗荣列“双百”人物榜单。庆祝活动全面展示了 60 年来甘肃省经济、政治、文化、社会建设和党的建设取得的辉煌成就，极大地激发了全省各族人民爱党爱国热情，进一步坚定了走中国特色社会主义道路的信心。

（二）应对国际金融危机的宣传思想工作有力有效

全省各级主流媒体深入开展“坚定信心、迎接挑战”主题宣传，主动贴近经济建设主战场，及时反映甘肃省经济发展态势，大力宣传重大项目建设的进展和成效，跟踪报道重点企业应对困难、增产提效的举措，引导全省广大干部群众辩证看待经济形势、增强战胜困难的信心，形成促进经济平稳较快发展的舆论强势。以企业职工、农民工和大学生为重点，有针对性开展思想政治工作，组织“和谐之音城乡行——赞歌献给建设者”活动，深入重点工程建设工地送文化、送医疗，支持重点工程项目建设。举办全省优秀大学生建功立业巡回报告会，推动金融危机下大学生就业工作。

（三）区域发展战略学习、研究和宣传形成热潮

围绕省委十一届七次全委会提出的“中心带动、两翼齐飞、组团发展、整体推进”的区域发展战略，举办高层论坛，社科理论界、媒体、实际部门共同研究探讨和阐释重大问题，取得了有价值的成果。省政府新闻办举办系列新闻发布会，各市州主要领导提出贯彻落实区域发展战略的思路和办法。省级主流媒体及时开辟专栏、提供平台，集中刊播一批重点研究文章，持续不断地报道各地各部门学习贯彻的举措和成效，推动这一重大战略决策不断深入人心。

（四）甘肃戏剧在全国舞台大展风采，省委省政府隆重表彰优秀文艺作品和优秀文艺工作者

京剧《丝路花雨》、秦剧《百合花开》、电视连续剧《老柿子树》荣获中宣部第十一届精神文明建设“五个一工程”奖，获奖作品数历届最多；舞剧《丝路花雨》、《大梦敦煌》入选文化部首届“优秀保留剧目大奖”，获奖数位居全国第二，西部省区第一；陇剧《官鹅情歌》入选 2007～2008 年度国家舞台艺术精品工程，是西部省区唯一入选剧目；陇剧《苦乐村官》、秦剧《百合花开》分获第三届全国地方戏优秀剧目展演二等奖和参演剧目奖。开展第六届敦煌文艺奖评奖，119 项作品获奖，23 名艺术家获“终身成就奖”，12 名艺术家获“突出贡献奖”。省委、省政府拿出 540 万元隆重表彰优秀文艺作品、优秀文艺工作者。举办加快戏剧大省建设论坛，研究制定振兴甘肃戏剧规划，戏剧大省建设工作迈开步伐。

（五）读者出版集团等一批文化企业的改革取得突破性进展

成立省国有文化资产管理办公室和国有文化企业资产经营管理中心。读者集团完成股份制改造，甘肃文化出版社完成转企，省杂技团、兰州电影制片厂和甘肃音像出版社转企改制工作起步，甘肃省文化体制改革工作取得阶段性成果，开展银企对接活动，命名甘肃省首批文化产业示范基地和园区，有力地推动了文化产业发展。“花儿”入选世界非物质文化遗产名录，成为甘肃省拥有的第一个世界级非物质文化遗产项目。第四届甘肃省文化产业博览交易会成功举办，签约项目 70 多个，签约资金 22 亿元。

（六）典型宣传产生重大影响，民族精神和时代精神得到进一步弘扬

评选出为甘肃革命、建设、改革、发展事业作出卓越贡献的 60 名“感动甘肃人物”。全国公安系统二级英模、白银公安分局民警王志睿被作为全国重大先进典型，在中央各大媒体进行了广泛宣传。省委作出向甘肃省农业战线马铃薯育种专家、首届“陇人骄子”王一航同志学习的决定。天水市青年农民张云霞在第二届全国道德模范评选中入选“诚实守信模范”。重大典型的感人事迹和崇高精神在广大人民群众中产生了巨大感召作用，全社会学习先进、崇尚先进、关爱先进、争当先进的氛围更加浓厚。

（七）强力净化社会文化环境，专项整治行动取得明显成效

在全省集中开展以网络传播大防控、网吧经营大巡查、荧屏声频大清理、校园周边环境大治理为主要内容的“四大专项整治行动”，历时半年，出动执法人员 35000 多人（次），清理查处违法违规上网服务营业场所和校园周边经营场所 6600 多家，停播和整改低俗及违规广告近千条，查缴各类非法出版物和盗版教辅 2300 多册，加大对手机传播淫秽色情有害信息行为的打击力度，为青少年健康成长营造了良好的社会文化环境，受到广大群众赞誉。

（八）中国工农红军西路军纪念馆落成，爱国主义教育基地建设和“两馆”免费开放工作取得显著成绩

全国“百家爱国主义教育示范基地”之一的中国工农红军西路军纪念馆在高台县落成开馆。腊子口战役纪念馆、通渭县中共中央政治局榜罗会议纪念馆、中共中央西北局岷州会议纪念馆、两当兵变纪念馆、省博物馆入选第四批全国爱国主义教育示范基地，入选数量位居全国第一。新增 48 家博物馆纪念馆面向社会免费开放，全省免费开放的“两馆”总数达到 87 家，其中博物馆实现了全部向社会免费开放，进一步保障了人民群众的基本文化权益。

（九）兰州大学隆重庆祝建校 100 周年

兰州大学是教育部直属的全国重点大学，是国家“211 工程”和“985 工程”重点建设高校之一，创立百年来，秉承和弘扬“自强不息、争创一流”的精神，累计培养20多万名各类人才，为国家现代化建设和甘肃经济社会发展做出了重要贡献。中共中央总书记、国家主席、中央军委主席胡锦涛为兰州大学建校100周年发来贺信，中共中央政治局委员、国务委员刘延东出席庆祝大会并讲话。

（十）《甘肃通史》出版发行

《甘肃通史》是新中国成立以来甘肃省第一部全面系统的大型通史，被列入甘肃省“十一五”规划重大文化建设工程，经过专家学者6年的努力正式出版发行。该书共八卷400万字，全面反映了甘肃的政治、经济、文化、社会、民族、宗教、自然生态等各方面的发展变化，填补了甘肃省没有系统反映甘肃历史和省情大型通史的空白，标志着甘肃省史学发展达到一个新水平。

（贺栋龄）

统战工作

【深入学习实践科学发展观活动】 从2009年9月开始，组织全省2267户非公有制经济组织开展深入学习实践发展观活动。按照“党员干部受教育、科学发展上水平、人民群众的实惠”的总体要求，紧扣“保增长、保民生、保稳定”的重心和省委确定的“中心带动、两翼齐飞、组团发展、整体推进”的区域发展战略，把“加强组织领导，实施分类指导，狠抓组织建设，坚持边学边改”贯穿活动始终，精心组织，扎实推进，确保学习实践活动高标准启动、高质量推进、高效率运行，使全省非公有制组织学习实践活动取得了明显成效。非公经济组织党建工作有了新加强，全省非公经济组织共新建党组织193个，新发展党员1108名，培养入党积极分子4876名。通过“双找”活动，共有663名“口袋党员”、“隐性党员”亮明身份。解决非公有制经济发展突出问题，全省非公经济组织共征求到发展观念、经营方式、科学创新、制度建设等方面的意见建议2万多条，梳理归纳为8000多条突出问题，征集到科学发展金点子2100多条，共解决各类问题5000多条。

【多党合作事业】 以中央5号文件督查组来甘肃省督查为契机，开展对5号文件精神及省委实施意见贯彻落实情况的督查，推进了多党合作的制度化、规范化、程序化建设。围绕庆祝新中国成立60周年和多党合作制度确立60周年，召开全省统一战线庆祝新中国成立60周年大会，组织省级各民主党派、工商联、无党派人士和统战系统，开展丰富多彩的庆祝活动，深化了爱国主义、社会主义和改革开放教育。组织省级各民主党派、工商联和无党派人士开展“我为应对金融危机影响献一策”活动，为省委、省政府决策提供参考。组织省级民主党派、工商联、无党派人士对事关经济社会长远发展的重大问题和关系群众切身利益的民生问题，深入调查研究，积极建言献策，提出重要意见建议达72项。组织省级各民主党派对全省全膜双垄沟播技术推广应用进行督查调研。加大党外干部选拔使用力度，去年省委提拔党外干部7名，在2所高校和1家国有企业配备了党外正职。

【民族工作】 认真贯彻胡锦涛总书记关于加强民族团结、做好民族工作的重要批示和中央有关文件精神，开展对中央、省上支持民族地区经济社会发展优惠政策落实情况的督查，推动全省民族地区经济社会发展。认真落实党中央、国务院和省委关于加快藏区经济社会发展的政策措施，与有关部门、市州研究提出政策、项目建议，争取中央对甘肃省藏区发展的大力支持。召开全省民族团结进步宣传月活动现场会和全省第六次民族团结进步表彰大会，推动民族团结进步创建活动向纵深发展。

【宗教工作】 进一步完善甘宁两省和省内相关市州之间宗教活动协作共管机制，强化对跨区域宗教活动的依法管理。在宗教界开展“和谐寺观教堂”创建活动，宗教界人士的思想认识进一步提高。做好对宗教界重点、难点问题进行专项治理，取得阶段性成果。继续深化藏传佛教寺庙法制宣传教育工作，研究提出建立藏传佛教寺庙管理长效机制的原则目标和具体措施。研究制定《甘肃省宗教界人士生活补助费管理办法》，对全省2万多名宗教教职人员分层次给予一定的生活补助，受到广大宗教界人士的高度称赞。

【其他领域统战工作】 建立完善非公有制经济人士综合评价体系，加强对非公有制经济人士的政治引导，组织开展中国特色社会主义事业优秀建设者评选表彰活动，调动了广大非公有制经济人士投身经济建设的积极性。加强工商联工作，明确由工商联主管非公有制经济商会。在会宁县举办以“公益捐赠、咨询服务、项目洽谈、观摩学习”为主要内容的“光彩陇原行”大型系列活动，动员非公有制经济人士捐赠100多万元帮助中小学解决教学设备，协调兰州大学、西北师范大学、甘肃农业大学和省农科院等与会宁县政府签订长期合作协议和技术培训协议，组织80多名专家学者为当地干部群众举办县域经济发展、医疗学术、农村实用技术等专题讲座和义务诊疗活动。成立甘肃省党外知识分子联谊会和甘肃欧美同学会•甘肃省留学人员联谊会，建立新的工作载体。指导完成省侨联和省职教社换届。按照省委常委会的决定，以省委名义对全省各地、各部门、各单位近年来统战方针政策贯彻落实情况进行全面督促检查。联合中央民族大学，9月份在北京举办以“新中国成立60年来我国民族、宗教工作的理论与实践”为主题的2009民族宗教问题高层论坛，新华网、人民网等网站予以报道，扩大和提升甘肃研究基地的知名度和影响力，甘肃研究基地被中央统战部授予2009

年优秀基地奖杯和成果奖、创新奖。积极整合资源，调动各方面积极性，深化对统一战线重大问题的研究，有4篇调研成果分别获得全国统战理论研究优秀成果一等奖、三等奖和优秀奖，省委统战部获优秀组织奖。创新统战宣传形式，加大统战宣传力度，组织开展“甘肃省统一战线庆祝新中国成立60周年知识竞赛”活动，收到来自全国11个省（市）的答题卡近25万份。加强港澳台海外统战工作，进一步拓宽工作领域。省级统战系统积极与港澳台海外有关企业、团体和人士联系，引进港澳台资企业7家，到位资金3.5亿元，合同投资12.5亿元，援建学校50所，捐建水窖5300眼，帮助整村移民270户。全省统一战线成员还为灾后重建捐款捐物、联系引进资金累计2100多万元，为甘肃省发展作出贡献。

【统一战线培训工作】制定《2009~2013年甘肃省宗教工作“三支队伍”培训规划》。在中央社会主义学院举办了甘肃省首届伊斯兰教教职人员培训班、无党派人士培训班、藏传佛教界代表人士培训班和民主党派骨干培训班等4个主体班，在甘肃社会主义学院举办全省首届中青年宗教教职人员骨干培训班等4个主体班。在兰州伊斯兰教经学院、省佛学院加挂“甘肃省伊斯兰教教职人员培训中心”和“甘肃省佛教教职人员培训中心”牌子，并分别解决编制、经费问题。

（刘诚）

甘肃省人民代表大会

【甘肃省第十一届人民代表大会第二次会议】2009年1月12日~16日，甘肃省第十一届人民代表大会第二次会议在兰州召开。会议听取和审议了省长徐守盛作的甘肃省人民政府工作报告、省人大常委会副主任洛桑灵智多杰作的甘肃省人大常委会工作报告、省高级人民法院院长梁明远作的甘肃省高级人民法院工作报告和省人民检察院检察长乔汉荣作的甘肃省人民检察院工作报告；审议了甘肃省发展和改革委员会主任邵克文关于甘肃省2008年国民经济和社会发展计划执行情况及2009年国民经济和社会发展计划（草案）的报告（书面），甘肃省财政厅厅长周多明关于甘肃省2008年财政预算执行情况和2009年全省及省级财政预算（草案）的报告（书面）。

会议表决通过了甘肃省第十一届人民代表大会第二次会议关于甘肃省人民政府工作报告的决议，关于甘肃省2008年国民经济和社会发展计划执行情况及2009年国民经济和社会发展计划的决议，关于甘肃省2008年财政预算执行情况和2009年省级预算的决议，关于甘肃省人大常委会工作报告的决议，关于甘肃省高级人民法院工作报告的决议，关于甘肃省人民检察院工作报告的决议。

会议审议通过了《甘肃省第十一届人民代表大会第二次会议选举办法》。会议选举张忠敬为甘肃省第十一届人民代表大会常务委员会委员。

在本次会议期间，代表们全面贯彻党的十七大和十七届三中全会精神，坚持以科学发展观为指导，认真履行宪法和法律赋予的职责，积极提出议案和建议、批评、意见。其中，收到10人以上代表联名提出的议案2件：一件是甘南藏族自治州代表团沙拜次力等19名代表联名提出的关于《制定甘肃省农村扶贫开发条例》的议案，一件是甘南藏族自治州代表团楚才元等18名代表联名提出的关于再次请求批准我州修订《甘肃省甘南藏族自治州实施〈甘肃省计划生育条例〉变通规定》的议案。根据《中华人民共和国地方各级人民代表大会和地方各级人民政府组织法》和《甘肃省各级人民代表大会议事规则》的有关规定，关于《制定甘肃省农村扶贫开发条例》的议案、关于再次请求批准修订《甘肃省甘南藏族自治州实施〈甘肃省计划生育条例〉变通规定》的议案，均作为代表建议处理，分别交由省人大常委会农业与农村办公室会同省人大常委会法制工作委员会、省人大常委会民族侨务办公室会同省人口和计划生育委员会依照《甘肃省人民代表大会代表建议、批评和意见处理办法》的规定办理。

【甘肃省人大常委会主要会议】甘肃省第十一届人民代表大会常务委员会第七次会议　甘肃省第十一届人民代表大会常务委员会第七次会议于2009年1月8日~9日在兰州召开。省人大常委会副主任朱志良主持了开幕式暨第一次全体会议，副主任崔玉琴主持了第二次全体会议暨闭幕式。会议听取了省人大常委会秘书长张开勋关于甘肃省第十一届人民代表大会第二次会议筹备工作情况的汇报；听取和审议了省十一届人民代表大会常务委员会代表资格审查委员会关于代表变动情况和补选代表的代表资格审查报告，表决通过了关于代表变动情况和补选代表的代表资格审查报告及公告；审议通过了甘肃省第十一届人民代表大会第二次会议列席范围；审议并原则通过了省人大常委会工作报告（审议稿），省人大常委会2009年工作要点，甘肃省第十一届人民代表大会第二次会议议程、日程（草案），甘肃省第十一届人民代表大会第二次会议主席团和秘书长名单（草案）、主席团常务主席名单（草案）、主席团执行主席名单（草案）、大会副秘书长名单（草案），甘肃省第十一届人民代表大会第二次会议选举办法（草案）。会议审议通过了《甘肃省人民代表大会常务委员会组成人员守则》。会议任命邓生来为甘肃省人民代表大会农业与农村委员会副主任委员，还通过了省人民检察院提请的有关人事任免事项。

甘肃省第十一届人民代表大会常务委员会第八次会议　甘肃省第十一

届人民代表大会常务委员会第八次会议于2009年3月24日~25日在兰州召开。省人大常委会副主任马尚英主持了开幕式暨第一次全体会议，副主任崔玉琴主持了第二次全体会议暨闭幕式。会议传达了十一届全国人大二次会议精神；审议了《甘肃省政府非税收入管理条例（草案）》；听取和审议了甘肃省人民政府关于全省“十一五”规划纲要实施中期情况的报告；审议了甘肃省人民政府关于甘肃省发行中期票据融资工作的报告，通过了甘肃省第十一届人民代表大会常务委员会关于批准《甘肃省人民政府关于甘肃省发行中期票据融资工作的报告》的决定。会议决定免去何挺的甘肃省公安厅厅长职务，决定任命罗笑虎为甘肃省公安厅厅长；免去张兴中的甘肃省高级人民法院副院长、审判委员会委员职务，任命南明法为甘肃省高级人民法院副院长、审判委员会委员；免去南明法的甘肃省人民检察院副检察长、检察委员会委员职务，任命张兴中为甘肃省人民检察院副检察长、检察委员会委员；会议决定批准接受李东亮辞去金昌市人民检察院检察长职务的请求，批准任命谢剑魁为金昌市人民检察院检察长。会议还通过了省高级人民法院提请的其他人事任免事项。

甘肃省第十一届人民代表大会常务委员会第九次会议　甘肃省第十一届人民代表大会常务委员会第九次会议于2009年6月1日~4日在兰州召开。省人大常委会副主任洛桑灵智多杰主持了开幕式暨第一次全体会议，副主任朱志良主持了第二次全体会议，副主任孙效东主持了第三次全体会议暨闭幕式。会议审议通过了《甘肃省促进中小企业发展条例》和《甘肃省政府非税收入管理条例》，通过了甘肃省第十一届人民代表大会常务委员会关于批准《甘肃省东乡族自治县教育条例（修订）》的决定，审议了《甘肃省行政执法监督条例（草案）》和《甘肃省职业教育发展条例（草案）》。会议听取和审议了省人民政府关于发行2009年地方政府债券相应调整全省及省级财政预算的报告，作出了甘肃省第十一届人民代表大会常务委员会关于批准省人民政府《关于发行2009年地方政府债券相应调整全省及省级财政预算的报告》的决定；听取和审议了省人民检察院关于全省检察机关开展反渎职侵权工作情况的报告，审议了省人大常委会调研组关于对甘肃省五个市检察机关开展反渎职侵权工作情况的调研报告（书面）。会议审议了省十一届人大常委会代表资格审查委员会关于个别代表的代表资格的报告（书面），表决通过了关于个别代表的代表资格的报告及公告。

会议决定任命赵春为甘肃省发展和改革委员会主任、李平为甘肃省工业和信息化委员会主任、庞波为甘肃省人力资源和社会保障厅厅长、冯杰为甘肃省环境保护厅厅长、李慧为甘肃省住房和城乡建设厅厅长、杨咏中为甘肃省交通运输厅厅长；会议决定免去许文海的甘肃省水利厅厅长职务；会议任命张忠敬为甘肃省第十一届人民代表大会财政经济委员会副主任委员、马发明为甘肃省人大常委会法制工作委员会主任（兼）、王连发为甘肃省人大常委会代表工作委员会副主任；会议免去杨育荣的甘肃省人大常委会法制工作委员会主任职务、冯云海的甘肃省人大常委会教育科学文化卫生办公室副主任职务、任继东的甘肃省人大常委会财政经济办公室副主任职务；会议还通过了省高级人民法院和省人民检察院提请的有关人事任免事项。

甘肃省第十一届人民代表大会常务委员会第十次会议　甘肃省第十一届人民代表大会常务委员会第十次会议于2009年7月27日~31日在兰州召开。省人大常委会副主任洛桑灵智多杰主持了开幕式暨第一次全体会议，副主任嘉木样·洛桑久美·图丹却吉尼玛主持了第二次全体会议，副主任朱志良主持了第三次全体会议暨闭幕式。会议审议通过了《甘肃省行政执法监督条例》和《甘肃省职业教育发展条例》，通过了甘肃省第十一届人民代表大会常务委员会关于批准《甘肃省东乡族自治县水土保持管理条例》的决定和关于批准《甘肃省东乡族自治县城镇规划建设管理条例》的决定；审议了《甘肃省城乡规划条例(草案)》和《甘肃省林地保护条例(草案)》。听取和审议了省人民政府关于甘肃省2009年上半年国民经济和社会发展计划执行情况的报告，省人民政府关于2008年全省及省级财政决算草案和2009年上半年财政预算执行情况的报告，省人民政府关于2008年度省级预算执行及其他财政收支情况的审计工作报告；审议了省人民政府关于甘肃省2008年预算外资金收支和管理情况的报告（书面），省人大财政经济委员会关于2008年省级财政决算的审查报告（书面）；通过了甘肃省人民代表大会常务委员会关于批准甘肃省2008年省级财政决算的决议。会议决定任命康国玺为甘肃省水利厅厅长；会议还通过了省高级人民法院和省人民检察院提请的有关人事任免事项。

甘肃省第十一届人民代表大会常务委员会第十一次会议　甘肃省第十一届人民代表大会常务委员会第十一次会议于2009年9月21日~25日在兰州召开。省人大常委会副主任马尚英主持了开幕式暨第一次全体会议，副主任孙效东主持了第二次全体会议，副主任崔玉琴主持了第三次全体会议暨闭幕式。会议审议通过了《甘肃省林地保护条例》，审议了《甘肃省档案管理条例（修正案草案）》和《甘肃省实施<中华人民共和国未成年人保护法>办法（修订草案）》。听取和审议了省人民政府关于甘肃省中小企业融资情况的汇报，审议了省人大财政经济委员会关于全省中小企业融资情况的调研报告（书面）。听取和审议了省人大常委会执法检查组关于检查全省实施《甘肃省发展中医条例》情况的报告。审议了省人大常委会调研组关于全省及部分市州涉法涉诉信访问题的调研报告(书面)，关于甘肃省地震灾后恢复重建情况的调研报告（书面），关于促进农民增收情况的调研报告（书面），关于全省农村公路建设情况的调研报告（书面），关于甘肃省保障性住房和安居工程建设情况的调研报告（书面），关于全省教育、卫生、人口和计划生育方面公共投资项目实施情况的调研报告（书面），关于全省民族地区新农村建设情况的调研报告（书面）。听取和审议了省人民政府关于省十一届人大二次会议期间代表建议办理情况的报告，审议了省高级人民法院关于省十一届人大二次会议期间代表建议和意见办理情况的报告（书面），审议了省人民检察院关于省十一届人大二次会议期间代表建议办理情况的报告（书面）。审议了甘肃省第十一届人民代表大会常务委员会代表资格审查委员会关于个别代表的代表资格的报告（书面），表决通过了关于个别代表的代表资格的报告及公告。会议通过了甘肃省人民代表大会常务委员会关于许可对甘肃省第十一届人大代表王兆远采取强制措施的决定。会议免去安晨光的甘肃省人大常委会研究室主任职务，免去马占元的甘肃省人大常委会民族侨务办公室副主任职务，任命邹通祥为甘肃省人大常委会研究室主任，任命王学居为甘肃省人大常委会民族侨务办公室副主任。会议还通过了省高级人民法院提请的有关人事任免事项。

甘肃省第十一届人民代表大会常务委员会第十二会议　甘肃省第十一届人民代表大会常务委员会第十二次会议于2009年11月23日～27日在兰州召开。省人大常委会副主任嘉木样•洛桑久美•图丹却吉尼玛主持了开幕式暨第一次全体会议，副主任朱志良主持了第二次全体会议，副主任马尚英主持了第三次全体会议暨闭幕式。会议审议通过了《甘肃省城乡规划条例》、《甘肃省档案条例》、《甘肃省实施〈中华人民共和国未成年人保护法〉办法》和《甘肃省乡镇人民代表大会工作条例》；通过了甘肃省人民代表大会常务委员会关于批准《兰州市无公害蔬菜管理条例》的决定、关于批准《兰州经济技术开发区条例》的决定；审议了《甘肃省实施〈中华人民共和国各级人民代表大会常务委员会监督法〉办法（草案）》、《甘肃省就业促进条例（草案）》。听取和审议了省人大常委会执法检查组关于检查《甘肃省实施〈中华人民共和国民族区域自治法〉若干规定》执行情况的报告，关于检查《中华人民共和国矿产资源法》和《甘肃省矿产资源管理条例》贯彻实施情况的汇报，省人民政府关于应对金融危机、促进全省经济社会发展重要措施落实情况的专项工作汇报。审议了省人大常委会关于省十一届人大二次会议期间代表建议办理情况的报告（书面），审议通过了甘肃省人民代表大会常务委员会关于召开甘肃省第十一届人民代表大会第三次会议的决定。会议还通过了省高级人民法院和省人民检察院提请的有关人事任免事项。

【地方立法】从省情、民情出发，突出针对性和可操作性，加强地方立法工作。

常委会以科学发展观为指导，坚持从省情、民情出发，坚持突出法规的针对性和可操作性，进一步加强了地方立法工作，提高了法规质量。在立法工作中，常委会注重把以人为本、科学发展的理念融入法规中，力求突出为科学发展服务的思想；着眼于解决本省实际问题，突出地方特色；加强民主立法、科学立法，建立公民参与立法平台，充分发挥专家作用，调动基层立法联系点积极性，草案稿公开向社会征求意见，重要法规草案实行隔次审议。一年来，常委会共制定地方性法规6件，修订地方性法规3件，批准兰州市地方性法规2件，批准民族自治地方单行条例3件，对2件法规草案进行了一审，配合全国人大常委会对 8 件法律草案征求了意见。

中小企业对促进就业、增加税收、发展地方经济、维护社会稳定有着非常重要的作用，但制约甘肃省中小企业发展的问题和困难较多，通过立法促进中小企业的发展十分必要。常委会审议通过了《甘肃省促进中小企业发展条例》，从资金支持、创业扶持、技术创新、市场开拓、社会服务、权益保护等方面作出了促进甘肃省中小企业发展的具体规定。

加强政府非税收入的管理，对促进甘肃省经济社会发展意义重大。常委会审议通过的《甘肃省政府非税收入管理条例》，对政府非税收入的管理作出了具体规定，为增强政府宏观调控能力、规范收入分配秩序、从源头上防止腐败问题的产生提供了法制保障。

依法行政是贯彻依法治国基本方略的重要内容，但甘肃省部分行政执法机构和执法人员有法不依、执法不严、违法不究的问题还不同程度存在，不作为和乱作为现象时有发生，人民群众反映强烈。常委会审议通过的《甘肃省行政执法监督条例》，从监督范围、监督措施、监督程序和监督者应承担的责任，对加强行政执法监督作出了具体规定。

保护好林地是经济社会可持续发展的物质基础，也是建设生态文明最根本的要求。为了加强林地保护，规范林地管理，合理利用林地，保障林业稳定持续发展，常委会审议通过了《甘肃省林地保护条例》。

城乡规划是各级政府指导、调控城镇化发展和城乡建设的重要依据和基本手段。为加强城乡规划管理工作，促进经济社会与人居环境全面协调可持续发展，常委会审议通过了《甘肃省城乡规划条例》。

职业教育是解决“三农”问题、促

进社会就业和再就业的重要途径，在实施科教兴国战略和人才强国战略中具有重要地位，常委会审议通过的《甘肃省职业教育发展条例》，为职业教育健康发展提供了保障。

常委会修订了《甘肃省档案条例》、《甘肃省实施〈中华人民共和国未成年人保护法〉办法》、《甘肃省乡镇人民代表大会工作条例》，对《甘肃省实施〈中华人民共和国各级人民代表大会常务委员会监督法〉办法》、《甘肃省就业促进条例》两个法规草案进行了一审。

常委会批准了《兰州市无公害蔬菜管理条例》、《兰州市经济技术开发区条例》和《东乡族自治县教育条例》、《东乡族自治县水土保持管理条例》、《东乡族自治县城镇规划建设管理条例》。

常委会还建立了地方性法规质量跟踪评估制度，制定了跟踪评估办法，对《甘肃省实施〈中华人民共和国防空法〉办法》进行了立法后评估。

【监督工作】围绕经济社会发展中的重点、难点和群众关注的热点问题，开展监督工作。

一年来，常委会听取和审议了“一府两院”5项专项工作报告和5项计划、财政、审计方面的报告，对6个方面的7部法律法规实施情况进行了检查，促进了经济社会发展中的重点、难点和群众关注的热点问题的解决，促进了“一府两院”依法行政、公正司法，增强了监督实效。

甘肃省“十一五”规划纲要的实施，到2009年已进入第4年。为进一步了解规划纲要实施以来的情况，加强对政府实施规划纲要的监督，常委会听取和审议了省政府《关于全省“十一五”规划纲要实施中期情况的报告》。常委会组成人员在审议中，提出了进一步加强重大项目的谋划和实施、落实促进发展的重大政策措施、加大规划纲要的组织实施力度，确保规划纲要提出的各项目标任务顺利完成等方面的意见和建议。

应对国际金融危机冲击，保持经济社会平稳较快发展是去年全省工作的重中之重。常委会听取和审议了省政府《关于应对金融危机、促进全省经济社会发展重要措施落实情况的专项工作汇报》。常委会组成人员在审议中，建议政府加快经济结构调整步伐，转变经济增长方式，认真研究内需不旺的问题，继续做好促进中小企业发展工作，继续把基础设施建设作为重点，继续争取国家在扩大内需政策中对甘肃省的照顾和倾斜，加大对重点产业、新型产业扶持力度，努力保持甘肃省经济平稳较快发展。

融资难一直是甘肃省中小企业发展中的突出问题。为支持中小企业持续健康发展，常委会在对甘肃省中小企业融资情况进行专题调研的基础上，听取和审议了省政府《关于甘肃省中小企业融资情况的汇报》，提出了积极帮助中小企业增强自身融资能力、大力支持和发展地方金融机构、设立中小企业贷款风险奖励和补偿资金、加快信用担保体系建设、进一步创新金融产品和监管机制、加快中小企业融资信用平台建设等建议。

当前我国正处在改革发展的关键时期，渎职侵权犯罪问题比较突出。加强反渎职侵权工作，是人民群众的热切期待。常委会对甘肃省五个市州检察机关开展反渎职侵权工作情况进行了专题调研，并听取和审议了省人民检察院《关于全省检察机关开展反渎职侵权工作情况的报告》。常委会组成人员在审议中，对进一步加强反渎职侵权工作提出了不少意见和建议。

执行积案是社会热点，也是难点。对执行积案进行清理，关系到给社会信心、给群众温暖，更关系到司法权威的树立。省人大有关专门委员会和部分在兰省人大代表，听取了省高级人民法院关于全省清理执行积案工作专题汇报，对进一步做好清理执行积案工作给予了监督和支持。

常委会听取和审议了2009年上半年计划执行情况报告、2008年全省及省级财政决算草案和2009年上半年财政预算执行情况的报告、2008年预算外资金收支和管理情况的报告，批准了2008年省级财政决算。常委会组成人员在审议中，对加强计划和预算的执行工作提出了不少意见和建议，常委会办事机构将审议意见书面转送了省政府。

常委会听取和审议了2008年度省级预算执行及其他财政收支情况的审计工作报告。常委会组成人员在审议中对进一步落实整改措施、加强整改力度提出了意见和建议。4个月后，审计厅按照常委会的要求，代表省政府再次向常委会书面报告了审计决定的落实情况。

常委会对《中华人民共和国矿产资源法》、《甘肃省矿产资源管理条例》的实施情况进行了检查，听取和审议了执法检查组的执法检查报告，提出了进一步增强依法行政意识，不断提高矿产资源勘查开发监管效能，加大矿产资源的勘查力度，切实把矿产资源优势转化为经济发展优势，加强矿山生态及地质环境的保护与恢复治理等方面的建议。

常委会对《甘肃省发展中医条例》的实施情况进行了检查，听取和审议了执法检查组的执法检查报告，提出了进一步推进中医药服务体系建设，加强中医药人才队伍建设和科研工作，加大对中医药事业的投入等方面的建议。

常委会对《甘肃省实施〈中华人民共和国民族区域自治法〉若干规定》的执行情况进行了检查，重点检查了省政府各委、办、厅、局的贯彻落实情况。常委会听取和审议了执法检查组的执法检查报告，对省政府进一步贯彻落实该法规提出了意见和建议。

常委会还配合全国人大常委会对《中华人民共和国工会法》、《中华人民共和国食品安全法》、《中华人民共和国畜牧法》3部法律的实施情况进行了检查。陇原环保世纪行以“自然保护与生态文明”为主题，对全省重点自然保护区的保护与建设情况进行了监督和检查。

规范性文件备案审查是常委会的一项新工作。常委会召开了全省市州规范性文件备案审查工作会议，加强了备案审查工作的组织建设和制度建设，对省政府、市州人大常委会和兰州市政府报送的 114 件规范性文件全部进行了审查，对其中 3 件违反制定权限的规范性文件，督促原制定单位进行了纠正。

【专题调研和决定重大事项】围绕保增长、保民生、保稳定的全省大局，开展专题调研、决定重大事项。

2009 年，常委会坚持从全省大局出发，以保增长、保民生、保稳定作为依法行使职权的重点，有计划、有组织地开展 7 项专题调研，并对政府提出的事关保增长、保民生、保稳定的重大事项及时作出决定。

国家推出应对国际金融危机一揽子计划以来，中央政府在甘肃省新增一大批重大公共投资项目。为了确保这些重大项目良好运行，让中央放心，让人民放心，常委会调研组和全国人大常委会调研组，共同对中央政府在甘肃省新增的教育、卫生、人口和计划生育方面的公共投资项目的实施情况，进行了专题调研。常委会审议调研组的调研报告后，提出了切实解决配套资金、出台优惠政策减轻项目建设负担、加强配套工程建设、加强部门之间的协调配合及项目管理等方面的建议。

农村公路建设是农村基础设施建设的重点，也是国家“十一五”以来推进社会主义新农村建设的重大举措。为了深入了解甘肃省农村公路建设的进展情况和存在的问题，常委会对此进行了专题调研。常委会审议调研组的调研报告后，提出了超前谋划甘肃省农村公路建设“十二五”规划、拓宽农村公路建设投融资渠道、规范资金拨付、加快农村公路养护体制改革、提高路政管理水平等建议。

保障性住房和安居工程建设是拉动经济、扩大内需、改善民生的重点内容。为进一步推动这项工作，常委会组成专题调研组，与全国人大常委会调研组一道，联合对甘肃省保障性住房和安居工程建设情况进行了专题调研。常委会审议了调研组的调研报告，对廉租房的建设规模、产权共有、地方配套资金和农村危旧房改造范围、标准以及城市住房工作思路等方面提出了符合甘肃省实际的意见和建议。

甘肃省地震灾区的恢复重建是事关民生和稳定的重要工作。为切实掌握灾后一年恢复重建的基本情况，常委会组织调研组进行了专题调研。常委会审议了调研组的调研报告，提出了简化项目审批环节、加强重建项目监督管理、尽早出台灾区移民实施方案、尽快解决城镇受灾居民住房重建问题、减免运输灾后重建物资车辆过路费、增加灾区群众经济收入等建议。

增加农民收入是农村工作的出发点和落脚点。农民增收难一直是甘肃省的突出问题，在受金融危机冲击、经济严重萎缩的形势下，实现农民收入增长困难更多。为此，常委会对甘肃省促进农民增收情况进行了专题调研。常委会审议调研组的调研报告后，从加大争取国家政策扶持力度、贯彻落实省委省政府“促进农民增收六大行动”、正确处理农民增收与科学发展的关系、构建促进农民增收长效机制等方面提出了建议。

为确保民族地区新农村建设顺利进行，尽快改变民族地区农村的落后面貌，不断缩小民族地区与全省的发展差距，常委会对民族地区新农村建设情况进行了专题调研。常委会审议了调研组的调研报告，提出了进一步推动民族地区新农村建设的意见和建议。

涉法涉诉信访问题是影响社会和谐稳定的重要因素。常委会对甘肃省涉法涉诉信访问题进行了专题调研。常委会审议调研组的调研报告后，提出了加强领导、重心下移、强化责任追究、发挥调解作用、提高办案质量、规范行政执法、建立处理缠访缠诉有效办法、完善涉法涉诉救助资金制度、加大宣传教育力度等方面的建议。

在国家扩大内需政策的支持下，甘肃省一大批项目相继获准开工建设，但项目建设的地方配套资金短缺问题十分突出。常委会在审议《甘肃省人民政府关于甘肃省发行中期票据融资工作的报告》后，作出了关于批准这个报告的决定，决定甘肃省在全国银行间债券市场发行 8 年期中期票据 100 亿元人民币。这是甘肃省融资方式的一次创新，缓解了甘肃省项目建设面临的资金短缺问题。

财政部核定甘肃省发行 2009 年地方政府债券 65 亿元。常委会听取和审查了省政府《关于发行 2009 年地方政府债券相应调整全省及省级财政预算的报告》，并依照《预算法》的规定批准了这个报告，对本年度全省及省级财政预算作出了部分调整。这对做好地方政府债券发行、管理和使用，落实积极财政政策，促进全省经济社会平稳较快发展，发挥了重要作用。

2009 年，常委会通过开展专题调研和依法行使重大事项决定权，有力地促进了中央和甘肃省在保增长、保民生、保稳定上的各项重大决策部署的实施。常委会组成人员在审议中提出的各种意见和建议，通过常委会办事机构向“一府两院”转送后，得到了“一府两院”的认真采纳和吸收，较好地发挥了常委会在保增长、保民生、保稳定中的积极作用，为甘肃省在金融危机严重冲击形势下保持经济社会平稳较快发展做出了努力。通过一年的实践，常委会在围绕全省大局寻找依法行使职权的切入点和突破口上，有了更深切的体会，积累了许多有益的经验。

【人事任免】在依法行使任免权方面，一年来，常委会共任免地方国家机关工作人员 136 名，其中，决定任命 11 人，任命 79 人，批准任命 1 人，决定免职 6 人，免职 38 人，批准免职 1 人。

【代表工作】着眼于保障代表依法履职、充分发挥代表作用，加强代表工作。

常委会进一步加强了代表依法履职、发挥代表作用的保障服务工作。继续坚持扩大代表知情知政渠道，通过多种形式及时向代表通报情况。组织代表开展集中视察和专题调研，邀请代表列席常委会会议和参加执法检查等活动，较好地发挥了代表在立法和监督工作中的作用。继续坚持开展“两联系”活动，常委会组成人员每人重点联系 3 至 5 名基层人大代表，采取走访、电话、信函等多种方式加强与代表的联系，征求基层代表对各方面工作的意见和建议；代表密切联系选举单位和人民群众，积极听取和反映群众的意见建议。继续加强代表培训工作，先后举办两期省人大代表培训班，170 多位代表参加了培训。召开了代表工作座谈会，研究了提高代表履职能力、增强代表活动实效的办法和措施。

【代表意见和建议办理】进一步重视和加强代表建议办理工作。省十一届人大二次会议上，代表所提建议 953 件，所提问题已经解决和基本解决的 229 件，正在解决和列入规划逐步解决的 495 件，这两类占代表建议总数的 75.97%，比上年提高了 5.6 个百分点。一年来，常委会加大了对代表建议的督办力度，常委会各位副主任和各专门委员会、工作委员会对涉及重点、难点、热点问题的 15 件代表建议进行了重点督办，对办理代表建议工作起到了较大推动作用。常委会和各承办单位对办理机制和办理方式进行了进一步完善、创新，办理前，认真研究代表建议内容，了解代表建议背景，找准问题症结，提出切实可行的解决办法；办理中，通过走出去上门拜访，请进来当面座谈，以及电话信函沟通，加强与代表联系，增强办理的针对性；办理后，主动征询代表意见，对不满意和有新的意见建议的，进行二次办理。在办理代表建议工作中，继续坚持从实际出发，正确处理需要与可能、局部与全局、当前与长远的关系，对涉及扩大内需、改善民生、调整结构、加强“三农”工作和改进完善政策等方面的代表建议，进行了重点办理。

【信访工作】继续坚持常委会领导联系信访制度，进一步落实信访办理工作责任制，召开全省市州人大信访工作会议，加强人民来信来访的受理和督办工作。全年受理人民群众来信来访 2204 件次，其中来信 1104 件，来访 1100 人次，督促解决了一批有影响的信访案件，起到了化解社会矛盾、维护社会稳定、促进社会和谐的作用。

【自身建设】总结地方人大设立常委会 30 年的经验，加强人大常委会自身建设。

2009 年，是县级以上地方人大设立常委会 30 周年。常委会围绕纪念地方人大设立常委会 30 周年这个主题，开展一系列纪念活动，召开了纪念座谈会，举办了成就展和书画展，加强了常委会设立 30 周年专题宣传，对甘肃省地方人大设立常委会 30 年的实践和经验进行了深入总结。

30 年来，甘肃省各级人大常委会在中共甘肃省委和本级党委的正确领导下，忠实地履行宪法和法律赋予的神圣职责，为促进甘肃省的改革开放事业和经济社会又好又快发展作出了积极努力和重要贡献，也为进一步坚持和完善人民代表大会制度、做好人大工作积累了宝贵的经验。

30 年的实践证明，坚持正确的政治方向是做好人大工作的根本。人大工作坚持正确的政治方向，最根本的是坚持党的领导、人民当家作主和依法治国有机统一，核心是坚持党的领导。在重大原则问题上，必须坚定不移地同党中央和省委保持高度一致。人大的各项工作，都要有利于加强和改善党的领导，有利于巩固党的执政地位，有利于保证党领导人民有效治理国家。

30 年的实践证明，坚持依法履行职责是做好人大工作的保证。人大及其常委会只有严格按照宪法、法律的规定和法定程序履行职责，才能充分发挥国家权力机关的作用。既不失职又不越权、集体行使职权、依法行使职权，是人大及其常委会行使职权必须遵循的原则。

30 年的实践证明，坚持围绕中心、服务大局是做好人大工作的前提。只有牢牢抓住发展这个党执政兴国的第一要务，紧紧围绕经济建设这个中心，自觉服从和服务于改革发展稳定的大局，找准人大工作的切入点和着力点，才能在促进经济社会又好又快发展中有作为、有地位。

30 年的实践证明，始终代表人民群众的根本利益是做好人大工作的基础。人大工作要以关注民生、服务人民为工作出发点，把推进和督促解决好人民群众关注的热点、难点问题，作为常委会的重要议题。人大代表和常委会组成人员，要密切联系人民群众，充分反映社会各方面的意见和建议，保证人大及其常委会通过的法规和作出的决定、决议符合最广大人民群众的根本利益。

30 年的实践证明，坚持解放思想、开拓创新是做好人大工作的时代要求。在人大工作中，要正确处理依法行使职权与改革创新的关系，在依法履行职责的同时，必须根据不断发展变化的新形势和人大工作面临的新任务，积极探索，勇于创新。

常委会以纪念地方人大设立常委会 30 周年为契机，进一步加强了自身建设。继续坚持每次常委会会议闭会后，举办专题讲座和法制讲座。常委会党组理论学习中心组紧紧围绕常委会的工作任务和国际国内新形势，有计划、有组织地开展如何按照科学发展观的要求加强和改进人大工作、如何促进甘肃省农村经济社会发展等五个专题学习。常委会组成人员进一步改进工作作风，深入基层，深入群众，做了大量调查研究工作。常委会机关继续深入开展建设学习型机关活动，组织干部职工举办人大制度知识、法律知识、公文处理知识的讲座或学习班，干部职工的综合素质和业务水平得到了全面提升，常委会机关的集体参谋助手作用、服务保障作用明显增强。

（邵建斌）

甘肃省人民政府

【省政府全体会议】1 月 19 日，省政府召开了第三次全体会议。会议通报了 2008 年政府工作目标管理责任完成情况，表彰奖励了完成责任目标成绩突出的市州，省政府与各市州政府签订了 2009 年政府工作目标管理责任书，分解了政府工作主要任务，安排部署推动各项工作的措施。徐守盛省长作了重要讲话。一、审时度势，应对挑战，坚定加快发展的信心和决心。一要紧紧抓住中央扩大投资、加快基础设施建设的重大机遇。二要紧紧抓住中央保障民生、扩大消费的重大机遇。三要紧紧抓住灾后恢复重建的重大机遇。四要紧紧抓住协调区域经济发展的重大机遇。五要紧紧抓住国际能源资源价格回落的重大机遇。二、明确任务，突出重点，确保 2009 年各项工作的良好开局。一要全力以赴抓好项目建设。二要努力扭转工业经济下滑局面，加快结构调整步伐。三要全力加强“三农”工作。四要加快发展服务业。五要继续加强改善民生工作。六要推进政府机构改革。三、明确责任，强化措施，集中精力抓好落实。一要解放思想、勇于创新抓落实。二要振奋精神、迎难而上抓落实。三要科学决策、强化指导抓落实。四要强化责任、真抓实干抓落实。五要转变作风、廉洁从政抓落实。

7 月 13 日，省政府召开第四次全体会议。会议总结分析了上半年经济社会发展形势，安排部署了下半年工作。徐守盛省长作了重要讲话。一、关于上半年经济社会发展形势。经济社会发展呈现出以下特点：一是投资和消费快速增长，拉动作用显著增强。二是农业生产基本平稳，特色产业发展较快。三是重点项目建设进展顺利，灾后重建取得阶段性成效。四是工业经济出现积极变化，部分行业逐渐回暖。五是财政收入逐渐趋好，货币信贷运行平稳。六是“12件实事”顺利推进，社会事业稳步发展。同时也存在一些突出的困难和问题，具体表现在：一是工业经济增长缓慢，企业效益严重下滑。二是外部需求持续萎缩，外贸出口大幅下降。三是多数农产品价格持续低迷，农民增收难度加大。四是就业形势依然严峻，社会保险扩面难度加大。二、关于下半年的工作。一要继续贯彻落实中央宏观调控政策，全力以赴确保完成全年经济增长目标。二要继续加大对重点企业支持力度，努力加快工业发展步伐。三要继续加快重点项目建设，努力保持投资持续高速增长。四要继续加快农业和农村经济发展，努力增加农民收入。五要继续加快发展现代服务业，努力促进消费增长。六要继续努力改善民生，加快发展社会事业。七要继续深化改革，进一步创新体制机制。八要及早谋划，做好“十二五”规划前期工作。三、关于改进作风抓好落实。一要明确责任，加强协调配合。二要转变政府职能，改进工作作风。三要加强调查研究，创造性地开展工作。四要坚持政务公开，自觉接受社会监督。五要加强督促检查，落实绩效考核。

【省政府常务会议】第 20 次　1 月 8、9 日，徐守盛省长主持召开。会议讨论了 2009 年拟为民办实事意见；听取了 2008 年全省财政预算执行情况和 2009 年预算编制情况的汇报；听取了关于调整和完善省对市州财政管理体制的汇报；听取了关于调整完善全省乡镇职能强化乡镇财政管理情况的汇报；听取了关于中央财政灾后重建基金甘肃省分市州包干使用初步意见的汇报；审议并原则通过了《甘肃省地方志工作规定（草案）》。

第 21 次　1 月 19 日，徐守盛省长主持召开。会议研究了 2008 年度政府工作目标管理责任通报表彰意见，审定了 2009 年度政府工作目标管理责任书；审定了 2009 年政府工作任务分解意见；研究了安全生产工作；听取了 2008 年度甘肃省科学技术奖评审情况汇报；听取了全国民族工作座谈会主要精神及甘肃省民族工作有关情况汇报；通过了人事任免事宜。

第 22 次　2 月 4 日，徐守盛省长主持召开。会议听取了全省重大建设项目情况汇报；讨论并原则通过了《甘肃省行政执法监督条例（草案）》；讨论并原则通过了《甘肃省机构编制管理办法（草案）》；讨论了甘肃省人民政府机构改革方案。

第 23 次　2 月 18 日，徐守盛省长主持召开。会议研究了 2009 年省级预算内基建投资计划；研究了甘肃省发行中期票据募集重大项目和灾后重建资金问题；研究了 19 宗省属国有地勘单位与大型企业合作勘查项目和 13 宗探矿权采矿权新立、转让项目审批事宜；分析了一月份经济运行情况；通过了人事任免等事项。

第 24 次　2 月 27 日，徐守盛省长主持召开。会议研究了规范公务员津贴补贴工作；研究了全省义务教育学校实施绩效工资工作；讨论并原则通过了《甘肃省职业教育发展条例（草案）》；讨论并原则通过了《甘肃省内部审计办法（草案）》；安排了近期工作。

第 25 次　3 月 19 日，徐守盛省长主持召开。会议传达学习了温家宝总理在参加十一届全国人大二次会议甘肃代表团审议时的讲话精神，研究了贯彻意见；分析了 1～2 月份经济形势；讨论了《甘肃省被征地农民养老保险暂行办法（草案）》；研究了高校毕业生就业工作；通报了省政府机构改革实施意见。

第26次　4月14日，徐守盛省长主持召开。会议分析了一季度经济形势；讨论并原则通过了《甘肃省被征地农民养老保险暂行办法（草案）》；研究了甘肃省地方政府债券额度分配和项目安排意见；研究了中期票据融资平台搭建工作。

第27次　4月21日，徐守盛省长主持召开。会议听取了全省开发区建设和发展情况汇报；讨论并原则通过了《甘肃省深入实施工业强省战略考核奖励细则（试行）》；听取了2008年全省节能减排工作汇报；研究了宕昌县丁藏里地区铅锌矿普查探矿权等52宗探矿权采矿权合作、新立及转让项目审批事宜；研究了酒泉钢铁(集团)有限责任公司整体上市过程中土地资产评估结果及处置方案。

第28次　5月8日，徐守盛省长主持召开。会议讨论了甘肃机械电子职工大学改制为甘肃机电职业技术学院的意见；研究了加快甘肃省灾后恢复重建工作的意见；审定了全省主体功能区规划基本思路框架；听取了阳山金矿安坝里南探矿权转让价款奖励部队等问题的意见；讨论了分级解决白龙江林区职工生活困难问题的意见。

第29次　5月17日，徐守盛省长主持召开。会议听取了甘肃省近期甲型H1N1流感防控工作情况汇报；听取了支持重点工业企业发展有关情况汇报；研究了正宁南煤田北矿区和宁县南煤田矿业权配置价款问题；研究了中国华能集团公司与华亭煤业集团有限责任公司二次重组的意见；研究了省农垦集团有限责任公司部分农业企业资源重组事宜；讨论并原则通过了《甘肃省城乡规划条例（草案）》；通过了人事任免事项。

第30次　6月5日，徐守盛省长主持召开。会议听取了第十五届兰洽会筹备工作情况汇报；听取了义务教育学校实施绩效工资工作情况汇报；讨论并原则通过了《甘肃省人民政府拟定地方性法规草案和制定规章程序规定（草案）》。

第31次　6月11日，徐守盛省长主持召开。会议听取了配合国家部委联合调研组做好各项准备工作的汇报；通过了人事任免事项。

第32次　6月29日，徐守盛省长主持召开。会议讨论并原则通过了《关于强化建设用地服务保障促进经济平稳较快发展的意见》等3个意见和《甘肃省单位GDP固定资产投资规模工业增加值增长的新增建设用地消耗考核办法（试行）》；讨论并原则通过了《甘肃省林地保护条例（草案）》；讨论并原则通过了《甘肃省商品条码管理办法（草案）》；安排了近期主要工作。

第33次　7月8日，徐守盛省长主持召开。会议分析了上半年经济形势，安排部署了下半年工作；讨论并原则通过了2008年度省级预算执行和其他财政收支情况的审计结果报告。

第34次　7月29日，徐守盛省长主持召开。会议听取了全省社会保障工作情况汇报；讨论并原则通过了《甘肃省价格监督检查办法（草案）》；讨论并原则通过了《甘肃省档案管理条例（修正案草案）》；研究了聘请文史馆员、荣誉馆员事宜。

第35次　8月12日，徐守盛省长主持召开。会议听取了全省深化医药卫生体制改革工作进展情况汇报，讨论了《甘肃省深化医药卫生体制改革实施方案》；听取了兰新铁路第二双线、宝兰客运专线及兰州枢纽前期工作情况汇报；研究了省干部保健院移交省卫生厅管理事宜；宣布了部分副省长工作分工；通过了人事任免事项。

第36次　8月25日，徐守盛省长主持召开。会议听取了关于甘肃省信托投资有限责任公司增资扩股有关情况汇报；讨论并原则通过了《甘肃省省属国有金融机构监事会暂行办法（审议稿）》；研究了陇南市“徽县黄金公司徽县老圣沟地区金矿”采矿权等18宗矿业权审批事宜；听取了兰州饭店改造改制意见的汇报。

第37次　9月10日，徐守盛省长主持召开。会议讨论了国家调研组《关于促进甘肃省加快经济社会发展的调研报告（征求意见稿）》；审定了全省征地补偿标准；听取了全省甲型H1N1流感防控工作汇报；审定了甘肃省上报全国民族团结进步模范集体和模范个人名单，研究了全省民族团结进步模范集体和模范个人评选表彰事宜。

第38次　9月29日，徐守盛省长主持召开。会议讨论并原则通过了《甘肃省全面推进集体林权制度改革工作方案（送审稿）》；讨论并原则通过了《甘肃省新型农村社会养老保险试点办法》；学习了十七届四中全会精神，安排部署了第四季度工作。

第39次　10月23日，徐守盛省长主持召开。会议听取了甘肃省葡萄酒产业发展规划汇报；讨论并原则通过了《甘肃省扶助残疾人规定（草案）》；讨论并原则通过了《甘肃省就业促进条例（草案）》；听取了2008年省属企业领导人员薪酬兑现方案的汇报。

第40次　11月6日，徐守盛省长主持召开。会议讨论并原则通过了《甘肃省深化医药卫生体制改革实施方案(2009～2011年)》；听取了引洮工程建设管理运营体制的意见；研究了清理检查涉企收费工作有关问题；研究了平凉市崆峒区峡门、小湾子煤矿，景泰县红水乡大咀子村、古浪县直滩乡大泉水地区煤炭矿业权配置和镜铁山、黑沟铁矿及石灰石矿、白云石矿等4个采矿权转让有关问题。

第41次　11月18日，徐守盛省长主持召开。会议讨论并原则通过了《甘肃省城乡居民临时救助办法（草案）》和《甘肃省城乡医疗救助办法（草案）》；讨论并原则通过了《甘肃省政府安全生产监督管理责任规定（草案）》和《甘肃省生产经营单位安全生产主体责任规定（草案）》；听取了甘肃省参加2010年上海世博会筹备情况汇报；研究了“安阳市绿草地物资有限责任公司肃南县野马台铁矿采矿权”等48宗矿业权审批事宜。

第42次　12月10日，徐守盛省长主持召开。会议听取了全省人口和计划生育工作情况汇报；听取了中国中材集团与甘肃祁连山建材控股有限公司战略合作情况汇报；听取了甘肃省国有资本收益收取管理有关情况汇报；通过了人事任免事项。

第43次　12月16日下午、17日上午，徐守盛省长主持召开。会议听取了甘肃省重点产业调整振兴规划编制情况的汇报；听取了兰州炭素集团公司等3户企业破产补助资金的情况汇报；分析了当前经济形势，研究了2010年经济工作；听取了二级公路建设情况汇报。

第44次　12月27日，徐守盛省长主持召开。会议听取了组织实施《甘肃省循环经济总体规划》有关情况汇报；听取了兰州、金昌、嘉峪关3市统筹城乡综合配套改革试点工作进展汇报；讨论了《甘肃省人民政府贯彻落实〈关中—天水经济区发展规划〉实施意见》。

（张旭中）

外事侨务港澳事务

【出国管理】认真贯彻落实中央关于加强因公出国（境）管理的有关规定和要求，积极推行出国（境）经费先行审核制度，对企业和文化产业走出去团组，做到重点支持、特事特办、优先审批。全年，共受理出国（境）团组953批2883人次，压缩无实质性出访内容团组17批108人，批准936批2775人次（赴港澳224批729人次），其中党政干部1067人次，企事业单位人员1708人次。进一步深化和巩固制止党政干部公款出国（境）旅游专项工作成果，与省财政厅、省监察厅、省审计厅联合出台《省直党政机关干部因公出国（境）经费管理暂行办法》，将省直部门党政干部和参照公务员管理人员全部纳入财政管理。2009年，中央制止公款出国（境）旅游专项工作部际联席会议办公室，先后2次在专项治理《工作简报》、《工作情况通报》上对甘肃省专项治理工作给予肯定。

2009年2月18～27日，受中央委派，中共中央委员、省委书记陆浩率中共代表团出席希腊共产党第18次代表大会，并访问塞浦路斯和突尼斯。期间，希腊共产党总书记帕帕莉卡、塞浦路斯总统赫里斯托菲亚斯和议会议长卡洛扬、突尼斯宪盟副主席、政府总理格努希和众议院议长迈巴扎等分别会见陆浩一行。出访取得圆满成功。

2009年5月13日，省委书记、省人大常委会主任陆浩随全国人大常委会委员长吴邦国出访俄罗斯、奥地利和意大利。

2009年5月24日，省政协主席陈学亨随全国政协代表团出访吉尔吉斯坦、黑山和土库曼斯坦。

【礼宾接待】2009年，共接待外宾来访团组49批540人次，其中大使级以上的重要党宾、国宾团组有英国能源气候变化国务大臣爱德华·米利班德、巴基斯坦青年事务部部长沙希德·布托、津巴布韦西马绍纳兰省省长沙波、多米加共和国解放党副总书记拉斐尔·安东尼奥·卢纳、联合国工业发展组织总干事云盖拉以及美国国会助手团等15批。办理邀请外宾函电211批335人次和外国留学生手续413人次。积极配合第15届兰洽会组委会开展工作，承担了近20万字的资料翻译和邀请外宾及组织接待工作，并荣获第15届兰洽会组织工作、接待工作先进单位，3名同志被评为先进个人。

2009年8月11～13日，各国议会联盟主席、纳米比亚国民议会议长古里拉布率代表团一行7人来甘肃省访问。12日，省委书记、省人大常委会主任陆浩在兰州会见古里拉布一行。

2009年9月18～22日，秘鲁全国选举事务书记圣地亚哥·巴雷达·阿里亚斯率阿普拉党干部考察团一行10人来甘肃省访问，考察新农村建设、新能源产业发展和扶贫开发项目，了解甘肃省基层党组织建设等情况。21日，省委书记陆浩在兰州会见考察团，省委副书记刘伟平，省委常委、省委秘书长姜信治，省委常委、兰州市委书记陆武成等参加会见。

2009年11月13～14日，联合国工业发展组织总干事坎德赫·云盖拉博士一行5人，来甘肃省出席国际太阳能中心大楼竣工典礼暨中国政府与联合国工业发展组织项目签字仪式。13日，省政府向云盖拉博士颁授“敦煌奖”，以表彰他为甘肃省太阳能开发利用所做出的突出贡献。

【友城发展】通过积极努力，甘肃省与纳米比亚奥希科托省、兰州市与纳米比亚楚梅市、山丹县与新西兰塞尔温区正式建立友好城市关系。至此，甘肃省国际友好城市总数已达42对，其中省级友好城市21对，市县级友好城市21对。通过友城关系，进一步促进了甘肃省在经贸、文化、教育等领域开展对外交流与合作。9月份，举办“第四期甘肃省国际交流员研习班”，来自15个国家不同领域的23名交流员参加为期3个月的研习，并按计划圆满完成研习任务，为加强和巩固甘肃省国际友好城市关系、进一步探索和扩大各领域交流与合作发挥积极作用。由于友城工作成绩显著，2009年，甘肃省荣获全国友协颁发的“人民友谊贡献奖”团体奖，省外办党组书记、主任郭颖纯荣获“人民友谊贡献奖”个人奖。

【对外宣传】认真贯彻落实《中华人民共和国外国常驻新闻机构和外国

记者采访条例》和外交部有关会议精神，建立了全省外国记者采访协调机制，为更好地发挥境外新闻媒体、记者服务甘肃省对外开放和经济社会发展奠定了良好基础。全年，共协调安排外国记者来甘采访25批72人次。8月9至12日，外交学院组织来自17个非洲国家的新闻记者研修班学员一行34人到甘肃省访问，实地考察了兰州、定西、临夏等地，对甘肃省在城市建设、清洁能源利用、雨水集流工程、新农村建设及广播电视事业发展等方面取得的成绩表示赞赏，进一步扩大了甘肃在世界的知名度。

【民间交往】充分发挥省友协、省海协的职能作用，积极挖掘民间对外交往潜能，不断拓展民间对外交流合作渠道，形成官民并举的对外交往格局。6月份，为落实中韩两国元首2008年5月北京会谈时达成的共识，全国友协从甘肃、四川、广西、北京4省区市组派"中韩青年友好使者代表团"一行200人对韩国进行友好访问，来自甘肃省政治、经济、文化、外事、媒体等领域特别是基层和地震灾区的49名青年参团出访，访问取得圆满成功。

【侨务工作】深入开展《甘肃省实施<中华人民共和国归侨侨眷权益保护法>办法》宣传活动，在兰州、白银两市启动了4个"侨法宣传角"。认真践行为侨服务宗旨，共受理归侨侨眷来信来访91件，81%的信访问题得到妥善解决；争取国务院侨办华侨事业费和其他费用28万元，下拨扶贫救济金30万元，救济扶持123户450名贫困归侨侨眷。积极开展"侨爱工程—万侨助万村"活动，投入侨务资金30万元，在临夏州积石山县刘集乡河崖村实施"侨爱新村"建设项目试点，帮助村民脱贫致富，改善农村基础设施条件。争取并接受海外华侨华人、港澳同胞捐赠约1600万元，修（改）建侨心学校47所、农村卫生院5所、水窖300眼，资助非义务教育贫困生700余人，有力促进了甘肃省教育、医疗、基础设施建设等公益事业的发展。

【港澳事务】进一步加强同国务院港澳办和中央驻港联络办的联系，力求在经济、文化、教育、旅游等领域促成香港和澳门与甘肃省开展交流合作。6月份，选派2名同志参加由国务院港澳办组织的第23次地方外事（港澳）干部赴港考察访问活动，为进一步做好港澳事务工作探索途径、创新思路。8月份，积极与国务院港澳办、香港特区政府协调联络，确保了"甘肃•香港合作发展说明会暨项目签约仪式"在香港成功举行，签约重点项目11个，总金额达229.59亿元。10月份，在中央驻港联络办的组织下，香港特区政府海关高级官员协会代表团成功访甘，并向甘南州碌曲县郎木寺中心小学捐赠电脑10台、书包文具316套，资助贫困学生20名，总金额10.87万元。

2009年8月31日至9月3日，省委书记、省人大常委会主任陆浩，省委副书记、省长徐守盛率甘肃省代表团访问香港。省委常委、副省长刘永富，省委常委、省委秘书长姜信治及省政府秘书长李沛文等参加。8月31日，香港特区政府行政长官曾荫权在特区政府会见代表团一行。访问期间，代表团就进一步加强陇港合作、促进共同发展，与香港各界进行了广泛交流，并出席了"甘肃•香港合作发展说明会暨项目签约仪式"，访问取得圆满成功。

【机构改革】根据《中共中央办公厅国务院办公厅关于印发<甘肃省人民政府机构改革方案>的通知》（厅字〔2009〕16号）和《中共甘肃省委甘肃省人民政府关于印发<甘肃省人民政府机构改革实施意见>的通知》（省委发〔2009〕9号）精神，设立甘肃省人民政府外事办公室（甘肃省侨务办公室、甘肃省港澳事务办公室），为省政府组成部门。

（卢云钊）

政协甘肃省委员会

【全体委员会议】十届二次会议于2009年1月11日至15日在兰州举行。本次会议应到委员570人，实到531人。会议听取并审议了陈学亨同志代表十届省政协常务委员会所作的工作报告、黄选平同志代表十届省政协常务委员会所作的提案工作情况的报告；审议通过了政协甘肃省第十届委员会第二次会议政治决议、政协甘肃省第十届委员会第二次会议关于十届省政协常委会工作报告的决议、政协甘肃省第十届委员会第二次会议关于十届省政协常委会提案工作报告的决议、政协甘肃省第十届委员会第二次会议提案审查委员会关于提案审查情况的报告。

省政协主席陈学亨在主持闭幕大会时发表讲话。强调面对异常严峻的经济形势，要保持和发扬人民政协的优良传统，把为保持经济平稳较快增长献策出力作为履行职能的首要任务，把服务于保障和改善民生作为政协工作的重中之重，把维护社会和谐稳定作为一项重要任务，更好地服从和服务于改革发展稳定大局。会议期间，委员们列席了甘肃省第十一届人民代表大会第一次会议，听取和讨论了政府工作报告及其他重要报告。委员们以高度的责任感，通过小组讨论、大会发言、联组会议发言和提交提案等方式，围绕甘肃省经济、政治、文化、社会建设的重要问题和群众关注的热点、难点问题，积极建言献策，提出了许多有价值的意见建议。24名委员作了大会发言。陆浩、徐守盛等领导同志分别参加小组会和联组会听取委员大会发言，并就甘肃省宏观经济调控、加强"三农"工作及改善民生等问题与委员们一起协商议政，共谋发展。会议期间共收到提案938件，立案888件，参与提案的委员占委员总数的61.58%。甘肃省党政军领导和部分老同志应邀出席了开幕和闭幕大会，在甘十届全国政协委员、十届省政协各委办负责同志、省委组织部、统战部副部长及各市州政协主席列席了会议。

【常务委员会会议】第5次会议于2009年1月8日在兰州召开。94名常委会组成人员出席了会议。会议通过了关于召开政协甘肃省第十届委员会第二次会议的决定、政协甘肃省第十届委员会第二次会议议程（草案）和日程、政协甘肃省第十届委员会常务委员会工作报告和报告人、政协甘肃省第十届委员会常务委员会关于十届一次会议以来提案工作情况的报告和报告人、政协甘肃省第十届委员会第二次会议分组办法和小组召集人名单。会议还审议通过了人事事项。省政协主席陈学亨主持开幕会，并在闭幕会上作了讲话。邵克文副主席主持闭幕会。

第6次会议于2009年1月14日在兰州召开。97名常委会组成人员出席了会议。会议通过了政协甘肃省第十届委员会第二次会议政治决议（草案）、政协甘肃省第十届委员会第二次会议关于常务委员会工作报告的决议（草案）、政协甘肃省第十届委员会第二次会议关于政协甘肃省十届一次会议以来提案工作情况报告的决议（草案）和政协甘肃省第十届委员会提案委员会关于政协甘肃省十届二次会议提案审查情况的报告（草案）。省政协主席陈学亨主持会议。

第7次会议于2009年5月18日至19日在兰州召开。85名常委会组成人员出席了会议。会议审议通过了省政协《关于兰州、嘉峪关、金昌三市率先推进城乡经济社会发展一体化有关问题的建议案》。省政协主席陈学亨主持开幕会并在闭幕会上发表重要讲话。会议期间，与会常委围绕加快形成甘肃省城乡经济社会发展一体化新格局有关问题进行了深入讨论，20位常委和市州、县区政协代表分别作了大会发言。省委常委、常务副省长冯健身，省委常委、省委统战部部长刘立军，副省长张晓兰出席会议。李永军副主席主持闭幕会。会议闭幕后举行了学习讲座，邀请兰州大学教授就“甘肃省民族地区经济社会发展问题”作辅导报告。侯生华副主席主持报告会。

第8次会议于2009年8月25日至26日在兰州召开。85名常委会组成人员出席了会议。会议听取了泽巴足副省长关于甘肃省1～7月份经济社会发展情况的通报。与会人员紧紧围绕扶持甘肃省民族地区经济社会加快发展建言献策，并审议通过了省政协《关于扶持民族地区加快发展的建议案》。省政协主席陈学亨主持开幕会并在会议结束时就进一步促进甘肃省民族地区经济社会发展发表重要讲话。16位常委、委员和基层政协代表作了大会发言。省委副书记刘伟平，省委常委、统战部部长刘立军分别出席会议并听取委员意见建议。邵克文副主席主持闭幕会。

【专门委员会工作】提案委员会全年共收到提案952件，经审查立案902件，其中委员提案802件。902件提案已全部办复，其中A、B两类提案占83.4%。呈报省委、省政府领导阅批重要提案38件，主席会议成员重点督办《关于加大酒泉市移民区生态保护及贫困移民扶持力度》等提案30件，现场督办29件。按照省政协《关于进一步创新提案工作机制提高提案工作实效的意见》要求，不断创新提案工作机制和制度，努力实现提案工作“六个转变”。开通提案在线办理系统，并于省政协十届三次全委会前投入使用，实现了提案网上提交和办复。在省政协十届三次会议期间表彰优秀提案和提案者40件/人。配合全国政协提案委完成在甘修改《提案工作条例》的视察和《关于建立草原生态补偿长效机制的提案》专题调研。赴云南参加西部12省（区、市）政协提案工作联席会议，并作大会发言。召开全省提案工作经验交流学习研讨会。

社会和法制委员会深入张掖、白银、平凉3市8县区就甘肃省廉租房建设情况进行专题调研，形成并报送《关于甘肃省廉租房建设情况的调研报告》，省委常委、省委秘书长姜信治作出批示，并以省委送阅件全文转发。就贯彻落实《消防法》对甘肃省消防安全工作进行视察，提出继续实行目标管理、切实加大火灾隐患整治力度等建议，省委副书记刘伟平、副省长张晓兰分别在调研报告上作出批示。配合省人大、省政府对国家拟出台的法律、法规做好立法协商，对《个体工商户条例（征求意见稿）》、《工伤保险条例（征求意见稿）》等规章条例提出修订意见并呈报国务院法制办。赴兰州海关视察，将调研成果转化为集体提案，提交十届二次会议并被列为重点督办提案。就加快残疾人事业发展和全省人民法院执行工作协调联动机制等有关问题，积极反映社情民意信息。参加西部12省（区）社会和法制委员会工作研讨会、全国政协暨各省区市政协社会和法制委员会工作座谈会，分别做大会发言。组织委员参与《风雨同舟六十年》撰稿。

文史资料和学习委员会为庆祝新中国和人民政协60华诞，牵头编辑出版《风雨同舟60年》史料专辑。全国政协和省委、省政府领导分别题词，陈学亨主席作序，主席会议成员热情参与并亲自撰写文章，记录了中国共产党领导的多党合作和政治协商制度在甘肃的发展历程，展示了甘肃各级政协组织在协商议政、履行职能中的丰硕成果。补充征集甘肃核地质、核矿山史料，完成《核工业在甘肃》的后续出版任务。参加了全国政协在北京召开的纪念文史资料工作50周年座谈会，并提交大会交流材料。参加了西北5省（区）暨西安市政协文史资料工作第23次协作会议。召开界别小组和委员会全体委员会议，通报省政协主要工作、听取委员履职情况、收集提案和社情民意信息。编发《学习参考资料》6期。

经济委员会根据常委会总体安排，就金昌市率先推进城乡经济社会一体化发展进行调研，形成《关于金昌市率先推进城乡经济社会发展一体化的调研报告》等6份调研报告。赴合作、夏河就生态环境保护、基础设施建设、民族教育和干部培养等问题调研，形成《关于合作市、夏河县可持续发展的几点思考和建议》。就《切实解决中小企业融资难》的提案，深入兰州众邦、兰州科庆等企业调研，形成调研报告报省委、省政府后，陆浩书记作出批示。对陇南铅锌矿产资源开展调研，提出促进铅锌产业健康稳定发展六点建议。配合全国政协经济委员会开展应对金融危机的调研。赴黑龙江、辽宁学习考察有色金属行业发展、重点企业应对金融危机及资源型城市发展情况。参加全国暨地方政协经济委员会工作会议。组织委员为省政府起草《加快甘肃发展政策研究大纲》建言献策。组织委员集资捐款30余万元，在甘南舟曲新建了博峪乡槐沟希望小学。

科教文卫体委员会深入兰州大学等省内12所高校和福建、安徽两省，就进一步解决甘肃省高校毕业生就业问题进行调研，形成《关于甘肃省高校毕业生就业问题的调研报告》，省委常委、副省长刘永富作出批示。就武威、甘南、临夏等民族地区乡、村两级医疗卫生工作进行调研，形成《关于临夏、广河县乡（镇）、村医疗机构和人才建设情况的调研报告》，经陈学亨主席协调，由省政府多部门落实1424万元培训经费和1400人的培训任务。就全省防治艾滋病情况进行视察，形成《关于甘肃省艾滋病防治工作的调研报告》。赴省体育局和国家级亚高原体育训练基地拟选址处（临洮）进行视察，提出《关于加快临洮国家亚高原训练基地立项的提案》。配合全国政协科教文卫体委员会赴榆中、会宁县开展“卫生三下乡”服务，为群众义诊近千人。联系广东省政协科教文卫体委员会再次接收甘肃省46名贫困学生赴广州进行三年免费学习，共免除学杂费用140多万元。由省政协主席陈学亨作序、省政协科教文卫体委员会主任张家昌选编，出版发行了全省首部政协委员诗选《良辰赋》。参加全国政协科教文卫体委员会座谈会和西部12省市政协科教文卫体工作研讨会。

人口资源和环境委员会就农村人口和计划生育利益导向政策体系建设情况，深入白银、定西、平凉等部分乡镇视察调研，形成视察报告送省委、省政府，副省长咸辉作出批示。就全省民族地区草原生态保护建设问题赴酒泉、张掖、甘南等草原草地实地调研，形成《关于加强甘肃省民族地区草原生态保护和建设的建议》报省委、省政府，省委副书记刘伟平，省委常委、常务副省长冯健身，副省长泽巴足分别作出批示，2009年第9期《中国政协》发表张世珍副主席的署名文章《以生态补偿机制支撑草原生态保护与建设》。对兰州市南北两山生态建设进行视察，经省政协领导协调解决了南北两山管护体制、重点工程及可持续发展等问题。就人口老龄化对经济社会发展的影响和建立草原生态长效补偿机制的提案，分别参与全国政协人资环委和提案委来甘调研。组织部分在甘全国政协委员联名向全国政协提交《关于加强祁连山北麓生态环境保护和治理工作的提案》。提出的《关于加强酒泉市贫困移民扶持力度增加专项扶持资金的提案》和《关于扩大酒泉市移民最低生活保障覆盖范围的提案》被列为省政协主要领导督办提案。参与《风雨同舟60周年》专辑的征稿、送审。

民族和宗教委员会根据常委会工作安排，参与筹备和开展省政协关于推动甘肃省民族地区经济社会加快发展专题调研，深入迭部、卓尼、东乡、康乐、张家川等地调研，参与起草建议案并提交省政协十届八次常委会议通过。配合全国政协民族和宗教委员会就贯彻落实民族区域自治法、加快民族地区经济社会发展赴临夏调研。就“7•5”事件及时邀请省民委、省宗教局负责同志向委员们通报有关情况，突出委员作用，带头维护民族团结和社会稳定。组织委员提出提案124件，为民族地区引进希望小学建设资金300多万元港币，新建成希望小学8所。走访宗教团体和宗教界上层人士，积极开展界别和社会联谊活动。在省政协庆祝人民政协成立60周年理论研讨会上提交的《发挥民族宗教界委员作用促进民族团结与宗教和谐》获二等奖。参加全国政协民族宗教工作培训班和全国部分省（区、市）政协第11次民族和宗教工作研讨会。

港澳台侨和外事委员会对白银、临夏、酒泉三市州港澳台侨资源及利用情况进行调研，形成《关于甘肃省港澳台侨资源及利用情况的调研报告》报省委、省政府，刘伟平副书记作出批示。赴江西、山东两省就港澳台侨工作及港澳台侨资源利用情况进行考察和交流，提出《关于省政协港澳台侨和外事委员会工作的建议》呈报省政协领导，陈主席作出批示。经与江西省政协港澳台侨和外事委员会联系，拟向甘肃省清水县捐款30万元修建清泉小学，已在筹建中。认真研究办复陈端亮委员（香港）《关于发挥港澳委员优势为陇港澳交流交往合作与发展服务的提案》。配合省政协办公厅接待全国其他省市政协港澳台侨和外事委员会来甘学习考察团7个。根据外事出访计划，办理出访手续。

农业和农村工作委员会根据常委会总体安排，就嘉峪关市城乡一体化进程进行专题调研，形成《关于对嘉峪关市率先形成城乡一体化新格局的建议》等3个调研报告并作常委会大会发言。参加兰州市城乡一体化建设调研，起草《对兰州市扶贫开发工作的几点建议》。深入天祝、卓尼、临潭三个民族县，参与省政协关于民族地区经济社会发展的专题调研，形成《关于天祝卓尼临潭经济社会发展情况的调研报告》等3份调研报告。就甘肃省新增50亿斤粮食生产能力建设情况进行调研，形成《对甘肃省旱作农业区新增50亿斤粮食生产能力建设的几点建议》报送省委、省政府，省委书记陆浩、副书记刘伟平分别作出批示。对白龙江林区和甘南、陇南等国有重点林区森工企业进行重点调研，形成《关于甘肃省国有重点林区森工企业深化改革脱贫解困的几点建议》，刘伟平副书记作出批示。视察省农发行及其扶持的甘肃庄园乳业、扶正药业，形成《关于甘肃省奶源安全和奶业发展规划的建议》，并通过《甘肃政协信息》报送省政府，泽巴足副省长作出批示，其中一些意见吸收在省政府《关于促进当前奶业平稳健康发展的通知》中。对省政府《甘肃省电力投资集团公司关于引洮一期工程建设运营管理体制的报告》进行调研，提出报告和建议，徐守盛省长作出批示。提交《关于高度重视粮食安全》等7件提案。

【重要活动】隆重庆祝人民政协成立60周年。9月11日，甘肃省庆祝人民政协成立60周年大会在兰州隆重举行。省委书记、省人大常委会主任陆浩，省委副书记、省长徐守盛出席会议。省政协主席陈学亨主持会议。会上，陆浩书记发表重要讲话，向人民政协成立60周年表示祝贺！充分肯定了省政协和全省各级政协组织的工作，总结了甘肃省政协事业发展的五点经验，并对新时期人民政协工作提出希望和要求。全国政协常委、中国人民政协理论研究会常务副会长李昌鉴应邀作了题为《六十年人民政协理论的发展与启示》的专题报告。省上领导和省级离退休老同志、在兰全国政协委员、省政协委员、省级各民主党派、工商联和无党派人士及政协机关干部600多人参加会议。

9月11日至12日，省政协纪念人民政协成立60周年理论研讨会在兰州举行。省政协主席陈学亨主持开幕式，副主席邵克文在闭幕会上发表讲话。研讨会共收到论文89篇，内容涉及人民政协的性质、地位、作用，人民政协与中国民主政治建设、与构建社会主义和谐社会、与党的执政能力建设等诸多方面。部分与会代表紧紧围绕新时期如何做好人民政协的创新发展工作作了大会发言。会议对优秀论文和优秀组织单位进行了表彰。全国政协民族和宗教委员会副主任、九届省政协主席仲兆隆，省政协副主席德哇仓、李永军、侯生华、黄选平、栗震亚、张世珍、马国瑜，秘书长石晶，人民政协报社社长郐旦生出席会议。

9月12日，省政协文史资料专辑《风雨同舟60年》首发仪式在兰州举行。全国政协副主席郑万通、陈宗兴，中共甘肃省委书记陆浩，省长徐守盛，省委常委、统战部长刘立军为该书题词，省政协主席陈学亨作序。该书收录历届省政协领导、委员及政协工作者亲历、亲见、亲闻的各类史料文稿130多篇，真实记录了甘肃人民政协事业近60年的发展历程，从不同侧面反映了中国共产党领导的多党合作和政治协商制度在陇原大地上发挥的重要作用，以及60年来甘肃省各级政协组织和委员履行职能的丰硕成果。黄选平副主席代表省政协讲话，对《风雨同舟60年》的出版发行表示热烈祝贺。

9月，省政协办公厅、省政协书画艺术研究会联合举办庆祝人民政协成立60周年委员书画作品展。共征集书画作品209幅，展出174幅，用艺术语言反映人民政协组织的重要作用，展示广大政协委员的风采。

加快推进甘肃省城乡经济社会发展一体化进程的调研。3月至5月，围绕省委、省政府关于推进城乡一体化进程的总体部署，省政协主席陈学亨和4位副主席分别带领调研组，深入兰州、嘉峪关、金昌三市乡镇、村社调研。通过实地查看和走访座谈，围绕加快推进甘肃省城乡经济一体化的工作情况及存在的问题和困难，形成《关于兰州、嘉峪关、金昌三市率先形成城乡一体化发展新格局有关问题的建议案》和3个调研报告及12篇分报告，提交省政协十届七次常委会议审议。会议期间，常委们就建设兰白都市经济圈、促进酒嘉两市经济一体化发展、强化农村基础设施建设和实现公共服务均等化等问题充分讨论，提出了许多建设性意见建议。会议通过的《建议案》得到省委、省政府领导重视，省委书记陆浩、省长徐守盛作出重要批示，许多意见建议在省委、省政府制定区域发展战略、加快推进兰州白银和酒泉嘉峪关区域经济一体化发展的意见等决策部署中吸收采纳。

推动甘肃省民族地区经济社会加快发展的调研。6月至8月，按照常委会工作安排，着眼统筹区域发展，省政协围绕加大扶持力度、推动民族地区经济社会发展这一重点课题，由主席会议成员分别带领8个调研组，深入21个民族县市，历时半个多月，就民族区域自治法和国家、省上扶持少数民族地区发展各项法规政策的落实情况、民族地区经济社会发展中存在的突出困难等问题进行蹲点调研。在此基础上，于8月下旬召开十届八次常委会议进行专题协商，向省委、省政府报送了《关于扶持民族地区加快发展的建议案》，就免除和减少民族地区建设项目配套资金、加强生态环境保护与农村基础设施建设、培育壮大特色优势产业、推进教育文化卫生事业等提出16条具体建议。

助推重大民生项目建设的重点视察。为全力助推重大民生项目建设，省政协先后组织委员分别对引洮供水一期工程建设情况和陇南、天水两市灾后重建工作进行重点视察。11月27日，陈学亨主席主持召开主席会议审议通过了《关于引洮供水一期工程建设情况的视察报告》和《关于陇南市武都区文县康县和天水市灾后恢复重建情况的视察报告》并报送省委、省政府，省委书记陆浩、省长徐守盛分别作出批示。4月下旬，由陈学亨主席带队，就酒泉地区移民生活贫困问题进行专题视察，提出了《关于酒泉地区移民后续生产生活扶持的几点建议》，省委、省政府主要领导高度重视，安排省扶贫开发领导小组专题研究落实。省政协还就有关地区重大项目建设进展情况、进一步做好高校毕业生就业工作、廉租房建设、国有重点林区森工企业深化改革和脱贫解困等问题开展视察，提出对策，推动有关问题的解决。

全国政协副主席万钢来甘考察。7月27日至30日，全国政协副主席、科技部部长万钢一行率调研组来甘与甘肃省举行部省会商工作会谈，参观考察甘肃省国家大科学工程、国家重大新药创制课题项目，并出席敦煌研究院国家古代壁画保护工程技术研究中心挂牌仪式。省政协主席陈学亨出席汇报会，副主席栗震亚陪同考察。

全国政协副主席陈宗兴来甘考察。8月27日至29日，全国政协副主席陈宗兴一行来甘出席中国•定西第二届中药材产业发展大会签约仪式。省政协主席陈学亨、副主席栗震亚、秘书长石晶陪同。

全国政协副主席王志珍来甘考察。9月3日至5日，全国政协副主席、九三学社中央副主席王志珍率调研组就甘肃省武威、金昌市节水农业问题来甘调研视察。省政协主席陈学亨主持召开汇报会，副省长郝远就甘肃省节水农业发展情况向调研组作了汇报，省政协副主席侯生华陪同考察。

全国政协副主席罗富和来甘考察。11月25日至29日，全国政协副主席、民进中央常务副主席罗富和率调研组来甘考察石羊河流域治理、节水农业和民勤治沙项目，并走访省民进机关。省政协副主席李永军陪同考察。

全国政协教科文卫体委员会调研组来甘调研。8月17日，以全国政协常委、教科文卫体委员会副主任覃志刚为组长的全国政协调研组就公共文化设施建设与使用情况来甘考察。省政协副主席栗震亚主持召开座谈会。调研组还赴天水等地进行了实地调研考察。

全国政协提案委调研组来甘调研。9月10日，以全国政协常委、提案委员会副主任孙淦为组长的全国政协提案委调研组就建立草原生态补偿长效机制情况来甘调研。省政协主席陈学亨主持召开座谈会，副主席张世珍、秘书长石晶出席会议。省政府有关部门负责人介绍了甘肃省关于草原保护建设及生态补偿机制的情况。

省政协提案在线办理系统开通。12月16日，省政协提案在线办理系统开通仪式在兰州举行，标志着省政协提案工作信息化建设迈出了实质性的一步，对于进一步提高提案工作质量和实效、扩大政协提案的社会影响具有重要作用。省政协副主席侯生华、黄选平、张世珍、马国瑜和秘书长石晶出席开通仪式。从政协甘肃省十届三次会议开始，省政协提案正式通过网络提交办理，实现提案从征集、提交、审查、交办到承办单位办理答复、委员意见反馈全流程信息化、网络化管理。

省政协成立机关读书会。11月13日，省政协机关读书会在兰州成立，旨在营造崇尚学习的浓厚氛围、进一步提升党员干部理论素养和工作能力、加强政协机关自身建设。省政协主席陈学亨出席成立大会并讲话，副主席邵克文、李永军、张世珍出席会议，秘书长石晶作动员讲话。

【重要文件】常委会工作报告（2009年1月11日）（摘要） 报告分两大部分：

一、2008年工作回顾。2008年来，常委会认真学习贯彻中共十七大、十七届三中全会和省第十一次党代会精神，以邓小平理论和“三个代表”重要思想为指导，深入贯彻科学发展观，全面落实中共中央和省委关于加强人民政协工作的意见，牢牢把握团结和民主两大主题，紧紧围绕全省工作大局，坚持解放思想，积极开拓进取，创新工作思路，丰富履职方式，政治协商、民主监督、参政议政取得新成绩，为甘肃省改革发展和社会主义民主政治建设作出了积极贡献。第一，紧紧围绕全省中心工作调研视察、协商议政，为促进经济社会发展献策出力。第二，紧贴民生反映民意，为实现和维护人民群众利益尽心竭力。第三，积极投入抗震救灾，为灾后重建贡献力量。第四，充分发扬民主，广泛增进团结。第五，主动加强联系，努力提升工作成效。第六，深入学习实践科学发展观，不断提高履职能力和水平。

二、2009年工作任务。要高举中国特色社会主义伟大旗帜，把凝聚各方力量确保甘肃省经济平稳较快发展作为根本任务，把完善工作机制创新工作方式作为主要措施，把提高协商监督议政建言质量作为主要目标，解放思想，锐意进取，在提升政协工作水平上取得新进展，在推进民主政治建设上展示新作为，在促进经济社会又好又快发展上作出新贡献。第一，深入学习中国特色社会主义理论，切实把思想和行动统一到中央和省委的决策部署上来。第二，紧扣推动经济平稳较快发展这个大局，积极开展调研视察和协商议政。第三，着眼充分发挥委员主体作用，改进和创新经常性工作。第四，努力做好团结工作，为实现经济社会发展目标任务凝聚力量。第五，切实加强自身建设，为圆满完成各项任务提供保障。

十届二次会议政治决议（2009年1月15日）（摘要） 会议认为，过去的一年，是甘肃省发展历程中很不寻常、极不平凡的一年，甘肃省经济社会发展保持良好态势，和谐稳定大局得到巩固和发展，来之不易，令人振奋。今年是深入贯彻落实中共十七大和十七届三中全会精神、实现“十一五”目标的关键一年。做好今年的各项工作，对于战胜国际金融危机冲击，维护改革发展稳定大局，推进全面建设小康社会进程，意义十分重大。要把保持经济平稳较快发展作为首要任务，着力在保增长上下功夫，采取一切有效措施，努力实现今年经济社会发展预期目标。

会议强调，保持经济平稳较快发展、促进社会和谐稳定，人民政协肩负着义不容辞的责任。全省各级政协组织和广大政协委员，要充分认识加快发展面临的严峻挑战和蕴含的重要机遇，坚定战胜困难的信心，把思想和行动统一到科学发展观的要求上来，统一到中共中央对当前形势的分析判断上来，把智慧和力量凝聚到落实省委、省政府的决策部署上来，凝聚到推进经济社会又好又快发展上来，围绕“保增长、扩内需、强基础、调结构、促和谐”这条主线，积极开展调研视察和协商议政，为推动经济发展和社会进步作出新的贡献。要把实现和维护人民群众的根本利益始终放在心上，真诚倾听群众呼声、真情关注群众疾苦，为促进民生改善作出新的努力。要充分发扬民主，广泛增进团结，努力做好协调关系、化解矛盾、统一思想、凝聚力量的工作，在推进社会主义民主政治建设与和谐社会建设中展示新的作为。要解放思想、与时俱进，在改进和创新调研、视察、提案、反映社情民意等经常性工作上迈出新的步伐。要继续加强制度建设，完善工作机制，在推进政治协商、民主监督、参政议政的制度化、规范化、程序化方面取得新的进展。

中共甘肃省委书记陆浩在甘肃省庆祝人民政协成立 60 周年大会上的讲话（2009 年 9 月 11 日）（摘要） 几十年来，我们省各级政协组织也随着人民政协事业的蓬勃发展而不断发展壮大，巩固和发展了最广泛的爱国统一战线，有力地促进了全省经济社会发展。特别是十届省政协组成以来，各方面的工作迈上了新台阶，为全省经济、政治、文化、社会建设做出了重要贡献。一是紧紧围绕发展第一要务参政议政，在推动全省经济社会发展方面发挥了重要作用。二是不断加强政治协商和民主监督，在推动民主政治建设方面发挥了重要作用。三是积极协调关系、化解矛盾，在促进社会和谐稳定方面发挥了重要作用。四是及时反映社情民意，在关注和改善民生方面发挥了重要作用。同时，省政协以练好“勤学习、重调研、善协调、广交友”四项基本功为切入点，带头加强自身建设，进一步提高了政协履行职能的能力和水平。人民政协 60 年的实践经验，概括起来就是：必须始终坚持党的领导，确保政协工作的正确方向；必须始终坚持围绕中心、服务大局，不断推动经济社会科学发展；必须巩固和发展爱国统一战线，不断为党和人民事业发展增添力量；必须充分发挥人民政协政治协商的作用，不断发展社会主义民主政治；必须牢牢把握团结和民主两大主题，不断促进社会和谐稳定。在新的历史阶段，全省各级政协组织和广大政协委员，要以改革创新的精神扎扎实实做好新时期人民政协的各项工作。一是要牢固树立科学发展观的指导地位，不断开创人民政协工作的新局面。二是要坚持和完善中国共产党领导的多党合作和政治协商制度，不断促进全省民主政治建设。三是要紧紧围绕全省工作大局，积极履行政治协商、民主监督、参政议政职能。四是要进一步加强政协自身建设，不断提高政协工作的制度化、规范化、程序化水平。五是要加强和改善党的领导，为政协开展工作提供坚强的政治保证。

陈学亨主席在十届七次常委会议上的讲话（2009 年 5 月 19 日）（摘要） 中共十六大提出统筹城乡发展战略以来，甘肃省农村经济社会发展步伐明显加快，农业综合生产能力显著提高，农民生产生活条件不断改善，城乡一体化发展的体制机制逐步建立。但同时我们也应看到，甘肃省综合经济实力薄弱，加快形成城乡经济社会发展一体化新格局的任务非常艰巨。全省各级政协组织和广大委员，要深刻领会城乡经济社会发展一体化新格局的本质要求，深入调查研究，积极建言献策，为加快形成城乡经济社会发展一体化新格局不断作出新的贡献。第一，要把推动统筹城乡发展规划的编制，作为服务和促进一体化发展的基础性工作。第二，要把为推进城乡公共服务均等化奉献良策，作为服务和促进一体化发展的重要内容。第三，要把提出改变农村基础设施滞后的思路对策，作为服务和促进一体化发展的重要方面。第四，要把为壮大县域经济实力、促进农民持续增收献计出力，作为服务和促进城乡一体化发展的重中之重。第五，要把推进建立有利于逐步消除城乡二元结构的体制机制，作为服务和促进一体化发展的重要工作。

陈学亨主席在十届八次常委会议上的讲话（2009 年 8 月 26 日）（摘要） 经过 30 多年的改革开放和快速发展，国家的综合实力显著增强，甘肃省的经济实力也有了明显提升，进一步加大扶持力度、推动民族地区加快发展具备了一定条件。特别是在国家和省上的大力支持下，民族地区可持续发展能力不断增强。要加快民族地区又好又快发展，必须坚定不移地贯彻落实科学发展观，立足当前，着眼长远，下大力气帮助解决民族地区群众最关心、最直接、最现实的利益问题，着力破解制约民族地区发展的一些突出矛盾和问题，力求取得实质性进展和重大突破。各级政协组织和广大政协委员，要在促进和服务民族地区发展中发挥应有的作用。一、要站在全局和战略的高度，进一步增强促进民族地区经济社会发展的责任感。二、要把推动各项法规政策的全面贯彻落实，作为政协服务民族地区发展的主要抓手。三、要紧扣民族地区加快发展面临的突出矛盾和主要问题开展调查研究，积极建言献策。四、要充分发挥自身特点和优势，为民族地区经济社会发展多办实事。

陈学亨主席在全省市州政协主席

座谈会上的讲话（2009 年 11 月 18 日）（摘要） 这次会议是在全省各级政协组织和委员深入学习贯彻中共十七届四中全会精神和胡锦涛总书记在庆祝人民政协成立 60 周年大会上讲话精神的背景下召开的，对于我们进一步领会好、落实好四中全会精神和胡锦涛总书记重要讲话精神具有重要意义。大家总结交流换届以来履行职能、推动当地经济社会发展的主要做法和经验体会，分析研究面临的新情况新问题，提出了许多建设性意见和建议，对于我们做好本届政协后几年的工作很有帮助。一、切实增强责任感和使命感，在推进甘肃省人民政协事业不断进步和服务改革发展、促进社会和谐的实践中积极主动作为。要进一步强化政治意识，不断增进对中国特色社会主义的政治认同和思想认同。要进一步增强大局意识，紧紧围绕党政中心工作履职尽责。要进一步增强进取意识，努力使人民政协工作顺应时代发展要求。二、努力提高建言献策质量，切实增强履行职能实效。要把提高建言献策质量的着眼点放在破解改革发展难题上、放在推动涉及民生问题的解决上、放在化解影响社会和谐的突出矛盾上。要把提高建言献策质量的途径建立在扎实深入调查研究上、建立在委员充分协商讨论和广泛集中民意的基础上。三、以与时俱进的精神坚持开拓创新，积极探索和拓展政协工作的新形式新方法。要继续积极探索政治协商的有效形式、民主监督的有效形式、发挥委员作用和界别优势的有效形式以及组织会议的有效形式。四、加强机关干部队伍建设，努力提升为政协工作服务的能力和水平。要抓好学习，不断提升干部的整体素质。要在党委的重视支持下，进一步优化机关干部队伍结构。要以强化责任、务实高效、开拓创新为目标，进一步加强机关干部队伍作风建设。

（郭巍丽）

甘肃省工商业联合会

【民营经济发展】2009 年是新世纪以来甘肃省经济发展最为困难的一年，面对全球金融危机带来的不利影响，全省上下围绕“保增长、扩内需、调结构”的总体目标和省委确定的“中心带动、两翼齐飞、组团发展、整体推进”的区域发展战略，全面贯彻落实中央和省委省政府促进经济平稳较快发展的一揽子政策措施，积极应对金融危机带来的冲击，全省经济平稳回升，民营经济恢复到危机前的水平，除进出口总额有所下降外，其它各项指标均取得显著成效。

一是企业的规模和数量平稳回升。截止 2009 年底，全省实现生产总值 3382.35 亿元，比上年增长 10.1%，非公有制经济实现经济总量 1263.56 亿元，占全省国民生产总量的 37.3%。全省实有私营企业 7.07 万户，从业人员 69.57 万人，注册资金 1064.8 亿元，分别比上年增长 7.5%、12.6%和 19.8%；个体工商户 47.9 万户，从业人员 89.9 万人，注册资金 120.1 亿元，分别比上年增长 13.2%、16.1%、25.4%。

二是纳税总额保持平稳增长。2009 年全省实现税收 176.1 亿元，增长 8.17%；民营经济交纳税金 75.06 亿元，占全省税收的 42.6%；其中私营企业和个体工商户交纳 49.7 亿元，占 28.2%。在全省国税收入中，私营、个体共交纳 28.16 亿元，增长 2.1%；在全省地税收入中，私营、个体共缴纳 21.54 亿元，增长 16.9%。

三是充分发挥解决社会就业主渠道作用。截止 2009 年底，个体、私营企业共吸纳社会就业 159.5 万人，增长 14.6%。

四是民营企业进出口总额有所下降。受全球金融危机冲击，全省外贸整体下滑。2009 年全省进出口总额 38.21 亿美元，比上年下降 37.3%。全省民营企业外贸进出口总额 4.98 亿美元，比上年减少 1.35 亿美元。其中私营出口额 3.51 亿美元，下降 16.9%；进口 1.47 亿美元，增长 32.5%。

【参政议政】围绕全省经济建设的中心任务，深入开展调查研究，积极参政议政建言献策。在新能源开发、新农村建设、转变经济增长方式、民营经济运行情况、劳动就业、工商联组织建设等方面形成《2008 年甘肃省民营经济发展报告》、《甘肃省商会发展走向及建议》、《发展民营经济，促进社会就业》、《联合企业，打造集团，促进甘肃省农业特色产业跨越式发展》等 10 余篇调研报告，为党和政府决策提供了建议和参考。其中《甘肃省商会发展走向及建议》获省委统战部民主党派调研报告评选一等奖。在省政协会议上，省工商联提交了《关于恢复“旅行社订票制度”，支持甘肃省旅游业快速发展》、《关于促进非公有制经济领域商会组织建康》、《关于提高民营企业就业人员社保覆盖面》、《关于建议由政府部门牵头帮助民营企业走两便发展道路》等 7 个集体提案。其中《关于建议由政府部门牵头，帮助民营企业走联合发展道路的提案》被省政协列为主席督办提案。我们通过全国工商联在全国政协会议上提的《关于建立“兰西银经济区”的提案》，被众多主流媒体报道，引起政府和社会的广泛关注。

【思想政治工作】认真贯彻落实全国工商联《关于加强和改进非公有制经济人士思想政治工作的若干意见》，努力做好非公经济人士思想政治工作，培养一支中国特色社会主义事业建设者队伍。一是创新宣传方式，努力营造非公经济人士的成长环境。除了改版开通《甘肃商会》网站和增加内部刊物《甘肃工商》杂志的发行外，还与省电视台合作，以非公有制企业家及他们创业的艰辛历程为题材，共同创办甘肃首部非公经济领域电视片《新财富》栏目。二是加大培训力度，提高非公经济代表人士队伍的整体素质。与甘肃创意村职业培训学校合作，聘请全国知名专家学者，举办金城百家大讲坛，帮助民营企业家开拓思路，就企业发展问题释疑答惑，民营企业家2000多人(次)参加了培训学习，收到良好的效果。此外，还选送一些优秀的企业家到中央社会主义学院进行学习，帮助企业家开阔眼界，树立战略思维。三是树立典型，大力弘扬优秀建设者精神。以开展全国“优秀中国特色社会主义事业建设者”评选活动为契机，大力弘扬优秀建设者精神。除推荐的2人受全国表彰外，还评选表彰了42名省级优秀中国特色社会主义事业建设者。截止2009年底，担任各级人大、政协职务的非公经济代表人士达到2220名，其中有全国人大代表1名，全国政协委员1名，省人大代表、政协委员65名。

【商会组织建设】自2009年3月取得了行业协会（商会）业务主管单位的资格后，建立了商会联席会议制度，商会联席会成员单位达到30多家，各市州也相继成立了400多家各类商会组织，商会组织发展形势良好。在应对金融危机的过程中，通过商会多次举办论坛。省工商联与中国民(私)营经济研究会等单位举办了“解读危机、洞察转机、捕捉商机”的非公经济高峰论坛，副省长、省工商联主席郝远为会员作专题辅导；酒泉市举办了全省统一战线服务科学发展“6+2”论坛启动仪式暨市工商联应对金融危机专题报告会；张掖市工商联邀请海尔文化创始人王维宝等两位专家举办报告会；武威市举办了“金融危机下民营企业发展定位研讨会”。这些商会活动的开展，为民营企业树信心、渡难关发挥了较好的作用。截止2009年底，全省共有各级工商联组织101个。其中省级工商联1个，市(州)级工商联14个，县(区)级工商联86个。目前会员总数达56517个，比上年增长7%。其中私营企业会员14437个，团体会员1150个。基层组织1169个，增长3%。其中行业商会184个，同业公会56个，同行业协会180个，其它性质商会组织18个。

【经济服务工作】2009年，省工商联作为统战系统单位首次被列入省政府目标责任工作考核范围，协助省商务厅举办了第15届“兰洽会”、配合省商务厅完成上海“世博会”的参展筹备工作、配合省中小企业局完成鼓励中小企业向“专、新、特、精”方向发展，提高延伸产业链和配套协作水平等三项工作任务。组织15名民营企业家参加了在菲律宾马尼拉召开的第十届世界华商大会和在西安举行的“大唐西市综合庆典活动”等10次招商引资活动。2009年5月，省工商联与省劳动保障厅、省人事厅、省教育厅、省扶贫办、省总工会等6部门联合开展“甘肃省2009年民营企业招聘周”活动。全省各市州共组织1268户民营企业参加了招聘活动，提供就业岗位信息58309条，31696人签订就业意向协议，签订职业技能培训意向协议18716人，为23514人次提供了法律维权服务。6月，省工商联与省劳动和社会保障厅、省人事厅、省教育厅、省总工会联合组织民营企业家创业先进事迹报告团先后在甘肃农业大学、甘肃政法学院举行了报告会，为广大师生上了一堂生动的就业创业培训课。省工商联与省金融部门和招商银行等单位协作，在甘肃省民族发展商会成立了小额贷款担保公司，并在部分市州也探索建立了商会+业主担保的融资模式。到2009年底，庆阳市有7个县(区)成立了小额贷款公司，为80户企业融资1亿多元；定西市的互助金协会为100多户会员提供资金2000多万元。

【履行社会责任】随着非公有制经济的快速发展，一大批非公有制经济代表人士成长起来，社会责任感明显增强，积极投身光彩事业和社会公益事业。11月20日，省委统战部、省工商联、省光彩会在会宁县举办了“光彩陇原行”活动，组织动员20多户民营企业家捐款107.4万元，捐物合计15万元。还邀请80多名专家开展现场咨询活动，帮助会宁县脱贫致富，加快发展。此外，通过向全国工商联申请，为陇南、天水、甘南三市州50多所学校，捐赠了100万元的图书。组织中恒集团向天水7个乡镇卫生院，张掖肃南县红十字会捐赠价值120.01万元的药品。据不完全统计，从1994年至2009年，参与统计的606家民营企业向光彩事业和社会公益事业捐款合计44864.4万元，捐赠价值6756.9万元物资，总计51621.3万元。民营企业公益捐赠主要分为三类：扶贫济困——救助灾害占22%，救济贫困占13%，扶助残疾人占4%；人力资源——教育占18%，文化占6%，科学占0.3%，体育占1%；公共产品——卫生占1%，环保占1%，公共设施占3%。

（张文军）

甘肃省总工会

【综述】2009年，面对金融危机的冲击，面对前所未有的挑战，全省广大职工和各族人民群众万众一心，共克时艰，紧紧围绕“保增长、保民生、保稳定”的总体要求，全面落实中央和省委、省政府促进经济发展的一揽子政策措施，立足本职，为推动全省经济社会又好又快发展做出了积极贡献。

【职工主力军作用发挥】积极应对国际金融危机影响，组织广大职工深入开展“保增长、促发展”劳动竞赛和合理化建议、技术革新活动，以及“共同约定行动”、“企业不裁员不减薪承诺活动”，维护了企业发展和职工利益。全省征集合理化建议1.9万条、发布创新成果920项；参加“共同约定行动”的企业8000户，覆盖职工120.3万人；企业约定不裁员覆盖职工23.5万人，减少裁员2.1万人，企业约定不减薪覆盖职工 56.2 万人，其中增加薪金 27.6 万人。开展多种形式的节能减排活动，参加职工 130 万人。开展选树学习先进活动，推荐评选全国“五一奖状”9 个、“五一奖章”18 人、“工人先锋号”23 个；集中授予省“五一奖状”100 个、“五一奖章”100 人、“工人先锋号”和“劳动先锋号”80 个。

【职工素质提升活动】成立职工素质提升活动领导小组，制定发挥工会大学校作用实施意见，推动形成技能培训、技术比赛、技术创新成果转化相互配套，国有及国有控股企业、非公企业和农民工共同参加，命名表彰与技术资格认证有机衔接的职工技能素质提升活动工作机制。举办职工技能省级决赛 6 项，开展各级各类技能大赛 550 场次。举办各级各类技能培训班 500 余期，培训职工 20 多万人次。授予 9 名选手“甘肃省五一劳动奖章”称号；67 名选手获得“甘肃省技术能手”称号、494 名选手获得“甘肃省技术标兵”称号、90 名选手获得“优秀选手”称号、千余名职工晋升技术等级。坚持开展社会主义核心价值体系、职工思想道德、理想信念、民主法制等教育活动，建立职工书屋，推动文化建设，丰富了职工文化生活，提升了职工队伍整体素质。

【工会组织建设】突出非公企业建会和农民工入会，发展乡镇、街道工会，开展外商投资企业、世界 500 强在甘企业建会和出租车企业建会。召开全省工会基层组织建设工作会议，总结、交流和部署工会组建工作。加强职工之家建设，出台有关意见，推动工会工作规范化。截止 2009 年底，全省基层工会组织数达到 2.69 万个，涵盖单位 5.16 万个，会员 301 万名，分别比上年增长 10.55%、7.2%和 7.2%。工会组织数、会员数规模与活动开展、作用发挥再创新高。

【职工权益维护】发挥工会与政府联席会议制度、劳动关系三方协调机制作用，推动解决应对金融危机、稳定劳动关系方面的重要问题。配合省人大对《工会法》贯彻情况进行执法检查，代表职工提出建议主张。完善职代会和厂务公开制度，保障职工民主政治权益。全省国有及国有控股企业职代会建制率达 93%，厂务公开推行面达 96.7%；事业单位职代会建制率达 82%，院(所)务公开推行面达 88.5%。有 3340 余家非公企业建立职代会制度，3570 余家非公企业建立厂务公开制度。深化平等协商集体合同、劳动合同工作。全省国有及国有控股企业、集体企业、非公企业集体合同签订率分别达到 85.1%、71.3%、63.4%，各类企业签订女职工权益保护专项集体合同达 92.6%。开展“安康杯”竞赛活动，参赛企事业单位 1400 多家，覆盖职工 58 万余人。参与安全生产事故调查处理、劳动争议调处、法律宣传、援助和个案维权工作，推动了和谐劳动关系的建立与发展，维护了职工队伍和社会稳定。

【帮扶救助工作】全省县级以上地方工会全部建立困难职工帮扶中心，一些市州工会还将帮扶工作延伸到社区、企业。召开全省帮扶工作经验交流会，总结、交流和部署帮扶工作。培训人员，补录完善困难职工档案 12.5 万份。增强帮扶实力，通过争取省财政、全总拨付，各级政府配套，社会募捐等，落实工会帮扶资金近 5000 万元。开展农民工援助行动，全省筹集资金近 1700 万元，建成农民工培训基地 27 个，培训农民工 13.9 万人次，进行就业指导、职业介绍、政策咨询 22.6 万人次、生活帮扶 5.2 万人次。实施“家政服务工程”，确定培训定点机构 17 家，争取中央财政资金 500 万元，各级工会投入资金 661.9 万元，培训家政服务人员 6200 余人，其中 4900 余人实现就业。向全省 495 人（次）全国劳模发放“三金”及体检资金 353 万元，为 954 名省级劳模发放“两金”300 万元。组织实施“两节”送温暖慰问活动，全省筹集资金 6850 余万元，走访慰问困难企业 2400 余户、困难职工及困难劳模家庭 16.3 万余户、困难农民工 8100 余人，充分发挥了工会帮扶救助工作在以改善民生为重点的社会建设中的重要作用。

【自身建设】深入开展学习实践科学发展观教育活动，服务科学发展、服务职工群众的能力有了新的提高。加强工会领导班子和干部队伍建设，9 个市州、22 个县区工会主席实现按同级党政副职配备。开展工会干部培训，完善选聘工会组织员办法，工会干部的年龄、知识结构有了新的变化。继续推进“五好”县区工会创建活动，大部分县区达到或基本达到“五好”标准。大力实施“一改三策”，全面推行工会经费税务代收、财政划拨，工会经费收缴面不断扩大，收缴率有所提高，收缴总额有新的增长。发挥产业（系统）工会作用，广泛组织开展劳动竞赛，协调解决本产业（系统）职工权益方面的突出问题。召开大企业工会工作参观学习座谈会，学习先进省大企业工会工作经验，创新思路，促进发展。落实加强企业工会女职工工作意见，切实维护女职工的合法权益和特殊利益。加强工会理论研究工作，研究职能进一步向实际工作研究转变。重视和规范工会经审工作，审、帮、促作用充分发挥。推进工会法人资格登记管理，1.1 万个工会组织办理法人资格登记。工会新闻宣传、对外交流、职工旅游等工作不断加强，信息、统计、信访、督查工作取得新的进展。

【省总工会十届十一次全委（扩大）会议】1 月 28 日在兰州召开。省委副书记刘伟平，省人大常委会副主任、省总工会主席孙效东，副省长张晓兰，省总工会党组书记、常务副主席陈琳，副主席朱亚丽、李惠泽、马方、张其定，纪检组长王家驹，副巡视员李兆林出席会议，省总十届委员会委员、各产业（系统）及部分企业工会负责人 150 余人参加会议。会议传达贯彻了中央书记处对工会工作的指示和全总十五届二次执委会议精神、省委十一届五次全委会议、全省经济工作会议和省“两会”精神，总结了2008年工作，安排部署了2009年的任务。刘伟平在讲话中强调，各级工会要认真学习贯彻中国工会十五大精神，牢牢把握工会工作的正确方向；紧紧围绕省委、省政府的决策部署，团结动员广大职工为促进全省经济平稳较快发展做出更大贡献；正确把握和清醒认识工会工作面临的复杂形势，坚持把教育职工和服务职工结合起来，更好地促进职工队伍和社会大局的稳定；以改革创新精神加强工会自身建设，努力提高工会工作水平。

【甘肃省庆五一暨五一双奖表彰大会】4月26日在兰州召开。省委副书记刘伟平，省人大常委会副主任、省总工会主席孙效东，副省长张晓兰，省政协副主席黄选平，以及省总工会、团省委、省妇联有关负责人出席会议。会前，省委书记、省人大常委会主任陆浩等省上领导亲切接见了劳动模范代表。会上，省总工会党组书记、常务副主席陈琳宣读了全国总工会《关于颁发2009年全国五一劳动奖状、奖章和命名全国工人先锋号的决定》和甘肃省总工会《关于颁发甘肃省五一劳动奖状、奖章和命名工人先锋号、劳动先锋号的决定》，分别授予100个集体“甘肃省五一劳动奖状”、100名个人“甘肃省五一劳动奖章”、80个集体“工人先锋号”和“劳动先锋号”荣誉称号。刘伟平在讲话中要求，广大职工要在应对国际金融危机、促进全省经济平稳较快发展中充分发挥工人阶级的主力军作用。一是要在加快经济发展中创造新业绩；二是要在推动改革开放中展示新作为；三是要在提升自身素质中体现新风貌；四是要在促进社会和谐稳定中做出新贡献；五是要在大力弘扬劳模精神中树立新形象。

【甘肃省工会经费地税代收工作会议】4月27日在兰州召开。会议由省总工会副主席张其定主持，省人大常委会副主任、省总工会主席孙效东，省总工会党组书记、常务副主席陈琳，省地税局副局长董建平，省总工会副巡视员李兆林出席会议。孙效东就做好地税代收工会经费工作提出明确意见，要求各级工会切实提高对做好工会财务工作的认识；把聚财作为工会财务工作的首要任务；奋力拼搏，扎实工作，确保全省工会经费收缴任务的全面完成；进一步推动“一改三策”的实施；加强与地税部门的沟通、联系和配合，确保地税代收工作的顺利进行。陈琳在讲话中回顾了2006年以来全省推行地税代收工作情况，对进一步做好这项工作提出了新的要求：一是提高认识，切实增强推进地税代收工作的积极性主动性；二是依法推进，努力促进地税代收工作迈入法制化轨道；三是应对危机，不断坚定推进地税代收工作的信心和决心；四是加强领导，确保全面实行地税代收工作顺利进行；五是服从大局，严格地税代收工作纪律；六是加强管理，实现地税代收和经费管理使用的良性互动；七是积极探索，不断创新地税代收的方式方法；八是统筹兼顾，不断提高财政划拨工会经费的到位率。

【推广芦巨才掏料钻刀具技术】4月17日、23日，省委书记、省人大常委会主任陆浩，先后两次就推广全国劳模、兰通厂高级技师芦巨才掏料钻刀具技术作出重要批示，要求高度重视、大力推广，在企业和职工中掀起学习芦巨才掏料钻刀具技术的活动。省总工会认真落实批示精神，协调省经委、省科技厅、省委宣传部等相关部门，组织集中宣传学习、巡回展演（示）活动，在主要新闻媒体开辟专栏，对芦巨才和他的掏料钻刀具技术进行广泛深入宣传，在全省大力推广该项技术，并帮助芦巨才成功申请国家专利，掀起了全省职工学习技术的高潮。

【甘肃省工会基层组织建设工作会议】5月13至14日在金昌召开。省人大常委会副主任、省总工会主席孙效东，省总工会党组书记、常务副主席陈琳，副主席朱亚丽、副巡视员李兆林、文志祥，金昌市委书记郑玉生出席会议。陈琳在讲话中，对近几年来全省工会基层组织建设工作进行了总结，并就当前和今后一个时期的主要工作任务作了部署。孙效东在讲话中高度评价了金昌市等市州县区加强工会基层组织建设的基本经验，深刻阐述了加强工会组织建设的重要意义，指出，建好工会组织是发挥桥梁纽带作用，扩大党的阶级基础和群众基础的需要；是发挥主力军作用、推动全面建设小康社会的需要；是发挥工会本质作用、维护职工合法权益的需要。并明确提出了基层工会组织建设的主要任务，一是采取大胆有力措施，真正突破非公企业建会难的问题；二是采取实际有效措施，解决农民工入会难的问题；三是采取灵活多样措施，把街道社区、小型分散的工商企业职工全面组织起来；四是一手抓普及，一手抓提高，把大中型企业工会工作提高到一个新的水平；五是抓好机关企事业单位工会、各级总工会建设。会议期间，还命名了第二批全省“五好”县区工会，参观了金昌市部分街道社区工会，金昌市、兰州市、临洮县等单位分别介绍了工会基层组织建设的主要做法和经验。

【甘肃省职工技能大赛省级决赛启动仪式】5月25日在兰州举行。中国气象局副局长王守荣，省人大常委会副主任、省总工会主席孙效东，副省长石军，省总工会党组书记、常务副主席陈琳，省劳动和社会保障厅、省人事厅、省经委、省国资委等部门领导，省总工会副主席朱亚丽、李惠泽，副巡视员文志祥出席启动仪式。会上，朱亚丽宣读了《关于授予获得省职工职业技能大赛省级决赛各工种第一名的个人甘肃省五一劳动奖章的决定》，孙效东为获奖者颁发了“甘肃省五一劳动奖章”，石军宣布大赛开幕。陈琳在讲话中，要求各级大赛主办、承办单位要站在落实科学发展观和服务全省工作大局的高度，进一步深化对开展职工技能素质提升活动重要意义的认识，切实增强工作的责任感和紧迫感；要适应行业和职工特点，努力在内容、对象、形式、载体等方面进行创新，使活动富有时代性、吸引力、针对性、实效性；要在继续组织好国有企业职工技能素质提升活动的基础上，逐渐将活动的范围和领域向非公有制企业扩展，参加的职工向农民工和灵活就业人员扩展，使更多的企事业单位和职工参加到活动中来；要把开展职工技能比赛与“工人先锋号”创建活动结合起来，通过大力开展各种合理化建议、技术创新、技术协作、发明创造和群众性学习活动，引导和帮助职工岗位成才，为经济社会发展培养和造就高技能职工队伍。

【甘肃省工会第十一次代表大会】 8月25至27日在兰州举行。全国总工会副主席陈荣书，省委书记、省人大常委会主任陆浩，省委副书记、省长徐守盛，省委副书记刘伟平，省委常委、省纪委书记蒋文兰，省委常委、省军区政委刘巨魁，省委常委、省委统战部部长刘立军，省委常委、省委秘书长姜信治，省政协副主席邵克文等省上领导出席会议。省妇联主席韩克茵代表人民团体致词，青海省总工会党组书记、常务副主席郎国清代表兄弟省市区总工会致词，32 个省市区工会发来贺电。孙效东代表甘肃省总工会第十届委员会作了题为《坚持中国特色社会主义工会发展道路，团结动员广大职工为全面建设小康社会而努力奋斗》的工作报告，总结了过去五年主要工作和经验，提出了今后五年主要任务，一是激发职工创造活力，推动经济平稳较快发展；二是加强企业文化建设，提高职工队伍整体素质；三是维护职工合法权益，保障共享改革发展成果；四是完善基层民主制度，发展和谐劳动关系；五是加强工会组织自身建设，推进工会工作创新发展。陈荣书、陆浩分别发表重要讲话，要求各级工会进一步提高思想认识，不断增强做好工会工作的责任感紧迫感；充分发挥工人阶级的主力军作用，努力推动科学发展、促进社会和谐；认真履行维护职工合法权益基本职责，全心全意为职工群众服务；切实加强和改善党对工会工作的领导，进一步搞好工会组织自身建设。会议选举产生了省总工会十一届委员会委员、常委、副主席、主席，孙效东当选主席，陈琳、朱亚丽、李惠泽、马方、张其定当选副主席，包俊宗当选经审会主任；会议审议通过了《工作报告》、《财务工作报告》、《经审工作报告》，对今后五年全省工会工作进行了全面安排部署。

【甘肃省大企业工会工作参观学习座谈会】 10月15日在山东威海召开。省人大常委会副主任、省总工会主席孙效东，省总工会党组书记、常务副主席陈琳，省总工会经审会主任包俊宗，副巡视员文志祥出席会议，省内 20 多家大企业工会负责人参加会议。陈琳在讲话中总结了近年来全省大企业工会工作取得的主要成绩和经验，就进一步促进大企业工会工作上水平，提出了“三提高两加强”的总体要求，即：提高职工经济技术活动水平；提高职工民主管理水平；提高职工精神文化权益维护水平；加强企地工会互帮互促，形成推动工作发展的合力；加强大企业工会自身建设，促进工会工作再上新台阶。孙效东发表讲话，强调当前提高大企业工会工作水平必须从提高职工经济技术活动水平、提高职工民主管理水平、提高职工精神文化权益水平三个方面入手，重点研究解决本行业、本企业、本班组职工经济技术素质的要求是什么，最基础的文化技术水平应提升到什么程度，职工素质的起点是什么，提高职工技能素质的应对之策是什么等问题；重点关注和研究企业职工民主管理地位的理论，企业民主管理与职工民主管理的区别、联系，职工民主管理的主要内容和实现形式等问题；重视研究企业文化娱乐活动如何制度化，企业文化的普及与提高如何结合，企业劳动合同、集体合同、女职工权益专项集体合同签订，企业用工制度与国家劳动人事制度如何衔接，缩小企业管理层和员工收入差距等问题。会上，省电力工会、金川公司工会、长庆油田工会、四0四厂工会等作了交流发言。

【甘肃省工会帮扶工作经验交流会议】 10月27日在金昌市召开。省总工会党组书记、常务副主席陈琳，副主席马方、张其定，经审会主任包俊宗出席会议，金昌市委书记郑玉生，市委副书记、市长张令平，市委副书记刘永堂及市人大、市政协有关领导，各市州、部分县区工会及职工帮扶中心负责人参加会议。陈琳在讲话中总结了一年多来全省工会帮扶工作情况，要求进一步提高认识，增强紧迫感和责任感，扎实做好今后一个阶段全省工会帮扶工作，一是要进一步加强县区帮扶中心建设；二是要进一步拓展帮扶范围，继续做好农民工帮扶工作；三是要进一步完善帮扶方式，为职工群众提供多种有效的帮助；四是要进一步提高帮扶实效，把促进就业当作重中之重的工作来抓；五是要进一步强化资金监管，确保资金的安全运行；六是要进一步转变工作作风，提高帮扶工作服务水平。

（冯继波　胡永昌）

法　　制

地方立法

【省人大常委会立法】甘肃省人大常委会2009年共制定和修订地方性法规9件，批准和批准修订地方性法规5件。

（一）制定的地方性法规（6件）

1、《甘肃省促进中小企业发展条例》

2、《甘肃省政府非税收入管理条例》

3、《甘肃省行政执法监督条例》

4、《甘肃省职业教育发展条例》

5、《甘肃省林地保护条例》

6、《甘肃省城乡规划条例》

（二）修订的地方性法规（3件）

1、《甘肃省档案条例》

2、《甘肃省实施〈中华人民共和国未成年人保护法〉办法》

3、《甘肃省乡镇人民代表大会工作条例》

（三）批准和批准修订的地方性法规（5件）

1、《兰州市无公害蔬菜管理条例》

2、《兰州经济技术开发区条例》

3、《甘肃省东乡族自治县水土保持管理条例》

4、《甘肃省东乡族自治县城镇规划建设管理条例》

5、《甘肃省东乡族自治县教育条例》（修订）

公　安

【深化甘南藏区维稳】认真贯彻中央和省委、省政府、公安部关于维护藏区稳定的一系列决策部署，坚持下好先手棋、打好主动仗和整体仗，采取强有力工作措施，实现了省委提出的“力争不出事，确保不出大事”的目标。

圆满完成敏感期的维稳任务。在省委、省政府的直接领导下，按照省联指的决策部署，与甘南州党委、政府及相关部门密切配合，进一步强化情报信息工作，实时研判可能出现的不稳定因素，有针对性地细化完善预案，进一步加大社会面防范控制力度，强化对水电油气等重点部位的管护和安全防范，确保了藏区敏感期及重大佛事民俗活动的安全顺利。

集中突破了一批部督重大专案。省厅组成多个工作组蹲点指导，与甘南州公安机关联合开展专案侦察，成功侦破了一批“藏独”案件。集中组织开展“百日回头看”专项行动，进一步落实工作责任，加大侦察工作力度，巩固了甘南藏区维稳成果。

扎实推进维稳长效机制建设。认真贯彻中央和省委的重要指示精神，围绕重点对象、领域和范围，全面加强藏区维稳长效机制建设。扎实推进责任区民警“进寺院”工作，按实有人口管理寺院僧尼，建立寺院集体户口，实行一寺一档，逐人逐户建立健全户籍档案。

【有效维护全省政治稳定】始终把维护国家安全和社会稳定置于首要位置，进一步强化情报信息工作，积极开展侦察调查和排查化解工作，依法查处危害国家安全的非法活动，加大对新疆“三股势力”的防范打击和“7•5”事件涉恐危安人员的查控力度。

严厉打击法轮功等邪教组织的破坏活动。组织开展防范打击法轮功违法犯罪专项行动，加强重大节会和敏感节点期间的防控工作，实现无邪教重点人员进京滋事、无重大邪教恶性案件、无邪教人员规模性聚集的“三无”目标。

不断加强反恐怖应对准备工作。稳步推进各级反恐怖部门从“机关型”向“实战化”转型，逐步建立“情报、打击、防范、应急”四位一体的反恐怖工作运行体制。开展反恐怖基础调查，加强情报信息收集和研判工作，使我省反恐怖工作做到打有目标、防有重点。

深入开展矛盾纠纷排查化解工作。坚持预防为主、源头化解，深入社区、乡镇、农户，排查调处化解各类矛盾纠纷，全力开展对重点群体的稳控工作，有效的维护社会大局稳定。认真组织开展“信访大走访、积案大化解”专项治理活动及重点信访案件攻坚行动，有力地推动一大批疑难信访案件的解决。中央政法委、公安部、省委、省政府及省厅向各地交办的重点信访案件办结率为96%，停访息诉率为81.5%。

【整体推进打击整治工作】始终把新中国成立60周年大庆安保工作作为全省公安工作的重点，严厉打击严重刑事犯罪，保持对刑事犯罪活动的主动进攻态势，破案绝对数同比上升6.85%，抓获刑事案件作案成员同比上升2.15%。坚持“打早打小、露头就打”的原则，紧紧抓住公安部、省厅督办案件和群众反映强烈的涉黑涉恶案件不放松，深入排查，深挖线索，共打掉黑社会性质组织5个、恶势力犯罪团伙95个。坚持“命案必破”方向不动摇，命案现案破案率达到93%，同比提高3.1个百分点。坚持“打团伙、破系列、挖积案”，深入开展打击“两抢一盗”犯罪专项行动，充分运用“跨区域办案协作机制”平台，成功破获公安部挂牌督办的2串系列案件。严密防范、严厉打击非法吸存、集资诈骗等突出经济犯罪活动，破获经济案件同比上升23.03%，挽回经济损失同比上升151.49%。大力开展缉毒破案、禁吸戒毒、禁种铲毒、预防教育和重点整治工作，保持禁毒斗争的强劲势头。全面落实公安部破案追逃工作机制，全方位开展追逃工作，共抓获各类逃犯8439人，其中抓获部督逃犯2人、省督逃犯50人、外省上网逃犯1183人。

紧紧抓住影响治安的突出问题和群众关注的热点问题，持续不断地开展社会治安专项整治，共排摸整治治安乱点15559处，整改治安隐患20671处；查处行业场所8276家，其中依法取缔630家、停业整顿952家、限期整改6693家。深入开展防范打击涉枪涉爆犯罪专项行动，破获了一批涉枪涉爆案件，缴获了一批非法枪支弹药和危险易爆物品。深入开展打击拐卖妇女儿童专项行动，成功侦破公安部挂牌督办的2起系列拐卖妇女案件，抓获涉嫌拐骗10余名女青年至甘谷县卖给他人为妻的公安部A级通缉令逃犯丁想元。加强对行业场所的治安监管，以整治歌舞娱乐、洗浴桑拿等场所为重点，坚决查禁“黄赌毒”等违法犯罪行为，赢得社会各界的普遍赞誉。

【强化治安管理和安全防范】大力加强社会治安管理。严密街面巡逻控制和卡口点查控，全面开展城区重点路段、公交枢纽、环城卡点和重点单位、要害部位守护保卫工作，严密社会面防控，及时消除安全隐患，最大限度地预防、减少各类案件、事故的发生，全省共投入巡防力量56.8万人次，查处治安案件同比上升36.53%。

深入开展道路交通火灾隐患整治。进一步深化创建“平安畅通县区”活动，强力整治道路交通秩序，全省道路交通事故起数、死亡、受伤人数和直接经济损失分别下降12.87%、0.26%、9.3%和15.4%。切实加大火灾隐患排查整治力度，确保我省火灾形势的总体平稳，火灾事故起数、死亡、受伤人数和直接经济损失分别下降5.3%、28.57%、62.5%和43.7%。

不断改进加强公安行政管理。严格大型活动审批管理，共完成1009场次270万人次参加的大型活动安保任务，没有发生拥挤、踩踏等群死群伤事件。加强对重点工程建设项目的安全保卫，确保兰渝铁路、天平铁路、九甸峡水利枢纽等重点工程施工和兰成渝等输油管道的安全。推动建立多警种各部门配合、跨区域协作警卫工作模式，圆满完成党和国家领导人来我省视察以及全省“两会”、第15届兰洽会等重要会议、重大节会等650多批次的警卫任务，确保万无一失、绝对安全。坚持把来甘外国人纳入实有人口管理，共登记临时居住外国人63012人、常住外国人1568人；全面提升边检服务水平，检查出入境内外航班4架（次）、出入境员工和旅客5145人（次），维护了正常的出入境秩序。

【加强公安机关自身建设】紧紧抓住深入开展学习实践活动的有利时机，组织全省公安机关深入开展“大学习大调研大推进”活动，深入调研、广泛论证，制定出台《甘肃省公安机关重点工作规划纲要（2010～2012年）》，进一步理清今后一个时期我省公安工作的发展方向，并以“五项建设”为突破口，着力深化警务改革，推动全省公安工作的发展进步。

大力加强公安信息化建设。建成全省公安情报信息自动预警指挥平台，建成省级综合查询系统和信息共享数据库，完成驾驶员、常住人口、失踪人员、在逃人员、未知名尸体、机动车、被盗抢机动车等数据入库3079万条。建成全省公安机关四级视频指挥调度系统，完成全省公安电信V网改造和派出所专网电话延伸及公安信息网三、四级网络提速扩容工作。

大力加强执法规范化建设。狠抓执法制度建设，修订完善执法制度926个。推行执法卷宗考评制度，考评各类执法卷宗378000件，发现执法问题3623件，落实整改3421件。积极推行案件网上流转，11个市州公安机关完成了执法办案系统建设和人员培训工作。扎实开展看守所监管执法专项检查活动，对发现的6个方面781个安全隐患进行了整改。

大力加强和谐警民关系建设。深化“警务阳光进万家”活动，组织开展以“四进四送”为主要内容的爱民实践活动1500余场次，结帮扶对子2万余对，为群众办好事4.9万余件，为困难群众捐款460万余元、捐物2.5万余件。在认真落实近年来推出的各项便民利民措施的基础上，又推出22项新的便民利民惠民措施。进一步畅通民意表达渠道，在甘肃公安（互联）网上开通“厅长信箱”，开展“网上信访”、“网上举报”、“网上咨询”，为人民群众提供了方便、快捷的网上服务平台。

大力加强队伍正规化建设。严格全省公安专项编制管理，对清理出的空编进行省级统一招考，对工勤人员占用公安专项编制进行置换。认真组织实施民警大轮训工作，全省公安机关共举办各类训练班228期，训练民警14000余人次。狠抓从优待警工作，在65个医疗机构开通民警伤病救治“绿色通道”，成立了甘肃省公安民警英烈基金会。大力选树表彰先进典型，推出了王志睿等一大批先进典型，有124个集体、415名民警分别被授予全国、全省荣誉称号，有246个集体、1795名民警立功受奖。

大力加强保障标准化建设。紧紧抓住落实中央19号文件和中央两办32号文件的契机，积极争取中央政法转移支付资金，全省公安机关办案（业务）经费人均达到1.48万元。按照“统筹规划、突出重点、分类保障、效能最大化”的原则，重点加强侦查基础建设，完成厅机关“动中通”卫星通信车、卫星地面站、现场指挥车、应急通信车、应急密码通信车等装备建设。

检察

2009年，全省检察机关在省委和最高人民检察院的领导下，在各级人大、政府、政协和人民群众的监督、支持下，深入践行科学发展观，着力强化法律监督和内部监督制约，大力加强队伍建设和基层基础建设，各项工作有了新的发展。

【进一步强化法律监督，为经济社会发展提供司法保障】全省检察机关紧紧围绕省委提出的“保增长、强基础、调结构、促和谐”的主线，立足法律监督职能，积极为我省经济平稳较快发展和社会和谐稳定服务，发挥了应有的职能作用。

一是依法打击刑事犯罪，全力维护社会和谐稳定。全面贯彻宽严相济刑事政策，积极履行审查逮捕和公诉职责。共批准逮捕各类刑事犯罪嫌疑人11288人，提起公诉9475件14766人。其中批准逮捕危害国家安全的犯罪、黑恶势力犯罪、严重暴力犯罪、毒品犯罪以及“两抢一盗”等多发性犯罪嫌疑人6813人，提起公诉7843人。批准逮捕破坏市场经济秩序犯罪嫌疑人274人，提起公诉301人。批准逮捕制售伪劣食品、药品、农资及侵犯商标权、著作权和商业秘密的犯罪嫌疑人40人，提起公诉43人。批准逮捕造成重大环境污染事故、非法采矿等破坏环境资源的犯罪嫌疑人39人，提起公诉81人。认真落实甘肃省检察机关便民维权十二条和涉检信访风险评估预警办法，依法妥善处理涉检信访案件。共处理群众来信来访1352件次，接待群众846人次，立案复查刑事申诉案件39件。

二是积极查办和预防职务犯罪，促进党风廉政建设。共立案侦查职务犯罪案件576件839人，与上年相比，案件数基本持平，人数上升16.5%。其中，大案274件，查处县处级以上干部68人，分别比上年增长28.9%和4.6%。所立案侦查案件中，贪污贿赂案488件716人，渎职侵权案88件123人。共立案侦查职务犯罪查办商业贿赂犯罪案件83件97人，查办涉农职务犯罪案件216件359人，查办危害能源资源和生态环境的渎职犯罪案件30件39人。抓获潜逃的职务犯罪嫌疑人35人。通过办案，为国家挽回直接经济损失1.29亿元。

工作中，正确处理查办案件与预防职务犯罪的关系，深化预防措施，增强工作实效。制定实施《甘肃省检察机关实施侦防一体化工作机制的意见》，以办案促预防，以预防促办案。突出预防重点，认真落实预防措施，及时建议有关行业和单位堵塞漏洞、健全制度。广泛开展预防宣传和教育，向有关单位和领导赠阅《甘肃预防职务犯罪专刊》4.2万余册，6万余名各级国家工作人员接受了警示教育。省院牵头制定《甘肃省市场廉洁准入规定》，向社会提供行贿犯罪档案查询4100余次。

三是加强诉讼监督，促进依法行政和公正司法。认真落实周永康同志“把功夫下在监督上”的要求，强化监督意识，创新监督措施，着力推动解决执法不严、司法不公和诉讼违法等问题。共监督侦查机关立案232件，纠正不当立案106件，分别比上年增长45%和1.52倍。追加逮捕犯罪嫌疑人257人，追加起诉被告人75人。对认为确有错误的刑事判决裁定抗诉117件；法院已审结73件，采纳抗诉意见43件。开展刑事审判法律监督专项检查，对刑事审判中存在问题的179起案件作了监督纠正。组织开展看守所监管执法活动专项检查和清查监狱事故隐患、促进安全监管专项活动，纠正违法留所服刑、混管混押等问题148人次；监督纠正违法减刑、假释、暂予监外执行等问题107人次。共审查办理民事行政申诉案件1197件，提出抗诉171件，分别增长32.6%和11%，法院已审结117件，改变原裁判81件；提出再审检察建议107件，法院采纳40件。省院会同省高级法院联合制发《关于加强民事行政执行工作检察监督的意见》，在全国率先为开展这项探索性工作提供了政策依据。注意在诉讼监督中发现执法不严、司法不公背后的问题，依法查处涉嫌滥用职权、贪赃枉法等犯罪的行政执法和司法人员42人。

【大力加强内部监督制约，确保检察权依法正确行使】一是进一步完善和落实检察工作领导机制。加强各级院领导班子民主集中制建设，健全完善集体领导和个人分工负责相结合的制度，坚持重大事项和案件由党组会、检委会集体讨论决定。制定了加强市级院检察长管理、上级院检察长与下级院检察长谈话和领导干部问责等制度；认真落实派员参加下级院党组民主生活会、巡视等制度。继续推行上级院领导干部联系基层、定期督导调研、市级院检察长向省院述职等制度。进一步修订《甘肃省检察机关绩效考评办法》，引领各项工作全面协调发展，有力地促进了工作质量和效率提高。

二是进一步完善和落实执法监督制约机制。建立了全省统一的开展和规范不批捕案件答疑说理、逮捕必要性证明、案件质量评查等工作的一系列制度规范。组织扣押冻结款物专项检查，推行涉案款物处理由检察委员会集体决定并向上级院备案制度。严格落实职务犯罪案件线索由上级院统一管理、发挥检委会审查把关作用、拟不起诉报省院批准等规定，强化了对检察权运行的监督制约。

三是进一步完善和落实队伍管理监督机制。省院出台严格队伍管理规范执法行为的九条规定、与干警谈心谈话制度、检察人员异常行为管理办法等制度规范，加强对干警的日常教育、管理和监督。严格落实党风廉政建设责任制，通过逐级签订党风廉政建设责任书和队伍建设责任状，加重领导责任，强化责任查究。加大检务督察力度，对各级院履行职责、接访群众、检容风纪、执行“禁酒令”等方面的情况进行督察，促进检风好转。

【加强检察队伍和基层基础建设，不断提升法律监督能力】一是着力加强思想政治建设。紧密联系检察工作实际，开展深入学习实践科学发展观活动。通过学习研讨、召开民主生活会、开门纳谏等方式，深入查找执法思想、执法观念和执法作风等方面存在的与科学发展要求不相符合的问题；发动干警出“金点子”、提合理化建议，对征求到的意见建议及时研究，认真整改，为加强和改进各项工作奠定了坚实的思想基础。

二是着力加强专业化建设。在全省检察机关开展“提高素质年”活动，省、市两级院共举办各类业务培训班 168 期，培训干警 5484 人次。加强专门人才库建设，有 333 名业务骨干录入各项检察工作人才库。组织干警到发达地区学习培训，更新执法理念，拓宽工作视野。加大高层次人才培养力度，选送业务骨干在职攻读硕士、博士学位。建立了全省检察业务专家评审制度。加强司法考试组织工作，137 人通过考试，通过率达到 40.2%。省、市两级院从下级院遴选了 51 名优秀检察官，分别组织 33 名和 48 名干部进行了挂职锻炼。

三是着力加强基层基础建设。制定实施了《2009~2012 年全省基层检察院建设规划》。对工作绩效突出的基层院，用以奖代补的办法进行激励。深入开展争先创优活动，有 4 个基层院分别被推选为全国模范检察院和先进集体。为基层院招录、选调大学生 308 人。制定《2009~2011 年全省检察信息化建设指导意见》，省院统一研发电子辅助办公办案系统软件将在全省推广，实现网上办公办案。加大经费争取和保障力度，大部分县级院落实了公用经费保障标准，为基层院增配了一批办案办公设备。

四是着力加强检察宣传工作。建立新闻发言人制度和全省检察新闻稿件通报、奖励制度。组成 297 人的兼职通讯员队伍和 21 人的网络评论员队伍。组织检察宣传活动，共有 3300 多篇宣传稿件在市级以上新闻媒体刊发。加快省院互联网门户网站的更新速度。加强涉检网络舆情研判，重视接受舆论监督，吸纳合理建议，进一步深化了与舆论监督的良性互动。

（乔汉荣）

法　院

【全面加强审判执行工作，服务经济社会发展大局】2009 年，全省法院在各级省委的领导、人大的监督和政府的支持下，以党的十七大和十七届四中全会精神为统领，深入贯彻落实科学发展观，牢固树立“党的事业至上，人民利益至上，宪法法律至上”指导思想，积极践行“为大局服务，为人民司法”工作主题，坚持“从严治院、公信立院、科技强院”工作方针，紧紧围绕“保增长、保民生、保稳定”工作大局和省委“四抓三支撑”的总体思路，全面加强审判执行工作，服务全省经济社会平稳较快发展。共受理各类案件 141819 件，比上年增长 4.9%；审结 135205 件，增长 5.3%，结案率 95.3%。其中：省法院受理各类案件 2812 件，增长 59.2%；审（执）结 2651 件，增长 63.4%，结案率 94.3%。

依法打击犯罪，维护社会稳定。共受理刑事案件 12887 件，审结 12679 件，结案率 98.4%。其中：省法院受理 440 件，审结 417 件，结案率 94.8%。一是依法严惩严重刑事犯罪。共审结故意杀人、抢劫、强奸、绑架等严重暴力犯罪、黑社会性质组织犯罪和毒品犯罪案件 4324 件，判处犯罪分子 5771 人，其中被判处五年以上有期徒刑、无期徒刑、死刑的罪犯 2316 人，占 40.1%。如罪犯吕振宙等 6 人，组成犯罪团伙，在兰州、西安等地多次抢劫、杀人，致死 8 人，重伤 1 人，作案手段极其凶残，依法以抢劫、故意杀人等罪判处 6 被告人死刑，已经最高人民法院核准；被告人白本龙等 26 人结成黑社会性质组织，在平凉称霸一方、为非作恶，有组织地从事强迫交易、寻衅滋事、敲诈勒索、非法拘禁等犯罪，严重破坏经济和社会秩序，分别被判处有期徒刑二十年至一年六个月刑罚。通过严惩严重刑事犯罪，有力打击了犯罪分子的嚣张气焰。二是依法审理职务犯罪案件。共审结贪污、贿赂、挪用公款等职务犯罪案件 608 件 840 人，其中县处级以上 11 人。如原省人大财经委副主任杨书昌，利用在国有公司担任主要领导的职务之便，收受贿赂，挪用公款，给国家造成巨大的经济损失，数罪并罚，被依法判处有期徒刑十九年。三是依法惩处严重危害市场经济秩序犯罪。共审理生产、销售伪劣食品、药品等事关人民群众切身利益和走私、抗税、金融诈骗、制贩假币等案件 191 件，判处犯罪分子 222 人。如被告人段晓辉、何爱琴以非法占有为目的，发展并指示被告人王国兴等四人，以高额红利为诱饵，在天水、白银等地向 413 人非法集资 3900 余万元，造成被害人实际损失 3520 余万元，严重破坏国家金融管理秩序，依法以集资诈骗罪判处段晓辉、何爱琴无期徒刑，判处其他被告人三年至十五年有期徒刑。四是认真执行宽严相济的刑事政策。在严惩严重刑事犯罪的同时，对具有法定从轻、减轻和免除刑事处罚情节的被告人，依法从宽处理。共判处缓刑、管制及免予刑事处罚 4183 人，对不构成犯罪的 41 名被告人依法宣告无罪，确保无罪的人不受刑事追究；对正在服刑的 4627 名罪犯办理减刑、假释，促进罪犯改造；贯彻教育、感化、挽救方针，开展社区矫正、回访帮教，预防和减少青少年犯罪。

调节民事关系，服务经济社会发展。共受理民事案件 88809 件，审结 86633 件，结案率 97.5%。其中省法院受理 514 件，审结 477 件，结案率 92.8%。一是依法审结婚姻家庭、相邻关系、损害赔偿、债权债务和侵权纠纷案件 42400 件。二是审结借款、买卖、租赁等合同纠纷案件 36768 件。如原告甘肃金昌化学工业集团有限公司与被告兰州蓝天浮法玻璃股份有限公司买卖合同纠纷一案，省法院坚持能动司法，积极为企业排忧解难，引导双方当事人将诉讼标的 4800 余万元以“债权转股权”的方式调解解决，实现了“求和共赢”，原告、被告联名致信感谢法院，收到了良好的法律效果和社会效果。三是认真审理农村土地使用权流转、拖欠农民工工资、侵害农民土地承包经营权等“三农”纠纷案件 587 件，为省委、省政府惠农政策的贯彻落实提供司法服务。四是加强对知识产权的司法保护，开展“优化自主创新司法环境”主题活动，营造有利于自主创新的法治环境。审结专利权、商标权、著作权等知识产权案件 125 件。

化解行政争议，促进依法行政。充分发挥司法审查职能，保护行政相对人的合法权益。支持和监督行政机关依法行政，促进行政管理关系和谐。共受理行政案件 1248 件，审结 1204 件。其中省法院受理 142 件，审结 138 件。审查非诉行政执行案件 2024 件，裁定准予执行 1281 件。积极探索行政案件协调和解机制，以协调方式处理各类行政案件 217 件，占审结案件数量的 18%。重视国家赔偿，保障救济民权，审结国家赔偿案件 33 件，赔偿金额 43.84 万元。

加大执行力度，维护裁判公信。共受理执行案件 36404 件，执结 32333 件，执结率 88.8%，执行标的金额 21.97 亿元。其中省法院受理 98 件，执结 76 件，执结率 77.6%，执行标的金额 3.67 亿元。根据中央政法委、最高人民法院和省委的安排部署，全省法院开展了为期 11 个月的集中清理执行积案活动。在清理积案活动中，各地法院按照省清积领导小组的要求，普遍建立了定承办人员、定督办领导、定执行措施、定执行期限、定目标责任、重点案件领导包案的“五定一包”责任制。打破工作常规，取消固定作息，建立执行 110 机制，采取驻庭、驻院、驻乡、驻村等措施，接到举报随时出动，根据案情快速反应。先后组织集中执行行动 334 次，召开公开执行大会 156 场次，对拒不履行的当事人累计采取司法拘留措施 1024 人次，罚款 125 万元，30 余人被追究刑事责任。截止 2009 年 10 月 31 日，全省各级法院共清理出 2007 年底前未结的执行积案 38833 件，清理率 100%；共清理有财产执行积案 9336 件，执结 9336 件，执结率 100%，执结到位标的金额 13.34 亿元；清理涉特殊主体、特困群体、重复信访等重点积案 4431 件，执结 4431 件，执结率 100%，执结到位金额 2.95 亿元；执结中央政法委、最高人民法院督办的重点案件 9 件、交办的涉执进京重复信访案件 17 件，执（办）结率 100%；清理无财产执行积案 25290 件，结案 23841 件，结案率 94.3%。在清理执行积案工作评比中，有财产和重点执行积案的执结率与全国四个高级法院并列第一。清理执行积案活动中，省、市、县各级制定出台执行工作制度和文件共计 814 个，基本建立起了执行工作协调联动机制、特困救助机制、统一管理机制、监督制约机制、综合考评机制等长效工作机制，党委领导、人大监督、政府支持、各方配合、法院主办的执行工作新格局基本形成。

强化监督指导，确保司法公正。依法加强对下业务监督，审结二审案件 9027 件，其中改判、发回重审 2267 件，占 25.1%。贯彻修改后的民事诉讼法，实现“诉访分离”，坚持依法纠错原则，对符合法定条件的再审申请一律及时受理，具备法定再审事由的案件及时进行再审，“申诉、再审难”问题得到有效解决。共受理申诉和申请再审案件 2006 件，比上年增长 37%，符合再审事由进入再审审理程序的案件 280 件，审结 255 件，其中维持 48 件，改判 75 件。受理人民检察院按照审判监督程序提起抗诉的案件 154 件，审结 135 件，其中维持 30 件，改判 34 件。

加强信访工作，化解矛盾纠纷。继续推行“定时间、定人员、定领导、定责任、包案处理”的“四定一包”工作模式。院党组决定，每月指定一位院领导负责接访、每天指定一名处级干部到信访大厅接访，疏通上访申诉渠道；制定下发《涉诉信访案件终结暂行办法》，成立信访案件督查组，加强复查、回复、劝息等工作，促使当事人息诉罢访。全年全省法院共处理来信 8060 件，接待来访 12317 人（次），件数比上年下降 11.7%，人次下降 19%。其中省法院接待群众来访 2279 件、2620 人次，件数下降 11.7%，人次下降 12.6%。

切实关注民生，践行司法为民。加强立案场所规范化建设，实行立案导诉、风险提示、指导举证等“一站式”服务，方便群众诉讼，减轻当事人诉累；加大司法救助力度，确保经济困难的当事人打得起官司，共缓交诉讼费 401.12 万元，减、免诉讼费 74.91 万元；建立健全刑事被害人救济基金制度。通过积极协调，省委政法委、省法院等八部门联合下发了《甘肃省刑事被害人救助工作暂行办法》，为开展刑事被害人救助工作提供了制度保障。执行案件特困群体救助工作也取得了新进展。一年来，省清理执行积案领导小组下拨配套救助资金 200 万元，用以解决涉及执行特困群体重点案件 280 件。全省 14 个市州 65 个县（区）拨付执行救助专款 1364 万元，向 1084 名特困申请执行人实施救助，将 1256 名特困执行当事人纳入城乡低保，共化解特困群体案件 1857 件。

加强调解工作，推动和谐司法。弘

扬马锡五审判方式，贯彻“调解优先、调判结合”原则，加大调解工作力度。共调处各类一审民事案件35630件，占一审民事案件总数的45%。如王珑洲等774人、白银华电投资开发有限公司与兰州金万利、兰州居正房地产有限公司商品房预售合同纠纷一案，省法院法官走出法庭，深入企业，面对当事人，多次组织调解，最终使诉讼双方握手言和，达成调解协议，被告自愿返还原告购房款1.01亿元及占用该款期间的利息，赔偿王珑洲等774人经济损失1500万元，有力保障了当事人合法权益。同时，积极推动诉调对接，建立健全人民调解；行政调解和司法调解“三位一体”的大调解格局；推行刑事自诉案件和轻微刑事案件调解、行政诉讼协调解决以及执行案件和解等模式，最大限度地实现案结事了，促进社会和谐。

【全面加强自身建设，推动法院工作科学发展】全省法院始终坚持“一手抓执法办案，一手抓自身建设”，坚持不懈地抓队伍、抓改革、抓基层基础，为审判执行工作全面、协调、可持续发展，提供强大的精神动力和组织保障。

固本强基，提高队伍整体素质。一是加强思想政治建设，坚定政治方向。深化科学发展观、社会主义核心价值体系和社会主义法治理念教育，突出抓好“人民法官为人民”主题实践活动的人民性和实践性，教育广大干警坚定人民法院工作的政治方向，强化服务科学发展的使命感和司法为民的责任心，自觉地用“三个至上”指导思想武装头脑、指导实践、推动工作。同时，扎实推进法院文化建设。开展庆祝“七一”、纪念建党88周年等活动，举办省法院建院60周年《人民法官》大型文艺晚会，回顾总结全省法院60年的光辉历程，宣传人民法官公正司法、一心为民的先进事迹，树立法院、法官的良好形象，以先进的法院文化促进思想政治建设。

二是加强业务能力建设，提升司法水平。以提高法官综合素质为目标，全面加强业务能力建设。狠抓教育培训，全省法院有2170人次参加了国家法官学院和省法官学院的集中培训，有215人通过了司法考试。开展岗位竞赛，通过庭审观摩、裁判文书制作等业务竞赛，增强法官适用法律、诉讼调解、证据判断和判决说理的能力。加强审判理论研究，对“宽严相济的刑事政策”、“诈骗犯罪量刑标准”、“再审案件的审理”及“涉诉信访工作”等专题进行调研。同时还制定下发了应对金融危机、推进农村改革、审理涉烟案件的指导性意见，支持审判执行工作顺利开展。

三是加强纪律作风建设，树立良好风气。把开展司法作风大检查与案件评查、巡视、问责结合起来，从理想信念、法治意识、群众观念、司法水平、纪律作风等方面查找问题，进行整改；加强省法院机关纪律作风建设，整肃机关作风，从上班考勤、法官仪容、庭审规范、对待当事人态度等细微之处入手，认真纠正工作中的不良风气。

四是加强反腐倡廉建设，促进廉洁司法。一是严格落实“五个严禁”的规定，加大对违反“五个严禁”行为的查处力度，共查处5案5人，有1人受到党纪政纪处分。二是建立巡视巡查和廉政监察员制度。全省各中级人民法院普遍建立了巡视巡查机构，各中级法院和基层法院都建立了廉政监察员制度。省法院机关在审判执行业务庭设立专、兼职廉政监察员13名，对审判执行工作实行全面监督。省法院派出巡视组对2个中级法院及其所辖15个基层法院进行巡视巡查，对发现的问题，及时督促整改。三是加强廉政教育。先后两次召开中级法院纪检组长座谈会，通报全省法院系统反腐倡廉形势，明确纪检监察任务。组织开展警示教育，增强干警的廉洁自律意识。四是表彰先进、弘扬正气。一大批先进集体和个人受到表彰奖励。如华亭县人民法院原党组成员、纪检组长崔正涛，30年奋斗在审判第一线，特别是在靠人工心脏瓣膜和药物维持生命的15年中，牢记宗旨、心系群众，公正司法、清正廉洁，忠于职守、忘我工作，2009年8月为党和人民的司法事业献出了宝贵生命，树立了新时期人民法官的崇高形象。崔正涛同志生前曾荣获“全国优秀法官”、“全国法院模范法官”、中国法官十杰“银法槌”奖、荣记个人一等功、“甘肃省先进工作者”等荣誉16项，近期又被评选为“感动甘肃•2009十大陇人骄子”。

开拓创新，稳步推进法院改革。全省法院始终坚持严格公正文明司法、维护社会公平正义，不断完善公正司法、一心为民工作机制。一是建立新闻媒体沟通机制，召开新闻发布会，公布2009年度全省10大典型案件。二是在平凉中院和三个基层法院组织开展量刑规范化试点工作，对抢劫、伤害、盗窃、毒品和交通肇事等多发性犯罪均衡量刑，规范法官自由裁量权，统一司法尺度。三是探索多元纠纷解决机制，联合省综治委、省司法厅在定西市召开现场会，推行定西法院人民调解协议诉前司法确认机制，这一机制受到中央政治局常委、政法委书记周永康同志、最高人民法院院长王胜俊同志的充分肯定。四是完善干部培养和选拔任用机制。开展竞争上岗、轮岗交流、挂职锻炼，优化中层干部队伍结构，提高干部工作能力。省法院机关19名年轻干部通过竞争上岗走上了中层领导岗位，对长期在一个岗位工作的10名部门正职、74名法官轮岗交流，与中、基层法院互派6名同志挂职锻炼。五是认真落实人民陪审员制度，增选人民陪审员679人，截止目前，全省共选任人民陪审员1858人。通过加强管理、培训，保障和规范人民陪审员有效参加审判活动。人民陪审员共参与审理案件4485件。六是严把“进人关”，协助组织部门公开招录199人，定向招录67人，省法院机关面向全国已公开招录30名法官，充实审判力量。

重心下移，加强基层基础建设。全

省法官80%在基层，审判任务80%在基层。重视和加强基层法院和人民法庭工作，历来是全省法院工作的重点。一年来，全省法院始终坚持精力向基层集中、力量向基层加强、政策向基层倾斜、工作向基层贴近。一是“两庭”建设成果显著，全省101个人民法院共争取到审判法庭国债计划项目98个，建成66个，在建29个，即将动工3个；共争取到人民法庭国债计划项目313个，建成294个，在建19个，“两庭”建设规模达到79万平方米。二是物质装备明显改善。加大对基层法院的支持力度，协调建立科学规范的基层法院经费保障机制，改善基层办公、办案条件。为中级、基层法院、人民法庭和地震灾区法院集中配发办案用车284辆，为基层法院配发专用法台法椅85套、办公家具1135套。目前，全省人民法庭的办案用车和法台法椅的配备基本能满足审判工作需要。

自觉接受监督。一年来，全省法院始终坚持党对法院工作的绝对领导，认真贯彻执行党的路线方针政策和党委的重大决策部署，自觉接受人大的监督，认真负责地向人大报告工作。主动加强与人大代表、政协委员的联络，广泛征求人大代表和政协委员的意见和建议。全省法院共邀请人大代表、政协委员旁听案件庭审295次1553人次。邀请各级人大代表、政协委员视察指导法院工作91次364人，召开座谈会148次。省法院在“两会”后收到人大代表建议和意见50条，逐条进行对照检查，进行整改，并向省人大作了专题报告；共收到交办案件5件，已办结5件；收到政协委员提案2件，办结2件。

（杨魏　黄祥忠）

司　法

【综述】2009年，甘肃省各级司法行政机关以党的十七大和十七届四中全会精神为指导，认真贯彻执行省委、省政府和司法部的决策部署，深入落实科学发展观，按照厅党委提出的“求实、创新、团结、提高”的工作总要求，围绕保增长、保民生、保稳定这条主线，充分发挥职能作用，全力抓好基层基础建设、法制宣传教育、法律服务、监狱劳教管理和队伍建设五项重点工作，司法行政各项工作都有了新发展、新进步、新提高。

【基层基础建设】司法所规范化建设进一步加强，基本理顺司法所管理体制，实现县区司法局对司法所的垂直管理，所均工作人员达到3人以上，司法所长副科级配备率达到64%。司法所业务用房建设进度加快，新建司法所273个，累计完成1198个、占项目总数的86.7%。基层经费保障水平明显提高，中央和省级财政转移支付基层司法行政办案和业务装备经费3981万元，40个县区全额落实了《县级及县级以下司法行政机关公用经费保障标准》，16个县区落实了标准的50%。基层工作条件进一步改善，投入1300万元为各级司法行政机关配发123辆业务用车、2165套司法助理员标志服以及一批办公设备，特别是在省政府副省长张晓兰同志的关心支持下，将150万元的省长备用金全部用于司法行政工作，为基层司法所配发业务用车50辆。

【人民调解工作】召开全省人民调解工作会议，总结工作，交流经验，提出加强和改进人民调解工作的新举措。省司法厅与综治、法院、检察院、公安等部门建立人民调解、行政调解、司法调解“三调联动”机制，与省高级人民法院联合开创和推广人民调解协议诉前司法确认机制，提高人民调解工作的质量、权威性和公信力。在全省14个市州推广人民调解“个案补贴”制度，省司法厅为人民调解工作培训骨干共三批300人，市县乡三级培训人民调解员共8.2万人次，人民调解员队伍素质明显提高，有力推动了全省人民调解工作的创新发展。按照省委的统一部署，2009年4月至9月在全省集中开展矛盾纠纷排查调处活动。全年共排查调处纠纷76641件、比上年增长9%，调解成功71968件、成功率为94%，使一大批矛盾纠纷解决在基层和萌芽状态，有效发挥了维护稳定的“第一道防线”作用。

【法制宣传教育和司法行政宣传工作】“法律七进”活动深入推进，重点对象法制教育得到加强，制定实施加强公务员和农民工法制教育工作的意见，组织领导干部法律知识考试，其中地厅级领导干部参考1800多人。开展“送法下乡”和青少年法制教育督查以及“加强企业法制教育、积极应对金融危机”等主题法制宣传活动，营造良好的法治氛围。依法治省工作制度建设进一步加强，依法治省工作机制逐步完善，法治城市、法治县市区创建活动全面开展，分别命名100个省级民主法治示范村和民主法治社区，切实推进依法治省进程。召开全省司法行政宣传工作会议，制定实施意见，全省司法行政宣传工作力度进一步加强。围绕庆祝建国60周年，通过文艺演出、新闻发布会、书画展览、有奖征文、开通甘肃司法网站、法律知识竞赛等形式，集中开展纪念司法行政机关恢复重建30周年系列宣传活动，营造司法行政工作创新发展的浓厚氛围，振奋精神，统一思想，凝聚力量，有效促进各项工作的深入开展。

【法律服务工作】按照拓展和规范法律服务的要求，以组织开展律师、公证法律服务进乡村专项活动为载体，进一步拓展法律服务领域。全省律师办理各类法律事务2.44万件、比上年增长10%；公证机构办理各类公证事项7.62万件、增长5%。制定《关于进一步加强全省基层法律服务工作的意见》，为发展基层法律服务工作创造条件。法律援助工作全面加强。召开全省法律援助工作会议，省委办公厅、省政府办公厅印发《关于进一步加强和改进法律援助工作的意见》，组织开展“法律援助便民服务”专项活动。全省法律援助机构办理法律援助案件8401件、比上年增长27%；受援人数1.02万人，增长12%。司法鉴定管理工作规范发展。司法鉴定业务范围由传统的法医、物证、声像三大类拓展到司法会计、建筑、产品质量、价格等领域，司法鉴定机构和司法鉴定人分别达到47家、703名，依次比上年增长62%、38%；受理鉴定案件5066件，增长22%。圆满完成了国家司法考试组织实施工作，全省6370人报考、5531人参考、1128人成绩合格，合格率为20.4%。

【监狱劳教管理工作】监狱劳教场所持续安全稳定。组织开展监狱劳教所管理专项整顿活动和监所安全隐患百日专项排查整治活动，继续完善排查、防控、应急处置、领导责任四项机制，加强人防、物防、技防“三防”建设，狠抓各项安全管理制度的落实，全省监狱系统没有发生影响安全的重大事件，劳教系统实现了“六无”目标。教育改造质量进一步提高。贯彻执行“首要标准”，创新教育改造方式方法，在服刑在教人员中开展心理矫治和咨询工作，加强思想政治、文化、技能教育，“三课”教育合格率达98%，顽危犯转化率达80%，吸毒劳教、强戒人员所内戒断率达到100%。监狱和劳教场所建设加快推进。兰州等7个监狱和省第一、第二、第三劳教所的建设任务、省女子劳教所维修工程全面完成；定西、武威、武都、病犯监狱4个监狱建设工程进展顺利；金昌、酒泉监狱和第四劳教所建设项目已经发改委批复；未成年犯管教所机构已经省编办批复。监狱劳教企业经受住了金融危机冲击的考验，利润有一定程度的提高。

【司法行政体制和工作机制改革】监狱体制改革继续深化，监狱和监狱企业分开运行更加规范，监狱经费动态增长机制初步建立。劳教系统全面参与禁吸戒毒工作，依法开展强制隔离戒毒工作，在所人员有了恢复性增长。律师行业党建工作进一步加强，初步实现党的组织和党的工作在律师行业的全覆盖。律师职称评定重新启动，新评定一级至四级律师199人，调动了广大律师的积极性。首次对市州司法局实行目标管理考核、对厅机关处室实行工作绩效考核，落实责任、明确任务，切实推进工作。完成省市两级政府机构改革，司法行政机关内设机构和处、科级领导职数增加，司法鉴定、法律援助行政管理职责得到强化。积极争取优惠政策，将甘南州纳入在职法律职业人员国家统一司法考试试点地区，并组织实施首次藏汉双语单独考试。

【队伍建设工作】狠抓思想政治建设，先后组织开展“大学习、大讨论”、学习实践科学发展观、社会主义法治理念教育、学习贯彻党的十七届四中全会精神等集中学习教育活动，开展“规范执法行为、提高执法水平”、“律师是中国特色社会主义法律工作者”主题教育实践活动，进一步统一思想，提高认识，保证司法行政工作的正确方向。狠抓业务培训工作，制定《全省司法行政系统新一轮大规模培训干部的实施意见》，选派41名监狱长、劳教所长、县区司法局长参加司法部的统一培训，省厅和“两局”组织各类培训53期、培训5000多人。狠抓领导班子建设，深化干部人事制度改革，完善干部综合考评机制，调整充实15个监狱劳教所领导班子；通过民主推荐、组织考核，确定190名厅管后备干部；组织开展厅局机关处级职位竞争上岗和轮岗交流，选拔21名工作实绩突出、年富力强、德才兼备的同志走上领导岗位；公开招考303名监狱民警，定向招考123名委托培养生，为基层单位补充了警力。狠抓党风廉政建设，制定实施《甘肃省司法行政机关执法监督检查实施办法》，召开厅系统党风廉政建设会议，认真开展狱所务督察、专项执法监督检查和民主评议政风行风活动，确保党风廉政建设各项要求落到实处。大力开展争先创优活动，全系统有24个集体、51名个人获省部级表彰奖励，省司法厅被省维稳领导小组、省禁毒委分别评为2009年度维护稳定工作和禁毒工作先进单位。

民族　宗教

民族事务

【民族工作会议】1月18日，省政府召开常务会会议，听取了省民委主任贡保甲关于全国民族工作座谈会精神及我我省民族工作情况汇报。会议决定省政府机构改革结束后，调整省民委兼职委员；省政府配套130万元资金，与国家民委共同向甘肃藏区和边境县民族工作部门配发工作用车。省长徐守盛发表重要讲话，强调要努力做好民族工作，切实推动民族地区经济社会发展。

2月24日，省委、省政府在兰州召开全省民族工作座谈会。会议传达学习胡锦涛总书记关于民族工作重要批示精神及全国民族工作座谈会、全国民委主任会议精神，总结交流全省民族工作会议以来民族工作的经验做法，深入分析当前我省民族工作面临的形势，研究部署今后一个时期全省民族工作。

2月24日，全省民委主任会议在兰州召开。会议代国家民委向2008年度全国民委系统信息工作先进集体颁发奖牌，表彰了完成2008年度全省民族工作部门目标任务的优秀单位、信息工作的先进单位，签订了2009年度目标管理责任书。

【民族团结宣传活动】3月12日，省委统战部、省民委印发关于开展全省第六个民族团结进步宣传月活动的通知，提出宣传月活动以"关注散杂居地区发展"为主题。各地开展形式多样、内容丰富的宣传教育和帮扶活动。酒泉市组织86个单位帮扶玉门市独山子东乡族乡项目123个，资金2354万元。陇南市将12个民族乡村纳入整村推进工程，实施民族乡灾后重建及扶贫开发项目14个，协调资金1190多万元，帮助重建户1510户，安置群众5338人。张掖市协调市直部门和县区对口帮扶民族乡村，落实项目20多个，资金400多万元。天水市举办少数民族和民族地区成就展。庆阳市开展争创"先进乡、先进村、先进户"活动。兰州市开展共建"民族团结林"活动，发动民族宗教界捐款4.5万元，认养树木455株。甘南、临夏、平凉、定西、武威、嘉峪关、白银、金昌等市州通过在新闻媒介开设专栏、举办民族政策法规知识竞赛等活动，宣传党的民族法规、民族政策和民族知识，营造民族团结的良好氛围。

【省上领导考察慰问】2月1日，省委书记、省人大常委会主任陆浩到甘南藏族自治州进行考察慰问。他强调，甘南的经济社会呈现出良好发展势头，各族人民生活水平显著提高，要珍惜这一发展的好势头，更自觉维护社会稳定大局，不断创造美好的新生活。

2月2日，省委书记、省人大常委会主任陆浩在临夏回族自治州考察工作、慰问干部群众时强调，要珍惜安定团结的大好局面，进一步把各方面力量凝聚起来，抓住机遇，聚精会神搞建设，一心一意谋发展，努力促进经济社会又好又快发展。

【国家部委调研】5月19日至22日，以全国政协民族和宗教委员会副主任周明甫、赵金铎，国家民委副主任丹珠昂奔为组长的全国政协民族和宗教委员会和国家民委联合调研组，就"我省推进《民族区域自治法》的深入贯彻实施，加快民族自治州经济社会发展"问题进行调研。调研组听取省政府工作汇报，并到临夏州有关县市进行实地调研。

6月16日，国家发改委副主任杜鹰带领国家部委调研组到甘南州、临夏州，就黄河重要水源补给生态功能区保护与建设、强化农牧业基础地位、加快农牧民脱贫致富、交通建设等问题进行调研。

7月15日，全国政协副主席、中央统战部部长杜青林来我省调研，与省上主要领导就进一步做好藏区发展稳定工作进行了座谈。杜青林充分肯定甘肃工作，并强调要贯彻中央关于藏区工作的方针政策和决策部署，牢固树立"三个离不开"思想，牢牢把握"共同团结奋斗、共同繁荣发展"的主题，进一步采取有力措施，扎扎实实做好各项工作，确保甘肃藏区长期繁荣稳定。

【扶持民族地区加快发展】5月12日，甘肃省人民政府出台《贯彻国务院支持青海等省藏区经济社会发展若干意见的实施意见》，提出一系列扶持藏区经济社会发展的政策措施。

8月25日至26日，省政协十届八次常委会议在兰州召开。会议就扶持民族地区加快经济社会发展问题进行认真讨论，通过了《关于扶持民族地区加快发展的建议案》。

9月2日至4日，省民委、省发改委、财政厅、扶贫办和人行兰州中心支行在张掖市肃南裕固族自治县召开全省扶持人口较少民族发展现场会议。会议传达学习了全国扶持人口较少民族发展工作经验交流会精神，总结交流了2006年以来我省扶持人口较少民族发展工作的成绩和经验，明确我省扶持人口较少民族发展工作的总体目标和阶段性任务，研究制定有关工作职责和考核办法。

成创业性培训1万人，支持10多万返乡农民工开展了创业活动。同时，加大对农民的科技培训力度，培育科技示范户15万户，培训农民科技明白人15万人。实施退牧还草工程，建设禁牧、休牧草场945万亩，项目区草原植被和生态逐步修复。

【农村经营管理】省政府办公厅出台积极稳妥推进农村土地承包经营权流转工作的通知，加强对农村土地流转的指导和服务。组织开展土地仲裁宣传月活动，确定10个土地纠纷仲裁试点县，妥善解决了一些土地承包纠纷。完成草原承包260万亩，累计达到1.83亿亩。进一步加强了农民负担监管和农村集体财务管理规范化建设，积极稳妥化解了一批村级债务。

（王勤）

林业

【概况】全省现有林业用地981.21万公顷（1.47亿亩），占全省国土总面积的21.82%。其中有林地232.5万公顷（3487.50万亩），占林地面积的23.69%；疏林地7.16万公顷（257.40万亩），占1.75%；灌木林地351.85万公顷（5277.75万亩），占35.86%；未成林地67.64万公顷（1014.60万亩），占6.89%；苗圃地0.86万公顷（12.90万亩），占0.09%；其它林地311.2万公顷（4668.00万亩），占31.72%。活立木总蓄积2.171亿立方米，森林覆盖率10.47%（含其它灌木林地和四旁树森林覆盖率为13.42%）。天然林资源主要分布在白龙江、洮河、小陇山、太子山、大夏河、岷江、康南、关山、子午岭、祁连山等10个林区。

甘肃地域狭长，气候类型多，生态区位重要，野生动植物资源丰富，全省共有野生植物7大类4000多种，属国家重点保护的46种；陆栖脊椎动物834种，列入国家重点保护的105种，其中国家一级保护动物30种，二级保护动物75种。还有79种被列入《濒危野生动植物种国际贸易公约》。特别是白水江林区的大熊猫、金丝猴和祁连山林区的雪豹、白唇鹿等为闻名世界的珍稀动物。甘肃省还是全国中药材主产区之一，现有中药材9500多个品种（包括野生），居全国第2位。

全省共有293个国有林场、站和128个国有苗圃，76处森林公园（其中国家级21处、省级55处），49处自然保护区（其中国家级12处、省级36处、县级1处），总面积达1.44亿亩，占全省国土总面积的21%，居全国前列。省、市、县、乡四级均设有专门的林业管理和服务机构，2009年末全省在册林业职工41987人。

【集体林权制度改革试点工作成绩明显】省委、省政府高度重视林改工作，主要领导多次听取汇报，作出重要批示，对林改工作提出明确要求。分管领导多次召开会议专题研究，并深入林改试点县调研、指导和督查，有力推动林改工作。省上确定的合水、泾川等7个试点县（区）林改工作规范有序，进展顺利，受到国家有关部门的充分肯定。截止目前，7个试点县（区）完成勘界确权601.55万亩，占应改面积的99.2%。10月14日，省委、省政府召开全省林业工作会议，全面部署林改工作，明确提出用两年时间基本完成明晰产权、承包到户的主体改革任务。全省各市州都成立林改工作组织领导机构，并制定出台实施方案，目前正积极按照省上《工作方案》，全面启动林改工作。

【国有林区棚户区改造和灾后恢复重建进展顺利】省政府把国有林区棚户区改造和灾后恢复重建确定为今年为民办的12件、27项实事之一，甘肃省是全国9个国有林区棚户区改造试点省份之一。省林业厅高度重视，列为今年工作的重中之重，强化组织领导，靠实工作责任，实行厅领导分片包点，成立了技术专家组和监督检查组，层层签订目标责任书，责任到单位、到人，促进了工作的顺利进行。白龙江林管局迭部、洮河两个林业局棚户区试点实施方案经国家批复，已到位资金5563.46万元，实际完成投资5342万元，完成建筑面积5.09万平方米，2010年九月底前可实现入住。及时编制项目计划，落实省直单位灾后重建资金5.59亿元。目前，项目计划已经全部批复，拨付到位资金3.6亿元，大部分项目完成初步设计、方案审批等前期工作，已开工建设项目106项，完成投资1.39亿元，竣工项目28个，完成投资0.14亿元。

【林业重点工程建设顺利实施】全省完成天然林保护、退耕还林和三北四期工程建设任务24.56万公顷（368.41万亩），占国家下达计划的100%。深入开展全民义务植树运动，完成义务植树7447.3万株，新建义务植树基地158个。继续开展"创绿色家园，建富裕新村"行动，有力推动了城乡绿化一体化建设步伐。不断加强了野生动植物保护及自然保护区建设，珍稀濒危野生动植物种群数量有了较大发展。

【重点林区体制改革取得重大突破】在省委、省政府和国家林业局高度关注和大力支持下，5月8日，省政府决定将白龙江林业管理局所属4个林业局和20个林场定性为公益性事业单位，每年增加白龙江林业管理局经费补助基数1400万元，有效解决了林区职工生活困难问题，为下一步国有林场改革创造了极为有利的条件。

【项目和资金争取工作成效明显】截止目前，已落实中央和省林业建设投资32.19亿元，其中中央投资28.30亿元，省级投资2.20亿元，引用外资0.16亿元，落实林业贴息贷款1.53亿元。积极推进敦煌生态环境保护和甘南州黄河重要水源涵养功能区项目建设，开展了石羊河流域防沙治沙及祁连山水源涵养区生态环境保护和综合治理等重点规划编报工作。顺利实施重点生态公益林补偿工作，争取国家今年新增甘肃省补偿面积 93.76 万公顷（1406.47 万亩），使补偿总面积达 337.34 万公顷（5060.1 万亩），年补偿资金 2.53 亿元。对外合作交流有了新进展，15 个正在执行的林业外资项目进展良好。

【**森林资源得到有效保护**】《甘肃省林地保护条例》已经省人大审议通过，林地林权管理更加规范。积极争取省政府办公厅下发《关于进一步加强全省森林资源规划设计调查工作的通知》，全省二类调查工作有序展开。认真开展“绿盾三号行动”等专项整治行动，严厉打击破坏森林资源违法犯罪活动。继续加大林区禁种铲毒工作力度，实现省直重点林区禁种铲毒工作“零种植”的目标。森林防火和林业有害生物防治工作进一步加强，今年没有发生森林火灾。

【**林业产业经济不断壮大**】认真组织实施巩固退耕还林成果专项规划，成果巩固工作取得明显成效。进一步加大文冠果生物质能源林基地建设，新发展文冠果试验示范基地 0.67 万公顷（10.1 万亩）。圆满完成第七届中国花卉博览会各项工作，获奖数量和排名均居全国前列，名列西部十二个省区之首，是甘肃省参加历届花博会获奖数量最多、取得成绩最好的一次。各地充分发挥地方和资源优势，大力发展富有地方特色的经济林基地，截止目前，全省经济林果种植总面积达到 113.33 万公顷（1700 万亩），为促进地方经济发展和农民增收发挥了重要作用。

【**保障能力进一步提升**】认真开展学习实践科学发展观教育活动，提高林业队伍业务能力和整体素质。制定和完善《甘肃省林业厅行政议事规则》等 13 项制度，加强了机关规范管理。进一步充实和强化省政府政务大厅林业窗口工作，林业业务办结率 100%。办理提(议)案 95 件，组织召开两次现场办案会，提(议)案代表和委员对办理结果表示满意。林业政务信息公开工作机制不断健全规范，各项规定得到全面执行。举办“喜迎国庆、强身健体、绿化陇原”为主题的第五届职工运动会，增进了团结，促进了工作。

水　利

【**综述**】2009 年，完成各类水利建设投资 42.58 亿元，其中水利基本建设项目 38.4 亿元（包括农村水电项目 1.38 亿元），小型水利水保项目 4.18 亿元。全省水利工程供水能力累计达到 143.26 亿 m^3，当年向全社会供水 123.16 亿 m^3，解决了 153.8 万人饮水安全问题，净增灌溉面积 17.13 千公顷，发展节水灌溉面积 59.23 千公顷，完成集雨补灌面积 4.77 千公顷，治理水土流失面积 0.21 万平方公里，新修梯田 79.34 千公顷，建成堤防 177.18 公里，新增中小水电装机 45.6 万千瓦，其中小水电装机 27.9 万千瓦。全面和超额完成省委省政府分解下达的各项任务。

【**饮水安全工程建设任务圆满完成**】2009 年全省共建成集中供水工程 547 处，雨水集蓄利用工程 3790 处，小电井 2451 处，解决了 153.8 万农村人口的饮水安全问题，超额完成省委省政府确定的为民办实事的任务，全省农村自来水普及率达到 48%。

【**石羊河流域重点治理加快推进**】全年累计改建干支渠 337 公里，配套节水灌溉面积 58 万亩，关闭机井 660 眼，压减农田灌溉面积 16 万亩，西营专用输水渠主体工程建成，民勤蔡旗断面总过水量达 1.74 亿立方米，石羊河下游民勤盆地局地生态环境有了明显恢复和改善。

【**引洮一期工程建设进展顺利**】2009 年引洮供水一期工程完成隧洞掘进及一次支护 19 公里，隧洞砼衬砌 17 公里，暗渠钢筋砼浇筑 5.8 公里，总干渠 18 座隧洞有 9 座贯通，占总干渠隧洞长度的 53.3%。配套工程建设全面启动，干支渠和城乡供水工程开工建设。

【**病险水库除险加固进度加快**】纳入全国规划的 131 座病险水库的投资计划已全部下达，有 97 座完成了除险加固任务，其余水库正在抓紧建设。经除险加固，一批险情突出、隐患严重的病险水库得到有效治理，共恢复有效库容 1.64 亿立方米，水库灌溉、发电、供水等综合效益得到有效发挥。

【**引大供水结构调整和疏勒河项目扫尾加快实施**】以引大入秦为水源工程的白银城市供水项目和皋兰、永登城乡供水项目开工建设，供水结构调整已获国家发改委批准。疏勒河农业综合开发项目中期调整建设目标基本实现，工程扫尾和竣工验收抓紧进行，灌区移民生产生活条件得到进一步改善。东乡南阳渠灌溉工程田间配套步伐加快，工程效益逐步发挥。

【**500 万亩梯田建设工程启动实施**】在省委省政府的高度重视和大力协调下，2009 年全省整合发改、扶贫、国土、农发、水利等部门资金 4.32 亿元，在中东部 38 个梯田建设重点县新修梯田 110 万亩，梯田建设规模、实施进度、工程质量有了新的突破。

【**农村水利基础设施建设持续推进**】组织实施 2008 年度景电一期等 13 处大型、2 处中型和 16 处小型灌区节水改造、8 个农牧区节水灌溉示范、28 个中央财政小型农田水利项目和 2009 年度 10 处大型、2 处中型、9 处小型、11 个农牧区节水灌溉示范和 22 个中央财政小型农田水利项目。刘家峡库区一期治理项目、国家水土保持重点建设工程、重点小流域综合治理和黄土高原淤地坝建设进展顺利。肃北等 22 个“十一五”水电农村电气化县和 3 个小水电代燃料项目建设取得新进展。水利灾后重建步伐加快，震损水文设施、山洪灾害防治预警、乡村供水设施、灌溉渠道和河道堤防工程建设全面推进。

【**抗旱防汛减灾取得显著成效**】牢固树立“抗大旱、防大汛、减大灾”的思想，全力开展抗旱防汛减灾，实现大旱之年不减产、群众饮水有保障的抗旱目标和水库不垮坝、重要城市不进水、重点堤防不决口的安全度汛目标。汛期，全省累计疏散转移受灾群众2.1万多人(次)，解救洪水围困群众2061人，避免可能造成群伤群死等重大山洪灾害25起，最大限度的保障了群众生命财产安全。

【节水型社会建设向纵深推进】张掖市节水型社会建设进一步深化，敦煌、武威两市新一批国家级节水型社会试点建设取得新进展，43个省级节水型社会试点建设步伐加快，水价改革、计量安装、示范区建设、用水者协会组建等不断深化和持续扩大。

【一批新的水利项目开工建设】盐环定扬黄续建甘肃专用工程、黑河近期治理22个退耕还林还草调整为灌区节水改造项目开工建设。榆中三电、皋兰西电、庆阳巴家咀和白银工农渠4处大型泵站更新改造项目和兰州市城关区等3个山洪灾害监测预警试点项目启动实施。

【水利管理得到进一步加强】注重水利工程调度运行管理，完成春灌489万亩，夏灌1564万亩，秋灌857万亩，冬灌1267万亩，最大限度地减轻了旱灾对农业生产造成的损失。加强河道管理，及时协调查处水事纠纷。严格取水许可管理，加大水资源费征收力度，积极开展重要水源地保护和水污染防治工作。加强水资源统一调配管理，圆满完成黑河年度水量调度任务。水文基础服务保障作用进一步显现。

【水利前期工作取得重大进展】《敦煌水资源合理利用与生态保护综合规划》已通过中咨公司评估，进入上报审批阶段。《靖远双永供水工程可行性研究报告》通过了水利部审查。黑河流域综合治理规划前期工作有序推进。引洮一期配套工程前期工作全面完成。编制完成甘肃黄河、长江流域规划修编报告并通过水利部审查。还按时完成多个专项规划可研编制。

【水利科学研究和对外交流合作取得新成绩】广大水利科技工作者和工程技术人员结合工作实际，钻研业务，深入研究实际工作中的有关技术问题，并在工作中注重新技术、新工艺、新材料的推广应用与研究，有1项科研成果获省科技进步一等奖，2项获二等奖，3项获三等奖。成功举办两期国际雨水集蓄利用技术培训班，对外合作交流进一步有序推进。

【水利系统党的建设、党风廉政建设和精神文明建设不断加强】圆满完成深入学习实践科学发展观活动，各级水利部门贯彻落实科学发展观的自觉性和坚定性进一步增强，推动水利科学发展的思路进一步完善。认真落实党风廉政建设责任制，着力推进惩治和预防腐败体系建设，开展民主评议基层水管单位政风行风活动，开通政风行风热线。及时研究制定了水利建设领域突出问题专项治理工作方案并开始启动。积极推进水利精神文明创建活动，景电管理局等5个单位被授予全国水利文明单位称号。

工　业

【工业运行概况】2009年，全省上下认真贯彻中央和省委、省政府“保增长、扩内需、调结构”的总体部署，攻坚克难，积极应对国际金融危机冲击，有效遏制了工业经济下滑的不利局面，取得较好成绩。工业经济快速止跌回稳。一季度，全省规模以上1897户工业企业累计完成工业增加值198.87亿元，同比下降1.7%。其中：3月份完成工业增加值73.36亿元，同比下降2.9%，是自1998年以来降幅最大的月份。5月份全省工业出现正增长，但累计仍下降1.1%。上半年累计完成工业增加值459.77亿元，同比增长1.2%，是当年首次累计实现正增长。进入三季度，全省工业企稳回升态势增强。特别是进入四季度，工业生产高位运行。全年累计完成工业增加值1136.71亿元，同比增长10.6%。其中：12月份，完成增加值127亿元，同比增长28.9%，是自1998年以来全省工业生产增速最高的一个月。工业企业经济效益不断向好。全省经济效益综合指数为187.44，较上年提高7.43个百分点。规模以上工业企业盈亏相抵后实现利润总额155.23亿元，增长1.13倍；利税总额为469.9亿元，增长86.19%。经济效益的改善，主要得益于成品油定价机制实施和燃油税改革，以及国家扩大基础设施投资和主要工业品价格快速回升。重工业成为工业经济回稳的主导力量。一季度，轻工业保持了6.8%的增长速度，但后劲不足。全年累计完成工业增加值169.62亿元，同比增长9%。重工业受金融危机影响最大，一季度同比下降2.9%，其中3月份同比下降4.7%。上半年累计同比仅增长0.4%。三季度，重工业开始发力，同比增长6.1%。全年累计完成工业增加值967.1亿元，增长10.9%，超过轻工业1.9个百分点。其中12月份同比增长31.7%。重点行业运行形势良好。石化、有色、冶金、电力、食品工业是我省的支柱行业，占全省工业经济的76.43%，全年分别完成工业增加值258.86亿元、200.55亿元、143.24亿元、145.95亿元、120.02亿元，分别增长13.51%、15.03%、2.61%、8.29%、10.06%。主要产品产量有较大增长。在统计的22种大宗产品中，全年只有3种产品的产量比上年下降，其余19种产品均有不同程度的上涨。其中：完成原油加工量1436.59万吨，增长3.58%；生产化肥81万吨，增长16.65%；生产钢材644.54万吨，增长10.44%；生产电解镍13.01万吨，增长25.86%。市场和价格因素对工业经济的影响。上半年，全省石化、有色、冶金行业的主要产品，由于下游企业需求不旺，出厂价格与上年同期相比出现一定程度下降。原油价格从2008年的140元/吨高位下降到57元/吨；铝产品由20500元/下降到10200元/吨；铜产品由6万多元每吨下降到2万多元每吨。下半年，这些主导产品价格都有较大回升。金川公司镍均价为13.55万元/吨，较年初上涨60%以上；铜均价为4.88万元/吨，较年初上涨近1倍。中铝兰州分公司铝均价为1.49万元/吨，较年初上长30%。酒钢公司钢材均价3660元/吨，较年初上涨10%。

【重点项目建设】全年共争取到中央各类专项资金14.67亿元，支持了一批产业升级、资源节约、综合利用、节能减排、中小企业和国防科技等项目。其中，产业升级和技术改造方面，有55个项目列入国家支持范围，争取中央投资3.48亿元。资源节约、综合利用和节能改造方面，有88个项目列入中央财政奖励范围，争取中央专项资金4.5亿元。中小企业发展方面，有161个技术改造和服务体系建设项目得到国家支持，争取中小企业专项1.76亿元。国防科技工业方面，有15个项目列入国家计划，争取中央专项资金4.93亿元。利用省级振兴装备制造业、技术创新、节能减排、中小企业等专项资金，支持了526个重大项目。

【企业技术创新】新增4户国家级企业技术中心；新认定10户省级企业技术中心、2户行业技术中心。组织编制《2009年甘肃省技术创新项目计划》，筛选汇编了364个重点技术创新项目。组织鉴定省级新产品、新技术112项，其中国际领先2项，国际先进20项，国内领先65项，国内先进25项。依据《国家产业结构调整指导目录》，认定符合鼓励类产品十八类。组织编制并以省政府办公厅名义印发实施《甘肃省新能源装备制造业规划》。积极组织省级行业技术中心开展以行业共性、关键技术为核心内容的产学研对接活动3次。围绕技术中心创新能力建设、新产品开发和重大产业技术升级，组织实施企业技术创新项目55项。积极争取国家财政补助资金的支持，其中技术中心创新能力建设专项4项、国家重大技术开发专项1项，实际争取国家补助资金1900万元。

【装备制造业发展】把振兴装备制造业作为突破口，从组织结构和产品结构入手，努力调整推进产业优化升级。积极引进西班牙赛能公司在太阳能集热发电产业等方面的全面合作，联合举办中国兰州国际太阳能集热发电技术研讨会，缔约成立了甘肃省太阳能集热发电创新战略联盟。重点支持一批装备制造业整机成套设备研制和产业化项目，共筛选61个装备制造业发展项目，总投资40.4亿元。加强与国内外装备制造行业龙头企业的交流合作，加快重组整合步伐，与湘电集团公司在风力发电装备、城际轻轨建设、轻轨车辆制造等方面达成战略框架合作协议。建立了全省装备制造重点骨干企业行业统计系统。全省规模以上装备制造企业全年完成工业增加值92.1亿元，增长15.3%，占全省工业增加值的8.1%。

【循环经济发展】把节能降耗和循环经济作为有力抓手，着力促进经济发展方式转变，提高经济增长的质量和效益，增强可持续发展能力。12月24日，国务院正式批复《甘肃省循环经济总体规划》，并把我省整体列为全国唯一一个循环经济示范区。全省省级循环经济产业园区达19个，试点企业和地区达到38个，16条循环经济产业链取得新进展。以省政府名义印发《循环经济促进法实施办法》、《循环经济发展考核办法》和《甘肃省人民政府关于发展循环经济的决定》。组织实施资源节约、综合利用、节能改造项目，有88个项目列入中央财政奖励范围，争取中央专项资金4.5亿元。在节能减排领域，重点支持了95个节能改造、资源综合利用、循环经济和污染减排项目。

【工业化和信息化融合】2009年面对严峻复杂的经济形势，全省信息化领域和信息产业全行业努力进取，各项工作取得了新的进展。在广泛调研基础上，起草并以省政府名义印发实施《关于加快推进全省信息化与工业化融合发展的意见》，从指导思想、原则和目标，重点任务、政策和保障等方面对推进“两化”融合工作进行了安排部署。成功举办了动力100•甘肃省中小企业信息化推介会，全省14个市州主管部门和中小企业3000多人观摩了信息化演示，甘肃移动公司及各市州分公司与全省693家中小企业及有关单位签订了合作协议，静态投资2.8亿元，受到了社会各界的广泛关注和中小企业的好评。积极争取国家扩大内需中央投资支持，我省11个电子信息重点项目获得资金支持4680万元，带动项目投资13.3亿元。培育认定了18户软件服务业企业。引导电子企业加大与国内优势企业的合作，天光半导体公司与陕西电子信息产业集团合作取得较大进展。“两化”融合工作起步良好，无线电管理保障有力，电子信息产业发展速度达到15%以上。

【国防科技工业】2009年，全省国防科技工业全面落实科学发展观，积极应对国际金融危机带来的不利影响，采取稳妥措施，扎实推动工作任务落实，确保完成目标任务。军工经济继续保持平稳较快增长，实现工业总产值118亿元，实现主营业务收入109亿元，比上年增长11.05%；实现工业增加值25亿元，增长15.2%；实现利润4.7亿元，增长27%。直属核地质事业单位地质勘探、矿业开发、多种经营发展加快，成效明显，除完成地质事业单位本职任务外，完成主营业务收入1.1亿元。认真协调落实三线退税扶持政策，积极争取政策延伸，2009年帮助企业落实退税资金2亿余元。狠抓项目建设，增强发展后劲。在建项目52项，总投资规模78.81亿元，其中国家投资42.28亿元。当年完成固定资产投资14.14亿元，增长38.5%。竣工验收15项，交付固定资产21亿元。新批立项14项，总投资5.35亿元。抢抓国家政策机遇，加快调整产业结构。404 厂中试厂已建成进入热试阶段。504 厂重点项目土建工程基本完成，805 厂环境污染治理项目一期基本完成、二期顺利实施，510 所航天科技园建设进展顺利。

【中小企业发展】2009 年，全省中小企业发展工作稳步推进。为加快中小企业发展政策法规建设，省人大常委会通过并颁布实施《甘肃省中小企业发展条例》，为依法促进中小企业发展提供了法律保障。推进中小企业服务体系建设，全省各类中介服务机构发展到 661 个，其中省级以上服务机构 31 个，为中小企业提供融资担保、技术创新、市场开拓、管理咨询等服务；78 家信用担保机构累计为 4500 多家中小企业提供担保贷款 130 亿元。组织实施中小企业建设项目，全年争取国家扶持资金 1.76 亿元，安排省级扶持资金 2996 万元，开工建设项目 2533 个，建成项目 1449 个，项目总投资 849.4 亿元，累计完成投资 291.4 亿元。加大招商引资力度，组团参加第六届国际中小企业博览会，强化招商引资项目的跟踪落实，2008 年全国乡企贸洽会签约的 749 个项目，已开工建设 601 个，项目履约率达 80%，引进到位资金 120.6 亿元，到位率达 30%。全省中小企业总数发展到 8.8 万户，占全省企业总数的 99%以上，其中规模以上中小企业 1865 户，较 2008 年新增 57 户；全年规模以上工业中小企业完成工业增加值 510.34 亿元，增长 9.88%。

【机构改革】根据《中共中央办公厅国务院办公厅关于印发<甘肃省人民政府机构改革方案>的通知》(厅字[2009]16 号)和《中共甘肃省委甘肃省人民政府关于印发<甘肃省人民政府机构改革实施意见>的通知》(省委发[2009]9 号)精神，组建甘肃省工业和信息化委员会，为省政府组成部门。将原省经济委员会、省国防科技工业办公室、省乡镇企业局（省中小企业局）的职责整合，划入省工业和信息化委员会；划入省发展和改革委员会承担的工业和信息化固定资产投资项目管理职责；划入全省无线电管理职责；划入省商务厅承担的全省盐业行政管理和食盐流通管理职责。省工业和信息化委员会加挂省国防科技工业局、省中小企业局牌子。根据“三定”规定，省工业和信息化委员会内设 26 个内设机构，机关行政编制 165 名。6 月 19 日，省政府召开甘肃省工业和信息化委员会全体干部职工大会，宣读了省委、省政府关于任命甘肃省工业和信息化委员会领导班子的决定，省工业和信息化委员会正式挂牌运行。

金川公司

【综述】2009 年，面对全球金融危机的严重冲击，金川公司在甘肃省委省政府的正确领导和大力支持下，深入学习实践科学发展观，认真落实工业强省战略，在困境中深化改革，在危机中推动发展，依靠全体职工，坚定信心、攻坚克难，保增长、保效益、保发展，全面实现了年初确定的生产经营目标，为全省经济发展和社会和谐做出了突出贡献。

【经济规模进一步壮大】全年实现营业收入 665 亿元、利税 33 亿元，其中利润 21 亿元；进出口总额 26 亿美元；资产总额达 510 亿元。公司位列 2009 年中国企业 500 强第 74 位，中国制造业企业第 38 位，中国有色冶金及压延加工第 3 位，中国企业效益 200 佳第 69 位。

有色金属产量再创历史新高。生产镍产品 13 万吨、铜产品 36.7 万吨、钴产品 5800 吨；铂族贵金属 2500 公斤；黄金 1800 公斤、白银 100 吨、精硒 45 吨；化工产品 206 万吨。有色金属和化工产品总量分别比上年增长 25.5%和 41%。

【资源战略成效显著】全球资源战略全面推进，按照大澳区、美洲区、欧非区和中亚区四个资源开发区域的战略构想，初步形成了全球资源战略新布局，全年共完成国外资源项目投资 1.37 亿元，控制资源量含镍 7 万吨、含铜 209 万吨。自有资源的基础性作用得到充分发挥，出矿能力不断提高，矿产资源得到更加科学合理的开发利用，矿石回采率达 96.5%，贫矿资源开采量 327 万吨，占总出矿量的 45%。

【重点项目建设顺利推进】金川公司始终坚持以项目建设促发展的方针，全年共完成投资 40.5 亿元，进行了 179 项技术改造，其中重点项目 24 项。20 万吨/年铜电解和铜合成炉工程获国家优质工程银质奖，1.4 万吨/日选矿扩能工程获甘肃省飞天金奖和国家工程质量鲁班奖；金川工程质量监督站被评为全国先进工程质量监督机构。

【技术创新取得新突破】全年用于技术创新的投入过 10 亿元，安排科研课题 100 项，承担国家级课题 4 项，取得重大成果 19 项，其中“特大型坑采矿山大面积连续开采工艺综合技术研究及实践”等 7 项成果获省部级以上奖励。知识产权保护工作进一步加强。修制订标准 47 项，其中国家标准或行业标准 28 项。共申请专利 27 件，其中发明专利 16 件，获得授权 22 件。综合技术实力进一步增强。公司技术中心居 2009 年全国企业技术中心第 43 位、有色行业第 1 位，荣获国家认定企业技术中心成就奖。

【节能减排成效凸显】充分发挥全国循环经济示范企业带头作用，制定并实施环境治理三年达标规划，坚持工程减排、结构减排、管理减排并举的原则，环保、能耗、物耗指标不断优化。二氧化硫回收利用率达 95.99%，比上年提高 1.75%。实现全年节能 4.89 万吨标煤、中水利用量 1174 万吨、工业水重复利用率 88%、尾砂利用量 11 万吨、水淬渣利用量 5 万吨、粉煤灰利用量 13 万吨的目标。公司被评为中国节能减排20佳企业。

【资产运营构架不断完善】按照金川股份、金川实业、金川科技、金川海外四大产业板块分块运作的资本运营战略，全面启动了金川科技的股改上市。规范了对56个控股、参股公司的监管；成功控股了澳大利亚阿比顿、金柯和印尼金圣矿业等公司；与省政府合作改造改制兰州饭店的工作有序推进。

【公司管理水平显著提升】按照业务集中、重点突出的原则，确定金川为经营决策管理生产中心、兰州为科技研发中心、上海为营销中心、北京为资本运营中心。制度建设、卓越绩效管理、“7S”管理、风险管理、信息化建设、人力资源开发等工作深入推进。深入开展“无隐患、零违章、实现零伤害”活动，着力提升安全文化，提高了安全管理水平。公司被评为全国质量工作优秀单位，荣获全国企业教育先进单位百强称号。

【新产业领域稳步拓展】公司坚持走相关产业多元化道路，积极培育新的经济增长点。积极与科研单位、大专院校合作，进入具有良好发展前景的新能源领域和符合国家产业发展方向的二次电池领域。新型粉体材料、电池材料、高纯金属、镍基合金压延材料等新产品投放市场。相关产业营业收入占公司总营业收入达5%。

【党的建设和企业文化建设不断加强】紧紧围绕加快发展和改革创新，不断加强党的建设，为公司应对危机和可持续发展提供了强大的推动力。成功举行了庆祝建厂50周年庆典活动，胜利召开了公司第八次党代会，明确了公司新的发展战略、目标和措施，全面部署了今后五年公司党建工作。公司被评为全国精神文明建设工作先进单位和全国民族团结进步模范集体、全国群众体育先进单位并荣获全国希望工程20年特殊贡献奖。

【积极履行大企业社会责任】面对金融危机给改革发展带来的巨大压力，金川公司克服困难，积极履行社会责任。着力解决困难职工子女就业，努力改善城市环境质量，积极支持金昌市老城区改造和新农村建设；积极参与社会公益事业，支持贫困地区经济建设，做好地震灾区的灾后重建对口援助工作，为创建和谐社会和促进地方经济社会发展做出了新贡献。

商　务

【综述】2009年，全省商务发展经受了新世纪以来最严峻考验，特别是面对金融危机导致国际国内市场需求严重不足、产品价格大幅下跌，对进出口贸易带来诸多挑战的形势下，全省商务系统广大干部职工在省委、省政府的坚强领导和商务部的大力支持下，坚持“四抓三支撑”的总体工作思路，紧紧围绕有效应对国际金融危机，促进全省经济平稳较快发展的大局，以扩内需、稳外需、促投资为主线，抢抓国家和省上搞活流通、扩大消费和保持对外贸易稳定增长的政策机遇，坚定信心，强化措施，扎实工作，保持甘肃省商务事业稳步发展。2009年全省社会消费品零售总额1170亿元，比上年增长18%，比全国平均增幅高3个百分点。全年实现外贸进出口38.21亿美元，下降37%。引进省外资金实际到位468.64亿元，增长58%，已提前一年实现了翻一番、突破400亿元的目标。

【市场体系建设】2009年在国家和省上扶持政策的带动下，全省围绕县区马铃薯、高原夏菜、苹果、活畜等主导产业和解决乡村占路为市难题，新建改建6个区域性、综合性大型专业批发市场，15个农贸市场，4000个标准农家店，32个承办企业配送中心，40个县乡集贸市场，3个大型区域性活畜交易市场。截止年底，已在全省14个市州的78个县区建成标准农家店11400个，大型农产品批发市场16个，县乡集贸市场128个，改造提升商贸流通基础设施58万平方米，果菜保鲜库9万吨，改建新建农产品配送、农产品交易大棚39万平方米，硬化农产品交易场地52万平方米。生态蚕桑基地7万亩，新农村信息服务点38个。这些商务惠民工程打造了农村消费品现代流通网络，降低了流通成本，保障了商品质量，改善了农村消费环境，向广大农民提供了更多物美价廉的商品，促进了农产品流通和农民增收，拉动了农村社会投资近15亿元和就业岗位5万个，使300多万农民受益，年带动消费增长20亿元。农民朋友称这些商务工程为他们消费系上了“安全带”，搭起了“方便桥”，编织了“实惠网”。

【城市社区网点建设】2009年，全省改建10个社区肉菜市场和一批便民社区超市网点。建成4个家政网络中心，开通短号服务专线，培训4779个家政服务从业人员，并全部签订了保就业协议。兰州民生早餐列入商务部确定的全国主食加工配送试点项目，在“以奖代补”政策引导下，企业投入780万元，按商务部“建设规范”的要求，建成食品安全检测、信息管理、冷链与配送三大系统，扩大了配送中心的规模，完善了早餐经营网络和配套设施功能，健全了管理制度，提升了管理水平。实施11个家畜（禽）定点屠宰企业“放心肉”项目。这些项目的推进和实施，不仅较好地满足群众放心消费、便利消费的需要，而且还为下岗职工、农民工从事家政服务培训技能，增加了就业岗位。

【家电下乡】2009年2月，甘肃省启动家电下乡工作，建立“甘肃省家电下乡工作联系会议”制度，印发《关于认真做好家电下乡推广工作的通知》等规范性文件，并结合甘肃实际，调整家电下乡政策实施对象，将省属农垦、林业系统和其他中央在甘、地方所属农场、林场、牧场、养殖场等主要从事农业生产的职工纳入家电下乡补贴范围，简化了补贴审领程序，增加了补贴产品种类和限价标准。截止2009年底，甘肃省家电下乡销售网点已基本覆盖市区、县城、中心集镇和部分偏远乡镇，销售家电下乡产品40万台，实现销售金额6.2亿元，销售量和销售额居西北五省区第二，补贴兑付率93%。同时对省内500个销售网点、15个配送中心进行了升级改造，农村家电销售网络体系进一步完善，服务质量逐步提高。受“家电下乡”政策刺激，农村消费潜力得到释放，甘肃省平板电视、滚筒式洗衣机、电磁炉和家用电冰箱零售数量增长明显，带动农村消费增速首次超过城市消费增速，消费结构明显改善。

【市场调控】2009年全省商务系统进一步完善城乡信息监测服务体系，增加市场监测样本数量，扩大监测范围，及时准确地把握市场变化；落实中央储备猪肉2000吨、牛羊肉400吨、活体生猪7000头、边销茶3.5万担。针对上半年猪肉大幅降价，在财政的支持下，落实省级肉类储备2000吨。这些政策措施对于保障市场供应、调节供求、维护市场稳定方面发挥了重要作用。为解决甘肃省大宗农产品卖难问题，省商务厅连续两年拿出200万元专项资金，采取“以奖代补”形式，建立洋葱、土豆等大宗农副产品“旺吞淡吐”储备机制，拉动卖价走高，带动农民增收。2009年甘肃省土豆销价较上年普遍上涨18~32%。洋葱产地均价上升至950元/吨，尤其是酒泉的优质红葱，每吨突破1200元，价格创近三年新高。2009年90%的洋葱被经销大户收储，农民利益得到保护，再不为卖葱、存储发愁，实现了增产增收。深加工能力在激励政策下，也有了很大提高，农产品产业链逐步拉长。

【规范市场经营秩序】一年来，重点围绕肉食品、酒类产品、成品油、奶制品等开展专项整治行动，着力打击制售假冒伪劣商品不法行为。全省共出动执法人员61万人（次），查处违法违规商户3.9万户，查获违法违规物品4.2万吨，罚款金额3421万元，追缴税款1.3亿元，市场整顿取得了明显成效。在9个市州、县（区）开展了市场监管商务综合行政执法试点，各试点均建立了12312商务举报投诉服务中心。建立酒类流通随附单质量追溯制度，坚持“放心肉”进社区宣传和“放心豆制品”定点生产规范力度，市场秩序得到改善。

【对外贸易】甘肃省地处内陆，虽然经济外向度低，但由于大宗原材料产品在甘肃省进出口中占比过高的特殊结构（2006~2009年其进出口分别占甘肃省进出口总值的79%、84%、81%和76%），国际金融危机对甘肃省进出口的冲击和影响却十分严重。由于国际市场大宗产品价格大幅下跌，尽管甘肃省进出口的货物量有所增加，但进出口总额却出现大幅下滑。面对外贸困难的局面，甘肃省加大政策扶持力度，鼓励企业保增长、保市场、保份额，对建立农产品出口基地和质量可追溯体系、实施技改研发、参加境外展会、建立境外营销网络、参加出口信用保险、开展保单融资等项目给予扶持；搭建融资平台缓解融资难，争取进出口银行累计发放贷款56.71亿元，信保公司提供信用保险1391万美元，开展保单融资192万美元；通过对重点企业开展问卷调查、召开专题座谈会、对金川公司等重点企业开展调研等形式，了解企业运营困难，听取企业呼声建议，采取一企一业一策，提出帮扶措施；加大政策宣讲力度，编印《国家、部门和省上出台的各项外贸扶持政策措施》；利用广交会和境外专业展会搭建平台，帮助企业开拓国际市场等措施，千方百计遏制外贸持续下滑趋势。2009年11月、12月已连续两个月实现正增长，尽管全年仍下降37%，但较2009年5月份的最高降幅已收窄19个百分点。在努力遏制外贸下滑同时，将转变外贸发展方式贯穿到进出口工作中，不断优化出口商品结构，2009年甘肃省资源型产品、农产品、机电产品占出口的比重由2008年的51%、17%和17%调整为23%、32%、16%，过度依赖资源型产品的情况有了明显改善，为今后出口的稳定发展打下了基础。

【招商引资】精心筹备重大招商活动，尤其是2009年第15届“兰洽会”在省委省政府的高度重视和各方鼎力相助下，呈现“百团到会、千位出展、万商云集”的盛况，95个团组参加，宾客1.5万人，展馆面积4万平方米，签约项目530个，签约额1061.12亿元，创下历史新高。围绕投资贸易洽谈、商品展销、论坛峰会、文化旅游博览，兄弟省市搭台开展了57项内容丰富、特色突出的活动，取得丰硕成果。2009年8月底，甘肃省党政代表团为期4天的赴港访问考察，签约250亿元，并拜会了香港高层人士、重要行政机构、知名企业、社团组织。通过甘肃代表团的考察访问，将陇港两地的合作与发展提高到一个新水平，为扩大甘肃对外开放步伐产生了深远的影响。同时，金昌、天水经济开发区升级为国家级经济技术开发区的论证报告顺利通过国家部委的审核，已上报国务院待批。2007~2009年甘肃招商引资到位资金占全省投资额的比重不断提高，每年递增2个百分点，较好地服务全省经济社会发展。

【国际经济合作】在积极争取政策对企业实施“走出去”战略给予扶持的同时，甘肃省采取缩短审批时限、实行特事特办，服务优势企业，抓好重点项目，开展业务培训，加大政策引导等措施，促使全省对外承包工程、对外劳务合作稳步增长，境外资源开发与合作步伐日益加快。2009年全省完成对外承包工程、劳务合作营业额2.8亿美元，境外投资0.43亿美元。金川公司已先后投资近3亿美元，可获得境外资源含镍储量250万吨、含铜量100万吨、钴金属量10万吨，金红石42万吨的规模。

酒钢集团在南非投资 1.33 亿美元，建设选矿、球团烧结和冶炼车间，形成年产 24 万吨铬铁生产规模。这些项目的实施，对于自有资源供应远远不能满足生产所需的省内大型有色冶金企业，获取紧缺的生产原料，突破发展瓶颈，做大做强提供了可靠的资源保障。2009 年执行多双边无偿援助项目 28 项，完成执行额 570 万美元。主要项目有：贫困地区儿童发展行动项目、农村综合扶贫项目、甘肃省普及九年义务教育项目、面向贫困人口农村水利改革项目、社会保障合作项目以及日本、澳大利亚、新西兰等国家援助地震灾后重建项目。

旅　游

【旅游总体情况】2009 年，面对国际金融危机、甲型 H1N1 流感和“7·5”事件带来的不利影响以及旅游企业经营困难加剧、旅游经济运行压力加大的严峻形势，在甘肃省委、省政府的正确领导和国家旅游局的指导支持下，全省旅游系统深入学习实践科学发展观，大力实施旅游“三年翻番与质量提升计划”，全面落实促进旅游发展的各项措施，全省旅游业呈现出健康、有序、稳步发展的良好态势。2009 年全省旅游接待总人数为 3393.74 万人次，比上年增长 36.3%。全省旅游业总收入为 192.77 亿元，比上年增长 40.2%。

【旅游行业规模】截止 2009 年年底，全省共有旅行社 331 家，其中出境旅游组团社 9 家；旅游星级饭店 305 家，其中五星级 3 家，四星级 34 家，三星级 120 家，星级饭店客房总数 27197 间，床位数 53624 张；A 级旅游景区 131 家，其中 5A 级 2 家，4A 级 37 家；中国优秀旅游城市 8 座；工农业旅游示范区 10 家。全省注册导游 5977 名，出境旅游领队 254 名。

【国内旅游市场】2009 年，全省旅游宣传促销工作按照“三年翻番与质量提升计划”，在产品定位上确定了全省重点实施“221”品牌带动战略的指导思想，即全省重点对外推出甘肃丝绸之路全景游与南部藏回风情草原风光旅游线 2 大品牌产品；积极培育兰州—平凉—庆阳黄土风情红色之旅线、兰州—天水—陇南丝路胜迹生态旅游线 2 条成长型旅游产品；全力打造 1 个以兰州为中心，辐射白银、定西、临夏、武威的一小时系列休闲观光产品旅游圈。在此基础上，进一步打造“一线一基地”，即重点打造连接八大中国优秀旅游城市的丝绸之路旅游线；打造兰州—平凉—天水三角区域消夏避暑文化休闲旅游区。

2009 年甘肃省促销团分别赴北京、天津、广州、深圳、乌鲁木齐举办多场“多彩甘肃任您游”旅游推介会，并参加西部旅游产业博览会、宁夏文化艺术旅游博览会、中国旅游产业节，推介 221 品牌系列产品。2009 年参与西北五省区、川陕甘渝、甘青川五市州、川陕甘三省等区域旅游协作，与邻省区精品资源线路整合，编排多种跨区域产品，实现资源共享、客源共享、市场共享，形成宣传推广的叠加优势。同时，对省内西、中、东三大片区按照分类指导的原则，整合资源线路和推广主题，加大区域性联合宣传促销。2009 年全省国内旅游人数为 3387.67 万人次，比上年增长 36.47%；国内旅游收入为 191.9 亿元，比上年增长 40.7%。

【假日旅游】2009 年春节、五一、十一假期，全省共接待游客 705.88 万人次，比上年增加 252.31 万人次；旅游收入 20.7 亿元，比上年增加 7.6 亿元，顺利实现“安全、秩序、质量、效益”四统一的假日旅游工作目标。

【入境旅游市场】2009 年，甘肃省旅游局先后参加国家旅游局组织的 2009 年大阪国际旅游展、德国柏林国际旅游交易会、香港国际旅交会、香港服务贸易洽谈会、中国（昆明）国际旅游交易会、第五届厦门海峡旅游博览会、赴德意“欧洲大型中国旅游宣传推广活动”，与国际旅游商进行旅游洽谈，共同商讨旅游市场的开发合作事宜，并针对日本、欧洲旅游市场重点推介丝绸之路等精品线路。2009 年全省接待入境旅游者累计达 60711 人次，较上年下降 27%；外汇收入为 1253.84 万美元，较上年下降 21.8%。

【出境旅游管理】2009 年甘肃省旅游局加强出境旅游管理，规范出境旅游操作，保证出境旅游质量和安全。4 月，根据泰国政局动荡升级的局势，立即督促出境旅游组团社尽快撤回在泰旅游团队及游客，并认真做好赴泰旅游监管。墨西哥爆发甲型 H1N1 流感疫情后，迅速安排暂停赴墨西哥或途径墨西哥旅游，坚持赴重点疫情国家及地区团队台账制度，防止甲型 H1N1 流感疫情传播。切实保障游客健康和生命安全。2009 年全省旅行社组织出境旅游人数 12066 人次，旅行社出境旅游营业收入 3823 万元，出境旅游业务毛利润 271.6 万元。

【旅游节庆活动】指导各地区成功举办第七届“兰州·什川之春”旅游节、第二届中国玫瑰之乡·永登苦水旅游节、第十届九色甘南香巴拉旅游艺术节暨藏乡江南舟曲风情旅游艺术节、第七届武威“天马”文化旅游节、刘家峡中秋红枣节。

【信息化建设】2009 年 4 月份，甘肃旅游信息化平台项目建设完成，于 8 月份进行验收、补充完善后，甘肃旅游资讯网、甘肃旅游政务网、办公自动化网正式上线运行。11 月 6 日甘肃旅游网和 12301 热线正式开通。

【旅游市场监督管理】2009 年度，全省认真贯彻“全国行业监管会议”精神和“全省行业监管、行风建设工作会议”精神，以宣传贯彻施行新的修订《旅行社条例》为重点，进一步强化旅游服务质量监管，加大旅游市场秩序的检查，加强全省旅游质监执法队伍建设。

5月1日起全省统一启用“导游委派单”、“旅游行程计划单”、“游客意见评价表”带团文本。于10月1日在全省各级旅游行政管理部门、质监执法机构统一启用《甘肃省旅游行政处罚法律文书》，规范旅游行政执法行为。

6～7月初，甘肃省旅游局分四个检查组集中10天对省内12个市州的25个县市区，52家旅行社，27家旅行社服务网点，47家星级饭店，36家旅游景区的旅游服务质量和市场秩序进行检查。对问题较多的3个市州旅游局、11家旅游经营单位给予了通报批评，对6家旅游经营单位给予了书面警告、限期整顿处理。

8～10月，甘肃省旅游局联合兰州市、临夏州、甘南州旅游局、兰州市城运处开展兰州—九寨沟旅游汽车客运安全专项治理检查。共检查载团旅游车91辆，组团旅行社45家，检查带团导游91名，对违规经营的9辆旅游车辆、27家旅行社、违规服务的31名导游作出行政处罚。

2009年全省各级旅游质监执法机构共接到旅游投诉108件，正式受理80件，已结案79件，结案率99%，赔偿31078元。

【旅游安全管理】认真落实甘肃省安委会及国家旅游局关于加强安全生产工作的有关精神，加强旅游安全的综合协调和监管职能，开展旅游安全隐患排查和治理，强化旅游应急管理，加大旅游安全现场督察工作力度，确保旅游市场的安全平稳。2009年，全省没有发生重特大旅游安全事故。

面对甲型H1N1流感疫情快速蔓延的严峻形势，全省各级旅游行政管理部门成立了甲型H1N1流感防控工作领导机构，建立健全旅游行业甲型H1N1流感工作防控体系，督促旅游企业落实防控主体责任，落实部门沟通协调、首见责任、旅游团队台账、零报告、24小时应急值班等5项制度，并妥善处理了2起旅游公共卫生突发事件。

【旅游行业管理】2009年，对340家旅行社进行了2008年度业务年检，对10家旅行社给予不予通过年检、注销旅行社业务经营许可证的处理。新批准设立旅行社28家；清理整顿旅行社门市部195家，其中关闭旅行社门市部10家；评选表彰2008年度全省国际五强旅行社和国内十强旅行社。全省各级共举办《旅行社条例》培训班115次，培训5628人次。

2009年全省检查导游员1281人次，新核发导游证1394个。对4293名导游进行了年审，对连续两年未参加年审的1216名导游，作出暂缓通过、限期培训整改的处理，对连续三年未参加年审的506名导游作出不予通过、注销导游证的处理。

2009年度复核工作中，对服务质量下降的14家饭店给予暂缓通过复核，对停业或服务质量严重下降的9家饭店给予取消星级的处理。2009年全省新评定星级饭店32家，创建银叶级绿色旅游饭店20家。

【旅游交通】2009年，甘肃省旅游局联合省交通厅、省运管局，按照经营专业化、车辆高档化、服务特色化、管理规范化、运作市场化原则，协调组建甘肃交运旅游汽车公司。

【旅游教育培训】2009年，甘肃省旅游局培训旅游从业人员共计700余人，先后开展全省红色旅游景区负责人培训班、红色旅游景区讲解员培训班、藏区旅游从业人员培训班、全省县级旅游局长培训班；组织市、州旅游局长参加第十五期西部地区旅游局长培训班、“新世纪西部旅游人才开发创新”专题研讨班；积极与省外专局合作，协调组织两期“引智项目”培训班。

【旅游招商引资】2009年甘肃省旅游局加大旅游开发项目储备和论证、设计等前期准备工作，组织各市州旅游局按要求推荐旅游招商项目，建立健全全省的旅游招商引资项目库，从中审核、筛选出182个项目，投资总额136.7亿元，印制2009年甘肃旅游招商引资项目目录册。争取世界银行贷款甘肃文化自然遗产保护与开发项目总投资44533.45万元。2009年各市州共引进资金10.2亿元，达成意向资金13.4亿元。

【旅游区（点）与基础设施建设】2009年，采取分级复核和重点抽查相结合的方式对全省已评定的111家A级旅游景区进行质量等级复核。指导天水麦积山景区创建国家5A级旅游景区，完成初评后推荐上报国家旅游局，对庆阳周祖陵等11家申报4A的景区进行初评并推荐上报国家旅游局，对17家申报3A和2A的景区进行现场评定。强化落实2009年旅游厕所建设任务。全年共建成旅游景区和城市厕所209座，超额完成本年度旅游厕所建设任务，基本解决游客上厕难问题。

建设 测绘

建 设

2009 年，面对国际金融危机冲击和国内复杂严峻的经济形势，全省住房城乡建设工作在省委、省政府的正确领导和住房城乡建设部的指导下，坚持以科学发展观统揽工作全局，认真学习宣传贯彻党的十七大及十七届三中、四中全会、以及省委十一届七次全委扩大会议精神，全面落实省委“四抓三支撑”的发展战略，紧紧围绕“保增长、调结构、惠民生、保稳定”的中心工作，抢抓国家扩大内需的难得机遇，承担并圆满完成了量大面广、政策性强的民生工程，为全省经济增长、普惠民生和社会稳定做出突出贡献。

【城乡规划】为加强城乡规划管理，进一步提高全省城乡规划水平，省住房和城乡建设厅起草《甘肃省城乡规划条例》并经省人大审议通过，于 2010 年元月 1 日起正式施行；起草《甘肃省城乡规划编制审批办法（讨论稿）》和《甘肃省城乡规划效能考核标准（讨论稿）》。组织审查天水、陇南、金昌、庆阳等市和鸣沙山月牙泉、马蹄寺等风景名胜区总体规划，履行必要的报批程序。组织开展房地产开发中违规变更规划调整容积率问题专项治理的自查和抽查工作。完成一批国家和省重大建设项目的选址批复工作。

为贯彻落实中央经济工作会议提出的推进城镇化和促进城乡经济社会发展一体化的要求，积极推进全省城镇化进程，省住房和城乡建设厅在酒泉、天水、定西、庆阳等四个城市及榆中、靖远、永靖、崆峒等四个县（区）进行城镇化工作探索。并每年给予每个市、县（区）补助资金 100 ~ 150 万元，连续补助 3 年。目前，这 8 个市、县（区）的工作实施方案已经省住房和城乡建设厅批复，工作已全面展开。

【城市建设】以城市污水、垃圾处理设施为重点的基础设施建设步伐进一步加快。2009 年，全省城市基础设施项目固定资产投资全年预计完成投资 100 亿元。中央关于扩大内需促进经济增长的政策出台后，省住房和城乡建设厅及时安排部署，组织编制并及时向国家申报城市基础设施建设项目计划，2008 年 ~ 2009 年甘肃省列入国家扩大内需城市基础设施项目城镇污水处理工程 18 项，城市生活垃圾处理工程 33 项，城市供水管网改造工程 2 项，贫困县及缺水县城供水工程 11 项，重点镇道路及排水工程 12 项。这些项目批准总投资 19.8 亿元，目前已经全部开工建设，完成投资约 7.3 亿元。

西峰、定西、平凉等 4 个城市集中供热项目及武威、平凉等 2 个城市供水管网改造工程已基本完成；7 个市州的污水处理、垃圾处理和医废处置等项目正加快建设进度；兰州市污水全处理、全收集专项规划已编制完成，兰州市城区污水全收集管网建设工程(含西固污水处理工程配套管网项目)范围涵盖兰州市近郊四区，投资估算 8.64 亿元，铺设城区雨污水管网总长度为 365 公里，建设污水提升泵站 5 座。2009 年实际完成 62 公里管网的敷设任务。

城市管理和城市环境综合整治向纵深发展。组织起草《甘肃省人民政府关于进一步加强城市管理工作的意见》，并由省政府以甘政发〔2009〕37 号发文实施。指导全省各城市进一步加大城市环境综合整治力度，广泛开展城市环境综合整治活动，注重管理体制的创新，建立长效管理机制，城市管理水平不断得到提高，城市市容和环境卫生逐年好转。兰州市花大气力改造完成 80 多条小街巷，为市民出行提供了方便。

【住房保障】廉租住房保障工作任务顺利完成。廉租住房保障工作是省委、省政府 2009 年列入为民办理的“12 件 27 项实事”之一。主要目标是：发放廉租住房补贴 11.8 万户，新增廉租住房 150 万平方米。截止 12 月底，全省累计保障 12.58 万户、40.3 万人，其中租赁补贴 11.95 万户、实物配租 3874 户、租金核减 2494 户。新开工建设廉租住房项目 163 项、4.86 万套、232.23 万平方米，其中已竣工 44 项、7240 套、32.34 万平方米。争取落实国家廉租住房保障资金 14.01 亿元，比 2008 年增长了 1.15 倍。全省超额完成了省政府“12 件实事”确定的廉租住房保障任务。通过探索廉租住房共有产权管理模式筹措资金，加快廉租住房建设，从根本上解决城市低收入家庭的住房困难，稳妥地建立资金滚动投入的良性循环机制，调动保障对象的积极性，健全住房保障退出机制。白银市率先将白银城区 200 多套廉租住房进行共有产权管理，并将部分廉租住房产权出售回笼的资金用于在建廉租住房项目，实现了廉租住房建设资金的良性循环。武威市廉租住房共有产权出售筹集资金 3481 万元，大大缓解了地方配套资金的不足。2009 年，全省共发放租赁补贴资金 3.29 亿元，户均廉租住房租赁补贴达到 2588.5 元，极大地改善了 12.58 万户住房困难家庭的住房条件；实物配租使 4000 多个家庭实现了住有所居的愿望。

保障性住房建设工作使全省城镇大批困难家庭共享改革开放成果的同时，对改善全省住房供应结构、抑制市场房价起到了积极的作用，也有效地促进全省经济社会和谐健康发展，带动地方经济的发展。

住房公积金的作用进一步发挥。到2009年底，全省住房公积金归集总额和余额分别为351.22亿元和240.52亿元，公积金个人贷款余额70.53亿元，增长61.5%，个贷率为29.32%，全省累计向26.88万户职工发放了129.26亿元个人贷款。住房公积金增值收益支持廉租住房建设的力度进一步加大，住房公积金的作用进一步发挥。

农村危旧房改造超额完成任务。2009年，省委、省政府把实施21.3万户农村危旧房改造工作确定为民所办"12件27项"实事之一，全省上下加强组织领导，强化工作措施，积极推动危旧房改造的全面实施。全省争取到中央补助资金1.84亿元，省级财政补助资金8.52亿元，两项合计下达全省农村危旧房改造资金10.36亿元，所有资金全部及时拨付到农户。到12月底，全省21.3万户农村危旧房改造任务已全面超额完成（含中央下达的3.62万农村危房改造试点户和1500户节能示范户），实际开工建设21.7271万户，占全年计划的102%。竣工验收合格21.6444万户，占全年计划的101.62%。农村危旧房改造建设突出了房屋的结构安全，总体质量明显提高，基本达到抗震设防要求。着重解决了农村"两女户"、五保户、鳏寡孤残等弱势群体的住房问题，同时初步探索了农村住房节能的路径，达到了一定的节能效果。农村危旧房改造产生了积极的社会效益和良好的经济效益，据估算，全省农村危旧房改造户户均建筑面积约89.47平方米，每平方米平均造价771元，共完成改造21.3万户，直接带动投资近150亿元；配套基础设施建设直接投资以户均每平方米150元造价估算，全年农村危旧房改造工程带动基础设施建设直接投资达到28亿元以上。两项合计，直接带动各类投资近180亿元。平凉、张掖、酒泉等市在农村危旧房改造工作中措施得力，效果显著，创造了一些先进经验和做法。

经济适用住房建设稳中有升。2009年全省经济适用住房（含集资合作建房）施工面积495.22万平方米，6.1885万套，完成投资44.28亿元。其中新开工面积212.63万平方米、2.669万套，竣工面积84.8万平方米、9031套。

棚户区改造工作正式启动。2009年，白银市政府先行开展了城市和国有工矿棚户区改造试点工作。棚户区改造受到党中央的高度重视，温家宝总理、习近平副主席、李克强副总理先后作出了重要批示。省政府成立白银棚户区改造领导小组，对棚改工作进行了部署。省级财政向白银市政府拨付500万元资金，棚改工作已经正式启动。

【房地产业】为了应对国际金融危机对全省房地产市场的冲击，2008年底省政府办公厅印发《甘肃省人民政府办公厅关于促进房地产业平稳健康发展若干政策措施的通知》，出台了鼓励和支持房地产业平稳较快发展的八项政策措施。经过国家和全省稳定房地产市场各项政策措施的逐步落实，推动全省房地产市场的逐步回暖。2009年，全省房地产开发投资增长较快，房地产开发购置土地面积、施工面积增幅继续提高，商品房销售进一步回暖。开发企业、消费者对房地产市场信心进一步恢复。

2009年，全省房地产开发完成投资204.14亿元，比上年增长19.6%。商品房空置面积181.12万平方米，比上年增加51.11万平方米。12月份兰州市房屋销售价格同比上涨5.2%，环比上涨0.8%(全国70个大中城市房屋销售价格同比上涨7.8%，环比上涨1.5%)。

【建筑业】2009年，在全社会固定资产投资高速增长的带动下，全省建筑业保持旺盛的生产势头，全年预计累计完成全社会建筑业总产值1375亿元左右，占全省全社会固定资产投资完成的55.5%，比上年同期增长近35%，其中省内施工队伍预计完成建筑业总产值780亿元左右。全省建筑业完成增加值预计达300亿元，约占全省GDP的8.5%，占第二产业增加值的17%以上。建筑业对全省国民经济的贡献显著增强，支柱产业地位进一步体现，对全省GDP的拉动达到1.6个百分点以上。

建筑市场秩序不断规范。《省建设厅关于加快建筑业发展意见的通知》经省政府办公厅批转实施。全省工程招标投标法规制度建设、监督管理组织建设、运行机制建设、有形建筑市场建设等得到全面发展和加强，有力地促进了招标投标公开、公平、公正竞争，促进了招标投标市场健康有序发展，全省建设项目公开招标率保持在98%以上。加强了施工合同管理，严格工程竣工结算制度，调整了定额造价，防止和纠正了随意抬高或压低工程造价的作法。修订《甘肃省建筑安装工程费用定额》，编制完成适应灾后重建工程需要的《甘肃省建筑抗震加固工程预算定额》及与之配套的地区基价等有关计价依据。

继续强化工程质量责任和技术措施，加强对全省重大项目的质量监管。全年监督工程项目5575个，总造价488亿元，监督覆盖率达到95%。工程质量总体受控，保持平稳态势。建设工程施工安全管理保持较好水平，共发生建筑施工死亡事故14起，死亡14人，事故起数和死亡人数均比上年有所增长。

【建设科技】针对建设领域技术难点热点和建筑节能要求，下达科技攻关项目计划141项，并积极组织产学研的实施工作；对已完成的科技攻关研发、施工技术创新和建设科技示范项目共30余项进行技术成果鉴定和科技示范项目验收；圆满完成在省科技厅立项的重大科研课题"甘肃省建筑节能分户供热计量标准化研究"项目，同时结合甘肃实际，编制颁发了《甘肃省民用建筑集中采暖供热计量技术规程》。组织评审出全省建设科技进步奖 43 项，推荐省科技进步奖 12 项，其中"外墙保温及围护用断热节能复合砌块与工艺设备成套技术研发"项目获得甘肃省科技进步奖一等奖。

制定了《2009～2011 年甘肃省建筑节能三年规划》和《甘肃省建筑节能攻坚计划》，指导全省建筑节能中长期工作的开展。全面实施住房和城乡建设部分配给全省"十一五"期间 350 万平方米的既有节能改造工作，去年全省开工在建的项目约 256 万平米，占任务总量的 73%。榆中县既有建筑热计量改造 30 万平米通过验收，做到了每平米采暖耗煤量下降 14%，单位面积电耗下降率 5%，居民热费支出每平米降低率 20%，完成了采暖费补贴由"暗补"变"明补"的改革，得到住房和城乡建设部的肯定和表彰。组织完成了《甘肃省既有建筑节能改造技术指南》和《外墙外保温体系质量与缺陷技术指南》的编制和评审工作。按照《甘肃省可再生能源建筑应用技术方案》，抓紧实施 5 个国家可再生能源示范项目。

（赵亚平）

测　绘

【概述】2009 年，省测绘局以贯彻落实《国务院关于加强测绘工作的意见》为主线，抓机制、建平台、促更新、强素质，积极组织实施年度工作要点的目标任务，按照省委省政府提出的"保增长、扩内需、促发展"的重点任务，全力解决测绘保障的突出问题，积极主动为全省中心工作提供地理空间信息支持。2009 年，测绘成果总量相当于十五计划期间四年的工作量。为确保基础测绘项目和防灾减灾测绘专项按期完成，省测绘局采取积极措施，进一步加强基础测绘数字化生产基地建设和生产结构调整，加强科技创新和岗位培训，提高工作效率；同时，对省级基础测绘计划与防灾减灾测绘专项规划进行衔接，优先保证防灾减灾、城市及交通沿线和开发重点地区使用，把基础测绘保障更紧密地调整到全省工作的重大需求上来。全局系统核算年度的经济能力较上年增长 22.7%。

【整体推进基础测绘和防灾减灾测绘】2009 年，基础测绘计划主要针对陇东能源基地等重大项目的需求，投入 1000 万元，在陇东开展 1∶10000 数字化地图更新 25000 平方千米。严格按照省委省政府关于灾后恢复重建的总体部署，积极创造条件，组织测绘单位开展工作，在广大测绘技术人员的艰苦努力下，完成甘肃南部地区航空摄影 72000 平方千米；完成 1 米分辨率正射影像地图 72000 平方千米，其中地震重灾区 25000 平方千米影像地图已全部提交陇南及有关部门使用；完成数字高程模型 63600 平方千米，空间数据采集 38300 平方千米，1：50000 地形图缩编 25800 平方千米，提早启动了南部地区地理空间信息平台及基础地理信息数据库前期工作，为 2010 年全面完成防灾减灾专项测绘打下坚实基础。

【明长城调查与长度测量】经过两年的努力，甘肃明长城调查与长度测量项目在测绘技术人员与文物调查人员的密切配合下全部完成，2009 年 10 月通过国家测绘局、国家文物局组织的成果验收。在甘肃明长城长度测量过程中，测绘技术人员应用全球卫星定位系统和数字摄影测量等先进测绘技术，利用已有的省级基础测绘航摄资料进行长城测绘和长度测量，国家有关部门于 4 月份举行明长城测量新闻发布会，公布全国明长城总长度数据，其中甘肃明长城长度为 1738.3 千米。省测绘局技术人员完成长城沿线基础地理空间数据核心层 1：10000 数字线划地图、数字正射影像地图、数字高程模型和 1：10000 长城专题影像地图 482 幅，测绘总面积 12300 平方千米，田野调绘墙体 1169.1 千米、壕堑 190.7 千米、山水险 378.5 千米。6 月份，省文物局省测绘局举办《爱我中华护我长城—甘肃省明长城资源调查成果汇报展》，全面介绍甘肃省明长城资源调查工作和测绘新技术在长城资源调查工作中的应用情况，受到全社会的广泛关注。长城测绘技术研究达到国内领先水平，12 月通过了省科技厅鉴定。

【积极参与国家西部测图工程】省测绘局承担的 A6 罗布泊区域 19600 平方千米测图任务，6 月完成并提交国家测绘局验收；B2 区域 14800 平方千米 12 月提交验收；完成青藏高原 C1、C2 区域外业测绘监理项目。积极参与国家 1∶5 万数据库更新任务，已开展近 60000 平方千米更新任务。

【金昌新农村应用示范项目】5 月中旬通过国家测绘局组织的验收。项目总投资 160 万元，测绘一批村庄，并在 1：10000 基础测绘成果基础上，整合多源信息，为金昌市新农村管理决策、建设规划、农业发展布局、农村基础设施建设、重大涉农工程以及农村综合信息服务平台建设提供地理信息应用服务。

【主体功能区地理信息平台建设与应用】通过省测绘局和省发改委密切合作，已完成一期计划。石羊河流域管理应用系统获得国家测绘局技术应用和省电子政务经费支持，各项工作已全面展开。开展陇西、秦安、两当三个县域地理空间信息平台试点，通过整合县域地情信息，形成应用专题示范，构建专题要素标编工具更及时更有效地服务于社会各个领域。

【少数民族地区测绘】合作市基础测绘项目 11 月通过验收提交使用，投入 250 万元，改造测绘控制网大比例尺地图，制作正射影像图，建立城市基础地理空间数据库和地理信息平台，配备初步的数据管理和出图设备，显著的改善当地测绘保障。甘南黄河水源区测绘和地理信息数据库建设项目列入中央财政支持的边远少数民族地区测绘专项，投入250万元，已完成航空摄影工作，进入测绘和系统建设。争取到肃南测绘专项250万元，正在积极组织前期技术工作。

【测绘新技术吸收和创新】2009年，省测绘局积极参与省部级科技立项，带动全系统科技进步和创新；积极开展与院校、高新技术企业的协作，结合应用服务，通过引进、消化和吸收先进测绘技术，组织科技攻关和创新，进一步整合全局航测力量，全面推进内外业一体化、采编一体化、图库一体化技术革新，促使航测数字化生产线进一步成熟，大大提升基础测绘保障生产能力，充分展示测绘技术整合的效果。甘肃测绘基准体系向2000国家大地坐标系的整体转换通过了省科技厅组织的鉴定验收，省级政务地理信息平台和基础数据库通过中期评估。引进高性能的数字航空摄影仪，填补了甘肃测绘航空摄影的业务空白，改善对地观测的获取效率和能力，为政府在防灾救灾、国土资源调查等方面提供了及时的地理信息。今年科技投入230万元，新增技术装备744万元，通过一批数字化测绘工程、数字化专题地图的生产、数字测绘成果的提供与服务，展示了测绘保障新的面貌和新技术体系的运行活力，带动测绘系统的技术进步和全省地理信息产业的发展。

【为全省中心工作提供测绘保障】2009年，省测绘局围绕省委提出的“中心带动，两翼齐飞，组团发展，整体推进”发展战略，编制兰州、白银现状地图，酒泉千万千瓦级风电基地规划布局图、陇东石油煤电化工资源图、甘肃铁路网络建议与规划图等重要图种，为决策管理提供及时保障。按照省政府办公厅要求，全面配合国家发改委调研，积极制作提供调研用图和图集，保证了调研急需，为争取国家加强甘肃发展优惠政策提供测绘技术支撑。紧密配合各部门办理省委省政府确定办理的12件实事，积极为各部门提供测绘服务保障，先后为发改、国土、水利、民政、建设、农牧、林业、环保等部门提供各种类型的地形图和数据成果。省级基础测绘单位积极围绕重大工程建设、国土资源调查、资源开发、城市规划、土地整理、生态环境监测保护、防灾减灾、文物保护等方面提供成果资料，与国土资源厅系统、公安、环保、民政等部门的地理信息数据共享协作取得新的成效，扩大地理信息资源应用面。全年为600多个部门和单位提供各种比例尺地形图和数据成果8000余幅，满足了各项建设对基础测绘成果的需求，基础测绘成果应用持续增长。《甘肃省地图集》编制出版，《政务专用图集2010版》编制工作基本完成。市州系列地图集编制已出版酒泉、张掖、武威、天水、庆阳五册，兰州、定西、陇南三册进入审核出版环节。

【测绘为国土资源管理服务】省测绘局局属各测绘单位承担了全省第二次全国农村土地调查数据核查65个县区数据核查工作，占整个核查工作量的74%。完成天水市土地调查汇总任务；完成张掖市国土储备三维系统建设及卫星影像区划图制作任务，为高台、肃南、山丹、民乐建立地籍管理系统；完成兰州、敦煌、金塔、合作、平凉、瓜州、酒泉钢铁集团等地地籍测量调查与数据库建设4680平方千米。为地质灾害调查防治提供数字化基础测绘成果，积极配合重点地质灾害防治工程的开展，提高了规划与工程建设的水平。同时，局属测绘单位与市州国土资源局合作开展矿业权核查工作，完成兰州、天水、定西、平凉、武威、金昌、张掖、酒泉八个市和临夏、甘南两州的规模以上矿业权核查控制测量任务，测绘高等级GPS控制点1940座，覆盖面积128400平方千米在整个国土资源测绘项目实施中，全面应用甘肃大地水准面精化成果，大大提高工作效率，降低了工作成本。

【应急测绘保障基础工作】省测绘局紧密结合机制体制创新工作的开展，分析吸取汶川特大地震测绘应急保障工作经验和教训，改进应急管理，编制《甘肃测绘重大紧急突发事件应急预案》。从预案实施管理、应急测绘保障队伍、测绘成果应急保障、内部紧急突发事件应对、应急解除、法律责任等方面进行了详细规范，建立和巩固测绘应急常备与迅速响应的机制。同时，启动持续加强应急测绘保障机制建设和实施，在组织、技术、装备等方面逐一加以落实。2009年，多次为省委省政府迅速提供成果地图图件，刷新33小时制作大批量精密成套绢质图组的记录，使测绘应急保障机制在一次次检验中逐步完善。

【充实完善测绘法规】依据《中华人民共和国测绘成果管理条例》，在调研的基础上，结合甘肃实际，起草《甘肃省测绘成果管理办法》，会同省政府法制办，征求各市州和有关部门的意见，组织多层次的座谈调研协调，省政府48次常务会议已审议通过。国务院发布《基础测绘条例》后，省测绘局认真组织测绘系统结合工作实际学习，及时推动市县学习贯彻，启动《甘肃省基础测绘管理办法》修订工作，推动全省测绘保障上台阶。

【实施测绘统一监管】2009年6月全面完成测绘资质年度注册工作，7月至2010年6月，完成全省新一轮测绘资质复审换证工作。截至2009年底已为68个单位审核颁发新版测绘资质证书。完成了测绘行业成果质量抽查和全省保密测绘成果监督检查工作。完成了2008年度测绘成果目录汇缴，测绘单位汇交规模以上测绘成果3364项，从中遴选1293项上网站公布。落实省政府关于加强测绘工作的实施意见，在省编办和国土资源厅的支持下，加强市州测绘三定设置，调整和加强了工作考核机制。

【规范全省地理信息市场秩序】2009年，按照省政府批转的《关于整顿和规范地理信息市场秩序实施意见的通知》，省测绘局会同省国家安全厅、省国家保密局、省工商行政管理局、省新闻出版局、省通信管理局等六部门建立了联席会议制度，建立联动机制，在加强互联网地图和地理信息服务网站监管工作的基础上，在全省范围内开展了整顿和规范地理信息市场秩序活动。

【实施测绘队伍充实调整】推进测绘事业单位改革，重点实施生产服务结构新一轮调整后协调、完善工作，进一步深化干部人事制度改革，在完成全员聘用制度改革后，2009年局属测绘事业单位全面实行面向社会公开招考技术人员，在省人事厅的指导下，制定了公开招考实施方案，统一按程序组织了公开招考录用，考录吸收26名新职工，占总编制的5%。通过对全系统职工实行动态岗位管理，初步建立了鼓励人才创新创造的分配制度和激励机制，促进了测绘管理水平和业务能力的提高。

【创新测绘文化建设】以测绘文化建设促和谐促发展，局工会、团委、妇联先后组织的“弘扬测绘精神谱写和谐乐章”文艺联欢活动、“我与测绘”书法摄影活动、“和谐发展开拓创新”演出、“放飞青春梦想唱响和谐乐章”登山歌咏活动，都富有特色，引导团结、向上、文明、和谐的风尚。

(彭月明)

交通 通信 邮政

交通运输

【交通基础设施建设】2009 年，甘肃交通运输部门采取一系列强有力的措施，加快交通基础设施建设。全年完成交通固定资产投资 192.61 亿元，同比增长 33.14%。其中公路重点项目 103.97 亿元，交通灾后恢复重建 31.51 亿元，路网结构改造及干线公路养护工程 6.38 亿元，农村公路 39.12 亿元，公路运输站场及水运设施建设 10 亿元，机场建设 1.63 亿元。据测算，交通建设投资拉动 GDP 增长约 1.5%，消耗钢材超过 34.6 万吨、沥青 28.8 万吨、水泥 277.2 万吨，创造就业岗位 8 万多个。全年新增二级以上公路 746 公里，其中高速公路 328 公里；新开工二级以上公路 758.4 公里，其中高速公路 156.7 公里。全省公路通车里程达到 114000 公里，公路密度 25.09 公里/百平方公里；二级及以上公路里程达到 7285 公里，其中高速公路 1644 公里，建成和在建高速公路里程达到 2538 公里。一是交通重点项目建设明显加快。宝鸡至天水、平凉至定西高速公路建成通车，天水至定西等 7 个高速公路项目建设进展顺利。瓜州至星星峡高速公路按计划开工建设，营盘水至双塔、雷家角至西峰、临洮至渭源、成县至武都高速公路项目前期工作取得重大进展。兰州南绕城、天水至平凉、临夏至合作、十堰至天水甘肃段、白疙瘩至明水等高速公路项目前期工作正在加紧进行。二是交通发展规划取得新进展。新调整的《甘肃省高速公路网规划》已经省政府批准实施，修改完善了《甘肃省干线公路网规划》。三是路网改造项目取得新成效。会川至宕昌、祁家黄河大桥等 18 个项目建成通车，临夏折桥至达川等 9 个项目进展顺利，敦煌至当金山口等 5 个二级公路项目开工。四是交通基础设施灾后恢复重建工程进展良好。12 个 1128 公里国省干线公路恢复重建项目全部开工，冰雪灾害和农村公路重建项目顺利实施。交通灾后重建工程自开工以来累计完成投资 36.55 亿元，占项目总投资的 79.68%。五是运输站场建设有序推进。甘肃道路运输救援保障中心、平凉道路运输物流中心等 15 个项目建成投入使用；武威道路运输物流中心、兰州主枢纽榆中物流中心等 17 个项目开工建设；甘肃省快速货运（集疏运）通道项目、快速客运汽车站等 8 个项目前期工作取得积极进展。六是水运设施建设力度加大。黄河盐锅峡库区航运工程建成交工，完成了 20 处农村公路渡口码头的改造。黄河大峡库区航运工程等项目的前期工作取得较大进展。七是机场项目建设全面提速。嘉峪关机场航站区改扩建和金昌机场建设项目顺利实施。兰州中川、庆阳机场改扩建及新建夏河机场、张掖机场军民合用项目已得到国家批复立项。在交通基础设施建设中，甘肃省交通运输厅全面实施精细化管理，加强诚信体系和制度责任体系建设，工程建设质量和安全监管水平进一步提高。加强建设资金筹措和调度管理，与 12 家金融机构建立了良好的信贷合作关系，交通建设资金使用效益不断提高。

【农村交通运输】2009 年甘肃省新建改建农村公路 2620 项 15733 公里，其中完成农村公路灾后重建 1233 项 6791 公里。全面完成了省委、省政府“12 件 27 项实事”中确定的 5500 公里农村公路建设任务。全省农村公路通车里程达到 98582 公里，全省 87.29% 的乡镇和 34.2%的建制村通了油路，97.91%的建制村通了公路。深入开展了农村公路建设“质量年”活动，各地交通主管部门和省厅 14 个农村公路巡回督查组充分发挥职能作用，加大巡查力度，促进了农村公路建设质量的提高。甘南州农村公路部级示范工程建设项目实施顺利。组织开展了农村公路建设培训“三百工程”。进一步加大农村客运站点建设力度，全年新建乡镇汽车站 150 个，行政村汽车停靠站 1620 个。全省乡镇客运站达到 888 个，行政村汽车停靠站达到 6048 个，覆盖全省 72.37%的乡镇和 36.73%的行政村。大力发展农村客运，全省开通农村客运班线 2240 条，全省 99.84％的乡镇和 87.91％的行政村通了班车。

【交通运输服务保障】加强运输组织和运力调度，圆满完成春运、60 周年国庆等重大节日和重要时期的旅客运输任务，保障了鲜活农产品及粮食、煤炭、化肥等重点物资运输。开展运输市场专项整顿，重点规范出租汽车经营、危险货物运输行政许可和汽车客运站收费行为。推进“打黑车、除隐患”长效机制建设，全年查处各类“黑车”9700 余辆。3 次启动公路客运运价与燃油价格联动机制，积极帮助支持运输企业应对金融危机冲击。认真开展公路水路交通工具甲型 H1N1 流感防控工作。积极推进道路运输结构调整，全年新增省际、市际客运班线 57 条，新增或更新客运车辆 643 辆。组建了甘肃交运旅游汽车公司和宝天高速公路专线运营公司，对提升客运服务品质起到了示范作用。交通运输生产保持稳定增长。到

2009 年底，甘肃省营运性客货运输车辆达到 16.84 万辆。全省道路运输产值达到 308 亿元，增加值 147 亿元，同比增长 5.8%和 5.0%。全省道路运输行业新增社会就业岗位 4.51 万个，道路运输从业人员达到 36.84 万人，比上年增长 13.9%。全社会公路运输完成客运量 4.775 亿人，旅客周转量 206.584 亿人公里，货运量 2.081 亿吨，货物周转量 489.721 亿吨公里，同比增长 8.63%、5.02%、14.35%和 3.13%，在综合运输体系中的比重分别为 95.4%、44.2%、80.8%和 32.8%。全社会水路运输完成客运量 92 万人，旅客周转量 2050 万人公里，货运量 30 万吨，货物周转量 34 万吨公里。

【综合运输体系建设】一是以道路运输为基础，积极寻求推进综合运输发展的切入点。启动了《甘肃省综合交通运输体系规划》的研究和编制工作。总投资达 2380 万元的省级交通应急处置平台与信息服务系统基本建成，省道路运输救援保障中心建成并投入使用。积极推进农村邮政物流发展，武威市运管部门"请邮进站"，在促进道路运输与邮政服务业合作发展方面取得了积极成效。二是以省政府批复成立甘肃省机场投资管理有限公司为契机，全面履行机场建设管理职能，一批机场项目前期工作全面加快，与海航集团初步达成了加快甘肃机场建设发展的共识。三是大力发展水路运输。在兰州召开了首届黄河航运发展论坛，黄河九省区航运部门共同签署了《黄河航运开发战略合作框架协议》，甘、宁、蒙三省区黄河航运开发工程前期工作开始启动。兰州水上搜救中心、水运信息化建设及重点水域船坞建设全面加快。四是加快国防交通战备建设。天水罗堡至藉口等 7 条国防公路建设进展顺利。对驻甘部队的营区外道路进行了改建和养护，对兰州战区部队快速机动实施了强有力的交通运输保障。开展了交通战备应急指挥中心和交通战备训练基地项目的前期工作。完成了省国防交通协会的筹建工作。

【公路养护管理及运营服务】坚持以科学养护理念指导公路养护生产，初步建立了规范的养护作业和绩效考核体系。以交通规划设计企业为主体，成立了省公路养护研究院。在全省组建了 9 个高等级公路养护中心。大力实施养护维修工程，投资 5 亿元，在 21 条普通干线公路和 2 条高速公路实施养护维护工程 484 公里；投资 4100 万元，加固改造国省干线危旧桥梁 96 座；投资 1840 万元，在 3 条国省干线和 7 条农村公路实施安保工程 337 公里；对天逸等公路采取增设紧急停车带和加宽车道等措施，提高了安全通行能力。加强公路路政管理，全省路政案件查处率达到 98%以上。规范公路沿线广告牌、标志标牌设置管理，配合商务部门大力实施"退市还路"工程，公路路产路权得到有效维护。继续加大车辆超载超限运输治理工作力度，开展农村公路治超工作，全省干线公路货车超限超载率控制在 5%以下。着力提升高等级公路运营服务水平，完成全省 17 条 1544 公里高速公路、6 条 452 公里二级公路共 115 个收费站点的计重收费改造工程，载货类汽车计重收费工作平稳起步；对 19 个高等级公路服务区进行了全面维修改造；基本完成了全省 15 条高速公路的路线命名编号调整及标志标牌更换工作。加强通行费征收管理，全年征收车辆通行费 28.14 亿元，同比增长 23.98%。认真落实国家"绿色通道"政策，全力支持保障我省工业企业运输需求，全年减免通行费 3.62 亿元。

【交通体制机制改革】甘肃省政府批复成立省交通运输厅，划入了指导城市客运和出租汽车行业管理职责，厅机关内设机构及人员定岗工作正在进行。农村公路养护管理体制改革初见成效。全省 14 个市（州）和 86 个县（市、区）均出台了《农村公路管理养护体制改革实施意见》及其实施细则，1263 个乡镇中已有 1203 个乡镇设立了农村公路管理所（站）。全省共落实农村公路养护资金 3.68 亿元。认真落实成品油价格及税费改革的后续工作，理顺了"六项"规费取消后交通专项资金的转移支付渠道。组建了路政、征稽合署办公临时党委，交通征稽队伍整体转岗加强路政执法工作，在清缴欠费、支持配合路政执法、开展计重收费等工作中发挥了重要作用。理顺了全省民航机场投资管理体制，结合目前我省民航机场管理现状，配合省有关部门就加强我省机场运营管理、理顺资产产权关系等向省政府提出了初步意见。交通企业改革进一步深化，对公路建设业主单位和事业单位所属的企业或经济实体全部进行剥离，平稳完成了厅属单位所属 15 家企业的移交整合工作。

【交通运输安全生产】深入开展"安全生产年"活动，扎实推进"三项行动"和"三项建设"，实行交通运输安全生产属地管理、行业监管和双目标责任考核。三级以上客运站配备了 X 射线行包检查设备和安全门检系统，大部分长途客车和危货车辆安装了 GPS 监控系统。乡镇船舶"县、乡、船主"三级安全管理责任全面落实，购置了部分船舶检验起泊设施。总结推广了"甘肃路桥项目安全控制法"，交通重点建设项目安全生产进一步加强。配合省安监局开展了道路运输企业安全生产标准化评估工作，与公安交警、消防等部门在高速公路运营和重点项目实施了"保通保畅保安全"联防机制。全行业安全事故起数、死亡人数、受伤人数、直接财产损失四项指标分别比上年下降 34.5%、23.3%、25.3%和 1.8%。交通运输应急保障能力全面加强，修订完善了《甘肃省交通运输突发事件总体应急预案》。建立了水上交通、道路运输、公路养护、工程建设、高速公路运营五大安全预警机制和应急救援体系，举行了预警救援演练。加快全省道路运输指挥中心和 14 个市、州道路应急保障中心建设。组建了公路应急保障支队、道路运输保障大队和消防救援队，成功应对陇南特大公路水毁和全省严重冰雪灾害，确保了公路安全畅通。

【交通法制建设】坚持依法治交通，加强交通立法、普法、学法、用法工作。完成了《甘肃省出租汽车管理条例（送审稿）》的起草工作。交通"五五"普法宣传工作深入到基层一线。组织开展了交通行政执法规范的学习整改活动，交通行政执法过程中自由裁量权使用不当、不按程序执法的现象得到有效整治。交通运输行政审批项目由40项减少至27项。

【交通科研创新及人才建设】进一步加大科研攻关力度，与交通运输部公路科学研究院签订了科技创新、成果应用等多层次的战略合作框架协议。全年实施各类科研项目18项，投入科研经费1863万元，4项获得省科技进步二等奖和三等奖，解决了一批交通生产建设中的技术难题。交通信息化建设进一步加快，电子政务、网站管理、信息资源整合工作继续向前推进。加强节能宣传，制定节能措施，推广节能产品，全行业重视节能减排的意识不断增强。进一步加强人才队伍建设，在培养带头人才、挖掘适用人才方面取得了新成果。厅系统高级职称人员达到800余人，其中正高级工程师27人，有2人被聘为省政府专家顾问团成员，形成了合理的专业技术人才梯队。在2009年全国首届"厦工杯"筑养路机械操作手技能大赛中，我省8名选手获得团体第四名和个人优胜选手好成绩。干部人事制度改革取得新进展，领导干部差额选任试点工作成效明显，干部教育培训的力度和范围进一步加大。

【行业精神文明及党风廉政建设】深入推进学习实践科学发展观活动整改措施的落实，解决了一批影响交通运输科学发展和关系人民群众切身利益的热点难点问题。继续丰富和拓展"学、树、创"活动内容，全系统涌现出一批先进集体和先进工作者。甘肃省交通运输厅被中央文明委授予全国文明单位称号。交通文化建设和新闻宣传工作取得新成绩，总结宣传了全省交通运输60年发展的成就和经验，在甘肃省和交通运输部分别组织的新中国成立60周年"感动甘肃人物"和"感动交通人物"评选中，甘肃省交通系统有2人分别入选。认真落实党风廉政建设责任制，扎实开展反腐倡廉教育，努力拓展从源头上防治腐败工作领域。深入开展了交通工程建设领域突出问题专项治理活动。认真落实省纪委与交通运输部签订的连霍高速公路天水过境段预防腐败及工程廉政部省联建协议。甘肃省交通运输厅与省监察厅联合开展了公路建设项目电子监察系统的研发和推广工作。继续加强政风行风建设，巩固了全省公路基本无"三乱"成果。进一步加强预算管理和监督，深入开展治理"小金库"专项活动。强化内部审计监督，全年完成各类审计项目503项。中央书记处书记、中纪委副书记何勇在甘肃视察期间，专程赴天定高速公路建设工地视察，对甘肃省交通系统党风廉政建设取得的成绩给予了充分肯定。其他各项工作实现了平稳有序发展，离退休干部管理与服务、交通工会及共青团工作取得新成绩。交通信访及社会治安综合治理工作不断加强。自觉接受人大依法监督和政协民主监督，按期办结人大代表建议和政协提案178件。

通信管理

【电信行业实现平稳增长】2009年，省通信管理局深入贯彻落实科学发展观，以改革创新为动力，坚持以人为本，进一步创新工作思路，着力营造健康和谐的行业发展环境，更好地服务发展，服务社会，服务群众。2009年全省完成电信业务收入104.24亿元，比上年增长14.79%；完成电信业务总量355.51亿元，比上年增长31.51%；完成固定资产投资66.32亿元，比上年增长52.42%。全省新增电话232.63万户，电话用户总数将达到1648.3万户，其中固定电话用户453.93万户，移动电话用户达到1194.37万户；互联网用户达到103万户（宽带接入用户87万户）。全省电话普及率将达到63部/百人。

【3G网络建设和推广应用步伐加快】省局围绕部省保增长、扩内需、调结构、惠民生工作大局，引导企业加快推进3G网络建设和业务推广应用。省政府成立了由分管副省长任组长，教育、财政、国土资源、建设、交通、环保、电力等为成员单位的甘肃省TD-SCDMA网络建设工作协调领导小组，省政府办公厅下发了《关于加快推进全省TD-SCDMA网络建设工作的通知》，从明确职责、优化程序、营造舆论等方面加大3G和TD网络建设支持力度。同时，省局积极走访企业了解3G发展中存在的困难和问题，适时向地方政府和相关部门建言献策，争取在基站选址、电力引入等方面给予政策扶持。2009年，甘肃电信一期网络建设投资7.5亿元，完成所有区县级以上城市网络覆盖并着手实施二期网络建设；甘肃移动TD—SCDMA网络建设一、二期已完成投资6亿元，并计划推进2亿元投资规模的三期网络建设；甘肃联通已完成投资3.29亿元的WCDMA网络一期工程建设，并计划推进投资计划为1.89亿元的网络二期建设；三家运营企业均已实现3G业务正式商用。同时，中国电信、中国移动与省政府签署了战略合作协议，大规模网络建设和业务推广有力带动了产业链的发展，对地方经济发展特别是提升综合信息应用水平起到了积极的推动作用。

【增值电信业务市场持续发展】积极探索建立高效便民的增值电信业务市场准入机制，对接入服务单位开展实质性审查，以接入环节为抓手清查基础企业增值电信业务接入市场。截止2009年底，我省省内增值电信业务经营单位

96 家，全省跨地区增值电信业务经营单位达到 739 家。同时，完成 2008 年度经营许可证年检工作，对 142 家跨地区增值电信业务单位建议进行整改，建议不合格 8 家；责令 37 家省内增值电信业务经营单位进行整改，注销 14 家不合格单位，促进基础电信业务市场和增值业务市场产业链的完善与合作共赢机制的形成。

【电信基础设施共建共享稳步推进】按照工信部和国资委要求大力推进电信基础设施共建共享，建立全省电信基础设施共建共享协调机构和省级电信运营企业共建共享例会制度，制定《电信基础设施共建共享实施细则（暂行）》，明确了《甘肃省电信基础设施租费参考标准》，督促电信、移动、联通三家电信运营企业达成《电信基础设施共建共享合作协议》，建成电信基础设施共建共享数据库，组织开展“对等置换”等电信基础设施共建共享试点并逐步推广。2009 年，全省共建铁塔 1103 座，共建杆路 994 公里，共建基站 958 个，共建传输线路 1323 公里；共享铁塔 1126 座，共享杆路 1433 公里，共享基站 1280 座，共享传输线路 1686 公里；全省电信基础设施共建率达到铁塔 48.28%、杆路 24.26%、基站 34%、传输线路为 21.56%，电信基础设施共享率铁塔 60.8%、杆路 67.9%、基站 62.3%、传输线路 69%。

【积极推进全省三级 VSAT 应急平台建设】督促电信公司在承接卫通基础业务后重启工程建设并协调解决相关问题，投资 162 万完成 172 个站点建设，全省所有市县两级政府均已安装应急卫星电话。

【积极服务农村信息化建设】按照省委远程办要求组织实施通信行业农村党员远程教育课件制作，省局、省互联网协会积极争取中国互联网协会的捐赠支持，组织协调并投资 10 余万元为陇南汉王中学捐建网络教室，先后赴平凉、庆阳、陇南、临夏等地农村开展面向农民的互联网知识应用培训。

继续推进村通工程建设。认真落实并安排企业承建 520 个自然村通电话工程任务，协调电信公司承接原卫通村通用户的服务和维护工作，组织开展行政村村通电话检查整改工作，配合工信部完成了四省藏区工业、通信业发展情况调研。

加快乡镇互联网接入能力建设。适时组织对全省尚不具备互联网接入能力的乡镇进行了全面摸底调查，开展了藏区通信发展专题调研并向省政府上报了关于支持甘南、武威等藏区通信设施发展规划及建设方案。

【做好互联网基础管理与专项治理工作】截止 2009 年底，我局共审核互联网站信息 20674 个，审核通过 6273 个，拒绝审核 6885 个，网站主体注销 3701 个，网站注销 62 个，备案信息变更 3753 个，全省备案网站达到 9700 个，IP 地址备案 811120 个；我省网站备案及时率达到 99.88%，备案准确率由年初的 30%提升至 75%。同时，加强部门协作，组织开展了我省网站备案率、备案信息准确率及社会企业无证经营情况调查，配合有关部门对 215 个网站进行协查，协助关闭非法网站 10 个，关闭未备案网站 300 多个，删除空壳网站 3258 个。

根据中办发[2009]6 号文件精神，组织开展“净化网络文化环境，促进未成年人健康成长”工作，配合开展以“净网”、“净吧”和“净边”行动为重点的社会文化环境整治。积极开展整治互联网低俗之风和打击手机传播淫秽视频专项行动，专项行动期间依法对 4 家违规 SP 给予行政处罚，下线本地 SP 业务 2 个，关闭服务器 2 太，关闭未备案网站 83 家。同时，先后配合开展了打击非法涉性广告、打击网络赌博和诈骗、打击非法售卖违禁物品、打击非法售卖兴奋剂、打击非法售卖 A 型肉毒素、打击非法出版物、互联网反侵权盗版、打击互联网非法地理信息以及规范网上资本市场信息传播秩序等专项行动。

【完善行业统计分析指标】积极探索开展 3G 网络建设、移动电话农村用户统计，改进对行业整体运行状况的分析、预测和动态监测，按时完成公网、专网和增值电信业务年报以及行业综合统计月报季报和分析。

【科学核配码号资源】充分利用部系统开展码号核配网上受理工作，2009 年共核配 SP 代码 25 个、96 短号码 11 个、本地网局号 17 个，收回 96 短号码 3 个，备案 95 短号码 10 个、1 字头号码 7 个、SP 代码 25 个、H 号码 545 个。

【推进行业人才队伍建设】2009 年完成移动通信营业员、电信业务营销员等职业技能鉴定 1211 人次，联合省人保厅开展企业从业人员持证上岗检查。同时，组织开展高级通信工程师考试，联合省人保厅组织实施初中级通信工程师考试，启动技师、业务师考试试点工作。积极探索开展网络信息安全管理人员培训，完成网络信息安全管理培训教材编纂和审定。

邮　政

【概况】2009 年甘肃省邮政管理局紧紧围绕国家局工作会议的部署，以邓小平理论和“三个代表”重要思想为指导，认真学习十七大精神，以科学发展观统领邮政监管工作全局。积极推进邮政监管体系建设，保障邮政普遍服务和特殊服务有效实施，努力构建公平公正、竞争有序的市场环境，推进甘肃省邮政业又好又快发展。

2009 年，社会对邮政服务的整体需求增加，邮政市场进一步开放，各类市场主体表现活跃，邮政业取得长足发展，信息化水平得到提升，服务种类更加丰富，服务能力和服务水平明显提高，经营效益逐年提高。

快递市场需求旺盛，经营主体不断

增加，服务范围进一步拓展，市场竞争更趋激烈。快递企业逐步加强网络建设，建立综合信息平台，提升了技术水平，提升了品牌形象，增强了经营实力，为客户提供了高附加值的一体化服务。在我省已形成国有、民营、外资企业共存发展、相互促进的格局，为促进甘肃经济社会发展和方便人民群众生活做出了积极贡献，在改善投资环境、提高产品竞争力和促进社会就业等方面发挥着越来越重要的作用。

邮政业发展环境明显改善。新修订的《中华人民共和国邮政法》审议通过，使得邮政地方法规得到有效实施，法制环境进一步改善。加强了邮政市场监管，维护了企业和用户的合法权益。组织开展了集邮市场、邮政用品用具的执法检查，经营行为得到规范，市场秩序总体好转。强化重点地区、重点部位的安全监管工作，保障了邮政业通信安全。

【邮政网点建设】邮政企业以低廉的资费持续提供寄递信件、印刷品和包裹等邮政普遍服务。截至 2009 年底，全省邮政局所、代办点合计 2239 处，其中，快递服务企业 885 处，基本满足了人民群众对邮政普遍服务的需求。邮政企业履行特殊服务职能，提供机要通信、党报党刊发行、义务兵通信和盲人读物免费寄递等特殊服务业务，保证了国家政令畅通，使义务兵享受到国家给予的通信便利，对残疾人的关怀落到实处。

【邮政业务】2009 年全省邮政业总收入达到 7.38 亿元，比上年增长 14.35%。其中，快递业务总收入完成 1.95 亿元，比上年增长 37%。邮政行业从业人员 1.16 万人。其中快递服务从业人员达到 1100 人。

【邮政普遍服务监督管理】强化普遍服务监督检查。2009 年的工作中，依照新《邮政法》紧密围绕“政府监管、社会监督、企业自律”三位一体的监督管理体系，针对与服务质量密切相关的核心指标和热点问题，扎实推进我省邮政普遍服务监管工作，确保广大用户用邮的基本条件、基本质量，维护用户的合法权益。加强监督管理，规范经营秩序，提升行业服务水平，强化政府服务，提高工作效能，努力确保邮政普遍服务和特殊服务的监管工作能得到有效的执行，保障公民的基本通信权利，多方面的展开邮政普遍服务监管工作。

开展全省寄递服务企业实物寄递测试。保证邮政服务行业的寄递安全，督促企业改进服务质量。测试共抽查省会城市邮政公司 30%的邮政支局（所）52 个，规模以上快递公司 40 家，5 个重点市州邮政支局（所）10 个。内容涉及禁限寄物品的收寄安全验视情况以及电话应答、礼貌用语、服务时限和查询赔偿等服务质量情况。要求企业一是要进一步提高思想认识，切实落实安全保障措施，认真贯彻落实国家邮政局和省邮政管理局下发的有关文件精神，提高员工的安全意识，做好邮件和快件寄递过程中的安全防范工作；二是要切实加强验视制度，确保寄递安全；三是要严格落实责任追究制度，坚持“谁经营、谁负责”的原则，明确管理和经营责任，增强安全意识和服务意识，不断改进服务质量，为建国 60 周年做出积极的贡献。

增强社会监督员队伍，扩大监督面。2008 年有社会监督员 56 名，因部分社会监督员由于各种原因不能按时上报监督信息和相关报表，2009 年调整原有社会监督员 16 名，经国家邮政局批准又另外扩增 20 名社会监督员，新聘社会监督员共计 36 名，现有社会监督员人数已达 76 名，达到我省市县覆盖率 68.6%。新增加的社会监督员，从文化素质、责任感、工作积极性等方面都大有提高，日常信息交流量增加，他们协助开展的函件、包裹测试工作都能保质保量地完成，发挥了社会监督工作的及时性和有效性。2009 年健全了社会监督员资料库，建立健全了社会监督员考核制度，通过每年的学习和集中培训，绝大多数社会监督员都能够发挥监督职责，按时报送检查信息，提供具有参考价值的意见和建议。

创办《甘肃邮政普遍服务监督信息》。通过刊物为全省社会监督员搭建了一个学习邮政法规，了解邮政发展的平台。此刊物自开办以来，深受社会监督员欢迎，他们通过信件、电话、电子邮件等方式提出了很多意见和建议。

开展新农村通邮情况调研。2009 年 9 月，通过对我省未设立邮政局所的空白乡镇进行摸底调研，针对省 448 个空白网点乡镇的局所建设，省局会同省邮政公司联合编制了《甘肃省农村邮政网点建设规划》，目前正在论证阶段，同时针对省藏区的邮政基础设施建设，省局会同省公司编制了《甘肃藏区农牧村邮政服务“三农”网络及邮政普遍服务项目规划》，增强农牧村邮政服务功能，完善藏区邮政服务体系。通过政策引导，加大对农村特别是藏区邮政服务支持力度，切实增强基层政府社会管理和公共服务能力，努力提高公共服务均等化水平，为农村经济和社会发展注入新的活力。

积极协调，努力推动“户箱”工程。2009 年 3 月份，针对兰州地区的部分居民住宅区、商品住宅区、行政办公楼和商用写字楼等区域的信报箱设计及使用情况进行了调研，调研中发现市各区域的信报箱的外观设计、规格、安装形式和位置都不统一，破损严重，使用率较低，业主基本没有维权意识。针对这一情况，省邮政管理局多次与省建设厅联系协调，争取省建设厅的支持，力争将信报箱建设列入住宅楼房建设验收强制条款，共同推进信报箱建设。

强化执法检查，维护市场秩序。密切同工商部门的联系和沟通，加大对快递市场的检查力度和频次，2009 年共组织监管力量重点对兰州地区的快递企业开展了执法检查活动 170 次，检查单位 150 个，出动执法人员 350 人次。

查处违规行为60起（主要是违规收寄违禁物品、违规收寄信函行为、超范围经营及企业服务质量等方面的问题），下发《整改通知书》43份，在很大程度上规范了市场经营秩序。

畅通“12305”消费者申诉渠道，切实维护消费者合法权益。2009年10月，12305邮政业消费者申诉中心示范站点正式建成，使邮政业消费者申诉能够得到及时妥善解决，确保消费者合法权益的维护。

【快递市场监督管理】大力宣贯快递业务经营许可制度。为贯彻落实新《邮政法》和《快递业务经营许可管理办法》，确保快递业务经营许可工作的顺利开展，2009年9月24日至27日在白银市举办“全省快递业务经营许可工作培训班”。全省已备案的近50家快递公司的经理和管理人员近80人参加了培训。在培训班上，系统讲解了《快递业务经营许可管理办法》和《快递业务经营许可条件审核规范》，并就“快递业务经营许可管理信息系统”的具体使用方法做了介绍。甘肃局就做好本省快递业务经营许可工作提出三点要求：一是各企业要严格按照《邮政法》和《快递业务经营许可管理办法》的规定，完善企业软硬件设施，积极创造许可条件，争取早日取得许可资格；二是各企业要高度重视此项工作，实行领导负责并指定专人做好许可工作；三是对拒不整改且逾期达不到许可条件的，将严格按照相关法律法规进行清理。

【培育规范集邮市场】对集邮市场进行了摸底调查，初步摸清了全省集邮市场的基本情况，编写了详细的名录，建立了非邮政部门经营邮资凭证的单位和个人以及邮票代售点档案。不定期的组织力量，以兰州市集邮市场为重点，加大检查力度，整顿市场秩序，规范市场行为。

【强化邮政用品用具市场监管】在兰州邮区中心局函件分拣科建立了信封质量监测站，监测全省出口信函信封质量，将监测结果和存在的问题及时通报邮政企业和信封生产厂家，向不符合标准的厂家发出整改通知书，限期整改，经过整顿，信封质量和分拣上机率都有了明显提高。通过政府网站和报纸向社会公布生产企业名录，对持有邮政用品用具生产监制证书的企业进行了复审换证。

【队伍建设】新《邮政法》、《快递市场管理办法》都赋予邮政执法人员更大的执法空间。为更好的学习和掌握行政执法相关知识，提高执法人员的综合素质，进一步规范我省被监管的市场，2009年10月份举办了执法人员集中专业培训班。培训内容分为理论学习和具体实践两个部分。一是对《行政法》、《行政处罚法》、《行政复议法》、《邮政法》、《快递市场管理办法》等法律法规进行系统学习；二是学习掌握具体的执法程序和立案、管辖法律文书、调查取证法律文书、听证法律文书、行政处罚法律文书等各种法律文书的规范使用。组织开展现场执法实践活动。组织执法人员与工商行政管理部门执法人员联合执法，现场学习工商行政执法人员的执法经验、执法技巧以及各种执法文书的填写，提高执法人员办案的水平和能力。同时通过每周集中学习和自学相结合的方式，建立了长效学习机制。通过学习培训，全体工作人员都较为熟练地掌握行政执法程序和执法技巧，基本能够胜任现阶段有邮政行政执法工作的需要。

财政　金融

财　政

2009 年是新世纪以来甘肃省经济社会发展最困难、受到冲击最严重的一年。面对严峻的形势，各级各部门在省委、省政府的坚强领导下，深入践行科学发展观，坚决贯彻中央保增长、保民生、保稳定的决策部署，坚持“四抓三支撑”的总体工作思路，克服困难，抢抓机遇，开拓进取，狠抓落实，全省经济社会保持了平稳较快发展的态势。

【财政收支任务圆满完成】2009 年，各级财税部门协调配合，强化执行分析，落实征管责任，实行重点税源动态监控，推进依法治税，加大稽查力度，优化纳税服务，努力做到应收尽收。认真贯彻落实《甘肃省政府非税收入管理条例》，深化非税收入收缴管理改革，积极推进国有资本经营预算制度实施，保证行政事业性收费、罚没收入等收入及时足额入库。全省地方财政收入实现 286.6 亿元，完成预算的 110.9%，比上年增长 20.7%。其中：省级收入 109.2 亿元，占预算的 105.7%，增长 16%；市县收入 177.3 亿元，完成预算的 115%，增长 21.3%。大口径财政收入实现 604 亿元，完成任务的 108.1%，增长 36.5%。

积极采取有效措施，强化支出管理，优化支出结构，完善考核评价机制，加快预算下达，加强资金调度，及时拨付资金，从严控制一般性支出，全力保障重点支出。全省财政支出实现 1246.3 亿元，增长 28.7%。其中：省级支出 269.9 亿元，增长 27.5%；市县支出 976.3 亿元，完成预算的 96.6%，增长 29%。农林水、教育、医疗卫生、社会保障和就业、交通运输等支出增幅分别达到 47.3%、24.2%、49.2%、30%、75.2%。累计下达资金 236.5 亿元，有力地支持了灾后重建工作。12 件 27 项实事顺利推进，省级共下达资金 61.5 亿元，比年初预算增加 13.3 亿元。

【争取中央支持成效明显】各级各部门紧紧围绕国家投资取向，积极汇报，主动对接，努力争取支持。当年，中央下达甘肃省各类补助 885 亿元，增长 24%。义务教育绩效工资、司法经费保障、医药卫生体制等改革政策起步实施。农村公益事业建设“一事一议”奖补、乡村公益性债务清理化解工作列入国家试点范围。白银、玉门两个资源枯竭城市转型加大补助力度。继宕昌、夏河、岷县等 23 个县之后，又有一批县有望进入国家重点生态功能区转移支付扶持范围。《甘肃省循环经济总体规划》正式批复。《国务院关于进一步支持甘肃加快经济社会发展的若干意见》即将出台。

在中央的大力支持下，省上当年下达市县补助 799 亿元，增长 25%，有效缓解了基层财政困难，保证了工资足额发放、机构正常运转和重点支出需要，提高了基本公共服务均等化水平，支持了经济社会协调发展。

【积极财政政策有效落实】着力加大政府公共投资。及时拨付中央扩大内需投资 116 亿元，争取中央代理发行地方政府债券 65 亿元，募集中期票据资金 100 亿元、地震灾区农户住房重建贷款 32 亿元，积极落实配套资金，加大对民生工程、重大基础设施建设、生态环境保护、产业结构调整的投入力度，支持铁路、公路、机场等重点项目建设，保证灾后重建工作的顺利推进。争取国外贷款项目 11 个，资金 6.7 亿美元，增加对经济社会发展的投入。

大力推进经济结构调整。安排资金 2.1 亿元，加快实施科技重大专项、重点实验室、创新服务计划等项目。下达奖补资金 4.6 亿元，推进企业节能技术改造，支持城镇污水处理配套设施建设。落实资金 12.4 亿元，加强对环境污染的检测和防治。筹措资金 6.5 亿元，支持兰州通用机器厂、天水长城控制电器厂等国有企业实施政策性关闭破产。拨付资金 2.5 亿元，促进中小企业科技创新、结构调整。办理退税 7 亿元，支持外贸企业扩大出口。补助资金 1 亿元，支持重点工业园区基础设施建设。

认真落实扩大消费政策。贯彻增值税转型、降低小规模纳税人增值税征收率、取消或停征收费项目等税费减免政策，减轻企业和居民负担 28 亿元。下达资金 3.3 亿元，完善操作办法，保证了家电、汽车摩托车下乡等政府补贴的及时兑付。下拨石油价格改革财政补贴 1.2 亿元，有效降低了石油价格变动对相关行业的影响。

【“三农”投入力度进一步加大】各级财政用于农林水事务、天然林保护、退耕还林、退牧还草、道路建设等方面支出 212.9 亿元，比上年增加 40.5 亿元，促进农业生产、农民增收和农村经济社会发展。到位资金 25.7 亿元，提高了粮食直补、农资综合补贴、良种补贴、农机具购置补贴补助标准，扩大了补贴品种和范围。下达资金 24.6 亿元，认真落实退耕还林扶持政策。围绕促进农民增收“六大行动”，筹集资金

5亿多元，支持旱作农业、草食畜、马铃薯、中药材、苹果等特色优势产业发展，推进农业产业化经营。农业综合开发资金达到5.5亿元，加大对中低产田和中型灌区节水改造力度。投入资金8.3亿元，解决了150万农村人口饮水安全问题。筹集资金10.9亿元，新建农村沼气用户40.2万户。到位资金28.6亿元，支持水利工程和农田水利基础设施建设。落实资金19.6亿元，加强整村推进、劳动力输转培训等扶贫项目建设，努力改善贫困乡村生产生活条件。拨付资金10.1亿元，支持自然灾害救助、农作物病虫害防控、动物防疫和防汛抗旱工作。拨付资金1.1亿元，实施新一轮新农村建设试点。下达资金2.1亿元，着力推进村级公益事业一事一议奖补试点，在7个县试点基础上，全面开展集体林权制度改革。拨付资金17.8亿元，建设农村公路5500多公里。

【民生支出保障有力】继续完善社会保障机制。全省社会保障和就业支出199.7亿元，比上年增加46亿元。拨付资金38亿元，提高城市、农村低保和五保供养标准，保障人数达到353万人，实现了应保尽保。拨付资金27.3亿元，保证了企业离退休人员基本养老金按时足额发放。拨付城乡医疗救助资金4亿元，帮助解决特困人员的看病就医问题。补助资金10.5亿元，有效落实公共就业服务、小额担保贷款贴息、岗位补贴等更加积极的就业政策。安排资金2亿元，解决3838名纯农牧户零就业家庭毕业生就业问题，招录1万名普通高校毕业生充实农村中小学和乡镇卫生院力量。落实阶段性缓缴社会保险费、降低社会保险费率、扩大失业保险基金支出范围等措施，切实减轻企业负担，稳定就业形势。城市保障性住房支出达到22.8亿元，11.8万户住房困难家庭享受到政府廉租房租赁补贴，1.2万困难户直接入住新建廉租住房。省级安排资金41亿元，支持推进灾后农民住房重建、农村危旧房以及国有林区棚户区、贫困残疾人危旧房改造工程。拨付大中型水库移民后期扶持资金1.6亿元，帮助20万群众解决生产生活困难。下达资金1.1亿元，提高街道办事处、社区经费补助标准，实施村干部养老保险制度，在10个县开展新型农村社会养老保险试点。

积极推进城乡医疗保障体系建设。全省医疗卫生支出87亿元，比上年增加28.7亿元。落实新农合补助资金14.8亿元，提高报销比例，参合农民达到1907万人。拨付资金6.1亿元，积极推进医疗卫生体制改革。城镇居民基本医疗保险资金达到3.3亿元，扩大了覆盖面，提高了报销比例。筹集资金0.5亿元，切实保障甲型H1N1流感防控所需资金，积极支持疫情应急处置。安排资金0.5亿元，基本完成50个城市社区卫生服务中心建设任务。实施大学生参加城镇居民基本医疗保险办法。提高省直机关离休人员住院定额结算标准，规范离休人员医疗费管理。将未参保的关闭破产企业、退休人员纳入当地城镇基本医疗保险工作进展顺利。

大力支持教育事业发展。全省教育支出205.2亿元，增加37.2亿元。拨付资金9.8亿元，实施农村寄宿制初中建设和中小学校舍安全工程，增加寄宿生14.1万人。下达资金5.3亿元，确保义务教育学校绩效工资改革顺利推进。安排资金26.6亿元，继续巩固农村义务教育经费保障机制。累计下达资金19.6亿元，其中当年4.4亿元，基本完成农村“普九”债务化解工作。下达资金1.8亿元，提高少数民族地区中小学寄宿生生活费补助标准，部分减免普通中等职业学校新生学费，免除城市义务教育阶段学生学杂费，实行公用经费以奖代补政策。安排资金1.8亿元，支持特色专业、精品课程、博士点以及学科实验室等项目建设。

加大公共文化事业投入力度。文体传媒支出24.2亿元，比上年增加4.8亿元。安排资金3.1亿元，推进电影放映、农家书屋、文化信息共享等农村重点文化工程，继续扩大博物馆、纪念馆免费开放范围。拨付资金11亿元，支持落实人口和计划生育政策。

同时，司法经费保障体制改革平稳实施，分类保障政策全面落实，公用经费正常增长机制逐步建立。公共安全支出57.4亿元，比上年增加12.1亿元。

【各项改革稳步推进】全面实施增值税转型改革，税收制度更加符合科学发展的要求。顺利推行成品油价格和税费改革，建立了以税收筹集公路发展资金、调控能源消费的新机制。调整完善了省对市州及直管县的财政管理体制。省直管县财政管理方式改革稳步推进，直管县数达到41个。积极推进“乡财县管”、“村财乡管”改革，在全省范围内全面推行“一册明、一折统”惠农补贴发放方式改革。部门预算改革向县级推进，综合预算编制不断强化。国库集中支付改革在市州及省管县深入实施，在省级垂管系统全面推进。公务卡应用范围继续扩大。财税库银横向联网工作稳步展开。政府采购规模达到50亿元，增长45.3%。省级行政事业单位国有资产收入管理及资产处置办法出台，管理机制得到加强。财政投资评审职能有效发挥，省级完成评审核查项目667项，评审投资额达到15.8亿元。

“小金库”专项治理工作有序开展，查出“小金库”584个，涉及金额9431万元，并严格按照有关规定进行了处理，治理工作取得了阶段性成效。组织开展了扩大内需政策落实、灾后重建、土地整理、化解“普九”债务等资金使用情况的专项检查。履行会计监管职能，对1470户企事业单位、6家事务所进行了会计信息质量检查。财政信息化建设稳步推进，政务公开力度进一步加大。党建工作、人事管理、干部培训、机关作风和廉政建设取得明显成效，会计资格评价、注册会计师管理、老干部、工青妇、财政科研、新闻宣传、后勤服务等工作，也取得了新进展。

国　税

【税收概况】2009 年，面对国际金融危机持续影响下严峻的组织收入形势，全省国税系统始终坚持组织收入原则，正确处理组织收入与促进经济发展的关系，着力强化征管，在成品油消费税政策调整的积极拉动下，通过不懈努力，全省国税收入逐月好转，快于全国平均进度，增幅居全国各省前列，实现了国税收入与经济协调发展的目标。全省国税系统共组织入库各项国税收入 334.7 亿元，整体增长 45.8%，增收 105 亿元。剔除成品油消费税改革增加消费税 83.89 亿元，完成总局考核任务 250.77 亿元，占年计划 245.5 亿元的 102.15%，比上年增长 9.27%。

2009 年国税收入呈现三个特点：一是伴随宏观经济趋稳转好，国税收入逐月增长、节节攀升。从年初下降 24.6%到三月末实现"由负转正"，国税收入一直保持两位数增速，且逐月走高，远高于全国平均水平，全年增幅居全国各省（市）第三位。二是国税部门征收的五个税种除储蓄利息个人所得税因政策原因下降外，其他四税均呈现增长。其中：增值税完成 163.8 亿元，增长 6.1%；消费税完成 132.4 亿元，增长 225%；企业所得税完成 24.3 亿元，增长 9.3%；车辆购置税完成 12.2 亿元，增长 48.9%。三是下属 17 个征收单位收入情况普遍较好，实现了与区域经济的协调增长。

【税收执法】一是依法治税。加强税收执法管理信息系统管理，严格执法责任制，有效防止执法过错行为发生，平均每月有 9 个市（州）局实现执法行为"零过错"。落实规范性文件备查备案和合法性审查制度，防范和规避执法风险。加强制度建设，选择 6 个市州开展依法治税考核指标体系课题研究，10 个市州开展规范行政处罚自由裁量权课题研究。进一步规范重大税务案件界定，提升重大税务案件审理质量。认真做好税收政策执行情况反馈工作。加强培训辅导和"五五"普法，建成"税收宣传教育基地"38 个、"普法教育基地"40 个。对张掖、金昌等 7 个市（州）国税系统开展税收执法重点检查并督促整改。

二是广泛开展税收宣传。围绕"税收•发展•民生"的主题，以"税收促进发展，发展改善民生"为主要内容，因地制宜，扎实有效地开展一系列形式多样、内容丰富的税收宣传活动，营造了良好的税收法治环境。省局依托省政府新闻发布会平台，发布 2008 年度全省纳税百强，解读税改政策效应，社会反响良好。加强信息调研、税收科研工作。强化与中税报及省级主要新闻媒体的合作，全面宣传国税工作的热点和亮点，创造良好税收工作外部环境，开展庆祝新中国成立 60 周年大型宣传活动，评选出 20 名"全省国税系统有影响有突出贡献的税务工作者"。

三是打击发票违法犯罪活动。加强与公安、地税、工商等部门协作配合，按照"打团伙、捣窝点、破网络"的工作方针，加大打击整治力度，查处发票违法犯罪案件 315 起，捣毁发票犯罪窝点 14 个，打掉作案团伙 6 个，查获各类非法发票 196.17 万余份，缴获假印章 1467 枚，配合公安机关抓获犯罪嫌疑人员 54 人，已移送起诉 6 人，判刑 2 人，为国家挽回经济损失 1588 万余元；查处发票违法违章企业 228 户，查补税款、加收滞纳金及罚款 632.27 万元。依法向公安机关移送张掖"12.17"虚开发票案等 12 起案件，曝光典型案件 53 起。

【税收征管】加强基础管理，总结定额普通发票推广经验，在金昌、平凉、嘉峪关等地推行定额发票。加强大企业管理，通过多种形式对总局定点联系企业 119 家在甘成员单位开展自查督导，确定 10 户企业（集团）为甘肃省第一批省级定点联系企业，积极做好总局 45 户定点联系企业在甘成员单位及分支机构的日常管理与服务。进一步规范业务流程，加大比对异常"四小票"的审核检查力度。开展商贸、水泥生产企业增值税专项评估和农产品增值税抵扣政策测算工作。严格执行《增值税专用发票管理规程》，完善增值税一般纳税人纳税申报"一窗式"管理，实现"以票控税"。制定下发《甘肃省酒类消费税管理办法（试行）》，严格卷烟消费税计税价格管理，开展了非正常销售成品油消费税专项纳税评估。开展所得税专题分析，全面落实新税法及其各项配套政策，制定全省国、地税统一的企业所得税减免税备案管理规定，加强减免税备案后续管理。修订完善"所得税查询分析系统"，积极推行企业所得税电子申报软件和汇算清缴汇总软件，提高所得税信息化管理水平。积极开展国际税收情报交换和税收协定执行工作。进一步加强非居民税收管理。对全省"走出去"企业的户数及分布情况进行了摸底调查。开展相关行业的跨国企业反避税调查，上报 155 户企业关联申报数据，涉及关联交易金额 16.6 亿元。开展涉外企业联合年检，253 户外资企业参加税务年检，参检率达 97.3%。

充分利用第三方信息加强税收征管。利用各类第三方信息开展专项核查累计增加收入 2892.59 万元。其中利用烟草配送信息核查烟草零售行业一项就补征税款 1184.72 万元；利用工商、组织机构代码等部门信息，核查纳入登记管理 3243 户，年增税 1144.98 万元。继续巩固白银等地应用煤炭产量监控系统成果，白银市煤炭企业入库增值税 9241 万元，增税 3309 万元，同比增长 56%。加强数据质量管理，深入开展征管状况分析应用和纳税评估，进一步完善"四位一体"互动机制。全年通过互动机制累计评估核查纳税人 26984 户，移交稽查 385 户，增收税款 13656.77 万元。脱水蔬菜加工、铁精粉采选等 6 个行业纳税评估模型被评为全国"百佳”行业纳税评估模型。全面完成总局重点税源专项评估，评估检查入库税款33.69 万元。完成行业纳税评估辅助软件的二次开发，已进入试点工作当中。

【**税务稽查**】各级稽查部门共实施重点检查3800户，有问题户3608户，纳税人自查2256户，稽查查补收入达58240万元，冲减增值税进项留抵1810万元，调减以前年度亏损5394万元，稽查收入占全省国税实际完成税收任务334.7亿元的1.74%，占总局下达稽查计划的119%。

总局布置的大型连锁超市及电视购物企业、建筑安装企业、出口货物退（免）税重点企业检查项目，及涉及甘肃省的37户重点企业的税收自查工作全面完成。共检查企业1489户，有问题户 1223 户，实现专项检查收入30562.78 万元，调减增值税留抵1510.82 万元，调减企业亏损 2078.05万元。

【**科技兴税**】充分发挥信息化支撑保障作用。在全省所有县市区全面实现财税库银横向联网目标，已有43019户纳税人通过财税库银横向联网系统实现电子缴税，占全部纳税户的38.62%，已累计实现电子缴税139.25亿元，占同期入库收入的40%。形成了独具特色的运行维护体系，确保了42套应用软件的平稳运行。自主开发《甘肃省国家税务局网上申报传输平台》软件，完成《车辆购置税申报信息采集系统》和《甘肃国税机动车销售统一发票传输软件》的开发试点工作，助力征管效率提升。完成了机动车销售统一发票税控系统、稽核系统和所得税汇总纳税信息管理系统的上线运行。重新开发网上运维平台。建立安全体系，不断加强“人防、制防、技防、物防”，提高了信息系统安全质量。积极开展金税三期网络改造前期准备，加强对全省299个网络节点、425条线路的科学管理，保证了金税网络的通畅高效。

【**落实政策**】全省国税系统认真落实以增值税转型为重点的一系列有增有减的税改政策，实现了政策落实、经济发展、税收增收的多赢目标。全省3025 户增值税一般纳税人实际抵扣固定资产进项税额 9.5 亿元；6 万余户小规模纳税人因税率调整少缴增值税3.59亿元。成品油消费税改革、烟产品消费税政策调整及重新核定白酒消费税最低计税价格共增加税收 89.41 亿元。落实小排量乘用车车购税减半征收政策，办理减征车辆 77389 辆，减税2.08亿元。同时不折不扣地落实其他各项税收优惠政策，共为15万余户符合条件的纳税人办理增值税减免14.43亿元，办理出口货物退（免）税 6.98 亿元，为2212户（次）纳税人办理企业所得税减免 8.26 亿元。落实优惠政策有力支持了全省经济回暖向好发展。

落实定员定额管理和国库集中支付改革，加强预决算管理，严格执行总局关于压缩“三项经费”的要求，2009年度全系统因公出国（境）经费、车辆购置及运行费用、公务接待费用支出分别压缩了20%、15%和10%。进一步加强基本建设、固定资产管理和政府采购管理。加强财务监督检查力度，开展“小金库”专项整治活动，对酒泉、定西、陇南市局“一把手”的任期经济责任进行审计，对五个市州局进行内部审计，对全系统基本建设管理情况进行审计调查。

【**纳税服务**】纳税服务体系逐步落实。倡导和树立征纳双方法律地位平等的理念，充分认识纳税服务与税收征管同为税务部门的核心业务，明确了新时期纳税服务工作“提质、减负、增效、和谐、遵从”新目标，提出并落实十大重点任务。制定了《关于贯彻落实<纳税服务体系>的意见》，细化了八大类39 项纳税服务具体要求和措施。通过召开纳税人座谈会、委托第三方开展调查活动，掌握纳税人需求，查找薄弱环节，改进纳税服务。与地税机关联合评定450户A级信用等级纳税人。

纳税服务平台不断完善。制定并执行《关于开展办税服务厅规范化建设试点工作的意见》，梳理办税业务流程，依法清理简并资料报表，着力减轻纳税人办税负担和基层负担。在省局内网开通了“纳税服务交流平台”。加强短信服务平台管理维护和运用，向纳税人发送各类短信263万条，25.18万户（次）不达起征点纳税人通过短信申报纳税。以“甘肃国税”门户网站为依托，“纳税服务网站”一期已建设完毕。开发并推广车购税申报信息采集系统和机动车销售发票传输软件，实现纳税人和办税服务厅工作双减负。

【**灾后重建**】制定总体安排方案和相关管理制度，建立项目监察台帐，对灾后重建项目层层签订基建责任状，向省上争取中央灾后重建资金 2100 万元，用好总局恢复征管资金。全省国税系统174个灾后重建项目有149个开工建设，其中119个已顺利竣工。积极协调落实城镇居民灾后重建政策，合理分配补助资金。重视灾区干部的心理恢复，举办两期震后干部心理调适培训班。

【**队伍建设**】甘肃省国税局下设14个市（州）国税局、2个开发区国税局、84个县（市、区）国税局，1个税务干部学校，2个培训中心。在编干部职工7655人，其中：干部7352人，大专以上文化程度占在职正式职工总数的88.9%，35岁以下的占18.2%。

领导班子建设。深入开展党的十七届四中全会精神学习贯彻活动，举办“领导干部进修班”，着力加强各级领导班子思想、组织、作风建设。顺利完成省局机关新一轮机构改革，对部分市局主要领导进行了调整。按照干部选拔任用条例规定的程序和要求，选拔省局机关处级领导职务2名，处级非领导职务 7 名，调整、交流处级领导干部 19名。对酒泉等5个市局党组和班子成员进行巡视，提出巡视意见和建议9条。组织开展了市县两级先进领导班子评选。

党风廉政建设。全面落实以惩防体系为重点的反腐倡廉建设各项工作任务，广泛开展廉政勤政教育，大力加强税务廉政文化建设，进一步强化“两权”监督，开展了惩防体系落实情况的专项检查。严肃查处违纪违法案件。受理信访案件32件、转办25件，立案并结案1件，“双开”1人。深入开展执法监察工作和全系统的民主评议政风行风活动，省局走进“政风行风热线”广播直播节目，主动接受社会各界监督。

精神文明建设。将干部队伍思想政治、文明创建、党建工作与国税文化建设有机融合，开展多种形式的创建活动。省局机关等5个单位被中央文明委命名为“全国文明单位”，10个单位被命名为“全国文明创建工作先进单位”。

教育培训。制定《甘肃省国家税务局关于全省国税系统2009年~2013年大规模培训干部工作的实施意见》，对今年及以后四个年度的教育培训工作作出了全面安排。圆满完成全国税务系统稽查业务考试任务。全面落实培训计划，深入开展业务培训，省局层面举办各类培训班31期，培训干部2117人次，累计达26452人天；基层国税机关举办各类培训692期，培训干部34493人次，累计达118560人天。争取总局“智力援西”项目，为甘肃省举办一期纳税服务培训班。129人（次）科以上领导干部参加了总局各类培训项目。

地　税

【收入完成情况】2009年，全省地税系统共组织各项收入301.1亿元，比上年增长18.5%。其中：地方税收完成165.7亿元，完成年计划的101.7%，增长12.9%，连续72个月保持了均衡增长；社会保险费完成132.7亿元，增长25.2%；其他收入完成2.7亿元。

【收入特点】一是收入规模逐年扩大，占地方财政收入的比重明显提高。地方税收总量由1994年的16.16亿元扩大到2009年的165.65亿元，年均增长16.8%，占地方财政收入的比重为59.0%，比2008年提高3.6个百分点。二是收入增幅稳步回升，宏观税负逐年提高。收入增幅由一季度的下降6.0%逐季回升，并呈现递增趋势，二至四季度累计增幅分别为7.4%、12.4%、12.9%。三是收入稳定均衡入库，收入质量稳步提高。地方税收月平均入库13.80亿元，比2008年增加1.58亿元，月均收入进度达到8.5%。自2004年以来，地方税收连续72个月均衡入库。四是第二产业税收降幅收窄，第三产业税收稳定增长。第二产业税收前三季度降幅分别为37.0%、17.3%、15.6%，至年底收窄至13.5%；第三产业税收保持在10%左右的区间稳定增长，全年增长10.9%。五是主体税种贡献突出，小税种规模扩大。营业税、个人所得税、城市维护建设税和教育费附加四项主体税种收累计入库121.57亿元，占地方税收的比重为73.4%，比2008年提高10.3个百分点，抵消企业所得税大幅减收的同时，拉动地方税收稳定增长；房产税、车船税等地方小税种累计入库17.70亿元，比2008年增长20.8%，高于地方税收平均增长率。

【税源分析】税收增长因素：一是经济健康发展为地方税收提供了充实的税源。国家和省上一系列扩大内需调控措施效应的逐步显现，使全省经济发展呈现增长态势，初步测算，受经济增长拉动，地方税收增收约10亿元，对地方税收的增收贡献率达到52.9%。二是政策性因素促进地方税收较快增长。受成品油消费税改革政策拉动，中石油兰州石化分公司、玉门油田分公司、长庆油田公司、庆阳石化公司等企业缴纳城市维护建设税和教育费附加两项附征税收82500万元，比2008年增收68660万元；受调高原煤增值税税率拉动，靖远煤业集团、华亭煤业集团等主要煤炭企业缴纳两项附征税收10252万元，比2008年增收3310万元；受卷烟消费税调整拉动，兰州卷烟厂缴纳两项附征税12420万元，比2008年增收2530万元。

制约税收增长因素：一是价格因素。2009年以来，有色、钢材等主要工业产品价格持续低位运行，其中：电镍平均价格同比下跌50%以上，钢材平均价格同比下跌20%左右。价格下跌致使金川公司、酒钢集团等有色、钢铁生产企业利润水平受到较大影响，有色、钢铁行业实现企业所得税下降80.5%、74.3%，减收13.91亿元。二是政策因素。受国家出台的增值税转型、降低小规模纳税人征收率等结构性减税政策影响，全年减税合计1.07亿元。

【税收征管】一是继续用积极的收入奋斗目标激励促进收入。年初，在认真分析、反复测算的基础上，提出了税收在省人代会确定增收11%、达到162.8亿元的目标基础上，再增收2.9亿元，力争达到165.7亿元；基金收入确保114.6亿元，力争达到120亿元；总收入达到285.7亿元的积极目标。为了确保完成，系统上下一方面引导干部职工充分认识国家为应对金融危机加大投资力度，拉动内需增加地方税源的有利条件，切实提振信心；另一方面进一步研究解决税收工作中存在的困难，堵漏增收，继续以责任制推动税收工作。思想上的正确引导增强了信心，责任制的继续实施强化了责任，保证了税费收入任务的超额完成。二是加强易漏难管行业税收征管挖掘收入。在继续挖掘车辆运输、规模以上餐饮、房地产、房屋租赁四个行业税收潜力的基础上，进一步加强对项目建设营业税的跟踪管理，确保基础设施建设税收及时入库，2009年全省项目建设实现营业税22.9亿元，比上年增长30.2%；针对教育劳务税收管理不到位、流失严重的问题，制定管理办法，使教育劳务营业税大幅增长，共完成410万元；针对旅游业税收费用扣除不真实、营利性医疗卫生服务以及美容美发等新兴行业税收易漏难管的问题，制定征管实施意见，取得了增收1.3亿元的显著成效；针对所得税政策变动较大的实际，强化辅导，加强管理，重点加强了个人所得税自行申报纳税工作，全省年所得12万元以上个人自行申报者达8411人，同比增加1989人，增长15%。

【税务稽查】与国税联合组成检查组，采取统一部署、共同进户和各税费统查的办法，对国家开发投资公司下属的4家公司的纳税情况进行了深入检查，共查补税款2560万元；对省电力公司所属的29个分公司的纳税情况进行了审计式检查，查补入库税款750万元；对建安行业、大型连锁超市、电视购物企业进行了全面检查，查补税款6519万元。通过安排石油销售公司、电信公司、交通银行等28户企业进行自查，共查补入库税款1.3亿元，既增强了企业自觉纳税的意识，也降低了稽查成本，取得了事半功倍的成效。2009年全系统通过日常检查、专项检查、专案检查三种方式，共检查纳税户3262户，查补税款4.8亿元，同比增长54.3%、增收1.7亿元。

【发票管理】在全省所有服务行业、文化体育行业废止手工发票，安装开票软件，进一步扩大机打发票使用范围，从根本上遏制"大头小尾"问题的发生；强化对一次性刮奖奖项设置管理，降低奖金额度，增加小额奖项数量，扩大刮奖中奖面，进一步激发消费者索要发票的积极性；在兰州、天水、白银等地举办发票二次开奖活动，加大发票二次开奖宣传力度，使全社会"索要发票、用真发票"的意识更加强烈；与公安、国税联合对货物运输、餐饮娱乐、建筑安装业发票违法犯罪行为开展专项整治，进一步净化了用票环境。2009年全系统通过进一步强化"以票控税"措施至少增加税收1.2亿元，切实达到了堵漏增收的目的。

【科技兴税】在积极建设安全良好的征管数据省级"大集中"工程硬件环境的基础上，集中人力完成了征管基础数据的采集、应用和信息化网络改造、软件运行维护等，保证了组织收入工作的顺利开展；对不动产、建筑业项目管理软件接口程序进行开发推广，使接口软件成功对接并于5月份在全省上线运行；与中国工商银行等金融单位积极协商，完成了税银代收、批量扣税工作，减轻了纳税人在办税大厅集中报税的压力。通过扎实工作，于2008年5月上旬全面完成了全系统征管数据省级"大集中"工程，实现征管数据省级"大集中"目标，提升全系统利用计算机技术分析比对监控税收和防漏堵失、增加税收的能力，使税收科学化管理水平提高了一个新层次。据不完全统计，2009年全系统通过提升信息化建设水平净增税收2.2亿元。

【税收政策执行】针对国际金融危机对实体经济特别是对全省中小企业发展造成的严重影响，组织人力对全省各项税收优惠政策进行清理，共梳理归纳各类税收优惠政策122条、涉及9个税种，加强宣传，坚决落实；对金融危机之前中央和省上明确规定的减免税政策，严格按政策规定认真贯彻落实，使符合条件的企业继续享受税收优惠，促使其进一步做大做强；对金融危机中国家、省上出台的一系列减免税优惠政策，加大力度全面贯彻落实，真心实意帮助企业克服生产经营困难、恢复发展。据不完全统计，2009年全省地税系统共为企业减免税收21.2亿元。

【纳税服务】进一步创新丰富纳税服务项目、方式，充实完善纳税服务框架，健全减免税管理办法；积极开发以方便纳税人为目的的各类单项软件，创新实施网上申报、银行网点申报等多种服务方式，拓宽多元化申报纳税渠道，加快推进以财税库银横向联网为依托的电子缴税方式，进一步优化办税服务厅功能，规范12366热线服务；第一时间向纳税人及时告知最新税收政策，促使企业及时掌握政策、运用政策；组织召开由政府相关部门、纳税人和税务部门参加的政府税企座谈会，及时传递信息、沟通情况、研究对策，密切政企、税企关系，构建和谐，促进稳定，推动企业发展；召开纳税评估经验推介会，积极推行实施纳税评估，采取约谈、纳税提醒、事前告知等多种便捷途径，着力破除以往"重进户稽查、轻税前纳税评估"的旧观念，使企业轻装上阵平稳发展。

【机构人员情况】甘肃省地方税务局机关内设职能处室和直属单位18个：办公室、人事处、计划财务处、法规处、营业税处、财产和行为税处、所得税处、国际税务处、社会保险费管理处、征管和科技发展处、纳税服务处、基层工作处、政策研究处、稽查局、发票管理中心、计算机信息中心、干部培训中心、机关服务中心。另按有关规定设监察室、机关党委，现有干部职工126名。下辖14个市(州)、87个县(市、区)地方税务局，按经济区划设置基层征收机构568个，其中城区征收管理分局358个，基层税务所210个。全系统共有干部职工6644名，平均年龄40岁，其中大专以上文化程度的5658人，占干部总人数的85.16%；中共党员4159人，占干部总人数的62.6%。

【领导班子建设】继续加强领导班子的思想建设、能力建设，进一步提高各级领导班子的工作能力、协调各方的能力、做群众工作的能力和抓党风廉政建设工作的能力；提出各级"一把手"方向正、能谋划、善协调、做表率的"四个标准"；表彰14个市州局的领导班子，调整部分市局班子成员，进一步增强领导班子的荣誉感、自豪感、使命感和责任感。

【干部队伍建设】通过深化机构改革，进一步规范内设机构名称、职能、岗责体系，开展竞争上岗、双向选择及轮岗交流，既优化了机构职能和干部结构，又公开选拔了一批能干事和群众满意的年轻干部，为做好税收工作夯实了组织基础；通过强化干部队伍政治建设、作风建设，提出“要看怎样对待名利、要看关键时刻的表现、要看是否勤政敬业，以及要严格遵守劳动纪律、要一切行动听从指挥、要互帮互助、团结协作”等六个评价干部的重点，实化考核内容，使广大地税干部牢固树立了正确的权力观、利益观，进一步坚定了恪尽职守、勤奋工作、踏实肯干、积极履行职责的决心；通过评选表彰 9 个省级“亮点工程”，进一步激发广大干部学先进、争先进、赶先进的意识。

【党风廉政建设】通过分层次签订年度党风廉政建设责任书，进一步强化各级领导干部的“一岗双责”；通过继续开展税务所长（分局长）向纳税人述职述廉，切实延长监督触角、加大监督力度，有效防范了违法违纪行为的发生；通过深入开展以坚定理想信念、增强宗旨意识、严守党的纪律为主要内容的党性党风党纪教育，强化社会主义理想信念、世界观、人生观、价值观教育；通过安排开展风险岗位人员监督管理的试点工作，继续加大税收执法重点领域和关键环节的监督力度；通过开展专(兼)职纪检监察员（联络员）试点工作，为进一步加强基层纪检监察工作积累了经验；通过继续强化信访举报案件的登记、转办、督办和调查核实工作，使违法违纪案件数量、处理人数仍维持在较低水平。

【精神文明建设】制定文明创建《五年规划》，对全系统精神文明创建工作提出更高层次的创建目标；建立对外门户网站，提高《甘肃地税（周刊）》办刊质量，进一步加大对甘肃地税的宣传力度；举办寓教于文、寓教于乐的全系统职工演讲赛、乒乓球赛、卡拉 OK 比赛等“三项活动”，既隆重热烈的庆祝建国 60 周年和地税成立 15 周年，也进一步增强广大干部职工爱党、爱国、爱地税的热情，达到鼓舞士气、增强干劲和提升团结力、凝聚力、向心力的目的。截至 2009 年底，全系统创建国家级文明单位 2 个、精神文明建设先进单位 11 个；省级文明标兵单位 3 个、文明单位 33 个、文明行业 9 个、精神文明建设先进单位 15 个，占全系统省、市、县三级 101 个单位的 72%。

【教育培训】深入开展以注册税务师资格考试为重点的“干部培训年”活动。制定培训计划、完善培训经费拨付机制，为全系统“一盘棋”推进干部培训考取“三师”（注册税务师、注册会计师、律师）提供保证；创新制定干部教育培训专项补助资金管理使用办法、干部获得专业技术资格奖励办法、业务标兵选拔办法、以考促学办法等，进一步健全完善干部培训工作的思路、措施、机制，为全系统实施新一轮大规模的干部培训提供了制度性保障；制作发放注册税务师电子辅导教材，召开干部教育培训现场会，切实坚定干部培训工作领导抓、抓领导的决心，起到了释疑解惑明认识、鼓舞勇气提信心、示范带动同推进的作用，为进一步推动干部培训工作、提高干部素质打下了坚实的思想基础。2009 年全系统有 2340 人参加全国注册税务师资格考试，其中：38 人取得注册税务师执业资格，33 人考试通过四门、72 人通过三门、216 人通过两门；507 人取得计算机二级以上等级证书，其中：四级 8 人、三级 117 人、二级 382 人。

【新闻人物】任建团，男，汉族，陕西神木人，1951 年 10 月出生，中共党员，大专文化程度，甘肃省地税局人事处调研员，被社会保障部、国家税务总局授予“全国税务系统先进工作者”荣誉称号（人社部发【2009】179 号文件）。

（李国杰）

中国人民银行兰州中心支行

2009 年，兰州中心支行坚持以科学发展观为统领，紧紧围绕“发挥整体优势，凝聚发展合力，再创一流业绩，实现全面跨越”的总体工作要求，坚定信心，迎难而上，圆满完成年初确定的各项工作任务，为支持全省经济社会平稳较快发展做出了新贡献。

【信贷投入】认真贯彻执行适度宽松的货币政策，引导金融机构加大信贷投入，有力支持了全省经济平稳较快发展。以支持全省经济平稳较快发展为首要任务，抓住扩大内需、促进经济增长的政策机遇，着力在营造货币政策执行环境、保持银行体系流动性、拓宽多元化融资渠道、加强监测分析上下工夫，引导金融机构增加信贷投放，适度宽松的货币政策实施效果显著。通过制定信贷增长指导意见、召开经济金融形势季度分析会和金融机构座谈会等多种方式，准确传导货币政策调控意图。加强与政府、经济综合部门的沟通协调，省委、省政府更加重视金融工作，专门制定下发了促进金融业发展的若干意见。组织金融机构参加各种层次的银企、银地、银文项目对接会，推动了信贷资金与企业项目的有机对接。积极引导企业利用市场融资工具筹集资金，有效弥补了信贷资金供给不足。配合省政府推动中期票据发行工作，由建设银行和国家开发银行主承销的 100 亿元中期票据于 8 月 25 日成功发行。举办非金融企业债务融资工具及金融产品宣传推介会，完善市场成员联系会议、重点成员走访制度，加强了市场业务监督指导工作。全年共发行短期融资券 33 亿元、企业债券 15 亿元、地方政府债券 65 亿元，市场配置资源基础性作用进一步增强。建立和完善信贷投向、涉外企业、利率、民间借贷、地方法人金融机构流动性等监测制度，监测分析工作的前瞻性和有效性进一步提高。快速调查一系列保增长政策措施的实施效应，为上级决策提供了信息支撑。将支农再贷款限额向农业、少数民族、贫困地区和地震灾区倾斜，引导农村信用社扩大了支农信贷投放。加大对上海银行间同业拆借利率（Shibor）的宣传推广力度，制定了《完善金融机构存贷款利息计算辅导方案》，指导地方法人金融机构加强贷款定价机制建设，确保了利率政策执行的严肃性和透明度。到12月末，全省金融机构本外币各项存、贷款余额分别达到5903.13亿元和3739.90亿元，同比增长24.39%和35.09%，存款、贷款增量均创历史新高，为全省经济实现企稳回升提供了有力金融支持。

【信贷结构】充分发挥信贷政策导向作用，着力优化信贷结构，促进全省经济结构调整。强化对重点项目的金融配套服务。引导金融机构围绕国家下达甘肃省的4889个项目，做好中长期业务发展计划，优先保证手续齐全、符合开工条件项目的配套信贷资金。加快落实全省重点项目银企对接会签约项目，合计发放签约贷款超过600亿元，有效保障了重大投资项目顺利展开。研究推动落实县域金融机构新增存款用于当地的激励政策，有效支持了农村基础设施建设、农技推广和特色农业发展。全年全省新增涉农贷款245.7亿元。引导金融机构探索开发满足农民需求的消费信贷产品，有效刺激了农村消费。制定了做好集体林权制度改革和林业发展金融服务工作的意见，由省政府批转全省执行。改善对薄弱环节的金融服务。引导金融机构开发针对中小企业的信贷产品，配合兰州市委、市政府举办了中小企业融资洽谈会，10家银行共向中小企业授信560亿元，有效缓解了中小企业资金困难。加快建立“创建信用社区+就业培训+小额担保贷款”的金融支持再就业长效机制。年底，全省小额担保贷款余额6.50亿元，增长3倍；各项助学贷款余额11.85亿元，增长56.15%。加强金融支持残疾人事业、扶贫贴息贷款、民贸民品贴息贷款等方面的金融服务工作，获得省委、省政府授予“民族团结进步先进集体”荣誉称号。组织召开“金融支持全省灾后重建工作座谈会”，确保金融支持灾后重建工作扎实推进。加大支农再贷款支持力度，陇南、甘南等地震灾区支农再贷款限额累计增加17.5亿元，40个灾区农村信用社申请使用优惠利率再贷款37.4亿元。全省金融机构累计发放灾后重建贷款217.55亿元，金融支持灾后重建取得阶段性成果。

【地方金融改革】加强金融风险监测，深化地方金融改革，全省金融体系安全稳健运行。拓宽风险监测领域，将涉外经济运行及重点企业等纳入监测范围，并向村镇银行等新型农村金融机构及典当行等准金融机构延伸。建立了覆盖省、地、县三级的金融风险监测月报、金融稳定信息专报制度。创新金融稳定评估方法，率先对全省银行业实施压力测试，运用熵权法评估国有商业银行改革绩效，有关经验在全国推广和交流。大力推动农行股份制改革及服务“三农”试点工作，全力支持农村新型金融组织发展，农村金融服务体系逐步完善。年底，全省共有村镇银行8家、资金互助社2家、小额贷款公司32家。继续做好农村信用社专项票据兑付考核工作，全省有84家农村合作金融机构通过专项票据兑付考核，兑付资金9.72亿元。初步构建了金融机构践行社会责任评价体系，对20家省级金融机构践行社会责任情况进行了客观评估。加大资产管理力度，在全国第一家全面完成融资中心和自办经济实体清理收尾工作。全年收回金融稳定再贷款利息320.47万元，占农村信用社应收利息的57%；依法受偿债权资金739万元。继续做好高风险金融机构风险处置工作。配合省政府跟踪查处甘肃大圣生物科技股份有限公司非法集资事件，防止了群体性事件的发生，维护了地方金融安全。

【外汇管理】优化外汇管理和服务，促进贸易投资便利化，着力营造良好的外汇经营环境。简化贸易信贷审批程序，调整企业出口货款预收汇比例和进口货款延期付汇比例，促进了贸易投资便利化。扩大境外放款外汇资金来源，放宽境外投资政策限制，有力支持了涉外企业开拓境外市场。与兰州海关、省商务厅等单位共同筹建“甘肃省涉外经济金融信息网”，搭建了与涉外经济主体间的交流互动平台。加强国际收支统计监测，严格落实外汇均衡管理措施。顺利实现了全省银行机构外汇金宏工程上线工作，完成企业贸易收付汇核查系统开户和档案信息清理工作。成功实现并完成224家外商投资企业外汇网上年检。简化外债转贷款结汇手续，按照适度从紧原则核定了兰州银行短期外债余额指标。建立了以外汇账户信息系统为平台，经常项目和资本项目各业务系统横向核对的监测模式，有效防范了异常外汇资金流动风险。强化外汇市场管理，审核并授权4家银行13个网点通过“个人结售汇管理信息系统”办理业务，批准3家许可证到期的保险机构继续经营外汇保险业务。开展对工商银行、中国银行、建设银行个人外汇业务检查，规范了金融机构外汇业务操作。查处了各种外汇违法违规行为，维护了良好的外汇金融秩序。全年，全省跨境外汇收支额50.75亿美元，银行结售汇39.43亿美元。

【金融服务】加强基础设施建设，改进金融服务手段，金融综合服务水平全面提升。进一步完善与政府部门、金融监管部门、金融机构和企业的调查统计信息交流机制。实现全省金融统计数据集中系统的单轨运行，提高了统计报表质量。重新设计修订甘肃省金融统计报表体系。高质量完成全省金融业经济普查工作。以制度性调查为载体，开展了持续性、系列性专题调查。自主开发了“县域经济金融数据库系统”，为准确反映县域经济金融运行状况，有效提高县支行履职能力和县域金融服务水平奠定了基础。围绕金融生态与区域经济增长、西部地区扶贫问题、资源性城市转型与可持续发展三个领域，深入开展调查研究，全年共形成特色研究报告160多篇，完成10项总行、分行、中心支行重点课题，在省级以上刊物发表78篇，在CSSCI核心期刊发表论文6篇。积极推动调研成果转化，8份专题报告引起省政府高度重视，一些意见和建议已转化为上级行和地方党政的决策依据和政策措施。

制定《甘肃省改善农村地区支付服务环境实施意见》，确定六个县为全省改善农村支付服务环境示范县。督促省农村信用联社改造支付系统接口方式，省联社支付系统接入网点增加1.2倍，有效推进了城乡一体化支付结算体系建设。以公用事业收费和支票影像截留业务为突破口，全面推动小额支付业务开展，业务量比上年增长51.9%。顺利完成兰州票据清分系统升级工作。加强运维管理，小额支付系统和全国支票影像交换系统安全运行率达100%。全面启动农民工用卡特色服务工作，相关业务量居全国前列。对全省1.3万户存量特约商户进行了专项整治，银行卡受理市场环境进一步改善。

起草了关于加快推进全省社会信用体系和农村信用体系建设的两个意见，推动了全省社会信用体系建设。积极发展信贷市场信用评级，借款企业和信用担保机构信用评级工作实现零突破。进一步完善了中小企业信用档案。深入开展农村信用体系建设，全省农村合作金融机构累计建立农户信用档案285.73万户，评定信用等级农户196.68万户。将全省非银行信息采集范围扩大到了12个领域。组织开展金融机构执行征信管理制度现场检查，提高了征信系统应用水平。

组织全省国库系统开展资金直拨业务，全省6个中心支库及辖属18个县支库实现了24项灾后重建和财政专项资金的直接拨付，业务金额1.3亿元，惠及农户4.4万户。实现了财税库银横向联网系统在全省国税系统的上线运行，完成省地税和省联社的联调测试工作。对7个中心支行及13个县支行国库业务进行了实地检查。配合财政部门扩大集中支付业务范围和“省直管县”改革，在全省13个中心支库、21个县支库推广了国库集中支付业务，新增“省直管县”试点25个。

按照“总体规划、分步实施，标准规范，统筹兼顾、急用先行”的原则，开发建设了综合办公服务平台并上线运行，进一步提高了综合办公效率。完成统一运维监控平台建设的需求分析及前期调研。做好系统日常维护，重要业务系统安全运行率达到100%。完成网间互联平台DMZ区扩容改造及同城通信转接中心DMZ区建设项目，有序开展了内联网骨干网核心设备更新及线路升级项目。

加强现金供应形势预测分析，科学调拨发行基金，从总量和结构上保证了现金供应。加强发行库安全管理，在全省人民银行开展了旺季发行库安全检查，检查面达到100%。加大对制贩假币违法犯罪活动的打击力度，全年全省共收缴假人民币4.7万张，面值333.5万元。强化残损人民币回收、清分、复点和销毁工作。对全省13个市、州中心支行和21个县支行安全保卫工作进行了全面检查，确保了发行库守卫、货币押运以及枪支弹药安全。

【监督检查工作】依法履行金融监管职责，加大监督检查工作力度，金融机构依法合规经营意识明显增强。加强金融市场管理，对辖内银行间债券市场成员单位进行了现场检查，对省农村合作金融服务结算中心买断式回购超限、异常交易行为，以及部分市州再贷款和存款准备金管理情况进行了现场核查。建立退库业务审批监督制度，优化了退税审核和办理流程。制定了《甘肃省银行业金融机构支付系统直接参与者考核办法》，对全省109个银行分支机构的账户管理和公民联网身份核查情况进行了重点检查。对全省452家商业银行网点开展了人民币收付业务检查，有效规范了人民币收付行为。规范金融机构统计行为，将甘肃省小额贷款公司纳入金融统计范围，顺利实现了村镇银行的并表统计，开展了针对金融机构新增专项统计报表数据真实性和金融统计制度执行情况的专项检查，确保了统计数据质量。

制定针对银行业和保险业金融机构的两个考核评估办法，逐步开展对金融机构差异化管理。加强大额和可疑交易报告管理，金融机构报告行为逐步从“防御性”向“主动性”转变，可疑交易下降了7.8%。开发大额现金监测报送系统，实现了数据的快速采集、汇总和上报。对117家金融业分支机构的反洗钱工作、36家银行业分支机构的个人银行和外汇业务进行了专项检查，对违规行为依法进行了处理。全年协助完成行政调查和案件协查20起，涉及资金7.8亿元，立案侦查8起。加大反恐融资工作力度，组织开展了甘肃省“护航2009”专项行动，配合省安全部门开展涉恐案件调查15起。

【金融宣传】创新宣传载体，营造舆论氛围，积极探索金融宣传工作长效机制。组织开展反洗钱、银行卡、现代化支付系统业务、征信、反假货币宣传月和“诚信兴商”宣传周、“国际收支宣传周”、征信知识竞赛、银行卡业务知识竞赛等活动，编印了《债券基础知识宣传手册》、《银行卡业务知识问答》、利率政策宣传手册，通过媒体宣传、举办培训班、知识竞赛等多种方式，加大宣传力度，提高了社会公众对金融政策和人民银行业务的认知度，营造了良好的履职氛围。充分发挥甘肃省金融学会和《甘肃金融》杂志的平台作用，积极宣传人民银行的政策导向和职能作用。

在《金融时报》上刊登了《共铸诚信 共享和谐—甘肃省人民银行系统加快推进征信体系》、《宝剑锋自磨砺出—甘肃省人民银行系统力推反洗钱工作步入快车道》等通讯和专题文章，集中宣传了人民银行兰州中心支行近年来所取得的突出成绩，为基层人民银行履职营造了良好的舆论环境。

【党建工作】以学习贯彻十七届四中全会精神为契机，全面加强党的建设，不断提高党建工作科学化水平。把学习贯彻党的十七届四中全会精神作为首要政治任务，着力加强党的思想政治建设。举办了学习贯彻全会精神专题辅导讲座，开展了“学习型党组织”、“廉洁型党组织”建设活动和中国特色社会主义理论体系普及活动、学习实践科学发展观“回头看”活动。完善党建工作责任制，开展民主评议党员和“争先创优”活动，加强入党积极分子的培养和新党员的发展工作，全面加强了党的组织建设。制定了《兰州中心支行党务公开实施办法》，提高了党务公开的规范化、科学化，党内民主建设进一步加强，党内民主建设专题调研工作被西安分行通报表扬，党务公开工作受到总行领导表扬。

研究制定了《中国人民银行兰州中心支行贯彻落实<建立健全惩治和预防腐败体系 2008~2012 年工作规划>的实施意见》，全面规划了中心支行的反腐倡廉工作。以开展“学楷模，促发展”“四个一”活动为重点，认真落实党员干部廉洁自律制度。通过内联网、文化长廊、宣传栏等宣传阵地，大力开展廉政文化宣传，筑牢了干部职工拒腐防变的思想道德防线。以案件专项治理为抓手，深入开展风险排查活动，夯实了风险防范基础。开展了处级干部廉政述职和部门负责人廉政民主测评工作，对新提拔处级干部进行了廉政谈话，签订了《廉政承诺书》，建立了廉政档案，切实把好了领导干部廉洁自律关口。紧紧围绕“权”、“钱”、“人”等重要环节，认真履行监督职责，有效促进了中心支行工作开展。

【干部队伍建设】创新干部管理方式，切实抓好干部队伍建设，进一步优化人力资源配置。坚持“民主、公开、竞争、择优”的原则，不断创新干部管理方式。建立科学考核评价体系，对考核排名靠后的 2 名副处长转任非领导职务，对考核靠后的 2 名年轻干部调整到县支行锻炼，较好地发挥了考核导向作用。探索建立了干部职工待岗学习制度。加强干部交流和岗位轮换工作，全年调整交流处级干部 9 人、一般干部 14 人，选送 4 名同志到总行工作锻炼，推荐 1 名处长到市州中心支行挂职担任行长，选派 2 名年轻干部到县支行挂职任行长，进一步优化了人力资源配置。制定了《关于进一步加强和改进青年工作的意见》和《青年干部考核管理办法》，进一步明确了对青年干部培养目标和要求。加大选拔力度，对学历层次高、工作实绩突出的年轻同志破格提拔，进一步激发了青年干部工作的积极性。通过选派新入行职工到市州中支实习锻炼、加强新入行职工试用期管理等举措，引导和鼓励青年干部在工作实践中提高修养、锤炼作风、增长才干。加强干部培训，举办了处级干部培训班、全省人民银行新行员培训班、全省人民银行县支行干部职工轮训班，共培训处级干部 100 名、新行员 43 名、县支行干部 625 名。邀请知名专家学者和中心支行业务骨干，举办学术报告暨业务交流讲座 12 期，进一步提升了干部队伍素质。

【内部管理】以内控安全管理检查为契机，狠抓管理制度落实，积极促进内部管理规范化建设。集中 4 个多月时间，在全省人民银行范围内组织开展了内控安全大检查，及时发现和消除了风险隐患。通过开展“内控制度完善月”、业务突击检查、召开现场会等活动，巩固了检查整改成效，完善了内控安全管理长效机制。加强纪检、内审、事后监督等部门间合作，形成了内控管理“大监督”工作格局。制定了基建项目现场审计与非现场监管实施办法，开展审计项目全过程控制和优秀项目评比活动，全年共完成各类审计任务 31 项。加强内部管理规范化建设。建立了中心支行“学习研究日”制度，制定了关于规范办公秩序、加强信息共享的一系列制度办法，全行内部管理制度化、规范化水平不断提高。开发建设电子督查系统，实现了中心支行督查工作由纸质方式向电子化方式的根本性转变。组织编写了《基层人民银行行政执法工作手册》，进一步夯实了依法行政工作基础。加强风险评估和演练工作，全年组织应急演练 20 次。加强会计财务工作，对全省人民银行会计制度执行情况进行了全面检查，在中心支行机关推行了办公用品费用包干制度。顺利完成全省人民银行系统“小金库”专项治理工作。全程跟踪监督在建项目，切实加强了基建项目管理。圆满完成财务综合管理系统的运行和升级工作，自主开发推广了会计辅助管理信息系统，进一步提高了会计财务信息化水平。

【精神文明建设】以文明单位创建为载体，切实抓好央行文化建设，努力打造团结和谐的工作氛围。研究制定了“2009~2011 年度文明单位建设规划”和“2009 年度创建工作实施方案”，举办了文明单位管理系统推广培训班，在总行文明单位建设座谈会上交流了新一轮文明单位创建经验。参加了西安分行辖区央行文化建设成果展，全面展示了中心支行央行文化建设成果。广泛开展了选树“学习型组织”标杆和“知识型职工”标杆活动。开展了以“同舟共济保增长、建功立业促发展”为主题的劳动竞赛和“创新金融业务、支持经济发展”业务竞赛活动，有效激发了干部职工干事创业的积极性。紧紧围绕离退休干部中心工作，通过创办老年大学、开展丰富多彩的文化娱乐活动，全面加强离退休干部思想和组织建设。继续深入开展女职工“三项创建”活动，获得西安分行“女职工文明示范岗”荣誉称号。大力弘扬钱币文化，钱币学会获中国钱币学会第三届先进学会，甘肃开元钱币文化有限公司被授予2009年度中国金币特许零售示范店。以建国60周年纪念活动为契机，开展了开展“爱国歌曲大家唱”、“辉煌60年，赞歌颂祖国”——庆祝新中国成立60周年演唱会等形式多样文化活动，增强了干部职工的凝聚力和向心力。组织开展了“青春建功在岗位”、“我与央行共奋进”等主题教育实践活动和“央行之星”西安分行甘肃赛区青年英语大赛，陶冶了青年情操，充分展现了中心支行青年干部的良好精神风貌。

中国银监会甘肃监管局

【综述】2009年，是新世纪以来我国经济发展最困难、受到冲击最严重的一年。面对严峻的形势，银监局系统以科学发展观为统领，结合甘肃经济和银行业实际，认真贯彻落实银监会各项安排部署，准确分析形势，科学把握“保增长、扩内需、调结构、惠民生”和“防风险”的辩证关系，及时采取了一系列监管新措施，引领银行业金融机构经受住了金融危机的严峻考验，维护了银行业稳健运行，有力促进了全省经济渐次企稳回升向好，较好地完成各项目标和任务，在促进银行业改革发展和化解风险方面取得新的突破。

【落实监管政策，为全省经济“保增长”做出新贡献】面对2008年第四季度发生的国际金融危机对我国经济金融的严重冲击，党中央国务院果断决策，及时部署。甘肃银监局认真落实“国九条”、“银十条”，按照银监会工作会议精神，加强信贷投放引导，实施逆周期监管，强化“三农”和小企业金融服务，积极支持灾区重建，加强与地方政府的沟通，增强监管的科学性和灵活性，合理把握风险“容忍度”，坚持宽严相济，坚持“区别对待、有保有压”，提出并落实“四个允许”、“四个严禁”等具体监管要求，定期向银行机构通报经济金融发展趋势和行业产业动态，提供政府项目计划，制定促进甘肃经济金融平稳较快发展的“十一条意见”，加强窗口指导和风险提示，帮助银行业分析经济形势，把保增长与防风险结合起来，把握科学监管的主动权，积极支持甘肃经济共度难关、走出低谷。这些措施及意见，得到了全辖银行业金融机构的积极贯彻，贷款增长达到35.02%，有效防止经济的快速下滑，实现企稳回升向好，全年实现生产总值3380亿元，增长10%，银行业做出突出贡献，受到省委省政府的高度评价。

【发挥引领作用，金融服务取得新成效】一年来，积极发挥监管引领作用，促使银行业科学把握信贷节奏、投向和力度，一方面加大对全省经济有带动作用的大项目、大企业的信贷支持，另一方面强化对薄弱环节的金融扶持，促使全省经济均衡发展。积极贯彻落实中央一揽子计划，推动成立银团贷款合作委员会，签订银团贷款公约，明确要求10亿元以上新增贷款原则上必须通过银团贷款发放，努力支持国家重大项目建设，中长期贷款增长31.5%，基本满足交通、有色金属、新能源及装备制造等重点项目的资金需求。加大对“三农”的信贷支持，完善“公司+银行+农户”、“信用村+银行+农户”等20多种服务模式，主要用于农户养殖、农产品加工、春耕生产、抗旱和农田水利等的信贷需求，平凉和庆阳分局积极探索农村小额信用贷款发放的业务流程改造和普及推广，取得积极的成效，总结出比较成熟的模式和经验。以设立小企业信贷专营机构为载体，深化“六项机制”建设，千方百计改善中小企业金融服务，取得可喜成绩。继续推进银行支持灾后重建工作，加强协调，强化落实。积极推动生源地助学贷款工作，加大指导、推广和普及力度，提出新的办法和措施。推进金融机构空白乡镇金融服务工作，对全省1191个乡镇金融服务充分性全面摸底，研究工作方案，提出工作规划，为下一步工作打下基础。

【转变监管方式，功能监管和监管专业化水平有新进展】注重发挥非现场监管的预警和导向功能，对局机关监管资源进行重新整合，设立2个非现场监管处，制定非现场监管操作规程等12项制度。增强风险分析的针对性，动态监测、分类分析各个机构、各项指标，并进行纵向、横向对比，提高对各类风险的识别、监测能力。开展对房地产等行业贷款的压力测试。编制银行机构概览，为监管人员“了解你的机构”提供依据。完善统计报表体系，全面收集经济数据信息，把银行业运行与全省经济结合起来进行深度分析。推广客户风险监测预警系统，强化对重点行业和大客户的分析预警。进一步提高现场检查的专业性和针对性，积极运用EAST系统开展检查，从数据库中查找问题、筛选疑点，提高检查的科学性。先后开展对新增贷款质量、“五管齐下”、票据业务风险排查、大额存款进出、监管统计和信息科技风险、监管政策执行情况现场检查。还开展了与证监局、保监局的联合检查，规范了银证、银保合作行为。强化了准入监管工作，规范高管准入考试办法，健全面谈制度，防止带病上岗。积极发挥行政审核委员会作用，提高行政许可的规范化程度。制定了大型银行高管人员任职资格审核操作规程等制度，提高准入的制度化水平。

【守住风险底线，风险化解实现新突破】我们认真履行风险第一责任人的职责，通过多种手段，督促银行加强贷款管理，建立动态资本补充机制，提高拨备覆盖，实现“以丰补欠”，牢牢把住风险底线，实现不良贷款“双下降”。制定案件防控目标和指导意见，深入开展案件风险排查和“回头看”，加大对案件的查处和责任追究力度，发案数量下降17%。特别是始终把中小金融机构风险防范和处置放在工作的突出位置，以“一行(社)一策”的思路、“解剖麻雀”的方式，积极防化风险。开展对冒名贷款的专项清理排查，化解大量风险隐患；武威凉州农村信用社风险化解走出实质性的一步；通过省联社注入资本，化解甘南合作农村信用社的高风险，为藏区金融和社会稳定消除一大隐患，也探索了省联社依靠自身能力化解风险的新途径；对华融资产管理公司兰州办事处所属银川西宁业务部擅自变更名称、未经许可领取营业执照等违规违法行为进行了严肃整顿，已责令理顺授权与转授权关系，依法注销银川营业部营业执照，及时防范和控制经营风险；西部租赁停业整顿取得实质性进展。

【推进改革，银行业的竞争力有新提高】督促政策性银行深化基层行改革，拓展业务领域，增强服务能力。大型银行着力转变发展模式，发挥比较优势，努力提升对地方经济的服务能力，盈利结构迈向多元化。推进邮政储蓄银行改革，开办多项农村金融服务产品，逐步成为支持“三农”新的生力军。继续推动农村信用社改革发展，全省合作银行已达12家，统一法人社74家。积极推动农联社内部管理制度和业务流程改革。推进新型农村金融机构的设立，使甘肃省新型农村金融机构达到10家。积极引进股份制银行，中信银行兰州分行开业，浙商银行兰州分行正在筹建。兰州银行省内跨区域经营范围进一步扩大。白银市城市信用社改制工作取得新进展，银监会已经受理了筹建城商行申请。资产管理公司积极推进商业化转型，商业化新业务取得了明显进展。甘肃信托重新登记换照和规范工作全面完成。

【加强内部管理，班子和队伍建设迈上新台阶】全面传达和贯彻落实十七届四中全会精神。进一步加强各级党委组织建设、思想建设、制度建设和作风建设，调整和充实分局的领导班子。加强中心组学习，以专题讲座、集中学习、研讨等形式，突出学习内容和针对性，不断提高学习效果。与党校联合举办一期处级党员干部培训班，加强党员领导干部的党性修养。各级党委书记带头讲党课，纪委书记带头作廉政专题辅导。加强反腐倡廉建设，认真落实《工作规划实施办法》和《工作规划任务分解表》，层层签订责任书，分解工作任务，积极推进惩防体系建设的各项工作，不断完善党风廉政建设考核机制，建立领导干部廉政档案，签订廉洁从业承诺书，开展“银行业反腐倡廉警示教育展览”等系列廉政文化活动，筑牢拒腐防变的思想防线。单设巡视组，健全巡视工作机制，加强对分局的巡视。配合银监会巡视组完成了对我局巡视工作。完成对4个分局局长的经济责任审计，进一步强化对权力的规范和约束。积极开展行政执法监察和执法检查工作，进一步推进了监管工作合规化水平。完成了深入学习实践科学发展观活动，群众满意度达到98.31%。组织部门开展形式多样的“讲党性、重品行、作表率”活动。对机关内设机构进行调整，大多数干部进行轮岗。积极创新干部任用机制，首次实施省局机关11名副处长公开竞聘上岗工作。

中国证监会甘肃监管局

【综述】2009年，甘肃证监局在中国证监会和甘肃省委省政府的正确领导和大力支持下，坚决贯彻中央应对金融危机冲击、促进经济平稳较快发展的一系列政策措施，紧密结合甘肃辖区实际，全面落实中国证监会关于资本市场发展的各项决策部署，坚持服务地方经济发展大局，坚持维护市场稳定运行，全力以赴推动甘肃资本市场稳定健康发展，为甘肃经济建设和社会发展做出了应有的贡献。

【有效应对国际金融危机冲击，市场主体综合实力明显增强】一是上市公司规模和竞争实力显著改善。截至2009年底，辖区有A股上市公司22家，占全国上市公司的比重上升到了1.31%。其中：主板上市公司18家，中小板上市公司3家，创业板上市公司1家。上市公司总股本115.81亿股，比上年增长43%；总市值1307亿元，增长1.84倍。截至2009年三季度末，甘肃上市公司资产总额达765亿元，比2008年底增长32%；所有者权益总额达317亿元，比2008年增长24%。全年通过IPO，配股和增发等方式共募集资金(含发行股份购买资产)166.05亿元，约占历年辖区上市公司募集资金总额的50%。

二是证券经营机构盈利能力明显提升。辖区有证券公司1家，省外证券公司在甘分公司2家，证券营业部、服务部54家。截止2009年底，投资者开户数71.9万户，比上年增长23%；指定交易与托管市值508.97亿元，增长22.43倍；客户资金66.3亿元，增长99%；辖区证券交易额5789.63亿元，增长79%；实现净利润9.1亿元，增长1.08倍；上缴营业税金及附加6831.2万元，同比增长87%。

三是期货经营机构发展基础逐步夯实。截止2009年底，辖区有期货公司1家，期货营业部5家；全年实现期货交易额960.21亿元，比上年增长1.55倍；期货交易量162万手，增长1.19倍；手续费收入1247.43万元，增长96%；利润总额362.67万元，增长37%；期货保证金余额1.43亿元，增长3.07倍；客户人数1327人，增长79%。

【主动服务地方经济发展全局，辖区资本市场取得新的发展】一是积极开展资本市场宣传调研。利用各种途径宣传资本市场，帮助政府、企业等有关各方了解资本市场发展新动向，熟悉IPO和再融资政策，增强改制上市的信心。全年共调研7个市州、30多家企业，召开各类座谈会50余次，向省、市、县三级政府及其有关部门赠送《中国资本市场发展报告》800余册。

二是主动为地方经济发展建言献策。及时向地方政府揭示政策走向、反映市场热点、通报辖区上市公司和证券期货经营机构运行情况，提出了资本市场支持少数民族地区发展、中小企业发展、辖区资本市场市场加快发展的建议。

三是全力配合上市公司后备资源培育。配合省政府有关部门举办培训班，提供政策咨询，加大上市后备资源培育工作力度，取得了明显成效；甘肃大禹节水公司作为首批上市的28家企业之一成功登陆创业板，募集资金2.5亿元。当年，辖区有4家公司进入辅导期，有3家公司向中国证监会上报首发上市申请，进入审核程序。

【认真履行监管职责，不断巩固辖区资本市场发展基础】一是上市公司规范运作水平有新提高。督促辖区上市公司彻底整改公司治理遗留问题，大部分公司治理结构进一步完善、内控水平不断提升、信息披露质量明显提高；建成甘肃上市公司投资者关系互动平台，形成了利用网络集中展示辖区上市公司形象、直接与各方投资者互动交流的平台，上市公司投资者关系管理工作进一步提升；有效实施分类监管，加强对个别高风险公司进行持续性跟踪监管，及时防控和化解风险；采用年报审计监管、公司治理整改现场验收、全面检查、专项核查等多种形式，不断加大现场检查力度，全年共现场检查上市公司12家，检查覆盖面达57%；强化中介机构监管，重点加强对审计机构和执业会计师监管，督促会计师事务所遵守风险导向审计原则，加强项目审计质量控制，严格履行审计程序，及时通报上市公司重大错报风险和内控缺失隐患；加强对保荐机构持续督导期履职检查，督促其履行督导责任；认真做好创业板上市公司持续监管，建立信息披露、监管报告及信访投诉处理机制，规范募集资金使用，加强控股股东和高管人员培训，督促公司规范运作；鼓励和支持上市公司并购重组，做好政策辅导和上级部门沟通等相关服务工作，加强对重组公司的现场核查，辖区6家公司重大资产重组、再融资项目取得重大进展。

二是证券期货经营机构合规经营能力进一步增强。督促证券经营机构进一步加强合规管理，强化净资本监控，加强资产管理业务和证券经纪业务营销活动监管，规范研究报告发布行为和投资顾问行为，提升客户服务和管理水平；全面规范辖区证券经营机构和经营网点，海通证券兰州业务总部和国泰君安证券甘肃营销总部规范为分公司，19家符合条件的证券服务部规范为营业部；严格落实证券营销有关规定，加强对证券经纪人的备案审核和监督检查，有效规范了辖区机构的市场营销行为；与银监局联合对辖区具有基金代销资格的证券经营网点和银行网点基金销售业务进行全面现场检查；圆满完成了原甘肃证券第四批个人债权收购工作；督促证券期货经营机构完善法人治理结构，强化内部控制，提升服务意识；强化期货经营机构保证金和净资本日常监管，开展信息系统安全专项检查和期货公司分类监管评价工作。

三是执法力度和法制教育不断强化。对2006年以来的稽查案件和非正式调查案件进行全面研究分析，撰写案件调查指引7项、案例分析4项；牵头组织召开打非领导小组会议，研究制定《非法证券活动处置应急预案》，全力配合地方政府做好甘肃大圣非法集资案政策咨询和信访接待；探索制定《稽查提前介入实施规程（试行）》，为日常监管和稽查工作的无缝对接及联系配合提供了制度保证；大力配合行政处罚执行工作，督促当事人及时全额缴纳罚没款项，有效维护了证券执法的严肃性和权威性；积极推进“五五”普法工作，组织开展法制宣传教育，市场主体法制意识进一步增强，知法守法理念基本形成；深入开展反洗钱工作，督促证券期货经营机构切实防范洗钱风险；加强诚信档案建设，市场诚信得到普遍重视，守信意识有所增强。

【不断加强协作配合，辖区监管合力进一步显现】一是综合协作监管机制进一步完善。在已建立的协作监管机制基础上，进一步加强与省委宣传部、省政府新闻办、公安厅、工商局、广电局、出版局、通信管理局等部门的协作沟通，建立了打击非法证券投资咨询活动、规范资本市场信息传播秩序联席会议制度，出台了相关政策文件，为整治和规范辖区资本市场信息传播秩序、打击非法证券投资咨询活动提供了有力保障。

二是系统内的支持与协调配合更加有力。坚持经常性地向中国证监会领导、机关各部门汇报、请示和沟通，通过承办会议、邀请调研等多种方式，及时反映辖区监管工作，让上级主管部门及时了解辖区情况，在企业上市、上市公司并购重组、监管工作、案件调查以及机关建设和干部队伍建设方面，得到了及时指导和大力支持。主动与交易所、兄弟派出机构密切协作配合，加强信息共享与交流，有力的推动了辖区监管工作的顺利开展，监管效率明显提高。

三是地方相关部门的配合协作日趋密切、通畅。主动加强与金融监管部门、各级政府及其相关部门、司法机关、新闻媒体等的沟通协调，进一步改进和完善责任机制，做到各司其职、各尽其责，保证了综合协作监管机制的有效实施。在当年的基金销售机构的检查、行业信息系统安全检查、上市公司重大资产重组、拟上市资源培育等方面，得到了有关单位的大力支持与配合。

四是自律组织的作用有效发挥。不

断加大对行业自律组织的督促和指导力度，上市公司协会、证券期货业协会不断加强会员自律管理，改善对会员的服务，组织各会员单位签订自律公约，组织开展证券期货知识竞赛，配合进行上市公司、证券期货经营机构培训，组织各机构积极开展投资者教育活动，行业协会的自律、传导、服务功能有效发挥。

【全力维护市场安全稳定，努力营造良好的市场发展环境】一是严格落实辖区维稳责任制。进一步健全维稳机制，细化措施，分解任务，明确监管部门、市场主体维稳责任，确保维稳工作"落实到单位、落实到岗位、落实到人员"。辖区各上市公司、证券期货经营机构、行业协会全面落实中国证监会和地方政府的要求，切实承担起了维护辖区市场稳定的重任，成立了"一把手"总负责的维稳工作领导小组，结合各自实际，制定维稳工作方案，健全完善应急预案，采取切实有效的措施，保证了辖区市场的安全稳定运行。

二是全面排查矛盾纠纷，及时化解风险隐患。组织开展矛盾纠纷和风险隐患大排查活动，特别关注投资者利益保护和风险公司风险处置，及时发现、准确掌握各种矛盾纠纷和苗头隐患，摸清矛盾纠纷和风险隐患底数，有针对性地采取措施，及时化解了个别公司出现的职工聚集事件风险。辖区各上市公司、证券期货经营机构主要负责人亲临现场检查指导，对存在的突出问题及时想办法、下大力气解决，不断增加资金、人力、物力投入，切实把各种矛盾和风险隐患消除在萌芽状态。加强国庆、"两会"等重点时段的应急值守工作，实行零报告制度，严密监控各种风险隐患。

三是强化行业信息系统和经营场所安全基础设施建设。指导和督促辖区证券期货经营机构建立健全安全保卫、信息系统保障、电力保障、消防安全等各项突发事件应急预案；组织开展突发事件应急演练，查漏补缺，进一步提升处置突发事件的应急能力和水平；联合甘肃省公安厅进行了全面检查，辖区经营网点安保工作均达到了要求。

四是整治和规范资本市场互联网信息传播秩序。建立新闻宣传、公安、电信、广电等主管部门的联席会议制度，健全协作机制，发挥协作监管优势，及时妥善处理媒体质疑和投诉，通过联合检查、联合执法等方式形成监管合力，有效打击和遏制了辖区非法证券信息的传播。

五是加强舆论引导和投资者教育。组建辖区资本市场新闻评论员队伍，主动协调省政府新闻办和相关媒体加强对甘肃资本市场发展的正面宣传报道；积极开展"打非"活动专题宣传报道活动，集中报道典型案例，广泛宣传政策法规，积极提供政策咨询，主动回应市场热点，引导正确的舆论方向；不断强化市场主体、行业协会投资者教育主体责任，认真落实《甘肃辖区投资者教育工作方案》，积极整合辖区投资者教育资源，拓宽渠道、创新方式、完善内容，深入开展投资者教育活动，宣传资本市场知识，揭示市场风险。

六是全力做好信访受理办理工作。坚持"抓信访、保稳定、促监管"工作理念，切实维护信访群众利益。全年共受理办理来电 189 件（人次）、来访 16 批次 23 人次、来信 25 份，为信访群众追回资金 27 万余元，有效解决了信访群众的实际困难，切实维护了信访人的正当权益。

（许尔远）

中国保监会
甘肃保监局

2009 年，甘肃省保险业在中国保监会和甘肃省委、省政府的正确领导和大力支持下，按照保监会"防风险、调结构、稳增长"的要求，认真贯彻"防起落，保发展；防风险，保权益"工作部署，全面落实科学发展观，积极稳妥应对国际金融危机带来的机遇和挑战，大力调整业务结构，着力防范经营风险，不断拓宽服务领域，实现了持续稳健快速发展。

【业务增长平稳快速】2009 年，甘肃省保险业努力克服金融危机的不利影响，紧紧抓住"保增长"的要求，圆满实现年初确定的发展目标，实现保费收入 114.4 亿元，突破 100 亿元大关，提前一年实现"十一五"规划目标，比上年增长 17.4%。其中：财产险业务继续保持较快增长，保费收入 27 亿元，增长 19.6%；人身险业务在去年增幅较大的基础上实现稳定增长，保费收入 87.3 亿元，增长 16.7%。保险分支机构新增 233 家，目前共有 21 家省级分公司，1207 家分支机构，总资产 228 亿元，较年初增长 19.9%。

【行业风险有效防范】全行业把风险防范工作摆在突出位置，采取有效措施化解潜在风险。非正常集中退保风险有效防范，没有出现非正常集中群体退保事件。产险机构承保利润扭亏为盈，在上年亏损 1.2 亿元的基础上，实现承保利润 2177.4 万元，其中 9 家公司承保利润实现增长，8 家公司扭亏为盈。特别是一些中小公司经营时间虽不长，但注重公司管控，注重承保理赔等各个环节的风险防范，在实现社会效益的同时，公司能有赢利。产险机构应收保费风险有效降低，应收保费余额比上年下降 24.5%；应收保费率 2.2%，比上年下降 3 个百分点，比全国低 0.9 个百分点。寿险机构收付费环节风险防范有效加强，收付费综合业务转账率达到 93%，比上年提高 10 个百分点。

【结构调整初见成效】积极落实保监会应对国际金融危机的一揽子计划和政策措施，采取一系列措施推动业务结构调整。寿险公司业务内含价值持续提升，寿险新单期交保费增长 40.8%，在新单保费中占比 33.7%，比上年提高

7.2 个百分点。个人代理渠道保费增长 19.8%，高于银保渠道保费增速 9.5 个百分点。个代渠道保费贡献度提高 1.5 个百分点，银邮渠道下降 2.1 个百分点。

【市场秩序持续好转】按照“出重拳、动真格、见成效”的原则，深入开展规范市场秩序工作。有针对性地指导省行业协会按照会员单位的意愿，制定手续费自律公约，促进市场秩序进一步好转。2009 年，累计派出 660 多人次，开展现场检查工作 139 次，给予保险机构行政处罚 15 次，个人行政处罚 4 次，累计行政处罚 24.5 万元，警告 9 次，责令撤换高管人员 1 人，非行政处罚措施 45 件次。稳步推进综合监管工作，在打击保险业“三假”活动中，联合工商管理部门、公安机关开展执法检查，查处机票代理网点销售假保单的行为，取缔非法代理网点，挽回经济损失 196.9 万元。从各方面情况看，保险市场秩序继续好转，行业综合成本率下降 7 个百分点。人身险公司销售行为逐步规范，销售误导一定程度上得到遏制。

【监管基础不断加强】坚持立足甘肃省情，不断健全完善监管制度。制定保险机构高管人员管理新规定，建立省级机构主要负责人依法合规履职情况年度报告制度，实行中支机构主要负责人任职前公示制度。推行新设机构和高管人员依法合规经营承诺书制度，加强对筹建负责人的考察力度。建立银邮代理省对省的“四统一、五规范”制度。制定统计分析工作考核办法，明确统计分析报告基本框架，提高了数据分析报告的及时性、准确性和完整性。全面推行车险业务“见费出单”制度和车险保单自主查询制度。推进行业协会建设，建立秘书长考核制度，甘肃省 2/3 的市州行业协会配备了专职秘书长或副秘书长。

【消费者权益保护得到落实】甘肃保监局认真做好政府信息公开工作，及时公布监管信息。积极开展积压赔案清理工作，财产险机构共清理积压赔案 6.14 万件，支付赔款 2.34 亿元，未决赔案比重下降 18 个百分点。制定车险理赔服务指引和车险理赔服务质量评价办法，缩短理赔周期。认真落实理赔（给付）程序公示制度，发布新的投保提示，倡导理性投保。紧紧抓住《保险法》修订的契机，在全行业深入开展“学新法、迎国庆”活动，举办知识竞赛、学法答题、高峰论坛等一系列学习宣传活动，在行业内外营造了学法、懂法、守法的良好氛围，增强了法律意识。把维护稳定作为首要政治任务，认真接待群众信访投诉，100%信访投诉案件得到妥善处理。同时省行业协会建立了 30 多人的仲裁队伍，方便快捷处理保险仲裁案件，保护了消费者权益，促进了行业和社会稳定。

【发展环境持续改善】甘肃保监局积极推动“三农”保险发展，联合省财政、农牧等部门下发 5 个有关政策性农险的文件，规范政策性农险发展。突出抓好养殖业保险理赔服务，要求承保机构将赔案处理周期控制在 10 天以内。主动和地方政府沟通联系，积极开展政策性农险应收保费清缴工作。推动责任保险发展。协调省政府批转实施《关于大力推进旅游保险工作意见》。积极协调公安消防部门，做好火灾公众责任险试点准备工作。与卫生厅协调，着力推动医疗责任保险发展。加快发展工程保险。紧紧围绕甘肃省“项目建设”的战略目标，抓住国家扩大基础设施建设投资的有利机遇，积极引导保险机构做好项目保险服务，推动工程保险的发展。

【社会贡献不断增强】甘肃保险业积极为地方经济社会发展提供服务。2009 年，甘肃省保险业累计支付各项给付赔款 31.85 亿元，比上年增长 1.9%。农业保险实现保费收入 3800 多万元，累计赔付农户近 5600 万元，增长 99%。农村小额人身保险试点从 5 个市州的部分乡镇扩大到 10 个市州，实现保费收入 697 万元，承保农民 13 万人次，承担风险近 40 亿元。在农村推出个人消费保证保险，解决农民贷款难的风险问题。责任保险、工程保险继续保持快速增长势头，分别增长 16.9% 和 52.4%，为西气东输二线管道建设、引洮工程等重大工程项目和产业基地建设提供保险保障，累计支付大项目赔款 2750 多万元。积极发展出口信用保险，为甘肃省出口贸易提供 704 万美元风险保障。校园方责任保险成为全国最先实现全覆盖的省份之一。开办生源地助学贷款保证保险，为 972 名贫困农家学子提供助学贷款保证保险 210 万元。保险机构上缴地方税收 1.58 亿元，代收代缴车船税 1.45 亿元，为地方财政增收做出贡献。积极为社会就业创造机会，送考试下基层，累计有 3.5 万人次参加代理人考试，保险从业人员达到 5.1 万人。

中国工商银行甘肃省分行

【综述】2009 年，甘肃省分行认真贯彻总行的决策部署和工作要求，深入落实科学发展观，积极克服外部经济环境带来的不利影响，狠抓业务营销，加快改革创新，强化经营管理，主要业务持续稳定健康发展，各项经营管理工作取得了新成效。

【努力扩大收益渠道，经营效益显著提升】全行上下围绕利润这个核心指标，积极转变经营观念，大力推进资金集约化经营和管理，在存款相对富裕、存贷款利差明显收窄、经营压力较大的情况下，全行通过努力提高资金营运效率，加快信贷投放，提高信贷资产质量，强化收息管理，拓展新兴业务，扩大中间业务收入等措施，千方百计增收增效。2009 年实现账面拨备后利润 12 亿元，比上年增加 1.83 亿元，增长 17.9%。成本收入比为 47.59%，比上年末下降 2.13 个百分点。

【加强市场营销，主要业务持续增长】全行把加快业务发展作为第一要务，始终坚持加快发展的信心不动摇，促进发展的工作不松劲，坚持“三盯三比”的营销工作思路，即紧紧盯住同业占比、盯住任务目标、盯住薄弱环节，比同业、比任务、比同期，加快经营转型，狠抓优质业务市场拓展。一是通过开展“新春大营销，持续促发展”业务营销竞赛活动、有力推动了各项业务的全面、协调发展，确保了经营计划目标的顺利完成。二是存款业务坚持机构、公司、个人并重方针，加大重点客户营销维护，将代发工资、个人理财等业务作为储蓄存款的重要增长点，加强存款业务与投资理财业务的融合互动，积极挖掘存款增长点，努力扩大资金来源，全年人民币全部存款突破千亿元大关。三是贷款业务紧紧围绕国家扩内需、保增长宏观政策，全年各项贷款较年初增加 79 亿元，信贷业务结构进一步改善。四是中间业务在抓好传统结算、代理等业务的基础上，大力拓展新兴业务，市场规模和收入来源不断扩大。全年实现中间业务收入 5.23 亿元，继续保持了同业第一。

【实施精细化管理，信贷资产质量不断改善】全行在认真贯彻落实“扩内需，保增长”宏观调控政策，加快信贷投放的同时，始终没有放松对信贷风险的控制管理，科学把握贷款投向，实现了信贷业务发展速度与发展质量的协调推进。分别在省分行、二级分行不同层面建立信贷业务风险预警提示制度和工作报告制度，进一步完善贷款大户风险监控体系，严格贷款分类管理，切实规范信贷业务转授权，不断强化系统的集中控制与管理，有效防范新发放贷款的政策风险、市场风险和操作风险。积极创新风险贷款管理方式，加强信贷作业监督职能前移工作，切实做到“有保有压、有进有退”，积极运用多种措施压降潜在风险贷款。全年累计清收处置不良贷款 7.68 亿元，不良贷款占比较年初下降 0.72 个百分点，继续保持“双下降”态势。

【强化内控管理，实现安全稳定运营】全行上下组织开展“远离违规行为，珍惜职业生涯”主题教育活动，提高了员工业务操作的规范性。积极开展内控评价、合规检查和反洗钱工作，狠抓问题整改和责任追究，屡查屡犯等现象得到了较好遏制。完善操作风险管理机制建设，从人防、技防、制度防等多方面，加大对操作风险的控制。顺利完成业务运营监督改革和业务集中处理改革，优化了业务运营风险监控和监测手段，核算差错率由上年的万分之三降低到今年的万分之一点一三。加强安全保卫工作，对全行自助银行、营业网点等重要部位安防设施逐步进行改造更新，在重要节日、重要时段组织开展安全检查和应急预案演练，进一步增强了员工应急和处置突发事件的能力。认真做好案件防范工作，按期召开案件防范分析会议，并通过开展警示教育、排查案件风险隐患，防范和规避了“六类”案件的发生。一年来，全行没有发生各类案件。

【狠抓服务工作，服务提升活动稳步推进】一是加大服务工作组织推动力度。进一步强化渠道规划和建设委员会的职能，加快推进营业网点、自助银行、电子银行和客户经理队伍等分销渠道建设。在全行深入开展“为工行添彩，为国庆献礼”服务大提升活动、“树立现代金融服务理念，打造一流金融服务品牌”主题教育活动和济南大观园支行服务工作经验学习推广活动。二是加快服务渠道整合升级。全年装修改造营业网点 112 家，新增 ATM 等自助服务设备 242 台，安装 ATM 防护舱 53 个，进一步提高了服务的硬件保障能力。三是推进服务规范化建设。坚持和改进服务质量专项考评，以推广营业网点服务现场质量管理与控制为突破，全面推进服务质量管理体系的建设。制定和完善了一批服务工作制度办法，进一步强化了服务工作管理。四是广泛开展服务工作争先创优活动，有 2 家机构获总行级“百佳服务机构”称号，2 名个人荣获总行级“百佳服务标兵”称号，15 家分支机构获省行级“百佳服务机构”称号，40 名个人获省行级“百佳服务标兵”称号。

【坚持以人为本，队伍建设得到进一步加强】继续在全辖组织开展深入学习实践科学发展观活动，按照活动安排圆满完成整改落实、群众测评、活动总结及“回头看”等阶段工作任务，省分行学习实践科学发展观活动群众测评满意度达到 99.25%。积极做好以党建为重点的七个方面工作，进一步完善工作措施，强化了各级领导班子的思想政治建设、组织建设和廉政作风建设。积极改进工作作风，对全行特别是领导干部工作作风建设提出了新要求，在全行大力倡导“一个带头，两个深入，三个勤于”的良好风气，各级行领导带头跑市场、跑营销、跑企业，找客户、找项目、找资源，促进了行风的转变。强化员工队伍建设，组织全行员工学习“感动工行”员工先进事迹，大力弘扬爱岗敬业的奉献精神。加强员工培训，对柜员分批进行岗前培训，对 387 名一、二级支行行长和 1372 名中年员工开展了集中培训，广大员工的适岗履职能力有了大的提高。关心和解决员工工作、生活中的实际困难，加强离退休、内退人员的服务、教育和管理，在春节和庆祝建国 60 周年期间，慰问老职工，救助部分特困员工。

中国建设银行甘肃省分行

【综述】2009 年，建行甘肃省分行深入落实建设银行总行总体工作部署，在省委、省政府及监管部门的大力支持下，始终以服务甘肃经济社会发展为已任，深入贯彻落实科学发展观，围绕大局，改革创新，扎实工作，经受住了国际金融危机的冲击和甘肃经济发展下行的严峻考验，为甘肃省的社会经济发展作出了积极贡献。甘肃省分行提出“打基础、调结构、促转型、保平安、上份额”十五字工作思路，坚持“以客户为中心”的经营服务理念，结合甘肃实际不断创新金融服务，改善服务环境和提高服务水平，充分发挥了大型商业银行信贷投放主渠道作用，把握市场、找准定位，着力降低不良资产风险，强化科学管理，积极开拓市场，各项业务稳步快速发展，资产质量和经营效益进一步得到提高，综合竞争力不断增强，各项工作都取得了新的进展，队伍素质和服务水平也得到进一步提升。全年实现税前利润 12.8 亿元，一般性存款余额 1049.46 亿元，各项贷款余额 482 亿元，不良率下降 1.07 个百分点。

【对公业务】为提升对公业务的快速增长，建行甘肃省分行领导亲自带头开展高层营销，在总分行与二级行之间、行际间、部门间、团队间、网点与员工中采取多种营销措施，实施上下游多级联动营销体系，进一步巩固了重点客户的合作关系，拓展了新的客户。成功承办发行甘肃省政府 100 亿元中期票据、健康龙卡、公务卡等，以创新业务和业务转型、网点转型、提升服务水平，得到了甘肃社会各界的广泛认可。截止 2009 年末对公贷款余额 446 亿元，较上年新增 73 亿元，对优质企业和大项目的贷款结构进行了优化。

【对私业务】通过开展“金牛贺新春，建行礼连连”等一系列营销活动，实行标杆管理，进一步夯实客户基础、细化合规内控，提升全方位的金融服务和产品促销，使个人存款、银行卡、代理业务等重点业务得到快速发展。全年个人存款余额 479 亿元，个人贷款余额 36 亿元，新增 9.2 亿元，发展 5 万元以上中高端客户 30.8 万户，代理国债、保险、基金及银行卡、建行金和各种理财产品的营销，均创历年最好业绩，个人客户满意度提升了 3.8 个百分点。

【住房金融业务】通过上下游联动营销机制，将优质楼盘作为营销重点，确定营销目标加大新产品的宣传力度，抓房地产开发项目贷款和个人住房贷款，提高产品及品牌的社会知名度和覆盖率。2009 年累计发放个人住房贷款 16.2 亿元。

【电子银行业务】通过以“提高产品覆盖、提升渠道占比”为工作核心，实现电子银行渠道占比等各项指标快速提升，进一步完善以企业网银和个人电子银行等重要客户为核心的服务系统，组建任务型服务体系，电子银行业务产品的覆盖率得到进一步扩大，通过有效的产品宣传和营销，精心培育使用电子银行客户的意识，使电子银行客户的信誉度不断提升，新增交易额 813 亿元，新增客户 104 万户，实现交易量 1836 万笔，中间业务收入 1513 万元。

【中间业务】积极拓展各种代理保险、基金、个人账户金、建行金及审价咨询、投行业务、保理、企业年金、信托等业务，中间业务收入不断攀升，业务范围得到进一步扩大，各种理财产品的营销业绩良好，中间业务八大类产品中，代销基金收入 6000.26 万元，代销保险收入 3502.18 万元，发行理财产品 2 期，实现收入 1122 万元，企业年金基金托管规模 8.74 亿元，归集资金 2.71 亿元；“民本通达”品牌得到广泛认可，教育、文化等民生领域贷款余额 25.88 亿元，比上年增长 7.8%，实现中间业务净收入 4.31 亿元，较上年增长 23.68%。

【三农和中小企业】建行甘肃省分行积极支持三农企业和中小企业的业务发展，与三农企业签订战略合作协议，成立了中小企业经营中心 3 个，扎实履行社会责任，帮助部分困难企业走出经营困境，不断调整信贷节构，加大贷款投放，全力支持三农和小企业发展，经营范围不断扩大，有力支持了地方经济建设，实现了经济效益和社会效益的同步发展，全年向大禹节水、敦煌种业、省农垦等三农企业发放贷款 12.76 亿元，小企业发放贷款 2.43 亿元。

【科技创新】进一步加大了科技创新力度，不断优化系统功能，稳步推进项目开发和推广实施。全年自主开发项目 24 个，完成推广实施的项目 18 个，完善和丰富了各项业务功能，加强了系统运行维护和技术防范，建立安全管理制度，提升了全行计算机病毒防控体系，有效地保证了设备的安全稳定运营，产品市场综合竞争力不断提高，实现了以科技支撑业务发展，全年未发生计算机安全事故。

【防范风险与资产质量】通过采取降低不良资产与二级行班子成员考核直接挂钩和不良贷款项目省分行部门领导挂项等制度，加大资产保全工作考核激励等一系列措施，全力推动资产质量持续改善，构建起全面防范风险管理体系，落实风险端口前移制度，并将作业范围扩大到全部大中型企业、公司及个人客户，增强了对主要信用风险的管理能力，提高现金回收水平，加大了个人类不良贷款的清收力度，全年资产质量继续保持“双降”。

【改革】在建总行的统一部署下，扎实推进各项改革工作，积极有效地组织实施了风险管理体制改革，风险管理能力和风险防范水平得到进一步提高。深化了机构改革，有效提高了市场竞争能力。积极推进了会计管理及业务营运管理体制改革，合理按排高低柜业务，提高柜面服务效率和营销能力。组织了支持三农和中小企业经营模式改革，有力提高了信贷业务发展。稳步开展了后勤管理体制改革，实现了后勤管理社会化。大力推进网点二代转型改革，健全了各项服务，使建行的品牌形象和客户满意度得到进一步提升。

【内部管理】持续强化合规经营和防范风险意识，以党内廉政建设和反腐败工作为重点，堵塞管理漏洞，提高财务规范执行力和政策传导力，抓好规章制度的落实，加大了部门、二级行及基层机构负责人、重要岗位人员的轮岗交流，认真组织开展案件专项治理和员工行为排查工作，实行员工违规离岗制度。稳步开展合规管理，加强合规文化建设，执行每周合规谈制度，并进行多层次、全方位的业务性检查，有效的提高了员工合规操作的自觉性。

【员工队伍和企业文化建设】根据业务发展需求开展多种形式的争先创优活动和员工培训，积极改进管理模式，将业务骨干、素质好的员工优先满足市场营销需求，坚持“以人为本”的经营理念，各项激励政策向前台、向基层倾斜，建立了人员配备、服务流程、服务理念的管理体系，提高了服务水平和客户满意度，逐步完善了用人机制，推进人员大行向人才大行的转变。全年组织实施培训项目464期，参加培训员工17195人次，有效提高员工的素质和履岗能力。通过向贫困中学生献爱心等捐助活动，积极承担社会责任，多渠道传播企业文化理念，提高核心竞争力。荣获甘肃省政府颁发2008年、2009年度两项“省长金融奖”和“金融支持地方发展突出贡献奖”的三项奖励。

经济管理

审　计

【审计成果】2009 年，省审计厅共审计和审计调查项目 117 个，查出违规资金 4.89 亿元，管理不规范资金 133.32 亿元，损失浪费资金 2.81 亿万元；通过审计处理，上缴财政资金 4848 万元，促进增收节支 1.16 亿元。向各级党委、政府和上级审计机关提交综合报告、专题报告、调研、信息 55 篇(次)，其中被采用和批示 16 篇(次)；向被审计单位提出审计建议 321 条；向司法和纪检监察部门移送案件线索 1 件，涉案人员 1 人。

【预算执行审计】重点对省级预算执行情况、税收征管情况，省林业厅、省委统战部等部门的预算执行和财务收支情况，金昌、武威、庆阳、平凉 4 个市的财政决算情况进行了审计。审计资金总额和审计覆盖面比往年进一步扩展，省、市两级预算执行都比较严格，内部管理不断完善，但也存在挤占挪用、多报多领、公务费管理不严等问题。7 月 8 日，省政府召开第 33 次常务会议，听取 2009 年度省级预算执行及其他财务收支的审计结果报告。7 月 29 日，省人大十一届十次会议上，省审计厅受省政府委托，向会议作审计工作报告，8 月 10 日，在《甘肃日报》上全文公告省级预算执行情况审计工作报告。

【扩大内需和灾后恢复重建审计】省、市、县三级审计机关整合审计力量，对中央扩大内需新增投资项目和灾后恢复重建项目进行跟踪审计和督促检查。全省共投入审计力量 1200 多人(次)，开展审计及审计调查项目 2200 多个，审计资金 220 多亿元，提出审计建议 400 多条。

【经济责任审计】对武威、庆阳、金昌 3 市政府和省商务厅等 14 个部门、单位的省管干部进行离任审计；对省水利厅等 12 个单位的省管干部进行任中审计；对 2008 年至 2009 年 6 月底前接受经济责任审计的 25 个单位的审计整改情况进行现场督查。

【专项资金审计】对种粮农民四项补贴和退耕还林(草)专项资金、全省五项社保基金的管理使用情况进行审计；对省直管县财政管理体制改革试点、省重大科技专项经费、政府投资保障性住房、14 个市州为民办实事等项目进行了审计和审计调查。

【绩效审计】对引洮供水一期工程等 15 个政府投资项目开展绩效审计探索，对省属 14 所高校教育经费管理使用情况开展审计调查，授权武威和白银市审计局对石羊河流域治理、景电二期延伸向民勤调水等重点项目进行跟踪审计。目前各级审计机关出具的竣工决算审计报告，已成为政府加强基建项目管理、财政及建设单位拨付资金和结算工程款的重要依据。

【企业审计】重点对华亭煤业集团、兰州电机有限责任公司、祁连山水泥集团股份有限公司、省烟草公司、窑街煤业集团等 5 户国有企业进行审计，揭露和反映了企业资产质量不高、损益不实、决策不规范、违规拆借资金、因管理不善造成国有资产流失、因监管缺失导致贪污腐败等问题。

【外资审计】根据审计署授权和省政府交办，对截至 2008 年底的世行贷款林业持续发展项目、亚行贷款甘肃道路发展项目等 18 个国外贷、援、赠款项目进行了审计和审计调查，查出国内配套资金不到位、世行回补资金被滞留等问题。及时的向省委、省政府和有关部门反映了存在的问题，出具了审计结果报告。4 月 20 日，在《甘肃日报》公告了国外贷援款项目公正审计工作报告。

【社会审计核查】针对白银有色公司、兰电电机有限公司等企业审计中发现的利润不实等问题，重点核查了甘肃金升会计公司等社会审计组织出具的相关审计报告，发现和揭露了企业财务报表存在的重大错报、资产评估不实、审计未发表意见等问题。

【交办和有关部门委托事项的审计】省审计厅共完成 33 项。会同省纪委、监察厅、财政厅核查处理了民勤县财政支农资金存在的问题；抽调人员配合审计署驻兰州特派办开展全省粮食直补等 7 个方面的专项审计；认真履行成员单位职责，抽调业务骨干，配合有关部门开展了全省“小金库”治理、粮食清仓查库、工程建设领域突出问题专项治理、国有土地使用权出让、治理商业贿赂、国有企业领导人职务消费调查、治理教育乱收费等专项检查和案件查办工作。

【审计整改】各级党委、政府将整改工作纳入督查督办事项，出台加强和改进财政财务管理的意见和办法，建立和落实问责制，督促有关部门和单位细化部门预算、健全完善制度、加强财政监管、提高资金效益。审计中发现的一些项目配套资金不到位、管理不规范等问题，审计机关联合纪检、监察、财政、发改等部门加强督促检查，坚持边审边改，绝大部分问题都得到了整改。省委、省政府领导对审计查处问题高度重视，全年作出重要批示 10 余次，要求各有关领导研究完善措施并督促做好整改落实工作。

【教育培训】省审计厅全年共举办各类培训18期，参训人员1986人(次)，全省选派 158 名干部参加了审计署组织的审计和培训，培养锻炼了干部。同时，注重加强审计理论研究，加大科研成果的推广运用力度，举办青年论坛和优秀课题、论文评选，推出一些好的审计理论研究成果，为指导审计实践发挥了重要作用。

【自身建设】一是在广泛调研的基础上，争取省政府出台《关于进一步加强审计工作的意见》，各级审计机关认真落实，解决了人员编制、经费、基础建设等许多困难和问题。二是注重责、权、利紧密结合，建立健全和认真落实《工作规则》、《干部管理办法》、《政务督查制度》、《审计质量管理暂行办法》、《执法过错责任追究制度》、《审计结果公告制度》，以及民主集中制和党风廉政建设责任制等一系列规章制度，逐步形成了用制度管权、按制度办事、靠制度管人的科学管理模式。三是建立和落实以目标管理责任书考核和领导班子、领导干部考核相结合的“三位一体”的考核制度，推行“一报告两评议”制度，全面、客观、准确地反映干部的实绩，公平、公正地评价和使用干部，形成了选人用人凭工作、凭实绩、论人品的良好风气，提高了选人用人的公信度。

（梁建）

工商行政管理

【服务经济发展】省工商局党组把落实省委、省政府决策部署和履行工商行政管理职能紧密结合起来，统一思想认识，加强政策支持，开展帮扶行动，取得了突出成绩。全年先后有3位党和国家领导人给予鼓励和肯定，省上和总局 23 位领导同志以批示、指示等多种形式重视和关心我们的工作，14 个市（州）党政“一把手”都以不同方式给予强有力的领导和支持，为历年之最。省政府出台《关于进一步加强工商行政管理工作的意见》，对工商行政管理工作重视程度之高、支持力度之大，为历年之最。服务经济社会发展，市场主体数量增长、规模扩大、质量提高，也是历年之最。

一是服务发展的思路更加明晰。全省系统围绕“服务经济发展、当好市场卫士”这一实践主题，扎实开展学习实践科学发展观活动，高举服务经济社会发展旗帜，努力做到一切围绕经济发展、一切服从经济发展、一切服务经济发展。广大干部职工在服务企业、服务消费者、服务经营者、服务大项目、服务“三农”、服务社会困难群体过程中，正在以新的作为体现新价值，展示新形象。

二是服务发展的政策更加具体。全面落实经省政府批转的服务经济平稳较快发展的 60 条意见，研究制定《甘肃省小额贷款公司试点登记管理暂行办法》，出台服务外商投资企业发展、服务“三农”、服务农村改革发展等政策措施，形成服务经济发展的政策体系。各地紧密结合当地经济发展实际，研究出台了服务发展的政策措施，并经政府批转执行，这些政策措施都发挥了比较好的助推作用。兰州、白银市局积极主动加强协调，制定服务兰白都市经济圈建设的有关政策措施。酒泉、嘉峪关、金昌等市局和兰州高新分局，注重政策扶持和政策引导，服务重点项目和支柱产业发展。

三是服务发展的手段更加完善。精心组织实施“红盾助推工程”，开通服务大企业大项目、服务返乡农民工等重点人群、服务农民专业合作社等三个“绿色通道”，组织“万户企业服务行”活动，帮助市场主体解决难题。圆满完成第十五届“兰洽会”个体私营企业产品展销和非公有制企业项目签约任务，招商引资合同项目 111 个，引资总额 36.7 亿元，创造了新记录。大力实施商标兴省战略，全年新增中国驰名商标 7 件，增长 100%；新增证明商标 4 件，增长率为 33%。组团参加第三届中国商标节，助推甘肃产品走向全国，获得“最佳组织奖”和“最佳创意奖”。严格著名商标认定，新增全省著名商标 116 件，总数达到 354 件。天水市新增 6 件中国驰名商标，获得全国“商标战略示范市”殊荣。定西市局注重培育地方品牌，大力服务“薯都”建设。张掖市局引导农业产业化经营，支持农民专业合作社发展。临夏、甘南州局积极维护稳定，着力服务民族地区经济发展。武威、平凉等市局大力支持地方特色优势产业发展，推动循环经济建设。各地服务发展的做法和成效，得到了党委政府和人民群众的充分认可和好评。

四是服务发展的方式更加丰富。不断创新服务发展方式方法，延伸服务链，打好组合拳，提高服务发展的质量和水平。落实省委、省政府提出的“陆上三峡”战略构想，将瓜州县确定为服务大项目、服务县域经济发展的联系点，着力服务风电等大项目建设。实施对农垦企业、物产集团、葡萄酒业的对接服务，支持国企改制重组和特色优势产业发展。开展股权出质登记，帮助中小企业解决融资难问题。放宽年检政策，探索网上年检和上门服务，提高登记工作效率，为市场主体节约成本2000万元以上。优化就业和创业环境，扶持更多的劳动者成为创业者，鼓励个体工商户向私营企业发展，实现由数量增长向质量提高转变。扎实开展全国第二次经济普查，提高市场主体数据库建设质量，推动信用分类监管向深层次发展，省局被评为全国第二次经济普查先进单位。各级个私协会、商标协会、广告协会发挥各自优势，创新服务方式，服务经济社会发展。酒泉、嘉峪关、天水、张掖市局分别与友邻单位或地区建立协作机制，兰州市局全面推进“一站三员”制度，张掖市局大力延伸服务链、发挥整体服务功能，武威市局开展“百名干部帮扶百家企业”活动，庆阳市局推行重大项目专人联系制度，金昌市局实行提速限时服务，嘉峪关市局推进“移动工商”建设，平凉市局引导企业注册证明商标，陇南市局协调建立对著名、驰名商标企业奖励机制，都取得了很好的成效。通过努力，市场主体数量在金融危机冲击下仍保持了较大幅度增长，规模进一步壮大，各项指标均创甘肃历史新高。截至 2009 年底，全省实有各类企业 108559 户，注册资本 3396 亿元，分别增加 8953 户和 414 亿元，增长率为 9%和 14%；个体工商户 479308 户，注册资金 120 亿元，分别增加 63026 户和 30 亿元，增长率为 15%和 33%。农民专业合作社 3537 户，出资总额 28.5 亿元，成员总数 33013 人，分别增长 158%、138%和 107%。

【**加强市场监管和消费维权**】国际金融危机发生后，全省工商系统加强经济形势变化对市场秩序影响的深入研究，采取针对性措施，全面加强市场监管和消费维权，努力消除市场秩序中影响经济平稳较快发展的突出问题，维护市场秩序和保护消费者权益的水平进一步提高。中共中央政治局常委、国务院总理温家宝同志在定西视察时，亲切接见了正在履行市场监管职责的工商干部，并给予勉励。

一是市场监管取得显著成效。加大信息技术和业务工作的融合力度，市场主体基本信息数据库、执法信息数据库、12315 申诉举报数据库、食品安全监测数据库相继建成，实现了企业注册信息网上查询、消费者投诉快速处理、虚假违法广告快速查处等功能，提高了市场监管现代化水平。按照“四个转变”要求，制定市场巡查工作规范，探索推行网格化监管，开展商品交易市场信用分类监管工作，介入网络交易市场监管，积极参与社会治安综合治理，取得明显成绩。扎实开展“红盾护农”，查处不合格化肥等坑农害农典型案件的经验得到总局肯定。培育发展农村经纪人，推广涉农合同示范文本，帮扶农业龙头企业发展，引导农业产业化经营，支持农民专业合作社快速发展。总局在甘肃举办了地震灾区农村经纪人培训班，对服务农村经济发展起到了积极作用。强化商标专用权保护工作，加强广告监测和市场巡查，开展公益广告评选，健全广告监管长效机制，净化广告市场环境，促进了广告业健康发展。

二是公平竞争执法取得显著成效。制定并落实《关于强化行政执法保障服务发展的实施意见》、《行政处罚自由裁量权实施规则》、《经济违法案件分级管理暂行规定》等规范性文件，建立重大案件新闻发布、执法办案情况通报、案卷评查和办案有功人员、举报有功人员奖励制度，保证了行政执法的规范化和程序化。进一步整合执法办案资源，与省高院、省高检、省公安厅建立执法协作机制。理顺省、市、县、所四级执法办案的纵向分工，以及各层级内部的横向分工，形成相对集中、四级联动的执法办案体制。坚持“多规范、少处罚，多指导、少指责”，大力推行行政指导，执法成效明显增强，执法形象明显提升。坚持依法行政，严肃查处扰乱市场经济秩序和侵害群众利益的经济违法违章案件，全年查处 32979 件，案值 1.6 亿元。临夏州局成功查处特大传销案件，案值 458 万元，涉案 460 人。武威市局积极开展“无传销社区”创建活动。定西、白银、酒泉、金昌等市局，兰州市公平交易分局分别查处了不正当竞争、商标侵权、不合格农资等大案要案，社会反响强烈。兰州东部分局、市场管理二分局在强化中心城区市场管理、专业市场管理上进行了有益探索。

三是流通环节食品安全监管取得显著成效。贯彻落实《食品安全法》，重点加强食品流通许可管理、“一票通”台帐、食品快速检测、食品安全示范店、食品安全专项整治等项工作；逐步建立了以食品市场主体准入、质量准入、巡查监管、抽样检验、分类监管等为主要内容的流通环节食品安全监管长效机制。深入开展流通环节食品安全专项执法检查，组织实施打击流通环节违法添加非食用物质和滥用食品添加剂专项整治。依法加强食品安全抽样检验，大力强化日常规范管理，继续完善“一票通”等制度，食品安全监管水平有新提高。检查食品经营户 56 万余户（次），取缔无照食品经营 4381 户，查处制售假冒伪劣食品案件 3879 件。检查食品添加剂经营者 8282 户。

四是消费维权工作取得显著成效。完成 12315 信息网络升级改造工程，完善了消费维权组织网络、执法监督机制以及指挥调度、快速处置和分析发布机制，精心打造 12315 行政执法体系“四个平台”，使 12315 行政执法体系的功能得到增强，作用得到充分发挥。据统计，全年共受理消费者咨询 121977 件，申诉 8358 件，举报 5577 件，建议 850 件，办结率达 100%。“三鹿”问题奶粉赔偿工作中，各级工商行政管理机关和消协组织认真落实工作安排，开展了一次涉及人数最多、涉及地域最广、落实赔付金额最多、影响最深的成功维权行动，得到国务院联合检查验收组的高度评价。各级消协在宣传消费维权知识、开展对商品和服务的监督、及时发布消费警示、解决消费投诉、建立消费和解机制等方面实现了新发展，获得中消协表彰。省广告协会成功组团参加第十六届中国广告节，获得组织奖。

【**非公企业党建**】省委将非公有制企业党工委挂靠到省工商局以来，省局党组紧紧抓住这一重大机遇，把加强非公有制企业党建工作与服务经济发展紧密结合起来，初步探索了非公有制企业党建的“甘肃模式”。

一是明确非公有制企业党建工作目标。研究提出了“围绕发展抓党建、抓好党建促发展”的非公有制企业党建工作总体思路，确立了“一年建队伍、三年见成效”的非公有制企业党建工作目标，并在实际工作中切实加以推进，取得了良好成效。在各级党委的领导下，积极参与指导全省第三批学习实践科学发展观活动，得到中央第三批学习实践活动指导检查组的充分肯定，在国家工商总局江苏会议上做了典型经验交流。

二是健全抓非公有制企业党建工作组织体系。全年新增市（州）委非公有制企业党工委7个，新增县（市、区）非公有制企业党工委23个，市、县两级共成立党工委94个，初步形成省、市、县三级贯通的党工委抓非公有制企业党建工作的组织体系。

三是扎实开展“两帮一促”活动。建立100个非公有制企业党建示范点，向100户重点企业派出党建工作指导员或联络员，定员定点帮扶2年，帮助扶持企业发展，帮助推进企业党建，促进全省非公有制经济平稳较快发展。在非公有制企业党建工作中，涌现出一大批先进典型。如，庆阳西峰分局派出的党建指导员权有让同志，带领企业党员积极发挥作用、服务企业发展，受到中共中央政治局常委、国家副主席习近平同志的亲切接见和勉励。加大宣传工作力度，开展非公有制企业党建工作典型经验巡回报告活动，提高非公有制企业党建工作的影响力，形成抓党建是企业“最实的投入、最大的财富、最亮的品牌和最好的优势”的共识。

四是探索非公有制企业党建“甘肃模式”。组织编写《非公有制企业党的建设》一书，省委书记陆浩同志作序，省委常委、组织部部长侯长安同志担任主编。该书即将出版并在全国发行，填补了这一领域的空白。中央党校专题调研组到甘肃调研后认为，甘肃走出了一条具有甘肃特色的西部地区非公有制企业党建工作的新路子，创造了西部非公有制企业党建的“甘肃模式”。一年来，通过加强非公有制企业党建工作，全省非公有制企业增加7940户，注册资本增加190亿元，从业人员增加10万多人，规模和质量显著提高，在应对金融危机中凸显了党建工作的巨大威力。

【基层基础建设】全省工商系统按照“加强基层，夯实基础，增强能力，规范行为”的总体思路，积极探索基层建设规律，夯实基层基础，基层干部的精神状态、基层的面貌都发生了深刻变化。

一是干部队伍能力素质明显提升。在全国工商行政管理系统率先组织开展科学发展观全员培训，创造了在全体公务员中开展科学发展观学习培训的经验，得到中央学习实践活动检查指导组的充分肯定，并在全国系统交流经验。在此基础上适时向业务和实践延伸，开展以“立足岗位练兵、立志岗位成才”为主题的全员岗位练兵，413名岗位标兵和803名岗位能手脱颖而出，成为基层监管执法骨干。兰州市局等7个单位分别获得比武活动的一、二、三等奖。加强各级领导班子思想政治建设，专门派出巡回督导组进行专题督导，提高班子整体能力。创新机关党建工作，开展机关党支部与工商所党支部结对共建，效果良好。采取以会代训等形式，对县级局局长和工商所长进行了30天以上集中培训。通过“派出去、引进来”的方式，加强与地方、与省外工商行政管理部门，以及系统内部的干部挂职交流。规范了基层重要领导干部选拔任用工作，加大了培养工商所干部和年轻干部的力度，通过竞争上岗，一批年富力强、群众公认的干部走上各级领导岗位。为工商所工作30年以上人员颁发荣誉证书，解决了一批工商所干部职级待遇，彰显对基层干部艰苦奉献精神的褒奖和敬意。切实做好军转干部安置工作，获得全国军队转业干部安置工作先进单位的殊荣。

二是基层执法资源得到有效整合。加强工商所党支部建设，修订工商所建设规范，制定规范工商所和示范工商所建设标准，优化工商所内设机构和职能配置，普遍推行“四定”，使县级局70%以上的干部在基层工作，增强了工商所的活力和战斗力。调整整合工商所125个，建设示范工商所93个、规范工商所303个、文明服务示范窗口28个，新设了一批工商分局。进一步完善了各项监管制度、工作程序、服务承诺及内部管理规定，提高了监管执法和服务的规范化、标准化程度，提高了工商所的向心力、凝聚力和战斗力。

三是基层基础建设取得显著成效。创新工商所公用经费保障办法，确立了“所财局管、从严监管”的思路，工商所所需公用经费列入了预算，基本解决了基层经费不到位的问题。新建和维修工商所164个，为基层配备执法车234辆、计算机1300台，配备了一批打印机、复印机、照相机等设备。信息化建设在实现四级贯通和网络全覆盖的基础上，各类工商业务软件在基层得到普遍使用，监管执法的信息化平台日臻完善。采取灵活多样的形式处置闲置资产，盘活资产2000多万元。出台支持少数民族地区工商行政管理工作的政策，并延伸执行到43个国扶县。全年基层基础建设投入超过5800万元，陇南、甘南等市（州）局顺利完成灾后重建任务。出版《甘肃省工商所建设理论与实践》一书，总局周伯华局长在序言中称赞这是对工商行政管理理论建设的重要贡献。基层基础建设年活动取得的成效和创造的经验得到总局肯定，并在总局机关刊物做了专题推介。

【党风廉政建设】继续坚持教育、制度、监督并重，建立、完善和落实反腐倡廉长效机制。

一是注重责任到位。把党风廉政建设和反腐败工作纳入目标管理体系，对党风廉政责任制进行分解量化，明确责任主体，与业务工作同安排、同部署、同检查、同考核，形成“一把手”负总责、班子成员分工负责的体制机制。

二是注重廉政教育。广泛开展廉政承诺、警示教育和预防职务犯罪活动；成功举办全省系统迎国庆60周年文艺演出，“读书思廉、读书思勤”巡回演讲，工商廉政文化作品、廉政公益广告征集、展评等系列活动，充分发挥廉政文化教育功能。白银市局工商廉政文化建设成果显著，得到中央书记处书记何勇同志的高度称赞。

三是注重制度建设。制定全省系统行政过错责任追究、违反财经纪律责任追究和加强对领导班子主要领导监督管理等一系列文件，强化对领导干部特别是“一把手”的监督。初步建立市（州）局、省局机关处（室）主要领导向省局党组述职述廉、领导干部任期审计等多项制度，进一步健全完善党风廉政建设长效机制。

四是注重监督防范。高度重视政风行风建设，开展“大监督、大走访、大查摆”等活动，广泛征求社会各界意见和建议，自觉接受社会监督。省政府政务大厅工商行政管理分中心和省局12315指挥中心以接受政风行风民主评议为契机，认真整改，提升形象。强化廉政风险点防范管理，对市（州）局主要领导进行离任审计，组织力量对全省系统近年来财务情况和国有资产进行全面审计，发现和解决了一批突出问题。严格落实政府采购规定，节约资金600多万元。对新任职干部进行任前廉政谈话，取得了积极效果。全面推行基层执法人员向监管服务对象代表述职述廉制度，平均满意度达到96%。

五是注重机制创新。根据垂直管理系统的实际，建立了巡回督导制度，派出3批11个督导组，在基层巡回督察，发现和解决突出问题，提高了贯彻力和执行力。此举是垂直管理系统加强纪检监察工作的重要创新，得到省纪委和总局纪检组充分肯定。

2009年，是甘肃工商行政管理工作得到中央领导鼓励最多、省上领导和总局领导支持最多、市（州）领导关注最多的一年；也是新华社、人民日报以及省上和总局重要媒体报道甘肃工商行政管理工作最多的一年。一年来，全省系统同心同德，为筹办全国工商行政管理局长座谈会忘我工作，亮点、特色点和创新点层出不穷，给与会的总局领导和代表留下了深刻印象，在重大任务面前经受住了考验，交出了合格答卷，值得铭记和自豪。一年来，召开服务“三农”助推地方经济发展、加强基层基础建设、规范市场秩序服务经济发展等3个经验交流会，相关市（州）领导出席有关会议，有力地推动了全省系统的重点工作，产生了积极而深远的影响。一年来，各级直属事业单位紧紧围绕中心任务，发挥自身职能作用，在应对国际金融危机冲击、促进就业创业、推动经贸合作、加强政策研究、提供后勤保障、实施教育培训、宣传工作成绩、树立良好形象等方面做了大量富有成效的工作。

（陈降明）

统　计

2009年是新世纪以来全省经济发展最困难、受到冲击最严重的一年，同时，也是统计工作面临严峻考验、勇于接受挑战、奋发有为的一年。在这一年里，省委省政府、各类经济主体、社会公众对统计服务的需求更加迫切，对统计的关注空前加大，对统计的舆论监督与日俱增。全省广大统计工作者面对困难和挑战，迎难而上，按照全省统计系统“125”的总体工作思路，深入扎实开展“统计优质服务年”主题活动，以提高统计数据质量为主线，增强统计服务的时效性，加快统计服务的频率，提高统计服务的前瞻性，全面提升统计服务的质量和水平，加大统计执法和统计巡查的力度，以点带面强化统计基层基础建设，努力提高统计队伍的综合素质，推进统计信息化建设，各项工作取得了显著成绩。

【直面危机，统计服务提速提质提效】全省统计系统紧紧围绕省委、省政府应对金融危机提出的各项战略部署和要求，以扩内需、保增长、调结构、保民生为重点，统计服务呈现出提速提质提效的鲜明特点。具体体现在：一是进度数据及分析报告速度加快。省局提出进度数据和分析资料提前到每月10日前向省政府常务会议提供的要求后，全省各级统计部门在统计报表上报期间，加班加点，做到了采集数据快、判断形势快、分析研究快、提供报告快。特别是全省23户重点企业生产经营状况的主要数据，每月4日前提供给省委省政府，为提高数据的时效性全省统计系统付出了辛勤的努力。二是加强对先行指标的跟踪监测，及时预警经济运行中可能出现的新情况、新问题。我们密切关注国际国内经济形势的动态，准确把握其对全省经济的影响，以《经济形势专报》的形式上报省委省政府主要领导；同时，加强对工业用电量、货运量、新增贷款、CPI、PPI、新开工项目投资额、房地产销售面积、企业景气指数、新增就业人数等先行指标的监测，增强了对经济走势分析的前瞻性。三是加大了对重大政策实施情况的监测力度。通过进一步完善重点投资项目监测制度，加强工业企业生产情况监测，及时准确地掌握重点投资项目、工业生产经营方面的情况和存在的问题；加强对扩大内需十项措施在各地落实情况的追踪调查；加大对农业补贴、适时开展抗旱等政策措施对农业生产和农民增收影响的追踪调查；深入研究产业振兴规划对我省支柱产业的影响等等，较好地为制定政策和评价政策效果提供了依据。特别是撰写的有关金融危机影响下甘肃经济社会发展的分析报告，得到省政府领导的多次充分肯定，12 篇领导圈定的重点课题得到省上领导的批示，取得了良好的服务效果。

兰州市制定了统计优质服务实施方案，庆阳、白银、武威、陇南等市提高统计的快速反映能力，建立重要经济信息上报制度，加快了统计信息和分析的频率，提高了为地方党委和政府统计服务的效率。

【多项措施确保统计数据质量】全省各级统计部门建立健全统计数据采集、审核评估、质量控制、督查考核等工作制度，规范统计工作流程和数据质量控制流程，有效提高了统计数据质量。省局进一步完善了专业联动、下管一级的数据质量评估认定制度，提高了省、市、县三级 GDP 核算的统一性和科学性。修改完善了核算工作规范化实施办法，使 GDP 联审更加规范化、制度化，联审评估工作更加公开、公正、透明。还迅速制订了 23 户重点工业企业统计专报制度方案、对市、州能耗情况进行审核评估、与省发改委、省建设厅联合建立了固定资产投资项目管理信息抄送制度等，这些新举措有效地保障了统计数据质量。

金昌、酒泉、甘南等市州制定了严格的数据质量控制办法，明确了数据的统计、上报、发布等各个环节各个岗位的责任和要求，对保证数据质量起到了积极的作用。

【统计宣传工作呈现出新亮点】为了满足社会公众的统计信息需求，统计宣传工作以省统计局内网为基础，外网为统计宣传的主窗口，加强与各类媒体、特别是重要网站的沟通与合作，以展示统计成果、宣传统计工作、普及统计知识为内容，以服务社会公众、扩大统计影响力、提升统计公信力为目标，积极开展统计宣传工作。省局内外网全年发布全省统计信息 1.5 万多条，发表统计部门稿件 600 多篇，对主要局领导通过集体采访、个人专访、新闻吹风会、通气会等形式采访 41 次，与省委宣传部、新华社甘肃分社、省政府三家主流网站开通甘肃数据专题网页，得到省委常委、省委宣传部部长励小捷的充分肯定；编辑出版了《新中国 60 年•甘肃》一书，还与省委宣传部、甘肃电视台合作完成了《数说甘肃 60 年》、《攻坚》等大型电视系列片的制作工作，扩大了统计部门的影响力。

【统计法制建设稳步推进】首先是加大了统计巡查的力度。省政府统计巡查组历时 1 个多月，分 10 组对 4 个市州政府、6 个厅局开展了统计巡查；同时对去年已经巡查过的市州、部门进行了重点抽查，抽查其对查出问题的整改落实情况。各市州也相继开展了政府统计巡查工作。其次是通过组织学习培训等方式，开展统计违法违纪处分规定及新修订的《统计法》的学习宣传，提高了领导干部、调查对象、统计人员依法统计的意识。三是加大了统计违法案件的查处力度。全省共检查统计调查单位 4930 个，查出统计违法行为 606 件，立案 175 件，结案 162 件，通报批评 48 件，罚款 20.3 万元。

【大型国情国力普查调查顺利开展】全省第二次全国经济普查在各级政府的组织实施和广大普查对象的支持配合下，经过各级普查机构和普查人员的艰苦努力，顺利完成了现场入户登记、数据处理、数据质量抽查评估等工作，取得成功。第六次人口普查准备工作全面启动。成立了甘肃省第六次全国人口普查领导小组及办公室，编制了普查经费预算方案，并落实了经费；开展了第六次全国人口普查国家级试点，为正式开展普查提供了经验。R&D 资源清查有序开展，城乡划分清查工作进展顺利，农业普查后续工作进展良好。

还按照省委省政府的部署和安排，开展了全省牛羊产业大县、全膜双垄沟播项目实施情况、500 万亩梯田建设、全省畜禽防疫情况等有关调查工作。

【队伍建设探出新路】我们通过多种形式加强统计队伍的建设，组织了近 1900 人开展统计从业资格培训考试，对 1200 多人进行统计人员继续教育培训；组织开展了市州、县区统计局长培训班；与兰州商学院共建了研究生联合培养基地，进一步提升干部培养的层次。金昌市、庆阳市、临夏州统计局完成了局班子主要领导的调整，加强了领导力量。

【统计基层基础建设有新进展】在全省范围内大力推广庄浪经验，有三分之二的县借鉴庄浪经验开展基层基础建设工作；省局还在永靖县组织了以统计信息化带动统计基层基础建设的试点工作，经过大量有效的前期工作，目前试点已进入方案实施阶段。临夏州在抓统计基层基础建设、着力改善统计部门工作条件方面取得明显成效；庆阳市严格标准，查缺补漏，增加补助，抓主保重，扎实推进统计基层基础建设；定西市为各乡镇(街道)统计工作站配备计算机等设备，改善了乡级统计工作条件。天水市五县两区全部成立了“能源资源统计股”，加强了能源统计力量；定西市制定实施人才兴统奖励制度，充分调动了统计人员的工作积极性。

【统计信息化建设有序推进】利用 VPN 方式完成了全省乡级统计站接入统计信息网工作，提高了乡级统计站信息共享和传输的水平；加强网络安全工作，完成了省、市两级安全客户端系统的培训、安装工作，将县级以上统计信息网内的计算机纳入安全管理范围，极大地提高了我省统计信息网安全防范水平；在省、市、县三级全面推广使用我局自行开发的《甘肃统计信息资源管理系统》，该系统已通过成果鉴定，达到国内领先水平。张掖、酒泉、平凉市在统计网络向乡镇延伸工作中有较大的成效；嘉峪关市统计网络直报工作走在了全省前列。

【与部门统计的合作更加紧密有效】部门统计作为政府统计的重要组成部分，在做好本系统常规统计调查的同时，在应对金融危机中，配合统计部门做了大量的数据收集和情况分析工作。与省工信委、人行兰州分行等九部门跟踪监测经济形势，对省上主要领导开展经济信息专报工作；与省发改委、省财政厅等十个部门开展经济形势部门联席分析会议制度，对省上主要领导做好经济形势分析专报工作；与省发改委联合制定了全省部门统计重要数据目录，以推动部门统计工作逐步走向规范化；还与部门联合开展体现科学发展观的全面建设小康社会统计监测、甘肃经济社会综合评价体系等课题研究工作。一年来与部门统计的合作更加紧密有效。

质量技术监督

【综述】2009 年全省各级质监部门认真贯彻落实省委、省政府的决策部署，坚持把保持经济平稳较快增长作为首要任务，把提高经济发展质量作为根本目标，把产品质量安全监管作为核心内容，把通过服务深化监管层次作为基本方式，把强化企业产品质量安全主体责任作为关键措施，把严肃查处质量违法行为作为有力手段，扎实工作，积极努力，圆满完成年初确定的目标任务，为促进经济平稳较快增长做出应有的贡献，全省质监事业呈现出良好的发展势头。

【质量兴市】各级质监部门坚持以质量兴市活动为总抓手，全省已有 14 个市（州）、82 个县（市、区）开展质量兴市（县）活动，工作覆盖率达到 95%以上；全省 34 个省级开发区已有 21 个开展了质量兴业活动，工作覆盖率达到 62%以上。

【质量管理】围绕完善目标内容，细化考核办法，强化工作责任，推动工作落实，积极主动争取各级党委政府对质量工作的重视和支持。全省 14 个市（州）和 55 个县（区）政府先后召开了质量兴市（县）或产品质量安全工作会议，制订了质量工作年度目标和实施计划，各级政府重视和强化质量安全监管的工作机制基本形成。制定了《关于进一步落实重点产品生产企业质量安全主体责任的意见》，明确了落实企业主体责任的工作目标和措施。

【名牌培育】积极发挥名牌评价在提升甘肃省优势产业、支柱产业和企业自主创新中的带动作用，大力培育名牌，指导企业争创名牌，年内新增 75 个甘肃名牌产品。

【地理标志保护】积极推进地理标志产品申报工作，秦安花椒、民乐大蒜获得地理标志产品保护，民勤甘草、密瓜已公告受理，玉门酒花通过专家评审，全省地理标志产品总数已达 15 个。

【标准化管理】全年批准发布农业地方标准 116 项，有 36 项第六批国家级和 36 项省级农业标准化示范区项目确定立项，完成了 20 个国家级示范区、14 个省级示范区的年度检查。全省组织验收采用国际标准和国外先进标准的产品 84 项，使用采标标志的产品 46 项，确认标准化良好行为企业 23 家，兰州理工大学制定的《重熔铝锭连续铸造自动化生产线》企业标准获得 2009 年度“中国标准创新贡献奖”三等奖，服务业标准化试点工作深入进行。

【计量管理】深入开展“关注民生、计量惠民”专项行动，免费检定计量器具 43894 台件，全年共检定计量器具 507961 台件，抽查计量器具 72229 台件，抽查定量包装商品 1280 批次。开展全省衡器生产、销售、使用、修理专项整治，进一步强化加油站在用加油机计量监管，完成了在用加油机防欺骗功能的启动工作。

【产品质量监督】以实施全过程监管为重点，全面规范企业质量建档、市场准入、产品设计、原材料进货、生产过程质量控制、产品标识、出厂检验、产品流向和召回、巡回检查等环节的工作，并在张掖市开展全过程监管试点工作。强化产品质量和食品安全监管力度，进一步加强对食品、农资、建材等直接关系公共安全、人体健康的重点产品的监督抽查，全年下达省级监督检验计划 11485 批次，涉及 12 大类 126 种产品，总体抽样合格率为 86.4%，全省产品质量整体水平稳中有升。

【特种设备安全监察】围绕贯彻实施新修订的《特种设备安全监察条例》，建立了特种设备安全监察工作的十大体系和十项机制。突出抓“两点三面四个一”监管模式的实施，全年共完成 6059 家特种设备使用单位的 45456 台设备的现场监察和数据录入工作，为实现动态监管、有效监管奠定基础。深入开展特种设备安全监察，与 5214 家特种设备生产使用单位签订安全责任书，对 4215 家特种设备生产使用单位落实主体责任进行了考核，确定重点监控特种设备 1298 家，查处重大隐患 158 个。

【稽查打假工作】组织开展农资、建材、食品、家电下乡、清新居室、絮棉制品等各类专项整治行动，集中对牛肉面等小餐馆的食用醋和蓬灰产品、淀粉及淀粉制品等进行专项治理，全系统共出动执法人员 4.8 万多人次，现场查处各类违法案件 1065 起，立案查处违法案件 2579 起，涉及产（商）品货值 1.07 亿元。12365 举报投诉中心建设逐步完善，实现了与国家质检总局和 14 个市州局举报投诉软件的正式联网。年内共接待群众咨询 4982 人次，受理产品质量投诉 404 起，为用户和消费者挽回经济损失 70 多万元。

【食品生产安全监管】围绕“四查四建四落实”，认真组织食品安全大检查，深入开展打击违法添加非食用物质和滥用食品添加剂专项整治，制定印发《甘肃省食品生产小作坊质量安全监督管理暂行办法》、《食品生产加工企业监督检查实施办法》、《食品安全风险监控工作规范》等文件，成立甘肃省食品生产加工安全风险控制领导小组和专家委员会。各级质监部门坚持对食品质量安全问题做到早发现、早控制、早处置，先后有 140 户企业及小作坊被责令停产整顿、30 多户不能持续保持必备生产条件的企业被撤销食品生产许可证，98 户小作坊被依法报请当地政府关闭，增强了监管实效。

【认证管理】积极开展认证法规的宣传普及，对 686 家食品、农产品企业开展认证监督检查，对 65 户获证实验室进行定期监督评审，完成了 133 户实验室的审查发证工作，机动车安全技术检测机构全部通过双证考核。

【信息化建设】完成国家质检总局“金质工程”（一期）应用系统运行试点工作，OA 系统正常投入使用，实现省局机关办公自动化和省市局各类文件的网上传输。成立省局科技委员会，制定印发《甘肃省质量技术监督局科技项目管理办法》、《甘肃省质量技术监督局科技成果奖励办法》，有效促进了全省质监系统科技工作的发展。

【科技项目】锅炉基于风险检测的关键技术开发研究等 4 个项目在国家质检总局和省科技厅立项，电器产品能效测试研究等 22 个科研项目在省局立项，科研工作有了新的进展。

【节能降耗服务】制定并组织实施《关于全省质量技术监督系统开展节能减排工作的指导意见》，将质监系统能源计量监督检查和服务的范围扩大到了 184 户企业，检查能源计量器具 4.3 万台件。深入开展特种设备节能降耗普查，完成全省工业锅炉节能工作方案。

【五强县级局建设】深入开展五强县级局创建活动，修订创建实施细则，突出重点，强化措施，下功夫提升县级局全面履行工作职能的能力。张掖市甘州分局、庆城县局、玉门市局、临洮县局、平凉市崆峒分局等 5 个县级局通过省局复核验收，跨入五强县级局行列，全省五强县级局达到 17 个。

【基层建设】多方筹集资金加强县级局基础设施建设，省局年内一次性投入 1000 万元，市县局努力筹措资金，并争取地方政府和有关部门的支持，通过征地新建、产权置换、维修改造等多种方式，先后又有临洮等 13 个县级局完成办公实验场所的新建和改造工程。

【技术机构建设】省局投入 1090 万元提升技术机构检验检测能力，各级也加大了对技术机构建设的投入力度，新上一批检验检测项目，又有 22 个县级局完成了实验室建设，技术支撑能力明显提升。

【项目建设】通过积极协调争取，风电设备、节能换热设备、塑料建材等 5 个国家质检中心项目被总局批复立项，省政府和相关部门给予大力支持，为有力提升全省质监事业发展水平创造了条件。

【质量宣传】充分利用 3•15 国际消费者权益保护日、世界计量日、国际认可日以及开展“质量月”活动、贯彻实施《食品安全法》等契机，精心组织开展质量安全大型宣传活动、特种设备安全进社区、进校园活动和质量知识竞赛等活动，大力宣传质量技术监督工作法律法规，增强全民质量意识。同时，加强质监工作的宣传报道，省市新闻媒体报道质监工作的稿件达到 1064 篇（条），在甘肃电视台开辟了“质监在行动”专栏。

【干部培训】省局制定《全省质量技术监督系统全员大规模培训方案》，从领导干部、公务员、行政执法人员、专业技术人员四个层面全面启动培训工程。全年共举办县处级领导干部进修班 2 期，包括省局各处（室、局）、直属机构、市州局所有主要领导在内的 71 位县处级领导干部集中近 20 天时间在省委党校进行了脱产培训，收到了良好效果。举办专业技术人员岗位培训班 9 期，培训专业技术人员 645 人；举办公务员培训视频讲座 5 期、行政执法人员培训视频讲座 8 期，提高了干部职工的业务素质和工作能力。

【服务循环经济】省局成立节能减排工作领导小组，制定《甘肃省用能单位能源计量评价规范》，以强化能源计量监督检查和服务为主要方式，对年耗能 5000 吨标准煤以上的 250 户企业进行节能和能源计量专项检查，检查能源计量器具 46.5 万多台件。深入开展特种设备节能降耗普查和全省工业锅炉节能技术研究，制定《甘肃省循环经济地方标准体系规划》，起草首批循环经济的 10 项地方标准，为我省发展循环经济起到有力的促进作用。

【应对金融危机】以落实《甘肃省质量技术监督局关于服务全省经济平稳较快发展的意见》为重点，各级质监部门加大项目建设服务力度，简化行政许可办事程序，减免检验检测收费项目，在全系统开展行政部门联系重点企业和技术机构为企业“送技术、送服务”活动，制定实施促进名牌产品销售和市场准入的帮扶意见，为白银公司、刘化集团等 33 家重点企业提供标准计量定向服务，为庆化、金川公司、酒钢等大型企业提供特种设备专项服务，帮助企业克服发展困难。

（臧成岳）

煤矿安全

【注重整体推进，“安全生产年”活动成效显著】2009 年，甘肃煤矿安全监察局深入贯彻落实科学发展观，深入开展煤矿“安全生产年”活动，不断深化“三项行动”，发出《甘肃煤矿安全监察局关于进一步推进煤矿安全生产“三项行动”的通知》，成立领导小组，落实“三项行动”具体分管领导和牵头部门，并分别制定印发“三项行动”的 3 个具体方案。认真组织开展煤矿安全生产执法行动和煤矿安全生产治理行动，进一步健全完善重大隐患分级管理和分级监控机制，组织开展了宣教行动和第八个“安全生产月”活动，把“安全第一、预防为主、综合治理”的方针真正落实到每个煤矿企业和职工中。全面推进法制体制机制建设，对已有的制度进行全面梳理和修订完善，加大煤矿安全监察机制方面的配套制度建设。加强队伍建设，坚持把深入学习、提高能力贯穿始终，有效提高了监察执法队伍的整体素质和执法水平。加大教育培训力度，严把培训关，在提高从业人员安全素质上发挥了重要作用。加强保障能力建设，加快煤矿安全科技支撑体系建设进度。认真做好省级矿山实验室招标、选项、项目场地建设和设备验收等方面的工作。加强应急救援体系建设，组织开展第九届全省煤矿救援技术竞赛，推动矿山救援技术的交流与发展。通过“三项行动”和“三项建设”，全省煤矿安全生产取得有史以来的最好成绩。2009年全省共生产原煤3975.96万吨，比上年增加23.59万吨，增长0.6%。其中：国有重点煤矿3139.48万吨，减少85.68万吨，下降2.66%，占全省总产量的78.96%；市县国有煤矿330.81万吨，增加17万吨，增长5.42%，占全省总产量的8.32%；乡镇煤矿505.67万吨，增加92.27万吨，增长22.32%，占全省总产量的12.72%。全省煤矿累计发生伤亡事故17起，死亡31人，分别比上年减少14起、10人，依次下降45.16%和24.39%；与国家下达的控制指标53人相比，减少了22人。百万吨死亡率0.75，在上年0.91的基础上，继续保持在1以下，并创历史最好水平；比国家下达的控制指标1.325低0.575。其中省管煤矿共发生伤亡事故5起，死亡5人，分别比上年减少8起、9人，分别下降61.54%和64.29%；百万吨死亡率为0.13，比上年下降53.57%，同样创历史最好水平。乡镇煤矿共发生伤亡事故8起，死亡22人，控制在国家下达的24人以内。全省煤矿连续三年杜绝了重大以上事故，事故起数、死亡人数和百万吨死亡率连续三年稳步下降。

【注重科学执法，监察执法工作不断加强】一是严格监察执法，组织开展“两节”、“两会”、“五一”、“十一”期间的重点监察和督查，加强节假日期间的应急值守工作，认真督促各地抓好“两节”、“两会”期间煤矿停产检修和复产验收工作，严把节后验收审批工作关，确保了两会和重大节日期间的安全稳定；组织开展“一通三防”、“三同时”、机电运输、煤矿作业场所职业危害和个体防护用品等专项监察。二是积极探索创新监察方式，组织开展“示范”监察、分局间的异地交叉执法和集中监察。三是制定出台《甘肃煤矿安全监察局对地方政府煤矿安全监管工作监督检查的实施办法》，组织开展了对各级地方政府煤矿安全监管工作的监督检查。全年共监察矿井352处，939矿次，监察覆盖率100%。全局共下达执法文书1940份，实施行政处罚112次，责令停产整顿生产经营单位9个。全年无行政复议案件。查处一般事故隐患3851条，完成事故隐患整改3667条，隐患整改率为95.5%。查处重大事故隐患54条，已完成重大事故隐患整改38条，重大事故隐患整改率为70.3%。对14处全省煤矿重大危险源全部实行了监控。

【注重攻坚克难，瓦斯治理和整顿关闭不断深化】瓦斯治理方面，一是按照省政府的要求，做好由我局牵头的瓦斯治理督查工作，每个季度开展一次省级督查，督促各地、各企业落实瓦斯防治“十六字”工作体系，加强“一通三防”管理，有效遏制防范重特大事故。二是加大瓦斯治理监察力度。继续实行瓦斯重点监控责任制和监察专员监察区域分工制度，做到每月至少监察一次，省局领导一季度督查一次。三是以查代训、以查促学、以查推进落实，积极做好《防治煤与瓦斯突出规定》宣传贯彻工作，组织开展对省管煤业公司防突工作的集中监察，督促突出矿井严格执行防突规定，认真贯彻落实两个“四位一体”的综合防突措施，有效推动了全省煤矿瓦斯治理工作的深入开展。四是积极推进瓦斯抽放和利用工作，全省国有重点煤矿已建立瓦斯抽放系统9处，超额完成国家下达的瓦斯抽放和利用指标。整顿关闭方面，根据省委、省政府的要求，与省上有关部门配合，制定全省煤矿安全整治方案。从4月中旬开始到年底，根据省政府的统一安排部署，由分管领导带队，牵头组织对部分市煤矿资源整合工作的现场调研和核查，对部分市开展小煤矿安全生产专项整治行动，督促全面完成全年小煤矿关闭任务。对省政府批复保留的3万吨以下矿井，抓紧做好安全生产许可证延期工作，监察二处严格标准和程序，加快办理小煤矿安全生产许可证的延期手续，对已申报并符合办证条件的小煤矿及时办理了安全生产许可证延续手续，保证了保留矿井的合法生产。对省政府公告关闭的矿井及时吊销安全生产许可证，并督促地方政府关实关死，全年共关闭小煤矿28处。

【注重责任追究，事故查处工作更加严格】依照“实事求是、依法依规、注重实效”三项基本要求和“四不放过”的原则，依法牵头组织好煤矿事故调查，切实加大事故责任追究力度。对全年发生的17起事故进行了严肃认真的调查处理。共处理事故责任人36人，其中追究刑事责任3人，受党纪处分1人、行政处分32人。加大对瞒报事故行为的打击力度，及时受理新闻媒体披露和群众举报的瞒报事故，派出核查组认真进行了核查。

【注重提高素质，内部建设不断完善】在安全形势稳定好转的同时，其他各项工作都取得较好成绩，全局整体工作呈现齐头并进、共同发展的好局面。始终坚持“三抓一注重”的工作思路，紧紧围绕反腐倡廉建设各个时期的中心工作，认真贯彻落实党风廉政建设责任制，构建比较完备的惩防体系，全力推进党风廉政建设，保持队伍的纯洁性，为全省煤矿安全生产状况的持续稳定好转和煤矿安全监察执法工作提供坚强的政治保证。积极推进阳光政务，开办政务大厅，将全局承担的7项行政审批事项纳入政务大厅受理，并将各项行政许可事项及其办事流程向全社会公开，实现许可审批与受理相分离，简化和合并有关审批环节，促进了行政审批事项的公正、公开、透明。加强保密工作，严格落实各项保密措施，组织开展保密教育活动，组织所有涉密人员签订保密承诺书，增强了全体干部职工的保密意识；组织开展全局“小金库”自查自纠工作，进一步规范全局财务收支行为；组织离退休人员和在职干部职工的体检。组织开展建国60周年庆祝活动和演唱会，充分展示了煤矿安全监察人员的风采。完成国家安全生产信息系统“金安一期”工程系统功能测试和初步验收工作，为监察执法工作提供较为优质的网络技术支撑和基础服务。

（柴世清）

国资监管

2009年，在甘肃省政府国资委和各监管企业共同努力下，全面完成了年初确定的各项生产经营指标和省政府确定的保增长目标。

【企业生产经营平稳】一是“三保”目标基本实现。汇编的39户监管企业完成销售收入1518.97亿元，比上年增长15.04%；完成工业总产值1175.63亿元；完成工业增加值267.12亿元，实现利润总额49.40亿元。全面完成年初确定的各项生产经营指标和省政府确定的保增长目标。2009年是省属企业实施“五年翻番”战略的第二年，汇编的39户企业年底资产总额2351亿元，净资产927亿元，分别比年初增长24.58%和16.9%，增长速度快于时间进度。

二是“三抓”措施取得了成效。在抓资金方面，省国投集团成功发行100亿中期票据，其中51.29亿元投向省政府国资委监管企业；长城电工股份成功发行1.78亿元“利得盈”信托理财产品；东兴铝业争取到增量电价每度优惠5分钱政策和财政贴息等1亿多元；祁连山股份通过定向增发成功融资6.98亿元；酒钢集团实现主业资产整体上市，重组资产增值140亿元，上市公司净资产增值240亿元；省农垦总公司以土地使用权和农业资产认购亚盛集团定向增发股份，提高了持股比例。在抓资源方面，金川公司投资超过5亿美元控股、参股16家境外矿业公司，完成了19个资源项目的投资；酒钢集团获得新疆大南湖煤田20亿吨储量勘探权，出资4亿元控股肃南小柳沟钨钼矿，窑街煤电公司投资5.2亿元收购长山子煤炭资源。在抓项目方面，金川公司10万吨铜材深加工节能降耗技术改造项目、40万吨烧碱一期工程项目，白银公司高纯阴极铜一期工程、三冶炼ISP技术改造项目，刘化集团20万吨天然气转化净化项目、30万吨尿素节能改造项目，东兴铝业10万吨大型预焙槽技术改造二期工程，祁连山建材青海湟中日产3000吨水泥项目等一大批重点项目都先后建成投产。2009年度监管企业投资项目211个，计划投资215.61亿元，完成新建项目63个，投资额44.65亿元，续建项目148个，投资额135.25亿元。

【“引强入甘”战略纵深发展】2009年，中国华能、中材集团、中铝集团、中复连众、中航惠腾、中化化肥集团、金风科技、华锐风电科技、中国运载火箭技术研究院、安徽海螺集团、西电集团、江苏金浦集团、湘电集团等一批强势企业和大项目纷纷落户甘肃。初步统计，2009年，全省共引进大企业尤其是央企项目，包括已建、在建和拟建项目160多个，总投资2360亿元。

【国资监管工作切实加强】一是加强国资监管制度体系建设。组织对省国资委成立以来的58个规范性文件进行全面梳理，对4个规范性文件依法依规进行修订完善，制定下发《关于贯彻实施〈企业国有资产法〉落实出资人职责的若干规定》，细化股东行权履职方式，努力落实出资人职责到位。

二是加强经营责任体系建设。完成对2008年度企业负责人经营业绩、企业领导班子及领导人员、党的建设三项考核及考核结果通报，并根据考核结果兑现了企业负责人的薪酬。修订完善《甘肃省省属企业负责人经营业绩考核暂行办法》、《省属企业负责人薪酬管理暂行办法》，出台了《甘肃省省属企业工资总额预算管理办法》。

三是加强企业风险防范体系建设。成立甘肃省企业法律顾问协会，建立甘肃省企业法律顾问专家库；出台了《加强省属国有企业及国有控股企业内设监事会管理的实施方案》、《监事会管理暂行办法》、《监事会档案管理办法》、《监事会公文处理办法》、《甘肃省国有企业监事会办公室例会制度》和《监事会工作会议实施细则》等6项制度措施，指导企业加强内控制度建设。

四是加强国有产权管理体系建设。拟定了《省政府国资委监管企业债券发行管理办法》，完成甘肃省国有资产投资控股集团的股权划转和工商变更，为甘肃省成功发行中期票据构建了平台。

五是加强国有资本经营预算和收益管理体系建设。完成14个市、（州）及20个厅局非监管企业的国有资产统计工作。

【企业改革重组进展顺利】一是政策性破产收尾工作进展顺利。兰拖厂、兰通厂、兰电公司、长控厂和兰炭集团5户企业都已终结了破产清算程序。

二是企业战略重组有序推进。完成华煤集团与华能集团的二次重组，祁连山股份引进中材集团定向增发，祁连山建材与中材集团战略重组、兰光集团与浙江银亿合作重组等重要合作项目。

三是企业改制及其他综合性改革正在积极推进。完成省医药集团2户子企业、省经合总公司3户子企业的改制和职工安置工作，省机械集团21户子企业、原电子集团4户子企业、物产集团子企业改制和职工安置工作正在有序推进。兰石集团对所属装备公司进行改革重组，为培育兰石集团上市创造了条件。祁连山建材、长城电工股份等企业对所属子公司进行整合重组，调整理顺了管理体制，提升了集团管控能力。三毛集团原料公司下划地方管理，妥善解决了非法集资和职工安置问题。涉及职工持股的 8 户监管企业按照国家新的政策规定进行清理和规范。继 2008 年完成监管企业中小学移交地方管理后，2009 年积极推动 8 户监管企业公安机构移交地方管理， 5 户企业已经完成。

【企业党建工作不断创新】一是在系统企业全面开展深入学习实践科学发展观活动。31 户企业在活动期间解决各类突出问题 541 项，新出台规章制度 392 项，修订规章制度 379 项，废止规章制度 190 项，系统企业职工群众对学习实践活动的满意度平均达到 99.1%。

二是开展企业“样板支部”创建活动和党组织政治核心作用与法人治理结构有机结合试点工作，积极推进党建工作创新。

三是加强反腐倡廉教育，加大查办违法违纪案件的力度，推动了《国有企业领导人员廉洁从业若干规定》的贯彻落实，出台了《省属企业效能监察实施办法》。

四是加强和改善企业领导班子、领导人员的年度考核及党风廉政建设考核，对 19 户（次）企业领导班子进行优化调整补充，制定《省属企业 2010 –2020 年经营管理人才中长期发展规划》，稳步推进企业领导班子建设和企业人才队伍建设。

【维护稳定工作成效显著】全年共排查出各类矛盾纠纷 137 件，调处化解 129 件，化解率为 94%。大力开展“信访积案化解年”活动，推动监管企业重点问题和突出矛盾纠纷的解决，省上向省国资委交办 18 件重点矛盾纠纷和信访案件，已办结 18 件，办结率 100%，省国资委分解交办企业包案办理案件 22 件，已办结 18 件，办结率 82%。

【市州国资监管机构改革完成】2009 年，甘肃省政府结合新一轮政府机构改革以及市州企业国有资产的实际情况，决定除兰州市国资委外的其他 13 个市州国资监管部门及职能一并划入各市州财政部门，负责国有资产的监督管理。

社会事业

科 技

【综述】2009 年，全省科技系统以科学发展观为统领，紧紧围绕推动全省经济社会又好又快发展的总要求，积极应对金融危机，着眼于提升科技实力、增强创新活力、打造发展竞争力，科技产出成效明显，科技创新能力显著提升，高层次科技人才队伍不断壮大，涌现出一批有影响的科技成果，科技在支撑经济社会方面发挥了重要作用，科技事业取得新进展。全年共取得省级科技成果 857 项，获国家科技奖 11 项，省级奖 181 项；实现技术交易额 35.6 亿元；各类专利申请量达到 2676 件，增幅超过全国平均水平；授权 1275 件，我省拥有的专利首次突破万件；“十一五”科技创新与发展规划中提出专利申请量和授权量分别增长 20%的目标已经提前实现。

【组织实施科技项目】一是争取国家项目再上新台阶。2009 年，在甘科研单位共争取各类国家科研项目 558 项，获得国家财政科技计划支持经费 6.395 亿元，是当年省级财政科技计划项目经费的四倍多。其中，国家自然科学基金重大研究计划《黑河流域生态—水文集成研究》项目，单项计划资助达到 1.5 亿元；国家科技型中小企业创新基金取得历史性的跨越，获资助项目 79 项，资助财政科技经费 4080 万元。这些项目对于提升我省科技创新能力将会产生积极作用。另外，我省组织实施一批省级自主创新项目，重点推动装备制造、新材料研发、节能减排与循环经济、动植物新品种创新与产业化、新药创制和重大医疗技术与装备开发等方面科技创新工作的开展，取得明显的成效。全年共组织省级科技计划项目 722 项，安排财政科技经费 1.48 亿元。

二是统筹兼顾突出重点。特别关注能够引导和推动地方经济依靠科技又好又快发展的重点项目，重点突出光机电一体化、新型能源利用技术及设备等项目的实施；特别关注支持市州科技创新工作的开展，实现两个层面科技工作思路和重点发展方向的对接；特别关注推动科技体制机制创新，推动产学研有机结合的机制创新，促进产学研结合的快速发展；特别关注战略性新兴产业的培育，取得可喜的效果。全省风力发电装机达到 220 万千瓦以上，太阳能并网发电建设规模超过 50MW。2008 年国家支撑计划重点项目“45MN 大型快速锻造液压机组研制”，通过两年多努力，解决多项关键技术并已申请专利，项目实施期间制造 7 台(套)，实现销售收入 2.02 亿元，实现利税 8458 万元。

三是科技应用基础研究水平进一步提升。我省科技应用基础研究工作水平进一步提升，2009 年共得到国家自然科学基金立项项目 311 项，争取资助金额 2.7 亿元，为我省历史最好水平，居全国第 18 位。其中国家自然科学基金地区项目从零起步，共争取立项项目 70 项，获资助经费 1689 万元，在全国 13 个地区基金资助省份中居第 5 位，有力地支持了我省地方知识创新工作的开展。据有关部门统计，我省知识创新产出效率居全国第二位。

【创新能力建设】一是研究与试验发展技术高地建设规模继续扩大。出台新的《甘肃省工程技术研究中心管理办法》、《甘肃省重点实验室建设与运行管理办法》等制度，进一步规范了重点实验室和工程技术研究中心的管理。在调查论证和筛选的基础上，新组建“甘肃省工业过程先进控制重点实验室”等 6 个省级重点实验室，总数达到 17 个；新组建“甘肃省节水农业工程技术研究中心”等 12 个省级工程技术研究中心，总数达到 71 个。科技部批准成立的“国家敦煌古代壁画保护工程技术研究中心”是我国社会发展领域第一个国家工程技术研究中心。国家“敦煌戈壁荒漠生态与环境研究站”启动建设，该研究站的建立将对我国荒漠地区文物古迹及重要经济设施的保护起到示范作用，并且可弥补我国在荒漠区风沙综合观测站点空白。甘肃省网络科技环境平台建设的高性能集群计算系统峰值速度已达每秒 40 万亿次，其计算能力和综合技术水平进入全国前列，为西部地区第一。计划投资 1300 万的“食品药品检测技术共享平台”已被列入拉动内需地方国债重点支持项目已启动建设。全省 14 个市州和 86 个县区级科技管理网开通运行并实现了科技信息实时网上发布。

二是科技转化基地建设继续增加。2009 年国家新批准建立国家中药现代化科技产业（甘肃）基地、兰州国家石化新材料产业化基地、国家火炬计划白银有色金属新材料及制品产业基地等创新基地。兰州理工大学科技园被认定为国家大学科技园。我们还启动建设“甘肃河西绿洲现代农业试验示范基地”等一批孵化器。这些基地的建立，对于充分利用我省在新药创制开发、有色金属新材料及制品产业化、石化新材料开发、现代农业试验示范等方面的优势，实现我省资源型产业向科技型产业转化，对促进我省特色产业可持续发展将发挥积极的推动作用。

三是以企业为主体的产学研合作进一步深化。2009 年，庆阳、武威等市州、企业与高等院校和科研院所共签订 30 多项合作协议。金川集团公司与湖南科力远新能源股份有限公司在镍氢二次电池、动力电池等产品开发上进行的全面产学研合作，标志着中国最大的镍生产企业金川集团公司将与已形成系列能源材料及高能电池产品产业集群的科力远公司联手进军新能源领域，共同打造“镍氢电池王国”。由天水星火机床有限责任公司发起，清华大学、天水锻压机床有限公司等 11 家企业和高校共同组建的“甘肃省数控机床产业技术创新战略联盟”，有效整合了我省数控机床领域优势科技资源，大幅提升了企业的技术创新能力，对推动甘肃数控机床产业技术升级和高新技术产业的快速发展将发挥巨大的作用。

四是科技金融迈出实质性步伐。酒泉大禹节水有限公司在创业板成功上市，成为我国首批 28 家创业板上市企业之一，为我省科技型企业与金融市场的结合探索了新路。

【科技对产业结构化调整】一是大力培育高新技术企业。2009 年，我们按照新的高新技术企业认定办法，联合省财政厅、省国税局、省地税局认定了 53 家高新技术企业，现已在国家科技部网站公示。目前我省共有 162 家高新技术企业。2008 年我省认定的 109 家高新技术企业共减免企业所得税 8000 多万元，这项政策的实施，对于鼓励企业持续提高科研开发投入，提高企业自主创新能力，发挥了重要的作用。2009 年我省共争取到金太阳工程示范项目 3 个，国家财政扶持资金约 1.3 亿元。金太阳示范工程为促进我省光伏发电产业技术进步和规模化发展，培育战略性新兴产业发挥了重要作用。

二是加快科技园区、产业基地建设步伐。兰州高新区已初步形成了“新材料、新能源与节能环保、电子信息、先进制造技术、农业高新技术、生物技术与新医药”六大支柱产业。“兰州航天科技园”正式入驻开发区，其军民两用技术研发和产业化将为推动地方经济和科技的发展，发挥积极的促进作用。酒泉风光电装备制造科技产业园实现了风电装备制造业产值 64 亿元。白银高新技术产业园销售收入比 2009 年增长了约 12%。天水市农业高新技术示范园区入园企业达到 19 家，示范推广 10 个航天育种蔬菜新优品种，亩增产 15% 以上，建立航天育种新品种示范基地 145 个，实现农业产值 8958 万元。

三是一批工业科技成果产业化项目取得可喜成绩。通过研发攻关，我省首台 3 兆瓦风电机组在酒泉下线，标志着我省风力发电装备从 1.5 兆瓦成功延伸到 3 兆瓦，也标志着我省大型风力发电成套技术取得突破；1.5 兆瓦变速恒频双馈异步风力发电机 2009 年制造销售 302 台（套），实现销售收入 1.48 亿元；新型润滑添加剂制备与应用形成了风电叶片轴承润滑脂、齿轮油、主轴润滑脂、发电机润滑脂及偏航系统润滑脂共 6 种新产品，通过在宁夏贺兰山、甘肃玉门等风电场进行应用试验，有关专家和用户认为这些产品达到并部分超越国外同类产品水平。目前，正在建设年产合成润滑油 2000 吨、高性能润滑脂 300 吨中试装置。

四是加快农业新品种培育与示范推广。2009 年，全省共选育和筛选出了 20 多个新品种，研究并集成示范推广了 10 多项关键技术。同时，引导农民选择优良品种、应用先进适用技术，加快我省农业科技成果的转化和农业新技术的推广应用。“大通牦牛新品种改良与扩繁技术研究”项目，在甘南州建立了 2 个优质牦牛养殖示范基地，三年共示范推广大通牦牛种牛 700 多头，改良牦牛 5.5 万头，为藏区牧民带来经济效益 1800 余万元；以全膜双垄沟播技术为代表的旱作农业技术又有新发展。2009 年，全膜双垄沟播技术推广面积达到 758 万亩，增产粮食 95.9 万吨。全膜双垄沟播技术的大面积推广，正在旱作农业区引发一场革命性的变革。

【科技人才队伍建设】一是大力加强科技人才队伍建设。2009 年，开展甘肃省高层次科技创新型人才问题的专项调研和第二批省属科研院所 14 个科技创新团队建设工作，并会同省人事厅等部门对科技领军人才进行评审推荐，在甘科研院所共有 120 人入选科技领军人才。2009 年，我省有 3 名科学家当选中国科学院院士和中国工程院院士；2 人荣获 2009 何梁何利基金奖，目前我省共有 11 位科学家获此殊荣。

二是科技创新影响面进一步扩大。积极利用各种媒体进行宣传，扩大科技创新影响面。抓住建国 60 年大庆机遇，发布我省 60 年来科技发展的主要成就，认真开展甘肃“2009 全国知识产权宣传周”，“携手建设创新型国家 2009 年科技活动周”和向马铃薯专家王一航同志先进事迹学习的活动。

【科技合作与交流】一是深化部省会商机制。2009 年 7 月，科技部和甘肃省政府在兰州召开了第二次部省工作会商会议，双方又确定了“支持甘肃省循环经济试点省建设”等 5 个合作领域、22 个议题。通过部省会商合作，实现我省科技需求与国家科技发展整体战略的有效对接。

二是省院合作不断走向机制化。在第二轮省院合作中，中科院在我省共实施科技成果转移转化项目 114 项，实现销售收入 20.3 亿元，利税 2.8 亿元。我省与中科院各研究所共建机构 38 个。中科院与甘肃省政府在京又签署了第三次《全面战略科技合作协议》。

三是积极开展国际科技合作。“武都区震后生活垃圾管理及紧急干预”国际合作项目争取到 62 万欧元资助经费，为陇南灾后重建提供切实的帮助。兰州大学的“生物制药”领域和甘肃省治沙研究所的“沙漠化防治”领域被科技部授予“国际科技合作基地”称号。截至目前，我省共有4个“国际科技合作基地”，1个国家级国际联合研究中心。

四是科技成果转化进一步拓展。一年来，组织参加“2009中国国际节能减排和新能源科技博览会”、“北京科博会”、“昆明大院名校科技成果展示交易会”等6个国内外展会，我省有380余家科研单位、2000多项科技成果参展。其中，80多家企业、高校与有关单位达成意向性合作协议100多个，合同金额33.96亿元。

【科技服务民生】一是加强生态环境保护技术研究与示范。针对我省绿洲和草原植被退化、水土流失严重、水生动物资源减少等生态环境比较脆弱的实际，我们开展相关技术的研究与示范。甘南草原草场退化以及水土流失研究，初步建立起高寒草地沙丘治理和高寒退化草地4种改良模式。黄河上游特有鱼类种质资源保护研究等项目使一度被认为已灭绝的极边扁咽齿鱼，被甘肃水产科研人员人工驯养成功，这项技术为黄河上游濒危鱼类种质资源保护提供了有力的技术支撑。环保型水性环氧防腐涂料研制成功，取代了溶剂型环氧防腐涂料，大大减少了有机物的排放，消除了有机溶剂型涂料对人类健康和环境造成的侵害。省科技重大专项“甘肃省建筑节能分户供热计量标准化”项目，通过三年试验，供热点煤耗平均降低14%，用户耗热量平均减少21%，暖气费可节省约27%。

二是开展新药创制和重大医疗技术研究。甘肃奇正藏药有限公司与北京大学合作研制开发的国家一类新药——乙烷硒啉，现已取得国家食品药品监督管理局的临床批件，正在进行I期临床研究；省重大科研项目“重离子束治疗肿瘤临床试验研究”，建立一套适合中国人群的重离子束治疗模型和治疗计划，建成两个重离子治疗癌症专用试验终端，制订我国首个《重离子加速器治疗肿瘤企业标准（试行）》。在对100多例浅层肿瘤治疗取得成功的基础上，继续向治疗深层肿瘤拓展，已为8例深层肿瘤实施了临床治疗。目前，《重离子束治癌关键科学技术问题研究》等已经被国家科技部列入国家重点基础研究发展计划（973计划）项目给予重点扶持。

三是面向新农村建设开展科技服务。在科技特派员方面：全省14个市州86个县区共下派6864名科技特派员，建立示范基地194个，实施各类科技项目1365项，引进新技术新项目3469项，培训农民近263万人次。在科技富民强县方面：2009年，有59个县区通过科技部组织的县市科技进步考核，新增加7个国家科技富民强县(市、区)试点县，目前我省共有30个县(市、区)列入国家科技富民强县(市、区)试点县。新农村建设方面：我省联合民进中央、江苏省科技厅再次举办河西走廊星火产业带农村科技带头人培训班；举办增强自主创新能力等多个专题研究班，；通过推动新农村科技示范（试点）建设工作，实现经济效益3.5亿元，促进农民人均增收3705元。试点乡镇村农民人均纯收入比非试点乡镇村农民人均纯收入增加553元。

四是发挥科技在灾后重建工作中的支撑作用。受科技部委托，我们举办甘肃省灾后恢复生产与特色产业发展培训班，通过培训，进一步提升了科技在灾后重建中的支撑作用，提高了县市科技自主创新能力。同时，根据灾后重建实际需要，我们启动实施国家支撑计划课题“陇南地区灾后住宅重建与特色农产品快速生产技术集成与示范”等项目，并争取到联合国开发计划署(UNDP)“地震灾后重建科技特派员团对口帮扶贫困试点”项目的支持。

（田愉　倪志敏）

文　化

【艺术创作演出】全省文化系统紧紧围绕“为祖国献礼”的主题，加大文艺创作力度，推出了一批文化艺术精品，组织举办了一系列庆祝活动。京剧《丝路花雨》、秦剧《百合花开》荣获中宣部第十一届精神文明建设“五个一工程”优秀作品奖；舞剧《丝路花雨》、《大梦敦煌》同时荣膺文化部首届“优秀保留剧目大奖”；京剧《丝路花雨》、陇剧《官鹅情歌》分别入选国家舞台艺术精品工程一、二期重点资助剧目；舞剧《丝路花雨》、《大梦敦煌》，话剧《老柿子树》，秦剧《大河情》等4部剧目被中宣部、文化部选调赴京参加庆祝新中国成立60周年献礼演出。这些成绩在西部省区均位居第一，在全国也处于领先地位，受到社会各界的一致好评。为此，省委、省政府隆重召开表彰大会，对文艺精品和优秀文艺人才进行了重奖，陆浩、徐守盛、陈学亨、刘伟平、励小捷、姜信治、崔玉琴、咸辉、栗震亚等省上领导出席表彰大会，这在甘肃文化发展史上是第一次。精心制作的甘肃彩车《盛世华章》、组织举办的甘肃省庆祝新中国成立60周年专题晚会《祝福祖国》、全省新创剧目调演、“甘肃省加快戏剧大省建设论坛”、第四届甘肃省群星艺术节等活动，反响强烈。全省艺术院团进一步加大送戏下乡进社区演出力度，全年演出16000多场。

【重点文化设施建设】省级重点文化设施建设项目进展顺利。“金城第一戏楼”项目主体封顶，舞台机械设备安装完毕，装修项目已开始施工；飞天文化产业大厦建设项目已完成建筑面积10万平方米，年内主体完工；黄河剧院拆除重建项目10月25日开工奠基，基坑开挖、支护和降水工程全面展开；文溯阁《四库全书》藏书楼后续建设工程经过努力，省发改委已批复立项。基层文化设施建设力度进一步加大。2008

年底国家扩大内需安排我省 201 个乡镇综合文化站建设项目，进行了竣工验收交付乡镇投入使用；2009 年 8 月下达的 219 个建设项目目前已全部完成选址、施工设计、招投标等前期工作，95%的项目开工建设；我省 8 个重灾县的 171 个建设项目列入中央资金补助项目和对口支援项目，已完工 5 个（全部为乡镇综合文化站），开工建设 18 个；在 99 个灾区集中安置点建成了文化信息资源共享工程服务点，完成了 30 个县级支中心的设备安装，建成村级接收点 5557 个，制作了 9000 分钟的数字资源上传国家中心使用。

【文物保护】全省文博单位以第三次文物普查、丝绸之路申遗、长城资源调查，以及重点文物保护工程为载体，全面加强文物的保护工作。第三次文物普查全省调查登记各类不可移动文物 17028 处，其中新发现 6099 处，复查 10929 处，调查登记消失文物 947 处。丝绸之路申报世界文化遗产工作继续推进，全省 11 个备选申遗点在文物本体保护、环境整治、规划编制、“四有”基础工作等方面取得了很大进展。长城资源调查进展顺利，明长城资源调查工作结束并通过国家验收，我省明长城总长度为 1738.3 千米，居全国之首，秦汉及其它时代长城资源调查工作全面启动。敦煌莫高窟保护利用工程、大地湾史前遗址博物馆建设等文化保护、维修、利用重点项目建设进展顺利。文物考古发掘和研究连创佳绩，文物科研与科技保护成绩显著。全省 88 个博物馆、纪念馆先后向社会免费开放，共接待观众约 500 万人次，比上年增长近 50%。

【非物质文化遗产保护】非物质文化遗产保护以国家级名录项目为重点，各项工作不断深入。“甘肃花儿”成功入围联合国非物质文化遗产名录。非遗普查基本完成，摸清了我省非遗资源及分布基本情况。评选公布了第一批甘肃省非物质文化遗产代表作名录项目代表性传承人，组织全省各地非遗项目积极参加了国家举办的系列活动。“文化遗产日”活动丰富多彩，省上举办了非遗保护成果展、兰州太平鼓和苦水高高跷表演、兰州鼓子集中汇演，各地也组织开展了大量的宣传、展示活动，使群众进一步加深了对非遗项目的了解。古籍保护工作不断推进，兰州大学图书馆、夏河拉卜楞寺被评定为第二批全国古籍重点保护单位，155 部古籍善本图书被列入第二批《国家珍贵古籍名录》。

【文化产业发展】省文化厅积极倡导为企业服务的理念，大力宣传推介我省优势文化产业项目，努力争取金融业的支持，推动文化产业加快发展。一是不断充实全省文化产业项目库，利用中国文化产业网及各种文化产业博览会等平台，宣传推介我省优势文化产业项目。精心组织参加了第四届全省文化产业博览交易会、深圳文博会、首届宁夏国际文化产业交易会，选择一批优势文化产业项目进行了推介，部分项目寻找到了合作企业。组织参加了中国（天津）演艺交易博览会，《炫目·甘肃》五彩缤纷，充分展示了甘肃的文化特色和文化优势。二是认真做好全省文化产业基地和园区的申报工作。在省上命名的第一批文化产业示范基地和园区名录中，文化系统业务指导的基地有 12 个，占全省命名基地的 92%，园区 1 个，占全省命名园区的 50%。三是积极争取国家政策和金融业的支持，破解文化企业发展资金难题。经过努力，《大梦敦煌》和天水汉唐陶艺有限公司陶瓷雕塑工艺品进入第一批我国优秀出口文化产品名录。与省委宣传部等部门联合组织召开了全省银文对接洽谈会，促成了飞天文化产业有限公司等项目与金融企业的合作。四是组织召开了贯彻落实国务院《文化产业振兴规划》研讨会，邀请省内专家、学者和部分企业领导研讨了我省文化产业的发展思路。

【文化市场管理】全省各级文化市场管理部门按照“优化、创新、协调、服务”的要求，一方面加大日常监管力度，强化依法行政，另一方面加强协调服务，积极培育市场，确保了全省文化市场健康有序发展。一是以保护知识产权和未成年人合法权益为重点，强化网络文化市场管理。仅在净化网吧专项整治行动中，全省各级文化行政管理、执法部门出动执法人员 12082 人次，检查网吧 8383 家次，封堵非法游戏网站 34.23 万次，并配合公安、工商部门取缔了一批设在城乡结合部和学校周边的“黑网吧”。二是着眼繁荣文化娱乐市场，稳步推进游艺场所审批工作。经过反复调研论证，适量放开了自 2001 年起关闭的全省游艺娱乐场所。三是开展了迎国庆文化市场集中整治行动，对文化经营场所的检查覆盖率达到了 100%，保证了国庆期间文化市场的良好秩序。四是进一步加大文化市场行政执法队伍的培训力度。全年举办文化市场行政执法人员培训班 2 起，培训行政执法人员 170 多人。五是积极配合相关部门做好文化市场的消防、禁毒等综合治理工作。先后重点检查文化市场经营场所 2240 多家，督促整治火灾隐患 200 多处。

【文化体制改革】省文化厅认真贯彻落实《中共中央宣传部、文化部关于深化国有文艺演出院团体制改革的若干意见》和文化部南京会议精神，着力推进公益性文化事业单位管理体制、运行机制改革和经营性文化单位转制改革试点工作。省图书馆作为公益性文化事业单位管理体制改革试点单位，实行中层干部竞争上岗、目标责任管理，专业技术人员实行专业职务聘任制，实行以岗定薪、按绩付酬的岗位绩效工资制度和奖金分配制，改革试点任务已基本完成。省秦剧团积极改革艺术作品生产方式，拓展服务渠道和产品种类，精简内设机构，合理核定编制，引进竞争机制，实行中层干部竞争上岗和目标责任管理，建立了以岗位绩效工资制度为重点的工资、奖金分配等十三项规章制度；省陇剧院组建陇剧演艺有限公司，在艺术生产和演出上实行剧组项目管理，探索政府投资与吸收社会资金共同进行艺术生产的路子，同时根据市场需求增加了秦腔剧目演出，成立了青年艺术团，形成了陇剧、秦剧、综艺三个演出类型的运营机制，扩大了市场空间。省杂技团作为转企改制试点单位，深入调研，积极与相关厅局协调，落实有关配套政策，并经过反复研究、修改，制定上报了省杂技团转企改制试点《工作方案》。

【对外及对港澳台文化交流】2009年，对外文化艺术展演、文博学术交流连续不断，时间长、范围广、影响大，全年出访和来访项目60起，有近80个国家和地区的文化界人士来我省进行考察访问和学术研讨，甘肃文化的影响力不断扩大。为落实中非合作论坛北京峰会精神，受文化部派遣，组成甘肃艺术团赴非洲的坦桑尼亚、津巴布韦、加纳三国进行了友好访问演出，参加了哈拉雷国际艺术节，共演出11场。组织我省环县皮影展览和演出团参加了欧罗巴利亚中国艺术节的《中国木偶皮影精品展》展览和艺术节皮影演出活动。举办了“朋友•伙伴•兄弟——中国摄影家眼中的埃塞俄比亚”摄影展。省陇剧院一行赴香港参加了“中国梆子艺术”演出活动，甘南拉卜楞僧乐团赴香港和澳门进行了交流演出，并参加了在港举办的“丝绸之路艺术节”。赴台湾参加了第七届华文戏剧节、“2009亚洲国际艺术节”和“马祖林默娘舞剧”的公演及其相关活动。文博单位分别赴日本、英国、德国、俄罗斯、美国、韩国、哈萨克斯坦、加拿大等国进行保护合作项目的研究和学术交流、研讨活动。同时，做好外事接待工作。精心接待了以美国博物馆和图书馆协会主席为团长的美国文化代表团一行，积极推介了我省文化遗产保护方面取得的成就；组织接待了2009年度“非洲文化人士访问计划•文化政策圆桌会议”代表团一行，来自非洲19个国家的司局级官员对我省进行文化交流与参访活动；组织接待了第六届驻外文化中心学员奖学之旅代表团，20多名国外学员来我省进行文化交流；组织安排“东盟10+3人力资源开发合作研讨班”代表团来我省的参访活动，13个国家和国际组织的文化界人士近30人围绕我省特色文化资源和非物质文化遗产保护等进行了实地考察，增进了我省与东盟国家人民之间的相互了解和友谊。

体　育

2009年是新中国成立六十华诞，甘肃省体育事业以党的十七大和省第十一次党代会精神为指导，坚持科学发展观为先导，紧紧围绕备战参赛第十一届全国运动会、认真落实《全民健身条例》，全力推进甘肃丝绸之路体育健身长廊工程，努力扩大体育彩票发行，推动体育事业全面、健康发展。

【群众体育】以庆祝首个“全民健身日”和全运会火炬传递活动为契机，群众体育工作取得新成果：省体育局为庆祝“全民健身日”，在全省举办省市两级联动的“健身在陇原”系列活动，隆重举行“万名群众健身宣传展示大会”、“黄河杯”全民健身挑战极限长走邀请赛、科学健身宣传和体质测试等系列活动。各州市相继举行2009嘉峪关•国际铁人三项洲际杯赛暨全国冠军系列杯赛、临潭冶力关•中国拔河公开赛、2009酒泉•全国第三届自由式轮滑暨世界锦标赛选拔赛、2009激情•梦想甘肃丝绸之路全民健身自行车赛、瓜州“玄奘之路”戈壁挑战赛、全国龙舟月第二届黄河三峡龙舟邀请赛等在国内外产生一定影响的大型系列活动和比赛。

群众体育组织网络日趋健全，省体育总会及部分届满协会进行了改选换届，部分社区、乡镇成立体育协会和农民体协。全年共培训社会体育指导员3000名，各级体育总会和单项协会进一步发挥指导社会体育职能，有力推动社会体育工作蓬勃发展。

【竞技体育】以备战参赛全国第十一届全运会为重点，竞技体育整体水平有所提高。专门成立备战工作领导小组，针对备战训练各阶段任务，制定备战方案，加大经费投入，出台激励办法，加强教练培训，严格落实反兴奋剂工作责任制。在第十一届全运会上，甘肃178名运动员参加了19个大项、76个小项的比赛，获得1枚金牌、2.5枚银牌、7枚铜牌，四至八名26个，总分317.5分，金牌在全国列第30位，奖牌、总分均列第26位，奖牌总数和总分均超过上届，甘肃代表团获第十一届全运会体育道德风尚奖。

承办有伊朗、韩国、日本、中国四国顶级职业篮球俱乐部参加的2009亚洲职业篮球俱乐部挑战赛并获得成功。

重视后备人才培养，保障竞技体育后续发展，积极开展“国家高水平体育后备人才基地”和“田径单项基地”的创建评估工作。甘肃省体校，酒泉市、嘉峪关市体校被国家体育总局授予“国家高水平体育后备人才基地”，定西市体校、临洮体育中学、兰州市体校被国家体育总局授予“田径单项基地”。组织完成了全省10所运动校和5所重点业余体校共1000多名青少年运动员的电子注册工作和参赛资格审查工作。

坚持以人为本，退役运动员安置工作取得新突破。省体育局结合甘肃省情和省委省政府关于新农村建设的有关政策，会同省教育厅、省人事厅提出《关于安置省优秀运动队部分退役运动员到农村中小学担任教师的意见》，经省政府同意并转发各地执行，160名符合条件的退役运动员经统一选拔考试，将择优选拔120名到市县担任体育教师、教练员。此项安置办法不仅意味着长期制约竞技体育发展的退役运动员安置问题取得突破性进展，并作为典型经验在全国运动员保障工作会议上进行交流推广。

【场馆建设】实施“甘肃丝绸之路体育健身长廊”项目和“千乡镇农民健身工程”项目，全省县、乡、村级体育设施有了根本、全面改善。2009 年建设重点为实施省级“一项建设、两项维修”工程和市州“一市一馆”建设。“一项建设”即：临洮国家亚高原训练基地建设，该项目已经省发改委批准立项，正进行可行性研究、环境评估和办理土地移交手续。“两项维修”即：七里河体育场和兰州体育馆维修。张掖市体育中心已竣工；武威、庆阳全民健身中心投入使用；白银市体育中心拟投资 2 亿元正在建设；金昌、酒泉以及 8 个地震灾区体育中心及场馆正在建设完善中。

【体育产业】以体育彩票发行为龙头，有效推进体育产业工作发展。高频体育彩票“即乐彩”4 月 12 日顺利上市，“泳坛夺金”12 月初上市，足球单场竞猜彩票已于 9 月 26 日上市。加大销售网点管理，提高销售人员素质，对全省 12 个市州的 832 个销售网点现场督导检查，对 1000 多名销售人员分期分批集中培训。2009 年，体育彩票累计销售总额为 6.33 亿元。其中：电脑彩票销售 4.52 亿元，即开型彩票销售 1.81 亿元，完成年度基本销售任务的 105.5%，完成目标销售任务的 97.3%。

【机关建设】以深入学习科学发展观活动和党的十七届四中全会精神为抓手，机关建设、干部队伍建设进一步加强。省体育局积极落实学习实践活动整改方案，及时制定和修改完善了《甘肃省体育局工作规则》、《体育器材政府采购和质量监督管理办法》等七项规章制度。认真研究制定干部培训计划和干部交流轮岗政策。进一步理清了思路、明确了方向，统一了认识，凝聚了力量，提高了领导干部指导全省体育科学发展的能力和水平。省自行车训练管理中心教练马艳萍被评为“感动甘肃人物”；甘肃省山地自行车队被评为“新中国成立 60 年甘肃成就地标”。

（徐斌　钟兰平）

卫　生

2009 年，在各级党委、政府的正确领导和各有关方面的大力支持下，全省卫生系统深入贯彻落实科学发展观，着力解决城乡群众“看病难、看病贵”问题，突出重点，开拓创新，各项工作取得积极进展和显著成效。

【医药卫生体制改革】新型农村合作医疗工作成效显著，参合农民受益面进一步扩大。全省平均参合率达到 95.54%，截至 10 月底，当年筹集资金 17.32 亿元，其中农民自筹 38397.18 万元，累计补偿 807.87 万人次，基金支出 13.52 亿元。全省新农合住院率 4.75%。平均住院费用 2562.30 元，平均补偿 1316.44 元，实际补偿比为 51.38%。建立各地新农合经办机构与省、市定点医疗机构协查制度，进一步建立和完善新农合住院报告制度和转诊制度。积极推行门诊统筹试点工作，年内有 11 个市（州）启动试点工作。

【卫生科研工作】年内全行业争取到国家自然科学基金课题 4 项，省科技厅课题 47 项；在省级预算中设立甘肃省卫生行业科研专项经费 100 万元，资助 22 项行业课题。全年有 66 项科研成果获甘肃省医学科技奖，获奖面比上年增加 50%。

【基本卫生公共服务】疾控机构进医院工作落实良好。大部分医院均设立公共卫生科，并配备了专职人员。各医疗机构基本上均设立健康咨询门诊或健康咨询点，乡镇卫生院基本上均设立防保科，公共卫生任务得到有效落实。部分市、州医院已开展疾病谱排序。扩大免疫规划执行情况和重大传染病防治工作开展良好。全省目标儿童卡介苗、脊髓灰质炎疫苗、百白破三联疫苗、麻疹疫苗、乙脑疫苗、流脑疫苗的报告接种率以及乙肝疫苗报告全程接种率均保持较高水平，其中张掖、天水、金昌、定西等市州已全部达 90%以上。妇幼保健和社区卫生工作得到加强。兰州、金昌等市实施免费婚检制度，张掖市开展“一门式”婚检服务模式，婚检率逐步提高。妇女“两癌”检查、补服叶酸、住院分娩补助等国家重大公共卫生服务项目执行顺利。新生儿疾病筛查工作得到了全面加强，新生儿遗传代谢性疾病筛查率由 2008 年的 5.8%提高到 17%，新生儿听力筛查率由 2008 年的 3.8%提高到 20%。全省孕产妇死亡率、婴儿死亡率、5 岁以下儿童死亡率分别由 2008 年的 41.66/10 万、13.58‰和 15.27‰下降为 36.24/10 万、10.97‰和 12.41‰，住院分娩率由 2008 年的 83.58%上升为 89.2%，接近国家平均水平，嘉峪关、金昌、张掖、酒泉、兰州、武威、平凉等市住院分娩率均在 95%以上。城市社区卫生服务机构覆盖面进一步扩大，预防保健、计划免疫、健康教育等公共卫生服务正在逐步完善和落实，公共卫生职能正逐步下沉到社区。卫生宣传教育取得新成效。以实现“健康教育进家庭”为目标，启动实施全省健康教育“十个一”工程，各级各类医疗卫生机构健康咨询室组建顺利，防艾大戏《百合花开》荣膺中宣部“五个一工程奖”；积极落实医疗卫生固定宣传标语刷写工作，全省共刷写固定宣传标语 29661 条；深入开展行业精神文明建设，表彰了首届全省医德医风建设先进个人和标兵，启动了全省“百姓放心医院”创建活动。推出了杨碎胜、李文灿等一批行业先进典型，塑造了全省卫生行业的良好形象。

【公立医院改革试点】结合深入开展“医院管理年”活动，大力推行院务公开。各级公立医院建立药品使用量、抗菌素使用量（特别是进口抗菌素使用量）、抗菌素中青霉素使用比例、病人自费比的四个排队制度，对过度用药、过度使用抗生素的医师进行处罚，记录不良业绩，加强制度建设。建立医疗质量和医疗事故月分析会议制度、医务人员考核制度、医疗机构和医务人员不良业绩记录制度、医院感染责任追究制度。加大检查和自查力度，不断提高服务质量和服务水平。组织省级医疗机构院长、书记、业务副院长等进行模拟体验就诊。进一步加强医疗质量监管，组织开展了多种形式的医疗质量安全检查。进一步加强医德医风建设，按照“谁主管谁负责”，“管行业必须管行风”的总要求，建立起一套行之有效的激励和约束机制，使医德医风建设走上了规范化、制度化、科学化管理的轨道，取得了较为明显的成效。2009 年，医疗纠纷、医疗事故较去年同期下降 30%；全省卫生系统共有 1461 人次，上交“红包”金额 70 万元；查处乱收费问题 6 起、医药购销领域商业贿赂案件 4 起。

【**国家基本药物制度**】2009 年 9 月，启动了以省为单位的药品集中采购工作。成立由主管副省长任组长的工作领导小组，组建甘肃省药品和医用耗材集中采购中心，落实工作经费和办公场所，建成省药品网上集中采购平台。开展全省基层医疗机构配备使用国家基本药物目录以外的药品品种目录制订工作。将基本药物全部纳入新农合报销目录。

【**中医药工作**】省卫生厅、省人事厅联合印发全省开展“中医学经典、西医学中医”工作方案。省委书记陆浩、省长徐守盛为西学中活动作出指示。各地高度重视，组织开展“中医学经典，西医学中医”活动。各地落实新型农村合作医疗中中医药住院起付线降低 20%，报销比例提高 10%的优惠政策。部分地区还结合实际在此基础上对新农合参合农民在中医院住院起付线再降低 5%，报销比例再提高 5%。提高了中医治疗价格。初步制订了我省关于扶持和促进中医药事业发展的实施意见。大部分市、县卫生行政部门新设中医科，进一步完善了中医管理机构。

【**医疗卫生基础设施建设**】选拔 5000 名高校毕业生到乡镇卫生院工作已于年内顺利结束。全省共报考 9054 人，实际参加考试 7808 人。与省人社厅联合下发了《关于在我省基层医疗卫生机构工作的大学毕业生中建立动态流动机制的意见》，要求市（州）及以下医疗卫生机构补充大学生必须从下一级医疗机构中选拔，为招录的大学毕业生提供一个向上发展的空间和渠道，形成动态流动的人才激励机制。建设 50 个城市社区卫生服务中心工作进展顺利，所有项目均开工建设，部分投入使用。扩大内需项目及灾后重建项目实施顺利。全年新增中央投资扩大内需卫生项目下达四批投资计划，共建设 748 个项目，总投资 13.7 亿元。截至 12 月底，四批扩大内需项目中央建设资金已全部到位。第一批开工 577 个，竣工 457 个；第二批开工 102 个，竣工 56 个；第三批开工 57 个；第四批已开工 7 个。

【**重大传染病防控工作**】年内全省甲型 H1N1 流感防控工作在省委、省政府的领导下，在各部门的大力支持和配合下，按照“减少二代病例，严防社区传播，加强重症救治，应对疫情变化”防控工作目标，建立健全组织机构，进一步加强联防联控和疫情监测，先后成功地处置兰州成功学校等发生多起聚集性病例事件，防止疫情的进一步蔓延，防控工作取得阶段性成果。国家调拨我省的甲流疫苗已按要求在全省范围内进行接种。在重点做好甲流防控工作的同时，全省各级卫生行政部门和医疗卫生机构加大了对手足口病、人感染高致病性禽流感、鼠疫、霍乱、艾滋病、结核等其他重大疾病的防控工作，各项防控措施正在有力有序进行。全省麻风病休养员生活补贴实现翻番，达到每人每月 220 元。

【**农村卫生和卫生监督**】在农村卫生方面，积极探索乡镇卫生院管理体制和运行机制改革。出台了《甘肃省乡镇卫生院等级评审标准（试行）》，正式启动了乡镇卫生院等级评审工作。全省已通过竞争上岗产生卫生院长或副院长近 900 人。临夏州、金昌市竞争上岗率 100%，庆阳市 72%，平凉市 62%，武威市 50%。部分市、州的部分县区已完成乡镇卫生院院长公开聘任。部分县（区）还实行了乡镇卫生院院长定期考核、末位淘汰制度，形成动态管理的用人机制。进一步加大了生监督执法力度。

【**卫生管理制度建设**】将项目“切出去”由事业单位执行的思路得到贯彻落实，精简各类会议、培训班。省卫生厅机关实施干部轮岗交流，增强机关工作的生机和活力。实现非涉密的正常工作文件上网阅传，减少了纸质文件的发放，提高了公文阅办的效率。办公自动化已正式启动运行，已覆盖到乡镇一级。整合和完善督查制度，上、下半年各组织一次综合督导，强化抽查、通报和处理力度，督促检查各项业务工作的落实。建立医疗卫生重点工作月通报制度，每月对工作差的市县通报批评，推动各项重点工作顺利进展。

【**人才队伍建设步伐**】“卫生人才建设年”活动取得明显成效，共推荐入选甘肃省领军人才 125 名。省卫生厅派出各类出国（境）培训、研修 309 人次，省外进修 523 人，接收基层 3 个月以上进修人员约 2600 人。据不完全统计，各市、州共培训各类人才 2 万余人次，省（市）外进修 1100 余人。

广播电视

【**基本情况**】2009 年，全省共有广播电台 4 座、电视台 9 座、广播电视台 73 座。全省共办广播节目 85 套、电视节目 103 套。全年广播节目播出时间为 259059 小时，电视节目播出时间为 392990 小时。全省广播人口覆盖率达到 92.63%，电视人口覆盖率达到 92.91%。全省广电系统全年总收入 14.24 亿元。全省广播电视资产总额达 27.5 亿元。全省有线电视用户达 195.17

万户。全省系统内从业人员 13686 人。

【宣传质量】深入宣传科学发展观，全力做好党的十七届三中、四中全会和省委十一届七次全委扩大会等重要会议精神的宣传报道。认真组织开展全国全省"两会"的宣传报道，省广电总台卫星转播车首次开赴北京报道"两会"盛况。全方位、立体式地进行庆祝新中国成立 60 周年宣传报道，与中央电视台及全国 35 个卫视频道联合开展了大型直播活动。深入宣传中央和省委、省政府的决策部署，加强政策解读和热点问题引导。对乌鲁木齐"7•5"事件的报道及时准确，对兰州九州开发区山体滑坡、天水和酒泉因冰冻造成的大范围堵车、兰州石化罐区爆炸等突发事件，都在第一时间现场直播，掌握了话语主动权。组织开展灾后重建、"春节访灾区"、"5•12"大地震一周年等采访报道活动。电视新闻稿件上推中央台《新闻联播》节目播出 213 条，其他节目 227 条。广播新闻稿件上推中央台《新闻和报纸摘要》节目播出 63 条，其他节目 153 条。成功举办全省广播电视优秀栏目评选活动和现场采访电视拍摄技能大赛。获中国新闻奖 2 件，获中国广播影视大奖广播电视节目奖 4 件、提名奖 11 件，获 2009 年中国播音主持"金话筒奖"电视播音作品提名奖 1 件。省广电总台《今日观察》栏目和久喜佳同志入选新中国成立 60 年有影响的广播电视 60 个栏目、60 个人物，酒泉电视台秦川荣获第六届全国"德艺双馨电视艺术工作者"称号。

全年共完成拍摄制作电视剧 4 部 85 集、数字电影 4 部、广播剧 3 部、藏语译制片 40 部。电视剧《老柿子树》分别荣获中宣部精神文明建设"五个一工程"奖和甘肃敦煌文艺奖，数字电影《村学的暖冬》被国家广电总局电影局评为 2009 年 20 部优秀农村题材故事影片之一，音像制品《中国花儿之花儿正宗》荣获中华优秀出版物音像奖。敦煌影视文化中心在全国率先尝试译制的第一部藏语数字电影故事片《非诚勿扰》，被列为全国民族语数字化译制样板影片。

【事业产业】全面启动"十一五"村村通工程建设，第一阶段首批 30 万套直播卫星接收设备组织了省级验收。实现了全省所有行政村电影放映全面覆盖，成为全国农村电影放映改革创新的典型。总投资 1.13 亿元的西新工程四期二阶段前期工作进展顺利，签订了新建扩建 5 个广播实验台站征地协议，投资 170 万元完成了甘南中波台 15 千瓦短波设备更新改造项目。

组织制定了省台第一套广播电视节目农村无线覆盖工程技术方案，完成了农村中央广播电视节目无线覆盖工程 19 个电视调频发射台、14 个中波发射台补充项目建设任务。争取资金 280 万元完成了省台农村广播"乡村之音"全省覆盖任务。组织编制全省广播影视灾后重建规划，对宕昌县电影院工程初设方案进行论证评审，协调落实省属成县广播转播中波台和武都区 3 个微波台灾后重建资金 563 万元。对总局支援我省的 1200 万元灾后重建资金进行了公开招标。

全省广电系统总收入达到 14.24 亿元，经营创收达到 6.68 亿元，分别比上年增长 18.87% 和 8.95%；省广电总台经营创收首次突破 3 亿元，增长 13.28%。城市电影票房收入达到 2560 万元，增长 70.7%。

【科技水平】广播影视数字化取得新进展，全省市州所在地和一半以上县区完成城市有线电视数字化整体转换。省广电总台微波传输中心研发的科技攻关项目"非预设现场广播电视节目直播系统"通过省级科技成果鉴定。新媒体新业务发展加快，研究制订甘肃省移动多媒体广播电视合作主体框架和股权分配方案，甘肃中广传播有限公司正式挂牌成立，开通各市州移动多媒体广播电视（CMMB）信号，发展手持电视用户近 2000 户。宽带数据、网上业务承载、专网建设等增长型业务逐步拓展，省网 142 套数字电视节目均已加密，并与全省 198 家网络传输机构签订了传输协议，签约用户超过 70 万户。制定完善了《应对突发事件安全播出应急预案》，建立了卫星监管自动报警系统、省级广播电视节目信号源监管系统和广告监测平台，在全省安装预警终端 120 台。深入开展"三电"专项斗争。及时协调解决电力保障、省级有线前端卫星下行频率监测、省卫星地球站设备技术保障等问题，确保了国庆 60 周年等重大活动、重要节日及特殊敏感期的安全播出，国庆阅兵式的安全转播受到国家广电总局的表彰。

【行业管理】依法取缔非法传输前端，及时纠正擅自播出境外影视节目和擅自开办频率频道的违规行为。新审批设立影视节目制作机构 6 家，总数达 37 家。清理整顿了甘南拉卜楞寺非法安装的卫星地面接收设施，完成了拉卜楞寺有线电视网建设。组织开展境外卫星电视专项整治行动和广播电视电视广告专项整治行动以及互联网、手机视听节目低俗之风整治行动，停播涉性低俗及违规广告 660 条，整改违规广告 394 条。播出公益广告 12190 条（次）。查处违规网站 8 个，关停 2 个。

【体制机制改革】省级广电行政机构改革顺利推进。省局机关"三定"方案已经省政府批复，市县广电部门机构改革有序推进。事业单位内部管理改革不断深入。省级广电部门 31 个事业单位人事制度改革全面启动，18 个事业单位通过了岗位设置核准审批。文化体制改革取得突破。省网络传输公司完成转企改制。敦煌影视文化中心和省音像出版社转企改制积极推进。

【自身建设】认真开展学习实践活动巡查工作，对省局和省广电总台各单位落实整改情况进行了"回头看"，有效解决一些影响和制约广播影视科学发展的突出问题。深入推进体制机制创新，认真开展规章制度的"立、改、废"

工作，省局已制定出台长效工作制度18项，正在讨论修订的5项，进一步巩固发展学习实践活动成果。健全完善局党组中心组学习制度，建立健全党委会议制度，成立局青年读书协会。进一步加强工、青、妇工作，深入组织开展争创国家级青年文明号、争当青年岗位能手、“情系农村、共创和谐”爱心捐助等活动。加大省广电总台中层干部轮岗交流力度，积极推行“职级分离”、“团队竞聘”、“任期目标责任制”、“管理岗位与业务岗位双岗并行”等一系列新的干部调整配备方式。全面启动新一轮大规模培训干部计划，深入开展送培训下县市、进基层活动，全年共举办各类培训12期，培训干部职工2300多人次。认真落实党风廉政建设责任制，建立健全了党务公开、政务公开、财务公开、办事公开制度和党内监督制度，对省级广播影视单位贯彻执行民主集中制、干部人事制度、财经纪律和党风廉政建设责任制的情况进行了巡视检查。深入开展全系统政风行风民主评议工作。以“依法、宏观、服务”为宗旨，着力推进学习型、服务型、创新型机关建设，机关公信力、执行力和服务保障力有了明显提升。

人口和计划生育

【综述】2009年，全省各级党委、政府和人口计生部门坚持以科学发展观为指导，认真贯彻《中共中央国务院关于全面加强人口和计划生育工作统筹解决人口问题的决定》和《省委省政府关于全面加强人口和计划生育工作统筹解决人口问题的若干意见》精神，紧紧围绕“稳定低生育水平、统筹解决人口问题”这一主线，深入开展“抓典型建机制年”活动，人口计生工作总体继续保持了稳定健康发展的良好势头。

全省年末常住人口2635.46万人，全年出生35.12万人，人口出生率13.32‰，人口自增率6.61‰，比上年提高0.07个千分点，圆满完成了省委、省政府确定的人口自增率控制在7‰以内的年度人口计划。

【“抓典型建机制年”活动】为探索人口和计划生育工作新机制，建立健全统筹解决人口问题的新格局，省政府将2009年确定为全省人口计生工作“抓典型建机制年”，在全省开展“三示范”（宣传教育示范基地、计划生育示范性服务机构、流动人口计划生育示范化社区）创建、“四项试点”（计划生育利益导向惠农财政补贴资金一册明一折统、农村计划生育家庭养老保障、计划生育依法行政、村民自治）和“双评”（评选优秀计生专干、优秀技术服务人员）活动，发动基层干部群众改革创新，推进机制建设。省政府先后在临夏州永靖县和庆阳市、平凉市召开全省人口计生工作创建示范典型座谈会和观摩会，总结交流经验，扩大活动成果。全省共建成并命名示范性宣传教育基地100个，示范性计划生育服务机构87个，示范性流动人口管理社区30个。评选出274名优秀计生专干和优秀技术服务人员，典型示范创建活动极大地激发各级的创新活力，有力地促进人口计生宣传教育、科学管理、优质服务、利益导向等机制建设。国家人口计生委主任李斌在甘肃调研时，对“三示范”、“四项试点”工作给予充分肯定。

【计划生育利益导向机制】2009年初，省政府与14个省直部门签订了目标管理责任书，建立人口和计划生育利益导向政策体系建设联席会议制度，形成部门齐抓共管人口计生工作的良好局面。签订责任书的14个部门与省人口委联合下发通知，督促落实工作责任。各级政府和相关部门在农村特困家庭危旧房改造、集体林权制度改革、征地补偿、土地流转、宅基地置换、新农合、低保、安全饮水、扶贫开发、就业培训等工作中对农村计划生育家庭实行倾斜优惠。据统计，2009年全省利益导向机制使593万计划生育家庭受益，涉及资金6.08亿元，其中中央财政2.9亿元、省级财政1亿元，使农村计划生育家庭得到更多的优先优惠，利益导向作用更加明显。

【优质服务工作】各级人口计生部门以严格依法执业、遵守技术规范、职业道德和管理制度为重点，深入开展计划生育技术服务机构依法服务专项整治行动。会同公安、工商、卫生、质监、药监、海关等部门联合开展计划生育药械市场专项整治行动，进一步规范避孕药具市场。与卫生部门联合开展出生缺陷一级预防工作，叶酸制剂投服目标人群覆盖率达50%以上。全面实施“优生促进工程”，在20个县启动免费孕前优生健康检查试点，进一步完善了出生缺陷一级预防工作措施。大力推进计划生育优质服务创建活动，秦州区、崆峒区、高台县、临夏市、庆城县、临夏县等6个县区荣获2009年全国计划生育优质服务先进单位，白银区通过了国家评估组“国优”回头看抽查；卓尼等11个县通过了省级计划生育优质服务县评估验收。各级计划生育服务机构在推进优质服务过程中，注重以人为本、人性关怀，着力转变服务理念，创新服务方式，千方百计地满足育龄群众日益增长的计划生育、优生优育、生殖健康优质服务需求。

【流动人口服务管理】按照国家人口计生委要求，建立健全从省到县一直延伸到街道、社区的流动人口计划生育工作网络和队伍。省级财政在预算中增设流动人口计划生育工作经费专项科目，市、县基本上落实流动人口服务管理经费。圆满完成国家全员流动人口统计信息试点任务，开发甘肃省全员流动人口管理信息系统（GPL），截止2009年底，全省198.67万流动人口中已有197万录入GPL系统数据库，入库率达到99.05%，做到了流动人口与常住人口、户籍人口的同管理、同服务。公安、工商、税务、城建等部门相继制定出台了一系列有利于流动人口计划生育工作的政策性文件，建立流动人口联席会议制度和协调制度，推进部门协作、综合治理、资源共享。流动人口计划生育服务管理新机制初步建立，省内“一盘棋”格局基本形成。

【基层基础设施建设】中央扩大内需新增投资计划生育服务体系建设项目中分两次给甘肃省新增投资 10415 万元，为 51 个县更新配备计划生育流动服务车。省人口委积极协调各级落实配套资金，先后四次督查项目管理、工程进度与质量，加强了对 14 个县服务站、222 个中心乡（镇）服务所的新（改、扩）建工作，进一步提升计生服务硬件建设水平。

【人口统计与信息化建设】开发推广人口和育龄妇女信息系统（P&WIS），发动 10 万多名乡（镇、街道）干部和城市社区、村（居）计划生育专兼职人员开展调查摸底，核实人口基础数据，将包括户籍人口、常住人口、流动人口在内的全部人口纳入了微机管理。全面取消手工报表报送数据制度，凡 P&WIS 数据库能够汇总并生成报表的数据，直接从数据库中提取，并增加了清理清查表和事业报表统计等项目。截止 2009 年底，省级人口和育龄妇女信息系统数据库已录入人口 2658.49 万人，人口覆盖率 99%以上，信息一致率 98%以上，居民身份证号码录入率达到 80%以上。

【行风建设和依法行政工作】进一步规范计划生育行政行为，明确人口计生政务公开的内容、形式、主体、重点，接受群众监督。大力开展“有奖举报”活动，全省共设举报电话 2715 部、举报箱 3022 个、网络邮箱 112 个，有 47 个县（市、区）分别设立举报奖励基金，推进阳光计生。努力提高信访工作规范化水平，将 13 个县（区）确定为全省计划生育信访工作规范化管理试点县，建立信访通报、重点案件动态跟踪管理和“销号”制度，有效解决一批信访积案。今年全省计划生育越级上访和重复上访数量有大幅度下降，没有因计划生育引发重大恶性事件，没有发生计划生育行政侵权事件。据年终考核调查，群众对人口计生工作的满意率达到 93.6%。

【目标管理责任制考核】经省政府同意，2009 年 10 月，省人口委组成 4 个考核调查队，对各市（州）考核评估结果进行了抽查。经综合考核评估，全省大部分市、县都较好地完成了 2009 年目标管理责任书规定的各项任务。省政府对兰州市、白银市、平凉市、庆阳市、酒泉市予以表彰。省人口和计划生育工作领导小组对通过国家人口计生委“计划生育优质服务先进单位”验收的秦州区、崆峒区、高台县、临夏市、庆城县、临夏县等 6 个县区予以表彰；对经验收达到省级计划生育优质服务县标准的卓尼县、积石山县、广河县、迭部县、静宁县、张家川县、碌曲县、甘谷县、泾川县、东乡县、环县等 11 个县，命名为省级计划生育优质服务县；对开展“三示范”、“四项试点”中创新工作思路和方法，工作突出的城关区、白银区、清水县、敦煌市、甘州区、灵台县、西峰区、永靖县等 8 个县（市、区），授予“机制建设创新奖”；对工作取得明显进步的永登县、金川区、麦积区、玉门市、天祝县、通渭县、文县、合水县、合作市等 9 个县（市、区），授予“工作进步奖”；对注重加强基层基础，求真务实，各项政策落实较好的民乐县、景泰县、古浪县、渭源县、礼县、庄浪县、和政县、临潭县等 8 个县，授予“基础工作求实奖”；对落实部门人口和计划生育工作目标责任成绩突出的省卫生厅、省扶贫办、省民政厅、省教育厅 4 个部门评为一等奖；对较好地落实了工作责任的省水利厅、省人力资源和社会保障厅、省农牧厅、省国土资源厅等 4 个部门评为二等奖；对完成主要工作任务的省妇联、省公安厅、省住房和城乡建设厅、省林业厅、省工商局、省食品药品监督管理局等 6 个部门评为三等奖。

（李凌杰）

环境保护

【综述】2009 年，全省环保工作坚持以科学发展观为指导，以环境保护为手段优化经济社会发展，以污染减排为抓手促进经济结构调整，紧紧围绕省政府确定的环保目标任务，狠抓重点流域区域污染防治、环境执法、生态保护、能力建设等工作落实，积极防范环境风险，完善环保体制机制，确保全省环境质量稳定改善，为全省经济社会平稳较快发展做出积极贡献。

2009 年，全省 14 个城市中环境空气质量达标的 10 个，比上年增加 1 个。4 个二氧化硫控制区城市二氧化硫污染较上年有所减轻，兰州、白银、张掖二氧化硫年均值达到二级标准，金昌市二氧化硫年均浓度达到三级标准。兰州市空气质量略有好转，二氧化硫、二氧化氮年均值分别比上年下降 21.1%和 23.6%。Ⅰ、Ⅱ级天数为 236 天，占全年总天数的 64.7%，比上年减少 32 天；地表水质较上年有所改善，监测的 26 条河流（段）中，达到功能区规划类别的有 17 条，与上年持平。Ⅲ类以上河流（段）有 17 条，31 个断面水质达标，达标率为 66.0%，较上年增加 1 个断面。15 条河流中，8 条河流水质优良（黄河、大夏河、洮河、渭河、金川河、黑河、北大河、白龙江），2 条河流水质轻污染（湟水河、蒲河），5 条河流水质重污染（泾河、马莲河、石羊河、山丹河、石油河）。主要污染指标是化学需氧量、生化需氧量、氨氮、挥发酚等；17 座水库中，达到功能区水质标准要求的 12 座，较上年增加 1 座。水质达Ⅲ类以上的水库有 15 座，占 88.2%。15 个城市的集中式饮用水源地水质状况总体良好，全年各监测月水质达标的城市比上年减少 2 个，其中兰州粪大肠菌群、敦煌总硬度有所超标，白银超标指标仍是粪大肠菌群；城市区域环境噪声平均等效声级范围在 50.9～60.1 分贝之间，12 个城市区域声环境质量较好，2 个城市轻度污染。城市道路交通声环境质量较好，平均等效声级范围在 64.2～70.3 分贝之间；2009 年，全省沙尘天气首次发生时间比去年提前 4 天，发生次数与去年持平，强度有所增加。

【规划与能力建设】2009 年，开展了全省“十一五”环境保护规划中期评估工作，会同省发改委编制《甘肃省“十一五”环境保护规划中期评估报告》。认真落实中央下达我省的灾区农村环境保护综合整治项目，完成《汶川地震灾后恢复重建甘肃省生态修复规划中期评估报告》。进一步加大污染减排“三大体系”能力建设资金投入，对全省三级环境监测机构和黄河流域内市县级环境监察机构现状进行全面摸底，落实各类专项资金 1.5 亿元。

【政策与法规】2009 年，进一步建立健全环境保护约束激励机制，省委办公厅、省政府办公厅制定印发《关于建立健全环境保护约束激励机制的意见》，成为指导全省环保工作的重要文件。全省依法行政工作进一步深化，编印《环境保护法律法规文件汇编》，组织开展环境法制宣传活动。积极推进行政审批制度改革，对现行环保行政审批事项进行清理和分类处理。加大环境处罚力度，全年共作出行政处罚决定 331 件。

【政府环保目标责任制】2009 年，全省 14 个市州认真落实政府对环境质量负总责的要求，以污染减排工作为中心，加强污染防治和生态环境保护，积极推进城市环保基础设施建设，环境质量明显改善。省政府对环保目标责任书管理工作进一步加强，建立实施季考核、季通报、年终考评制度，通过综合考评，天水、平凉、庆阳、张掖、临夏等 5 个市州全面完成环保目标任务，受到省政府表彰。

【污染减排】实施了《甘肃省 2009 年主要污染物减排计划》，印发了《关于分解落实污染减排重点工作任务的通知》，召开了全省污染减排重点项目现场推进会，建立了污染减排定期督查、检查、调度和通报制度，制定下发了《燃煤发电厂脱硫设施运行监督管理办法》和《城镇污水处理厂运行监督管理办法》。2009 年，全省二氧化硫排放量 50.03 万吨，比 2008 年（50.15 万吨）下降 0.24%，比 2005 年（56.3 万吨）下降 11.14%；化学需氧量排放量 16.82 万吨，比 2008 年（17.05 万吨）下降 1.33%，比 2005 年（18.23 万吨）下降 7.56%。完成省政府确定的 2 项主要污染物削减目标。

【污染防治】跨流域污染联防联控机制进一步完善，签署《十一省（区）环保厅（局）共同应对区域环境污染及突发事件框架协议》，并与陕西省、宁夏自治区建立泾河、渭河、葫芦河水污染防治联席会议制度。建成投运永靖县污水处理厂，开工建设天水市麦积区、白银平川区等 18 个县级生活污水处理厂，实施兰州市城区生活污水“全收集、全处理工程”，七里河安宁污水处理厂实际处理量达到 16 万吨/日；省级财政投入 3947 万元，对兰州市 19 家行政事业单位燃煤锅炉进行清洁能源改造，完成大唐兰西热电有限责任公司 9#、10# 机组脱硫工程和国电兰州热电有限责任公司 1#、2#机组脱硫工程，关停大唐西固热电公司 5#、7#机组，实施国电靖远发电公司 2#机组脱硫升级改造工程。

【污染源普查】2009 年，全省各级污染源普查机构认真贯彻落实《全国污染源普查条例》、《第一次全国污染源普查实施方案》和全国污染源普查领导小组办公室的部署要求，完成全省范围内 7603 个工业污染源、29653 个农业污染源、23082 个生活污染源和 58 个集中式污染治理设施的全面普查工作。

【城市环境综合整治定量考核】2009 年，我省对 12 个地级市和 4 个县级市城市环境综合整治工作进行考核。通过组织各考核城市积极开展城市环境综合整治，提高城市政府对环境保护工作的重视程度，调动了城市政府各部门和广大市民群众的参与积极性，进一步确立城市环保部门对城市环境保护工作统一监督管理的地位，提高了环保基础工作水平，在环境质量、环保投入等方面也取得长足的进步。

【自然生态保护】2009 年，认真做好土壤污染调查办公室各项工作，指导、督促各地做好数据资料报送及土壤调查报告编写，召开全省土壤污染状况调查样品化验分析工作安排会议，为保质保量完成土壤污染调查工作奠定基础。按照《国务院关于全面整顿和规范矿产资源开发秩序的通知》和环保部《关于加强尾矿库环境隐患排查整治工作的通知》精神，组织开展专项检查，对全省重点矿山尾矿库、自然保护区、水电站资源型开发项目等进行专项检查，确保全省生态安全。

【核与辐射安全监管】2009 年，对新增设国控点位进行论证分析、实地调研，在原有的 19 个国控点点位基础上，新增设 22 个涉及环境、土壤、水体、电磁辐射等方面点位，基本做到对全省合理化布设国控点。下发督促办理辐射安全许可证的相关文件，改进工作方法，进行现场评审，加快《辐射安全许可证》的发放，对具备条件的 760 个单位颁发《辐射安全许可证》。举办全省电磁辐射培训班 2 期，对全省环保系统和主要涉源单位的 100 多人进行辐射安全与防护培训。加大核与辐射监管力度，对 404 等 11 个核设施和近物所、天辰辐照公司等 20 家重点核技术利用单位进行现场检查。及时处理群众投诉，共受理各项投诉 124 件，处理率达到 100%。

【环境影响评价与建设项目环境管理】全省 2009 年执行环境影响评价

制度建设项目数为2550项，项目投资总额713.01亿元，其中环保投资总额为27.71亿元，占总投资的3.89%。全省2009年度完成环保验收项目数共501项，经环保部门验收检查，环保“三同时”合格的项目共486项，验收项目环保投资占总投资的13.98%。其中，省管建设项目共审批176个，总投资310.94亿元，其中环保投资14.61亿元，省管建设项目环评执行率达到100%。制定《甘肃省建设项目环境影响评价文件分级审批规定》和《关于加强建设项目环境管理工作程序的通知》，对我省的环保分级审批制度进行调整，除有色金属冶炼、造纸、淀粉等对环境影响较大的项目外，一些污染较轻的行业不分投资大小，全部下放市州环保部门审批。落实节能减排项目，积极为企业做好服务工作，完成中国科学院白银高技术产业园供热燃煤锅炉节能改造工程、白银有色集团股份有限公司燃煤锅炉节能改造工程、兰州黄河企业股份有限公司啤酒、麦芽废水循环利用节水工程等89个节能减排、拉动内需项目的环评文件的审批工作。

【环境监察】2009年，继续深入开展整治违法排污企业保障群众健康环保专项行动，制定《甘肃省2009年整治违法排污企业保障群众健康环保专项行动工作方案》，将安全检查和污染隐患排查列为重点工作，对饮用水源、重点流域和重点区域、重点行业和环境安全管理基础薄弱的重点企业、尾矿库环境安全隐患以及铬渣等危险化学品进行拉网式检查。全省共出动执法人员27873人次，检查企业10032家次，立案查处117家，结案108家。

【环境监测】2009年，全省各级环境监测站监测能力得到进一步加强，张掖、白银、庆阳等市环境监测站实验室用房有较大改善，县级监测站逐步建成，环境监测手段不断提升、监测领域不断拓展。全省12个市、州已具备环境空气自动监测站，增设天水渭河、陇南白龙江出省界断面水质自动监测站点；省环境监测中心站地表水饮用水源地109项全分析能力已形成，并完成兰州市、金昌市地表水饮用水源地水质全分析任务。

全面完成土壤污染调查现场样品采集、实验室分析、数据汇总、上报及《甘肃省土壤污染状况调查报告》的编制工作，甘肃省土壤数据库、样品库已建立；顺利完成全省主要污染物减排工作中的监督性监测任务；省级环境污染应急监测能力得到全面提升。逐步开展列入中央农村环保资金“以奖促治”的农村环境监测试点村的饮用水、空气、土壤等要素的监测工作。

【环境科研与管理】2009年，获得环保部和科技部环境科技公益支持项目1项，全省有7个示范区域（示范点）被环保部和科技部确定为灾后重建科研示范点（项目总资金为1.5亿元）。争取到“十一五”国家水体污染控制与治理科技重大专项增补项目1项，获得中央资金1900万元。全年环境科研成果获得环保部科技进步三等奖1项，甘肃省科技进步二等奖1项，三等奖4项，有22项科研成果获得甘肃省“环境杯”科技奖。

【循环经济与清洁生产】2009年，国务院批复了《甘肃省循环经济总体规划》，明确提出打造16条产业循环链、形成36个环境友好型开发区、建成各具特色的七大循环经济专业基地，构建循环型农业、循环型工业、循环型社会三大体系。全省共确定强制性清洁生产审核企业52家，完成强制性清洁生产审核的企业49家，有100多家企业开展清洁生产方案的编制与实施工作。

【环境宣传教育】2009年，围绕“减少污染—行动起来”世界环境日中国主题，在兰州市举办“污染减排再行动”暨纪念“六•五”世界环境日大会，石军副省长到会并作了重要讲话，省、市、县约3000余人参加大会。会议期间，编制印刷宣传单14万份，制作宣传展板40块，制作发放环保购物袋3万件。充分发挥《甘肃经济日报•人与环境》专刊作用，全年共出版48期，累计刊登各类稿件千余篇，对全省环境保护工作进行全面积极的报道。

（颉喜东　陈静荣）

档　案

【档案行政管理不断加强】健全法制，依法治档。对1997年公布施行《甘肃省档案管理条例》进行了修订，新管理条例已于2009年11月23日经省第十一届人大常委会第十二次会议通过，以《甘肃省档案条例》的名称公布，自2010年2月1日起施行。对行政许可项目和非行政许可项目再次进行清理，及时上报了保留行政项目、非行政审批项目和备案制管理项目。同时，为进一步提高档案执法和执法监督人员依法治档的素质，编辑了《档案法律法规汇编》，即将交付印刷。组织行政执法及执法监督人员参加了培训和考试，领取了执法证件。起草《甘肃省馆档案移交管理办法》，准备上报省政府，争取以省政府规章形式发布，切实保证档案移交收集工作依法顺利开展。

调研检查，监督指导。为了全面掌握全省档案工作发展情况，为科学实行宏观管理提供准确可靠的依据，2009年，局（馆）班子成员分别深入市、县、乡镇、行政村、社区、省直部门和企业等130多个单位，开展业务调研，督促检查工作。建立局领导联系点制度，每位局领导分别联系一个县，重点推动开展社会主义新农村建设档案工作。局有关业务人员经常深入省直部门、企事业单位和重点建设项目工地，对档案管理情况进行检查指导，帮助解决具体问题。根据国家档案局要求，在全省范围内开展了档案工作规范化管理单位测评验收，共测评20家单位，聘任测评员368名。通过这项工作，有力地促进了档案工作规范化管理。

采取措施，加强管理。机关档案室是档案形成的源头。为了进一步加强机关档案工作，2009 年，召开省直机关档案工作会议，制发了省直和中央在兰单位档案工作检查评比办法，按照标准对 191 个单位进行了评估并通报了结果；在省直和中央在兰单位全面实施国家档案局 8 号令，确定档案分类和保管期限表，已有 180 多个单位完成任务，占总数的 90%以上；为了进一步研究和探讨抓好新农村建设档案工作的问题，以庆阳大力建设乡镇档案馆为典型，召开全省新农村建设档案工作现场经验交流会，在全省范围内宣传和推广庆阳经验；及时下发在机构改革和集体林权制度改革等工作中加强档案管理的通知；在全省开展了"千村百乡"档案工作示范工程，及时总结经验、宣传推广；开展"城乡万户家庭建档"活动，已有近 2200 户家庭建立档案。省档案局开展的"城乡万户家庭建档"活动、实施的"千村百乡"档案工作示范工程以及省馆档案备份库建设等工作，在全国档案局长馆长会议上被国家档案局给予充分肯定。

【省馆业务建设基础扎实】档案资料接收征集和整理成效突出。为努力建设面向社会的多元化馆藏体系，在馆藏档案内容和结构上实现新突破，2009 年，省馆进一步加大档案接收进馆力度，积极开展各种档案的接收、征集和已公开政府信息的收集工作。先后派出 80 多人次到省直单位进行指导督促，与省国资委商讨破产企业档案移交等问题。在此期间接收到包括 2008 年奥运火炬传递、历届兰洽会等全省性重要活动的档案资料 11600 多卷（件）；征集国家领导人、省级老领导和陇上历史人物档案资料 3100 多件，拍摄兰州城市改造项目庙滩子原景照片 100 余张；帮助省委组织部、省委统战部、省政府办公厅、省农委等单位整理鉴定档案资料 29200 多卷件。国家重点档案抢救保护工作力度不断加大，省档案局今年为全省 56 个档案馆申报重点档案抢救和保护项目 61 个，争取到国家财政补助 360 万元，省财政补助 80 万元。为加快省馆重点档案抢救进度，局（馆）领导率先带头，机关干部全员参与，共整理出民国兰州市政府档案 2350 多卷，托裱档案 16700 余张，使馆藏历史档案得到更好保护，并为有效利用创造了条件。省档案馆对库房档案和信息公开场所文件进行集中清查整理，进一步修改完善各项制度，从制度措施上保证了档案利用服务的快捷便利高效。

档案安全保管工作得到加强。局（馆）进一步采取措施，加强档案安全管护工作，建立健全档案安全规章制度，制订《甘肃省档案局（馆）火灾事故应急预案》，修改完善档案调阅管理办法等一系列制度，档案库房管理更加严格；治安保卫工作得到加强，增加值班和巡逻人员，新增安全监控设备，省档案馆大楼内外达到全方位全天候人工和视频监控；加强档案信息安全，增加计算机 100 多台，落实专网专机，实现内外网的物理隔离。安装了局（馆）涉密计算机终端监控软件，统计上报涉密计算机数据，将局（馆）涉密计算机完全置于省国家保密局的监控之下；注重安全和保密教育，对职工进行《档案法》和《保密法》学习培训，组织局领导在内的 94 名涉密人员签订保密承诺书，明确了责任；积极落实重要档案异地备份制度，筹建省馆档案异地备份库，现已完成项目立项和资金筹措等前期准备工作，即将开工建设。在 2009 年国家档案局安全专项督查和省保密局安全检查中，省局（馆）健全的安全制度、完备的监控设备、有效的防范措施受到检查组的肯定和好评。

档案数字化工作扎实开展。2009 年，省馆继续加大馆藏档案数字化工作力度，全文扫描馆藏档案 108 万幅，已有 87 万多幅经审核检查后完成与数据网的挂接；制做备份数据光盘 1533 张，接收整理目录 20 多万条，仿真复制馆内外珍贵档案 1220 张，修改补著全省明清档案案卷级目录 1500 卷（件），汇总上报目录数据 3869 条。

进一步完善《甘肃档案信息网信息发布管理办法》，在保证档案网站建设政治性、专业性、规范性、安全性的前提下，充分发挥档案信息网的宣传作用，2009 年增加各类上网信息 900 多篇、照片视频 500 多幅，年访问量 9 万余人次，日均访问量 260 多人次；多媒体转录、整理资料光盘 420 张。按照全省电子文件中心建设总体思路，积极建设电子文件管理应用系统，深入调研电子档案状况，修改完成全省电子文件中心建设项目论证书及可行性调研报告，已上报省信息办待组织专家进行试点评估论证。

【基础设施建设取得长足进步】紧紧抓住国家扩大内需机遇，积极向省委、省政府和国家档案局反映，争取项目投资。在省上领导亲自过问和关心下，从 2009 年开始，县级档案馆建设省级补助经费由过去的每年 80 万元增加到 200 万元，加快了市县档案馆建设步伐，2009 年又有 5 个县级档案馆开工建设。按照国家关于编制中西部地区县级综合档案馆建设规划的通知要求，省局积极与省发改委协调，抓紧对此项工作进行安排部署，及早着手对全省县级综合档案馆建筑面积、资金需求等情况展开调查摸底，按时上报了甘肃省县级综合档案馆建设规划书》，为全省 83 个县新建、改建、扩建档案馆舍申请中央投资 5.25 亿元。这一项目拟于 2010 年实施，将对改善全省档案馆基础设施条件、更好地发挥档案馆"五位一体"功能起到重要作用。省馆维修改造了部分公共设施，采购近 60 万元的信息化设备，使设备设施条件得到进一步改善。

【档案利用服务工作成效显著】继 2008 年编纂出版《晚清以来甘肃印象》一书后，2009 年编纂出版《建国以来甘肃印象》《兰州解放》《甘肃馆藏档案精粹》等书，受到社会各界好评；编印了《甘肃省档案利用效益典型事例100例》和《档案参考》12期。接待参观和档案查阅利用单位625家、1784人次、电话咨询30余次。全文数字档案电子查阅业务逐步开展。档案宣传工作更加有声有色。8月份举办“中国档案珍品展和甘肃档案珍品展”，由于各级领导重视，内容精彩，宣传到位，组织有力，展览取得圆满成功，展出25天，观众达到6万人次。在“5•12”汶川大地震一周年之际，由甘肃省政府和深圳市政府主办、两省市档案局承办的“特区灾区•心手相连”大型图片展在深圳市民中心隆重展出，收到良好社会效益。与此同时，我们充分利用电视、广播、报纸等媒体，广泛宣传档案和档案工作，全年发稿达155篇次。《档案》杂志发行6474份，今年连续第四次被评为四年一届的“全国档案事业类核心期刊”。第十五届兰洽会期间，香港凤凰卫视台对省档案馆馆藏黄河铁桥档案进行了专题采访，香港华侨报、大公报等报刊作了报道。

【自身队伍建设进一步加强】一是深入学习实践科学发展观活动取得明显实效。2009年1~2月份，局（馆）针对整改目标和任务，广泛征求意见和建议，将收集到的8个方面共56条意见进行梳理分类并细化和量化，落实责任处室和责任人，按时完成了整改任务；积极开展体制机制创新工作，对原有规章制度逐一进行审核，共废止9项、保留40项、修改13项、新建7项，形成指导全省档案工作的规范性文件25份，省局机关内部管理制度44项。同年2月25日，在省深入学习实践科学发展观活动办公室组织的群众满意度测评中，局（馆）学习实践活动满意度为100%。

二是机关思想和工作作风建设得到进一步加强。局党组坚持不懈地落实中心理论组学习制度，重视抓好机关党员和干部职工政治理论学习和纪律检查监督工作，组织参观先进事迹展览、观看专题教育影片、举办专题报告讲座、开展知识竞赛等，使广大干部职工在丰富多彩的活动中汲取政治营养，思想和工作作风得到切实转变。特别是在今年庆祝省档案馆成立50周年活动中，通过召开各种座谈会、举办职工演讲比赛等形式，系统回顾档案馆50年的发展历程，更加激发了大家为档案事业无私奉献的责任感和使命感。努力推动文明机关、和谐机关建设，印发《创建省级文明单位活动实施方案》，抓好一点一滴养成，提倡从小事做起，培育机关文明新风；坚持以人为本，关心职工生活，加强了食堂工作，进一步改善办公条件，修建了职工活动中心，组织职工外出学习考察等，为职工创造了良好的工作和生活环境，增强了机关凝聚力。

三是进一步强化档案干部教育培训，提高人员素质。2009年，省档案局（馆）共举办全省档案干部业务技能培训班6期，培训700多人次，在上海举办了市、县档案局馆长培训班，让基层档案部门领导开阔了眼界，能力水平有了新的提高；为了改变局（馆）中层干部队伍年龄老化的现状，按照公平、公正、择优的原则，对9个正副处长岗位实行竞争上岗。经过笔试、民主推荐、面试等严格程序，提拔了一批相对比较年轻的同志担任了处长、副处长职务，改善了处级干部的年龄和知识结构，为中层干部队伍增添了有生力量，使年轻同志受到激励和鼓舞。与此同时，完成了“三定”即定岗、定责、定编工作，为干部的合理调配和管理提供科学依据。

【档案学术交流稳步推进】始终以“紧盯档案学术研究和档案工作实践的前沿，把服务经济社会发展和解决影响档案事业科学发展的重大问题作为档案学术研究的重要方向，把解决与广大人民群众切身利益密切相关的档案问题作为档案学术交流的重要内容”为要求，从甘肃省经济社会发展和档案工作实际出发，围绕甘肃省档案工作的重点、难点和热点问题，积极团结和组织全省档案工作者及广大会员积极开展学术研究活动，对促进档案工作产生了良好作用。

2009年，召开主题为“档案事业科学发展，档案工作服务科学发展”的全省档案工作者年会，对8个学会基层单位和9名优秀论文作者进行表彰。同时，积极组织会员参加中国档案学会组织的学术活动。先后派代表参加中国档案学会召开的档案信息化建设，档案信息开发等学术研讨会，与兄弟省市档案界同行共同探讨档案事业发展问题，交流了经验，互通了信息。

【档案科研工作有了可喜起步】2009年申报档案科研项目3项，其中，省馆与中国移动通信集团甘肃有限公司联合申报的《数字化档案馆建设及面临的主要问题》已被列入2009年度国家档案局科技项目计划。

（刘玉生）

人民生活

城镇居民

2009年，面对国际金融危机的严重冲击，省委、省政府以保增长、保民生、保稳定为主线，在力保经济增长的同时，采取多项措施，想方设法提高居民收入，积极促进城镇就业，加大最低保障力度，关心离退休人员生活。2009年，甘肃城镇居民收入和消费保持了平稳增长的态势，人均可支配收入达到11929.78元，比上年增长8.75%；消费性支出8890.79元，比上年增长7.01%。

【城镇居民可支配收入稳定增长】 2009年，甘肃省城镇居民可支配收入比上年增长8.75%，增幅同比降低0.28个百分点。

（一）收入构成情况

工资性收入仍然是城镇居民收入的主要来源。2009年全省工资性收入占总收入的71.08%，达到9182.24元，比上年增长9.91%。居民增收的六成来源于工资性收入增长，工资性收入对居民家庭总收入的贡献率为66.23%，拉动总收入增长7.09个百分点。工资性收入较快增长的主要原因：一是各地区行政事业单位津补贴政策的规范和逐步落实，使工资性收入保持较快增长，例如西峰市有关部门2008年出台规范机关事业单位津补贴标准，规定2007年～2009年机关事业单位津补贴按新标准执行，按新规定，2009年行政事业单位职工人均月增资300元；二是企业职工收入增长。受金融危机影响，酒钢等大型企业工人收入前三季度有所下降，随着经济形式的好转，企业补发前期扣发职工的绩效工资，带动企业职工收入增长。

转移性收入增长最快。2009年，全省转移性收入比上年增长14.38%，拉动可支配收入增长3.22个百分点。随着国家改善和调整再分配政策，不断向城市低收入群体倾斜，以及增加对社会保障的投入，提高企业退休人员养老金水平，有效地增加了失业人员和低保家庭的救济收入，促进了低收入家庭收入的增加。全年城镇最低保障收入比上年增长70.76%。

离退休金增长快于工资增长。2009年，甘肃省离退休人员的离退休金增长16.42%。国家和省上更加重视离退休人员的生活，近年来不断增加离退休职工的离退休金，特别是注重对离退休较早、离退休金偏低的部分人员的补贴、补助，使离退休人员的收入有了较大增加。

经营净收入较快增长。2009年取消城镇个体经营户工商行政管理费后，个体经济活跃，城镇居民经营净收入保持较快增长，2009年，全省城镇居民经营净收入690.41元，比上年增长8.09%，拉动可支配收入增长0.44个百分点。

财产性收入呈现下降态势。2009年，全省城镇居民财产性收入比上年下降8.94%。其中，出租房屋收入下降40.73%。

（二）各季度收入增长情况

分季度看，2009年前三季度可支配收入逐季回落，四季度增长加快，一季度增长9.96%，二季度增长7.81%，三季度增长6.36%，四季度增长10.76%。一季度的1月行政事业单位集中发放十三个月工资，部分企业兑现年终、季度奖，收入增长较快。受酒钢公司2008年10月起停发职工效益奖，减发绩效工资等因素影响，嘉峪关市居民收入连续下滑，加之行政事业单位增资翘尾因素消失，二、三季度全省城镇居民收入增幅回落。四季度增速加快的主要原因一是酒钢集团等企业效益好转，补发前期扣发的职工绩效工资；二是行政事业单位职工十三个月奖励工资按工资全额发放；三是省政府2009年出台行政事业单位职工月人均增加300元津补贴政策已开始兑现。在这些因素的影响下，四季度甘肃城镇居民收入增速高于前三季度。

【消费支出增长】受收入平稳增长的影响，2009年甘肃省城镇居民人均消费性支出8890.79元，比上年增长7.01%。

衣着消费五年来首次呈两位数增长。2009年，城镇居民人均衣着消费为1169.7元，同比增长14.38%，是自2005年以来增长最快的一年，与2005年相比，城镇居民衣着支出增加了363.44元。主要原因一是居民的收入增加，二是商家近年来不断推出各种促销活动吸引消费者，刺激居民购买服装的愿望。

医疗保健支出增长依然较快。近年来，城镇居民医疗保健支出一直保持较快的增长水平，2009年人均达到746.77元，同比增长14.04%，其中，药品费415.12元，同比增长5.49%，医疗费258.74元，同比增长22.25%。与上年相比，药品费增速回落16.04个百分点，说明2009年国家建立基本药物制度规范药品价格的一系列措施得到落实，老百姓得到一定的实惠。但医疗费上涨也加重了居民负担。

个人商品和服务消费升温。随着收入的增加和消费能力的提高，居民更加注重自身形象，用于个人商品和服务方面的支出也加大。2009 年其他商品和服务支出为 334.95 元，同比增长 11.13%，其中购买金银珠宝饰品的支出 47.22 元，增长 46.69%，化妆品支出 98.15 元，增长 14.17%，其他如购买手表、理发美容用具和理发洗澡等方面的支出比上年也有较大提高。

教育文化娱乐服务支出平稳增长。2009 年，城镇居民教育文化娱乐服务支出为 1025.47 元，比上年增长 9.52%，近年来，特别是进入 90 年代，居民家庭购买电视开始进入更新换代阶段，随着液晶电视等新型视听产品的问世，城镇居民文化娱乐用品支出保持持续增长的态势，文化娱乐用品支出 306.54 元，同比增长 20.36%，增幅比上年高 13.59 个百分点。文化市场的进一步活跃和旅游热的持续，也带动居民文化娱乐服务支出的增加，2009 年城镇文化娱乐服务支出 292.2 元，同比增长 15.38%。国家免除义务教育学杂费政策的实施也为百性带来实惠，教育支出 426.73 元，同比下降 0.39%。

交通支出增长迅猛。2009 年国家出台小排量车购置税减半等汽车消费的相关政策，有利地带动居民对家用汽车的消费热情，城镇居民交通支出达到 440.26 元，同比增长 15.76%，其中购买家庭交通工具支出增长 67.29%，主要是购买家用汽车支出的大增，比 2008 年人均增加了 39.64 元。

【生活质量提高】食品结构改善。食品支出一直占居民消费支出的最重部分，2009 年，城镇居民食品支出 3359.3 元，比上年增长 5.51%，占消费性支出的 37.78%。肉、禽、水产品、鲜奶等营养丰富的食品消费数量增加，主食消费减少。2009 年，甘肃城镇居民人均猪肉消费增加 1.3 公斤，牛肉增加 0.38 公斤，鱼增加 0.18 公斤，鲜奶增加 0.56 公斤，大米减少 2.22 公斤，面粉减少 2.29 公斤。

家庭信息化程度提高。随着政府和社会信息化建设的加快发展，以及基础设施建设投入力度加大和设备更新，有力推动家庭信息化的发展。目前，城镇居民不仅从电视、报纸等获取信息，而且更多城镇居民通过互联网获取信息，网上购物发展相当迅速。2009 年，城镇居民百户拥有家用电脑 38.24 台，比上年增长 8.7%，拥有移动电话 152.87 部，增长 4.68%，接入互联网的移动电话 5.47 部，增长 51.94%，接入互联网的计算机 21.47 台，增长 3.77%。通过互联网购买商品和服务支出比上年也有大幅增长，人均达到 6.58 元，增长 2.13 倍。

耐用消费品拥有情况进一步提高。随着城镇居民生活水平的进一步提高，家庭耐用消费品不断更新和提升。呈现以下几个特点：一是大众电器基本普及。2009 年底，彩色电视机百户拥有量达到 108.85 台，比上年增长 1.36%，洗衣机 96.92 台，增长 2.09%，电冰箱 85.11 台，增长 3.19%。二是交通工具增长较快。2009 年城镇居民家庭百户拥有摩托车 7.14 辆，助力车 7.77 辆，家用汽车 2.53 量，分别比上年增长 16.67%、28.43%、17.67%。三是卫生方便的小家电进入居民家庭。2009 年底城镇居民家庭百户拥有微波炉 35.01 台，淋浴热水器 61.41 台，分别比上年增长 11.71%和 7.02%。四是文娱耐用消费品多样化。2009 年底城镇居民家庭百户拥有组合音响 20.25 套，摄像机 2.71 架，照相机 24.27 架，钢琴等中高档乐器 4.18 件。

居住条件进一步改善。2009 年末，甘肃城镇居民人均住房建筑面积为 27.35 平方米，比上年增加 0.18 平方米。29.96%的家庭拥有商品房，比上年提高 2.31 个百分点，53.03%的家庭住房有装修。住房条件也有所改善，从卫生设备看，有厕所浴室的比上年增长 7.04%，从燃料使用情况看，使用管道煤气和管道天然气的比上年分别增长 3.48%和 6.75%。

【参保意识增强】随着社会保障制度的日益完善，城镇居民的参保意识也有所加强。2009 年，城镇居民社会保障支出达到 904.93 元，比上年增长 48.64%。从社会保障结构看，各项支出全面增长。表现在：

住房公积金比重最大，增长最快。2008 年，城镇居民人均交纳的住房公积金为 403.54 元，比上年增长 52.1%，是各项社会保障支出中增长最快的一项，也是社会保障支出中比重最大的一项，占社会保障支出的 44.59%。

养老基金和医疗基金上涨加快。由于养老制度的不断完善，养老保险面的不断扩大，养老基金保持稳定上涨的态势，2009 年个人交纳的养老基金人均达到 335.28 元，比上年增长 48.33%。随着城镇基本医疗保险制度的推广，参保人数增加，个人交纳的医疗基金达到 122.81 元，增长 47.38%。

失业基金比重低，增长快。政府越来越关注失业人员，加大力度不断完善失业保险制度，参加失业保险的企业和个人不断增加。失业基金在社会保障支出中占的比重较低，只有 3.46%，人均为 31.31 元，比上年增长 41.87%。

（李焱）

农村居民

2009 年，甘肃省委、省政府认真贯彻落实中央 1 号文件和全省农村工作会议精神，以增加农民收入为核心，全面落实各项支农惠农政策，积极应对自然灾害和金融危机对农业生产造成的不利影响，农村经济运行情况良好，农民纯收入保持了平稳增长，生活消费水平进一步提高。

【农民纯收入稳定增长】2009 年甘肃农民人均纯收入为 2980.10 元，比上年增加 256.31 元，增长 9.41%。农民收入变化呈现以下特点：

工资性收入仍是农民增收的主要

因素。2009 年，甘肃农民人均工资性收入 994.94 元，比上年增加 126.96 元，增长 14.63%，对纯收入增长的贡献率达到 49.53%，连续多年成为农民增收的主要推动因素。近年来农民外出务工环境多方面多层次的持续改善，不仅使甘肃农民外出务工人数长期保持相当的规模，而且外出务工时间不断增加，工资水平也同步得到较大幅度提高。2009 年，全省农民外出务工人数增长 2.41%，外出务工时间增长 4.45%，外出务工月工资增长 4.10%，外出务工收入人均达到 538.07 元，增长 11.84%，占工资性收入增加额的比重为 44.86%。尽管受金融危机的影响，农民外出务工受到一定制约，特别是到东南沿海的打工人数减少，外出务工收入增速回落，但随着下半年经济的不断回暖，外出务工情况有所好转。其次，农业产业化的不断发展、灾后重建以及基础建设力度的加大，使农民在本地打工收入快速增长。农村居民在本乡地域内劳动得到的收入人均 296.40 元，增长 26.02%，占工资性收入增加额的比重为 48.20%，成为新的增收亮点。

家庭经营纯收入略增。2009 年，甘肃农民人均家庭经营纯收入 1583.23 元，比上年增加 39.98 元，增长 2.59%，对纯收入增长的贡献率为 15.60%。其中第一产业收入为 1347.20 元，增长 1.92%，主要是农业纯收入增长 1.02%；牧业纯收入增长 4.28%；林业纯收入增长 9.72%。农业纯收入的增长主要是依托蔬菜价格的大幅上扬和产量的增加，以及园林水果产量的增加；猪、牛、羊存出栏率的提高拉动了牧业纯收入的增长；林业服务性收入的增加是林业纯收入增长的主要因素。农民家庭经营第二、三产业纯收入人均为 236.02 元，比上年增长 6.60%。其中，工业收入 16.46 元，增长 6.86%；建筑业收入 37.82 元，增长 3.29%；社会服务业收入 17.16 元，增长 52.56%；文教卫生业收入 11.44 元，增长 12.04%；其他行业收入 20.21 元，增长 32.09%。

财产、转移性收入大幅增长。2009 年农村居民人均财产性纯收入为 34.06 元，比上年增加 14.57 元，增长 74.76%，对纯收入增长的贡献率为 5.68%。财产性收入大幅增长缘于租金、土地征用补偿、转让承包土地经营权收入的增加，其中租金增长 1.05 倍，土地征用补偿增长 1.08 倍，转让承包土地经营权增长 1.16 倍。2009 年，甘肃农村居民人均转移性纯收入 367.87 元，比上年增长 25.52%，对纯收入增长的贡献率为 29.18%。主要是救灾资金的大幅增长所致，农民得到的救助款和救灾款人均增加 60.06 元。此外，退耕还林还草补贴和粮食直接补贴收入人均分别增加 16.30 元和 3.20 元。

农民收入货币化程度提高。随着市场经济的发展和工资性收入的增长，现金收入在农民纯收入中所占的比重不断加大。2009 年农民人均现金纯收入为 2450.71 元，比上年增加 438.61 元，增长 21.80%。现金纯收入在全部纯收入中所占比重达到 82.24%，比上年提高 8.36 个百分点。

【生活消费水平提高】在农民收入持续平稳增长的拉动下，甘肃农民消费支出较快增长，农民生活消费水平和档次得到提升。2009 年，全省农民人均生活消费支出为 2766.45 元，比上年增长 15.22%。

农民对市场的依赖程度进一步提高。随着农民收入的增加和购买力水平的提高，甘肃农民的商品经济意识逐步增强，消费支出额中，现金支出的比例处于较高水平。2009 年甘肃农民生活消费中，现金消费支出额为 2231.88 元，比上年增长 22.88%，现金消费支出占全部生活消费支出的比重达 80.68%，比上年提高 5.03 个百分点。农民的自给性消费呈逐年下降趋势，说明农民自给自足的传统消费习惯正在改变，农村居民家庭对市场经济的依赖程度越来越强。

饮食结构趋于优化，食品消费社会化程度不断提高。甘肃农村居民的饮食结构也在逐步向营养型发展。2009 年农村居民食品消费人均支出 1042.05 元，与上年基本持平。其中，粮食消费支出比重由 2008 年的 37.28%下降到 35.61%，蔬菜及肉、禽、蛋、奶等消费支出比重上升到 54.38%。食品消费的另一特点是农村居民在外饮食支出增加较快，人均为 101.26 元，比上年增长 13.85%。在外用餐支出的快速增长，反映了食品消费社会化程度的不断提高。

衣着消费趋向成衣化、时尚化。随着信息沟通渠道的不断畅通，以及农民工大量外出带来了思想观念的转变，农民对服装的追求越来越讲究，讲时尚、讲舒适、讲美观，是农民衣着消费追求个性的体现。2009 年甘肃农村居民衣着消费人均支出 157.29 元，比上年增长 16.81%。其中服装消费人均为 106.79 元，增长 17.92%，占衣着消费支出的比重为 68%；鞋类消费人均为 38.22 元，增长 20.21%。

住房面积扩大，居住质量提高。近年来，随着甘肃农村建设步伐的加快，农村居民住房条件进一步得到改善。2009 年，甘肃农村居民居住消费人均支出 648.63 元，比上年增长 67.25%，增速在八大类消费中位居第一。其中，建筑生活用房材料人均增加 204.60 元，增长 1.30 倍。农村居民人均居住面积达到 20.55 平方米，人均增加 0.67 平方米，增长 3.39%。其中，新建住房面积为 1.25 平方米，增长 1.3 倍，楼房面积为 0.86 平方米，增长 19.68%，钢筋混凝土结构住房面积达到 2.52 平方米，增长 50.58%。2009 年饮用安全水的农户占 58.44%，比上年提高 2.28 个百分点；取暖使用暖气的农户占 3.11%，比上年提高 0.78 个百分点；住宅外道路路面为水泥或柏油路面的农户占 20.17%，比上年提高 2.11 个百分点。

家庭设备及用品消费快速增长，档

次提高。随着甘肃农村基础设施如水、电、路等的逐步改善，家电下乡政策的实施，农民对家电的需求意愿增强，农村潜在的巨大消费需求正在转化为现实购买力。2009 年，全省农村居民家庭设备及用品消费人均支出 142.72 元，比上年增长 49.33%，增速在八大类消费中位居第二。其中，购买机电设备人均支出 33.43 元，增长 44.32%。2009 年末，甘肃农民每百户拥有洗衣机 56.78 台，增长 8.96%；电冰箱 14.39 台，增长 31.47%；热水器 5.50 台，增长 80.00%；微波炉 2.44 台，增长 51.72%；彩色电视机 103.72 台，增长 3.84%；家用计算机 2.72 台，增长 40.00%。

移动电话增长较快，通讯费增长一成以上。2009 年，全省农村居民交通和通讯消费人均支出 237.92 元，比上年增长 1.38%。年末农村居民每百户拥有摩托车、汽车数量分别达到 53.94 台和 3.89 台，分别比上年增长 5.09%和 16.67%；每百户拥有移动电话 95.11 部，增长 34.38%，移动电话的快速增长，使人均通讯费支出 88.71 元，增长 14.51%。

教育服务消费下降。农村义务教育的全面实施，极大地减轻了农村居民家庭的教育负担。2009 年，全省农村居民文化教育娱乐消费人均支出 217.35 元，比上年下降 1.16%。其中，学杂费支出 117.29 元，下降 10.10%。

新型农村合作医疗制度进一步完善，农民就医问药支出上升。新型农村合作医疗制度在全省的全面覆盖和平稳运行，使广大农民群众受益匪浅。2009 年，农村居民人均医疗保健消费支出 180.09 元，比上年增长 9.33%。其中医疗费支出 102.39 元，增长 9.81%。医疗费支出的提升主要原因是政府完善了新型农村合作医疗各项规章制度，使新型农村合作医疗基金的筹集使用更加合理规范，农民更加有能力及时住院就医问药。

（赵林红）

人力资源和社会保障

2009 年是新世纪以来甘肃省经济社会发展最困难、受到冲击最严重的一年，也是人力资源和社会保障工作经受压力最大、工作任务最重的一年。面对复杂严峻的局面，全省各级人力资源和社会保障部门坚决贯彻中央和省委省政府“保增长、保民生、保稳定”的决策部署，积极应对，团结拼搏，各项工作取得了显著成绩。

【保就业取得明显成效】扩大就业与稳定就业相结合，“保企稳岗”取得积极成效。全年累计有 1130 多户企业、36 万多人享受了“五缓四降三补贴”优惠政策，支出社保补贴和岗位补贴 2.6 亿元。加大就业援助力度，为城镇就业困难群体提供 84 万多个岗位，帮助 3842 户新增零就业家庭的 3848 人实现就业再就业。2009 年城镇新增就业 27.8 万人，同比增长 8.6%；下岗失业人员再就业 10.5 万人；城镇登记失业率稳定在 3.3%的水平。

实施九大行动计划，促进高校毕业生充分就业。积极开发储备毕业生人才资源，认真实施省政府高校毕业生就业民生实事项目，妥善安置 3838 名纯农（牧）户零就业家庭毕业生就业，招录 1 万名高校毕业生到农村中小学和乡镇卫生院工作。继续选拔 3500 名高校毕业生从事“三支一扶”和“进村（社区）”服务。加强供需对接，举办多种形式的人才招聘会，市场配置的基础性作用进一步强化。高校毕业生就业率达到 85.1%。

发展劳务经济，输转规模和效益实现双增长。加强组织引导，全年共输转富余劳动力 477.45 万人，比上年增长 12.1%；创劳务收入 365 亿元，增长 42.38%。

认真落实小额担保贷款政策，创业带动就业的效应逐步扩大。全年新增小额担保贷款 8.65 亿元，为创业者提供了有力的资金支持。组织创业培训 3.5 万人，创业成功率稳定在 50%以上。报请省政府出台了《关于引导鼓励农民工回乡创业的意见》。在兰州、天水、酒泉、庆阳四市开展了首批国家级创业型城市创建工作，积极推动全民创业。

强化技能培训，提升就业能力。整合培训资源，创新培训方式，培训的实效性进一步增强。全年组织就业再就业培训 16.5 万人，农民工技能培训 68 万人。已建立毕业生就业见习实习基地 582 个，较好地满足了毕业生实践锻炼的需要。

以人力资源市场为平台，健全公共就业服务体系。省人才市场共举办大型专场人才招聘会 38 场，为 1 万余家用人单位、近 40 万求职者搭建交流平台。省级人才服务机构为 6.8 万人提供人事代理服务。积极推进省市县三级人力资源市场体系建设，首批规划的 4 个市级市场中，天水、张掖、甘南已开工建设，临夏已投入使用。省级市场已开始装修，将于 2010 年 5 月正式启用。

【社会保障体系建设取得重要进展】2009 年底，全省基本养老、城镇职工基本医疗、失业、工伤和生育保险参保人数分别达到了 230.48 万人、272.06 万人、164.08 万人、118.8 万人和 66.69 万人，城镇居民基本医疗参保人数 280.07 万人。城镇综合覆盖人群比上年增加 55.24 万人次。

解决“三大历史遗留问题”有重大进展。完善未参保集体企业参加养老保险、关闭破产企业退休人员参加城镇职工基本医疗保险、“老工伤”纳入工伤保险统筹的制度。4 万多名未参保集体企业职工参加了基本养老保险，累计近 20 万关破企业退休人员的医保和 4.7 万名“老工伤”的工伤待遇问题得到解决。

完善农村养老保险制度。报请省政府印发《甘肃省新型农村社会养老保险试点试行办法》，按照国家统一部署，在全省10个县启动了新农保试点。试点农业人口及其60岁以上人口占同口径人口比例均超过国家规定的10%。村干部养老保险和失地农民养老保险制度进一步健全。

保障水平稳步提升。全年共为67万名企业离退休人员按时足额发放基本养老金105亿元；城镇职工和居民基本医疗保险人均住院费报销比例分别提高到70%、50%；工伤伤残津贴、生活护理费均有较大增加。各项社会保险基金总收入达到166亿元，累计结余185亿元。

统筹层次进一步提高。在养老保险实现省级统筹的基础上，部署开展市级统筹专项行动。目前，工伤保险基本实现市级统筹，多半市州实现城镇职工和居民基本医疗保险市级统筹。

基金监管力度不断加大。开展社会保障基金专项治理活动，建立健全了信息披露制度，进一步规范基金预决算管理。组织全省社会保险内控制度评估，进一步完善内部管控制度。社会保险经办服务能力和信息化水平稳步提高。

【人才队伍建设取得新成绩】以高层次人才为重点的专业技术人才队伍建设全面加强。实施专业技术人才支撑体系建设纲要、领军人才工程和海外人才引进计划。评选出涉及六大学科领域的一、二层次领军人才947人，柔性引进海外高层次人才23人。加强载体建设，经报批新增设6个一级学科博士后科研流动站，全省博士后科研流动（工作）站达到54个。制定博士后管理工作实施办法、省市共建留学人员创业园的意见。省部共建中国兰州留学人员创业园区项目达成意向性协议。深入实施专业技术人才知识更新工程，举办省级示范性高研班12期，培训中、高级专业技术人员700余人次。

引进国外智力工作进入新阶段。报请省政府出台《关于进一步加强引进国外智力工作的意见》，与国家外专局签署了引智合作框架协议。2009年，全省共执行各类引进人才（管理）项目96项，引进来自德国、荷兰等国各类外国专家及项目负责人200多人（次）；执行各类出国（境）培训项目19项，培训361人。加强交流合作，引智渠道进一步拓宽。

高技能人才培养进一步加快。报请省政府印发《甘肃省技工教育事业2009～2011年发展规划》，积极推动技工院校改革。全省技校招生首次突破4万人；新增技师、高级技师2104人；组织开展了15.36万人的职业技能鉴定。顺利完成了涉及113个工种、2万人的全省机关事业单位工人技术等级岗位考核工作。

【人事制度改革迈出新步伐】公务员管理规范化、科学化水平进一步提高。依法加强公务员管理，制定了日常登记管理、考核奖励、转任交流、非领导职务审核晋升等办法。坚持凡进必考，推行网上报名和阳光面试，为全省乡镇、政法系统和部分垂管单位招录2800多名公务员，基层政法机关定向招考干警1200多人。顺利完成了中央国家机关公务员招考甘肃考区的考务等工作。全年共组织10万人（次）参加考试。积极开展公务员“四类培训”，加强对口培训，培训处以上骨干1200多人。按照建设服务型政府的要求，拟定了省政府绩效评估实施方案和省直行政部门工作年终评议制度。深入开展争做“人民满意公务员”和“人民满意公务员集体”活动。

事业单位人事制度改革取得重大进展。岗位设置管理加快推进，核准岗位33万多个，占应核准岗位的54%，高于全国平均水平。省直事业单位首次岗位设置管理进入签订聘用合同、兑现岗位工资阶段，12个市州的省管高等级岗位已经审核批复。聘用管理和公开招聘制度的实施范围进一步扩大。积极规范事业单位进人制度，拟定了《甘肃省事业单位公开招聘人员暂行办法》。

收入分配制度改革有序推进。完善工资分配制度，配合有关部门进一步规范公务员工资外津贴。妥善解决了兰州市四区机关事业单位的地区性补贴问题。按照国家统一部署，完成了全省义务教育学校30万教师的绩效工资实施工作。调整提高了“三支一扶”高校毕业生生活待遇。

职称制度改革不断深化。创新人才评价机制，拟定《深化职称制度改革若干意见》、《甘肃省副高级专业技术职务任职资格评审条件》。恢复开展正高级工程师评审工作，115人取得正高级工程师任职资格，进一步优化工程技术领域专业技术人才结构。继续开展农村实用人才评审工作，积极推进参照公务员管理单位和外地甘肃籍专业技术人才职称评定试点工作。组织实施了48个专业、8万多人参加的专业技术资格考试工作。

军转安置制度改革积极推进。进一步规范安置办法，健全培训机制。圆满完成了523名计划分配和116名自主择业军转干部的安置任务。进一步完善管理服务机制，为全省2300多名自主择业军转干部调整补发退役金4200多万元。加大解困政策落实力度，强化“五包”责任制，提前介入、果断处置，确保了全省企业军转干部总体局势的稳定。

【劳动关系和谐稳定】农民工权益得到有效保障。深入开展维护农民工权益10项行动计划，积极为外出务工人员提供政策咨询、就业指导、法律援助等服务，推动农民工参加工伤保险和大病医疗保障。目前，全省已有32万多农民工参加工伤保险，6万多人参加医疗保险。

劳动关系协调机制不断完善。全面实施劳动合同制度，制定了《甘肃省劳动用工备案管理办法》，深入开展“劳动关系和谐企业与工业园区”创建活动，推动企业较好地履行了特殊时期“不裁员、少裁员，不减薪、少减薪”的社会责任。全省劳动合同签订率有了大幅提高，达到 88.8%。

劳动人事争议调解仲裁成效明显。加强调解组织基层建设和仲裁机构实体化建设，创新调解方式，简化办案程序，争议处理效能明显提高。全年共处理劳动争议案件 2594 件、人事争议案件 130 件，有效预防化解了职工和用人单位之间的利益冲突。

劳动保障监察执法力度不断加大。积极推行劳动保障监察“两网化”管理方式，集中开展整顿人力资源市场秩序、整治非法用工打击违法犯罪及农民工工资支付情况等专项行动。全省各级劳动保障监察机构检查用人单位 2.6 万户；查结群众投诉举报案件 2115 件，办结率为 100%；查处职业中介违法案件 13 起，取缔非法职业介绍机构 11 个；责令补签劳动合同 3 万份，补发拖欠工资 537 万元。

信访工作进一步加强。各级人力资源社会保障部门坚决把矛盾化解在基层，消除在萌芽状态。2009 年，经省厅处理的人事信访就达 2 千余件（次），接待来访 700 余人（次）；劳动信访 1.8 万余件，涉及职工群众 8 万多人。

【机构改革平稳推进】按照大部门体制改革的要求，积极推进机构、职能和人员的有机整合。新厅组建期间，成立了综合协调组、机构改革组和资产管理组，加强组织领导，健全工作机制，强化协作配合，保持了工作的连续性和干部队伍的稳定。在应对国际金融危机冲击的重大考验中，人力资源开发与社会保障职能的统一性、协调性进一步显现，初步形成了人才、就业、社会保障“三位一体”、统筹推进的工作新格局。深入开展“营造四个环境”主题实践活动，举办全厅庆祝建国 60 周年“歌唱祖国”文艺演唱会，组织全系统法律法规知识学习竞赛活动，促进了思想感情融合，展示了新厅形象。

（苟永平）

扶贫开发

【扶贫开发概况】新世纪初国家和省上确定全省有国定扶贫开发工作重点县 43 个，比照国家重点县 2 个，“三西”资金覆盖县 6 个，有重点乡村的县 17 个。有扶贫工作任务的县（市区）达 81 个，占全省 86 个县市（区）的 94.2%；重点乡 919 个，占全省乡镇数的 73.46%；重点村 8790 个，占全省行政村数的 53%。

2009 年，在省委、省政府的正确领导下，全省扶贫开发工作坚持以科学发展为指导，积极应对国际金融危机，不断创新思路和工作机制，在省扶贫开发领导小组的精心协调和组织下，贫困地区广大干部群众围绕大力实施整村推进、劳动力培训转移、产业化扶贫、科技智力扶贫、易地移民搬迁等重点工作，因地制宜，分类指导，突出贫困片带，大力拓展贫困群众增收渠道，不断提高扶贫开发水平，深入推进扶贫开发进程。扶贫开发工作取得了新进展。全年共投入各类财政扶贫资金 14.4 亿元（包括以工代赈、少数民族发展等扶贫资金），其中，“三西”专项资金 2 亿元、中央财政扶贫资金 7.94 亿元、省财政配套扶贫资金 0.46 亿元、“两州一地”扶贫资金 0.55 亿元、以工代赈、少数民族发展等扶贫资金 3.45 亿元。实施各类扶贫开发项目，全省贫困地区当年新修梯田 10.73 万亩、发展集雨节灌 1.89 万亩、新增水地 4.54 万亩、完成整村推进 556 个。种养业基地建设项目中，种植马铃薯 65.5 万亩、中药材 32.23 万亩、牧草 10.97 万亩、瓜菜类 6.07 万亩、果品类 22.22 万亩；养殖牛 13.89 万头、羊 23.31 万只、猪 8.26 万口、鸡 75.58 万只。安置移民 2.18 万人，劳务培训人员 86.49 万人，其中扶贫技能培训 2.84 万人、“两后生”培训 4.93 万人。劳务输出人员 362.97 万人，其中扶贫劳务输出 21.41 万人、“两后生”输出 2.19 万人。扶贫劳务输出总收入 259411.94 万元。科技推广项目中，种植马铃薯 11.41 万亩、中药材 1.55 万亩、牧草 0.35 万亩、瓜菜类 2.76 万亩、果品类 3.51 万亩；养殖牛 0.35 万头、羊 1.28 万只、猪 029 万口、鸡 3.2 万只。全省实现减贫 53.6 万人。

【整村推进扶贫项目】以贫困村为基本单元，以贫困人口为重点扶持对象，以改善生产生活条件和增加农民收入为主要内容，以广大群众参与为主要方法，以整合扶贫资源为主要手段，以提高干部群众能力为重要途径，以可持续发展为最终目标的农村扶贫开发方式，是对以往项目管理、到村入户扶贫方式范围的调整和明确，内容的扩展和细化，管理机制的改进和创新。2009 年，整村推进计划下达财政扶贫资金 54902 万元，整合发改委、财政、交通、教育、卫生文体、农林牧等部门资金 74464.04 万元，安排整村推进 578 个，实际完成 556 个，占计划的 96.19%。

【移民扶贫项目】指通过有计划、有组织的移民搬迁、异地开发把生态环境严重退化、生存条件及其恶劣地区的农民引上致富之路。这在解决贫困地区农民温饱，促进区域经济发展中发挥了重要作用。2009 年安置移民计划 1.96 万人，实际完成 2.18 万人，完成计划的 111.22%。

【产业化扶贫项目】发展并壮大在全省贫困地区农业经济发展中起主导作用的草食畜、马铃薯、林果、中药材、瓜菜等五项产业来带动贫困农户增收。围绕“5 大产业”，大力实施“8 大科技扶贫措施”和“1 万户科技扶贫示范工程”，注重农业新技术新品种的推广应用，安排科技推广项目 30 多项。2009 年下达扶贫贴息资金 5114 万元，实际完成扶贫贴息资金 4691 万元，吸引贷款 97343 万元。确认扶贫龙头企业 100 多家。

【片区开发扶贫项目】“县为单位、整合资金、整村推进、连片开发”试点项目(以下简称“片区开发”试点项目)是国家在整村推进的基础上，顺应新形势下创新扶贫机制的要求而探索形成的新的扶贫开发模式。2009 年底，全省安排国家和省级“片区开发”试点项目 31 个，安排项目资金 14600 万元，首先实施的东乡县“片区开发”试点项目成效显著，2008 年实施的西和县、清水县、天祝县“片区开发”试点项目已初见成效，2009 年安排的合作市、静宁县、镇原县、安定区各项工作进展顺利。

7 个国家级“片区开发”试点项目县总投资 46118 万元，到 2009 年底实际完成 44522 万元，其中：财政扶贫资金下达 10576 万元，到 2009 年底实际完成 6723 万元；部门投入 23319 万元，到 2009 年底实际完成 30400 万元；银行贷款 5196 万元，到 2009 年底实际完成 2765 万元；群众自筹 6415 万元，到 2009 年底实际完成 5005 万元。7 个试点县共涉及 60 个村乡镇、80 个行政村，扶持 33235 户农户。

【劳务输出扶贫项目】提供信息、资金、培训等方面的服务，帮助疏通就业渠道，联系就业岗位，通过劳务收入解决贫困问题。2009 年劳务输出人员 362.97 万人，其中扶贫劳务输出 2.84 万人、“两后生”输出 4.93 万人。扶贫劳务总收入 259411.94 万元，人均劳务收入 5758.81 元。

【科技培训扶贫项目】科技培训是技术推广中的重要一环，坚持扶贫先扶智，把科技扶贫作为增强贫困户“造血”功能的治本措施，扎实推进科技入户工程，加速科技普及推广。全省结合项目的实施，产业的发展，利用各类协会、职业学校、培训基地、信息网络等多种渠道对农民进行多形式、多种类技能培训。2009 年劳务培训人员 86.49 万人，其中扶贫技能培训 2.84 万人，“两后生”培训 4.93 万人。培训科技人员 34.54 万人。

【社会帮扶项目】中央机关单位帮扶：2009 年国务院侨办、国务院台办、全国台联、全国妇联、中国文联、国家质检总局、国家地震局、中国日报社、国家交通银行总行、中国煤炭地质总局、中国化工建设总公司、中国化工总公司、国家文物局、北车集团总公司、中国进出口银行、中国作协、中国民生银行、中国记协、中国银河证券公司、中国进口汽车贸易中心、中国化学工程总公司、中国科学器材进出口总公司、中国药材集团公司、中国高新投资集团公司、中国建筑设计院、中国生物制品总公司、中国蓝新星集团、香港中保、中国银监会、中国电监会等中央国家 20 多个机关部委及事业单位对甘肃省 35 个扶贫重点县进行帮扶，共派出 139 名干部(部级 18 人，局级 48 人，处级 56 人，处级以下 17 人)到定点县考察、调研，有 13 名干部挂职蹲点帮扶，累计直接投入 2646.9 万元(资金 2383 万元，物资折款 263.9 万元)，引进资金 4740 万元，共上项目 28 项，举办各类培训班 12 期，培训各类人才 3356 人次。在扶持发展支柱产业，支持地方教育卫生事业等方面办了许多实事。

天津经济协作和对口帮扶：2009 年，天津市政府及社会各界对口帮扶资金 2544 万元，其中政府援助 2000 万元，社会各界捐助 544 万元，社会帮扶工作取得显著成效。天津市委、市政府以及 14 个区(县)的党政领导和有关部门领导，先后 44 人次(其中：省级 10 人次，厅级 8 人次，县处级 26 人次)到甘肃贫困县考察调研，确定扶贫项目；全省 35 人次(其中：省级 5 人次，厅级 9 人次，县处级 21 人次)到天津市及对口县区考察学习，积极寻找新的合作途径。

省级单位帮扶：省直机关部门及中央驻甘单位帮扶工作成效斐然。甘肃省委、省政府高度重视社会帮扶工作，省上四大班子 36 位副省级以上领导各自到联系县帮助理清经济发展思路，省直及中央驻甘 202 个单位帮扶 45 个扶贫重点县，直接投入各类帮扶资金 3008.6 万元(其中：资金 2712.3 万元，物资折款 296.3 万元)，引进各类资金 5309 万元，帮扶项目 43 项，下派蹲点帮扶人员 126 人(其中：厅局级 10 人，处级 34 人，处级以下 82 人)，派出调研考察人员 350 人(其中：厅局级 53 人，处级 120 人，处级以下 177 人)，资助贫困生 961 名，举办各类培训班 38 期，培训乡镇干部、农民技术员、剩余劳动力 4878 人次，组织输出劳务 1578 人次。

(化得巧)

地县概况

兰州市

【现任主要领导】

中共兰州市委书记：陆武成

兰州市人大常委会主任：哈全玉

兰州市人民政府市长：袁占亭

政协兰州市委员会主席：左灿湘

中共兰州市纪律检查委员会书记：徐伟

【基本情况】兰州是甘肃省省会，位于祖国西部三大高原交汇处，是全省的政治、经济、文化中心。兰州地处黄河上游、甘肃省中部及我国陆域版图的几何中心，是西陇海兰新线经济带的重要支撑点和辐射源，也是新亚欧大陆桥通往中亚、西亚和欧洲的国际大通道和陆路口岸。总面积 1.31 万平方公里。市区东西黄河穿城而过，南北群山环抱，属中温带大陆性气候。常住人口 332.68 万人，户籍总人口 323.59 万人，非农业人口 202.77 万人，共有汉、回、满、藏、东乡、裕固等 52 个民族，人口密度 254 人/平方公里。现辖永登、榆中、皋兰 3 县和城关、七里河、安宁、西固、红古 5 区，有 27 个乡、34 个镇、52 个街道办事处。

【资源优势】境内探明的有黑色金属、有色金属、贵金属、稀土等 35 个矿种，极具潜在经济开发价值。兰州水力资源丰富，以兰州为中心的黄河上游干流段可建 25 座大中型水电站，现已建成刘家峡、八盘峡、盐锅峡和大峡等水电站。兰州是闻名全国的“瓜果城”，盛产白兰瓜、黄河蜜瓜、软儿梨、白粉桃等瓜果，百合、黑瓜子、玫瑰、水烟等土特产品蜚声中外，素有“看景下杭州、品瓜上兰州”之说。兰州的旅游资源有着广阔的开发前景。兰州是丝绸之路大旅游区的中心，东有天水麦积山、平凉崆峒山，西有永靖炳灵寺，南有夏河拉卜楞寺，北有敦煌莫高窟。市域内有我国保存最为完好的土司衙门—鲁土司衙门，有“天下黄河第一桥”—中山铁桥，有“陇右第一名山”—兴隆山，有国家级森林公园—吐鲁沟、石佛沟、徐家山，有“母亲河、生命河”的象征—黄河母亲雕像。

【国民经济】2009 年全市完成生产总值 925.98 亿元，按可比价格计算，比上年增长 10.8%，其中第一、二、三产业增加值分别为 30.55 亿元、433.62 亿元和 461.82 亿元，分别增长 6.2%、10.2%和 11.6%，第一、二、三次产业占生产总值的比例为 3.3∶46.83∶49.87。全社会固定资产投资完成 506.18 亿元，增长 17.18%。全市实现社会消费品零售总额 469.77 亿元，增长 18.92%。完成大口径财政收入 254.8 亿元，增长 71.28%；一般预算收入 57.04 亿元，增长 20.18%。一般预算支出 119.83 亿元，增长 20.24%。

【项目建设】重大项目建设进展良好。100 项重大项目完成投资 181.7 亿元，占全年投资总额的比重为 35.9%。兰州石化 5 万吨丁腈橡胶、甲乙酮扩能改造、连铝 25 万吨高精度板带箔等 33 个项目基本建成或部分建成投产，南山路、庙滩子地区整体改造、亚行贷款城市交通、雁滩南河道综合治理三期等一批重点项目加快实施，城市轨道交通、南绕城高速等项目的前期工作积极推进。

【新农村建设】全市坚持以统筹城乡发展为主线，以农民增收为核心，积极调整和优化经济结构，设施农业和优势、优质特色产业不断发展，以“兰州高原夏菜”为品牌的蔬菜产业产销良好，效益显现。全市蔬菜种植面积 71.65 万亩，比上年增长 4.43%；蔬菜产量 186.66 万吨，增长 8.33%，其中外销量达到 80 万吨。农村劳动力转移输出力度加大，各项支农、惠农政策全面落实，农民增收渠道进一步拓宽。农村教育、文化、医疗、社会保障等社会事业也进入加速发展时期。

【人民生活】城乡居民收入继续增加，生活水平进一步改善。全市城镇居民人均可支配收入 12760.66 元，比上年增长 9.28%。人均消费性支出 9653.36 元，增长 6.86%；城镇居民家庭恩格尔系数为 38.29%。农民人均纯收入 4001.04 元，增长 14.2%；人均生活消费支出 3317.33 元，增长 16.69%。农村居民家庭恩格尔系数为 42.37%。城乡居民储蓄存款余额达到 1089.97 亿元，增长 20.16%。

【社会保障】社会保障体系进一步完善，社会保险覆盖范围不断扩大。全年新增城镇就业人员 5.02 万人，城镇登记失业率为 3.09%。完成城乡低保和农村五保提标工作。保险覆盖面不断扩大。全市参加养老保险的单位 3855 户，参保职工 27.19 万人；参加失业保险的企事业单位达到 4475 户，参保职工 57.72 万人；参加医疗保险人数为 77.72 万人。

【环境保护】实施城区污水全收集全处理工程，基本完成 89 公里主管网的铺设任务。人居环境得到较大改善，生态环境建设、大气污染综合整治和黄河水污染治理进一步加强，城区空气质量稳步好转，全年城区空气质量优良天数达到234天，水环境质量保持稳定，危险废物监管得到加强，城区声环境得到改善。

【社会事业】教育改革发展有了新的进展，全市积极扩大教育救助覆盖面，优化学校办学条件，实施市属学校基础设施改造工程。各类学校在校学生87.2万人。其中，高等学校34万人，中等专业学校10.7万人，普通中学20.3万人，小学22.2万人。各级各类教育事业全面发展，义务教育整体水平稳步提高。学龄儿童入学率达99.99%，普通初中升学率84.32%。近郊四区高中阶段教育入学率达99%。

举办2009年新年音乐会、第七届春节文化庙会、“向祖国致敬”兰州市农民文艺汇演和“2009”中国（兰州）国际民间艺术节暨第八届黄河风情文化周。开展庆祝建国60周年系列大型文化活动，举办中山铁桥建成百年庆典活动。建成120处全民健身场地，成功举办第六届城市运动会。

全面推进公共卫生体系建设。重点传染病得到有效预防控制。卫生应急机制建设得到加强，突发公共事件应急处置和重大活动医疗卫生保障工作取得新进展。以创建全国文明城市先进城市活动为契机，广泛开展爱国卫生运动。农村和基层卫生基础设施建设进一步强化。全市拥有各级各类医疗卫生机构1498个，设置床位2.19万张，拥有卫生技术人员2.1万人，每千人拥有卫生技术人员6.3人。

城关区

【现任主要领导】

中共城关区委书记：金祥明

城关区人大常委会主任：李肃群

城关区人民政府区长：张国一

政协城关区委员会主席：李玉兰

中共城关区纪律检查委员会

书记：乔建新

【基本情况】城关区位于兰州河谷盆地东部，是黄河唯一穿城而过的省会城市中心区。区域总面积220平方公里，建成区面积60平方公里。行政管辖24个街道和147个社区、18个行政村。全区户籍人口93.15万人，常住人口99.07万人。区内有汉、回、满、蒙古、藏、维吾尔等47个民族。

城关区气候温和，具备典型的北温带半干旱大陆性气候特征，市区平均海拔1520米，年均气温11.2℃，平均降水量327.8mm，蒸发量1437.7mm，全年日照时数平均为2446小时，无霜期180天以上，年平均相对湿度56%。白塔山雄踞北岸，皋兰山耸立城南。区内有五泉山公园、白塔山公园、徐家山国家森林公园、兰州碑林、兰山山地公园等多处自然人文景区，更有水车博览园、黄河铁桥、百里黄河风情线等黄河文化胜境，具有西部山河之城、水车之都、丝路明珠的美誉。

作为兰州商贸中心核心区，城关区人流、物流、资金流动集散活跃，多层次、现代化的市场体系日益完善，东部经济带已经形成，张掖路步行街、甘南路酒吧街、农民巷食品街和大众巷食品街已初具规模。现代服务业发展迅猛，总部经济、楼宇经济快速崛起，第三产业增加值占经济总量的比重近80%。全区大中型市场拥有量占全市的80%以上，2009年全区社会消费品零售总额268.52亿元。

城关区得天独厚的政治资源，具有信息富集、理念超前、决策高效的有利条件，为率先发展营造了良好环境；科技密集的智力潜能，具有高新技术产业孵化落地的有利条件，为科学发展创造了更大平台；需求旺盛的消费市场，具有要素流动、聚集辐射、发展服务型经济的有利条件，为加快发展拓展了广阔空间；功能配套的基础设施，具有适宜居住、投资兴业、发展总部经济和楼宇经济的有利条件，为健康发展提供最佳创业场所。

【国民经济】2009年，在区委、区政府的正确领导下，全区紧紧围绕“率先科学发展、建设首善之区”的目标和“123456”发展战略的要求，沉着应对，抢抓机遇，积极应对严峻挑战，国民经济持续健康发展。全区实现生产总值329.13亿元，扣除价格因素，比上年增长11.36%。其中：第一产业实现增加值0.93亿元，增长5.01%；第二产业实现增加值70.12亿元，增长12.09%；第三产业实现增加值258.08亿元，增长11.18%。完成固定资产投资总额181.85亿元，比上年增长18.02%。实现社会消费品零售额268.52亿元，增长16.2%。一般预算收入完成8.68亿元，增长15.02%。一般预算支出完成17.39亿元，增长33.44%。年末全区金融机构人民币各项存款余额1635.92亿元，增长15.54%；年末各项贷款余额973.51亿元，增长35.02%。城乡居民储蓄存款余额达583.58亿元。

【项目建设】紧紧抓住国家扩大内需的政策契机，全力以赴做好重大项目建设以及项目的论证、储备和争取工作。全年争取中央扩大内需项目13个、资金近1亿元，创近年来争取国家项目和资金数量之最。32个市、区重大项目落地建设，特别是总投资93亿元的庙滩子整体改造项目正式开工。46个商贸和现代服务业项目扎实推进，甘肃国际会展中心、国际太阳能技术促进转让中心、南湖大厦、飞天文化产业大厦等一批重大项目顺利推进，北京王府井百货、马来西亚金狮百盛等一批知名企业相继入驻。招商引资再创佳绩，重离子束治癌项目及中信银行、中汇小额贷款公司等一批大项目成功落户，全年引进项目102项，到位资金42.8亿元，增长20.4%

【新农村建设】以推进农村产业化、城市化、现代化为方向，城乡一体化工作稳步推进。城中村改造项目实施顺利，开工建设村民安置房32.8万平方米，其中 7.6 万平米交付使用。加快乡村规划建设，完善产业、居住、社会事业、基础设施和生态环境等配套，大浪沟、大洼山、二营、三营 4 个新农村建设试点村基础设施建设全面完成，混凝土硬化村庄主干道 7035 米，小街巷 8965 米，体育活动广场 2475 平方米；铺设下水管道 2780 米，绿化管线 1300 米，种植绿化苗木 7300 余株。现代高效农业水平逐步提高，推广双垄全膜面积 2000 亩，日光温室和高架大棚播种面积达到 4138 亩，皋兰山、青白石地区建成省级无公害蔬菜标准化示范区。完成 100 户农村沼气池和 5 处服务网点建设，注册农民专业合作社 3 个，新增农家乐协会会员 24 户。

【人民生活与社会保障】随着全区经济持续健康发展，居民收入水平不断提高。全年城镇居民人均可支配收入达 13184.87 元，比上年增长 10.15%；农民人均纯收入 10942 元，增长 12.12%。

社会保险、民生问题得到有效解决，就业和再就业工作不断提高。全年新增就业岗位 25412 个，安置就业 21588 人。新登记各类失业人员 23331 人，城镇登记失业率为 3.29%。不断落实惠民政策。全年共有 42227 人参加养老保险。其中城镇基本养老保险人数为 40058 人，农村养老保险参保人数为 2169 人。征缴养老保险费 16516 万元，发放基本养老金 11489 万元，发放率达 100%。全年参加基本医疗保险、工伤、生育保险人数分别达到 48224 人、8500 人、19510 人，征缴保险额达 5973 万元。城乡低保工作进一步完善。全区有 11897 户、24162 人享受城市低保，340 户、1122 人享受农村低保。累计发放保障金 7000 余万元。率先在全省推广“虚拟养老院”工作，让全区老人得到更多实惠。

【环境保护】环境保护工作力度不断加大。对 33 家单位的 42 台燃煤锅炉、茶浴炉拆除、联片，或改为清洁能源，共削减烟尘 142.8 吨、二氧化硫 203.1 吨。加大水环境监管，确保辖区水环境安全，全年共监测废水排放重点单位 54 家，地面水质达标率达到 100%。深入推动安静工程，开展“环境噪声达标区”监测工作，共完成固定声源监测 302 家，完成施工噪声 30 家，全区工业和固定声源平均噪声值 56.3dB，达标率为 96.3%；区域环境噪声昼间平均值为 55.3dB，达标率为 97.3%，夜间平均值为 45.2dB，达标率为 96.2%，均达到国家区域声环境标准。严格执行《环境影响评价法》，争取控制新污染源的产生，全年共审批新、改、扩建设项目 38 个，环境影响评价率和“三同时”制度执行率均达到 100%。

【社会事业】科技事业取得新成就。全年组织企业申报科技项目 95 项，其中：国家级项目 8 项、省级项目 1 项、市级项目 16 项、区级项目 70 项，取得扶持资金 581 万元；新建科普画廊 10 处，制作科普宣传画 150 余米，举办各类科技科普培训讲座 15 期，参加培训近 2 千人次，发放科普资料 2150 余份。在科技“三下乡”活动中，向农民群众发送十个种类、20 多个品种的蔬菜优良籽种 2000 袋，制作科普知识展版 12 块，赠送科普图书、技术材料、致富信息等资料 2000 余册。

教育事业健康发展。年末，辖区内拥有各级各类学校 134 所，在校学生 123728 人，幼儿园 98 所，在园幼儿 18035 人。小学和初中入学率、巩固率、毕业率均为 100%。全面落实“两免一补”政策，全年共为 13.97 万人免杂费，2.08 万人免教科书费，304 人享受寄宿制生活补助，并为 133 人办理生源地信用助学贷款。不断改善学校办学条件，青白石中学、北面滩小学教学楼建设工程全面完成，秦安路小学综合楼建设和金塔路小学操场拆迁计划正在实施，并为多所学校采购教师办公桌椅及学生课桌，同时配置微机教室、多媒体会议室。

文化事业日益繁荣。组织承办“感动城市”、春节送文化下乡、庆“三•八”文艺演出、全区文明环境创建月文化宣传活动、庆祝新中国成立 60 周年暨第四届金城社区艺术节等 500 余场演出，观众达数百万人次。文物保护和非物质文化遗产申报工作全面开展，全区现有文物点 40 余处，申报的“非遗”项目 6 项。

医疗卫生工作开创新局面。积极应对甲型 H1N1 流感及手足口病，有效地控制了重大传染病的流行与蔓延。全年新建 10 家区级示范机构，并完成新建 3 家省级示范机构的前期准备工作，全面引领和带动社区卫生服务机构的高标准快速发展。农村卫生所的管理进一步加强，对全区村卫生所人员资质、业务用房、规范操作等方面进行检查，并定期举办团队帮扶 10 期，定点帮扶 70 次，专家技术指导、人员培训 25 期人次。

群众健身事业进一步丰富。组织开展体育三下乡、体育大拜年、大型群众健身、机关干部职工运动会等活动。不断加强学校体育工作，组织开展各项中小学生竞赛活动 14 项次，参与少年儿童达 8600 余人。在群众体育基础设施建设方面，先后在兰山公园、徐家山公园、五泉街道和省政协广场等地建立 10 条全民健身路径，为广大群众就地、就近开展健身活动提供便利条件。

七里河区

【现任主要领导】

中共七里河区委书记：赵建利

七里河区人大常委会主任：王光达

七里河区人民政府区长：郭平

政协七里河区委员会主席：巴怀亮

中共七里河区纪律检查委员会

书记：金安众

【基本情况】七里河区位于兰州市中南部，东与城关区交界，东南和榆中县接壤，南靠临洮县，西邻西固区、永靖县，北濒黄河。东西长 21 公里，南北宽 33 公里，总面积 394.92 平方公里。现辖西园、西湖、西站、土门墩、敦煌路、建兰路、龚家湾、晏家坪、秀川 9 个街道，黄峪、魏岭 2 个乡，阿干、八里、彭家坪、西果园 4 个镇。有 65 个村民委员会、76 个社区居民委员会。2009 年底，全区户籍人口 47.35 万人，其中，城区 38.88 万人，人口密度 1290 人/平方公里。有汉、回、满、藏等 32 个民族。

矿产资源主要有煤炭、石英石、坩泥、石灰石、沙矿、路标石等矿产资源。主要旅游景点有石佛沟森林公园、大尖山风景区、西湖公园、西部欢乐园、黄河风情滨河路风景线等。

【国民经济】2009 年，全区实现地区生产总值 182.78 亿元，扣除价格因素，比上年增长 13.3%。其中，第一产业增加值 2.88 亿元，增长 5.02%；第二产业增加值 98.18 亿元，增长 13.67%；第三产业增加值 81.72 亿元，增长 13.13%。实现社会消费品零售总额 81.97 亿元，增长 29.48%。完成全社会固定资产投资 76.27 亿元，增长 20.57%。完成一般预算收入 3.63 亿元，增长 14.5%。

【项目建设】全年共实施各类建设项目 380 项，新签招商引资项目 48 个，引进到位资金 21.65 亿元，16 项中央扩大内需新增项目、5 项市列重大项目、40 项区列重大项目进展顺利，重大项目完成投资 42.14 亿元。

【新农村建设】“三农”问题逐步改善。现代农业发展取得突破性进展，新增日光温室 1910 亩、塑料大棚 1000 亩；推广全膜双垄沟播技术 1.71 万亩。投资 4596 万元实施 4 项水利工程、9 条农村公路建设；落实粮食、农资、农机、家电下乡等惠农补贴 824 万元；建成农村户用沼气池 380 座。投资 5822 万元完成 4 个市级新农村试点村 26 个项目建设。投资 900 万元，完成西津坪千亩现代设施农业示范园区建设，新建节能日光温室 250 座，园区灌溉渠道、自来水入室、蓄水池、道路和蔬菜交易市场同步完成；继续开展“1+1 帮助特困农户解决住房行动”，筹资 317 万元为 72 户特困农户盖起新房，至此，三年共筹资 1123 万元，解决了 291 户特困农户住房问题。

【人民生活】城乡居民收入继续增加，生活水平进一步改善。2009 年全区城镇居民人均可支配收入 11804 元，比上年增长 12.8%；人均消费性支出 8760 元，增长 15.2%；城镇居民家庭恩格尔系数为 36.4%，比上年下降 5.4 个百分点。农民人均纯收入 6108 元，比上年增长 12.07%；人均生活消费支出 4222 元，增长 18%；农村居民家庭恩格尔系数 37.28%，比上年下降 2.16 个百分点。城乡居民的居住条件和生活质量进一步改善和提高，城乡居民人均住房面积分别达到 22.82 和 26.64 平方米。

【社会保障】全区养老、医疗、失业、工伤、生育保险和低保政策全面落实，共发放低保、廉租房补贴、取暖补贴等各类保障资金近 3 亿元。城市低保标准由月人均 230 元提高到 253 元，农村低保标准由每人每年 1000 元提高到 1100 元。为 1034 名城乡困难群众发放大病医疗救助金 460 万元，为 71 户义务兵家庭发放优待金 38.69 万元。城镇居民医疗保险参保率达 90%，农民参合率达 97.54%；新增就业 8554 人，城镇登记失业率控制在 3.56%以内。

【生态建设】生态建设稳步推进，森林覆盖率 26.23%，绿化覆盖率 32%，城区绿地率 30.6%，人均公共绿地面积 8.2 平方米。完成清洁能源改造 20 家，对 300 家餐饮企业进行综合治理，削减二氧化硫 152 吨，完成计划的 205%；削减化学需氧量 85 吨，完成计划的 135%。

【社会事业】教育事业健康发展，投资 1187 万元，实施 13 所中、小学危房改造项目；对教育教学工作中涌现出的“三十佳”、10 名优秀校长、80 名优秀教师进行表彰奖励。2009 年年末，全辖区共有中小学 136 所，其中区属中学 15 所，小学 103 所。全辖区在校学生总数达 57088 人，教职员工 4165 人，其中专任教师 3725 人。全辖区共有幼儿园 46 所，在园幼儿 6950 人，教职员工 749 人。

文体基础设施进一步得到加强，组织开展庆祝建国 60 周年“爱国歌曲”暨第六届“百合之声”群众演唱会和首届干部职工运动会等群众性文体活动，极大丰富了群众文化生活；第三次文物普查工作在全省 86 个县区率先通过省级验收。进一步加大“扫黄打非”力度，大力清查盗版、违禁书刊和音像制品，促进了文化市场健康有序的发展。

公共卫生服务体系不断完善，公共卫生服务功能增强，全国社区卫生服务示范区创建成果得到巩固，甲型 H1N1 流感有效防控，“三级防病保健网”和重大传染病预防控制能力不断提高，社会公共卫生建设提高到新的水平。年末，辖区内共有各类医疗卫生机构(含个体诊所)341 个，病床 4025 张，专业卫生技术人员 4490 人。

西固区

【现任主要领导】

中共西固区委书记：李虎林

西固区人大常委会主任：刘公明

西固区人民政府区长：李继龙

政协西固区委员会主席：王习军

中共西固区纪律检查委员会

书记：徐春花

【基本情况】西固区为兰州市辖区，位于甘肃中部，东西长约 31 公里，南北宽约 29 公里，区域面积 385.02 平方公里，占全市土地面积的 2.94%。东南与七里河区和永靖县相邻，西北与红古区和永登县接壤，东北一部分与安宁区接壤，一部分以黄河为界，与安宁区隔河相望。地势西南高，东北低，南北两山向河谷川区倾斜，海拔在1500米至2000米之间。西固城距兰州市中心约20公里。兰青、兰新铁路、公路均交汇于此，兰海高速贯穿于境，省道、区乡公路四通八达，交通十分便利。西固区是国家“一五”期间重点投资新建的大型石油化工基地之一，素有“西部石化明珠”之称。全区目前共有人口33.18万人，其中城镇人口27.24万人。区境人口由汉、回、满、蒙古、藏等27个民族组成。汉族占绝大多数，回族、满族次之，其他民族较少。区辖达川、河口、东川、柳泉、金沟、新城等五乡一镇，西柳沟、临洮街、西固城、四季青、福利路、先锋路、陈坪、新安路、新合路等九个街道。

【国民经济】2009年实现地区生产总值178.02亿元，扣除价格因素，比上年增长12.32%；完成固定资产投资84.08亿元，增长27.18%；实现社会消费品零售总额56.91亿元，增长23.24%；完成一般性财政收入3.3亿元，增长29%；城镇居民人均可支配收入达到13748元，增长13.65%；农民人均纯收入达到6741元，增长12.01%。

【重大项目】全年实施投资亿元以上项目44项，其中，5万吨丁腈橡胶、3万吨甲乙酮、550万吨常减压装置等5个项目建成投产，1318工程、五O四国产设备示范工程等20个项目加紧建设，碳四深加工、5万吨制氢装置等19个项目进展顺利。通过组团赴发达地区招商，积极参加兰洽会、厦洽会等各类节会，成功引进垃圾综合利用、城中村改造等一批重大项目，全年签约项目30项，到位资金46.58亿元。紧抓国家扩大内需的政策机遇，顺利实施15个扩大内需项目。搭建银企对接平台，为企业发展和项目建设搞好融资服务，协调贷款担保机构为中小企业担保贷款1.3亿元。新城工业园土地集约利用评价通过专家评审。

【商贸物流】注重政策引导和资金扶持，引进实施13项重点商贸物流项目，其中，西固城商业步行街一期、双桥洞扩容改造等5个项目建成，华都天韵主体完工，民生广场启动运营，西固摩尔商城建设扎实推进；积极协调争取，兰州铁路集装箱中心站等四大物流项目确定在本区建设。兰苑建国宾馆、西固虹盛等一批城市综合服务体建成运营。加快完善城乡市场体系，改造、新建社区菜市场和农产品批发市场6个、各类便民商业服务网点91个。编制完成全区旅游总体规划和黄河梯级旅游开发概念性规划。

【新农村建设】全年整合投入农村经济社会发展的资金达6752万元，比上年增长43.5%。进一步提高农业产业化发展水平，新增精细蔬菜和特色种植2100亩，推广全膜双垄覆盖玉米、洋芋3200亩；扶持养殖大户50户，建成养殖小区10个；新组建农民专业合作社6个。加强农村基础设施建设，更新改造2项水利工程，完成5项农村安全饮水工程；开工建设金关公路，硬化村级道路13条、38.3公里；新建沼气池316座。完成4个新农村试点示范村的项目建设任务。加快农村土地承包经营权流转，流转土地2528亩。全面完成集体林权制度改革试点工作。

【城市建设】投资9015万元，整治改造新维路、44号路(石化广场段)等8条道路和25条小街巷，完成福利路街心花坛亮化工程，启动建设西固公园大门，新建7座公厕，西固东西路供电线路改造顺利推进。实施4个铁路道口平改立工程。成功举办城市建设开发论坛。加快城中村和旧楼改造，西固村、小坪村20万平方米居民安置工程进展顺利，化建小区、电厂一区等旧楼改造全面开工。健全和完善发现反馈、受理投诉、督办查处的城市监管新机制，招聘80名城市协管员、交通协警员，全面开展日常监管；投资227万元，购置2辆污泔水收集车、5辆餐厨垃圾清运车，在全市率先实现餐饮业污泔水的统一收集处理；注重疏堵结合、刚柔并济，综合整治市容市貌、环境卫生、交通秩序等城市管理顽疾，拆除违法建设1.6万平方米，清理户外广告1.1万平方米。

【节能减排】加大对20户重点用能企业的能耗监管，完成烟气余热利用等22项节能降耗项目，全年节能11.47万吨标准煤；建成3个循环经济示范项目，争取国家补助资金800万元。采取工程治理、限量排放、专项整治等措施，开展环境综合治理，2项脱硫工程全面完成，污水全收集、西固污水处理厂项目进展顺利，建成集中联片供热主次管网8.65公里，改造拆除燃煤锅炉24台，全年削减二氧化硫3366吨。加强生态环境保护，巩固提高南北两山绿化成果，城区改造、新增绿地10公顷，新建“五化小区”5个；强化水源地保护区管理，集中整治木材交易点、垃圾脏源点和违法建设，对3家企业进行搬迁。

【社会事业】切实加强科技创新，完成20项科技项目和“金桥工程”项目，建成区科技创业服务中心产学研基地，被科技部认定为兰州国家石化新材料产业化基地，通过“全国科技进步县区”复查验收。坚持教育优先发展战略，着力改善办学条件，建成兰州二十一中、达川中学宿舍楼和区青少年活动中心，开工建设马耳山小学教学楼和金沟中心校综合楼；不断提高教育教学质量，全区高考上线率达91.79%，高中阶段学生入学率达92%；实施达川、柳泉2所九年制学校资源整合工作；认真落实“两免一补”政策，免补资金达593万元，办理困难学生生源地助学贷款115万元。统筹城乡医疗发展，完成3所乡镇卫生院和1所社区卫生服务中心改扩建工程并投入使用；完善120农村急救网络，筹集114万元为6个乡镇卫生院配备救护车；投入314万元加强传染病防控工作，手足口病、甲型H1N1流感得到有效控制，无死亡病例。推进工业区特色文化建设，成功举办“魅力西固”大型迎春灯会、“西固之夏”文艺调演等一系列文化活动，群众性文化活动蓬勃开展；完成“文化信息资源共享工程支中心”和18家农家书屋建设；通过“全国文化先进县区”复查验收。高度重视人口和计划生育工作，加强管理和服务，稳定低生育水平，全区人口自然增长率为2.61‰，当年社会抚养费征收面、征收率均达100%；改造维修区计生服务站，建成2所基层计生服务站(所)。建成全市首家地震科普馆。

【人民生活】全年用于加强和改善民生的公共投入达2.21亿元。积极落实促进就业各项政策，建立促进就业联席会议制度，完善失业预警机制，广泛开展援助服务系列活动，全年城镇新增就业7918人，其中，公开招考录用187名高校毕业生到基层事业单位工作、政府购买公益性岗位112个，城镇登记失业率为2.9%；完成劳务输转26250人，创劳务收入1.9亿元。继续扩大社会保障覆盖面，城镇职工基本养老保险、基本医疗保险和城镇居民基本医疗保险参保率分别达到99%、100%和90%，新型农村合作医疗参合率达到94.8%。进一步提高社会援助水平，城乡低保分别提标10%和20%，共发放城乡低保金4916万元；投入532万元，对重度残疾人、城市三无人员和重点优抚对象实施医疗援助；筹措385万元，对困难群众取暖进行补贴。建成和购买廉租房624套，发放廉租房补贴499万元；维修改造867户农村危旧房，全面完成第二批农村特困群众危房改建任务、102户群众搬入新居。

【社会稳定】积极调处化解各类矛盾纠纷231件，依法妥善处置群体性事件14起；进一步完善县级领导包案制和“会商会诊制”，25件信访积案和疑难问题得到较好解决，实现国庆期间“两个为零”的目标。加强社会治安综合治理，严厉打击刑事犯罪，铲除3个黑恶势力犯罪团伙，破案绝对数比上年提高26.9%；完善技防建设，城乡主干道和重点区域视频探头增加到699个；禁毒三项指标取得新突破，“无毒区”成果得到进一步巩固。坚持防范和打击邪教组织，实现“三个为零”的工作目标。加大法律援助和服务力度，为弱势群体办理维权案件50件，帮助各类中小企业挽回经济损失600多万元。高度重视安全生产工作，积极开展以危化品为重点的专项整治活动，一批非法生产经营企业和重大生产安全隐患得到有效整治，安全生产形势总体平稳；成功处置有机物泄漏事故，应对和处置突发公共事件的能力不断提高。深入开展产品质量和食品药品安全十大专项整治行动，市场秩序进一步好转。加强社区建设，建成5个社区办公用房和8个社区居务大厅，康乐路社区被民政部评为全国和谐示范社区和全国基层低保规范化建设典型单位。为全区166名村干部发放岗位补贴135万元，办理养老保险，规范提高村干部待遇。

安宁区

【现任主要领导】

中共安宁区委书记：严志坚

安宁区人大常委会主任：王永生

安宁区人民政府区长：席飞跃

政协安宁区委员会主席：马玲媛

中共安宁区纪律检查委员会书记：程华

【基本情况】安宁区位于兰州市黄河北岸，全区总面积82.3平方公里。辖区分别与城关区、七里河区、西固区、皋兰县相接。区辖十里店、培黎、孔家崖、西路、银滩路、刘家堡、安宁堡、沙井驿8个街道，所辖12个行政村，46个社区。总耕地面积275.2公顷，人均耕地面积0.11亩。全区户籍人口22.68万人，其中农业人口3.9万人，城镇人口18.78万人。区内百里黄河风情线纵贯全境，十里桃乡久负盛名。

【国民经济】2009年，完成地区生产总值59.54亿元，扣除价格因素，比上年增长18.05%；完成全社会固定资产投资67.7亿元，增长20.15%；实现社会消费品零售总额26.08亿元，增长20.34%；完成地区财政收入9.05亿元，增长14.02%；完成一般预算收入3.76亿元，增长25.06%。农民人均纯收入达到6961元，增长13%；城镇居民人均可支配收入11740元，增长10%。

【项目建设】全年新签约引进百事可乐、苏宁电器、甘肃图书物流中心等各类项目40项，计划总投资108亿元，其中合同项目25项，已开工建设20项，建成3项，完成投资10.45亿元。7个中央扩大内需项目、11个市列重大项目和48个区列重大项目建设进展顺利，全区共有各类在建项目167个，累计完成投资67.7亿元，增长20.15%。

【新农村建设】大力建设规模化无公害蜜桃特色产业基地；加快发展都市休闲观光农业，其中休闲观光园和“农家乐”营业额分别达到1430万元和2366万元，全区农民人均纯收入净增804元。劳动力资源总数为25690人，占涉农街道总人口的65.93%，涉农街道从业人员21695人，占农业劳动力资源总数的84.45%。

【人民生活与社会保障】城乡居民收入继续增加，生活水平进一步改善。2009年全区城镇居民人均可支配收入11740元，比上年增长10%；人均消费性支出10718.5元，增长8.01%；城镇居民家庭恩格尔系数为30.57%，下降0.2个百分点。农民人均纯收入6961元，增长13.04%；人均生活消费支出6399.8元，增长5.5%；农村居民家庭恩格尔系数41%，比上年提高4.55个百分点。年末城乡居民储蓄存款余额达到40.47亿元，增长22.6%。

社会保险工作稳步推进。全区养老保险、失业保险、医疗保险参保人数分别达到5548人、4168人、10354人，征缴基金分别达到2700万元、196.51万元、1300万元。全年为1435名离退休人员发放养老金1776万元，发放率为100%，为符合条件的失业人员发放失业保险金427万元。社会救助稳步推进，民生问题得到有效解决。全区享受城市低保的有9916人，累计发放保障金2513万元。

【环境保护】城区美化绿化水平不断提升。新增城市绿地12.5公顷，全区绿化覆盖率达34.91%，人均公共绿地面积达10.87平方米。全区人居环境进一步改善。加强烟尘控制区建设和监管，烟控区内锅炉烟尘浓度达标率100%。加强社会生活噪声和交通噪声控制，确保达标率达到100%。加强工业废气的治理，工业固体废物综合利用率100%。

【社会事业】科技创新积极推进。五大科技孵化园功能日趋完善，71家入孵企业实现产值3.5亿元，兰州新城科技孵化大厦建成，即将投入使用，全年申报各类科技项目800多项，争取资金1900多万元。

教育工作开创新局面。小学生入学率、毕业率、升学率均达到100%，初中生入学率达到100%，高中入学率达到72.8%。全区纳入统计的大中专院校13所，其中大专以上院校8所，中专学校5所，2009年在校学生149231人，教职工9852人。全区共有中小学38所，在校学生24556人。

文化体育事业蓬勃发展。成功举办兰州元宵节焰火晚会、兰州桃花节等大型节会，区影视文化中心开工建设，区文化体育中心和体育公园建成使用，新建2处群众健身场所和11个“农家书屋”。全区调频广播站2个，电视覆盖率100%，广播覆盖率100%；有线电视入户率达到98%，新增数字化用户5000户。

卫生事业全面健康发展。医疗卫生体制改革全面深化，医疗基地建设取得实效。深入推进“卫生进社区”活动，社区卫生服务中心达到21个，社区卫生服务人员达到182个。全区共有医疗机构34个。

红古区

【现任主要领导】

中共红古区委书记：戚大明

红古区人大常委会主任：薛顺

红古区人民政府区长：韩显明

政协红古区委员会主席：陈芦骐

中共红古区纪律检查委员会书记：高文阳

【基本情况】红古区是兰州市的远郊区，位于甘青两省交界，东邻西固区、北接永登县，西南与永靖县及民和县隔河相望，处于连接甘青两省，肩挑兰州、西宁两大省会城市的独特区域位置。总面积535.14平方公里。109国道、甘青铁路、甘青高速公路穿越全境，大通河出享堂峡与湟水河相汇并穿越全境，属温带大陆季风性气候，境内有4条自流灌渠，灌溉面积达5.8万亩。户籍总人口14.11万人，其中非农业人口9.32万人，共有汉、回、满、东乡、藏、土、壮、蒙古、朝鲜等18个民族，人口密度263人/平方公里。现辖红古乡、窑街、下窑、矿区3街道和海石湾、花庄、平安3镇，共7个乡镇街道，18个社区居委会，38个村委会。

【资源优势】矿产资源：已查明的矿藏主要有黑色金属、有色金属、贵金属、非金属等11种，矿种主要有煤、石油、油叶岩、铁、沙金、超基性岩、石英闪长岩、煤矸石、砾石等。其中煤矿储量丰富，原煤产量分别占全省的13%和全市的88.7%。因资源优势而伴生的水泥制造业得天独厚，发展较好。水泥产量分别占全省和全市的8%和27%。

旅游资源：境内有12处历史文化遗址。海石湾恐龙化石遗址，是上世纪40年代中期出土的亚洲最大的恐龙化石，被中国著名古脊椎动物学家杨钟健先生命名为—马门溪龙，现藏中国古动物馆。红山大坪遗址和山城台遗址均为省级文物保护单位。自然旅游资源丰富，形成以市民休闲度假游，现代农业观光游，特种养殖观光游，家庭旅游，民情风俗游，老年健康游，以乡村地域及农业相关的风土、风俗、风景组合形成的乡村风情为吸引目的的乡村旅游。

【国民经济】2009年，完成地区生产总值55.41亿元，扣除价格因素，比上年增长12.8%。完成全社会固定资产投资25亿元，增长19%。实现社会消费品零售总额14.19亿元，增长16.02%。全地区财政收入完成4.26亿元，增长21.43%；一般预算收入完成8424万元，增长24.58%，加上兰铝税收1500万元和资源税返还430万元，达到10354万元，增长42.6%，居全市第一。农民人均纯收入6615元，增长12.04%；城镇居民人均可支配收入9561元，增长10.5%。节能减排成效良好，主要污染物排放控制在市上下达的指标之内。

【项目建设】2009年，全区引进各类招商项目31项，总投资21.7亿元，已开工建设23项，新引进到位资金10.2亿元。方大炭素高炉炭砖生产线、炭素焙烧系统改造、石墨化炉体改造、兰铝后续配套工程、平安水电站等一批重点项目建成投产或基本完工，窑街煤电公司油页岩、红古水电站等一批项目抓紧建设。为国家重大建设项目全力搞好协调服务，兰青铁路二线竣工通车，涩宁兰天然气二线工程基本完工。加大房地产开发力度，兴建宝瑞花园、金海天嘉园等一批新型住宅小区，新增住房面积21万平方米。加大城市经营力度，与兰州银行达成8亿元的融资合作意向，储备土地466亩，出让土地216亩，实现收益4600万元。

【新农村建设】特色农业不断发展壮大，新农村建设再掀高潮。立足市场需求，积极调整产业结构，着力培植菜果奶三大特色优势产业，花庄6000头奶牛繁育基地、亨华万头猪厂、核桃基地项目建设进展顺利。新农村试点村建设进展良好，总投资4700万元，实施各类项目 36 个，建成洞子、薛家等 6 个市级新农村试点，编制完成村庄规划 6 个，建成安全饮水工程 2 个、村民文化广场 6 个、农家店 15 个。

【人民生活】城乡居民收入稳步增加，生活水平进一步改善。2009 年全区城镇居民人均可支配收入 9561 元，比上年增加 1014 元，增长 10.5%；人均消费性支出 6511 元，增长 11.4%。城镇居民家庭恩格尔系数为 39.3%，下降 0.3 个百分点。农民人均纯收入 6615 元，比上年增加 711 元，增长 12.04%；人均生活消费支出 3990 元，增长 8.4%，农村居民家庭恩格尔系数为 52%，下降 0.9 个百分点。城乡居民储蓄存款余额达到 29.22 亿元，比年初增长 14.2%。城乡居民人均住房面积分别达到 25 平方米和 27 平方米。移动电话用户达到 75 部/百人。

【社会保障】进一步完善社会保障体系，养老、失业、医疗、工伤、生育五大保险累计扩面 3640 人，城镇居民基本医疗保险参保率和新型农村新型合作医疗参合率分别达到 97% 和 94.5%，报销医疗费用 2364.8 万元。低收入群体和困难群众的生活得到保障，207 万人(次)享受到城乡低保政策，发放保障金和物价补贴 3490 万元。就业和再就业工作不断加强，城镇新增就业 3866 人，其中下岗失业人员 1070 人，通过公开招考、纯农户"零就业家庭"和公益性岗位安置大中专毕业生 318 人，城镇登记失业率控制在 3.6%以内。输转城乡剩余劳动力 4594 人，创劳务收入 3100 万元。

【社会事业】科技服务水平进一步提高，完成科技费用支出 342 万元，引进新品种 31 个，推广新技术 6 项，顺利通过国家级科技进步县区复查考核。2009 年末全区共有各类专业技术人员 2386 人，其中中、高级专业技术人员 1479 人。

深化教育改革，提高教育质量，促进教育公平，教育事业上新台阶。努力改善办学条件，2009 年完成中小学危房改造面积 10064.65 平方米，争取中央及省、市资金共计 2065.35 万元。2009 年各类学校在校学生 1.93 万人。其中，普通中学 0.93 万人，小学 1 万人。学龄儿童入学率达 100%，普通初中升学率 100%，高中升学率达 61%，高考上线率达到 80.5%，比 2008 年提高 11.63 个百分点，创历史新高。

文化事业繁荣发展，建成海石湾、窑街街道综合文化站和"村村通"广播电视平安台发射基站，广泛开展庆祝建国 60 周年等群众文化活动，顺利通过省级文化先进区复查验收。2009 年末，全区共有公共文化机构 9 个，公共图书馆 1 所，藏书 3 万册。新建农家书屋 25 个。50～300 瓦的电视发射台 1 个。

卫生事业不断加强。卫生应急体制、机制逐步建立，公共卫生医疗卫生的公益性增强。城乡医疗卫生服务体系不断完善，建成 3 个社区卫生服务中心、7 个标准化村卫生所和 500 座农村卫生厕所，妥善处置了手足口病、甲型流感等疫情。2009 年末拥有各类医疗卫生机构（含诊所、医务室、社区卫生服务站）144 个，其中基本医疗机构 59 个；诊所 70 所。卫生床位数 892 张，卫生技术人员 1488 人，其中执业(助理)医师 365 人。每百人拥有卫生技术人员 1 人。

永登县

【现任主要领导】

中共永登县委书记：李彦龙

永登县人大常委会主任：张礼才

永登县人民政府县长：魏旭昶

政协永登县委员会主席：史存瑞

中共永登县纪律检查委员会

书记：赵承顺

【基本情况】永登县位于甘肃省中部，兰州市西北部，是古"丝绸之路"的重镇，河西走廊的门户。全县总面积 6090 平方公里，现辖 13 个镇、5 个乡、11 个居委会、240 个村委会和 1519 个村民小组，共有户籍人口 52.06 万人。海拔高度 1500～3200 米，年均气温 5.9 ℃，年均降水量 290 毫米，平均日照 2659 小时，无霜期 121 天。全县耕地 137.78 万亩，其中水浇地 49.62 万亩。

【国民经济】2009 年，全县实现生产总值 63.01 亿元，比上年增长 9.5%。其中：第一产业实现增加值 7.89 亿元，增长 4.73%；第二产业实现增加值 30.52 亿元，增长 8.51%，其中，工业实现增加值 25.53 亿元，增长 2.60%；第三产业实现增加值 24.61 亿元，增长 12.5%。全社会固定资产投资完成 35.22 亿元，增长 38.34%。全社会消费品零售总额完成 9.06 亿元，增长 16.37%。一般预算收入完成 2.43 亿元，增长 11.2%；一般预算支出达到 11.67 亿元，增长 39.7%。城镇居民人均可支配收入 7622 元，增长 25.35%。农民人均纯收入 3106 元，增长 15.34%。

【项目建设】2009 年，永登县始终把项目建设作为应对经济时艰和加快发展的"生命线"，坚持招商引资和争取国家投资并举，抓住国家扩大内需、促进经济增长和国内产业转移的机遇，争取、引进和实施一批项目，项目建设成效显著。共落实项目 138 个，概算投资 185 亿元，亿元以上项目 9 个，完工项目 85 项，完成投资 26.4 亿元。其中落实国家、省、市投资项目 107 个，到位资金 11.2 亿元；新签约各类项目 31 个，到位资金 15.2 亿元。项目总量和投资规模都比往年有较大幅度增加，形成一批新的经济增长点。工业项目方面，连铝公司年产 25 万吨熔铸项目建成试产，40 万吨环保节能技改项目即将开工建设，蓝星硅材料公司金属硅电炉项目建成投产，祁连山水泥公司日产 5000 吨干法水泥生产线开工建设，兰州中盛瑞泽马铃薯深加工项目建成投产。能源项目方面，武胜驿 750KV 变电站建成投入使用，大同 110KV 变电站建成试运行，连城 330KV 变电站完成主体建设任务；中石油兰州国家原油储备库项目全面开工建设；龙林梯级水电站并网发电，杜家湾水电站即将并网发电，河桥水电站和连城二级水电站正在加紧施工。交通项目方面，徐古高速公路永登段全线开工建设，中川机场改扩建项目完成前期工作。农业项目方面，兰州正大现代标准化蛋鸡示范场项目一期工程全面完工，秦王川清源保鲜库和兰州天泽物华商贸公司蔬菜保鲜库建成投入使用。

【新农村建设】2009 年，坚持以增加农民收入为核心，以产业发展为主导，以基础设施和公共事业建设为抓手，稳步推进农业现代化、农村工业化和城镇化。在稳定粮食生产的基础上，大力发展特色产业。继续坚持“一乡一业、一村一品”的思路，发展高原夏菜 7.1 万亩、中药材 1.49 万亩、啤酒大麦 8.24 万亩、优质洋芋 22 万亩；新增红提葡萄 1330 亩、日光温室蔬菜 360 亩；推广全膜双垄玉米 10.13 万亩，带动农民增收 4560 万元；奶牛、肉羊、生猪存栏分别达到 6039 头、33.7 万只和 16.5 万头。特别是通过集中扶持，玫瑰产业开始步入良性发展轨道，种植面积达到 2.8 万亩，亩均收入达到 5500 元。加快农村基础设施建设步伐。投资 9162 万元，实施以西连路、大石路为重点的 41.45 公里通乡油路和 59 项、209 公里通村道路建设工程。投资 5000 多万元，实施农村安全饮水、小水维修、病险水库除险加固等一批水利工程，解决 6.8 万人的饮水安全问题；通过积极争取，引大秦王川灌区水塘调蓄工程被列入中央财政小型农田水利重点县建设项目。投资 638 万元，重点建设“三北四期”防护林 9000 亩、农田林网 5000 亩，发展经济林 1.34 万亩，完成中川机场周边绿化 7124 亩、绿色通道建设 34 公里；投资 1200 万元，在西北部山区重点退耕还林地区实施基本口粮田“坡改梯”工程 1 万多亩，发展后续产业基地 8070 亩。落实耕地占补平衡制度，投资 1612 万元，新开发整理土地 4370 亩。加快小城镇建设步伐。通过争取上级支持和自筹资金 3000 多万元，实施中川、连城、秦川等小城镇道路建设项目。加快推进新农村建设步伐。投资 2103 万元，重点建设中川元山、尖山庙、史喇口和秦川胜利、新园以及上川甘露池 6 个市级试点村，实施特色产业培育、设施农业发展和水、电、路、沼气池等一批基础设施建设项目，村容村貌得到改善。

【人民生活】2009 年，全县农民人均纯收入突破 3000 元，达到 3106 元，比上年增长 15.34%。农民人均消费支出水平实现同步上升，农民人均总支出为 3359.73 元，增长 8.76%。城镇居民人均可支配收入达到 7622 元，比上年增长 25.35%；城镇居民人均生活消费性支出 6031.15 元，增长 23.72%。

【社会保障】坚持以创业带动就业，累计支出各种再就业资金 1451 万元，在城镇通过开展“一帮一”活动、开发公益性岗位、发放小额担保贷款等措施，安置就业困难对象 1594 名，新增城镇就业 4125 人，实现城镇零就业家庭就业 1 人和下岗失业人员充分就业的目标；在农村通过创业培训、基地建设、组织输出等措施，输转富余劳动力 11.33 万人，实现劳务收入 8.31 亿元。同时，全面落实大学生就业政策，公开选拔招录 465 名高校毕业生充实到教育、卫生系统和乡镇、部门工作。多措并举推进保障安民。加快建立多层次、广覆盖的城乡一体化社会保障体系，累计支出各类社保资金 5535 万元，城乡低保、医疗救助、五保供养、救灾救济等制度得到全面落实。城镇低保标准提高 10%，养老保险、失业保险、工伤保险、生育保险、城镇职工和城镇居民基本医疗保险覆盖面进一步扩大，累计新增 7237 人，完成各类社保基金征缴 7704 万元，全部超额完成市定目标任务。新型农村合作医疗工作规范运行，参合率达到 94.6%，共为 36.67 万人次报销门诊、住院费用 4116 万元。全面落实国家“家电下乡”、“汽车、摩托车下乡”等惠民政策，共有 9389 户、28078 名农民享受到国家补贴 475 万元。加快廉租住房建设，全县第一个廉租住房“惠民花苑”小区 1、2 号楼全面竣工，144 户城镇最低收入家庭喜迁新居。全面实施农村危旧房改造工程，共投入补助资金 4800 万元，完成 10132 户改造任务。加大扶贫攻坚力度，投资 733.5 万元，实施上川四泉、通远团庄易地扶贫搬迁项目；争取各类扶贫资金 1732 万元，实施 12 个整村推进扶贫开发和 19 个产业化项目，解决了 3800 多名贫困人口的温饱问题。

【环境保护】通过大力推进结构减排、工程减排和管理减排“三大工程”，重点实施结构减排，2009 年完成连城电厂 1、2 号机组关停、兰州铁路局屯沟湾水泥厂、永登县永利彩色水泥厂等 3 项二氧化硫结构减排项目，年减排二氧化硫 848 吨。在化学需氧量减排项目方面，永登祁连山水泥有限公司生活污水处理站及连城铝厂生产生活污水处置及中水回用项目已正式运营。开展环境安全排查，消除环境安全隐患，全年未发生《国家突发环境事件应急预案》规定的重大以上级别突发环境事件和重大环境污染事故；加强放射源监管工作，对因停产或破产停用的 5 枚铯—137 放射源及时上缴省核与辐射监督管理局，全年未发生重大核与辐射污染事故；加强对全县非煤矿山和连城自然保护区生态环境的现场检查，全年未发生生态破坏事件。

“天保”工程得到切实落实，落实天然林停伐措施，森林资源管护与建设工作实行承包责任制，生态保护区初步呈现出生态环境改善的效果。稳步推进封山禁牧工程，连城自然保护区森林覆盖率由 62%提高到 68%，森林质量和树种组成明显改善，森林资源得到有效保护。

【社会事业】致力统筹发展，各项社会事业全面进步。群众性精神文明创建活动蓬勃开展，思想道德建设进一步深化，未成年人思想道德建设得到加强，被省委、省政府评为“全省创建文明县”工作先进县。

文化旅游事业进一步繁荣。新建“农家书屋”86家，完成6个乡镇综合文化站点建设任务，配备农村体育健身器材58套；投资2133万元的世行贷款鲁土司衙门旅游基础设施建设项目顺利启动，成功举办第二届“中国玫瑰之乡•永登苦水旅游节”，苦水镇被列为全省综合旅游示范镇。

教育事业稳步发展。全面落实“两免一补”政策和农村义务教育经费保障机制，共发放“两免一补”资金3033万元；投资3300多万元，实施连城中心小学迁建、武胜驿道顺学校翻建、18所农村寄宿制学校建设和中小学危房改造工程；投入资金2300多万元，启动建设新城区小学并完成主体工程，城区大班额问题将得到有效缓解；教育质量和办学条件同步提高，高考成绩再创新高，本科上线人数达到1128人。

城乡医疗卫生服务体系进一步完善。疾病预防控制工作扎实开展，甲型H1N1流感各项防控措施全面落实；投资4728万元，完成7所乡镇卫生院改扩建和31所标准化村卫生室新建，实施县中医院门诊大楼、县医院医技综合楼等基础设施建设项目，城乡医疗卫生基础设施条件将得到大幅度改善。

皋兰县

【现任主要领导】

中共皋兰县委书记：毛仁

皋兰县人大常委会主任：张恩玉

皋兰县人民政府县长：宗满德

政协皋兰县委员会主席：朱宗义

中共皋兰县纪律检查委员会

书记：常千宗

【基本情况】皋兰县现辖3乡4镇，总人口17.89万人。国土总面积2556平方公里，耕地面积42.39万亩，其中水地面积21.88万亩，人均1.45亩。平均海拔1600米，年均气温7.2度，年均降水量260毫米。气候温和，四季分明。县境与省城兰州、铜城白银和中川航空港零距离接壤，县城距兰州35公里、白银29公里，距兰州中川机场30公里，是兰州1小时经济圈的重要节点。交通四通八达。包兰铁路纵贯全境，白兰、柳忠、兰海高速公路，国道109线、312线和省道214线、201线贯通全县，乡村道路全部硬化。已经开通兰州至什川黄河豪华邮轮航线。

【资源优势】土地、水力、电力资源尤其丰富。县境南部区域九合至什川共有近30万亩土地可供开发，三川口工业园有连片土地1万亩，北龙口物流经济开发园区有可开发利用土地近万亩，与兰州经济开发区和西固石化城相接壤的南部区域可开发利用土地达2万多亩。黄河穿县境南部而过，引大入秦、西岔电力提灌、大砂沟电力灌溉三大水利工程覆盖全县，已建成120万方山子墩水库和城乡输水工程，日处理水量5000立方米。拥有装机22万千瓦、年发电10亿度的小峡水电站，容量30万KVA的220KV变电所1座，总容量24万KVA的110KV变电所3座，总容量48万KVA的330KV变电站1座，正在投资改扩建4座变电站。

旅游资源得天独厚。什川生态古镇万亩梨园得天独厚，被誉为“中国第一古梨园”。荣获陇原唯一“中国县域节庆最具潜力奖”，什川镇荣获“兰州最美丽乡村”称号。“天斧砂宫”丹霞地貌开发前景广阔。特色旅游景区的对外吸引力不断提升，累计接待游客53万人次，创收1580万元。

【国民经济】2009年，完成地区生产总值21.28亿元，比上年增长12.94%。完成全社会固定资产投资10.64亿元，增长30.65%。城镇居民可支配收入6452元，增长12.29%；农民人均纯收入3207元，增长14.93%。实现社会消费品零售总额3.51亿元，增长16.24%。地区性财政收入突破2亿元大关，完成22702万元，增长11.8%；完成一般预算收入9191万元，增长18.3%。

【项目建设】2009年，制定并落实33条优惠政策，成立企业家协会，建立商会招商平台，招商引资和项目建设取得重大突破，项目建设为皋兰经济发展注入强劲活力，引领县域经济驶入“快车道”。全年共签约引进合同项目31个，合同引资35.6亿元，到位资金6.63亿元，比上年增长21.0%；争取并实施各类政策性项目65项，到位资金3.81亿元，增长54.2%。其中投资额5000万元以上项目13项，投资额亿元以上项目8项，新引进项目已开工22项，PE管材、60万吨石灰生产、纯棉布织造等8个工业项目建成投产。其中总投资5000万元的PP-R、PE管材、管件生产线项目成为2009年招商引资工作的最大亮点，填补了西北甘青宁地区PE管材、管件生产的空白。

【新农村建设】2009年，县上整合资金300多万元，着力推进出口创汇蔬菜、设施西甜瓜、旱砂西甜瓜、红砂洋芋、优质林果等5个万亩标准化示范基地和千亩高新设施农业综合示范园区建设。确定标准化示范核心区12个，新增设施农业面积2320亩，累计达到2.1万亩。建立出口创汇蔬菜、设施西甜瓜、旱砂西甜瓜、红砂洋芋核心示范区9个，面积达到8500亩。扶持壮大龙头企业，落实订单农业面积11万亩。狠抓新农村示范点建设，巩固扩大历年试点示范村建设成果，整合资金2240万元，推进中堡、文山、蔡河、老鹳、燕儿坪、四墩等6个新农村试点示范村建设，新建高架大棚、日光温室455座；硬化村道9.4公里；新建农户住宅30院；各村村民服务中心和文化活动中心主体完工。输转城乡富余劳动力2.5万人次，创劳务收入 1.8 亿元，劳务经济成为农民增收的新亮点。

【人民生活与社会保障】城乡居民生活水平继续提高。2009 年，全县在岗职工工资总额为 25151 万元，比上年增长 34.7%；在岗职工年平均工资达 25053 元，增长 7.1%。城镇居民人均可支配收入为 6452 元，增长 12.29%；人均消费性支出 5124 元，增长 15.02%。农民人均纯收入为 3207 元，增长 14.93%。落实各项强农惠农和惠民政策，及时足额发放粮食、农资、农机、石油、"家电下乡""汽车下乡"等各类补贴资金 1239 万元。城乡居民储蓄存款余额 19.88 亿元，比年初增长 27.56%。

2009 年，各项保险覆盖面继续扩大，发放养老、失业、医疗、工伤、生育保险金 2335 万元，为 226 名村干部办理养老保险。城乡低保覆盖面进一步扩大，为 5702 户发放低保金 1599 万元。为城乡困难群众发放大病医疗救助金 280 万元。建成廉租住房和经济适用房 210 套，完成 3939 户农村危旧房屋改造。投资 1398 万元，易地搬迁涝池、高山等村农户 284 户。投资 1820 万元，建成水阜川、中川、黑石川、什川安全饮水工程，有效解决了 3.5 万人的饮水安全问题。全国农村社区建设试点实验县工作有序推进。积极推进"平安皋兰"建设，建成市级平安乡镇 2 个。高度重视就业工作，公开选拔 204 名大学毕业生到基层工作，开发公益性岗位 215 个，安置城镇下岗失业人员再就业 109 人，新增城镇就业人员 532 人。

【环境保护】积极引导企业开展技术创新和节能监察；实施节能监测并积极推进合同能源管理新模式；加大节能降耗、治污减排工作力度；采取重点用能企业能耗总量限额；严格控制"两高一资"企业引进建设，实行固定资产投资项目节能评估机制；淘汰落后产能，全县节能减排工作取得良好的成效。2009 年，关闭 4 户"五小"企业，淘汰 2 户落后产能企业及生产线，淘汰落后产能 2.8 万吨，节约能源 3.2 万吨标准煤。

【社会事业】2009 年，深入开展和谐"五创"活动，巩固省级精神文明先进县创建成果，各项事业协调发展，社会建设凸显新亮点。

科普工作成效明显。2009 年，认真组织实施国家科技部富民强县项目—《皋兰县砂田西甜瓜保护地生产技术集成与产业化开发》、省科技厅星火计划项目—《什川镇新农村建设科技示范乡镇(试点)》，顺利通过科技部"2007～2008 年度全国县（市）科技进步考核"验收，西岔高原夏菜科普示范基地列入国家"科普惠农兴村计划"300 强。全年共争取市级以上科技计划项目 9 项，各类科技扶持资金 116 万元，科技事业的发展，为县域经济又好又快发展提供强有力的科技支撑。

认真落实"两免一补"政策，继续健全"以县为主"农村义务教育管理体制，加强教育教学设施建设，完善教育教学效绩考评机制，狠抓规范化管理和师资队伍建设，巩固和提高教育教学质量。顺利推进总投资 6354 万元的皋兰四中迁建等 14 项教育基础设施建设，改扩建农村寄宿制学校 10 所，撤并农村学校 20 所。高考再创佳绩，本科上线 574 人，净增 40 人。

医疗服务水平明显提高。新建 10 个标准化村卫生所，累计建成市级标准化卫生所 68 个。全面推进总投资 2924 万元的县医院门诊综合大楼等 17 项卫生基础设施建设，建成县计生服务站综合楼，新改扩建各乡镇卫生院，成为卫生基础设施大发展的一年。制定并落实《行政事业干部职工健康体检实施办法》。认真开展"卫生人才队伍建设年"活动，招录 37 名医学大学毕业生充实基层乡镇卫生院。新型农村合作医疗有序推进，参合率达到 92.5%。

广电事业稳步发展，自办节目质量明显提高。中央广播电视无线信号覆盖工程全面完成，广播人口综合覆盖率 96.41%，电视人口覆盖率 100%，有线电视用户达 6300 户。

文体事业蓬勃发展。建成县图书馆、档案馆综合大楼和 3 个乡镇文化站。新建太平鼓保护基地和 38 个农家书屋。完成 28 个村和 3 个社区"一村一品"群众文化精品工程创建工作。深入开展全民健身活动，积极参加全市第六届运动会，争得金牌 28 枚。

榆中县

【现任主要领导】

中共榆中县委书记：胥波

榆中县人大常委会主任：冯得三

榆中县人民政府县长：徐大武

政协榆中县委员会主席：黄宗利

中共榆中县纪律检查委员会

书记：魏万宏

【基本情况】榆中县位于甘肃省中部，西靠七里河、城关区，东邻定西市安定区，西南与临洮县交界，北隔黄河与皋兰县、白银市平川区相望，东北和靖远县、会宁县接壤。总面积 3301.64 平方公里。海拔 1400 米至 3700 米之间，最低点青城镇东滩为 1432 米，最高点马啣山主峰为 3670 米，是黄土高原高峰之一。黄河流经本县北部来紫堡、青城、上花岔、园子岔四个乡。本县属温带半干旱性气候。县城年平均气温 6.7 ℃，年平均降雨量 400 毫米左右，无霜期 140 天。全年总日照时数 2600 小时左右。户籍人口 43.17 万人，非农业人口 4.62 万人，有汉、回、蒙古、壮等 14 个民族。人口密度 131 人/平方公里。辖 8 镇 15 乡、268 个村委会。耕地 105.4 万亩，林地 43.6 万亩。

【旅游资源】县境内有省级文物保护两处。一是马家洼新石器文化遗址。位于县城西北十公里的连搭乡马家洼行政村。二是兴隆山卧桥。初建于 1763 年，现存桥式系 1900 年设造，人们惯称卧桥。还有白虎山的原始社会晚期的古墓群；夏官营镇王家崖村的西秦国都“勇士城”遗址；来紫堡乡黄家庄的肃王墓。兴隆山位于县城西南5公里。东西两山对峙。东名兴隆。西曰栖云。在历史上誉为“陇右第一名山”、“甘肃之名山、兰郡之胜景”。全年共接待游客60万人次，实现旅游总收入2500万元。

【国民经济】2009年，实现地区生产总值33.73亿元，扣除价格因素，比上年增长9.5%。完成全社会固定资产投资25.48亿元，增长32.23%；实现社会消费品零售总额9.53亿元，增长12.07%；完成地区性财政收入4.18亿元，增长15.02%：其中县级收入1.97亿元，增长19.78%。财政支出11.78亿元，增长37.41%。

【项目建设】全年共引进各类项目57项，总投资45.2亿元，到位资金17.9亿元，建成投产46项。实施重大项目45项，完成投资16.2亿元，农村危旧房改造造已建成33项，在建设12项。全县累计新开工和续建项目147家，累计完成全社会固定资产投资25.48亿元，比上年增长32.23%。(城镇以上完成投资17.51亿元；农村集体和个人投资7.97亿元)。新建项目有榆中农副产品物流中心、农村安全饮水、农村道路通畅、农网改造、中粮储备库工程、中小学基建和西北民族大学图书馆建设等136家；续建项目有兰州棉纺厂搬迁和县医院综合楼等11家。

【新农村建设】坚持农业抓特色，着力巩固和壮大高原夏菜、北山洋芋、双垄沟播玉米等特色主导产业，形成“一村一品”规模经营示范村。蔬菜种植26.2万亩、商品洋芋18万亩，双垄沟播种植26.39万亩，玉米产量8.05万吨。粮食总产量14.21万吨，创历史最高水平。新建成蔬菜品种示范基地4个推广面积5000亩，“榆中莲花菜”获得国家产品地理标志认证。投资3431万元，实施新农村建设项目40项。完成农村安全饮水二期工程，解决了近10万人安全饮水问题。新农村王保营等6个市级试点示范村和10个县级重点村建设加紧进行。建成农村户用沼气池6454座。投资2.55万元，启动实施三电大型泵站改造工程，彻底解决水利基础设施落后老化问题。

【人民生活】城乡居民生活不断改善。城镇居民可支配收入7586元，比上年增长13.02%。人均消费性支出5273元，增长2.34%。农民人均纯收入2748元，增长14.03%。人均生活消费支出2848元，增长12.79%。城乡储蓄存款41.86亿元，比年初增长36.6%。固定电话及移动电话用户年末达到10.6万户，电话普及率25部/百人。

【社会保障】全年累计发放城乡最低生活保障金2653万元；发放衣被食品等救灾物资，解决灾民及特困群众的过冬御寒问题；共下拨救灾救济款655万元，重点解决了特困户、重灾户、五保户的生产生活问题；发放各类抚恤金264.6万元，解决了优抚对象的生活、医疗等困难和问题；对城镇退伍军人发放自谋职业补助金66.4万元，农村义务兵家属优待金71.2万元；全年实施城乡困难群众医疗救助279.6万元，年底共有36.79万农民参加农村合作医疗，占农民总数的95.5%，全年减轻群众医疗负担3569万元。

【社会事业】一是交通运输不断改善。投资2.5亿元的城市I级干道建成通车，完成广成路、大成路改造，建成农村道路通达通畅工程243公里。保障兰渝铁路、宝兰铁路线等国家重点工程，完成兰渝征地2670亩。完成货运量577万吨、货物周转量3.67亿吨公里，客运量428万人次、客运周转量3.58亿人公里。二是教育事业优先发展，“两免一补”政策全面落实。投资7500多万元，实施31所学校扩建工程，完成9所农村初中校舍改造，新建校舍5.3万平方米，排危2.2万平方米。高考二本上线人数达1577人，各类学校329所，教职员工4448人，高中在校生10155人，初中在校生20029人，小学在校生29164人，学龄儿童入学率达99.8%。三是文化事业蓬勃发展。新发展农村有线电视用户3000户，广播电视综合覆盖率达到95%以上。全民健身馆投入使用，建成8个乡镇综合文化站和100个农家书屋。四是城乡医疗条件明显改善，建成县一院门诊综合楼，县卫生系统综合业务楼完成主体工程，建成县乡卫生院等4所和市级标准化村卫生所26所。有卫生机构347所，其中县级8所、乡级卫生院21所、厂矿卫生所站10所，村卫生所268所，个体诊所40所。卫生床位783张，卫生技术人员1361人，其中执业医师443人，医士332。每千人拥有卫生技术人员3.15人。

嘉峪关市

【现任主要领导】

中共嘉峪关市委书记：马光明

嘉峪关市人大常委会主任：马光明

嘉峪关市人民政府市长：郑亚军

政协嘉峪关市委员会主席：周生

中共嘉峪关市纪律检查委员会书记：焦玉兰

【基本情况】嘉峪关市位于甘肃省西北部，河西走廊中部偏西，是古丝绸之路的交通要道，是明代万里长城的西端起点，也是丝路文化和长城文化的交汇点，因举世闻名的万里长城天下第一雄关而得名，自古以来就被人们称为“河西重镇、边陲锁钥”。嘉峪关市历史上无郡县设置，是1958年伴随着国家“一五”重点建设项目“酒泉钢铁公司”的建设而逐步发展起来的一座新兴的现代化工业旅游城市。1965年设市，1971年经国务院批准为省辖市。2009年12月1日成立雄关、长城、镜铁三个区，下辖五一、新华、前进、胜利、建设、峪苑、朝阳和镜铁山矿区8个街道办事处，峪泉、文殊、新城三个镇。

全市总面积 2935 平方公里，其中城区规划面积 120 平方公里。2009 年全市总人口为 21.09 万人，其中城市人口 19.05 万人，农村人口 2.04 万人。嘉峪关市是移民城市，85%左右的人员来自全国 19 个省、市、区。近年来，先后获得“中国优秀旅游城市”、“全国创建精神文明先进城市”、“全国园林绿化先进城市”、“中国西部名城”、“中国特色魅力城市 200 强”、“全国无偿献血城市”、“国家卫生城市”、“国家环境保护模范城市”、“2006 年度亚洲城市建设百强”、“中国最具投资价值城市”、“全国和谐中小城市示范单位”、“中国十佳宜居生态城市”等殊荣。

【资源优势】全市已探明矿产资源有 21 个矿种，产地 40 多处，其中铁、锰、铜、金、石灰石、芒销、造型粘土、重晶石等为本市优势矿产。讨赖河横穿本市境内，年均径流量 6.58 亿立方米，河水引至大草滩水库总容量为 6400 万立方米。境内地下水资源丰富，净储量达 7.318 亿立方米，年补给量为 1.636 亿立方米。

旅游资源丰富。境内有享誉中外、雄伟壮观的（明）万里长城、嘉峪关关城、长城第一墩、悬壁长城、讨赖大峡谷及展现绘画艺术古迹的黑山岩画、魏晋墓地下画廊等。还有亚洲距城市最近的“七一冰川”及祁连积雪、瀚海蜃楼等独具特色的西部风光，有博大精深的中国第一家“长城博物馆”，列居世界三大滑翔基地之一的嘉峪关国际滑翔基地。近几年，来参观西部长城、大漠风光的人数不断增加，旅游事业日益兴旺。本地生产的旅游产品主要有：夜光杯、风雨雕、驼绒画、祁连玉雕、嘉峪石砚、文物复制品及反映魏晋时代人文景观的“墓砖画”等。长城文化旅游景区创建为国家“5A 级旅游景区”。2009 年成功举办“丝绸之路旅游与区域合作论坛”，实行景区景点“一票通”，东湖生态景区和紫轩葡萄酒庄园申报国家“4A”级景区进展顺利。2009 年实现旅游及相关产业收入 4.97 亿元，比上年增长 45.34%，全社会旅游人数 115.6 万人次，增长 41.84%。

【国民经济】2009 年，嘉峪关市迎来经济发展史上极不寻常的一年，也是进入新世纪以来经济发展最为困难的一年，面对极其复杂的形势和严峻的困难，市委、市政府认真贯彻中央及省委一系列宏观调控政策和决策部署，团结带领广大干部群众坚定信心、共克时艰，变压力为动力，化挑战为机遇，有效遏制经济下滑态势，实现经济平稳较快发展。2009 年嘉峪关市实现生产总值（GDP）160.05 亿元，比上年增长 10%。其中：第一产业实现增加值 2.28 亿元，增长 11%；第二产业实现增加值 126.24 亿元，增长 9.6%；第三产业实现增加值 31.53 亿元，增长 11.3%。完成全社会固定资产投资 40.44 亿元，下降 22.8%；完成地方财政收入 7.71 亿元，增长 1.3%；实现社会消费品零售总额 20.45 亿元，增长 13.61%。城镇居民人均可支配收入达到 15123 元，增长 4.2%；农民人均纯收入达到 6956 元，增长 8%。

【工业经济】嘉峪关市是典型的重工业城市，工业占全市经济总量的 79%，经济发展主要依靠工业经济拉动。在工业中重工业重，轻工业轻，重工业占到全市工业经济总量的 99.22%，轻工业仅占 0.78%。而在工业内部主要是以黑色金属和压延加工业为主。此次世界金融危机的爆发，对工业经济尤其是冶金工业的影响非常大。面对严峻的经济形势，全市上下科学决策，从容应对，认真贯彻执行国家“扩内需、保增长、调结构”的宏观调控政策，沉着应战、迎难而上，及时制定刺激嘉峪关市经济增长的十条措施，经过全市上下坚持不懈的努力，工业经济从 5 月份有所好转，上半年工业经济降幅缩小到 4%，7 月份工业经济首次实现增长，以后呈现出企稳向好，逐月加快回升的势头，全年成绩的取得来之不易。2009 年，全市工业企业完成工业增加值 112.62 亿元，比上年增长 10%。其中，市属工业企业实现工业增加值 11.5 亿元，比上年增长 9%。随着钢材价格的稳步回升，酒钢（集团）公司抓紧组织生产，产品产量稳步增长。2009 年，主要产品—钢产量增长 9%，生铁增长 6.9%，钢材增长 6.3%。水泥、铁合金分别增长 28.7%和 1.11 倍。2009 年，工业产品产销率达到 97.44%，比上年提高 3.61 个百分点。2009 年，嘉峪关市装备制造业一枝独秀，以西部重工有限公司为代表的风电机械设备制造业快速发展，成为拉动经济增长的一个亮点。目前，嘉峪关市生产和在建的风电设备制造企业已达到 3 家。酒钢机制公司、宏联自控公司、中核嘉华核设备制造公司发展良好。此外，甘肃大陆桥钢管有限责任公司也开始试生产，为嘉峪关市装备制造业的发展注入新的活力。甘肃海特新能源公司开工建设。2009 年，装备制造业实现总产值 5.75 亿元，比上年增长 45.3%。企业效益不容乐观。2009 年，嘉峪关市工业企业累计实现利润 12.59 亿元，比上年下降 38.5%；市属工业企业累计实现利润 0.56 亿元，比上年下降 82.9%。

【新农村建设】农村现有耕地 4.26 万亩，农田水利设施齐备。作为城市的副食品基地，按照“城乡一体化发展”的基本思路，出台《嘉峪关市新农村（城乡一体化）建设 2009～2012 年试点工作方案》，大力调整农村经济结构，积极发展农业产业化，目前已建成酒钢高科技种养殖园、万亩葡萄园、紫轩葡萄酒业、兴盛啤酒花加工厂等农业产业化龙头企业，逐步形成双泉、峪泉、新城旅游观光农业区和观光农业开发区。2009 年，全市农民人均纯收入达到 6956 元，稳居全省第一位。农民人均工资性收入达到 1811 元，占农民纯收入的比重达到 26.13%，比上年增长 8.6%。新农村建设步伐加快，加大对农村的投入力度。财政对农林水事务支出达到 4023 万元。其中强农惠农资金 879.45 万元。“家电下乡”工程实施良好，全年发放“家电下乡”补贴资金 60.4 万元。采取财政补贴和农民个人自筹的办法，完成 22 个居民点抗震安居改造和村容村貌整治工程。改造 10 千伏以下电网 6.5 公里。新型农村合作医疗参合率达到 95%，新型农村养老保险参保率达到 58%。城乡一体化进程加快，全年农村基础设施完成投资 7462 万元，农村三镇林、田、路、渠、电、交通、通信、电视等农业生产条件和农村生活条件得到很大改善，实现道路网络化、电视数字化、农田水利化、作业机械化、种植良种化、栽培科学化，成为全省农业先进地区。

【交通、通讯】嘉峪关市公路、铁路、航空运输四通八达，呈立体交通格局。国道 312 线二级宽幅公路纵贯全境，东至省会兰州、西至乌鲁木齐、南到西宁、北经马鬃山、额济纳旗边境口岸到蒙古国，都有公路通达。建成连霍高速公路。武嘉铁路电气化改造投入使用。嘉峪关火车站是新亚欧大陆桥上的辅助编组站和一等客、货运站，每天有 26 对客车、130 对货车从嘉峪关市通过。环城铁路 125 公里专用线直达各主要工厂和仓储库房。开通北京—嘉峪关 43／44 次“嘉峪关号”快速列车和冠名为“酒钢号”的兰州—嘉峪关“子弹头”特快列车，2008 年新增局管例特快 T9205／9206 旅客列车，增加乌鲁木齐到连云港的直通旅客列车 1351／1352。嘉峪关机场距市区仅 10 公里，对嘉峪关机场进行改扩建，达到 4E 级国际备降机场标准，航空条件比较完备。可直飞上海、北京、兰州、西安、山东等地，自由进出比较方便。修建新文大桥，形成新的城乡连接枢纽。2009 年全年交通运输、仓储和邮政业完成增加值 7.59 亿元，比上年增长 5.1%。全年铁路完成客运量 130.54 万人次，比上年增长 10.98%，货运量 541.1 万吨，比上年下降 0.7%；2009 年，公路完成旅客周转量 28530 万人公里，比上年增长 18.43%；民航完成旅客吞吐量 89604 人次，比上年增长 38.56%。随着交通条件的不断改善，特别是嘉峪关至内蒙古额济纳旗策克口岸铁路运输线的修建和武嘉电气化改造工程的投入使用，嘉峪关在河西作为区域性中心城市的交通地位已基本形成。

嘉峪关市是全省最先开通国际、国内长途直拨电话的地区，有线电话、无线市话、移动通讯处于领先水平。2009 年固定电话用户达到 7.45 万户，移动电话用户达到 26.48 万户；年末互联网用户达到 4.08 万户。开通“3G”通讯业务，移动通信网络、联通网络和无线市话网络在全市实现无缝隙覆盖。长途交换实现数字化，全部实现光纤传输。政府信息网、企业上网和远程教育工程已上新台阶，“雄关烽火台”信息港已成为全省三大信息港之一。

【项目建设】在经济快速发展的同时，嘉峪关按照“五个统筹”的要求，努力构建社会主义和谐社会，坚持“以水为脉、以绿为基、以人为本”的原则，多渠道筹措资金，加大城市基础设施建设，城市面貌发生翻天覆地的变化，先后建成一批通信、供排水、供电、供气、供热、城市绿化、道路改造等重要设施，使城市服务功能显著增强，投资环境和人居环境得到很大改善。近年来，相继改造西环路、建设路、五一路等城市道路。实施新华路、文化路等 30 多条道路和路灯亮化、美化工程，使城市面貌焕然一新。机场航站楼改扩建工程、新市区“两湖一河”、“六纵三横”等基础设施重点工程开工建设，初步建成“湖光山色，戈壁明珠”的新型现代化区域中心城市。建成气象塔、新文路桥、嘉峪关大剧院等重点基础设施项目和城市防洪、供水扩容、污水处理管网配套工程。2009 年，嘉峪关市完成全社会固定资产投资 40.44 亿元，比上年下降 24.07%。从三次产业看，第一产业完成投资 2.12 亿元，增长 65.35%；第二产业完成投资 23.29 亿元，下降 35.23%；第三产业完成投资 15.03 亿元，下降 8.56%。城市煤气入户率、自来水入户率均达 100%，居民暖气入户率达 99% 以上；城乡电视全部实现光缆传输。建设城乡一体的防风林带，修建人工湖、水库、湖泊十余处，有效地改善了城市环境和气候。其中迎宾湖水面 24 万平方米，库容 135 万立方米；双泉湖库容 70 万立方米；东湖水面 50 万平方米，库容 278 万立方米。荣获首批“甘肃省园林城市”称号。

【贸易经济】消费市场逐月升温。受收入下滑的影响，全年消费市场呈现出前低后高，逐月升温的态势。2009 年，嘉峪关市完成社会消费品零售总额 20.45 亿元，比上年增长 13.61%。其中，批发业完成零售额 1.34 亿元，增长 3.94%；零售业完成零售额 15.38 亿元，增长 14.48%。随着消费市场的逐步回暖，限额以上批发零售企业呈现加快增长的态势，由上半年下降逐步回升为全年增长 5.77%。住宿和餐饮业实现营业收入 3.73 亿元，增长 13.84%。消费亮点凸现，结构升级明显。电脑、智能手机、液晶电视、数码产品等持续热销，移动电话、电脑和家用汽车逐步成为新世纪居民家庭“新三件”。引导时代潮流的汽车成为目前消费的最大亮点，全年汽车消费零售额达到 1.27 亿元，增长 84.43%，占嘉峪关市社会消费品零售总额的比重达到 6.21%。对外贸易增速减缓。2009 年，嘉峪关市完成外贸进出口总值 40745 万美元，比上年下降 66%。其中进口 38020 万美元，下降 54%；出口 2725 万美元，下降 92.7%

【人民生活】城乡居民收入稳步增加，生活水平进一步改善。全年城镇居民人均可支配收入 15123 元，比上年增长 4.2%。城镇居民人均工薪收入为 13695.7 元，增长 2.7%，占人均家庭总收入的比重为 79%。城镇居民家庭人均消费支出 10852.5 元，增长 1.5%。城镇居民家庭恩格尔系数为 34.98%。全年农民人均纯收入6956元，增长8%。

【社会事业】坚持社会事业与经济建设相互促进、协调发展的原则，坚持走“和谐建市”之路，不断加大对社会发展的投入力度，社会保障、就业、科技、体育、教育等各项社会事业蓬勃发展。

社会保障工作进一步完善。近年来，嘉峪关市不断完善社会保障体系建设，努力提高社会保障的服务功能。2009年，全市养老、医疗、失业、工伤保险、生育保险参保人数分别达到4.79万人、7.12万人、4.22万人、4.46万人和3.52万人，新型农村合作医疗参合率达到94.78%。企业员工老有所养的问题得到较好的解决。城镇失业保险覆盖率达到98%以上。最低生活保障应保尽保。2009年嘉峪关市共有5318人得到政府最低生活保障救济，城镇居民最低生活保障网络覆盖率达到100%。

社会福利事业不断发展。全市拥有政府办社会福利院4个，拥有床位465张；社区便民利民服务逐步建立和完善，全市共有便民利民服务网点61个，服务功能日臻完善，服务质量不断提高。

科技水平日益提高。科技队伍不断壮大，科技人员素质不断提高。全年投入科技三项费700万元，比上年增长4.9%。安排科技项目（课题）35项，申请专利30件；授权17件，取得省部级以上科技项目1个，国家级科技研究中心一个。

体育事业蓬勃发展。近年来，通过实施大体育、大市场、大产业措施，增添了体育事业发展的活力，体育产业初具规模，并日渐成为嘉峪关市的新兴产业。全市共有标准体育场地数213个，非标准体育场地数130个。全年共举办全市性体育竞赛活动13次，参加比赛的人数1.52万人次。全年共组织参加省级比赛9项，参加人数380人次，获金牌12枚，银牌3枚，铜牌2枚。近年来，成功举办“甘肃省第七届残疾人运动会”、“全国汽摩越野赛”、“甘肃省第十一届民族运动会”等，连续多年成功举办“中国—甘肃—嘉峪关”亚洲及国际铁人三项赛。这些赛事的成功举办促进了嘉峪关市体育事业的大发展，提高了嘉峪关知名度。

教育事业优先发展。大力推进教育改革，全力提高教学质量。嘉峪关市普通中学11所，其中全省“示范性高中”一所。普通中学在校学生15630人。小学学校20所，在校学生16122人，学龄儿童入学率达到100%。

精神文明建设不断推进。中央电视台在黄金时段播出“戈壁明珠—嘉峪关”专题片，充分展示嘉峪关的魅力。与中央电视台联合成功举办“欢乐中国行，魅力嘉峪关”主题活动以及“相聚嘉峪关”明星演唱会、纪念邓小平诞辰100周年、建党节大型群众歌咏活动、国际舞狮舞龙旅游节、中秋经典诗文乐舞晚会等。2009年举办“祝福祖国”纪念建国60周年歌咏比赛。这些活动以其丰富的内容、宏大的规模引起了有关新闻媒体的关注，有力地宣传了嘉峪关。

【环境保护】近年来，市委、市政府坚持把保护生态平衡、贯彻资源节约的理念贯穿到政府各项决策之中，资源与环保工作成效显著，环境质量得到提升。环境保护工作取得新进展。嘉峪关市从事环保工作人员80人，拥有各级环境监测站2个，监测人员36人。环保投入增加，全年环境污染治理完成总投资10490.5万元，城市环境基础设施建设完成投资10474万元。工业废水排放量2715.98万吨，工业废水排放达标量2705.98万吨，达标率为99.63%；工业烟尘排放量7628.97吨，工业烟尘去除量14.85万吨；工业二氧化硫排放量1.87万吨，工业二氧化硫去除量5478吨；工业固体废物综合利用率26.23%。三废综合利用产品产值4168万元。城镇生活污水集中处理率为83.99%，生活垃圾无害化处理率为100%。城市环境满意率调查连续三年获得满分。

(王玉梅)

金昌市

【现任主要领导】

中共金昌市委书记：郑玉生

金昌市人大常委会主任：郑玉生

金昌市人民政府市长：张令平

政协金昌市委员会主席：姚忠兴

中共金昌市纪律检查委员会书记：李银

【基本情况】金昌市地处甘肃省河西走廊东段，祁连山北麓，阿拉善台地南缘。北、东与民勤县相连，东南与武威市相靠，南与肃南裕固族自治县相接，西南与青海省门源回族自治县搭界，西与民乐、山丹县接壤，西北与内蒙古自治区阿拉善右旗毗邻。2009年，金昌市常住人口47.57万人，总面积9600平方公里，下辖永昌县、金川区，全市共有12个乡（镇），6个街道办事处。金昌因盛产镍而闻名于世，被誉为祖国的“镍都”。

【资源优势】矿产资源：金昌市共发现矿产地101处。其中黑色金属矿产15处，有色及贵金属矿产21处，能源矿产11处。矿种包括铁、铬、镍、铜、钴、金、银、铂、磷、硅石、萤石、膨润土、建材花岗岩、煤、石油等41种。其中镍矿储量丰富，列世界同类矿床第三位，铜矿储量居中国第二；镍和铂族金属产量占全国的90%以上，是国内最大的镍钴生产和铂族贵金属提炼中心。

旅游资源：境内文物古迹较多，有新石器时代的鸳鸯池、二坝遗址；有西汉时期的骊靬遗址、汉明长城以及为数众多的汉墓群；有唐代圣容寺塔；有被誉为“河西中天一柱”的明代永昌钟鼓楼；有以北海子塔为主的古建筑群，成为旅游休闲的好去处。

【国民经济】2009年，金昌市完成地区生产总值194.75亿元，比上年增长14.2%。第一、二、三产业分别实现增加值 10.24 亿元、155.68 亿元和 28.83 亿元，依次下降 1.84%、增长 16.09%和增长 8.23%；完成全社会固定资产投资 89.14 亿元，增长 21.54%；实现社会消费品零售总额 32.11 亿元，增长 14.9%；完成大口径财政收入 23.39 亿元，下降 39.52%；地方财政收入 9.23 亿元，下降 0.2%。农民人均纯收入达到 5441 元，增长 8.52%；城镇居民人均可支配收入 16317 元，增长 5.9%。

【项目建设】2009 年，金昌市共实施投资项目 427 项，其中新开工项目 256 项，本年投产项目 173 项。重点项目带动作用强劲。2009 年，全市完成 500 万元以上项目投资 337 项，完成投资额 83.46 亿元，比上年增长 22.84%，占投资总额的 90%以上，是历年来开工项目最多，投资力度最大的一年。金川集团公司 10 万吨铜材深加工节能降耗技术改造、40 万吨烧碱项目一期工程、金银硒扩能降耗技术改造，金泥集团 100 万吨干法水泥，金铁集团 2 号高炉改造，永昌发电公司 2×330MW 热电联产，新川化工 20 万吨 PVC、10 万吨硫酸钾，瓮福公司 24 万吨磷铵技改，省电力公司 330 千伏东大滩输变电等项目建成投产；金川集团公司 1.5 万吨海绵钛、6 万吨精密铜镍合金、5000 吨镍合金板带材、1 万吨羰基镍、5000 吨羰基铁、太阳能真空镀膜、铜熔炼系统扩能降耗改造，金化集团 30 万吨纯碱，金铁集团 1 万吨铸件，春天化工 20 万吨电石，西北电网公司 750 千伏输变电等项目建设进展顺利；金昌支线机场，金永高速公路，金阿铁路开工建设；市区 2×330MW 热电联产、天然气利用，金化集团公司 20 万合成氨，金泥集团 24 万吨电石，东烨公司 20 万吨特钢铸造，太西煤业集团公司 100 万吨捣固焦等项目前期工作有序推进。

【新农村建设】2009 年，金昌市共投入“三农”资金 4.74 亿元，比上年增长 10.8%。新增省级龙头企业 4 家（累计达到 14 家），市级龙头企业 7 家（累计达到 28 家）；建成国家级农业标准化示范区 3 个，省级示范区 2 个；解决农村饮水安全 2 万人，农村自来水入户率达到 59%；新建通村公路 171 公里，97.8%的行政村实现通油路、水泥路；新建新农宅示范点 19 个，高标准农宅 3855 套；建成乡镇客运站 5 个、行政村候车亭 138 个；完成危旧房改造 5678 户，配套建成“一池三改”沼气池 5101 户。全年输转城乡富余劳动力 7.7 万人次，培训农民 6.6 万人次，实现劳务收入 5.67 亿元，比上年增长 26%。

2009 年，金昌市新发展规模养殖户 583 户，规模养殖户累计达到 2.44 万户，其中规模养羊户 1.55 万户；新建配套舍饲养殖示范小区 33 个，养殖小区总数达到 91 个。全市畜禽总饲养量为 205.21 万头（只），比上年增长 7.95%。其中羊饲养量为 98.45 万只，增长 7.64%。

2009 年，金昌市争取国家农机购置补贴资金 880 万元，补贴购置拖拉机及配套机具 2811 台（部），受惠农户 2729 户。2009 年末，金昌市拥有农业机械总动力 88.25 万千瓦，比上年增长 2.33%；农用拖拉机 4.45 万台，增长 1.13%。全市年机耕地面积达到 99.57 万亩，增长 3.12%，机械化肥深施面积达到 84.35 万亩。

【人民生活】城乡居民收入继续增加，生活水平进一步改善。2009 年，金昌市居民人均可支配收入达到 16317 元，比上年增加 909 元，增长 5.9%；人均消费性支出 13260 元，增长 1.72%，恩格尔系数为 36.35%；城镇居民人均居住面积 30.42 平方米。农村居民人均纯收入达 5441 元，比上年增加 427 元，增长 8.52%；农民人均生活消费性支出 3919 元，增长 7.96%，恩格尔系数为 40.28%；农村居民人均房屋面积达到 39.2 平方米。年末在岗职工 7.11 万人，与上年相比减少 1.55%；在岗职工年平均工资 37291 元，增长 5.16%。城乡居民储蓄存款余额达到 84.56 亿元，较年初增加 13.66 亿元，增长 19.27%。

【环境保护】2009 年，金昌市完成环保投资 4 亿多元，其中完成工业污染治理项目 19 个，投资额 3.4 亿元。全市工业废气排放量 428.26 亿标立方米，较上年减少 42.52 亿立方米，下降 9.03%；全市工业二氧化硫排放量 8.49 万吨，较上年增加 0.27 万吨，增长 3.28%；工业固体废物产生量 930.45 万吨，较上年增加 45.78 万吨，增长 5.17%，工业固体废物综合利用率达到 15.18%；全市化学需氧量比上年减少 1591 吨，下降 14.22%；全市工业废水重复利用率达到 86.82%；城市生活污水处理率 84%；城市垃圾无害化处理率达到 100%。

【社会保障】2009 年，金昌市城镇新增就业人数 9026 人，解决高校毕业生就业 1019 人，城镇登记失业率 3.6%，与上年持平。全市参加城镇基本养老保险的职工 20933 人，参加城镇失业保险人数 82306 人，参加城镇职工基本医疗保险人数 97682 人，参加工伤保险人数 59682 人，参加城镇职工生育保险人数 8890 人。企业退休人员人均增加养老金 139 元，城市低保标准从每月 173 元提高到 190 元，农村低保起保线由每年 700 元提高到 900 元。新型农村合作医疗参合率 98.9%；城镇居民基本医疗保险参保率 96.1%。全市有各类收养性社会福利单位 7 家，床位 390 张。

【社会事业】2009 年，金昌市组织实施科技计划项目 52 项，科技计划项目总投资 20287 万元，其中安排科技三项费 210 万元。全年受理专利申请 98 件，已授权 90 件。

金昌市现有普通中小学 152 所，其中城市 34 所，农村 118 所；在校中小学生 73854 人；中小学教职工 5157 人。全市现有幼儿园 62 所，学前教育城市幼儿入园率达到 98%，农村幼儿学前一年受教育率达到 85%。全市小学适龄儿童入学率 99.8%，巩固率达到 100%；初中适龄少年入学率 98.92%，巩固率达到 98.8%；义务教育阶段中小学毕业率和完成率均达到 100%；全市高中阶段入学率达到 90%。2009 年普通高考大专以上上线人数 6447 人（其中本科以上 1987 人），上线率达到 88.7%，录取人数 4690 人，录取率为 64.54%，普通高校录取率已连续七年位居全省前三名。

金昌市共有各种艺术表演团体 2 个，文化馆 2 个，公共图书馆 3 个，博物馆 1 个。已建成“农家书屋”138 个，已改造提升的农家书屋 41 个（其中，金川区 14 家、永昌县 27 家）；乡镇综合文化站 5 个，村文化大院 30 个。

金昌市共有中短波发射台 1 座，调频发射台 4 座，电视转播发射台 8 座；全年城乡共组织放映公益电影 1656 场；有线电视用户 6.72 万户，其中已转换数字电视用户 5.51 万户。广播和电视综合人口覆盖率分别达到 85.71% 和 91.39%。

金昌市共有卫生机构 502 个，县及县以上医院 9 所，医院和乡镇卫生院实有病床数 1781 张；卫生人员总数 3159 人；卫生专业技术人员 2538 人，其中执业（助理）医师 1039 人，注册护士 789 人，其他卫生技术人员 710 人。全市已建成社区卫生服务中心 5 个、社区卫生服务站 21 个，以街道为单位社区卫生服务覆盖率达到 100%；在农村共设置村卫生室 138 个，标准化建设达标率为 90%。

2009 年，金昌市共建健身路径（户外器材）52 套，其中 2009 年新建 16 套。新建农村健身广场 5 个，村篮球场 35 个，已完成 35 个村“一村一场”建设任务。全市中小学生施标率继续保持 100%，达标率达到 95%以上。

（蔺彧）

永昌县

【现任主要领导】

中共永昌县委书记：孟有柱

永昌县人大常委会主任：李福学

永昌县人民政府县长：马国兴

政协永昌县委员会主席：索玉珊

中共永昌县纪律检查委员会

书记：蒋晓华

【基本情况】永昌县地处河西走廊东部，祁连山北麓，阿拉善台地南缘，东邻民勤、武威，西迎山丹，南依肃南、青海门源县，北与金川区接壤。县城距金昌市区 50 公里。全县辖 6 个镇 4 个乡，10 个社区，111 个村民委员会。总面积 7439 平方公里，辖中国镍都—甘肃省金昌市，总人口 26.04 万人，其中城镇人口 7.71 万人。境内地形以山地高原为主，山地、平川、戈壁、绿洲相连，属大陆性季风气候，平均海拔 1950 米，年平均气温 5.6℃，年平均降水量 196 毫米，全年无霜期 128 天，干燥多风，昼夜温差大，春季回暖慢。

【资源优势】矿产资源：全县共发现矿产地 74 处。其中黑色金属矿产 9 处，能源矿产 11 处。矿种包括铁、磷、硅石、萤石、膨润土、建材花岗岩、煤等 29 种。

旅游资源：境内文物古迹较多，有新石器时代的鸳鸯池、二坝遗址；有西汉时期的骊靬遗址、汉明长城以及为数众多的汉墓群；有唐代圣容寺塔；有被誉为“河西中天一柱”的明代永昌钟鼓楼；有以北海子塔为主的古建筑群，成为旅游休闲的好去处。

【国民经济】2009 年，完成地区生产总值 34.45 亿元，比上年增长 6.78%；完成全社会固定资产投资 28.9 亿元，增长 0.84%；实现社会消费品零售总额 9.88 亿元，增长 14.7%；完成大口径财政收入 2.97 亿元，下降 3.8%；完成一般预算收入 1.15 亿元，增长 9.5%。农民人均纯收入达到 5263 元，增长 8.17%；城镇居民人均可支配收入 11302 元，增长 8.4%。

【项目建设】全县实施各类项目 92 项，全社会固定资产投资 28.9 亿元。其中地方性固定资产投资 16.92 亿元，比上年增长 21.9%；全年签订招商引资项目 51 个，落实到位资金 7.37 亿元，增长 6.9%。永昌发电公司 2×330MW、金泥集团干法水泥、金铁集团 2 号高炉改造、瓮福 24 万吨磷氨改造等项目建成投运。一品弘食用油、麦格理专用肥、泰琦冰晶石生产线及西大河四级水电站等项目建成投产；春天电石、宇隆加气混凝土生产线等项目顺利实施。河西堡化工冶金循环经济产业园顺利启动，东烨特种钢铸造、鑫华捣固焦等项目相继入园。永昌工业区规划、环评、土地集约利用评价通过省级验收，小企业创业基地环境改造项目顺利实施，新建道路 1.2 公里、供水管网 2.5 公里。朱王堡工业区完成控制性详细规划，建成道路 2.4 公里、排水管网 1.25 公里、高低压线路 2.4 公里，河西堡面粉厂完成破产重组。完成县城解放路延伸段、东大街、东环路改造及河西堡镇新河路等道路工程，实施西岚路改造工程，开通了东大街轻车道，新改建道路 11.6 公里。县城污水处理工程完成年度建设任务；高度重视县城居民健身广场建设，可研、初设、拆迁评估等前期工作顺利完成，个体工商户分流搬迁有序进行。8 号锅炉房扩建、东关集中供热站二期工程及供热管网工程投入运行。西泽花园、金泽庭院等住宅小区开发进展顺利，建成商品住宅 22 万平方米；嘉盛佳苑、锦绣花园等住宅小区由专业的物业公司入驻管理。全县新建建筑全部使用外墙保温材料，粘土实心砖彻底退出建筑市场。永福苑、天锦苑社区办公楼建成使用，河西堡镇、城关镇综合服务楼及电力调度楼基本完工，农产品质量检测中心投入使用。以“三镇七村”为重点的新一轮新农村建设试点工作扎实推进，水电、道路、住宅等基础设施逐步完善，朱王堡镇绿洲源文化健身广场、水源镇农民体育健身广场竣工使用。武当山、校场山、北海子景区绿化工程深入推进，省级文明县创建工作扎实开展，城乡人居环境进一步改善。

【新农村建设】特色主导产业进一步壮大，30 万亩啤酒大麦标准化生产基地通过国家验收，啤酒大麦产量 12.9 万吨；完成高原夏菜出口基地备案，蔬菜产量 35 万吨，收入创历年最好水平。设施农业稳步发展，出台《食用菌产业市场风险补偿基金管理细则》，新建日光温室 102 座，种植食用菌棚 2243 座。“养羊强县”建设不断推进，新建标准化养殖小区 28 个，发展规模养殖户 520 户，羊饲养量达 122.8 万只、牛饲养量达 5 万头。劳务输转成效显著，完成技能培训 3060 人次，输转劳动力 6.35 万人，实现劳务收入 4.2 亿元。各项支农惠农政策全面落实，发放资金 5359 万元。农业基础设施建设不断加强，皇城水库、老人头水库、大泉水库除险加固工程完工，东西河灌区续建配套与节水改造工程顺利实施，“节水渠道建设年”任务圆满完成，新建、改建、维修干支斗渠 218 公里，建成防洪工程 1.5 公里；完成中低产田改造 1 万亩、封山育林 1.48 万亩、人工造林 1.72 万亩.农村安全饮水工程顺利推进，解决了 1.5 万人的饮水安全问题，全县自来水入户率达到 63.5%。永民公路竣工通车，新建通村公路 94.86 公里，全县 96%的村通上了油路；制定乡村道路养护管理办法，道路养护实现制度化。农村沼气项目建设全面竣工，建成沼气池 4201 座。

【人民生活】城乡居民收入继续增加，生活水平进一步改善。2009 年全县城镇居民人均可支配收入 11302 元，比上年增加 880 元，增长 8.4%；人均消费性支出 6949 元，增长 7.6%；城镇居民家庭恩格尔系数为 30.8%，下降 3.4 个百分点。农民人均纯收入 5262.6 元，比上年增加 397.6 元，增长 8.17%；人均生活消费支出 4496 元，增长 7.7%；农村居民家庭恩格尔系数 38.6%，比上年提高 4 个百分点。城乡居民的居住条件和生活质量进一步改善和提高，城乡居民人均住房面积分别达到 31.57 和 27.8 平方米。移动电话和小灵通用户达到城镇 195 部/百户、农村 89 部/百户，互联网用户达到 4700 户，占总户数的 9.6%。

【社会保障】城市低保标准由 173 元提高到 190 元，共发放低保金 1435.7 万元；农村人均纯收入在 900 元以下的困难群众全部纳入最低生活保障，发放低保金 521.5 万元；农村五保分散和集中供养人员供养标准分别由 1884 元、2400 元提高到 2772 元、3288 元，发放五保金 240.3 万元。精心组织开展门诊统筹试点工作，城乡参保(参合)率分别达到 99.7%、99.15%。认真落实各项扩大就业政策，新增城镇就业 2913 人，城镇下岗失业人员实现再就业 1084 人，发放各类创业小额贴息贷款 940 万元；解决高校毕业生就业 390 人。开工建设廉租住房 1.49 万平方米，租赁补贴标准每平方米提高到 6.4 元，人均住房面积在 13 平方米以下的城镇低收入家庭全部纳入廉租住房保障。4000 套农村危旧房改造工程按期完成。

【环境保护】环境质量进一步提高，大气环境质量中总悬浮微粒年日均值控制在国家二级标准之内，二氧化硫、氮氧化物年日均值控制在国家一级标准之内。城市饮用水水质达标率继续保持在 100%，城镇地面水水质达到国家 II 类标准。城市绿化覆盖率达到 29%。区域环境噪声和交通干线噪声分别控制在国家规定的排放限值之内。节能减排取得重大进展，第一次全国污染源普查工作圆满完成。主要工业污染物排放量减少 2.4%。化学需氧量减排 2430 吨，下降 11.1%；二氧化硫减排 380 吨，下降 5%；工业固体废物综合利用处置率达到 100%。

【社会事业】高度关注民生问题，在财政十分紧张的情况下，民生支出达 4 亿元。实施科技项目 32 项，取得成果 11 项。

教育基础设施进一步改善。实施职中实训楼、城关三小教学楼等 19 个项目，六坝中学学生宿舍楼、新城子明德小学教学楼等 13 个项目竣工投入使用；合并农村小学 6 所；义务教育阶段学生全部免除“两费”，发放贫困生住宿生活补助 298.5 万元、生源地助学贷款 420 万元。

卫生基础设施建设不断加强。县医院医技楼、3 个乡镇卫生院住院楼、河西堡镇社区卫生服务中心等工程顺利实施，建成 20 个村级标准化卫生所，每个乡镇卫生院配备 1 辆救护车。科学防控甲型 H1N1 流感，全县未发生重症病例和死亡病例。县计生服务站综合楼基本建成，东寨镇、城关镇计生服务所投入使用，人口自增率控制在 4.2‰。

社会保障体系不断完善。争取省上专项补助资金 1029.4 万元，解决县属 44 家关闭、破产、改制企业的 2014 名退休人员的医疗保险问题；养老保险覆盖面进一步扩大，社会化发放率和足额发放率达 100%。

文化体育事业不断发展，建成 27 个农家书屋和 25 个村体育健身场所；县城、河西堡有线电视数字化转换有序推进，“村村通”工程一期顺利完成。新建村委会办公场所 9 个。第二次全国经济普查工作顺利进行。

社会治安综合治理不断加强。排查各类矛盾纠纷 591 件，成功调处 590 件；坚持严打整治斗争，破获刑事案件 349 起、经济犯罪案件 42 起；受理劳动争议仲裁案件 81 件，督办清欠农民工工资 955.3 万元；高度重视信访工作，共受理群众来信来访 163 件（次），办结率达 98%。消防执勤楼主体完工，成立专职消防队，配备了专业消防车。深入开展隐患排查治理和安全专项整治，依法关闭 1 家煤矿，安全生产形势持续稳定。

（姚林）

金川区

【现任主要领导】

中共金川区委书记：王春江

金川区人大常委会主任：李发祯

金川区人民政府区长：常家有

政协金川区委员会主席：张俊礼

中共金川区纪律检查委员会书记：丛涛

【基本情况】金川区系金昌市人民政府所在地，是全市政治、经济、文化和社会活动中心，是新兴的工业城市，又是我国最大的镍钴生产基地和铂族元素提炼中心。东邻民勤，西靠山丹，南接永昌，北连内蒙古阿拉善右旗。区内常住人口 21.53 万人，总面积 3019 平方公里，辖 2 个镇和 6 个街道办事处，27 个行政村，16 个社区居委会。属于典型的温带大陆性气候，光照充足。

【国民经济】2009 年，金川区完成生产总值 160.3 亿元，扣除价格因素，比上年增长 15.57%。其中：第一产业增加值 2.15 亿元，增长 2.65%；第二产业增加值 139.37 亿元，增长 16.82%；第三产业增加值 18.78 亿元，增长 7.22%。人均生产总值达 74664 元，增长 14.92%；实现地方财政收入 1.98 亿元，增长 7.59%。全区完成全社会固定资产投资 60.23 亿元，增长 34.82%。实现社会消费品零售总额 22.24 亿元，增长 15.81%。城镇居民人均可支配收入达 16317 元，增长 5.9%；农民纯收入达到 6161 元，增长 9.53%。

【新农村建设】全年共完成各类农作物播种面积 22.99 万亩，其中粮食作物 11.92 万亩。粮食产量达到 5.23 万吨，增长 13.67%；蔬菜、瓜类产量分别达到 9.09 万吨、2.12 万吨。畜禽饲养总量达到 67.1 万头（匹、只），肉、蛋、奶产量分别为 0.25 万吨、0.04 万吨、0.21 万吨。农业基础设施条件不断改善，维修改造渠道 159.8 公里，完成中低产田改造土壤改良 6300 亩，平整土地 3149 亩，土地规模化经营 5146 亩；新建养殖小区 5 个、高标准暖棚圈舍 1000 间。引进新品种 52 个，示范推广 1.3 万亩，建成标准化生产示范基地 3 万亩。劳务经济快速发展，共培训农村劳动力 1.05 万人，输转农村劳动力 1.2 万人，实现劳务收入 8912 万元。农村生活设施不断改善，全年共完成新型农宅建设 2176 套，建成金川区农民培训中心和下四分、九个井等 5 个村级文化中心，7 个村级文化广场，新（改）建农村公路 38.27 公里，硬化宅前道路 11.8 公里，完成下双公路沿线 416 户入户道路硬化铺装工程，铺设人畜饮水管道 236.5 公里，解决 8335 人的饮水安全问题。

【项目建设】紧紧围绕国家扩大内需政策和投资导向，大力推进项目建设，着力加强项目的论证筛选、储备入库、申报争取和建设管理，全年共储备项目 45 项，省、市立项 25 项，争取国家和省、市项目资金 1.88 亿元，建设完成重点项目 59 项。农林水利方面，中低产田改造、日元贷款风沙治理、三北四期防护林、国家重点公益林、农业开发支持新农村建设、退耕还林（封山育林）、农村饮水安全等项目已完成年度建设任务。末级渠系节水工程、农村供水自动化管理系统工程、新华现代农业科技示范园区等项目已建设完成。交通能源方面，古金公路、天生炕公路、九园公路等 8 项公路建设项目全线竣工，农村能源建设、农村电网建设已完成年度建设任务。社会事业方面，完成保障性住房年度建设任务，昌文里社区服务站、金川路、广州路社区卫生服务中心、宁远中学学生公寓及食堂工程、双湾镇中心小学教学楼、东四沟小学教学楼改扩建工程已建成投入使用。

【城市建设】以创建全国文明城市和国家卫生城市为载体，切实加大城市管理投入力度，投入资金达 7000 多万元。不断健全“四位一体”的城市管理机制，认真落实“门前四包”、城管巡查和道路清扫保洁“五定三包”等制度，城市管理水平进一步提高。继续实施店招店牌规范、夜景亮化等街景综合改造工程，更换户外广告 600 多块，更新店招店牌 400 多个，完成市人民文化广场整体改造，并在新华路、北京路等沿街部分建筑物安装了夜景灯饰。加大城乡结合部、背街小巷等区域的脏乱差整治力度，“野广告”清理、建筑垃圾整治、“五小行业”规范等专项治理活动深入开展，市容市貌明显改善。加快城市环卫基础设施建设，新建落地式垃圾中转站 4 座，设置地埋式果皮箱 200 个，购置垃圾清运车和清扫车 3 辆，生活垃圾随倒随转、日产日清、密封化转运，市区垃圾无害化处理率达 100%。加强城市绿地景观建设，接管了金水湖景区和市区部分公共绿地，完成常州路、福州路等 7 条新建道路的绿化任务，市区绿化覆盖率达 31.62%，城市品位进一步提升。

【社会保障】就业再就业工作成效显著，全区城镇新增就业 3147 人，下岗失业人员再就业 1282 人，解决大学生就业 124 人、零就业家庭 34 户，发放自主创业小额贷款 809 万元，城镇登记失业率为 3.44%。社会保障提标扩面步伐进一步加快，城镇居民基本医疗保险、新型农村合作医疗的参保率分别达到 96.96%和 98.11%。建立城乡一体的救助体系，城乡低保和五保提标工作全面完成，城市低保标准提高 10%，农村低保标准提高 25%，全年保障 12.26 万人次，发放城乡低保资金 2737 万元，城乡低保实现应保尽保。

【社会事业】深入开展科技培训和科技下乡活动，实施科技项目 8 项，保持了“全国科技进步先进区”荣誉称号。优先发展教育事业，整合教育资源，完成赵家沟、龙景等 6 所小学的撤并工作，实施中小学校舍安全工程，对全区 23 所中小学校舍进行排查鉴定。大力提升公共卫生服务水平，逐步完善公共卫生服务体系，完成 2 个社区卫生服务中心、3 个村级卫生室的建设和 5 个村级卫生室的标准化设置。科学防控甲型H1N1，有效控制了疫情的大规模发生。切实抓好人口和计划生育工作，统筹解决人口问题，稳定了低生育水平，人口自然增长率控制在5.47‰以内。进一步加强残疾人工作，全国残疾人工作示范城市创建活动全面启动。重视环境保护，取缔小锅炉10台，对15家企业实行了污染物排放总量控制。深入推进和谐社区建设，不断拓展社区服务领域，荣获“全国和谐社区建设示范城区”称号。广泛开展群众文化体育活动，荣获“全国群众体育工作先进单位”称号。

【政府建设】扎实开展深入学习实践科学发展观活动，解决了一批涉及民生的突出问题，建立了推动科学发展的体制机制。坚持依法行政，自觉接受人大的法律监督、政协的民主监督和社会的舆论监督，办理人大代表建议71件、政协委员提案109件，办结率达100%。主动加强与各民主党派、工商联、无党派人士和人民团体的联系，支持群团组织开展工作。加强“五五”普法宣传教育，高度重视政府法制建设，被列为全省法治区建设试点区。全面推行政务公开，加快政务专网建设，基本建立方便群众的服务机制。开展“信访积案化解年”活动，深入排查化解矛盾纠纷，各类信访案件得到妥善处理。严厉打击各类违法犯罪活动，强化社会治安防控体系建设，人民群众安全感进一步增强。认真落实党风廉政建设责任制，积极开展行风评议、行政监察等工作，机关作风明显好转。加强安全生产、食品药品和质量监管，严格排查和整治安全隐患，全年无安全生产事故发生，连续5年被市政府评为安全生产责任目标考核优秀区，顺利通过全国平安畅通县区复评。

（武恩洪）

白银市

【现任主要领导】

中共白银市委书记：肖庆平

白银市人大常委会主任：肖庆平

白银市人民政府市长：吴仰东

政协白银市委员会主席：张廷魁

中共白银市纪律检查委员会书记：杨成堂

【自然和区划概况】白银市是全国唯一以贵金属命名的城市，正如其名一样，白银充满着神奇和魅力。据志书记载，白银矿藏的开采，始于汉代，明朝洪武年间，官方曾在现市政府驻地设立办矿机构“白银厂”，有“日出斗金”之说，白银缘此而得名。从“一五”计划开始，国家对白银地区有色金属资源进行大规模开发利用，拉开白银开发建设的序幕，白银人民在荒漠戈壁上开拓出一片片绿洲，建起一座座工厂，一座工业新城迅速崛起，曾享有中国“铜城”盛誉。1956年设县级市，1958年升格为地级市，1963年撤销，1985年8月1日经国务院批准恢复建市。白银市地处黄土高原和腾格里沙漠过渡地带，海拔1275~3321米，年降水量110~352毫米，年蒸发量2101毫米，黄河流经全市258公里，流域面积14710平方公里。现辖白银、平川两区，会宁、靖远、景泰三县，全市共有48个乡，21个镇，9个街道办事处。辖区土地面积2.12万平方公里，2009年末，全市常住总人口175.72万人，其中城镇人口62.4万人，非农业人口46.38万人，人口自然增长率为6.91‰。

【资源优势】矿产资源：境内矿产资源比较丰富，具有点多、面广、储量大的特点，矿藏储量位居全省前列。有色金属矿种有铜、铅、锌、钴、金、银等。另外还有煤炭、石膏、石灰石、沸石、重晶石等，且矿石质量好，共生丰富的稀有贵重金属30多种，其中铟、铊、镉为省内唯一产地。煤炭保有储量在12亿吨以上，石膏储量7000万吨，石灰石储量1亿多吨。白银凹凸棒居全国第一，远景储量10亿吨；陶土居全省第一，远景储量超过20亿吨；伴生硫、耐火粘土、石膏、芒硝、石英石、硫铁矿居全省第五位，其中石英岩远景储量3000万吨。

【旅游资源】白银历史悠久，文化灿烂，是一片古老而神秘的土地。现已发现的新石器时代的文化遗址就有16处之多，汉墓群及北魏、唐、宋以来的石窟艺术，城堡建筑等历史遗迹散布白银境内。1936年10月，举世闻名的中国工农红军一、二、四方面军会师会宁县，在中国革命史册上写下了光辉的一页。建立在会宁县城的三军会师纪念塔、共和国将帅碑林、长征胜利景园，被国家确定为爱国主义教育基地。境内的黄河石林奇峰耸秀，怪石竞列，引人入胜；寿鹿山、屈吴山、哈思山、铁木山更加群星闪烁，美不胜收。白银既有浩瀚沙场，又有一马平川；既有塞外风光，又有江南毓秀。黄河、绿洲与沙漠同在，古刹、城堡与森林共存，是海内外旅游爱好者探险、漂流、攀岩、游乐的好地方。

【经济总量和产业结构】2009年，全市生产总值265.33亿元，比上年增长11.1%，经济总量处于十四个市州的第4位。其中：第一产业增加值32.88亿元，增长5.0%；第二产业增加值146.62亿元，增长12.9%；第三产业增加值85.83亿元，增长10.2%。经济增长的动力主要来源于第二、三产业，第一、二、三产业对全市经济增长的贡献率分别为5.4%、65.14%和29.46%。全市人均生产总值达到15125元，增长10.88%。

全市经济总量特征有五点：一是工业比重大。产业结构仍呈现“两头轻，中间重”的局面，即第一、第三产业比重较轻，而第二产业(尤其是工业)比重较大，工业经济在全市经济中举足轻重，2009年工业增加值占全市经济总量的 46.94%；全市三次产业结构比例为 12.39∶55.26∶32.35，与上年相比，第一产业提高 0.19 个百分点，第二产业下降 1.45 个百分点，第三产业提高 1.26 个百分点。二是城市经济比重较大。城市创造的增加值占全市生产总值的 66.3%；三是公有制经济在生产总值的比重较高，比重近 60%；四是重工业很重。重工业占全市工业总产值的 95%，占总资产的 97%；五是中央、省属工业居全市工业经济的主体地位，其工业增加值占全市工业增加值的 70.48%。

【区域经济的基本特点】白银市是国家重要的有色金属工业基地、甘肃重要的能源、化工基地和全省重要的黄河灌溉农业区。

2009 年，十种有色金属产量 37.82 万吨，占全省总量的 22%。其中铜产量 5.17 万吨，锌产量 14.99 万吨，铝产量 15.67 万吨，铅产量 1.99 万吨。发电量 114.94 亿千瓦时，占全省的 17%。原煤产量 1174 万吨，占全省的 28%。

全年实现工业增加值 124.54 亿元，比上年增长 13.5%，其中规模以上工业企业完成增加值 112.33 亿元，增长 15.42%。在规模以上工业中，中央企业 34.99 亿元，增长 3%；省属企业 52.79 亿元，增长 25.76%；市及市以下工业完成增加值 24.55 亿元，增长 15.86%。四大行业二升二降。有色行业完成增加值 27.57 亿元，增长 14.17%；煤炭行业 23.94 亿元，下降 0.70%；化工行业 14.12 亿元，增长 20.80%；电力行业 19.67 亿元，下降 12.53%。这四大行业占全市规模以上工业增加值的比重达到 75.93%。全市规模以上工业实现销售产值 311.94 亿元，增长 1.1%，产销率为 95.43%。规模以上工业实现主营业务收入 270.22 亿元，增长 0.15%；实现利润 7.32 亿元。全市 177 户规模以上企业中亏损企业 52 户，比上年增加 12 户，亏损额为 3.62 亿元。

黄河提灌农业是白银农业的主导，全市有效灌溉面积 137.55 万亩，占全市 450.35 万亩耕地总面积的 30.54%，占 31%的水地粮播面积，产出 80%的粮食。全市粮食总产量连续 12 年保持在 50 万吨以上，2009 年粮食产量首次突破 60 万吨，再创历史新高，总产达到 60.75 万吨，增长 8.76%。

沿黄灌区以设施农业、立体种植为主体的高效农业、景电、兴电沙漠边缘地带以牧草、洋芋、枸杞种植为主的复合生态农业、干旱、半干旱山区以小杂粮种植为主的绿色食品等区域性优势农业产业带初具规模，特色支柱产业较快增长。大力发展农业产业化经营，引进农业新技术、新产品，推广全膜双垄沟播面积 63 万亩、推广示范日光温室秸秆生物反应堆技术 3012 亩。全市蔬菜种植面积 25.46 万亩，全年蔬菜产量 116.07 万吨。其中日光温室及塑料大棚蔬菜面积达到 14.38 万亩、产量达到 80 万吨；完成洋芋种植面积 95.65 万亩，产量 13 万吨。果品总产量达到 13.25 万吨。草畜产业进一步发展壮大。畜牧养殖由分散经营型向规模养殖型转变，全市标准化养殖小区 250 个，改良繁育畜禽良种 60 万头(只)，畜禽规模饲养比重达到 60%。年末牛存栏 6.41 万只；猪存栏 54.65 万头，羊存栏 151.07 万只，分别比上年增长 2.23%、0.42%、5.59%。猪、牛出栏分别达到 61.4 万头、3.52 万头，增长 2.47%、4.45%；羊出栏 108.7 万只，增长 4.64%。全市肉类总产量 7.19 万吨，增长 4.03%；禽蛋产量 1.46 万吨，增长 6.73%；牛奶产量 1.62 万吨，增长 17.66%。水产品产量 1876 吨，增长 1.57%。蔬菜远销西北五省和东北、四川、重庆、内蒙古等省区，靖远羊羔肉已打出品牌。

农村基础设施进一步加强。实施景电一期、靖会、兴电灌区续建配套和节水改造、白银区工农渠泵站改造等工程，完成水土保持综合治理 106 平方公里。新建改建农村公路 1315 公里，实施"农网二期节余工程"和"农网完善工程"，农电"户表到户率"达到 95%以上。完成各类造林 8.43 万亩，封山育林面积达到 29.04 万亩。年末拥有农业机械总动力 169.97 万千瓦；农用排灌动力 17.77 万千瓦；水窖 41.22 万眼；水平梯田 187.02 万亩，其中本年新增 10.41 万亩；年末拥有拖拉机 45617 台，联合收获机 132 台，农用水泵 7280 台，排灌溉动力机械 11715 台，农用载重汽车 4208 辆，农用运输车 64382 辆。全年农用化肥施用折纯量 4.73 万吨；农村用电量 3.83 亿千瓦时。机械铺膜面积 19.85 万亩。

【城市建设和基础设施状况】基础设施建设步伐快，投资力度不断加大，投资总额持续增长。2009 年全市完成固定资产投资 148.28 亿元，比上年增长 33.47%。其中：中央、省属单位完成投资 67.58 亿元，增长 41.55%；市及市以下完成投资 80.7 亿元，增长 27.39%。按产业分，第一产业 14.82 亿元，增长 32.05%；第二产业 93.89 亿元，增长 40.31%；第三产业 39.57 亿元，增长 20.08%。

白银公司 20 万吨高纯阴极铜项目一期建成投产、二期和贵金属综合利用工程开工建设，银光公司 10 万吨 TDI 技改扩建项目已完成试车并投入生产、12 万吨 PVC 项目抓紧设备安装，大唐景泰电厂一期工程首台 66 万千瓦火电机组并网发电，中科宇能形成订单批量生产，国内首家回缩安全型注射器项目投产上市，甘肃渼洁生物科技公司枸杞深加工等项目顺利建设；稀土公司减排及综合利用、中材集团日产 4500 吨干法水泥生产线、白银甘藏银城铬盐化工公司铬渣项目、永宁肉类加工有限公司年屠宰加工 150 万头生猪产业化、750 千伏白银送变电工程、330 千伏平川送变电工程、白银区鑫昊公司四龙奶牛养殖基地建设、大坝滩综合开发、城镇居民生活水源武川水库工程、文化广场、亚行贷款甘肃白银城市发展项目、白银市 2009 年廉租房建设及棚户区改造等项目进展顺利；白银公司铜冶炼污染治理精炼工程竣工投产，靖远二电5号炉脱硫工程建成，银光公司酸雾治理工程废酸处理系统一即将建成，白银、会宁、景泰城区天然气工程建成投运。白银医疗废物集中处置工程投入运行；平川、景泰垃圾处理项目基本竣工，靖远、会宁污水处理厂加紧建设；平定高速公路会宁段建成通车，省道207线改造暨靖远黄河大桥建设、白银城区至四龙公路改造进展顺利。2009年全市共有817个项目开工建设，比上年增加121个；其中新开工500个，比上年增加58个。

交通运输和邮电通信业平稳发展。2009年，全市交通运输和邮电通信业实现增加值15.67亿元，比上年增长3.0%。全年完成公路客运量1750万人，客运周转量102619万人公里；公路货运量2691万吨，增长7.0%，货运周转量129260万吨公里，增长8%。全年完成邮电业务总量6.75亿元，增长11.94%。本地电话用户年末达到28.01万户；农话用户年末达到8.92万户；移动电话用户年末达到75.82万户，增加12.74万户，增长20.21%；电话普及率达到59.1部/百人，每百人增加7.24部。

【招商引资和园区建设】整合招商资源，通过产业招商和以商招商等多种形式，全方位开展招商。成功举办白银市（深圳）同乡座谈会、白银市资源枯竭城市转型政策暨八大支柱产业投资项目（深圳）推介会和佛山陶瓷产业座谈招待会。宏达铝业10万吨铝型材、新天际钢材100万吨管材线材、甘肃新北重专用车改装等投资上亿元的项目当年签约、当年开工。全市签约招商引资项目228项、签约资金148.21亿元，新开工160项，竣工126项，完成投资35.16亿元，增长21%。

利用外资项目进展顺利。白银城市发展利用亚行贷款项目14个合同包中10个已获亚行批准并开工建设，已累计完成投资4.06亿元。白银城区道路网改扩建工程、南市区基础设施建设、平川区道路网改扩建工程、民悦集中供热项目进展顺利，世行贷款景泰黄河石林国家地质遗迹保护及旅游基础设施项目开工建设。

园区项目聚集功能显著增强。中科院白银高技术产业园晋升国家级园区申报工作进展顺利，完成投资10.82亿元，增长48.6%，中科宇能实现批量生产，同盛公司可回缩安全型注射器投产上市；金轮针布扩建、白棉公司5万锭棉纺生产线等项目开工。西区开发区完成投资13.28亿元，增长34.65%，金大沟综合治理项目投入运行，中集华骏扩建等项目顺利实施。平川经济开发区陶瓷建材、农畜产品加工等产业初具规模，国泰陶瓷建材城开工建设，华顺陶瓷等企业发展势头良好。

【财政金融保险】地方财政收入增长较快。全年全市大口径财政收入完成28.01亿元，比上年增长0.75%。一般预算收入完成9.92亿元，增长16.67%。其中市级收入4.07亿元，下降0.67%，县区收入5.85亿元，增长32.77%。一般预算支出58.98亿元，增长37.71%。其中医疗卫生支出5.92亿元，增长98.74%，社会保障与就业11.76亿元，增长65.6%，农林水事务支出7.11亿元，增长50.12%，教育支出13.18亿元，增长17.31%，环境保护支出2.42亿元，增长17.82%。

金融机构存贷款保持较快增长，金融支撑能力稳步提高。2009年末，全市金融机构各项存款余额312.8亿元，比年初增长16.12%。其中：居民储蓄存款余额165.35亿元，比年初增长25.97%。金融机构各项贷款余额138.94亿元，比年初增长45.3%，其中短期贷款余额81.4亿元，比年初增长40.97%。其中：农业贷款21.98亿元，工业贷款26.36亿元，商业贷款10.76亿元，私营个体企业贷款4.18亿元。

保险事业稳步发展。2009年，全市有保险公司16家。其中：财产保险公司10家，人寿保险公司6家。全年实现保费收入8.37亿元，比上年增长23.45%，其中：财产险保费收入2.17亿元，增长31.52%；人身险保费收入6.2亿元，增长20.62%。全年处理财产险综合赔付率达到63%，赔款额1.37亿元。

【人民生活】城乡居民收入同步较快增长。城乡居民生活水平继续提高。2009年城镇居民人均可支配收入13135元，比上年增长8.03%；全年城镇居民人均消费支出9617元，下降0.06%。家庭设备及服务、衣着、居住支出增长较快，分别增长17.49%、5.27%、34.67%；医疗保健、食品、交通和通讯、教育文化娱乐支出下降，分别下降3.62%、11.04%、2.63%、2.82%。城镇居民家庭恩格尔系数为34.39%，比上年下降4.05个百分点。

农民人均纯收入2984元，比上年增长11.51%。农村居民人均生活消费支出3008元，增长14.72%。居住、家庭设备用品、衣着等消费增长较快，分别增长64.68%、27.68%、14.67%。农村居民家庭恩格尔系数为43.75%，比上年下降2.63个百分点。

就业形势继续好转。年末单位从业人员150951人。年内城镇新增就业人数28240人，共有11801名下岗失业人员通过各种渠道实现再就业，年末城镇登记失业率为3.90%。组织输转城乡富余劳动力25.5万人，创劳务收入20.89亿元。强化社会保障工作，着力完善城乡低保制度，2009年全市共有27914户、72539人城镇居民得到政府最低生活保障救济，分别比上年增加1573户和4268人，发放保障金8899万元。54822户、185800人农村居民得到政府最低生活保障救济，发放保障金9478万元。全市参加基本养老保险的单位659户，参保人员64098人。共征缴基本养老保险费29322万元，征缴失业保险费4393万元，基本医疗保险费23615万元，共为4389名失业人员发放失业保险待遇 1719 万元。全面推行新农合制度，全市新型农村合作医疗平均参合率达到 97.31%。

消费市场持续快速增长。全年完成社会消费品零售总额 74.27 亿元，增长 18.0%。市、县零售额增长较快。全年市、县及县以下零售额分别为 47.42 亿元和 26.85 亿元，分别增长 18.41%和 17.27%。住宿餐饮业、批发零售业保持较快增长。住宿和餐饮业零售额 11 亿元，增长 23.71%；批发业 13.08 亿元，增长 17.1%；零售业 48.01 亿元，增长 17.43%。批发零售及住宿餐饮企业规模进一步提升，其中限额以上批发零售业和住宿餐饮业实现零售额分别增长 17.05%和 13.67%。

【社会发展】教育事业稳定健康发展。大力促进教育事业均衡发展，全市共有普通中学高中学校 30 所，在校学生 61701 人，专任教师 3559 人；普通中学初中学校 117 所，在校学生 133535 人，专任教师 7290 人；九年制学校 21 所；小学 982 所(含教学点 164 个)，在校学生 167736 人，专任教师 11660 人；幼儿园 121 所，在园幼儿 22970 人，专任教师 517 人。职业教育改革步伐加快，全市中职学校 21 所，其中：职业高中 10 所，职业中专 4 所，成人中专 4 所，普通中专 3 所，中职在校学生 22146 人，专任教师 962 人。其他各类教育协调发展。全市特殊教育学校 1 所，在校生 148 人，专任教师 31 人。学龄儿童入学率 99.92%，初中入学率 98.82%，高中阶段升学率 82.84%。2009 年全市普通高等学校录取人数达到 16035 人。

卫生事业得到加强。卫生基础设施建设力度加大，医疗卫生服务能力和质量有了新的提高。全市共拥有各类医疗卫生机构（含诊所、医务室、社区卫生服务站）518 个。其中：基本医疗机构 121 个（含社区服务中心 9 个，医院 24 个），诊所 383 所，社区服务站 13 个。卫生床位数 5883 张，卫生技术人员 5854 人。其中执业医师 1948 人，执业助理医师 2344 人。每千人拥有卫生技术人员 3.33 人。12 所乡镇卫生院、69 所村卫生室完成标准化建设，市中西医结合医院正式开业；卓有成效地开展甲流 H1N1 防控工作，创建国家卫生城市活动稳步推进。

深入推进科技创新，推进创新型白银建设。争取国家、省级科技项目 27 项，实施市级项目 130 项，共投入资金 0.16 亿元，有 5 个项目获省级以上科技进步奖，申报专利 156 件。银光公司技术中心晋级为国家级企业技术中心、具有完全自主知识产权的聚碳酸酯技术通过省级鉴定；长通集团国际热核聚变装置用超导电缆绞缆项目通过专家评审；甘肃化工研究院中试基地落户产业园，甘肃矿用防爆电气工程技术研究中心落户白银市。

文化出版、广播影视事业繁荣发展。大力推进文化建设，启动了覆盖全市的文化资源共享村级服务点工程，市文化中心和体育中心加紧建设，黄河石林书画院写生基地落成。两个广播电视栏目进入全省十大品牌栏目，“飞越白银”大型航拍和“唱响铜城”歌手大赛取得显著成效。市区有线电视数字化改造启动。迎接新中国成立 60 周年，成功举办第三届“金凤凰”少儿艺术大赛暨第四届文化艺术节、“歌唱祖国”大型歌咏比赛等文化活动。西区文化商业街正式开业，文化产业稳步发展。年末，全市共有专业艺术表演团体 2 个，民间艺术表演团体 75 个，文化馆 5 个，群众艺术馆 1 个，公共图书馆 6 个，博物馆 2 个，纪念馆 1 个，文化广场 5 个，文化站 78 个，村文化室 200 个，农家书屋 440 家。各类文物保护单位 458 处，馆藏各类文物 13409 件。全市现有广播电台 4 个，广播人口综合覆盖率 87.13%；电视台 1 座，广播电视台 4 座，电视人口综合覆盖率 91.11%。

高度重视和加强节能减排工作，环境保护力度加大。技术改造推动节能降耗，华鹭铝业电解铝碳素系统节能环保技术改造、稀土公司工业锅炉热电联产等项目开工。争取中央财政节能奖励资金 0.69 亿元，有 17 个节能改造、资源综合利用、循环经济、淘汰落后产能项目获得国家和省上投资补助。预计单位生产总值能耗下降 7.6%。

全市自然保护区 5 个，保护区面积 26489 公顷，占辖区面积 6.41%。市区空气中二氧化硫年日平均值 0.036 毫克/立方米；达到国家二级标准，空气质量达到二级和好于二级的天数为 290 天，占全年天数的 79.45%。

安全生产工作进一步加强。全年共发生各类生产安全事故 290 起，比上年事故起数下降 27.5%；死亡 82 人，下降 12.05%；受伤 271 人，上升 17.29%。直接经济损失 515.36 万元，下降 34.25%。亿元生产总值生产安全事故死亡率 0.31 人，下降 18.67%；道路交通万车死亡率 6.8 人，下降 18.27%。

和谐社会建设稳步推进。强化应急管理体系建设，积极预防群体性事件；强化信访工作责任，落实领导包案制度，集中化解信访积案，解决了一批疑难信访案件。民族宗教和外事侨务工作取得新的成绩。加强社会治安综合治理，开展“打黑除恶”等专项行动。完善重大决策听证制度，决策民主化程度不断提高。认真办理人大代表和政协委员提案和建议、意见。以建机制、促落实、提效能为重点，加强制度建设，优化工作流程，解决了一些影响效能的突出问题。加快转变政府职能，事业单位人事工资制度改革有序推进，深化政务公开，加大纠风治乱和违法违纪案件查处力度，群众反映强烈的一些问题得到解决。强化效能监察，促进了重点工作、重点事项及时落实。基层民主建设和民族宗教、国防教育、民兵预备役等工作不断加强，普法教育、法律援助取得新的成效。

(王德雄)

白银区

【现任主要领导】

中共白银区委书记：梁蓉兰

白银区人大常委会主任：张润苍

白银区人民政府区长：李兰宏

政协白银区委员会主席：陈忪

中共白银区纪律检查委员会

书记：王青山

【基本情况】白银区位于黄河中上游、甘肃腹地，是白银市的政治、经济和文化中心。是我国重要的有色金属基地之一和甘肃省重要的能源化工基地。市区距省会兰州 69 公里，是丝绸古道上的一所新型城市，素以“铜城”闻名遐迩。区域总面积 1372 平方公里。现辖 2 个乡 3 个镇和 5 个街道，有 45 个行政村，34 个社区，总人口 28.71 万人。属温带干旱、半干旱大陆性气候，年平均气温为 0～10℃，并且冬夏温差较大，正常年景年降水量 176～498mm 之间，分布不均匀，呈北低南高。

【区位优势】白银区矿产资源丰富，已探明的金属和非金属矿藏有铜、铅、锌、金、银、石灰石、石英石、芒硝等 30 多种，是全国较大的有色金属工业基地和能源化工基地。区域内有白银有色金属公司、银光化学工业公司等 20 多家大中型企业。水电资源充足，黄河流经境内 38 公里，装机容量 30 万千瓦的大峡水电总厂已建成并网发电。距甘肃省煤炭工业基地靖远矿务局和省内最大的火力发电站靖远电厂 65 公里。交通极为便利，南邻兰州，北通宁夏、内蒙古，西经河西走廊直达新疆，东连陇东。包（头）兰（州）铁路贯穿境内，3 条国家级公路，2 条省级公路和乡村公路纵横交错，四通八达，市区距中川机场 47 公里。

【国民经济】经济保持稳定较快增长。2009 年实现生产总值 127.95 亿元，比上年增长 11.6%。其中：第一产业增加值 3.37 亿元，增长 5.3%；第二产业增加值 79.66 亿元，增长 13.7%；第三产业增加值 44.92 亿元，增长 10.7%。产业结构继续调整。三次产业结构比例为 2.63∶62.26∶35.11，与上年相比，第一产业下降 0.08 个百分点，第二产业下降 2.55 个百分点，第三产业提高 2.64 个百分点。人均生产总值达到 44566 元。

全区年末单位从业人员 60848 人，城镇累计新增就业 15012 人；下岗失业人员实现再就业 3879 人；城镇登记失业率 3.79%。

全年居民消费价格指数（CPI）走势平稳，居民消费价格比上年上涨 2.1%；服务项目价格上涨 0.5%，消费品价格上涨 2.5%。八大类消费品价格七涨一降。

农业和农村经济：农业投入不断加大，积极推进产业化经营，促进了农业增效、农民增收、农村发展。2009 年，全年农作物面积为 13.39 万亩。粮食播种面积为 9.57 万亩，粮食总产量达 24280 吨，比上年增长 6.59%。其中夏粮产量达 9450 吨，下降 0.53%，秋粮产量达 14830 吨，增长 11.67%。

经济作物生产稳定，蔬菜产量 19.54 万吨，增长 6.03%；水果产量 4.21 万吨，增长 0.3%；油料产量 1244 吨，增长 0.73%。

畜牧业生产平稳增长，肉类总产量 6431 吨，增长 8.39%；鲜奶总产量达 6300 吨，增长 5.88%。年末大牲畜存栏 0.74 万头。猪年末存栏 5.62 万头，羊年末存栏 8.44 万只，鸡年末存栏 39.99 万只。全年水产品产量 780 吨。

农业机械化装备及服务能力提高。农机总动力 22.17 万千瓦，增长 0.41%。农村共拥有拖拉机 5135 台，比上年下降 37.17%。其中：大型拖拉机 163 台，小型拖拉机 4972 台，农用运输车 2800 辆。全年化肥使用量 18561 吨，增长 0.63%。农村生活设施不断改善，全年用电量 4312 万千瓦时，增长 2.05%；实现村村通电话、通汽车率均为 100%。

工业经济：以推进新型工业化为动力，以园区为平台，提升传统产业，培育新兴产业，发展现代服务业，确保工业经济的快速增长。全年全辖区规模以上工业实现增加值 71.57 亿元，比上年增长 14.6%。区及区以下工业实现工业增加值 8.35 亿元，增长 27.1%。其中规模以上工业增加值 4.06 亿元，增长 28.1%。分轻重工业看，轻工业增长 37.33%，重工业增长 11.1%。产销衔接良好，产销率为 92.02%。规模以下工业增加值 4.29 亿元，增长 26.2%。工业经济运行的质量提高，区属规模以上工业实现销售收入 108653 万元；实现利税 3196 万元，增长 43.32%；利润 2712 万元，增长 51.46%。

固定资产投资：2009 年，全区固定资产投资施工项目 96 个；本年新开工 63 个；本年投产项目 58 个，项目总数比上年增加 11 个。全年全社会固定资产投资完成 58.99 亿元，增长 58.81%。其中区及区以下完成固定资产投资 10.23 亿元，比上年增长 39.04%。城镇固定资产投资 8.69 亿元，增长 34.54%；农村固定资产投资 9171 万元，增长 5.86%。城镇固定资产投资按建设性质划分，新建完成投资 70839 万元，改扩建完成投资 15740 万元，单纯建造生活设施 300 万元。

市场销售：全年实现社会消费品零售总额 38.98 亿元，比上年增长 18.3%。分行业看，批发业实现零售额 6.04 亿元，增长 6.8%；零售业实现零售额 25.3 亿元，增长 20%；住宿餐饮业实现零售额 6.13 亿元，增长 25.3%。市场规模化程度继续提高。年末，限额以上批发零售住宿餐饮企业单位数达到 15 家，比上年增加 1 家。消费品保持旺销。基本生活类商品零售额平稳增长，日用品类增长 18.2%。升级类商品零售额快速增长，金银珠宝类增长 23.98%，家用电器和音像器材类增长 32.54%，五金、电料类增长 15.2%，石油及制品类增长 2.87%。

【人民生活】全区城镇居民人均可支配收入为13135元，增长8.03%；城镇居民人均消费支出9617元，下降0.06%。城镇居民恩格尔系数为34.38%。全年农民人均纯收入5050元，增长12.1%。农村居民恩格尔系数为39.96%。

【社会事业】全区坚持教育优先发展的原则，教学条件明显改善，师资队伍不断加强，教育质量不断提高，各级各类教育全面推进。全区拥有学校数101所，校舍建筑面积40.04万平方米。普通中学19所，在校学生数26664人，毕业数8285人，招生数8922人，教职工数1898人；小学45所，在校学生数23445人，毕业数4277人，招生数3349人，教职工数1633人；中职5所，在校学生数4629人，毕业数930人，招生数1139人，教职工数196人。

年末全区共有卫生机115个，床位1875张，卫生技术人员2229人，其中执业医师和执业助理医师879人，注册护士911人。在全部机构中，医院8个，床位1606张，卫生技术人员1659人；社区卫生服务机构16个，乡镇卫生院5个，诊所、卫生所、医务室80个，其他卫生机构6个。

(马成)

平川区

【现任主要领导】

中共平川区委书记：陈其银

平川区人大常委会主任：杜世润

平川区人民政府区长：高云翔

平川区政协委员会主席：郝进义

中共平川区纪律检查委员会

书记：宋玉奎

【基本概况】平川区位于白银市中部偏北，腾格里沙漠边缘，南北大部分与靖远县接壤，东北与宁夏回族自治区海原县毗邻，东南与会宁县相接，西北与景泰县相界，地势东南高、西北低，由东南向西北倾斜。东西长91.5公里，南北宽75公里，由西北向东南呈一狭长地带，阶梯状多台阶地形。境内最高峰屈吴山南沟大顶，海拔2858米。最低处水泉乡野麻村红麻湾，海拔1347米，高低差1511米。总面积2106平方公里。2009年，全区辖4个乡3个镇4个街道办事处，27个社区居委会，60个村民委员会，306个村民小组。居住着汉、回、满、蒙等1 1个民族。总人口20.95万人。

【地方特色】平川境内矿产资源丰富，蕴藏着煤炭、沙金、铜、铁、银、陶土、长石、石灰石等。煤炭矿床东西长约70公里，南北宽约10公里，总储量11.37亿吨，可采量8.53亿吨，陶土探明储量达40亿吨以上。此外，区内还蕴藏有丰富的花岗岩、锰、石英石、沸石、烧胀粘土等多种矿产资源。水资源总量为270亿立方米。

平川区基础坚实，产业优势明显。有设计规模为年产煤炭1000万吨的大型国有企业靖远煤业集团有限责任公司，年设计发电能力200万千瓦的西北最大的火力发电厂—国电靖远发电有限责任公司、靖远第二发电有限责任公司。民营企业新乐雅陶瓷有限责任公司和华顺陶瓷有限责任公司迅猛发展，已有十余家陶瓷厂入驻境内，再现平川陶瓷重镇的雄风。活力四射的区域经济凸显产业化优势，煤炭、电力、陶瓷、建材、生物科技、农产品加工、资源综合利用为主的格局正在发展和壮大，经济建设步入良性发展的轨道。

平川区环境优良，发展前景广阔。区位优势极为明显，处于甘宁两省区交汇的枢纽地段，随着刘白高速公路的开通，纳入兰州都市经济圈。距省会兰州约135公里、西宁约300公里、银川约290公里、西安约500公里，境内交通通讯网络健全，平川区临河居川，白宝铁路和王家山、红会煤矿专用铁路贯穿全境，国道109线、省道308线、刘白高速公路穿境而过，区乡公路四通八达。固定电话遍布全区，移动通讯及电信宽带上网便利。

得天独厚的自然条件孕育了丰富的物产，区内羊羔肉、二毛裘皮、黑瓜籽、西甜瓜、大枣、核桃、干草、小杂粮等特产，质地优良、享誉陇上。集水面积1.3万亩，有可耕地50.5万亩，宜林地71.5万亩，宜牧地131.9万亩，光热资源丰富，气温日差较大，年均温度8.2℃。

【国民经济】平川区因煤设企，因企设区，属典型的资源型城区。自然环境差，经济总量小，基础设施相对落后，城乡二元结构明显，产业结构单一，是平川的基本区情。2009年，新的领导班子提出"培育特色产业、加快城市转型、打造经济强区、推动科学发展"的发展思路，坚持不懈地培育特色产业，使产业由资源导向型向市场导向型转变，由一元化结构向多元化结构转变，立足区情，发挥优势，把陶瓷、能源、高新科技确定为支柱产业的主攻方向，形成优势互补、多元发展的特色产业发展格局，依托现有产业，发挥比较优势，调整产业结构，提升煤电产业，壮大陶瓷建材，培育高新科技，优化资源配置。通过外引内培、培新育小，促进产业集群发展，打造"西部陶都"、"能源基地"等产业品牌，发挥规模效应，走一条具有鲜明平川特色的可持续发展之路。

2009年，全区以"项目建设落实年"和"全面效能建设"为载体，抢抓国家扩大内需、兰白都市经济圈建设、资源型城市转型等重大政策机遇，切实转变经济发展方式，大力实施项目带动战略，加大招商引资力度，培育多元支柱产业，走科学转型的可持续发展之路，全区经济呈现出平稳较好发展的特征。全区生产总值完成47.93亿元，增长5.8%。其中：第一产业1.84亿元，增长6.1%；第二产业37.76亿元，增长3.9%；第三产业8.33亿元，增长12.8%，第一、二、三产业的比重为3.8∶78.9∶17.3。大口径财政收入完成10.23亿元，增长 21.9%；地方财政收入完成 1.74 亿元，增长 26.8%。全区金融机构各项贷款余额 21.31 亿元，增长 45.9%；各项存款余额 71.08 亿元，增长 24.5%，其中城乡居民储蓄存款余额 33.02 亿元，增长 23.1%。

辖区内完成限上工业增加值 34.8 亿元；辖区内原煤产量完成 1080 万吨，发电量 88.24 亿千瓦时。煤、电、陶三大支柱产业的优势明显。地方工业发展速度明显加快，完成区属工业增加值 4.02 亿元，增长 10.4%，其中区属规模以上工业增加值完成 2.27 亿元，增长 26.59%。陶瓷产业进一步发展壮大，华顺陶瓷、新乐雅陶瓷、陇烨陶瓷等一批民营企业规模不断扩大，资源型城市经济转型的接续替代产业有了良好起步。

结合全区区域特点和市场需求，坚持以特色种植、规模养殖、劳务输出为重点的农村经济发展方向，有效促进农村经济的发展。2009 年，完成农业总产值 25648 万元，增长 4.93%。全区农作物播种面积达到 24.94 万亩。其中：粮食作物播种面积达到 19.88 万亩，粮食总产量达到 32393 吨；油料面积 1.72 万亩，产量 1145 吨；蔬菜面积 1.19 万亩，产量 32258 吨；瓜类面积 1.68 万亩，产量 41998 吨；果园面积 5200 亩，水果产量 3041 吨。特色种植业面积稳步增长，番茄、菊芋、玉米制种、西甜瓜等特色农作物栽培面积超过 6 万亩。特色养殖业不断发展壮大，鑫河蛋鸡有限公司扩大养殖规模，得宝养殖有限公司标准化养猪项目建成投产，全区各类养殖场发展到 28 个，带动规模养殖户 3185 户。年出栏肉猪 2.73 万头，羊 3.69 万只。猪存栏 3.13 万头，羊存栏 6.51 万只，鸡存栏 23.85 万只，年末大牲畜存栏 1.45 万头。肉类总产量 3399 吨，禽蛋产量 716 吨，水产品产量 80 吨。

【项目建设】坚持发展抓项目不动摇，全社会固定资产投资完成 29.91 亿元，增长 54.6%。2009 年全区开工建设项目 102 项，建成 64 项，在建 38 项，其中争取到中央扩大内需项目 31 项，完成 8 项。区属固定资产投资完成 10.43 亿元，增长 37.51%。其中：城镇 50 万元以上基本建设项目完成投资 8.5 亿元，增长 55.05%，房地产开发完成投资 1.26 亿元，下降 20.78%；农村项目投资 6772 万元，增长 26.5%。建筑业完成产值 11.23 亿元。德政小区、花苑小区、新佳城二期等房地产项目建设进展顺利。投资规模的迅速扩张，继续推动全区经济的快速增长，基础设施和一些工业企业的建设，为经济发展增强后劲。通过向上争取资金，启动民间资金和市场化运作，多渠道增加建设投入。

西北首家高档地砖生产线—华顺陶瓷三期建成投产。投资 1000 万元的中小企业创业园建成 1 栋综合办公楼和 3 栋标准化厂房。投资 1260 万元的开发区投资服务大厦建成并投入使用。投资 1168 万元的城区生活垃圾处理工程全面完成。投资 9135 万元的城区污水处理工程，配套污水管网正在敷设，完成投资 2300 万元。投资 1596 万元的供水管网改造项目，完成管材设备采购，敷设管道 5.5 公里，完成投资 600 万元。区政府片集中供热三期工程按期投入使用，完成投资 4600 万元。投资 1247 万元，完成土地储备 1367 亩，城市建设用地保障能力进一步提高。建成 2919 套 14.51 万平方米的廉租房主体工程，完成投资 9700 万元。投资 500 万元的靖煤公司第三小学教学楼项目，主体工程基本完工，完成投资 320 万元。投资 295 万元的王矿第二小学教学楼改扩建项目，主体工程已建成，完成投资 200 万元。投资 200 万元的长征路街道社区卫生服务中心投入使用。

实施农村户用沼气国债建设项目，完成投资 925.64 万元，建成沼气池 2431 座，完成“三改”1820 户，布设村级服务网点 24 处。城区道路修补罩面及标线工程，完成投资 85 万元。G109 线靖远电厂城乡汽车换乘站项目进入收尾阶段，完成投资 400 万元。农村公路通畅工程建设道路 11 条，硬化 59 公里，完成投资 1888 万元。建成共和至高湾通乡油路 11 公里，完成投资 452 万元。退耕还林、封山育林 4000 亩，完成投资 68 万元。王家山镇井儿川提灌工程建成试运行，完成投资 411 万元。水泉镇野麻村空心楼提灌改造工程建成投入运行，完成投资 30 万元。屈吴山、捡财塘汽车站建设项目，完成投资 90 万元。实施北庄和小川两个整村推进项目，全年农村扶贫项目投入达到 780 万元。种复安全饮水项目建成主体工程，管网入户 400 余户，完成投资 928 万元。

2009 年，成功举办首届中国西部(白银•平川)陶瓷峰会暨平川陶瓷文化节。峰会签约项目 14 个，其中投资类项目 8 个，签约资金 6.05 亿元。峰会产生了深远的节会效应，吸引了广东、上海、浙江、山东等地代表团前来平川区考察陶土资源及投资环境。借助峰会推动，成立了平川陶瓷研究院，投资建设 2 亿元的国泰陶瓷建材城项目，投资建设 9600 万元的白银泰瑞陶瓷有限公司，与淄博市张店区签约建设 10 亿元“平川张店陶瓷工业园”项目。平川区陶瓷产业已发展为拥有墙地砖、卫生陶瓷、日用陶瓷、工艺陶瓷四大类，100 多个品种的大产业。加大陶土资源的综合利用，做优做强陶瓷产业，立足打造“西部陶都”。

【社会事业】教育教学质量稳步提高。不断改革创新教育管理模式，整合教育资源，促进教育公平，教育质量持续提升。全区中考 600 分以上人数达 684 人，占总人数的 16%。高考普通本科上线 1138 人，增加 88 人，上线率 28.9%。高考二本上线率仍位居全市第一，考生平均分首次名列全市第一。

科技事业不断进步。深入开展“科技富民培训工程”，培训农民 6000 人次。选派 10 名科技特派员到基层开展创业服务。院地院企合作深入开展，与兰州商学院和兰州理工大学分别签定了全面合作协议。知识产权工作取得新进展，全年申报专利 18 件，授权 6 件，其中授权发明专利 2 件。科技平台建设有了新突破，容和集团被认定为省级高新技术企业，容和集团防爆电气工程研究中心被认定为省级工程研究中心。

文化事业不断繁荣发展。平川图书馆新馆投入使用，顺利通过全国第四次公共图书馆评估；平川文化馆被文化部评定为国家三级文化馆；乡镇文化站、村级农家书屋实现全覆盖。文化遗产保护不断加强，平川区有 4 类 8 项非物质文化遗产列入第二批市级非物质文化遗产名录。顺利通过四年一度的全省先进文化县复查。围绕学习实践活动、建党 88 周年、建国 60 周年等时政主题，创新载体，丰富内容，组织开展《纪录白银》走进平川大型演唱会、广场系列文化活动、精神文明创建活动和“三下乡”活动。建成“靖远兵变纪念馆”。29 个农家书屋的场地和管理人员全面落实，实现行政村农家书屋全覆盖。农村数字微波惠民推广活动，发展用户 4000 户；完成“村村通”广播电视工程 201 个，实现 20 户以上自然村广播电视信号全覆盖。

医疗事业管理深入推进。加强农村医疗卫生管理，乡镇卫生院“五制”改革试点工作开展，圆满完成乡镇卫生院院长公开竞聘工作。进一步提高突发公共卫生事件应急能力，积极开展甲型 H1N1 流感和手足口病预防控制督促检查工作。大力开展食品药品、医疗器械市场秩序专项整治，加强市场监管，保障人民群众合法权益。

节能减排成效显著。国电靖远发电有限公司 2 号炉烟气脱硫系统升级改造项目，基础浇注工程全面完成。靖远煤业集团有限公司完成矿区废水处理与雨水集流回用工程，年综合利用废水 110 万吨。白银特澳特番茄制品有限公司配套了日处理 800 吨生化、氧化污水处理设施，完成投资 140 万元。深入推进“质量兴区”工作，积极开展产品质量和食品安全专项整治，产品质量和食品安全状况明显改善。经济普查、粮食安全、区志修编、国防、双拥、物价、防震减灾、民族宗教、妇女儿童等工作取得新成绩。

【人民生活】2009 年，全区农民人均纯收入达到 3188 元，增长 11.2%。民生不断改善。全年累计实现城镇新增就业 7621 人，城镇下岗失业人员再就业 1820 人，培训劳动力 2330 人，实现劳务输转 2.7 万人，创劳务收入 2 亿元。安置 121 名高校毕业生到区属事业单位工作，59 名纯农户零就业家庭毕业生到乡镇事业单位就业，安排高校毕业生“进村（社区）”、“三支一扶”45 人。基本养老、医疗、失业、工伤和生育保险等工作有序推进。制定农村计生“两户”养老保险政策，落实养老储蓄金 99.44 万元。城乡低保面扩大提标，发放城市低保金 12880 人次 2280 万元，发放农村低保金 11690 人次 695.5 万元。全面落实村干部养老保险政策；不折不扣地落实五保供养政策，实现社会化发放。投入资金 485 万元，保证了灾区群众基本生活。积极筹措资金，为城镇 1812 户住房困难家庭发放廉租房补贴 424 万元。新型农村合作医疗深入人心，群众受益率进一步提高，全区实际参合农民达 91465 人，参合率 93.8%，3708 名参合农民得到统筹基金补偿 697 万元。城乡医疗救助力度进一步加大，全年共有 602 人次得到医疗救助，发放医疗救助金 103.2 万元。完成玉米全膜双垄沟播 3.08 万亩。

惠民政策全面落实。全年共补贴农民 1027 万元，其中：粮食直补 95 万元，农资综合补贴 695 万元，良种补贴 78 万元，农机具补贴 65 万元，能繁母猪补贴 94 万元。兑现退耕还林补助款 1200 万元。农村义务教育“两免一补”政策全面落实，春秋两季共免除学杂费课本费 1170.2 万元，全区义务教育阶段学生全部免除杂费。农村学校义务教育阶段所有学生和城区学校 1696 名城市低保家庭学生享受到免费教科书。为 2710 名农村义务教育阶段困难家庭寄宿生发放生活补助资金 239.3 万元。为 1739 名学生发放生源地助学贷款 853.5 万元。

（马国明）

靖远县

【现任主要领导】

中共靖远县委书记：吕林邦

靖远县人大常委会主任：陈其宝

靖远县人民政府县长：谢又生

政协靖远县委员会主席：雒联奎

中共靖远县纪律检查委员会

书记：何升兰

【基本情况】靖远县位于黄河中上游，地处甘肃省中东部，白银市腹地。东西长 120 公里，南北宽 135 公里。东临宁夏海原县，西接白银区，南邻会宁县，北与景泰县、宁夏中卫市毗邻。全县总面积 5809 平方公里，耕地面积 115 万亩。属黄土高原丘陵沟壑区和干旱草原区。地势东高西低，由南向北倾斜，分为川区、山塬区和黄河谷地三类地形，平均海拔 1398 米。属温带半干旱气候，年最高气温 35.3℃，最低气温 -23.8℃，平均气温 9.5℃。年无霜期 172 天，年降雨量 202mm，蒸发量 1767mm 以上，年日照时间 2876.2 小时，四季分明，日照充足。

【区位优势】境内矿产资源丰富，已探明的有金、银、铜、铁、锰等金属矿藏，以及煤、石灰石、重晶石、高岭土、石膏、石英石、沸石等非金属矿藏。近年最新勘探发现的超亿吨坡缕石矿，品位及蕴藏量均居世界前列。黄河流经县境 10 个乡镇、154 公里，流域面积 100.49 平方公里。水力、风能、太阳能资源丰富，水电资源 300 多万千瓦，黄河乌金峡水电站已建成发电，靖南峡水电站、黑山峡梯级水电站、北滩风电场正在规划建设。

【区划人口】靖远是闻名陇上的西

部历史文化名城和全省有名的文化大县。五千年前就有先民在这里生息繁衍，西汉武帝元鼎三年（前114年）始置县，有着2100多年的县级行政建置历史。现辖3个镇15个乡，175个行政村，1125个村民小组，10个社区居委会，56个居民小组。全县有汉、回、满等9个民族，2009年底总户数13.16万户，总人口47.65万人，其中农业人口42.74万人，占总人口的89.7%。

【国民经济】2009年实现生产总值35.56亿元，比上年增长11.3%。第一产业增加值12.65亿元，增长5.3%；第二产业增加值9.5亿元，增长18.6%；第三产业增加值13.41亿元，增长11.2%，三次产业结构比为35.5∶26.7∶37.8。人均GDP达到7682元。

农业：由于自然条件差，十年十旱，粮食产量低而不稳，经过多年水利建设、土地开发、修建梯田等，使农业生产基础条件有了很大改善。在水利建设上先后建成兴电、刘川、三场塬三大水利工程和331处小水工程，初步形成以三大高扬程灌区、11处万亩灌区、33处千亩以上灌区为主的农业灌溉网络。全县有效水地面积达到53.5万亩，其中沿黄灌区14.5万亩，高扬程灌区37.8万亩，井泉灌溉1.2万亩。水平梯田达到21.07万亩。全县分为沿黄灌区、高扬程灌区、干旱半干旱山区三大块。2009年全年农作物播种面积114.8万亩，其中粮食播种面积76.89万亩，粮食总产量达到18.09万吨，增长1.28%，其中夏粮产量5万吨，下降3.93%，秋粮产量13.09万吨，增长3.42%。依托黄河资源优势和地域实际，通过多年的培育发展，蔬菜、畜禽、林果三大特色支柱产业不断发展壮大，已成为甘肃重要的蔬菜、畜禽、林果生产基地。靖远是西北地区重要的反季节蔬菜生产基地，蔬菜种植面积31.5万亩，其中设施蔬菜面积10.7万亩，蔬菜生产能力12亿公斤。19种农产品获国家A级绿色食品认证，先后被列为全国第二批创建无公害农产品生产基地县和省级绿色食品示范区、无公害蔬菜生产基地。靖远是甘肃最大的羔羊肉产地和辐射西北的集散中心，羊只饲养量106万只，省内外经营靖远羊羔肉的餐饮企业700多家。陇上佳肴“靖远羊羔肉”是我国首例以哺乳类动物为地理标志保护注册的商标。全年肉类总产量达到15929吨，年末大牲畜存栏3.69万头，猪存栏14.11万头，鸡存栏281万只，羊存栏30.74万只，猪饲养量75万头，鸡饲养量554万只。靖远是甘肃最大的枸杞、籽瓜、水稻生产基地，种植面积分别为6.5万亩、11万亩和4.2万亩，枸杞、大枣为“甘肃省十大名果”。共培育发展农业产业化龙头企业89户，其中省、市级38户。

劳务输转力度进一步加大，2009年培训劳动力4.65万人，输转劳务8.5万人，创劳务收入6.8亿元，增长44.68%。

工业：实施工业强县战略，紧紧抓住市场机遇，积极培育新的经济增长点，狠抓新建项目和技术改造项目，依托资源优势，大力发展地方工业，不断壮大工业经济，建成精细化工、冶金焦化、煤炭能源、建筑建材、农副产品加工五大主导优势产业。刘川工业集中区成为全市“一园三区一基地”重点工业园区和兰白核心经济区重点功能区，集聚效应初步显现，万隆达羊肉屠宰加工、嘉瑞陶瓷墙砖生产线等6个招商引资项目落户建设，完成投资7900万元。2009年全县工业增加值完成5.48亿元，增长17.6%。其中27户规模以上工业增加值完成2.53亿元，增长18.42%。技术改造和结构调整力度加大，实施重点工业项目16项，完成投资1.55亿元。积极推进小额贷款公司试点、中小企业信用体系建设，生辉小额信贷公司和中小企业信用担保公司成立运营。非公经济蓬勃发展，占据县域经济的半壁江山，跻身甘肃省个体私营经济十强县。完成增加值19.83亿元，增长15%，实现利润2.08亿元。“虎豹”牌、“耘丰”牌磷肥和“核星”牌冰晶石、氟化铝被评为甘肃名牌产品。

商业：苏美、凯尔亮、广兴等大型物流企业开业运营，消费市场日趋活跃，2009年社会消费品零售总额达到9.17亿元，增长18.16%。“家电下乡”、“汽车下乡”、“汽车家电以旧换新”政策拉动效应明显，共补贴家电5262台（部）、汽车928辆，补贴金额427万元。商业步行街开街运营，入驻商户200多家。

固定资产投资：全县上下抢抓中央扩大内需和白银市转型发展机遇，深入开展“项目建设年”活动，投资持续增长。全社会固定资产投资完成14.31亿元，增长3.50%；县及县以下共实施各类固定资产投资项目180项。一批投资上亿元的重大项目建设和争取工作进展顺利。省道207线红色旅游扶贫公路路面工程完工，黄河公路大桥及引线工程完成总投资的73.4%；武家滩基础设施建设项目成功融资1.1亿元，城市投融资平台建设取得突破性进展；银东330千伏、四龙110千伏变电站建设顺利；乌金峡水电站全面竣工。双永人畜饮水暨生态供水工程已上报国家发改委审批；县城至吴家川高等级公路完成可研报告；靖南水电站预可研通过专家评审；北滩风力发电大唐一期开发项目正在积极争取。

【交通通讯】靖远地处西陇海兰新线经济带中心区域和兰白都市经济圈重点地段，距兰州150公里、白银67公里，白宝铁路、G025（刘白高速）、G109线、S207线、S308线及正在规划建设的包兰铁路复线贯穿全境。京呼银兰光缆横贯全县，已建成交换程控化、传输数字化、有线和无线相结合的现代化信息通信网络，邮电通讯事业发展迅速，交通通讯十分便捷。

【城市建设】近年来，按照改旧城、扩新城的发展思路，大力实施城市基础设施建设工程，累计完成投资近10亿元。城区规划面积扩大到 33.9 平方公里，建成区面积 6.3 平方公里。新城区一期工程全面完工，水、电、暖、路、林等配套设施日益完善，二期开发全面启动，城市辐射带动能力明显增强。积极进行小城镇建设，城镇人口达到 10 万人，城镇化率达到 23.3%。2009 年，鹿鸣园西侧道路、商业步行街、污水处理厂等 12 项城市建设工程全面推进，城市服务功能进一步提升。师范巷、四道南巷等 9 条主要巷道整修完成。新城公共绿地开工建设，靖乐渠景观带、乌兰山公园、钟鼓楼广场、金三角绿化亮化美化工程全面建成。城区大环境绿化累计达到 9980 亩，当年新增 1190 亩。集中供热面积逐步扩大，累计入网 120 万平方米，当年新增 40 万平方米。建成城区瓜果蔬菜市场 1 处，引导摊贩归市归区，城市环境面貌进一步改善。房地产开发持续增长，累计完成投资 7.2 亿元，当年完成投资 1.17 亿元，比上年增长 46.83%，恒丰、嘉靖园、水岸花都、天阳花苑等房地产项目进展顺利。累计完成商品房面积 60 万平方米，当年新增 20 万平方米，增长 6%，当年转让交易 14.67 万平方米，增长 6.9%。

【财政金融】全县大口径财政收入 1.3 亿元，县级一般预算收入为 6016 万元，比上年增长 20.78%。财政支出完成 10.51 亿元，增长 29.07%。

全县金融机构各项存款余额 27.17 亿元，增长 29.3%，其中城乡居民储蓄存款余额 19.61 亿元，增长 29.19%。各项贷款余额 11.14 亿元，增长 78.46%。

【人民生活】全县单位从业人员劳动报酬 40266 万元，单位从业人员年平均报酬 25718 元。城乡居民收入继续增长，全年城镇居民人均可支配收入 8379 元，增长 16%；农民人均纯收入 3212 元，增长 11.41%。高度关注失业人群，就业和再就业力度加大。城镇登记失业率 3.75%。

【医疗卫生】全县各类卫生机构 345 个（含诊所）。其中：综合型医院 2 个，中医院 1 个，卫生院 18 个（其中中心卫生院 6 个），疾病预防控制中心 1 个，妇幼保健院 1 个，中等医学教育（卫校）1 个，计划生育服务站 1 个，个体医疗网点 320 个，卫校 1 所，卫生监督所 1 所。有床位 769 张，各类卫生人员 1124 人，其中卫生技术人员 978 人，副高职称 26 人，中级职称 142 人。每千人拥有卫生技术人员 2 人。新型农村合作医疗参合人数 41.28 万人，参合率达到 97.96%，住院报销 2 万余例 3210 万元。县医院住院部综合楼开工建设，中医院综合门诊楼、妇幼保健站、乌兰社区卫生服务中心及 5 所中心卫生院、20 所村卫生室建成投入使用。

【科技教育】靖远崇文重教，人文荟萃，科技、教育事业蓬勃发展，先后被评为“全国科普示范县”和实现“全国科技进步先进县”三连冠。建成农业科技示范园区 14 个，其中市级示范园区 7 个（靖远县大坝高科技农业示范园区、平堡设施农业科技示范园区、靖远绿色禽蛋产业开发农业科技示范园区、大芦农村能源开发农业科技示范园区、靖远羔羊产业开发农业科技示范园区、刘川优质核果产业开发农业科技示范园区、三滩脱水菜产业开发农业科技示范园区）。1260 平方米鸟巢型球体生态温室建成试用。彩椒、茭白、芦笋、枸杞、核桃等新品种引进推广力度不断加大。落实全膜双垄沟播技术 8.27 万亩、测土配方施肥 60 万亩、秸秆生物反应堆 2000 亩、集中育苗 300 万株。全县专业人才总数 8816 人，其中从事管理岗位的 212 人，从事技术岗位的 8604 人。从职称结构看，高级职称 270 人，中级职称 1601 人，初级以下职称 6945 人；从文化结构看，研究生 8 人，本科生 3406 人，专科以下 5402 人；从专业结构看，工程类 419 人，农林水畜牧类 295 人，卫生类 571 人，教育类 7491 人。现有学校 383 所，其中小学 297 所（含教学点 85 个），九年一贯制学校 10 所，独立初中 34 所，完全中学 2 所，高级中学 4 所，职业中学 3 所，教师进修学校 1 所，公办幼儿园 1 所，民办幼儿园 32 所。在校学生 101237 人，其中小学生 43988 人，初中生 36174 人，高中生 16777 人，职中生 4298 人。全县教职工总数 6352 人，其中专任教师 6158 人。小学高级教师 624 人，小学一级教师 1792 人，小学二级教师 544 人，中学高级教师 204 人，中学一级教师 640 人，中学二级教师 1653 人，中学三级教师 158 人。高考二本上线 1728 人，比上年增加 170 人。靖远一中、二中、三中跻身省市级示范性高中。县职业中专被认定为省级重点中等职业学校。恢复高考以来，先后有 5.3 万人考取省内外大中专院校。

【旅游资源】境内有各级文物保护单位 129 处。其中：国家级文保单位 1 处（北城滩明长城），省级文保单位 6 处（法泉寺石窟、寺儿湾石窟、钟鼓楼、黑城子古城堡、潘育龙将军墓、北城滩古城遗址），旅游资源极富特色。中国百大名寺法泉寺同陕西法门寺一脉相承，其石窟艺术与敦煌莫高窟极为相似，被评为国家 3A 级旅游景区和省级森林公园。154 公里黄河风情线上，高山、峡谷等自然景观星罗棋布，黄河风情、名胜古迹、人文遗址、科技园区、森林公园、田园风光交相辉映。虎豹口西路军强渡黄河战役是中国革命史上一起非常重大的历史事件，从这里西路军踏上了浴血河西的悲壮而光辉的革命历程，在中国现代史上具有十分重要的历史价值和纪念意义。以法泉寺、寺儿湾为主的石窟文化游，以乌金峡、河心岛为主的黄河风情游，以平堡特色观光农业旅游区、大坝高科技示范园为主的观光农业游，以虎豹口红西路军强渡黄河遗址为主的红色文化游，以哈思山、泰和山、屈吴山为主的森林生态游，以北城滩、黑城子为主的历史文化游等旅游线路极具开发价值，发展黄河文化旅游产业潜力巨大，前景广阔。

（王绍先）

会宁县

【现任主要领导】

中共会宁县委书记：贾汝昌

会宁县人大常委会主任：刘汉宝

会宁县人民政府县长：王科健

政协会宁县委员会主席：宋维平

中共会宁县纪律检查委员会

书记：杜汉杰

【自然环境】会宁县位于甘肃中部，白银市南端，东与静宁、西吉、海原三县接壤，南与通渭县毗邻，西连定西、榆中两县，北靠靖远县、平川区。南北长约140公里，北部东西宽约90公里，南部宽约50公里，总面积6439平方公里，耕地面积226.06万亩。312国道和平定高速公路穿越县城，将会宁融入兰州1小时经济圈；省道309线横贯东西、207线贯通南北，境内交通便利。西兰乌光缆穿境而过，通讯设施完备；具有丰富的土地资源、劳动力资源及近靠兰州的区位优势。境内群山连绵，梁峁交错，沟壑纵横，可概括为“七川八塬九道梁”，属典型的黄土高原丘陵沟壑区。四季气候特征为：春寒雨少刮风多，夏多冰雹不炎热，秋凉阴雨多早霜，冬月干燥少落雪。平均海拔2025米，年降水量262.8毫米，年蒸发量1583毫米，年平均气温8.4℃，年均无霜期163天。主要河流有祖厉河、葫芦河、清水河三条，祖厉河贯穿南北，在靖远境内流入黄河。地下水系分四个水文地质单元，即大豹子川、厉河、关川河、祖厉河等四个河谷。水资源短缺，地表水大部分苦咸，干旱是主要自然灾害，霜冻、冰雹、风灾、洪灾、病虫害也比较突出。

【行政区划】会宁有悠久的历史文化。早在5000多年前的新石器时代，境内就有人类生息繁衍；汉武帝元鼎三年（公元前114年）设置祖厉县，距今已有2100多年的建县历史，是古丝绸之路重镇，素有“秦陇锁钥”之称。以红色旅游、绿色农业、金色教育为主题的城镇综合开发全面推进。现辖22个乡6个镇，284个村委会，2039个村民小组，9个居委会，35个居民小组。

【人口情况】全县有汉、回、东乡、藏、满、哈萨克、蒙古族等7个民族，年末全县常住人口为58.28万人，人口自然增长率为7.3‰，出生率为12.77‰，死亡率为5.47‰。总人口中农业人口53.49万人，占总人口的91.8%；非农业人口4.79万人，占总人口的8.2%。

【四通情况】平定高速公路、国道312线、309线横跨东西，省道靖天路、定会路贯通南北。境内公路总里程达到4000多公里。其中：国道4条，300公里；省道1条，117公里；县乡道路22条，880.4公里；通村公路328条，2770公里；93%的乡镇通油路，85%的行政村通公路，90%的行政村通汽车，实现乡乡通公路。110千伏输变电线路拉通。乡、村、社通电率为100%、100%、100%。京－西－兰－乌光缆通信过境；全县宽带骨干网带宽达到2G。中继光缆达到3014纤芯公里，城域网光缆达到186纤芯公里，接入光缆达到546公里。宽带用户达到3996户，并开始由县城向乡镇及自然村延伸，由政府向各行业领域拓展。乡乡通邮通电话，本地电话用户年末达48455户，年末移动电话用户达到125000户，电话普及率达到29.76部/百人。广播人口覆盖率91.8%，电视人口覆盖率90.5%。

【国民经济】2009年全县完成生产总值28.34亿元，增长11.8%。其中：第一产业9.06亿元，增长6.1%；第二产业8.07亿元，增长19.4%；第三产业11.21亿元，增长10.8%。全县人均生产总值4866元，增长11.4%。粮食总产量22774万公斤，增长21.75%。地方财政收入3152万元，增长18.1%。实现社会消费品零售总额11.22亿元，增长16.02%。全社会固定资产投资13.09亿元，其中县属固定资产完成投资11.69亿元，增长25.14%。

【医疗卫生】2009年，全县共有医疗卫生机构39家。其中：县直医疗卫生机构8家，社区卫生服务中心1家，乡镇卫生院28家，分院2家。全县医疗卫生机构在编职工847人，284所村卫生室，村医334名。全县设置床位1450张，其中专业技术人员761人。每千人口拥有床位2.5张，每千人口拥有医疗卫生专业技术人员1.3人。业务用房6.2万平方米，万元以上医疗设备2200多台件。2009年全县公立医疗机构总诊疗499707人次，业务总收入7449万元。全县共有500084名农民参加新农合，参合率为98%。累计为348250名参合农民补偿5303.2万元。有34411名参合农民因病住院治疗，发生医药总费用7370.85万元，按规定比例补助费用4268.96万元，次均住院费用2142元，人均补助1240.6元，补偿比为57.92%，住院率为6.88%。

【教育情况】会宁是西北教育名县，文化底蕴悠远厚重。自古崇文修德、尊师重教，仅明清两代就有进士20人、文武举人115人、贡生396人。自恢复高考以来，已向全国各大中专院校输送学生6万余人，其中获得学士学位的2万多人、硕士学位的5000多人、博士学位1000多人，会宁学子遍布全国各地及美、日、欧等国家，形成领导苦抓、家长苦供、社会苦帮、教师乐教、学生乐学的“三苦两乐”会宁教育精神，铸就了“西北高考状元县”的辉煌，赢得了“博士之乡”的称誉。同时，培养了20余万初、高中毕业生，具有丰富的教育资源和人才资源。

全县共有学校505所，其中普通高中6所，中等职业学校5所（包括1所教师进修学校，2所民办学校），独立初中50所，小学353所，教学点71个，幼儿园20所(其中民办幼儿园9所)。在校学生144186人。其中：普通高中19597人，普通初中48947人，中等职业学校10251人，小学61564人，幼儿园、学前班3827人。教职工总数7985

人(不含代课教师，含民办学校)。其中：普通中学3712人，中等职业学校459人（含民办），小学3700人，幼儿园114人。专任教师7699人。学龄儿童入学率99.79%。全县高考二本上线3190人，其中重点上线866人，分别比上年增加430人和81人。年内大学(专、本科)录取人数5909人。

【人民生活】2009年全县单位从业人员达到20005人，平均单位从业人员19415人，单位从业人员劳动报酬49585.1万元，单位从业人员平均劳动报酬25025元。农民人均纯收入2351元，比上年净增244元，增长11.58%。城镇居民人均可支配收入7500元，比上年增长14%。城乡居民储蓄存款余额19.5亿元，人均储蓄3346元，比上年增长35.6%。

【名优特产】会宁是绿色产业基地。土层深厚、光照充足，环境无污染，开发绿色产业具有得天独厚的优势。经过多年的发展，培育形成马铃薯淀粉、草畜产品、杂粮食品等特色产业。引进建成30多家龙头企业，其中马铃薯淀粉加工企业20多家、年生产能力10万吨，初步形成农产品精深加工的产业雏形。“西北磨坊”、“发滋瑞”、“三利”系列杂粮、“永鑫”烹调油、“会师楼”杏仁露、“祁连雪”马铃薯淀粉等产品获得国家绿色食品认证，其中荞麦米和良谷米被农业部认定为A级绿色食品，“发滋瑞”杂粮、“铁木山”矿泉水等获得甘肃名牌产品，被中国特产之乡委员会命名为“中国小杂粮之乡”和“中国肉羊之乡”。

【旅游景点】会宁历史文化丰富。汉唐时期，会宁是古丝绸之路中西商旅要道，现存大量的历史文化遗迹。牛门洞新石器遗址出土的彩陶、磨制石器等文物，是甘肃仰韶文化马家窑类型、半山类型和齐家文化共存的见证；境内有古城遗址和以汉墓群为代表的古人类墓葬20多处，其中最具代表性的是筑于金代的郭哈蟆城和宋代的西宁城，属省级文物保护单位。省级森林公园铁木山，集文化遗产、人文景观和自然景观为一体，现存多处石窟和庙宇古建筑，地貌独特，森林葱郁，有“旱塬秀峰”之称。位于铁木山下的马明心教堂，始建于清乾隆年间，为伊斯兰哲赫忍耶门宦创始人马明心的创道传教遗址，是全国各地穆斯林进行宗教活动的主要圣地之一，有“小麦加”之称。

会宁是中国革命圣地，红色旅游独具魅力。1936年10月红军三大主力在会宁胜利会师，会宁作为长征的会合点，与出发点瑞金、转折点遵义、落脚点延安一道，被列入全国30条红色旅游精品线路、100个红色旅游经典景区和20个重点红色旅游城市之一，成为享誉全国的红色旅游胜地。会师旧址被命名为国家重点文物保护单位，全国首批百家爱国主义教育示范基地和国家安全教育基地，被评为国家4A级旅游景区；红军长征胜利纪念馆是全国唯一一座全面反映长征历史的纪念馆。2007年2月17日，胡锦涛总书记亲临会宁瞻仰会师旧址，对建设好革命圣地寄予深情嘱托。红军会师楼被评选为“大国印记：1949～2009中国60大地标”之一，提升了会宁的影响力。

(陈红霞)

景泰县

【现任主要领导】

中共景泰县委书记：薛香玲

景泰县人大常委会主任：王文彰

景泰县人民政府县长：张世军

政协景泰县委员会主席：谈守礼

中共景泰县纪律检查委员会

书记：王涛忠

【基本情况】景泰县位于甘肃省中部，东临黄河，西接武威，南邻白银、兰州，北依宁夏、内蒙古，地处黄土高原与腾格里沙漠过渡地带，为河西走廊东端门户。景泰历史文化悠久。自西汉以来，曾三次设县，五置县城。1933年设立景泰县，县名寓“景象繁荣、国泰民安”之意。全县总面积5483平方公里。海拔1274～3321米。属温带大陆干旱气候，年均气温为9.1℃，无霜期在141天左右。年均日照2713小时，年降水量为185.6毫米，年蒸发量为1722.8毫米。现辖6镇5乡，136个行政村，7个社区，总人口23.09万人。耕地面积69万亩，其中水浇地36.29万亩，有天然草场522.8万亩。主要农产品有小麦、玉米、啤酒大麦、洋芋等；主要畜牧产品有羊肉、猪肉；特色产品有沙漠枸杞、大红枣、蜜瓜、蜂蜜、大接杏、早酥梨等。主要工业产品有水泥、石膏、石膏粉、石膏板、原煤、硅铁、电石、啤酒麦芽、面粉、配混合饲料等。

【基础设施】包兰(包头—兰州)、甘武（甘塘—武威）两条铁路在境内有11个火车站。公路以县城为中心，省道201线贯穿全境，308线西上武威至河西走廊，207线南通白银市，县城距中川机场不足百公里。邮电通讯事业发展迅速，电话普及率达到54部/百人。境内电力充足，有220千伏输电线路1条，110千伏输电线路14条，35千伏输电线路8条，年供电量21.3亿千瓦以上。大唐一期（2×660MW）工程两台机组和兴泉风电一期（45MW）工程投入发电。城区日供水能力达到7千吨。

【资源优势】矿产资源丰富，石膏储量达3.85亿吨，居全国第二，石灰石8亿多吨，煤3.8亿吨，石英石2000多万吨，铜200多万吨，此外，金、银、锰、墨玉、陶土、蛇纹岩也有一定分布，地方工业主要有水泥、硅铁、麦芽、饲草料、石膏粉、煤炭六大行业。灌溉条件优越，境内有“中华之最”景电高扬程大型提灌工程两处，总装机容量24.56万千瓦，提水量28.6立方米/秒，是黄河上游重要的灌溉农业区。全县光热资源丰富，年日照时数为2713小时，日照百分率62%，太阳年平均辐射量

147.8千卡/平方厘米，无霜期141天，是我国除青藏高原外光热资源最丰富的地区之一。景泰能源建设潜力巨大。景泰黄河段是黄河上游唯一建设大型水利枢纽工程的理想河段，可供可发电力资源140万千瓦。装机容量4.5万千瓦的兴泉风力发电场一期工程、装机容量2×660兆瓦的大唐景泰发电厂并网发电。

【旅游资源】景泰旅游资源奇特壮观，有被誉为“中华自然奇观”的国家地质公园黄河石林国家4A级景区、“沙漠绿色宝岛”寿鹿山省级森林公园、有开凿于北魏时期的五佛沿寺石窟、有建于明代万历年间的永泰龟城、明长城及享誉“中华之最”的景泰川电力提灌工程等诸多自然和人文景观。年内开工建设世行贷款黄河石林基础设施、水沟湿地园开发等旅游项目11个，完成投资4061万元。组织开展黄河石林世界地质公园和龙湾村“全国特色景观旅游名村”申报工作。培育发展玉杰公司等4家旅游商品生产企业，景卉牌特种蜂蜜被评定为白银“三宝”旅游商品，黄河石林牌枸杞产品和金鸵鸟蛋雕跻身白银十大名牌旅游商品行列。众多的自然景观和历史遗迹越来越受到影视界青睐，成为国内外不可多得的影视基地。《最后一个冬日》、《西部热土》、《汉血宝马》、《天下粮仓》、《雪花那个飘》、《花木兰》、《决战刹马镇》、《惊沙》等影视剧分别在黄河石林、永泰龟城等处完成拍摄。国家唯一以敦煌体裁为内容的“大敦煌”影视城，被影视界看好，其大漠、敦煌、绿洲、黄河以及宏伟气势成为西部的一个精品影视基地。全年共接待游客51.5万人次，实现旅游收入7719.5万元，增长42.2%。

【国民经济】2009年，全县完成生产总值29.54亿元，比上年增长11.6%。其中一、二、三产业增加值分别为6.22亿元、13.09亿元、10.23亿元，分别增长5.6%、15.8%、10.7%。全县粮食总产量为14.22万吨，肉类总产量为1.3万吨；全社会固定资产完成31.98亿元，增长17.92%。其中县属固定资产完成13.76亿元，增长39.06%。完成大口径财政收入17446万元，增长13.76%；社会消费品零售总额6.46亿元，增长18.41%。城镇居民人均可支配收入达到7893元，增长15%，农民人均纯收入达到3436元，增长11.27%。

【项目建设】“项目建设落实年”活动扎实推进，全年实施各类重点项目66个，完成37项，在建29项，完成投资32.4亿元，增长27.8%。近年来投资规模最大的生产经营性项目大唐火电一期累计完成投资46亿元，两台66万千瓦机组并网发电；十里沟煤业四号井改扩建、华惠麦芽二期改造、兴源铁合金特种合金生产线等项目建成投产；引大入秦延伸景泰供水工程争取农发行2.55亿元信贷资金支持；大唐兴泉风电二期获准开展前期工作。招商引资项目当年开工38个，竣工33个，完成投资7.9亿元，增长31.6%。

【新农村建设】农业产业化规模进一步壮大，全年粮食总产量达14.22万吨，比上年增长0.51万吨。“三个五万亩”林果基地加速，新增枸杞、红枣和优质梨等种植面积1.6万亩，分别达到5.7万亩、3.9万亩和3.6万亩。“四大规模养殖”产业稳步壮大，各类养殖小区累计达到84个，羊、猪、鸡、牛饲养量分别达到81万只、24.7万头、64.3万只和5800头。开工建设农业产业化项目14个，新增省级农业产业化龙头企业1家，市级以上龙头企业达到31家。农民专业合作经济组织达到81个，带动农户4500多户。耕地保障进一步强化，实施喜泉镇国家级一期、中心村省级2个土地整理项目，新增耕地近2000亩。水利设施投入加大，新建和维修各类小型水利工程21项，衬砌渠道132公里，发展节灌面积1万亩。扶贫开发、农业综合开发成效显著，实施3个行政村整村推进，完成中低产田改造6070亩。生态环境逐步改善，全年完成封造4.7万亩，林地总面积达到173万亩，森林覆盖率为5.3%。草窝滩农村安全饮水项目试水运行。建成户用沼气池6070座、大型沼气工程3处、服务网点45个。农业科技水平不断提高，示范推广保护性耕作、测土配方施肥等新技术16项，示范面积14.8万亩，完成全膜双垄沟播面积1万亩，农作物和畜禽良种率分别达到95%和88%以上。农民增收渠道进一步拓宽，输转劳动力4.4万人次，实现劳务收入3.5亿元。

【民生福祉】惠民政策全面落实，涉及就医、就学、住房等民生方面的“10件实事”基本完成。发放粮食直补、农资综合补贴及农机具购置补贴3366.9万元、廉租住房补助312万元、各类教育补助及助学贷款2978.7万元、小额创业担保贷款632万元，兑现退耕还林补助资金4661万元。新农合住院补偿12614人次，共1630.5万元。五项保险总计达到8.6万人次，村干部养老保险实现全覆盖，农村计生家庭养老保险试点工作有序开展。争取各项民政资金5103万元，发放救灾救济、优抚安置、大病救助等资金1430.9万元。发放低保、五保供养资金3203万元。县社会福利院主体工程完工。就业渠道进一步拓宽，城镇新增就业2726人，下岗失业人员再就业1247人，城镇登记失业率为4%。

【环境保护】增产节能成效明显，盛源铁合金机电系统、鸿煜铁合金矿热炉节能等12项技改项目全面完成，8户企业的能源审计和5户企业的清洁生产审核通过省市评审。循环经济稳步推进，工业固体废物综合利用率达到88%，较目标值提高14个百分点。全县万元GDP综合能耗为2.51吨标准煤，降低4.5%，二氧化硫排放量、化学需氧量控制在指标以内。

【社会事业】科技创新步伐加快，落实科技富民强县项目7项，院地合作项目4项，申报各类专利20项。教育事业健康发展，高考二本上线人数达

961人，上线率连续四年稳步提升；改扩建校舍面积近2万平方米；化解"普九"债务1329.3万元；京华中学正式移交县政府管理。

文体广电事业繁荣发展，完成11个乡镇文化站、88个"农家书屋"和22个行政村体育场建设，县自行车集训队恢复组建。广电"村村通"、广播进百村工程顺利实施，发放各类终端接收设备1.7万余台（套），惠及3万多户11.8万群众。

医疗卫生服务体系不断完善，完成4个乡镇卫生院加强项目，建成一条山镇社区卫生服务中心、7个社区卫生服务站和16所标准化村卫生室；甲型H1N1流感防控工作有序开展。人口计生工作基础进一步夯实，落实农村"两户"各类奖励优惠资金787万元，层级动态管理全面推开，"省优"成果进一步巩固，人口自然增长率控制在7‰以内。

（尚立新）

天水市

【现任主要领导】

中共天水市委书记：张景辉

天水市人大常委会主任：张景辉

天水市人民政府市长：李文卿

政协天水市委员会主席：宋敬国

中共天水市纪律检查委员会

书记：杨维俊

【基本情况】中国历史文化名城—天水市，位于甘肃省东南部，是甘肃的"东大门"，东邻陕西省宝鸡市，北、西、南分别与我省的平凉、定西、陇南接壤。总面积1.43万平方公里。现辖秦州、麦积两区和甘谷、武山、秦安、清水、张家川回族自治县五县，46个镇，67个乡，10个街道办事处。有汉、回、满、蒙、藏等28个民族。

天水因"天河注水"的传说而得名，有8000多年的文明史、3000年的文字记载史和2694年的建城史，是中华民族和华夏文明的重要发祥地之一。独具特色的历史文化主要有伏羲文化、大地湾原始部落文化、秦国早期文化、石窟艺术文化和三国古战场文化。境内古石窟、古建筑、古遗址、古墓群、古战场众多。有文物保护单位245处，风景旅游小区47个，景点228处，包括麦积山、大像山、水帘洞等古石窟6处，伏羲庙、兴国寺、南郭寺等古建筑50处，原始部落及秦汉古遗址86处，诸葛军垒、天水关、街亭等古战场遗址10余处等。位于市区西关的伏羲庙，是国内规模最大，保存最完整的祭祀人文始祖伏羲氏的场所。大地湾原始村落遗址距今8300年至4800年。麦积山风景名胜区1982年被国务院公布为全国第一批重点风景名胜区，2001年又被中央文明办、建设部、国家旅游局命名为全国文明风景旅游区示范点。中国四大石窟之一的麦积山石窟，素有"东方雕塑馆"美誉，现存194个洞窟，保存了十六国后秦至清代的泥塑和石雕7800余尊，壁画1300多平方米，目前正在向联合国申请世界历史文化和自然双遗产。

天水地处黄土高原南部沟壑区与西秦岭山脉结合地带，年平均气温11℃左右，正常年降水量600毫米左右。境内有粮食作物10多种，经济作物达20多种，是我国北方的最佳水果生产基地之一。有林木资源2500多种，林副产品百余种，众多的农林土特产品资源，为发展种植业和深加工产业，提供广阔的前景。通过不断调整优化产业结构，围绕林果、畜牧、蔬菜三大产业，形成规模大、特色鲜明的农产品产业带。利用航空育种等高科技手段，兴建农业高科技园区，走高效优质发展模式，发展无公害生态农业和优质高效农业，推出花牛牌苹果、大地湾牌蜜桃、麦积牌葡萄、莱茵牌浓缩胡萝卜汁、禾蕊牌面粉、伊味思牌牛肉、全录土牌辣椒、甘谷月季等一批知名绿色农产品品牌，在海内外市场享有盛誉。

【国民经济】2009年，全市实现生产总值260亿元，比上年增长10.4%。其中，第一产业实现增加值47.9亿元，增长8.6%；第二产业实现增加值101.1亿元，增长8.6%；第三产业实现增加值111亿元，增长12.8%。人均生产总值7584元，增长10.2%。

【农业经济】2009年，全市完成农林牧渔业总产值79.99亿元，比上年增长9.52%；实现农林牧渔业增加值47.4亿元，增长9.51%。一是粮食产量创新高。全年粮食总产104.46万吨，增长1.07%。其中，夏粮总产31.47万吨，下降2.72%；秋粮总产72.99万吨，增长2.8%。二是经济作物喜获丰收。蔬菜产量150万吨，增长15.08%；水果74.78万吨，增长19.61%。三是畜牧业生产平稳发展。生猪存栏64.87万头，增长3.89%；羊存栏27.41万只，增长6.53%；大牲畜存栏52.05万头，增长4.98%。全市劳务输出60.06万人，创劳务收入45.69亿元。

【工业生产】2009年，全市规模以上工业企业实现工业增加值47.5亿元，比上年增长8.3%；实现主营业务收入92.17亿元，增长5.04%；实现利税6.57亿元。

【固定资产投资】2009年，全市完成全社会固定资产投资202.89亿元，比上年增长41.68%。其中，城镇固定资产投资142.41亿元，增长31.57%；农村固定资产投资60.47亿元，增长73%。在城镇固定资产投资完成额中，房地产开发投资15.06亿元，增长5.65%。分产业看，第一产业完成投资18.52亿元，增长2.6倍；第二产业完成43.48亿元，下降1.87%；第三产业完成80.41亿元，增长36.77%。全市开工建设投资上亿元的项目32项，比上年增加12个，增长60%，完成投资58.68亿元，增长16.38%。

【消费外贸】2009年，全市实现社会消费品零售总额109.6亿元，比上年增长22.6%。完成进出口总额1.20

亿美元，比上年增长 1.6%。2009 年，全市实施招商引资项目 151 项，拟引进资金 157.7 亿元，实际到位资金 40.8 亿元，比上年增长 25.9%。全市累计接待国内外游客 530 万人次，比上年增长 36.2%；实现旅游综合收入 19.6 亿元，增长 43.9%。

【财政金融】2009 年，全市完成大口径财政收入 35.83 亿元，比上年增长 22.73%。其中，一般预算收入 11.37 亿元，增长 22.39%；地方财政收入 17.47 亿元，增长 35.08%。实现国家税收 19.72 亿元，增长 10.72%；地方税收 9.25 亿元，增长 23.83%。财政支出 107.57 亿元，增长 34.92%。其中，一般预算支出 98.61 亿元，增长 29.97%。年末全市金融机构人民币各项存款余额 386.07 亿元，较年初增长 36.23%。其中，城乡居民储蓄存款余额 257.43 亿元，增长 28.86%。人民币各项贷款余额 159.54 亿元，增长 49.97%。其中，短期贷款 86.4 亿元，增长 41.19%；中长期贷款 72.8 亿元，增长 61.76%。全市实现保费收入 6.76 亿元，赔款 7278 万元。

【人口和人民生活】年末总人口 359.69 万人，常住人口 343.07 万人，其中乡村人口 260.87 万人，城镇人口 98.82 万人，城镇人口中城市人口 47.87 万人。人口自然增长率 6.95‰。城乡居民收入稳步增加。全市城镇居民人均可支配收入 9932 元，比上年增长 9.73%；人均生活消费性支出 7493 元，增长 7.47%。农民人均纯收入 2404 元，增长 11.9%；人均生活消费支出 2252 元，增长 10.05%。城市人均居住面积 19.29 平方米；农村人均居住面积 17.26 平方米。

【社会保障】社会保障工作不断加强。2009 年，全市参加基本养老、失业、基本医疗、工伤、生育五项社会保险人数分别为 11.89 万人、14.99 万人、24.32 万人、10.03 万人和 4.1 万人，企业离退休人员 5.74 万人，养老保险基金支出 7.8 亿元，发放率 100%。参加养老保险的灵活就业人员 4.79 万人，参加医疗保险的城镇居民 39.73 万人，参加工伤保险的农民工 3.92 万人，参加基本医疗保险的农民工 0.57 万人。国有企业、外资企业、非公有制企业劳动合同签订率分别为 100%、87.1%、81.8%。共有城市最低生活保障对象 4.45 万户，10.9 万人，累计发放低保补助资金 1.35 亿元；共有农村最低生活保障对象 6.96 万户，25.24 万人，累计发放低保补助资金 1.51 亿元。农村临时救济 1.89 万人。

就业再就业取得新成效。2009 年，全市城镇新增就业 5.23 万人，下岗失业人员再就业 2.11 万人；安置困难人员再就业 0.99 万人，为有创业愿望的下岗失业人员和劳动密集型中小企业发放小额担保贷款 0.83 亿元。全市单位从业人员 18.25 万人，其中国有单位 12.82 万人，城镇集体单位 0.83 万人，其他单位 4.6 万人；单位从业人员劳动报酬 39.04 亿元，比上年增长 28.18%。其中，国有单位劳动报酬 30.8 亿元，增长 26.18%；城镇单位 1.3 亿元，增长 3.07%；其他单位 6.94 亿元，增长 44.96%。

【交通建设和邮电通讯业】年末全市公路通车总里程 3266 公里（不包括乡村公路）。全社会公路客运量 6483 万人，比上年增长 5.1%，客运周转量 224950 万人公里，增长 4.72%；货运量 939.4 万吨，增长 18.7%，货运周转量 284776 万吨公里，增长 4.78%。全市邮电业务总量 9.44 亿元，比上年增长 6.7%。年末本地固定电话（包含小灵通）用户 51.37 万户，增长 4.1%；年末移动电话（包含移动、联通、电信部门）用户 139.13 万户，增长 79%。

【城市建设和环境保护】城市基础设施建设成效显著。人均城市道路面积 8.64 平方米，城市照明灯 12292 盏，用水普及率 75.87%，生活垃圾处理率 100%，燃气普及率 57.19%，建成区绿化覆盖率 35.2%，人均公园绿地面积 5.6 平方米。环境保护事业发展较快。全市共完成环保投资 4.12 亿元，空气污染指数 60，渭河水质达标率 100%。

【社会事业】教育事业取得长足发展。全市普通高校 3 所，在校学生 1.9 万人；普通中等专业学校 28 所，在校学生 3.92 万人；普通中小学校 2670 所（包括 485 个教学点），在校学生 66.57 万人。全市学龄儿童入学率 99.82%，在校生巩固率 99.28%；初中学龄儿童毛入学率 99.28%，在校生巩固率 98.8%。

科学研究和技术开发取得新成果。全市共组织实施科技项目 347 项，鉴定科技创新成果 213 项，其中 131 项达到国内领先以上水平。全市已建成国家、省级技术研究中心和企业技术中心 22 家，认定 11 家国家、省级“创新型企业”试点单位，26 家国家级和省级高新技术企业。

文化事业健康发展。年末全市共有群众文化事业机构 148 个，文化艺术表演团体 8 个，文化馆（站）7 个，公共图书馆 7 所，各类藏书 80 余万册。广播、电视人口覆盖率分别达 94.36%和 88.41%。

卫生事业持续发展。年末全市共有卫生机构 698 个，床位 9416 张，各类卫生技术人员 9763 人，其中执业医师 5902 人。年内“四苗”全程合格接种率稳定在 98.44%以上。

群众体育运动广泛开展。全市共有全民健身点 149 个，学校在校学生施标率和达标率分别达 98%和 96%。全市经常参加体育锻炼的人约 141 万人，占全市总人口的 39.5%。

秦州区

【现任主要领导】

中共秦州区委书记：张明泰

秦州区人大常委会主任：杨虎林

秦州区人民政府区长：周伟

政协秦州区委员会主席：文月平
中共秦州区纪律检查委员会
书记：牟建林

【基本情况】天水市秦州区位于甘肃省东南部，是天水市政治、经济、科技和文化中心。全区行政区域面积2442平方公里，城市建城区面积29平方公里，现辖7个街道办事处，41个社区居民委员会，10镇6乡420个村民委员会和2个镇辖居委会，有汉、回、蒙、藏等数十个民族。

秦州区地理位置独特，区位优势明显，是联系西北与中原、西南的交通枢纽，城区羲皇大道、成纪大道、天北快速干道宽阔平坦，国道310、316线和天宝、天定高速公路的贯通，与省道和县（区）乡公路形成健全的交通网络。

【国民经济】2009年，全区实现生产总值83.22亿元，比上年增长11%。其中，第一产业实现增加值6.06亿元，增长3.7%；第二产业实现增加值39.59亿元，增长9.8%；第三产业实现增加值37.58亿元，增长13.5%。实现规模以上工业企业增加值19.65亿元，增长12.6%；全社会固定资产投资55.66亿元，增长42.22%；社会消费品零售总额36.57亿元，增长21.1%；大口径财政收入7.11亿元，增长18.03%。

【农业】2009年，全区完成农业总产值10.14亿元，比上年增长6.85%。粮食播种面积70.17万亩，粮食总产量17.93万吨，增长1.24%；蔬菜播种面积7.22万亩，总产量13.85万吨；油料作物播种面积18.69万亩，总产量1.79万吨。当年完成造林面积2.65万亩，封山育林面积9.13万亩，果园面积15.76万亩，水果产量11.5万吨。年末大牲畜存栏6.86万头，增长2.39%；猪存栏7.26万头，增长0.97%，出栏肉猪6.71万头；鸡（鸭、鹅）存栏53万只，出栏35.93万只。肉产量6027.23吨，增长1.79%。其中猪肉4697吨，增长1.51%；鲜蛋产量1590吨，增长0.19%；牛羊奶产量349吨，增长1.45%；水产品产量250吨。新增规模养殖户152户，新增养殖专业村3个，新建规模养殖场10个，新建养殖小区5个，改建、扩建畜牧养殖龙头企业11家。发展芦笋1.65万亩，发展中药材5万亩，特种玉米1万亩，发展食用菌25万m^2，建大棚678座。汪川芦笋、中梁韭菜种植区通过省级无公害产地认证，产品通过国家级无公害产品认证。

【人口和人民生活】年末总人口65.98万人，常住人口62.95万人，其中城镇人口29.76万人。人口自然增长率6.67‰。全区城镇居民人均可支配收入10134元，比上年增长11%；人均生活消费性支出8614元，增长9.2%。农民人均纯收入2630元，增长10.65%；人均消费性支出2006元，增长6.7%。

【新农村建设】按照统筹城乡发展和新农村建设的总体要求，实施55个村的巷道硬化。其中，28个整村重建村结合灾后重建开展，其余27个村已全面完成主巷道硬化工程。加强18个市级示范村和50个推进村的学校、道路、卫生室、农家店等基础设施建设，第一批8个市级示范村实现“八通六有”，第二批10个市级示范村基本实现“八通六有”，50个推进村基本实现“六通四有”。农村居民现有房屋面积808.86万平方米，其中钢混结构房屋151.94万平方米，砖木结构233.64万平方米。人均住房面积17.91平方米。全区通公路的村324个，通汽车的村414个，自来水受益村141个，通有线电视的村219个，通电话的村420个，乡镇文化站（室）272个。

【社会保障】2009年，全区为企业离退休人员发放养老金4437.48万元，为符合条件的失业人员发放失业金292.29万元，发放率100%。城镇参加基本养老、失业、基本医疗三项社会保险人数分别为6665人、9221人和2.24万人。开发公益性就业岗位1907个。城镇新增就业1.45万人，下岗再就业6100人，发放小额贷款1099万元，城镇登记失业率3.41%。为1156名村级干部办理参保手续，参保覆盖率96.6%，筹集费用115.6万元，个人缴费34.7万元。纳保1.84万户，累计发放低保金1.04亿元。实施城乡医疗救助对象1.39万人次，发放救助金695万元。解决5500户廉租户住房补贴994万元。

【社会事业】2009年，全区新列结转国家、省市、区各类科技项目64项，其中国列2项，省列7项，市列9项，区列29项，总投入科技三项费664万元。组织鉴定验收科技成果43项，其中达到国内先进水平5项，省内领先水平8项。申报专利58件，获国家级科技奖励1项，省级7项，市级42项。派遣164名科技特派员在畜牧、林果、中药材、特色农业、农副产品加工、流通等领域广泛开展科技服务，共实施科技开发项目35个，引进农业新品种81个，推广新技术、新品种50多项。年末全区有区属公办中小学、幼儿园414所，其中独立高中2所，完全中学9所，普通初级中学17所，九年制学校11所，小学372所，幼儿园3所。在校学生10.68万人，其中普通高中1.06万人，初中2.9万人，小学6.67万人，幼儿园519人。2009届高考二本以上上线人数达1184人，上线率22.07%。“两免一补”政策全面落实，筹措资金1.98万元。实施中小学校舍重建项目97个，新建校舍10.84万平方米。年末全区有各类医疗机构43家，其中医院13所，公共卫生机构2个，新农合医疗经办机构1个，乡镇卫生院22所。卫生工作人员3336人，其中卫生技术人员2758人。28个社区卫生服务机构，其中社区卫生服务中心10个。

麦积区

【现任主要领导】

中共麦积区委书记：蒲军

麦积区人大常委会主任：胡福林
麦积区人民政府区长：张克强
政协麦积区委员会主席：贯应珍
中共麦积区纪律检查委员会
书记：李小敏

【基本情况】天水市麦积区位于甘肃省东南部，西秦岭北麓，渭河中上游，地处陕、甘、川之要冲，是甘肃省和天水市的“东大门”。全境东西长123公里，南北宽50公里，总面积3484平方公里。现辖11个镇、6个乡、3个街道办事处，379个行政村，28个社区居委会，有蒙、回、藏、维等17个少数民族。境内森林覆盖率52.6%，年降雨量500毫米左右，年均气温11.3℃，全年无霜期180天，夏无酷暑，冬无严寒，四季分明，景色秀美，素有陇上“小江南”之美誉。

境内已探明储量的矿产有50多种，主要有铅、锌、金、钼、粘土、石灰石、钾长石、白云石、大理石、石英、云母、石棉等。野生动植物资源和药材资源种类繁多，珍稀动物主要有牛羚、大鲵、猕猴、金猫、水獭、林麝等。中药材200多种，主要有党参、当归、天麻、大黄、茴香等。盛产苹果、西瓜、桃、杏、板栗、核桃、花椒、木耳、生漆等干鲜土特产。旅游资源丰富，国家级风景名胜区—麦积山景区就镶嵌在东南部的林海群峰之中，景区内驰名中外的麦积山石窟，秦州“第一洞天福地”仙人崖，享有“小黄山”美誉的石门，湾湾有景、步步留情的曲溪，荟萃珍奇物种的小陇山植物园，净土寺，蛟龙寺以及诗圣杜甫流寓秦州时的东柯草堂，国画大师齐白石题匾的双玉兰堂，牧马滩秦汉古墓葬等许多古遗址，古建筑，古墓葬，是西北最佳森林旅游避暑胜地和中外游客观光旅游的理想胜地。

【国民经济】2009年，全区实现生产总值70.13亿元，比上年增长11.8%。其中，第一产业实现增加值6.73亿元，增长7.8%；第二产业实现增加值33.28亿元，增长11.4%；第三产业实现增加值30.12亿元，增长13%。

农业：2009年，全区完成农业总产值11.5亿元，比上年增长9.6%；粮食总产量14.77万吨，增长0.53%，蔬菜总产12.54万吨，水果总产15.09万吨，大牲畜存栏4.37万头。

工业：2009年，全区规模以上工业企业37家实现总产值41.76亿元，比上年增长12%；实现增加值20.9亿元，增长10.5%，其中10强50户企业19家完成增加值19.53亿元，增长8.5%。

商贸：2009年，全区实现社会消费品零售总额33.5亿元，比上年增长17.3%。实现出口贸易总额3543万美元。积极落实家电下乡政策，全区登记备案33家销售网点，销售家电下乡产品6509台，销售资金904.19万元，发放补贴资金103.22万元，兑付率99.31%。争取并落实国家农家店改造资金161.8万元，建设改造农家店218个。城区共建设综合集贸市场4个，专业市场4个，社区市场8个；农村共建设农贸市场14个，农副产品专业市场10个。

财政：2009年，全区完成大口径财政收入5.04亿元（含烟草税收1756万元），比上年增长30.4%。其中，一般预算收入1.72亿元，增长21.8%。财政支出15.02亿元，增长36.3%。其中，一般预算支出13.71亿元，增长28.1%。

【项目建设】2009年，全区实施招商引资项目132项，总投资74.9亿元，实际到位资金10.37亿元，比上年增长21.3%。中药饮片生产线、天水万仕和4S店项目、现代化果品气调库项目、空心砖生产线、奔阳牧业生态鸡养殖小区建设等一批项目已全面完工，投资3.8亿元的25万吨JCOE大直缝埋弧焊管全自动生产线ERP项目、投资1.85亿元的新一代凿岩研发基地项目、投资6500万元的新建重型机床装配项目、投资6000万元的40万只蛋鸡自动化养殖场项目、6万亩鲜食葡萄基地配套加工项目等一批大项目正在建设且工程进展顺利。

【人口和人民生活】年末总人口60.04万人，常住人口57.29万人，其中乡村人口45.34万人，城镇人口24.16万人，城镇人口中城市人口20.14万人。人口自然增长率6.53‰。全区城镇居民人均可支配收入9041元，比上年增长11%；农民人均纯收入2399元，增长10.8%。

【社会保障】2009年，全区为2923名离退休人员发放养老金3130.13万元，为1204名失业人员发放失业金326.48万元。参加基本养老保险1.1万人，其中新增缴费1119人；参加失业保险1.23万人，其中新增缴费1296人；参加城镇职工医疗保险2.5万人，其中新增缴费5477人；参加工伤保险7062人，其中新增缴费481人。农民工参加工伤保险3952人，征缴工伤保险费17.8万元，支付工伤保险待遇9.59万元，征缴生育保险费7100元。城镇新增就业1.46万人，下岗失业人员再就业5848人，困难人员再就业2538人。城镇登记失业率2.88%。落实小额担保贷款担保基金180万，发放小额担保扶持贷款912万元，开发公益性岗位1200个。就业再就业培训7125人，创业培训411人。

【社会事业】2009年，全区落实农村义务教育保障资金3417万元，其中公用经费2489万元，取暖经费560万元，家庭经济困难寄宿学生补助368万元；落实城市义务教育学校公用经费864.14万元，其中免杂费资金336万元，生均预算内公用经费388.14万元，进城务工人员子女以奖代补资金15万元，公用经费省级以奖代补资金125万元。免除8.49万名义务教育阶段学生的学杂费，资助农村家庭贫困寄宿生1.06万人，有2452名进城务工人员子女被安置到城区学校就读，并与城市学生一样享受免杂费政策。落实深圳助学金、西部助学工程、红十字会助学等项目，共323名中小学生得到资助，资助金额 11.4 万元。发放中职、技校学生助学金 204.94 万元，受助学生 2861 人。办理生源地助学贷款 921 人，贷款金额 460.13 万元。组织实施科学研究、科技试验、示范及攻关项目 63 项，其中结转项目 23 项，新上项目 25 项，省列项目 4 项，市列项目 11 项。实施项目中工业项目 1 项，农业项目 40 项，医疗卫生项目 15 项，软科学及社会事业 7 项。已通过鉴定验收 20 项，取得科技成果 14 项。其中，苹果黑星病发生规律及综合防治技术研究、美国大杏仁引育及栽培技术研究等 7 项达到国内先进水平；香葛乌梅饮治疗小儿轮状病毒性肠炎、俞骨胶囊在骨折临床中的应用等 4 项达到省内领先水平；花椒基地建设与优质高效栽培技术示范推广、猪鸡标准化养殖示范基地建设等 3 项达到省内先进水平；麦积区香椿刺嫩芽山野菜示范园建设、中山流域万亩无公害山地葡萄标准化生产技术示范等 6 项通过总结验收。举办庆“七·一”首届正书书法展和庆祝新中国成立 60 周年“全区书画大展”等综合性展览 9 次，展期 47 天，展出作品 720 多件（幅），参观人数达 2.3 万人。成功举办个人书画展 9 次，“千台大戏送农村”完成演出任务 17 场，举办大型“文化下乡”活动 2 次，开展文化演出 4 场，开展文化科技卫生“三下乡”活动 2 次。举办 24 场深受群众喜爱的秦腔戏曲调演、秦腔纳凉晚会。开展送图书下乡、进社区，“书香校园”等图书下乡服务活动，年接待读者 10 万人次，流通图书 10 万册次。开展“送书下乡免费展读”活动 45 天（次），展出图书 2000 余册，杂志 300 余册，接待读者 8000 余人次。年末全区参合农民 42.26 万人，参合率 93.62%，覆盖率 100%。建成社区卫生服务中心 6 个，卫生服务站 9 个，已覆盖城区桥南、北道埠、道北 3 个街道办事处和社棠、马跑泉镇 18.55 万居民。社区卫生服务覆盖率 90%，儿童单苗接种率 99.6%，救助农村孕产妇 1.09 万人，落实救助资金 219.1 万，孕产妇系统保健管理率 85.14%。

清水县

【现任主要领导】

中共清水县委书记：王振宇

清水县人大常委会主任：阮珠有

清水县人民政府县长：刘天波

政协清水县委员会主席：陈喜祥

中共清水县纪律检查委员会

书记：妥国保

【基本情况】清水县位于甘肃省东南部，天水市东北，陇山西南麓渭河支流牛头河流域，东界陕西省陇县、宝鸡、南连麦积、秦州两区，西接秦安，北临张家川回族自治县，距陇海铁路天水站 40 公里。总面积 2012 平方公里，现辖 6 镇 12 乡，260 个村民委员会，1118 个村民小组。总人口 31.87 万人，其中农业人口 29.59 万人，占总人口的 92.8%，少数民族有回、藏、东乡、土、苗等。

清水县古称上邽，以“清泉四注”而得名，历史悠久，人杰地灵，系中原与西北的古通道，素有陇上要冲，关中屏障之称，早在五千多年前，人类先祖就在这里生息繁衍。境内发现马家窑—齐家文化古遗址 30 多处，出土珍贵文物 3000 多件。是中华人文初祖轩辕黄帝的诞生之地、秦统一全国的发祥地、西汉名将赵充国的桑梓故里。北逐匈奴、西击诸姜的战斗号角，秦先祖非子、一代天骄成吉思汗等历史人物都在这片土地上留下足迹。

清水县属黄土梁峁沟壑区，是西北黄上高原边缘地带十分难得的山川秀美、物华天宝之地。最高海拔 2201 米，最低海拔 1112 米，年平均气温 9.9℃，年均降水总量 550mm 左右，年日照时数 2277.4 小时，全年无霜期 180 天左右。夏无酷暑，冬无严寒，四季分明，气候宜人。境内有耕地 130 万亩，森林 67 万亩，荒山草坡 18 万亩。地表水 2.3 亿立方米，地下水 1 亿立方米，水源总量 3.3 亿立方。已发现铁、锰、铜、铅、钼、白云石、大理岩、钾长石等 14 种矿产资源。汤浴温泉已成为全国十三大名泉之一，庞公玉石被誉为“中国一绝”，轩辕文化、先秦文化、汉唐文化、宋金文化交融聚汇，三皇谷森林公园、万紫山、石洞山等陇上名胜独树一帜，使清水成为陇坂脚下的一方人文厚土，炎黄子孙寻根问祖、观光旅游的胜地。

【国民经济】2009 年，全县实现生产总值 18.01 亿元，比上年增长 10.3%；工农业总产值 12.56 亿元，增长 18.07%；全社会固定资产投资 20.1 亿元，增长 77.88%；社会消费品零售总额 3.45 亿元，增长 28.16%；大口径财政收入 0.71 亿元，增长 26.42%；城镇居民人均可支配收入 8650 元，增长 13.98%；农民人均纯收入 2304 元，增长 12.8%。

【农业】2009 年，全县完成干鲜果栽植 8.05 万亩，建成新城方湾梁等 5 个万亩产业带，白沙、土门 2 个万亩乡，红堡、远门等 7 个 5000 亩乡镇，48 个千亩以上示范基地，魏家塬千亩苹果标准化科技示范园。黄牛饲养量达 10.56 万头，新建养殖小区 17 个，畜禽饲养总量达 259.2 万头（匹、只）。种植蔬菜 8.1 万亩，农业科技示范园区蔬菜、花卉新品种展示面积 2870 平方米，大力推广全膜覆盖双垄沟播玉米 10.8 万亩，小麦良种 26.2 万亩。粮食总产量 1.5 亿公斤，再创历史新高。完成农村沼气“一池三改”工程 8224 户，魏家塬节水灌溉工程建成使用，长沟河电站全面竣工，高标准建设了水清梁、玉屏梁两个万亩梯田示范点。新修梯田 3.2 万亩，西部 4 乡镇 15 村整流域连片开发国家级试点项目和草川水泉等 10 乡镇 11 村整村推进项目全面完成建设任务。完成各类造林 4.61 万亩，退耕还林补植补造 2.97 万亩，北山绿化 5000 亩，公路绿化 92.5 公里。多渠道输转劳务人员5.69万人,实现劳务收入4.26亿元。

【工业商贸】2009年，全县完成工业总产值3.8亿元，比上年增长15.8%。新增各类商业网点151户，完成退市还路市场工程2处，新建、改造“农家店”75户。销售家电下乡产品3181台，发放补贴49.5万元。建成旅游道路4条31.2公里,星级旅游厕所3处，发展“农家乐”4户。全县接待游客36.8万人次,实现旅游综合收入5888万元，分别比上年增长42.6%和63%。

【财政金融】2009年，全县完成大口径财政收入0.71亿元，比上年增长26.42%；财政支出9.49亿元，增长40.4%。金融支持经济发展的力度不断加大。年末金融机构人民币各项存款17.5亿元，人民币各项贷款6.2亿元。

【基础设施建设】全面实施县城“八大工程”建设，投资1530万元，新修城区道路4条3.5公里。完成灾后重建投资6.34亿元，全县8888户农村居民重建住房全部竣工入住，25个教育重建项目19个已全面竣工，11个卫生重建项目10个已竣工交付使用，30个交通重建项目28个已开工建设，永清等3所敬老院和山门老年公寓重建项目全面竣工。实施农村危旧房改造3300户,争取国家、省级补助资金1891万元；农村贫困残疾人危旧房改造190户，完成投资1140万元。

【项目建设】2009年，全县落实各类项目资金4.7亿元，分四批落实中央扩大内需项目45项，总投资1.94亿元。金集饮水安全工程、城区供水改扩建、永清等3乡镇土地开发整理、灾民建房、廉租房建设、巩固退耕还林基本口粮田建设、乡镇文化站等101个重点项目均已完工或完成年度计划。筛选储备2010年项目144项,涉及投资62亿元。实施招商引资项目84项，实际到位资金3.9亿元。

【社会保障】在全省率先启动实施农村计划生育家庭养老保障，首次参保1019人，筹集基金163万元，为453名二女结扎户和独女领证户发放养老金81.54万元，月人均养老金300元，二女结扎户一次性奖励金达8000元。城镇参加基本养老、失业、工伤、生育、居民医疗和职工医疗保险人数分别为3226人、6859人、4390人、1400人、1.33万人和1.15万人，为795名企业离退休人员发放基本养老金915.6万元,为1232名失业人员发放失业金425万元。城镇医保实现市级统筹，未参保集体企业全部纳入养老保险。城镇新增就业2860人，下岗再就业1062人，城镇困难对象实现就业再就业492人。为274户、883人发放廉租住房补贴63.58万元，为98户特困户发放住房困难补贴22.39万元，为1006户低收入家庭发放住房补贴231.76万元。发放城乡低保金1970.74万元,五保供养经费324万元，大病医疗救助金163万元，特困人口救助金339万元,重点优抚对象优抚金153万元,高龄及百岁老人生活补助费2.24万元。

【社会事业】多渠道补充教师207名，小学毕业检测双合率76.8%，初中毕业会考七合率31.19%，高考上线率20.24%。认真落实义务教育“两免一补”政策，免费发放教科书10.3万人次，免除学杂费及提高公用经费1882万元，落实寄宿生生活补助费477万元，落实生源地助学贷款444万元，化解“普九”债务1554万元。新建、改造丰望中学等4所初中和金集中心小学等21所小学校舍2.48万平方米。建成文化资源信息共享工程县级中心，黄门等5乡镇文化站全面竣工，新建“农家书屋”100户。挖掘整理非物质文化遗产保护线索430多条，申报公布国家及省、市、县级非物质文化遗产保护项目22个。完成自然村广播电视“村村通”工程1.51万户。年末全县农民参合率达95.11%，为1.63万名住院病人报销医疗费2308.2万元，报销比例达50.06%。全力开展甲型H1N1流感等重大传染病的防控工作，地方病得到有效控制。金集等5乡镇计划生育服务所全面竣工，完成四项节育措施2515例，计划生育率86.09%。

秦安县

【现任主要领导】

中共秦安县委书记：陈天雄

秦安县人大常委会主任：贾万祥

秦安县人民政府县长：王东红

政协秦安县委员会主席：高霆钧

中共秦安县纪律检查委员会书记：张永刚

【基本情况】秦安县位于甘肃省东南部，天水市北部，渭河支流葫芦河下游。属陇中黄土高原西部梁峁沟壑区，山多川少，梁峁起伏，沟壑纵横，是天水市的北大门和后花园，具有连接省城兰州，辐射天水地区西北部毗邻地区的重要节点作用。东西长约65公里，南北宽约50公里，总面积1601.6平方公里，地势西北高而东南低。最大河流葫芦河由四大支流清水河、南小河、显清河、西小河等河流汇成，自北而南，纵贯秦安中部。海拔1120~2020米。属陇中南部温带半温润气候，年平均气温10.4℃，年均降水量507.3毫米。现辖5镇12乡，428个村委会，6个社区，1384个村民小组。耕地面积105.1万亩。

境内盛产苹果、桃、梨等，素有“瓜果之乡“的美称，先后被中共甘肃省委、省人民政府授予全省“经济林建设十强县”、“发展个体私营经济十强县”、“全省劳务经济先进县”和“乡镇企业十强县”，被国家科技部、林业局、文化部授予全国“科技工作先进县”、“中国名特优经济林桃之乡”、“文物工作先进县”,被中国果品流通协会授予全国“兴果富农”工程果业发展百强优质示范县和中国花椒之乡称号，被中国百县(市)优特经济专题调查办公室命名为中国甘肃优特苹果生产基地，秦安蜜桃、秦安花椒获得国家地理标志产品保护，其中秦安蜜桃“北京七号”桃荣获北京奥运推荐果品一等奖，并荣获“中华名果”称号。

秦安县古称成纪，历史悠久，文化积淀深厚，旅游资源丰富。据史书记载，人类始祖女娲就出生在这里，是华夏文明重要发祥地之一，素有“羲里娲乡”之称。文物古迹众多，有距今约 8000 年的全国重点文物保护单位—大地湾遗址，是我国新石器遗址中年代最早、历时最长、层次最完好的一处。著名的“街亭古战场”和女娲庙，元代建兴国寺、明代建文庙大成殿和清代建筑群泰山庙等旅游景点，也是不可多得的历史文化瑰宝。

【国民经济】2009 年，全县实现生产总值 25.19 亿元，比上年增长 10.4%。其中:第一产业实现增加值 8.48 亿元，增长 11.06%；第二产业 6.1 亿元，增长 7.6%；第三产业 10.61 亿元，增长 11.5%。人均生产总值 4224 元，增长 13.4%。实现大口径财政收入 1 亿元，增长 21.43%；财政支出 12.06 亿元，增长 31.72%。

农业经济运行良好。2009 年，全县实现农、林、牧业总产值 14.58 亿元，增长 12.65%。其中，农业 11.87 亿元，增长 15.71；林业 0.34 亿元，增长 40.2%；畜牧业 2.36 亿元，下降 2.91%。粮食总产量 18.8 万吨，下降 1.37%。新建优质果椒基地 8.1 万亩，引进新品种 13 个，高接换优 2 万亩，水果套袋 4.4 亿个，建设无公害果椒基地 2 万亩，苹果获得国家地理标志产品保护。建成千吨以上果品气调库 4 座、简易果窖 420 座，新增贮量 8200 吨。果椒产量 37.4 万吨，总收入 6.74 亿元，增长 52.8%。全年新建养殖小区和标准化养殖场 18 个，新增养鸡 101 万只，畜禽饲养总量 467.5 万头（只）。年末肉类总产量 1.37 万吨，增长 5.35%。大牲畜存栏 7.02 万头，增长 3.24%，鸡存栏 80.2 万只。鲜蛋产量 2406 吨，下降 2%。

工业生产稳步增长。2009 年，全县实现工业总产值 13.39 亿元，增加值 3.28 亿元，销售收入 2.92 亿元，产销率 97.6%，流动资金周转次数 6.04 次，资金利税率 4.82%。

建筑业发展平稳。2009 年，全县完成建筑业总产值 5.99 亿元，比上年增长 12%，建筑业增加值 2.82 亿元。共有 3 家房地产开发公司参与城市建设，完成投资 6476 万元，开发土地面积 2.53 万平方米。商品房销售面积 2.07 万平方米，销售额 3497 万元。

固定资产投资快速增长。2009 年，全县完成全社会固定资产投资 17.5 亿元，比上年增长 65.6%。其中，房地产投资 6476 万元，下降 66.08%；农村投资 6.84 亿元，增长 44.17%。

商贸流通活跃。2009 年，全县实现社会消费品零售总额 11.67 亿元，比上年增长 26.9%。注册商贸企业 229 个，注册资金 1.02 亿元。

旅游业平稳发展。2009 年，全县接待国内外游客 43 万人次，实现旅游收入 4500 万元。

金融市场运行平稳。年末金融机构人民币各项存款余额 36.36 亿元，较年初增长 48.2%。其中，城乡居民储蓄存款余额 28.98 亿元。人民币各项贷款余额 15.31 亿元，增长 72.69%。

【人口和人民生活】年末总人口 61.6 万人，其中乡村人口 57.5 万人。人口自然增长率 6.05‰。全县城镇居民人均可支配收入 7500 元，比上年增长 24.79%；人均消费性支出 5092 元，增长 9.62%；城镇居民家庭恩格尔系数 41.8%。农民人均纯收入 2442 元，增长 13.12%；人均消费支出 2189 元，增长 24.79%；农村居民家庭恩格尔系数 49.6%。

【新农村建设】以村庄整治为重点，对 24 个新农村建设示范村（1 个省、13 个市级、10 个县级）和 155 个整体推进村进行全面整治和建设，先后建成以兴国镇枣滩村为代表的“生态家园型”、以陇城城镇凤尾村为代表的“小城镇辐射型”、以莲花镇冯沟村为代表的“深度开发性”，以叶堡乡王坡村为代表的“产业带动型”、以五营乡徐洼村为代表的“整体搬迁型”六种新农村建设模式。完成莲花镇冯沟等 3 村 307 户易地搬迁工程，陇城镇龙泉等 5 个市级示范村顺利通过验收。1.12 万户农村居民住房重建和 4000 户农村危旧房改造任务全面完成。推广玉米双垄沟全膜覆盖 1400 亩，新建优质果园 1200 亩，日光温室 30 座，实施果实套袋 5200 万个，建成养殖小区 1 处，发展规模养殖户 220 户，建成提灌工程 1 处，新增有效灌溉面积 2000 亩，自来水入户 579 户，新修桥涵 5 座，建成排水渠 80 公里，栽植绿化苗木 5 万株，硬化乡村巷道 76 公里 23 万平方米，完成村庄道路绿化 12.5 公里，新建村级阵地 4 个，村级卫生所 5 个，农家书屋 9 个，五保家园 1 个。举办各类新农村建设培训班 360 余期，培训农民 4.2 万余人次。输转城乡劳动力 9.5 万人，其中组织输出 5.5 万人，创劳务收入 4.7 亿元。

【社会保障】2009 年，全县城镇单位从业人员 1.31 万人，劳动报酬 3.39 亿元。城镇新增就业 7835 人，城镇登记失业率 2.66%。社会救济对象 10.03 万人，其中困难户 9.68 万人、社会孤老残幼 3478 人。敬老院 6 个，供养老人 32 人。优抚对象 1719 人。安置退伍军人 26 人，其中义务兵 23 人。享受最低生活保障 5.34 万人，其中享受城镇居民最低生活保障的 8505 人、享受农村最低生活保障的 4.49 万人。医疗救助 2707 人，发放救助金 336 万元。参加城镇职工养老保险 7460 人，征缴养老基金 1846.9 万元，支出 2551 万元；参加城镇失业保险 9576 人；参加新型农村合作医疗 55.8 万人，参合率 97.28%。

【交通建设和邮电通讯业】年末全县公路通车总里程 1783 公里，其中干线公路 137 公里，县乡公路 251 公里，乡村农机路 1341 公里。310 国道在境内 54.4 公里。运输企业 3 个，公交公司 2 个，出租车公司 2 个。各种车辆 1.29 万辆，其中货物运输车辆 1745 辆，公路旅客营运车辆 251 车辆，五小车辆 1.04 万辆。全社会客运量 135 万人，客运周转量 41920 万人公里。邮政局（所）17 个，邮政业务收入 553.75 万元，订阅各种报刊 264.4 万份，电信业务收入 2700 万元。300 个行政村通宽带业务，共接入宽带 3000 户。联通基站 51 个，业务收入 881 万元；铁通电话 1800 多部，业务收入 72 万元；移动基站 198 个，业务收入 4516 万元。

【城市建设和环境保护】小巷道硬化 30 条 2.11 万平方米，城区供水综合生产能力 2 万立方米/日，城区集中供热面积 66 万平方米，城区道路长度 2.14 万米，排水管道 2.96 万米。废水治理设施 4 套，日处理废水能力 200 吨，工业废水排放达标率 90%，工业固体废物综合利用率 99%。

【社会事业】教育事业健康发展，各类公办学校 405 所，其中高级中学 1 所，完全中学 7 所，农职业中学 2 所，初级中学 28 所，一贯制学校 3 所，小学 364 所（含 1 所回民小学）。公办幼儿园 2 所，民办高级中学 2 所，民办幼儿园 6 所。中小学教学班 3170 个，在校学生 11.99 万人，教职工 6248 人。参加高考学生 8891 人，普通本科上线 1614 人。中小学校校舍建筑面积 45.91 万平方米。科技开发取得新成果，全县组织实施科技项目 26 项，总投资 3278 万元，其中自筹 1778 万元，科技经费 52 万元，其他 1326 万元。鉴定科技成果 14 项，达国内领先 6 项，省内领先 5 项。文化事业健康发展，年末全县有文化艺术表演团体 1 个，文化馆 1 所，博物馆 1 所，各类藏书 5 万册。有线广播放大站 17 个，电视覆盖率 92%，广播覆盖率 90%。电视卫星地面收转站 1.67 万座。有线电视入户 8800 户，转播节目 38 套。城乡卫生状况改善明显，年末全县有卫生机构 25 个，其中县级医院 2 所，乡卫生院 19 所。医疗床位 897 张，其中县级医院 560 张，乡卫生院 337 张。各类卫生专业技术人员 695 人，管理人员 12 人，护理人员 124 人。年内儿童卡介苗、糖丸、三联、麻针接种覆盖率分别为 96.5%、97.9%、95.7% 和 97.4%，新生儿建卡建证率 98.9%。

甘谷县

【现任主要领导】

中共甘谷县委书记：王子生

甘谷县人大常委会主任：刘元映

甘谷县人民政府县长：贾忠慧

政协甘谷县委员会主席：王玺卿

中共甘谷县纪律检查委员会

书记：令建民

【基本情况】甘谷县位于甘肃省东南部，天水市西北部，渭河上游，东邻秦安县、麦积区，南接秦州区、礼县，西与武山县接壤，北与通渭县相连。南北长 60 公里，东西宽 49 公里，总面积 1572.6 平方公里。渭河由西向东横贯全境，南部山区为秦岭山脉西延，北部山区为六盘山余脉。平均海拔 1972 米，最低 1228 米（六峰镇觉皇寺村东），最高 2716 米（古坡乡大条梁）。现辖大像山、磐安、新兴、六峰、安远 5 镇，金山、西坪、大庄、大石、八里湾、谢家湾、礼辛、武家河、古坡、白家湾 10 乡，有 405 个村委会，6 个社区。总人口 62 万人，其中农业人口 56.53 万人，人口密度 395 人/平方公里。

境内河流属黄河支流的渭河水系，河流总长 131.1 公里，平均径流 8.29 亿立方米，平均流量 47.91 万立方米。主要河流有四条，最大河流为渭河，属过境河，境内长度 41.6 公里，平均径流 7.23 亿立方米，其它三条主要河流为散渡河、古坡河和西小河。渭河北有陇海铁路东西延伸，境内路长 37 公里；渭河南有 316 国道（福州至兰州）过境，境内路长 40 公里。以 316 国道、秦甘、北甘、通甘四条交通大动脉为主线，县内有不同等级公路三百多条，总里程 976.2 公里。

【国民经济】2009 年，全县实现生产总值 26.84 亿元，比上年增长 10%。其中：第一产业实现增加值 8.19 亿元，增长 6.09%；第二产业实现增加值 9.45 亿元，增长 11%；第三产业实现增加值 9.2 亿元，增长 20.03%。完成全社会固定资产投资 35.7 亿元，增长 53.58%；大口径财政收入 2.02 亿元，增长 38.5%；城镇居民人均可支配收入 8001 元，增长 19.9%；农民人均纯收入 2449 元，增长 13.5%。

【工业商贸】2009 年，全县实现工业增加值 4.3 亿元，比上年增长 15.9%。引进入园企业 4 户，引进资金 1.7 亿元。干酪素厂和水泥包装袋厂基本建成，力源乳业和塑料制品厂建设进展良好，大唐甘谷发电厂生产经营总体平稳，甘谷祁连山水泥有限公司 120 万吨水泥生产线已进入设备安装阶段，制鞋、化工颜料等企业出口创汇能力不断增强，机械制造、食品加工等传统企业效益较好。2009 年，全县实现社会消费品零售总额 12.5 亿元，比上年增长 30.2%。销售各类产品 8831 台（件），实现销售额 1241 万元。建成 750 万公斤储粮仓 1 座，新增县级储备粮 200 万公斤、食用油 20 万公斤。开发建设商品房 11.9 万平方米。

【新农村建设】粮食生产取得较好收成，总产量 1.6 亿公斤。新发展优质蔬菜 1.3 万亩，蔬菜种植面积 17.8 万亩，总产量 47.2 万吨。果园 5.5 万亩，改造老果园 0.5 万亩，果品总产量 8.7 万吨，被中国果品流通协会命名为“中国花椒之乡”。标准化养殖小区 15 个，养殖小区的规模和标准化程度位居全市前列，畜禽饲养量 290 万头（只），无公害番茄、辣椒、韭菜获国家农业部无公害蔬菜产品认证，新发展农民专业合作经济组织 20 个，新修优质梯田 2.6 万亩，综合治理小流域 36 平方公里，完成各类造林 2.9 万亩，推广农机具 2600 多台（套），完成农村沼气 8661 户，1.3 万贫困人口实现稳定解决温饱，14 个市级示范村和 45 个推进村在支柱产业培育。输转城乡剩余劳动力 9.9 万人，创劳务收入 6.6 亿元。

【项目建设】2009 年，全县实施各类项目 315 项，总投资 18.2 亿元。其中，实施中央扩大内需项目四批次 84 项，总投资 2.1 亿元；农村初中校舍改造、特殊教育学校、六峰镇农村饮水安全工程、乡镇兽医站建设等 38 个项目全面竣工；旱作农业示范基地、廉租房等 42 个项目正在建设。实施灾后重建项目 8 大类 174 项，总投资 7.6 亿元，完成学校重建 76 所、乡镇卫生院重建 15 所、公路交通重建 51 条 148.4 公里，乡镇计生服务站重建 5 所；县列新建续建项目 57 个，总投资 8.5 亿元，大唐甘谷发电厂续建工程全面完工，天定高速公路甘谷段控制性工程基本完工，750 千伏超高压变电站建设完成场地平整工作。

【城乡建设】城区供水、冀城广场、垃圾处理厂等工程全面完工，南北滨河路和富强西路主体基本建成。扎实开展农村公路建设质量年活动，总投资 1.02 亿元（其中县财政配套 1900 万元），全面完成金山至西坪、八里湾至大庄、六峰至古坡 3 条通乡公路铺油硬化，谢家湾至金川公路路基和桥涵工程全面完工（其中金川段已水泥硬化）。扎实开展以“争做文明市民、争创卫生城市”为主题的城区环境秩序集中整治和客运市场专项治理活动，完善交通信号灯、标志牌、交通标线等配套设施，增设管理机构，增加管理人员，增添环卫设施，城区交通秩序、市场秩序和环境卫生明显好转。

【社会保障】2009 年，全县组织实施省列科技项目 3 项、市列科技项目 8 项，引进新品种、新技术 23 项。认真落实义务教育经费保障机制，素质教育不断推进，“两基”成果巩固提高，职业教育规模不断扩大，高中教育稳步发展，高考本科上线 2337 人，上线人数和上线率连续十年位居天水市第一。围绕庆祝新中国成立 60 周年，组织开展一系列丰富多彩的文体活动，大型秦腔历史剧《睢阳魂》在全省新创剧目调演中荣获二等奖。县图书馆大楼全面完工，建成 5 个乡镇文化站和 100 个农家书屋。医疗卫生服务体系不断完善，县医院住院楼完成主体工程，中医院住院楼开工建设，新建改建乡镇卫生院 15 所。认真实施降消、V11 等项目，甲型 H1N1 流感得到有效防控。

武山县

【现任主要领导】

中共武山县委书记：温利平

武山县人大常委会主任：王永宏

武山县人民政府县长：张建杰

政协武山县委员会主席：颉卫星

中共武山县纪律检查委员会

书记：张有信

【基本概况】武山县位于甘肃省东南部，天水市西端，古“丝绸之路”咽喉要道。现辖 6 镇 9 乡，344 个村委会，10 个居委会，1601 个村民小组，总人口 45.14 万人，总面积 2011 平方公里，耕地 63.26 万亩。

武山县位于渭河上游，是中国古代文明的重要发祥地之一，是龙文化的故乡，是古“丝绸之路”上的一颗璀璨明珠。有分散在渭水南北的仰韶、马家窑和齐家文化遗址多达 36 处，属国家级文物保护单位的有始建于后秦的水帘洞石窟群，开凿于汉代，重建于明代的木梯寺石窟以及付家门、观儿下、西旱坪遗址和官寺古店等 6 处，县属文物保护单位 20 处。武山温泉为我国仅有的五家氡化矿泉之一，现有旅游馆、水疗楼、浴池、高尔夫球、网球、蓝球等吃、住、行相对配套完善的各种休闲娱乐设施。水帘洞、温泉旅游度假村，草川大草原，卧牛山森林公园、木梯寺、老君山森林公园等旅游景点为人们旅游、疗养、避暑提供绝好去处。

武山县属温带大陆性半湿润季风气候区，冬无严寒，夏无酷暑，年降水量为 412mm，年均温 10.2℃，年日照 2263 小时，无霜期 215 天，适宜各种生物生长。其中反季蔬菜名扬西北，韭菜、洋葱、胡萝卜、蚕豆、洋芋等运销 20 多个省、市或地区，已成为富民强县的支柱产业。矿产资源品种多，储量大，主要有蛇纹岩、石灰岩、花岗石、白云石、滑石、大理石等非金属矿藏和钼、铁、铜、铅、锌、金等金属矿藏。

【国民经济】2009 年，全县实现生产总值 23.92 亿元，比上年增长 12.4%。其中，第一产业实现增加值 9.2 亿元，增长 19.2%；第二产业实现增加值 5.44 亿元，增长 6.9%；第三产业实现增加值 9.28 亿元，增长 10.3%。人均生产总值 5534 元，增长 11.9%。完成全社会固定资产投资 23.8 亿元，增长 41.4%；社会消费品零售总额 8.7 亿元，增长 21.6%；城镇居民人均可支配收入 8150 元，增长 20.7%；农民人均纯收入 2335 元，增长 10.4%。

【农业】2009 年，全县新建“两棚”4432 亩，复种蔬菜 5.6 万亩，推广正茬豆角 2100 亩。蔬菜总面积 25.5 万亩，总产量 68.9 万吨，总产值 6.1 亿元。种植优质洋芋 24.5 万亩，全膜玉米 7.1 万亩，蚕豆 3.1 万亩，中药材 1.6 万亩。粮食总产量 11.9 万吨。新建养殖小区 18 个，建成万头良种仔猪繁育场。完成退耕还林、“三北四期”、天保工程和德援项目等造林及补植补造 8.7 万亩，新建鸳鸯苟山、四门西梁两个核桃基地，凯迪生物质项目土地流转 5.3 万亩。兴修优质梯田 3.1 万亩，建成咀头西山梁、高楼屏风山两个万亩梯田工程，渭河堤防 5.1 公里，治理险村险段 20 处 4850 米，实施榜沙河中型灌区和东梁灌渠改造、安全饮水、沼气建设等项目。

衬砌干渠 74.7 公里，建成渠首工程 1 处，沼气池 5098 口，解决了 3.5 万人的安全饮水问题。实施山丹漆河等整村推进项目 12 个，落实帮扶资金 606.4 万元。成立农民专业合作社 19 个，综合服务社 8 个。全面启动省级新农村试点县建设，山丹车川等 8 个试点村建设顺利实施，建成新农宅 485 户，15 个市级示范村和 29 个市级推进村分别实现“八通六有”和“六通四有”。输转劳务 8.9 万人次，创劳务收入 6.7 亿元。

【商贸流通】2009 年，全县对 24 家重点企业实行挂牌保护，为金陇公司等 15 家企业融资 1300 万元。建成洛门木材市场、沿安农贸市场、洛门金鑫物流园区和渭北综合市场，启动农村流通信息服务网络建设，建成“六通店”7 个，改建、新建农家店 50 个。深入开展“家电下乡”、“汽车下乡”活动，补贴资金 60 万元。实现出口创汇 170 万美元。投资 3400 多万元，实施水帘洞支线道路、文物保护维修、游客接待中心和上山步道等建设项目。

【财政金融】2009 年，全县财政收入历史性地突破亿元大关，重点支出有效保障，开展各类专项审计 43 项。金融生态环境不断改善，存款余额 27.2 亿元，贷款余额 10.3 亿元。

【项目建设】2009 年，全县争取国家投资项目 112 项，总投资 6.5 亿元，其中国家投资 4.3 亿元。实施宁远大道中段、渭北三路、洛门金鑫物流园和中医院建设征地拆迁，建成火车站广场、民主路人行桥、陈门新村和城区垃圾处理场以及宁远大道东段、文苑路、渭北 23#、24#路，实施和平路、南滨河路亮化工程，启动渭水丽景等“六园”建设。滩歌镇建成沟门大桥，实施镇区亮化美化；四门镇实施主街道开发，建成古貆道大门；高楼乡实施乡政府驻地村拆迁改造；桦林、龙台两乡建成办公大楼；马力、鸳鸯、沿安、榆盘等乡镇小城镇建设都取得新进展。完成四马路、丁高路铺油改造和杨岷路路基工程，新修通达通畅工程 10 条 86.5 公里。改造农电线路 80 公里。建成乡镇气象站 7 个。

【社会保障】2009 年，全县落实小额担保、扶贫贴息、财政担保贷款 3700 万元，扶持 1200 多人实现创业。安置纯农户零就业家庭本科毕业生 55 名，招考教育特岗、三支一扶等各类大学毕业生 435 名。新农合运行更趋完善，报销医药费 2550 万元，落实大病救助 153 万元。建成社会福利综合服务中心。落实农村低保、退耕还林补助、粮食直补等 28 项强农惠农资金 4817 万元、义教补助 3751 万元、大学生生源地助学贷款 896 万元。为二轻、供销等企业的 1158 名职工办理养老保险。

【社会事业】教育基础条件得到较大改善，投资 5578 万元，新建校舍 2.3 万平方米，维修 1788 平方米，建成城关三小和四门小学。高考本科上线 973 人。启动建设县群众文化活动中心，农家书屋建设进展顺利。开展第三次文物普查，拉梢寺“申遗”顺利推进。实现电视节目卫星传输，开通了乡村视频会议，实施城区有线电视传输光纤改造。卫生事业加快发展，完成县医院住院楼主体工程和四门卫生院建设，扩建改造洛门等 3 个卫生院，计划免疫和降消项目顺利实施，甲型 H1N1 流感防控取得阶段性成果。人口和计生基础进一步夯实，建成滩歌等 5 个乡镇计生服务所。

张家川回族自治县

【现任主要领导】

中共张家川县委书记：刘长江

张家川县人大常委会主任：李升平

张家川县人民政府县长：马中奇

政协张家川县委员会主席：李栋一

中共张家川县纪律检查委员会

书记：麻小梅

【基本情况】张家川回族自治县位于甘肃东南部，陇山西麓，东依陕西陇县，南邻清水县，西接秦安县，北与华亭、庄浪两县接壤。总面积 1311.8 平方公里，东西长 62 公里，南北宽 48 公里。地势由东北向西南倾斜，最高海拔 2659.4 米，最低海拔 1486 米。年平均气温 7.45℃，无霜期 163 天左右，年平均降雨量 593 毫米。现辖 3 镇 12 乡，258 个行政村，1287 个村民小组，4 个居委会，县人民政府驻张家川镇。

境内自然景观和文化遗址较多，主要景观有：五龙山、老龙潭、斩蛇崖、小麦积、五指山、青石崖、石人峰等，主要文化遗址有五龙山云风寺遗址、佛爷崖太极八卦图、二郎神脚印石、栓马桩以及宣化岗拱北、清真寺、正觉寺、花果山石窟、摩崖石刻、老庵寺、街亭古战场遗址、秦亭遗址、马家塬战国古墓遗址等。

境内植物有木本、草本、观赏和药用 4 大类，600 多种。乔木类主要集中在东北部天然林区，有 21 目，32 科，46 属，84 种，灌木类主要集中在东北部关山区，种类繁多；草木结构分为野生草本和人工牧草两大类，野生草本植物比较常见的有 240 多种，有 31 科，106 属，154 种；观赏植物有 70 多种；药用植物包括野生和栽种两大类，中药材已达 38 科，124 种，其中野生药材 112 种，栽种药材 12 种。珍贵动物 9 种，均属国家一、二、三级保护动物。铁、铜、铅、锌、水晶、长石、大理石、花岗岩等 20 多种矿产资源，储量丰富。

【国民经济】2009 年，全县实现生产总值 12.84 亿元，比上年增长 10.2%。其中第一、二、三产业增加值分别完成 3.05 亿元、3.05 亿元和 6.74 亿元，分别增长 6.6%、8.5%和 12.8%。完成全社会固定资产投资 17.08 亿元，增长 41.8%；社会消费品零售总额 3.02 亿元，增长 44%；大口径财政收入 8218 万元，增长 57.7%。

【人口和人民生活】年末总人口 33.02 万人。其中回族 22.9 万人，占总人口的 69.35%；乡村人口 30.85 万人，占总人口的 93.04%。人口自然增长率

5.66‰。全县城镇居民人均可支配收入9015元，比上年增长16.2%；人均生活消费性支出3566元，增长0.2%。农民人均纯收入2116元，增长11.7%；人均生活消费支出1430元，增长14.9%。城乡居民储蓄存款余额10.25亿元，增长36.2%。城乡居民人均住房面积分别达18平方米和14.5平方米。

【项目建设】2009年，全县争取各类项目138个，国家和省上投资4.8亿元，比上年增长1.4倍。其中，新开工建设项目65个，完成投资10亿元；续建项目28个，完成投资2.3亿元。马家塬遗址开发保护、县城垃圾处理等重大项目前期工作取得较大进展，恭门、大阳两乡镇扶贫片带建设工程全面完成，张川镇崔家、袁川村2个易地扶贫搬迁项目开工建设，龙山—连五—马关四级公路铺油工程完成路基工程，中城北路铺油及滨河东路、解放东路延伸改造基础工程全面完成，石硖水库除险加固工程顺利实施。农村危房改造2716户，垃圾、污水处理厂完成前期工作，农村垃圾集中收集处理工程全面实施，4所小学标准化建设基本完成，廉租住房完成主体工程，13个乡镇文化站完成前期工作，建成农家书屋151个。

【新农村建设】2009年，全县完成玉米全膜双垄沟播7.11万亩，发展蔬菜种植5.6万亩，建成塑料大棚500座，新建养殖场7个、养殖专业村7个，发展规模养殖户330户。大牲畜存栏11.89万头（匹），比上年增长9.5%。新修梯田2.2万亩，东峡水库除险加固工程基本完成，连五梁农村饮水安全二期工程等水利工程进展顺利，整合扶贫项目资金1005万元。启动实施南山梁流域万亩优质苹果示范基地建设，新建优质果园1.1万亩。退耕还林补植补造2.1万亩，农村危房改造2716户。新建劳务基地10个，输转劳动力8万人次，创劳务收入4.18亿元。

【社会保障】2009年，全县实现城镇新增就业1970人，开发公益性岗位413名，城镇登记失业率3%。参加养老、医疗、失业、生育和工伤保险职工共4.8万人，发放五保户及城乡低保补助4336万元，落实贫困大学生助学贷款和贫困中小学寄宿生生活补贴628万元。

【社会事业】2009年，全县争取省列项目1项、市列项目3项，到位资金16.7万元。组织实施无公害肉牛生产技术应用研究、优质肉羊培育、免疫血源马匹培育基地建设、马铃薯鲜薯催芽与荒山生态恢复与开发、杏瘿蚊生物学特性研究与防治、肉羊杂交人工授精试验研究和科技服务体系建设等省、市、县列科技项目32项，其中县列项目15项。拥有各类专业技术人才4000多人，其中中、高级专业技术人员1100人。年末全县有各类学校276所，在校学生7.07万人。其中，小学学生4.28万名，中学学生2.58万名。教师3566人，其中小学教师2266人，中学教师1203人。学龄儿童入学率99.97%。年末全县有民族艺术剧院1个，文化馆1所，博物馆1所，公共图书馆9所，各类藏书2.5万多册。有线广播放大站15个，电视覆盖率达98%。电视卫星地面接收站159座，其中村村通144座。城区广播电视网络光纤升级改造工程全面完成。年末全县有卫生机构26个，其中县级医院3所，乡卫生院23所。医疗床位620张，各类卫生技术人员410人。农民参合率达100%，为17.5万名住院和门诊患者报销医药费3034.6万元。

【环境保护】县城垃圾、污水处理厂完成前期工作，农村垃圾集中收集处理工程全面实施。街道埋设排水、污水管道5092米，修筑排水渠9条。绿化面积17万平方米。万元GDP能耗为0.55吨标准煤，比上年下降5.2%。森林覆盖率29.3%。

武威市

【现任主要领导】

中共武威市委书记：火荣贵

武威市人大常委会主任：火荣贵

武威市人民政府市长：郭承录

政协武威市委员会主席：徐文善

中共武威市纪律检查委员会

书记：刘存禄

【基本情况】武威，亦称凉州，地处甘肃省河西走廊东端，历史上曾是丝绸之路的要冲。公元前121年，因汉武帝派骠骑大将军霍去病远征河西，击败匈奴，为彰其“武功军威”而得名。是全国历史文化名城和对外开放城市，是“中国旅游标志之都”、“中国葡萄酒的故乡”、“西藏归属祖国的历史见证地”和“世界白牦牛唯一产地”。南依祁连山，北靠内蒙古，东南与兰州市、白银市接壤，西北和金昌、张掖毗邻。南北长326公里，东西宽204公里，海拔1367～3045米，地处黄土、蒙新、青藏三大高原交汇地带，地形复杂，南高北低。境内有灌溉绿洲、荒漠、高山草地、祁连山天然水源涵养林带及沙漠、浅山地带，是甘肃的缩影。总面积33238平方公里，其中：耕地381.37万亩，草地面积3552万亩，可利用草地面积2430万亩，是一个有水就有耕地和粮食，有水就有草原和畜牧的地方。境内有大小河流八条，年均径流量14.3亿立方米，年日照时数在2200～3030小时，年平均气温7.8℃，无霜期85～165天，年降水量60～610毫米，年蒸发量1400～3040毫米，是典型的内陆型干旱气候。2001年5月，经国务院批准撤地设市，2005年被评为中国优秀旅游城市，2006年被评为省级文明城市，2007年被命名为全国双拥模范城。现辖凉州区、民勤县、古浪县、天祝藏族自治县三县一区，常住人口191.83万人，有93个乡镇、1125个村委会、7个街道办事处，聚居着汉、藏、回、蒙等38个民族。

【资源优势】文化旅游资源：武威历史悠久，人文荟萃，曾是五凉古都、西夏陪都，境内自然景观和人文景观交相辉映，文物古迹众多。人文自然景观有中国旅游标志—铜奔马；有举世无双的稀世珍宝西夏碑；有始建于北凉时期被称为石窟之祖的天梯山石窟；建于明正统四年，号称“陇右之冠”的武威文庙；元太子阔端与西藏佛教领袖萨班会晤的百塔寺遗址；古朴壮观的丝路名刹海藏寺；佛教胜地鸠摩罗什寺塔；历经千年的皇娘娘台、齐家文化遗址、沙井子文物遗址和古长城遗址。有全国重点文物保护单位6处、省市级文物保护点540多处。目前，馆藏文物4.7万多件，突出的代表有“一马”（马踏飞燕）、“一碑”（西夏碑）、“一寺”（白塔寺）、“一窟”（天梯山石窟）、“一塔”（罗什寺塔）、“一庙”（文庙）、“一堡”（瑞安堡）。同时，还有国家级自然保护区1处、国家4A级景区2处、省级自然保护区3处、亚洲最大的沙漠水库1处，雪域高原、绿洲风光和大漠戈壁等自然景观与历史文化交相辉映，具有较高的文化旅游价值。

矿产风力太阳能资源丰富。武威矿产资源种类多、储量大、品位高，有各类矿点100多处、30多种，探明储量的矿种有15种，约占全省已发现矿产的23%，其中：钛铁矿、石墨矿属国内特大型矿产。石墨资源储量70.3万吨，石膏资源储量1987万吨，水泥灰岩矿区储量42944万吨，煤炭、石灰岩矿储量也相当大，极具开发潜力。风能资源丰富，天祝县松山滩和民勤县红沙岗年有效风能贮量大，开发前景广阔。丰富的光热资源为太阳能开发利用提供十分广阔的发展空间，2009年，武威市发挥取之不尽的光热资源优势，引进了甘电投新应天科技有限公司太阳炉生成多晶硅和光伏发电项目，和中电投签订了100MW太阳能发电及2×1000MW火力发电项目，新能源开发势头良好。

农业资源丰厚。武威是甘肃省最具优势的天然绿色食品和名优特农产品生产基地，日照时间长，昼夜温差大，极端气温相对持续时间短，最适宜酿造葡萄的种植，被专家称为“中国的波尔多地区”。唐朝诗人王翰的千古绝唱“葡萄美酒夜光杯”，就是盛赞武威葡萄酒的历史写照。农副土特产品品质优良、种类繁多。目前，80万亩加工型玉米基地、50万亩繁育制种基地、40万亩无公害蔬菜基地、30万亩优质瓜类基地、30万亩棉花基地、15万亩啤酒大麦基地、10万亩酿造葡萄基地及微藻生产示范基地、人参果基地、畜牧业基地、花卉基地、食用菌基地、马铃薯基地、中药材基地等农业产业化基地的建成，形成葡萄酒、面粉、黑瓜籽、黄河蜜瓜、无公害蔬菜、淀粉系列产品和白牦牛系列产品等一批具有武威区域标志性产业品牌和地方特色的农副土特产品，具有很高的开发价值。

交通发达。武威东接兰州，南靠西宁，北临银川、呼和浩特四大省会城市，西连新疆，自古就是“通一线于广漠，控五郡之咽喉”的战略要地，古代是兵家必争之地，现代为商家必争之地。武威是河西走廊的东大门，兰新铁路、干武铁路、312国道贯通全境，省道308线、211线和地方道路纵横交错、四通八达，是河西走廊人流、物流、资金流、信息流最集中的地区。

【国民经济】2009年，受金融危机影响，全市经济发展出现了一些不稳定因素，国民经济增速放缓，但是，随着市委、市政府“保增长、保民生、保稳定”等政策措施的进一步贯彻落实，国民经济增速逐季提高，回升态势不断稳固，整体向好趋势不断明显。2009年，全市实现生产总值192.79亿元，比上年增长9.4%。其中：第一产业实现增加值53.5亿元，增长7%；第二产业实现增加值73.77亿元，增长11.4%；第三产业实现增加值65.52亿元，增长9.3%。三次产业结构由2008年的28.12∶37.56∶34.32调整为27.75∶38.26∶33.99。非公有制经济成为新的经济增长点和结构调整的根本途径，全年非公有制经济完成增加值占GDP的比重高达56.51%，居全省首位，比上年提高0.32个百分点。非公有制经济的崛起和壮大，促进了经济的快速发展，有效地缓解了就业压力，增加了城乡居民的收入。

农村经济：2009年，全市农业虽然受到了几十年不遇的干旱，但在石羊河流域综合治理的强力推进下，农村经济稳步发展。全年完成农作物播种面积365.52万亩，比上年下降1.27%。粮经比例由2008年的59.7∶40.3的调整为2009年的63.7∶36.3。经济作物比例下降的主要原因是2008年辣椒干、棉花价格低，民勤辣椒干播种面积比上年减少5.1万亩，下降46.36%；棉花播种面积比上年减少7.3万亩，下降32.16%。全年粮食总产量为95.31万吨，比上年增加4.5万吨；蔬菜产量达到162.4万吨，增长10.74%。畜牧业生产增势平稳。通过大力引进优良畜种，着力发展舍饲养殖、暖棚养殖，畜牧业不断发展壮大，逐步向规模化发展。2009年，猪存出栏分别增长1.25%和7.5%，牛存出栏分别增长3.7%和8.93%，羊存出栏分别增长7.51%和9.98%。肉类总产量达到10.92万吨，增长8.14%。

工业经济：2009年，受国际金融危机的影响，全市工业经济运行比较艰难，增速放缓。2009年，受国际金融危机的影响，全市工业生产增速放缓，全年实现工业增加值48.65亿元，增长13.4%，比上年增速下降3.4个百分点。其中重工业实现增加值16.27亿元，增速达到19.8%；轻工业实现增加值32.38亿元，增长10.6%。全年工业综合经济效益指数达到119.4，比上年提高1.63个百分点；企业利润达到1.52亿元，增长82.67%。

商贸流通：2009年，全市实现社

会消费品零售额 64.89 亿元，增长18.02%。分行业看，全年批发业实现零售额6.15亿元，增长16.1%；零售业实现零售额43.67亿元，增长19.35%；住宿餐饮业实现零售额14.27亿元，增长15.09%。批发业和零售业成为市场快速增长的主导力量，拉动社会消费品零售总额增长 14.4 个百分点。分城乡看，农村市场增速快于城市市场。全年城市市场实现零售额 28.45 亿元，增长16.59%；农村市场实现零售额36.45亿元，增长19.16%，比城市快2.57个百分点，主要得益于家电下乡活动。

财政金融：2009 年，全年完成大口径财政收入9.94亿元，增长20.21%。其中营业税、个人所得税、消费税分别增长15.07%、27.26%和60.85%，是带动财政收入增速不断提高的主导力量。全市完成一般预算收入 4.84 亿元，增长 18.12%。财政支出稳步提高。全年财政支出达到 61.26 亿元，增长35.34%。金融机构存贷款增幅提高。全市金融机构积极贯彻执行稳健的货币政策，以维护金融稳定为重点，积极吸纳存款，稳步增加贷款，支持地方经济发展。2009年12月末，金融机构存款余额261.12亿元，增长30.5%，增速比上年提高 2.02 个百分点；城乡居民储蓄存款180.12亿元，增长28.17%，增速比上年提高 1.17 个百分点；金融机构各项贷款余额 117.16 亿元，增长32.71%，增速比上年提高26.16个百分点。金融机构存贷款余额增速达近 10年来最高增速，说明了金融对全市经济发展的支持力度进一步加大。

【基础建设】2009 年，全市完成全社会固定资产投资 133.82 亿元，增长22.4%。其中：城镇投资完成101.16亿元，增长20.07%；农村投资完成32.66亿元，增长 30.22%。在城镇投资中，房地产开发完成投资10.44亿元，增长13.68%。全年在建项目440项，其中新开工408项，比上年增加25项。工业投资低迷。全年第二产业投资下降14.6%，其中工业投资下降17.44%。房地产开发投资平稳增长。2009 年，武威市房地产开发完成投资10.44亿元，增长 13.68%。农村投资增长较快。全年完成农村投资 32.66 亿元，增长30.22%，拉动全社会固定资产投资增长6.93个百分点。

【人口和人民生活】年末全市常住人口达 191.83 万人，自然增长率 6.69‰。其中：城镇人口65.43万人，占常住人口的34.11%，较上年提高0.57个百分点；乡村人口126.4万人，占常住人口的65.89%。

城乡居民收入稳步增加。全年全市城镇居民人均可支配收入为10447元，增长10.08%。其中：工资性收入7305元，增长8.79%；经营性收入1355元，增长 13.24%；财产性收入和转移性收入分别增长14.11%和16.07%。农民人均纯收入达3972元，增长10.6%。分县区看，农民人均纯收入增速最高的民勤县达到4666元，增长12.14%；其次为天祝县人均纯收入达到2396元，增长 12.01%；古浪县人均纯收入达到2380元，增长11.79%；凉州区人均纯收入达到4823元，增长10.11%。

【社会事业】全年组织实施星火科技项目10项，鉴定各类科技成果64项，省部级奖励3项。实有在册民营科技企业109家。

现有各类学校和幼儿园1451所，比上年减少168所，在校(园)学生(幼儿)38.47万人，比上年减少0.94万人。其中：职业学院1所，在校注册生9452人，新增917人；中等专业学校4所，减少1所，在校学生0.45万人；中等职业学校12所，新增1所，在校学生1.35万人，增加1619人；普通高中27所，减少3所，在校学生5.4万人，减少245人；初级中学120所，减少5所，在校学生11.15万人，减少了123人；小学985所(教学点118个)，减少128所，在校学生16.6万人，减少了1.31万人；幼儿园共300所，减少33所，在园幼儿3.52万人，增加0.24万人。小学适龄儿童入学率达 99.94%，巩固率 100%，毕业率 99.9%；初中入学率99.9%，巩固率99.9%，毕业率99.9%；初中毕业生升入高中阶段的比率为88.51%(其中升入普通高中学校的比率为 54.66%，升入中等职业学校和中等专业学校的比率为33.85%)。全市有艺术表演机构3个，文物机构5个，乡镇文化站93个，图书馆4个。有广播电台4个，广播人口覆盖率90.01%；电视台5座，卫星地面收转站646座，电视人口覆盖率为93.45%。

有乡镇以上卫生机构180个，床位6066 张，其中县及县以上医院床位3622 张；有各类卫生技术人员 11188人，其中临床执业（助理）医师 4952人；每千人有医师 2.59 人，每千人有床位 3.17 张。全年甲、乙、丙类法定报告传染病发病人数20167例，报告死亡15人；报告传染病发病率1055.29/10万，死亡率0.78/10万。

【社会保障】年末全市参加失业保险统筹人员 5.77 万人，收缴失业保险费2386.76万元，领取失业金人数6161人，发放失业保险金1497.88万元；全市城镇职工有12万人参加基本医疗保险，有7.8万人参加养老保险。城镇居民得到最低生活保障救济的人数达55465人。农村最低生活保障救济的人数达211961人，农村五保供养9660人。年末全市有福利院 2 所，福利院床位248张，在院人数210人，农村老年福利机构35个，床位数2040张，在院人数1698人。有城镇社区66个，从业人员366人，服务设施78个。

【环境保护和安全生产】有环境监测站3个，环境监察机构5个，环境监测和监理人员97人，自然保护区13个，其中国家级自然保护区2个。全年完成环境污染治理项目 52 个，工业污染企业废水达标率达到 54.22%，城市空气质量达到二级标准。年末城市污水处理率 69.27%，城市生活垃圾无害化处理率 95%。

全市共发生各类事故 248 起，死亡 88 人，受伤 178 人，直接经济损失 321.74 万元，亿元 GDP 死亡人数 0.46 人，工矿商贸就业人员 10 万人生产安全事故死亡人数为 1.17 人，道路交通万车死亡人数为 8.07 人，煤矿百万吨死亡人数为 8.28 人。

凉州区

【现任主要领导】

中共凉州区委书记：李世英

凉州区人大常委会主任：沈开祥

凉州区人民政府区长：张效林

政协凉州区委员会主席：刘兆祥

中共凉州区纪律检查委员会书记：陈晓峰

【基本情况】凉州区位于甘肃省河西走廊东端，面积 5081 平方公里，总人口 100 多万人，是甘肃省人口最多的县级区，是中国的历史文化名城和全国优秀旅游城市。地势西南高东北低，平均海拔 1632 米，地形分为三部分，西南部为祁连山地，中部为走廊平原，东北部为沙漠。属冷温带干旱区，是典型的大陆性气候，日照充足，温差大，无霜期为 150 天，宜于粮油作物的生长。凉州区自然资源比较丰富，素有“银武威”之称，有水源林和天然草场 3 公顷。出产鹿茸、麝香以及羌活、大黄、秦艽、干草、麻黄等多种药材。主要矿产有煤、石膏、萤石、花岗岩等。区内有四条内陆河，均发源于祁连山，年径流量 10 亿立方米，灌溉着本区绿洲的百万亩良田。区东部和北部有比较丰富的地下水可供提灌。凉州是河西地区重要的商品粮油基地，也是全省瓜果蔬菜生产基地和肉类繁育基地，独特的气候和良好的水土，为全区农业生产发展提供得天独原的有利条件，全区耕地面积 168.82 万亩，30 万亩天然水源林和 80 万亩天然草场。农作物有小麦、谷子、玉米、高粱、洋芋、大豆等；经济作物主要有葡萄、胡麻、油菜、西瓜、白兰瓜、大麻、纤维、亚麻、葵花籽、烟叶等。农作物和经济作物品种多，品质优，久负盛名，远销省内外，部分产品还销往东南亚和俄罗斯，特别是无壳瓜子为世界所独有。葡萄酒更是以悠久的栽培历史、科学的酿造工艺、上乘的产品质量享誉全国，凉州被称为“中国葡萄酒的故乡”。以猪、牛、羊等养殖为主的畜牧业和以小麦、玉米、蔬菜等作物为主的制种业，呈现出逢勃发展的景象。目前，蔬菜、畜牧、葡萄、制种已成为凉州区四大特色优势产业得到长足发展。区内以皇台、荣华、莫高三家上市公司为龙头，形成酒类酿造、玉米淀粉、食品加工、轻工业造纸、建筑建材、医药化工、机械制造、印刷包装等地方工业体系，主要产品有白酒、葡萄酒、啤酒、熏醋、淀粉、糖类、药品、水泥、机制纸、亚麻沙、装饰材料、文物复制品等 1000 多种。其中的许多产品分别荣获全省和全国同行业优质产品称号。皇台酒、莫高葡萄酒、荣华味精、云晓熏醋、西凉啤酒、红太阳面粉等名牌产品畅销全国。

【国民经济】2009 年，全区实现生产总值 127.97 亿元，较上年增长 9.34%。其中：第一产业实现增加值 32.35 亿元，增长 6.23%；第二产业实现增加值 50.28 亿元，增长 11.33%；第三产业实现增加值 45.35 亿元，增长 9.59%。三次产业结构由 2008 年的 25.7∶38.7∶35.6 调整为 25.3∶39.3∶35.4。

农村经济：2009 年，全区上下紧紧围绕石羊河流域综合治理总体规划，攻坚克难抓落实，努力提高农业综合生产能力，农业生产和农村经济继续保持了稳定态势。全年完成农林牧渔业增加值 32.35 亿元，比上年增长 6.23%。其中完成农业种植业增加值 22.22 亿元，增长 3.93%。全区农作物播种面积达 168.82 万亩(包括秋季复种)。其中，粮食作物种植面积达 115.7 万亩，比上年增加 3.01 万亩；经济作物 48.1 万亩，比上年减少 11.32 万亩；落实农作物制种 22.75 万亩，比上年增加 9.39 万亩，其中玉米制种达 21.8 万亩，比上年增加 12.65 万亩。粮、经、饲的种植结构由 2008 年的 65.48∶28.95∶5.57 调整为 2009 年的 65∶32.03∶2.97。优质作物面积达 104.5 万亩，占农作物播种面积的 61.9%，高产高效作物播种面积 38.5 万亩，占农作物播种面积的 22.3%。粮食总产量达到 60.92 万吨，比上年增加 0.76 万吨，增长 1.8%。蔬菜总产量达到 115.8 万吨，比上年增加 0.8 万吨，增长 0.7%。

工业生产：2009 年，全年完成工业增加值 36.84 亿元，较上年增长 13.76%。其中区属规模以上工业完成增加值 28.4 亿元，增长 14.9%。全区规模以上工业企业实现产品销售收入 39.14 亿元，增长 24.03%。亏损企业亏损额 619.8 万元，下降 47.38%，盈利企业盈利额 7745.6 万元，增长 10.35%，盈亏相抵后实现利润 7125.8 万元，增长 22%。工业经济效益综合指数为 119.67%，提高 2.53 个百分点。全区规模以上工业企业，按经济类型分，国有及国有控股企业完成增加值 2.39 亿元，增长 7%；股份制企业完成增加值 17.78 亿元，增长 13.1%；集体企业完成增加值 0.81 亿元，增长 31.8%；股份合作企业完成增加值 0.27 亿元，增长 16.8%；其它企业完成增加值 8.24 亿元，增长 17.9%。按轻重工业分，轻工业完成增加值 20.26 亿元，增长 15%；重工业完成增加值 8.14 亿元，增长 14.6%。

国内贸易、外贸和旅游：全年实现社会消费品零售额 33.92 亿元，较上年增长 17.86%。其中，城市市场实现零售额 24.04 亿元，增长 15.64%；农村市场实现零售额 9.88 亿元，增长 23.63%。从行业看，零售业实现零售额 23.87 亿元，增长 21.43%；住宿和餐饮业实现零售额 9.66 亿元，增长 13.48%。实现外贸出口额达 712.1 万美元，增长 1.32 倍。全年接待国内外游客 190 万人次，较上年增长 8.86%。其中：前来旅游、从事商务及各项活动的外国人、港澳同胞、华侨 5957 人次。实现旅游业总收入 3.25 亿元，增长 11.8%。

项目建设：全年共实施各类项目 221 个，完成全社会固定资产投资 75.19 亿元，较上年增长 21.32%。其中：城镇投资 48.17 亿元，增长 18.22%；房地产开发 9.39 亿元，增长 14.63%；农村固定资产投资 15.09 亿元，增长 15.75%；中央、省属投资 2.19 亿元，增长 3.39 倍。按三次产业投资情况分，第一产业完成投资 18.07 亿元，增长 22.34%；第二产业产业完成投资 22.04 亿元，增长 20.45%，其中工业完成投资 20.76 亿元，增长 18.08%；第三产业完成投资 35.79 亿元，增长 21.35%。

财政和金融：全年实现大口径财政收入 6.01 亿元，比上年增长 15.12%。完成一般预算收入 1.81 亿元，增长 11.12%。财政支出 23.78 亿元，增长 58.26%，其中：社会保障补助支出增长 54.27%，农林水事务支出增长 1.40 倍。全区金融机构存款余额 170.39 亿元，增长 27.91%，比上年提高 5.83 个百分点。其中，城乡居民储蓄存款余额 117.14 亿元，增长 26.4%，比上年提高 4.92 个百分点。各项贷款余额 78.89 亿元，增长 27.45%，比上年提高 21.5 个百分点。其中：农业贷款 7.6 亿元，增长 14.8%；商业贷款 16.52 亿元，增长 16.1%；乡镇企业贷款 8.84 亿元，增长 6.9%；工业贷款 2.43 亿元，增长 2.5 倍。金融存贷差 91.49 亿元。全年保险系统实现保费收入 41991 万元，其中：财产险业务保费收入 8548 万元，寿险业务保费收入 33443 万元。

【人口、人民生活和社会保障】年末全区常住人口达 100.27 万人，自然增长率 6.64‰。其中，城镇常住人口 41.67 万人，占全区常住人口的 41.56%；乡村常住人口 58.6 万人，占全区常住人口的 58.44%。

城镇居民人均可支配收入达到 10447 元，增长 10.1%，比 2008 年净增 957 元；农民人均纯收入达到 4908 元，增长 12.05%，比 2008 年净增 509 元。居民人均储蓄存款达到 1.13 万元。

全年新增城镇就业岗位 4948 个，城镇下岗失业人员再就业 1991 人，城镇登记失业率控制在 4%。全区“新农合”参合率达到 97.34%，城镇居民医疗保险参保率达 97.54%；城镇职工养老保险参保人数达 28960 人。新建廉租住房 708 套，发放廉租房租赁补贴 4441 户 589 万元；改造农村危旧房 8049 户，发放农房补助资金 3219.6 万元。全区敬老院总数达到 19 所，集中供养对象 485 人，集中供养率达到 11.6%。全区共保障各类城市低保对象 11785 户 30922 人，保障农村低保对象 6960 户 22118 人，新纳入农村低保对象 5300 户 19056 人，全年共发放城乡低保资金 6900 万元。

【社会事业】全年共组织实施科技计划项目 40 项，组织实施星火科技项目 25 项，鉴定各类科技成果 14 项，获得市级科技进步奖 12 项，其中，一等奖 3 项，二等奖 6 项，三等奖 3 项。有在册民营科技企业 9 家。

全区共有各类学校 475 所，比上年减少 27 所，在校学生 17.16 万人，比上年减少 0.5 万人。其中：中等职业学校 7 所，比上年新增 1 所，在校学生 0.66 万人，比上年增加 1412 人；普通中学 77 所，比上年减少 3 所，在校学生 8.24 万人，比上年减少 970 人；小学 390 所，比上年减少 25 所，在校学生 8.25 万人，比上年减少了 0.54 万人；幼儿园共 263 所，比上年减少 34 所，在园幼儿 2.3 万人，比上年增加 0.22 万人。小学适龄儿童入学率达 99.95%，巩固率 99.97%，毕业率 99.9%；初中入学率 99.84%，巩固率 99.81%，毕业率 99.37%。

全区共有各类文化艺术表演团体 1 个，有乡镇文化站 38 个。拥有公共图书馆 1 个，藏书达 18.5 万册。有国家级文物保护单位 5 处，省级文物保护单位 29 处。有档案馆 1 个，已开放各类档案 3813 卷（件）。广播、数字微波信号覆盖率分别为 98%和 95%。

有卫生机构 701 个，其中，医院、卫生院 59 个，妇幼保健院、所、站 2 个。医院、卫生院拥有床位 3534 张。全区共有疾病预防控制中心（防疫站）2 个。卫生监督检验机构 2 个。乡镇卫生院 47 个，拥有床位 932 张，全区共有卫生技术人员 7614 人。

有环境监测站 1 个，环境监察机构 1 个，环境监测和监理人员 30 人。全年完成环境污染治理项目 25 个，工业污染企业废水达标率达到 13.87%。城市空气质量达到二级标准。

全区共发生各类事故 139 起，死亡 40 人，受伤 64 人，直接经济损失 62.82 万元，亿元 GDP 死亡人数 0.23 人，道路交通万车死亡人数为 9.60 人，煤矿百万吨死亡人数为 0 人。

民勤县

【现任主要领导】

中共民勤县委书记：卢小亨

民勤县人大常委会主任：刘生产

民勤县人民政府县长：费生云

政协民勤县委员会主席：张尚忠

中共民勤县纪律检查委员会书记：李维中

【基本情况】民勤县地处河西走廊东北部、石羊河流域下游，南依凉州区，西毗金昌市，东北和西北与内蒙古自治区左、右旗相接，东西北三面被腾格里和巴丹吉林两大沙漠包围，是深居沙漠腹地的一块绿洲。全县辖 18 个乡镇，246 个村，12 个居民委员会。境内地势平坦，总面积 1.59 万平方公里，其中沙漠戈壁和盐碱滩占 94.5%。干旱缺水，生态脆弱，风大沙多，日照充足，年均降水量只有110毫米，而蒸发量却高达2646毫米；年均日照3028小时，年均气温7.7℃，昼夜温差15.2℃；8级以上大风年均达27.8天，沙尘暴年均37.3天，是全国乃至全世界最干旱、荒漠化危害最严重的地区之一。民勤县是我国“沙井文化”和“苏武文化”的发祥地，素有“人居长城之外、文在诸夏之先”之美称。汉中郎将苏武出使匈奴在民勤牧羊时所表现出的坚韧不拔、矢志不渝、忠于祖国、热爱家乡的民族气节成为“勤朴、坚韧、尚学、求真”的民勤精神的历史渊源。民勤有丰富的自然资源。西大窑煤田已经探明储量为10亿吨，石墨、石灰石、水晶石、白云母等多种优质资源均达到工业开采条件；大板黑瓜籽荣获国际金奖，年均产量在4万吨以上，分别占全省的1/3和全国的1/5；黄河蜜瓜、白兰瓜、葵花籽、茴香等名优土特产品畅销国内市场，并已打入国际市场；沙米、发菜、甘草、锁阳等名贵野生资源驰名中外，具有广阔的采摘前景和挖掘优势。民勤有较好的经济发展基础和良好的投资环境。粮油、棉花、瓜籽、蜜瓜、甜菜、林果、畜禽、药材、小杂粮、蔬菜等十大农产品商品基地已初具规模；民勤糖厂、化工厂、煤矿、黑瓜籽系列加工厂等一批骨干企业正在腾飞，乡镇企业迅速发展；公路建设以县城为中心，纵横交织，四通八达，五大干线沟通相邻各县市。

【国民经济】2009年，全县实现生产总值27.71亿元，比上年增长9%。其中：第一产业增加值12.23亿元，增长4.16%；第二产业增加值6.86亿元，增长15.36%；第三产业增加值8.62亿元，增长12.2%。按常住人口计算，人均生产总值达到9143元。三次产业结构由上年的44.9∶24.3∶30.8调整为44.1∶24.8∶31.1。其中，第一产业比重下降0.8个百分点，第二产业比重提高0.5个百分点，第三产业比重提高0.3个百分点。非公经济占GDP的比重为64.2%。

农业经济：2009年，实现农林牧渔及其服务业总产值20.4亿元，比上年增长6.63%，实现增加值12.2亿元，其中农、林、牧、服增加值分别达到94857.9万元、533.5万元、25399.9万元、1300万元，分别比上年增长2.28%、23.54%、24.41%、12.78%。大农业内部经济结构更趋合理。农林牧服比重由上年的79.8∶0.4∶18.8∶1调整为77.7∶1.1∶20.8∶0.4，种植业所占比重比上年下降2.1个百分点，而牧业则比上年增长2个百分点。农业成为全县经济发展的第一亮点。一是种植业生产喜获丰收。全年粮食面积达到29.53万亩，比上年增长27.3%，粮食总产量实现恢复性增长，达到15.47万吨，增长26.2%。经济作物在农产品价格持续上涨的推动下，效益全面提升。洋葱、棉花、辣椒等大宗农产品，亩均收益均在1800元以上，达到2005年以来的最好水平。二是畜牧业蓬勃发展。全县累计建成养殖小区177个，养殖暖棚9405亩，其中当年新建小区52个、新增规模养殖棚4747.5亩。畜禽饲养量达309万只，增长26.6%，其中羊只存栏90万只，出栏55万只，分别比上年增长10%、44.7%，出栏率达40%，比上年提高10个百分点，肉类总产量达15714吨，比上年增长24.5%。三是设施农业彰显魅力。全县建设日光温室1.5万亩，定植率达88%，比上年提高9个百分点，亩均收益均在8500元以上，最高达20000元。

工业经济：2009年，全县完成工业增加值60300万元，增长17.8%，其中规模以上工业完成增加值25000万元，增长19.5%，规模以下工业完成增加值35300万元，增长17.67%。从行业看，全县重点行业支撑作用增强，特别是在国储棉收购政策的强力推动下，以皮棉加工为主的农产品加工业发展迅速，成为带动民勤县工业发展的龙头。全年仅农产品加工企业实现总产值175728万元，增长17.93%，占工业总产值的81.6%，构成民勤县经济增长的核心力量。从产销看，全部工业实现销售产值185205万元，增长18.27%，规模以上工业实现销售产值68875万元，增长20.45%，工业产品销售情况日益趋向良性发展。从效益看，全县规模以上工业经济效益指数达到121.03，比上年提高10.07个百分点。规模以上25户企业盈利23户，盈亏相抵实现利润2480万元，增长1.28倍，企业效益快速回升。从园区建设看，城东工业集聚区当年完成基础设施投资6400万元，新入驻企业8户，基础设施建设日趋完善，企业入园、生产条件初步具备，园区品位和形象有效提升，被列为市级重点工业园区。红沙岗工业园区当年完成投资1.51亿元，累计完成投资8.87亿元，红沙岗一矿年产240万吨原煤矿井顺利实现出煤，红沙岗二矿180万吨原煤矿井工程正式奠基开工建设，红沙岗至金昌火车站铁道专用线项目顺利施工，概算投资11.26亿元，年运输能力600万吨。工业园区的建设，为全县工业的集约化、规模化、信息化、高技术化发展提供坚实的平台，为培育县域经济增长中心与次中心积聚了新的势能。

项目建设：2009年，全县累计完成全社会固定资产投资21.21亿元，比上年增长25.91%。其中，完成城镇固定资产投资13.2亿元，增长29.59%；完成农村固定资产投资7.69亿元，增长20.54%；完成房地产开发投资3208万元，比上年增长14.57%。三次产业投资全面增长，其中：第一产业完成投资9.56亿元，增长30.9%；第二产业完成投资5.92亿万元，增长23.6%；第三产业完成投资5.73亿元，增长20.5%。从投资来源和投资用途看，由于中央扩内需投资项目争取及时到位，以重点治理为主的农业投资和城镇基础设施建设投资增长较快。全年争取中央和省市投资项目74项，完成投资6.53亿元，续建和新开工建设项目达到150项，完成投资 18.68 亿元，较上年增加了 4.72 亿元。其中：农林水牧投资 5.88 亿元，增幅高达 55.4%，占投资总量的 27.7%；基础设施建设投资 1.23 亿元，增长 28.9%，增幅比上年提高 16 个百分点，拉动固定资产投资增长 2 个百分点。

消费市场：2009 年，全县实现社会消费品零售总额 9.34 亿元，增长 17.42%，增速比上年提高 2 个百分点。农村市场发展步伐加快。全年实现县的消费品零售总额 5.04 亿元，增长 16.13%，实现县以下消费品零售额 4.3 亿元，增长 18.97%，增速比上年提高 5.07 个百分点，比城镇市场增速高 2.84 个百分点。批发零售贸易业仍然主导消费市场。全年实现批发零售贸易业零售额 7.33 亿元，占全部零售额的 78.6%，增长 17.86%；实现住宿餐饮业零售额 1.78 亿元，增长 16.28%；其他行业实现零售额 2242 万元，增长 12.39%。

财政、金融、保险：全县完成大口径财政收入 8808 万元，比上年增长 24.34%；完成一般预算收入 5129 万元，增长 36.81%，其中增值税 563 万元，增长 14.9%，营业税 1448 万元，增长 3.65%。全年共完成财政支出 12.18 亿元，增长 37.16%。年末全县金融机构各项存款余额为 46.28 亿元，增长 38.69%。其中：企业存款余额为 3.08 亿元，增长 32.47%；城乡居民储蓄存款余额为 33.78 亿元，增长 37.84%。年末全县金融机构各项贷款余额为 21.17 亿元，增长 46.4%。全年保险金额 109.92 亿元，增长 2.92 倍，其中人寿险 97.62 亿元，增长 3.54 倍；财产险 12.31 亿元，增长 88.01%。共理赔各类案件 2608 件，赔款金额 454 万元，其中人寿险 110 万元，增长 15.79%；财产险 344 万元，下降 7.28%。

【人口和人民生活】年末全县总人口 31.31 万人，常住人口 30.31 万人，其中城镇人口 7.73 万人，占全县常住人口的 25.5%，所占比重比上年提高 0.5 个百分点。在常住人口中，男性人口为 15.61 万人，女性人口为 14.7 万人，性别比为 106∶100。全年出生人口 1550 人，出生率 5.15‰；死亡人口为 933 人，死亡率为 3.1‰；人口自然增长率为 2.05‰，下降 0.13 个千分点。

城乡居民生活水平进一步提高。2009 年全县城镇居民人均可支配收入达到 7980 元，比上年增加 712 元，增长 9.8%；城镇居民人均消费支出 7388 元，增长 10.6%。

2009 年全县农民人均纯收入达到 4665.5 元，比上年增加 504.5 元，增长 12.12%；农村居民人均消费支出 3638.7 元，增长 31.44%。

【社会事业】全年科学技术研究与开发支出 401 万元。组织实施科技项目 25 项，其中：省（部）列项目 2 项，县列项目 22 项，建设科技示范园区 6 个。举办各类科技培训班 240 多场次，培训农民 12 万人次，发放培训资料 2 万多份，科技培训入户率达到 95%以上。建立县级科技示范点 83 个，试验、示范、推广项目 91 项，培养科技示范村 123 个，示范社 426 个，示范户 3854 户。

全县普通中学 21 所，招生人数 10025 人，在校学生数 31170 人，其中高中 5 所，招生人数 3691 人，在校学生数 10660 人。职业学校 1 所，在校学生 4650 人。小学 179 所，在校学生 22754 人。全县高考录取人数 4625 人，综合录取率达 82.02%，其中本科人数 1689 人。小学入学率 99.95%，巩固率 99.95%，毕业率 100%；初中入学率 99.96%，巩固率 99.96%，毕业率 96.48%；高中录取率 89.86%。全县教职工人数为 3921 人。

全县有图书馆 1 个，博物馆 1 个，乡镇文化站 18 个，建成村级文化室 192 个。乡镇广播电视站 18 个，卫星地面收转站 9 个，广播和电视综合人口覆盖率分别为 89.8%和 83.13%。城乡有线电视用户 16100 户，与上年持平。

全县有卫生机构 34 个，其中：综合医院 1 个，中医院 1 个，卫生院 29 个，妇幼保健院 1 个，疾控中心 1 个，其他卫生机构 1 个。拥有床位数 740 张；有各类卫生技术人员 881 人，其中：执业医师 259 人，执业助理医师 51 人。每万人拥有医师 11 人，每万人拥有床位 24 张。

【社会保障】全年新增就业人数 2038 人，其中安置下岗再就业人员 436 人(其中就业困难人员 37 人)，城镇登记失业率控制在 3.68%以内。年末参加各种养老保险人数为 8530 人，发放养老保险金 1811 万元。参加失业保险人数为 7597 人，发放失业保险金 309.84 万元。参加城镇医疗保险人数为 33996 人，其中职工基本医疗保险人数为 16683 人，比上年末增长 12.68%。参加新型农村合作医疗人数为 206935 人，参合率达到 90.69%，其中民政救助参合人数 16027 人，比上年增长 19.3%。2009 年全县共有 15854 位农民得到住院补偿 1817.65 万元，实际补偿比 52%，例均报销 1146 元。

城乡居民最低生活保障户数为 15526 户，比上年增长 1.04 倍；保障人数为 35152 人，比上年增长 1.45 倍。其中城镇低保户数 2848 户，比上年下降 2.26%，保障人数 7150 人，下降 1.35%；农村低保户数 12678 户，增长 1.69 倍，保障人数 28002 人，增长 2.96 倍。全县集中供养五保老人 529 人，集中供养率达到 36.3%。建设廉租住房 320 套，共有 1267 户城镇低收入家庭享受廉租住房补贴 187.95 万元。

安全生产和自然灾害。年内全县各类安全事故死亡 14 人，比上年上升 7.69%。亿元 GDP 生产安全事故死亡人数为 0.51 人。全年共发生道路交通事故 35 起，增长 29.63%；造成 14 人死亡、39 人受伤，分别增长 7.69%和 50%，直接经济损失 6.65 万元，增长 49.44%。发生火灾事故 2 起，经济损失 27 万元。

全年农作物受灾面积 24.8 万亩，占农作物播种面积的 33.28%，增长

77.14%。成灾面积 10 万亩，下降 28.57%。其中：粮食减产面积 2 万亩，下降 75%；经济作物减产面积 8 万亩，增长 33%。

古浪县

【现任主要领导】

中共古浪县委书记：张延保

古浪县人大常委会主任：赵春

古浪县人民政府县长：朱星海

政协古浪县委员会主席：倪天祯

中共古浪县纪律检查委员会

书记：杨贵才

【基本情况】古浪，以藏语古尔浪哇而得名，意为黄羊出没的地方。地处河西走廊东端，东南分别与甘肃省景泰、天祝两县相连，西北与武威市凉州区接壤，北邻腾格里沙漠，为古丝绸之路要冲。东西长约 102 公里，南北宽约 88 公里，总面积 5103 平方公里，属甘肃省 43 个国家级扶贫开发工作重点县和 18 个干旱县之一。现辖 9 镇 10 乡 1 个街道办事处，250 个村委会，1934 个村民小组，9.06 万户，总人口 39.32 万人，其中农业人口 36.56 万人。境内居住着汉、回、藏、蒙、苗、满、东乡、土、毛南、瑶等十个民族。古浪区位优势明显，境内享誉古今的“金关银锁”古浪峡，峡谷幽深，山石突兀，地势险要，狭窄处仅宽 20 米，“扼甘肃之咽喉，控走廊之要塞”，历为兵家必争之地，自古就以“驿路通三辅，峡门控五凉”的重要地理位置而闻名。古浪县路网畅通，交通便捷，国道 312 线和兰新铁路纵穿南北，省道 308 线、干武铁路横贯东西，境内武古路、十条路、大海路等 7 条县乡公路与数条通村公路，共同构筑了四通八达的交通路网。古浪矿产资源丰富，开发潜力较大。境内石灰石探明储量为 4.5 亿吨以上，煤炭、石膏、花岗岩、铁、铜、高岭土、沙金等矿藏富有开采价值。依托丰富的石灰石资源和农副产品优势，以建材化工和农副产品加工为重点的地方工业蓬勃发展，鑫森精细化工公司、高强度水泥公司、麻黄草制药厂、惠思洁纸业公司、华惠麦芽公司、天源农业产业公司等骨干龙头企业异军突起；初步形成以化工、建材、食（药）品、饲草加工为主的工业格局；水泥、碳酸钙、电石、石灰氮、双氰胺、卫生纸、啤酒麦芽等产品极具市场竞争力，一些产品荣获省优称号。主要农副产品有优质小麦、加工型玉米、啤酒大麦、洋芋、豌豆、果蔬、麻黄草、亚麻等。特色农副产品土门羔羊、沙漠土鸡、黄羊川小杂粮、红秃头旱地面品、手工挂面、纯羊毛手工地毯、古浪西芹等享誉陇原和全国各地。古浪人文景观荟萃，旅游资源丰富。悠久的历史文化和秀美的自然风光，打造了古浪的人文自然景观。素有“西北小武当”之称的昌灵山，是世界上距沙漠最近的原始次生林带；全国农业旅游示范点—马路滩林场，集观光农业、生态治理、沙漠风光、狩猎娱乐为一体，每年都吸引着大量的中外游客；蜚声国内外的黄羊川国际会议中心，由台湾著名企业家温世仁先生投资兴建，以网络城乡引领网络生态科技示范园区开发建设；寺洼风光、香林晨钟、石门涛声等黄羊川十八景镶嵌在古浪这片热土上，以金色弧线串起了"五环"景点；西路红军纪念馆、烈士墓及展览馆等红色旅游开发初具规模，被评定命名为全省爱国主义、国防教育和党史教育基地。

【国民经济】初步核算，2009 年全县实现生产总值 20.68 亿元，比上年增长 10.04%。其中，第一产业增加值 6.06 亿元，增长 8.22%；第二产业增加值 8.48 亿元，增长 9.15%；第三产业增加值 6.14 亿元，增长 13.16%。按常住人口计算，全县人均生产总值 5214 元，比上年增长 9.5%。三次产业结构由上年的 29.5∶41.7∶28.8 调整为 29.29∶41.03∶29.68，与上年相比，第一产业所占比重下降 0.25 个百分点，第二产业所占比重下降 0.63 个百分点，第三产业所占比重上升 0.88 个百分点。

农业和农村经济。全面落实中央各项惠农政策，大力调整优化农业内部结构，全县播种面积 91.29 万亩，增长 0.89%，粮经草比例为 78.37∶13.5∶8.13，草畜、蔬菜、制种、啤酒大麦等优势产业发展迅速；完成农业总产值 10.61 亿元，增长 8.47%；完成农业增加值 6.06 亿元，增长 8.22%；完成畜牧业增加值 1.99 亿元，增长 7.56%；结构调整取得显著成效。全年粮食总产量 15.71 万吨，比上年增长 3.76%。其中，夏粮总产量 8.57 万吨，下降 9.15%；秋粮总产量 7.13 万吨，增长 25.12%。粮食种植面积为 71.55 万亩，比上年增长 3.96%；油料种植面积 5.39 万亩，增长 13.38%；糖料种植面积量 0.46 万亩，下降 35.63%；蔬菜种植面积 5.11 万亩，下降 19.73%。坚持把发展设施农业作为节水增收的最有效途径，扎实开展“日光温室效益年”和“温室定植、暖棚进畜攻坚月”活动，当年投入资金 1.46 亿元，发展设施农业 9911 亩，其中日光温室 2895 亩，养殖暖棚 6711 亩，拱棚 305 亩。全县日光温室累计达到 9633 亩。年末大牲畜存栏 7.01 万头，比上年末增长 0.01%；羊存栏 45.46 万只，增长 26%。年末牛、羊出栏分别为 1.34 万头和 20.4 万只，分别增长 6.35%和 7.88%。猪存、出栏分别为 16.99 万头和 13.11 万头，分别增长 3.79%和 4.38%。全年肉类总产量 1.39 万吨，比上年增长 5.42%，其中牛肉、羊肉分别增长 6.51%和 7.88%。牛奶产量 489 吨，增长 24.43%；绵羊毛产量 632.9 吨，增长 27.12%。全县建立劳务基地 38 个，新拓展劳务基地 13 个，输出劳务 9 万人(次)，实现劳务收入 7.19 亿元，累计培训农民 11.8 万人次，全县搬迁移民 1438 户、6036 人。

工业经济。坚持实施工业富县战略，通过技术改造和加强管理，鑫森、水泥等龙头企业的产值分别比上年增长 31.56%和 67.05%，销售产值分别增长 34.98%和 57.59%。华惠麦芽、西泰电冶、天源酒业等 12 户企业年产值均超过 1000 万元以上。全部工业完成总产值完成 17.11 亿元，增长 16.7%；实现增加值 3.81 亿元，增长 15.67%；限额以上工业完成增加值 3.22 亿元，增长 16.8%。经济效益综合指数达到 130.92。规模以上工业中，轻工业完成增加值 1.01 亿元，下降 14.67%；重工业完成增加值 2.21 亿元，增长 48.77%。全年规模以上工业企业实现利润总额 108.4 万元，下降 83.55%。

项目建设。全年全社会固定资产投资 17.77 亿元，比上年增长 20.92%。其中，县属城镇固定资产投资 10.15 亿元，比上年增长 12.97%；农村固定资产投资 4.7 亿元，增长 20.17%。城镇固定资产投资按产业分，第一产业投资 2.77 亿元，比上年增长 3.22%；第二产业投资 2.82 亿元，增长 8.64%；第三产业投资 4.56 亿元，增长 15.62%。房地产开发：房地产开发投资完成 7286 万元，增长 2.45%。在房地产开发投资中，房屋施工面积 0.64 万平方米，增长 9.32%；房屋竣工面积 0.64 万平方米，增长 0.62%。

市场消费。坚持实施城镇带动和全民创业工程，为第三产业的快速发展搭建基础平台，先后建成 10 个规模可观的农贸市场，市场体系基本形成，定宁、十八里堡、黑松驿等沿线乡镇餐饮、修理、交通运输等服务业蓬勃发展，大靖、海子滩、土门市场建设日趋完善，交通通讯等方面的基础条件得到很大改善，全年实现社会消费品零售总额完成 7.56 亿元，增长 14.88%；其中，县的零售额 4.22 亿元，增长 13.26%；县以下零售额 3.34 亿元，增长 17.01%。分行业看，批发业实现零售额 6642 万元，增长 9.3%；零售业实现零售额 59180 万元，增长 17.27%；住宿和餐饮业实现零售额 9562 万元，增长 5.73%。

财政、金融和保险业。全年全县大口径财政收入为 8196 万元，比上年增长 13.27%。全县一般预算收入为 4218 万元，增长 28.25%。其中，增值税 822 万元，增长 40.75%；营业税 1476 万元，增长 33.57%；企业所得税 74 万元，增长 21.31%；个人所得税 84 万元，增长 42.37%。全年财政支出 91288 万元，增长 25.82%。年末全县金融机构各项存款余额 22.36 亿元，增长 25.08%。其中，企业存款余额 2.36 亿元，增长 56%；城乡居民储蓄存款余额 15.61 亿元，增长 21.88%。年末全县金融机构各项贷款余额 9.3 亿元，增长 34.64%。全年保费收入 2403 万元，增长 5.21%。全年赔付额 564 万元，比上年增长 46.88%。

【人口和人民生活】年末全县常住人口为 396531 人，比上年末增加 1521 人。其中，城镇人口 31313 人，占全县常住人口的 7.9%；乡村人口 365218 人，占全县常住人口的 92.1%。全年出生人口 3744 人，出生率为 12.6‰，比上年上升 0.22 个千分点；死亡人口 1395 人，死亡率为 5.76‰，上升 0.2 个千分点；人口自然增长率为 6.84‰，上升 0.02 个千分点。

全年城镇居民人均可支配收入 7705 元，比上年增长 10.12%；城镇居民人均消费性支出 4854 元，增长 10.11%；城镇居民家庭恩格尔系数为 46%。农民人均纯收入 2380 元，增长 11.78%；农村居民人均生活消费支出 1387 元，增长 12.29%；农村居民家庭恩格尔系数为 49%。

【社会事业】全年共取得市级以上科技成果 13 项。其中，基础理论成果 13 项。受理专利申请 12 件，授权专利 12 件。全县引进繁育、推广农畜新品种 12 类，新技术 16 项，年末全县有各类专业技术人员 5676 人，其中高级技术人员 196 人；中级技术人员 1357 人；初级技术人员 4123 人。

全县高考教育招生 2852 人，比上年增长 58.09%；中等职业教育招生 123 人，增长 28.13%；普通高中招生 11493 人，增长 3.92%；初中学校招生 23822 人，增长 7.83%；普通小学招生 44576 人，下降 7.44%；职业学校招生 1839 人，下降 0.81%。

年末，全县共有文化馆 1 个，公共图书馆 20 个，博物馆 1 个，广播电台 1 座，电视台 1 座，广播电视台 1 座，中短波广播发射台和转播台 56 座。档案馆 1 个。广播和电视综合人口覆盖率分别为 89.9%和 81.94%，有线数字电视用户 12425 户，增长 11.54%。

年末，全县共有卫生机构 30 个，其中：医院、卫生院 24 个，妇幼保健院 1 所。医院、卫生院拥有床位 744 张。全县共有疾病预防控制中心（防疫站）1 个，卫生技术人员 31 人。卫生监督检验机构 1 个，卫生技术人员 10 人。乡镇卫生院 22 个，拥有床位 244 张，卫生技术人员 297 人。

【就业和社会保障】年末全县就业人员为 12290 人，比上年末增长 5.13%。年末城镇登记失业率为 3.72%，比上年末上升 0.01 个百分点。领取再就业优惠证的下岗失业人员再就业 721 人。

年末全县参加城镇基本养老保险人数为 6282 人，比上年末增长 18.15%，其中，职工 5297 人；离退休人员 985 人。参加城镇居民基本医疗保险人数为 30225 人，比上年末增长 19.28%，其中职工基本医疗保险人数为 15692 人，比上年末增长 21.25%。全县参加失业保险人数为 8062 人，比上年末增长 7.15%。参加工伤保险人数为 4489 人，增长 50.28%。19 个乡镇开展新型农村合作医疗工作，348341 农民参加了新型农村合作医疗，参合率为 95.28%，比上年提高 4.66 个百分点。新型农村合作医疗基金累计支出总额为 3190.69 万元，比上年增长 16.54%，累积受益 326087 人次，增长 98.33%。全年城市医疗救助 68 人次；农村医疗救助 40292 人次。民政部门资助农村合作医疗的人数达 40292 人。全县享受城镇最低生活保障的居民为 4991 人，比上年末增长

10.2%；享受农村最低生活保障的居民为 6.2 万人。

【安全生产与自然灾害】全年全县生产安全事故 53 起，死亡 17 人，比上年下降 10.17%。万元 GDP 生产安全事故死亡人数为 0.008 人，下降 8.33%。全年共发生道路交通事故 53 起，造成 17 人死亡、55 人受伤，下降 8.33%，直接经济损失 5.53 万元。

全年农作物受灾面积 68.48 万亩。其中成灾面积 67.12 万亩，增长 7.89%，八成至绝收 14.56 万亩，下降 9.56%。

天祝藏族自治县

【现任主要领导】

中共天祝县委书记：杨得中

天祝县人大常委会主任：吴联正

天祝县人民政府县长：马国荣

政协天祝县委员会主席：何万雄

中共天祝县纪律检查委员会

书记：李发荣

【基本情况】天祝藏族自治县位于甘肃中部，系河西走廊门户，素有“高原金盆”之称，全国第一个少数民族自治县。南接永登县，东靠景泰县，北邻凉州区和古浪县，西北与肃南县接壤，西与青海省的门源、互助、乐都县毗邻。东西宽 142.6 公里，南北长 158.4 公里。总面积 7000 多平方公里。属甘肃省武威市，全县辖 19 乡镇、172 个行政村和 778 个村民委员会。总面积 7147 平方公里，有藏、汉、土、蒙、回等 16 个民族。县人民政府驻地华藏寺镇，东南距省会兰州 144 公里，西北距武威市 132 公里。天祝地势西部高峻，而东南逐渐变低。属青藏高原、黄土高原和内蒙古高原的交汇地带。海拔 2040～4874 米之间。境内 4000 米以上的大山有马牙雪山、雷公山、牛头山、歪巴郎山、代乾山、干沙峨博、磨脐山、响水顶、卡洼掌等。这里峰峦叠嶂，山顶终年白雪皑皑，山涧森林茂密，流水潺潺，景色秀丽，矿藏丰富；巍峨的乌鞘岭如一道天然屏障，势控河西，自古就是通往西域的咽喉要道，素有“河西走廊门户”之称；金强川、哈溪滩、抓喜秀龙滩、松山滩等地方有大面积肥沃的农田和优质草原；大通河沿岸有风景优美的朱岔峡、金沙峡、先明峡和著名的天堂寺，是即将开发的游览区。全县河流广布，以代乾山及乌鞘岭、毛毛山为界，岭南主要有大通河、金强河、石门河等为黄河水系；岭北主要有毛藏河、哈溪河、南岔河、响水河、西大滩河等为石羊河水系，年径流量 10.24 亿立方米，为天祝县和邻县工农业和生活用水的重要水源。境内气候复杂，属寒冷高原性气候。日照时数年均 2500～2700 小时之间，年均气温-8～4 摄氏度之间，相对无霜期 90～145 天，年均降雨量 265～632 毫米之间。小区域气候复杂多变，常有冰雹、干旱、霜冻和春季风雪等灾害发生。

自然资源丰富。全县有耕地 36.98 万亩，其中水浇地 5.05 万亩；草原面积 587.11 万亩，其中人工草 0.68 万亩；天然水源涵养林 280 万亩，占祁连山森林总面积的 46%，植被覆盖率达 80.7%。矿产资源主要有煤、石膏、石灰石、石英石、沙金、铜铁、锰、重晶石、磷、萤石等 30 多种。其中，沙金、煤炭、石膏、石灰石、石英石藏量大，分布广，煤炭储量达 2.5 亿吨，石膏 2 亿吨，石英石和石灰石均达 4 亿吨以上。野生动物比较珍贵的有雪豹、雪鸡、马鹿、猞猁等；药材有羌活、秦艽、大黄等 130 多种。集自然风光、藏传佛教文化和藏、土民俗风情三位一体的旅游资源在全省民族自治州、县中名列前茅，有始建于唐代的藏传佛教名寺天堂寺及其世界第一的宗喀巴木佛、“天祝三峡”、马牙雪山天池，有亚洲第一的引大入秦工程先明峡倒吸虹、祁连布尔智原始森林及抓喜秀龙草原等旅游景点为天祝增添了异彩。

【国民经济】经初步核算，全年实现生产总值 16.86 亿元，比上年增长 10.31。其中：第一产业增加值 2.88 亿元，增长 6.87%；第二产业增加值 7.67 亿元，增长 12.17%；第三产业增加值 6.31 亿元，增长 9.66%。三次产业结构由上年的 16.96：45.16：37.88 调整为 17.09：44.67：38.24。按常住人口计算，全县人均生产总值 7818 元。

农村经济：2009 年，全县实现农业增加值 2.88 亿元，较上年增长 6.87%。全年完成农作物播种面积 30.89 万亩，其中粮食作物 16.09 万亩、油料作物 3.57 万亩、其他作物 6.45 万亩。全年粮食总产量 32582 吨，下降 8.33%。油籽总产量 3470 吨，下降 4.71%。2009 年发展特色种植 24.7 万亩，建成高原绿色蔬菜生产基地 7.2 万亩，千亩以上绿色蔬菜生产示范村 19 个；栽培全膜垄侧马铃薯 5.4 万亩种植优质油菜 6.5 万亩，特色种植业实现产值 3。66 亿元；新建果蔬日光温室 2213.82 亩，累计达到 1.07 万亩，实现产值 8118 万元，建成示范点 29 个。在中国（广州）国际果蔬展销会上天祝红提葡萄被评为“中华名果”，被评为“中国优质红提葡萄之乡”。新建养殖暖棚 4976 亩，累计达到 1.57 万座，建成养殖小区（规模养殖场）58 个，规模养殖户达 1.05 万户；建立肉牛繁育示范村 16 个，引进良种牛 3026 头，种植优质牧草 20.38 万亩。

工业经济：2009 年全县完成工业总产值 12.1 亿元，增长 10.0%；完成工业增加值 4.24 亿元，增长 18.8%。2009 年 28 户规模以上工业增加值 30457 万元，增长 22.7%；完成工业销售产值 101118 万元，增长 16.5%；亏损企业 9 户，比上年减少 6 户，亏损面为 32.14%，亏损额为 1009.9 万元，工业企业盈亏相抵后，实现利润 11174.4 万元，增长 2.02 倍。经济效益综合指数 128.65，比上年提高 15.01 个百分点。

项目建设：全年完成固定资产投资 19.64 亿元，比上年增长 24.24%。按经济类型分，国有经济 13.81 亿元，集体投资 1100 万元，私营投资 1710 万元，个体投资 1.93 亿元，其他 3.62 亿元。从三次产业看，第一产业 2.98 亿元，增长 48.44%；第二产业 4.85 亿元，下降 42.34%；第三产业 11.91 亿元，增长 1.14 倍。按隶属关系分，省属项目投资 5.8 亿元，增长 1.9 倍；县级项目投资 13.84 亿元，增长 0.23%；农村固定资产投资 2.64 亿元，增长 50.83%。

消费市场：2009 年社会消费品零售总额达到 9.67 亿元，比上年增长 19.94%。其中：县城零售额 4.75 亿元，增长 19.88%;农村市场实现零售额 4.91 亿元,增长 20.0%,增速比上年提高 3.63 个百分点。从行业看，批发业零售额 0.12 亿元，增长 28.29%；零售业零售额 7.65 亿元，增长 17.41%；餐饮业零售额 1.85 亿元，增长 29.68%；其它行业零售额 0.05 亿元，增长 93.78%。

财政、金融和保险：全年完成大口径财政收入 18518 万元，比上年增长 39.97%，全县一般预算收入为 7443 万元，增长 20.87%，财政支出完成 92471 万元，增长 22.94%。金融业存贷款基本平稳。2009 年金融机构存款余额 22.09 亿元，比上年增长 41.33%。其中：企业存款 3.78 亿元，增长 122.8%；居民储蓄存款余额 13.62 亿元，增长 28.80%。金融机构贷款余额 7.79 亿元，增长 55.77%。其中：短期贷款 4.43 亿元，增长 76.1%；中长期贷款 3.38 亿元，增长 35.72%。保险事业发展良好，覆盖面不断扩大。全县全年保险业务收入 3767 万元，增长 57.08%；保险赔付金额达 473 万元，下降 18.36%。

【人口和人民生活】人口总量呈增长趋势，自然增长率略有上升。2009 年，全县年末常住人口 21.6 万人，自然增长率 6.96‰；城镇化率为 26.22%，比上年提高 0.42 个百分点。

居民生活继续得到改善。2009 年，城镇居民人均可支配收入 9071 元，比上年增加 911 元，增长 11.03%；农民人均纯收入 2396 元，比上年增加 257 元，增长 12.0%。农村居民家庭恩格尔系数(即居民家庭食品消费支出占家庭消费总支出的比重)为 55.47%，比上年降低 4.53 个百分点；城镇居民家庭恩格尔系数为 49.4%,降低 0.5 个百分点。

【社会保障】2009 年，全县参加基本养老保险的职工人数 4698 人，比上年增加 413 人；城镇登记失业率为 3.88%，提高 0.02 个百分点；参加失业保险人数为 5178 人，年末城镇职工参加医疗保险的人员 14098 人，19714 人参加城镇居民基本医疗保险，参保率为 96%，为 849 名城镇居民支付医保金 151 万元，参加城镇职工和城镇居民基本医疗保险实行市级统筹；年末参加工伤保险的人员 6812 人，农民工参加工伤保险 5324 人；为 255 名失业人员发放贷款 622 万元。国有企业劳动合同签订率 100%，非公企业劳动合同签订率 80%，劳动保障城域网建设覆盖率 100%，企业退休人员社区管理服务率 93%。

全县新型农村合作医疗工作有了进一步发展，155371 名农牧民参加了新型农村合作医疗，参合率 95.13%，比上年提高 1.67 个百分点，医疗费实际报销比例为 60.24%；筹集新型农村合作医疗基金 1565.36 万元，增长 13.0%，支出总额 1601.84 万元，增长 22.54%，其中：为 10696 人报销住院费 1327.03 万元，人均报销 1240.70 元；为 167790 人报销门诊医药费用 258.97 万元，人均报销 16 元；为 452 名门诊慢性病患者报销医药费 15.84 万元。

2009 年城市低保标准提高到 167 元，城镇居民得到政府最低生活保障救济的人数为 7810 人，增加 1180 人，全年共发放城镇居民最低生活保障金 1557.75 万元，增长 155.66%。

2009 年在全县全面实行了对农村居民最低生活保障救济制度，农村低保标准提高到 728 元，参加农村居民最低生活保障救济的人员 54600 人，落实农村低保资金 3779.79 万元，发放农村居民最低生活保障金 3715.25 万元。

救助城乡大病患者 1380 人，发放救助金 268 万元。为全县 9937 户计划生育家庭发放“少生快富”奖励金 3212 万元。

社会福利事业持续发展。2009 年全县有农村敬老院 1 所，收养人数 306 人，年集体供给资金 49 万元；五保户供养人数 1080 人，年集体供养资金 172.8 万元。城镇社区服务设施 5 个，城镇便民和利民服务网点 5 个，农村社会保障网络 19 个。将五保供养标准由每人每年 1050 元提高到 1600 元，落实资金 170 万元。新建 165 套廉租住房，为 1127 户 3366 人发放廉租住房补贴 193.8 万元；完成农村旧房改造 2150 户；投入建设资金 546 万元，解决了 15 个乡（镇）17 个行政村 1 万人的饮水安全问题。

【社会事业】科技事业稳步推进。2009 年全县实施科技项目 3 项，省级项目 3 项，这些项目中，新建项目 2 项，续建项目 1 项；总投资达 93 万元。2009 年组织鉴定科技成果 4 项，组织上报科技成果 8 项，其中：获省级科技进步三等奖 1 项，市科技进步一等奖 1 项、二等奖 4 项；2009 年科技对全县国民经济的贡献率 43%，科技培训面 85%，畜禽良种化程度 88.9%；全县科技人员 4507 人，全年培训农牧民 8.6 万人次，培训科技骨干 1480 人次，建立科技示范村 60 个，科技示范户 6500 户。

教育事业取得显著成就。2009 年全县有各级各类学校 171 所，教职员工 3241 人，在校学生 33243 人，其中：小学 16189 人，初中 10303 人，高中 5132 人。初中入学率 96.9%，毕业率 100%，巩固率 98.69%，小学升初中升学率 99.87%，小学毕业生升初中率 100%。小学入学率 99.92%，巩固率 100%，毕业率 100%，17 周岁人口初级中等教育完成率 98%。参加全国普通高校招生的考生 2505 人，增长 3.64%，大学录取考生 1572 人，增长 15.42%，录取率62.57%,115名考生考入重点大学。在全部录取的大学考生中少数民族考生806人，占51.27%。报考中等专业学校考生102人，录取102人，录取率100%。在录取的考生中少数民族考生59人，占57.84%。

文化事业健康发展。2009年全县共有乡镇文化站19个，广播站17个，放映单位10个，席座位718个，广播综合人口覆盖率91.5%；电视发射台及转播台2座，有线电视用户2.0万户，其中：城镇数字电视用户0.75万户，农村1.1万户。电视综合人口覆盖率93.8%。建成农村书屋100个。

卫生体制改革不断深入，医疗卫生水平进一步提高。2009年全县有各级各类卫生机构281所，其中医院1所，卫生院19所，妇幼保健院1所，疾病预防控中心1所，社区服务中心1所；病床床位530张，其中县直各医疗单位296张，乡镇234张；各类卫生技术人员740人。每千人拥有卫生人员3.42人，每千人拥有床位数2.45张，分别比上年增长2.77%和19.58%。全年报告乙、丙类传染病18种2235例，报告传染病发病率1077.16/10万人，其中：病毒性肝炎居首位，发病率达469.64/10万人。报告1种传染病死亡7例（肺结核6例、艾滋病1例），死亡率3.37/10万人。无甲类传染病报告。

【环境、安全生产与自然灾害】环境保护工作保持良好成绩。2009年安排污染治理项目4个，完成污染治理项目投资1493万元。工业废水排放量92.4万吨，工业固体废物排放量5.48万吨，比上年下降12.74%；二氧化硫排放量743吨，比上年增长3.19%；废气排放量477219万标立方米，下降5.39%，烟粉尘排放量879吨，下降22.76%。“三废”综合利用产值183.1万元。

2009年，天祝县境内自然灾害呈现出灾情频发、灾种增多、灾害加重、波及范围扩大等态势，19个乡镇不同程度遭受了低温冷冻、大风降温、干旱、冰雹等自然灾害，造成17万人受灾，直接经济损失12862万元，其中：农业10280.84万元，畜牧业2091.16万元，林业损失490万元。全年农作物受灾面积30.8万亩，因灾死亡大小牲畜1.76万头（只）。全年无森林火灾发生。截止年底，缺粮人口达8.3万人，缺口粮868万公斤。

全年安全生产事故死亡18人，亿元GDP生产安全事故死亡人数为1.07人，增长50.7%；工矿商贸企业就业人员死亡人数7人；全年共发生道路交通事故19起，造成11人死亡，受伤21人，直接经济损失3.0万元，道路交通万车死亡人数为11.44人；煤矿死亡人数6人，煤矿百万吨死亡人数为5.08人。全部经济损失247.54万元。

张掖市

【现任主要领导】

中共张掖市委书记：陈克恭

张掖市人大常委会主任：陈克恭

张掖市人民政府市长：栾克军

政协张掖市委员会主席：王开堂

中共张掖市纪律检查委员会

书记：王力泰

【基本情况】张掖以“张国臂掖，以通西域”而得名，史称甘州，是全国历史文化名城之一。张掖地处甘肃省西北部，河西走廊中段，东靠武威、金昌，西至嘉峪关、酒泉，南与青海省接壤，北与内蒙古毗邻，总面积41924平方公里，海拔1200～5565米，市内河流众多，灌溉条件好，是全国商品粮、蔬菜瓜果基地之一。现辖甘州、山丹、民乐、临泽、高台、肃南一区五县，有60个乡镇、5个街道办事处，840个村民委员会、5655个村民小组。2009年末全市常住人口为128.81万人。其中：城镇人口45.73万人，占全市常住人口的35.5%；乡村人口83.08万人，占全市常住人口的64.5%。有汉、回、藏、裕固等38个民族，其中裕固族是全国唯一集中居住在张掖的一个少数民族。

【资源优势】目前，全市境内发现并评价了33种矿产资源，已发现矿床及矿化点370多处，其中具有成矿价值的151处。已初步探明资源量的矿产有煤、铁、铜、铅锌、钨钼、芒硝、石膏、熔剂用灰岩、冶金用白云岩、花岗岩、大理岩、含碘凹凸棒石粘土矿等24种。全市铁矿储量8.93亿吨，钨金属量50万吨，钼金属量102万吨，煤炭储量10.5亿吨。

张掖历史悠久，文化灿烂，旅游资源丰富。境内石窟、寺庙、古城、墓葬、烽燧等名胜古迹遍布，各个时代的文物点816处。其中：被公布为国家级文物保护单位的7处；省级文物保护单位的45处。境内有全国最大的室内泥塑卧佛，黑水国、骆驼城遗址，众多的汉墓群，隋代的木塔，名甲河西的镇远楼，马蹄寺、金塔寺、千佛洞、文殊寺石窟群。现有馆藏文物达23000余件。1986年被国务院公布为中国历史文化名城。2005年被国家旅游局命名为中国优秀旅游城市。

【国民经济】2009年，全市实现生产总值192.07亿元，比上年增长11.5%。其中：第一产业实现增加值53.69亿元，增长7.2%；第二产业实现增加值72.51亿元，增长13.4%；第三产业实现增加值65.87亿元，增长13.1%。全市人均生产总值14949元，比上年增长11.1%。三次产业结构调整为27.9∶37.8∶34.3。完成工业增加值55.01亿元，增长14.6%。规模以上工业增加值45.6亿元，增长16.2%。完成全社会固定资产投资95.17亿元，增长21.2%。实现社会消费品零售总额57.25亿元，增长18.7%。完成大口径财政收入15.04亿元，增长18.26%。地方一般预算收入6.32亿元，增长13.35%。财政支出53.12亿元，增长41.16%。城镇居民人均可支配收入10153元，增长9%。农村居民人均纯收入4989元，增长 10.5%。

【项目建设】2009 年，全市开工建设各类项目 663 项，比上年增加 54 项，完成投资 81.2 亿元，比上年增长 22.6%，是“十一五”以来开工项目最多、投资增幅最大的一年。全年招商引资签约项目 103 项，总投资 60.26 亿元。开工建设 96 项，占签约项目的 93.2%，落实到位资金 26.18 亿元。

【新农村建设】围绕草畜、制种、果蔬、轻工原料四大支柱产业，建成产业化基地面积 297 万亩，占总耕地面积的 90%。当年开工新建、改扩建重点龙头企业 10 个，完成投资 3.5 亿元。以农产品为原料的加工企业年消耗农产品 178 万吨，农产品加工转化率达 54.5%。以 1 县 2 镇 60 个村为重点的新一轮新农村试点工作全面启动。10 个市级试点村和 6 个县区级试点村按实施方案开工建设，完成投资 1.1 亿元，全面完成计划任务。2009 年全市完成小康住宅（危房改造）建设 26720 户，建成小康住宅楼 233 栋 7211 户；完成农村沼气 32067 户，新建养殖小区（联户）沼气工程 3 处，大中型沼气工程 4 处，服务网点 268 个。

【人民生活】2009 年，全市城镇居民人均可支配收入 10153 元，比上年增长 9%；城镇居民人均消费性支出 9578 元，增长 6.6%；城镇居民家庭恩格尔系数为 29.03%，下降 1.38 个百分点。农村居民人均纯收入 4989 元，比上年增长 10.5%；农村居民人均生活消费性支出 3914 元，增长 8.3%；农村居民家庭恩格尔系数为 40.12%，下降 0.31 个百分点。城乡居民储蓄存款余额达到 137.79 亿元，增长 25.9%。年末全市固定电话（含小灵通）用户达到 31.62 万户，移动电话用户达到 80.63 万户，电话普及率达到 87.1 部/百人，计算机互联网用户达 4.93 万户，增长 36.9%。

【社会保障】2009 年，全市城镇新增就业 16824 人，安置下岗失业人员再就业 6218 人，困难人员就业 2838 人，城镇登记失业率控制在 2.9%以内。年末全市参加城镇基本养老保险人数为 59166 人，比上年末增长 7.8%。参加城镇职工基本医疗保险人数为 120446 人，增长 9%。参加城镇居民基本医疗保险人数为 147327 人，增长 2%。参加失业保险人数为 64124 人，增长 1%。参加工伤保险人数为 58106 人，增长 6%，其中参保农民工人数为 28156 人，增长 33%。参加生育保险人数为 44222 人，增长 35%。全市享受城镇最低生活保障的居民 53460 人，比上年增长 10%。城镇居民得到政府最低生活保障资金 10830 万元，增长 17%；全市享受农村最低生活保障的居民 74818 人，比上年增长 20%。农村居民得到政府最低生活保障资金 5387 万元，增长 51.6%。

【环境保护】2009 年全市完成环境污染治理项目 43 项，项目总投资 17128.8 万元。拥有自然保护区 4 个，总面积 270.19 万公顷。重点流域和区域污染防治工作以及城区废气和水源污染治理成效明显。节能降耗取得重大进展，全年规模以上工业企业综合能源消费量 160.94 万吨标准煤，比上年下降 2.95%。规模以上工业单位增加值能耗 3.29 吨标准煤/万元，下降 16.48%。

【社会事业】科技事业有新进展。年末全市国有企事业单位拥有各类专业技术人员 2.07 万人，拥有科研机构 5 个。全年科学技术支出 4291 万元，比上年增长 36.53%。全年共取得市、省级以上科技成果 56 项，比上年增加 16 项。全年获得奖励 42 项，其中省级奖励 4 项，市级奖励 38 项。受理专利申请 77 件，授权专利 52 件。全年共签订技术合同 18 项，技术合同成交金额 2.8 亿元，比上年增长 87%。

教育事业稳步推进。年末全市普通高等教育在校学生 16585 人，各类中等职业教育在校生 15085 人，普通中学在校生 91457 人，普通小学在校生 95755 人，特殊教育在校生 241 人。学龄儿童入学率达到 100%，初中入学率达到 99.86%。2009 年，向全国各类高、中等专业院校输送新生 11309 人，高考录取率达到 78.48%。

文化事业健康发展。年末全市共有艺术表演团体 6 个，文化馆 7 个，公共图书馆 6 个，博物馆 6 个，档案馆 7 个。广播电台 1 座，电视台 1 座，电视发射机 19 部，广播调频发射机 43 部。有线电视用户 24.2 万户，增长 2%。年末广播节目综合人口覆盖率 97.51%；电视节目综合人口覆盖率为 97.07%。《张掖日报》全年共发行 342 期，累计发行 759 万份。

医疗卫生条件继续改善。年末全市共有各类医疗卫生机构 408 个，其中医院、卫生院 111 个，疾病预防控制中心（防疫站）7 个，妇幼保健院（所、站）7 个。卫生技术人员 4393 人，其中注册执业医师和执业助理医师 1831 人，注册护士 1284 人。卫生机构床位 5067 张，其中医院和卫生院床位 4773 张。卫生监督检验机构 6 个，卫生技术人员 85 人。乡镇卫生院 85 个，拥有床位 1764 张，卫生技术人员 895 人。农村有医疗点的行政村 802 个，乡村医生和卫生员 1964 人。

甘州区

【现任主要领导】

中共甘州区委书记：张健

甘州区人大常委会主任：郭尚勤

甘州区人民政府区长：王海峰

政协甘州区委员会主席：朱乔正

中共甘州区纪律检查委员会

书记：郑月萍

【基本情况】甘州区位于河西走廊中部，古“丝绸之路”南北两线和“居延古道”交汇点上，南枕祁连山，北依合黎、龙首二山，全国第二大内陆河—黑河横穿全境，形成闻名遐迩的张掖绿洲，素有“塞上江南”之美誉，是全国重要的商品粮生产基地和“西菜东运”

五大基地之一，是张掖市委、市政府所在地。全区总面积 4240 平方公里，现辖 1 个工业园区、18 个乡镇、5 个街道办事处。年末常住人口 50.53 万人，有汉、回、蒙古、满、藏、裕固等 22 个民族。

【资源优势】矿产资源：现已勘测探明的除 10.04 亿吨煤储量外，还有铁、锰、钛、铜、铅、锌、金及硅石、钨、钼、钾盐、芒硝、蓝晶石等多种金属及非金属矿藏。

水资源：境内水资源丰富，有黑河、酥油口河、大野口河、山丹河等内陆河 5 条，季节性河流 26 条，其中黑河为全国第二大内陆河，年径流量 25 亿立方米，地下水储量丰富，埋深 3～400 米，地表、地下、泉水资源总量 26.5 亿立方米，人均水资源占有量 2500 余立方米。

旅游资源：境内有亚洲第一卧佛之称的西夏大佛寺和汉代黑水国遗址、隋代木塔、明代钟鼓楼、西来寺、古汉墓群、甘泉、丹霞地貌以及湿地公园等著名的历史文物古迹和景观。其中，国家级省级重点文物保护单位 16 处，区级保护单位 68 处，保护点 42 处，集湿地特色、戈壁水乡、丹霞地貌、佛教文化于一体的旅游格局初步形成。

【国民经济】2009 年，全区实现生产总值 84.57 亿元，增长 11.5%。其中：第一产业增加值 21.22 亿元，增长 7.5%；第二产业增加值 29.22 亿元，增长 12.5%；第三产业增加值 34.13 亿元，增长 13.1%。全区人均生产总产值 16780 元，增长 10.9%。完成全社会固定资产投资 33.24 亿元，增长 16.63%。实现社会消费品零售总额 34.86 亿元，增长 20.0%。完成财政收入 5.78 亿元，增长 10.27%，地方一般预算收入 1.67 亿元，增长 14.14%。城镇居民人均可支配收入 10153 元，增长 9.0%。农民人均纯收入 5261 元，增长 10.5%。

【项目建设】抢抓政策机遇，落实扩大内需项目 78 项，争取资金 6.8 亿元，兰新铁路第二双线、张掖军民合用机场等重大项目取得突破性进展。4 万吨麦芽生产线、3 万吨谷氨酸生产线等 23 个重点项目建成投产；日产 5000 吨新型干法水泥生产线一期、龙渠水电站扩容改造等 14 个重点项目进展顺利；大佛寺禅院景区恢复建设及金佛街保护工程等 3 个项目正在开展前期工作。全年引进招商引资项目 53 个，到位资金 5.5 亿元。

【新农村建设】大力培育特色主导产业，金张掖玉米制种基地、百万头肉牛基地、现代农业示范、劳动力技能培训等工程扎实推进，制种、畜牧、蔬菜、轻工原料等特色产业优势更加明显，农村“两个 1 万户”工程及道路交通、农田水利、造林绿化、电网改造等基础设施项目建设任务全面完成，特别是整村推进危旧房改造的做法，得到了省政府考核验收组的高度评价，为全省危旧房改造树立了样板。

【人民生活】2009 年，全区城镇居民人均可支配收入 10153 元，增长 9.0%。人均消费性支出 9578 元，增长 6.6%。人均居住面积 31.39 平方米，增加 0.89 平方米。城镇居民家庭恩格尔系数 29.0%，比上年下降 1.4 个百分点。农民人均纯收入 5261 元，增长 10.5%。人均生活消费性支出 4497 元，增长 5.2%。人均居住面积 40.32 平方米，增加 0.12 平方米。农村居民家庭恩格尔系数 39.4%，比上年下降 0.6 个百分点。

【社会保障】年末全区享受城镇最低生活保障居民 25726 人，月保障标准由上年的 173 元提高到 190 元；享受农村最低生活保障的居民 16265 人，年保障标准提高到 728 元。年末参加城镇职工基本养老保险人数 3.57 万人，参加城镇职工基本医疗保险的人数 6.92 万人，参加城镇居民基本医疗保险的人数 8.46 万人，参加失业保险的人数 3.13 万人，参加工伤保险的人数 3.4 万人。目前全区共有 33.91 万农民参加了新型农村合作医疗，参合率达 98.33%。

【环境保护】全年城区空气质量好于二级以上的天数达到 90%以上，城市集中饮用水源水质达标率 100%，城区区域环境、交通干线噪声平均值分别控制在 51.6 分贝和 66.9 分贝以内。全年完成二氧化硫减排项目 5 项，化学需氧量减排项目 3 项。在新农村住宅建设中推广使用集中式水源热泵节能减排新技术，建设面积达 10 万平方米以上。张掖市污水处理厂达标率 100%，运行率 100%。垃圾处理厂运行率 100%。建成区绿化覆盖率达到 40.94%，人均公共绿地面积 15.07 平方米。积极申报湿地保护项目，张掖黑河湿地国家级自然保护区通过评审，张掖城郊湿地被正式命名为国家湿地公园，张掖城北湿地公园被列入第六批国家城市湿地公园。

【社会事业】科技兴区战略加快实施。6 项科技成果获得市科学技术奖，12 项科技成果入围区科学技术奖。建立科技示范点 106 个，引进推广新品种 123 个、新技术 77 项，引进各类农业新品种 123 个，推广各类农业新技术 77 项。农作物良种覆盖率达 95%，农机化综合水平达 53%，农产品优质率达到 60%，农业科技利用率达到 85%。被国家科技部评为“科技进步先进县(区)”。

义务教育各项政策全面落实。全区适龄幼儿接受学前三年教育率 87.1%，适龄残疾儿童入学率 91.6%，高考上线率达到 86.40%。15 周岁以上人口平均受教育年限达到 8.9 年，新增劳动力平均受教育年限达到 11 年以上。国家二类城市语言文字工作顺利通过省政府评估验收。全区 35.5%的学校建成校园网，启动了新城区学校建设项目。

公共医疗卫生服务体系健全完善。改扩建乡镇卫生院 3 所，建成标准化卫生所 50 个。年末区内有卫生机构 4366 个，其中综合医院 6 所，妇幼保健院 2 个，疾病预防控制中心 2 个，乡镇卫生院 22 所。卫生机构拥有病床床位 2201 张，卫生技术人员 3119 人，其中执业医师和执业助理医师1669人。

文化体育事业健康发展。高金城烈士纪念馆免费开放项目通过验收，大佛寺申报世界文化遗产工作进展顺利。开工建设乡镇综合文化站9个、农家书屋187个。城区数字电视整体转换工作顺利推进，农村无线数字电视平移工程实施步伐加快，城乡广播电视网络进一步拓展。年内全区共举办各级各类体育赛事40多（场）次，参与人数达到了20万人次。群众文化生活日益丰富，被国家文化部评为文化工作先进单位。

肃南裕固族自治县

【现任主要领导】

中共肃南裕固族自治县委书记：韩正明

肃南裕固族自治县人大常委会

主任：秦学仁

肃南裕固族自治县人民政府

县长：安国锋

政协肃南裕固族自治县委员会

主席：高林俊

中共肃南裕固族自治县纪律检查

委员会书记：杨翠琴

【基本情况】肃南裕固族自治县成立于1954年，因地处肃州(酒泉)以南而得名，是全国唯一的裕固族自治县，地处河西走廊中部，祁连山北麓一线，东西长650公里，南北宽120～200公里，平均海拔约3200米，全年平均气温3.6℃，日照时数3085小时，无霜期83天左右，总面积23887平方公里。全县辖2镇6乡、101个村委会、3个社区和9个国有林牧场，是个多民族聚居的少数民族县，境内居有裕固、藏、蒙古、回及少量的满、东乡、保安等共14个民族。2009年末全县常住人口3.66万人，其中农牧业人口2.52万人，占总人口的68.85%，非农业人口1.14万人，占总人口的31.14%。少数民族人口2.06万人，占56.41%，其中裕固族9830人，占总人口的26.84%。人口密度为每平方公里1.53人。

【资源优势】矿产资源：全县境内已探明的矿产27种，分布在228处。已探明的主要金属矿产有煤炭、铜、铁、钨、铬、锰等。非金属矿有萤石、石灰岩、石英沙、硫、粘土、石膏、石棉、磷镁、白云岩、玉石、芒硝、重晶石、大理石、矿泉水等16种32处。其中已探明的钨矿储藏量在全国单个矿山储藏量中排名前5位，储藏量达46万吨。

水资源：石羊河、黑河、疏勒河横贯全境，总流域面积为2.15万平方公里，水能蕴藏量达204万千瓦时，冰川蓄藏量159亿立方米，共有大小河流33条，年径流总量为43.11亿立方米，人均流量12.2万立方米，是河西绿洲灌溉的主要水源。

旅游资源：从人文资源看，既有建于北魏时期的马蹄寺、文殊寺、金塔寺等历史文化遗迹，又有裕固族等独特的民族风情和历史文化；既有可与敦煌莫高窟相媲美的石窟壁画艺术，又有博大精深的藏传、汉传佛教等宗教文化。从自然资源看，既有雪山冰川、又有大漠戈壁；既有草原森林，又有河流瀑布；既有幽谷深涧，又有绿洲平原。2009年共接待游客达到46.6万人次，实现旅游综合收入7900多万元，被省政府确定为全省4个生态旅游示范县之一。

【国民经济】2009年，全县实现生产总值11.68亿元，比上年增长22.8%。其中：第一产业增加值2.05亿元，增长8.8%；第二产业增加值7.05亿元，增长31.8%；第三产业增加值2.58亿元，增长7.3%。人均生产总值达到32013元。完成固定资产投资19.47亿元，增长20%；实现社会消费品零售总额1.99亿元，增长11.6%；完成大口径财政收入2.39亿元，增长17.06%，地方一般预算收入8888万元，增长19.11%，财政支出4.24亿元，增长16.54%；农牧民人均纯收入达到6098元，增长10.43%；城镇居民人均可支配收入达到10025元，增长8.46%。

【新农村建设】大力调整畜种结构，推行良种引进、基础母羊购买补贴等办法，举办养羊节、赛羊会，加快百万只甘肃高山细毛羊扩繁行动计划的实施。新建扩繁场3个，引进和培育优质种畜3000多只，完成畜种改良22.3万头（只）；新建农贸市场2个，标准化暖棚230座，青贮氨化池1000座，活动式剪毛棚8座，绵羊人工授精站47座；新组建农牧民专业合作社8个、科技示范点10个，购置国家补贴农机具700多台（件）。

【项目建设】全年共开工建设各类项目86项，完成全社会固定资产投资19.47亿元，比上年增长20%。黑河三道湾、大孤山电站，草原惠成牛羊肉熟制品生产线等项目已建成投产；陶莱河三道湾，隆畅河一、六级，陶莱河东水峡、西营河梯级、白泉门梯级等电站建设进展顺利，黑河宝瓶电站开工建设；祁青铜铁联合选矿厂开展前期工作。

【人民生活】2009年，全县城镇居民人均可支配收入10025元，比上年增长8.46%，人均消费性支出9829元，城镇居民家庭恩格尔系数36.4%。农牧民人均纯收入达到6098元，增长10.43%，人均消费性支出4912元，农村居民家庭恩格尔系数40.73%。城乡居民储蓄存款余额达到3.8亿元。

【社会保障】2009年，全县城镇新增就业592人，登记失业率为2.35%。共招录安置应往届毕业生207名，引导53名毕业生自主创业或异地灵活就业，提高了高校毕业生就业率。认真落实各项社会保障制度，发放城镇低保金233万元、生活补贴209万元，农牧村低保金300万元、生活补助41万元，提高了五保户供养标准，落实优抚对象抚恤政策和退役士兵就业优待政策。

【社会事业】不断深化教育改革，调整优化学校布局，加大寄宿制学校建设力度。配备了7所寄宿制学校标准灶具，落实幼儿教育到高中（中职）阶段学生“三免两补”补助资金，教育教学能力和水平不断提高，2009 年全县高考录取率达到 82%。

加快卫生事业发展，改扩建部分村级卫生室，不断完善医疗服务网络，配套医疗器械，有效提高了服务能力。加强公共卫生、疾病防控和食品安全监管工作，广泛普及公共健康知识，新建农牧村卫生厕所 1000 座，甲型流感得到有效控制。建立健全计划生育优质服务和利益导向机制，落实计划生育各项优惠政策，国家级计划生育优质服务县成果进一步巩固。

广泛开展群众性文化活动，共送文化下乡 54 场（次），普查登记非物质文化遗产保护项目 424 项、野外文物点 322 处；大力开展群众性体育活动，成功举办全县第十九届城区职工运动会和第六届少数民族传统体育运动会；加快发展广播电视事业，延伸乡村服务网络，启动有线电视数字化转换工程，有效提高了广播电视覆盖率。

【环境保护】严格执行环境影响评价和建设项目环保设施“三同时”制度，加大环保执法力度，依法治理“三废”，推广环保节能技术，对县城集中供暖锅炉进行技术改造，实施新洲矿业公司选矿废水循环利用项目，推广利用水能、风能、太阳能、沼气等可再生能源，新建沼气池 1000 座，在祁丰和明花安装 5 座测风塔开展测风。化学需氧量、二氧化硫排放量分别比上年下降 2%和 2.1%。

民乐县

【现任主要领导】

中共民乐县委书记：马得明

民乐县人大常委会主任：许国强

民乐县人民政府县长：赵惠琴

政协民乐县委员会主席：刘富荣

中共民乐县纪律检查委员会

书记：安月香

【基本情况】民乐县地处河西走廊中段，张掖市东南部，地势南高北低，地形分山地和倾斜高原两大类，总面积 3687.32 平方公里，海拔 1589～5027 米，年平均气温 5.3℃，年平均降水量 351 毫米，无霜期 178 天，属温带大陆性荒漠草原气候。全县辖 6 镇、4 乡、1 个社区管理委员会，172 个行政村，6 个社区居民委员会。2009 年全县常住人口 23.91 万人，其中，城镇人口 6.1 万人，占总人口比重 25.5%，有汉、藏、回、壮、土、蒙、白、满、裕固、维吾尔等 14 个民族。

【资源优势】县境内矿产资源丰富，有煤、铬、铁、石灰石、石膏、金、铜、粘土等，其中原煤储量约 2.6 亿吨。境内有大小河流 13 条，年地表水径流量 4.2 亿立方米，地下水总量 2.5 亿立方米。现有中小型水库 7 座，总库容 7052.8 万立方米，年有效灌水面积 72 万亩。

民乐历史悠久，文化灿烂，旅游资源丰富。因短距离大幅度地理落差，形成由北到南包括荒漠戈壁、田园绿洲、森林草原、高山峡谷、雪山冰川等全景式的高原生态旅游景观。全县共有石窟、寺庙、雕塑、壁画以及汉墓群、烽燧等文物古迹 105 处，其中国家级文物保护单位 1 处，省级文物保护单位 9 处。有反映人类新石器时代生活、生产情况的东灰山、西灰山农牧业村落遗址；魏晋时代的六坝圆通寺塔、童子寺；明清以来的圣天寺、青龙寺、魁星楼、三台阁；县城中心广场、民乐公园、海潮坝森林公园、扁都口风景旅游区等旅游景点，并分别以国道 227、甘民公路、民永公路为主线，串连自然和人文景观。

【国民经济】2009 年，全县实现生产总值 21.5 亿元，比上年增长 12.0%。其中：第一产业实现增加值 7.72 亿元，增长 6.1%；第二产业实现增加值 7.13 亿元，增长 18.7%；第三产业实现增加值 6.65 亿元，增长 12.0%。人均生产总值 9014 元，增长 11.6%。全社会固定资产投资 10.72 亿元，增长 32.2%；实现社会消费品零售总额 5.83 亿元，增长 14.5%；完成大口径财政收入 1.2 亿元，增长 16.2%，完成地方一般预算收入 0.59 亿元，增长 16.83%；城镇居民人均可支配收入 8952 元，增长 8.0%；农民人均纯收入 4452 元，增长 10.5%。

【项目建设】2009 年全县开工建设各类项目 76 项，其中投资上千万元以上的项目 36 项，累计完成固定资产投资 10.72 亿元，比上年增长 32.24%。

【新农村建设】2009 年，全县改造背街巷道 23 条、城区农户住宅 1.5 万平方米；建成商品房 7.8 万平方米、经济适用房 1.35 万平方米、廉租住房 4800 平方米；建成通乡公路 13 公里、通村水泥路 180 公里、等级砂砾路 200 公里、乡镇客运站 3 个、村级依靠点 20 个。

【人民生活】2009 年全县城镇居民人均可支配收入 8952 元，比上年增长 8%；城镇居民人均消费性支出 7487 元，增长 10.5%；城镇居民人均居住面积 30.04 平方米。农村居民人均纯收入 4452 元，增长 10.5%；农村居民人均生活消费支出 3533 元，农村居民家庭恩格尔系数 41.8%。

【社会保障】年末全县城镇企业职工养老保险人数 3923 人，增加 447 人；城镇职工医疗保险参保人数 11611 人，增加 1502 人；失业保险人数 6946 人，增加 64 人。年末城镇居民享受低保户数 2730，减少 419 户，发放保障金 1449.5 万元。农村居民享受低保户数 11154 户，增加 4005 户，发放保障金 1606 万元。全县参加新型农村合作医疗的人数达 189818 人，参合率达 98.34%。补偿人数 162344 人，补偿金额 1627.6 万元。

【社会事业】科技事业有新进展。2009 年全县共实施科研课题 45 项，通过市级成果鉴定的 2 项，省级 1 项，通过县级成果鉴定的有 25 项；有 4 项成果获得了市级科技进步奖，有 10 项成果获县级科技进步奖。设立农业科技示范点42个,其中综合试验示范点10个,畜牧养殖业科技示范点8个,落实科技示范项目62项,落实实验研究项目39项,共引进种植养殖新品种74个,示范推广新技术63项。

教育事业稳步推进。年末全县共有高(职)中2所,在校学生8176人,专任教师487人;初级中学11所,在校学生12183人,专任教师616人;小学162所,在校学生20146人,专任教师1731人;学前及在园幼儿5276人。2009年全县高考录取人数3024人,录取率达85.91%。

文化事业健康发展。全县有文化馆1个,公共图书馆1个,博物馆1个,档案馆1个,广播电视台差转台1座,广播和电视综合人口覆盖率均为99%,有线电视用户39980户。

医疗卫生条件继续改善。年末全县共有医疗卫生机构21个。其中:县级医院2个、乡镇卫生院14个。卫生技术人员553人,其中执业医师136人,执业助理医师61人,注册护士171人。卫生机构床位1095张。

【环境保护】2009年全县污染物排放总量全部控制在指标范围之内。其中:烟尘排放量549.2吨,工业粉尘排放量18.94吨,二氧化硫排放量657.6吨,化学需氧量613.5吨。主要污染物二氧化硫削减14吨,工业固体废物排放量继续保持零排放。

临泽县

【现任主要领导】

中共临泽县委书记:王洁岚

临泽县人大常委会主任:李长喜

临泽县人民政府县长:陈晰

政协临泽县委员会主席:韩起祥

中共临泽县纪律检查委员会

书记:王荣才

【基本情况】临泽县地处河西走廊中段,东邻甘州区,西接高台县,南依祁连山与肃南裕固族自治县接壤,北靠合黎山与内蒙古阿拉善右旗连界,总面积2727.29平方公里。全县地形呈南北高中部低分布,由东南向西北逐渐倾斜,分三个类型区:南部祁连山中部山区,中部走廊平原区,北部合黎山剥蚀残山区。全县辖5镇、2乡、71个行政村、4个社区居委会、678个村民小组。2009年末常住人口14.91万人,有汉、回、藏、蒙、裕固等11个民族。

【资源优势】矿产资源:已发现的矿种有锰铁、磁铁、石墨、玻璃用石英、钾长石、石膏、凹凸棒石粘土、膨润土、砖瓦用粘土、耐火粘土(红粘土)、矿泉水,贵重金属有沙金。

旅游资源:着力打造"中国枣乡—临泽"、"丹霞奇观第一景"为主的旅游品牌,双泉湖垂钓园、香古寺、烈士陵园、天鹅湖、黑河烟林、昭武故地、城郊农家园等景区成为旅游休闲的好去处。

【国民经济】2009年全县实现生产总值24.61亿元,比上年增长11.6%。其中:第一产业增加值7.68亿元,增长6.6%;第二产业增加值9.79亿元,增长14.6%;第三产业增加值7.14亿元,增长13.1%。人均生产总值16552元,增长11.04%。实现社会消费品零售总额44458万元,增长18.56%。完成大口径财政收入11548万元,增长14.1%;地方一般预算收入5663万元,增长13.1%。

【项目建设】2009年,全县确定重点建设项目63项,开工建设62项,其中工业项目12项,农业生态项目23项,能源交通、基础设施及社会事业项目27项。全社会固定资产投资完成10.79亿元,比上年增长24.09%。宏鑫矿业公司锰铁选矿炉、天森公司1000吨番茄加工生产线、鹦鸽嘴水库除险加固工程、黑河流域综合治理、大沙河流域综合治理等重点项目均全部完成年初确定的投资计划。

【新农村建设】以制种玉米、加工番茄和棉花为主的订单农业面积达到32.76万亩,占农作物总播种面积的88%。新建连片10座以上的日光温室示范点18个,达到786亩,带动全县新建日光温室1012亩,累计达到5718亩。全县新建、续建小康示范村14个,新建小康住宅3027户,累计达到2.13万户,占总农户的64.36%。全县培训劳动力14172人,其中职业技能培训11316人,输出劳动力2.59万人,实现劳务收入2.04亿元,增长39.7%。

【人民生活】2009年全县城镇居民可支配收入9352元,比上年增加734元,增长8.5%;农民人均纯收入5116元,增长10.5%。全县在岗职工年平均工资23208元,增长15.09%。城乡居民储蓄存款144684万元,增长22.9%。城乡居民人均住房使用面积分别达到23.45和26平方米,恩格尔系数分别为39.14%和39.1%。全县移动电话用户84625户,增长43.15%;互联网络用户6367户,增长85.4%。

【社会保障】全年新增就业1866人,共有602名下岗失业人员实现再就业。城市低保和农村低保对象分别为4463人和7550人,发放城乡低保金1007万元,发放临时物价补贴280万元。截止年底,全县参加养老保险人数4209人,为922名企业退休人员发放了基本养老金1106万元;参加失业保险人数5003人,为962人次符合条件的失业人员发放失业保险金31.7万元;参加城镇职工医疗保险人数10146人,为933人次住院患者支付医疗费用508.5万元,农民工参保2507人;参加工伤保险人数4223人,共为工伤职工支付工伤保险待遇28.7万元,农民工参保2757人;参加生育保险人数3824人,共为102对生育夫妇支付生育保险待遇10.4万元;国有企业、集体企业劳动合同签订率分别达到100%,非公有制企业劳动合同签订率达98%。

【社会事业】科技支撑效果明显。

年内全县各企业共引进利用科技成果和技术 15 项，在新农村建设和科技兴农中，重点引进 50 项新技术和 38 个新品种，新建科技示范点 54 个。全年共发放各类科技宣传资料 3.8 万份，举办各类培训班 46 期，开展科技宣讲 128 场次，培训科技星火带头人 180 人，农业技术推广人才 1500 人次，培训农民 4.3 万人次。

教育事业不断发展。全县各类学校在校学生 25132 人。全县适龄儿童入学率、小学应届毕业生毕业率均达 100% 以上。中小学已配置微机 2352 台，建成多功能教室 571 个，全县 100%的中学和 69%的小学班班建成多媒体教室及校园局域网，实现“班班通”，网络覆盖率 100%。年内全县有 1272 名学生达到大专以上院校录取分数线，高考上线率 97.03%。

文化艺术、广播电视事业进一步繁荣。全县现有文化馆、图书馆、档案馆、博物馆、文工团各 1 个，电影放映单位 6 个，电视差转台 1 座，广播电视覆盖率 100%。有线电视用户 32367 户，新增 1367 户，入户率 83%。全年共播出广播新闻 5524 条，电视新闻 3346 条，制作专题 23 篇，开设各类专栏 12 个，全年放影电影 1386 场。全县新建、扩建村宣传文化室 5 个，累计达 59 个，占总村数的 83%。

卫生事业健康发展。年末全县共有医疗卫生机构 14 个，卫生技术人员 573 人，其中，执业（助理）医师 162 人，实有医疗病床 517 张。新型农村合作医疗确定定点医疗机构 10 家，全县参合农户 32355 户，115606 人，参合率 94.9%；共为 8448 名参合住院患者报销医药费 1127.1 万元。

体育事业蓬勃兴旺。实施“农民体育健身工程”和“全民健身路径工程”，组织开展新春全民健身大拜年活动、元旦春节百万农民健身活动、社区健身项目展示赛等体育比赛，城乡群众的文体娱乐活动进一步丰富和活跃。全县共举办各类运动会 22 场次，参加人员 3652 人。在第十一届全运会上，临泽县被国家体育总局授予“实施农民体育健身工程先进集体”。

【环境保护】2009 年，全县主要污染物 SO_2 和 COD 的排放总量分别为 1153.95 吨和 645.3 吨，明显低于控制指标，县城空气环境质量明显好转。全县工业企业污染物总量控制到了预定排放目标以内，城市环境污染得到进一步治理，城区绿化美化水平不断提高，人均新增绿地面积 2.18 平方米，绿化覆盖率 39%，城区人均占有公共绿地面积 47.36 平方米。

高台县

【现任主要领导】

中共高台县委书记：余锋

高台县人大常委会主任：赵治全

高台县人民政府县长：鞠毅

政协高台县委员会主席：袁成高

中共高台县纪律检查委员会

书记：杨建平

【基本情况】高台县地处甘肃河西走廊中部，黑河中游下段。地势南北高、中间低，形如马鞍。总面积 4425 平方公里，城区面积 3.1 平方公里，全境海拔在 1260 米至 3140 米之间，气候属于大陆性温带干旱气候，全年无霜期 150 天左右，年均降水量 103mm，蒸发量 2000mm 左右，年均气温 8.8℃，全年日照时数川区为 3088 小时，沿山地区为 2683 小时。全县辖 6 乡、3 镇、136 个村委会、6 个居委会、1004 个村民小组。2009 年末常住人口 16.07 万人，有回、藏、维、彝、裕固、东乡等 16 个少数民族，人口密度 36 人/平方公里。

【资源优势】矿产资源：县境内已发现和探明的矿产资源有 10 多种，其中：芒硝储量 2997 万吨，原盐储量 1168 万吨，萤石储量 243.71 万吨，钾盐（KCI）储量 11 万吨。

旅游资源：境内文物资源丰富，历史悠久。有北凉古都骆驼城、佛教胜地梧桐泉寺、古长城、烽燧等文物古迹，其中北凉古都骆驼城遗址及墓群和许三湾古遗址及墓群已被国务院列为国家文物保护单位。有大湖湾风景区、月牙湖公园、祁连葡萄庄园 3 个国家“3A”级风景区和中国工农红军西路军纪念馆，中国工农红军西路军纪念馆属全县重点烈士纪念建筑保护单位，第三批全国国防教育基地。

【国民经济】2009 年，全县实现地区生产总值 24.05 亿元，比上年增长 11.6%。其中，第一产业增加值 9.55 亿元，增长 7.0%；第二产业增加值 8.76 亿元，增长 16.3%；第三产业增加值 5.74 亿元，增长 12.8%。完成全社会固定资产投资 9.75 亿元，增长 20.1%；实现社会消费品零售额 4.86 亿元，增长 18.0%；完成大口径财政收入 1.31 亿元，增长 19.72%，地方一般预算收入 0.56 亿元，增长 9.97%，财政支出 6.69 亿元，增长 64.41%。农民人均纯收入 5023 元，增长 10.5%；城镇居民人均可支配收入 9059 元，增长 8.7%。

【项目建设】2009 年，全县开工建设各类项目 88 项，完成投资 8.36 亿元。争取中央扩大内需投资项目 33 项，争取中央专项资金 1.66 亿元。新建投资上千万元的重点建设项目 24 项，完成投资 6.73 亿元。投资 3700 万元，建成中国工农红军西路军纪念馆、纪念碑、大门、雕塑建设和陈展；投资 3500 万元，建成容纳 2000 名学生就学的高台三中新校园；投资 2450 万元的全民健身活动中心和体育运动中心建成投入使用；投资 1.3 亿元的黑河退耕还林还草调节水工程、病险水库除险加固工程和灌区末级渠系改造工程建设任务全面完成。

【新农村建设】2009 年全县新建日光温室 552 座、钢架大棚 350 座，建成新坝乡暖泉村 300 座连片日光温室等示范点 16 个，新发展设施葡萄 405

座。新建养殖小区 12 个，建成南华博峰肥牛、合黎中合联千头肉牛养殖场 2 个，百头牛场 93 个，各类规模养殖大户 1719 户。建立县级科技示范点 20 个，试验、示范和推广农、林、牧新品种、新技术、新机具 166 项（次）。申请注册东庄西甜瓜、博峰肥牛等涉农商标 15 个，扶持发展农民专业合作组织 8 个，累计达到 139 个。争取农机购置补贴资金 230 万元，带动农户配套资金 496.1 万元，新建连片 20 户以上小康住宅示范点 19 个 605 户，其中楼房 14 栋 380 户。

【**人民生活**】2009 年，全县城镇居民人均可支配收入 9059 元，增长 8.7%；人均消费性支出 5785 元，增长 2.3%；城镇居民家庭恩格尔系数 32.57%。农民人均纯收入 5023 元，增长 10.5%；人均生活消费支出 3673 元，增长 18.1%；农村居民家庭恩格尔系数 40.77%。在岗职工平均工资 25633 元，增长 25.09%。城乡居民储蓄存款余额 161235 万元，增长 28.02%。城乡居民人均住房面积分别达 31.2 和 38.3 平方米。

【**社会保障**】年末全县参加基本养老保险人数 4342 人，参加城镇职工基本医疗保险人数 8521 人，参加失业保险人数 4913 人，参加工伤保险人数 5848 人，参加生育保险人数 5712 人。全年征缴基本养老保险 2290 万元，基本医疗保险 1527 万元，失业保险 161 万元，工伤保险 47 万元，生育保险 50 万元。年末城镇新增就业 2074 人，城镇人口登记失业率为 2.78%。年末共有农村五保供养服务机构 9 个，集中供养五保对象 458 人，全县低保户 5873 户、13074 人，其中，农村低保户 4928 户、12384 人。全县农民参加新型农村合作医疗 119126 人，参合率 95.27%。

【**环境保护**】全县现有省级自然保护区 1 个，总面积 3.56 万公顷。饮用水达标率 100%，垃圾定点堆放、集中处置率达到 100%，工业固体废物综合处置利用率达到 83.33%。依法对 3 个烟尘、二氧化硫、废水超标排放的企业和 3 户油烟污染严重的酒店下达限期治理决定。全县烟尘、工业粉尘、二氧化硫排放量分别控制在 432.5 吨、61.2 吨、1057.7 吨以内；工业固体废物通过设立固定堆放地点，采用填埋式处理和综合利用，实际排放量控制在了 0.04 万吨。节能降耗成效显著。全县万元 GDP 能耗降低 4.54%，万元 GDP 电耗降低 1.93%，万元规模以上工业增加值能耗降低 4.41%。

【**社会事业**】科技事业有新进展。筛选编制上报科技项目 9 项，组织实施县列科技项目 32 项，实施市以上科技项目 3 项，其中：国列项目 1 项，科技对全县经济的贡献率达到 51.8%。

教育事业稳步推进。全县共有各类学校 131 所，其中：普通高中 1 所，职教中专 1 所，完全中学 2 所，初级中学 7 所，小学 117 所，九年一贯制学校 1 所，城区独立幼儿园 2 所。全县在校中小学生 26846 人；在园幼儿 3200 人；专任教师 1843 人。2009 年，全县向大专以上院校输送新生 1129 人，其中：本科 562 人，专科 567 人，大专以上录取率达 91.86%。

文化事业日益繁荣。“红色旋律”中国工农红军西路军纪念馆大型主题歌会、庆祝建国六十周年文艺晚会和新年民族音乐会开创了高台县纯音乐类文艺活动先河。成功举办的广场周末文化活动、“水乡春韵”春节联欢晚会、元宵灯会和灯谜晚会等文化活动，受到了社会各界的广泛好评。图书馆全年开馆达到 300 天，接待读者达 3 万人次，借阅图书约 4 万册次。

医疗卫生事业健康发展。年末共有各类医疗卫生机构 161 个，其中：综合医院 2 个，卫生院 11 个，村卫生所 118 个，卫生防疫和防治机构 1 个，妇幼卫生保健机构 1 个。全县各类卫生机构拥有病床 469 张，其中综合医院、卫生院拥有病床 439 张，每千人拥有病床位 2.97 张。卫生技术人员 610 人，其中执业医师和执业助理医师 200 人，执业护士 169 人。

山丹县

【**现任主要领导**】

中共山丹县委书记：赵学忠

山丹县人大常委会主任：李仲文

山丹县人民政府县长：刘晓云

政协山丹县委员会主席：马得胜

中共山丹县纪律检查委员会书记：马成

【**基本情况**】山丹县位于甘肃省西部河西走廊中段，是张掖市的东大门，素有“走廊蜂腰”、“甘凉咽喉”之称。总面积 5402 平方公里，海拔在 1550 米至 4441 米之间，属大陆性高寒半干旱气候。全县辖 5 乡、3 镇、110 个行政村、6 个居民委员会、745 个村民小组。2009 年末常住人口 19.73 万人。县内有中牧公司山丹马场、山丹农场、山丹培黎学校等省、市驻丹企业和单位。

【**资源优势**】土地资源：山丹县土地总面积 5402 平方公里。其中：可耕地 85.71 万亩，草地、荒地 365.83 万亩，耕地、草地占 80.59%，为发展农牧业生产提供有利条件。

矿产资源：境内已发现矿种 24 种，各类矿产地 54 处，现已开发利用的有煤、粘土、铁、石灰岩、硅石、滑石、金、银、白云岩、花岗石等 10 种。通过对全县矿产资源的普查、详查，初步查明可开采的煤炭储量为 4.03 亿吨、白云岩 3.85 亿吨、耐火土 2.86 亿吨、高岭土 1.5 亿吨、硅石 6700 万吨、铁矿石 449 万吨、莹石 56 万吨。主要工业产品有水泥、硅铁、耐火材料、石油钻井泥浆助剂、焦炭、煤炭、白酒、植物油等。

水资源：全县水资源总量 1.945 亿立方米，自产自用水资源总量 1.24 亿立方米，其中地表水资源 0.857 亿立方米，地下水资源 0.383 亿立方米。境内河流有马营河、霍城河、寺沟河和山丹河以及大黄山浅山区的小沟小岔。

旅游资源：主要旅游景点有焉支山森林公园、山丹马场大草原、窟隆峡、保存完整的汉明长城、硖口城堡、艾黎捐赠文物陈列馆、山丹培黎图书馆、艾黎与何克陵园、大佛寺、红寺口关隘等。

【国民经济】2009 年，全县实现生产总值 25.21 亿元，比上年增长 11.8%。其中：第一产业增加值 5.47 亿元，增长 7.7%；第二产业增加值 10.55 亿元，增长 13.8%；第三产业增加值 9.19 亿元，增长 12.0%。人均生产总值 12828 元，增长 11.42%。完成固定资产投资 11.19 亿元，增长 26.3%。实现社会消费品零售总额达到 5.27 亿元，增长 18.8%。完成大口径财政收入 1.29 亿元，增长 16.91%；地方一般预算收入 0.61 亿元，增长 10.01%；财政支出 6.37 亿元，增长 42.21%。城镇居民人均可支配收入 9281 元，比上年增加 754 元，增长 8.8%；农民人均纯收入达 4819 元，比上年增加 458 元，增长 10.5%。

【项目建设】全县开工建设各类项目 191 项，其中：投资上千万元的重点项目 34 项，完成投资 6.03 亿元。2009 年争取到国家投资项目 70 项，到位资金 4.7 亿元。97 个新增中央投资项目全部开工，建成 44 项，完成投资 1.03 亿元。招商引资成效明显，引进项目 12 项，协议引进资金 18.24 亿元，落实到位资金 4.1 亿元。马营河水电开发、风电开发等重点项目前期工作进展顺利。

【新农村建设】2009 年山丹县被列为全省 11 个新农村建设试点县之一。新改建农产品加工流通企业 8 户，农产品加工能力达到 41 万吨，带动全县发展订单农业 35 万亩。规划并开始建设万亩寒旱区设施农业示范基地，投资 600 多万元，已完成水、电、路等基础设施建设，带动全县新建日光温室 300 座。全县新建改建渠道 178 公里，解决了 1.48 万人的饮水安全问题。全面启动新农村试点县建设，2 个试点乡镇和 18 个试点村完成投资 1.33 亿元。建成小康住宅 3523 户、住宅楼 18 栋 263 户，新建农村沼气池 6100 座，改建卫生厕所 2400 座，改造建设霍城、花寨子 2 个集镇，建成乡村道路 31 条 302 公里。农村土地经营权流转、农民工返乡创业、农民专业合作组织等制度创新工作取得新的进展。

【人民生活】2009 年全县城镇居民人均可支配收入 9281 元，比上年增加 754 元，增长 8.8%；人均生活消费性支出 7574 元，增长 9.8%；城镇居民家庭恩格尔系数 36.4%。农民人均纯收入 4819 元，增长 10.5%；人均生活消费性支出 3275 元，增长 4.2%，农村居民家庭恩格尔系数 40%。城乡居民储蓄存款达到 16.75 亿元，比年初增加 3.5 亿元。

【社会保障】积极开发就业岗位，城镇新增就业 1996 人，下岗失业人员再就业 850 人，完成 500 名大学生就业行动计划。扩大养老、医疗、失业、工伤、生育等保险覆盖面，参保人数达到 56612 人。城乡困难群众的基本生活得到有效保障，发放低保金 3074.6 万元、农村五保供养金 59.7 万元、大病医疗救助金 238.09 万元、廉租住房租赁补贴 400 万元。新型农村合作医疗报销比例进一步提高，参合率稳定在 93.6%以上。进一步落实“四免一减一卡通”普惠政策，减免费用 70.86 万元。完成 2 个乡镇卫生院、20 个村（社区）卫生室和妇幼保健站的改扩建任务。重大疾病预防控制和食品药品安全得到加强，高度重视并组织实施甲型 H1N1 流感防治工作，全县无重症、死亡病例。

【社会事业】教育事业稳步发展。全面落实“两免一补”政策，教育资源整合有序推进。全县拥有中等专业学校 1 所，普通中学 17 所，小学 81 所。2009 年，全县向全国各类高、中等专业院校输送新生 1518 名，高考录取率达 76.01%，向中等专业学校输送新生 278 名。在校学生体育达标率达 98.2%。

文化艺术、广播电视和新闻出版等各项事业取得新成绩。2009 年末，全县共有艺术表演团体 1 个，文化馆 1 个，公共图书馆 1 个，博物馆 2 个，广播电台 1 座，电视台 1 座。广播和电视综合人口覆盖率分别为 91.15%和 92.05%。有线电视用户 3.2 万户。《西部山丹》全年发行 49 期，累计发行 307 期。

卫生事业稳步发展。全县共有卫生机构 109 个，其中医院、卫生院 19 个，妇幼保健站 1 个。医院、卫生院拥有床位 813 张。全县共有卫生技术人员 652 人，其中执业医师和执业助理医师 652 人，注册护士 188 人。全县共有疾病预防控制中心（防疫站）1 个，卫生技术人员 13 人。乡镇卫生院 11 个，拥有床位 190 张，卫生技术人员 108 人。

平凉市

【现任主要领导】

中共平凉市委书记：马世忠

平凉市人大常委会主任：马世忠

平凉市人民政府市长：陈伟

政协平凉市委员会主席：赵景山

中共平凉市纪律检查委员会书记：高淑美

【基本情况】平凉市位于甘肃省东部，陕、甘、宁三省（区）交汇处，横跨陇山(关山)，东邻陕西咸阳，西连甘肃定西、白银，南接陕西宝鸡和甘肃天水，北与宁夏固原、甘肃庆阳毗邻，是古“丝绸之路”必经重镇，素有陇上“旱码头”之称。全市辖泾川、灵台、崇信、华亭、庄浪、静宁六县和崆峒一区，102 个乡镇，3 个街道办事处，1529 个村民委员会。总土地面积 1.1 万平方公里，海拔在 890～2857 米之间。年均气温 10.1℃，降水量为 374.8 毫米。总人口 229.77 万人，其中非农业人口 36.36 万人。常住人口达 220.15 万人，其中城镇人口 69.55 万人。人口密度每平方公里 206 人。区域内有汉、回、蒙、满、朝鲜等 20 多个民族，民俗风情浓郁。建国以来，特别是改革开放 20 多年来，全市经济发展取得显著成就，各项社会事业有了突飞猛进的发展，人民生活水平普遍提高。

【资源优势】平凉是甘肃省主要农林产品生产基地和畜牧业、经济作物主产区，盛产小麦、玉米、谷类、荞麦、油菜、胡麻、林果、烤烟等，具有开发“两高一优”农业的广阔前景，曾与庆阳地区以“陇东粮仓”闻名遐迩。旱作山区盛产胡麻、葵花、土豆、莜麦和豆类等；阴湿山区林草茂盛，是西北重要的畜牧业基地、皮毛集散地和各类中药材的重要产地，目前年存栏黄牛 50 多万头，年交易各种畜皮 200 多万张。中药材主要有党参、黄芪、甘草、大黄、贝母、冬花等 150 多种。山药、百合、蕨菜、甲鱼等极具地方特色，皮毛肉类远近闻名；川区以果、菜为主，特别是近年来发展迅速，已成为农村支柱产业之一。全市有国家级森林公园 1 个，省级森林公园 5 个，总面积 61690 公顷，天然林面积 56.88 万亩，人工林面积 316.12 万亩，森林覆盖率 22.32%。植物种类共 51 科 254 种，野生动物 31 种。林业资源在省内有较大优势。

矿产资源：平凉在甘肃省内及周边地区煤炭和石灰岩有比较优势。市内的华亭煤田是鄂尔多斯聚煤盆地中煤层最厚的地段，总面积 150 平方公里，是甘肃省第一大煤田，煤层平均厚度达 28.7 米，探明总储量 34.7 亿吨，且煤质优良，具有高活性、高发热量、低灰、低硫、低熔点的特性，不仅是优质动力用煤，而且也是目前我国最好的气化用煤。

石灰岩资源：目前预测石灰岩总储量 30 多亿吨，但勘探程度低，探明储量约 3 亿吨，主要分布在崆峒区和华亭县；庄浪县卧龙石灰岩矿床为远景储量，约 2 亿吨。对石灰岩的利用，目前主要是生产水泥、石灰和建筑石料。另外还有粘土、石英砂等，主要分布在华亭县安口镇一带，开采利用历史较早，目前主要用于生产日用陶瓷、高低压电瓷、灯泡等。

旅游资源：平凉历史悠久，文化灿烂。现已发现各个时期的古文化遗址 465 处，省级以上文物保护单位 25 处。其中“道教第一山”—崆峒山(崆峒区)、王母宫—西王母降生处的回中山(泾川县)、人文第一祖—伏羲氏诞生地古成纪(静宁县)、西周第一台—古灵台(灵台县)等历史遗址和西周青铜器(灵台县)、南宋银本位货币银合子、佛舍利金银棺(泾川县)，被誉为“中华之最”。崆峒山道教文化、西王母文化、大云寺佛教文化、皇甫谧文化独具魅力。平凉也是祖国针灸学鼻祖、晋代医学家皇甫谧(灵台县)，唐代著名宰相牛僧儒(灵台县)，南宋抗金名将吴玠、吴璘(庄浪县)，明代“嘉靖八才子”之一赵时春(崆峒区)的故乡。

平凉以国家重点风景名胜区、国家首批 5A 级旅游景区、国家地质公园的崆峒山为中心，以国家级森林公园云崖寺、王母宫、柳湖、南石窟寺、龙隐寺、莲花台、紫荆山、明代宝塔、李元谅墓等为网点的风景名胜、文物古迹星罗棋布，都是寻根访古、观光旅游、避暑休闲的好去处。

【国民经济】2009 年，全市经济和社会发展取得新的成就。全市实现生产总值 195.66 亿元，按可比价格计算，比上年增长 10.8%。其中：第一产业增加值 43.39 亿元，增长 8.1%；第二产业增加值 88.75 亿元，增长 11.4%；第三产业增加值 63.52 亿元，增长 12.0%。人均生产总值为 8899 元，比上年增长 10.5%。产业结构由上年的 22.27∶45.42∶32.31 调整为 22.18∶45.36∶32.46。全市居民消费价格总水平比上年上涨 1.6%，其中：服务项目价格比上年下跌 0.8%，消费品价格上涨 2.1%。

农业经济：全市以发展现代农业为突破口，积极发展果菜，畜牧支柱产业和区域特色产业，确保了农业生产的稳定发展和农民增收目标的顺利实现。

特色产业在扩规模、提质量、增效益、创品牌上取得重大进展。“优果工程”扎实推进，“平凉金果”跻身中国农产品区域公用品牌价值百强，直接出口欧盟等国际高端市场。全年新植果树经济林 21.80 万亩，果园面积达 133.85 万亩，果品产量达到 70.76 万吨，比上年增长 8.13%。“平凉红牛”荣获甘肃省著名商标，肉牛规模化、标准化养殖水平持续提升。年末大牲畜存栏达 73.95 万头，其中牛存栏 59.91 万头，牛出栏 33.05 万头。猪存栏和出栏分别为 39.83 万口和 42.50 万口；羊存栏和出栏分别达到 20.70 万只和 13.09 万只。肉类总产量 6.82 万吨，比上年增长 5.61%。

粮食生产获得较好收成。全年粮食播种面积 488.1 万亩，比上年增加 1.25 万亩；全年粮食总产达到了 89.1 万吨，比上年增长 0.33%。完成全模双垄沟播推广面积 83.4 万亩，全模玉米、马铃薯亩产分别到达 617 公斤和 2170 公斤。蔬菜产量达 89.97 万吨，比上年增长 7.74%。

工业经济：2009 年，平凉市工业经济在受到金融危机严重影响时，市委、市政府及时制定出台扶持 25 户重点工业企业发展的意见，强化煤电集中突破工作的组织领导和协调服务工作，按照“煤炭抓外运，电厂抓外送”的要求，努力扩大煤电产品销售，带动和促进全市工业生产稳步回升，全年全部工业增加值完成 71.58 亿元，比上年增长 9.2%。其中规模以上工业企业完成增加值 61.1 亿元，比上年增长 10.2%。其中，国有企业完成增加值 3.27 亿元，比上年增长 21.8%；集体企业完成增加值 2.71 亿元，比上年下降 5.7%；股份制企业完成增加值 52.91 亿元，比上年增长 9.9%。分轻重工业看，轻工业完成增加值 5.37 亿元，比上年增长 7.93%；重工业完成增加值 55.72 亿元，比上年增长 10.43%。规模以上工业企业产品销售率为 86.86%。

全年原煤 2019 万吨，比上年增长 0.52%；发电量 64.89 亿千瓦时，下降 29%%；水泥 159.84 万吨，增长 3.7%；机制纸 2.28 万吨，增长 3.2%；纸制品 6.16 万吨，增长 18.3%；面粉 5.28 万吨，增长 10.9%；白酒 190 千升，增长 57.02%；棉纱 1414 吨，增长 26.2%。

规模以上工业企业实现主营业务收入 104.87 亿元，比上年增长 0.48%；实现利税 14.62 亿元，下降 7.7%；实现利润 4.45 亿元，下降 21.09%。其中煤电产业实现利润 3.12 亿元，下降 33.90%；实现利税 9.21 亿元，增长 0.88%。

建筑业：全社会建筑业完成增加值 17.17 亿元，比上年增长 22.5%。其中资质以上建筑企业实现利润 2798 万元，上缴税金 8396 万元。完成施工房屋面积 368.65 万平方米，竣工房屋面积 175 万平方米。

国内外贸易：由于扩大内需政策措施的实施和受节假日消费及汽车家电下乡热销的刺激，全市社会消费品零售总额增速一直保持在 15%以上，且农村消费增幅一直高于城市消费。全年社会消费品零售总额将达到 74.11 亿元，增长 19.1%。其中，城市消费品零售总额 18.91 亿元，增长 15.7%；农村消费品零售总额 55.2 亿元，增长 20.26%。受上述积极因素的带动，批发零售业、住宿餐饮业增加值分别增长 14.7%和 13%，高于全市整体经济和第三产业速度，对第三产业的贡献率达到 16.30%。

旅游业：旅游产业蓬勃发展。崆峒山 5A 级景区品牌效应凸显，龙泉寺成功创建国家 4A 级景区，一批旅游饭店晋升等级。2009 年，全年接待各类旅游者 350.52 万人(次)，比上年增长 98%。其中境外旅游者 3584 人(次)，比上年增长 24.9%；国内旅游者 350.16 万人(次)，比上年增长 98.2%。全年旅游综合收入达 10.54 亿元，比上年增长 99.6%，其中旅游境外收入 772.44 万元，比上年增长 20.4%，国内收入 10.47 亿元，比上年增长 98.1%。

交通、邮电业：交通运输和邮电通讯业稳步发展。全年完成交通运输仓储和邮政业增加值 7.85 亿元，比上年增长 6.2%。完成公路客运量 3566 万人；客运周转量 15.35 亿人公里；货运量 1993 万吨；货运周转量 98.8 亿吨公里。年末全市各类汽车保有量 7.31 万辆，比上年增长 23.88%，其中轿车保有量 1.71 万辆，比上年增长 97.46%。全年完成邮电业务总量 4.30 亿元，比上年增长 23.56%。其中邮政业务总量 3431 万元，增长 12.46%。年末固定电话用户达 22.37 万户，其中农村电话用户达 9 万户；计算机互联网用户达 4.82 万户；本年新增移动电话用户 22.58 万户，年末累计达到 75.66 万户。年末全市固定及移动电话用户总数达到 98.04 万户，电话普及率达到 45 部/百人。

财政、金融、保险业：全年大口径财政收入完成 22.18 亿元，比上年增长 10.2%；地方财政收入完成 9.52 亿元，增长 15.5%。全年财政支出达到 75.84 亿元，增长 37.1%，其中社会保障和就业支出 14.77 亿元，增长 61.6%。年末金融机构本外币各项存款 274.74 亿元，增长 26.96%。其中：企事业存款为 59.02 亿元，增长 28.27%；城乡居民储蓄存款 167.22 亿元，增长 24.79%。年末金融机构各项贷款余额 212.79 亿元，比上年增长 27.64%。其中：工业贷款 29.7 亿元，增长 15.99%；商业贷款 12.89 亿元，下降 15.26%；农业贷款 29.97 亿元，增长 47.69%。全年保险业务收入 3.27 亿元，比上年增长 5.48%，其中财产险收入 1.19 亿元，增长 16.43%；寿险收入 2.08 万元，增长 0.26%。支付已决赔款 7334 万元，比上年增长 6.97%，其中财险赔付额 6368 万元，增长 6.79%；寿险赔付额 966 万元，增长 8.17%。

节能降耗：2009 年，全市进一步加大节能降耗工作力度，积极实施“十大节能工程”，加快企业技术改造，不断完善和强化节能管理，将工业节能和推进建筑、交通、农村等重点领域节能相结合，积极推进循环经济发展，节能降耗取得明显成效。全市投资 2.8 亿元实施节能重点技改项目 20 项，关闭淘汰落后产能企业 4 户，取缔违法排污企业 3 户，关停小型污染企业和加工作坊 74 户。平凉电厂一期脱硫、宝马纸业碱回收处理及 9 户国控、7 户市控污染源的监控联网。建成平凉电厂中水回用工程。开建县级污水处理、垃圾填埋项目 6 项。

【项目建设】2009 年，狠抓招商引资工作。先后赴西安、银川等地考察学习，积极组团参加了厦门“世界创新与投资促进平台”项目对接会等各类经贸洽谈活动，“兰洽会”签约项目数量和资金规模取得重大突破。全市共实施各类招商引资项目 150 个，到位资金 70.3 亿元，增长 25.5%，签约项目落地率达到 89.2%。

全市 50 万元以上各类建设项目完成固定资产投资 194.62 亿元，比上年增长 49.14%。投资完成总量和增速是“十一五”以来最高的一年。一批过亿元的房地产开发投资项目平凉世纪花园、广成花园、民馨家园、灵台世纪花园、平凉风景嘉苑等投资增长迅猛。全市共争取到中央扩大内需投资项目 326 项，总投资 19.62 亿元，实际完成投资 10.81 亿元，灾后重建项目完成投资 2.8 亿元。全市 5000 万元以上各类投资项目 81 项，比上年增加 26 项，实际完成投资 117.7 亿元，增长 55.3%。9 个过 10 亿元项目累计完成投资 71.49 亿元，占全社会固定资产投资总额的 36.73%。

【新农村建设】新农村建设稳步推进。着力加快新一轮新农村建设和泾川省列试点县建设，开建新农村示范点 165 个，完成“三清五改”村庄综合整治 124 个。积极实施“百万农民培训工程”，初步建立起大培训格局。全年劳动保障系统组织农村劳动力技能培训2.92万人，组织农民工技能鉴定8758人，其中中级工7176人、初级工1582人。全市新建劳务基地144个，劳务基地总数达到1289个；境外就业累计达到1357人。全年输转劳务42.01万人，创劳务收入30.01亿元。劳务经济成为农民增收的新亮点。

【人民生活】城乡居民生活水平进一步提高。2009年，城镇居民人均可支配收入完成10678元，首次突破万元，比上年增长10.08%。转移性收入和财产性收入增长快，分别增长33.7%和60.87%；城镇居民人均消费性支出达6641元，比上年增长4.31%。全市农民纯收入达到2716元，比上年净增302元，增长12.5%。工资性收入和家庭经营性收入是农民纯收入的主体，占农民人均纯收入的88.23%。城乡居民储蓄存款167.22亿元，增长24.79%。

【社会保障】平凉市社会保障和就业再就业成效明显。年末全市福利院有床位200张，收养160人；建立城镇社区服务中心57个。全年接受社会捐赠32.20万元。全年新增城镇就业人数24849人，下岗失业人员再就业12909人；城镇再就业培训21666人；年末城镇登记失业率为3.51%。年末全市城镇参加基本养老保险人数64502人，其中新增缴费7365人；城镇居民医疗保险参保人数22.37万人，参保率为94.86%。7个县（区）开展新型农村合作医疗工作，179.39万农民参加了新型农村合作医疗，参合率为97.85%。参加失业保险人数8.88万人，其中新增缴费22920人，年末领取失业保险金人数9095人。全年5.74万城镇居民得到政府最低生活保障，保障资金达7225万元；19.71万农村居民得到政府最低生活保障，保障资金达12544万元。企业离退休人员基本养老金、失业人员失业保障金发放率均达到100%。

【环境保护】城市环境质量进一步提高，六项主要污染物均控制在目标值之内，总控制率达到100%。全市六项主要污染物均控制在目标值之内，总控率达到100%。大气环境可吸入颗粒物年日均值为每标立方米0.073毫克，二氧化硫年日均值为每标立方米0.023毫克，二氧化氮年日均值为每立方米0.023毫克。泾河地表水水质达标率为16.7%，饮用水源水质达标率为100%。区域环境噪声和交通干线噪声平均值分别为54.9分贝和69.2分贝。全市环保投资达到4.56亿元，其中污染源治理1.03亿元，城市环境综合治理1.8亿元，农村环保投入0.92亿元，生态示范区建设0.76亿元，环境管理与环保科技投入0.05亿元，环保投资指数达2.3%。

【社会事业】科技、教育、文化、卫生、广播等社会事业取得新成就。全年共争取国家和省上科技项目22项，资金597万元；安排实施市列科技项目7项，经费150万元。共有9项科技成果获得省级科技进步奖，其中二等奖3项，三等奖6项。本年度共评出科技进步奖94项，其中一等奖11项，二等奖42项，三等奖41项。

全市共有各级各类学校1769所，其中幼儿园169所，特教学校2所，小学1416所。各类学校在校学生达到46.51万人。其中，小学21.41万人，中学12.90万人。小学、初中阶段学生入学率分别达到98.83%和97.14%，毕业率分别达到106.55%和104.14%。本年度全市参加高考考生24675人，上线人数达22195人，上线率为89.9%，比上年提高了14.8个百分点，其中重点本科上线1445人，上线率5.9%，比上年提高了1.3个百分点，本科上线6609人，上线率26.8%，比上年提高了5个百分点。

全市共有各种艺术表演团体8个，公共图书馆8个，博物馆8个。全年发行《平凉日报》312期，780万份。

全市有县级广播电台7座，有线广播电视传输干线网络总长3212公里，较上年增加451公里；广播电视卫星收转站67914座，比上年增加48570座；广播综合覆盖率达97.73%，电视综合覆盖率达93.92%。有线电视用户达7.25万户，比上年下降1.2%。

年末全市共有卫生机构1174个，其中医院、卫生院130个，妇幼保健医院8个，疾病预防控制中心8个。卫生技术人员7215人，执业医师和执业助理医师2728人，其中医院和卫生院有执业医师和执业助理医师2050人。实有床位数6625张，医疗机构病床使用率为69.57%。

全市运动员参加省级各项各类赛事，共获金牌14枚，银牌9枚，铜牌11枚。平凉籍运动员参加国际、国内各类各项比赛，共获金牌5枚，银牌1枚，铜牌2枚。

【安全生产】全年各类生产安全事故死亡121人，比上年下降4.7%。亿元生产总值生产安全事故死亡人数0.62人，比上年下降17.3%；工矿商贸企业从业人员10万人从业人员生产安全事故死亡人数为3.09人，下降16.7%；煤矿百万吨死亡人数为0.71人，比上年下降38.3%。道路交通万车死亡人数13.7人，比上年下降3.5%。

（王康列）

崆峒区

【现任主要领导】

中共崆峒区委书记：杨军

崆峒区人大常委会主任：邓玉珠

崆峒区人民政府区长：孟小全

政协崆峒区委员会主席：张新平

中共崆峒区纪律检查委员会书记：李志恩

【基本情况】崆峒区地处甘肃东部，六盘山东麓，东邻泾川、镇原，南依华亭、崇信，西与宁夏回族自治区的泾源、原州区接壤，北与彭阳（属宁夏）、镇原县毗邻。在历史上为丝绸古道西进北上甘凉的第一座关隘重镇。亦为陕甘宁三省交通要塞和陇东传统商品集散地，素有“旱码头”之称。现为平凉市政治、经济、文化和交通中心，是一座新兴的工贸旅游城市。

全区辖13个乡、4个镇、3个街道办事处、1个工业园区和1个开发区，有252个村、14个城市社区(居委会)。全区总土地面积1936.18平方公里，城市规划区面积48平方公里。全区总人口49.99万人。常住人口48.31万人，人口密度258.19人／平方公里，人口自然增长率7.43‰。有回、满、藏、布依等30多个少数民族。

区域属陇东黄土高原丘陵沟壑区，境内西北高峻多山，东南丘陵起伏，中部河谷密布，平均海拔1540米。气候属半干旱、半湿润季风型大陆性气候。年最高气温34.3℃，最低气温-17.1℃，年平均气温10.1℃，年降雨量374.8毫米，日照2300.8小时，无霜期191天。

【自然资源】地下矿藏有煤、铁、铜、磷、石灰岩、水泥灰岩、白云岩、陶土、粘土、耐火粘土、石膏等16种12大矿点，其中水泥石灰岩和化工石灰岩品位较高，储量达5亿多立方米。地表水可利用量1.1亿立方米，地下水储量12亿立方米。植物资源1300多种，动物资源50多种。

【旅游资源】区境内先后发掘出仰韶、齐家和商周文化遗址150多处，重点文物保护单位40余处，珍藏文物1300多件。崆峒玄鹤、太统屯云、龙泉滴珠、柳湖晴雪、宝塔曦照、东湖荷花、天坛月夜和泼谷烟村等十大景观闻名省内外。国家5A级风景名胜区、国家级地质公园、“天下道教第一山”—崆峒山，有八台九宫十二院四十二座建筑群，名胜古迹百余处，山势雄伟，烟波浩淼，林海幽深，建筑独特。

【电力资源】电力供应充足。有240万千瓦火电厂1处，境内750变电所是连接兰州和陕西乾县的西北750千伏电网主通道的核心所在，330、110千伏和35千伏等变电站8处，小水电站1处。

【国民经济】2009年全区以党的十七大和十七届三中、四中全会精神为指导，以科学发展观为统揽，以保增长、保民生、保稳定为主线，以建设甘肃和西部工贸旅游经济强区为目标，强化投资拉动，突出产业开发，狠抓民生改善，落实上级应对金融危机、促进经济增长的一系列政策措施，全力组织实施“116”年度工作计划，经济社会发展在国际金融危机的大背景下，取得显著成就。初步核算2009年实现地区生产总值66.26亿元，增长10%。全区人均地区生产总值为13715.59元。

农村经济全面发展。全区上下认真贯彻落实中央“一号”文件精神，以发展现代农业为突破口，大力发展特色产业，强化农业发展基础，加大扶贫攻坚力度，农村经济较快发展。全区实现农业增加值8.03亿元，比上年增长8.2%。粮食生产保持稳定。面对冬春特大旱灾，积极组织群众抗旱保粮，调整种植结构，全区推广全膜双垄沟播玉米11.16万多亩、复种28.9万亩，粮食总产量18.27万吨(夏粮6.06万吨、秋粮12.21万吨)，较上年18.22万吨增长0.27%，主要农作物优良品种率达到了90%；大力推进“四个一”农业产业结构调整，深入实施“万千百十”养牛工程，新建早庄、高寨、梁西、强盛4个千头育肥中心和长沟、三里2个百头养殖小区，肉牛饲养量达到35.2万头，新植紫花苜蓿4.06万亩，新建500立方米青贮窖11座。肉类总产量1.5万吨，较上年1.42万吨增长5.63%。大力实施优果精菜工程，加快崆峒万亩无公害蔬菜基地建设，新建日光温室153座、拱棚1925座，以土桥、油坊等10个特色菜点建设为带动，蔬菜种植面积达到17.08万亩，蔬菜总产量达到25.07万吨，增长0.88%。完善国道312及北大路沿线幼园栽植和老果园改优，辐射带动塬区果树经济林发展，新植果树经济林3万亩，果品总产量达到6.95万吨，增长11.28%。

新型工业在壮大规模和优化升级上取得新突破。2009年上半年，受国际金融危机的影响，市场需求萎缩，工业经济一度出现低迷，产值与效益下滑。随着对国家扩大内需政策的深入实施，特别是七月《平凉市崆峒区人民政府关于支持重点工业企业加快发展的实施意见》，制定出台14条企业帮扶政策措施，协调金融机构为宝马纸业等3户企业给予5300万元的贷款支持，全力保障工业企业稳定生产，至第三季度工业逐步企稳回升。全年工业增加值210620万元，比上年增长1.06%。规模以上工业增加值148242万元，比上年下降1.6%。其中，国有企业完成增加值24247万元，比上年增长12.69%；集体企业完成增加值11203万元，比上年下降11.3%；股份制企业完成增加值110067万元，比上年下降11.2%。分轻重工业看，轻工业完成增加值29346万元，比上年下降6.33%；重工业完成增加值118896万元，比上年下降8.71%。规模以上工业企业产品销售率为97.3%。全年发电量50.8亿千瓦时，下降29.5%；水泥109.6万吨，增长5.7%；机制纸2.28万吨，增长3.2%；面粉3.6万吨，下降7.5%，白酒190千升，增长57.02%。荣康、瑞华等企业完成出口创汇296.4万美元。围绕能源化工基地建设，加快了煤电、建材造纸行业的升级改造步伐，建成平凉电厂二期、平凉海螺日产1万吨干法水泥生产线一期、中高档陶瓷装饰砖、节能环保石灰、宝马纸业生产线配套改造等重点项目，初步形成优质水泥熟料、新型节能环保石灰、陶瓷装饰砖等新型建材产业集群，同时具备了发电、自供电、外输电的能源储备优势，成为国家“西电东送”的重要能源输出县区之一。

节能减排成效显著。建成祁连山水泥余热发电、粉煤灰综合利用加气混凝土生产线，积极申报资源节约和环境保

12.4%。粮食总产量 14.11 万吨，增长 0.06%；油料总产量 0.747 万吨，减产 3.1%；瓜菜总产量 16.13 万吨；水果总产量 20.53 万吨，其中苹果产量 17.92 万吨，增长 11.5%。全年人工造林 1866.7 公顷，林业生产实现产值 7911.43 万元，增长 6.7%。畜牧业实现产值 26651.53 万元，增加值达到 20551 万元，增长 5.2%。

工业：按照“招商引资办工业、立足产业兴工业、开发资源强工业”的总体思路，着力打造发展平台，做大做强骨干企业，不断扩大工业总量。循环经济产业园基础设施日趋完善，3000 万只肉鸡屠宰加工、5 万锭棉纱、3600 吨不溶性膳食纤维、1500 吨冻干牛羊肉等生产线建设达到年度目标，全县招商引资到位资金 3.12 亿元；完成部分乡村石油勘探二维、三维地质调查，试采原油 1.08 万吨，陇东能源化工基地泾川项目区产业发展规划编制完成，煤炭资源勘探项目初步列入省级勘探基金项目计划，为工业经济发展奠定了坚实基础。2009 年，实现工业总产值 240440 万元，增长 12.8%。规模以上工业企业实现产值 20140 万元，增长 18.4%；实现利税总额 3130 万元，增长 26.6%。

交通通信：积极实施通乡通村油路工程，建成县城至张老寺农场通乡油路 38 公里，修建通村油路工程 17 条 69 公里，全县 70.1%的行政村通上了油路。全县公路总里程 1128.7 公里，其中高等级公路 99.38 公里。公路货运量 84.2 万吨，公路货运周转量 5368 万吨/公里，分别增长 9.5%和 20.5%；公路客运量 108.5 万人，公路客运周转量 7690 万人公里，分别增长 20.4%和 21.5%。全县年末邮政业务总量 487 万元，各类通信业务总量 3942 万元。各类通信用户总量 13.72 万户，增长 65.9%。每百人拥有电话（含手机）39 部，增长 64.56%。

旅游贸易：2009 年，全县实现社会消费品零售总额 89465 万元，增长 19.9%。分城乡看，县的零售额 36252 万元，增长 26.5%；县以下零售额 53213 万元，增长 15.8%。分行业看，批发业零售额 1729 万元，增长 54.4%；零售业零售额 69045.5 万元，增长 20.9%；餐饮业零售额 18690 万元，增长 14.2%。外贸销售实现 9000 万元，增长 5.8%。全年接待国内外游客 68.6 万人次，增长 23.4%。旅游综合收入 6225.7 万元，增长 1 倍。

【项目建设】坚持争建并举，项目建设成效显著。2009 年全县新开工及在建项目 193 项，完成地方固定资产投资 13.43 亿元，增长 53.1%。集中建成一批发展前景好、带动能力强的大项目、好项目。平定高速公路建成通车，罗长公路辅道基本建成，西平铁路、西长凤高速公路、西气东输二线工程加快实施；集中实施“十大项目”，国家基本农田保护示范等 10 个投资过千万元的重点项目建设达到进度要求，完成投资 3.27 亿元；加快实施扩大内需和灾后重建项目，顺利完成年度建设任务，项目建设对经济社会发展发挥了强劲的拉动作用。

【环境保护】深入推进节能减排，督促王母泉啤酒公司、育才酒精公司、恒兴果汁公司等企业安装了自动在线监测设备，实现污染物达标排放，拆除城区 4 吨以下燃煤锅炉 5 台，取缔关闭木炭窑 27 户 202 口，严肃查处了一批非法排污案件，节能降耗取得明显成效。全县能耗总量 18.02 万吨标准煤，比上年增长 3.3%，万元 GDP 能耗 1.249 吨标准煤，下降 5.2%，万元 GDP 电耗 1087 吨标准煤，下降 5.2%，规模以上工业万元增加值能耗 3.756 吨标准煤，下降 9%。

【科教文卫】坚持教育优先发展。新建、续建、维修校舍 4.6 万平方米，完成投资 6540 万元，职教中心迁建二期工程和高平中学、丰台中学等 12 所学校灾后重建工程全面竣工，泾川三中开工建设，城乡办学条件进一步改善；切实强化教学管理，努力提升教育质量，全县高考普通本科上线 848 名，综合排名位居全市第一。

加强城乡医疗卫生体系建设，县中医医院门诊楼和业务综合楼建成主体，县妇幼保健院和荔堡中心卫生院改扩建等工程全面竣工；全力保障公共卫生安全，手足口病、甲型 H1N1 流感等疫情防控工作扎实有效。认真实施科技示范“十百千”工程，荣获“全国科技进步先进县”称号。

切实改善城乡文化基础设施，完成城北体育中心建设规划、土地征用等工作，开建乡镇综合文化站 13 个，建成 5 个，较好地满足了群众文化生活需求。

加快计划生育服务体系建设，县计生服务站工程全面竣工，玉都、高平等 5 个乡镇计生服务站建成投用；狠抓节育措施等重难点工作落实，计划生育工作水平有了新提升，省级计划生育优质服务县创建通过验收。

【社会保障】加快社会保险扩面征缴步伐，养老保险、失业保险、医疗保险分别新增缴费 909 人、1288 人和 1795 人。全面落实低保扩面提标政策，农村享受低保人数达到 22664 人，占到农业人口的 7.2%，做到了动态管理下的应保尽保。持续扩大新型农村合作医疗覆盖面，参合率达到 97.3%。不断增加保障性支出，全年用于灾后重建、城乡低保、救灾救济、社会救助等方面的支出占到一般预算支出的 16.2%。大力发展社会福利事业，县社会福利中心基本建成，高平中心敬老院建成投用。高度重视就业和再就业工作，多方开辟就业渠道，新增城镇就业 4043 人、下岗失业人员再就业 2539 人；积极创造条件，安置高校毕业生 287 人，本科毕业生就业率达到 100%，专科毕业生就业率达到 70%以上。年末城乡就业人员达 17.43 万人。其中城镇就业人员为 1.24 万人，增长 5.9%；城镇单位在岗职工 1.22 万人，增长 8.4%。年末城镇登记失业人员 3881 人，增加 26.9%，登记失业率 3.77%。

【人民生活】城乡居民收入不断提高，全年城镇居民人均可支配收入 10206 元，增长 10.1%。人均消费性支出 7460 元，增长 3.6%。全年农民人均纯收入 2890 元，增长 15.4%。农民人均生活消费支出 2248 元，增长 4%。

（刘继军）

灵台县

【现任主要领导】

中共灵台县委书记：苏克俭

灵台县人大常委会主任：王亚锋

灵台县人民政府县长：吕鹏举

政协灵台县委员会主席：魏惠琴

中共灵台县纪律检查委员会

书记：张寅虎

【基本情况】灵台县位于陇东黄土高原南缘，地势西北高、东南低，海拔在 890～1520 米之间。年平均气温 8.6℃，最高气温 35.8℃，最低气温-23.2℃。年平均降水量 654.4mm，降雨分布不均匀，7、8、9 三个月降水量占全年降水量的 55.5%。年平均日照总时数 2453 小时，大于或等于 10℃的积温 2804℃，全年无霜期 159 天。境内有一塬（什字塬）一山（南部山区）两道川（达溪河、黑河川区），全境东西长 78 公里，南北宽 40 公里，总流域面积 2038 平方公里，属黄土高原沟壑区。东南与陕西长武、彬县、麟游、千阳、陇县接壤，西北与本省崇信、泾川县毗邻。全县辖 5 镇 8 乡 1 个县城城区街道办事处，4 个居委会 184 个行政村，1429 个村民小组。

【人口状况】全县总户数 69132 户，总人口 230093 人，其中：男 120341 人，女 109752 人；非农业人口 21764 人；年龄 18 岁以下 52004 人，18～35 岁 55435 人，35～60 岁 90870 人，60 岁以上 31784 人。民族以汉族居多，占 96.7%，少数民族有回、藏、满、苗、蒙古族等占 3.3%。

【资源优势】从县域经济社会发展的自身条件看，主要有五大优势：一是广阔的土地资源优势。县内土地面积大，特别是可供投资开发的土地资源丰富。加之山、川、塬兼有的地貌特点，独特的纬度、海拔和气候，无污染的自然环境，为大规模发展优质、高效农业提供较为理想的自然条件。二是丰富的农副产品资源优势。县域内物种丰富，动、植物资源品种繁多，“中华甲鱼”、“牛心杏”等土特产尤为著名，冬花、甘草等地产中药材远近闻名。农副产品开发、利用和深加工的潜力巨大。三是丰富的历史文化资源优势。灵台历史悠久，文化底蕴深厚，人文景观荟萃，古商周文化和皇甫谧文化独具特色，境内发现仰韶、齐家文化等古迹 400 多处，西周墓群、皇甫谧墓、牛僧孺墓、左丘明墓等古墓葬 30 多处，发掘文物近万件，其中被国家、省、市调展的文物近 1000 件，是甘肃省文物第一县。1996 年被甘肃省人民政府命名为“甘肃省历史文化名城”。四是充足的劳动力资源优势。全县乡村现有 109642 名劳动力，大多具有初中以上文化程度，接受新事物、新观念的能力较强，为各项产业发展提供充足的劳动力保障。五是丰富的煤炭、油气资源。已初步探明，南部山区煤炭储量在 10 亿吨以上，已发现油气资源，正在勘探之中。

【旅游资源】灵台古有“荆山日丽”，“达水丁流”“仙洞云深”等八大景观。近年来，立足灵台生态良好、环境优美、旅游资源独特而丰富、又地处“崆峒山—王母宫—法门寺—兵马俑”旅游热线这一特点，大力开发以古商周文化和皇甫谧文化为品牌的旅游资源，累计投资 2 亿多元，兴建了古灵台荆山森林公园、皇甫谧文化园、百里古密须遗址、文化广场等新景观，形成以古灵台荆山森林公园为中心，“皇甫谧文化园”、“古密须遗址”、“文王画卦山”、“牛僧孺墓”、“疙瘩庙”等自然与人文景观相互映衬的旅游框架，目前已建、在建的人文旅游景点达到 20 多处，其中国家 4A 级旅游景点 1 处。

【国民经济及社会发展】2009 年，在市委、市政府的正确领导下，全县上下凝心聚力，以开展深入学习实践科学发展观活动为动力，紧扣保增长、扩内需、强基础、调结构、促和谐这条主线，以实施“六个集中突破”为重点，积极抢抓机遇，全力推进落实，较好地完成各项目标任务，一些重点工作取得新的突破。

综合经济实力不断增强。各级各部门始终把加快发展作为第一要务，集中力量求突破，全力以赴抓落实，经济社会在攻坚克难中保持了平稳较快发展的良好势头。全县地区生产总值预计完成 15.36 亿元，比上年增长 10%；规模以上工业增加值完成 7305.5 万元，增长 21%；地方财政收入完成 3252 万元，增长 10.65%；地方固定资产投资和财政支出分别突破 10 亿元和 7 亿元大关，增幅分别为 62.6%和 36.6%，再创历史新高。城乡群众收入稳步增长，城镇居民人均可支配收入和农民人均纯收入分别达到 9194 元和 2748.02 元，增长 15.2%和 13.5%。全县金融机构各项存款余额达到 18.9 亿元，各项贷款余额达到 8.6 亿元，分别增长 33.2%和 38.6%；社会消费品零售总额完成 5.05 亿元，增长 19.35%。经济运行质量明显提升，发展后劲进一步增强。

产业开发步伐明显加快。继续落实财政扶持、部门包抓等一系列措施，牛果产业在扩量提质中稳步发展。以规模化、标准化养殖为重点，全县牛饲养量、出栏量分别达到 15.3 万头和 5.2 万头，增长 3.4%和 13%，扶持建办了金旸畜牧发展有限公司等规模化肉牛养殖场和养殖小区，建成一批饲草加工点，玉米秸秆转化饲用率达到 53%。以开展“果园管理质量效益年”活动为抓手，新植标准化苹果园 2.16 万亩，全面落实幼园标准化管理措施和挂果园高光效新树形改造，果园规模实现较大突破，管理水平有了新的提升。大力推广农业实用新技术，种植蔬菜11.04万亩，推广全膜双垄沟播技术7.31万亩；加大劳务输转力度，全面落实各项惠农政策，实现农业增产、农民增收。持续推进工业企业技改，皇甫谧制药公司扩建等一批重点工业项目启动实施；加快煤炭资源开发步伐，邵寨煤矿建设取得实质性进展，南部普查找煤进度加快，灵台电厂前期工作有序推进，工业经济活力逐步彰显。文化旅游资源开发成效显著，皇甫谧文化园主体工程全面完工，灵台宾馆接待大楼投入试用，古灵台荆山森林公园创建国家4A级旅游景区顺利通过终评验收，发展基础进一步夯实。

项目带动效应日趋明显。各级各部门坚持大抓项目、抓大项目，千方百计扩大投资规模，全年共实施投资50万元以上的各类项目142项，特别是争取到国家和省市扩大内需资金5500多万元，地方固定资产投资达到10.5亿元，为2008年的1.62倍，是历年来开工项目最多、投资规模最大的一年。县城东城区开发等3个投资过亿元的重大项目取得突破性进展，12个投资过千万元的重点项目已有10个建成并投入使用，有力地拉动了经济社会发展。不断加大招商引资力度，年内签约招商引资项目31项，协议引资24.8亿元，到位资金4.98亿元，是2008年的3倍。大力扶持发展民营经济，非公经济占GDP的比重达到46.3%，实现速度、质量和效益的同步提升。

基础设施条件持续改善。以项目为支撑，深入推进"重大基础设施突破年"和"城市规划建设管理年"活动，东城区开发、达溪河县城景观带建设等县城建设重点工程进展良好，7个重点小城镇提质扩容步伐进一步加快，全县共实施城镇化建设项目65项，完成投资3.59亿元，增长34%，城镇化水平达到28.1%。道路交通建设取得重大突破，投资总额超过5000万元，梁朝龙公路改建铺油工程全面建成，实现乡乡通油路的目标，硬化通村公路30条，全县道路通行能力进一步提升。水利建设成效明显，达溪河灌区节水配套改造工程，邵寨、新开安全饮水工程相继建成投入使用，新增农村自来水入户4000户，入户率达到71.2%。新农村建设稳步推进，抓建示范点16处，新建文明生态家园483户，清洁家园1392户，城乡面貌发生了新的变化。

和谐社会建设扎实有效。集中财力、人力和物力，积极措办了一批惠民实事，省、市确定的22件实事和县上承诺的10件实事全部落实到位，县财政用于民生方面的支出达5.2亿元，增长40.9%，是增幅最大的一年。新建、改建校舍3.62万平方米，灵台二中改扩建和东关小学迁建工程基本完工，教育教学质量稳步提升。实施中医院门诊综合楼建设等卫生基础建设项目，医疗卫生服务体系进一步健全，新型农村合作医疗制度不断完善，参合率达到98.7%。科技、人口和计划生育工作进一步加强，文体、广电等社会事业快速发展。启动实施城镇居民基本医疗保险制度，各类社会保险参保率进一步提高，城乡低保对象实现动态管理下的应保尽保。不断加强就业再就业工作，城镇登记失业率为3.2%。深入开展矛盾纠纷排查调处工作，持续推进平安创建，切实强化安全监管，大力开展各类精神文明创建活动，保持了社会和谐稳定。

（冯灵军）

崇信县

【现任主要领导】

中共崇信县委书记：王宗良

崇信县人大常委会主任：王宗良

崇信县人民政府县长：唐志峰

政协崇信县委员会主席：完颜华

崇信县纪律检查委员会书记：赵小林

【基本情况】崇信县位于甘肃省平凉市东部，关山东麓，泾河之南。东靠泾川、灵台，西连华亭，北依崆峒区，南与陕西陇县接壤。全县辖2镇4乡，79个行政村，410个村民小组。人口9.57万人，非农业人口1.4万人。总土地面积852平方公里，耕地35.85万亩。海拔1085.4～1728米，相对高差642.6米。气候属暖温带半干旱大陆性气候，四季比较分明，2009年全年平均气温10.8℃，日照2203小时，无霜期201天，降水量425.2毫米。地形被汭河、黑河、达溪河三条河流分割为三川两塬，形成丘陵沟壑区。

本县境内自然资源丰富，自然条件较好。主要矿藏有煤炭、陶土、坩泥、石灰石、石英砂、矿泉水等，尤以煤炭资源最为丰富，现已探明储量14.3亿吨。宝中铁路跨越境内，省道304线横贯全境；县内干线公路四通八达，油路通村率达到98%。有110KV变电站1座，35KV变电站4座。程控电话、移动电话、卫星宽带网和有线电视普及率日趋提高。

崇信县历史文化积淀深厚。县城北有闻名秦陇、具有一千多年历史的国家4A级旅游景区龙泉寺。县城西有风景秀丽的省级名胜区五龙山，有秀景天成的唐帽山森林公园，有直插云宵的人间仙山水泉岭和独具特色的世外桃源樱桃沟。县城内有武康王庙，为国家级文物保护单位。有西周时期的古墓群和仰韶文化、齐家文化遗址等。距今一千多年的娑罗树，为渭河以北仅有的一棵，有二千八百多年的"华夏第一槐"和闻名遐迩的"三义柏"。

【国民经济】2009年，全县人民在县委、县政府的正确领导下，以党的十七大和十七届三中、四中全会精神为指导，以科学发展观为总揽，以建设全省经济强县和精神文明县为目标，积极应对宏观经济走势和持续干旱造成的不利影响，大力实施"四大战略"，提升“四大产业”发展水平，加快推进“六个集中突破”，全力保增长、保民生、保稳定，扎实推进城镇建设和基础设施建设，奋发进取，开拓创新，全面完成各项目标任务，全县经济社会保持了快速健康发展的良好势头。全县实现地区生产总值 140106 万元，比上年增长 15.0%。其中：第一产业完成增加值 34421 万元，增长 8.0%；第二产业完成增加值 80050 万元，增长 19.4%；第三产业完成增加值 25635 万元，增长 11.8%。人均地区生产总值 14640 元，增长 15.4%。经济结构逐步优化，第一、二、三产业增加值占 GDP 比重为 24.57∶57.13∶18.30。

农业：2009 年，农村工作以新农村建设为统揽，以农业增效、农民增收为目标，加快农村产业结构调整，推行干部联家帮户责任制，促进牛、果、菜等优势产业向规模化、市场化、产业化方向发展。全县农业总产值(现价)完成 52798 万元，比上年增长 12.8%，其中：种植业 35936 万元，增长 14.4%；林业 2316 万元，增长 9.3%；牧业 13984 万元，增长 11.6%。农业增加值（现价）34421 万元，增长 8.0%。年末全县耕地面积 358453 亩，全年农作物播种面积 420303 亩，粮食播种面积 269816 亩，其中：小麦面积 105935 亩，玉米面积 70881 亩，油料面积 80080 亩，蔬菜面积 41664 亩。粮食总产量达到 50845 吨，增长 0.4%。水果总产量达到 34488 吨，增长 7.8%。肉类总产量 5917 吨，比上年增长 13.3%，大家畜年末存栏 68902 头，比上年增长 3.9%。其中：牛存栏 64028 头，比上年增长 4.4%；羊存栏 39271 只，比上年减少 0.09%；猪存栏 26564 口，比上年增长 0.9%。

工业：以煤电产业开发为主的工业经济快速发展，工业主导型经济格局逐步形成，煤电产业开发步伐加快，工业经济的质量和效益不断提升。全年工业总产值达到 145534 万元，比上年增长 29.7%，其中规模以上工业总产值达到 121601 万元，增长 34.1%；规模以上工业增加值完成 71558 万元，增长 30.9%。全县规模以上工业企业实现销售收入 112850 万元，增长 27.5%，实现利税总额 27020 万元，增长 80.0%。

商贸：2009 年，商品消费结构进一步优化，消费需求快速增长，消费品市场呈现良好的发展势头。社会消费品零售总额达到 29502 万元，比上年增长 21.2%，其中批发零售业完成 21153 万元，住宿餐饮业完成 5807 万元。

交通运输邮电通迅和旅游业：2009 年，全县交通运输和邮电通迅业继续保持稳步增长。全年完成客运周转量 1574 万人公里，货运周转量 834 万吨公里。新建通村油路 27 条 83.3 公里，全县油路通村率达到 98%。全县邮电业务总量完成 3042 万元，报纸征订份数 57070 份，杂志 16350 份，年末全县电话总户数达到 54891 户。其中：固定电话 3700 户，小灵通 2300 户，电信手机户数 6500 户，移动手机户数 33000 户，联通手机户数 9391 户，电话普及率达到 57.36 部/百人。巩固龙泉寺国家 4A 级旅游景区和省级园林县城的建设成果，全县游客接待量和旅游综合收入持续增长。

财政、金融、保险业：2009 年，全县财政收入完成 23766 万元，比上年增长 34.9%；地方财政收入完成 10352 万元，增长 52.3%；财政支出 48069 万元，增长 30.5%。年末全县金融机构各项存款余额达到 122817 万元，增长 44.8%，其中：企业存款 47750 万元，比上年增长 84.5%，城乡居民储蓄存款 75067 万元，比上年增长 27.4%；银行各项贷款余额 65118 万元，比上年增长 87%。全年各类保险费收入 2074 万元，其中寿险保费收入 1534 万元，财产险保费收入 540 万元，全年赔付额 260 万元，支付到期保险金和意外伤害保费 448 万元。

【社会事业】2009 年全县各项社会事业协调发展。教育教学质量稳步提高。学龄儿童入学率达到 99.8%，全县在校学生 18415 人，其中：小学在校学生 7002 人，初中在校学生 6514 人，高中在校学生 2804 人。本科院校录取 226 人，独立院校 86 人，专科 107 人，高职 135 人。

卫生事业健康运行。全县卫生机构数 17 个，卫生机构人员 305 人，高级职称人员 10 人、中级职称人员 53 人、初级职称人员 139 人，执业医师 123 人，护士 89 人。新型农村合作医疗基本覆盖农村人口，参合率达到 98.03%。

文化体育事业健康发展。秦剧团 1 个，文化馆、博物馆和图书馆各 1 个，乡级文化站 6 个，村级文化室 79 个，建成 30 个农家书屋和 15 个村体育场。组织开展各类大型文体活动 21 项，参加人数 2500 人次，全县综合实力快速提升，城乡面貌显著变化，社会事业全面进步。

【人民生活】城乡居民收入增加，人民生活水平稳步提高。2009 年，城镇居民人均可支配收入 12986 元，比上年增长 18%；农民人均纯收入达到 2803 元，比上年增长 13.5%。全县城镇职工有 1933 人参加失业保险，1919 人参加养老保险，职工参加医疗保险 4140 人，居民参加医疗保险 7971 人；全县 8700 名困难群众享受农村低保，2193 名城镇困难居民享受城市低保。自来水通村率和入户率分别达到 98%和 90%。

（王娟）

华亭县

【现任主要领导】

中共华亭县委书记：任增禄

华亭县人大常委会主任：杨文学

华亭县人民政府县长：王晓军

政协华亭县委员会主席：邵海荣

中共华亭县纪律检查委员会

书记：闫学明

【基本情况】华亭县位于甘肃省东部、关山东麓，地处陕、甘、宁三省（区）

交汇处，东临崇信县，西连庄浪县和宁夏回族自治区泾源县，南接张家川回族自治县和陕西省陇县。总面积1183平方公里，平均海拔1300米，年平均降水量561.4毫米，年平均气温7.5℃。境内辖5镇、5乡、1个街道办事处、1个开发区管委会，107个行政村、19个居民委员会，总人口18.12万人，其中非农业人口8.55万人。全县耕地面积41.64万亩，农村人均占有耕地3.15亩。

华亭是古“丝绸之路”的必经之地，宝中铁路横穿境内，北距平凉市55公里，西至兰州395公里，南到咸阳国际机场290公里。有年吞吐量1000万吨的煤炭铁路专用线和140万吨的铁路集运站，有省级干线公路2条85.85公里，总里程670.21公里，随着平（凉）武（都）高速、平（凉）宝（鸡）高速、西（安）平（凉）铁路、天（水）平（凉）铁路的陆续建设，华亭将成为贯通西（安）兰（州）银（川）三条高速、三条铁路的重要交通枢纽，区位优势明显。

全县广大群众在科学发展的进程中得到了更多的实惠，一些方面的工作还在全省或全国有一定的影响。先后荣获市级以上荣誉称号37项，年终综合考核位居全市7县（区）第一，被命名为全国文明县城、全国园林县城、全国农村中医先进县、全国妇联基层组织建设示范县、全国征兵工作先进单位和实施农民体育健身工程先进县，荣获了2009年度中国中小城市科学发展百强、中国最具投资潜力中小城市百强、中国最具区域带动力中小城市百强和中国最具投资潜力特色示范县200强等称号。

【资源优势】华亭素有陇东“煤城瓷镇”之称，矿区煤炭储量33.7亿吨，占全省已探明煤炭储量的40.2%，是全国13个重点产煤基地、西北3大产煤矿区之一，也是甘肃省煤、电、化、运一体化综合产业开发的核心区。华亭煤炭具有“三高三低”(高挥发性、高化学活性、高发热量，低灰、低硫、低磷)的良好品质，是优质的动力、气化和化工用煤。境内石灰石、陶土、坩泥等资源储量可观，开发潜力较大。全县初步形成以煤电产业为龙头，化工、建材、陶瓷、电瓷、机械制造等多业并举，区域特色鲜明，规模优势突出的地方工业体系。

华亭山川秀美，四季分明，水资源丰富，气候湿润，林丰草茂，境内植物多达400多种，规模种植的大黄、当归、党参、独活、柴胡等地道中药材有50多种，野生药材多达208种，华亭大黄品质优良，已有1700多年的栽培历史；核桃味美皮薄，具有高蛋白、低水份的特点；肉牛肉质细嫩，营养丰富，皮质细腻弹性好，是陇东优质肉牛、核桃和中药材生产基地。

华亭历史悠久，人杰地灵，是我国先秦文化的发祥地之一。境内古迹多达106处之多，馆藏珍贵文物30余件。著名的名胜古迹有被誉为秦皇祭天第一坛的莲花台、风光绮丽的五台山、规模宏大的石佛群和石拱寺、神奇的海龙洞、药王洞、有“睡佛”之称的仙姑山等，是发展旅游产业的理想之地。尤其是莲花台国家级森林公园林丰草茂，风景秀丽，景区主要公路已打通硬化，开通了莲花台旅游专线，是旅游度假的好去处；利用采空塌陷区建设的人民广场，占地10万平方米，成为人文品位颇高的休闲娱乐场所；秀美如画的莲花湖公园为矿区再添新景；景色宜人的双凤山公园、米家沟生态园创建国家级旅游景区顺利通过验收。全县以秦皇祭天广场、米家沟生态园、双凤山公园及南汭河风情线为点，莲花台旅游专线为线的“三点一线”旅游发展格局初步形成，旅游产业要素日益完善。华亭正在向“生态文化山城、绿色能源之都”的目标顺利前进。

【国民经济】2009年，全县各方面的工作都取得新的显著成效。据核算，全年实现生产总值43.2亿元，按可比价格计算，比上年增长11.0%，人均生产总值24434元，增长9.3%；全年粮食产量7.51万吨，农业人均567公斤；辖区内规模以上工业完成增加值33.5亿元，增长10.8%，其中县属规模以上工业完成增加值21亿元，增长16.2%；社会消费品零售总额8.32亿元，增长20.0%；全年货运周转量7308万吨公里，增长0.6%；客运周转量17310.5万人公里，增长0.5%。按常住人口计算的电话普及率为63部/百人；当年完成大口径财政收入10.3亿元，增长28.0%，地方收入2.93亿元，增长25.9%；一般预算支出8.35亿元，增长51.5%；金融机构存款48.26亿元，增长18.8%；其中城乡居民储蓄25.99亿元，增长19.7%，各项贷款余额33.13亿元，增长11.9%，全年累计农贷发放额4.42亿元。

【“三农”工作】2009年，“三农”工作按照“区域化推进、标准化建设、规模化发展”的思路，现代农业发展步伐进一步加快，农村基础设施不断完善，经营管理水平进一步提高，特色产业规模强势扩张、“华亭大黄”、“华亭独活”、“华亭核桃”地理商标通过国家核准注册。旱作农业顺利实施，4.34万亩全膜双垄沟播玉米喜获丰收；药材、核桃、蔬菜种植面积分别达到6.2万亩、18.9万亩和4.5万亩；牛饲养量达到13.56万头；输转农民3.1万人次，劳务创收2.1亿元，人均收入6700元。在全市率先开展“新农合”门诊统筹和“新农保”试点，11万农村群众普遍受益。

【项目建设】2009年，华亭把保增长作为加快发展的首要任务，深入开展项目建设和招商引资突破年活动，争取实施中央扩大内需和灾后重建项目78项，完成投资1.8亿元；落实招商引资项目28项，到位资金14.7亿元；138个50万元以上重点项目完成投资31.4亿元，其中投资上亿元的19项，实际到位资金20多亿元，比上年增长

79.2%，项目数量之多、投资规模之大为历年之最。天平铁路、省道304线县城过境段、环城路、华亭影剧院等重大项目圆满完成年度任务。全年全社会固定资产投资完成37.5亿元，增长50%。其中：城镇固定资产投资完成31.2亿元，增长42.8%；农村固定资产投资完成0.89亿元，增长22.5%。在全部固定资产投资中，建筑工程投资完成77289万元，下降2.5%；安装工程投资完成46863万元，增长9.54倍；设备工器具购置投资完成177973万元，增长1.92倍；其它投资完成72875万元，增长1.63倍。投资总额中，第一产业完成投资32306万元，占投资总额的8.6%，增长10.5%；第二产业完成投资245163万元，占投资总额的65.4%，增长76.8%；第三产业完成投资97531万元，占投资总额的26%，增长18.7%。

【新农村建设】新农村建设示范工程全面推进，农村面貌大为改观，“一城六镇”试点村、“五区一移”新农村示范工程共完成投资2.5亿元。新建、改造农宅3211户，建成农村沼气项目3505户；硬化通村通社道路21条102公里，通村道路硬化率达到85%；当年自来水入户6133户，解决了2.76万人的饮水困难，自来水入户率达到92.6%；共实施整村推进项目3个、小型水利项目3个、种养业基地建设项目5个、劳务培训输转及科技扶贫项目5个；组织实施移民搬迁137户，建成“五改三建”140户；新建山寨、神峪、砚峡等4个肉、奶牛养殖小区，新发展千头设施养牛村10个，新建温棚牛舍155座；发放太阳灶250台；绿色通道新植补植15条95公里，年内稳定解决温饱人口2700人。

【人民生活】2009年，华亭紧抓基础条件改善不松劲，全年用于民生方面的投入达到5.2亿元，比上年增长32.7%。“四馆两中心”、皇甫学校扩建、廉租房二期等民生工程相继建成投用。在政策驱动、支柱产业增收、劳务输出拉动和经济全面发展的共同作用下，人民生活水平稳步提高。城镇居民人均可支配收入达到13800元，比上年增长23.2%；农村居民人均纯收入达到3226.96元，增长14.8%；城乡居民生活消费水平大幅度提高，人居环境进一步得到改善。

【社会保障】2009年，全县拥有社会福利院、农村敬老院11所，收养人数151人。年末参加失业保险职工5705人，参加基本养老保险的职工和离退休人员5543人，参加基本医疗保险的人数27530人。新农保试点工作开局良好，全县参保农民64917人。城乡低保、救灾救济、医疗救助等惠民政策全面落实，累计发放救助资金5117万元。新增就业2801人，城镇登记失业率控制在3.5%以内。一批事关群众切身利益的困难和问题得到较好解决。

【环境保护】城市环境质量进一步提高，大气环境质量中总悬浮微粒年日均值控制在国家二级标准之内，二氧化硫、氮氧化物年日均值控制在国家一级标准之内。城市饮用水水质达标率继续保持在100%，城市地面水水质达到国家三类标准。城市绿化覆盖率达到40.2%。区域环境噪声和交通干线噪声分别控制在了国家规定的排放限值之内。节能减排取得重大进展，万元GDP能耗达2.08吨标准煤，下降5.8%，化学需氧量减排86吨，二氧化硫减排62吨，工业固体废物综合利用率达到78%。

【社会事业】各项事业继续保持了良好的发展势头，教育质量稳步提升，办学条件和医疗卫生条件持续改善，旅游资源开发有了实质性进展，社会公益性基础设施建设明显改观。建成莲花台景区环形道路，莲花湖公园成功创建国家3A级景区，国家园林县城已被住房和城乡建设部正式命名，县职教中心晋升为国家级重点中等职业学校，华亭电大工作站被命名为第一批全国示范性基层电大（教学点）“四馆两中心”建成投用。全县有各类学校161所，教职工2966人，其中专任教师2775人。在校学生34887人，学龄儿童入学率为99.91%。高考工作取得重大突破，总上线率位居全市第二，一名考生被清华大学录取；县、乡医疗卫生条件继续改善，年末卫生机构130个，实有病床位598张，卫生技术人员761人。文化、体育和广播、电视事业持续发展，数字广播电视村村通工程全面启动实施。

（辛树军）

庄浪县

【现任主要领导】

中共庄浪县委书记：张正

庄浪县人大常委会主任：陈亮

庄浪县人民政府县长：樊文浩

政协庄浪县委员会主席：王兴

庄浪县纪律检查委员会书记：白文革

【基本情况】庄浪位于甘肃省中部，六盘山西麓，东邻华亭县，西依静宁县，北与宁夏隆德县、泾源县毗邻，南和张川县、秦安县接壤。东西长56.37公里，南北阔46.60公里，总面积1553.14平方公里，辖13乡5镇，293个村1521个社，1个街道办事处3个社区居委会。2009年常住人口41.48万人，耕地面积91.66万亩，农业人均占有耕地2.19亩，年降水量393.2毫米，平均气温9.0℃。人多地少，干旱多灾，资源匮乏，远离交通干线，是全省18个干旱贫困县和43个国家扶贫开发重点县之一。

【资源优势】县内有较丰富的矿产资源和农副产品资源，探明储量2亿多吨的优质石灰石和铜、铅、锌等金属矿产可开采利用，年产优质亚麻原茎2万吨，年产商品洋芋30万吨，是陇东胡麻、荞麦、蚕豆、白云豆、胡椒的主要产区之一，大黄、柴胡、党参、甘草、冬花、杜仲等40多种名贵药材进入全国大部分药材市场；有天然和人工沙棘林带 12 万亩，以蕨菜为主的山野菜深受消费者喜爱。洛河两岸土地肥沃，气候湿润，光热充足，是种植苹果、桃、梨等优质瓜果蔬菜的适生区，素有“瓜果之乡”之美称。

庄浪县历史悠久，人杰地灵，是中华民族的早期发祥地之一。境内已发现古文化遗址 400 多处，有国家级森林公园云崖寺、省级文物保护单位云崖石窟及紫荆山、陈家洞、吴王坟山、关山天池朝那湫等许多自然和人文景观。

【国民经济】2009 年，是庄浪发展史上不平凡、群众得实惠的一年。一年来，全县上下努力克服金融危机和干旱灾害的影响，认真贯彻落实科学发展观，抢抓机遇，务实苦干，综合经济实力明显提升。据测算，全年实现地区生产总值 15.4 亿元，按可比价格计算，比上年增长 10%。工业经济发展取得新突破。引进招商项目 54 个，招商引资到位资金 1.68 亿元，2000 吨香醋酿造和 2000 吨畜产品深加工生产线、1 万吨地膜生产线、银海淀粉等一批工业项目全面建成投产，壮大了工业经济总量。全县规模以上工业增加值完成 1.36 亿元，增长 20.9%。全社会固定资产投资完成 15.16 亿元，增长 49%；大口径财政收入完成 4906 万元，增长 16.8%，其中地方财政收入完成 3594 万元，增长 6.8%；社会消费品零售总额 6.99 亿元，增长 18.1%；城镇居民人均可支配收入达到 11085 元，增长 19.1%；农民人均纯收入 2342 元，增长 15.5%。主要经济指标除地方财政收入外均保持了两位数增速。金融机构存款突破 20 亿元大关，达到 215693 万元，增长 18.0%；其中城乡居民储蓄 166643 万元，增长 23.5%；各项贷款余额 98476 万元，增长 20.6%；全年累计农贷发放额 59208 万元，增长 16.8%。

【“三农”工作】全县上下坚持把“三农”工作放在重要位置，紧紧围绕“稳粮、增收、强基础、重民生”的总体思路，努力克服金融危机、干旱灾害和农产品市场波动等诸多不利因素的影响，持续加大“三农”投入，产业开发强势推进，粮食生产再创历史新高，农民收入稳步增长，农村基础条件明显改善，全县农业和农村工作呈现出重点突破、全面增长、竞相发展的良好态势。全年实现农业增加值 62885 万元，按可比价计算，比上年增长 5.1%；粮食总产量完成 13.05 万吨，增长 0.3%。年内新植优质红富士苹果 5.3 万亩，实现水洛河流域苹果适宜区全覆盖。种植洋芋 26 万亩。建成标准化养牛、养猪小区 10 处，玉米秸杆青贮示范区 18 个。输出劳务工 9.5 万人，创劳务收入 5.2 亿元。20 万亩全膜玉米、洋芋在大旱之年取得较好收成。

【项目建设】项目建设特别是基础设施建设不断加强。全年全社会固定资产投资完成 15.16 亿元，比上年增长 49.0%。其中，城镇固定资产投资完成 9.95 亿元，增长 73.9%；农村固定资产投资完成 5.21 亿元，增长 17.0%。在城镇固定资产投资中，房地产投资完成 1.04 亿元，增长 3.3 倍。全年新增固定资产 11.55 亿元，增长 40.0%。全年共实施重点项目 76 个，完成投资 7.5 亿元。建成通村油路、硬化路 18 条 70 公里，通村等级路 27 条 60 公里，产业路 11 条 58 公里，完成北川公路、大庄至阳川至徐城通乡公路改造铺油工程，庄莲二级公路基本建成通车。开建了庄浪河川人饮工程，解决了 1.3 万人的饮水困难。新修骨干坝、淤地坝 7 座，改造基本口粮田 1.4 万亩。完成“三荒”造林 4.63 万亩，绿化乡村道路 34 条 248 公里。

【新农村建设】新农村建设成效明显。通过实施园林绿化、道路建设、管网改造和环境综合整治，县城人居环境得到进一步改善。全面建成全长 2.5 公里的洛河风情线，基本建成二郎山生态公园和绿地公园，东城区开发进展良好。高标准建成水洛徐碾、朱店吴沟等 36 个新农村示范村，新建住宅 606 户，完成户容户貌改造 1571 户，配套“一池三改”沼气示范户 1 万多户。新建移民安置区 7 处，搬迁安置困难群众 446 户 2600 人。改造农村危旧房 5126 户，落实扶贫资金 1477 万元，解决贫困人口 8700 人。

【人民生活】全年城镇居民人均可支配收入 11085 元，增长 19.1%；农民人均纯收入 2341.6 元，增长 15.5%，农民人均现金收入 2311.38 元，增长 28.6%。城镇居民人均生活消费支出 7781.3 元，下降 17.7%；农村居民人均生活消费支出 2273.71 元，增长 15.7%。

【社会保障】民生事业显著进步。全年用于改善民生的投入达到 6 亿元，提高了城乡低保补助标准，新增城乡低保对象 5395 人。首批廉租住房将解决 232 户贫困家庭的住房难问题。通过择优招考，使 707 名大中专毕业生实现稳定就业，创历史新高。重视群众来信来访，加强安全监管和社会治安综合治理，社会大局和谐稳定。

年末全县参加失业保险职工 8470 人，参加基本养老保险的职工和离退休人员 5903 人，参加基本医疗保险的人数 27530 人。享受城镇居民最低生活保障 4135 人，全年发放最低生活保障金 473.41 万元，分别增长 4.8%和 23.0%，领取临时物价补贴 339.26 万元；农村低保已保 4.83 万人，全年发放保障金 3200 万元。38.63 万农民参加了新型农村合作医疗，参合率 97.8%；新型农村合作医疗基金累计支出总额为 4092.01 万元，累计受益 23.33 万人次。

【环境保护】环境保护方面积极开展污染治理，努力提升环境质量，全力解决影响全县经济社会科学发展的环境问题，较好的完成各项工作任务。全县化学需氧量（COD）排放总量 606 吨，二氧化硫(SO_2)排放总量 691 吨，烟粉尘排放总量 935 吨，氨氮排放总量 132 吨，工业固体废弃物排放总量 143 吨，综合利用量达到 19439 吨，全面完成当年总量控制任务。城区环境质量良好，可吸入颗粒物年日平均值0.10mg/Nm³，二氧化硫年日平均值0.03mg/Nm³，二氧化氮年日平均值0.02mg/Nm³，水洛河地面水水质达标率65%，饮用水源水质达标率100%，区域环境噪声平均值控制在53.6【dB(A)】以下，交通干线噪声平均值控制在68.3【dB(A)】以下。先后完成投资480万元开建了总投资1341万元的县城生活垃圾处理项目；投资3400万元，建成占地面积1380亩的二郎山生态公园；投资1600万元，建成占地62亩的东城区绿地公园；投资5000多万元，建成9级橡胶坝，形成贮水36万立方米、水域面积25万平方米、总长2.5公里的洛河风景线，改善了县城的人居环境。

【社会事业】各项社会事业协调发展。办学条件和医疗条件进一步改善，教育质量和卫生服务水平稳步提升。全面建成南湖中学教学楼、职教中心实训基地和县第三小学，完成灾后校舍重建38所2万平方米，高考二本以上上线人数首次突破千名大关。县、乡医疗卫生条件得到改善，新型农村合作医疗运行良好。狠抓各项节育措施的落实，完成年度人口计划。建成"三馆"综合楼主体工程。完善了云崖寺景区基础配套设施，创建国家4A级旅游景区顺利通过终评验收，成功晋升为国家4A级旅游景区。

年末有各类学校348所，专任教师4626人。在校学生9.48万人，学龄儿童入学率为99.8%。县、乡医疗卫生条件继续改善，年末卫生机构23个，实有病床位757张，卫生技术人员823人，全年报告乙类传染病发病人数2130例，报告死亡2例；报告传染病发病率513.36/10万，死亡率0.48/10万。丙类传染病发病人数654例，报告死亡1例；报告传染病发病率157.62/10万，死亡率0.24/10万。

（王珍琴）

静宁县

【现任主要领导】

中共静宁县委书记：宋全科

静宁县人大常委会主任：张自杰

静宁县人民政府县长：陈铎

政协静宁县委员会主席：陈向华

静宁县纪律检查委员会书记：王发永

【基本情况】静宁县位于甘肃省东部，地处华家岭以东，六盘山以西。东、北与宁夏回族自治区隆德、西吉县接壤，西、南与我省通渭、秦安县毗连，西北与会宁县为邻，东南同庄浪县相依。东距平凉110公里，西至兰州220公里。县境南北长81公里，东西宽68.75公里，土地总面积2193.9平方公里，地貌属典型的黄土高原丘陵沟壑区，地势由西北向东南倾斜，海拔在1340～2245米之间。本县气候属中温带、半干旱气候。户籍总人口46.48万人，非农业人口4.46万人，主要有汉、回两个民族，人口密度219人/平方公里。现辖5个镇、19个乡、1个街道办事处、396个村（居）民委员会、2319个村（居）民小组。

【资源优势】矿产资源：全县矿产资源很少，主要有：石灰石，贮藏量约2亿多吨，是静宁县生产水泥、白灰的主要原料；黄铁矿及含钒、铁、钛等稀有金属为主的磁铁矿，贮藏量有80多万吨。此外，还有一些零星的铁矿和可作建筑的石头和沙石。

旅游资源：静宁，是人文始祖伏羲的诞生地，是华夏文明的发祥地之一。静宁旅游资源丰富，古迹众多，名人辈出。这里有秦汉时期的古成纪遗址、庙儿坪古文化遗址、靳寺汉墓群等省级文物保护单位4处，有大地湾文化、仰韶文化、马家窑文化、齐家文化等遗存146处，有人类开元第一城—成纪古城，有属秦汉风格、古朴典雅、规模宏大的国家2A级旅游景点成纪文化城，有明代建筑群静宁文庙、清真寺，有奇峰错列、幽谷盈香的仙人峡，有红军胜利会师地界石铺红军长征纪念馆等。

【国民经济】2009年，完成地区生产总值18.44亿元，比上年增长12.2%，第一、二、三产业分别实现增加值6.73亿元、5.7亿元、6.01亿元，分别增长10%、22%、14.5%。完成全社会固定资产投资26.55亿元，增长52.9%。实现社会消费品零售总额10.03亿元，增长20.1%。完成大口径财政收入7167万元，增长20.2%，其中：地方财政收入4331万元，增长15%。农民人均纯收入达到2381.9元，增长14.54%；城镇居民人均可支配收入10239元，增长19.6%。

【项目建设】全年签订招商引资项目15个，引进到位资金3.684亿元，比上年增长24%；年内论证过亿元项目3项，过千万项目7项，争取各类政府投资项目158项，争取国家投资和转移支付资金3.66亿元。苹果直接出口欧盟等高端市场，受到诸多中央级媒体的关注报道。旱作农业大面积推广，畜牧、洋芋、劳务等产业都取得新发展。建成鼎元纸箱、工业品公司五层瓦楞纸生产线等8个工业项目。成纪文化城成功晋级国家3A级旅游景区，界石铺红军长征纪念园改扩建工程全面建成。基础设施建设取得新突破，城乡发展条件进一步改善。通过深入推进"重大基础设施建设突破年"和"城市规划建设管理年"活动，城乡群众的生产生活条件发生了较大变化。县城至威戎二级公路改扩建工程土路基基本建成，治平至新店鞍子山峡"断头路"的打通，8条180公里通乡油路的新建续建，5座危桥的改建加固，106.9公里通村路的硬化，极大地改善了农村交通条件。一批安全饮水、病险水库除险加固、河堤治理等水利项目的实施，有效解决了5.4万群众的饮水困难，改善了农业灌溉条件，提高了防洪能力。退耕还林成果巩固、亚行贷款"丝绸之路"生态恢复、户用沼气、土地整理等项目的实施，生态环境持续好转。城乡规划体系不断健全，生活垃圾填埋场、水冲式公厕等市政工程按期建成，承载服务能力有了新的提高。实施县城西展工程，威戎、李店等小城镇基础设施进一步完善，城镇化水平提高2个百分点。城川靳寺、威戎李沟等30个新农村示范村全面建成，农村面貌有了新变化。

【新农村建设】全县粮食产量达15.67万吨，农民人均产粮356公斤。全县新植果树经济林10.8万亩，果品总产量达30万吨，产值6亿元，人均达到1320元，增幅48%。苹果直接出口欧盟等高端市场，受到诸多中央级媒体的关注报道。粮食播种面积116.67万亩，全膜双垄沟播技术推广面积23.5万亩，蔬菜播种面积7.83万亩，蔬菜产量7.54万吨。全县牛饲养量6.46万头，猪饲养量29万头，其中出栏量分别为0.86万头和12.5万头，肉类总产量1.71万吨，畜牧业总产值达1.8亿元。油料播种面积11.51万亩，药材播种面积1万亩，优质马铃薯播种面积33.22万亩，均全面或超额完成任务。新修梯田3.11万亩，解决饮水困难人口5.4万人。在仁大故坪、红寺甘湾等15村实施参与式整村推进扶贫，全面或超额完成项目计划任务；预计当年解决贫困人口1.04万人，贫困面下降到19.2%。实施界石铺高堡、城川靳寺、威戎李沟等30个新农村示范村建设和“三清五改”村庄整治，完成城川咀头等30个村庄规划，全面完成当年计划建设任务。

【人民生活】城乡居民收入继续增加，生活水平进一步改善。2009年全县城镇居民人均可支配收入10239元，比上年增长19.6%；人均消费性支出6378.77元，增长13.2%；城镇居民家庭恩格尔系数为31.01%，下降1.04个百分点。农民人均纯收入2381.9元，比上年增长14.54%；人均生活消费支出2170.7元，增长0.49%；农村居民家庭恩格尔系数48.26%。年末城乡居民人均储蓄存款达到3695元，增长27%。城镇居民的居住条件和生活质量进一步改善和提高，城镇居民人均住房面积达到22.1平方米。移动、联通、铁通和电信电话用户达47部/百人，互联网用户达到6316户，占总户数的5.1%。

【社会保障】2009年，全县拥有社会福利院、农村敬老院24所，床位数达508张，收养人数321人。新增城镇就业人数3236人，安置下岗失业人员1798名，城镇登记失业率控制在3.8%。养老保险、城镇基本医疗保险、失业保险、工伤保险、农民工工伤保险、生育保险扩面征缴力度加大，参加人数达到74862人，完成基金征缴2429万元。全县抚恤、补助各类优抚对象5724人，金额达401万元，救助特困户、五保户等16310户，全社会纳入最低生活保障的人员达68406人，发放最低生活保障金2006.21万元。

【环境保护】城市环境质量进一步提高，大气环境质量中总悬浮微粒年日均值控制在国家二级标准之内，二氧化硫、氮氧化物年日均值控制在国家一级标准之内。城市饮用水水质达标率继续保持在100%，城市地面水水质达到国家III类标准。城市绿化覆盖率达到32%。区域环境噪声和交通干线噪声分别控制在了国家规定的排放限值之内。节能减排取得重大进展，化学需氧量减排141吨，下降2.3%，二氧化硫减排73吨，下降3.2%，工业固体废物综合利用率达到99.8%。

【社会事业】科技事业进一步发展。科技队伍不断壮大，科技人员的素质显著提高。2009年争取国家和省级科技项目2项，经费9万元。2009年末全县共有各类专业技术人员6948人。其中，中级专业技术人员2162人、高级235人。深化教育改革，提高教育质量，促进教育公平，教育事业上新台阶。2009年各类学校在校学生107604人。其中，职业学校4118人，普通高中16511人，初中32686人，小学45872人，幼儿园及学期班8337人。各级各类教育事业全面发展，义务教育整体水平稳步提高。学龄儿童入学率达99.95%，普通初中升学率83.4%，高中阶段教育入学率达52.8%。

文化事业取得新成就。不断加大对文化的投入，一些重大文化建设项目先后实施，文化基础设施得到很大改善，城乡文化活动丰富多彩。2009年末，全县共有公共文化机构3个，公共图书馆1所，藏书5.09万册。农家书屋193个。1千瓦以上电视发射台和转播台2个。电视综合人口覆盖率达93%。

卫生事业不断加强。卫生应急体制、机制逐步建立，公共卫生医疗卫生的公益性增强。实施农村卫生服务体系建设，新建改建医院、卫生院25所、标准化村卫生室、医疗点372所。卫生床位数973张，卫生技术人员873人，其中执业医师438人，执业助理医师117人。每千人拥有卫生技术人员1.6人。

（马飞）

酒泉市

【现任主要领导】

中共酒泉市委书记：李建华

酒泉市人大常委会主任：詹吉有

酒泉市人民政府市长：陈春明

政协酒泉市委员会主席：杨林

中共酒泉市纪律检查委员会书记：都伟

【基本情况】酒泉地处河西走廊西端，历史悠久，文化积淀浓厚，是博大精深、世界闻名的敦煌艺术的发祥地，是现代丝绸之路—新亚欧大陆桥的必经重镇，国家高科技重点工程酒泉卫星发射中心在这里巍然崛起。总面积19.39万平方公里，年日照时数3033～3317小时，年平均气温3.9～9.3摄氏度，平均无霜期118～159天，属典型的温带大陆性气候。总人口101.88万人，非农业人口35.16万人。境内聚居着汉、回、蒙、哈萨克、裕固等40个民族，辖1区2市4县，分别为肃州区、金塔县、玉门市、敦煌市、瓜州县、肃北县和阿克塞县，有64个乡镇，65个社区。境内和周边分布着玉门石油管理局、酒泉钢铁公司、四〇四核工业城等一批国有重点大中型企业，是全国最早开发的石油工业基地。

【资源优势】酒泉有丰富的风能和太阳能。据评估，酒泉市风能资源的理论总储量为1.5亿千瓦，可开发量4000万千瓦以上；风能资源可开发利用面积近1万平方公里，占全市总面积的5.15%；10米高度风功率密度均在每平方米250～310瓦以上，年平均风速5.7米/秒以上，年有效风速达6300小时以上，具有建设大型风电场的良好资源条件。太阳年平均日照时数3000小时以上，是全国最具开发潜力的清洁能源基地。有丰饶富庶、开发便利的水土资源，水资源可利用量29亿立方米。光热条件优越，农副产品种类多，量大质优，特别是粮食、棉花、蔬菜资源丰富，是全国、全省的商品粮棉基地、瓜果蔬菜基地和最具优势的对外瓜菜制种、花卉制种基地。矿藏种类多，储量大，品位高，有5个成矿带共有矿点572处，构成矿床92处，矿种48个。旅游资源得天独厚，全市境内已查明的文物景点1153处，其中国家级文物景点14处、省级208处，目前已开发利用98处。敦煌莫高窟、月牙泉、西汉胜迹、酒泉卫星发射中心等景区成为国内外游客向往的旅游目的地，敦煌文化、边塞文化和航天科技享誉海内外，酒泉曾被评为“最具人气的西部名城”，是中国优秀旅游城市。

【国民经济】2009年，全市生产总值突破300亿元，达到321.05亿元，比上年增长14.7%。其中：第一产业增加值46.96亿元，增长7.34%；第二产业增加值155.14亿元，增长14.69%；第三产业增加值118.95亿元，增长17.72%。人均GDP跨上4000美元台阶，达到4628美元。财政收入突破45亿元，达到45.01亿元，增长1.07倍，实现当年翻番。风电装机和风电装备制造业销售收入实现双突破，风电装机突破200万千瓦，达到220万千瓦；风电装备制造销售收入突破50亿元，达到64亿元。全社会固定资产投资300.16亿元，增长90.97%；社会消费品零售总额达到75.83亿元，增长21.28%；城镇居民人均可支配收入达到13705元，增长10.2%；农牧民人均纯收入6410元，增长11.2%。

【项目建设】受扩大内需政策的带动和酒泉新能源基地建设的强力推进，项目建设成效显著。2009年酒泉热电厂和750千伏输变电工程开工建设，敦煌20兆瓦光伏并网发电项目开工，敦煌水资源合理利用和生态保护项目列入国家“十二五”规划，瓜猩高速、敦当公路建设进展顺利，新建、改建农村公路1407公里。全年开工建设项目1139个，比上年增加130个。其中，千万元以上项目451个，完成投资259.82亿元，增长1.13倍；5000万元以上项目135个，完成投资213.34亿元，增长1.76倍；亿元以上项目52个，完成投资170.06亿元，增长2.02倍。风电项目建设势头强劲。千万千瓦级风电基地一期工程380万千瓦风电项目全面开工，全市新增风电装机169万千瓦，风电项目完成投资149.85亿元，增长3.08倍；风电装备制造项目完成投资13.1亿元，增长5.3倍。全市风电和风电装备制造项目共完成投资162.95亿元，增长3.2倍，占工业投资的74.3%。

【新农村建设】新农村建设深入推进。全市整体改造示范点160个，建成小康住宅示范点64个，硬化人行道106公里，新建沼气池1.84万座。支农力度进一步加大。2009年全市财政用于“三农”支出11.52亿元，增长1.17倍，共发放惠农补贴资金1.8亿元，农民人均受益416元。特色农业不断壮大。蔬菜、瓜类、葡萄、制种、啤酒花、药材等高效特色产业面积增加22.35万亩，达到121.53万亩；蔬菜、瓜类、水果、药材产量分别达到90.1万吨、23.3万吨、13.22万吨和4.09万吨，分别比上年增长13.1%、82.3%、24.7%和45.6%，种植结构调整的幅度及产生的效益是近年来最明显的一年。养殖规模继续扩大。新建、改建标准化养殖小区73个，累计达到816个，规模养殖量占饲养总量的62.6%，全市牛、羊、猪饲养量分别达到22.2万头、495.71万只和38.01万头。产业化经营水平明显提高，新建、扩建农产品加工项目58个，辐射带动生产基地148.9万亩、农户13.5万户。劳务输转步伐加快。全年组织开展劳务技能培训5.67万人，输转农村劳动力13.53万人，劳务收入占农民人均纯收入的25%。

【人民生活】随着民生问题的有效解决，人民在经济发展中得到了更多实惠，人民生活水平明显提高。2009年全市城镇居民人均可支配收入13705元，比上年增长10.2%；人均消费性支出10858元，增长11%；城镇居民恩格尔系数33.85%，下降1.8个百分点。农村居民人均纯收入6410元，比上年增长11.2%；人均生活消费支出5156元，增长8.1%；农村居民恩格尔系数35.76%，提高0.5个百分点。城乡居民人均储蓄存款余额达到23322元，增长18.1%。人居环境进一步改善，城乡居民人均居住面积分别达到29.97平方米和39.38平方米。全市电话普及率达到101.9部/百人，国际互联网用户为7.27万户，普及率达23.29%。

【社会保障】社会保障覆盖面进一步扩大。2009年全市社会保障和就业支出8.18亿元，比上年增长65.54%。年末养老保险、医疗保险、失业保险和工伤保险参保人数分别达到5.54万人、12.82万人、6.47万人和5.1万人，比上年末分别增加0.39万人、1.12万人、0.26万人和0.51万人。城镇居民基本医疗参保面达到98.6%，比上年提高8.5

个百分点。新型农村合作医疗参合率95.2%，比上年提高 0.5 个百分点。全年分别有 4.8 万城镇居民和 12.76 万农村居民得到政府最低生活保障，比上年分别增加 0.87 万人和 3.32 万人。移民脱贫致富工作取得突破性进展。重视平均水平掩盖下的低收入群体，全市筹集、争取移民帮扶资金 1.3 亿元，比上年增长 11 倍。市、县两级财政列支移民扶贫资金 1000 万元。全市 11 个移民乡列入省级贫困乡扶持计划，改造移民住房 1292 户，8826 名贫困移民纳入低保范围，5.51 万疏勒河移民的安全饮水问题得到解决。移民人均纯收入达到1522 元，增长 15.24%。

【环境保护】城市环境质量进一步提高。2009 年末城市污水处理厂日处理能力 11.2 万立方米，比上年增长28.7%；城市生活污水集中处理率80.95%；生活垃圾无害化处理率 90%；建成区绿化覆盖率 30%；人均公共绿地面积 10.3 平方米，增加 1.24 平方米。工业废水排放量 640 万吨，下降 43%；工业二氧化硫去除量 2518 吨，增长10.2%；工业烟尘排放量 3063 吨，下降15%。据调查公众对城市环保的满意率为 86.4%。节能减排取得新进展。万元GDP 能耗下降 5.41%；主要污染物二氧化硫排放量为 2.25 万吨，化学需氧量排放量为 9602 吨。

【社会事业】科技事业取得新进展。2009 年末全市共有各类专业技术人员 1.61 万人，比上年增加 705 人。其中具有中级及中级以上职称人员5997 人，增加 324 人。从事科技活动的人员 2323 人，农民技术员 6.18 万人。研究与实验发展（R&D）经费支出3178.4 万元，占 GDP 的比重为 0.1%。全市财政投入科技经费 3798 万元，比上年增长 15.65%。全年引进新技术成果 350 项，申请专利 117 项，授权专利19 项。技术合同成交额 3.49 亿元，增长 96.1%。

教育事业快速发展。2009 年普通高校、普通中等专业学校、普通高中招生人数继续增加。学龄儿童入学率达100%，巩固率达 100%。初中教育入学率达 100%，毕业生升学率达 90%。高中阶段教育入学率达 90%。普通高校考生本科上线率 20.8%，提高 3.7 个百分点；普通高校录取率 64.5%，提高 15.5个百分点。

文化事业健康发展。2009 年出版报纸 43.1 万份，出版杂志 1.2 万册，发行图书 350 万册。广播调频转播发射台19 座，乡镇广播站 64 个，广播人口覆盖率为 98.5%。电视转播发射台 15 座，广播电视台 8 个，电视人口覆盖率为98.61%。有线电视终端用户 23.07 万户，入户率达到 76%。数字电视用户数14.36 万户，入户率达到 47%。

体育事业蓬勃发展。2009 年向各类大专院校输送体育人才 83 名。在省级以上比赛中，酒泉市共获得奖牌 32枚，其中金牌 11 枚，银牌 13 枚，铜牌8 枚。

卫生事业得到加强。加快医疗卫生改革步伐，健全城乡医疗救助制度，加强突发公共卫生事件医疗救治体系建设，城镇居民基本医疗参保面达到98.6%，新型农村合作医疗参合农民达到 56.75 万人。全市共有卫生机构 108个，床位数 4480 张，卫生技术人员 5185人，每千人拥有卫生技术人员 5.1 人。共有乡镇卫生院 79 个，床位 1192 张，卫生技术人员 1023 人。乡村医生和卫生员 548 人。

肃州区

【现任主要领导】

中共肃州区委书记：杨克忠

肃州区人大常委会主任：陈柱邦

肃州区人民政府区长：卢学国

政协肃州区委员会主席：陈加俊

中共肃州区纪律检查委员会书记：蒲晓惠

【基本情况】肃州区位于甘肃省西部，河西走廊西段，是古丝绸之路上的重要历史文化名城，与现代驰名世界的中国航天城—酒泉卫星发射中心、世界闻名的敦煌莫高窟、“天下第一雄关”嘉峪关、中国最早的石油工业基地玉门油田、国家重要的核工业基地四〇四厂、西北最大的钢铁基地酒泉钢铁公司接壤紧邻。全区总人口 39.91 万人，总面积 3386 平方公里，辖 7 个建制镇、8个乡，124 个村；7 个街道办事处，20个城市社区居委会。是酒泉市人民政府所在地，也是全市政治、经济、文化、科技、教育、金融中心，具有独特的地理优势和区位优势，是中国优秀旅游城市。

【资源优势】境内有北大河、洪水河、讨赖河等大小河流 17 条，年平均径流量 12.28 亿立方米，地下水补给量8.52 亿立方米。全区耕地面积 62.76 万亩，有宜农、宜林荒地 107 万亩，玉米、蔬菜、花卉制种享誉国内外，盛产小麦、玉米、洋葱、蔬菜、瓜果、啤酒花等200 多种农产品和奶牛、肉牛、肉羊、肉鸡、猪等大宗畜禽产品，是全国重要的对外制种基地、洋葱生产集散中心和畜禽养殖中心，设施农业和农业产业化水平较高，发展前景十分可观。区内风力、光热资源丰富，石油、石灰石、花岗岩、石膏、祁连玉等矿藏贮量丰富。形成风光等清洁能源、风光电装备制造、农产品加工、医药制造、建筑建材、造纸印刷、家具制造等较为完备的工业体系，培育了风机、风叶、轮毂、塔筒、文化用纸、白酒、夜光杯、家具、面粉等风电设备和名优新特产。境内旅游资源丰富，已发现的文物古迹 266 处，4A级旅游名胜西汉酒泉胜迹、酒泉古泉、四坝文化遗迹、西河滩文化遗迹、东晋壁画墓、西凉李镐墓、钟鼓楼、晋城门等名胜古迹闻名全国。2009 年甘肃最大的酒泉丝绸之路博物馆、大法幢寺金卧佛等重点旅游项目建成并向游人开放。

【国民经济】2009年，全区完成生产总值93.15亿元，比上年增长30%。其中：第一产业增长8.56%，第二产业增长90.61%，第三产业增长9.85%。三次产业比例为16.4∶38.9∶44.7。人均GDP达到25493元。完成财政总收入3.27亿元，增长24.34%；完成全社会固定资产投资55.28亿元，增长30.08%；工业增加值达到26.92亿元，增长1.42倍；风电装备制造业完成工业总产值50.28亿元，占全区工业总产值的56.56%。社会消费品零售总额达到32.05亿元，增长21.5%。

【项目建设】新能源及风光电装备制造建设项目进展加快，全年共引进风电装备制造项目22个，签约资金达53亿元，金风科技、华锐科技、中材科技、中复连众等8个项目建成投产。酒泉热电厂、750千伏输变站全面开工建设，完成投资9.4亿元。抓住中央扩大内需政策机遇，围绕民生保障，积极争取项目和资金，全年共争取资金5.01亿元。全区开工建设投资百万元以上的各类新续扩改项目247项，亿元以上的12项。

【新农村建设】着力推进“1+1”富民工程，新农村建设成效显著。全区新建成百亩温室小区14个，新增日光温室2162亩，以网式制种为主的高效万元田达到6.2万亩。输转农村劳动力5.4万人次，实现劳务收入4.2亿元。累计建成标准化养殖小区243个，规模养殖场1680个，全区畜禽饲养总量达到743万头（只），被省委省政府确定为重点扶持的牛羊产业大县之一。建成高标准小康住宅示范点10个，改造农村危旧房屋4680户，推广沼气5500户，太阳能用户3000户，改造农村干支渠69公里，新建、改建农村公路192公里。

【人民生活】城镇居民人均可支配收入达到13929元，比上年增长12%；人均消费支出10858元，增长11%。农民人均纯收入达到6258元，增长10.84%；人均生活消费支出5052元，增长14.26%。城乡居民储蓄存款87.27亿元，增长24.16%。

【社会保障】关注民生，促进和谐，社会保障各项政策全面落实。多渠道开发就业岗位8308个，购买公益性岗位176个，城镇登记失业率控制在3.8%。低保标准提高10%，享受城镇最低生活保障的居民15033人，发放低保金1705万元，物价补贴1029万元。享受农村最低生活保障的居民19159人，发放低保金715.6万元。全面实施村干部养老保险，落实被征地农民养老补贴制度，1537名被征地农民领到了养老补贴。

【环境保护】环境质量继续好转，城市水质综合污染指数均小于0.2，水质污染级别达到清洁级。区域环境噪声和交通干线噪声，均控制在了国家规定的排放限值内。节能减排成效显著，全区单位GDP能耗下降10.56%，单位GDP电耗下降5.68%，单位工业增加值能耗下降29.38%。二氧化硫、烟尘、工业粉尘、工业固体废物等项指标削减了排放量，达到了排放标准。

【社会事业】教育事业。全区共有各级各类学校252所，在校学生83174人，教职工5143人。其中大专院校1所，在校学生5768人，教职工433人；中专（中技）学校4所，学生6079人，教职工340人；中学31所，学生29403人，教职工1968人。全区高考总上线率达到86.15%，比上年提高了14.92个百分点。投资1.3亿元，新建了酒泉四中、五中、特殊教育学校和城乡学校辅助设施配套工程，共开工新建教学楼、公寓楼15栋，总建筑面积达到7.3万平方米，教学条件明显改善，教育教学水平不断提高。

科技工作。全区年内共有24个科技项目分别被国家、省、市立项，争取科技资金609万元。其中国列项目10项，省列项目8项。产生省级科技成果13项，市级科技成果7项，产生区科技进步奖21项，其中17项成果荣获市科技进步奖，2项成果荣获省科技进步奖，顺利完成肃州区第二次全国R&D资源清查工作，科技工作得到各级组织的高度认可，肃州区被命名为“全国科普示范县（区）”。甘肃酒泉工业园区被科技部认定为“酒泉国家风电装备高新技术产业化基地”。

卫生事业。全区共有卫生机构203个，其中等级医院6家，乡镇卫生院19家，城市社区医疗卫生单位16个，村卫生室157所；卫生机构专业技术人员701人，其中执业医师257人，执业护士214人，每千人拥有医务人员2.35人。医院和卫生院住院床位数达到1082张，每千人拥有住院床位2.97张，卫生服务覆盖率达到90%以上。年内筹措资金3902万元，实施卫生建设项目6个，卫生基础设施水平明显改观。全面完成新农合筹资，全区共有19.32万农民参合，参合度达到94%，共筹集个人参合资金579.9万元，有效缓解了群众“看病贵”的问题。

文化建设。肃州区图书馆正式建成向社会开放，完成5个乡镇综合文化站的建设工程，新建农家书屋61个，被省新闻出版局授予“农家书屋建设先进单位”。新建村级体育活动场24个，全区124个村，村村建成体育活动场。以“迎国庆、促和谐”、“爱我家乡”、“向祖国致敬”等为主题，举办各种文化活动200余场次，开展文化下乡、进农家、进社区活动10多场次，送书画近千幅。

体育工作。以推动全民健身为主题，举办各类体育比赛19场次，在甘肃省2009年青少年自行车比赛，取得1金1银2铜的好成绩，并获大赛体育道德风尚奖。

金塔县

【现任主要领导】

中共金塔县委书记：王玉福

金塔县人大常委会主任：李春祥

金塔县人民政府县长：任晓敏
政协金塔县委员会主席：王振宇
中共金塔县纪律检查委员会
书记：毛焕国

【基本情况】金塔县位于甘肃省西北部，河西走廊中端北部边缘，平均海拔高度1200米左右，东与张掖市高台县毗邻，西与玉门市接壤，南邻酒泉市和嘉峪关市，北靠内蒙古额济纳旗，举世闻名的酒泉卫星发射中心坐落境内。全县辖5镇5乡1个街道办事处，89个行政村，471个村民小组，总人口14.96万人，其中城镇人口3.12万人。辖区总面积1.88万平方公里，其中绿洲面积0.12万平方公里。境内地表水主要来源于讨赖河、黑河两大水系，平均年径流量达14.5亿立方米，可利用量3.74亿立方米，地下水年补给量5.4亿立方米，现有鸳鸯池、解放村等大小水库14座，总库容达1.86亿立方米，灌溉境内金塔、鼎新两大绿洲。

【资源优势】金塔县是甘肃省传统农业大县，光热水土资源充足，农业生产条件优越，全县耕地面积42万亩，还有可垦荒地140多万亩，其中宜农面积30多万亩，宜林面积110多万亩，蕴藏着巨大的开发利用潜力。主要农作物有小麦、棉花、玉米、胡麻、豆类、籽瓜、孜然、蔬菜、饲草等90多个品种，是甘肃省重要的商品粮基地县之一，也是甘肃省产棉大县，肉羊饲养量达到120万只以上，是全省最大的农区养羊县、全国三大对外制种基地之一。县内矿产资源丰富，开发前景十分广阔。已探明的矿产品主要有金、银、铜、铁、锡、铅、镁、煤等八大类30多个品种，总储量在20亿吨以上。依托丰富的农矿资源，现已建成金鑫、北河湾和穿山驯3大工业发展聚集区。可再生能源资源丰富。金塔县风能资源较丰富，四季多风，年平均风速3.2米/秒。区域内日照强烈，多年平均日照时数3321小时，日照百分率达到75%，平均太阳辐射总量每平方米153千卡，年总辐射量约6310MJ/m^2，是甘肃省太阳能总辐射量最高区域之一。县境内分布有可利用面积超过200平方公里的连片戈壁荒滩30多处，地形开阔，地势平坦，无断裂层，是大规模开发建设能源项目的理想区域。

【国民经济】2009年全县生产总值30.6亿元。其中，第一产业增加值10亿元；第二产业增加值7.1亿元；第三产业增加值13.5亿元。人均GDP2.1万元。三次产业结构比例为33∶23∶44。工业增加值4.44亿元，其中规模以上工业增加值1.86亿元；社会消费品零售总额5.43亿元；财政收入1.24亿元，其中地方财政收入0.58亿元。

【项目建设】全县开工建设固定资产投资50万元以上各类项目177项，完成投资11.5亿元，增长53%。其中，千万元以上项目39个，完成投资7亿元。高度重视能源产业发展，修订完善了全县能源产业发展总体规划和太阳能产业发展规划，与国内外多家电力企业签订了光电、火电开发合作协议，国电电力1万千瓦、南通强生0.3万千瓦2个光伏发电项目正式列入国家金太阳示范工程；华电集团5万千瓦太阳能热发电项目和甘电投1万千瓦光伏发电项目已经省发改委批准立项，重点能源项目前期工作取得重大突破。

【新农村建设】坚持“一特四化”发展方向，不断强化农业基础地位，加快农业产业化进程，积极调整种植业结构，全县新建高标准日光温室345座、516亩，发展弓棚蔬菜1500多亩，栽植优质葡萄8029亩，高效经济作物5万亩，对外制种2.59万亩。新增亩效益5000元以上的高效田1.1万亩。以良种羊调引、繁育和高标准设施配套为重点，畜牧产业规模明显壮大。

【人民生活】全县城镇居民人均可支配收入13555元，人均消费支出11242元。农村居民人均纯收入6426元，人均生活消费支出5604元。全县城镇居民人均住房面积30平方米；农村居民人均住房面积36平方米。

【社会保障】全年发放基本养老保险金1623万元，失业保险金73万元，基本医疗保险金1478万元，工伤保险金67万元。发放医疗保险金271万元，报销医疗费154万元。城镇居民医疗保险参保率98.3%，全县新型农村合作医疗参合率为96.9%，筹集新型农村合作医疗基金1044万元，报销医疗费1218万元。城镇居民最低生活保障对象应保尽保，全年发放保障金708万元。农村低保全面实施，发放低保金614万元，发放五保供养经费95万元。为城乡医疗救助对象发放救助金265万元，为15500人发放冬令、春荒救济金240万元。

【环境保护】全县省级自然保护面积16.34万公顷，占全县国土面积的8.7%。环保投资4235万元。城乡饮用水达标率分别为100%和50%；工业废气废水排放达标率达到98%，工业固体废物综合利用率达到95%。城区生活垃圾集中处理(填埋)率达到98.7%；集中供热面积106万平方米；建成区绿化覆盖率达到35%；城市人均公共绿化面积10.3平方米。万元GDP能耗下降5.73%。

【社会事业】教育事业协调发展。全县城乡学前2～3年教育普及率分别达到100%和97%。义务教育阶段小学入学率、巩固率、普及率、毕业率均保持在100%，初中入学率、巩固率、普及率、毕业率分别达到100%、99.3%、100%和98.9%。高中阶段教育普及率达到93%。初中毕业会考多科优秀率为32.36%。普通高考本科上线率达到38.7%。

科技事业不断加强。全县组织实施各类科技项目18项，取得科技成果8项。全年引进各类农林牧渔新品种60个，新建农业科技示范园区30个。开展科技培训310场次，培训干部群众3.2万人次。全县科技成果转化率为65%，农业科技覆盖率达97%。

文化事业健康发展。广播和电视综合人口覆盖率分别达到 95.07%和 99.38%，数字电视入户率达到 56%。馆藏图书 4.9 万册，流通量 2.01 万册次，流通人数 4.5 万人次。馆藏文物 1354 件。馆藏各类档案 5.93 万卷，已开放 0.52 万卷。

卫生事业持续发展。年末全县共有卫生机构 147 个，卫生机构病床床位 395 张，卫生技术人员 683 人。全县有 100%的村拥有医疗点，有乡村医生和卫生员 114 人。

体育事业蓬勃发展。年内举办体育运动会 12 场次，参加运动员 12600 人次。中老年传统体育活动广泛开展，青少年新型健身运动蓬勃发展。全县在校学生体育达标率 98.8%。

瓜州县

【现任主要领导】

中共瓜州县委书记：李丽

瓜州县人大常委会主任：董生录

瓜州县人民政府县长：方学贵

政协瓜州县委员会主席：卢永年

中共瓜州县纪律检查委员会

书记：郭立鹏

【基本情况】瓜州县原为安西县，地处甘肃省河西走廊最西端，南望祁连，北枕大漠，南北与肃北蒙古族自治县相接，东连石油名城玉门，西邻旅游胜地敦煌，西北经猩猩峡与新疆哈密市接壤，总面积 2.41 万平方公里，辖 5 镇 10 乡，有 73 个行政村，460 个村民小组，8 个社区居委会。有汉、回、蒙、藏、满、东乡、裕固等 21 个民族。总人口 14.24 万人，其中农村人口 11.02 万人。整建制移民乡镇 6 个，移民人口 8.06 万人，占全县总人口的 57%。瓜州地域辽阔，物产丰富，县境东西长 185 公里，南北宽 220 公里，地形地貌复杂多样，山地、高原、平川、河流、沙漠、绿洲类型齐全，交错分布；地势南北高，中间由东向西渐低，海拔在 1100～1500 米之间；占县境面积 8.5%的绿洲被戈壁、山地、丘陵分割为东、西、南三大块，西热东凉和南山地区多泉眼湿地的特点；境内少雨、干旱，平均年降雨量不足 50mm，蒸发量却高达 4000mm 以上，昼夜温差较大，是典型的荒漠、半荒漠气候，适宜于小麦、棉花、蜜瓜、酒花等多种农作物的生长。疏勒河、榆林河两大水系流域面积分别达 1.23 万平方公里和 0.56 万平方公里，有各类水库、塘坝 37 座，总蓄水量 2.55 亿立方米，其中双塔水库库容达 2.5 亿立方米，是甘肃省最大的农业灌溉水库。境内建有国家级戈壁荒漠草地自然保护区，栖息着雪豹、金雕等国家一、二级保护动物 28 种。

【资源优势】境内矿产资源丰富，已探明的有金、银、铜、铁、铝、铅、锌、花岗石、大理石等 40 余种矿产品，地质储量达 450 万吨，特别是黄金和花岗石储量大、品位高、分布广；县域内风能资源独具特色，利用价值高，千万千瓦级风电基地正在加紧建设，已开工建设的 19 个风电场，2009 年新增装机 80 万千瓦，累计达到了 110 万千瓦。已并网的 35 万千瓦风电场全年发电 5.23 亿度。境内有敦煌石窟艺术重要组成－榆林窟、东千佛洞等石窟寺，中国面积最大、保存最完整的汉唐古城－锁阳城为代表的古城堡等 290 余处古遗存和双塔湖、浪柴沟等旅游观光景点。

【国民经济】2009 年，全县生产总值达到 33.06 亿元，比上年增长 21%。其中：第一产业增加值 5.7 亿元，增长 10.3%；第二产业增加值 16 亿元，增长 36.8%；第三产业增加值 11.34 亿元，增长 16.4%。人均 GDP 达到 27298 元，增长 22.7%。全年实现财政收入 2 亿元，增长 14.3%；实现社会消费品零售总额 8.61 亿元，增长 21.4%；完成全社会固定资产投资 86.96 亿元，增长 1.8 倍。

【项目建设】全年共签约各类招商引资项目 42 项，签约总金额 254.4 亿元，实际到位资金 23.9 亿元，增长 12.1%。年初确定的 28 个重点建设项目完成投资 84 亿元，占全县固定资产投资的 93%。全年争取中央、省市投资项目 52 项、资金 1.1 亿元。750 千伏输变电工程、西气东输二线等中央、省属项目进展顺利。

【新农村建设】大力实施结构调整增收致富工程，蜜瓜、酒花、枸杞等特色经济作物达到 18.14 万亩，增长 45%，特色种植业收入占到农民人均纯收入的 33%，较上年提高 9 个百分点。农业产业化经营水平稳步提高，新增啤酒花、番茄加工生产线 3 条，新建、规范农民专业合作组织 53 户，发展“订单农业”7.2 万亩。建成蜜瓜种植出口基地 5 个，出口蜜瓜 3 万吨，实现销售收入 5000 万元。养羊大县建设全面推进，新建“1245”设施养殖户 1638 户，建成标准化肉羊养殖小区 33 个，牛羊饲养量达到 55.64 万头(只)，增长 11.6%。全县落实各项支农惠农资金 4539 万元。省级新农村建设试点工作开局良好，进展顺利。全年完成投资 1.9 亿元，新建小康住宅 1079 户，铺筑乡村道路 255 公里、居民点道路 80 公里，衬砌渠道 205 公里，改造中低产田 6600 亩，建成沼气用户 2600 户。建设农田防护林、绿色通道 395 公里，治沙造林 8200 亩。实施饮水安全工程，解决了 36 个村 4.7 万人的饮水问题。

【人民生活】全县城镇居民人均可支配收入 14471 元，增长 18.8%；人均消费性支出 9766 元，增长 16.3%；城镇居民家庭恩格尔系数为 33.04%；农民人均纯收入 6339 元，增长 10.6%；人均生活消费支出 4240 元，增长 1.6%；农村居民家庭恩格尔系数为 37%。城乡居民储蓄存款 16.1 亿元，增长 20.3%。城乡居民的居住条件和生活质量得到进一步改善和提高，城乡居民人均住房面积分别增长 2.5%和 1.8%，达到 23.48 平方米和 45 平方米。全县固定电话用户 1.85 万户，移动电话用户 7.77 万户。

互联网固定用户 4798 户，增长 21%。

【社会保障】社会保险覆盖面不断扩大，城乡养老、失业、工伤保险参保人数分别增加到 5283 人、4675 人、3810 人。城镇居民医疗保险参保人数达到 1.2 万人，农村合作医疗参保率上升到 96%，报销医疗费用 938 万元，发放大病救助金 101 万元。保障城市低保对象 3570 人，农村低保对象 5.1 万人，五保对象 380 人，全年发放保障金 4230 万元。落实村组干部工资、养老保险和养老补贴 277 万元。及时发放各类救灾救济款物 423 万元。新建经济适用住房 60 套、廉租住房 30 套，改造残疾人危房 70 户。发放低收入家庭住房租赁补贴 110 万元，归集住房公积金 7220 万元。

【环境保护】全县有自然保护区 2 个，其中，国家级自然保护区 1 个，省级自然保护区 1 个，自然保护区总面积 112.42 万公顷，占全县国土总面积的 46.5%。环保投资 7128 万元，增长 32.9%。城区环境噪声达标区覆盖率 97%以上，饮用水达标率 100%，垃圾定点堆放、集中处置率 100%，工业固体废物综合处置利用率 100%，城市清洁能源使用率 90%，万元 GDP 能耗降低 5.33%。

【社会事业】科技事业快速发展。全年争取国家和省市资金支持项目 6 项，争取资金 499.1 万元，其中国家和省上农村能源项目 2 项，支持资金 487.1 万元。省科技项目 2 项，支持资金 9 万元，市科技、地震项目 2 项，支持资金 3 万元。申报专利 12 项，已获得授权 1 项。3 项科研成果获得市级科技进步三等奖，连续十年保持了“全国科技工作先进县”称号。

教育事业进展较快。高中阶段教育入学率、高考上线率分别上升到 93%、85%。全县普通中学 8 所。中小学在校学生 2.01 万人，增长 3.6%。普通高中招生 989 人；在校学生 2304 人，增长 8.8%；毕业生 874 人，增长 7.8%。初中招生 2282 人；在校学生 6960 人，增长 10.3%，初中“五合率”达到 72.7%。普通小学 79 所，九年一贯制学校 5 所。学前教育进一步受到社会重视。城乡幼儿入园率达到 100%，在园幼儿 2452 人，增长 5.3%；全县教职工人数达到 1550 人，增长 1.1%(含工勤人员)。

文化事业快速发展。全县拥有文化馆 1 个，公共图书馆 1 个，博物馆 1 个，文化产业经营单位 120 家，从业人数 672 人。新建“农家书屋”36 个。广播综合人口覆盖率达到 100%。

卫生事业健康发展。年末全县共有卫生医疗机构 111 个，床位 392 张，卫生技术人员 599 人，其中执业医师及执业助理医师 191 人。卫生防疫防治机构 1 个，卫生技术人员 15 人。妇幼卫生机构 1 个，卫生技术人员 15 人。乡镇卫生院 14 所，床位数 192 张，卫生技术人员 235 人。农村有医疗点的村占总村数的比重达 80.8%，有乡村医生和卫生员 85 人。

体育事业有序开展。全县有体育中心管理的体育经营场所 38 个，全年组织开展各类大型体育比赛活动、全民健身活动展示 14 次，参与人数达 3.6 万人次。

肃北蒙古族自治县

【现任主要领导】

中共肃北县委书记：李永军

肃北县人大常委会主任：秀荣（蒙古族）

肃北县人民政府县长：敖琪（蒙古族）

政协肃北县委员会主席：常寿（蒙古族）

中共肃北县纪律检查委员会书记：刘鸿

【基本情况】肃北蒙古族自治县位于河西走廊西端，是甘肃省唯一的边防县，也是甘肃省和酒泉市重要的矿产品和畜牧业基地之一。辖 1 乡 2 镇 26 个行政村，人口 1.21 万人，全县总面积 6.67 万平方公里。有汉、蒙古族、回族、藏族、裕固族、满族、鄂温克族和土族 8 个民族。是甘肃人均占有土地面积最大的县份。县辖地分南北两部分，中间与敦煌、瓜州和玉门三县市相隔，两地直线距离约 130 多公里。南部地区坐落在祁连山西缘，习惯称南山地区，35118 平方公里，是县政府所在地；北部地区在河西走廊北侧，习惯称北山地区面积 31630 平方公里。

【资源优势】矿产资源储量丰富。县内矿藏种类多，储量大，品位高。已探明的矿点有 300 多处，主要有金、煤、铜、钨、锰、铬、铁、菱镁、铅、锌等 30 多个矿种。大道尔吉铬矿为全国第三大铬矿、别盖菱镁储量居全国第五。金矿资源丰富，素有七十二道金沟之称，是全省黄金大县之一。还有较为丰富的建筑材料、非金属矿种和化工原料。旅游资源丰富。境内山脉连绵，戈壁浩瀚，草原广阔，形成雄浑独特的边塞草原风光。老虎沟内的透明梦柯冰川，长 10.1 公里，面积 21.9 平方公里，1959 ~ 1962 年曾设中国的冰川研究站，在科研文献中称“老虎沟 12 号冰川”。透明梦柯冰川规模大，景物丰富，境内无雪崩、泥石流，冰川稳定性好，最大坡度为 30 度，容易攀登。境内还有充满神话色彩的窟窿山和药浴功能的温泉。

【国民经济】2009 年，全县生产总值达到 15.28 亿元，比上年增长 15.45%。其中：第一产业增加值 0.32 亿元，增长 8.37%；第二产业增加值 12.11 亿元，增长 20.98%；第三产业增加值 2.84 亿元，增长 5.25%。财政收入达到 2.2 亿元，下降 23.77%；全社会固定资产投资达到 13.02 亿元，增长 30%。

【项目建设】固定资产投资保持强劲增长。全县完成固定资产投资 13.02 亿元，比上年增长 47.7%。其中，城镇投资 12.82 亿元，增长 58.79%；农村投资 0.2 亿元，下降 73.54%；全县计划总投资亿元以上建设项目 8 个，完成投资 10.26 亿元，增长 2.1 倍。工业投资快速增长，全县完成工业投资 12.57 亿元，增长 61.31%。工业投资占全部投资的比重达到 96.55%，是拉动投资增长的主要力量。

【新农村建设】全县农牧业总产值 6578 万元，牲畜饲养量达到 36.33 万头（只）。实施安全饮水工程，解决了 342 户牧农民饮水安全问题。建成牧农村道路 5 条，新增村道里程 69.64 公里。党城湾镇东山村省级新农村示范点完成投资 353.5 万元，城关村城乡一体化示范点建设一期工程顺利启动，按照统一规划设计施工的 36 户新住宅主体工程基本完工。

【人民生活】全县城镇居民人均可支配收入 15765 元，比上年增加 2205 元，增长 16.25%；人均消费性支出 11719 元，增长 15.29%；城镇居民家庭恩格尔系数 31.94%，比上年下降 1.44 个百分点。农牧民人均纯收入 7489 元，比上年增加 725 元，增长 10.72%；人均生活消费支出 3321 元，增长 1.5%；农村居民家庭恩格尔系数 45.42%，比上年下降 0.02 个百分点。城乡居民储蓄存款余额达到 1.65 亿元，增长 3.77%，城乡居民居住条件和生活质量进一步改善和提高，城、乡居民人均住房面积分别达到 20 平方米和 50 平方米。

【社会保障】全面落实就业和再就业政策，不断拓宽就业渠道。安置 2006 年、2007 年、2009 年的大学本科毕业生 42 名，选派 44 名高校毕业生到基层就业，安置零就业家庭就业 8 人，城镇登记失业率控制在 3.86%以内。城镇职工养老、失业、医疗、工伤保险覆盖面不断扩大，社会保险待遇全面落实。为 130 名企业退休人员发放养老金 155 万元。3325 名城镇居民登记参加了基本医疗保险，为参保居民支付医疗费 13.26 万元，城镇居民医疗参保面达 96.6%。提高城乡低保标准，为城乡 541 户 1104 人发放低保资金、临时性物价生活补贴 157 万元，比上年增加 58.6 万元。新型农村合作医疗参合率达到 94.6%，为城乡困难群众发放医疗救助金 12.7 万元。

【社会事业】2009 年，全县各类学校在校学生 1471 人。其中，普通中学 490 人，小学 984 人。各级各类教育事业全面发展，义务教育整体水平稳步提高。学龄儿童入学率达 100%，普通初中升学率达 97.2%，高中阶段教育入学率达 92.98%。

文化事业取得新成就。2009 年末，全县共有公共文化机构 6 个，公共图书馆 1 所，藏书 13600 册。新建农家书屋 8 个。1 千瓦以上电视发射台和转播台 1 个。数字电视快速发展，数字电视入户 2000 户。

卫生事业不断加强。2009 年，新建乡镇卫生院 5 所、标准化村卫生室 6 所、社区卫生服务机构 2 个。拥有各类医疗卫生机构 23 个，其中基本医疗机构 19 个、诊所 1 所、社区服务站 2 个。卫生床位数 88 张，卫生技术人员 94 人，其中执业(助理)医师 43 人。

阿克塞哈萨克族自治县

【现任主要领导】

中共阿克塞县委书记：黄从光

阿克塞县人大常委会

主任：哈泰（哈萨克族）

阿克塞县人民政府

县长：浩升（哈萨克族）

政协阿克塞县委员会

主席：哈里弟（哈萨克族）

中共阿克塞县纪律检查委员会

书记：张琦

【基本情况】阿克塞哈萨克族自治县位于甘肃省酒泉市最西端，介于甘肃、青海、新疆三省（区）交界处。东与肃北蒙古族自治县接壤，北与敦煌市毗邻，南与青海省相连。西与新疆自治区相望。是一个以哈萨克族为主体，汉、回、维、藏、土、裕固、沙拉等十二个民族共同居住的少数民族自治县。阿克塞县于 1954 年 8 月建县，辖 2 乡 1 镇 10 个行政村，总人口 8450 人，其中少数民族 3221 人，占总人口的 38.1%；总土地面积 3.14 万平方公里，其中天然草场面积 98.64 万公顷，占总面积的 29.47%。1998 年经国家民政部批准，县城住址迁至红柳湾镇，经过 11 年的建设，目前城市道路硬化率、天然气入户率、自来水入户率、供电供热普及率、有线电视普及率、居民住房成套率均达到 100%。

【资源优势】全县已探明的矿产有 41 种，主要有石棉、黄金、云母、铁、铜、钾盐、铅锌、煤炭、水晶石等，其中石棉位居榜首，储量达 4484 万吨，每年开采量约 19 万吨左右，约占全国石棉产量的 40%。境内主要的景观、景点有大、小苏干湖、敦德冰川、哈尔腾国际狩猎场、安南坝野骆驼自然保护区及民族风情园等，成为旅游休闲的好去处。

【国民经济】2009 年，全县完成生产总值 5.93 亿元，比上年增长 20.6%。第一、二、三产业分别实现增加值 0.28 亿元、3.72 亿元、1.92 亿元，分别增长 19.4%、27.8%、9.02%。人均 GDP 为 70143 元，增长 21.7%。三次产业结构调整为 4.7∶62.8∶32.5。完成全社会固定资产投资 5.1 亿元，增长 35%；完成社会消费品零售总额 0.82 亿元，增长 19.2%；完成地方财政收入 8008 万元，增长 22.92%；农牧民人均纯收入达到 7962 元，增长 11.23%；城镇居民可支配收入达到 15411 元，增长 16.7%。

【项目建设】全年签约招商引资项目 2 项，引进到位资金 8020 万元。批准新上项目建设用地 435 亩，配套项目建设资金 319 万元。实施重点财源项目 12 项，完成投资 2.5 亿元，宇航矿业铁精粉生产线、闽敦石材加工、重质碳酸钙项目建成投产，石棉尾矿综合利用、

120 万吨干法水泥、德惠矿业 30 万吨铁精粉生产项目开工建设，当金山 5 万千瓦风电场项目开工作业，化石沟铜矿勘查等项目取得重大进展。“敦格铁路”、“引哈济党”项目初设通过评审。

【新农村建设】组织实施牧农村基础设施建设项目 21 项，完成投资 4882 万元，围栏禁牧、休牧 70 万亩，建成通乡通村砂砾公路 227.5 公里，修建红柳湾牧农业开发区抗震安居房 12 套。投资 160 万元，无偿发放饲草料 1020 吨；投资 73 万元，维修牧区引水渠道 32 公里；投资 17.9 万元，实施人工增雨作业 3 次，缓解了局部旱情。全县饲草种植面积 5100 亩，饲草产量 200 万公斤，确保了牧草的自给自足。出资 31 万元，组织 44 名致富带头人外出参观学习，委托专业技校培训劳动力 51 人，就地输转劳务 318 人。组建牧农业合作组织 2 个，发展红柳湾设施养殖户 22 户，出栏畜禽 6000 头只。新增葡萄、红枣种植面积 530 亩。引进优良种畜 465 头只，畜群良种覆盖率达到 90%。全年牲畜饲养量 21.5 万头只。全面落实支农惠农政策，累计发放各类农业补贴 67.3 万元。

【人民生活】全年城镇居民人均可支配收入 15412 元，比上年增长 16.7%；城镇居民人均消费性支出 12338 元，增长 13.4%。城镇居民恩格尔系数 41%，比上年提高 5.29 个百分点。农牧民人均纯收入 7962 元，增长 11.23%，农村居民人均消费性支出 4699 元，增长 3.4%。农村居民恩格尔系数 41.8%，比上年提高 0.2 个百分点。城乡居民储蓄存款余额 1.84 亿元，增长 23.3%。城乡居民居住条件和生活质量进一步改善和提高，城乡居民人均住房面积分别达到 45 平方米和 34 平方米，移动电话和小灵通用户 67 部/百人，互联网用户 1050 户，占总户数的 31.5%。

【社会保障】加强城乡一体化社会保障体系建设，职工基本养老保险、医疗保险、失业保险参保率均达到 100%，工伤保险参保率 90%。完善城乡合作医疗制度，农牧民参保 2483 人，参保率 99.4%；城镇居民参保 2997 人，参保率 95%。推进农牧民养老保险，新增参保人数 1246 人，参保率 41%。落实再就业优惠政策，新增担保基金 45 万元，累计发放小额担保贷款 253 万元。加大社会救助力度，全年列入城乡低保对象 328 户 695 人，累计发放低保金 144 万元；五保供养标准提高到每人每年 6000 元，落实供养费用 8.7 万元；实施困难大学生教育救助、城乡困难群众医疗救助、取暖救助 268 人，发放救助资金 45 万元。投资 330 万元，新建廉租房 44 套，发放住房租赁补贴 34.6 万元。城镇新增就业人员 184 人，城镇下岗失业人员再就业 50 人。城镇登记失业率控制在 3%以内。

【环境保护】全县城市绿地率达 42.2%，绿化覆盖率达 45.2%，人均公共绿地面积达 39.6 平方米，城市用水普及率达 78%，污水集中收集率、生活垃圾处理率均达 100%，集中供热覆盖率达 61%，全县六项主要污染物总控率为 100%。推进矿山污染治理，投资 3900 万元，修建除尘降尘室 114 座；投资 600 万元，实施红柳沟矿区地质环境治理项目。主要污染物排放得到有效控制，单位 GDP 能耗下降 5.7%。

【社会事业】科技事业进一步发展。全年共申报省列科技项目 4 项，引进推广新品种 10 个，引进新技术、成熟技术 3 项。

教育事业迈上新台阶。年内出台《阿克塞县 15 年免费教育补助办法》，完成中学生活服务楼主体工程和教学楼加固工程，更换课桌椅 400 套，建成幼儿园多媒体教室。哈萨克语文自编教材通过专业机构审定，印刷 6 册 3000 本，投入教学使用。加强学校内部管理，重视教师培训工作，着力提高教育质量，初中毕业生五科合格率 49%，小学生各科合格率 90.8%。高中阶段入学率 97%，中职教育入学率 18.9%，高考专本科上线率 71.1%。

文化事业取得新成就。收集整理民族服饰、兵器、生活用具等各类展品 600 余种、2000 多件。争取落实农家书屋项目，成功申报 4 个农民书屋。全县乡村有线电视联网率达到 100%，全县电视人口综合覆盖率和广播人口综合覆盖率均达到 98%以上。

卫生事业不断加强。全县现有各级各类医疗卫生机构 10 个；卫生技术人员 84 人；病床总数 82 张，每千人拥有床位 9 张。农牧村和城镇合作医疗参保率分别达到 99.4%和 95%。年内引进执业医师和医科人才 4 人，增设中医科、儿科和妇产科，县医院门诊接诊量比上年增长 10%。加强甲型 H1N1 流感防控，建立健全联防联控机制，强化疫情应急演练，接种疫苗 1300 人。

玉门市

【现任主要领导】

中共玉门市委书记：詹顺舟

玉门市人大常委会主任：李永祥

玉门市人民政府市长：雒兴明

政协玉门市委员会主席：张勇

中共玉门市纪律检查委员会书记：刘军

【基本情况】玉门市位于甘肃省河西走廊西部，南依祁连山雪峰，东临钢城嘉峪关、航天城酒泉，西通国际旅游名城敦煌，北达中蒙边境马鬃山口岸。兰新铁路与 312 国道横贯全境，自古有“塞垣咽喉，表里藩维”和“丝路重镇”之称。全市土地面积 1.35 万平方公里，耕地面积 3.52 万公顷，森林覆盖面积 9.09 万公顷，草原 24 万公顷。属大陆性中温带干旱性气候，年均降水量 78.5 毫米，蒸发量 1833 毫米，年平均气温 8.3℃，平均无霜期 178 天。玉门市辖 4 镇 9 乡，户籍总人口 18.7 万人，常住总人口 18.2 万人，其中城市人口 8.6 万人，农业人口 9.6 万人。有回、满、藏、土、东乡等 32 个少数民族 1.5 万余人。

境内有玉门石油管理局、甘肃矿区和甘肃省疏勒河水资源管理局等10多家中央、省属大中型企事业单位。

【资源优势】玉门矿产资源丰富，农副产品种类繁多，已发现的主要矿产资源有石油、煤、铁、铬、芒硝、重晶石、水泥石灰岩等30多种；主要农副产品有小麦、玉米、大麦、棉花、饲草、胡麻、啤酒花等。玉门境内有疏勒河、白杨河、小昌马河和石油河，年径流量11亿立方米。全市文物古迹众多，共有城址、烽燧、石窟寺、古建筑、古遗址、古墓葬、岩画等各类文物遗迹104处，其中省级文物保护单位7处。悠久的历史孕育了火烧沟文化遗址、汉长城遗址、骗马城遗址、吾艾斯墓、昌马石窟、红山寺白塔等古迹名胜，老君庙“第一井”、铁人故居纪念馆、赤金峡国家水利风景区、金玉阳光度假村等现代人文景观和硅化木地质公园、甘海子鸟类自然保护区、祁连冰川等自然景观，文物古迹和风景名胜影响力逐步扩大。

【国民经济】2009年，全市生产总值达100亿元，比上年增长13.72%。其中：第一产业6亿元，增长9.83%；第二产业69.78亿元，增长12.64%；第三产业24.22亿元，增长19.05%。三次产业比重为6∶70∶24。实现财政收入3.3亿元，增长30.82%；完成固定资产投资96.8亿元，增长137.9%；完成工业增加值62.16亿元，增长12.34%；完成社会消费品零售总额11.3亿元，增长17.53%。

【项目建设】紧紧抓住国家扶持资源型城市可持续发展和扩内需、保增长的重大机遇，举全市之力，开展项目建设“百日攻坚”和“攻风电、战百万”行动，以风电为主的项目建设取得重大进展。年内开工建设重点项目134个，其中投资亿元以上项目16个，亿元以下、千万元以上项目62个。编制完成转型规划，争取到位国家财力性补助资金9800万元。玉门新能源示范基地、新能源设备产业集群、特色农产品生产、机械研发生产等4个重大项目列入《全国资源型城市接续替代产业和吸纳就业五年发展专项规划》。

【新农村建设】认真落实粮食直补、“家电下乡”等强农惠农政策，发放兑现涉农补贴资金1607万元，农民人均受益180元。加快推进啤酒原料、日光温室、肉牛肉羊等产业专业化布局，新增啤酒花面积3600亩，新建日光温室1119亩，实现“肉羊大县”建设目标。加快培育新兴产业，花海片区特色林果及中药材基地迅速扩大。稳步推进标准化生产，“玉门酒花”成功申报为中国地理标志保护产品，“祁连清泉”人参果跻身国家A级绿色食品行列，全市建成标准化生产基地13.1万亩。加大技能化培训力度，有组织输转农村劳动力2万余人，实现劳务收入1.9亿元。积极推进农村土地流转，集体林权制度改革顺利实施。大力改善农民生产生活条件，建成下西号乡“十里新村”、花海镇黄水桥村等一批新农村建设示范点，全市新改建小康住宅3284套，改造农村危旧房屋3248套，建成“一池三改”沼气池3349座，完成人工造林1.9万亩，新建通村油路97.7公里，花玉路、玉布路、下黄路建成通车，农村面貌焕然一新。

【人民生活】全市城镇居民人均可支配收入14558元，净增2032元，增长16.22%。农民人均纯收入6332元，净增642元，增长11.28%。城乡居民储蓄存款余额达到27.3亿元，增长7.31%。城乡居民居住条件和生活质量进一步改善和提高，城乡居民人均住房面积分别达到29.7平方米和36.44平方米。每百人拥有电话机和手机67部，互联网用户达到0.71万户。

【社会保障】多渠道解决就业问题，全年开发城镇就业岗位4380个，安置就业困难人员4150人，小额担保贷款扶持创业424人，政府购买公益性岗位安置551人，城镇登记失业率控制在4%以内。启动失地农民的养老保险工作，低保提标扩面政策落实到位，为3.85万名低保人员发放低保金4233.8万元。全面提高医疗保障水平，城镇居民基本医保覆盖率和新农合参合率分别达到97%和97.6%。

【环境保护】加强生态环境建设。重点实施国家重点公益林保护、昌马水库库区水土保持等生态治理工程，完成人工造林8000亩，封滩育林7万亩，义务植树60万株；治理水土流失面积320平方公里；向干海子自然保护区输水1500万立方米，关闭城区自备井31眼。全市建成自然保护区3个，保护区面积1.56万公顷，占辖区面积的11.8%。强化节能减排工作，全市万元GDP能耗较上年下降6.2%。

【社会事业】教育事业全面发展。2009年，全市拥有各类学校84所。其中，有幼儿园29所，小学37所，普通中学9所，九年一贯制学校8所，中等职业技术学校1所。在校学生共26554人，专职教师1713人。

科技事业快速发展。全市各类企业共实施科技项目32项，企业用于科技活动的经费支出达1488万元，其中，研究与实验发展（R&D）项目22个，经费支出1327万元。

文化事业健康发展。全市广播覆盖率达100%，电视覆盖率达100%，有线电视入户率达89%。全市报纸订购发行量280余万份，杂志发行量20余万份，市级公共图书馆藏书50册，拥有杂志2.5万册。

卫生事业持续发展。全市拥有卫生机构15个，其中综合医院2所，乡镇卫生院9所；卫生技术人员650人，病床470张；全市每千人拥有医生4人，病床3张。

体育竞技水平显著提高。全市共举办各种形式的运动会12次，参加人数达2.9万人次。参加省、地举办的各种体育比赛5次，获各类奖牌16枚。年内中小学生《国家体育锻炼标准》达标率达97.8%。

敦煌市

【现任主要领导】

中共敦煌市委书记：孙玉龙

敦煌市人大常委会主任：杨生海

敦煌市人民政府代市长：马世林

政协敦煌市委员会主席：年海义

中共敦煌市纪律检查委员会

书记：宋锦霞

【基本情况】敦煌市位于甘肃省河西走廊最西端，地处甘肃、青海、新疆三省（区）交汇处，属酒泉市管辖。面积3.12万平方公里。全市辖6镇3乡，56个村民委员会，381个村民小组，总人口18.39万人，其中农业人口10.17万人。总人口中汉族占绝大多数，回、蒙古、藏、维吾尔、苗、满、哈萨克、东乡、裕固等10个少数民族人口占1.06%。

【资源优势】已探明的矿产资源有金、银、钒、铁、磷、硫、石棉、芒硝等4大类（能源、金属、非金属、水气）26个品种。已探明钒资源储量125.86万吨，占全国总量的5.07%，位居全国第四位，平均品位0.86%，最高达3%。敦煌是甘肃粮食、棉花、瓜果、蔬菜主要产地之一。此外，还盛产葡萄、苹果、李广杏、紫胭桃、鸣山大枣、敦煌蜜瓜等40余种名优水果和蔬菜。敦煌一般风力2~4级，年平均风速为2.2米/秒，年均大风日数为15.4天。全年日照时数为3257.9小时，全年晴天107天，昙天207天，阴天只有51天。太阳年辐射总量153.76千卡/平方厘米。境内名胜古迹星罗棋布，自然风光奇特迷人。现存各类文物景点241处。其中，被列为国家级重点文物保护单位3处（莫高窟、玉门关、悬泉置遗址），省级文物保护单位8处，市级文物保护单位47处。

【国民经济】2009年，全市实现生产总值43亿元，比上年增长15.51%。第一、二、三产业比重为21.6∶24.1∶54.3。实现财政收入3.1亿元，增长12.47%。工业增加值5.75亿元，增长32.9%。全社会固定资产投资29亿元，增长33.21%。社会消费品零售总额16.77亿元，增长23.91%。旅游接待人数120万人次，增长30.4%，旅游收入7亿元，增长41.2%。

【新农村建设】坚定不移地推进农业“一特四化”进程。加大政策扶持力度，大力实施“双215”工程，新植葡萄2.64万亩、枣0.69万亩；种植瓜菜5.42万亩；畜禽饲养总量110.23万头（只），新增规模养殖户521户；输转劳动力2.77万人，劳务创收2.08亿元。新发展农民专业合作社13个，建成阳关葡萄榨汁厂等农业产业化龙头企业12个。加快科技推广步伐，建立了农业技术人才库，开通了农技服务热线，为农服务领域不断拓展。加快示范园区建设，建成高标准农业示范园区4个、设施养殖小区10个，万亩高效节水园区被命名为全国农业高效节水新技术示范园。

【项目建设】全年开工建设各类项目209个，其中投资千万元以上项目64个。10兆瓦光伏并网发电示范项目已开工，敦格铁路获国家批准立项，“引哈济党”和机场扩建项目取得新进展。坚定不移地推进工业强市战略，投资4.74亿元，开工建设重点工业项目39个，建成投产31个。扎实推进节能减排工作，集中迁建石棉加工厂64家，关停市内所有粘土砖厂和城区燃煤锅（茶）炉46台，新建新型墙材生产项目3个，万元GDP能耗下降5.5%，化学耗氧量和二氧化硫排放量下降2%。

【人民生活】城乡居民收入水平稳步提高。2009年，全市人均生产总值30504元，人均财政收入2207元，人均社会消费品零售额9102元，城镇居民人均可支配收入16273元，农民人均纯收入6775元。城镇居民消费恩格尔系数为30.39%，农村居民消费恩格尔系数为26.81%。城镇居民人均住宅建筑面积34.68平方米，农村居民人均住房面积59.9平方米。移动电话和小灵通用户达到39.07部/百人。

【环境保护】环境质量持续改善。大气环境质量优于国家二级标准，饮用水和地表水质达标率100%。区域环境噪声和交通干线噪声分别控制在了国家规定的排放限值之内。全市各类保护区面积达到102万公顷。新建节水滴灌1.01万亩。安装机井智能水表1420块。改建干支渠23.4公里。扎实推进退耕还林、封滩育林、“三北”防护林建设等绿洲生态保护工程，义务植树56万株，治沙造林2.1万亩，实施人工影响天气工程，区域生态环境逐步改善。

【社会保障】社会保障体系逐步完善。落实就业扶持优惠政策，开发公益性岗位206个。养老、工伤、失业保险覆盖面进一步扩大。新农合参合率98.3%，城镇居民基本医疗保险参保率95.5%。加强社会救助帮扶，提高城市低保、农村五保供养和医疗救助标准，扩大救助范围，发放各类救助款2200万元。加强保障性住房建设，新建经济适用住房224套、廉租住房500套。发展社会福利和慈善事业，完成社会福利中心一期主体工程。扎实抓好优抚安置工作，落实优抚安置资金284万元。

【社会事业】社会各业协调发展。全面加强职业技术教育，高中阶段教育基本普及，敦煌艺术旅游中专学校和敦煌中学实验教学楼建成投用，撤并农村小学6所。文化体育事业全面推进，开展第三次全国文物普查和非物质文化遗产普查，组织大型群众文化活动300多场（次），新建农家书屋30家，实施文化信息资源共享工程；全民健身运动广泛开展，成功举办甘肃•敦煌首届沙滩排球邀请赛等大型体育赛事25项。计生工作扎实推进，新建乡镇计生服务所3个。卫生事业健康发展，开工建设市医院住院部大楼，改扩建乡镇中心卫生院3个，新建城市社区卫生服务中心1个、村卫生所20个；积极开展甲型

H1N1 流感等传染病防治工作，群众身体健康和生命安全得到有效保障。

庆阳市

【现任主要领导】

中共庆阳市委书记：张智全

庆阳市人大常委会主任：张智全

庆阳市人民政府市长：周强

政协庆阳市委员会主席：张文先

中共庆阳市纪律检查委员会

书记：李秀娟

【基本情况】庆阳市位于甘肃省东部，习称“陇东”。东接陕西省的宜君、黄陵、富县、甘泉、志丹等县；北邻陕西省吴起、定边及宁夏回族自治区的盐池县；西与宁夏的同心、固原县接壤；南与本省的泾川县及陕西的长武、彬县、旬邑县相连。南北长207公里，东西跨208公里，总面积27119平方公里。辖庆城、环县、华池、合水、正宁、宁县、镇原7县和西峰区，116个乡(镇)，3个街道办事处，65个社区。全市常住人口252.68万人。30个少数民族的近6000人在庆阳市居住。人口密度为每平方公里96人。全市城镇人口69.23万人，城镇化率达到27.16%。改革开放以来，全市人口素质显著提高。接受过大中专以上教育的人口占总人口4%。适龄儿童入学率达到99.7%，13～15岁儿童初等教育普及率达到99.9%，小学生巩固率99.8%。文盲和半文盲人口降到10%以下。人均预期寿命显著提高，达到71岁。外出务工人员近60万人，占总人口的24%。

地形北高南低，海拔在885～2082米之间，中南部为黄土高原沟壑区，北部为黄土丘陵沟壑区，东部为黄土丘陵区；山、川、塬兼有，沟、峁、梁相间，高原风貌雄浑独特。全境有10万亩以上大塬12条。董志塬面积为136.47万亩，中心西峰海拔1421米，平畴沃野，一望无垠，是世界上面积最大、土层最厚、保存最完整的黄土塬面，堪称“天下黄土第一塬”。地处东南部的子午岭，林木茂密，水草丰盛，其470多万亩次生林，为植被最好的水源涵养林，有“天然水库”之美誉。国道211、省道202两条主干线纵贯南北，国道309、省道303线横穿东西，构成“两纵两横”公路主骨架，西峰至长庆桥至凤翔路口高速公路、西平铁路正在建设，庆阳机场4C级改扩建、西峰至雷家角高速公路、长庆桥至西峰铁路等重大基础设施建设项目前期工作进展顺利，基础设施日益完善。

庆阳市为大陆型气候，2009年，降水正常，气温偏高，日照充足，春旱和初夏干旱明显。其中全年1、2、3、4月份降水偏少，特别是2月上中旬降水特少，干旱严重，出现5～15㎝干土层。3月12日到5月7日，全市大多数地方没有出现5mm以上降水，连续干旱57天。5、8、11月份降水偏多，连续降水最长11～14天，过程降水量26.9～47.5mm。全年平均气温比2008年偏高0.6℃。

【资源优势】庆阳市属黄河中游黄土高原沟壑区，四周高而中间低，有“陇东盆地”之称。全市有董志、早胜、宫河、平泉、新集、孟坝、屯字、西华池、盘克、临泾、春荣、永和等12条较大塬面，总面积27万公顷，是农作物主产区。市内有马莲河、蒲河、洪河、四郎河、葫芦河5条河流，较大的支流有27条。年平均总流量为26.7立方米/秒，总径流量8.43亿立方米。全市地下水静储量约43.39亿立方米，动储量3714万立方米。

庆阳能源富集、物产丰富。庆阳是甘肃的石油天然气化工基地、长庆油田的主产区。已探明油气总资源量41亿吨，占鄂尔多斯盆地总资源量的41%，其中石油地质储量16.2亿吨，2009年原油产量为313.26万吨；庆阳煤藏覆盖全市，预测储量2360亿吨，是全省预测储量的96%。截止2009年底，庆阳已探明煤炭资源104.4亿吨。目前，正南煤田、新庄煤田、环县沙井子煤田已开工建设，甜水堡煤矿、刘园子、罗川、宁中等煤田正在抓紧进行前期工作。庆阳素有“陇东粮仓”之美誉，盛产小麦、玉米、油料；荞麦、小米、燕麦、黄豆等特色小杂粮久负盛名，备受推崇。

庆阳地处全国苹果生产最佳纬度区，是农业部确定的西北黄土高原苹果优生带。红富士苹果、曹杏、黄柑桃、九龙金枣倍受消费者青睐。庆阳是甘肃优质农畜产品生产基地，早胜牛、环县滩羊、陇东黑山羊、羊毛绒等大宗优质农牧产品享誉国内外。庆阳是全国规模最大的白瓜籽仁加工出口和杏制品加工基地，是全国品质最优、发展面积最大的黄花菜基地，是国家有关部门和单位命名的“中国优质苹果之乡”、“中国黄花菜之乡”、“中国小杂粮之乡”和“中国杏乡”。庆阳还是中医药之乡，产有甘草、黄芪、麻黄、穿地龙、柴胡等300多种中草药，其中69种已列入《中华人民共和国药典》。

庆阳市民俗文化源远流长，博大精深，风格鲜明，自成体系。在历史变迁过程中，保存完好并具有很强生命力的庆阳民俗文化资源艺术形式主要有香包、刺绣、民间剪纸、皮影、雕塑、石刻、草编、纸扎等工艺美术系列和陇东秧歌、道情（陇剧）、传统社火、地坑窑洞、婚丧习俗等，其黄土风情在全国独树一帜。庆阳已被中国民俗学会命名为“周祖农耕文化之乡”、“香包刺绣之乡”、“徒手秧歌之乡”、“民间剪纸之乡”、“窑洞民居之乡”、“荷花舞之乡”和中国民间民俗文化调研基地。环县被命名为“皮影道情之乡”。道情皮影、香包刺绣、唢呐进入全国第一批非物质文化遗产保护名录。在2004年中央电视台和央视国际网络共同组织的西部名城评选活动中，庆阳荣获“最具艺术气质的西部名城”殊誉。

国家重大考古发现的“环江翼龙”

和“黄河古象”古生物化石，均发掘于庆阳境内。标志中国旧石器时代肇始的华夏第一块旧石器，出土于华池县赵家岔。具有重大文物价值的境内新石器时代的仰韶、齐家文化遗址和历代古建筑、石刻、墓葬及古生物化石点有近千处。战国秦长城在华池、环县、镇原三县均有遗存。秦直道沿子午岭穿越正宁、宁县、合水、华池四县。开凿于北魏永平二年的北石窟寺为甘肃四大石窟之一。

庆阳是甘肃惟一的革命老区。1927年，中国共产党在宁县建立了甘肃第一个农村党支部。1931 年，刘志丹等建立了西北较早革命武装—南梁游击队。1934 年，以刘志丹、谢子长、习仲勋等革命早期领导人创建了西北最早的陕甘边区苏维埃政权—南梁政府。现存的华池“南梁政府”旧址、环县河连湾陕甘宁省委省政府旧址、山城堡战役等革命遗址，是国家、省、市分别确定的爱国主义和革命传统教育基地。在血与火的斗争中铸就的庆阳老区精神，是我们宝贵的思想财富。近年来，市、县将南梁革命纪念馆、列宁小学、陕甘边区军委、苏维埃政府旧址、中国人民抗日军政大学七分校校部旧址和大凤川军民大生产基地旧址整体修复开发，建成国家 3A 级红色旅游景区，对开发红色旅游产业，建设社会主义精神文明具有深远的历史意义。

【国民经济】2009 年，全市紧紧围绕建设大型能源化工基地和全省新的经济增长极的目标，认真贯彻落实“扩内需、保增长、促发展”重大决策部署，努力克服全球金融危机的冲击和冬春夏三季连旱的影响，审时度势，把握大局，坚定目标，狠抓落实，大抓“红、黑、绿、黄”四大优势资源开发，外争项目，内扩消费，创新发展，改善民生，全市步入了产业开发加快、经济转型加速、基础建设投入加大、社会事业全面加强的新阶段。

2009 年全市实现生产总值 302.22 亿元，比上年增长 14.6%。按常住人口计算，人均 GDP 达到 11973 元，比上年增长 14.1%。第一产业增加值 44.25 亿元，增长 8.8%；第二产业增加值 180.47 亿元，增长 16.5%；第三产业增加值 77.50 亿元，增长 13.6%。三次产业结构由上年的 14.64：59.74：25.62 优化为 14.64：59.71：25.65，其中第一产业比重保持不变，拉动 GDP 增长 1.3 个百分点，对经济增长的贡献率为 14.6%；第二产业比重下降 0.03 个百分点，拉动 GDP 增长 9.8 个百分点，对经济增长的贡献率为 59.5%；第三产业比重提高 0.03 个百分点，拉动 GDP 增长 3.5 个百分点，对经济增长的贡献率为 25.9%。

工业经济呈恢复性增长。2009 年，全市完成全部工业增加值 167.40 亿元，增长 16.0%。规模以上工业增加值完成 154.73 亿元，增长 15.6%，其中地方完成 11.79 亿元，增长 34.4%。规模以上工业企业完成销售产值 277.84 亿元，产品销售率 96.3%。全市 68 户规模以上工业企业盈利水平基本稳定，实现利润总额 47.24 亿元，其中地方工业实现利润 7306 万元。工业生产方面，全市大力实施“工业强市”战略和 16 个工业集中区建设，积极支持长庆油田和煤炭资源开发，以及庆阳石化公司改造项目的实施，工业经济发展取得新的突破。原油产量达到 313.26 万吨，增长 7.4%，原油加工量达到 123.8 万吨，石化工业实现增加值占全市工业增加值比重达到 90%以上。2009 年规模以上工业企业中有农副产品加工企业 19 户，完成工业总产值 14.63 亿元，已形成果汁饮料、白瓜籽、黄花菜、果脯蜜饯等加工体系。全市工业已初步形成以石油化工、煤炭资源开发、农副产品加工、食品、建材为支柱产业的新格局。

内贸继续走旺。2009 年全市实现社会消费品零售总额 78.17 亿元，比上年增长 25.5%。从消费结构看，批发零售贸易业引领发展，住宿餐饮业发展加快；从消费热点看，享受性商品消费增长快；从消费区域看，农村市场日趋活跃，城镇市场繁荣兴旺。但受全球金融危机影响，全市直接出口产品幅度有所下滑。2009 年出口创汇 6033 万美元，比上年下降 41%。全市外贸企业努力扭转劣势，组织出口供货总值 10.16 亿元，增长 37.1%。

财政收支同步增长。2009 年，全市实现大口径财政收入 44.69 亿元，增长 33.3%。其中国税收入 23.17 亿元，增长 18.3%；地税收入 9 亿元，增长 35.4%；非税收入 14.09 亿元，增长 63.6%。实现财政支出 88.79 亿元，增长 29.2%。

金融支撑力度加大，人均存款再创新高。2009 年，全市金融系统年末存款余额 289.57 亿元，比上年增长 31.3%，其中居民储蓄存款余额 199.13 亿元，增长 24.1%，人均储蓄存款 7854 元，比上年净增加 1761 元，增长 28.9%；年末贷款余额 104.63 亿元，比上年增长 45.4%。存贷相抵，存差 184.9 亿元。

【项目建设】2009 年，全市大型能源化工基地和全省新的增长极基础基本奠定，架构基本形成。招商引资实现重大突破，成功引进南京雨润、重庆阿尔康、天津天士力、山东东阿阿胶、陕西丽彩集团等大型企业在庆阳市投资，与中国铝业、中国电力投资集团达成投资开发意向。未来五到十年，庆阳将建成千万吨原油生产、千万吨炼化、亿吨级煤炭生产、千万千瓦装机煤电、千万吨煤化工生产以及 10 亿立方米天然气、煤层气和 40 亿立方煤制气六大基地，为全市经济大发展增添强大坚实动力。2009 年，全市实施 50 万元以上投资项目 1457 个，其中亿元以上项目 48 个，增长 37.1%。全社会固定资产投资总额突破 350 亿元大关，完成投资总额 353.53 亿元，增长 58.5%。第二、三产业投资分别增长 51.4%和 67.7%。国家预算内资金和自筹资金投资占主导地位，在投资总额中占到 70%以上。随着投资规模的扩大，建筑业队伍不断壮大。全市现有资质以上建筑企业 61 户，完成建筑业总产值 41.24 亿元，增长 26.8%。

【新农村建设】“三农”工作以产业开发为抓手，结构调整跨大步，新农村建设上台阶，扶贫开发显成效。全市围绕产业富民，把稳粮、增收、强基础、重民生放在首位，强化各项惠农政策，增强农业科技支撑，加大农村扶贫开发力度，全年投入“三农”资金 12.25 亿元，保证粮食增收和主导产业增效，实现农村经济又好又快发展。

农业生产方面，水保流域治理、农业综合开发、林业生态建设、扶贫整村推进等项目的实施，使全市农业基础条件和生态环境发生较大改善。2009 年，各级加快土地整理和废旧庄基还田，保证了城乡建设快速增长情况下耕地面积的稳定增加，全年耕地面积保有量 669.55 万亩，比上年增长 0.5%。完好可使用机井数增加到 2027 眼，有效灌溉面积提高到 67.76 万亩，水平梯条田面积提高到 595.76 万亩，保证灌溉面积提高到 46.3 万亩。通电农户增加到 50.53 万户，农电入户率达到 99%。农业机械总动力增长到 121.07 万千瓦，大中型拖拉机数量增加到 0.7 万台，农用车增加到 4.17 万辆。耕、种、灌、收、运实行一条龙机械化操作的面积增加，农业生产条件大为改善。

粮食生产再获丰收。在冬春夏三季连旱的困难面前，调整种植结构，主攻全膜双垄沟播玉米种植，取得粮食稳定增产的效果。全年农作物播种面积 945.82 万亩，比上年增长 3.9%，其中粮食播种面积 636.53 万亩，增长 2.8%。粮食总产量达到 110.87 万吨，增长 3.6%，为历史最高水平。其中夏粮播种面积 236.96 万亩，增长 0.5%，总产量 37.2 万吨，下降 9.9%；秋粮播种面积 399.57 万亩，增长 4.2%，其中全膜双垄沟播玉米 151.5 万亩，总产量 73.62 万吨，增长 11.9%；油料播种面积 117.64 万亩，增长 8.2%，总产量 10.78 万吨，增长 6.2%。

林业和生态建设发展良好。全面启动了国家级生态市创建活动，当年完成造林面积 16.36 万亩，其中封山育林 11.52 万亩。2009 年果园面积累计达到 171.76 万亩，其中苹果面积 116.35 万亩，当年新栽 36.51 万亩，产量 32.85 万吨，增长 13.1%。水果总产量 40.72 万吨，增长 11.1%。

畜牧业生产保持稳定增长。围绕畜牧大市建设，宁县抓牛，环县、华池、庆城抓羊，加快优良品种引进消化，推广设施化养羊、规模化养猪和农业循环经济，促进了畜牧业快速发展。2009 年，全市大牲畜存栏 52.46 万头，增长 9.0%，其中牛存栏 31.63 万头，出栏 13.68 万头，出栏率 30.2%；猪存栏 35.54 万头，出栏 32.18 万头，出栏率 47.5%；羊存栏 150.35 万只，出栏 55.51 万只，出栏率 27.0%。肉类总产量 5.58 万吨，增长 9.2%。

【人民生活】城镇居民收入稳定增长。2009 年，全市城镇居民人均可支配收入达到 11130 元，比上年增长 12%；人均消费性支出 8935 元，增长 14.2%；恩格尔系数为 42.5%，比上年上升 5.5 个百分点。农民人均纯收入快速增长。2009 年，农民人均纯收入达到 2686 元，增长 12.6%，其中工资性收入达到 947 元，增长 13.3%；家庭经营收入达到 1341 元，增长 14.8%；转移性收入达到 326 元，增长 12.8%；财产性收入达到 72 元，下降 21.8%。农民人均消费性支出 2011 元，增长 2.4%；恩格尔系数为 44.4%，比上年下降 1.9 个百分点。全市固定电话用户达到 33.05 万户；移动电话用户达到 119.43 万户，增长 71.1%；国际互联网用户达到 5.5 万户，增长 48.1%；完成邮电业务总量 9.94 亿元，增长 50.7%。

【社会保障】年末单位从业人员 91898 人，比上年末减少 1781 人，下降 1.9%。年内有 8826 名下岗失业人员通过各种渠道实现再就业，年末城镇登记失业率为 3.89%。组织输转富余劳动力 53.37 万人，劳务总收入达到 36.59 亿元，增长 60.4%。全市参加基本养老保险的单位 872 户，参保人员 43869 人。基本养老保险基金收入 19524 万元，失业保险基金收入 3551 万元，城镇职工基本医疗保险基金收入 14796 万元，共为 6127 名失业人员发放失业保险金 2549 万元。全市共有 23315 户、57675 人城镇居民得到政府最低生活保障救济，分别比上年增加 1212 户和 4370 人。

【环境保护】2009 年末，全市环境保护机构 22 个，环保系统各类工作人员 334 人；环境监测站 1 个，环境监测人员 62 人。全市投入环境治理资金 5.4 亿元，工业废水排放达标率 92.23%。化学需氧量在“十五”末基础上削减 1221 吨，削减率 13.2%；二氧化硫在“十五”末基础上削减 147.53 吨，削减率 2.7%。

【社会事业】社会事业全面发展，和谐社会建设成效显著。科技事业跨越进步。2009 年末，全市拥有各类高级技术人员 689 人。有政府独立科研单位 3 家，各类推广服务机构 1210 家，专业研究会 3960 个，116 个乡镇均建起了农民技术学校，选派科技特派员 1479 人，实现科技开发项目 153 项，推广新技术 297 项，引进农作物、畜禽新品种 490 种，创建经济利益共同体 411 个，创办龙头企业 33 个，专业协会 162 个，指导创建各类科技示范店 229 处，培育科技示范户 19341 户。先后与 13 所国家知名科研院所建立友好合作关系，实施科技合作项目 13 项，形成一个上下贯通、功能齐全的科技管理、培训、示范和推广服务体系，科技对经济增长和社会发展的支撑力度进一步提升。

教育事业全面发展。2009 年末，全市共有各类学校 2026 所，其中大中专学校达到 15 所。各级各类在校学生数 52.15 万人，占总人口的 20.46%，学龄儿童入学率达到 99.6%。高考二本上线人数 6860 人，进线率 25.5%，比上年提高 4 个百分点。有 16 名学生进入全省前 100 名，4 名学生被清华、北大录取。在全省率先施行教育布局调整，按照高中阶段教育向县城集中、初中阶段教育向中心乡镇集中、教学点向中心村集中、新增教育资源向城镇集中的“四集中”模式办学思路，围绕把规模调大、差距调小、结构调优、质量调高的目标，积极推进教育均衡化发展，得到了教育部表彰奖励。全市 17 周岁人口初级中学教育普及率达到 93%。职业中学招生规模达到 5000 人，有 9 所职业中专分别与中部发达地区 10 多所院校、企业联合办学，开设了新技术应用专业，进一步增强职业教育办学的活力和服务经济的能力。

文化事业日益繁荣。2009 年末，全市共有文化艺术馆 9 个，图书博物馆 18 个，藏书 58.17 万册，藏品 2.94 万件。有县级广播电视台 8 座，市级广播电台 1 座，市级电视台 1 座，广播电视网络传输机构 1 家，乡镇广播电视站 116 个，有线电视站 8 个，微波台 2 座，专用微波线路 78 公里，广播调频发射及转播台 39 座，电视发射及转播台 105 座，卫星收转站 844 个，广播电视“村村通”工程已经完成，数字电视开通，广播电视覆盖面进一步扩大。

体育事业成绩斐然。2009 年末，全市有体育机构 8 个，体校 9 个，等级裁判 683 人，登记等级运动员 26 人，体育场所 2119 个，获得市级以上奖牌 51 枚，全民健身运动和体育锻炼得到进一步加强。

（王选峰　杨学刚）

西峰区

【现任主要领导】

中共西峰区委书记：阎安

西峰区人大常委会主任：张怀璧

西峰区人民政府区长：冯光敏

政协西峰区委员会主席：张金彤

中共西峰区纪律检查委员会

书记：赵海东

【基本情况】西峰地处甘肃省东部，泾河上游，位于董志塬腹地，北靠庆城县，南接宁县，西和镇原县毗邻，东与合水县相望。属陕、甘、宁三省区金三角地带，是庆阳市政治、经济、文化、交通和商贸流通中心。全区共辖 5 乡 2 镇 3 个街道办事处，100 个行政村，931 个自然村，15 个社区，总人口 34.92 万人，其中农村人口 22.49 万人，城区人口 12.43 万人，总土地面积 996.346 平方公里。西峰系黄土高原沟壑区，海拔 1421.0 米，地势由东北向西南倾斜。地形呈一扇状，南北长约 47.7 公里，东西宽约 34.8 公里，以彭原乡、董志镇为主线的董志塬，塬面较为完整，地势平坦广阔，耕地以黑垆土为主，微碱性，土壤肥沃、疏松、保水保肥，垂直渗透力强。

【资源优势】西峰，素有“陇东粮仓”、“陇东明珠”之美誉。昔日，华夏始祖轩辕黄帝曾带领臣民在此耕作，5000 年前，就有制陶、种植和畜禽饲养，古“丝绸之路”穿境而过。境内有发掘的多处新石器时代仰韶文化、齐家文化遗址；北魏永平二年开凿的北石窟寺，是陇东地区北魏文化的精华，也是我国石窟艺术中的奇葩，是国家级重点文物保护单位，为甘肃四大石窟之一。二十世纪六十年代建设的巴家咀水库大坝，宽 539 米，高 74 米，是黄土高原第一坝；结构独特的肖金宋代金城寺砖塔，为省级文物保护单位。近年，全区上下以“黄土文化”为主线，积极开发旅游资源。先后开发了小崆峒、南小河沟等自然景观以及以周祖农耕文化为主线的公刘庙、老洞山等遗迹，是西峰区独具特色的自然人文景观；西峰区曾是周先祖在庆阳公刘部族农耕文化发祥地，境内温泉、什社乡一带，古名周都里；民间艺术独树一帜，巧夺天工的剪纸、绚丽多彩的刺绣、泥塑，享有“地面活文物”的美誉。风味醇厚的地方小吃—臊子面、玉米发糕、小米稀饭等令人称道。全区有国家级重点文物保护单位 2 处，旅游景点 13 处，涉外定点星级接待单位 5 个。

全区拥有土地面积 149.45 万亩，人均 4.42 亩，耕地面积 58.98 万亩，农民人均 2.40 亩。粮食作物主要有小麦、玉米、谷子、大豆、糜子、高粱、洋芋。经济作物主要有胡麻、油菜籽、油葵、瓜类、药材等。苹果栽培地处最佳纬度区，产量高、品质好，已成为全区农业主导产业，农副产品中的黄花菜驰名全国。

区内拥有丰富的潜层地下水和与流经镇原县边界的蒲河一条河流。境内河流长 50.5 公里，毛家河段面多年平均径流量 $2.220\times108m^3$，流域多年平均径流深 30.9mm。潜层地下水是全区人畜和工业用水的主要水源，含水层厚度平均 48 米，黄土层深厚，水质量好。西峰油田探明储量达 1.7 亿吨以上，年原油产量达 60 万吨以上。

【国民经济】初步核算，2009 年西峰辖区生产总值完成 69.31 亿元(石油 23.53 亿元)，比上年增长 15.5%。其中：第一产业实现增加值 7.67 亿元，增长 6.8%；第二产业实现增加值 37.21 亿元，增长 18.5%，在第二产业中，工业实现增加值 29.60 亿元，增长 13.0%；第三产业实现增加值 24.43 亿元，增长 13.9%。三次产业结构调整为 11.1：53.7：35.2。按常住人口计算，人均生产总值达到 19849.9 元，不含石油工业人均生产总值达到 13110.5 元。

全年粮食总产量达到 12 万吨，经济作物中油料产量达 1.26 万吨，果品总产量达 11.80 万吨，肉类总产量达 0.53 万吨，鲜蛋总产量达 570 吨。农业总产值达到 15.6 亿元，实现增加值 7.67 亿元。

规模以上工业 13 户(不含石油企业)，完成产值 11.51 亿元，实现增加值 3.44 亿元，增长 42.4%，其中省以下地方企业完成增加值 2.35 亿元，增长 45.7%。

资质以上建筑企业 34 户，完成房屋竣工面积 107.49 万平方米，增长 47.5%，全年实现建筑业产值 246504 万元，实现增加值 54903 万元，实现利润 5758 万元。

辖区社会消费品零售总额达 24.50 亿元，比上年增长 23.4%，其中批发零售贸易业完成零售额 18.55 亿元，增长 29.4%，住宿和餐饮业完成零售额 5.89 亿元，增长 23.1%。全年出口创汇 3496 万美元，下降 51.3%。

全年实现财政收入 40868 万元，比上年增长 29.0%，其中一般预算收入 26640 万元，增长 30.0%。财政总支出 113557 万元，增长 38.8%。

金融机构各项存款余额 103.57 亿元，增长 45.4%。其中城乡居民储蓄存款余额为 65.02 亿元，增长 32.0%。各项贷款余额 40.80 亿元，增长 71.6%。

【项目建设】全年新开工 50 万元以上固定资产投资项目 255 个，其中千万元以上项目达 116 个，亿元以上项目 26 个。在庆阳石化 300 万吨/年炼厂搬迁改造、西长凤高速公路、城北广场、庆阳体育场等重大项目和城乡教育布局结构调整校舍建设、旧城区改造、城乡道路建设等重大项目支撑下，全年全社会固定资产投资完成 74.81 亿元，比上年增长 72.3%，按城乡分：城镇完成投资 70.0 亿元，增长 76.7%；农村完成投资 4.81 亿元，增长 26.9%。按三次产业分：第一产业完成投资 2.92 亿元，增长 85.8%；第二产业完成投资 17.95 亿元，增长 83.5%；第三产业完成投资 53.95 亿元，增长 68.2%。

【新农村建设】全年新增有效灌溉面积 2527 亩，补贴购置新型农业机械 762 台（部），年底农用车达到 3516 辆，大中型拖拉机达到 1665 台，农业机械总动力增长到 22.80 万千瓦。乡村劳动力达到 149909 人，比上年增加 1362 人。解决了 37 个自然村 1236 个农户的生产生活用水困难。新铺达标村砂石路 16 条 31.2 公里，拓宽改造村组道路 25 条，46.9 公里。至目前全区 100 个行政村均实现总体小康达标，其中：省级达标村 6 个，市级达标村 56 个，区级达标村 38 个。开工建设小康住宅点 53 处、1795 户，累计建成农村小康住宅点 110 处、3963 户，占全区总农户的 6.9%。全区百分之百的村通油路、通电、通车、通自来水，电视覆盖率达到百分之百。

【人民生活】辖区全部单位在岗职工年工资总额达到 73984.9 万元，比上年增长 12.2%，年人均工资额 27443 元，增长 19.1%。其中区属职工工资总额为 28538.1 万元，增长 15.8%，年人均职工工资额 28546 元，增长 14.4%。全年城镇居民人均可支配收入 11130.01 元，比上年增加 1191.29 元，增长 12.0%；人均消费性支出 8934.96 元，增长 14.2%；城镇居民家庭恩格尔系数为 36.2%，比上年下降 0.8 个百分点。农民人均纯收入 3608.02 元，比上年增加 441.33 元，增长 13.9%；人均生活消费支出 2782.30 元，增长 9.1%；农村居民家庭恩格尔系数为 36.3%，比上年下降 0.4 个百分点。

【环境保护】全年共实施重点减排项目 10 项，建成清洁文明井场 20 个，办理环境影响登记项目 46 个。建成沼气池 5480 座，畜禽养殖业废弃物有效利用率达到 90%，城镇生活垃圾收集率达到 80%以上，削减二氧化硫 137.47 吨，削减化学需氧量 519.44 吨，项目环评执行率、“三同时”执行率均达到 100%。可吸入颗粒物年日平均值为 0.15mg/m^3，二氧化硫年日平均值为 0.06mg/m^3，二氧化氮年日平均值为 0.08mg/m^3，地面水质达标率达到 100%，饮用水源地水质达标率为 100%，区域环境噪声平均值为 55 分贝，交通干线噪声平均值为 70 分贝。

【社会保障】辖区参加基本养老保险的职工人数为 26129 人，其中离退休人员 7652 人；参加失业保险 36181 人；参加职工基本医疗保险 34771 人；城镇居民基本医疗保险参保人数 5.4 万人。城市低保参保人数达到 8779 户、22825 人，发放保障金 4596 万元。农村低保参保人数达到 3735 户、10947 人，发放保障金 712 万元，比上年增加 139 万元。

【社会事业】城市总规划面积 24 平方公里，建成区面积达到了 16.65 平方公里，全年实施重点城市建设项目 8 个、旧城区块改造项目 12 个，开拓建成新、旧城区道路 16 条，实施重点绿化项目 5 个。城乡面貌得到较大改观。

全年投入科技三项费 153 万元。新选派科技特派员 39 名。开展各类科技培训 540 多期，受训群众 60000 人次。建立科技示范村 47 个，科技示范户 3779 户。引进各类新品种、新技术 149 种（项）。培育果产业科技示范户 300 多户，选聘技术指导员 40 名，举办果农培训班 4 期，3000 多人。实施以支柱产业开发为主的科技项目 26 项，其中科技服务综合试验示范基地建设项目 1 项，农业科技项目 17 项、工业项目 1 项、社会事业项目 7 项，共计投入经费 123 万元。与中国科学院、甘肃农科院、陇东学院、西北农林科技大学等科研院所建立了合作关系，实施项目 31 项，解决生产技术难题 40 多条。引进航天瓜菜新品种 13 个，建成两所现代化农民实用技术培训学校。

全年新建项目实施学校 17 所，续建项目实施学校 5 所，建筑总面积 11.5 万平方米，概算总投资 2.7 亿元。落实义务教育“两免一补”资金 2564.9 万元，免除 4.47 万名学生学杂费，为中小学装备图书 3 万册，教学仪器 9578 台（件），购置新型课桌 19000 套。全年学前一年幼儿入园率达到了 76%，适龄儿童入学率达到 100%，高中阶段入学率达 75%以上。小学毕业生平均双科合格率达到 80.5%。普通高校录取 2532 人，录取率 60.3%，二本以上进线人数 643 名，进线率 22.1%。全区独立高中、完全中学、职专、独立初中、九年一贯制、小学、幼儿园专任教师学历合格率分别达到81.5%、76%、78.9%、96.4%、96.4%、87.1%、98%。辖区内共有各类学校200所。其中大专院校1所，中等专业学校3所，成人高等教育学校1所，中学28所（其中：独立初中13所，完全中学9所，高级中学2所，一贯制中学4所），普通小学120所，特殊教育学校1所，幼儿园46所。各类学校共有教职工7398人，其中专任教师6726人，在校学生93230人。

全区现有专业剧团2个，影剧院1个，文化馆2个，图书馆2个，博物馆2个，画院1个，文化站8个，农村图书文化室98个，农家书屋100个，露天剧场21个。广播电视覆盖率94.94%，城区有线电视覆盖率94.8%。

辖区拥有卫生机构411个，其中医院9个，社区卫生服务中心(站)16个，卫生院8个，诊所、卫生所、医务室370个。实有医疗病床2083张，卫生技术人员2205人，其中：执业（助理）医师736人，注册护士739人，药师（士）191人，技师（士）101人，其他人员438人。全年组织实施卫生基础设施建设项目74个，新增建设总面积46948平方米，总投资1.12亿元。新型农村合作医疗参合人数23.05万人，参合率为95.34%。新农合基金使用率达到90%以上。

（张俊英）

庆城县

【现任主要领导】

中共庆城县委书记：闫晓峰

庆城县人大常委会主任：刘建民

庆城县人民政府县长：解平

政协庆城县委员会主席：贾兴勤

中共庆城县纪律检查委员会书记：王超

【基本情况】庆城县（原庆阳县）位于甘肃东北部，泾河上游，东邻合水，西濒黑河，与镇原县相望，南与西峰毗邻，北与环县、华池接壤。地势由北向南倾斜，总土地面积2692.6平方公里，辖5镇10乡，153个行政村，总人口31.9万人。

【资源优势】县内矿产资源丰富，尤以石油、天然气储量较大，现有长庆油田和中油庆化集团两大企业从事石油、天然气的开发利用。已形成苹果、黄花菜两大支柱产业，“赤诚”牌苹果誉享陇原，“庆针”牌黄花菜畅销海内外，马岭黄酒、中药材、白瓜籽仁、甘草酸铵等产品，曾多次荣获省优名牌产品。

庆城县（原庆阳县）古称北地，扼首古长安北去宁夏萧关之要冲，历史文化悠久，是中华民族农耕文化发祥地之一。城周青山围郭，二水环流，城似凤凰展翅，故名“凤城”。庆城县物华天宝、人杰地灵。这里既是医祖岐伯、明文坛“前七子”领袖李梦阳等诞生地，也是原陕甘宁边区陇东革命根据地的一部分，刘志丹、习仲勋、马文瑞、蔡畅、耿飚等老一辈无产阶级革命家曾在这里战斗生活过。境内人文遗址、自然景观风格独特，有国家4A级周祖陵森林公园、鹅池春水、普照寺大殿、慈云寺女真文铁钟、岐伯圣景等十多处名胜古迹。

【国民经济】2009年，完成生产总值78.48亿元，增长12.5%；社会固定资产投资25.68亿元，增长28.8%；地方规模以上工业增加值1.78亿元，增长32.7%；大口径财政收入3.3亿元，增长11.13%；城镇居民人均可支配收入10933元，增长20.1%；农民人均纯收入2850元，增长17.3%；社会消费品零售总额12亿元，增长26.4%。

工业经济快速发展，企业创办、园区建设、支持油田产能建设取得“三个新突破”。全年实施工业项目67个，完成投资3亿元，增长50.3%，其中新办27户，完成投资1.54亿元，增长95%。利用油田闲置资产新办的伊佳博新型建材、兴庆钻井，围绕油田钻采服务创办的鑫昕机械维修、铭辰物资供应，围绕绿色发展理念创办的大运环保、酒卫阳光等企业，为我们今后工业发展探索了路子，指明了方向。进一步明确了两个园区的发展定位，争取到了省市的政策支持，驿马园区完成总体规划，启动了核心区路网建设，西川园区接管了一批闲置资产，加强了管护力量，正在抓紧制定发展规划。全面推行“一站式”服务，全力支持油田开发建设，境内原油产量达到114.2万吨，新增20万吨，企地协作步入了新的发展阶段，特别是“马岭下面找马岭”项目的实施，为发展石油配套工业带来了新的机遇。

【项目建设】城乡面貌明显改观，北区开发、旧城改造、小城镇建设、农村基础建设发生“四个新变化”。北区投资3.52亿元，实施凤城初中、教育大厦等9项重点工程，新区功能更趋完善。旧城启动财富广场建设，完成宾馆段古城墙加固和长庆少年宫、石油影剧院维修改造，新增城市绿地1.3万平方米，人居环境趋于优化。小城镇投资3000多万元，完成驿马、白马、赤城、南庄等6乡镇的小城镇改造，拉开了新一轮小城镇建设的序幕，农村基础建设完成农村公路32条223公里，新建人饮工程16处，架设10千伏农电线路93公里，0.4千伏线路146公里，农村群众的行路、饮水、用电问题得到较好解决。特别是经多方论证，启动实施西川饮水县城延伸工程，为解决城区供水问题迈出了实质性步伐。

【新农村建设】“三农”工作富有成效，全膜玉米种植、特色产业开发、新农村建设、扶贫攻坚取得“四个新进展”。积极推广旱作农业技术，种植地膜玉米10万亩，全年粮食总产达到12.3万吨，为近年来最好收成。投资400多万元，引导群众新栽苹果5.3万亩；种植牧草13.5万亩，引进辽宁绒山羊1.2万只，带动发展规模养殖户1832户；完成庆城教子川、卅铺雷旗等6个设施瓜菜核心区建设，瓜菜种植面积达到17万亩，其中设施瓜菜5170亩。整合易地扶贫搬迁和危窑危房改造项目，完成庆城镇等4个市级示范点和驿马韦老庄等9个县级示范点建设，建成小康农宅793户，农村群众的生产生活条件有了较大改观。全年争取国家扶贫开发资金660万元，实施扶贫开发项目10个，解决了6500人的贫困问题，贫困面下降2.7个百分点。

【社会保障】民生问题得到加强，向群众承诺的“12件实事”全面落实。筹资5000万元，建成农村户用沼气3200座，廉租住房630户，改造农村危窑危房4040户，群众的生产生活条件得到有效改善；筹资1400万元，落实干部职工的生活补助，提高了机关单位公用经费标准和政法干警津贴，激发了工作活力；加大社会保障投入力度，提高了城乡低保、五保供养、合作医疗、居民医保补助标准，解决了586名企业职工的养老保险问题，城乡群众普遍享受到了改革发展带来的实惠；积极实施大中专院校毕业生就业安置“五大工程”，全年安置各类毕业生367人，基层卫生、教育力量得到充实和加强。

【社会事业】社会事业全面发展，教育、卫生、文化、旅游、广电工作取得“五个新进步”。教育事业以布局调整为带动，撤并农村中小学、教学点45所，建成驿马初中、凤城初中等4所寄宿制学校，全校高考二本进线率达到25.7%，较上年提高7.5个百分点，位居全市第二。卫生事业投资207万元，完成县医院医技楼和46个村级卫生所建设，推行乡镇卫生院院长竞聘上岗，农村医疗保障能力进一步增强。文化事业建成6个标准化乡镇文化站和84个农家书屋，创作编排的革命历史剧《留守岁月》，在全省新编剧目调演中荣获综合一等奖和11个单项奖。旅游事业投资4600多万元，实施千家碑林建设和周祖陵景区亮化工程，编制了《庆城旅游发展总体规划》。广播电视事业完成480个自然村2.1万套卫星转播设备安装调试，实施3100户城区数字电视整体转换，广播电视覆盖面和信号质量明显提高。

（田野）

环 县

【现任主要领导】

中共环县县委书记：王谦

环县人大常委会主任：田建堂

环县人民政府县长：吴丽华

政协环县委员会主席：石建洲

中共环县纪律检查委员会书记：高鹏程

【基本情况】环县踞陕、甘、宁三省（区）之交界，鄂尔多斯盆地之腹中，大西北经济圈之中枢，银(川)—(长)武大动脉纵贯全境，神府、宁东、华亭、彬长四大煤田分布四周，中石化、中石油、延长油矿开采区块均有分布。西距兰州480公里，北距银川260公里，南距西安420公里，东距榆林280公里、延安320公里。全县辖20个乡镇、1个旅游开发办、250个行政村，1491个村民小组，总土地面积9236平方公里，2009年全县总人口35.31万人，总户数8.45万户，其中：农业人口32.67万人，农业户数6.76万户。境内海拔高度在1200～2089米之间，年均降雨量300毫米左右，年平均日照时间2600小时。

环县是红色教育的传播地，传统光荣，民风淳朴。环县是1936年解放的革命老区，红军长征途经之地，原陕甘宁省委、省政府驻地，是陕甘宁根据地的重要组成部分、中国人民解放战争的总后方。第二次国内革命战争最后一战—山城堡战役就发生在环县境内。习仲勋同志为第一任县委书记。革命战争年代，环县人民的无私奉献，为中国革命做出了巨大贡献。计划经济时代，环县作为农业大县，曾将大批粮食调往省内外，有力地保障了城市粮食供给，支援了国家的工业化发展。进入市场经济后，环县由于特殊的地理环境，经济发展相对缓慢，属于国家扶贫开发工作重点县和干旱困难县。

【资源优势】环县是绿色杂粮的原产地，品质优良，物美价廉。环县位于毛乌素沙漠与黄土高原的交汇地带，气候凉爽，干旱少雨，特殊的土壤、气候和降雨量造就了环县盛产荞麦、糜子、谷子、洋芋、燕麦等小杂粮和胡麻、葵花、黄豆、中药材等多种经济作物，质优品良，属绿色无公害产品。其中小杂粮产量居全省之首，被命名为“中国小杂粮之乡”。全县羊只饲养量居全省第二，是西北羊绒、羊毛、皮张和各种肉食品的主产地之一。

环县矿产资源丰富，境内有石油、天然气、石灰岩、煤炭、白云岩等多种矿藏。石油地质储量达5亿多吨，是长庆油田的主产区之一；优质石灰岩储量达2000多万吨，正在开发利用；白云岩储量达18亿吨，属特优品位；全县煤炭预测储量684亿吨，其中千米以浅整状煤田预测储量51亿吨，煤层气预测储量3480亿立方米。现已探明千米以浅整状煤田储量达16.47亿吨，甜水堡千米以浅煤炭储量2亿吨，构造简单，煤质优良，具备建设亿吨级煤田的条件。

【国民经济】环县是日臻崛起的希望地，环境宽松，人和心齐。2009年，全县上下坚持以项目建设为总纲，充分发挥绿色农产品、矿产资源和特色文化“绿黑文”三大优势，深入实施项目带动、基础先行、强农富民、工业突破、开放开发、科教兴县六大战略，加快产业化、工业化、城镇化三大进程，实现财政增长、城乡居民收入增加、基础设施后劲增强三大目标，经济社会各项事业呈现出全面提速、加快发展的良好势头。全年完成生产总值20.15亿元，比上年增长12.7%；固定资产投资33.6亿元，增长55.3%；地方财政收入8188万元，增长32.3%；农民人均纯收入2179元，净增217.7元，增长11.1%；

城镇居民人均可支配收入 10345 元，净增 1722 元，增长 20%；社会消费品零售总额 5.7 亿元，增长 22%。

【项目建设】坚持把项目建设作为经济工作的生命线，紧紧围绕“调、争、招、激、创”五字理念，抢抓国家扩大内需政策机遇，以项目建设的大突破促进经济社会的大发展。全县开工建设 50 万元以上项目 210 个，完成投资 32 亿元，比上年增长 50%，其中：千万元以上项目 86 个，完成投资 27.89 亿元，项目数和投资额均创历史新高。

【新农村建设】着力实施地膜增粮安民、草畜产业富民、特色产业助民、扶贫开发惠民和劳务输转带民“五大工程”。完成全膜双垄沟播种植 60.3 万亩，大旱之年喜获丰收。新种紫花苜蓿 40.3 万亩，调引良种绒山羊 4 万多只。建成马铃薯、荞麦、葵花、大豆 4 个无公害农产品示范区和 170 多个农业示范点。实施扶贫整村推进项目 83 个，新农村建设示范点 12 个，建成“一池三改”沼气工程 6000 座、标准化村级服务网点 28 个。协调帮扶资金 5712 万元，解决贫困人口 2.02 万人，贫困面比上年下降 4 个百分点。全年培训农民 11.2 万人次，输转劳务人员 5.2 万人，创收 3.6 亿元，人均增收超过 1000 元。

【社会事业】以人为本重民生，社会事业取得新进步。教育继续保持全市领先位次，职业教育活力不断增强，开创了整合资源、规模办学，校企联办、特色办学的新路子；道情皮影“入联”工作扎实推进，赴外演出有声有色，成为宣传环县、推介环县的最好名片；红色旅游、民俗文化开发成效良好，建成山城堡战役纪念碑；东老爷山森林公园被正式列为国家 AA 级旅游景区；科技、医疗、体育卫生、社保、计划生育等工作有序推进，质量水平稳步提升，成功举办第二届环县农民运动会等 5 项文体活动，凝聚了人心；灾后重建、“10 件实事”全面完成，民生、民居、民忧等问题进一步改善。

华池县

【现任主要领导】

中共华池县委书记：马斌

华池县人大常委会主任：王长青

华池县人民政府县长：张万福

政协华池县委员会主席：常玉海

中共华池县纪律检查委员会

书记：杨万香

【基本情况】华池县位于甘肃省东部，东、北与陕西省志丹、吴旗、定边县接壤，西、南与省内环县、庆城、合水为邻，总土地面积 3843 平方公里，耕地总面积 6.63 万公顷，其中水平梯田 2.72 万公顷。全县共辖 3 镇 12 乡，3.85 万户，13.33 万人，人口密度每平方公里 34.7 人。有汉、蒙、回、藏、维、苗、壮、满、侗、土家、彝、布依、朝鲜等 13 个民族。境内丘陵起伏，梁峁相间，沟壑纵横，属黄土高原丘陵沟壑区。年平均降雨量 510 毫米左右，且多集中在 7、8、9 三个月。有气象资料记载以来，降雨量最多的年份 2003 年降雨量达到 623.5 毫米。年平均气温 8.7 ℃，无霜期 178 天。干旱、霜冻、暴雨为主要天气灾害。境内有元城河、柔远河、城壕河、二将川河四条主要河流，年总流径量 10220 万立方米。

【资源优势】华池县物产丰富，开发前景广阔。农作物主要有小麦、玉米、高粱、糜谷、荞麦、黄豆、胡麻、白瓜子等。其中黄豆、白瓜子、荞麦、洋芋、玉米以量大质优而远近闻名。境内已探明地下石油储存面积 2200 平方公里，储油量 6 亿多吨。现有长庆油田下属的城壕、华池、南梁、温台、元城、华庆、五蛟、乔河 8 个石油生产作业区及华池 1 个生活基地，年产原油 98.7 万吨。全县经济林达 5.93 万亩，有杏、梨、桃、苹果、葡萄、酸蜜果等十多种果品，年产水果 1400 多万公斤。布尔山羊、绒山羊、小尾寒羊、早胜牛已初步形成规模养殖。野生药材以甘草、茵陈、黄岑、茜草、川地龙、麻黄、山桃仁、秦艽、杏仁、远志、柴胡等为主，尤其是甘草，质优量大，最为有名。

旅游资源：“红色旅游建设年”活动成效显著，红色旅游产业开发步伐加快。国家副主席习近平在华池县视察工作时，就红色旅游产业开发作出了重要指示，进一步坚定了华池县开发旅游产业、促进经济发展的信心。全面推进景区基础设施建设，共完成投资 2.13 亿元，开通红色旅游支线油路 3 条 53.35 公里，建成以南梁革命历史陈列馆为主的“一大四小”红色旅游景区展馆 5 处。整个景区基础设施配套到位，展馆品位独具特色，得到了上级领导和社会各界的一致好评，南梁革命纪念馆被评定为“国家 3A 级旅游景区”。范公祠景区建设全面竣工，向游人开放。组织人员编制了《华池县旅游产业发展规划》，完成《延安干部学院南梁（大凤川）教学点建设修建性规划》等一系列规划，旅游产业开发的目标更加明确，旅游景区建设更加科学规范。在第十五届“兰洽会”期间，成功举办红色旅游景区(点)暨精品旅游线路推介会，把华池县的红色旅游向大旅游、大环境、大发展方向推进了一大步，提高了华池的知名度，扩大了华池的对外影响。

【国民经济】2009 年，全县生产总值达到 51.28 亿元，比上年增长 15.5%；固定资产投资 23.6 亿元，增长 77.1%；大口径财政收入、一般预算财政收入分别达到 10100 万元和 6579 万元，增长 25%和 19.6%；规模以上工业增加值 1418 万元，增长 25.9%；社会消费品零售总额 4.38 亿元，增长 26.9%；农民人均纯收入 2606 元，增长 13.3%；城镇居民可支配收入 11594 元，增长 16.2%；粮食产量 10.62 万吨，增长 26.7%。

【项目建设】全县各级抢抓国家扩大内需政策机遇、庆阳建设大型能源化工基地和全省新的经济增长极的战略机遇，全力争项目、引项目、建项目、管项目，使项目建设取得重大突破。2009 年是华池县项目开工最多、投资最大、建设最快的一年。通乡油路、县医院整体搬迁、县城污水处理工程、柔远初中扩建工程等 161 个重点建设项目得到批复立项，并开工建设。全年共争取无偿资金 3.4 亿元，比上年多争取 1.06 亿元。共实施 1000 万元以上重点项目 81 个，50 万元以上重点建设项目投资达到 20.65 亿元，增长 65.8%。实施扩大内需项目 60 个，总投资 2.19 亿元。特别是红色旅游产业开发、超低渗透油田开发、农业结构战略调整、生态能源经济建设和城乡一体化进程等项目先做先行，进展快、成效好，显示了极强的驱动引擎作用。

【新农村建设】新农村小康家园"145"工程建设稳步推进，完成 1 个市级试点镇、3 个市级试点村和 18 个县级试点村的建设任务，建成集中新建示范户 201 户，改造提高示范户 571 户，辐射带动全县改、新建小康农宅 1850 户，大力推进农村环境卫生综合整治工程，村容户貌有了新的改观，群众居家条件正在发生着前所未有的变化。提出了北部旱作农业、南部设施高效农业和东部生态农业三个片区开发思路，走出了一条农业区域化发展的新路子，全面完成东部生态农业示范区"115522"工程年度建设任务。积极探索贫困山区扶贫开发与新农村建设的新模式，完成 7 个村的整村推进扶贫项目，当年解决贫困人口温饱 3200 人，获全省扶贫开发二等奖。完成乔川铁角城村等 4 个村的易地扶贫搬迁工程，搬迁贫困户 202 户。大力发展劳务产业，全年共输转务工人员 4 万多人次，农民增收渠道进一步拓宽。集体林权制度改革、农村土地流转试点工作稳步推进，顺利实施。

【社会事业】社会建设取得新进步。科教兴县战略扎实推进。教育布局调整步伐加快，建成寄宿制学校 4 所，撤并村小学 20 所，落实农村义务教育经费和寄宿生生活补助费 1224 万元。教育基础设施进一步改善，华池二中、五蛟初中等 5 所学校的学生宿舍楼和怀安小学教学楼建设主体工程全部完成，改扩建校舍 1.83 万平方米，柔远初中改扩建工程完成规划设计、工程招标等前期工作。和谐校园建设成效显著，教育管理日趋规范，教育规模逐年扩大，教学质量稳步提高，"普九"四率稳中有升，高考总进线率达到 87.4%，初中毕业会考综合排名全市第一。共举办各类科技培训班 434 期，完成农民技术培训 4.95 万人次，引进推广农业新技术 12 项、新品种 67 个，推广各类新机具 265 台（件）。继续深化与西北农林科技大学等科研院所的技术合作，院地合作项目进展顺利。

医疗卫生条件明显改善。完成 11 个乡镇卫生院建设任务，新建村卫生所 41 个。全县农民新型农村合作医疗参合率达到 96.16%，实施农村大病医疗救助 1106 人，农民"看病难、看病贵"的问题得到有效缓解。积极防控甲型 H1N1 流感，全县无重症患者出现。计划生育工作不断加强。完成南梁等 3 个计生服务所主体工程，为全县 2.36 万名已婚育龄妇女免费普查了妇科疾病，不断夯实基层基础工作，提升管理服务水平，省、市考核验收顺利通过。

文化体育事业蓬勃发展。圆满完成第三次全国文物普查任务和非物质文化遗产的申报工作，组织参加了 2009 年中国庆阳农耕文化节，建成 4 个乡镇文化站主体工程和 97 个"农家书屋"。积极开展形式多样的文化体育活动，组织承办了甘肃省第九届钓鱼比赛暨西北垂钓高手 PK 邀请赛，组织参加了甘肃省"丝绸之路"农民篮球系列大赛、庆阳市纪检监察系统首届"廉政杯"职工运动会，举办全县职工运动会、华池县全民健身运动会和首届全县职工文艺调演活动，城乡群众的精神文化生活日益丰富。

广播电视事业快速发展。启动了县城区有线电视数字转换工作，全面完成农村广播电视"村村通"工程，圆满完成数字电影《刘巧儿家飞来个小洋妞》在华池县的拍摄工作。

各项民生保障政策全面落实。灾后重建扎实推进，投资 1.33 亿元，完成 2372 户农村困难家庭危窑（房）改造任务。全面完成廉租房建设任务，解决了 200 多人的住房困难。不断加强就业和再就业工作。按政策规定招考高校毕业生 290 人，安置 2007 年及以前的转业士官和退伍军人 23 名，通过各种途径实现再就业 363 人，开发公益性岗位安置就业困难人员 215 名。重视解决下岗失业人员基本生活困难问题。累计为 1144 名下岗失业人员减免各项税费 176 万元，为 261 名下岗失业人员落实小额担保贷款 412 万元，为 272 名灵活就业人员发放社保补贴 65 万元，为 219 名下岗失业人员发放失业金 67 万元，为 49 名企业退休人员遗属补发生活补贴 21.5 万元。

安全生产形势趋于稳定。开展危险化学品、建筑施工、道路交通运输等安全生产专项整治活动，防灾减灾体系进一步健全，重大安全事故处置能力明显提升。

（张熙）

合水县

【现任主要领导】

中共合水县委书记：田雁青

合水县人大常委会主任：谢守成

合水县人民政府县长：柴春

政协合水县委员会主席：邓文涛

中共合水县纪律检查委员会

书记：秦忙龙

【基本情况】合水县位于甘肃东部，东临陕西富县，西连庆城县，南接宁县，北靠华池县及陕西志丹县，总土地面积 2941.78 平方公里，现有森林面积 251.01 万亩，森林覆盖率为 56.88%。境内海拔 1298.4 米，年平均降雨量为

560～590毫米，平均气温7.4～9.1度，无霜期151～160天，有马莲河、县川河、固城河、苗村河、葫芦河5条河流，年平均总径流5950万立方米。全县共辖3镇9乡，80个行政村，498个自然村，4.81万户，常住人口16.58万人。

【资源优势】合水地处子午岭山麓，境内地势东北高，西南低，子午岭斜贯全境。岭上有穿境而过的“秦直道”闻名遐迩；岭下有“小江南”之称的太白川，林草茂密。县内物华天宝，沃野千里，资源丰富，植被良好，稻田如茵，绿水如镜，光照充足，雨量充沛，四季分明，气候宜人。苹果、草畜、黄花菜、白瓜籽、黑木耳、鹿茸久负盛名，誉满中外；秦艽、甘草、麻黄、柴胡、远志、枣仁等150多种贵重中药材及核桃仁、花椒、槐米、稻米等土特产品倍受客商青睐；梅花鹿、狐、黄羊、野猪等140余种野生动物与200多万亩森林依栖相伴，生息繁衍；水、电、路、市政等基础设施逐渐完善；地方工业不断壮大，非公经济异军突起；生态环境日益改善，公路交通四通八达，邮电通讯网络健全，商贸流通兴旺繁荣；名胜古迹多彩灿烂。目前发掘出土古遗址196处，出土文物2600余件，国家级文物44件。千年酸枣树、碧落霞天这些古文物与新开辟的森林公园、秦直山庄等成为人们旅游观光的新亮点。1973年，在板桥乡穆旗村挖掘出土的第四季早期完整的黄河剑齿象化石，曾轰动世界，书写了合水历史上最有价值、最辉煌的一页。

【国民经济】2009年，合水县深入学习实践科学发展观，团结带领全县人民积极应对复杂多变的经济形势和冬春夏连旱等重大自然灾害，抓落实，干到位，主要经济指标呈现的良好增长态势。全县生产总值和农业增加值稳步增长，分别达到12.29亿元和3.85亿元，比上年增长20.5%和9.4%；全社会固定资产投资和规模以上工业增加值大幅增加，分别达到25.44亿元和5000万元，增长57.6%和42.1%；财政收入稳步提升，大口径财政收入和一般预算财政收入分别达到5781万元和3888万元，增长14.5%和8%；农民人均纯收入和城镇居民人均可支配收入明显提升，分别达到2574元和9579元，增长12.8%和17.2%；全民消费水平持续提升，实现全社会消费品零售总额4.2亿元，增长25.8%。

【项目建设】抢抓国家扩大内需、促进经济增长的政策机遇，认真研究产业投资导向，取得新的成果，全年储备项目168个，完成前期43个，总投资35.28亿元；争取国家、省市各类投资和补助资金614项4.35亿元，其中项目资金3.37亿元、业务经费9800万元；实施50万元以上项目251个，完成投资22.6亿元，比上年净增10.34亿元；开工建设县城供水工程、庄一联合站等投资亿元以上项目3个、千万元以上项目44个，项目对经济增长的拉动作用日益增强。

【新农村建设】继续坚持把新农村建设作为统筹加快城乡经济发展的战略举措来抓，按照“实事求是、量力而行、试点示范”的原则，统筹规划，整合项目，累计投资1.16亿元，编制村庄规划40个，完成板桥乡马洼、吉岘乡郝家庄两个市级试点村和店子乡店子村、固城乡王昌寺村、太莪乡太莪村3个县级试点村既定建设任务。全县建成集中连片小康农宅28处1032户。通过实施新型农民培育、主导产业开发、基础设施配套和山、水、田、林、路综合治理等工程，新农宅集中连片，水、电、路、通讯、沼气、节柴灶、文化室、卫生室等设施基本配套到位，支柱产业得到新的发展。积极推进“农民增收十大行动”，整合各类项目资金5853万元，支持种植全膜双垄沟播玉米5.24万亩，优质小麦10.31万亩，粮食总产量达到9.38万吨，储备粮食5000吨；支持新栽苹果树4万亩，果品产量达到7.1万吨，农民人均果品收入573元；支持种植各类瓜菜10万亩，建成早春塑料大棚5610座、日光温室150座，农民人均瓜菜收入662元；支持封山禁牧，扶持发展设施规模养殖，新建乡镇兽医站12个，建成养殖小区13个，新增规模养殖户268户，完成人工种草3.01万亩、青贮玉米秸秆10.87万吨，牛、羊存栏分别达到6.11万头、13.15万只，农民人均畜牧业收入480元；支持发展劳务经济，培训输转劳务人员4.76万人，实现劳务收入3.04亿元，全县农民人均劳务收入590元，“合水秦直电子工”通过国家商标局劳务品牌注册，合水县被评为“省级劳务输出工作示范县”。支持农业产业化经营，发展农民专业合作经济组织12个，古象奶业公司被认定为省级龙头企业，板桥白黄瓜、绿色辣椒通过国家无公害地理标志登记、认证；支持兴办农村公益事业，新修、改建农村公路34条243.7公里，建成村级汽车停靠站15个，新建户用沼气池5620座、村级服务网点53处，建成农村饮水安全、雨水积蓄等工程3373处，新增有效灌溉面积2500亩；支持新农村建设、扶贫整村推进、农业综合开发和生态环境建设，新建农宅示范点28处1032套，整修梯田1.45万亩，流域治理49.67平方公里，完成造林2.95万亩，栽植公路行道树223公里。积极推进集体林权制度改革，被树立为国家、省市先进典型。

【社会保障】围绕改善民生促和谐，落实各项强农惠农政策，发放强农惠农资金8410.5万元。投资2.9亿元，省市政府确定的17件24项实事全部落实到位；县上确定的9件实事中，农村公路建设、特困群众危房（窑）改造、户用沼气、梯田建设、教育基建、科技惠农“十百千万”工程、老城变电站改造全面完成，多功能室内体育馆和青少年活动中心建设、乐蟠广场维修改造完成规划设计。大力实施困难群众、特困残疾人危房（窑）改造和廉租住房保障工程，完成危房（窑）改造2242户，建成廉租住房18套、在建126套，部分困难群众居住条件发生了历史性变化。积极推进“七大民生保障体系”建设，城乡低保、五保供养提标扩面，新增城乡低保对象7181人，发放低保金2817万元、五保供养金112.5万元、救灾救济金140万元、廉租住房补贴197万元；养老、失业、工伤、医疗、生育保险全面推进，参保人数达到3.34万人，发放各项保障金2838.9万元；不断健全农村合作医疗和困难群众大病医疗救助制度，全县农民参合率达到95.2%，共为8.96万名参合患者报销医疗费用1375.4万元，为465名困难群众发放大病医疗救助金104.7万元，基本实现医疗保险覆盖全县。认真落实就业再就业各项扶持政策，全面推行事业单位人事工资制度改革，实施大专院校毕业生安置“五大工程”，考录安置大专院校毕业生148名；城镇新增就业1700人、下岗失业人员再就业460人，为121名下岗失业人员创业协调担保贷款254万元，城镇登记失业率为3.7%。

【社会事业】下派科技特派员20人，引进推广新品种、新技术58项，获国家创新成果专利15项，顺利通过全国科技进步先进县复查验收。

加快教育布局调整步伐，实施教育基础建设项目6处，撤并完小和教学点28所，建办乐蟠初中等标准化寄宿制学校3所、九年一贯制学校1所；加强教育教学管理，教育质量稳中有升，高考二本进线率较上年提高了8.6个百分点。

新建乡镇文化站5个、农家书屋80个，成功举办“祖国颂”金秋广场文化月、“心连心”文艺巡回慰问演出等活动，丰富了群众文化生活；第三次文物普查和非物质文化遗产普查顺利推进。认真实施数字电视转换和农村电影放映工程，发展数字电视用户864户，广播、电视人口综合覆盖率分别达到95.8%和97%。全面完成“千乡镇农民健身工程”，广泛开展群众性体育活动，体育竞技水平明显提高。

实现乡乡有卫生院、村村有卫生室、120急救车覆盖城乡；狠抓手足口病、布病、甲型H1N1流感等疫病防控和食品药品专项整治，医疗救治和疾病预防控制水平明显提升。

扎实推进依法治县和“五五”普法，深入开展人民调解、矛盾纠纷排查调处和公安系统“三警”教育，严厉打击各类违法犯罪活动，“平安合水”创建取得初步成效；加强重点行业、重点领域安全隐患排查整治，全县安全生产形势总体稳定。

（贺巧香）

正宁县

【现任主要领导】

中共正宁县委书记：刘洪涛

正宁县人大常委会主任：郭亚宁

正宁县人民政府县长：白振海

政协正宁县委员会主席：袁喜言

中共正宁县纪律检查委员会

书记：梁运通

【基本情况】正宁县位于甘肃省庆阳市东南部，东、西、南三面与陕西黄陵、长武、彬县、旬邑相连，北接本市宁县。平均海拔1460米，年均气温9.8℃，降水量495.5毫米，蒸发量1500毫米，无霜期168天左右。地形东高西低、东宽西窄，略呈三角形，东部为子午岭林区，中西部为平原沟谷宜农区。境内被支党河、嘉峪河、四郎河分割为四塬三川。总面积1319.5平方公里，其中林区374.8平方公里，农区944.7平方公里，现有耕地43.69万亩。交通方便，正（宁）铜（川）、银（川）西（安）公路横贯全境。全县辖4镇6乡、94个行政村、677个村民小组，现有耕地43.69万亩。主要有汉、回两个民族，2009年底户籍人口23.88万人，常住人口23.05万人，农业人口21.45万人，人口自然增长率6.44‰。

【资源优势】境内自然资源优越，开发前景广阔，烤烟、苹果、花椒、小茴香和杏仁为本县特产，罗川旱烟、宫河大葱陇上有名，野生动植物、天然牧草、煤炭、石油等资源十分丰富，现已探明煤炭储量18.48亿吨。

【国民经济】2009年，全县实现生产总值12.92亿元，比上年增长16.1%。第一产业实现增加值4.85亿元，增长8.4%；第二产业实现增加值2.24亿元，增长62.5%；第三产业实现增加值5.83元，增长12.5%。三次产业结构为37.5∶17.3∶45.2。全社会固定资产投资完成34.68亿元，增长79.8%。大口径财政收入、一般预算财政收入分别完成18795万元、17487万元，剔除煤田采矿权出让金收入后分别增长15%、11.1%。年末金融机构各项存款余额20.06亿元，比年初增加5亿元，增长33.2%。其中城乡居民储蓄存款余额16.32亿元，比年初增加3.2亿元。年末金融机构各项贷款余额5.38亿元，比年初增加1.54亿元，增长40.1%。

农林牧渔业实现总产值7.77亿元，比上年增长6.57%；粮食总产量90032吨，与上年持平；油料总产量1.15万吨，单产增长1.23%；烤烟面积3万亩，总产量7050吨，实现税收1005万元；新栽苹果4.3万亩，果园面积达到19.82万亩，果品总产量5.3万吨，增长15.76%；蔬菜种植面积7.65万亩，总产量10.48万吨，增长8.67%；肉类总产量2491吨，增长10.17%。

全年实现工业增加值10172万元，比上年增长26.2%。其中规模以上工业企业有五户，分别为真粮液酒厂、供电公司、金牛公司、长兴日化有限责任公司、永正汇丰纸箱厂，完成增加值2461万元，增长46.3%；规模以下工业企业完成增加值7711万元，增长20.9%。

【项目建设】编制完成所有小城镇规划及30个村庄规划，组织实施县城垃圾处理场、街区人行道改造、北沟生态休闲工程、长乐北路开通、保障性住房建设、东区集中供热等城镇建设重点工程 76 处，总投资 3.1 亿元，全县城镇化率达到 24.97%。

【人民生活】2009 年，全县城镇居民人均可支配收入 9985 元，比上年净增 1685 元，增长 20.3%；人均消费性支出 8085 元，增长 25.7%。农民人均纯收入 2932 元，比上年净增 356 元，增长 13.8%；人均生活消费支出 1687 元，增长 2.5%。农村人均居住面积 27 平方米。

【社会保障】全县新增城镇就业 2421 人，招考安置大专院校毕业生 375 人，2332 户灾民建房全部入住。城镇居民最低生活保障人数为 1.27 万人次，农村居民最低生活保障人数为 1.84 万人次。

【社会事业】全县拥有各类科技人员 5493 人，选派科技特派员 25 名，推广新技术新品种 35 项，正宁荣获“全国科技进步先进县”称号。现有各类学校 154 所，其中高中 3 所，民办高中 1 所，职中 1 所，初中 13 所，小学 109 所，幼儿园 27 所，专任教师 2620 人，在校学生 4.38 万人。撤并学校 35 所，清退临时代课教师 470 人，高考本科进线率提高 2.9 个百分点。成功举办全县第三届运动会，国家体育总局授予正宁“全国千乡镇农民健身工程先进县”称号。新建农家书屋 63 个，全省文化先进县通过省级复审验收，广播和电视覆盖率分别达到 77%和 93%。全县共有各类卫生机构 15 个，病床位 333 张，专业卫生技术人员 399 人，各类村级医疗点 107 个。新建标准化村级卫生所 35 个，新型农村合作医疗参合农民 19.39 万人，参合率达到 95.17%，全年补偿医药费 8110 人次、1273 万元。

（彭亮）

宁 县

【现任主要领导】

中共宁县县委书记：赵昌军

宁县人大常委会主任：李百选

宁县人民政府县长：侯昌明

政协宁县委员会主席：刘政

中共宁县纪律检查委员会书记：邓莉娟

【基本情况】宁县位于甘肃省庆阳市东南部，总土地面积 2653.72 平方公里，耕地 95.23 万亩，共辖 8 镇 10 乡，270 个村民（社区）委员会，1805 个村民小组，总人口 53.20 万人，常住人口 50.83 万人，其中农村人口 50.05 万人。年均气温 10.3 ℃，年均降水量 433.3mm，全年无霜期 150 天左右，属典型大陆性季风气候，四季分明，光照充足。地势自东北向西南倾斜，海拔最高处 1760 米，最低处 860 米。城北河，九龙河，马莲河、泾河及其小支流流经境内。宁县交通便利，国道银西公路，省道吴凤、铜眉公路横贯全境。境内自然资源和地矿资源十分丰富，已探明的有煤炭、石油、煤层气、天然气等，开发前景十分广阔。

【国民经济】2009 年，完成生产总值 261092 万元，比上年增长 18.3%。其中：第一产业 82077 万元，增长 6.5%；第二产业 62091 万元，增长 27.6%；第三产业 116924 万元，增长 14.0%。三次产业结构为 31.4∶23.8∶44.8。

全年种植全膜双垄沟播玉米 8.27 万亩。粮食总产量达到 23.71 万吨。小麦 11.14 万吨，玉米 8.29 万吨，豆类 2.55 万吨；油料 3.08 万吨；蔬菜 9.8 万吨，瓜类 23.9 万吨。新增流转土地 6.4 万亩，新栽苹果树 10.7 万亩，劳务输转 10.2 万人，实现劳务收入 6.3 亿元。长庆桥、新宁市级统筹城乡一体化试点工作，焦村任村等 3 个市级和春荣白公等 18 个县级新农村试点村完成年度任务。

畜牧业生产逐渐回升。年末牛存栏 7.50 万头，出栏 4.14 万头；猪存栏 8.04 万头，出栏 7.13 万头；羊存栏 9.0 万只，出栏 2.96 万头；家禽存栏 55 万只，出栏 13.7 万只；肉类总产量 11059.2 吨。

工业强县步伐加快，经济转型开始起步，煤炭石油资源开发、工业集中区建设工作取得新进展。2009 年，实现工业增加值 44861 万元（含长庆油田），其中规模以上工业完成总产值 34058 万元，增加值 9207 万元。

实现社会消费商品零售总额 11.46 亿元，比上年增长 28.2%。其中：批发零售业 10.53 亿元，住宿和餐饮业 0.93 亿元。家电下乡政策的实施已成为拉动农村消费增长的强劲动力。共销售冰箱、彩电、洗衣机、计算机等八大类家电商品 8636 台（部、件），销售金额 1228 万元，补贴金额 143 万元。完成出口创汇总额 281 万美元，出口供货总值 3500 万元。

财政保障能力逐步提升。完成大口径财政收入 9645 万元，一般预算财政收入 6301 万元；财政支出 101629 万元。金融机构年末各项存款余额 36.80 亿元，各项贷款余额 13.54 亿元。

【项目建设】项目建设投资首次突破四十亿元大关，完成 43.19 亿元。其中：城镇 30.73 亿元，农村 12.46 亿元。华能 800 万吨/年新庄煤矿、中石化石油开发项目、宁南、宁中煤田地质勘探项目、通达果汁、西长凤高速公路、宁长二级公路建设、马坪新区建设、通村油路建设、中、小学校建设等一大批事关全局、干部群众期盼多年的重大项目相继开工建设。

【人民生活】2009 年，全县城镇居民人均可支配收入 8362 元，比上年增长 19.8%；人均生活消费支出 7172 元，增长 23.3%。农民人均现金收入 2746 元，增长 13.6%；生活消费支出 1611 元，下降 9.8%。

【社会保障】社会保障进一步完善。全年新增就业人员 3998 人，城镇登记失业率 3.8%；享受城镇居民最低生活保障家庭 3.83 万户，保障人数 9.14 万人，发放保障金 950.13 万元，物价补贴 53.08 万元；参加城镇失业保险、养老保险人数分别为 8817 人和 3896

人；参加城镇职工医疗保险人数 1.47 万人，新农合参合人数 47.67 万人，参合率 97.25%，报销资金额 3703.15 万元。

【社会事业】科技事业有新进展，国家强县富民项目 23 个子项目全部启动。教育事业稳步发展。拥有各类学校 332 所，在校生 84312 人，专职教师 5168 人。2009 年参加高考人数 4377 人，被高校录取 2539 人，本科进线率 24.6%。文化事业日益繁荣，卫生事业不断进步。拥有卫生医疗机构 263 个，技术人员 911 人，病床 775 张。新农合工作不断加强，群众看病难、看病贵的问题得到明显缓解。交通运输能力不断增强。全社会货物运输量 259.6 万吨，货物周转量 4270 万吨/公里；客运量 413.7 万人，旅客周转量 11990 万人/公里。邮电事业迅速发展。全年完成邮电业务总量 2736 万元（邮政电信），固定电话用户 11036 户，互联网用户 3512 户。

（徐海峰）

镇原县

【现任主要领导】

中共镇原县委书记：秦华

镇原县人大常委会主任：王维东

镇原县人民政府县长：李崇暄

政协镇原县委员会主席：黄清文

中共镇原县纪律检查委员会

书记：王文剑

【基本情况】镇原县位于甘肃省庆阳市西南部，东临庆城县、西峰区，西接宁夏回族自治区彭阳县，南界平凉市泾川县、崆峒区，北靠环县。镇原县地处黄河中游黄土高原沟壑区，是陇东黄土高原的主要组成部分。界于北纬 35° 27′ 至 36° 16′，东经 106° 44′ 至 107° 36′ 之间。南北长 91.24 公里，东西宽 78.3 公里，境内平均海拔 1500 米，最高点海拔 1767 米，最低点海拔 1011 米，相对高差 756 米。属北温带大陆性气候。年平均气温 10.3℃，日照率为 56%，历年降雨量 450～570 毫米，无霜期 150 天左右。全县土地总面积 3500 平方公里，总耕地面积 169 万亩，人均 3.5 亩。境内山、川、塬兼有，以山地居多，占总耕地的 68%以上。辖 7 镇 12 乡，215 个行政村，2 个居民委员会，1991 个自然村。年末总人口 53.13 万人，其中：农村人口 49.38 万人，全年人口自然增长率为 7.82‰。人口密度为每平方公里 152 人。

【国民经济】2009 年，全县实现生产总值 249250 万元，比上年增长 18.5%。按常住人口计算，人均 GDP 达到 5023 元。其中，第一产业增加值 80636 万元，增长 8.7%；第二产业增加值 84826 万元，增长 43.3%；第三产业增加值 83788 万元，增长 12.9%。三次产业结构比为 32.4：34：33.6。全县大口径财政收入完成 14588 万元，比上年增长 20.8%。其中一般预算收入完成 10551 万元，增长 29%。各项税收完成 11571 万元，增长 62.4%，占财政收入的 80%。全县所有金融机构各项存款余额 294866 万元，比上年净增 65030 万元，增长 28.3%。其中储蓄存款余额 222477 万元，比上年净增 44534 万元，增长 25.1%。各项贷款余额 110153 万元，比上年净增 35643 万元，增长 48.6%。

2009 年，针对金融危机造成的销售不畅和融资难问题，县委县政府制订出台政策措施，积极实施“工业突破”、“工业强县”战略，坚持新办与技改齐抓，使工业经济保持了较快增长。全县工业总产值完成 103981 万元，增长 34.5%，其中规模以上工业总产值完成 57092 万元，增长 50.1%，实现工业增加值 78646 万元，增长 48.1%。其中，规模以上工业增加值达到 30538 万元，增长 48.1%。面对国际原油市场萎缩的不利形势，积极争取、衔接，启动了超低渗透油田开发，石油开发规模稳步扩大，产能部署达到 40 万吨，开采原油 28 万吨，收缴税费资金 4133.6 万元。

市场销售稳中趋旺。全年实现社会消费品零售总额 100147.8 万元，比上年增长 26.1%。其中，县零售额 40171.4 万元，增长 27.4%；县以下零售额 59976.4 万元，增长 25.2%。出口供货较快增长。2009 年，全县外贸出口创汇总额 104 万美元，增长 9.5%，实现出口供货总值 3000 万元，增长 30.4%。旅游事业蓬莱发展，2009 年，接待各类旅游人数 5.71 万人次，实现旅游收入 1663.8 万元。

【项目建设】依托项目支撑，加大筹资力度，组织实施一大批城建、交通、水利、生态等基础设施建设项目，基础设施建设快速推进。2009 年，全县全社会固定资产投资完成 373409 万元，比上年增长 76.9%。投资结构继续改善，第一产业完成投资 29867 万元，增长 1.29 倍；第二产业完成投资 123675 万元，增长 79.7%；第三产业完成投资 219867 万元，增长 70.6%。全县集中精力和财力，狠抓城区建设，城镇建设成效显著。有步骤地实施南区的完善，东区的拓展，老城区的改造提升，县城服务功能更趋完善，城市品位全面提升。集中供热完成二期扩建工程，供热面积累计达到 50 万平方米，覆盖了县城三分之二的区域和人口。坚持建管并重，建立完善了城市管理措施，城市管理得到加强。全县城镇化率达到 22%，比上年提高 1.91 个百分点。县乡紧紧围绕卫生城县创建活动，重点实施绿化、亮化、硬化、美化、净化工程，县容县貌得到较大改观。重点小城镇及新农村试点示范工程建设进展良好，城镇基础条件进一步改善。

【新农村建设】新农村试点建设突出规划布局、产业培育、农宅建设、设施配套，在中南部乡镇取得一定突破。城关镇城乡一体化试点，上肖北庄等 3 个市级试点村和南川原芦等 12 个县级试点村建设完成投资 6336 万元。农村各项服务管理和改革稳步推进，完成农民科技培训7.68万人次，技能培训7.07万人次，输转富余劳动力10.2万人，实现劳务收入6.98亿元。完成农村土地流转7200户2.8万亩，建办农民专业合作经济组织8个。2009年，全县累计投入农业生产和建设资金2067万元，农业和农村经济在大灾之年保持了较好的发展态势，全年完成农业总产值142264万元，增长11.3%。粮食总产量达到20.06万吨，下降13.9%。"杏果、瓜菜、草畜"三大特色产业区域逐步集中，果园面积累计达到37.35万亩，水果总产量9.42万吨，增长49.77%，其中苹果面积17.5万亩，产量6.76万吨，增长89.9%。建成百亩设施瓜菜种植示范点6个，新建设施菜棚893座，设施蔬菜面积累计达到5975亩，露地瓜菜规模扩大，蔬菜产量8.62万吨，增长9.81%，瓜菜收入占到农民人均纯收入的18%。大力推广秸秆青贮氨化，舍饲养畜、畜禽疫病防治等技术，种草25.3万亩，建成规模养殖场6个，新增规模养殖1200户，牛、羊存栏分别达到9.12万头、20.7万只。

【人民生活】城乡居民生活继续改善。城镇居民人均可支配收入9810元，比上年增长18.2%；农村居民人均纯收入2434元，增长11.7%。居民家庭恩格尔系数城镇为35.2%，比上年下降2.9个百分点；农村为34.7%，下降5.9个百分点。全县职工年平均工资为28628元，增长19.8%。就业形势逐年好转，年末单位从业人员12374人，比上年末增加364人，增长3.03%。年内有1119名下岗失业人员通过各种渠道实现再就业，年末城镇登记失业率为3.96%。

【社会保障】社会保障日益完善。全县参加基本养老保险的单位72户，参保人员4620人。基本养老保险基金收入1684万元，失业保险基金收入246万元，城镇职工基本医疗保险基金收入1629万元，共为556名失业人员发放失业保险金225万元。共有46.83万农民参加农村新型合作医疗，参合率达到96.6%，共为50.05万人次报销各种医疗费用4443.34万元。全县城镇居民共有2661户、5632人得到政府最低生活保障救济，分别比上年增加2户和325人。农村共有23144户、43600人得到政府最低生活保障救济，分别比上年增加10698户和12433人。

【社会事业】教育事业全面发展。2009年末，普通中等专业学校招生967人，在校学生1333人，毕业104人；普通高中招生4351人，在校学生11883人，毕业2757人。适龄儿童入学率99.8%，13~15岁儿童初等教育普及率达到97.8%，小学学生巩固率达到99.5%。全县大专以上（含高职）高考录取人数2928人，录取率67.19%，比上年提高19.65个百分点。

文化事业持续活跃。全县共有专业文化艺术表演团体1个，全年演出150场（次），观众达47万人次；有公共图书馆1个，藏书51万册；博物馆1个，文物藏量3429件；乡镇文化站19个，建成农家书屋173个。

体育事业蓬勃发展。全年共举办县以上运动会3次，参加运动员700人次。

广电事业纵深推进。全县有线电视用户增加到4300户。广播人口覆盖率达到93%，电视人口覆盖率达到93.6%。

卫生事业全面加强。2009年末，全县医疗卫生机构总数27个，年末实有医疗床位680张，共有卫生技术人员782人。

（徐文德）

定西市

【现任主要领导】

中共定西市委书记：杨了兴

定西市人大常委员会主任：秦素梅（女）

定西市人民政府市长：许尔锋

政协定西市委员会主席：牛兴民

中共定西市纪律检查委员会书记：陈尊峰

【基本情况】定西市位于甘肃省中部，取"安定西边"之意而得名，通称"陇中"，东接天水，西靠兰州，北邻白银，南连陇南，并与甘南、临夏接壤，具有承东启西，南连北展的区位优势。全市总面积20330平方公里，耕地面积770.7万亩，农民人均耕地2.9亩。现辖1区6县，分别为安定区、通渭县、陇西县、渭源县、临洮县、漳县、岷县；辖119个乡镇、2个街道办。2009年底，全市常住人口294.13万人，其中城镇人口40.71万人，占13.84%，居住着汉、回、藏等18个民族。定西地处黄土高原西部边缘地带和西秦岭末端，以渭河为界，形成中北部的黄土丘陵干旱区和南部高寒阴湿的两种独特自然气候。定西地势南高北低，海拔在1420~3941米之间，东南暖湿气流受阻，大陆性气候明显，年平均气温7℃左右，年总降水量400~600mm，无霜期100~160天。

【交通优势】定西是古"丝绸之路"重镇，新欧亚大陆桥的必经之地，素有"甘肃咽喉，兰州门户"之称，距省会兰州98公里。陇海铁路，310、312、316、212等国道以及兰定、兰临高速公路贯通全境，县乡公路纵横交错，交通十分便利。兰定、兰临两条高速公路使定西、临洮成为省城兰州的1小时经济区域。目前正在建设中的兰渝铁路、天定和平定高速公路将使定西的交通优势更加凸显。

【资源优势】农业资源：定西的土壤气候极适合中药材、马铃薯生长，所产马铃薯形整、质优、储存期长、淀粉含量高，产量和质量在全省及全国均处于一流水平。产薯大县安定区被中国农学会命名为"中国马铃薯之乡"，渭源县被中国农学会评为"中国马铃薯良种之乡"，并已成为全省各地乃至周边省区的良种马铃薯供应中心。定西是地道的中药材主产地，中药材资源十分丰富，已查明的中药材有300多种，尤以岷归、党参驰名中外，党归、党参产量分别占全国的70%和40%。处于洮河上游的岷县自古就有"千年药乡"之称，所产党归世称"岷归"，被列为国家原产地认证保护产品。渭源县被称为"党参故里"，种植的党参体胖梢长，皮肉坚实，质量优良，功能与人参近似。由于光照充足，昼夜温差大，所产花卉色泽艳丽，香气宜人。

旅游资源：定西历史悠久，文化灿烂，是华夏文明的发祥地之一。国家级、省级森林公园贵清山、遮阳山、莲峰山等享誉国内外。新石器时代著名的马家窑、齐家、寺洼等文化遗址，西起临洮绵延300公里的战国秦长城遗址，海内外李氏寻根敬祖的"李氏堂"和通渭温泉等极具开发价值。境内还有汉代新莽权衡、唐明皇御笔"哥舒翰记功碑"、元代墓葬群、明代铜钟等国家重点文物，同时还有独具风格的渭源灞陵桥、气势雄伟的陇西威远楼。

矿产资源：主要矿产资源有花岗岩、大理石、红柱石、汉白玉、硅石矿、高岭土、硫铁矿、地热温泉等。其中花岗岩、大理石、红柱石等矿产开采条件好，储量大。通渭境内的地热温泉有"陇上神泉"之美誉，"浴可治百病，饮可提神美容"，开发利用潜力很大。黄河上游第一大支流洮河流经临洮、岷县200多公里，水能理论蕴藏量达87万千瓦以上，可供开发利用的达35万千瓦，可在洮河干流上开发建设10多个中小型梯级水电站。甘肃历史上最大的水利工程—引洮工程正在加紧建设。引洮工程使定西市安定、陇西、渭源、临洮和通渭5县区受益，一期工程农田灌溉面积17.34万亩，受益人口115万人，不仅可以解决受益区人畜饮水困难和部分工业生产问题，而且能够显著改善受益区的农业生产条件。

地方特产：陇西的金钱肉、口条、火腿被誉为"陇原三绝"，腊羊肉、腌驴肉、荞粉、烧鸡粉被列为全省"名特小吃"。"清吉"牌洋芋、"雪川"牌精淀粉、"效灵"牌和"星月"牌中药材、"足赤"牌肉制品和"陇原岁月"牌白酒等11个名优产品提高了地方特色产品的知名度。

【国民经济】2009年，定西市完成生产总值131.94亿元，比上年增长10.3%，增速比上年提高1个百分点。其中：第一产业完成增加值40.60亿元，增长5.5%；第二产业完成增加值31.10亿元，增长14.2%；第三产业完成增加值60.24亿元，增长11.7%。三次产结构为31∶24∶45，第一产业比重下降1个百分点，第二产业上升1个百分点，第三产业保持稳定。全市完成全社会固定资产投资总额125.66亿元，比上年增长56.1%，其中房地产开发投资9.95亿元，增长23.9%；农村建设投资17.85亿元，增长81.2%。全市实现社会消费品零售总额45.42亿元，增长16.8%。完成大口径财政收入9.47亿元，增长28.72%，完成一般预算收入5.04亿元，增长31.57%，实现一般预算支出72.68亿元，增长36.70%。

【项目建设】2009年，全市深入开展"项目建设推进年"活动，共落实前期经费3850万元，完成引洮一期配套工程前期工作，启动编制渭河源区生态建设专项规划，谋划项目1633个，向上申报1266个，争取国家政策性资金43.22亿元，增长1.04倍。实施50万元以上项目1011个(总投资亿元以上项目29个，比上年增加3个)，比上年增加402个，完成投资109.48亿元，增长62.03%；扩大内需项目705个，完成投资10.74亿元；灾后恢复重建项目495个，完成投资6.9亿元；市列领导责任制重点项目111个，完成投资47.5亿元。大力开展"招商引资年"活动，把招商引资工作纳入政府目标管理，制定考核奖励办法，积极参加兰洽会等招商节会，成功举办定西籍在粤同乡联谊会和定西发展论坛，全年共执行合同项目226个，到位资金48.22亿元，增长69.4%。政府融资工作成效明显，依托重点项目争取到位开发银行贷款1.95亿元、农业发展银行贷款11.6亿元、西班牙政府贷款300万欧元、沙特政府贷款450万美元，争取4.25亿元的亚行贷款前期工作进展顺利。

【产业开发】围绕打造"中国薯都"，继续争取农业部、省政府联办马铃薯大会，马铃薯种植面积316.8万亩、总产量451万吨，建立原种基地1.14万亩、生产原种2.28万吨，圣大方舟等3家科技含量较高、市场前景较好的企业建成试产。围绕打造"中国药都"，出台扶持中药材产业发展的政策措施，多渠道投入发展资金3300万元，种植中药材102.1万亩，建立GAP基地30.2万亩，扶持建设甘肃陇西中医药产业园，支持22家中药饮片生产企业通过GMP认证，加工中药材7.97万吨。在北京举办中药材产业新闻发布会和当归产业发展高端论坛，在贵阳举办中药材产业推介洽谈会，争取农业部和省政府在陇西首次举办中药材产业发展大会，进一步提升了道地中药材的知名度和影响力。大力发展设施农牧业，推广全膜双垄沟播156万亩，新建日光温室1002座、塑料大棚1338亩，新建标准化养殖小区81个，发展规模养殖户7000户，青贮氨化玉米秸秆92万吨，安定、岷县列入全省养羊、养牛大县。

【工业强市】全面落实工业发展十大行动计划，制定出台加快工业企业发展扶持办法、市循环经济产业园区企业入园优惠政策，投入工业发展扶持资金1.1亿元，实施工业项目58个，完成投资20.5亿元。2009年，全市完成全部工业增加值18.76亿元，比上年增长11.5%。其中规模以上工业企业完成增加值12.7亿元，比上年增长12.5%，其中重工业完成增加值8.41亿元，增长2.9%；轻工业完成增加值4.29亿元，增长38.8%。

【城镇建设】积极推进市区、县城和重点小城镇建设，实施城建项目146个，完成投资36.8亿元，增长2.5倍。市区坚持旧城改造与新城建设并举，实施项目46个，完成投资11.2亿元，比上年净增5.8亿元。新城区劲东路等7条道路和政府南路桥、体育公园全面建成，城南四路等6条道路开工建设，定西电大迁建项目基本完成主体工程。旧城区交通路北段等6条道路和19条背街小巷改造全面完成，永定桥、西岩桥、解放桥拓宽加固工程竣工通车，南大街等“城中村”改造工程扎实推进。深入开展“天更蓝、地更绿、水更清”活动，启动了生态园建设；实施工业污水和生活污水收集入网工程，开展市容市貌综合整治，人居环境进一步改善。专门成立征地拆迁办公室，加大拆迁安置力度，为市区建设提供有力保障。县城和重点小城镇实施项目100个，完成投资25.6亿元。

【新农村建设】农村基础设施建设进一步加强，投资3.8亿元实施交通道路项目208个，定临二级公路定西至内官段工程基本完工；投资2.97亿元实施水利工程68项，新增有效灌溉面积6000亩；新修梯田19.94万亩，新增水土保持综合治理面积366.27平方公里；实施林业重点工程22.2万亩、市区和县城面山绿化4.46万亩，建成文冠果基地5万亩、沙棘基地5.5万亩。集体林权制度改革试点工作全面完成。继续推进扶贫开发，实施易地扶贫搬迁项目20个、整村推进项目52个。第二批新农村建设试点工作全面启动，陇西县12个省级试点村完成投资4256万元。

【社会事业】2009年，财政用于科技教育、医疗卫生、文化体育等社会事业方面的支出26.66亿元，比上年增长26.83%。全面启动中小学校舍安全工程，稳步推进学校布局调整，建立健全义务教育经费保障机制，教育教学质量明显提高，高考本科上线7376人，增加1607人。职业教育加快发展，定西职专、陇西师范顺利转型，职教集团竞争力明显增强。全市向国家、省上组织申报各类科技项目115项，其中科技部18项，省科技厅97项。批复立项和结转科技项目48项，争取项目资金突破千万元大关，达到1076万元。扎实推进科技特派员制度，扩大科技合作与交流，实施科技重点项目18项，申请国家专利72项，3家企业通过省级高新技术企业认定，5个省级工程技术中心作用进一步发挥。优化整合市区医疗卫生资源，市医院迁建项目完成前期工作，19个县级医疗机构、69所乡镇卫生院建设项目完成年度任务。积极开展甲型H1N1流感防控工作，及时有效救治确诊病例。新型农村合作医疗制度得到巩固和完善，2009年全市共有233.58万农民参合，参合率91.32%，已为97.05万名参合农民补偿22721万元，其中门诊补偿752483人，补偿2200万元；住院补偿170384人，补偿20095万元，住院补偿比例达到52.59%。全市乡镇综合文化站和农家书屋建设进展顺利，群众文化生活不断丰富，现代秦剧《百合花开》荣获全国精神文明建设“五个一工程”奖。主办、承办了庆祝“新中国成立60华诞—定西市书画精品展”，展出优秀作品100多幅。举办“定西市赴中国庆阳农耕文化节书画展”，选送作品1502件，入选836件。全市群众性体育活动深入开展，有3个集体、3名个人被评为新中国体育发展60年全国群众体育先进集体和先进个人。全市举办各级各类群众体育活动66次，参与人数达到28万多人次，掀起了全民健身的新高潮，成功创建“国家田径中长跑奥林匹克高水平后备人才基地”。广播影视事业稳步推进，定西人民广播电台正式开播，全市广播综合覆盖率达90.14%；电视综合覆盖率达90.29%。人口和计划生育工作进一步加强，综合治理和利益导向机制逐步健全，人口自然增长率6.37‰，继续保持低增长态势。

【人民生活】坚持以人为本，着力保障改善民生，积极解决群众最关心、最直接、最现实的利益问题，2009年财政用于民生方面的支出21亿元，增长44.83%。大力实施促农增收六大行动，发放国家粮食直补、农资综合补贴、农机具购置补贴、良种补贴等惠农资金5.82亿元。把民政工作纳入政府目标责任管理，加大力度完成城乡低保和农村五保提标扩面工作任务，对城乡困难群众在春节前进行慰问，投入救灾救济资金8400万元，及时开展各类自然灾害应急救助，困难群众生产生活得到妥善安排。加快保障性住房建设步伐，以团购方式解决干部职工住房困难问题。继续为城市低保户和干部职工发放供暖补贴。制定实施促进高校毕业生就业十大行动计划，通过公开招考等方式多渠道安置高校毕业生4216名，其中纯农户零就业家庭本科毕业生510名。社会保障体系进一步健全，全市城镇职工基本养老、失业、医疗、工伤保险参保人数分别达到了5.61万人、8.75万人、11.58万人、4.27万人。商业保险较快发展，2009年，全市完成保险总保费3.99亿元，增长21.03%。其中：完成财产险保险费1.43亿元，增长36.83%；完成人寿保险费2.56亿元，增长12.78%。2009年全市城镇居民人均可支配收入9858元，比上年增长8.66%。农民人均纯收入2380元，增长11.4%。城乡居民人均消费性支出分别为7568元和2265元，分别增长7.72%和8.68%。年末全市城镇从业人员10.28万人，从业人员年平均工资23166元，增长12.4%。在岗职工年平均工资23481元，增长12.05%。

【十件实事】一是维修改造农村中小学校舍40所2.54万平方米；解决了156所农村寄宿制学校9.5万名学生的就餐问题；高中阶段扩招4078人。二是为59所乡镇卫生院配备价值1533.4万元的医疗设备；建成村卫生室52所，培训乡村医务人员3977名；新型农村合作医疗参合率达91.32%，报销医疗费用1.99亿元，报销比例52.9%，报销总人数76.85万人；免费为1014名群众实施白内障复明手术。三是完成农村危旧房改造 32614 户，其中计划生育“两户”家庭 844 户、单亲特困母亲安居房 100 户、残疾人家庭 360 户；每县区建成一所敬老院。四是发放小额担保贷款 5545 万元，支持创业人员 2015 人，带动就业 5000 多人；培训城乡劳动力 15.4 万人，输转 60.5 万人，实现劳务收入 38 亿元。五是城市低保标准提高 10%，保障面达 14.25%；农村低保人数由 10.48 万人增加到 34.8 万人，保障面达 13.06%；农村五保人数由 11671 人增加到 13763 人。六是建成农村通达和通畅公路 1378.3 公里，乡镇通油路率和行政村通砂路率均达 90%以上。七是解决了 20 万人的饮水不安全问题。八是建成农村沼气 4.1 万户。九是改造江厦名城、原定西饭店等 4 处住宅小区供热及供排水管网，提高其他小区供热配套设施标准；集中供热建设有序推进，县城供热管网建设力度加大，供热质量不断提高。十是新建廉租房 1516 套 7.3 万平方米，为 18653 户居民发放廉租房补贴 1921 万元；新建经济适用房 5 万平方米，缓解了城市低收入家庭的住房困难。

(张桂琴　陈益民)

安定区

【现任主要领导】

中共安定区委书记：位志荣

安定区人大常委会主任：王仲谦

安定区人民政府区长：郭维团

政协安定区委员会主席：杨海荣

中共安定区纪律检查委员会

书记：柳生坚（女）

【基本情况】安定区原名定西县，地处甘肃省中部、定西市北部，距省会兰州 90 公里，东北及东部邻会宁，东南接通渭，南部与陇西、渭源毗连，西南连临洮，西部至西北与榆中接壤。全区地势自西南向东北倾斜，地势最高处为西南部高峰乡城门寨，海拔 2577.3 米；最低处为北部关川河谷地，海拔 1671.3 米。全境处祖厉河支流关川河流域，大地构造属祁连山加里东褶皱带东部、陇西旋卷体的一部分。气候属中温带干旱、半干旱区，大陆性季候风气候显著。年平均太阳辐射量 141.4 千卡/平方厘米，年平均日照 2500.1 小时。年均气温 6.3℃。无霜期 141 天。正常年降水量 400 毫米左右，多集中在秋季，蒸发量高达 1500 多毫米，是一个干旱、冰雹、霜冻、低温等自然灾害频繁的农业区。陇海铁路、宝兰铁路二线及国道 310、312、定兰高速公路穿境而过，自古就有“甘肃咽喉”、“兰州门户”之称。独特的区位、便利的交通是发展经济得天独厚的优越条件。1998 年底整体基本解决温饱，2003 年国务院批准撤县设区。全区辖 12 镇个乡和 2 个办事处，有 317 个村（居）委会，2379 个社（组），年末常住人口 47.08 万人，其中乡村人口 36.53 万人。总流域面积 3638.7 平方公里，其中耕地 171.54 万亩，是“中国马铃薯之乡”。

【国民经济】全区经济社会呈现平稳较快发展的良好态势。2009 年，全区完成生产总值 27.09 亿元，比上年增长 10.4%。其中第一产业增加值 6.21 亿元，第二产业增加值 6.60 亿元，第三产业增加值 14.27 亿元，三次产业结构比为 23∶24∶53，人均生产总值 5754 元。完成全社会固定资产投资 23.29 亿元，增长 44.6%。实现社会消费品零售总额 15.3 亿元，增长 14.7%。完成大口径财政收入 2.2 亿元，增长 30.2%；完成一般预算收入 0.95 亿元，增长 35.1%。城镇居民人均可支配收入 9858 元，增长 8%。农民人均纯收入 2397 元，增长 11.1%。

【项目建设】抢抓国家实施扩大内需和加快灾后重建的良好机遇，深入开展“项目建设年”和“招商引资年”活动，全面实现“两个四亿元”的目标。争取国家政策性项目 156 项，到位资金 6.13 亿元；引进招商项目 21 项，到位资金 4.85 亿元。争取地方政府债券资金 5800 万元、援助资金 1279 万元。实施 50 万以上的项目 162 项，当年完成投资 15.33 亿元。争取扩大内需项目 73 项，完成投资 2.28 亿元。争取灾后重建项目 70 项，完成投资 1.18 亿元。三级领导责任制全面落实，62 个重点项目完成建设任务。积极配合引洮工程、平定、天定高速公路和兰渝铁路、宝兰客运专线等国家重点项目建设，完成土地征用 2899 亩，安置拆迁户 112 户。抢抓国务院支持甘肃发展的机遇，积极论证储备重点项目 214 项，总投资 59.8 亿元，形成投产一批、在建一批、储备一批、谋划一批的良好局面。

【产业开发】马铃薯产业：按照市委、市政府关于打造“中国薯都”的总体要求，在良种繁育、基地建设、贮藏增值、精深加工等方面取得新的突破。全区马铃薯种植面积 104 万亩，总产量 108 万吨。建立标准化基地 65 万亩，完成机械化作业 13 万亩。扩繁脱毒原种 3295 吨、一级种 1.6 万吨。新建贮藏窖 1.1 万眼、大型种薯贮藏库 4 座。“2009 中国•定西马铃薯大会”圆满召开。“定西马铃薯”被评为甘肃省著名商标。在特大旱灾造成马铃薯严重减产的情况下，狠抓市场运作，强化路地联运，实施品牌营销，鲜薯价格保持高位运行，尽力做到了减产不减收。

畜草产业：抢抓安定区被列为全省“养羊大县（区）”的良好机遇，整合资金 1800 万元，狠抓“22512”和“百千万”工程，设施畜牧业快速发展。规模养殖取得突破，建成陇源千头奶牛、育强千头奶牛、育耕千只肉羊、新隆千只肉羊、希望 20 万套肉用种鸡二期等 42 个养殖小区。舍饲养殖全面推进，完成圈舍改建 9029 间，建成青贮池 1662 座；青贮氨化玉米秸秆 20 万吨，秸秆利用率达到 30%。服务体系不断完善，8 个乡镇畜牧兽医站全面建成。全区畜禽存栏 169 万头（只），比上年增长 12.9%。

劳务产业：围绕打造“安定技工”劳务品牌，狠抓技能培训、基地建设、组织输转、维权服务等工作，城乡居民务工收入显著增加。技能培训不断创新，服务体系逐步完善。培训劳动力2.9万人次，建成区劳动力转移就业服务中心和内官、巉口、西巩、李家堡4个乡镇就业服务中心。基地建设进一步加强，新建北京进出口服装有限公司、天津一汽夏利集团公司等8个劳务基地。全区输转劳动力9.8万人次，其中组织输转4.8万人次，创劳务收入6.95亿元。

【地方工业】认真贯彻“工业强省”、“工业强市”战略，全面落实工业发展十大举措，着力培育特色工业体系，经济总量不断壮大。重点项目进展顺利。圣大方舟变性淀粉一期、薯峰变性淀粉、金九月马铃薯专用肥一期、宏安中药保健品、天信中药饮片、同丰面粉等项目建成投产。螺钉公司出城入园、乡草坊苜蓿产业化开发等项目启动实施。积极配合市循环经济产业园区建设，完成土地征用639亩。定西经济开发区发展规划和环境影响报告编制完成，土地集约利用评价工作进展顺利。全区规模以上工业企业完成增加值3.66亿元，比上年增长15%；实现销售收入10.3亿元，增长4.6%；上缴税金5600万元，增长6.5%。

【新农村建设】全区村镇建设稳步推进，内官、巉口、符川、西巩、杏园等小城镇建设步伐加快，服务带动功能不断增强。巉口、李家堡2个易地扶贫搬迁和石峡湾清水、高峰马营等8个扶贫开发整村推进项目顺利实施，香泉马莲、石泉大下坪2个灾后重建集中安置点全面建成。农村公路建设步伐加快。积极配合定临公路改造工程建设，征地拆迁任务全面完成。王(王公桥)定(定西)、李(李家堡)通(通安驿)、白(白碌)大(大崖沟)、内(内官)高(高峰)4条80.7公里通乡公路铺油全面完成。实施农村公路通达工程135公里、通畅工程174公里。水保生态建设深入推进。集体林权制度主体改革全面完成，确权到户104.1万亩，到户率93.2%。完成“三北”四期防护林、“金华林”、南部水源涵养林等重点工程4.9万亩。称钩河、李家河坝系工程全面建成。新增流域治理面积28.5平方公里，新修梯田4.1万亩，顺利通过“全国梯田建设模范县”验收。农田水利工程顺利实施。围绕引洮供水配套工程建设，认真实施国家大型商品粮基地、土地整理开发、农业综合开发等项目，完成耕地平整改造3.8万亩。农村饮水安全工程进展良好，马家岔等3座病险水库除险加固工程全面建成。农村能源建设快速推进。建成户用沼气池9029座、管理服务网点67个。

【城镇建设】狠抓城市道路和城中村改造、征地拆迁、绿化美化、城市管理等重点工作，打造“五宜”城市和建设首善之区迈出新的步伐。文化路、镇龙路、南大街、西环路南段等8条道路改造和小西街等19条巷道硬化工程全面完成。南大街、气象新村、西河桥头、甘河湾4个城中村改造项目进展良好，安置拆迁户410户，完成投资2.8亿元。积极配合搞好新城区建设，完成土地征用1500亩，安置拆迁户28户。市区污水管网一期工程全面建成，埋设管网17.4公里。城区集中供热、城市廉租住房建设项目进展顺利。“天更蓝、地更绿、水更清”主题实践活动深入开展，城市绿化、亮化、美化工程取得新的进展。城市管理不断加强，市容市貌专项整治活动深入开展，属地管理、疏管结合、综合整治的长效机制逐步健全。

【财政金融】按照构建公共财政的要求，狠抓财源建设，强化税收征管，全区大口径财政收入突破2亿元大关。加强预算管理，优化支出结构，努力保证社会事业和民生领域等重点支出。全区一般预算支出突破10亿元大关，达到11.73亿元，较上年增长38.6%。其中，教育支出2.79亿元，增长10.9%；医疗卫生支出9803万元，增长29.8%；民生保障和就业支出2.17亿元，增长94.7%。筹措资金2300万元，实施城区道路改造和巷道硬化工程；筹措资金1200万元，用于定临公路改造征地拆迁；筹措资金2700万元，实施市区污水管网一期工程；筹措资金1100万元，落实城市廉租住房、新城区生态园、安置点的征地拆迁费用。金融支持地方经济发展的能力不断提高。全区各类金融机构存、贷款余额分别达到71.9亿元和32.5亿元，分别较上年增长43.8%和31.6%。

【人民生活】支农惠农政策全面落实，采取“一折统、一册明”的形式，发放粮食直补、农资综合补贴、退耕还林粮款补助等惠农资金1.6亿元。城乡低保提标扩面全面完成，城市低保人均月补差标准由92.8元提高到108.8元，农村低保保障面由5%扩大到13%，为6.2万名城乡低保对象发放保障金6559万元。五保供养水平明显提高，西巩等6个乡镇中心敬老院全面建成。新型农村合作医疗和城镇居民基本医疗保险制度不断健全，参合率、参保率分别达到90.1%和91%。为1023名关停的国有、集体企业退休职工解决了医疗保险问题。住房保障体系得到加强，发放廉租住房补贴560万元，实施农村危旧房改造3520户。就业援助力度不断加大，积极开发公益性就业岗位，安置就业困难人员390人；新增灵活就业人员社会保险补贴300人，为300名创业人员发放小额担保贴息贷款900万元，带动就业2800人。村干部离任补贴标准进一步提高。城乡大病医疗救助、军人优抚安置、高龄老人优待等政策全面落实，社会帮扶和救助救济活动广泛开展，困难群众生产生活得到较好安排。

【社会事业】科技推广活动深入开展，科技特派员制度逐步落实。定西国家农业科技园区通过科技部评估验收，圣大方舟变性淀粉系列产品研发中试等5项科技成果通过省级鉴定，达到国内领先水平。教育教学质量稳步提升，高考本科录取2366人，位居全市第一。义务教育经费保障机制改革顺利推进，“普九”成果进一步巩固，中职学生资助政策全面落实。市区医疗卫生资源整合顺利推进，市二院住院部大楼建设进展良好。17个乡镇卫生院、20个村卫生室和永定路社区卫生服务中心全面建成，医疗条件不断改善。甲型H1N1流感防控工作科学有序开展，重症病例得到及时救治。群众文化生活不断丰富，全民健身运动广泛开展。60个“农家书屋”全部建成，4个乡镇综合文化站建设全面启动。“村村通”工程顺利实施，广播电视覆盖率进一步提高。人口和计划生育工作扎实推进，节育措施和奖励优惠政策全面落实，人口自然增长率为2.78‰。环境保护工作力度加大，环境影响评价制度严格落实，“光爱之行•十万只节能灯情系定西”推广活动启动实施。“三五”依法治区和“五五”法制宣传教育顺利实施，全民法制意识和法律素养进一步提高。社会治安综合治理不断加强，社会政治保持和谐稳定。平安建设成效显著，被市委、市政府命名为“平安县（区）”，通过全省“平安县（区）”考核验收。

（陈德胜）

通渭县

【现任主要领导】

中共通渭县委书记：燕胜三

通渭县人大常委会主任：王宏德

通渭县人民政府县长：令旭鹏

政协通渭县委员会主席：郑俊清

中共通渭县纪律检查委员会书记：连禧

【基本情况】通渭县位于甘肃省东南部，定西市东侧，海拔高度为2521～1410米，东西长约78公里，南北宽约64公里，总面积2908.5平方公里。东南、南分别与秦安、甘谷县接壤，西南、西分别与武山、陇西县相邻，西北、北、东北分别与安定、会宁和静宁县毗连。全县现辖6镇、12乡，332个村民委员会、10个社区居委会，2440个村民小组，2009年末常住人口45.80万人。

通渭县地处黄土高原南部边缘地带，为黄土丘陵沟壑区，地势西北高，东南低。全县属温带半湿润向半干旱过渡区。年平均风速1.5米／秒，年平均气温7.5℃，总降水量300～600mm，年无霜期120～170天，年总日照时数2100～2430小时。全县现有耕地面积183.03万亩，县内主要河流牛谷河、金牛河、安逸河、清溪河、苦水河，由于干旱少雨，加之地下水位下降，部分河流出现断流。全县地表水资源9542万立方米，地下水资源1478万立方米。

全县的矿藏资源主要有花岗岩、硅石矿、汉白玉、高岭土、硫铁矿、地热温泉和煤等。花岗岩分布仅露地储量在6亿立方米以上，高岭土开采贮量187万吨，硅铁矿总储量300万立方米，地热资源3处，距县城8公里处的地热温泉有“陇上神泉”之美誉，“浴可治百病，饮可提神美容”。

全县适宜于多种农作物的生长，粮食作物以冬小麦、春小麦为主，其次为玉米、马铃薯、豆类（扁豆、豌豆、蚕豆）、糜子、谷子、莜麦、荞麦等；经济作物主要有油料（胡麻、油菜）、蔬菜、甜菜等；药材主要有党参、柴胡、黄芪、甘草、板蓝根等。

通渭历史悠久。县内建有榜罗红军长征纪念馆、义岗红军烈士陵园、红军长征纪念碑等革命纪念建筑。鹿鹿山、尖岗山、清凉山是避暑、游玩的理想场所。

【国民经济】2009年，全县完成生产总值14.41亿元，比上年增长10.2%，其中一、二、三产业增加值分别完成5.19亿元、1.48亿元和7.75亿元，分别增长3.8%、18%和13.6%，三次产业比重为36∶10∶54。全社会固定资产投资9.85亿元，增长68.1%。社会消费品零售总额3.03亿元，增长17.0%。大口径财政收入4623万元，增长33.3%；财政支出10.13亿元，首次突破10亿元，增长48.6%。金融机构存款余额15.04亿元，比年初增加4.17亿元，增长38.3%；贷款余额9.41亿元，比年初增加3.32亿元，增长54.6%。

【项目建设】全县上下把“发展抓项目”始终放在经济社会建设的首要位置，抢抓扩大内需、灾后重建等一系列政策机遇，不失时机，精心谋划，项目建设再创新高，共实施各类项目210个，比上年增加85个，总投资19.49亿元，增加8.49亿元，完成投资7.2亿元，增长65.7%，是通渭历史上投资增长最快的一年。国家投资的通乡油路、农村饮水安全、农村沼气、农村危旧房改造、城镇廉租住房、城区生活垃圾处理、红色旅游景区基础设施建设等投资上千万元的大项目完成当年建设任务。项目争取力度持续加大，争取国家政策性资金4.6亿元，增长1.4倍。其中，中央扩大内需项目54个、资金1.05亿元；灾后恢复重建项目45个、中央重建基金1.17亿元。同时积极谋划论证项目，累计储备项目194个，总投资136亿元。项目融资工作成效明显，充分发挥财政金融、招商引资、民间资本等各方作用，拓宽项目融资渠道，城投公司新增城镇建设项目贷款3700万元；招商引资新签约23个项目10.1亿元，到位资金3.9亿元。项目管理机制不断完善，严格落实项目管理各项制度规定，规范建设程序，加强过程监管；坚持特事特办、急事急办，对所有项目及早落实建设用地，切实提高了项目工作水平。

【产业开发】立足基本县情，遵循市场规律，走出了一条依靠科技支撑调整结构、有效规避自然灾害、发展旱作高效农业、促进农业增效和农民增收的新路子。全膜双垄沟播玉米在前两年试验示范推广的基础上，投入资金5520万元，推广面积由2008年的14.49万亩扩大到56.3万亩，平均亩产558.6公斤，种植业结构由过去单一的以冬小麦为主的夏粮作物调整为以全膜玉米为主的高产秋粮作物；按照“家家覆、户户种，适宜区全覆盖”的要求，积极谋划 2010 年全膜双垄沟播玉米推广工作，投入资金 3689 万元，完成秋覆膜 59.5 万亩。充分利用玉米及其秸秆资源优势，研究制定通渭县玉米秸秆养畜转化实施意见，着力发展以肉牛养殖为主的草食畜牧业，农业产业结构由过去的以种植业为主调整为以种促养、以养带种的格局；大力实施“十百千万”工程，当年投入资金 2680 万元，新建天耀草业公司、兴达农牧业公司等百头以上养殖场 11 个、养殖小区 4 个；县财政注资 1000 万元，成立了通渭县利民牛业担保公司，为养牛农户提供贷款担保；投入资金 6325 万元，新发展养牛村 50 个、养牛户 3617 户；建成青贮氨化设施 69.7 万立方米，青贮氨化能力达 15.6 万吨。继续大力实施马铃薯良种工程，扶持爱兰薯业公司扩大生产，新改造启动日光温室 68 座，脱毒苗年生产能力由 712 万株增加到 1500 万株，原种年生产能力由 1500 万粒增加到 2000 万粒；建立一级种繁育基地 2.1 万亩，年生产能力由 5000 吨增加到 3.2 万吨。积极发展设施农业，新建、改造日光温室 108 座，新建塑料大棚 455 亩，城郊蔬菜产业快速发展。

【地方工业】坚定不移地走兴农强工、以工促农的路子，认真组织实施工业发展“六大行动计划”，组建融诚中小企业信用担保公司，发挥财政资金“四两拨千斤”的作用，带动企业投资 2.8 亿元，着力推动工业发展。完成规模以上工业增加值 2950 万元，比上年增长 18%。投资 2000 多万元，征收土地 329 亩，启动建设东川循环经济产业园区，宏鑫科技公司 2 万吨农用地膜二期生产线、乐百味公司小杂粮系列产品加工生产线、百源成公司 3 万吨马铃薯精淀粉生产线、瀛海堂医药公司 3000 吨中药饮片加工生产线、春寅乳业公司 8000 吨乳制品加工生产线等 16 个项目正式入园建设。大力实施品牌战略，天耀草业公司“天耀草业”商标、晓铃商贸公司“华岭”商标被认定为甘肃省著名商标。煤炭公司、食品公司、供销企业改制全面完成，盘活资产 3541 万元，核销债务 1833 万元，安置职工 659 人，医药公司、水泥公司改制有序推进。非公有制经济健康发展，新增私营企业 66 户，实现增加值 1.3 亿元，增长 15.2%。

【城镇建设】着眼于改善人居环境，切实加快城镇发展步伐。始终坚持依法依规、公平公正、让利于民，坚定不移地完成旧城改造征地拆迁，在 2008 年完成拆迁面积 1.75 万平方米的基础上，当年投入补偿安置资金 1838.4 万元，完成拆迁面积 1.02 万平方米。实施城建重点项目 17 个，完成投资 4.8 亿元。总投资 8799 万元、总建设面积 7.68 万平方米的还建房开工建设 16 栋 4.55 万平方米，完成主体 9 栋 4.31 万平方米；投资 1200 万元建成总面积 1.86 万平方米的文化广场，打造成城市亮点工程；持续推进南园体育场改造，当年筹资 156 万元，建成集休闲、旅游、健身、训练于一体的体育公园；投资 355 万元建成滨河路风情线和滨河桥；文庙街、后街、通河路道路管网、排水排污及路基工程顺利推进，南河桥、西河桥加固工程全面完成；党校等机关单位搬迁建设进展顺利；黉运家园、佳宇花苑等居民住宅小区加快建设；温泉城建设项目完成投资 3200 万元；投资 420 万元实施温泉引水工程。加强城镇资产经营，实现国有土地有偿使用收益 5082 万元。推进相对集中行政处罚权改革，持续开展市容市貌、交通秩序、违章建设专项整治，城市环境明显改善。襄渊出租有限责任公司成立运营，城区出租车营运市场进一步规范。小城镇建设完成投资 4129 万元，聚集带动能力有效提升。

【新农村建设】着眼于改善发展条件，不断加大基础设施建设力度。完成三北防护林 1.2 万亩，新建大果沙棘基地 3.2 万亩、文冠果基地 1 万亩。交通项目总投资 8900 万元，王陇公路铺油工程基本完成，刘新公路铺油工程加快建设，新增通乡油路 80.4 公里，实施通村公路 102 条 410 公里，其中建成农村水泥路 26 条 147 公里。基本口粮田建设、徐川小流域坝系、牛谷河流域治理项目顺利实施，多渠道筹资 2745 万元，新修梯田 6.1 万亩，综合治理小流域 75 平方公里。引洮一期工程陇通供水项目初步设计得到省上批复，南部农村饮水安全工程完成当年投资 2192 万元，解决了 5 万人的饮水安全问题。35 千伏送变电工程、农网完善 10 千伏及以下工程全面完工，投资 3200 万元建成“一池三改”沼气户 7563 户。坚持扶贫开发与新农村建设相结合，高标准新建 9 个整村推进项目，8 个易地扶贫搬迁试点工程加快建设。

【社会事业】教育资源配置不断优化。县一中新校区完成投资 2580 万元，并于 2009 年秋季正式招生；合理调整中小学校布局，撤并 10 所农村学校；投资 1416 万元完成 9 所农村初中校舍改造，29 项教育灾后重建项目完成投资 4063 万元；投资 385 万元新建 15 所中小学校食堂，解决了 1.4 万名寄宿生的就餐问题；教育教学质量稳步提升，高考本科上线 1358 人，增加 677 人，实现翻番；中等职业教育较快发展，招生 2110 人，增加 602 人。科技推广深入开展，实施科技项目 4 项，2 项获省、市科技进步奖。

医疗卫生条件明显改善。当年争取、当年建设总投资 4600 万元的标准化县医院；总投资 1200 万元的中医院完成搬迁；投资 1300 万元改扩建乡镇卫生院 13 所、新建村卫生室 20 所、建立城市社区卫生服务中心 1 个。

文化旅游活动深入推进。投资 154 万元新建乡镇综合文化站 5 个、农家书屋 55 个；以书画为主的文化产业较快发展，通渭县被命名为“中国民间文化艺术之乡”、“甘肃省文化产业示范基地”；榜罗会议遗址被命名为“全国爱国主义教育示范基地”，红色旅游景区基础设施建设项目加快实施；积极发展特色旅游，新发展“农家乐”20家。

体育事业蓬勃发展。投资2000万元的县群众体育健身场所开工建设，投资210万元建成70个农民体育健身“一村一场”工程，投资320万元建成县体育健身活动中心。广播电视事业稳步发展，新发展农村有线电视用户1000户，投资152.2万元实施“村村通”工程，解决了273个自然村4005户农户看不到电视、听不到广播的问题。

人口和计划生育工作水平有了新提升。落实各项节育措施2898例；筹资164万元为469户农村“两户”落实奖励优惠政策，投资144万元为120户农村贫困二女户实施安居工程。

严格执行耕地保护政策。依法征收建设项目用地678.4亩，投资1165万元实施土地开发整理项目，新增耕地2426.5亩，县国土资源局被评为全国基本农田保护工作先进单位。

环境保护和节能减排工作力度加大。依法关闭3家从县城面山取土烧砖的建材企业，投资1013万元实施城区生活垃圾处理工程。

【人民生活】坚持把有限的财力更多地投向民生民计，财政用于民生方面的资金达3.38亿元，比上年增长27.2%。全面落实强农惠农政策，兑现农资综合补贴、粮食直补、良种补贴、农机具购置补贴、退耕还林补助、家电下乡补贴等资金共1.22亿元，落实义务教育保障资金、职业教育助学金、生源地助学贷款共5269万元。

全面落实最低生活保障制度，城市低保月人均补差由86.5元提高到100.5元，新纳入保障对象362户1268人，达到3478户8665人，保障面达18.3%；农村低保对象由5336户2.2万人增加到1.3万户5.13万人，保障面达12.5%；拨付271万元保障了2575名五保人员的基本生活。

全面落实救灾救济政策，拨付救灾资金595万元，灾困群众生产生活得到妥善安排。全面落实社会保险制度，新增养老、失业、医疗、工伤、生育保险6181人；财政投入264万元为119名被征地农民办理养老保险，发放养老金8.7万元，成为全省首个组织实施《甘肃省被征地农民养老保险暂行办法》的县；投入126万元为859名村干部办理养老保险；争取补贴756万元将1193名关闭破产企业退休人员纳入城镇职工基本医疗保险。

全面落实医疗保障制度，新型农村合作医疗参合农民达37.9万人、参合率达90.2%，调整了医疗费用补偿范围、标准和程序，报销医疗费3354万元；城镇居民基本医疗保险参保人数1.63万人、参保率达90%，报销医药费153万元。

全面落实促进就业政策，新增城镇就业1992人，发放小额担保贷款1248万元；选拔559名高校毕业生到事业单位就业，其中纯农户家庭本科生58名；培训城乡劳动力1.5万人，输转剩余劳动力8.16万人，实现劳务收入5.9亿元。

全面落实住房保障制度，干部职工住房公积金财政补贴由3%提高到5%；开工建设廉租住房330套1.65万平方米，为2776户城镇低收入家庭发放廉租住房补贴302.5万元；实施农村危旧房改造4600户，农村灾后恢复重建526户，残疾人危房改造100户。2009年，全县城镇居民人均可支配收入8912元，增长9.1%；农民人均纯收入2259元，增长12.1%。

(刘国泰)

陇西县

【现任主要领导】

中共陇西县委书记：张懿笃

陇西县人大常委会主任：朱自武

陇西县人民政府县长：鲁泽

政协陇西县委员会主席：包志宏

中共陇西县纪律检查委员会

书记：王国仓

【基本情况】陇西县位于甘肃省东南部，定西市中部，渭河上游，东接通渭县，南连武山县、漳县，西邻渭源县，北靠安定区，东西宽52公里，南北长46公里，总面积2408平方公里。辖9个镇，8个乡，215个行政村，11个社区，1292个村民小组，总人口50.3万人，其中农业人口43.01万人，非农业人口7.29万人。

陇西县因在陇山以西而得名，自古为“四塞之国”，兵家必争之地。陇西以古老的文化和悠久的历史彪炳华夏文明史册。陇西是天下李氏的“郡望”，陇西李氏文化是与敦煌文化、天水伏羲文化、拉布楞寺藏传佛教文化齐名的甘肃四大文化之一。2002年，省、市确定要把陇西建成西北最大的中药材信息、交易中心，甘肃重要的铝工业基地和中药材生产、加工基地，使之成为东接天水、西承兰州的现代化中等城市。

全县地形西北高，东南低，海拔1612～2778米，构成南山、城川、北山三块条状狭长地带，北山为黄土梁峁沟壑区，城川为渭河河谷平原，南山为中低丘陵。全县为温带大陆性季风气候，多属温和半干旱区，年平均气温7.7℃，日照时数2254.2小时，降雨量436.6毫米，无霜期155天，适宜药材、洋芋、食用菌、大葱、大麻、胡麻、油菜、小麦、扁豆等多种作物生长。

【名优特产】陇西已基本形成以首阳为中心的黄红芪、以马河为中心的柴胡、以福星为中心的党参和板兰根、以菜子为中心的黄芩、以渭河沿川和南山二阴区为中心的种苗繁育等五个中药材规模种植繁育基地和北山淀粉型商品薯、南部山区菜用型商品薯、渭河沿川早熟型地膜薯三大种植区域。红、黄芪、党参、当归等中药材素以质优量大走俏国内外市场；土特产品金钱肉、口条、火腿被誉为“陇原三绝”；腊羊肉、荞粉、腌驴肉、烧鸡粉被列为全省“名特小吃”。17个名优农产品在国家工商部门登记注册，大白菜、青椒、甘蓝、大葱、马铃薯通过无公害产地认定和产品认证，党参、黄芪、腊肉通过原产地标识认证，并被命名为中国“黄芪之乡”和“腊肉之乡”。

【国民经济】2009年，全县生产总值达到27.0亿元，比上年增长10.5%。第一、二、三产业增加值分别达到7.15亿元、9.4亿元和10.45亿元，分别增长8%、9.7%和12.9%。固定资产投资达到21.7亿元，增长72%。社会消费品零售总额达到10.77亿元，增长17%。大口径财政收入达到2.0亿元，增长20.3%；一般预算收入达到1.04亿元，增长24.9%。财政一般预算支出完成10.02亿元，增长36.1%。金融机构存、贷款余额分别达到40.10亿元和25.90亿元，分别增长33%和38%。

【项目建设】全县抢抓中央扩大内需的各项政策机遇，加大向上争取项目工作力度，全年共争取到位中央和省上投资项目219项，到位资金4.85亿元，比上年增长104%。继续加大招商引资力度，新引进招商项目19项、续建项目7项，到位资金7.99亿元，增长46.1%。积极鼓励民营经济参与项目建设，引导个体私营企业建设各类项目23项，完成投资6.5亿元，增长18.8%。切实加强在建项目工程管理，严格执行项目法人制、招投标制、合同制和监理制，项目建设进展顺利。全县共实施总投资50万元以上的建设项目89项，完成投资18.3亿元，增长64%，其中，10000万元以上的项目10项，5000万元至10000万元的项目8项，1000万元至5000万元的项目14项。年初确定的54个总投资49.18亿元的重点建设项目开工建设52项，当年完成投资14.97亿元，增长38.6%。中铝西北铝5万吨铝箔生产线、效灵中药药渣综合利用、城区生活垃圾处理、首阳至漫洼(陇西段)四级公路改建等33项全面完成年度建设任务；城区经济适用房等15项完成年度建设任务的80%。实施扩大内需新增中央投资项目66项，总投资32000万元，累计完成投资21842万元，其中42项已完工，10项进入扫尾阶段，14项正在建设。实施灾后恢复重建项目73项、总投资9856万元，已开工建设73项，全面竣工30项，累计完成投资7065万元。

【产业开发】进一步加大对“三农”工作的扶持力度，县财政安排支农资金1.88亿元，比上年增长12.3%。洋芋、中药材、畜草、劳务四大特色优势产业快速发展，共实现产值6.44亿元，增长14.3%。

洋芋产业：引进良种820吨，建立良种扩繁基地5700亩，新建百吨以上贮藏设施64座，洋芋种植面积达40.2万亩，产量达54591万公斤。

中药材产业：建成GAP种植基地3370亩、种苗繁育基地390亩，中药材种植面积稳定在26万亩，总产量达5万吨，实现产值5.8亿元。同时，成功举办中药材产业北京新闻发布会、第二届中国•定西中药材产业发展大会及贵阳中药材产业项目推介洽谈会，进一步扩大了陇西中药材在国内外市场的知名度和影响力；委托兰大城市规划设计院完成占地5平方公里的甘肃陇西中医药产业园发展总体规划，并投资15000万元，建成园区道路800米、中药材仓储库10栋3万立方米、中药材经销商铺1万平方米和信息中心、质量检测中心及展厅，已引进入驻中药材加工企业10户，计划完成投资10亿元，实际完成投资2亿元。

畜草产业：引进投放基础母牛2668头、小尾寒羊12600只，新发展养殖户1925户，建成青贮氨化池2500眼，制作青贮氨化饲料17.6万吨；出栏畜禽158万头(只)。

劳务产业：培训城乡富余劳动力4.3万人，输转13.5万人，创劳务收入6.6亿元，增长13%。

【新农村建设】陇西县大力推广各项现代农业实用技术，共完成全膜双垄沟播玉米32.6万亩，亩均产量616公斤，粮食产量首次突破16万吨；完成日光温室201座、塑料大棚540亩，种植各类地膜蔬菜22550亩，总产量达27276吨，产值2023万元。不断提高农业产业化经营水平，新组建农民专业合作社和专业协会38个。努力提高农业机械化作业水平，购置各类农业机械850台（套），农机总动力达到25.2万千瓦。狠抓农村基础条件和生态环境改善，兴修梯田6.11万亩，建成淤地坝10座，发展节水灌溉面积5000亩、农村自来水用户5100户，新解决3.42万人的饮水安全问题；完成“三北”防护林1.2万亩、退耕还林补植补造2万亩、面山绿化2000亩、绿色通道112公里；建成沼气池5202眼；红李公路、李通公路2条通乡油路和续建的26条1178公里通达通畅工程全部完工，首漫公路、姚八公路、权安公路等通乡油路和9条50公里通达通畅新建工程、14项灾后恢复重建工程均完成年度建设任务。继续加大扶贫开发力度，7个整村推进扶贫开发项目完成投资815.9万元，全面完成年度建设任务。启动全省新一轮新农村建设试点工作，完成投资4256万元，占年度计划的91.5%，12个试点村的基础设施、主导产业、生态环境、社会事业等各项建设取得明显成效。

【工业经济】全面落实中央、省、市扶持工业发展的政策措施，先后投入技改资金3.5亿元，开发陇山渭水系列保健品、参芪保健茶等系列新产品46项。实施重点工业项目10项，完成投资8.9亿元。大力发展非公有制经济，全县个体户发展到6032户，私营企业发展到504家，完成增加值8.8亿元，上缴税金6064万元，分别增长10.6%和11.9%。不断加强节能技术改造，规模以上工业企业万元 GDP 能耗下降 4.18%。全县 195 户工业企业完成生产总值 29.6 亿元，较上年增长 12%；21 户规模以上工业企业完成增加值 4.2 亿元，增长 9.6%。

【城镇建设】筹措资金 95 万元，完成县城北环路、西城路、通安路详细规划和2010年至2030年城市总体规划修编工作。投入资金 4.6 亿元，完成县门街、光明路、人民西路、宝凤路、永吉路、文峰交通路铺油硬化和东环路、崇文路东段、天宝路路基工程及绿化工程；基本完成渭州路拆迁和人民广场所有土建工程；城区经济适用房竣工并交付使用，李氏文化产业综合开发项目建设顺利进行，中天家园和广场•丽苑住宅小区一期工程全面建成投入使用；城区生活垃圾处理工程全面竣工并通过验收；首阳镇、福星镇、碧岩镇等小城镇建设进展顺利。投入资金 514 万元，新增城市绿化面积 3 万平方米，安装城市路灯 237 套，城区绿化覆盖率和主街道亮化率分别达到 17%和 98%。全县城镇建成区面积达到 14.2 平方公里，城镇化率达到 32.4%，较上年底提高 0.9 个百分点。同时，以“天更蓝、地更绿、水更清”主题实践活动为契机，深入开展市容市貌集中整治行动，城市面貌明显改观。

【社会事业】切实提高教育质量，改善办学条件，高考本科上线率连续十一年排名全市第一，陇西一中被省教育厅命名为省级示范性普通高中；多方筹措资金 8972 万元，维修改造中小学校舍 6.2 万平方米。进一步优化教育资源，加快布局调整，撤并农村小学 7 所，县一中、文峰中学实现初高中分设，定西工贸中等专业学校成功组建，并顺利移交县上管理。

切实加强公共卫生体系建设，县一院整体搬迁工程顺利进行，已完成门诊楼、医技楼、第一栋住院楼建设；14 所乡镇卫生院改造项目 5 所已建成使用，7 个乡镇卫生院灾后重建项目完成主体工程；农村合作医疗参合率和报销金额较上年分别增长 6%和 12.8%；甲型 H1N1 流感防控措施全面落实，接种疫苗 12000 人。

切实加快文化旅游事业发展，李氏博物馆建设项目完成主体工程，5 所乡镇综合文化站建成使用，李家龙宫祭祖大殿完成图纸设计，2010 年即可开工建设。

全面推进科技创新，实施科技项目 40 项，获市科技进步奖 2 项；三年投资 14865 万元的新型能源“金太阳”工程已经财政部正式批复，2010 年全面启动实施。加快广播电视无线覆盖技术改造和“村村通”工程建设，广电事业快速发展。县体育馆和体育健身活动中心全面建成使用，村级体育场建设项目进展顺利，体育基础设施得到较大改善。

【人民生活】努力扩大就业再就业，安置纯农户零就业家庭本科以上高校毕业生 193 名，发放下岗职工小额担保创业贷款 1000 万元，新增城镇就业人员 2620 人，城镇登记失业率控制在 3.1%。不断健全完善社会保障体系，城镇职工基本养老、失业、医疗和工伤保险分别较上年底增加 217 人、2344 人、3618 人和 2077 人，城镇居民基本医疗保险参保率达 91.6%；城乡低保和农村“五保”提标扩面工作全面完成，新增农村低保对象 42758 人、城镇低保对象 705 人，基本实现应保尽保。下大力气解决城乡困难群众的住房困难问题，新建廉租住房 48 套 2380 平方米、回购廉租住房 64 套 2878 平方米，发放城镇低收入家庭住房补贴 543 万元，改造农村危旧房 2200 户。城乡居民收入继续增加，生活水平进一步改善。城镇居民人均可支配收入、农民人均纯收入分别达到 9500 元和 2498 元，分别增长 9.2%和 11.9%。农村人口贫困面下降到 15.5%。

(张兴宗)

渭源县

【现任主要领导】

中共渭源县委书记：杨发升

渭源县人大常委会主任：景忠义

渭源县人民政府县长：彭双彦(女)

政协渭源县委员会主席：张亚农

中共渭源县纪律检查委员会

书记：张晓梅(女)

【基本情况】渭源县位于甘肃省中部，定西市西南部，顾名思义为古老渭河之发源地。这里山清水秀，气候凉爽，是旅游观光、避暑纳凉的好去处；这里土地肥沃，出产丰富，是文明全国的“马铃薯良种之乡”，中药材资源享誉陇上。

渭源县地处西秦岭山脉南动地槽与黄土高原台地的交汇地带，也是渭河与洮河两大水系的分水岭，海拔在 1930～3941 米之间，总土地面积 2065 平方公里，辖 8 镇 8 乡，217 个行政村，1545 个社，2009 年年末常住人口 34.78 万人，其中乡村人口 31.84 万人。耕地面积 80 万亩。年降雨量 500 毫米左右，年平均气温 5.8℃，无霜期 157 天。全县气候分为三类：北部干旱区，干旱少雨，植被稀少，土地面积大，农作物产量低，川沿河谷区，海拔较低，光热资源相对丰富，水肥条件较好，全县 9 万亩水浇地大部分集中在这个区域；南部高寒阴湿区，雨量较多，低温寡照，植被良好，首阳山、天井峡、太白山等旅游景点分布在这个区域，渭源县是定西市气候差异较为明显的县区。

【旅游资源】渭源县风景秀丽，文物古迹众多，旅游资源得天独厚，是定西市旅游大县。境内有始建于明洪武年间（公元 1368～1398 年）的灞陵桥，有葬于孤竹国二圣伯夷、叔齐的首阳山，有渭河源国家级森林公园，有鸟鼠同穴渭水源，有十里“画廊”天井峡，有云端仙境太白山，有三国古道双十门以及秦长城遗址等 16 处旅游景点。这里气候湿润、凉爽，夏天蚊不叮虫不咬，是纳凉避暑胜地。2009 年编制完成首阳山、渭河源、洮河风情旅游区建设详规，整体收购莲峰山庄扶持发展了 50 户农家乐接待场所，会川马铃薯科技园区被评为 2A 级景区，永安宾馆被评为二星级酒店，生态旅游发展条件明显改善，接待水平显著提升，感悟渭河文化、体验乡村风情的生态旅游更具吸引力。

【国民经济】2009 年，全县完成生产总值11.64亿元，较上年增长9.2%。其中，第一产业增加值 5.54 亿元，增长 1.7%；第二产业增加值 1.01 亿元，增长 18.6%；第三产业增加值 5.21 亿元，增长 16.1%。完成固定资产投资 12.02 亿元，增长 60.61%；社会消费品零售总额 2.82 亿元，增长 17.15%；完成大口径财政收入 5692 万元，增长 103.2%，财政支出 7.6 亿元，增长 37.4%；全县金融机构各项存款余额达到 14.82 亿元，较年初增长 18.47%，贷款余额达到 7.19 亿元，较年初增长 37.24%。农民人均纯收入达到 2306 元，增长 10%；城镇居民可支配收入达到 9069 元，增长 8.1%。经济社会各项事业继续保持了快速发展的良好态势，综合实力和发展后劲明显增强。

【产业开发】马铃薯产业：渭源县是“中国马铃薯良种之乡”，年种植面积 38 万亩，年产量 70 万吨以上，年商品量达 40 万吨。成功培育出渭薯、陇薯系列优质品种 20 多个，品种选育、良种繁殖、组织协调、质量检测、种薯运营五大体系已建立健全。“渭源马铃薯种薯”和“五竹”牌良种马铃薯商标已申请注册，品牌效应日益凸现，是全省各地乃至周边省区的良种马铃薯供应中心。2009 年，成功举办甘肃•定西（渭源）马铃薯良种产销衔接洽谈会，进一步提升了渭源种薯的知名度和影响力。该产业已占到全县农业增加值的一半以上，占到农民人均纯收入的三分之一，成为富民强县的“黄金产业”。

中药材产业：渭源县有“千年药乡”的美誉，被中国农学会评为“中国党参之乡”。由于海拔高、气候凉爽、昼夜温差大等因素，出产的中药材以品质好、无污染、药用价值高而久负盛名，自古就有“渭水当归传两广”和“党参故里”之说。野生药材多达 400 种，家种药材主要有当归、党参、红芪、黄芪等，年种植 21 万亩，中药材产量达 6 万吨。同时，还种植生地、大黄、板蓝根、防风、柴胡、甘草、秦艽等 10 多种名贵药材。目前已建成 1 个优质中药材繁育中心，1.2 万亩无公害优质中药材生产基地，年加工饮片 3000 吨，提取浸膏 300 吨的中药材加工厂。同时，全县建成清源、会川、莲峰、新寨等中药材专业市场，其中会川中药材市场是全省 10 大中药材市场之一，药材交易十分繁荣，交易额逐年提高。

畜草产业：畜牧业是渭源县的支柱产业之一，近年来有了长足发展。全县畜牧业产值达 1.26 亿元，占到农业总产值的 17%，肉类总产量达 1 万吨，农民从畜牧养殖中获得纯收入达 570 元，占到家庭经营收入的 24.7%，全县有天然草场 81.4 万亩，人工种植多年生牧草留床面积 16 万亩，为发展畜牧业创造了良好的条件。饲养各类牲畜 37 万头只，规模养殖专业户达 3693 户，全县年交易仔猪 62 万头、生猪 18.48 万头、肉牛 2.43 万头、肉羊 7.86 万只、肉鸡 82.3 万只，禽蛋 5354 吨，实现销售额 3.12 亿元。积极尝试特色养殖，在黄香沟牧场建成人工养鹿试验场和药用成品小鲵人工养殖场，在渭河沿岸开辟了近 700 亩的养殖水面，结束了渭源“食无鱼”的历史。围绕推广建立生态循环经济模式，完成优质牧草种植 5.6 万亩，圈舍改造 7120 座，新发展规模养殖大户 1293 户，建成南山放养虫草鸡规模养殖点 36 个，饲养量达到 396 万只。“秀峰”牌放养鸡获得“无公害农产品产地”和“A 级绿色食品证书”，土鸡蛋和牦牛肉获得“无公害农产品产地认定”和“无公害农产品证书”，“秀峰”牌商标被评为“甘肃省著名商标”。

【项目建设】坚持发展抓项目，投资增长势头强劲。县财政列支项目前期费 300 万元，编制完成 3 个项目专项规划，论证储备项目 475 项。争取下达投资计划 156 项，争取国家投资 2.82 亿元，较上年增长 42%。实施各类项目 118 项，总投资 20.77 亿元，较上年增长 66%。全力支持国家重点项目建设，兰渝铁路、引洮工程、天定高速延伸段建设项目在渭源县顺利实施。同时，修订完善了项目资金报账操作规程，进一步明确了项目管理责任，规范了项目工作程序。项目工作的强势推进，拉动了投资的快速增长，为经济社会发展注入强大活力。

【人民生活】始终坚持将改善民生作为第一目标，千方百计筹措资金，全力落实九件实事，使全县人民生活条件得到新的改善。一是投资 9325 万元建设通乡油路 7 条 196 公里，投资 4892 万元建设农村道路 58 条 270 公里；投资 110 万元建成 5 个乡镇客运站和 9 个行政村停靠站点。二是投资 2011 万元解决了 4 万人的饮水不安全问题。三是投资 3084 万元新建“一池三改”农村沼气 7008 户，投资 1881 万元改造农村电网 270 公里。四是投资 7971 万元完成中小学校舍改造 5.6 万平方米，消除危房面积 1.4 万平方米；县财政列支 656 万元支持教育事业发展，在县城西区建设了中心实验小学。五是投资 5840 万元的县医院搬迁已完成主体工程，投资 60 万元建成 10 所村卫生室。同时，县财政落实新农合配套资金 290 万元，参合率达到了 90.4%，共为 9.7 万名参合农民报销医疗费用 2940 万元。六是投资 360 万元的 15 个乡镇文化站已建成 5 个，10 个正在建设。七是投资 3403 万元的县城区生活污水处理工程，已完成主体建设。八是发放廉租住房补贴 102 万元，投资 1527 万元建设廉租房 244 套 1.3 万平方米，投资 100 万元完成 100 户农村二女结扎户“安居工程”建设。九是投资 528 万元建设了渭河 2

号桥至3号桥段南侧及1号桥至大平桥段北侧护岸。灞陵桥—老君山公园一期工程已完成雕塑安装及东区绿化带整理。渭河北路、蔬菜市场、殡葬服务所、文化剧院建设已完成规划设计等前期工作。九件实事的全面落实，有力地推动了广大干部群众生产生活条件的改善，赢得了群众的认可和支持。

【社会事业】始终坚持将构建和谐社会作为第一要求，统筹推进五项工作，全县社会事业取得新进展。推进科技创新，加大科技成果转化力度，实施科技项目10项，举办各类科技培训238期4.8万人次。

深化教育改革，全面落实“五抓”战略，投入力度进一步加大，办学条件进一步改善，教学质量进一步提升，高考本科上线人数达到825人，较上年增加191人，职业教育迅速发展，在校学生达到1500人，毕业生安置率达到98%以上。

新型农村合作医疗和城镇居民基本医疗保险覆盖面进一步扩大，城乡群众看病难、看病贵的问题得到有效解决。

投资420万元建成5个乡镇文化站和少儿体校，组织开展46场次大型文体活动，进一步丰富了群众精神文化生活。

严格执行计划生育政策，落实节育措施4296例，投入资金324万元全面兑现了奖励优惠政策，计划生育管理服务水平得到进一步提升。严格执行耕地保护政策，投资4066万元的5个土地整理项目全面完成并通过验收，保障了建设用地需求。

全面完成城乡低保提标扩面工作，发放城乡低保资金3162万元，农村五保实现应保尽保，发放五保供养金204万元。投入救灾救助资金9800万元，开展灾后重建、大病救助和临时救济，妥善解决了8.4万名困难群众的生产生活问题。

认真落实促进就业的政策措施，新增城镇就业1517人，下岗失业人员再就业569人，普通高校毕业生安置就业604人，引进高层次人才6人。进一步畅通信访渠道，共接待来信来访346件，解决群众合理诉求261件。

强化食品、药品、农资市场秩序整顿和价格监督检查，确保了市场繁荣稳定。武装部搬迁完成主体工程，民兵预备役建设取得优异成绩，双拥共建深入推进，军政军民关系更加融洽。

安全监管不断加强，安全形势进一步好转。社会治安防控体系不断完善，省级平安县成果进一步巩固，为全县经济发展创造了安全稳定的社会环境。

（何会红）

临洮县

【现任主要领导】

中共临洮县委书记：刘富春

临洮县人大常委会主任：王耀洲

临洮县人民政府县长：石琳

政协临洮县委员会主席：陈永寿

中共临洮县纪律检查委员会

书记：贾记贤

【基本情况】临洮县于甘肃省中部，定西市西部，东临安定区，北接兰州市，南连渭源县，西与临夏回族自治州东乡、广河、康乐县接壤。县城距省城兰州85公里，是兰州的南大门。全县总面积2851平方公里，辖12个镇、6个乡，6个社区、324个村委会，2373个村民小组，年末常住人口54.2万人，其中农业人口47.78万人。全县耕地面积108万亩，海拔1730～3670米，年平均气温7℃，年降水量317～760毫米，无霜期80～190天。

历史文化悠久。临洮，古称狄道，自古为西北名邑、陇右重镇、古丝绸之路要道，是黄河上游古文化发祥地之一，素有“彩陶之乡”、“文化县”美誉。迄今建县已有2380多年的历史。闻名中外的马家窑文化、寺洼文化、辛店文化都因首先发现于境内而得名。

区位优势明显。临洮县城距兰州市区仅85公里，212等三条国道穿境而过，城乡道路纵横交错，四通八达；兰临高速公路的通车，进一步缩短了临洮到兰州的距离。随着临罐、康临等高速公路的动工建设，临洮的交通条件将更加便利。

水电资源充裕。黄河上游最大的支流—洮河，流经县内9个乡镇115公里，年过境水量53亿立方米，水质优良，无污染，属国家一级保护水系，水能资源可开发蕴藏量达15.74万千瓦。依托得天独厚的水力资源，大力发展现代农业，建成洮惠渠等11个万亩灌区，发展有效灌溉面积33.85万亩。县上坚持走“以水办电、以电带治”的路子。

物产丰盛。临洮县烟草、蔬菜、瓜果、中药材(党参、党归等)、黑瓜籽、百合、大蒜、大葱、菠菜等驰名陇上；高岭土、方解石、花岗岩、荧石等非金属矿藏贮量丰富，具有广阔的开发前景。以洋芋、蔬菜、畜牧、花卉为主的农村四大支柱产业，基地不断扩大，产业化链条不断延伸，市场占有份额稳步提高，已成为全县经济发展中最具优势和潜力的新的经济增长点。临洮大丽花、唐菖蒲、牡丹等名贵花卉在昆明世博会尽现风骚，获1项大奖和48项单项奖，在中国第七届花博会上获得43个奖项，其中金奖3项。临洮县被国家林业部命名为“全国花卉种球基地县”。

【国民经济】2009年，全县生产总值完成24.79亿元，比上年增长10.8%，其中第一、二、三产业增加值分别完成7.98亿元、6.92亿元和9.89亿元，分别增长5.1%、11.5%和15.3%。完成固定资产投资21.65亿元，增长39.3%。完成社会消费品零售总额7.69亿元，增长19.2%。完成大口径财政收入1.71亿元，增长11.8%；完成一般预算支出10.4亿元，增长35.8%。

【项目建设】深入开展“项目建设推进年”活动，制定完善了《临洮县

2009年重点在建项目和重点争取项目领导责任制》，将重点项目逐一靠实到县级领导和责任单位，并安排项目前期费200万元，确保了项目建设的顺利推进。共向国家有关部委和省上有关厅局申报项目357个，已有273个项目下达投资计划，争取资金4.34亿元，比上年增长66.9%。共实施总投资43.8亿元的世行贷款畜牧综合发展、东部农村饮水安全工程等重点项目101个，其中23个建成投入使用，完成投资18.5亿元；实施总投资3.3亿元的城区垃圾处理工程、首（阳）—漫（洼）路临洮段等新增中央预算内投资项目70个，完成投资1.8亿元；实施总投资1.1亿元的文峰中学校舍建设、职教中心综合楼等灾后恢复重建项目78个，完成投资8757万元。新增储备项目230个，其中60个重点项目已完成前期工作。切实加大招商引资力度，引进总投资4亿元的华安制药、5000万元的攀宝生物肥料等项目20个，签约资金17.26亿元，到位资金8.14亿元，分别增长39%和33%。

【产业开发】深入推进以设施农业发展、草食畜扩群和花卉产业振兴为重点的农业结构战略性调整。完成农作物种植面积116万亩，粮食总产量达20.3万吨。调运马铃薯良种1.5万吨，建成千亩示范基地27个，当年外销35.3万吨，实现销售收入2.79亿元。整合项目资金147万元，扶持建成高效日光温室281座、塑料大棚503座；在新添镇梁家村引进建设了总投资1.5亿元的临洮现代设施农业园区。推广旱作农业新技术13.7万亩，亩均实现增收248元。努力提高农业机械化水平，临洮县被评为“全国平安农机示范县”。规划建设了岳麓山紫斑牡丹资源圃，临洮花卉在中国第七届花博会上获得43个奖项，其中金奖3项；《蝴蝶兰盆花质量》、《蝴蝶兰栽培技术规程》发布为甘肃省地方标准。深入推进草食畜扩群，县财政投入260万元、协调贷款7394万元，扶持引进基础母牛2142头、母羊1.25万只，新建养殖小区29个、青贮池696座14万立方米。大力发展劳务产业，培训城乡劳动力3.02万人，输转11.03万人，实现劳务收入9.96亿元。

【地方工业】中铺循环经济产业园区成功纳入兰州高新技术产业开发区，组建成立了园区管委会及开发公司，园区建设管理机构和投融资平台已形成。完成园区总体规划修编和控制性详规编制；县财政投资1800多万元，完成长6.6公里、宽36米的主干道和4条支干道路基工程；建成投资2600万元的110千伏变电所；引进并动工建设了总投资5.1亿元的三易公司干法水泥生产线、6000万元的加气混凝土砌块生产线和6000万元的不锈钢型材加工项目，已完成投资3.7亿元。对临洮经济开发区内不良项目进行专项清理整顿，清理企业2家，整顿6家，收回土地使用权1宗。有序推进重点工业项目建设，洮河杨家河一级水电站首台机组即将运行发电，金峡水泥公司环保节能技改、洮河拖拉机公司手扶拖拉机和大棚卷帘机生产线等4个项目建成投产。腾胜公司“貂婵”牌淀粉被评为甘肃名牌产品，“洮河”、“兴达”、“三易”、“李唐”4个商标被评为甘肃省著名商标。节能减排工作成效显著，单位生产总值能耗下降5.8%。规模以上工业企业完成增加值2.83亿元，比上年增长5.45%；实现利税1624万元，比上年下降41.7%。

【城镇建设】城镇建设方面，当年完成城建工作量5.7亿元。启动修编了总面积35平方公里的城区总体规划，编制完成洮河风情线控制性详规及修建性详规。新建、改扩建城市道路4条1.7公里，完成文峰东西路改造和洮河风情线部分景点建设，绿化亮化城市道路16条；实施县城污水收集管网项目，埋设给排水管网9.8公里；从严从紧控制房地产开发规模，23个续建项目全部竣工，7个新建项目进展顺利；建成廉租住宅楼2幢9248平方米，启动建设了经济适用住房一期工程。组建成立了城市建设投资开发公司，并成功融资1.12亿元。完成15个小区578户居民房屋集中拆迁，发放补偿安置费7852万元。依法出让国有土地使用权6宗106.8公顷，实现土地收益2469万元。对城区251辆黄包车全部进行清退。玉井、漫洼、康家集等小城镇建设稳步推进，当年完成投资7250万元。

【新农村建设】2009年，全县改造农村危旧房3700户24.8万平方米，定临公路改造工程已经省发改委正式批复。实施泉（头）—站（滩）路、窑（店）—康（家集）路等农村公路建设项目42个183.4公里，全县农村公路通车里程达到1112公里。实施农村安全饮水、小型水利工程等水利水保项目8个，埋设自来水管网256公里，完成自来水入户3100户，新增有效灌溉面积1650亩。新修高标准梯田4.1万亩，创历年梯田建设新高。完成退耕还林7500亩、历年补栽补植14.2万亩、义务植树5600亩。建成“一池三改”户用沼气池4066口，建设数量、点火率、“三改”率均高于往年。启动了八里铺镇王家大庄新农村建设，峡口镇市级试点镇和太石镇上咀村等17个县乡级试点村建设同步进行，累计完成投资1.35亿元。

【人民生活】争取实施总投资1568万元的参与式整村推进、产业化扶贫等项目35个，扶贫开发工作考核连续两年位列全市第一。扎实开展城乡低保和农村五保提标扩面工作，新增农村低保对象12679户43780人，保障面达10.48%。深入推进村务公开，被评为“全国村务公开民主管理示范县”。不断加强社保体系建设，支付各项保险金4752万元；全县城镇新增就业2045人，登记失业率为3.97%。全力保障受灾群众基本生产生活，共发放救济面粉140万公斤、救济衣物15万件。不折不扣落实强农惠农政策，兑现粮食直补、农资综合补贴、农机具购置补贴等各项惠农财政补贴 27 项，发放补贴资金 1.15 亿元。推行了县级领导信访包案和定期接访制度，县财政投入 90 万元在城区重点地段安装了视频监控设施，深入组织开展平安创建、严打整治和安全生产专项整治行动，社会保持和谐稳定。城镇居民人均可支配收入、农民人均纯收入分别达 9560 元和 2555 元，分别净增 600 元和 239 元。

【社会事业】稳步提高教育教学质量，高考本科上线人数达 1277 人；实施农村中小学校舍维修改造、西部农村初中校舍改造等教育项目 51 个、建筑面积 8.1 万平方米，已完工 37 个，完成投资 6373 万元；改造、新建 29 所学校食堂 1.01 万平方米，解决了 1.68 万名寄宿生的就餐问题；为 870 名农村大学生办理生源地信用助学贷款 430 万元。"全国科技进步先进县"顺利通过验收，科技特派员马铃薯产业创业链被认定为国家首批科技特派员创业链。建成总投资 2600 万元的中医院住院部大楼，完成总投资 906 万元的城关卫生院住院部大楼主体工程，动工建设了总投资 3249 万元的县医院外科大楼；为 3.35 万名住院病人报销医药费 3462 万元；承办了省中医药学会 2009 年学术研讨会。成功举办中国临洮马家窑文化研讨会和第三届老子文化节。总投资 3.5 亿元的临洮国家亚高原训练基地建设项目已经省发改委正式批复，并与省体育局签订了项目建设合同书，目前正在组织征地。

(周桂花)

漳 县

【现任主要领导】

中共漳县县委书记：赵爱

漳县人大常委会主任：贯占渊

漳县人民政府县长：郭世杰

政协漳县委员会主席：包早福

中共漳县纪律检查委员会书记：陈炳章

【基本情况】漳县位于定西地区南部，地处西秦岭和黄土高原过渡地带，东连武山，西邻卓尼，南靠岷县，北与陇西、渭源接壤，地势东高西低，版图呈琵琶型。全县辖 4 镇 9 乡，136 村，2009 年常住人口 19.2 万人。总土地面积 2164.4 平方公里，海拔 1640 米至 3941 米，相对高差 2301 米。年平均气温 8.2 度，无霜期 155 天，日照时数 2313 小时，年降雨量在 500 毫米左右，属湿润半湿润气候。

【资源优势】农业资源：全县有耕地面积 46.77 万亩，土壤以淀土、黑垆土为主，土质肥沃。农作物品种繁多，主要农作物有 25 科、68 种，其中粮食作物以小麦、蚕豆、洋芋、玉米、为主。经济作物以油料和当归、党参、红（黄）芪等中药材为主。

林业资源：全县宜林地面积 81 万亩，森林面积 39 万亩，现有木寨岭林场和石川林场两个国有林场，进行林木改造和林业管理。经济林以苹果、沙棘为主，主要品种"红元帅"曾多次荣获部优、省优产品将。全县现有果园面积 1.2 万亩，果品年产量达 4916 吨以上。

畜牧业资源：全县有天然草场 131 万亩，占总面积的 40.4%，产草量为 55 万吨，载畜量为 60 万个羊单位，畜禽主要有牛、马、羊、猪、鸡、鸭等。

药材及野生蔬菜资源：药材共约 440 个品种，主要有当归、党参、冬虫夏草、大黄、贝母、元胡、红芪、黄芪等。漳县所产当归俗称"岷归"，由于气候条件适宜，土质较好，所产量达到 5000 吨左右。另有蕨菜、羊肚菌、乌龙头等野生蔬菜质纯味美，餐用极佳，远销韩国和东南亚等地。

水利水力资源：境内有漳河、龙川河、榜沙河三条主要河流，河道总长 154.2 里，年径流量 3.582 立方米，入境水 1.661 立方米，共计 5.243 立方米。水力资源丰富，各河 PH 值在 7.4～7.6 之间，适宜水电水产开发及人畜饮用。

矿产资源：非金属矿有岩盐、红柱石、石灰石、大理石、冰洲石、白云石、重晶石、萤石、方解石、透辉石、透闪石、硅灰石、石墨等十九种，金属矿有金、银、铜、铁、铅、锌等六种。岩盐是漳县优势最大的一种矿产资源，已探明储量达 5000 多万吨。石灰石是漳县得天独厚的又一矿产资源，储量在 16 亿立方米以上。红柱石作为高级耐火材料适用于冶金、建材、陶瓷等行业，漳县境内的红柱石矿属世界第四、国内第一的大型矿床，远景储量约 1 亿吨。红柱石精矿粉三氧化二铝含量达到 56% 以上。经选矿试验，精矿品位达 56%，耐火度大于 1830 度，精矿质量达到国家标准，开发利用价值极高。大理石储量约 15 亿立方米，氧化钙含量为 54%，方解石含量 95%。硫铁矿储量 309 万吨，品位达到 30%。菱铁矿储量为 21.9 砘。金矿为中型矿床，品位为 15 克/吨。

旅游资源：现有国家级森林公园一处、新石器文化遗迹三处、省级文物保护单位三处。贵清山森彬公园坐落于漳县城南 70 公里处，景区南北长 7.5 公里，东西宽 2.5 公里，面积 62 平方公里，由贵清峡两部分组成，史称"贵清仙境，"被游人誉为"兼有华山之险，黄山之奇、峨眉之秀、九寨沟之美"，是镶嵌在丝绸之路黄金旅游线的一颗璀璨明珠，已一次性通过国家旅游局 4A 级旅游风景区终评。位于漳县城南 5 里，被称为海内之最的汪家坟元墓群，葬有元代被封为"三王十国公"的汪氏家族近 200 人，是研究元明历史的珍贵史料。

【国民经济】2009 年，全县完成生产总值 7.7 亿元，比上年增长 13.25%。其中：第一产业 3.03 亿元，增长 9.61%；第二产业 0.97 亿元，增长 36.4%；第三产业 3.7 亿元，增长 11.92%。全社会固定资产投资 9.24 亿元，增长 83%。工业增加值 6970 万元，增长 108.1%。大口径财政收入 4160 万元，增长 56.98%。社会消费品零售总额 1.54 亿元，增长 20%。城镇居民人均可支配收入达到 9057 元，增长 9.7%；农民人均纯收入达到 2339.64 元，增长 12.3%。

【项目建设】2009 年，全县组织实施各类项目 145 项，总投资 19.5 亿元，增长 16.97%。开工建设 128 项，已建成竣工 75 项，完成投资 5.88 亿元，增长 34%。其中：中央扩大内需项目 45 项，开工建设 44 项，完成投资 0.87 亿元；灾后恢复重建项目 47 项，完成投资 7009 万元；工业、城建等其他建设项目 53 项，开工建设 37 项，完成投资 4.31 亿元。

【新农村建设】农业产业化进程不断加快，蚕豆、中药材、马铃薯、蔬菜四大特色优势农作物面积达到 39 万亩，占总播种面积的 80%以上。完成全膜双垄沟播玉米 2 万亩，建成无公害标准化示范基地 24.22 万亩、农业科技综合示范点 26 个 1.45 万亩。新建农民专业合作社 11 个、规范提高 13 个，落实农作物订单 21.3 万亩，新增农机总动力 1.6 万千瓦。设施农牧业建设稳步推进，整合资金 825 万元，新建日光温室 211 座、改造提升 1004 座，新建塑料大棚 510 座。完成特色牧草种植 2 万亩，建成投产养殖小区 3 个、种草养畜示范村 4 个。农业基础设施建设不断加强，投入林业建设资金 1429.8 万元，完成造林绿化面积 6.1 万亩。解决了 2.07 万人的饮水不安全问题，新增护岸堤防 1.65 公里，新建沼气池 3102 眼。劳务工作成效显著，鼓励支持劳务能人返乡创业，盐井乡建业节能环保建材厂正式投产。全县培训劳动力 1.69 万人，输转劳动力 4.58 万人，境外输出实现新突破，实现劳务收入 3 亿元，增长 52.3%。

【城镇建设】加快推进城镇化进程，实施城镇建设项目 11 项，完成投资 2.79 亿元，比上年增长 30%。完成商贸街北段拆迁 203 户，整体开发全面启动，完成投资 4338 万元；贵清路完成地下管网、道路铺油、路灯安装及红沟桥建设并实现全线通车，完成投资 3860 万元；城区供水扩建工程竣工，完成投资 1300 万元，县城新增日供水能力 8000 吨；总投资 1800 万元的集中供热 B 站建成供暖，新增供热面积 60 万平方米；三岔镇完成镇区道路可研编制、地质勘察下水管埋设和路基工程，完成投资 1320 万元。新寺镇完成拆迁安置 67 户、镇区道路基础工程 800 米，完成 72 座安置房主体施工，完成投资 1200 万元。金钟镇完成主街道和农贸市场可研编制，殪虎桥乡完成小城镇建设规划编制。

【人民生活】县上着力解决群众住房困难。商贸街 36 套配建廉租房竣工，贵清路 180 套配建廉租房完成主体施工 120 套。为 531 户城市住房困难家庭发放廉租住房补贴 76.12 万元。完善住房公积金制度，住房公积金个人和单位缴存比例由原来的 5%提高到 6%。投入资金 2652.1 万元，改造农村危旧房 3700 户，完成城镇居民灾后住房恢复重建 71 户、加固维修 777 户。城乡居民收入继续增加，生活水平进一步改善。2009 年，全县城镇居民人均可支配收 9057 元，比上年增长 12.4%。农民人均纯收达 2334 元，增长 12.3%。就业再就业工作扎实推进，积极争取编制，扩大招考计划，全县城镇新增就业 1573 人，其中安置高校毕业生 245 名，是近年来高校毕业生就业最好的一年。下岗失业人员再就业 627 人，为 1618 名下岗失业人员发放小额担保贷款 5002 万元。

【社会保障】社会保障体系不断完善，漳县被列入全国首批新型农村社会养老保险试点县，养老、失业、医疗、工伤、生育保险覆盖面不断扩大，启动了城镇职工医疗保险特殊门诊费用补助和大额医疗费用补助，将 625 名破产企业退休人员纳入医疗保险，将 464 名村干部纳入养老保险。扎实推进城乡低保和农村五保提标扩面工作，城市低保标准提高到月人均 152 元，保障面为 22.1%；农村低保标准提高到年人均 728 元，保障面为 18.27%，农村五保供养标准提高到年人均 1667 元，城乡低保户和农村五保户得到更多实惠。及时下拨专项救灾资金 210 万元，困难群众生产生活得到妥善安排。

【环境保护】人民居住环境质量进一步提高，大气环境质量中总悬浮微粒年日均值控制在国家标准之内，二氧化硫、氮氧化物年日均值控制在国家一级标准之内。城镇、农村饮用水水质达标率继续保持在 100%。区域环境噪声和交通干线噪声分别控制在了国家规定的排放限值之内。节能减排取得重大进展，万元 GDP 能耗下降 6.19%，化学需氧量减排 649 吨，下降 2%，二氧化硫减排 720 吨，下降 2.1%，工业固体废物综合利用率达到 98%。

【社会事业】以深入开展“教育质量巩固年”活动为契机，全力抓好学校管理。全县高考本科上线 293 人，较上年增加 87 人，上线率 18.54%。加强教师队伍建设，对县城及周边学校教师进行公开竞聘上岗。职教中心实训楼完成主体工程，武阳西小整体搬迁开工建设，5 个中小学食堂建成并投入使用。文化信息资源共享工程、乡镇综合文化站建设等项目全面启动，非物质文化遗产保护取得实质性进展。

科技创新取得新突破。取得国家专利授权 2 项、国内先进技术成果 2 项、市级年度科学技术进步奖 1 项。

医疗卫生保障机制不断健全。新型农村合作医疗制度运行良好，全县参合率达到 95.5%，报销门诊、住院费 1689.44 万元。为 15 岁以下儿童免费接种乙肝疫苗 2.21 万例，为 1482 名孕产妇发放分娩补助 36.84 万元，为白内障患者实施复明手术 70 例。强化食品药品监管，切实做好甲型 H1N1 流感等重大疾病防控工作，给重点人群免费接种疫苗 5200 例。县中医院住院楼、门诊楼完成主体工程；5 个乡镇卫生院完成建设任务，县医院扩建和3个红十字援建卫生院开工建设。

人口和计划生育工作稳步提升。坚持综合治理、统筹解决人口问题，健全完善利益导向机制，制定实施“十个一”帮扶工程和乡镇、部门同奖同罚制度，积极开展创建示范典型活动，投入539.44万元为1548户农村“两户”家庭办实事，完成二女户安居工程124户。

(包随福)

岷　县

【现任主要领导】

中共岷县县委书记：陈国栋

岷县人大常委会主任：郭永龙

岷县人民政府县长：党建中

政协岷县委员会主席：何义忠

中共岷县纪律检查委员会书记：张福宏

【基本情况】岷县古称岷州，位于甘肃西南部，洮河中游，地处青藏高原东麓与秦岭陇南山区接壤区。岷县地理位置优越，区位优势明显，是定西、天水、甘南三市州的几何中心，自古就是“西控青海，南通巴蜀，东去三秦”的战略要地，自古商贾贸易活跃，享有陇原“旱码头”之美称。全县辖9乡9镇、300个行政村，年末常住人口44.41万人，其中乡村人口39.16万人。居住着汉、回、藏、东乡、蒙古族等7个民族。总土地面积3500平方公里，耕地面积62.2万亩。岷县气候属于高原性大陆气候，年平均日照时数2214.9小时，年平均气候4.9℃～7.0℃，年平均相对湿度68%，年平均无霜90～120天，年平均降水量596.5毫米，最热7月份平均气温16℃，最冷1月份平均气温-6.9℃。岷县地处青藏高原边缘，是甘南高原向黄土高原、陇南山地的过渡地带。境内大部分地方海拔高，受大陆性气团、副热带暖湿气团的交替影响和地形对大气抬升的作用，形成高寒阴湿这一气候特点。降雨量多，气温低，无霜期短，多冰雹等自然灾害。境内山峦环抱，洮水绕城东流，草场广阔，资源丰富，山川秀美，鸟语花香，是假日休闲旅游和避暑胜地。

【资源优势】草畜资源：岷县有天然草场290万亩，占全县总土地面积的72.5%，主要以岷山红三叶草、岷山猫尾草为民县两大特色优质草种。岷县有黑紫羔羊、牦牛、存栏牛、羊、猪等牲畜50多万头。

药材资源：岷县盛产当归，红芪、黄芪、党参、大黄、贝母等中药材238种，素有“当归之乡”、“千年药乡”之称，尤以“岷归”驰名中外，被欧洲人誉为“中国妇科人参”，岷县年种植当归、红芪、黄芪、党参等各种中药材20多万亩，是重点外贸产品。

矿产资源：探明金属，非金属矿30种，矿点、矿化点40多个，其中金、锑、铅、锌、锰、花岗岩、汉白玉、大理石、硅石、泥炭等矿储藏量大，开发前景广阔。

水电资源：岷县水资源丰富，境内水系分长江、黄河两大流域，3个水系。有大小河流22条，年平均径流量42.09亿立方米。地下水总储量2.36亿立方米。水能蕴藏量32.56万千瓦，年发电量28.5亿度。黄河上游最大的支流洮河流经县内13个乡83.5公里。可开发梯级电站6座，总装机容量可达10万千瓦。

野生动物资源：岷县属国家保护的珍贵动物有蓝马鸡、麝、穿山甲、苏门羚、毛冠鹿、云豹、野山羊、猞猁、水獭等。此外尚有熊、野猪、豹、黄鼠狼、兔、狐、狼、刺猬等。野禽有鹞、鹰、鸠、鹊、锦鸡、雉、猫头鹰、杜鹃、啄木鸟、雁、水鸭等。鳞介类有重口鱼、银鱼、银斑鱼、齿鱼（闾井）、长江鱼、蛇、晰蝎等。

农副产品资源：盛产洋芋、蚕豆、油料等农副产品和草莓、虫草、沙棘、蕨菜、蕨麻等野生“绿色食品”，开发前景十分可观。

旅游资源：岷县文物殊多，古迹遍地，主要有“彩陶之乡”马家窑文化、寺洼文化、齐家文化等文化遗迹6处。明代建于县城的真武庙至今保存完好。岷县又称“花儿”故乡，是我国民间文化的一支奇葩，质扑敦厚，明快生动，每年花儿会期间，商贾云集，商贸活跃。被誉为中国“四大名砚”之一“归一砚”闻名中外，1997年，甘肃省政府作为特殊礼物，赠给香港特别行政区政府珍藏。岷县二郎山国家级森林公园集自然景观与人文景观于一体，与城北玉女峰遥遥相对，山上三峰插天、绿树成荫；1935年、1936年中国工农红军长征突破“天险腊子口”两次到达岷县，召开了中共中央西北局岷州会议，现园内建有“红军战役纪念塔”和“三千红军烈士纪念碑”。

【国民经济】2009年，全县实现生产总值13.65亿元，比上年增长10.7%。其中：第一产业增加值5.3亿元，增长4%；第二产业增加值2.94亿元，增长13.5%；第三产业增加值5.46亿元，增长15.8%。全县完成固定资产投资14.5亿元，增长67.8%；完成规模以上工业增加值8377万元，增长12%；社会消费品零售总额达到4.3亿元，增长19%；完成大口径财政收入8109万元，增长32.9%；完成一般预算收入4743万元，增长36.4%；财政支出8.46亿元，增长39.1%。

【项目建设】2009年，是岷县项目建设实现大发展的一年，全县共确定县级领导及部门（乡镇）责任制项目418项，总投资46.27亿元，其中实施的责任制项目161项，总投资24.66亿元；争取的责任制项目129项，总投资12.21亿元；谋划论证的责任制项目128项，总投资9.4亿元。截至目前，实施的项目已开工150项，建成89项，正在建设61项，累计完成投资15.29亿元，其中当年完成投资7.84亿元。全年新签约项目26项，总投资10亿元，到位资金 3.44 亿元。

【产业开发】县上制订了关于全面提升中药材、草畜、马铃薯产业的意见，加大产业结构调整力度，加快了产业开发步伐。全县共播种各类农作物 62.2 万亩，其中粮食作物 35.45 万亩、经济作物 26.2 万亩、其他作物 0.55 万亩，粮经比为 58∶42。全县已形成北路、梅川片以红（黄）芪、党参为主的中药材产业带，西川片以当归为主的中药材产业带，南川、东山区川坝地带以马铃薯种植为主的产业带。

中药材产业：建成中药材示范基地 8 个（其中 GAP 基地 3 个、当归育苗示范基地 5 个），种植中药材 25.2 万亩，其中当归 11.3 万亩、黄（红）芪 8.2 万亩、党参 5 万亩、其它 0.7 万亩，产量达到 5 万吨（其中当归 2 万吨）。全县饮片加工量达到 2 万吨，新建成投产天容、岷归 2 户企业，岷海、金当归等 4 户企业的 4 条中药材饮片加工和 1 条中成药制剂生产线通过 GMP 认证。认真经营“中国当归之乡”、“岷归”两大金字招牌，在北京成功举办“第三届中国当归产业发展高端论坛”，组团参加了“广州国际中药材博览会”、“中国陆路边境口岸城市开放合作论坛暨 2009 年中药商品交易会”、“中国•定西第二届中药材发展大会”，加大了对以“岷归”为主的中药材产业宣传推介力度。“岷当”、“天容”等 4 项商标被评为全省著名商标。

草畜产业：全县新种植优质牧草 6.01 万亩，加工岷山红三叶、猫尾草等草块 6000 吨；新建规模养殖小区 9 个，结合养牛大县建设引进良种母畜 8830 头，授配黄（犏雌）牛和奶牛 3120 头，授配母羊 2.1 万只，新增规模养殖户 563 户。全县牛存栏 9.96 万头、出栏 1.92 万头，羊存栏 19.73 万只、出栏 10.25 万只，猪存栏 19.53 万头、出栏 19.96 万头，肉类总产量达到 2.1 万吨。由省农牧厅向农业部申请上报了蕨麻猪、黑裘皮羊、岷山红三叶、猫尾草等特色优势产品地理标记认证，岷县被列入全国健康养殖示范县。同时，投资 231.2 万元实施乡镇畜牧兽医站建设，全县 18 个乡镇畜牧兽医站全部扩建为二层砖混楼，配套了相关设施，极大地提升了服务能力。

马铃薯产业：共调运马铃薯良种 6320 吨，建成马铃薯良种繁育基地 3 万亩，种植马铃薯 30.05 万亩，产量 65 万吨，加工马铃薯淀粉 3000 吨，鲜薯销售 8.5 万吨。新建马铃薯贮藏窖 2 座，新增贮藏能力 850 吨。

设施农业：狠抓了高效设施农业建设，新建日光温室 100 座、塑料大棚 530 座；新建暖棚养殖 3225 户、7350 间、7.21 万平方米。

劳务移民：完成劳务培训 2.73 万人，输出务工人员 9.53 万人，其中组织输出 3.07 万人（输送新疆摘棉工 6400 人、东南沿海务工人员 7600 人）、自谋输出 4.45 万人、就地转移 2.01 万人，实现劳务收入 6.03 亿元；完成九甸峡库区非外迁移民安置工作。

旅游业：编制了二郎山森林公园建设规划，完成《岷县旅游产业发展规划》和《双燕生态旅游景区总体规划》的终评，“岷州会议”纪念馆建设项目完成总投资的 90%，狼渡滩湿地草原被评定为国家 AA 级旅游景区，完成各景区基础设施投资 762 万元。对 200 多名宾馆（饭店）餐饮从业人员进行集中培训，加强了管理，提升了服务水平，水利宾馆被评定为二星级旅游饭店，使全县二星级旅游饭店达到 4 家，新建成农家乐旅游示范点 6 处，全年接待游客 22 万人次，实现旅游收入 1585 万元。

【工业强县】围绕全市工业发展十大行动计划，实施特色优势农产品精深加工行动计划、现代制药业行动计划、电能产业行动计划、现代物流园区建设行动计划、矿产业开发行动计划、工业集中区建设行动计划和融资保障行动计划等“七个计划”。

农产品精深加工方面，协调中国进出口银行为康达公司贷款 3843 万元，正在安装设备；甘肃岷归中药材科技有限责任公司中药材饮片厂、天容公司中药材饮片厂、草春堂公司乡草依养颜精华素系列化妆品扩建项目均已建成。同时，加快了年产 1500 吨香辣酱生产线和当归点心食品加工项目建设进度，建成冬梅点心 QS 标准化生产线。

水电矿产开发方面，坎峰电站和刘家浪新装 5＃机组建成发电，梅川以电代燃料电站即将试运行发电；龙望台水电站项目正在进行厂房工程建设，完成投资 9600 万元；冰桥湾水电站完成投资 5550 万元；天昊黄金公司二期技改项目已累计完成投资 1.2 亿元。

建筑建材开发方面，闾井镇花岗岩板材加工厂累计完成投资 5700 万元，已有 8 个加工车间正常生产，4 个车间正在筹建。规划论证了年产 120 万吨水泥生产线，正在积极招商；新建了 6 个节能砖厂，年产量达到 2400 万块。通过狠抓工业体系建设，工业经济实现较快发展，规模以上工业企业实现利润 3210 万元，增长 10.6%；上交税金 2080 万元，增长 18.9%。

【城镇建设】全县共实施城市建设项目 27 项，总投资 10.5 亿元，开工建设 26 项，累计完成投资 5.09 亿元，其中当年完成投资 2.39 亿元。重点实施岷阳镇道路及排水、城区供水管网改造、岷州西路改扩建工程、迭藏河风情线及岷山嘉苑、东港新城、熙盛家园、春天家园住宅小区和医药综合商贸城等“十大城镇建设项目”，累计完成投资 4.18 亿元，当年完成投资 1.61 亿元。新的水厂建成生产，各住宅小区新建住宅面积 30.3 万 m^2。

【新农村建设】茶埠镇山那村等 2008 年度 11 个整村推进参与式扶贫项目顺利通过验收，寺沟乡立林村等 9 个整村推进项目已完成建设任务的 80%。全面落实粮食直补、农资综合补贴、退耕还林补助、农机具补贴、能繁母猪保险等强农惠农政策，发放各类补贴资金

6240万元。完成“三北”防护林建设1万亩，退耕还林成果巩固、补植补造及后续产业建设1.22万亩，薪炭林建设1250亩。实施易地扶贫搬迁、整村推进、乡镇卫生院建设等开发项目46个，已有44个开工建设，累计完成投资1.15亿元，其中当年完成投资7540万元。

【人民生活】积极推进农村合作医疗，全县有38.26万人参加了新型农村合作医疗，参合率达92.41%；城镇居民基本医疗保险参保23068人，参保率达到91%，全县累计报销医药费3644.8万元。全县基本养老保险参保4203人、失业保险参保5467人、工伤保险参保3262人（其中农民工参保1203人）、生育保险参保657人、村干部参加养老保险952人；全面开展城乡低保和农村五保提标扩面工作，提高了城市低保保障标准，扩大了农村低保覆盖面；农村五保供养金由年人均1200元增加到1600元；全面加强了就业和再就业工作，城镇新增就业1516人，城镇登记失业率下降到3.56%。妥善安排困难群众生活，共下拨救济款419.72万元，解决了五保户、特困户、重灾民的生活困难；投资2800多万元，全面完成3466户困难群众建房工作（其中危旧房改造1983户）；积极实施残疾人康复工程，为164名白内障患者免费开展白内障复明手术，结合城区道路建设，铺设盲道6840米。全县城镇居民可支配收入达到9152元，增长10%；农民人均纯收入达到2238元，增长12.6%；农村贫困人口减少到8.43万人，贫困面下降到19.38%。

【社会事业】教育事业：全县投入教育基础设施建设的资金达到9471.8万元，是上年1418万元的6.7倍，建成校舍39894m^2、宿舍16187m^2、学生餐厅8100m^2，扩大了城区高中办学规模，岷县二中分离初中部，建成独立高中；改制建成3所九年制学校，撤并小学45所；县职教中心通过省重验收，批准成立“岷县职业中专”。

卫生事业：实施县医院和县中医院整体搬迁项目，总投资2026.97万元的县医院门急诊大楼、医技大楼顺利开工，门急诊大楼已完成主体建设工程；投资949.58万元完成15个乡镇卫生院建设任务；为乡村两级医疗机构争取配备了340.5万元的医疗设备；引进了仁爱门诊、协和医院2家私立医疗机构，投资达1280万元。

科技文化广电事业：岷县顺利通过省上组织的“全国科技进步县”达标考核，红三叶丰产栽培技术获全市一等奖，二郎山花儿会作为甘肃花儿的重要组成部分被联合国教科文组织批准列入人类非物质文化遗产保护名录。

【十件实事】一是改造城区道路3条，延伸2条，全长3.42公里，改善了城区交通条件；二是实施县医院和中医院整体搬迁建设项目，为10个乡镇卫生院配备了价值340.5万元的医疗设备，建成茶埠镇石咀村等20个村卫生室，培训乡村医务人员300名；三是建成西川农村饮水安全工程，北部农村饮水安全工程开工建设，已完成投资280万元；四是实施农村公路通达工程27条111.5公里、农村公路震后重建项目20项137.4公里，解决了52个行政村行路难问题，完成岷野路铺油罩面，西江洮河大桥顺利合拢；五是完成5193座沼气池建设任务；六是绿化面山7780亩，新修二郎山旅游公路4.8公里；七是开发公益性岗位126个，加大对创业人员扶持力度，为400人发放贴息小额贷款1200万元；八是扩大城乡低保面，提高低保水平，城市低保保障标准提高10%，达到152元；农村低保标准由上年的年人均685元提高到728元，保障面从3.5%扩大到15.5%，保障人口从1.47万人增加到6.78万人；九是完成14所学校食堂建设，解决了10896名农村寄宿制学校学生的就餐问题，扩大高中阶段招生规模，招生新增824人；十是建成廉租住宅楼492套、24673m^2，对2234户、5940人住房困难家庭及时足额发放廉租住房租金补贴213.84万元。

（王登第）

陇南市

【现任主要领导】

中共陇南市委书记：王玺玉

陇南市人大常委会主任：王玺玉

陇南市人民政府市长：许文海

政协陇南市委员会主席：邱正保

中共陇南市纪律检查委员会

书记：李学春

【基本情况】陇南市位于甘肃省东南边陲，东连陕西，南接四川，北靠天水，西连甘南，为甘肃南下东出之要冲。总面积2.79万平方公里。辖八县一区，总面积2.79万平方公里，总人口近280万人，是甘肃省唯一的长江流域地区。境内地貌俊秀，气候宜人，雨量充沛，光照充足，森林覆盖率高，素有“陇上江南”之美称。

【资源优势】陇南是一处“宝贝的复杂地带”，兼具南国之灵秀和北国之雄奇，区内地形复杂，资源丰富，光热充足，为各种动植物的繁衍生长提供得天独厚的条件。一是生物资源荟萃。自然生长的树种达1300多种，其中经济树种400多种，野生珍贵树种52种，珍稀树种25种。是甘肃森林覆盖面积最大、树种最多、植被最好的绿色走廊。其中经济林已形成一定规模，水土保持与增产创收相得益彰。也是甘肃唯一的油橄榄、茶叶、银杏等亚热带作物产地。武都白龙江沿岸1300米以下川坝河谷区及半山地带为全国油橄榄最佳适生区，全市已种植油橄榄22.77万亩，产鲜果1422吨，年产初榨油200吨，开发出油橄榄产品3个系列40多个品种，孕育着中国油橄榄的希望。此外，还有木耳、香菇、猴头、薇菜、蕨菜等食用菌及山珍野菜100多种，中药材1300多种。尤以红芪、纹党、大黄、当归、半夏最为著名，中药材年总产量 5.8 万吨。境内还有 350 多种野生动物，包括大熊猫、金丝猴、羚羊在内的国家一、二级保护珍稀动物有 41 种，白水江自然保护区是我国主要的大熊猫栖息地之一。二是矿产资源富集。有铅、锌、锑、铜、锰、金、硅、重晶石、煤等金属和非金属矿 34 种，其中西成铅锌矿带为我国第二大矿体，已探明储量 2400 万吨；锑为我国第三大矿体，已探明金属储量 14.9 万吨；文县阳山金矿已探明储量 300 吨以上，是我国特大型金矿之一，有望成为亚洲最大的金矿。三是水力资源丰富。市内河流纵横交错，有嘉陵江、白龙江、白水江、西汉水四大水系，大小河流 3900 多条，年径流量 279 亿立方米，人均用水占有量远远高于全国全省平均水平。水电开发潜力较大，目前的开发量极为有限，水电能源产业有很大的发展空间。四是旅游资源独特。陇南不光山奇水秀，文化灿烂，而且历史悠久。《史记》记载，华夏人文始祖伏羲“生于仇池，长于成纪”，仇池就是陇南的西和县，至今伏羲崖还耸立在仇池山上；陇南是中国历史上第一个封建帝国秦王朝的发祥地，秦始皇先祖在陇南市的礼县繁衍生息数百年才奠定了雄立关中、定鼎中原、统一六国的千秋基业；位于陇南市成县的《西狭颂》摩崖石刻，是汉代“三颂”中保存最为完整的书法艺术瑰宝；宕昌哈达铺镇是中国工农红军的加油站和决定中国革命命运的转折点，宕昌哈达铺红军长征纪念馆被列为全国重点文物保护单位。比较著名的人文景区景点还有成县杜甫草堂、礼县先秦文化遗址、祁山三国古战场、西和仇池国遗址、阴平三国古栈道。陇南的自然生态旅游资源也十分丰富，有西北最大的天然溶洞—武都万象洞，国家级森林公园—成县鸡峰山、文县洋汤天池和徽县三滩、康县阳坝、宕昌官鹅沟等生态旅游风景区。这些独具特色的人文和自然景观，分别与四川九寨沟、甘肃天水麦积山遥相呼应。独特的地理位置还造就了文化的多元化特色。既有古代氐、羌、藏等民族文化与汉文化的大融合，又有秦陇文化与巴蜀文化的大交汇，其独特的民俗风情，提供给游人的一份风物常青的画卷。

【国民经济】国民经济稳定增长，全市实现生产总值 142.34 亿元，比上年增长 9.0%。分产业看，第一产业实现增加值 38.32 亿元，增长 6.3%；第二产业实现增加值 35.94 亿元，增长 7.0%；第三产业实现增加值 68.08 亿元，增长 11.5%。第一、二、三产业对生产总值的贡献率分别为 2.73%、18.4%和 68.4%，第三产业是拉动经济增长的主要动力。全市人均生产总值 5428 元，比上年增加 1032 元。第一、二、三产业增加值占生产总值的比重调整为 26.9∶25.2∶47.9，与上年相比，第一产业所占比重下降 2.4 个百分点，第二产业比重下降 1.2 个百分点，第三产业比重上升 3.6 个百分点。

就业形势有所好转。年末全市从业人员 146.04 万人，其中：农村 130.67 万人，城镇 15.37 万人。有 3214 名下岗人员实现再就业，比上年下降 9.9%。年末城镇登记失业人员 6501 人，登记失业率为 3.8%，比上年下降 0.09 个百分点。

财政收入小幅增长。全年实现大口径财政收入 17.1 亿元，比上年增长 2.2%。市县级收入为 7.94 亿元，增长 3.5%。其中：增值税 4.61 亿元，降低 21.2%；消费税 0.74 亿元，增长 1.1 倍；营业税 2.85 亿元，增长 83.96%；企业所得税 3.03 亿元，降低 13.2%；个人所得税 0.93 亿元，增长 6.38%。财政支出 145.77 亿元，比上年增长 19.41%。

工业生产低位运行。全年实现工业增加值 23.14 亿元，比上年增长 2.4%。规模以上工业实现增加值 17.14 亿元，比上年增长 2.3%。其中：国有及国有控股企业完成增加值 7.5 亿元，下降 11.4%；集体企业完成 0.09 亿元，增长 51.2%；股份制企业完成 9.5 亿元，增长 20.4%。规模以上工业企业产品销售率 98.5%，比上年提高 6.4 个百分点。按轻重工业分，轻工业完成增加值 1.97 亿元，增长 0.3%；重工业完成增加值 15.17 亿元，增长 2.6%。市县属规模以上工业企业盈亏相抵后，实现利润总额 3.83 亿元，比上年下降 33.5%。规模以上工业亏损企业亏损额 9806.8 万元，比上年增长 0.9%。

建筑业平稳较快增长。全市建筑业实现增加值 12.80 亿元，比上年增长 18.1%。

全年实现社会消费品零售总额 35.1 亿元，比上年增长 16.5%。分销售地看，市、县实现消费品零售总额 23.66 亿元，增长 16.2%；县以下实现消费品零售总额 11.39 亿元，增长 16.9%。分行业看，批发零售贸易业实现零售额 29.9 亿元，增长 15.9%；餐饮业实现零售额 5.14 亿元，增长 20.1%。消费结构进一步改善，居住类餐饮业消费增长较快。

对外贸易有较大幅度下降。全年进出口总额为 610.5 万美元，比上年下降 51.0%。其中：出口总额为 591.2 万美元，下降 51.2%；进口总额 19.3 万美元，下降 47.4%。招商引资签约资金 93.74 亿元，到位资金 41.89 亿元，增长 18.8%。

金融机构存贷款规模继续扩大。年末，全年金融机构本外币各项存款余额 341.83 亿元，比上年增长 17.96%。全市金融机构人民币各项存款余额 341.78 亿元，增长 17.96%。其中，企业存款余额 53.86 亿元，增长 16.66%；城乡居民储蓄存款余额 160.63 亿元，增长 25.1%。年末全市金融机构本外币各项贷款余额 148.66 亿元，增长 48.67%。

全市年接待游客 260.32 万人次，比上年增长 25.6%。旅游综合收入 5.4 亿元，增长 45.4%。

【“三农”工作】全年粮食种植面

积为 467.55 万亩，比上年增长 0.23%；油料种植面积达 32.19 万亩，增长 15.5%；蔬菜种植面积达 45.88 万亩，增长 13.51%。全年粮食总产量达到 96.6 万吨，增长 4.35%，其中：夏粮 36.88 万吨，增长 4.11%；秋粮 59.72 万吨，增长 4.5%。全年肉类总产量达 7.47 万吨，增长 6.32%；水产品产量 0.17 万吨，增长 4.68%。全年新增有效灌溉面积 3.4 万亩，下降 1.73%。农业机械总动力达到 113.48 万千瓦，增长 18.2%。

【项目建设】全年完成全社会固定资产投资 200.95 亿元，比上年增长 69.8%。按城乡分，城镇固定资产投资完成 145.23 亿元，增长 1.1 倍；农村固定资产投资完成 55.72 亿元，增长 15.2%。其中，第二产业完成投资 114.73 亿元，增长 1.3 倍；第三产业完成投资 42.88 亿元，增长 1.2 倍。

【人民生活】全市总人口为 279.17 万人，常住人口为 262.21 万人，人口出生率为 13.13‰，比上年上升 0.07 个千分点；人口死亡率为 6.93‰，比上年上升 0.01 个千分点；人口自然增长率为 6.20‰，比上年上升 0.06 个千分点。城镇居民人均可支配收入 9477 元，增长 9.0%；农民人均纯收入 2284 元，增长 14.3%。

社会保障和城市低保工作取得新进展。年末全市参加失业保险 5.4 万人，增长 20.0%；城镇职工医疗保险 10.97 万人，增长 17.0%；城镇居民医疗保险 14.86 万人，增长 6.0%；养老保险 5.53 万人，增长 41.0%；工伤保险 3.36 万人增长 12.0%。城镇居民最低生活保障对象 5.47 万人，发放低保金 10180.3 万元；农村低保对象 43.01 万人，发放低保金 2.58 亿元。9 县（区）开展新型农村合作医疗工作，共有 234.1 万农民参加了新型农村合作医疗，参合率 95.7%。新型农村合作医疗基金累计达到 2.77 亿元，受益 111.42 万人次。

【社会事业】科技事业加快发展。全市共投入科技经费 348 万元，新上科技项目 95 项，列入省级计划项目 39 项，取得成果 20 项，其中达到国内同类研究领先水平 1 项、国内先进水平 2 项；举办科技培训班 5560 期，培训人数 51 万人次；专利申请 49 件，授权 20 件，技术合同交易额达到 1625 万元。

教育事业稳步推进。年末，学校总数 2595 所，教职工 2.7 万人。其中，专任教师 2.56 万人。在校学生数 54.21 万人，其中：小学在校生 29.36 万人，初中 14.03 万人，高中 5.22 万人，中等职业学校 2.63 万人，幼儿园 2.07 万人，大专院校 0.73 万人。学龄儿童入学率 99.3%，适龄初中入学率 89.3%。高中、初中、小学专任教师合格率分别为 76.4%、96%、98.1%。全市普通高中招生 1.91 万人，增长 15.1%；初中招生 5.35 万人，下降 1.1%；小学招生 4.96 万人，下降 1.98%。

文化艺术业推陈出新，广播电视业升级换代。全市共有艺术表演团体 8 个，全年演出 1800 场；文化馆 10 个；公共图书馆 9 个，藏书 45.1 万册；博物馆 10 个；文物古迹 271 处，其中国家级 4 处、省级 22 处、市级 18 处；文物藏量 82791 件（其中珍贵文物 1309 件）。广播和电视综合覆盖率分别为 90.0%和 91.7%，分别比上年提高 0.35 个百分点和 0.56 个百分点。有线电视用户 8.5 万户，增长 21.4%。

卫生事业稳步发展。年末，全市有公立医疗卫生机构 286 个，其中县级以上综合医院 18 个，中医院 8 个，疾病防控中心 10 个，专科医院 2 所，社区服务中心（站）6 个，妇幼保健院（站）10 个，卫生监督所 9 个，采供血机构 1 个，乡镇卫生院 222 个。医院、卫生院拥有病床位 4552 张。共有卫生技术人员 5587 人，其中执业医师和执业助理医师 2297 人，注册护士 1259 人，药师（士）339 人，技师（士）327 人，其他 1365 人。

全年共建成全民健身工程 17 个，青少年体育俱乐部 11 个，乡镇健身场所 76 个。举办各类运动比赛项目 190 多项，参加人数 6.3 万余人次。

城市环境保护取得新进展。全市有环保机构 10 个，环境监测站 2 个，二氧化硫排放量控制在 7890 吨内，下降 4.3%；化学需氧量控制在 8566 吨内，下降 1.7%。区域内环境噪声平均值为 60 分贝，交通干线噪声平均值 71.8 分贝。工业废水处理量 1002.8 万吨，处理率 77.8%。

安全生产再创佳绩。全年共发生各类生产安全事故 97 起，下降 31.82%；事故死亡 65 人，下降 27.8%；受伤 71 人，下降 21.0%。造成直接经济损失 190.6 万元。其中，道路交通事故 52 起，死亡 62 人，受伤 68 人。

（赵小成）

武都区

【现任主要领导】

中共武都区委书记：李旺泽

武都区大常委会主任：王旭武

武都区人民政府区长：朱宝莹

政协武都区委员会主席：王淑英

中共武都区纪律检查委员会

书记：王文全

【基本情况】武都区地处甘肃东南部，辖 36 个乡镇 684 村 12 万户 55 万人。总面积 4683 平方公里。境内海拔 600～3600 米之间，年平均气温 14. 7℃，年日照时数 1911.3 小时，年降雨量 400mm 左右，无霜期 210～240 天，属亚热带半湿润气候。

气候条件得天独厚，温暖湿润，光热资源比较充足，适宜于多种农作物生长。有各类动物 1300 多种，有各类中药材 1200 多种，其中“米仓红芪”、“武都黄连”饮誉中外。有花椒、桔柑、油橄榄等经济林果百余种，其中“大红袍花椒”品质优良，畅销国外，白龙江河谷地带则被专家认为是全国油橄榄最佳适生地。水资源总量 53. 7 亿立方米，水能资源蕴藏量 70.62 万千瓦，可开发利用 19.53 万千瓦。境内有神奇的万象洞、朝阳仙洞、水濂瀑布、千坝草原、太白积雪、五凤彩云、六月冰泉、南宋古建筑广严院和红桐河自然保护区等。

【国民经济】国民经济保持快速健康发展。2009 年全区实现生产总值 28.77 亿元，比上年增长 11.8%。其中第一产业增加值增长 5.6%，第二产业增加值增长 16.3%，第三产业增加值增长 13.5%。财政收入达到 21510 万元，增长 47.7%；粮食总产量达到 15.1 万吨，增长 4.12%；农民人均纯收入达到 1949 元，增长 10.2%；社会消费品零售总额 4.71 亿元，增长 20.22%。

农村经济保持全面发展势头。积极调整农业结构，农村经济呈现出持续稳定增长的良好势头。全区共完成粮食播种面积 80.03 万亩；全年粮食产量达到 15.1 万吨。完成退耕还林 0. 8 万亩、荒山造林 3.83 万亩，新植花椒 4.8 万亩，更新补植花椒 1.86 万亩，栽植核桃 9.96 万亩，油橄榄 1.56 万亩。完成蔬菜播种面积 13.21 万亩；农业标准化建设有了新突破，全区实现无公害农产品产地认证 53.1 万亩，位居全省第一。20 个扶贫整村推进项目进展顺利，“一镇十村”新农村建设试点工作扎实启动。向外移民 836 人，劳务输转 12.58 万人(次)，劳务创收 8 亿元，人均劳务收入达到 6359 元。

工业经济提质增效。在积极推进国企改革，调整所有制结构的同时，加大企业技术改造力度，经济效益明显回升。全区工业企业完成增加值 14540 万元；限额以上工业企业完成增加值 8718 万元，比上年增长 18.4%。

旅游业接待游客 65.6 万人次，实现旅游综合收入 1.2 亿元，分别比上年增长 28%和 31.5%。加快商贸流通市场建设，建成森美超市等一批项目。招商引资工作成效明显，全年新签约合同项目 7 个，签约资金 5.72 亿元；签约意向协议 3 份，意向投资 14.7 亿。

【城乡建设】城乡基础设施建设不断加快。全区完成固定资产投资 65 亿元，比上年增长 1.77 倍。钟楼滩小区开发、北出口道路拓宽建设工程进展良好。地震灾后重建有序推进，申报批复灾后重建中央基金项目八大类 1444 个，争取落实中央基金 31.87 亿元，协调投放重建贷款 13.1 亿元，为地震灾后恢复重建提供资金保证。农村居民住房重建进入扫尾阶段，70383 户的重建住房竣工，占重建总户数的 98.6%，基本达到三年任务两年完成的目标要求。城镇居民住房维修重建稳步推进，6400 户重建户开工 1091 户，竣工 602 户，11972 户维修有 8911 户开工维修，竣工 7417 户。基础设施重建工程陆续启动，开工重建学校 100 所，34 所已经竣工交付使用；启动实施 40 个医疗卫生机构重建项目，18 个已经竣工；99 条乡村公路重建工程全部竣工，顺利通过省市验收；实施种类堤防工程恢复重建项目 34 个，已完成 19 个；改造供电线路 146 公里，完成 55 个异地重建村通电工程；城区北山路铺油改造工程进展顺利，集中供热管网埋设同步实施。

【社会保障】社会保障工作稳步推进。全区累计参加社会养老保险的人数达到 6026 人，参保企业 35 户，供养离退休人员 1128 人，共发放企业离退休人员养老金 834.7 万元；缴纳养老金 1677 万元，征缴失业金 197 万元。通过各种途径全区新增就业 1332 人，实现下岗失业人员再就业 355 人。发放城镇居民最低生活保障金 816 万元，城镇居民最低生活保障制度运行良好。

【社会事业】各项社会事业保持协调发展。科技工作以农村经济结构调整为突破口，围绕“万元田”、“多千田”建设和特色产业开发，选派 50 名科技特派员和 300 多名技术人员深入农业生产第一线，开展多种形式的技术服务和科技培训工作。新建各类科技示范点 200 多个，培训乡村干部和农民技术人员 2.5 万人次。教育工作以“两基”攻坚为重点，加快实施农村寄宿制学校、中小学危房改造等建设项目，办学条件明显改善，顺利实现“两基”达标。计划生育工作以巩固优质服务区为基础，积极实施“少生快富”扶贫工程建设，全区人口出生率为 10.53%。计划生育率为 89.83%，人口自然增长率为 6.17‰。卫生工作以建立新型农村合作医疗制度为重点，不断加强公共卫生体系建设，全面完成卫Ⅷ项目实施工作，有效防控了高致病性禽流感及流脑等各种人畜传染病。

(贾耀强)

宕昌县

【现任主要领导】

中共宕昌县委书记：王先民

宕昌县人大常委会主任：陈社忠

宕昌县人民政府县长：陈恒

政协宕昌县委员会主席：孙书诚

宕昌县纪律检查委员会书记：汪小娟

【基本情况】宕昌县位于甘肃南部，陇南地区西北部，东接礼县，南连武都，西邻舟曲，北靠岷县，地处西秦岭、青藏高原、黄土高原交汇的复杂构造带，境内最高海拔 4154 米，最低海拔 1138 米，年平均气温 10.0ºC，年平均无霜期 180 天，年平均降水量 635.5 毫米，年蒸发量 1180.9 毫米，年平均日照时数 2085.1 小时，年太阳辐射量 119.5 千卡/㎝²，境内气候温和，光照充足，冬无严寒，夏无酷暑，属大陆温带季风气候区。全县辖 19 个乡、6 个镇、334 个行政村，幅员 3331 平方公里，2009 年总人口 30.06 万人，其中农业人口 28.41 万人。

【资源优势】一是驰名中外的中药材，有当归、大黄、党参、红芪、丹参、柴胡等 636 种，尤以当归、党参、红芪、大黄四大药材质优量大，远销中外。二是种类繁多的矿产资源，已探明的矿产有锑、铜、铅、锌、金、铁等金属，石灰石、石膏、重晶石、煤、泥、炭、玛瑙等非金属。三是有珍稀动物金钱豹、香獐、鹿、熊、狐等。四是林副特产主要有野生蕨菜、松花蜂蜜、生漆、羊肚菌、花椒、核桃、柳编工艺品、手工地毯等。五丰富的旅游资源，主要旅游景点有：哈达铺红军长征纪念馆、素有"小九寨沟"之称的大河坝森林公园、官鹅自然风景区、南阳牛头寺、高庙山公园等。

【国民经济】2009 年，全县完成生产总值 9.1 亿元，比上年增长 14.5%。第一、二、三产业增加值分别达到 2.73 亿元、2.8 亿元、3.5 亿元，依次增长 6.6%、21.3%、17.1%。农民人均纯收入达到 1510 元，增长 16.5%；全年粮食总产量达到 72132.7 吨，增长 17.5%；完成限额以上工业增加值 5371 万元，增长 20.93%；完成社会固定资产投资 15.47 亿元，增长 84.33%；完成社会消费品零售总额 29766 万元，增长 21%；大口径财政收入达到 7066 万元，增长 66.57%；金融机构年末各项存款总额达到 17.72 亿元，增长 30.47%，各项贷款总额 6.65 亿元，增长 71.48%。

【三农工作】推进南河扶贫开发示范区建设，累计投入资金 5544 万元，实施各类项目 138 个，拓宽整修南腊公路 32.6 公里，基本建成南川小学、卫生院、敬老院等公共服务设施。新建改建房屋 1390 座，实施一池三改 1080 户，高标准建成寺卜寨新农村建设示范点，使示范区面貌发生了显著变化。完成脚力铺等 5 个县级新农村建设试点村配套工程，认真组织实施 4 个易地扶贫搬迁和 12 个整村推进项目。建立村级扶贫互助资金协会 40 个，互助资金规模达到 468.5 万元。建成 9 个标准化的防雹点，提高了防灾减灾能力。多渠道筹集资金 245.2 万元，全年新发展中药材 25.2 万亩，建成科技示范点 38 个；建成规范化养殖小区 2 个，新发展养殖专业村 18 个、养殖场 46 个、养殖大户 450 户、暖棚养殖户 756 户，出栏畜禽 61 万头（只）；建成兆发食用菌科技有限责任公司，新发展食用菌生产大户 2 户，全县食用菌生产拱棚达到 37 座，总产量达到 70 万公斤；建成大河坝柳林等 3 个水产养殖场，水产养殖业实现零的突破，饲养量达到 30 万尾；新发展马铃薯 30 万亩，建成示范点 5 个；新发展核桃 5 万亩、花椒 3 万亩、油橄榄 8200 亩。全年完成劳务技能培训 2.02 万人，向外输送移民 3958 人，输转劳务 8.16 万人，实现劳务收入 5.49 亿元。全县共投入民生资金 16534 万元落实家电下乡，其中汽车家电下乡补贴 191 万元，广大农民群众得到了更多的实惠。全年减少贫困人口 1.2 万人。全年输转劳务 8.16 万人次，创劳务收入 5.49 亿元。全年向省内外移民 3958 人。

【工业经济】建成竹院北金矿、三昌公司银硐梁锑选矿厂、金临重晶石厂、开源铅锌矿尾矿库扩建等 4 个重点项目，启动实施开源铅锌矿大草滩锑矿开发项目，矿产工业恢复正常生产。大力发展水电工业，建成总投资 4780 万元的秦峪、柴家庄两个水电站，加快了沙湾、何家、兴成等 7 个电站的建设步伐，新开工了临江等 5 个水电站，全年新增装机容量 7000 千瓦。建成农副产品加工企业 42 户、机砖企业 12 户、采砂企业 24 户，完成陇南远大公司原料药 GMP 生产、九台春公司优质白酒生产线扩建项目。签约招商引资项目 39 项，签约资金 7.64 亿元，新开工招商引资项目 38 项，到位资金 3.53 亿元，资金到位率达到 49.9%。全县完成规模以上工业增加值 5372 万元，比上年增长 25.5%；工业实现税收 2000 万元，增长 25%。

【项目建设】全年累计投入资金 4.96 亿元，开工实施文化传媒中心、体育中心等一批重点项目，加快了高庙山公园建设步伐，建成羊马城大桥、新城区滨河路等一批重点工程，硬化城区巷道 24 条 1.2 万平方米，完成城区路灯改造工程，组建了出租车公司，大规模开展城区计子川和哈达铺征地工作，完成土地储备 720 亩。开工实施通乡油路 6 条 105 公里、联网路 4 条 89.5 公里，新建通达公路 26 条 126 公里、通畅公路 6 条 25.9 公里、便民桥 19 座，交通工作连续三年名列全市前茅，竭尽全力支持兰渝铁路、212 国道改建等重大项目建设，累计征地 2320 亩，拆迁房屋 605 户 2420 间。

开工实施以城区防洪河堤、供水管网改造为主的小型水利工程 24 项，建成河堤 15 条 10 公里、渠道 7 条 14.6 公里，新增水浇地 2540 亩，完成节水灌溉面积 2880 亩，建成农村饮水安全工程 44 项，解决了 3.6 万人的饮水安全问题；新修梯田 9000 亩，治理水土流失面积 50 平方公里。完成沙湾、临江两个 35 千伏变电站增容工程，开工实施官亭 35 千伏变电站工程，新增移动基站 25 个。

完成荒山造林 0.6 万亩、速生生态林 5.7 万亩、退耕还林补植补造 16.6 万亩，建成脚新路、韩竹路等绿色长廊 49 公里。

大力推进农村农贸市场建设，开工实施两河口、兴化等 4 个农贸市场，扩建完善了南阳、官亭等 6 个农贸市场，较好地解决了"以路代市"问题。

完成官鹅沟景区公路硬化、孔雀瀑景点开发和哈达铺景区大门主体工程、红军长征一条街民居改造工程，启动实施官鹅沟景区通天门游客服务中心、龙须瀑游客服务中心、两河口至天瀑旅游环线建设工程，景区服务功能进一步提升。坚持全方位、多角度宣传宕昌旅游，荣获了"中国绿色名县"、"中国最佳文化生态旅游目的地"称号，出版了《三色宕昌·九奇官鹅》旅游原创歌曲专辑，特别是与省陇剧院再度合作编排了大型陇剧《苦乐村官》，共接待游客 38.4 万人次，实现旅游综合收入 8800 万元。全年实施各类建设项目 264 项。

【人民生活】一是建成沼气池 5560 座，推广太阳灶 11113 台，缓解了农村群众能源紧缺的问题。二是启动了两河口、理川、新寨、兴化4个市场新建工程，实施南阳、沙湾、好梯、哈达铺、南河、官亭6个市场续建工程。三是完成饮水安全工程44项，使44个村社的3.6万人用上了干净卫生的自来水。四是建成便民桥19座499.1延米，通村公路26条126公里、通社公路34条55公里。五是开工实施项目学校46个，完成投资20463万元，建成项目学校14所，新建校舍13.1万平方米。六是为全县445名代课教师按每任教一年月增加10元的标准提高了工资待遇；将符合条件的全部纳入农村低保；将符合条件、自愿参保的，按照上级有关政策规定，办理养老保险，切实解决了代课教师的生活困难问题。七是建成城区老年人福利服务中心、南河敬老院和19座农村五保家园，完成城区敬老院主体工程。八是建成南河乡等10所乡镇卫生院和南河乡高桥等26所村卫生室。九是投入资金66万元，建成“农民文化大院”20个，配套建设“农家书屋”20个；投入资金101.5万元，完成“千乡镇农民健身工程”25个。十是完成北山小区经济适用住房4栋156套主体工程，将456户城镇住房困难家庭纳入保障范围，发放住房补贴35万元。全县职工年工资总额达到20590万元，职工人均年收入达到21722元。

【社会事业】累计投资2.04亿元，开工建设各类项目学校46所，建成14所，新建校舍13.1万平方米；千方百计筹措资金865万元，为各中小学添置了教学实验仪器、图书和课桌凳，“两基”攻坚顺利通过省上验收。全县高考二本以上录取150人，专科以上录取767人，比2007年增长21.3%，将县职校升格为职业中专，投资2500万元的县职业中专大楼完成主体工程。

全年投入资金3374.2万元，完成县妇幼保健站业务楼、县医院后勤保障楼、中医院综合楼主体工程，建成10所乡镇卫生院和26所村卫生室。全县新农合参合人数达到25.9万人，参合率达到93.5%，全年共计报销住院费2121.1万元，平均报销比达到65%，受惠群众达到15107人；为1649户特困群众发放医疗救助费73.4万元；城镇居民基本医疗保险参保人数达1.3万人，参保率达97%。人口自然增长率4.46‰。

全面启动了城区有线电视数字化整体转换工作，架设光缆支线51杆公里，全年放映电影1598场次。建成城区老年人福利服务中心和19座农村五保家园，全年共发放城镇低保金738.1万元、农村低保金3698万元、五保户供养金749.3万元。

【灾后重建】全县农村13798户重建户、11004户维修户全面竣工，城镇753户重建户竣工42户，在建711户，123户维修户全面完工，全县超过五分之一的群众建起了宽敞明亮的新居。累计整合项目资金4056.7万元，建成新城子乡民福村等六个重建点。全县共确定各类灾后恢复重建项目152项，计划总投资3.87亿元，累计到位资金2.22亿元，完成投资1.66亿元，建成73项，在建57项，一批备受广大群众期盼和关注的大项目正式开工上马，为城乡发展条件的大改善奠定了坚实的基础。

（马海涛）

成　县

【现任主要领导】

中共成县县委书记：岳金林

成县人大常委会主任：段志俊

成县人民政府县长：王晓平

政协成县委员会主席：白云升

中共成县纪律检查委员会书记：张永忠

【基本情况】成县位于甘肃省南部的陇南市，东北与徽县接壤，西与西和相邻，南以西汉水为界与康县相望，东南与陕西略阳毗邻。属西秦岭余脉，地势呈西北高，东南低，海拔在750～2377米之间，境内多高山峡谷，地貌特征南北为山地，中部为丘陵。属暖温带半湿润气候，四季分明，冷暖适度，年均气温11.7℃。无霜期200天，年日照时数1625.5小时。年均降雨量620.8毫米左右，相对湿度75%。境内有犀牛江、东河、南河、洛河等“一江三河”丰厚的水资源。全县辖12镇5乡，15个居民委员会，245个村民委员会，1472个合作社。总户数7.14万户，总人口26.64万人，常住人口为25.89万人，人口自然增长率为5.68‰。土地总面积1676.54平方公里，其中耕地41.19万亩，林地118.65万亩，天然草场15.5万亩。

【资源优势】成县自然资源丰富，是国家生态环境建设示范县和全省重要的商品粮生产基地。县内已知植物种类达1958种，动物种类54种。粮食作物主要为冬小麦、玉米、大豆、荞麦、薯类等；经济作物以冬油菜、大蒜和多种四季蔬菜为主；经济林果主要有核桃、柿子、樱桃、板栗等，还有天麻、茯苓、杜仲等名贵药材及千余种药用植物；有梅花鹿、豹、熊、画眉、红腹锦鸡等十余种珍稀野生动物。成县矿产资源富集。境内初步探明的金属矿藏有铅、锌、黄金、白银、铁、锰等17种，尤以铅锌储量较大，居全国第二大铅锌矿带，其地质储量约1100万金属吨，目前已初步形成以铅锌为主导，建筑建材、酒类酿造、农副产品加工、能源化工等为支撑的工业体系。

【国民经济】2009年是成县面临困难最多、发展任务最重的一年。面对灾后恢复重建的艰巨任务，金融危机的严重冲击和洪涝灾害的影响，全县各级党政组织和广大干部群众在县委县政府的坚强领导下，深入贯彻落实科学发展观，紧紧围绕“保增长、保民生、保稳定”的目标，抢抓机遇，应对挑战，破解难题，推进发展，全县社会经济发展呈现出迎压而上，持续向好的态势。工业经济止跌回升。坚持调结构、上项目、促转型，工业重大项目建设取得新突破，实施成州锌冶公司10万吨锌冶炼技改扩建、成县祁连山120万吨干法水泥生产线、红川酒业公司四期扩建等28个工业重点项目。开展厂坝矿区资源整合与资产重组工作，加强了对企业的服务指导，帮助企业融资和恢复生产。全年实现工业增加值4.23亿元，比上年下降39.8%，比上年的降幅缩小了16.3个百分点。节能减排稳步推进。认真落实环保法律法规政策，实施成州锌业公司废气治理工程，进行成县污水处理厂管网配套建设和红川酒业公司废水处理等环保基础设施建设，全面完成节能减排目标任务。大力开展并完成西狭颂、鸡峰山等景区16项维修加固工程和配套服务设施建设项目，深入开展“陇南人游陇南”、“甘肃人游甘肃”旅游品牌宣传推介及宾馆饭店、“农家乐”评星系列活动，开发文化旅游商品20余种，全年共接待游客41.78万人次，比上年增长21.45%，实现旅游综合收入7698.2万元，增长51.7%。实施“万村千乡市场工程”，新建成农家店30个，改建维修了城关、小川农贸市场和河东区市场。认真落实“家电下乡”、“汽车以旧换新”等扩大消费政策，落实财政补贴资金94万元，现代服务业取得新发展，城乡消费市场不断繁荣，全县社会消费品零售总额达到4.14亿元，增长13.75%。财政金融健康发展。2009年全县完成大口径财政收入3.4亿元，比上年下降12.5%；完成县本级财政收入1.44亿元，增长6.8%；全县完成财政支出13.4亿元，增长39.24%。县内金融机构各项存款余额46.05亿元，增长15.72%，贷款余额21.13亿元，增长15.41%，保险业全年保险收入3741万元，增长36.6%。

【“三农”工作】农业基础设施得到进一步加强，新农村建设扎实推进，特色产业开发取得突破性进展。全县粮食播种面积达到51.2万亩，粮食总产量达到14.22万吨，比上年增长1.09%，种植油菜5.02万亩，发展冬播洋芋1.1万亩。新发展核桃7.48万亩，完成嫁接改良20万株，配置核桃主栽品种接穗树30万株，核桃树综合管理15.5万亩，组织1100名核桃种植户赴外地考察学习，成功承办了全国干果会，核桃产业已初具规模。全县肉类总产量达到8448吨，新发展规模养殖场6处。全县蔬菜面积5.89万亩。养蚕980张，蚕茧产量189.6吨。种植烤烟5900亩。农业基础更加稳固，新建农村户用沼气池5625座，完成荒山造林1.7万亩，退耕还林补植2.5万亩；新增有效灌溉面积4050亩、集雨节灌面积3200亩，解决了4.55万人的饮水安全问题；输转农村富余劳动力5.34万人，实现劳务收入3.43亿元。全县农民人均纯收入达到3150元，净增240元。

【项目建设】2009年是成县历年来开工项目数量最多、固定资产投资总量最大的一年。全县共实施53项正常项目和23项扩大内需项目。完成固定资产投资19.95亿元，比上年增长54.9%，其中完成城镇投资98562万元，完成农村投资100938万元。2009年全县总体小康实现程度达到98.85%，全县城镇化水平达到35.87%，工业化程度达到71.38%。

【人民生活】全县城镇单位从业人员年平均工资达到23927元，比上年增长12.9%；农民人均纯收入达到3150元，比上年净增240元，增长8.25%；城乡居民储蓄存款余额达到26.4亿元，城镇居民可支配收入9894元，增长9.9%；市场商品丰富，人民群众的物质文化生活水平进一步提高。

【社会事业】县委县政府确定的10件民生实事基本落实。一是完成19129户农村居民住房重建，15861户受灾农户入住新居；完成城镇居民住房重建36户、加固维修28户。二是建成城关中学等21所学校教学楼。三是实施5个乡镇卫生院建设工程，完成县医院搬迁和中医院综合楼建设工程征地和项目前期工作，建成妇幼站综合楼并投入使用；新建成标准化村级卫生室12个。四是建成10个灾区乡镇文化信息资源共享工程和2个标准化乡镇文化站。五是建成小川路东段等城市基础设施项目建设工程。六是建成小川至黄陈、支旗至黄渚通乡公路硬化工程和52条通村公路。七是解决了4.55万人的饮水安全问题。八是新建农村沼气池5625座，让2.7万农村人口用上了清洁能源。九是扩大了城镇职工基本养老、失业、基本医疗、工伤保险覆盖面，参保人数分别达到4580人、5800人、11744人、3314人；城镇居民基本医疗保险参保人数12507人，参保率94%，710名村干部参加了养老保险。十是建成“王保家园”19个，开工建设了残疾人综合服务楼。

教师培训力度进一步加大。深入开展一系列教育教学质量分析研讨活动，普通高考高职以上录取人数1008人，录取率44.9%，二本以上上线人数158人，上线率7.04%。新型农村合作医疗制度进一步完善，全县参合人数达到20.6万人。全县农村符合政策生育率达到87%，人口自然增长率控制在3.19‰，人口出生率控制在10.64‰以下，为5400户计生家庭落实优生优育政策补助资金310万元。破获各类刑事案件189起。办理62件人大建议案和78件政协委员提案。

【灾后重建】灾后重建取得阶段性成效。按照“三年重建任务两年完成”的总体要求，认真落实国家重建政策，把灾后重建作为最大的政治、最大的项目和最大的民生工程来抓，举全县之力推进灾后恢复重建。全县276项灾后重建项目已开工124项，完工20项，累计完成投资27.07亿元。全县确定了城镇居民住房重建户539户、维修户440户、加固维修户974户，已完成重建36户，加固维修工作已全面展开。

康 县

【现任主要领导】
中共康县县委书记：王钧
康县人大常委会主任：侯进国
康县人民政府县长：文元旦
政协康县委员会主席：田生才
中共康县纪律检查委员会书记：张立平

【基本情况】康县位于甘肃省东南部，陕甘川三省交汇地带。境内气候属典型亚热带向暖温带过渡气候，温和湿润，雨量充沛。全境处西秦岭南侧陇南山中，地质构造为昆仑秦岭地槽褶邹地带，地势西高东低，中部高，南北低。最高海拔 2483 米，最低海拔 560 米，平均海拔 1171 米；年平均气温 11.0 度，无霜期 182 天，日照时数 1575.9 小时，年降水量 765.7mm。县辖 8 镇 13 乡，350 个行政村，1640 个村民小组。总户数 5.86 万户，总人口 20.28 万人，常住人口 19.17 万人；其中农村户数 4.52 万户，农村人口 17.78 万人。总面积 2959.68 平方公里，其中耕地 70.65 万亩。

【资源优势】自然资源：现有高等植物 172 科 1000 余种，活立木蓄积量 800 多万立方米，森林覆盖率高达 65% 以上，被中国绿色名县推介委员会、中国县镇绿色发展论坛组委会授予“中国绿色名县”称号；有国家和省列珍贵树种如香樟、银杏、红豆杉等 28 种，各种菌类 96 种；有天麻、杜仲等野生药材 576 种，国家野生保护动物数百种。其中，康县茶叶、黑木耳、薇菜、核桃仁等上百种山野食品在国内外享有盛誉。

旅游资源：生态旅游资源丰富，茶园、竹海、灵山、秀水、幽谷、茂林、飞瀑、流泉、构成康县独具特色自然生态风光，这里山川秀美，风光旖旎，千峰叠翠，万峡溢绿，悬泉飞瀑，百鸟争鸣，是西北天然生物园和野生动物园，已成为西北地区较有名的生态旅游胜地。旅游景点主要有白云山森林公园、梅园沟、幽梦谷、海棠谷、龙神沟、红豆谷、清河、响水泉、白马关古城遗址、托河溶洞等等，县内有近百处自然和人文景观。距县城 84 公里的阳坝亚热带生态旅游风景区，已被国家旅游局评为 4A 级景区，被省旅游协会和广电集团评为全省十大旅游景点之一，其风光具有“陇上版纳”之赞誉，其中的梅园沟、红豆谷、清河原始森林更是景区之精华。另外有位于县城燕子河南岸的白云山省级森林公园，名列陇南市十大重点景区之中。矿产资源，目前已探明矿种有金、铜、铁、煤、硫、磷、水晶石等 20 余种，已探明铜储量 400 多万吨，黄金储量丰富，属陕南、陇南、川北“金三角”地带。

【国民经济】全县经济总量持续较快增长。全年实现生产总值 81204 万元，比上年增长 12.5%。其中，第一产业增加值 26336 万元，增长 3.2%；第二产业增加值 20233 万元，增长 21.1%；第三产业增加值 34635 万元，增长 14.7%。三次产业结构由上年的 34.7∶23.3∶42.0 调整为 32.4∶24.9∶42.7，与上年相比，第一产业所占比重下降 2.3 个百分点，第二、三产业所占比重分别提高 1.6 个和 0.7 个百分点。按常住年平均人口计算，全县人均生产总值 4203 元，增长 12.3%。财政收入实现大幅度增长，全年完成大口径财政收入 10479 万元，增长 24.9%，首次突破亿元大关。其中，完成县乡一般财政预算收入 4041 万元，增长 43.8%。金融运行平稳，年末各项存款余额 250360 万元，比年初增加 77013 万元，增长 44.4%，其中：储蓄存款余额 96058 万元，比年初增加 32258 万元，增长 50.6%。市场消费持续旺盛，全年实现社会消费品零售总额 27883 万元，比上年增长 19.4%。因灾造成粮食生产有所下降，全年粮食总产量 55891 吨，比上年下降 8.6%。其中，夏粮总产 30862 万吨，下降 0.4%；秋粮总产 25029 吨，下降 17.0%。

【灾后重建】灾后恢复重建取得阶段性成效。全年累计实施“5.12”汶川特大地震灾后恢复重建项目 476 项，完成投资 17.88 亿元，已开工建设项目 281 项，竣工 25 项。全县 34966 户农村居民住房重建户，已竣工 34581 户，竣工率达 98.9%；10136 户住房维修加固和 55 个重建重点村灾民建房已全部完成；城镇居民住房重建及维修全面启动实施。深圳市对口援建的王坝乡李家庄 110 户灾民住房已交付使用，中医院综合楼和县敬老院已完工，县一中学生公寓楼已经完成主体，县第一人民医院医技综合大楼已完成地基处理。社会各界援建的 46 所学校，已竣工 24 所。

【项目建设】项目建设和固定资产投资成效显著。全年共实施各类建设项目 561 项，其中：实施灾后恢复重建项目 476 项，完成投资 17.88 亿元；实施扩大内需中央投资项目 19 项，完成投资 0.43 亿元；招商引资项目 58 项，完成投资 1.69 亿元。全社会固定资产投资在灾后恢复重建项目的强有力拉动下再创历史新高，全年完成全社会固定资产投资 20.8 亿元，比上年增长 2.12 倍。其中：城镇固定资产投资完成 18.12 亿元，增长 2 倍；农村固定资产投资完成 2.68 亿元，与上年 0.63 亿元相比增加了 2.05 亿元，主要是农村灾后居民住房恢复重建投资。

【特色产业开发】农业特色产业开发明显加快，新农村建设与扶贫开发有序推进。按照“整县核桃、南茶北桑、优势产业、重点突破”的开发思路，进一步加快了特色产业开发，不断扩大基地规模。全年新发展核桃 3.2 万亩，新建核桃示范园 34 处，核桃产量达 5640 吨；新发展茶园 0.81 万亩，茶叶产量 426 吨；新发展桑园 0.2 万亩，新建示范园 1 处，新建“3+1”标准化养蚕示范点 3 个，养蚕 7500 张，蚕茧产量 215 吨；新发展花椒 3.8 万亩，新建 500 亩以上示范点 4 处，花椒产量 649 吨。蔬菜、中药材、畜牧等区域产业稳步发展。蔬菜种植面积达到 2.61 万亩，增长 2.8%，蔬菜产量 9636 吨，增长 7.3%。药材种植面积 3.01 万亩，增长 27.6%，药材产量 1511 吨，增长 16.9%。全年肉类总产量 4797 吨，增长 8.9%；生猪出栏 5.52 万头，增长 10.4%，猪肉产量 3864 吨，增长 10.4%；禽蛋产量 1169 吨，增长 1.4%。继续坚持走参与式扶贫开发的路子，加快新农村建设步伐，当年减少贫困人口 0.67 万人，贫困面稳步下降。全年共实施 9 个列入扶贫整村推进及灾后重建试点项目村的建设，高标准建成 4 个新农村建设试点村。

【工业经济发展】工业经济发展步伐加快。继续坚持大办地方工业，大力扶持帮助重点工业企业通过技改、扩建、增产、降耗等手段，有力地确保全县工业经济持续快速增长。全县工业总产值 54767 万元，实现工业增加值 18218 万元，比上年增长 20.1%。规模以上工业总产值 45167 万元，实现增加值 15518 万元，增长 20.1%；实现产品销售收入 50364 万元，增长 32.1%，工业产销率达 101.8%；实现利润 16800 万元，增长 29.1%。主要工业产品产量较快增长，中成药产量达到 204.9 吨，增长 24.0%；水电发电量 921.28 万千瓦时，增长 81.6%；铜金属含量 3434.77 吨，增长 105.2%。

【社会事业】社会各项事业得到全面快速发展。一方面积极抢抓灾后恢复重建、深圳市对口援建、国家扩大内需的难得机遇，进一步改善了教育、卫生、文化、广播电视等社会公共事业发展基础条件。全县教育系统灾后恢复重建及援建共列项 80 所学校，计划总投资 32400 万元，全年已开工建设 69 所，竣工 5 所，完成主体 8 所，正在进行基础施工 57 所。全县卫生系统共有 27 项县乡卫生院重建及援建项目，已开工 26 项，竣工 9 项，完成主体工程 4 项，累计完成投资 5600 万元。文化体育灾后恢复重建项目共 21 项，计划投资 9083 万元，已完成项目前期各项工作。这些项目的实施，对全县社会事业快速发展将起到强有力的推动作用。

另一方面当年社会各项事业发展取得显著成效。教育工作以提高教育质量为核心，进一步提高了教育质量，当年学龄儿童入学率 99.79%，初中入学率 95.03%；小学毕业率 99.6%，初中毕业率 98.1%；小学升学率 95.03%，初中升学率 81.2%。医疗卫生制度改革不断深化，公共卫生服务逐步加强，食品卫生监督扎实有效，妇幼保健和爱国卫生工作稳步推进，新型农村合作医疗全面开展，疾病防控能力明显增强。全县“五苗”接种建证率 100%，发证率 100%，五苗全程覆盖率为 97.5%；提高了住院分娩率，有效降低了产妇死亡率和 5 岁以下儿童死亡率，全年住院分娩率 88.3%；加强食品卫生监督工作，卫生监督覆盖率达到 95%。新型农村合作医疗参合率达到 93.43%。科技合作广泛开展，实用技术有效推广，全年争取省市科技计划项目 14 项，已实施 7 个，新建成农业科技示范点 2 个，举办各类实用科技培训班 280 期，培训农民技术员 620 人，培训科技明白人 3.26 万人，普及科技培训 7.8 万多人次。“康县黑木耳”地理标志产品保护工作已基本完成，品牌价值经全国农产品品牌评估认定价值 1700 万元。当年成功举办庆祝新中国成立 60 周年群众文化活动，较好地完成全县第一次全国非物质文化遗产普查工作，11 类 84 项非物质文化遗产列入省市县保护名单。广播电视基础设施建设得到进一步加强，全年实施城区数字电视整体转换、城网升级改造等工程，开通了数字电视信号，已发展数字电视用户 300 多户，通有线电视村 51 个。公路交通灾后恢复重建改造进展顺利，开通了县城公交线路；开工建设便民桥 17 坐，建成竣工 8 坐。

【社会保障】社会保障工作稳步推进，以人为本大力解决了实际民生问题。城乡居民养老保险、医疗保险、失业保险参保率进一步提高，年末全县参加基本养老保险的职工人数 2947 人，比上年增长 22.5%；参加基本医疗保险的职工人数 9956 人，增长 39.3%；全年 165826 名农村居民参加新型农村合作医疗保险，参合率达 93.4%，当年补偿总费用 1802 万元；全年救助大病患者 637 名，支付救助金 280 万元；参加失业保险人数 4306 人，增长 7.6%。努力实现城乡居民低保对象应保全保，全年城镇居民 1626 户 3869 人得到政府最低生活保障，发放低保资金 728.9 万元；农村居民中符合条件的 9020 户 31296 名农村贫困对象全面纳入低保范围并将人均补助由上年的 18 元提高到 50 元，共发放农村低保资金 1877.8 万元。农村 1408 名五保人员全部得到政府五保救济，建成“五保家园”32 个；城镇当年开工建设经济适用房 50 套，为 587 户 1292 名住房困难群众发放廉租住房补贴 46.5 万元。积极扩大就业渠和增加职工收入，全年招录“三支一扶”人员 23 名，引进教师 15 员，安置退伍军人 20 名，新增城镇就业人员 1214 人，下岗失业人员再就业 219 人；干部职工住房公积金财政补贴统筹比例由上年的 5%增加到 6%，公务员津贴补贴全面规范落实，当年人均增资 572 元。

【人民生活】城乡居民收入实现大幅度提高。城镇居民人均可支配收入 6600 元，比上年增长 10.0%；农民人均纯收入 2138 元，增长 11.0%。

【旅游开发】生态旅游开发取得新进展。按照国家 4A 级景区建设标准，进一步加大阳坝景区基础设施建设力度，全面加快生态旅游开发进程。全年共争取项目建设资金近 1 亿元，开工建设项目 18 项，阳坝景区梅园沟天鹅湖环湖栈道、挡水坝、环保公厕及景区道路等基础设施已完成年计划建设任务；白云山森林公园演艺广场已建成投用。不断提高了旅游服务管理水平，成立了康县天源旅游有限责任公司及其阳光旅行社；生态旅游知名度进一步得到提高，全年共接待游客33.86万人次，增长51.0%，实现旅游综合收入6772万元，增长37.7%。

【环境保护】环境保护工作扎实开展，节能减排成效明显。环境污染治理本年完成投资总额1050万元，城区供水水源地保护和城区垃圾填埋场项目完成工程量60%以上，投资1400万元重新选址建设生活垃圾卫生填埋场已完成工程量的40%，城市污水处理厂项目的可行性研究报告和初设、环评等前期准备工作已全部完成。全年工业废气排放量1660万标立方米，工业二氧化硫排放控制在0.019吨，比控制目标削减5%；工业废水排放总量为33万吨，工业废水排放达标率为91.97%，其中COD排放控制在0.055万吨，比控制目标削减6.7%；工业固体废物产生量1.8万吨，综合利用率达10%，比计划下达指标提高了8个百分点；工业烟尘排放量达标率90.0%。耕地和天然林保护工作进一步加强，当年土地开发整理项目当年完成投资675万元，新增耕地1167亩。全年完成天然林保护145万亩，重点公益林管护22.1万亩，管护自然保护区面积300公顷，建设生态林2.7万亩。“七期”长治工程顺利通过国家验收，治理水土流失面积26.27平方公里，当年新增水土流失治理面积6.0万亩，恢复重建石坎梯田1270亩，新增有效灌溉面积0.22万亩；修建各类水利工程135项，实施人饮工程15处，解决了1253户5200人的安全饮水问题。

（肖平）

文县

【现任主要领导】

中共文县县委书记：徐世林

文县人大常委会主任：李同文

文县人民政府县长：张宏

文县政协委员会主席：杜生虎

中共文县纪律检查委员会书记：高玉龙

【基本情况】文县位于甘肃南陲，坐落在甘、川、陕三省交界处，地处秦巴山地，素有“陇上江南”、“甘肃西双版纳”、“大熊猫故乡”之美誉，既有北国之雄奇，又有南疆之灵秀。地理位置处于亚热带向暖温带过渡地带，素有“一山有四季，十里不同天”的特征，年平均气温15℃，无霜期260天，年均降雨450至800毫米，海拔550米至4187米。全县辖3镇17乡，305个村民委员会，7个社区，1305个村民小组。全县总户数7.94万户，总人口25.09万人，其中农业人口21.52万人，居住着汉、藏、回等7个民族，全县少数名族人口达到4150人。全县总土地面积4994平方公里，有耕地面积31.08万亩，其中水田1.16万亩，旱地29.92万亩，在旱地中有水浇地8.05万亩。全年农作物播种面积达到50.17万亩，其中粮食作物达到39.01万亩。粮食作物主要以小麦、水稻、玉米、薯类为主，经济作物及林果产品以蔬菜、纹党、花椒、核桃、茶叶为主。

【资源优势】文县资源丰富，发展潜力大。一是水力资源富甲陇原，境内有“两江八河”和360多条溪流，年径流总量90多亿立方米，水能理论蕴藏量303万千瓦，其中可开发利用的达210万千瓦，目前已开发利用55万千瓦，仅占可开发利用水能的26%。二是矿产资源富集，金属和非金属矿藏达20多种，种类多，储量大，品位高，已探明黄金储量300余吨，硅矿1亿多吨，铜金属储量5万多吨，重晶石矿3200多万吨，锰矿储量119万吨，其中阳山金矿为我国最大的金矿。三是旅游资源独特，有洋汤天池、白马藏族民俗村、阴平古道、白水江自然保护区等一批旅游景点，发展旅游业前景广阔，可与九寨沟、黄龙连成一条黄金旅游线。

【国民经济】全县国民经济运行呈现出经济总量不断增长，经济实力不断增强，发展速度继续加快，质量效益稳步提高的较好态势。2009年，全县实现生产总值112867万元，比上年增长11.5%。其中：第一产业增加值29244万元，增长8.2%；第二产业增加值44832万元，增长12.9%；第三产业增加值38791万元，增长12.8%。

一是农业经济持续发展。农业经济较快增长，全县完成农、林、牧、渔业总产值46189万元；完成农业增加值29244万元，比上年增长9.3%。畜牧业和渔业生产基本平稳，全年大牲畜存栏5.47万头，猪存栏8.2万头，羊存栏3.01万只，家禽存栏28万只；肉类总产量达6501吨，增长2.8%。全年水产品产量达810吨，增长61.4%。

二是工业经济形势好转，增长速度明显加快。2009年全县生产硅铁69828吨，完成发电量158686万千瓦时，生产水泥49270吨。全县完成工业总产值103154万元（含碧口电厂），增长15.2%，其中规模以上工业总产值92076万元，增长15.4%。完成工业增加值40597万元，增长17%，其中规模以上工业增加值达到36941万元，增长17.7%。全县工业实现税收8415万元，下降6%，对全县财政收入的贡献率为46.4%。其中：电力产业实现税收5868万元，下降2.4%，对全县财政收入的贡献率达到32.4%；硅铁产业实现税收1183万元，下降27.8%，对全县财政收入的贡献率为6.5%。

三是消费需求稳步增长。全县社会消费品零售总额达到27813万元，比上年增长13.4%。其中批发零售业24303万元，增长11.9%；餐饮业3510万元，增长24.2%。

四是财政收支大幅增长。全县完成大口径财政收入18134万元，比上年增长25.1%，完成地方财政收入8509万元，增长48.1%；财政支出156930万元，下降10.1%。金融机构各项存款余额为365950万元，增长1.5%，各项贷款余额为162480万元，增长35.3%。居民储蓄存款达到158998万元，增长

13.5%。

【项目建设】全县完成全社会固定资产投资36.52亿元，比上年增长12.4%。全年实施50万元以上建设项目113个。韩家坝二期、白林二期和阳光二期商住楼、滨江大厦、县法院综合审判楼和县消防大队营房已完成主体；江南公园、阴平廊桥进展顺利；滨江南路正在分段实施；实施城区及南北两山美化亮化工程；完成6条居民巷道硬化，新建临时停车场1处，公厕4处；开工建设通乡、通村油路8条；建成通村公路69条；建成桥梁23座，在建18座。电网建设实现新突破。完成临江等6处35kv变电站电容补偿工程和增容改造工程；尖山330kv输变电工程正式开工建设，结束了文县没有大型骨架电网的历史。加强国土资源保护，实施县城关家沟、康家崖等7处地质灾害隐患治理工程和13处土地开发整理项目。

【三农工作】粮食生产获得丰收，粮食总产量达到65453吨，增长3.2%，其中夏粮产量达到16134吨，比上年下降0.6%；秋粮产量达到49320吨，增长4%。特色产业开发力度加大，新发展特色产业面积31.01万亩；建成果菜间作、粮农间作示范点10个，示范面积达到2.35万亩；水产养殖实现网箱数量突破一千个、产值突破一千万的“双千”目标；开工建设了中寨农业科技示范园；建成规模养殖场7个；完成省级龙头企业认定2家，农产品商标注册4个，新发展农民专业合作社19个。建成碧口、尚德、石坊3个农贸市场。完成全膜双垄集雨沟播面积8.2万亩。完成9个整村推进村建设任务，解决温饱0.69万人。全年输转劳动力5.71万人，创劳务收入3.92亿元。农田水利建设取得新成效。完成3条小流域治理；新修水平梯田9960亩；新建了一批水利工程和集雨节灌工程，新增有效灌溉面积4000亩，集雨节灌面积4400亩。生态环境建设继续推进。建设生态林5.5万亩，完成25个灾后重建重点村村内绿化；建成沼气池4977个，发放太阳灶5744个；结合灾后恢复重建，建成4个灾后重建贫困试点村、2个新农村示范村。深化农村体制改革，全县集体林权制度改革全面启动。

【人民生活】全年职工平均工资达到21762元，城镇居民人均可支配收入达到7023元，增长15.6%；农民人均纯收入达到2220元，增长27.6%。

【社会事业】社会事业协调发展，城乡和谐发展的基础更加牢固。一是教育工作稳步推进，中小学校舍安全工程启动实施，在全县247所学校实施远程教育项目，加强了学校管理，对教师工资实行绩效挂钩；成人教育和职业技术教育加快发展，成立了老年大学；开展“普九”债务的清理清查工作。

二是卫生三级网络不断完善。完成280所村级卫生室的规划，已开工25所；认真落实甲型H1N1流感和手足口病的各项防控措施。

三是人口和计划生育水平逐步提高。全面兑现计划生育各项优先优惠政策，保障水平达到历年最高，全县人口出生率为8.75‰，农村人口计划生育率为88.54%，计划生育综合考核位居全市第三，同内县第二。

四是文化事业繁荣发展。开展第三次全国文物普查，完成全县非物质文化遗产普查和“玉垒花灯戏”国家级非物质文化遗产的省级批报工作，多层次、多形式开展城乡文体活动。

五是旅游开发取得实质性进展。完成《天池景区重点区域补充规划和可研》，天池景区环湖步道开工建设，建成景区星级公厕2所，完成黄龙沟景区8公里的路基工程，组建了文县旅游开发公司，出版发行了《甘肃文县白马藏族考》。

六是民生保障措施全面落实。全年投入改善和保障民生方面的资金达到3.22亿元，比上年增加1.95亿元。全面落实再就业各项优惠政策，城镇新增就业人员1589人，城镇下岗失业人员再就业321人。两保一供养水平进一步提升，城镇低保人数由上年6009人增加到8207人，农村低保人数由上年19886人增加到45738人。干部职工津贴补贴大幅提高，人均月增资达到590元。社会保障体系不断完善，参加城镇基本养老保险职工达到4989人，失业保险职工达到5812人，城镇职工基本医疗保险人数达到11169人，城镇居民基本医疗保险人数达到21839人，工伤保险人数达到3351人。修订和完善了新农合统筹补偿方案，农民参合率由2008年的91.63%提高到97.68%。资助贫困学生442人，发放助学贷款116.31万元。

【灾后重建】灾后重建取得阶段性成效。不断加快灾后重建步伐，按照“三年重建任务力争两年基本完成”的总体要求，加强组织领导，调整完善实施计划，着力破解重建难题，加强项目前期工作，简化项目审批程序，多方争取重建资金，协调落实农民住房重建贷款，加大农村贫困户建房帮扶力度，强化资金和建材市场监管，扎实有序地推进灾后恢复重建。累计开工建设项目437项（不含城乡住房重建），竣工182项，累计到位资金17.62亿元，完成投资39.44亿元（含城乡住房重建）。农村居民住房维修提早完成，农村居民住房重建32501户建设，累计建成通村通社道路62条400.8公里，建设人饮工程116处，实施地质灾害治理工程47处，建成堤防38.6公里，架设供电线路128.1公里；城镇居民住房维修加固和重建分批启动实施；县以下学校、医院重建进度较快，94所县以下学校竣工61所，完成主体25所，在建8所；25所县以下医院竣工14所，完成主体10所，在建1所。进度在全市排位第一。对口援建工作顺利展开，深圳市直接实施援建项目9项，总投资2.03亿元，竣工8项，完成主体1项，累计完成投资1.92亿元。

西和县

【现任主要领导】

中共西和县委书记：余东鹏

西和县人大常委会主任：韩锐

西和县人民政府县长：周子强

政协西和县委员会主席：李庭俊

中共西和县纪律检查委员会

书记：辛小红

【基本情况】西和县位于甘肃省东南部，西秦岭南侧，系长江流域西汉水上游。东临徽县、成县，南依武都、康县，西北与礼县交界，东北与礼县、天水秦城区接壤。行政区域面积为1861平方公里。境内地形由西北向南倾斜，南部为土石质山原峡谷区，北部为沟壑梁峁区，平均海拔1692米。平均气温8.4℃，无霜期149天至214天，日照时数1500~1800小时，年降水量451~734.7毫米。属大陆性季风气候。辖6个建制镇14个乡。行政村384个，2009年底全县人口40.34万人。

【资源优势】西和资源富集，被著名地质学家李四光称为“宝贝的复杂地带”。金属矿产资源丰富，有色金属有铅、锌、金、铜、铁等。县境东南部属全国铅锌矿第二大矿产带的西成矿带，探明储量521.7万吨，金属量14.93万吨；黄金矿散布全县。非金属矿产有大理石、冰洲石、陶土等。农副特产品有洋芋、柴胡，野生药材西贝母、淫阳霍等。是久负盛中的“中国半夏之乡”。加工业产品有亚麻、粉条、粉丝等，编织业产品、背篓、席等，手工艺品有泥塑、根雕及剪纸、刺绣等。

【旅游景点】西和县是中华人始祖伏羲的诞生地。在这片古老神奇的土地上，仰韶文化寺洼文化、齐家文化交辉映，晋魏时仇池立国四百余年，称雄一时；诗圣杜甫由陇入蜀，咏诗致志，天下流传；抗金的烽火，拒元义勇，近代的风云，哺育了这里灿烂的自然与人文景观。有仇池胜境，绚丽别致的自然景观十分诱人，有“圭峰秋月”之称的八佛崖；有“九眼鼎沸”之称的九眼泉，新建旅游景点：晚霞湖（晚家峡水库），湖光山色，景色宜人。2006年成功举办“西和县仇池山歌文化艺术节”，2007年西和县被中国民间文艺家协会命名为“中国乞巧文化之乡”。

【国民经济】2009年全县完成生产总值14.56亿元，比上年增长10.02%。人均生产总值3601元，比上年增加132元。农村经济稳步发展，实现农业增加值4.06亿元，增长7.5%。第二产业实现增加值3.83亿元，下降8.2%；第三产业实现增加值6.67亿元，增长19.78%。全县粮食总产量达16.2万吨，比上年增长8.1%。全年实现工业增加值2.7亿元，下降6.25%，规模以上实现工业增加值2.25亿元，下降25.52%。社会消费品零售总额完成29400万元，增长24%。全县金融机构各项存款余额达到36.2亿元，增长32%；各项贷款余额11.4亿元，增长41.1%。

【三农工作】农业生产大力推广全膜双垄沟播技术，全面落实粮食直补资金和农机具补贴，全年粮食总产量达到16.2万吨，比上年增长8.1%。特色产业规模进一步扩大，全县马铃薯种植面积达到31.5万亩；大力发展设施蔬菜，蔬菜种植面积达到3.3万亩；中药材种植面积达到3.3万亩；新植补植核桃5.08万亩、花椒3.15万亩、苹果1.62万亩、油橄榄0.1万亩。建成西高山冯坪、兴隆牟山和大桥青冈岭梁3个万亩核桃基地，全县经济林果面积达到45.12万亩。“仇池果牌”花椒和核桃在第六届全国干果生产与科研进展学术研讨会上被评为名优产品；“瑞雪牌”精淀粉、“老艺”牌醪糟荣获第十六届中国杨凌农高会“后稷奖”。畜牧养殖产业实现新突破，全年共出栏商品猪11.46万头、商品牛1.51万头、商品鸡51.06万元、商品羊1.92万只，建成何坝鸿汇、稍峪宏济、西高山恒丰等一批规模养殖场。新农村建设取得显著成绩，全年共完成新农村建设投资1.21亿元，初步建成川大、西苏、何洛、晚霞湖、西汉水、西马、十石、卢六等八大新农村示范长廊。完成整村推进项目、易地搬迁项目和西汉水流域扶贫开发示范长廊年度建设任务，1.06万贫困人口实现稳定脱贫。全年共输转城乡富余劳动力9.89万人，创劳务总收入7.09亿元。集体林权制度改革和土地流转试点工作全面启动，农业服务体系改革、畜牧兽医体制改革、农产品市场准入制度改革有序进行。洛峪农贸市场建成投用，大桥、石峡、何坝、马元农贸市场建设进展顺利。大力实施“万村千乡市场工程”，新建和改造乡（村）农家店185家，覆盖了全县95%的乡镇和48%的行政村。

【项目建设】全面落实扶贫企业生产的各项优惠政策，暂停征收2009年铅锌浮选企业规费，全县7户规模以上铅锌企业于2009年6月底前在全市率先恢复生产。瑞雪精淀粉厂扩建暨水晶粉皮加工项目、鸿海仿玉石材公司石材加工项目、珍山矿泉水厂扩建项目建成投产；大桥南金矿、昭兴醪糟厂扩建、润泉食品厂扩建项目开工建设；同鑫公司硫酸锌项目和康福来公司和黄金矿山整顿规范工作，有效遏制了乱挖滥采的局面。循环经济发展起步良好，西和循环经济园区被列为省级试点循环经济园区，首批1131亩建设用地已经省政府审批。

城市建设亮点纷呈。完成城南小区和伏羲大道景观长廊、漾水河生态景观长廊的规划编制。对县城东西南北4条出口路进行全面改造。隍城森林公园健身休闲广场、体育场等项目竣工投用。县城消防站、人武部综合办公楼、体育馆、文化大厦、法院审判大楼、民政福利中心楼和广电大厦等项目完成主体工程。刚泰河滨城、温馨家园、金桥宾馆改造、漾水人家等房地产开发项目快速推进。伏羲大道硬化工程、漾水河生态治理工程和滨河路拆迁改造进展顺利。城南范庄350亩土地征用工作基本完成。

基础设施不断改善。开工各类交通项目115项403公里，完成投资1.88亿元，比上年增长1.24倍。省道S219线西和段灾后重建项目全面开工，西马路、西晒路、石西路和大蒿路四条通乡油路工程进展顺利。完成农村公路灾后重建通达项目71条230公里、通畅工程5项20公里，新建便民桥10座，全县公路总里程达到1164公里。地震灾区永久性住房供电工程、2008年农网完善10千伏及以下工程全面完成，鲍河35千伏输变电工程进展顺利，城区10千伏开关站项目完成前期工作，全县供电能力和质量进一步提高。万户沼气池项目、2万人安全饮水项目、2400亩土地整理项目全面完成。新修梯田2.05万亩，治理水土流失面积40平方公里。新增有效灌溉面积4600亩、集雨节灌面积5800亩、节水灌溉面积5300亩。新建光缆杆路1319公里，县城和重点乡镇实现3G信号覆盖。

【国企改革】企业改制全面完成，一是集中力量抓了农机厂、花炮厂2户企业改制方案的组织实施和间接氧化锌厂破产后的资产变现、职工安置工作。目前西和县的工业企业已全部完成改制，占应改制面的100%。二是对已改制的企业进行回头看，帮助改制后的企业完善法人治理结构，建立现代企业制度，使改制后的企业健康发展。

【人民生活】2009年全县人民生活持续改善。城镇居民人均可支配收入达到8500元，比上年增长13.3%；农民人均纯收入达到2161元增长14.8%。各项惠农政策全面落实，发放工作全面实现“一册明、一折统”。发放粮食直补资金259万元、农资综合补贴1936万元、退耕还林补贴3062万元、农村“两免一补”资金4231万元。落实家电下乡补贴资金23.02万元、大病救助资金315万元，发放城市低保金1188.85万元、农村低保金3476.34万元、五保供养金241.8万元、廉租住房补贴58.65万元。新型农村合作医疗参合率达到96.77%，报销医药费用3079.49万元，为70773名参合农民进行健康体检；城镇居民基本医疗保险参保率达到95%。新增城镇就业人员1348人，城镇下岗失业人员再就业252人，城镇登记失业率控制在4.5%以内。

【社会事业】社会事业全面进步，科技创新能力不断增强，评出县级科技进步奖14项。首次召开了全县教育发展大会，深入开展教育教学调研活动，全县教育教学工作呈现出新面貌。县医院综合大楼投入使用，建立了疫情应急救护预案，手足口病和甲型H1N1流感防治工作成效明显。完成数字电视整体转换工程4389户，建成农家书屋86家。《西和县志》第二轮编撰工作启动。晚霞湖旅游景区织女雕像完成安装，湿地观赏区建设完成主体工程，旅游接待能力逐步提高。人口和计划生育工作水平稳步提高，全县人口出生率、自然增长率分别为10.58‰和6.6‰，农村计划生育率达到87.76%。事业单位人事制度改革稳步推进。安全生产形势持续好转，死亡人数、受伤人数、经济损失分别比上年下降33%、50%和28%。国土资源、审计统计、气象地震、物价档案、残疾人和慈善事业都有新进步。

【灾后重建】灾后重建取得阶段性成效。我们把灾后重建作为全县最大的政治、最大的机遇和最大的项目，全力加快灾后重建进程。高度重视农村特困群众住房重建，共落实农村住房灾后重建补助资金38814万元，发放国家开发银行受灾农户住房重建贷款6812万元，农会合作银行、农行投放贷款6523万元。全县29364户农村维修户全部完成维修加固任务，17271户农村重建户全部完成主体工程，其中366户特困重建户全部竣工入住。城镇居民住房维修和重建全面启动。县以下59所学校和24所卫生院重建项目全部开工建设并高质量完成主体工程。高度重视项目前期工作，全县234项中央重建基金项目，已开工建设132项，累计完成投资14.55亿元。

(孙玉峰)

礼　县

【现任主要领导】

中共礼县县委书记：方新生

礼县人大常委会主任：张志义

礼县人民政府县长：曹勇

政协礼县委员会主席：王作斌

中共礼县纪律检查委员会书记：朱建西

【基本情况】礼县地处甘肃省东南部、陇南市西北部、长江流域嘉陵江水系西汉水上游；位于东经104° 37′ ~105° 34′ 和北纬33° 36′ ~44° 32′ 之间。东邻天水、西和；西接宕昌、岷县；南连武都；北与武山、甘谷接壤。全县地域面积4299.92平方公里，辖4镇25个乡，9个社区居委会，568个村，全县总人口52.39万人，总人口为53.61万人。其中，非农业人口4.02万人，民族构成中以汉族人口为主，占全县总人口的98.2%，另外还有回、藏、满、蒙4个少数民族。境内海拔最高3312米，最低1080米，平均气温10.9℃，平均降水411毫米，全年日照1646.9小时，无霜期209天。

【资源优势】礼县历史悠久，文化灿烂，是一方古老而神奇的沃土。素有“秦人发祥地，三国古战场”之美誉。考古研究证明，早在6000多年前的新石器时代，我们的祖先就在这里繁衍生息，创造了灿烂的历史文化，同时也为这片古老而神奇的土地留下了众多的名胜古迹。其中最为著名的有大堡子山秦人第一陵园—秦西垂陵园；全国五大武侯祠之一——祁山武侯祠；诗圣杜甫流寓秦州留下《盐井诗》的卤城盐井祠和姜维与司马昭交战之地—铁笼山等。礼县人文荟萃，人杰地灵。东汉赵壹出生于西县，五代王裕浣肠于西江，南宋吴璘抗金于永兴，元朝蒙人设府于天嘉，明末李自成战斗于是邑，民国吉鸿昌视察来斯邦。礼县还是元代重臣赵世延、明礼部尚书门克新的故里。值得一提的是，秦西垂陵园震撼了世界，大堡子山早期秦文化遗址被选入2006年中国十大考古新发现之一。旅游资源开发潜力大，著名的名胜古迹有：大堡子山秦公陵园、赵孟頫书赵世延家庙碑、文庙大殿、赤土山园林、香山风景区、翠峰寺、黄金寺、洮坪林区、大河边草原、红河水库、苗河水库等都是旅游观光的好去处。盐官盐井、祁山武侯祠、三国古战场铁笼山等。

礼县蕴藏丰富的矿产资源：矿藏主要有金、锑、铅、锌、铁、玛瑙石、大理石等。最为驰名的礼县金矿带，特别是罗坝金矿带，洮坪金矿带，远景储量十分丰富。黄金生产已成为全县的支柱产业。2009年，黄金产量达1440公斤。另外礼县锑矿开采项目已进入倒计时，石料加工产业正在蓬勃发展，青峰石材厂建成投产后仅用了一年时间就跨入全县14户限上工业企业的行列。地表水资源丰富，嘉陵江一级支流西汉水纵贯全县，有常年性河流14条，季节性河流8条。礼县是全国32个优质水果生产基地之一，生产的“花牛”、“富士”苹果在港澳及东南亚市场具有极高的声誉。生产的花椒粒大、味浓、色泽红润、芳香弥久。生产的核桃皮薄仁大，营养丰富。礼县适宜于多种中药材生长，药材种植面积大，家种药材品种多，所产大黄、半夏、红芪、党参、当归等药材，高产质优，被喻为药族“五朵金花”。尤其是西南部铨水一带所产的“双鹿牌”大黄，出口东南亚多国，出口量占全国的56%，被誉为“中国铨黄”。

【国民经济】2009年，全县完成生产总值133766万元，比上年增长11.6%。其中第一产业完成增加值51976万元，第二产业完成增加值30093万元，第三产业完成增加值51697万元，分别增长7.03%、11.8%和14.7%。全县人均生产总值达2687元，比上年增加255元，增长11.5%。在第二产业中工业增加值完成22500万元，增长9.6%；建筑业增加值完成7593万元，增长14.7%。第一、二、三产业占GDP的比重为38.85∶22.50∶38.65。第一产业占GDP的比重有所下降，第二产业占GDP的比重有所上升。

农村经济全面发展。2009年大力实施“十百千万亿”工程，扩大基地规模，调整产业结构，完成“先秦贡果”牌苹果绿色认证，无公害胡麻、油菜籽产地认定和“老秦家”土鸡蛋商标注册。“礼农”牌胡麻油、“先秦贡果”牌苹果获中国杨凌农业高科技成果博览会“后稷”奖。农业和农村经济持续健康发展，全年完成农业总产值85635万元，较上年增长5.31%；实现农业增加值51976万元，增长7.03%。在连续多年丰收后，2009年粮食生产仍获丰收。全年粮食总产量为131342.6吨，增长3.5%。分作物看，小麦总产量为66315.45吨，增长2.7%；玉米总产量为20099.1吨，下降6.95%；洋芋总产量为37490吨，增长11.5%，其余各项作物均有所增长。农业特色产业开发势头强劲，把做大做强特色产业作为推动农村经济发展和增加农民收入的突破口，调整结构、扩大规模、保证质量、增加效益，全年新发展苹果5.15万亩。农业特色产业实现总产值6.96亿元，增长16.9%。其中：苹果产量达49891.75吨，增长14.7%；花椒产量达1312吨，增长12.6%；核桃产量达2205吨，增长8.62%。林果产业开发成为农民增收的一个主要途径。畜牧业生产稳步增长。全县畜牧业总产值完成21992万元，全年新发展规模养殖大户200户。其中大牲畜存栏达10.9万头，增长6.03%；生猪存栏达11.39万头，增长14.6%。肉类总量达12386吨，下降2.04%。劳务经济取得突出成效。“礼贤大嫂”、“礼贤架子工”、“礼贤妹”荣获全国优秀劳务品牌。2009年，全县累计劳务输出12.16万人，增长0.25%。实现劳务收入8.5亿元，增长44.1%。农村抽样调查资料显示，2009年农民人均纯收入达到2093.9元，增长12.6%。

工业生产稳步增长，经济效益逐步提高，全县限额以上工业企业完成增加值17437.9万元，增长9.9%。销售产值完成37017万元，产销率达93.56%，产销衔接良好，利润大幅度增长。发电量完成9325万千瓦时，增长29.5%。黄金完成1440公斤，下降14.7%。

消费品市场活跃，零售总额持续增长。2009年县政府及其职能部门千方百计筹集资金，保证了干部职工工资的正常发放，社会购买力明显增强，消费品市场呈现出淡季不淡、旺季更旺的繁荣局面。全年完成社会消费品零售总额34304万元，比上年增长21.3%。其中：县的消费品零售额完成20295万元，增长20.5%；县以下的消费品零售额完成14009万元，增长22.4%。

项目建设成效显著，全社会固定资产投资高速增长。2009年，全县坚持以发展抓项目为纲，完成全社会固定资产投资182769万元，比上年增长58.47%，城镇和农村投资分别增长为47.8%、18.1%。特别是秦汉大道、久联民爆公司炸药生产线等一批重点项目启动实施，有力地带动了全县经济增长和城乡基础设施的改善。

金融运行良好。2009年，全县金融机构存款余额337243万元，增长31.3%。其中：居民储蓄存款完成204265万元，增长27.7%；金融机构贷款余额完成85766万元，增长36.1%。

财政收入突破亿元大关。全县全年完成大口径收入13635万元，增长36.01%。其中：一般预算收入10129万元，增长35.29%。财政总支出151528万元，增长7.01%。

【人民生活】2009年县政府兑现了全县干部职工所有政策性增资工资，

全面提高了村干部报酬、城镇低保人员的低保金和"五保户"的补助金，全额供给了乡镇卫生人员工资，农村居民和城镇居民的生活水平得到了极大的改善。2009 年，全县职工平均工资为 20774 元，增长 11.6%。农民人均纯收入达 2093.9 元，增长 12.6%。社会保障制度进一步完善，农村最低生活保障人数达 100709 人，城镇最低生活保障人数达 7449 人，参加基本养老保险的职工数达 6048 人，参加基本医疗保险的职工数达 14926 人，参加失业保险的人数达 5274 人，参加农村合作医疗保险的人数达 459755 人。全县输出劳动力 12.196 万人，劳务收入达 8.5 亿元。城乡居民储蓄存款余额达 204265 万元，增长 27.7%。

【社会事业】2009 年，科技事业取得新进展。承包科研项目 12 项，已验收项目 11 项。科技推广户达 4426 户，科技示范户达 2296 户。教育事业加快发展。基础教育普及水平和质量稳步提高，初中、高中开学率均比上年有所提高，高考再创佳绩。积极实施二期义教工程，办学条件进一步改善，教学质量稳步提高，人才队伍迅速壮大，全县共有学校 465 所，教师 4749 人，在校学生 104537 人，学龄儿童入学率达 99.3%。广播和电视人口综合覆盖率有了较大提高，电视人口覆盖率为 58.1%。医疗卫生事业不断发展，计划生育工作稳步发展。全县共有医疗机构 40 个，病床 730 张，医务人员 830 人，落实各项节育措施 4672 例，计划生育率为 82.46%。人口自然增长率为 7.34%。图书馆各类藏书 103000 册，建筑面积达 1300 平方米。其他各项社会事业也都取得新成就。

两当县

【现任主要领导】

中共两当县委书记：辛海生

两当县人大常委会主任：许广同

两当县人民政府县长：郭平

两当县政协委员会主席：唐启荣

中共两当县纪律检查委员会书记：田鸿

【基本情况】两当县位于甘肃省东南部，地处陕甘川交界的秦岭山区，属长江上游嘉陵江水系。北靠天水，西邻徽县，东南二面与陕西宝鸡、汉中相连。全县辖 3 镇 9 乡，118 个行政村，4 个社区，总人口 5.2 万人，其中：农村人口 4.1 万人。全县总面积 1374 平方公里，总耕地面积 12.01 万亩。最高海拔 2738 米，最低海拔 773 米，年平均气温 11.3℃，平均降雨量 630mm，无霜期 193 天，有一江七河八大水系，全长 209.93 公里。年径流量 3377.2 万立方米。粮食作物主要以小麦、玉米、黄豆为主；经济作物主要以油菜、葵花、瓜果、蔬菜为主；经济林果主要以核桃、板栗、苹果为主。县境内有丰富的矿产资源，已探明的有金、银、铜、煤炭、陶土、大理石等 10 多种；有羚羊、獐子、水獭、大鲵、麝、锦鸡等珍稀动物；有红豆杉、铁杉、银杏、香樟、合欢、白皮松等珍稀树种；有油松、华山松、落叶松、红桦等用柴树种；出产鹿茸、麝香、猪苓、五灵脂、天麻、杜仲、黄姜等中药材 400 多种。县内生态良好，植被覆盖率达 73.3%，森林覆盖率达 49.3%。两当县历史悠久，至今已有 1500 多年历史，文化底蕴深厚，有张果老"登真洞"、《王羲之家谱》、"两当兵变"遗址等珍贵人文资源；更有"琵琶秋水"、"天门锁云"、"香泉望月"等八大景观和灵官峡省级白皮松自然保护区、张家黑河省级自然保护区和云屏三峡自然风景区，风景秀丽，景色怡人。

【国民经济】全年实现生产总值 31435 万元，增长 8.1%。其中：第一产业完成增加值 12328 万元，增长 6.4%；第二产业完成增加值 3229 万元，增长 6.6%；第三产业完成增加值 15878 万元，增长 9.7%。实现大口径财政收入 2628 万元，增长 58.3%；实现财政支出 68562 万元，增长 81.1%。实现固定资产投资 85521 万元，增长 177.61%；社会消费品零售总额完成 9000 万元，增长 12.57%；农民人均纯收入 1792 元。

【灾后重建】按照"三年重建任务力争两年基本完成"的总体要求，完善工作思路，强化工作力量，多方争取重建资金，举全县之力，扎实有序推进灾后恢复重建。按照"谁分管、谁包抓、谁负责"的原则，建立健全了权责一致的灾后重建工作领导机制、运行机制和工作机制。全力加快了农民住房重建步伐，协调落实农民住房重建贷款，加大对农村特困户建房的帮扶力度。全县农村 5424 户重建户（包括 250 户特困户）、2712 户维修户基本完成住房重建、维修；700 户城镇居民住房重建户开工 161 户，1555 户维修户完成 32 幢楼房 600 户维修加固工程；中央重建基金灾后恢复重建项目计划 487 项，中央重建基金切块资金 57986.68 万元。全年累计实施灾后恢复重建项目 232 项，到位资金 52870.06 万元，完成投资 62005.87 万元，完工 51 项。

【项目建设】抢抓国家扩大内需的政策机遇，在抓好灾后恢复重建项目的同时，积极争取和实施扩大内需、各类专项、招商引资等正常项目，使投资总量不断扩大，全社会固定资产投资创历史最高水平。全年争取退耕还林后续产业、农村安全饮水、煤矿安全改造、易地移民搬迁、张家太渠堤防工程等正常项目 71 项，争取国家投资 10140 万元（其中：扩大内需项目 3982 万元，专项资金 6158 万元）；严格执行项目"四制"，保证了项目建设质量，全县正常建设项目 72 项，当年计划投资 24993 万元，完成投资 22732 万元，完工 42 项；实施招商引资项目 18 项，完成投资 10250 万元。

【"三农"工作】突出"三农"工作基础地位，大力实施农民增收行动计划。全年预计实现农业总产值 17232 万元，增长 7.48%。全县粮食播种面积

15.36万亩，小麦产量2346万斤。农业结构调整步伐加快，发展烤烟种植7522亩，实现产量20177担、烟叶税197万元。实施杨左河川高效农业示范区改扩建，新建蔬菜大棚730座，全县发展蔬菜种植7300亩。新发展中药材2.52万亩，中药材累计种植面积达到7.24万亩。完成核桃树新栽50万株、补植补栽50万株、高接换优15万株，使全县400万株、农民人均100株的指标任务进一步夯实。实施戚家、大滩、冯河、上滩、川头等养殖小区建设，牛、羊、猪、鸡饲养量分别达到2.82万头、0.94万只、5.42万头、21.36万只；加强了农业基础设施建设，完成金洞乡农村安全饮水续建工程，完成王沟小流域治理13.52平方公里。实施农业综合开发土地治理项目，完成中低产田改造6600亩。建成沼气池2814口，修建梯田4250亩，新增有效灌溉面积1700亩，发展节水灌溉面积2100亩。修建了红崖河堤防工程。全市农村饮水安全工程建设现场会暨水利灾后恢复重建工作会议在两当县召开。大力推进扶贫开发，实施4个整村推进及3个扶贫灾后重建试点村建设，启动了25个贫困村的灾后重建，加快了崖头、冯河、显龙、张家、文家村移民搬迁工程建设；启动了集体林权制度改革，完成机构组建、宣传发动、学习考察等工作。

【工业经济】坚持把发展工业经济作为保增长的重点，加快实施9项重点工业项目，招金矿业、改板沟铁矿项目完成矿井建设，竹林电站项目完成大坝、隧道建设。中药材饮片加工厂完成设备安装并投产，开发了“两当中药材”系列产品。实施西坡煤矿和宏庆煤业公司安全技改项目。预计全年实现限额以上工业增加值1480万元，增长15.99%。加大招商引资力度，新签约星火陶瓷厂改扩建、张家大理石开发等招商引资项目8项，签约资金13530万元，完成投资5188万元。

【市政建设】县城亮化、美化工程是2009年改善人居环境的重点工程，我们下大力气实施县城环山和广香河夜间亮化景观工程，西山生态园山门、观景亭建设，广香苑扩建等工程，在县城分区域布设了城市雕塑，修建了果老传说文化长廊，提升了县城文化品味。年初确定的各项重点市政工程全面实施，完成两当河四级翻板闸水面工程和垃圾填埋场主体工程。新建和改造城区道路16条、7.68公里，花园路、泰山北路完成路面硬化，东滨河南路、东滨河北路、鱼池路、云屏路完成路基工程。对县城新街、新北街延伸段实施改造硬化。对东大街、新北街的排水系统进行改造。改造加宽了河子沟桥，新建了云屏桥、庙坪桥。启动了廉租房、经济适用住房和城区居民灾后重建安置楼建设。

【生态建设】大力实施造林绿化工程，完成站云路等通道绿化85公里，栽植行道树11万株。完成生态林建设2.5万亩、退耕还林补植补造0.87万亩、荒山造林0.7万亩，植树116.2万株。继续加强县城绿化，完成城区山体造林绿化0.3万亩、公共板块绿化4000平方米。生态建设为全县经济可持续发展，创造了良好的外部环境；积极落实节能减排措施，全国第一次污染源普查工作顺利通过验收。实施城区饮用水源地保护工程和站儿巷镇水源地污染防治工程。两当被中国绿色名县推介委员会命名为中国绿色名县；加快旅游开发，实施云屏景区入口观景亭及景区步游栈道建设，规划建设了五所旅游星级厕所。出版了《红色两当》，加快了“两当兵变”纪念馆建设，对“两当兵变”会议旧址进行维修保护。“两当兵变”会议旧址被中宣部命名为全国第四批爱国主义教育示范基地。

【社会事业】坚持从解决群众“最现实、最直接、最关心”的问题入手，认真抓好事关群众切身利益的实事，以民生为重点的社会建设取得新成效。深化财政管理体制改革，强化税收征管，优化财政支出结构；落实教育“两免一补”政策。大力开展“教育质量年”活动，全县中小学校灾后重建30所，开工22所，竣工11所；举办科技培训班92期，培训1.2万人次；严密落实手足口病、甲型H1N1流感防控措施。新型农村合作医疗农民参合率达到98.86%。为全县在册正式干部职工进行健康体检。加拿大红十字会卫生援建13所乡镇卫生院项目、4所村卫生室和县疾控中心建设项目完成主体工程；建成10个村的文化资源信息共享工程，认真开展全国第三次文物普查，公布了第二批县级非物质文化遗产保护名录14个。县体育活动中心基本建成，建成5条全民健身路径工程；人口和计划生育工作顺利通过省市年度考核，县计生服务站完成主体工程建设；实施城区数字电视整体转换工程，广播、电视覆盖率分别达到61%、95.8%；大力开展省级卫生县城创建活动，强化了环境卫生管理工作；完成第二次全国经济普查工作任务；启动了新一轮土地利用总规修编工作，完成第二次全国土地调查工作任务；完成两当县5.12汶川特大地震抗震救灾志《社会赈灾志》及《灾区生活志》编撰工作；多渠道开发就业岗位，城镇新增就业715人。建立了建筑领域农民工工资保证金制度，开展劳动维权专项检查；完成城乡低保和五保供养提标扩面工作，分别发放城市低保金、农村低保金、五保供养金417.5万元、364.1万元、97.9万元。发放城乡医疗救助金36.2万元。下拨冬令春荒救灾款153万元。积极推行村干部养老保险制度，提高了城镇职工基本医疗保险缴费费率及住房公积金缴存比例，县财政为全县农村家庭统一办理财产保险；实施“万村千乡”市场工程建设，改建农村超市30家；实施55个五保家园和云屏中心敬老院建设；严格落实良种补贴、农机补贴、粮食直补、农资综合补贴和“家电下乡”等各项惠农政策，认真办理省列12项、市列12项惠民实事；强化社会治安综合治理，加大矛盾纠纷排查调处力度，积极预防和妥善处置群体性事件，信访、维稳工作进一步加强。按照国家“安全生产年”的工作要求，大力开展以煤矿、道路交通安全等为重点的专项整治，安全生产形势总体趋好；审计、监察、物价、粮食、工商、双拥、金融、邮政、通讯、供销、保险、气象、民族宗教、残疾人救助等工作都取得新的成绩。

（刘小林）

徽　县

【现任主要领导】

中共徽县县委书记：郭建博

徽县人大常委会主任：郭建博

徽县人民政府县长：王强

政协徽县委员会主席：辛晓尧

中共徽县纪律检查委员会书记：田鸿

【基本情况】徽县位于甘肃省东南部，西秦岭南麓，嘉陵江上游，东邻秦川，南通巴蜀，素有“陇上江南”之美誉。全县辖15个乡镇、213个村民委员会，总面积2722平方公里，耕地面积39.6万亩，总人口22万人，其中农业人口17.86万人。民族主要有汉族、回族、藏族、蒙古族、壮族、锡伯族、满族、畲族、土家族、苗族10个民族，主要以汉族为主，少数民族主要以回族为主，全县约1.1万人，分布在全县14个乡镇，有7个民族聚集村。境内海拔在700～2500米之间，南北为山地，中部为浅山丘陵，属北暖温带向亚热带过渡性气候，年均气温12.4℃，无霜期231天，全年降雨量795.6毫米。国道316线、省道江武公路及宝成铁路从县境内穿过。

【资源优势】徽县自然资源丰富。全县森林面积189万亩，森林覆盖率46%。境内有大小河流600多条，属长江流域嘉陵江水系，年径流量19.86亿立方米，水能资源蕴藏量14.76万千瓦，可开发量8.46万千瓦。现已探明的矿藏有铅、锌、铁、金、铜、汞、硫、砷石、大理石、石灰石等4大类22种矿产资源，储量丰富。全县主产小麦、玉米、大豆、油菜籽、稻米等粮油作物，盛产核桃、银杏、板栗、柿子、生漆、狼牙蜜等林副产品，出产杜仲、柴胡、黄芩、金银花、天麻等100多种中药材。全县有各类野生植物250多种，百年以上银杏树遍布全县。有野生动物200多种，其中有羚牛、红腹锦鸡、白唇鹿、长臂猿、梅花鹿、大鲵等珍贵动物10多种。

徽县地质构造复杂，地貌奇特，自然风光集北国之雄奇与南国之灵秀于一体，景色怡人，民风淳朴，文化古迹众多，旅游资源丰富独特。境内的三滩风景名胜区总面积约800平方公里，森林覆盖率达80%以上，保持着原始如初的自然风貌，高山草甸、峡谷溶洞、飞瀑流泉、云海日出、奇花异卉、珍稀动植物和人文古迹融为一体，是徽成盆地的绿色屏障和天然动植物乐园，也是闻名省内外的旅游胜地，被誉为陇上的“西双版纳”。险要的地理位置和优美的自然风光，自古以来就牵引着文人墨客的目光和脚步，形成徽县厚重的历史文化积淀。诗仙李白在《蜀道难》中吟唱：“青泥何盘盘，百步九折萦岩峦”，抒发了诗人面对青泥岭之雄奇的感叹。诗圣杜甫寓居徽县栗亭，写下了《木皮岭》、《水会渡》、《白沙渡》等名篇。“始知五岳外，别有他山尊”的诗句使木皮岭名载史册。南宋名将吴玠抗金的蜀道要塞仙人关、闻名天下的青泥古道和具有重要历史文物价值的“新修白水路记碑”、佛爷崖唐代摩崖石刻、栗川郇庄宋代白塔等众多文物古迹，极具文化研究和旅游开发价值。

【国民经济】全年实现生产总值20.5亿元，比上年增长9.2%。其中：第一产业增加值6.88亿元，增长8.9%；第二产业增加值7.56亿元，增长6.6%；第三产业增加值6.07亿元，增长16.2%。经济结构调整取得新进展。三次产业结构由上年的34.9∶37.2∶27.9调整为33.6∶36.9∶29.5。

工业经济平稳运行。深入实施“工业强县”战略，积极应对国际金融危机和地震灾害造成的不利影响，借灾后恢复重建机遇，通过挖潜降耗，强化管理，共克时艰，全县工业经济在逆境中负重运行，增速有所下滑。2009年，全县17户规模以上工业企业完成增加值3.87亿元，比上年下降2.5%；实现主营业务收入9.98亿元，下降27.2%；实现利税1.98亿元，下降14.7%。

全县社会消费品零售总额完成28807万元，增长20%。其中：批零贸易业零售额25372万元，增长17.6%；住宿、餐饮业零售额3435万元，增长40.8%。批零贸易业销售总额63230万元，增长46.2%。

物价水平总体平稳。全年商品零售物价总指数为102.7，居民消费价格总指数为102.1。

财政收入稳定增长。完成大口径财政收入3.48亿元，增长1.1%，其中本级收入1.07亿元，增长5.9%；财政支出11.43亿元，增长43.7%。干部职工工资按月足额发放，行政事业单位正常运转有效保障。

交通运输业继续保持稳步增长。全县营运汽车拥有量575辆，其中货运车410辆、客运车165辆。货运周转量33540万吨公里，客运周转量11976万人公里。

生态旅游和人文旅游同步快速发展。充分发挥“陇上江南”的独特资源优势，积极探索自然生态、人文景观和休闲娱乐相结合的特色旅游产业开发路子，初步形成以三滩生态旅游为主体，以嘉陵江漂流、月亮峡度假村、银杏山庄特色农家乐为辅助的三滩风情旅游线。全年旅游接待总人次达27.3万人次，旅游业综合收入达5548.7万元，增长37.6%。

全县金融运行平稳，年末存款、贷

款持续增加。年末全县金融机构各项存款余额35.96亿元，增长11.2%；各项贷款余额20.31亿元，增长18.8%，居民储蓄存款18.66亿元，增长16.8%。保险事业快步发展，保险覆盖面积持续扩大。险种日趋完善，保险赔付更加及时、规范，有效地维护了社会稳定，促进了经济持续健康发展。

【"三农"工作】农业和农村经济发展成效显著。围绕实施"六大行动促进农民增收"行动计划，认真落实强农惠农政策，加强基础设施和生态环境建设，扎实推进农业结构调整和新农村建设，农业和农村工作发展态势好。2009年，全年完成农业增加值6.88亿元，比上年增长8.9%；全年粮食种植面积52.54万亩，总产15.3万吨；全县大牲畜出栏5.57万头，增长19%；发展中药材6.43万亩，增长63.6%；发展烤烟0.67万亩，增长36.7%；发展蔬菜10.54万亩，增长13.7%。全年新增水平梯田1.39万亩，新增有效灌溉面积0.35万亩，造林面积13.1万亩。全年累计输出劳务3.9万人次，创收2.5亿元，分别增长2.6%，63.4%。

【项目建设】项目建设和固定资产成效显著。深入实施"项目带动"战略，围绕把县城建设成功能完善、设施齐全、市容整洁、文明卫生、聚集辐射能力强、尽显江南特色的山水园林城市的总体目标，全力推进城区"南拓北延"战略的实施，在创造经济发展的硬环境上取得新突破。小城镇建设步伐加快，取得新进展，有力地改善了城镇居民的生产生活环境。2009年，完成全社会固定资产投资17.89亿元，增长1.09倍，是历史上投资最多、增长最快的时期。

【社会事业】科技创新能力不断增强。2009年科技进步贡献率达49.3%，科技成果转化率达到56.2%，推出科研成果13项。

全县教育工作以巩固"两基"为工作重点，优化教育结构，调整教育布局，狠抓义务教育，提高教学质量，形成幼教、普教、职教、成教全面协调发展的格局。2009年，全年适龄儿童入学率和初中入学率分别为99.48%和98.3%，全县高考上线率达到69.6%。高考录取954人，本科上线461人。初中五科合格率达到34.97%，小学双科合格率达到84.72%。

文化事业较快发展。按照"代表先进文化前进方向"的要求，一手抓繁荣，一手抓文化市场管理整顿，不断加强文化建设。全县有文化站15个，乡镇广播电视站15个，电视人口覆盖率96%。进一步巩固广播电视"村村通"建设成果，并努力向"社社通"延伸，完善广播电视传输网络，提高传输质量，扩大有效覆盖面。城区有线电视节目增至114套，城乡有线电视用户2万户，城乡人民文化生活水平得到显著提高。

医疗卫生条件不断改善，医务人员队伍素质有所提高。年末全县共有卫生机构23（不含个体）个，其中县级卫生机构2个、乡镇卫生院17个、乡镇防保所1个。有病床441张，卫生技术人员448人，其中执业医师137人。每千人拥有卫生技术人员2人，拥有病床2张，村卫生所覆盖率达100%。

【人民生活】人口自然增长率保持稳定。年末全县总人口为21.93万人，出生率为9.91‰，死亡率为6.61‰，自然增长率为3.30‰。其中，城镇人口7.07万人，乡村人口14.86万人。积极开展全民健身活动，增强全民参与意识，提高了体育事业发展水平。全县共举办各类群众运动会8次，参加运动员近8千人次。城乡居民生活水平进一步提高。全县城镇居民人均可支配收入9515元，比上年增长9%。农民人均纯收入2950元，增长14%。单位从业人员年人均劳动报酬达到26656元，居民住房条件显著改善。社会保障进一步加强。年末全县参加基本养老6260人，失业保险人数为5800人。征缴社保费3175万元，发放养老金1973万元。"两个确保"，"三条保障"落实较好，全年发放失业金41万元。新型农村合作医疗试点工作有序推进，全面参合农民176393万人，占农业总人口的93.7%，共筹集农村合作医疗基金352.8万元，为12914名住院农民报销医药费1394.76万元。民政救济救灾工作有效运行。特殊困难群众和受灾群众得到及时妥善安置。全县共下拨救灾款242万元，发放五保供养资金166万元，发放城乡低保资金2606万元，保证了城乡困难群众的基本生活。

（杨育辉　周琳）

临夏回族自治州

【现任主要领导】

中共临夏回族自治州州委书记：冉万祥

临夏回族自治州人大常委会主任：年仲华

临夏回族自治州人民政府州长：马青林

政协临夏回族自治州委员会主席：戴耿

中共临夏回族自治州纪律检查委员会书记：陈有霞

【基本概况】临夏回族自治州地处甘肃中部西南，北邻兰州市，南靠甘南藏族自治州，东连定西市，西接青海省，州府仅距省会150公里。全州土地面积8169平方公里，平均海拔2000米，最高处4585米，最低处1563米。年平均气温7.6℃，无霜期165天，年平均降雨量401.5毫米，属温带大陆性气候。耕地面积215.13万亩，州内聚居回、汉、东乡、保安等18个民族200.01万人，人口密度245人/平方公里，其中少数民族115.41万人，占总人口的57.7%，稀有民族保安族人口1.68万人，东乡族人口46.72万人。全州辖七县一市，45个镇、79个乡、6个街道办事处。

【旅游资源】文化积淀深厚，民俗风情浓郁。临夏历史文化灿烂悠久，曾是古丝绸之路南道要冲，唐蕃古道重镇，茶马互市中心，素有"西部旱码头"

的美誉。以马家窑文化、齐家文化陶器为代表的各类文物遗址达584处，是我国新石器文化最集中、考古发掘最多的地区之一，因出土现珍藏于中国国家博物馆的“彩陶王”，临夏被誉为“中国的彩陶之乡”；距今1600多年的炳灵寺石窟，是我国著名的十大石窟之一，也是第一批国家重点文物保护单位。全州共有非物质文化遗产423项，其中：河州贤孝、保安族腰刀锻制技艺、永靖傩舞等8项被列入国家级非物质文化遗产名录。临夏独特的伊斯兰文化背景、鲜明的生活习俗、风格各异的民族服饰、色香味俱佳的清真小吃，形成五彩纷呈、极富吸引力的民族风情画卷。在临夏，清真寺、拱北星罗棋布，风格迥异，以东公馆、榆巴巴拱北等为代表的民族建筑融回族砖雕、汉族木刻、藏族彩绘艺术为一体，被誉为“民族建筑的博览园”。临夏民歌“花儿”独具魅力，源远流长，临夏州被中国民间艺术家协会命名为“中国花儿之乡”。

自然遗存众多，生态资源丰富。临夏曾是古生物繁衍生息的乐园，被誉为“古生物的伊甸园”。和政古动物化石的数量、品种、规模和完整程度世所罕见，占据了六项世界之最。“刘家峡恐龙国家地质公园”有世界上最大的恐龙足印化石群地质遗迹，具有极高的古生物地质遗迹保护价值和旅游开发价值。临夏生态环境优美，自然风光秀丽，高山草甸丰美，是甘肃中南部森林生态观光游览的胜地。国家4A级景区松鸣岩、黄河三峡和国家级自然保护区“莲花山”以及“太子山”自然保护区，被称为“地球之肾”的黄河中上游最大人工湿地—太极岛，甘肃炳灵丹霞地貌省级地质公园—炳灵石林等是临夏“森林生态休闲游”主打品牌的核心景区。

【国民经济】2009年，全州实现生产总值93.17亿元，按可比价格计算，比上年增长10.0%。其中：第一产业实现增加值20.2亿元，增长7.1%；第二产业实现增加值28.65亿元，增长10.7%；第三产业实现增加值44.32亿元，增长10.8%。产业结构进一步优化，三次产业结构由上年的22.4∶30.1∶47.5调整为21.7∶30.8∶47.5。全州人均生产总值4673元，增长10.9%。完成全社会固定资产投资76.49亿元，比上年增长45.23%。全州实现社会消费品零售总额29.4亿元，比上年增长18.95%。完成大口径财政收入7.98亿元，增长10.33%，其中地方财政收入4.03亿元，增长15.61%。财政支出64.86亿元，增长27.09%。

【项目建设】加大项目建设力度，基础设施显著改善。抢抓扩内需、保增长的重大机遇，积极争取项目和资金，2009年共争取新增中央投资项目456项，总投资14亿元。全年累计完成安全饮水工程投资1.1亿元，农村通达通畅公路投资2.22亿元，易地搬迁工程投资0.41亿元，农村沼气建设项目投资1.23亿元，整村推进工程投资0.28亿元，教育项目投资2.66亿元，卫生项目投资0.76亿元。全州实施100万元以上的项目648项，总投资259.9亿元，完成投资68亿元。兰合铁路有望开工建设，康临高速公路完成总工程量的70%，折达二级公路进入全面施工阶段，临夏市城区供水水源工程已开工建设，临夏州天然气长输管线项目即将开工，临夏—大河家二级公路已落实资金，祁家黄河大桥建成通车，建成通乡油路220.8公里。招商引资取得新进展，全州共签约招商引资项目77项，签约资金59.9亿元，总到位资金29.5亿元。

【新农村建设】种植结构不断优化，2009年玉米、马铃薯、油菜、中药材等特色优势农产品种植面积152.6万亩，占农作物种植总面积的64.22%。设施农业发展取得新成效，新建日光温室2676亩，日光温室总面积达到2.04万亩，搭建塑料大棚1.9万亩。加强林业生态建设，全州造林面积15.3万亩，封山育林4.3万亩。新栽植花椒4.7万亩，啤特果2.4万亩，育苗2万亩。新建千亩以上的大接杏、李广杏、核桃等名优特新经济林示范基地0.95万亩。大力发展畜牧产业，新建规模养殖场67个，养殖小区52个，发展规模养殖户1450户，全州大牲畜存栏、畜牧业产值、肉类总产量分别增长4.9%、8.16%、7.37%。积极扶持培育农业产业化龙头企业，不断提高农产品加工能力，订单农业面积达到37.75万亩，规模以上农产品加工企业达到29家，农民专业合作经济组织83家。已有无公害农产品认定产地15个，认证番茄、红枣、马铃薯、百合等无公害农产品25个，生产无公害农产品品种44个，面积达76.68万亩。加强农村基础设施建设，和政县北部、临夏县西北片、东乡县董岭等9个农村安全饮水工程建成通水，解决了15.3万人的饮水安全问题；硬化农村村社道路646公里，新建沼气3.9万户、完成“一池三改”3.5万户，新增节水灌溉面积3万亩，新修梯田11.8万亩。加强扶贫开发和新农村建设，66个整村推进扶贫开发项目稳步进行，解决了1.26万绝对贫困人口和4.5万低收入人口的温饱问题。

【人民生活】城乡居民收入继续增加，生活水平进一步改善。2009年城镇居民人均可支配收入7368元，比上年增长12%；人均消费性支出5341元，增长9.1%。农民人均纯收入2089元，增长13.1%。城乡消费结构不断优化，城镇居民恩格尔系数36.5%，农村居民恩格尔系数为45.7%。城乡居民储蓄存款余额达到99.87亿元，增长24.15%。人居环境进一步改善。城乡居民人均住房面积分别达到26.8和18.87平方米。本地电话用户16.14万户，增长0.97%；移动电话用户65万户，增长18.2%，电话普及率每百人达到32部。

【社会保障】社会保险覆盖范围不断扩大，社会保障体系进一步完善。认真组织实施转移就业工程，2009年输送1086名学生到天津、广东、山东等地培训，公开考录2217名高校毕业生到基层中小学、乡镇卫生院和村（社区）工作。城镇登记失业人员5186人，城镇登记失业率为3.94%。加强社会保障工作，着力扩面提标，全州新增农村低保对象15.29万人、保障面达到18.5%，新增城市低保对象8133人、保障面达到25%、保障标准提高10%。加大保障性住房建设力度，开工建设廉租房34.3万平方米、经济适用房7.97万平方米，完成农村危旧房改造20028户。进一步扩大社会保险覆盖面，全州参加养老保险职工3.04万人、失业保险4.9万人、工伤保险1.2万人，城镇居民基本医疗保险参保率达89.7%。全州39.95万人享受最低生活保障。

【环境保护】切实履行环境监督管理职能，环境保护工作力度加大。全州共有环境监测站4个，环境监测人员77人，从事环境保护工作的职工402人。境内自然保护区5处。烟尘控制区1个，控制面积14平方公里。全年完成工业污染治理项目11个，工业污染治理总投资3256万元，比上年增长82%。落实环境管理减排措施，把集中整治企业违法排污作为节能减排的关键措施。永靖县光华铁合金厂等4家铁合金企业完成除尘设施升级改造，刘化集团动力厂脱硫技术改造进展顺利。继续大力推广使用清洁能源，临夏市、永靖县天然气应用稳步推进，加快了农村沼气能源建设步伐，改善燃料结构。实施城区集中供热工程项目，临夏市集中供热率提高到72.22%，其他县城集中供热步伐进一步加快，有效地改善了城区大气环境质量。加强减排项目督促检查，促进减排项目建设取得新进展，确保了国控重点源刘化集团污水处理厂和临夏市污水处理厂稳定运行，永靖县污水处理厂已通过省环保厅验收；中天公司污水处理厂完成土建任务和设备安装；东乡县、广河县、和政县、康乐县县城垃圾处理场均已开工建设；临夏市医疗废物处理项目已经建成运行。“宁静工程”取得良好成效。临夏市区域环境噪声和交通干线噪声平均值分别为50.3分贝和69分贝，控制在了省上下达的指标以内。全州完成化学需氧量削减量474吨，二氧化硫削减量348吨，化学需氧量排放量比上年下降7.3%，二氧化硫排放总量控制在了下达指标内。

【社会事业】科技事业进一步发展。科技队伍不断扩大，科技人员的素质显著提高。2009年共组织实施各类科技计划项目（课题）68项，共取得科技成果16项，其中6项达到国内先进以上水平，专利申请总量达到69件。选派第四批200名科技特派员，深入乡村、企业和科技园区开展科技创业和科技服务活动。

坚持强化基础教育、提高高中教育质量、大力发展职业教育。广河县顺利通过省政府“两基”复查验收，临夏中学被省教育厅命名为省级示范性高中，临夏师范改制为普通高中，全州普通高考上线率增长17%，招收中职生5336人，州职业技术学校完成征地任务。

不断推进文化事业，建成16个乡镇综合文化站和424个农家书屋，非物质文化遗产保护工作取得新进展。完成1.9万户的广播电视村村通建设任务和2万户的数字电视转换任务。

加快公共卫生事业发展。全州拥有各级各类医疗机构178个，其中县级以上医院11个，乡（镇）卫生院130个，设置病床4999张，专业技术人员3912人。完成积石山县医院整体搬迁和临夏县二院医技楼工程建设，全州新农合参合农民156.8万人、参合率达96.3%。重视加强计划生育工作，全州人口出生率为14.55‰、自然增长率为7.52‰。

（王亚华）

临夏市

【现任主要领导】

中共临夏市委书记：马天民（回族）

临夏市人大常委会主任：马尚坤（回族）

临夏市人民政府市长：安华山

政协临夏市委员会主席：魏光辉

中共临夏市纪律检查委员会

书记：张爱廷（回族）

【基本情况】临夏市地处黄河上游，是临夏回族自治州州府所在地和是全州政治、经济、文化中心。全市下辖4个镇、6个街道办事处，总面积88.55平方公里，人口21.57万人，建成区面积14平方公里。临夏市气候温润，属内陆性中温带气候，日照充足、雨量充沛、四季分明、气候宜人，年平均气温7.9℃，年日照时数2167.3小时，全年无霜期138天以上，年平均降水量389.2毫米，蒸发量927.6毫米。全市地域平坦，其中川地占89%，海拔为1823～1960米。由于临夏市地处农区和牧区结合部，素有“茶马互市”、西部“旱码头”和“河湟雄镇”之称，享有“花儿之乡”、“彩陶之乡”和“牡丹之乡”的美誉。交通便利，距省会兰州150公里，农畜产品市场资源极为丰富。临夏市清真寺、拱北、寺院等建筑融合中国古建筑与阿拉伯建筑为一体，独具风格，市内具有多处民族风情浓郁和地方特色突出的人文景观与历史遗迹。

【国民经济】2009年，初步核算，全市实现生产总值236115万元，按可比价格计算，比上年增长10.0%。其中：第一产业实现增加值20846万元，增长5.4%；第二产业实现增加值45509万元，增长5.2%；第三产业实现增加值169760万元，增长11.7%。第一产业占生产总值的比重为8.8%，比上年下降0.4个百分点；第二产业占生产总值的比重为19.3%，比上年下降0.9个百分点；第三产业占生产总值的比重为71.9%，比上年上升1.3个百分点。人均生产总值10979元，比上年增长10.4%。

财税状况。2009年，全市完成大口径财政收入24237万元，增长20.9%，地方财政收入9829万元，增长12.6%；

财政支出 64879 万元，增长 21.3%。完成国税收入 9860 万元，增长 33.3%；完成地税收入 15464 万元，增长 19.7%。

新农村建设。2009 年，全市实现农业增加值 20846 万元，比上年增长 5.5%；其中：农业增加值 14884 万元，增长 4.6%；林业增加值 113 万元，下降 7.4%，牧业增加值 5338 万元，增长 7.6%，农林牧渔服务业增加值 399 万元，增长 12.3%。年末大牲畜存栏 8600 头，增长 3.6%，其中：牛存栏 8600 头，增长 6.2%。农业生产条件不断改善，年末全市拥有农业机械总动力 4.4 万千瓦，拥有大中型拖拉机 149 台，小型拖拉机 437 台，农用运输机械 1872 辆。有效灌溉面积 3.48 万亩。化肥施用量（折纯量）3453 吨。机耕面积 3.02 万亩，占耕地面积的 86.8%。

工业和建筑业。受国际金融危机的影响，2009 年全市实现工业增加值 28524 万元，比上年下降 1.4%。其中：规模以上工业企业实现增加值 14924 万元，下降 6.5%。其中：轻工业实现增加值 547 万元，下降 7.8%，重工业实现增加值 2136 万元，下降 5.2%。规模以下工业实现增加值 13600 万元，增长 4.6%。规模以上工业企业实现利税总额 3754 万元。实现主营业务收入 46726 万元，比上年下降 18.0%。完成出口交货值 5078，下降 57.7%。

固定资产投资。全年完成全社会固定资产投资 101303 万元，比上年增长 51.4%。其中：城镇固定资产投资完成 76162 万元，增长 60.4%；农村固定资产投资完成 7264 万元，增长 6.7%。房地产投资完成 17877 万元，增长 40.7%，全市投资项目个数为 98 个，其中：新建 50 个，续建 48 个。基础设施项目投资完成 21462 万元，占全社会固定资产投资的 21.9%，比上年下降 9.1 个百分点。交通业、旅游业。全年完成客运量 199 万人次，增长 7.6%；完成货运量 175 万吨，增长 8.7%。完成旅客周转量 22190 万人公里，增长 8.2%。货运周转量 22743 万吨公里，增长 7.2%。全市拥有公共汽车 118 辆，各类机动车辆拥有量 58116 辆。

商贸流通和市场物价。积极开拓市场，扩大消费。大力实施“商贸富市”战略，商品供应充裕，消费结构改善商贸流通活跃。全年完成社会消费品零售总额 150001 万元，增长 19.2%。全年实现旅游总收入 7921 万元，增长 20.0%。国内旅游收入 7314 万元，接待国内旅游人数 11.4 万人次；接待境外旅游人数 5500 人，全年国际旅游外汇收入 89 万美元。受国内国际因素的影响，物价持续回落，全年居民消费价格总指数为 99.5%，比上年下降 0.5 个百分点。

【社会各项事业】全市共有各类学校 114 所。其中：中专职业技术学校 6 所，在校学生 6297 人，专任教师 369 人；普通中学 13 所，在校学生 18785 人，专任教师 1224 人；小学 54 所，在校学生 20600 人，专任教师 1152 人；幼儿园 41 所，在园幼儿 6642 人，专任教师 342 人。适龄儿童入学率达 99.6%，巩固率达 99.8%。

全面推进公共卫生体系建设，完善医疗救治体系。医疗卫生工作进一步加强。全市拥有各级各类医疗卫生机构 18 个，其中：医院 4 所，疾控中心 2 所，妇幼保健站 2 所，镇卫生院 4 所，卫生监督所 2 所，社区卫生服务中心 2 所，采供血机构 1 个，医学科学研究机构 1 个。所有卫生机构拥有床位数 1435 床，卫生技术人员 1293 人。

积极开展城乡医疗保险，解决人民群众看病难的问题。参加新型农村合作医疗的人数达 77813 人，参合率 95.3%；享受医疗保险的人数达 4725 人，报销总金额 655.5 万元；报销率达 48.6%，群众受益面达 23.4%。参加城镇居民医疗保险的人数达 65400 人，参合率 86.5%；享受医疗保险的人数达 3280 人，报销金额 1189 万元；报销率 60.1%，群众受益面达 5.0%。

2009 年，全市烟尘排放量 1593 吨，工业粉尘去除量 2800 吨，二氧化硫（SO_2）排放量 4288 吨，化学需氧量（COD）2096 吨。工业固体废物排放量 100 吨，城市生活垃圾处理场运行率 100%。区域环境噪声平均值为 51.2 分贝。地表水质和饮用水源水质达标率为 100%。拆并、治理小锅炉 8 台，现有集中联片供热站 16 座，集中供暖面积 240.9 万平方米，其中：住宅 206.7 万平方米。

【人口、人民生活和社会保障】年末全市总人口达到 21.57 万人，较上年增加 1275 人。其中：农村人口 10.60 万人，少数民族人口 11.90 万人。人口出生率 9.73‰，死亡率 4.04‰，自然增长率 5.69‰。全市总户数为 52056 户，户均人口为 4.14 人/户。人口密度达 2435 人/平方公里。

扩大就业和促进再就业工作，就业渠道不断拓宽，安置下岗失业人员 758 人。城镇登记失业人员 1633 人，城镇登记失业率为 3.89%。社会保险覆盖面不断扩大。全市参加失业、养老保险的单位 168 户，参加失业保险的职工 4150 人，养老保险的职工 4742 人；参加职工医疗保险人数为 12450 人。发放企业离退休人员基本养老金 1460 万元。发放率达 100%。加大对弱势群体的救助力度，年末全市累计发放低保资金 6022 万元，保障对象达 11960 户，37995 人。其中：农村低保对象 2868 户，9305 人，发放低保资金 601.3 万元；城市低保对象 9092 户，28690 人，发放低保资金 5420.3 万元。

城乡居民收入增加，人民生活继续改善。城镇居民人均可支配收入达 7289 元，增长 10.8%，净增 710 元；城镇居民人均消费支出 5341 元，增长 9.1%，净增 445 元。农民人均纯收入为 4202 元，增长 13.0%；净增 483 元；农民人均消费支出 3758 元，增长 36.4%，净增 1003 元。

（刘旭光）

临夏县

【现任主要领导】

中共临夏县委书记：魏贺生

临夏县人大常委会主任：王国忠

临夏县人民政府县长：宗玉良

政协临夏县委员会主席：周钰

中共临夏县纪律检查委员会书记：时宁春

【基本情况】临夏县位于甘肃省中部，临夏回族自治州西南部，黄河南岸。县境东西宽53.1公里，南北长59.85公里，总面积1212.4平方公里。地貌为青藏、黄土高原参半，多山沟，兼有塬、川。地势东北低、西南高，海拔1735～4636米之间。临夏县地处温带半湿润区和高寒湿润区的过渡带，属温带半湿润气候，具有大陆性、季风性山地气候特点，气候因素随地势高度变化十分明显。年均日照时数为2030.5小时，日照率为52%，全年太阳总辐射量128.4千卡/平方厘米，年平均气温7.4℃，无霜期170天左右，年降水量628.4毫米。现辖19个乡，6个镇，219个行政村，2101个村民小组，2个居委会，8个居民小组。全县有80679户，总人口为38.97万人，常住人口为38.12万人，其中：少数民族占41.26%，农业人口占94.01%。人口密度每平方公里为314人。

【国民经济】2009年，全县实现生产总值134643万元，按可比价格计算，比上年增长12.69%。其中，第一产业增加值38223万元，增长7.71%；第二产业增加值32130万元，增长12.86%；第三产业增加值64290万元，增长14.40%。全县人均生产总值3549元，比上年增长8.90%。

农业和农村经济：农村经济稳步发展，2009年实现农业增加值38223万元，比上年增长7.71%。年末实有耕地面积37.58万亩，完成农作物播种面积45.29万亩，比上年增加0.09万亩。全年粮食总产量达到12.80万吨，比上年增长7.79%。全年花椒总产量达到1103.52吨，比上年增长36.06%。全年肉类总产量达到6938.22吨，增长2.17%。牛奶产量13549吨，增长15.8%。禽蛋产量2001.9吨，增长4.81%。大牲畜年末存栏达到5.13万头，比上年增长6.21%。羊年末存栏13.8万只，比上年增长14.9%。猪年末存栏6.17万只，比上年增长3.7%。

工业：全县共有工业企业831个，从业人员达到10387人。实现工业增加值10210万元，比上年增长14.42%，其中规模以上企业实现增加值5573万元，比上年增长27.47%。

商业贸易：2009年，在国内价格上涨、国际金融危机发生的情况下，全县消费品供应充足，市场需求不断增加，对外贸易范围不断扩大，全年完成社会消费品零售总额26399万元，比上年增长19.72%。

【财政、金融和保险业】近两年由于国家财政的支持，财政收支在上年有较大幅度增加的基础上，又进一步增加。全年完成大口径财政收入3435万元，比上年增长15.72%；全年财政支出80407万元，比上年增长41.99%.

金融运行良好：由于农民收入和城镇居民收入的增加以及银行对支农资金的不断增加，使年末全县金融机构各项存款余额103735万元，比上年增长30.34%；各项贷款余额为43727万元，比上年增长9.64%；城乡居民储蓄存款余额达76016万元，增长27.82%。

【产业发展】不断强化农业基础地位，大力调整农业内部结构，积极培育优质玉米、中药材、双低杂交油菜、优质蚕豆、优质洋芋五大特色种植业，发展花椒、畜牧、水电、劳务四大主导产业作为临夏县经济发展的依托。主导产业的作用逐步显示出来，2009年农民人均工资性收入达到882.93元，占农民人均纯收入的42.50%，其中：农民人均收入中从外出打工得到的收入为582.25元，占农民人均纯收入的28.02%；农民人均收入中从畜牧业得到的收入为367.19元，占农民人均纯收入的17.67%；农民人均收入中从花椒种植得到的收入为89元，占农民人均纯收入的4.28%。全县已经建成电站19座，总装机容量3.5万千瓦时，年发电量12948万千瓦时。

【民营经济】民营经济已经成为税收的主要来源和共同富裕的基本力量。2009年民营企业总户数达到4518户，从业人员达到36430人，实现总产值172785万元，增加值54300万元，实交税金1245万元，主营业务收入达到149540万元，实现利润4750万元，民营企业占经济总量的40.33%，比上年下降0.50个百分点。

【人民生活】城乡居民收入不断增加，人民生活条件进一步得到改善。2009年，城镇居民人均可支配收入为7818元，比上年增长14.53%。全县农民人均纯收入为2078元，比上年增长13.00%。

【社会事业】全县自来水受益村195个，占总村数的89.04%；农村自来水受益户为63221户，占总户数的81.55%；农村自来水受益人口29.11万人，占农村人口的81.78%。全县各乡镇、各村全部通电、通公路、通汽车、通邮、通电话，实现“五通”。其中：通电的户数77413户，占总农户的99.86%；通电话的户数为21520户，占总农户的27.76%。全县共有各类学校225所，教职工3418人，在校学生63599人，其中：中学20所，教职工1373人，在校学生24920人；小学201所，教职工1903人，在校学生36450人；幼儿园2所，教职工16人，在校学生262人。全县共有医疗机构39个，床位853张，专业卫生技术人员765人；其中乡镇卫生院27所，床位490张，专业卫生技术人员322人。

【项目建设】2009年，全县重点项目60个，全年完成全社会固定资产投资71164万元，比上年增长41.66%。重点项目有：一是农业方面主要有临夏县养殖小区建设项目、黄泥湾庄园乳业养殖基地；二是基础设施方面有尹集镇集镇建设及硬化、土桥镇街道改造、临夏县环城北路建设、临夏县折银公路改建铺油工程、南龙至民主公路改建铺油工程、双达公路改建工程铺油、双关公路改建工程铺油、康家崖到临夏高速公路、卫生服务体系建设、乡镇计生服务站、临夏县医用综合楼、乡镇卫生院危房改造；临夏县通达通畅工程；三是水利设施建设方面有尹川1~5万亩灌区斗渠节水改造工程；四是工业生产设施方面有临夏县35千伏莲花变电工程、XPS挤塑板生产线、通达铝塑门窗厂、田祥清真食品厂、玉祥清真食品厂、黄泥湾16个砖厂、刁祁乡大树底电站、甘肃伊诚股份公司、尹集马莲滩电站改扩建工程、新集古城电站、恒钧金属结构总厂、临夏县神韵砖雕公司、临夏能成公司砖雕产业园、临夏县瑞龙纸业有限责任公司、爱丽福清真食品有限责任公司、临夏能成公司砖雕研发；五是商贸旅游方面有红星牧场二期工程、土桥镇铺面改造、志麟小商品批发市场、永恒农贸市场、尹集供销社商住楼；六是改善群众生活方面有临夏县农村沼气国债项目、第五批移地搬迁、第六批移地搬迁、临夏县西北片人畜饮水安全工程、尹集恒丰大厦、逸和住宅小区、廉租住房工程、土桥镇危房改造项目、土桥镇文化站、“三馆一中心”工程；七是金融方面有尹集信用社办公楼；八是其他方面的有路盘乡政府办公楼、榆林乡政府办公楼、麻尼寺沟乡政府办公楼、刁祁乡政府办公楼、马集镇政府办公楼、土桥镇政府办公楼、漫路乡政府办公楼、振华、何王、马九川小学教学楼及土桥中学综合楼、三角中学扩建、临夏县人民法院审批法庭。以上这60个重点项目进展顺利，基本完成当年投资计划，有力地推动了临夏县的城镇建设和经济的发展。

【临夏砖雕】临夏砖雕具有悠久的历史，凝结着临夏各族人民的智慧和灿烂文化，被列入国务院第一批非物质文化遗产目录，深受各族人民喜爱。但是大多数都是个体手工作坊完成的砖雕产品，近年把临夏砖雕作为特色产品来抓，新建神韵砖雕公司、能成公司砖雕研发中心及产业园等企业，年实现9610产值万元，已成为全州最大的砖雕生产基地。其能成公司砖雕研发中心制作的软模临夏砖雕达到了国际先进的技术水平。

【新农村建设】通过2006年、2007年、2008年三年基础设施的建设，不断调整农业结构，用科技致富等措施使村民生活环境有了较大改善；经济结构不断优化；农民纯收入快速增长，由2005年的1530元增加到2008年的2942元，增加了1412元，增长92.29%；收入结构明显变化，外出的打工的收入占农民纯收入的39.39%，牧业收入占农民纯收入的31.00%，种植业收入占农民纯收入的12.27%；农民生活水平不断提高，人均消费达到2784元，比2006年增加292元，增长11.72%。

【社会保障】全县年末优抚对象863人，其中：参战参核人员400人。得到政府最低生活保障的城镇居民3956人，比上年增加600人，占城市人口的19%。得到政府最低生活保障的农村居民15260人，占农村人口的4.3%。

参加农村新型合作医疗的人数达到339490人，占全县农业常住人口的98.92%，全县养老保险、失业保险、城镇残疾居民保险等参保达到8527人，参加城镇基本医疗保险人数达到16117人，其中，城镇职工参加基本医疗保险人数10591人，城镇居民参加基本医疗保险人数5526人。

【名优特产】砖雕、软模制作临夏砖雕、葫芦雕刻、民间刺绣、草莓、人参果、花椒、大红蒜、蕨菜、党参、当归、柴胡、板兰根、大黄等产品产量高、品质好，临夏黄酒、虫草黄酒、还有虫草、鹿茸等药膳食品在国内外市场享有盛誉。

【旅游景点】太子山、凤凰山、土门关、曳湖峡、万倾塬等都是有名的旅游景区，可供游览的名胜景点有龙首山、石佛寺、北山公园、五女山林场、刘家峡水库、临夏县生态园、古城公园、莲花台、大河金沙湾度假村、北塬生态园、土桥花园、三岔坪林场等。全年旅游接待人数达5.86万人次，实现旅游收入1486万元。

（李红卫）

康乐县

【现任主要领导】

中共康乐县委书记：李生发

康乐县人大常委会主任：马廷昌

康乐县人民政府县长：赵廷林

政协康乐县委员会主席：苏国树

中共康乐县纪律检查委员会书记：韩杰彪

【基本情况】康乐县面积1083平方公里，南北长56公里，东西宽39公里，位于甘肃省中南部，临夏回族自治州东南，洮河下游西侧。东邻临洮、渭源县，西接和政县，南与临潭、卓尼县接壤，北邻广河县。年平均气温7.5℃，极端最高气温31.6℃，极端最低气温-19.3℃；全年降雨总量753.3毫米，全年无霜期153天，日照2159.1小时，属低温带半湿润地区。地处黄土高原向青藏高原过渡地带，地势自西南向东北倾斜，海拔在1898~3908米之间，高差悬殊。地貌以黄土丘陵和河谷阶地为主，境内峰峦突兀，河谷相间，山川交错，蔚为壮观。西南部的莲花山、白石山、尖石山为秦岭西延部分，其支脉延伸全境。全县辖5镇10乡，152个行政村，1618个村民小组。2009年底共有5.06万户25.14万人，其中农业人口23.72万人，占94.35%；有汉、回、东乡等民族，其中汉族 102865 人，回族 136435 人，东乡族 12018 人，保安族 8 人，撒拉族 6 人，土族 4 人，藏族 104 人；少数民族占 59.09%。

【自然资源】有党参、柴胡等药材 300 余种；松、柏、杨柳等 200 多个树种；金钱豹、鹿、猞猁等近百种；蓝马鸡、鹰、雁等珍禽 60 多种。洮河沿东南边境流过，冶木河、倒流河以及由胭脂河、中砥河、苏集河汇成的三岔河，均流入洮河，年流量 49.29 亿立方米，水能蕴藏量 25 万千瓦。矿产资源丰富，现已探明的有方解石储量 1800 万吨、海洋古生物化石储量 300 万立方米，铜、金、石蜡矿产资源等储量大。

【旅游景点】康乐景点河谷纵横，群峰迭翠，风光秀丽独特。位于县境内部的莲花山，主峰海拔 3578 米，集险、秀、美、奇、灵于一体，因形似莲花而驰名。传统的“六月六花儿会”、旅游的自然风光和悦耳的洮岷“花儿”，吸引了八方游客。更有白石暑雪、药水灵津、麻山雄关、亥姆尘埃、走龙飞瀑、悬崖古道、古木擎天、古殿雄阁、虎狼锁钺十大自然景观汇萃了高原之粗犷、农区之田园、牧区之草畜、旅游区山水之精华。

【国民经济】2009 年，全县实现生产总值 7.85 亿元，按可比价格计算，比上年增长 9.5%，其中，第一产业增加值 2.85 亿元，增长 7.8%；第二产业增加值 1.28 亿元，增长 6.2%；第三产业增加值 3.72 亿元，增长 12.1%。全县人均生产总值 3126 元，增长 10.1%。

农村经济。全县完成农业总产值 4.12 亿元，比上年增长 8.21%。大力调整种植业结构，在北部乡镇以推广全膜双垄沟播技术为重点，投资 218 万元完成全膜双垄沟播玉米 2.75 万亩，其中县上投资 155 万元，购买地膜 192.5 吨；在南部乡镇以推广双低杂交油菜为重点，完成油菜种植 3.44 万亩；补助 50 万元在草滩多乐、胭脂唐哈等村建成膜侧当归示范基地 5 处，中药材种植面积达 3.62 万亩；全县完成农作物种植面积 32.61 万亩，粮食生产喜获丰收，总产量达 8.08 万吨，比上年增加 8027 吨。加强植树造林工作，完成人工造林 1.4 万亩，其中荒山造林 5000 亩，经济林 4000 亩，新建八新公路绿色长廊 35 公里，补植补造 124 公里。大力发展育苗产业，建成千亩以上育苗基地 4 处，新育苗木 5200 亩，出售各类苗木 160 多万株，经济收入达 2100 多万元，累计育苗面积 1.2 万亩。大力实施“畜牧强县”工程，着力解决基础母牛、饲草、市场和信息等方面存在的突出问题，组建成立了康乐县金牛担保公司，在县农行、信用联社的支持下，协调贷款 1500 万元，整合各类资金 1.06 亿元，促进了畜牧产业的快速发展。新建苏集康成、胭脂蒲家、附城建华等 6 个标准化肉牛养殖小区和康丰建成、草滩廷龙等 6 个规模养殖场，新发展规模养殖户 67 户。康美集团熟食品生产线投产运营，开发新产品 19 种，屠宰肉牛 1.8 万头，龙头带动作用日益凸显。大力发展饲草产业，协调养殖企业与农户签订饲草种植收购合同 4200 多份，推广饲用玉米 1.2 万亩，增长 21.2%。全县牛饲养量达 11.25 万头，增长 26%，其中肉牛存栏 6.12 万头，增长 12.9%；完成畜牧业增加值 6968 万元，增长 12.68%，畜牧业收入占农民人均纯收入的 21%。千方百计扩大劳务输转，投资 40 万元培训未就业的大中专毕业生和“两后生”，培训劳务人员 2.24 万人次，输转劳务人员 5.92 万人，其中有组织输转 2.74 万人，劳务创收达 3.5 亿元，增长 25%。

工业和建筑业。全年全部工业企业实现增加值 3965 万元，比上年下降 16.53%。规模以上工业企业实现增加值 776 万元，下降 50.4%。全年建筑业实现增加值 8787 万元，增长 18.68%。

固定资产投资。全年完成全社会固定资产投资 55237 万元，增长 25.54%。按城乡分，城镇固定资产投资 42756 万元，增长 15.06%；农村固定资产投资 10001 万元，增长 46.23%。重大项目投资进展顺利。全年共列 100 万元以上的重点建设项目 114 项，总投资 31.03 亿元，其中新开工建设 43 项，总投资 5.87 亿元。主要建设了投资 4007 万元的廉租房建设、投资 2234 万元的公检法指挥中心、投资 1928 万元的康广公路改造硬化、投资 1649 万元的北部延伸饮水安全工程、投资 1000 万元的县一中学生宿舍楼等项目。完成投资 1859 万元的郭家庄村易地扶贫搬迁、投资 676 万元的农业综合开发附城康丰片、投资 294 万元的县城南桥、西桥拓宽加固工程、投资 109 万元的药水水库维修加固等 28 个项目，城乡基础设施得到极大改善。扩大内需项目进展顺利，投资 704 万元的户用沼气等项目完成年度建设任务，投资 195.63 万元的防护林天然林建设、投资 50 万元的白王、上湾、景古 3 所卫生院等 23 个项目全部建成。灾后重建项目稳步推进，投资 25 万元的鸣鹿桥和投资 65 万元的三十铺桥已建成投入使用，投资 3407 万元的新建附城初中、投资 180 万元的八松小学教学楼等 7 个项目已完成主体，投资 500 万元的综合福利院等 5 个项目正在进行招标。

商业。消费品市场繁荣活跃。全年完成社会消费品零售总额 21217 万元，增长 16.83%。按行业分，批发零售贸易业零售额 16718 万元，增长 14.69%；住宿和餐饮业零售额 4499 万元，增长 25.53%。

财政金融。财政收支大幅增长，全年完成大口径财政收入 3254 万元，增长 14.98%；财政支出 52954 万元，增长 26.48%。金融业健康发展，年末全县金融机构各项存款余额达到 10.26 亿元，比年初增加 2.41 亿元；各项贷款余额达到 4.80 亿元，比年初增加 1.0 亿元。

【人民生活】认真实施群众参与式整村推进扶贫开发项目，五户蔡家、苏集高楼子等 9 个村完成建设任务，全县贫困人口由8.2万人减少到了7.4万人。全年城镇居民人均可支配收入 6758 元，比上年增长 9.0%。农民人均纯收入 2077 元，增长 13.3%。

【社会事业】强化教育工作，巩固提高“两基”成果，基础教育得到加强，高中教育取得新突破，高考上线人数达 1101 人，比上年增加 417 人。积极改善办学条件，投资 1849 万元万元的康丰初中、鸣鹿初中等 29 所中小学校舍安全工程项目全部完工。

加强卫生工作，县医院门诊急诊楼进入收尾阶段，苏集、上湾、虎关等 5 所卫生院门诊楼全部建成。新农合工作稳步推进，全县参合人数达 21.45 万人，参合率达 92.55%，为 2.27 万名参合群众报销住院费 2268.94 万元，为 11.37 万名患者报销门诊费 171.61 万元。

着力改善行路难，投资 93.5 万元对县城磨路巷道路进行改造铺油，投资 1558 万元完成 6 条 22 公里通达和 15 条 72.4 公里通畅公路建设。

着力解决饮水难，实施扎子河、东南部农村饮水安全工程，全县 23 个村 4812 户 2.13 万群众的饮水安全问题得到解决，自来水入户率达 81%；投资 450 万元实施县城供水延伸工程，从根本上解决了县城居民用水。

着力解决住房难，认真实施农村危房改造工程，通过国家投资、财政补助、干部和单位帮建等形式，一次性解决了 423 户弱势群体住房问题。

着力解决上学难，为当年考取的 120 名贫困大学生发放奖学金 38 万元，为 471 名贫困大学生落实生源地助学贷款 245 万元。

高度重视农村贫困群众生活，认真开展农村低保提标扩面工作，将 4526 户 1.8 万名困难群众纳入保障范围，新增五保对象 236 户。投入 20 万元，为 7780 户困难群众发放扶贫碘盐 129 吨。开工建设了 3.76 万平方米的廉租住房，落实廉租房补贴 155.3 万元。大力实施农村沼气项目，建成“一池三改”户用沼气池 3510 座。

（吴娟）

永靖县

【现任主要领导】

中共永靖县委书记：赏进孝

永靖县人大常委会主任：赵贤章

永靖县人民政府县长：尹宝山

政协永靖县委员会主席：康建才

中共永靖县纪律检查委员会

书记：包继红

【基本情况】永靖县辖 10 镇 7 乡，10 个居委会，139 个行政村，1114 个村民小组。永靖县位于甘肃省中部西南，临夏回族自治州以北，素称“河州北乡”，东界兰州市西固区、临洮县，南濒黄河，与东乡、临夏、积石山县为邻，西毗青海省民和县，北滨湟水，与兰州市红古区相望，全县东西长 68.04 公里，南北宽 51.17 公里，总面积 1894 平方公里。县域海拔 1560～2851 米，年降水量 260 毫米左右，蒸发量 1500 毫米以上，属大陆性、温带半干旱气候。年末全县总人口为 203232 人，其中：汉族 177446 人，回族 20634 人，其它少数民族 5152 人。少数民族占总人口的 12.69%。在总人口中，非农人口 42062 人，占总人口的 20.70%；农业人口 161170 人，占总人口的 79.30%。全县人口出生率为 10.77‰，死亡率 6.58‰。

【旅游资源】境内黄河呈“S”型穿境而过，流经县域 107 公里，形成炳灵峡、刘家峡、盐锅峡—黄河三峡国家“4A”级风景名胜区，旅游资源十分丰富，有国家重点文物保护单位炳灵寺石窟、方圆 30 多平方公里的丹霞地貌炳灵石林、黄河中上游最大的自然湿地太极岛、西北地区最大的人工淡水湖炳灵湖、太极湖、毛公湖三座“高峡平湖”、堪称世界之最的恐龙足印群化石地质遗迹、工业旅游景点刘家峡水电厂。

【水利资源】县域内水电资源充足，黄河与湟水河、大夏河、洮河三条支流在县境内交汇，水域面积达 32.7 万亩，总库容量 59.7 亿立方米，人均占有水量分别是全国、全省平均水平的 68 倍和 128 倍。

【国民经济】2009 年，全县各族人民在县委、县政府的坚强领导下，坚持以科学发展观为统领，认真贯彻“保增长、扩内需、调结构、促民生”的战略部署。积极应对国际金融危机的挑战，抓重点、攻难点、重实效、求突破，全力抓好各项工作措施的落实，全县经济总体保持了平稳运行态势。初步核算，全年实现生产总值 207972 万元，比上年增长 10.10%。其中：第一产业增加 32249 万元，增长 6.38%；第二产业增加值 130754 万元，增长 10.70%；第三产业增加值 44969 万元，增长 11.60%。第一、二、三产业增加值占生产总值的比重分别由 2008 年的 16.33 ∶ 61.63 ∶ 22.04 变为 15.51 ∶ 62.87 ∶ 21.95。

结合新农村建设，进一步调整农业结构，东西山区大力推广旱作农业新技术，特色产业规模不断扩大，农民增收渠道进一步拓宽，农村生产生活条件不断改善，农业效益不断提升，农村经济稳步健康发展。全年完成农业增加值 32249 万元，比上年增长 6.38%。

【人民生活】城乡人民生活水平稳步提高。全年城镇居民人均可支配收入 7467 元，比上年增长 15.60%。农民人均纯收入 2089 元，增长 13.40%。

【教育卫生】全县共有各级各类学校 176 所，其中：完全小学 114 所，教学点 34 个，普通中学 12 所，职业中学 1 所，九年一贯制学校 5 所。在校学生人数 33594 人，其中：高中 6148 人，初中 9817 人，小学 17629 人。全县适龄儿童入学率 99.32%。2009 年考入大专院校的学生 1744 人。共有医院、卫生院 24 所，病床数 584 张，专业卫生技术人员 1020 人。“五苗”覆盖率达 98.6%，五种疫苗加强接种率平均达到

98.90%。农民在新型农村合作医疗参合率达97.55%。

（潘尚科）

广河县

【现任主要领导】

中共广河县委书记：马宗明

广河县人大常委会主任：马福荣

广河县人民政府县长：马东升

政协广河县委员会主席：马绍先

中共广河县纪律检查委员会书记：康虎

【基本情况】广河县位于甘肃省中部西南方，临夏回族自治州东南部，整个版图宛如一只奔兔。总面积538平方公里，地理特征可概括为“一川两山，一路两河”，即中部广通河沿线为川区，南北为山地，兰郎公路纵贯全境，广通河、洮河流经辖区，水能资源相对丰富，区位优势比较明显。平均海拔1953米，属温带半干旱气候，年平均气温7.6℃，年平均降雨量366毫米，全年无霜期236天，平均日照2329.1小时。四季分明，气候宜人。全县辖3乡6镇，102个行政村1121个村民小组。2009年末共有51924户22.13万人，人口密度411人／平方公里。

广河县历史文化悠久，具有浓郁的穆斯林特色，是甘肃回藏旅游风情线的重要驿站。已形成文化考古游、生态休闲游、民族风情游、商贸旅游的四大品牌。主要景区有：新马太风景区、水帘洞、齐家文化陈列馆等。2009年全年共接待游客1.1万人次，比上年增长2.42倍。旅游总收入278.96万元，增长24%。

【国民经济】2009年，全县国民经济稳定增长，整体经济运行质量不提高，实现国内生产总值7.79亿元（现价），增长10.5%；其中第一产业1.70亿元，增长5.8%；第二产业2.06亿元，增长15.3%；第三产业4.02亿元，增长10.1%。人均生产总值3536元，比上年增加478元，增长7.7%。产业结构由上年的23.1∶26.8∶50.1调整为21.9∶26.5∶51.6。整个国民经济保持了较快发展势头，综合经济实力明显增强。

随着旱作农业新技术进一步推广，农业和农村经济呈现了快速发展的好势头。实现农业增加值17035.88万元，按可比价计算，较上年增长5.81%。全年完成农作物播种面积219000亩，增长7.04%。在总播种面积中粮食作物面积为181500亩，下降7.4%。在经济作物中油料面积10000亩，下降37.5%；药材500亩，下降92.3%。粮食总产达78333.66吨，增长23.54%，其中：夏粮总产量4958.95吨，下降16.68%；秋粮产量73374.71吨，增长27.3%。

畜牧业生产越来越呈现出专业化和规模化。通过落实大户奖励、协调贷款等措施和“投牛还犊、投羊还羔”等扶贫养殖模式，走出了一条千家万户大搞养殖的路子。累计建成牛羊规模养殖小区16个，规模养殖场116个，养殖专业村35个，发展育肥户6000户，建成青贮氨化窖（池）524座，青贮玉米秸秆5.2万吨。被省上列为全省“种养结合示范县”和“养羊大县”。全县畜牧业总产值达到4510.1万元，比上年增长11.57%，畜牧业发展势头良好。

全年完成工业总产值65874万元，实现增加值17434万元，分别比上年增长12.72%、13.65%。其中：规模以上工业完成产值43893万元，实现增加值11868万元，分别增长18.4%和19.6%。消费品市场活跃。2009年，实现社会消费品零售总额29512万元，较上年增长19.6%，其中：批发零售贸易业完成21562万元，增长25%；住宿餐饮业完成4940万元，增长18%；其他行业零售额完成3010万元，下降7.4%。完成地方财政收入2634万元，比上年增长17.3%。全年地方财政支出完成59245万元，下降0.1%。年末金融机构各项存款余额92511万元，较上年增长29.35%，其中城乡居民储蓄存款68335万元，增长18.54%。金融机构贷款为56951万元，增长47.58%。

【项目建设】牢固树立“发展靠项目”理念，抢抓国家“扩内需、保增长”的政策机遇，及早谋划，全力争取，项目工作取得明显成效。全县新开工和续建50万元以上的重点项目42个，总投资150943万元，其中新开工项目31个，总投资64317万元；续建项目11个，总投资86626万元。全年完成全社会固定资产投资108013万元，比上年增长34.51%，其中：城镇建设投资完成101143万元，增长34.6%，农村投资完成6870万元（主要是农村私人建房、能源建设和农机具的购置），增长32.2%。

【新农村建设】加强以“水、电、路、气、房”为重点的新农村基础设施建设，2009年实施庄禾集等6个村的整村推进项目，易地搬迁90户；完成农村道路铺油硬化和改造48项337公里；新建和改造农路桥3座；新修水平梯田17428亩，现有农田有效灌溉面积达到104800亩；买家巷农村饮水安全工作全面竣工，建成小型提灌工程3处；总投资1.08亿元、惠及8个乡（镇）72个村17万人的中南部农村饮水安全工程开工建设，共建成人饮水窖达到11060眼；积极实施“一池三改”工程，建成户用沼气池7000多座，15050户群众用上了新型能源。

【社会事业】教育服务能力和教育质量持续提高。全县有各级各类学校126所，在校学生46413人。适龄儿童入学率达到98.9%，适龄少年（初中）入学率95.69%，巩固率97.3%。全县共有教师1767人，其中：小学教师1061人，中学教师499人。参加全国普通高考录取率达60.4%。

文化事业稳步发展。全县有文化馆1所，博物馆1所，陈列各类文物2200多件；公共图书馆1所，各类藏书25000多册。全县有线广播放大站3个，电视覆盖率达到89%；电视卫星地面接收站

46座，其中村村通43座；有线电视入户4000多户，转播节目34套，其中：数字电视用户930户，转播节目122套。

医疗卫生事业快速发展，公共卫生、医疗服务水平明显提高。年末全县卫生机构13个，其中：医院、卫生院10个，妇幼保健院1个，疾病预防控制中心1个，卫生监督所1个。共有医疗床位237张。各类卫生技术人员277人，医疗卫生服务能力逐步提高，公共卫生突发事件应急反应能力得到加强。

【人民生活和社会保障】2009年，农民人均纯收入2201元，比上年增长13.4%。城镇居民人均可支配收入6653元，较上年增长15%。社会保障工作进一步加强。2009年新增城镇就业1100人，城镇下岗失业人员再就业250人，城镇登记失业率控制在3.46%以内。全县城镇企业职工基本养老保险参加人数1775人，参加失业保险人数3316人，参加工伤保险826人，参加医疗保险人数5885人。企业离退休人员养老金发放率达100%。全县城镇参加低保1362户、4073人，发放最低生活保障金754万元；农村贫困户参加低保13534户，42532人，发放最低生活保障金2680万元。新型农村合作医疗工作正常运行，共有189386人参加新型农村合作医疗，参合率达到95%，受益参加农民66198人，受益金额1680.99万元。

（雒海平）

和政县

【现任主要领导】

中共和政县委书记：杨龙

和政县人大常委会主任：马锋

和政县人民政府县长：马旭林

政协和政县委员会主席：沈志平

中共和政县纪律检查委员会

书记：杨春艳

【基本情况】和政县位于甘肃省南部，古称“宁河”，总面积960平方公里，平均海拔2200米，年降雨量477.2毫米，年平均气温6.2℃。全县辖5镇8乡，122个村民委员会，县城距省城兰州市120公里，距州府临夏市30公里。

【国民经济】2009年，全县呈现出国民经济和社会事业快速、健康、协调发展的良好局面。全年实现生产总值65150万元，按可比价格计算，比上年增长10.6%。其中，第一产业增加值22966万元，增长8%；第二产业增加值14587万元，增长15.5%；第三产业增加值27597万元，增长11%。全县人均生产总值3266元，增长10.8%。

交通运输业持续发展，全年完成客运量38.7万人次，客运周转量3804万人公里，货运量21.2万吨，货运周转量776.4万吨公里，全县公路里程达561.18公里，其中二级以上公路2.32公里。邮电通讯业快速发展，全年完成邮电业务总量3259.58万元；城市电话用户1858户，农村电话用户5728户，年末移动电话用户6.3万户，增长39.3%。全年各类报刊累计发行量70.1万份，增长10.9%。

全社会固定资产投资完成109704万元，比上年增长39.04%。其中城镇固定资产投资102279万元，增长40.03%，农村固定资产投资7425万元，增长26.64%。在建重大项目41项，完成投资66403万元，占全社会固定资产投资的60.53%。完成投资上千万元的重大项目有：康林高速完成投资23028万元，金德物业公司新型干法水泥生产线完成投资11585万元，甘肃陇滇钢铁公司年产200万吨铸钢生产线完成投资4000万元，后泉十字改造完成投资3560万元，三馆一中心建设工程投资2300万元，和政县牙塘河治理工程完成投资1896万元，110千伏输变电工程完成投资4400万元，良种肉牛扩繁及秸秆养牛基地建设完成投资1490万元。

消费品市场繁荣活跃。全年完成消费品零售总额13200万元，比上年增长20.1%。旅游业保持良好的发展势头，全年旅游收入1.3亿元，增长15%，旅游接待总人数51.36万人次。

财政收入快速平稳增长，全年实现大口径财政收入5440万元，增长85.7%。年末全县金融机构各项存款余额为79425.8万元，下降17.3%，各项贷款余额为42767万元，增长21.4%；城乡居民储蓄存款余额56701.8万元，增长13.8%。

【人口、人民生活和社会保障】2009年底全县总人口为200195人，其中，城镇人口16847人，占总人口的8.42%；乡村人口183348人，占91.58%。少数民族占总人口的57.5%。全年城镇居民人均可支配收入6830元，比上年增长13%；全县农民人均纯收入达到1957元，增长13.32%；年末解决农村贫困人口6700人。年末参加城镇基本养老保险人数为1990人，比上年增长14.3%；参加城镇医疗保险人数7995人，增长26.8%；参加农村合作医疗人数16.26万人，参合率97.6%；报销医疗费用1655.6万元；参加失业保险职工3529人；享受城镇最低生活保障的居民2470户，5396人，享受农村最低生活保障的居民10727户，38875人；全县累计救济7.95万人次，累计投入救济资金596万元。

【社会事业】教育事业稳步发展，教学质量不断提高，办学条件得到极大改善，全县共有各级各类学校127所，适龄儿童入学率达到98.2%，巩固率98.9%。

医疗、卫生条件继续改善，加强了乡村卫生基础设施建设，启动新型合作医疗，完善了县、乡、村三级卫生服务网络，卫生体系不断完善，全县共有医疗单位19个，病床463张，专业卫生技术人员369人。

【旅游景点】境内比较有名的旅游景点有：国家4A级风景名胜区松明岩；古动物化石博物馆，铁沟风景区，三岔沟风景区，柳梅滩风景区，南阳山森林公园，滴珠山公园，清虚观等。被誉为民族奇葩的“花儿”，每年举行“花儿”演唱比赛，特别是农历四月二十六至二十八三天，松鸣岩到处是“花儿”的海洋，丰富了广大人民群众的文化生活，被联合国教科文卫组织评为世界民俗(花儿)采录基地。

【名优特产】啤特果汁，大禹系列名酒，大红蒜、蕨菜、乌龙头，党参、当归、黄芪，蚕豆、双低杂交油菜等品质好，在国内外市场享有盛誉。

（杨亮红）

东乡族自治县

【现任主要领导】

中共东乡县委书记：马学礼（回族）

东乡县人大常委会主任：马彪（东乡族）

东乡县人民政府县长：马维纲（东乡族）

政协东乡县委员会主席：周财

中共东乡县纪律检查委员会

书记：马应才（东乡族）

【基本情况】东乡族自治县是全国唯一的以东乡族为主的少数民族自治县，是国列省扶的重点县。境内现辖5镇19乡，229个村民委员会，1893个村民小组，总面积1510平方公里，其中陆地面积1462平方公里。最高海拔2664米，最低海拔1735米，年平均气温为5～9℃，年降水量216～600毫米，年蒸发量1400多毫米，无霜期138天，气候特征是冬长夏短，春秋相连，无霜期短，日照丰富，降水量少，蒸发量大。全县经济以农业为主，主要农作物有小麦、洋芋、玉米、油菜等，名牌产品有东乡洋芋，东乡手抓羊肉，唐汪大接杏，唐汪葵花籽，唐汪大红枣，河滩花椒，东乡大然地耳等。

【国民经济】2009年，全县实现生产总值7.15亿元，按可比价计算，比上年增长10.32%。其中，第一产业增加值2.42亿元，增长6.37%；第二产业增加值1.99亿元，增长14.45%；第三产业增加值2.75亿元，增长11.13%。人均生产总值为2561元，增长11.25%。第一、二、三产业的比重为33.84∶27.77∶38.40，经济结构更趋合理。

农村经济的全面发展。粮食生产获得了较好收成，基本实现农业增产、农民增收的目标，促进了农业和农村经济的全面发展，推进了农业产业化进程。2009年末耕地面积为36.79万亩，全年包括复种的粮食播种面积为37.1万亩，其中夏粮5.74万亩，秋粮31.36万亩。粮食播种面积中洋芋播种面积为25.12万亩。粮食平均亩产为181.16公斤，粮食总产量达到67210.91吨，增长9.15%，其中夏粮总产达到7495.2吨，比上年增长8.09%，秋粮总产达到59715.71吨，比上年增长9.28%。农民人均占有粮249.7公斤，比上年增长8.94%。

造林绿化工作成效显著。在造林方面，立足县情实际，把造林绿化工作作为改善生态环境、加强农业基础条件、建设生态文明的主要举措来抓，按照统一规划、合理布局、集中连片、规模治理、注重实效的原则，狠抓了造林绿化工作，重点建成那勒寺瓦房拱北山、东塬赵家山等荒山造林工程2万亩、点播柠条种子10吨，并在国道213线锁祁路、锁东路、五唐路、东祁路及2008年实施的锁达路、老牟路、锁蒿路等绿色通道工程和高山考勒沟、董岭旋风岭等荒山造林点的补植补栽工作。全县当年共完成各类造林面积2万亩，育苗2000亩，其中本年新育1500亩，四旁零星植树37万株。

特色产业规模发展初具规模。2009年，全县上下全面落实《四大支柱产业扶持奖励办法》，大力发展两羊（洋）、花椒林果、劳务四大支柱产业，农民人均四大支柱产业收入达到1460.6元，占纯收入比重达到91.2%，支柱产业发展有力地促进了农民增收。洋芋产业方面，合理调整种植结构，扩大洋芋种植面积，全面实施洋芋脱毒工程，全县洋芋种植初步实现良种化，人均洋芋收入为401.5元，增长5.94%；养羊产业方面，“东乡手抓”商标成功注册，采取以稳定存栏，扩大出栏，提高商品率，增加农民收入为目标，当年投入羊产业发展资金6886.75万元，比上年增长1.2倍，新建规模养殖场（养殖小区）12个，规模养殖户不断增加，规模养殖快速发展，养羊规模进一步扩大，人均养羊收入549元，增长19.09%；劳务产业方面，2009年全县输转劳务6.52万人次，其中组织输转3.1万人次，实现劳务收入3.7亿元，人均劳务收入462.3元，增长13.31%；花椒林果产业方面，按照州委、州政府提出的特色经济林发展战略要求，在巩固经济林基地规模的基础上，坚持适地适树、集中连片、稳步推进，补植补在花椒2万亩、啤特果1万亩、大接杏2000亩，花椒林果基地面积不断扩大，花椒林果人均收入花椒林果收入47.8元，比上年增长3.91%。

工业经济平稳较快增长。工业企业积极应对国际金融危机不断蔓延的严峻形势，继续走“工业强县，民营经济富县”的路子，以扭亏增盈、提高效益为目标，强化内部管理，完善经营管理体制，积极发展民营工业，大力发展民营经济，以开发区经济发展为龙头，建成和改造了一批骨干企业，努力克服和化解了工业经济运行中的矛盾和问题，工业经济基本保持了平稳较快增长的势头，完成年初确定的目标任务。2009年全县工业总产值达到24785.3万元，比上年增长11.39%。

商贸流通日趋活跃。全县社会消费品零售总额达到9275万元，比上年增长18.05%。城乡居民收入增加，人民生活水平有所改善。农民人均纯收入达到1602元，比上年增长12.9%。城镇居民可支配收入6858元，增长11.01%。

【新农村建设】新农村建设试点工作顺利通过省州验收。春台乡和岘村是全省第一批整村推进与社会主义新农村建设相结合示范点工程，县上组织相关部门深入调查研究，编制完成《试点建设规划》和《实施方案》，整合各类资金，加大工作力度，明确任务职责，狠抓措施落实，经过各部门的密切配合和乡、村两级的积极参与支持，从2006年开始，历时3年的顺利实施，已全面完成各项建设任务，并顺利通过省州验收。累计完成投资655.25万元，占计划投资的114.47%。主要完成项目有危房改造118户，户均建房5间；修建200立方米蓄水池2座、100立方米蓄水池1座，埋设输水管18.5公里，自来水入户率达到100%；机修优质梯田530亩，全村梯田面积达到1512亩；全村实施农网改造；拓宽改造村社道路8条、8.5公里，硬化8条、6.5公里；栽植生态林500亩，种植多年生牧草1650亩；修建暖棚圈舍250座，投放小尾寒羊1888只；规模养殖场2处；氨化池270座；种植脱毒马铃薯800亩；沼气池170座；发放太阳灶270台；修建集中垃圾处理点8处。

【项目建设】项目建设成效显著。坚持“发展抓项目”，紧紧抓住扩大内需机遇，积极争取和实施项目。2009年全县项目数量和规模比往年有较大增加，招商引资工作力度不断加大，当年全县引进招商引资项目7项，签约资金2.07亿元，招商引资项目落实资金1.37亿元，6个项目已开工建设，项目履约率为85.7%。全年共实施100万元以上重点项目89个，总投资19亿元，其中新开工项目64项、续建项目25项；落实扩大内需新增财政资金项目44项，总投资1.58亿元。重点实施董岭农村饮水安全工程、城区垃圾处理厂、陈大公路、锁八公路、果园王家水库除险加固、县城供排水管网改造、29所学校改扩建、农村电话光缆、农村信息化建设等项目全面建成并投入使用，达板园区建设持续推进，东乡手抓城、综合市场、商贸中心等一批重点项目基本建成；唐达路、达板道路与排水、县医院整体搬迁、易地搬迁等重点项目争取工作取得重大进展；县城廉租房、锁折路、刘库项目等重点项目进展顺利，达板农村供水工程、110千伏变电所等基础设施项目进展良好，全面加快了基础设施建设步伐，投资拉动效应明显增强，全社会固定资产投资达到62880万元，比上年增长86.91%。

【社会事业】财政收入大幅度增加。大力培育财源，加强税收征管，狠抓增收节支，公共财政职能不断增强，财政收支再创历史新高。全县大口径财政收入达到4145万元，比上年增长71.6%，其中县级财政收入完成2090万元，增长70.8%。财政支出增长较快，全年财政支出达到86135万元，增长24.88%。

科技推广和应用力度加大。科技事业以实施科技兴县战略为目标，大力推广全膜双垄沟播玉米、地膜覆盖、膜侧小麦、整薯播种、马铃薯良种繁育、航天育种、日光温室、塑料大棚等高效农业增产项目，发展了现代农业。深入开展文化、科技、卫生“三下乡”活动，加大科技引进、推广和应用的力度。

教育教学质量稳步提高。当年投资6000万元改新建和改扩建学校29所，积极整合教育资源，落实“两免一补”资金2168万元，为107名大中专贫困生发放救助金25.7万元，落实生源地贷款168万元。全县小学、初中、高中学生入学率分别为97.2%、91.3%和18.6%。强化学校管理，教师队伍建设得到加强，教育教学质量稳步提高，办学条件得到空前改善，有效解决了边远山区学生上学难问题。全县适龄儿童入学率达到97.2%。全县各级各类学校211所，在校学生50674人，其中中学17所、小学190所、职业技术学校1所、幼儿园3所。

卫生事业蓬勃发展。医疗卫生事业稳步发展，县医院综合门诊楼投入使用，完成2所乡镇卫生院改造，新建村卫生室10个；狠抓医疗卫生队伍建设，临时招聘70名、省州分配11名卫技人员充实医疗卫生队伍，培训卫技人员219人次；新型农村合作医疗参合率达到96.03%，为20627名住院患者报销医药费2106.5万元，住院报销比例达到55.79%；同时也大力发展了村级卫生事业，改善了卫生软硬件环境。2009年底，全县共有医疗机构29个，共有医务人员357人，其中医疗人员300人，护理人员57人，病床达到368张，使全县农村医疗卫生条件得到了进一步改善，公共卫生服体系建设步伐加快。

计生优质服务水平不断提高。加大计生工作力度，县计划生育服务站办公楼和4所乡镇计生服务所建成投入使用，计划生育服务网络进一步健全；全县共确认“少生快富”资金项目户1089户，落实奖励金329.1万元，给3.38万户计生家庭落实优先优惠资金2069.83万元，全县计划生育率达到95.47%，人口自增率为9.29‰，顺利通过省州优质服务县验收。

文化体育事业更加繁荣。全县广播和电视覆盖率分别达到89.3%和91.26%。投资120万元新建5所乡镇文化站，建成“农家书屋”58所，“东乡族擀毡工艺”和东乡族民间文学《米拉尕黑》被列为第二批国家级非物质文化遗产保护项目，组织开展丰富多彩的文体活动，民族文艺蓬勃发展，精神文明建设不断得到加强。

【民生保障】民生工作力度加大。深入开展“惠民政策落实年”活动，扎实推进“一册明、一折统”惠民资金支付方式改革，制定出台督查、公开公示、责任追究等12项制度，进一步规范运行程序，32项惠民项目纳入财政“一折统”发放管理；全县共落实各项惠民政策资金1.65亿元，比上年增长36.4%。不断加大社会保障力度，全县共纳入城镇低保7177人、农村低保9.88万人、五保供养3460人，发放落实各类保障金7272.8万元；安排救灾救济资金530万元，全县1.7万特困群众的生产生活困难问题得到缓解。完善城镇养老保险、失业保险、医疗保险、工伤保险、生育保险等各项社会保障制度，全县城镇登记失业率为4.18%；新分配特岗教师49名，招录、聘用高校毕业生95名，临时聘用大中专毕业生141名，开发政府公益性岗位200个，有效缓解了大中专毕业生就业困难；整合资金1925.2万元，完成危旧房改造4642户；投资2971万元完成通乡油路3条45.3公里，投资4046万元实施通达通畅工程25项120.9公里。在认真落实省州确定为民要办实事的同时，全力落实县委、县政府年初确定要办的10件实事，自来水入户、大中专毕业生临时聘用、户用沼气建设、学校改扩建、新农合参合率、小学生在校寄宿规模、四大支柱产业扶持奖励、危旧房改造等实事全面办成。

社会和谐程度明显提高。深入开展“信访积案化解年”活动，不断加强和改进信访工作，畅通信访渠道，及时解决了一批信访突出问题。全县共有历年信访积案6件，已化解4件，正在办理2件；共接到群众来访来信164件，化解处理156件，处理率达95.1%。扎实开展平安创建活动，全县共集中排查出矛盾纠纷934起，已调处925起，调处率达99%；全面开展禁毒整治“百日会战”行动，强化社会治安综合治理，全年共发生治安案件498起，查处495起，查处率为99%，社会治安持续好转，人民群众安全感明显增强。

（唐占英）

积石山县

【现任主要领导】

中共积石山县委书记：马明杰（回族）

积石山县人大常委会

主任：马玉民（东乡族）

积石山县人民政府

县长：马丽云（保安族）

政协积石山县委员会主席：龚恒元

中共积石山县纪律检查委员会

书记：张文梅（东乡族）

【基本情况】积石山保安族东乡族撒拉族自治县是国列省扶贫困县，自治县成立于1981年，是甘肃省唯一的多民族自治县，位于黄河上游，黄土高原与青藏高原交汇处，属中温带寒冷地区。东南与临夏县相连，西与青海省循化县接壤，北与青海省民和县隔河相望，东北与永靖县以黄河为界。全县地势西南高、东北低，西南部为高寒阴湿地区，中部为二阴山区，东北部为高寒干旱山区。年降水量467至734毫米，无霜期为107天至160天，海拔1735～4309米，年平均气温6.3℃，东西长37公里，南北宽33公里，总面积909.97平方公里。全县共有4个镇，13个乡，6个居委会，145个村民委员会。2009底，总人口238876人，有保安、东乡、撒拉、回、汉、土、藏、维吾尔、羌、蒙古等10种民族，少数民族人口占总人口的53.55%，其中保安族是独有的稀有民族，总人口15701人，占全国保安族人口的95%以上。

【资源优势】旅游资源独具特色，境内有享誉中外的积石雄关、禹王庙遗址、临津古渡、鲁班石等历史古迹。与青海的塔尔寺、孟达天池近在咫尺。三坪遗址汇集了马家窑、马厂、齐家、辛家四种类型的古文化层，现珍藏于中国历史博物馆的“彩陶王”出土于安集乡三坪村。被联合国教科文卫组织评为世界民俗(花儿)采录基地。香水坪、吊水峡瀑布、盖新坪、黄草坪、积石民俗村等自然景观，别具一格的清真寺建筑的砖雕艺术，保安族特有的民族风情具有很大的开发价值。水能资源丰富。全县水资源总量达228.5亿立方米，黄河贯穿全县流程达40多公里，对发展电站、提灌有得天独厚的条件。县内有石英石、花岗岩储量大、品位高，花岗岩储量达12亿立方米，石英石储量达300万吨，县花岗岩厂的开发生产的“麻石除尘器”曾多次获省部级奖励。中药材种类繁多。野生和种植的药材达40余种，当地的当归、党参、黄芪、大黄、甘草被誉为“五大宝”，驰名全国，远销海外。虫草王、精品虫草、雪莲花、黄芪等高级医药保健品，发展前景很大。土特产和工艺品独具特色传统的手工艺品—保安腰刀驰名中外，迄今有几百年的发展历史，系列产品有什样锦、雅吾其、波日季等，新开发的景泰蓝手杖剑、将军剑已获得国家专利，远销尼泊尔、印度、巴基斯坦等国家。黄河沿岸干旱山区栽植的花椒，产量高、品质好、香味浓，已成为农村经济的支柱产业和特色产业，累计栽植量达25万亩，被国家林业局命名为“中国花椒之乡”。沿积石山麓的蕨菜资源丰富，质地脆嫩、色味俱佳，是纯天然的无公害绿色食品，年出口量达60吨以上。大河家生产的“鸡蛋皮核桃”皮薄、仁多、营养丰富，具有一定的知名度和发展前景。

【国民经济】2009年，全县实现生产总值59999万元，按可比价格计算，比上年增长9.8%。其中：第一产业增加值18046万元，增长8.62%；第二产业增加值10293万元，增长7.4%；第三产业增加值31660万元，增长10.8%。全县粮食总产量达69010吨，增长11.93%，油料总产量10200吨，增长23.863%。农民人均纯收入1778元，增长12.88%。年末大牲畜存栏6.26万头，增长4.16%；肉类总产量3120.29吨，增长10.92%。工业生产持续增长，全县完成工业增加值7313万元，增长6%，其中限额以上工业增加值为2163万元。固定资产投资规模进一步加大，完成投资78564万元，增长54.72%。消费品供应充足，市场需求增加，全年共完成社会消费品零售总额18507万元，增长18.54%。财政工作坚持节流、增收节支，全年累计完成财政收入3038万元，增长21.5%；支出67376万元，增长 19.5%。

【项目建设】共争取到各类国家投资项目 38 项，已下达投资计划 1.09 亿元，其中：争取到国家投资 0.73 亿元，促进了固定资产投资的稳步增长。全年共有 100 万元以上各类重点建设项目 59 项，计划总投资 29.42 亿元（包括炳灵电站），完成投资 7.9 亿元。其中：新开工项目有 36 项，计划总投资 4.96 亿元，当年完成投资 3.62 亿元；续建项目 23 项，计划总投资 24.46 亿元，完成投资 4.28 亿元。坚持以规划为导向，城镇基础设施不断配套完善。县城建设规模进一步扩大。银川路拓宽改造、生活垃圾处理、财苑房地产开发等续建项目成效显著。总投资 4176 万元的廉租房建设、总投资 1048 万元的县城供水改扩建、总投资 990 万元的县城南滨河路道路及排水、总投资 260 万元的滨河路绿化带等工程，均完成年度建设任务。市容市貌、环境卫生、交通秩序整治和市政设施监管工作有序开展。集镇建设亮点频显，在大河家集镇建设中提出了“打响民族牌、建设大河家、致富保安族”的发展思路，总投资 8061 万元对大河家集镇进行集中改造，现已完成道路、排水、人行道彩砖硬化、保安族民族用品一条街等工程，保安族文化广场、滨河路等项目进展顺利。完成别藏集镇改造项目前期准备工作。

【新农村建设】硬化乡村道路 24 条 114.7 公里，整修 21 条 116.2 公里。建成农村沼气池 5500 座，服务网点 40 个。加快了中、北部农村饮水安全等项目的实施，解决了 9 个乡(镇)8.53 万人的饮水安全问题。完成 18 个整村推进和大河家老灌区、刘集灌区改扩建项目。投资 1.58 亿元改造农村危房 4300 户。投资 4176 万元建成 12 栋廉租住房主体工程，发放廉租补贴 230 万元。投资 1134 万元的易地搬迁项目，搬迁贫困群众 123 户 676 人。全面落实移民后期扶持发展政策，实施后期扶持项目 13 项，投资 193.4 万元，发放移民直补资金 102.3 万元。为转变经济发展方式，加大了特色产业和特色经济发展力度。扩大了双低油菜、中药材等特色优势农产品种植面积，完成油菜种植 6.9 万亩。建成日光温室 100 座，增强蔬菜的自产自给能力。加大了对花椒和核桃扶持发展力度，全年栽植花椒 1 万亩，花椒总产量达到 934 吨，实现年产值 2500 万元，增长 25%。建成核桃基地 1.1 万亩。变千家万户的传统养殖为集约化规模养殖，建成种草养畜示范村 5 个，新建标准化养殖小区 11 个、规模养殖场 10 个，新增规模养殖户 53 户，完成畜牧业增加值 2726.14 万元，增长 7.5%。

【人口与人民生活】年末全县总人口达到 23.89 万人。其中：农业人口 22.97 万人，占总人口的 96.14%。少数民族人口 12.80 万人，占总人口的 53.55%。人口出生率 10.92‰，计划生育率达 97.8%，人口自增率为 5.77‰。农民人均纯收入 1778 元，增长 12.88%；城镇居民可支配收入 7250 元，增长 10.69%。落实粮食直补资金 93.1 万元，农资综合补贴 762.7 万元，退耕还林补助 660 万元，家电、汽车、摩托车下乡补贴 84.3 万元。发放能繁母猪补贴 60.5 万元。落实农机具购置补贴 135.9 万元。发放移民直补资金 102.3 万元，实施移民后期扶持项目 13 项，投资 193.4 万元。发放义务教育阶段免费教科书 9.6 万套，落实“两免一补”学校公用经费 1431 万元，发放初、高中贫困寄宿生生活补助 298.7 万元，受益学生 8098 人；发放生源地信用助学贷款 204.9 万元，解决了 389 名贫困大学新生上学难的问题；发放育才基金 31.7 万元。

【社会保障】社会保障工作稳步推进，提高城乡低保补助标准，全年发放城乡低保金 3046.2 万元，县民政局荣获“全国基层低保规范化建设典型单位”称号；发放五保供养金 297.6 万元，救助金 40.4 万元，救灾资金 281 万元，一次性生活补贴 306.9 万元，抚恤补助 153.9 万元，高龄老人生活补贴 7.8 万元；建成儿童福利院，招收儿童 111 名。认真开展养老失业保险工作，养老保险参保人数 1530 人，失业保险 3120 人；发放企业离退休人员养老金 230 万元；为 445 名村干部办理养老保险手续。新型农村合作医疗参合率达 96.3%，筹集基金 1703.1 万元，补偿资金 1479.2 万元，受益 19.9 万人次。城镇职工、居民医疗保险参保 1.3 万人，城镇工伤保险 635 人，均完成州下达任务。实施积极的就业政策，新增城镇就业人数 1101 人，城镇下岗失业人员实现再就业 251 人。全面完成全县行政事业单位和离退休人员过渡性地方津贴规范工作任务。

【社会事业】教育事业蓬勃发展。全县共有学校 181 所。其中：普通中学 9 所，在校学生 13715 人，专任教师 796 人；小学 172 所，在校学生 33850 人，专任教师 1005 人。适龄儿童入学率 97.9%，加强师资培训，强化学校管理，教育教学质量显著提高。年内完成教师培训 2822 人次。全县普通高考录取率达到 47.9%，比上年提高 5.1 个百分点。全年实施教育项目 23 个，总投资 5869 万元，总建筑面积 3.24 万平方米，其中 22 所学校已竣工投入使用。多媒体、实验室、教学仪器、文体器材、图书资料等配备工作有效落实，总投资达 803.2 万元。加大攻坚力度，完成小关、徐扈家、中咀岭 3 个乡的“两基”任务，全县“两基”指标达到了州级验收标准。

卫生事业长足发展。县医院整体搬迁项目二期完成住院部基础工程，妇保站住院楼、10 所村卫生室建设项目全面建成，大河家中心卫生院门诊医技综合楼完成主体工程。全县拥有医疗卫生机构 21 个，其中县医院 1 所，疾控中心 1 所，妇幼保健站 1 所，乡镇卫生院 17 所，积极开展医疗保险，解决人民群众看病难的问题。新型农村合作医疗参合人数达 18.43 万人，参合率达 96.3%。城镇居民参加医疗保险 4673 人，参保率 80%。

文化事业发展步伐加快。建成 50

个"农家书屋"，硬化了17个乡镇农民健身工程场地，公共文化服务设施不断改善。总投资1262万元的保安族民俗博物馆建成主体工程，完成投资830万元。

计划生育工作再上新台阶。以争创省级计生优质服务县为目标，以"抓典型建机制年"活动为载体，全面完成责任指标任务。全县农村计划生育率达到97.8%，人口出生率10.92‰，自然增长率5.77‰。

（马永振）

甘南藏族自治州

【现任主要领导】

中共甘南藏族自治州州委书记：陈建华

甘南藏族自治州人大常委会

主任：楚才元

甘南藏族自治州人民政府

州长：毛生武(藏族)

政协甘南藏族自治州委员会

主席：丹智草(藏族、女)

中共甘南藏族自治州纪律检查委员会

书记：扎西草(藏族、女)

【基本情况】甘南藏族自治州位于甘肃省西南部，地处青藏高原东北边缘，长江、黄河上游，甘、青、川交界处，是全国10个藏族自治州之一，州府在合作市。全州幅员面积4.5万平方公里。总人口68.08万人，有藏、汉、回、蒙、土、撒拉、保安、东乡等24个民族，藏族占53.6%，人口密度15人/平方公里。现辖合作市和临潭、卓尼、舟曲、迭部、玛曲、碌曲、夏河7个县，有80个乡、15个镇、4个街道办事处。境内地貌复杂多样，西高东低，有高山草地、高山森林和丘陵低山三个自然区，海拔1172～4920米，年均气温5.2℃，降雨量400～800毫米，是甘肃省降雨量最多的地区之一。

【资源优势】矿产资源：全州共发现有45种矿种。已经探明的有23种，其中：金、铀、砷、汞、铋、泥炭储量为全省第一位；铁、锡为第二位；铅、锑为第三位；铜、硫铁矿为第四位；银、磷为第五位。

旅游资源：全州有国家A级景区11处，其中：4A级3处，为拉卜楞寺、冶力关景区、大浴沟景区。3A级1处，为腊子口景区。AA级7处。首曲大草原被评为"中国最美的六大湿地之一"。

【国民经济】2009年，全州经济社会发展取得新的进步，亮点纷呈。初步测算，全州实现生产总值57.65亿元，比上年增长12.5%。其中第一、二、三产业分别实现增加值14.31亿元、13.49亿元和29.85亿元，增长7.0%、9.3%和16.1%。人均生产总值8472元，增长12.5%。完成全社会固定资产投资62.34亿元，增长46.1%。实现社会消费品零售总额16.65亿元，增长16.6%。完成大口径财政收入5.46亿元，增长17.8%，完成一般预算收入3.01亿元，增长10.0%。

【新农村建设】8个州级新农牧村建设试点村、1个省级试点县稳步推进。全年完成139个农牧互补"一特四化"建设试点村的专业化布局任务，人工种草20593公顷，建成各类标准化养殖小区25个，发展专业养殖户1.08万户，加快推进牦牛、藏羊、奶牛和草产业为主的四个产业带建设。全年共投入农牧互补"一特四化"建设资金近3亿元，实施涉及农牧互补"一特四化"建设项目62项。全年灾区农牧村民房重建累计竣工2.02万户，完成维修3.53万户，群众已经全部入住新房。完成农牧村危旧房改造0.23万户。全年修建农牧村饮水安全工程139处，解决了128个行政村、213个自然村、5.28万人的饮水不安全问题。建成农牧民户用沼气池1.03万户。全州50个村完成"整村推进"扶贫开发年度建设任务，当年减少农牧村贫困人口1.03万人。扶持组建农牧民专业合作社24个，培训农牧民1.92万人次，转移农牧村劳动力11.2万人，劳务收入达到6.73亿元。

【项目建设】全年完成全社会固定资产投资62.34亿元，比上年增长46.1%。共组织各类施工项目675个，增加145个，其中新开工项目464个，增加137个，竣工项目386个，增加126个。全年招商引资签约项目42个，合同签约资金16.6亿元。国家支持藏区发展和扩大内需项目四批268个，中央投资8.69亿元，开工208个。

一是生态建设步伐明显加快。甘南黄河重要水源补给生态功能区生态保护与建设等重大项目加快实施，完成投资6.2亿元，游牧民定居工程已开工建设1万户，竣工0.71万户，3.90万多人实现定居。二是交通项目投资10.1亿元，交通基础条件进一步改善。三是水电能源开发继续保持强劲势头。年内完成9个水电站开展前期和核准工作。建成舟曲大立节等12座水电站，新增装机容量31.01万千瓦。新开工水电站11座，总装机容量4.2万千瓦。多河330千伏输变电工程接近完工，碌曲多松多、舟曲立节110千伏送变电工程建成使用，110千伏洛迭二回扩建、农网完善工程、无电地区电力建设工程项目建设顺利。四是市政基础设施建设投资2.4亿元，合作市香巴拉主体文化广场改造等一批市政基础设施相继建成，城市功能进一步提升。五是公检法司及基层政权条件有新改善。

【民生工作】统筹20.2亿元资金，省上确定的12件、27项民生实事和州上确定的9件实事全部落实到位，广大干部群众最关心的问题得到较好解决。投资10.51亿元，实施饮水安全、农村公路及通乡油路、农牧村危旧房改造、生态移民等工程，农牧村条件改善。投资2.96亿元，实施中小学危房改造、社区卫生服务中心建设，减免和补助中职生学费632万元，农牧民看病难、上学难问题有效缓解。城乡低保和五保供养标准进一步提高，发放3.38万城市低保人口低保金5918万元，发放14.87

万农牧村低保对象低保金 8996 万元，发放 18.3 万城乡困难群众补助资金 1.25 亿元。安排 2008 年、2009 年廉租住房建设 4696 套，建筑面积 23.33 万平方米，总投资 31357 万元，城镇居民住房困难有望在近年内得到有效解决。已关停的国有和集体企业 2190 名退休人员参加了城镇职工基本医疗保险，全年新增就业岗位 5146 个，2052 名大中专毕业生实现就业。

【人民生活】城乡居民收入继续增加，人民生活不断改善。全州城镇居民人均可支配收入 8822 元，比上年增加 1012 元，增长 13.0%。农牧民人均纯收入 2301 元，增加 252 元，增长 12.3%。城镇居民家庭恩格尔系数 38.4%，比上年上升 1.1 个百分点。农村居民家庭恩格尔系数为 57.0%，降低 0.6 个百分点。年末城乡居民储蓄存款余额 47.17 亿元，增长 30.2%。每百人拥有电话 64.7 部，增长 43.8%。计算机互联网用户 1.54 万户，增加 0.97 万户，增长 1.7 倍。

【社会保障】年末全州参加城镇基本养老保险人数 1.41 万人，增长 11.0%，覆盖率为 97%。参加城镇职工基本医疗保险的人数 5.59 万人，增长 13.2%，覆盖率为 95%。参加城镇居民基本医疗保险人数 8.40 万人，增长 2.9%，参保率为 89.1%。参加失业保险的人数 3.12 万人，增长 1.3%，覆盖率为 98%。参加工伤保险的人数 0.83 万人，增长 16.9%，覆盖率为 97.3%，其中：参保农民工 0.31 万人，增长 34.5%。参加生育保险的人数 0.73 万人，参保率为 96%。农牧村干部基本养老保险参保人数为 2229 人，参保率为 91.4%。各项社会保险基金征缴 2.06 亿元，增长 83.9%。支出各项社会保险费 1.38 亿元。全州 8 个县（市）全面开展新型农村合作医疗工作。参合农牧民群众 52.19 万人，增长 3.1%，参合率 98.0%。新型农村合作医疗筹集基金总额 5283 万元，增长 17.5%；基金累计支出 5035 万元，增长 25.8%；受益参合患者 29.75 万人次，增长 3.5%。

全年城镇居民享受政府最低生活保障的人数 3.38 万人，增长 13.8%；发放低保金 6815 万元，增长 17.3%。农牧村居民享受政府最低生活保障的人数 15.17 万人，增长 22.0%；发放低保金 9466 万元，增长 33.1%。五保户供养人数 0.45 万人，增长 19.4%；支出资金 677 万元，增长 49.1%。

【社会事业】教育事业得到新发展。实施学校布局结构调整，撤并 121 所、新建 2 所，全州共有各级各类学校 610 所，各类学校在校学生 14.27 万人。其中：小学在校学生 9.06 万人，在小学在校学生中，寄宿制小学在校学生 5.45 万人，占小学在校学生的 60.2%；初中 3.54 万人，高中 1.22 万人，职业中学 0.21 万人，中等专业学校 0.24 万人。全州为 12.7 万名中小学生免除学杂费并享受免费教科书，给 7.5 万名中小学寄宿生人均补助生活费 1200 元。学龄儿童入学率 98.5%，其中：藏族儿童入学率 98.0%，初中学龄少年毛入学率 96.9%。全州录取到普通高校的考生 2692 人，录取率 70.2%。甘肃民族师范学院在校学生 7098 人，增长 15.9%。

文化事业取得新成就。年末全州有艺术表演团体 8 个，演出 1214 场，观众 52.5 万人次，其中：农村观众 16.9 万人次。全州群艺(文化)馆 9 个；博物馆（纪念馆）3 个；艺术表演场馆 1 个；综合档案馆 9 个；公共图书馆 9 个，藏书 31.68 万册。建成 17 个乡镇综合文化站和 220 个农牧民书屋。广播和电视人口综合覆盖率分别达到 84.37% 和 89.45%。有线广播电视用户 3.31 万户，增长 1.2%。

卫生事业不断加强。年末全州共有各类卫生机构 712 个。其中：医院 20 个，社区卫生服务中心 7 个，乡镇卫生院 100 个，妇幼保健机构 9 个，疾病预防控制中心 10 个。卫生机构实有床位 2009 张。拥有卫生技术人员 3029 人，每万人拥有卫生技术人员 44.5 人，比上年增加 4.5 人。全州计划免疫四苗接种率为 97.82%，建卡率 100%，建证率 90.97%；六种扩大疫苗接种率均在 97% 以上；乙肝疫苗全程接种率为 97.78%；孕产妇住院分娩率 69.14%，婴儿死亡率为 22.9‰。

【环境保护】全年造林面积 13513 公顷，增长 21.2%。封山育林面积 73847 公顷，增长 8.7%。州府所在地合作市地面水水质达标率为 83.3%。饮用水水源水质达标率为 100%。空气环境质量方面，总悬浮颗粒物年日平均为 0.179 毫克/立方米；二氧化硫年日平均为 0.006 毫克/立方米；二氧化氮年日平均为 0.006 毫克/立方米。区域环境噪声年均值为 51.9［db(A)］；交通干线噪声年均值为 64.2［db(A)］。以上指标值均在控制范围之内。

（王立宏）

合作市

【现任主要领导】

中共合作市委书记：冯文戈

合作市人大常委会主任：当智（藏族）

合作市人民政府市长：杨雄（藏族）

政协合作市委员会主席：韩雪峰（藏族）

中共合作市纪律检查委员会

书记：赵文英（藏族）

【基本情况】合作市地处甘南藏族自治州北部，是州府所在地，东连卓尼，南靠碌曲，西接夏河，北倚临夏州的和政、临夏两县，距省府兰州 265 公里，国道 213 线，省道 306 线通过合作，形成甘青川藏区与内地联系较为便捷的公路网络，是内地通往青海、西藏的枢纽。大部分地区海拔在 3000～4000 米之间，平均海拔 2936 米，属高寒阴湿地区，夏季受印度洋暖湿气流的影响，形成湿润凉爽的气候特征，是夏季旅游避暑的好去处。全市辖 6 个乡，4 个街道办事处，38 个村民委员会，249 个村民小组，8 个社区（居委会），总人口

8.56 万人，其中农村人口 3.39 万人，城镇人口 5.17 万人。全市人口出生率 12.96‰，人口自然增长率 6.78‰，农牧村计划生育率 94.28%。

【资源优势】全市可利用草场面积 13.85 万公顷，是甘南州主要牧区之一。林地面积 13267 公顷。水力资源丰富，水能蕴藏量 27.7 万千瓦，可开发利用 11 万千瓦，开发潜力大。矿产资源蕴藏丰富，已查明现有矿种 20 余种，其中：金属矿石储量 345.6 万吨；非金属矿石储量中查明泥炭 28 万立方米，花岗岩 292 万立方米。

【国民经济】2009 年全市实现生产总值 13.4 亿元，比上年增长 12.5%。其中：第一产业实现增加值 1.08 亿元，增长 7.6%；第二产业实现增加值 2.61 亿元，增长 4.4%；第三产业实现增加值 9.71 亿元，增长 15.5%。人均生产总值达 15651 元，增长 10.9%。工业经济保持平稳增长，完成工业增加值 2.33 亿元，增长 3.98%。消费品市场持续活跃，实现社会消费品零售额 5.52 亿元，增长 14.63%。财政预算执行良好，完成大口径财政收入 8410 万元，增长 6.17%；完成一般预算收入 3678 万元，增长 8.30%。

【新农村建设】深入推进农牧互补战略，全力实施“一特四化”建设，投资 4967 万元，在 13 个村开展试点工作，建立种草基地 1107 公顷、半人工刈割草场 2727 公顷，培育专业养殖户 697 户，建设联户牧场 35 个。落实国家各项强农惠农政策资金 856 万元。粮油生产喜获丰收，粮食播种面积 4653 公顷，总产量 9390 吨，增长 0.22%；油料播种面积 1793 公顷，总产量 2367 吨，增长 0.47%。全市年末各类牲畜存栏 32.57 万头（只），牲畜总增率、出栏率、商品率分别达到 28.44%、31.28%、28.73%。肉类总产量 3604 吨，增长 13.56%；奶类产量 5664 吨，增长 8.26%。着力培育劳务经济，全年劳务培训 3510 人次，劳务输出 3700 人次，劳务创收 1675 万元。

【项目建设】2009 年，全市咬定“发展抓项目”的工作思路不放松，立足本市实际，改善投资环境，优化投资结构。全年争取和实施各类项目 81 个，其中续建 23 个、新建 33 个、前期工作 25 个，全年共完成全社会固定资产投资 81376 万元，增长 77.5%。中央扩大内需项目和灾后重建项目完成投资 7542 万元。招商引资项目完成投资 15000 万元。25 个重点项目争取工作进展顺利，10 个重大项目汇报争取成效显著。新签订招商引资合同项目 8 个，签约资金 45100 万元。

【民生工作】从广大人民群众最关心、最直接、最现实的利益问题入手，多方筹集资金，努力解决民生实事。改善城区人居环境，投资 400 万元硬化城区巷道 21 条，修建公厕 7 所、垃圾台 22 个，实施城区道路罩面 3000 平方米。投资 7 万元，实施 200 户农牧村改厕，每户补助资金 350 元。发放再就业资金 160 万元，为 27 户发放小额贷款 108 万元。为参保城镇居民累计报销基本医疗住院费 283 万元，875 人次。安排 37 万元转移支付资金用于全市干部职工健康体检。

【人民生活】城乡居民生活水平继续改善，干部职工工资及时足额发放。全市单位从业人员 14053 人，人均年劳动报酬 2.63 万元，增长 14.8%。城镇居民人均可支配收入 8979 元，增长 12.3%，人均生活消费支出 7391 元，增长 7.06%，城镇居民家庭恩格尔系数 35.2%。农牧民人均纯收入 2378 元，增长 13.04%，人均生活消费支出 1866 元，增长 9.53%，农村居民家庭恩格尔系数 56%。人居环境进一步改善。城镇居民人均住房面积 25.42 平方米，增长 1.45%；农村居民人均住房面积 16.44 平方米，增长 0.57%。

【社会保障】社会保障体系进一步完善。城镇参加基本养老保险 1912 人，新增缴费 401 人；城镇参加失业保险 2268 人，新增缴费 110 人；参加城镇职工基本医疗保险 3776 人，新增缴费 343 人；工伤保险参保 544 人，新增缴费 144 人。城乡“低保”扩面提标，享受城镇居民最低生活保障的 2998 户 9583 人，人均月补差从 156 元提高到 172 元；享受农村最低生活保障的 1467 户 5933 人，人均月补差从 40 元提高到 53 元；150 名五保户供养标准从 1600 元提高到 2400 元。加大社会救助力度，发放救济救灾资金 58 万元；发放廉租住房租赁补贴资金 104 万元。就业再就业工作再上新台阶，全市新增就业人数 328 人，城镇下岗失业人员再就业 220 人，公开招考安置大中专毕业生 205 名，安置城镇退役军人 13 名，城镇登记失业率控制在 3.8%以内。

【社会事业】以科教兴市战略为重点的社会各项事业协调发展。加大学校布局结构调整力度，撤并村学 14 所。8420 名学生 100%享受“两免一补”政策。小学适龄儿童入学率和初中阶段学生入学率分别达 99.2%和 98.1%。加快城乡医疗卫生服务体系建设，建成村级卫生室 7 个、社区卫生服务中心 1 个，完成社区卫生服务中心建设项目前期工作 2 个。加强妇幼保健工作，儿童四苗覆盖率 98.9%。完善新型农村合作医疗制度，参合农牧民达 32208 人，参合率 98.48%，为 25826 人次报销医疗费 298.54 万元。开展“三下乡”等文体活动 20 余场（次），为 47 个行政村（社区）发放了篮球架。认真实施旅游业“二次创业”行动，旅游人数达 32.35 万人次，旅游综合收入达 4732.6 万元，比上年增长 18%。

【环境保护】投资 1134 万元，完成面山造林 232 公顷，投资 35.5 万元，改造完善城区公共绿化带。单位 GDP 能耗降低到 1.02 吨标准煤，比上年下降 4.59%。2009 年总悬浮颗粒物年日均值 0.180 毫克/立方米、二氧化硫年日均值 0.006 毫克/立方米、二氧化氮年日均值 0.006 毫克/立方米、饮用水水源水质达标率 100%、城市水环境功能区水质达标率 83.33%、区域环境噪声年均值 51.9【dB(A)】、交通干线噪声年均值 64.2【dB(A)】。

（杨合昌）

临潭县

【现任主要领导】

中共临潭县委书记：房和平

临潭县人大常委会主任：安兴虎（藏族）

临潭县人民政府县长：李生文

政协临潭县委员会主席：牛汝霖

中共临潭县纪律检查委员会

书记：何子彪（藏族）

【基本情况】临潭古称洮州，地处青藏高原东北边缘。自古就是中国西部"汉藏聚合，农牧过渡，东进西出，南联北往"的重要门户，被称之为藏、汉各民族进行"茶马互市"的旱码头。全县总土地面积 15588 平方公里，海拔在 2209～3926 米之间，年平均气温 3.2℃，年降水量 383.2～668.2 毫米。县内主要河流有洮河以及 19 条洮河支流羊沙河、冶木河等，是黄河上游重要的水源涵养地和水源补给区。全县辖 3 镇 13 乡，141 个行政村，723 个村民小组，总人口 14.5 万人，其中：回族人口 3.10 万人，藏族人口 2.55 万人，人口自然增长率 7.06‰。

【资源优势】境内水利资源丰富，洮河及洮河支流冶木河、羊沙河、石门河水能理论蕴藏量为 28.74 万千瓦，可开发利用 17.29 万千瓦。县域内有蕨菜、人参果、鹿角菜、羊肚菌、木耳等山珍野菜；东南六乡盛产中药材当归、党参、红（黄）芪；羊沙、总寨等乡生产的百合，与兰州百合相媲美；手工竹柳编制、首饰及马拢头、银铜器的加工铸造，工艺精美、构思精巧，享誉甘、川、青等藏区；全县旅游资源丰富，最有代表性的有仰韶文化、齐家文化、马家窑文化，辛甸文化等文化遗址；东晋吐谷浑所筑古战牛头城遗址；明洪武十二年所筑洮州卫城、流顺红堡子；新城苏维埃遗址；莲花山、十里冶木峡、鹿儿沟森林公园、术布吊桥、海眼等旅游景点。

【国民经济】2009 年，全县实现生产总值 7.31 亿元，比上年增长 14.8%。其中：第一产业增加值 1.71 亿元，增长 6.4%；第二产业增加值 1.05 亿元，增长 4.7%；第三产业增加值 4.55 亿元，增长 20.1%。三次产业结构为 23.4∶14.3∶62.3。全年实现大口径财政收入 3272 万元，增长 10.4%；一般预算收入 1769 万元，增长 27.3%；一般预算支出 76832 万元，增长 35.5%。实现社会消费品零售总额 17343 万元，增长 19.0%。

【新农村建设】深入推进"农牧互补"战略，全力实施"一特四化"建设。临潭县已列入全省中药材种植大县，3333 公顷中药材种植基地建设已启动。种植优质牧草 2747 公顷，完成 13 个牦牛、藏羊育肥养殖小区和 21 个牦牛、藏羊育肥试点村的建设任务，修建暖棚 2036 座 9.75 万平方米。全县各类牲畜存栏达到 21.05 万头（只），牲畜总增率、出栏率、商品率分别达到 35.8%、55.8%、36.9%，肉类总产量 4777 吨。组建了紫金花草产业公司，华新、金洮等畜牧龙头企业的示范带动作用明显增强。2009 年城关镇青崖村、流顺乡丁家堡村等 15 个整村推进项目已全面完成。

【项目建设】2009 年，全县共确定前期工作项目 29 个，重点争取项目 48 个，重点建设项目 70 个，总投资达 81.2 亿元。完成固定资产投资 55280 万元，比上年增长 22.3%。2009 年共争取道路交通建设资金 68661 万元，当年完成投资 2303 万元。水利水电建设方面，投资 19130 万元的引洮入潭工程通过中国水规院技术讨论论证。城镇基础设施建设方面，完成《临潭县县城总体规划》，编制了《临潭县县城城镇特色化风貌改造规划》；县城集中供热、县城垃圾填埋场、冶力关镇供水扩建等 3 个项目已建成并投入使用；总投资达 17300 万元的县城西环路步行街、金洮花苑等 11 个项目已完成主体工程。

【民生工作】认真实施省、州、县确定的 17 件民生实事，落实民生项目资金 25000 万元，全面完成各项目标任务。一是完成 9 个乡镇 19 个村 2203 户 1 万人的农村饮水安全项目。二是实施 2008 和 2009 年农村"一池三改"户用沼气项目，建成农村沼气池 4590 口。三是全面完成乡村公路建设任务。四是建成 400 户农村危旧房改造和 40 户贫困残疾人危房改造项目。五是开工建设了县城西环路经济适用房。六是全县 7 所学校的 10 个单体工程均已开工建设。七是加强对"两后生"的培训工作，落实 580 名"两后生"补助金 87 万元。八是城乡低保和农村五保户保障标准得到提高，实现应保尽保，发放低保金 3835 万元，发放农村五保户供养金 149 万元。九是完成 111 名 2009 年高校毕业生到农村中小学任教和乡镇卫生院工作。十是改善了乡镇、社区的办公条件，为 16 个乡镇和 5 个社区落实工作经费 215 万元。十一是完成农村特困救助对象的确定、审核、审批工作。十二是修建的 43 个村卫生室已投入使用。十三是在加大和提高新城中心敬老院集中供养力度的同时，在县城开工建设了临潭县社会福利院。十四是对 11 户已关、停国有和集体企业的 157 名退休人员落实医疗保险补助资金 12 万元。十五是结合省、州的要求和全县历年安置遗留问题，安置事业单位公开招考聘用、三支一扶、进村（社区）、退伍军人、大学生村官等人员共 502 人。十六是落实干部职工的年休假制度。十七是奖励资助高考优秀大学生、优秀校长、班主任、课任教师和特困大学生 110 人，发放奖励资助教育基金 23 万元。

【社会事业】2009 年，全县加强科技、教育、文化、卫生等社会事业建设，社会各项事业得到了快速发展。

一是坚持“集中办学、实事求是、四个统筹、先建后撤”的原则，实施学校布局结构调整工作，按照“4+2”办学模式，首批撤销学校10所、改制学校7所。通过实施“大灶工程”项目建设，有14所学校开办了大灶，解决了6194名学生集中住宿、统一吃饭问题。有569名学生考入高等院校，教育教学水平和质量得到提高。为398名高校贫困学生落实生源地助学贷款171万元。

二是卫生事业长足发展。覆盖城乡的三级医疗保健网络已基本形成，医疗卫生基础设施条件得到进一步改善。全县12.57万人参加了农村合作医疗，参合率达到97.27%。设立济困病床168张。有效预防和控制了甲型H1N1流感的传播。

三是加强人口与计划生育工作，稳定了低生育水平，计划生育率达到97.79%。

四是文化、体育工作取得新成绩。磨沟齐家文化墓地入选2008中国六大考古新发现。争取到了32个农家书屋。临潭县被国家体育总局授予“全国群众体育工作先进单位”称号。为全县141个行政村配置了篮球架，争取到了20个行政村的篮球场项目，活跃了广大群众的体育生活。

【人民生活】城乡居民收入增加，人民生活继续改善。全年城镇居民人均可支配收入8107元，比上年增长14.9%；农民人均纯收入2020元，比上年增长12.5%。基本解决了0.32万贫困人口的温饱。将劳务经济作为增加农民收入的有效途径，进一步加大了培训和输转力度。全县劳务输转4.67万人次，实现劳务收入25000万元。完成新疆劳务移民251户1004人。开设了“强农惠农财政补贴资金专户”，填制《明白册》6.3万册，认定办理存折3.2万本。通过“一折统”发放粮食直补、农资综合直补、退耕还林补助、农村低保等15项惠农补贴资金3610万元。

【环境保护】2009年全县环境保护取得一定的成效。编制了《洮河流域临卓河段梯级电站开发规划环境影响评价报告书》和《临潭县冶力关镇区景观绿化总体规划》；争取到了连续实施10年的退牧还草项目；实施冶力关景区绿化、亮化工程，新增景区绿地面积48.2公顷；完成义务植树36万株；建成并投入使用县城垃圾填埋场一处；县城污水处理项目已通过省级评审。

（朱元广　梁文杰）

卓尼县

【现任主要领导】

中共卓尼县委书记：才让当智(藏族)

卓尼县人大常委会主任：张振国

卓尼县人民政府县长：杨武(藏族)

政协卓尼县委员会主席：杨世英(藏族)

中共卓尼县纪律检查委员会

书记：李耀东(藏族)

【基本情况】卓尼县位于甘肃省南部，甘南藏族自治州东部。东邻定西市岷县、漳县和渭源县，北靠临夏回族自治州康乐县、和政县，西连本州合作市、碌曲县和夏河县，南接迭部县和四川省的若尔盖县。海拔高度2000至4972米，年均气温5.9℃，年均降水量439.5mm，属大陆性气候。卓尼县现辖3个镇，12个乡，3个居委会，97个村委会，461个村民小组。全县总面积5419.68平方公里，耕地面积11333公顷，林地面积240650公顷，草场面积273956公顷，全县总人口10.12万人，其中：藏族人口7.66万人，占总人口的71.3%。

【资源优势】矿产资源：卓尼县地处西秦岭北麓，地质构造带分中北两个亚带，现已查明的矿种有金、银、铜、铅、锌、铁、锑、钼、汞、砷、煤、花岗岩、洮砚石材，矿泉水等11种35处矿产。其中：铅、锌、金、银、铁资源前景可观。

旅游资源：著名的禅定寺，已有七百余年历史，是安多藏区最古老的萨迦派佛都寺院，后改宗格鲁派。该寺曾以拥有最佳的大藏经《甘珠尔》、《丹珠尔》印版而称名于世。寺内现存数十种稀世珍宝，如拉萨红教法师吾建丹增钦加作法时佩戴的驼骨雕刻头饰等。县境内有明代边墙、羊巴古城等古城遗址及宝地贡巴寺、康多峡、引人入胜的4A级大峪沟景色、车巴河畔、千年古道九巅峡、洮水流珠等险奇峻秀的自然景观，成为游览者向往之地。在卓尼县城洮河南岸的古雅川山岗，建有甘南农民起义领袖肋巴佛纪念碑。纪念碑背依青山，四周群峰环列，融自然与人文景观为一体，是人们休闲度假的好去处。

【国民经济】2009年，全县完成生产总值6.52亿元，比上年增长21.0%。其中：第一产业实现增加值2.05亿元，增长6.3%；第二产业实现增加值1.81亿元，增长1.29倍，工业实现增加值1.79亿元，增长1.34倍，首次突破亿元大关；第三产业增加值完成2.66亿元，增长5.4%。全社会固定资产投资完成6.67亿元，增长8.2%，连续四年突破亿元大关。地方财政收入完成2040万元，增长76.9%。社会消费品总额完成1.61亿元，增长14.5%。城镇居民人均可支配收入8638元，增长14.2%，农牧民人均纯收入2050元，增长12.7%。金融机构存款余额为9.08亿元，贷款余额为2.31亿元。

【新农村建设】立足于卓尼县牧区、半农半牧区、农区三大区域优势和生产基地，本着试点先行，示范带动，合理推进的原则，深入实施“农牧互补”战略，全力推进“一特四化”建设，重点扶持发展牦牛、藏羊、奶牛、草产业和蔬菜药材种植五个产业带。20个试点村已全面落实，扶持发展联户牧场19个，成立农牧民专业合作社6个，种植多年生优质牧草1333余公顷，当年完成投资2288万元。在试点推广蔬菜大棚100座的基础上，上年把大棚建设作为“调结构、增收入、创特色、为民生”的重中之重来对待，狠下决心，积极推进，180座新建大棚长势良好，初步形成申藏乡小沟村、阿子滩乡下阿子滩村、柳林镇畲盖村、扎古录镇甘塘村等11个日光温室生产基地。2009年全县各类牲畜存栏达到45.4万头(匹、只)，总增率、出栏率、商品率分别达到30.46%、42.94%和33.11%。"一特四化"稳步推进，畜牧业生产健康发展，种植业生产以实施科技示范长廊工程为依托，切实加大种植业结构调整力度。适当压缩粮播面积，扩大了药材、蔬菜等高效经济作物和饲草料播种面积，全县粮食产量达到1.28万吨，油料产量达到0.41万吨，药材产量达到0.49万吨。

【项目建设】2009年，全年共实施固定资产投资项目68项，其中续建项目25项，新开工84个，完工43个。完成全社会固定资产投资6.67亿元，增长8.2%。水电资源开发方面：扭子水电站累计完成投资2.7亿元，近期可试机发电；录巴寺水电站累计完成投资3.6亿元；如吾水电站已开工建设，完成投资5749万元。无电村电力建设、2008年农网完善追加工程已完成全部建设任务。交通方面：羊沙至临潭公路、县城至大族公路全线竣工；县城至羊永公路完成路基路面工程；4条通达通畅农村公路和16项灾后农村公路恢复重建项目，部分已完成建设任务；全长53.7公里的羊临公路建设，已完成工程量的90.3%。社会事业和基层政权建设上15个乡镇计划生育服务所已全部建成，并投入使用；20所寄宿制学校大灶建设全部完成；县中医院建设项目与县医院建设项目进行整合，新建医院正在建设；8所乡镇卫生院新建项目全部竣工；县职业技术学校教学试训楼完成外饰，即将交付使用。尼巴、刀告、完冒三乡政府办公楼建成投入使用；车巴公安分局办公楼完成基础浇注。

【民生工作】2009年省州确定的民生实事共21件，涉及卓尼县的有18件20项。20个行政村8000人的安全饮水、300户危房改造、30户残疾人危房改造、370套廉租住房等已完成建设任务。城市低保标准提高10%，平均标准达到155元，共保障人数3537人；农牧村低保保障标准提高到年人均不低于728元，新增保障人数4594人，达到20800人；共有五保户对象520人，平均保障标准达到2000元，全年发放城镇、农牧村低保资金1559万元。为16名中等职业教育学校学生按规定落实减免学费政策。6名纯农牧户零就业家庭本科以上毕业生和11名复退军人及时安置就业，招考选拔63名高校毕业生到农牧村中小学和乡镇卫生院工作，选拔"三支一扶"和"进村社区"高校毕业生31名，选拔特岗教师53名，通过事业单位公开招考，安置毕业生100名，择优择困安置毕业生100名到基层服务。16332名特困农牧民生活得到救助。

【人民生活】城乡居民收入继续增加，人民生活不断改善。全县农民人均纯收入为2050元，比上年增加231元，增长13.3%。城镇居民可支配收入8638元，增加1074元，增长14.2%。随着城镇居民收入的持续增长，城镇居民的消费能力也在不断增强，消费水平和层次不断提升，居民在个人生活消费方面讲究个性化、新潮化和自我化。2009年底全县在岗职工工资总额为16440万元，在岗职工年均工资为21654元。

【社会保障】城镇和农村的低保工作扩大了覆盖范围，全县共有24374人享受最低生活保障。其中：城镇3574人，农牧村20800人。城镇职工有3696人参加失业保险，有966人参加养老保险。参加城镇职工医疗保险人数达到7547人。以基本养老、医疗、失业和工伤保险为主要内容的社会保障体系全面建立，25户关停企业的236名退休人员，全部纳入城镇职工基本医疗保险范围。提高了城镇职工医疗保险县级补贴规模，补贴资金达到261万元。282名村干部参加了养老保险，援助零就业家庭484户。

【社会事业】全县各项社会事业协调发展，现有各级各类学校147所，其中完全中学3所，九年一贯制学校11所，小学133所，幼儿园2所。全县在校学生16937人，其中藏族在校14130人，全县小学在校学生11659人，其中藏族9871人。学龄儿童入学率97.4%，巩固率100%，毕业率100%。全县有卫生机构21个，卫生机构床位244张，卫生技术人员426人，其中执业医生156人。2009年全县总人口为10.12万人，人口出生率为16.46‰，死亡率为7.99‰，自然增长率8.47‰。2009年广播电视覆盖率分别达68%和78%。

【环境保护】节能减排取得重大进展，万元GDP能耗0.72吨标准煤，下降0.21吨标准煤。完成新增封山育林1200公顷，退耕还林工程顺利通过国家级验收，全面完成29万株的义务植树任务；3830座农村沼气建设，完成工程量的97%，建成村级沼气服务网点15处。推广太阳灶2905台，藏式节能炉498台，改建太阳能校舍4153平方米，发放光伏科技书屋20套。

（刘永和）

舟曲县

【现任主要领导】

中共舟曲县委书记：范武德

舟曲县人大常委会主任：梁明新（藏族）

舟曲县人民政府县长：迭目江腾（藏族）

政协舟曲县委员会主席：董燕青

中共舟曲县纪律检查委员会

书记：杨加（藏族）

【基本情况】舟曲县地处青藏高原东端南秦岭山区，东西至西北走向的岷山山系贯穿全境。位于甘肃省南部，甘南藏族自治州东南部，东邻陇南市武都区，北接宕昌县，西南与迭部县、文县以及四川省九寨沟县接壤。气候属暖温带区，海拔高度在1173～4504米之间。

地势西北高，东南低，境内山大沟深，地形复杂，沟壑纵横，高差悬殊，是典型的高山峡谷区，气候垂直变化明显，“一山有四季，十里不同天”的气温特征十分显著。年平均气温14.1℃，年均降雨量400~800毫米左右，年日照时数1842小时，土地总面积3009.98平方公里。辖17个乡，2个建制镇，有210个村委会，3个社区居委会，532个村民小组，分布在403个自然村。全县年末常住人口13.27万人，其中藏族人口4.91万人。是新阶段国列重点扶持的贫困县。

【资源优势】矿产资源：现已发现境内蕴藏着煤、铁、金、锑、大理石、石灰石等多种金属和非金属矿藏以及丰富的优质矿泉水资源。

水资源：境内“一江两河”白龙江、拱坝河、博峪河年均径流总量36.98亿立方米。水利资源理论蕴藏量为76万KW，已开发利用的仅为17.88万KW，占25.3%，正在开发建设的有30.939万KW，占40.7%。

旅游资源：具有地方传统和民族风情的旅游节日主要有舟曲正月十九灯会、坪定赛马会、博峪采花节、巴藏朝水节等；风景旅游景点主要有：立节拉尕山国家3A级旅游景区、翠峰山国家AA级旅游景区、大峡沟国家森林公园、武坪沙滩森林公园等。

【国民经济】2009年，全县实现生产总值6.28亿元，比上年增长11.7%。其中：第一产业增加值1.92亿元，增长7.8%；第二产业增加值1.05亿元，增长6.5%；第三产业增加值3.31亿元，增长15.1%。全县工业增加值9191万元，增长6.8%。实现大口径财政收入4431万元，增长20.31%；地方财政收入1815万元，增长21.16%；财政总支出13.88亿元，增长92.05%，财政自给率1.2%。金融机构各项存款余额26.34亿元，增长1.25倍，金融机构各项贷款余额5.80亿元，增长82.6%。社会消费品零售总额1.47亿元，增长27.4%；全社会固定资产投资18.20亿元，增长99.24%，均创历史最好水平。

【新农村建设】全县新农村建设工作进展顺利。成立了专门领导机构，组建了专家咨询组和科技特派员，重点抓了省级试点村江盘乡河南村、州级试点村峰迭乡水泉村和县级试点村大川镇土桥村、拱坝乡先锋坝的帮建与督查指导工作。通过新农村建设全面规划，试点探索，积极推进，稳步实施，实现全县新农村建设的良好开端，为今后全县新农村建设工作的全面铺开、扎实推进打下了基础，积累了经验。全县粮食总产量30704吨，增长1.4%，油料总产量2407吨，增长7.47%，药材总产量2362吨，增长6.51%，水果总产量6852吨，增长0.60%。完成造林面积3133公顷，四旁植树34.49万株。各类牲畜年末存栏11.65万头（只），其中：大牲畜4.94万头、羊3.47万只、猪3.23万头，肉类总产量4619吨，增长14.79%。全县通公路乡镇19个、村158个，通汽车村183个，通电乡镇19个，村210个，通电户2.76万户，通电话乡镇19个，村210个，用户1.06万户，通广播的村180个，通电视的村210个，19个乡镇37个村开通了有线电视，乡村两级农业科技机构96个，有科技技术人员257人。农村使用太阳能器（灶）数12002户。燃气灶户5524户。

【项目建设】按照省委发展抓项目的总体思路，在“项目带动”和“项目促县”战略的推动下，盘活资源优势，积极招商引资，项目建设规模扩大，投资总量增加。2009年，全县累计签约招商引资项目77个，合同引资达45.84亿元，合同履约率95%，累计完成投资21.3亿元，已有40个项目建成发挥效益，33个加紧建设。灾后重建扎实推进，城乡面貌日新月异。

【民生工作】在全面落实省、州18件民生实事的同时，进一步加大本级投入，全力组织实施县上确定的7大类、30件民生实事。2009年全县用于解决民生问题的资金投入高达9854万元（其中县财政筹资2448万元），比上年增加了1053万元。通过“一册明，一折统”方式，足额兑现各类支农惠民资金3207万元，“家电下乡”等支农活动使农民群众进一步得到实惠。大力实施农村饮水安全项目，有效解决了11个乡镇21处、1692户7000人的吃水难问题。

【人民生活】城乡人民生活有了明显地改善。农村居民人均纯收入达到2241元，比上年增加272元，增长13.81%，城镇居民可支配收入8820元，增加1009元，增长12.91%。农村当年新建房屋面积14.39万平方米，城镇职工人均货币年工资23335元。

【社会保障】以保民生、保增长、保稳定、促和谐为目标，社会保障各有关部门积极参与，社会保障覆盖进一步扩大。累计安置大中专毕业生286人，复转军人9名，安置城镇零就业家庭55户55人就业。为188户城镇低收入家庭发放廉租住房补助36万元。将全县现有338名企业改制退休人员全部纳入城镇职工医疗保险范围；将254名僧人纳入医保，将240名符合条件的贫困僧人纳入低保；城市低保人员参加医疗保险参保率100%，城镇居民医疗保险参保率89%；全县新农合参合率达97.43%，共为28190人次报销补偿住院医疗费891万元，报销率达63.28%。再就业人数411人，参加失业保险4101人，养老保险2002人，离退休人员参加社会统筹340人，工伤保险952人，其中农民工306人。全县城市低保人数6218人，农村低保人数32807人，做到了应保尽保。

【社会事业】全县社会事业全面协调发展。教育方面：年末各级各类学校数149所，其中：普通中学5所。校舍总面积达142234平方米，全年在校中小学生31371人，教职工1359人。“两基”成果继续巩固扩大，适龄儿童总数14345人，入学率为98.64%，巩固率为

85%，初中升学率为 76.29%，高考录取率达 76.7%。

卫生方面：2009 年，全县有医疗机构 27 个，医务人员 572 人，病床数 327 张。村级和个体医疗服务站（所）248 个，全县儿童计划免疫入保率 100%，"四苗"覆盖率达 100%。

计划生育：全县计生优质服务水平进一步巩固和提高，计划生育率 98.31%，人口自然增长率 7.44‰。

【文化旅游】成功举办舟曲县有史以来承办的规格最高、规模最大的文化旅游盛会—第十届中国•九色甘南香巴拉旅游艺术节暨首届藏乡江南舟曲风情旅游艺术节，开幕式参与演出人员达到 1100 多人，5.8 万多人参与了各大主题活动，进一步提高了拉尕山国家 3A 级旅游景区在省内外的知名度和美誉度，组织编排演出了"梦幻拉尕"大型歌舞和"舟曲锅庄"。出版发行了《西固起义》、《舟曲》等 17 本（张）文化作品。全年旅游人数 7.1 万人次，旅游综合收入 1081 万元，分别比上年增长 38%和 40%。

【环境保护】认真贯彻落实长江上游白龙江流域甘南舟曲段生态功能修复与水土保持暨地质灾害综合整治项目环保工作会议精神，大力实施生态保护项目，当年完成"长治"七期小流域 15.95 平方公里的综合治理工程。建立高耗能落后工艺、技术、设备淘汰制度，切实抓好民用节能和机关节能工作。继续开展"保护白龙江，禁用塑料袋"控制白色污染专项整治活动，从加强环保宣传教育入手，加大执法力度，开展专项整治活动，集中清理整治白龙江河道和沿岸生活垃圾，捣毁非法采矿点 4 个，项目建设 95%以上做到了"三同时"和"环评"检查。加强了以水源保护、生态环境、辐射安全、生活环境等方面的环保宣传和管理，健全生态补偿制度机制。

(孙学明　高忠明　尹云海)

迭部县

【现任主要领导】

中共迭部县委书记：赵凌云（藏族）

迭部县人大常委会主任：段庆发

迭部县人民政府县长：仁青东珠(藏族)

政协迭部县委员会主席：杨正才(藏族)

中共迭部县纪律检查委员会

书记：王红云（女）

【基本情况】迭部县位于甘肃省南部，地处白龙江上游的甘川两省结合部，土地面积 5108.3 平方公里。古称"叠州"，藏语的意思是"大拇指"，被称为是山神"摁"开的地方，境内重峦叠嶂，群山连绵，森林广袤，河流纵横，冬无严寒，夏无酷暑。可供开发利用的水能、矿产、森林、旅游、山野珍品等资源十分丰富。全县辖 11 个乡镇、52 个村委会、233 个村民小组，总人口 5.38 万人。

【资源优势】白龙江横贯全境 110 公里，落差 700 米，大小支流 30 多条，水能蕴藏量 80.74 万千瓦；矿产资源 20 余种；木本植物种类 60 科、123 属、314 种；野生山野菜菌类 130 种；野生珍稀动物 27 种；药用植物有 545 种，其中著名的藏中药用植物 127 种，主要有红景天、雪莲、冬虫夏草、贝母、猪苓、羌活、大黄、黄芪等。境内举世闻名的天险腊子口、俄界会议遗址、次日那毛主席旧居、崔古仓开仓放粮遗址、巧夺天工的大峡谷等人文、自然景观以及浓厚纯朴的民族风情形成一道熠熠生辉的风景线。与驰名中外的九寨沟山水相连，是得天独厚的天然"氧吧"。

【国民经济】2009 年，全县实现生产总值 4.55 亿元，比上年增长 7.4%。全社会固定资产投资 11.32 亿元，增长 28.3%；工业增加值 7733 万元，增长 8.9%；社会消费品零售额 1.34 亿元，增长 21.3%。大口径财政收入 5659 万元，增长 10.1%；其中，县级财政收入 2665 万元，增长 7.9%。全年粮食总产量 8411 吨，油料总产量 378 吨。各类牲畜存栏 19.36 万头（只），总增率、出栏率、商品率分别为 39.00%、50.71%和 40.97%。

【新农村建设】2009 年全面实施"农牧互补"战略和"一特四化"建设，建设牦牛繁育联户牧场 13 个，牦牛育肥养殖小区 2 个，藏羊育肥养殖小区 1 个。建成牲畜暖棚 247 座，贮草棚 85 座，青贮氨化窖 16 座，建立优质牧草收购点及畜产品交易市场 3 处。建立了扎尕那牦牛繁育、尖尼牦牛育肥、洋布藏羊育肥和迭部县草产业等农牧民专业合作社。建成村级卫生室 16 个，乡镇兽医站 5 个，村级服务网点 20 个，农牧村安全饮水工程 29 处，完成农牧村贫困残疾户危房改造 40 户。

【项目建设】全县共争取到建设项目 34 项，总投资 1.4 亿元。年内共有建设项目 77 项，完成投资 11.32 亿元。交通建设取得新进展，配合中铁二院全面完成成兰铁路迭部段布线、地质勘查、勘测设计等前期工作。实施交通建设项目 23 个，完成投资 1.45 亿元。10 条农村灾后恢复重建道路建设中 7 条村道建设已全面竣工。共推介特色开发项目 100 项，成功签约招商项目 10 项，签约金额 8.1 亿元，新建续建项目当年到位资金 7.6 亿元。完成腊子口景区辅助基础设施建设和电尕景区四星级旅游厕所、扎尕那地质公园前期建设施工设计等基建工作。城区生活垃圾填埋场、廉租住房一期工程等一批续建项目已建成投入使用。代古寺法庭和卡坝、多儿、腊子口、桑坝等乡政府办公楼已全面竣工，电尕镇政府办公用房、公安快速反应中心、电尕派出所等主体工程已完工，公安局看守所和花园、达拉派出所已开工建设。启动了总投资 1675 万元的迭部县红色旅游建设项目，论证、申报、开展腊子口 4A 级景区创建的各项准备工作。

在灾后重建中，投资 1.22 亿元完成 7852 户重建维修任务，完成大部分异地重建村的通水、通电、通路等基础设施建设和 23 座寺院公共设施和僧舍的建设任务。开工实施县高级中学、人民医院、幼儿园等 15 个重建项目。

【人民生活】全县城镇居民人均可支配收入达 8686 元，增长 14.5%。农民人均纯收入 2326 元，增长 12.1%。全县职工年平均工资达到 18089 元，增长 12.17%。通过整村推进、产业扶贫、连片开发、科技培训、劳务输转、社会帮扶等方式，使全县贫困人口从 2008 年底的 2.67 万人下降到 2.61 万人，脱贫 602 人。

【民生工作】通过"一折统"，累计发放农村低保、退耕还林、粮食直补及农资补贴等各类补贴和村干部、村以下计生工作人员报酬 1783 万元。农牧村安全饮水工程、廉租住房一期工程、农民体育场建设、县中心敬老院、旺藏乡五保户集中供养点等一批民生工程已基本建成。大力发展劳务经济，共输转劳务 9830 人，实现劳务收入 3368 万元。认真开展劳动保障执法监察和劳动仲裁工作，共调解处理劳动纠纷 8 件，督促签订劳动合同 2368 份，清理拖欠农民工工资 1301 万元。

【社会保障】城镇保障对象达到 1064 户 2595 人，城镇人口社会保障覆盖率为 100%。开展养老保险、失业保险、医疗保险、工伤保险等业务，22895 人参加各类保险，征缴保险金达 553 万元。为 34 名失业人员提供小额担保贷款 90 万元，使城镇登记失业率控制在了 4.19%以内。推进新型合作医疗工作，2009 年底全县农牧民参合人数达到 38827 人，参合率为 99.5%。

【社会事业】落实农村义务教育阶段学校"两免一补"专项资金 1288 万元，使 7893 名寄宿生受益。完成 6 所学校的中英项目督导工作，选派 132 名教师参加了中英项目教师培训，高考录取率达到 64%。开工建设了总投资 258 万元的县藏中、藏文小学大灶建设项目，核销历年教育基础设施建设账务 1100 多万元。卫生医疗机构购置腹腔镜、彩超等先进医疗设备，县人民医院顺利通过二级甲等综合医院初步评审验收。投入计划生育资金 684 万元，实施 12 个县乡计划生育服务所建设项目，培训计生干部和技术服务人员 510 人次。完成 6 个乡镇文化站、15 个农牧民书屋、20 个农牧民体育场和县全民健身中心群众看台建设项目，建成 113 个自然村的广播电视站（室）。

【文化旅游】在《甘肃日报》、《甘南日报》开设了"走进魅力迭部"和"神奇多彩的迭部"专栏，制作了《扎尕那》、《发现迭部》电视纪录片，完成《迭部——一个西方探险家眼中的植物王国》电视纪录片、《迭部恋歌》专辑的拍摄工作。承办了以"启动绿色长征、构建生态文明"为主题的首届"中国生态文明腊子口论坛"，发布了"绿色长征宣言"，加快了"生态立县"战略实施进程，全面启动了建设青藏高原东部"国家级生态文明示范县"和"红色旅游大县"的各项工作。扎尕那荣膺《中国国家地理》杂志等媒体评选的"中国十座非著名山峰"之列，跻身第四名；腊子口战役纪念馆获得了拉卜楞"宝塔奖"。2009 年共接待国内外游客 13 万人次，实现旅游综合收入 1357 万元。

【环境保护】完成 667 公顷封山育林作业设计，使森林有效管护面积达到 10.35 万公顷。编制完成《2009 年退耕还林（荒山造林）工程建设实施方案》。加大了对长江上游白龙江流域迭部段生态功能修复与水土流失及地质灾害综合整治项目的论证、申报和争取等前期工作，建设并基本完工了洛大项目区水土流失综合治理等一批生态环境治理项目。大力推广和使用节能环保新能源，完成农村沼气池建设 1000 口和"一池三改"建设 1000 户。

（虎锦生　马育宏）

玛曲县

【现任主要领导】

中共玛曲县委书记：张正雄

玛曲县人大常委会主任：索拜(藏族)

玛曲县人民政府县长：张志红(藏族)

政协玛曲县委员会主席：尕考(藏族)

中共玛曲县纪律检查委员会

书记：贡保闹日(藏族)

【基本情况】玛曲县位于甘南藏族自治州西南部，青藏高原东端，甘、青、川三省结合部，土地总面积 10190.8 平方公里，有天然草场 85.87 万公顷，其中可利用草场面积 83.03 万公顷，占草场面积的 96.7%，素有"亚洲第一草场"之誉。境内海拔 3300～4806 米，年降水量 592.7 毫米，日照时间 2663 小时，年平均气温 3.0℃，全年没有绝对的无霜期。全县辖 7 乡 1 镇、2 个居民委员会、36 个村民委员会、238 个村民小组，2009 年全县总人口 4.78 万人，其中藏族人口占 87.6%，是一个藏民族聚居的纯牧业县。主要畜种有牦牛、欧拉羊、河曲马。

【资源优势】黄河在玛曲境内流程 433.7 千米，流域面积 10190 平方公里，入境流量 137 亿立方米/年，出境流量 164.1 亿立方米/年。黄河从青海久治县门堂乡流入县境木西合乡，经西、南、东、北环流全县，最后返流至青海河南蒙古族自治县，形成久负盛名的"天下黄河第一弯"。境内河流纵横，地表水、地下水丰富。年自产地表水 27.1 亿立方米，地下水 9.2 亿立方米，水能理论蕴藏量 89 万千瓦。风力资源及太阳能资源也十分丰富。

玛曲县生态环境优越，形成高寒草原特有的野生动植物区，境内栖息着梅花鹿、马鹿、白唇鹿、棕熊、香獐、麝香、雪豹、猞猁、水獭、白天鹅、黑颈鹤、白肩雕、蓝马鸡、雪鸡、藏原羚等 10 多种珍禽异兽；伴生有 47 科、413 种优生野生植物，其中 39 科，151 种具有良好的药用价值，特别是分布面积广，数量多，药用和经济价值较高的有冬虫夏草、水母雪莲、红景天、甘肃贝母等20多种。

玛曲县蕴藏着丰富的矿产资源，已探明的有金、铁、铜、汞、锡、钼、钨等金属矿和大量的泥炭、大理石等非金属矿。

【国民经济】2009年，全县完成生产总值8.35亿元，比上年增长10.6%。其中：第一产业完成2.57亿元，增长6.7%；第二产业完成3.11亿元，增长0.6%；第三产业完成2.67亿元，增长24.2%。人均生产总值达17468元。全社会固定资产投资完成3.45亿元，增长0.49%。大口径财政收入完成1.49亿元，增长11.67%；财政支出完成5.17亿元，增长58.75%。金融机构各项存款余额6.84亿元，增长27.83%；贷款余额1.92亿元，增长59.89%。社会消费品零售总额达到1.48亿元，增长14.57%。城镇登记失业率为4.01%，人口自然增长率为13.17‰，全年生产黄金2300千克。

【新农村建设】深入实施"农牧互补"战略，积极推进"一特四化"建设，有效促进了牧村经济稳步发展。年末全县各类牲畜存栏达到106万头（只、匹），各类牲畜总增率、出栏率、商品率分别达到25.11%、25.79%和24.60%，牧业总产值完成2.57亿元。

积极落实县级财政专项补助800万元，整合各类涉农项目资金和扶贫资金7330万元，强化组织领导和宣传发动，加大督导检查和培训力度，"一特四化"建设进展顺利。投资240万元实施种养业基地建设项目，新建抗灾保畜暖棚117座，选购良种畜1110头（只），扶持贫困户328户；投资77万元实施曼日玛乡尕甲村整村推进项目，新建养畜暖棚46座，引进基础母牛161头，扶持贫困户207户。投入90多万元完成州级新牧村试点村扎西乐民新村建设任务，通过州级验收。输转牧村劳动力1500余人，实现劳务收入1100万元。

【项目建设】2009年是项目建设力度最大的一年，项目前期、项目争取和重点项目建设成效显著。项目前期工作完成27项，完成目标任务的135%；争取项目37项，总投资4.17亿元，完成目标任务的122.4%；72项重点建设项目进展顺利，其中重点考核项目13项，完成建设任务12项，完成目标任务的92.3%。

【人民生活】投入资金4000多万元，认真实施省、州、县28件民生实事，干部群众最关心、最直接、最现实的利益问题得到较好保障。2009年城镇居民人均可支配收入10623元，增加1013元，增长10.54%；牧民人均纯收入达到3380元，增加295元，增长9.6%。

【社会保障】进一步扩大就业岗位，通过公开招考事业单位工作人员、"三支一扶"和"进村（社区）"等多种形式，安置大中专毕业生289人。城镇下岗失业人员再就业52人，城镇新增就业152人。继续加大社会保障力度，全县参加养老保险1363人，失业保险2200人，城镇职工基本医疗保险2754人，工伤保险1032人，城镇居民基本医疗保险4453人；发放退休养老金346万元，核报城镇职工基本医疗保险医药费用730万元，城镇居民基本医疗保险医药费用36万元；落实小额贷款担保基金，发放小额担保贷款84万元。城乡低保提标扩面工作全面完成，纳入城市低保585户、1757人，每人每月补助标准提高15元，每人每月发放物价补贴58元；纳入牧村低保1752户、7008人，每人每月补助标准提高10元；符合条件的287名五保对象全部纳入分散供养范围，年供养标准达到1600元。开展"7·20"抗洪救灾，紧急转移安置灾民397人，下拨救灾应急资金371万元，死亡家属善后抚慰金4.75万元，伤病救济金2.15万元，发放救灾面粉60吨、棉被2910床。扎实开展社会救助，发放救助资金127万元，面粉115吨，妥善解决了困难群众基本生活。

【社会事业】高度重视民族教育工作，"两基"攻坚通过州级初验。投入3700万元新建校舍1.83万平方米，投入700万元启动了校园"四化"建设工程，帮扶资金累计达175万元，极大地改善了办学条件。落实"两免一补"资金1175万元，发放贫困学生资助金32万元，落实国家生源地助学贷款28.4万元，学生负担大幅减轻。全县中小学在校学生9612人，小学入学率达到97.5%，初中达到93.2%，适龄儿童入学率、巩固率明显提高。

城乡医疗卫生条件不断改善，国家免疫规划疫苗接种率达到97%，住院分娩率达到61.1%。新型牧村合作医疗参合率达99%，上年共为32276名参合牧民补偿医药费用422.95万元，有效解决了牧民群众看病难、看病贵的问题。

人口和计划生育工作以巩固提升"优质服务县"成果为目标，以稳定低生育水平为核心，全面落实"少生快富"和"奖励扶助"等惠民制度，发放牧村计生家庭奖励金46.9万元。

为11座藏传佛教寺院安装了广播电视地面卫星接收设施，加大广播电视"村村通"工作力度，"西新工程"建设进展顺利，广播电视覆盖率进一步提高。

大力推动科技创新，加大科普宣传力度。实施藏区太阳能温暖工程，发放太阳灶827台、藏式节能炉887台、太阳能光伏科技书屋30套，改建太阳能校舍780平方米。

【文化旅游】继续实施旅游业跨越式发展"六个一"工程，加大旅游宣传促销力度，全力打造"天下黄河第一弯"、"格萨尔文化发祥地"、"世界最美最大的湿地草场"、"中国赛马之乡"和"藏民歌弹唱故里"等旅游品牌。投资500多万元，实施格萨尔发祥地(玛麦哲木道)、黄河桥头(黄河首曲第一桥)景点标志性建筑，改变了有景无点的现状。为庆祝建国60周年大庆创作的大型藏族歌舞剧《游牧时光》在全省26个新创剧目表演中荣获歌舞类一等奖、优秀组织奖等16项殊荣，申报省级非物质文化遗产2项、州级30项；民族体育工作成绩突出，被国家体育总局、中国马术协会命名为“中国赛马之乡”，“格萨尔赛马大会”被省体育局评为甘肃丝绸之路体育健身长廊建设五大品牌赛事之一。

【环境保护】甘南黄河重要水源补给生态功能区生态保护与建设项目稳步实施，湿地保护、天然林资源保护、退牧还草等一批生态保护工程顺利实施，加大对破坏草原生态违法行为的打击整治力度，加快集体林权制度改革。完成退牧还草53333公顷，草原灭鼠46667公顷，完成7000公顷重点公益林管护任务，防沙治沙项目完成育苗基地建设，绿化植树1.2万株，草原生态环境得到了有效保护。格萨尔黄金公司通过省环保厅强制性清洁生产审核，投入6311万元实施矿山企业节能减排项目，格尔珂金矿低品位矿石综合利用项目通过省级评审。全县单位GDP能耗下降5%。

（马彪）

碌曲县

【现任主要领导】

中共碌曲县委书记：张世虎（藏族）

碌曲县人大常委会主任：山清秀

碌曲县人民政府县长：梁明光（藏族）

政协碌曲县委员会

主席：尕藏南杰（藏族）

中共碌曲县纪律检查委员会

书记：李忠文（藏族）

【基本情况】碌曲县地处青藏高原东部，位于甘南藏族自治州西南部，在甘、青、川交界处，南邻四川省，西界青海省，西南与本州玛曲县接壤，东连本州卓尼县，北部与本州夏河县毗邻。地势西高东低，东西长126公里，南北宽93公里，海拔最高处额日宰4483米，最低处吾乎扎滩2860米，相对高差1623米，平均海拔在3000米以上，年均气温3.2℃，极端高温28℃，极端低温-23.2℃，年降水量583.8mm。其气候特征是：高寒、阴湿、降温频繁，全年无夏。全县总面积5298.6平方公里。现辖5乡2镇、24个村委会、95个村民小组。全县总人口3.36万人，其中牧业人口2.75万人。是一个多民族杂居的纯牧业县。

【国民经济】2009年，全县完成生产总值4.12亿元，比上年增长10.7%，其中：第一产业增加值1.39亿元，增长7.2%；第二产业增加值1.42亿元，增长5.2%；第三产业增加值1.31亿元，增长18.9%。三次产业结构由2008年的34.84∶34.49∶30.67调整为33.65∶34.42∶31.93，第三产业的比重不断提高。全县大口径财政收入完成5195万元，增长12.6%。地方财政收入完成3724万元，增长17.9%，财政总支出42263万元，增长80.9%。全社会消费品零售总额10582万元，增长14.6%。年末各类牲畜存栏72.93万头（只）。各类牲畜总增率、出栏率、商品率分别达到23.7%、24.83%、23.4%。全年肉产量达到5427吨，增长14.37%，奶产量15408吨，增长0.17%，绵羊毛产量506吨，增长0.19%。旅游经济大幅回升，全年共接待国内外游客13.6万人次，其中：国内游客10.8万人次，国外游客2.8万人次，实现旅游综合收入3472万元。

【新农村建设】大力开展农牧互补“一特四化”工作。全年共投入7543万元，发展牦牛繁育产业带试点村3个、藏羊繁育产业带试点村2个、奶牛产业带试点村2个，建立联户牧场51个，成立专业合作社和养殖协会20个；在半农半牧区种植优质牧草537公顷，建立半人工刈割草场8320公顷，圈滩种草1900公顷；完成投资163万元的能源建设项目，发放太阳灶2100台、节能灶520台、光伏电源25套，改造太阳能校舍3275平方米；全年通过“一折统”发放各类涉农补贴资金958万元；完成总投资296万元的安全饮水项目8处、入户供水点502个。投资74万元的拉仁关乡玛日村整村推进项目全面完成。在完善提高郎木、洛措两个省级新农村试点村建设水平的基础上，总结经验，狠抓州级试点村尕海乡尕秀村的新农村建设工作，并顺利通过州级验收。

【项目建设】固定资产投资在重点骨干项目的支撑和带动下，继续保持增长势头。全年共完成前期工作项目41项，超计划完成21项；争取到项目71个，超计划完成59个，争取项目资金41459万元，超计划完成19201万元；实施项目74个，新签约招商引资项目3个，引进资金9780万元；全年完成全社会固定资产投资39101万元，增长2.5%。

水电开发方面：在建的多松多、西仓、吾乎扎三座水电站有望在2010年建成发电，大庄水电站已建成发电，完成年发电量3380万千瓦时。

矿产开发方面：小水沟金矿和青稞崖金矿深部探矿力度加大，分别完成投资1000万元、332万元；拉尔玛金矿的矿权历史遗留问题得到妥善解决；尕海煤矿主井贯通即将完成。

道路建设方面：尕海至加仓等6条村道已全面建成，阿贡公路、玛艾到红科、李恰如沟口至牧场水泥路正在修建，全年改造修建桥梁10座。

【民生工作】积极筹措资金14568万元，其中县筹资金3620万元，全面落实省列11项、州列9项、县列17项民生工作，着力解决事关农牧民群众和城镇居民医疗、饮水、行路、上学、就业、养老、住房、低保、医保等方面的实际问题。通过各种渠道安置各类大中专毕业生和复退军人323名。2009年新增就业人员154人，下岗失业人员再就业65人。城镇零就业家庭就业问题得到解决，安置率达到100%。解决贫困人口860人，占目标任务的107.5%；

【人民生活】2009年，职工年平均工资25073元。城乡居民储蓄存款余额15681万元；城镇居民人均可支配收入8949元，增长12.8%，恩格尔系数由上年的38.5%降到2009年的36.7%，下降了1.8个百分点；农民人均纯收入2960元，增长9.8%，恩格尔系数由上年的58.5%降到2009年的56.3%，下降了2.2个百分点。从恩格尔系数下降来看，城乡居民收入增加，生活质量显著改善。城镇居民每百户拥有摩托车43辆、洗衣机93台、电冰箱83台、彩色电视机106台、移动电话143部、普通电话36部、家用电脑20台。

【社会保障】全年共发放城市低保金166万元，临时生活补贴11万元，使481户、1356人得到救助；发放农村低保金502万元，临时生活补贴62万元，覆盖2397户、7600人；发放五保户供养金35万元，临时生活补贴1万元，供养五保户203人；发放城乡大病医疗救助金16万元，救助34人次；发放救灾救助款77万元。全县24个行政村78名村干部纳入基本养老保险范围，1029名僧人纳入农村低保。

【社会事业】教育工作加快学校布局结构调整，完成10所村级学校撤并工作，进一步加强教育基础设施建设，校园“四项工程”灾后重建及二期寄校项目均已基本完成。同时，狠抓管理，加强督查，积极提高教学质量，全力推进“两基”攻坚工作。计划生育工作，“少生快富”等奖励扶助项目全面落实，人口出生率为17.88‰，人口自增率为9.82‰，农村计划生育率达到100%。县计划生育服务指导站业务楼已完成主体框架建设，七乡镇标准化服务所建设已全面完成，省级优质服务县已通过达标验收。儿童计划免疫“五苗”覆盖率达97.51%。卫生工作以疾病预防控制和医疗救治体系建设为重点，认真实施农牧村新型合作医疗制度，参合率达到97.12%，落实各类补偿支出302万元，受益9957人次；建成13个村级卫生室，为群众看病提供方便；社区卫生服务工作全面展开，切实提高了城镇居民卫生预防保健水平。广播、电视覆盖率分别达到87%和97.5%。高度重视信访工作，积极开展矛盾纠纷排查调处活动，全年共排查各类矛盾纠纷20起，调处17处，调处率85%；全年共受理信访案件14起，已办结12件（次），办结率85.71%。

【环境保护】全面完成2009年度的节能减排任务，预计单位GDP能耗下降4.51%，单位GDP电耗下降3.49%，规模以上单位工业增加值能耗下降23.91%。加强环境综合治理，拉尔玛金矿和忠曲金矿地质环境恢复与治理工程如期进行，忠曲金矿尾矿坝处理工程全面建成，各行各业重视节能减排工作。

（高卫国）

夏河县

【现任主要领导】

中共夏河县委书记：王砚

夏河县人大常委会

主任：仁青东知（藏族）

夏河县人民政府县长：杨晓南（藏族）

政协夏河县委员会主席：才高（藏族）

中共夏河县纪律检查委员会

书记：更藏记（藏族，女）

【基本情况】夏河县位于甘肃省西南部，甘南藏族自治州西北部，地处青藏高原的东部边缘，处于甘南高原和黄土高原的过渡带，东南面分别与州属合作市、碌曲县相邻，北依临夏州临夏县及青海省循化县、同仁县，全县土地面积为6274平方公里，大部分地区海拔高度在3000～4200米之间，最高点为甘加达里加山主峰，海拔4636米，最低点在夏河临夏交界处的土门关一带，海拔2200米。气候寒冷湿润，年平均温2.6度，年均降水量516毫米，平均无霜期56天，全年日照时间2296小时。辖10个乡，3个镇，65个村委会，4个社区（居委会），436个村民小组。总人口8.11万人，有藏、汉、回、撒拉、蒙古、朝鲜、土等14个民族，其中：藏族人口占79.3%，人口自然增长率8.44‰。

【资源优势】境内既有高山雪峰，又有河谷流川；既有高山湖泊，又有草原牧场，天然草场类型多样，品优质高，是甘南藏族自治州的主要牧业县之一。畜种以牦牛、藏系绵羊、甘加型羊为主，农作物以青稞为主。野生植物73科709种，矿产资源丰富。旅游资源得天独厚，人文资源有全国重点文物保护单位，我国六大佛教寺院之一的拉卜楞寺，以及西夏古城八角城，明代边墙遗址土门关，藏族原始笨教甘加作海寺等。自然景观有景色如画的桑科草原、甘加草原、甘加白石崖溶洞、达里加翠湖、达尔藏湖和曲奥林峡谷等。

【国民经济】2009年，全县实现生产总值7.09亿元，比上年增长11.7%。其中：第一、二、三产业分别实现增加值2.36亿元、1.26亿元和3.47亿元，增长8.2%、10.2%和14.3%。人均生产总值8781元。全社会固定资产投资完成5.13亿元，增长71.45%。工业增加值1.24亿元，增长10.2%。地方财政收入1761万元，增长1.14倍，财政支出5.74亿元，增长32.3%。金融机构年末存款余额8.89亿元，增长18.9%，贷款余额5.69亿元，增长54.0%。实现社会消费品零售总额2.43亿元，增长14.5%。旅游业恢复性增长，年内游客达26.1万人次，实现旅游收入3697万元。

【新农村建设】实施“农牧互补”战略和“一特四化”建设，投资5765万元，完成10个藏羊繁育带、5个牦牛繁育带和7个奶牛养殖带的专业布局调整，建立养殖小区4个、联户牧场44个，种植优势牧草667公顷。大力扶持县机饲总站、永杰公司、锦凤翔公司等草畜龙头企业发展，建立专业合作社3个。开展甘加羊等特色畜种的地理标志认证和畜产品绿色有机食品认证工作。争取到新农村建设、牛羊产业大县、"一事一议"财政奖补项目三个省级试点县。开展麻莲滩等8个省、州新农村试点村建设；试点村人均纯收入达到2947元，增长20.2%，高于全县平均水平4.2个百分点。牛羊产业大县建设取得明显实效，年末各类牲畜存栏91.33万头（只），牲畜总增率出栏率、商品率分别达到33.1%、39.5%、36.4%，实现畜牧业增加值1.95亿元。实施农牧村公益事业建设"一事一议"财政奖补项目39项，完成投资889万元。全年脱贫1100人。

【项目建设】全年在建项目68个，完成投资5.13亿元。是夏河县历史上项目建设数量最多、投资规模最大的一年。扩需项目实施顺利，新增中央预算内投资项目41个，投资2.8亿元。工业经济方面，加快安多循环经济园区一期工程建设，2000KW余热发电项目已建成投入使用，日产2500吨新型干法水泥孰料生产线带4500KW余热发电项目完成投资1.29亿元。水电开发进展顺利，甫黄二级、安顺、和平桥、前光滩、阿一山等5座水电站累计完成投资1.15亿元。矿产、藏药等特色资源开发力度加大，投资2300万元，进行地质勘探，完成黄金生产200千克、锑精粉335吨。开展藏药仁钦芒觉、二十味珊瑚丸、松石丸、珍珠丸等珍宝类制剂规模化生产，对安神丸等51种藏药制剂进行省内注册。

【民生工作】投资2.2亿元，办理民生实事19件；解决984户6000人安全饮水问题；完成300户农牧村危旧房改造任务，在12个乡镇实现游牧民定居858户4409人；实施生态移民250户1500人；新建廉租住房685套3.43万平方米；实施义务教育阶段5所中小学危房改造；完成社区卫生服务中心项目建设；为4个社区提供经费保障12万元；提高4024名城市低保户、20536名农牧村低保户、382名五保户供养标准；建成麻当乡农牧村敬老院，全县4个敬老院集中供养五保户100人；将全县关、停国有和集体企业退休人员全部纳入城镇职工医疗保险范围；解决了383名大中专毕业生和复员军人的就业问题，为138名城镇零就业家庭人员安排了公益性岗位；将住房公积金缴存比例从7∶7提高到12∶12；执行公务员医疗补助制度，由6%提高到9%；落实全县干部职工通讯补助。

【人民生活】2009年，全县城镇居民人均可支配收入8175元，增长14.0%，农牧民人均纯收入2375元，增长12.1%。当年解决贫困人口1100人，培训农牧民群众897人次，劳务输转3970人次，实现劳务创收1575万元。26项涉农财政补贴纳入"一册明、一折统"范围，发放惠农财政补贴资金2918万元。

【社会保障】城镇职工、居民参加医疗保险人数分别为4615人、10533人，参保率分别为100%和88.1%，两项核报住院费695万元。城乡居民最低生活保障覆盖率达到100%。落实村干部报酬84万元，将190名村干部纳入养老保险。提高了新农合中、藏医报销标准，新农合参合率达到99.2%，核报住院费537万元。继续实行农牧村老年人新农合医疗补助、生活补助和津贴、低保等制度。向困难群众发放各类救灾资金1409万元，面粉260吨。

【社会事业】实施2个乡镇综合文化站、28个农牧民书屋、65个村级篮球场、12个农牧村现代远程教育等文化工程项目。举办"平安杯"篮球比赛，全民健身、有奖灯谜晚会等活动，丰富人民群众的文体生活。深入开展非物质文化遗产的文物普查工作，拉卜楞寺被评为第二批全国古籍重点保护单位。实施新一轮广播电视"村村通"项目。实施科教兴县战略，投资8865万元，调整教育布局，年内撤并20所村校，对12所学校进行改扩建，完成9所寄宿学校大灶建设，提高生均公用经费保障标准，下拨专项补助资金1696万元，争取到345万元的洒索玛、仁爱2所小学的援建项目，在义务教育学校推行了绩效工资制度。普通高校录取率达到83.2%，高于全州平均水平13个百分点。医疗卫生服务体系不断健全。县医院门诊业务楼竣工交付使用，13个乡镇卫生院基础设施得到了改善，及时开展甲型H1N1流感防控工作，有效防止疫情的扩散和蔓延。计生创优成果进一步巩固，落实奖励扶助资金696万元。

【环境保护】加大生态环境保护力度。发放太阳灶2333台，节煤炉896套。禁牧休牧18000公顷，退牧还草13333公顷，补播种改良37600公顷。天然林管护48133公顷，义务植树19万株，补植补造133公顷，封山育林667公顷，荒山造林267公顷。实施生态移民，有效开展水源地水污治理工作。加强县城水源地水污染治理工作，完成采沙点生态植被恢复4万平方米、河道清理2万平方米、新建生活垃圾集中收集台7座、水源地一级保护区内征地、房屋拆迁、平整、铁艺围栏，应急桥梁、道路和绿化工程，投资645万元的污水处理厂已基本完成。

（齐荣龙）

综合、核算

General Survey, National Accounts

1

简要说明

一、本篇资料主要内容

本篇资料主要包括甘肃省行政区划、自然状况、国民经济和社会发展综合资料；甘肃省历年地区生产总值以及全省私营个体经济基本情况资料。

二、本篇资料来源

本篇国民经济和社会发展综合资料由甘肃省统计局国民经济综合处搜集、加工整理，国民经济核算资料由国民经济核算处汇总、加工整理。

1.甘肃行政区划资料是截止 2009 年末全省行政区划变更情况汇总，由省民政厅提供。自然状况包括土地面积、河流是由省统计局国民经济综合处根据有关历史资料进行整理。气象资料由省气象局提供。

2.国民经济和社会发展综合资料是由国民经济综合处抽取全书的精华，通过对各篇章主要统计指标及其速度、结构、比例和效益等加工计算，来反映国民经济和社会发展的总体情况。

3.地区生产总值数据是由国民经济核算处根据不同产业部门、不同支出构成的特点和资料来源情况而采用不同方法计算的。如果遇到普查，在能够获得更详细的基础资料的情况下，地区生产总值的历史数据还会发生变动。由于采取分级核算，各地区数据相加不等于全省总计。

4.投入产出表也称部门联系平衡表或产业关联表，它是根据国民经济各部门生产中的投入来源和使用去向纵横交叉组成的一张棋盘式平衡表。它可以用来揭示部门间经济技术的相互依存、相互制约的数量关系。投入产出表由国民经济核算处提供。

5.全省私营个体经济基本情况资料来自省工商行政管理局。

1-1 行政区划

Divisions Administrative Areas in Gansu

单位：个　　(2009)　　(unit)

地级区划名称	Prefectural Regions and Autonomous Regions	地级 City	县级 County Level 合计 Numbers of Regions at County Level	县 Counties	自治县 Autonomous Counties	市 Cities	市辖区 Districts under the Jurisdiction of Cites	乡镇级 Townships Level 合计 Number of Regions at Townships Level	镇 Towns	乡 Town-ships	#民族乡 Ethnic community townships	街道办事处 Street Communites
甘肃省	**Gansu**	**14**	**86**	**58**	**7**	**4**	**17**	**1350**	**464**	**762**	**34**	**124**
兰州市	Lanzhou	1	8	3			5	113	34	27		52
嘉峪关市	Jiayuguan	1						10	3			7
金昌市	Jinchang	1	2	1			1	18	8	4		6
白银市	Baiyin	1	5	3			2	78	21	48	1	9
天水市	Tianshui	1	7	4	1		2	123	46	67		10
武威市	Wuwei	1	4	2	1		1	100	43	50		7
张掖市	Zhangye	1	6	4	1		1	65	30	30	4	5
平凉市	Pingliang	1	7	6			1	105	32	70	9	3
酒泉市	Jiuquan	1	7	2	2	2	1	75	29	36	7	10
庆阳市	Qingyang	1	8	7			1	119	36	80	1	3
定西市	Dingxi	1	7	6			1	121	60	59		2
陇南市	Longnan	1	9	8			1	195	61	134	4	
临夏州	Linxia	1	8	5	2	1		129	46	77	4	6
甘南州	Gannan	1	8	7		1		99	15	80	4	4

1-2 土地状况

Land Characteristics

项　目	Item	面积（平方公里） Area (sq.km)	占总面积% Percentage to Total Area%
总面积	**Total Land Area (sq.km)**	**454430**	**100.00**
按地形分	By Topographic Feature		
山　地	Mountains	118014	25.97
高　原	Plateaus	134049	29.50
川　地	Plains	134549	29.61
戈壁、沙漠	Gobi and Desert	68115	14.99
按地高分	By Altitude		
海拔1000米以下	Under 1000m	34890	7.68
海拔1000-2000米	1000-2000m	233878	51.47
海拔2000-3000米	2000-3000m	93524	20.58
海拔3000米以上	Above 3000m	91708	20.16
按特征分（万亩）	By Land Use (10 000 mu)		
耕　地	Cultivated Land	5227.78	7.67
森　林	Forests	7061.40	13.42
水　域	Water Area in Land	1644.35	2.44
草　原	Area of Grassland	24959.29	36.62

注：森林数据为全省第六次森林资源清查数。

a) Figures on forest resources were the figures of the Sixth Province's Forestry Survey.

1-3 河流基本情况

Major Rivers

名　称	River	流域面积（万平方公里） Drainage Area (10 000 sq.km)	河流长度（公里） Length (km)	年径流量（亿立方米） Annual Flow (100 million cu.m)
长　江	Changjiang River (Yangtze River)	3.85	3435.50	100.37
#白龙江	Bailong River	1.81	385.40	59.44
黄　河	Huanghe River (Yellow River)	14.59	8781.80	125.16
#洮　河	Taohe River	2.52	673.00	47.08
内陆河	Inland Rivers	27.00	5109.90	56.62
#疏勒河	Shulehe River	17.00	583.00	20.74
黑　河	Heihe River	5.94	413.80	20.84
石羊河	Shiyanghe River	4.07	179.60	15.04

1-4 气候情况

Climate Conditions

指　标	Indicators	2009	指　标	Indicators	2009
年平均气温（℃）	Annual Average Temperature (℃)	8.8	年蒸发量（毫米）	Annual Exaporation (mm)	1627.0
年最高气温（℃）	Annual Utmost Highest Air Temperature (℃)	15.8	年降水量（毫米）	Annual Preciptation (mm)	361.0
年最低气温（℃）	Annual Utmost Lowest Air temperature (℃)	3.5	年降雨日数（天）	Annual rainy Days (day)	90.8
年日照时数（小时	Annual Sunshine Time (h)	2346.0	年无霜期（天）	Annual Frost-free period(day)	169.4

月　份	Month	平均气温（℃） Monthly Average Temperature(℃)	日照时数（小时） Sunshine Time (h)	降雨量（毫米） Preciptation (mm)
1 月	Jan.	−5.3	1.3	201.5
2 月	Feb.	0.8	6.9	154.3
3 月	Wen.	4.5	14.5	206.1
4 月	Apr.	11.8	18.7	222.2
5 月	May.	14.4	46.9	221.0
6 月	Jun.	19.8	30.6	255.5
7 月	Jul.	21.1	70.7	194.1
8 月	Aug.	18.6	84.5	196.2
9 月	Sep.	15.0	44.4	139.3
10 月	Oct.	9.6	25.5	195.1
11 月	Nov.	−0.3	14.5	172.1
12 月	Dec.	−4.2	2.7	188.5
年（平均）	Annual Total (Average)	8.8	2346.0	361.0

1-5 甘肃国民经济主要指标占全国比重

Percentage of Gansu's National Economy in the Whole Nation

（2009）

指 标	Item	全 国 Whole Nation	甘 肃 Gansu	甘肃省占全国% As Percentage of the Whole Nation
年底总人口（万人）	Population at the Year-end (10 000 persons)	133474.00	2635.46	1.97
从业人员（万人）	Employment at the Year-end (10 000 persons)	77995.00	1488.63	1.91
国内生产总值（亿元）	Gross Regional Product (100 million yuan)	335352.94	3387.56	1.01
第一产业	Primary Industry	35477.00	497.05	1.40
第二产业	Secondary Industry	156957.95	1527.24	0.97
第三产业	Tertiary Industry	142918.00	1363.27	0.95
全社会固定资产投资（亿元）	Total Investment in Fixed Assets (100 million yuan)	224845.59	2479.60	1.10
财政收入（亿元）	Government Revenue (100 million yuan)	68476.88	603.98	0.88
财政支出（亿元）	Government Expenditures (100 million yuan)	75873.64	1246.28	1.64
在岗职工平均工资（元）	Average Wage of Fully Employed Staff and Workers (yuan)	32736.00	27177.00	−5559元
城镇居民人均可支配收入（元）	Per Capita Disposable Income of Urban Residents (yuan)	17175.00	11929.78	−5245元
农民人均纯收入（元）	Per Capita Net Income of Rural Residents (yuan)	5153.00	2980.10	−2173元
主要农产品产量（万吨）	Output of Major Agricultural Products (10 000 tons)			
粮 食	Grain	53082.08	906.20	1.71
棉 花	Cotton	637.68	9.54	1.50
油 料	Oil-Bearing Crops	3154.29	58.54	1.86
肉 类	Output of Meat	7649.92	83.32	1.09
主要工业产品产量	Output of Major Industry Products			
农用化肥（万吨）	Chemical Fertilizers (10 000 tons)	6599.70	80.99	1.23
原 煤（亿吨）	Coal (100 million tons)	29.73	0.40	1.34
天然原油（万吨）	Natural Crude Oil (10 000 tons)	18948.96	359.91	1.90
发电量（亿千瓦小时）	Electricity (100 million kwh)	37146.51	703.25	1.89
钢（万吨）	Steel (10 000 tons)	56803.29	626.36	1.10
水 泥（万吨）	Cement (10 000 tons)	165000.00	1816.10	1.10
邮电业务总量（亿元）	Total Business Revenue of Post and Telecommunication (100 million yuan)	27312.70	361.87	1.32
社会消费品零售总额（亿元）	Total Retail Sales of Consumer Goods (100 million yuan)	125343.00	1183.01	0.94
进出口总额（亿美元）	Totel Exports and Imports (USD 100 million)	22072.18	38.62	0.17
#出口额	Exports	12016.63	7.36	0.06
高等学校在校学生数（万人）	Students Enrollment in Institutions of Higher Education (10 000 persons)	2144.66	36.15	1.69
医院、卫生院数（个）	Number of Hospitals (unit)	59918	1714	2.86
医院、卫生院床位数（万张）	Number of Hospital and Health Center Beds (10 000 beds)	441.60	7.70	1.74
执业（助理）医师（万人）	Licensed (Assistant) Doctors (10 000persons)	220.50	3.67	1.67

1-6 国民经济和社会发展总量与速度指标

指　标	Item	1995	2000
人口与就业	**Population and Employment**		
人口	**Population**		
年底总人口（万人）	Population at the Year-end (10 000 persons)	2437.95	2556.89
城镇人口	Urban	562.06	613.91
乡村人口	Rural	1875.89	1942.98
就业	**Employment**		
从业人员数（万人）	Employees (10 000 persons)	1483.32	1476.45
#职工人数	Staff and Workers	250.10	228.62
城镇登记失业人数（万人）	Urban Registration Unemployment (10 000 persons)	9.13	7.35
宏观经济	**Macro Economy**		
国民核算	**National Accounting**		
甘肃生产总值（亿元）	Gansu Gross Product (100 million yuan)	557.76	1052.88
第一产业	Primary Industry	110.65	194.10
第二产业	Secondary Industry	256.83	421.65
第三产业	Tertiary Industry	190.28	437.13
支出法甘肃生产总值（亿元）	Gansu Gross Product by Expenditure Approach (100 million yuan)	557.76	1052.88
#最终消费	Final Consumption Expenditure	385.35	635.71
居民消费	Household Consumption Expenditures	291.08	496.35
政府消费	Government Consumption Expenditures	94.27	139.37
资本形成总额	Gross Capital Formation	221.20	453.44
固定资本形成	Gross Fixed Capital Formation	146.35	373.90
存货增加	Changes in Inventories	74.84	79.54
固定资产投资	**Investment in Fixed Assets**		
全社会固定资产投资总额（亿元）	Total Investment in Fixed Assets (100 million yuan)	194.67	441.35
城镇	Urban		
#房地产开发	Real Estate Development		
农村	Rural		
财政	**Finance**		
财政收入（亿元）	Revenue (100 million yuan)	68.41	108.38
财政支出（亿元）	Expenditures (100 million yuan)	81.39	188.23
物价总指数（上年=100）	**Price Indices (preceding year=100)**		
商品零售价格指数	Retail Price Index	116.5	99.1
居民消费价格指数	Consumer Price Index	119.8	99.5
工业品出厂价格指数	Ex-Factory Price Indices of Industrial Products	115.0	107.2
农产品生产价格指数	Price Indices of Agricultural Production		
能源生产与消费（万吨标煤）	**Production and Consumption of Energy (10 000 tons of SCE)**		
能源生产总量	Total Energy Production	2276.89	1914.59
能源消费总量	Total Energy Consumption	2737.59	3011.62

Principal Aggregate Indicators on National Economic and Social Development and Their Related Indices and Growth Rates

总量指标 Aggregate Data			速度指标（%） Indices and Growth Rates					
			指数（2009年为以下各年%） Index (2009 as Percentage of the Following Years)				年平均增长速度 Average Annual Growth Rate	
2005	2008	2009	1995	2000	2005	2008	2001−2005	2006−2009
2594.36	2628.12	2635.46	108.10	103.07	101.58	100.28	0.29	0.39
778.83	844.94	860.48	153.09	140.16	110.48	101.84	4.87	2.52
1815.53	1783.18	1774.98	94.62	91.35	97.77	99.54	−1.35	−0.56
1391.36	1446.34	1488.63	100.36	100.82	106.99	102.92	−1.18	1.70
205.72	198.00	195.15	78.03	85.36	94.86	98.56	−2.09	−1.31
9.26	9.43	10.28	112.60	139.86	111.02	109.01	4.73	2.65
1933.98	3166.82	3387.56	406.04	253.33	152.11	110.29	10.74	11.06
308.06	462.27	497.05	189.81	165.84	123.16	105.10	6.12	5.35
838.56	1470.34	1527.24	434.40	275.18	160.64	111.02	11.37	12.58
787.36	1234.21	1363.27	521.57	272.05	154.41	111.18	11.99	11.47
1933.98	3166.82	3387.56	405.40	252.94	152.06	110.30	10.71	11.05
1217.63	1913.10	2111.30	374.98	255.57	148.24	109.50	11.51	10.34
893.15	1276.99	1390.67	304.56	213.94	132.76	107.50	10.01	7.34
324.48	636.11	720.63	640.63	405.63	190.89	113.50	16.27	17.54
916.96	1621.28	1915.97	573.65	327.45	177.30	115.30	13.05	15.39
874.52	1493.47	1788.34	755.24	367.94	173.05	116.00	16.29	14.69
42.44	127.81	127.63	148.14	141.80	266.10	106.90	−11.83	27.72
874.53	1735.79	2479.60	1273.75	561.82	283.54	142.85	14.66	29.76
790.22	1495.64	2076.38			262.76	138.83		27.32
85.75	170.69	204.14			238.06	119.60		24.21
84.31	202.02	286.64			339.98	141.89		35.79
254.57	470.94	603.98	882.89	557.28	237.26	128.25	18.62	24.11
429.35	968.43	1246.28	1531.25	662.11	290.27	128.69	17.93	30.53
99.9	107.9	101.8						
101.7	108.2	101.3						
109.6	104.9	91.0						
103.06	114.0	100.2						
3605.12	4069.28	4232.34	185.88	221.06	117.40	104.01	13.49	4.09
4367.67	5373.06	5481.60	200.23	182.01	125.50	102.02	7.72	5.84

1–6 续表 1

指　标	Item	1995	2000
产　业	**Industry**		
农业	**Agriculture**		
耕地面积（千公顷）	Cultivated Areas (1 000 hectares)	3482.49	3433.20
农林牧渔业从业人员（万人）	Employed Persons of Agriculture, Forestry, Animal, Husbandry & Fishery (10 000 persons)	667.45	697.53
农林牧渔业总产值（亿元）	Gross Output Value of Agriculture Forestry, Animal Husbandry and Fishery (100 million yuan)	269.45	320.12
主要农产品产量（万吨）	Output of Major Farm Products (10 000 tons)		
粮食	Grain	626.78	713.48
棉花	Cotton	2.29	5.75
油料	Oil-bearing Crops	31.69	41.68
甜菜	Beet Roots	107.01	37.90
水果	Fruits	80.36	121.59
肉类	Meat	47.33	57.33
猪牛羊肉	Pork,Beet,Mutton	44.02	52.77
工业	**Industry**		
规模以上工业增加值（亿元）	Gross Industrial Output Value of Above Designated Size (100 million yuan)		263.42
主要工业产品产量	Output of Major Industrial Products		
原煤（万吨）	Coal (10 000 tons)	2466.13	1632.71
天然原油（万吨）	Natural Crude Oil (10 000 tons)	267.83	250.15
发电量（亿千瓦小时）	Electricity (100 million kwh)	237.75	280.27
粗钢（万吨）	Crude Steel (10 000 tons)	131.95	229.94
水泥（万吨）	Cement (10 000 tons)	561.48	732.10
乙烯（万吨）	Ethene (10 000 tons)	7.28	16.72
卷烟（万箱）	Cigarettes (10 000 pack)	28.75	28.99
建筑业	**Construction**		
建筑业企业人数（万人 ）	Number of Employed Persons (10 000 persons)		33.17
建筑业总产值（亿元）	Gross Output Value (100 million yuan)	60.81	126.40
施工房屋面积（万平方米）	Floor Space of Buildings Under Construction (10 000 sq.m)	958.98	1914.12
竣工房屋面积（万平方米）	Floor Space of Buildings Completed (10 000 sq.m)	408.68	1066.18
交通运输	**Transportation**		
货运量（万吨 ）	Freight Traffic (10 000 tons)	20275.00	22722.09
#铁路	Railways	2555	2885
公路	Highways	17719	19800
空运	Civil Aviation	1.00	1.09

continued

总量指标 Aggregate Data			速度指标（%） Indices and Growth Rates					
			指数（2009年为以下各年%） Index (2009 as Percentage of the Following Years)				年平均增长速度 Average Annual Growth Rate	
2005	2008	2009	1995	2000	2005	2008	2001-2005	2006-2009
3421.05	3468.35	3485.19	100.08	101.51	101.87	100.49	-0.07	0.47
761.37	727.57	732.90	109.81	105.07	96.26	100.73	1.77	-0.95
549.71	808.10	876.28	232.33	171.51	123.92	105.79	6.72	5.51
836.89	888.50	906.20	144.58	127.01	108.28	101.99	3.24	2.01
11.05	12.32	9.54	416.79	165.99	86.37	77.47	13.96	-3.60
50.31	53.54	58.54	184.74	140.46	116.37	109.35	3.84	3.86
14.54	20.09	20.42	19.08	53.88	140.44	101.65	-17.44	8.86
172.45	248.14	277.56	345.40	228.28	160.95	111.86	7.24	12.64
69.81	79.21	83.32	176.04	145.34	119.36	105.19	4.02	4.52
64.09	73.13	77.34	175.68	146.55	120.67	105.75	3.96	4.81
601.80	1135.17	1136.71		317.93	166.34	110.60	13.83	13.57
3619.84	3976.99	3975.96	161.22	243.52	109.84	99.97	17.26	2.37
304.55	365.15	359.91	134.38	143.88	118.18	98.56	4.01	4.26
506.17	690.22	703.25	295.79	250.92	138.94	101.89	12.55	8.57
458.44	515.78	626.36	474.69	272.40	136.63	121.44	14.80	8.11
1553.29	1560.32	1816.10	323.45	248.07	116.92	116.39	16.23	3.99
24.57	70.15	69.38	953.02	414.95	282.38	98.90	8.00	29.63
71.00	77.90	78.40	272.70	270.44	110.42	100.64	19.62	2.51
42.77	42.03	44.98		135.61	105.17	107.03	5.22	1.27
314.17	481.27	579.89	953.60	458.77	184.58	120.49	19.97	16.56
3008.48	3791.49	4178.20	435.69	218.28	138.88	110.20	9.47	8.56
1455.17	1842.81	1724.38	421.94	161.73	118.50	93.57	6.42	4.33
25843.07	22742.44	25489.33	125.72	112.18	98.63	112.08	2.61	-0.34
3274	4512	4646	181.84	161.04	141.91	102.97	2.56	9.14
22520	18201	20812	117.46	105.11	92.42	114.35	2.61	-1.95
1.08	1.44	1.33	133.00	122.02	123.15	92.36	-0.18	5.34

1-6续表2

指标	Item	1995	2000
客运量（万人）	Passenger Traffic (10 000 persons)	10547	12907
铁路	Railways	942	1039
公路	Highways	9563	11600
民航	Civil Aviation	42	76
邮电通信业	**Postal and Telecommunication Services**		
邮电业务总量（亿元）	Total Business Revenue (100 million yuan)	7.08	42.10
函　件（万件）	Number of Letters Delivered (10 000 pieces)	9104	9919
报刊期发数（万份）	Number of Newspapers and Magazines Distributed (10 000 copies)		679
移动电话年末用户（万户）	Number of Mobile Telephone Subscribers at Year-end(10 000 subscribers)		
固定电话年末用户（万户）	Telephone Subscribers at Year-end (10 000 subscribers)	43.32	180.17
局用交换机容量（万门）	Capacity of Office Telephone Exchanges (10 000 lines)		
国内商业	**Domestic Trade**		
社会消费品零售总额（亿元）	Total Retail Sales of Consumer Goods (100 million yuan)	240.65	379.61
对外经济贸易	**Foreign Trade**		
进出口总额（万美元）	Total Value of Exports and Imports (USD 10 000)	30494	56953
进口额	Imports	8542	15458
出口额	Exports	21951	41495
利用外资额	**Utilization of Foreign Capital**		
签订利用外资协议额（万美元）	Foreign Capital Signed by Contracts (USD 10 000)	38364	26340
实际利用外资额（万美元）	Utilization of Foreign Capital (USD 10 000)	32287	20122
金融业	**Financial Intermediation**		
金融机构人民币各项存款（亿元）	Total Deposits of of Financial Institutions (100 million yuan)	628.28	1402.93
金融机构人民币各项贷款（亿元）	Total Loans of of Financial Institutions (100 million yuan)	681.08	1171.14
证券交易额（亿元）	Value of Securitys Exchange (100 million yuan)		745.87
保险公司保费收入（亿元）	Amount Insured of Insurance Companies (100 million yuan)	6.42	19.05
保险公司赔付支出（亿元）	Indemnity Expenditure and Payment of Insurance Companies (100 million yuan)	3.90	6.49
教育、科技、文化	**Education, Science and Technology and Culture**		
教育	**Education**		
专任教师数（人）	Number of Full-time Teachers (person)		
#普通高等学校	Institutions of Higher Education	6284	7208
普通中学	Secondary Schools	62669	74082
普通小学	Primary Schools	130032	125172
在校学生数（万人）	Students Enrollment (10 000 persons)		
#普通高等学校	Institutions of Higher Education	4.55	8.17
普通中学	Secondary Schools	91.53	131.47
普通小学	Primary Schools	273.71	316.46
地方财政用于教育的支出（万元）	Government Expenditures on Education (10 000 yuan)	146778	311489
科技	**Science and Technology**		
县以上科研机构数（个）	Number of Scientific and Technical Research Insitutions above County Level (unit)	140	150
各类专业技术人员（万人）	Scientific and Technical Personnel (10 000 persons)	34.64	40.44

continued

总 量 指 标 Aggregate Data			速度指标（%） Indices and Growth Rates					
			指 数（2009年为以下各年%） Index (2009 as Percentage of the Following Years)				年平均增长速度 Average Annual Growth Rate	
2005	2008	2009	1995	2000	2005	2008	2001-2005	2006-2009
17803	46002	49995	436.16	356.41	258.39	108.68	6.64	29.45
1230	1844	2038	195.75	177.48	149.92	110.52	3.43	13.46
16247	43962	47755	459.71	378.98	270.59	108.63	6.97	30.94
85	103	110	244.79	135.28	120.95	106.71	2.26	6.59
135.92	279.81	361.87	3952.10	664.63	205.86	129.33	26.42	27.74
5071	3769	3811	41.40	38.00	74.33	101.11	−12.56	−6.89
175	303	200		44.60	173.14	66.11	−23.76	3.43
408.44	896.48	1194.37			219.49	133.23		30.77
548.04	519.19	453.93	1198.50	288.17	94.74	87.43	24.92	−4.60
712	426	439			59.88	103.06		−11.37
638.08	1023.62	1183.01	411.44	260.83	156.47	115.57	10.95	16.69
263136	609355	386175	1998.28	1069.93	231.57	63.37	35.81	10.07
154038	449138	312624	5258.00	2905.54	291.58	69.61	58.38	19.36
109098	160217	73551	729.88	386.11	146.86	45.91	21.33	−9.39
53996	35776	79533	93.25	135.82	66.26	222.31	15.44	10.17
25639	47642	51383	147.56	236.77	185.82	107.85	4.97	18.98
2895.86	4728.82	5881.82	752.66	337.07	163.30	124.38	15.60	19.38
1923.46	2731.89	3649.62	401.11	233.27	142.03	133.59	10.43	17.37
467.68	2981.64	5789.63		399.75	637.54	194.18	−8.91	87.58
48.24	97.45	114.38	1517.92	511.55	202.01	117.38	20.42	24.09
11.83	31.25	31.85	801.39	481.57	264.19	101.89	12.76	28.09
14816	18581	19629	295.69	257.78	125.41	105.64	15.50	7.29
99150	114963	116883	183.44	155.18	115.95	101.67	6.00	4.20
130841	141371	139966	108.72	112.94	108.05	99.01	0.89	1.70
22.95	33.19	36.15	729.44	406.24	144.62	108.92	22.95	12.03
194.38	203.84	204.16	222.71	155.05	104.87	100.16	8.13	1.24
303.58	268.96	252.60	98.27	84.99	88.60	93.91	−0.83	−4.49
752150	1829256	2063573	1246.27	587.26	243.20	112.81	19.28	28.70
107	106		75.71	70.67	99.07		−6.53	
46.61	49.65		143.33	122.77	106.52		2.88	

1–6 续表 3

指　　标	Item	1995	2000
文化	**Culture**		
图书（万册）	Number of Books Published (10 000 Volumes)	6180	7218
杂志（万册）	Number of Magazines Issued (10 000 Volumes)	6214	8064
报纸（万份）	Number of Newspapers Issue (10 000 Copies)	22556	25661
家庭、生活、环境	Number of Newspapers Issue (10 000 Copies)		
家庭	**Family**		
家庭总户数（万户）	Total Number of Households (10 000 households)	554.26	615.27
城镇居民平均每户家庭人口（人）	Average Household Size in Urban Areas (person)	3.29	3.08
农村居民平均每户家庭人口（人）	Average Household Size in Rural Areas (person)	5.14	4.73
婚姻	**Marriages and Divorces**		
结婚登记总数（对）	Registered Number of Marriages (couples)	155553	127799
离婚数（对）	Number of Divorces (couples)	4541	5541
居住	**Housing**		
城市居民人均居住面积（平方米）	Per Capita Net Floor Space of Urban Residents (sq.m)	10.74	15.21
农村居民人均居住面积（平方米）	Per Capita Net Floor Space of Rural Residents (sq.m)	15.64	18.00
生活	**People's Livelihood**		
城镇居民人均可支配收入（元）	Per Capita Annual Disposable Income of Urban Households (yuan)	3152.52	4916.25
农村居民人均纯收入（元）	Per Capita Net Income of Rural Residents (yuan)	880.34	1428.70
城乡储蓄存款余额（亿元）	Outstanding Amount of Saving Deposits in Urban and Rural Areas (100 million yuan)	380.17	818.76
工资	**Wages**		
工资总额（亿元）	Total Wages (100 million yuan)	136.70	179.98
职工平均工资（元）	Average Wage of Staff and Workers (yuan)	5493	7913
卫生	**Health Care**		
卫生机构数（个）	Number of Health Care Institutions (unit)	4131	7191
#医院、卫生院	Number of Hospitals	1843	1867
卫生机构床位数（张）	Number of Bed in Health Care Institutions (unit)	56378	59441
#医院、卫生院	Number of Hospital Beds	52788	56557
卫生技术人员（人）	Number of Medical Tenchnical Personnel (person)	82831	79201
#执业（助理）医师	Number of Doctors	38823	37695
环境	**Environment**		
环境污染治理投资总额（万元）	Total investment in environmental pollution control (10 000 yuan)		43072.5
环境污染事故赔款金额（万元）	Amount of Reparations and Fines (10 000 yuan)	137.0	79.5

continued

总 量 指 标 Aggregate Data			速度指标（%） Indices and Growth Rates					
			指 数（2009年为以下各年%） Index (2009 as Percentage of the Following Years)				年平均增长速度 Average Annual Growth Rate	
2005	2008	2009	1995	2000	2005	2008	2001－2005	2006－2009
5895	6463	6525	105.58	90.39	110.69	100.96	−3.97	2.57
14766	12741	11088	178.43	137.50	75.09	87.03	12.86	−6.91
37900	38379	40325.85	178.78	157.15	106.40	105.07	8.11	1.56
682.79	737.41	756.06	136.41	122.88	110.73	102.53	2.10	2.58
2.89	2.80	2.79	84.80	90.58	96.54	99.64	−1.27	−0.88
4.65	4.61	4.59	89.30	97.04	98.71	99.57	−0.34	−0.32
114554	118023	122398	78.69	95.77	106.85	103.71	−2.16	1.67
22260	22928	24742	544.86	446.53	111.15	107.91	32.06	2.68
24.16	27.19	27.35	254.66	179.82	113.20	100.59	9.70	3.15
18.71	19.87	20.55	131.39	114.17	109.83	103.42	0.78	2.37
8086.82	10969.41	11929.78	378.42	242.66	147.52	108.75	10.47	10.21
1980.00	2723.80	2980.10	338.52	208.59	150.51	109.41	6.74	10.76
1586.66	2461.90	3026.94	796.21	369.70	190.77	122.95	14.15	17.52
290.22	454.58	511.23	373.98	284.05	176.15	112.46	10.03	15.21
14172	23301	26577	483.83	335.87	187.53	114.06	12.36	17.02
11849	10534	10221	247.42	142.14	86.26	97.03	10.50	−3.63
1741	1710	1714	93.00	91.81	98.45	100.23	−1.39	−0.39
63638	76663	87412	155.05	147.06	137.36	114.02	1.37	8.26
59856	72315	77025	145.91	136.19	128.68	106.51	1.14	6.51
83017	87633	90210	108.91	113.90	108.66	102.94	0.95	2.10
35246	36176	36749	94.66	97.49	104.26	101.58	−1.33	1.05
106001.0	426585.8	400371.9		929.53	377.71	93.85	19.74	39.41
102.5							5.21	

1-7 国民经济和社会发展结构指标

Structural Indicators on National Economic and Social Development

单位：% (%)

指 标		1995	2000	2005	2008	2009
人口与就业	Population and Employment					
人口	Population					
城乡结构	Urban and Rural Composition					
城镇	Urban	23.17	24.01	30.02	32.15	32.65
乡村	Rural	76.83	75.99	69.98	67.85	67.35
性别结构	Sexual Composition					
男	Male	51.54	51.83	51.44	51.32	51.28
女	Female	48.46	48.17	48.56	48.68	48.72
就业	Employment					
产业结构	Industrial Composition					
第一产业	Primary Industry	63.53	59.64	63.67	62.35	62.01
第二产业	Secondary Industry	18.97	18.95	14.66	15.12	15.26
第三产业	Tertiary Industry	17.50	21.41	21.67	22.53	22.73
国民核算	National Accounting					
地区生产总值产业结构	Industrial Composition					
第一产业	Primary Industry	19.84	18.44	15.93	14.60	14.70
第二产业	Secondary Industry	46.05	40.05	43.36	46.40	45.10
第三产业	Tertiary Industry	34.12	41.52	40.71	39.00	40.20
投资	Investment in Fixed Assets					
全社会固定资产投资结构	Composition of Total Investment in Fixed Assets					
城乡结构	Urban and Rural Composition					
城镇	Urban			90.36	86.16	83.74
乡村	Rural			9.64	13.51	11.56
资金来源结构	Composition of Funding Sources					
国家预算内资金	State Budget	4.23	12.33	9.62	11.41	17.83
国内贷款	Domestic Loans	31.11	26.37	19.90	17.52	14.91
利用外资	Foreign Investment	5.00	1.74	1.65	0.76	0.71
自筹资金	Self-raising Funds	44.36	44.67	55.31	55.07	55.87
其他投资	Other Investments	15.30	14.89	13.52	15.24	13.35
产业经济	Industry					
农业	Agriculture					
农林牧渔业产值结构	Composition of Gross Output Value of Agriculture					
农业	Farming	69.97	69.60	66.01	65.53	67.02
林业	Forestry	2.41	3.48	2.89	2.78	2.77
牧业	Animal Husbandry	22.98	21.50	20.80	20.82	19.62
渔业	Fishery	0.29	0.37	0.19	0.13	0.13
工业	Industry					
工业总产值结构	Composition of Gross Industrial Output Value					
轻工业	Light Industry	25.25	24.03	18.77	16.36	11.77
重工业	Heavy Industry	74.75	75.97	81.23	83.64	88.23

1-7 续表 1 continued

单位：%　　(%)

指 标		1995	2000	2005	2008	2009
建筑业	**Construction**					
建筑业总产值结构	Composition of Gross Output Value of Construction Industry					
国有经济	State-owned Enterprise		42.13	37.22	18.72	17.03
城镇集体经济	Collective-owned Enterprises		27.43	11.97	10.99	8.78
其他	Others		30.44	50.81	70.29	74.19
运输业	**Transportation**					
货运量结构	Composition of Freight Traffic					
铁路	Railways	12.60	12.70	12.67	19.84	18.23
公路	Highways	87.39	87.14	87.14	80.03	81.65
国内商业	**Domestic Trade**					
社会消费品零售总额构成	Composition of Retail Sales of Consumer Goods					
市	Cities	61.31	64.51	64.34	64.52	64.49
县	Counties	18.74	15.87	15.95	16.01	16.20
县以下	Below Counties	19.95	19.62	19.71	19.46	19.30
对外经济贸易	**Foreign Trade**					
进出口总值构成	Composition of imports and exports					
进口	Imports	28.01	27.14	58.54	73.71	80.95
出口	Exports	71.99	72.86	41.46	26.29	19.05
教育、科技	**Education,Science and Technology**					
教育	**Education**					
普通学校在校学生结构	Composition of Student Enrollment in Regular Schools					
大学生	College and University Students	1.23	1.79	4.40	6.56	6.35
中学生	Secondary School Students	24.75	28.82	37.32	40.29	41.98
小学生	Primary School Students	74.02	69.38	58.28	53.16	51.67
普通学校专任教师结构	Composition of Full-time Teachers in Regular Schools					
大学	Colleges and Universities	3.16	3.49	6.05	6.76	7.10
中学	Secondary Schools	31.49	35.88	40.50	41.82	42.28
小学	Primary Schools	65.35	60.63	53.45	51.42	50.62
科技	**Science and Technology**					
科研经费筹集额结构	Composition of Funds for Scientific and Technological Activities					
#政府资金	Government Funds		35.87	34.17	29.23	
企业资金	Enterprises Funds		40.71	58.73	65.47	
事业单位资金	Institutions Funds		8.30	3.93	2.29	
各类专业技术人员结构	Composition of Professional and Technical Personnel					
工程技术人员	Engineering	15.68	14.78	12.68	12.12	

1-7 续表 2 continued

单位：% (%)

指 标		1995	2000	2005	2008	2009
农业技术人员	Agricultural	3.97	4.41	4.78	5.05	
科学研究人员	Scientific Research	0.56	0.43	1.27	0.37	
卫生技术人员	Health Care	12.84	12.21	12.27	12.51	
教学人员	Teaching	47.82	53.91	57.61	60.74	
生活	**People's Living Conditions**					
农村居民消费结构	Consumption Composition of Urban Residents					
食品类	Food	70.94	48.45	47.20	47.17	41.28
衣着类	Clothing	4.97	5.58	5.07	5.61	5.69
居住	Residence	10.20	15.79	13.23	16.15	23.45
家庭设备用品及服务	Household Appliances and Service	3.38	3.90	4.07	3.98	5.16
医疗保健	Health Care and Medical Services	3.19	6.51	6.26	6.86	8.60
交通通讯	Transport and Communications	1.48	4.04	8.52	9.77	7.86
文教娱乐用品及服务	Education, Cultural and Recreation Services	5.01	13.27	14.17	9.16	6.51
其他商品和服务	Miscellaneous Goods and Services	0.83	2.46	1.48	1.29	1.46
城镇居民消费结构	Consumption Composition of Urban Residents					
食品类	Food	51.69	37.63	36.04	38.32	37.78
衣着类	Clothing	14.14	12.53	12.35	12.31	13.16
居住	Residence	5.96	7.33	10.43	10.19	9.01
家庭设备用品及服务	Household Appliances and Services	6.70	9.74	5.61	6.57	6.29
交通通讯	Transport and Telecommunications		6.43	9.78	9.84	10.06
教育文化娱乐服务	Education, Cultural and Recreation and Services		13.65	14.44	11.27	11.53
医疗保健	Health Care and Medical Services	3.93	6.60	7.54	7.88	8.40
其他商品及服务	Other Goods and Services		6.09	3.82	3.63	3.77
卫生	**Health Care**					
执业医师	Certified Doctors			27.97	33.11	33.17
执业助理医师	Certified Assistant Doctors			7.80	8.17	7.57
注册护士	Registered Nurses			24.19	28.47	29.29
医院床位结构	Composition of Hospital Beds					
医院	Hospitals	72.84	73.20	73.97	70.24	64.94
卫生院	Health Centers	20.79	21.95	20.09	24.09	23.18
环境保护	**Environment protection**					
工业污染投资治理结构	Composition of Investment in the Treatment of Industrial Pollution					
治理废水	Waste Water Treatment		18.87	35.57	39.50	45.94
治理废气	Waste Gas Treatment		56.29	52.50	51.95	41.50
治理固体废物	Solid Waste Treatment		19.33	5.80	6.79	10.80
治理噪声	Noise Abatement		0.08	0.31	0.01	0.41
治理其他	Others		5.43	5.82	1.75	1.34

1-8 国民经济和社会发展比例及效益指标

Indicators on Proportions and Efficiency in National Economic and Social Development

指　标	Item	1995	2000	2005	2008	2009
人口与就业	**Population**					
出生率（‰）	Birth Rate (‰)	20.65	14.38	12.59	13.22	13.32
死亡率（‰）	Death Rate (‰)	6.49	6.41	6.57	6.68	6.71
自然增长率（‰）	Natural Growth Rate (‰)	14.16	7.97	6.02	6.54	6.61
城镇登记失业率（%）	Registered Urban Unemployment Rate(%)	3.11	2.70	3.26	3.20	3.25
就业者负担人口（人）	Dependency Ratio (person)	0.64	0.73	0.86	0.82	0.77
国民核算	**National Accounting**					
全社会劳动生产率（元/人）	Overall Labor Productivity (yuan/person)	3760	7131	13900	21895	22756
第一产业	Primary Industry	1174	2204	3478	5126	5385
第二产业	Secondary Industry	9124	15071	41114	67252	67232
第三产业	Tertiary Industry	7332	13828	26108	37868	40288
人均生产总值（元）	Per Capita Gross Regional Product (yuan)	2316	4129	7477	12075	12872
固定资产投资	**Investment in Fixed Assets**					
全社会固定资产投资相当于生产总值比例（%）	Proportion of Investment in fixed Assets to Gross Regional Product (%)	34.90	41.92	45.22	54.81	73.20
全社会房屋建筑面积竣工率（%）	Rate of Total Floor Space of Buildings Completed in Construction (%)	68.29	61.00	45.82	23.97	20.38
财政	**Finance**					
财政收入相当于生产总值比例（%）	Proportion of Government Revenue to Gross Regional Product (%)	12.27	10.29	13.16	14.87	17.83
财政支出相当于生产总值比例（%）	Proportion of Government Expenditures to Gross Regional Product (%)	14.59	17.88	22.20	30.58	36.79
农业	**Agriculture**					
人均耕地面积（公顷）	Per Capita Cultivated Land (hectare)	0.15	0.14	0.13	0.13	0.13
每公顷耕地用电量（千瓦小时）	Electric Consumption per hectare of Cultivated Land (kwh)	634	857	989	1112	1164
每公顷耕地化肥施用量（千克）	Chemical Fertilizer Consumption per Hectare of Cultivated Land (kg)	67	188	222	235	247
每公顷耕地生产的农业产值（元）	Agricultural Output Value per Hectare of Cultivated Land (yuan)	7737	9324	16068	23299	25143
农业从业者人均农产品产量（千克）	Output of Farm Corps Per Agricultural Laborer (kg)					
粮食	Grain	939.07	1022.87	1099.19	1221.19	1236.46
棉花	Cotton	3.43	8.24	14.51	16.93	13.02
油料	Oil-bearing Crops	47.47	59.75	66.08	73.59	79.88
猪牛羊肉	Pork,Beef and Mutton	86.51	75.65	84.18	100.51	105.52
每公顷播种面积农产品产量（千克）	Output of Farm Crops per Hectare of Sown Area (kg)					
粮食	Grain	2140	2550	3235	3312	3307
棉花	Cotton	1270	1657	1728	1694	1714
油料	Oil-bearing Crops	960	1336	1530	1614	1664

1-8 续表 continued

指　标	Item	1995	2000	2005	2008	2009
工业	**Industry**					
工业经济效益综合指数	Composite index of Industrial Economic Benefit	79.05	73.50	145.98	180.01	187.44
总资产贡献率（%）	Ratio of Total Assets to Industrial Output Value (%)	7.45	5.10	8.37	7.37	11.16
资本保值增值率（%）	Ratio of Capital hold and rise (%)	129.84	123.91	114.78	121.07	95.00
资产负债率（%）	Assets-Liability Ratio (%)	65.03	65.05	58.70	50.78	60.41
成本费用利润率（%）	Ratio of Profits to Industrial Cost (%)	1.03	1.35	3.49	1.99	4.50
流动资产周转次数（次/年）	Number of Times of Annual of Turnover Circulating Funds (times/year)	1.32	1.08	1.96	2.22	1.91
全员劳动生产率（元/人）	Overall Labor Productivity (yuan/person)	15577	18537	94481	161035	153201
建筑业	**Construction**					
技术装备率（元/人）	Value of Machinery per Laborer (yuan/person)	3047	4748	9018	10431	8664
产值利税率（%）	Ratio of Pre-tax Profits to Gross Output Value (%)	2.20	5.52	3.80	8.27	7.21
全员劳动生产率（元/人）（按总产值计算）	Overall Labor Productivity (yuan/person) (By Gross Output Value)	28887	38234	73456	103780	118186
对外经济贸易	**Foreign Trade**					
进出口总额相当于生产总值比例（%）	Proportion of Total Value of Imports & Exports to Gross Product (%)	4.54	4.48	11.16	14.12	7.79
金融	**Finance and Insurance**					
金融机构存款相当于生产总值比例（%）	Bank Deposits as Percentage of Gross Product (%)	112.64	133.25	149.74	149.32	173.63
金融机构贷款相当于生产总值比例（%）	Bank Loans as Percentage of Gross Product (%)	122.11	111.23	99.46	86.27	107.74
教育	**Education**					
学龄儿童入学率（%）	Rate of School-age Children Enrollment (%)	96.92	98.83	98.87	99.14	99.45
小学升学率（%）	Rate of Graduates of Primary Schools Entering Junior Secondary Schools (%)	86.20	90.98	96.67	100.10	97.89
初中升学率（%）	Rate of Graduates of Junior Secondary Schools Entering Senior Secondary Schools (%)	39.80	33.48	48.58	46.64	46.83
学校教师负担系数（%）	Student-teacher Ratio (in percentage)(%)					
高等学校	Colleges and Universities	7.00	11.80	15.49	17.86	18.00
中等学校	Trade Schools	9.20	12.10	19.81		
中学	Secondary Schools	14.60	17.70	19.61	17.73	17.00
小学	Primary Schools	21.00	25.30	23.20	19.03	18.00
科技	**Science and Technology**					
研究与发展经费支出占生产总值比例（%）	Propotion of Research and Development of Gross Product (%)	1.06	0.71	1.01	1.02	
卫生	**Health Care**					
每万人医院、卫生院数（个）	Number of Hospitals per 10 000 Persons (unit)	0.76	0.73	0.67	0.65	0.65
每万人医生数（人）	Number of Doctors per 10 000 Persons (person)	16	15	14	14	14
每万人医院、卫生院床位数（张）	Number of Beds of Hospitals and Health Centers per 10 000 Population	23	23	25	29	29
婚姻	**Marriages and Divorces**					
离婚率（‰）	Divorce Rate (‰)	0.38	0.43	1.72	1.68	1.88

1-9 甘肃的一天
One Day in Gansu

指　　标	Item	1995	2000	2005	2008	2009
每天创造的财富	**Daily Production**					
生产总值（万元）	Gross Regional Product (10 000 yuan)	15281	28846	52986	86762	92810
第一产业	Primary Industry	3032	5318	8440	12665	13618
第二产业	Secondary Industry	7036	11552	22974	40283	41842
#工业	Industry	6200	8975	18789	32569	32978
第三产业	Tertiary Industry	5213	11976	21572	33814	37350
财政收入（万元）	Government Revenue (10 000 yuan)	1874	2969	6974	12902	16548
财政支出（万元）	Government Expenditures (10 000 yuan)	2230	5157	11763	26532	34145
粮食（万吨）	Grain (10 000 tons)	1.72	1.95	2.29	2.43	2.48
棉花（吨）	Cotton (ton)	62.74	157.53	302.74	337.53	261.49
油料（吨）	Oil-bearing Crops (ton)	868.22	1141.92	1378.36	1466.85	1603.96
肉类（吨）	Meat (ton)	1296.71	1566.39	1912.60	2170.14	2282.74
原煤（万吨）	Coal (10 000 tons)	6.76	4.47	9.92	10.90	10.89
发电量（万千瓦小时）	Electricity (10 000 kwh)	6514	7679	13868	18910	19267
卷烟（箱）	Cigarette (pack)	788	794	1945	2134	2148
粗钢（吨）	Crude Steel (ton)	3615	6300	12560	14131	17161
水泥（吨）	Cement (ton)	15383	20058	42556	42748	49756
每天消费量	**Daily National Consumption**					
最终消费（万元）	Final Consumption Expenditure (10 000 yuan)	10558	17417	33360	52414	57844
居民消费	Resident Consumption	7975	13599	24470	34986	38101
农村居民	Rural Households	4148	5646	9075	12143	12953
城镇居民	Urban Households	3827	7953	15395	22843	25148

1-9 续表 continued

指　标	Item	1995	2000	2005	2008	2009
政府消费	Government Consumption Expenditure	2583	3818	8890	17428	19743
城镇居民每人生活消费支出（元）	Per Capita Living Expenditare of Urban Residents (yuan)	7.17	11.31	17.89	22.76	24.36
#食品消费	Food Consumption	3.71	4.25	6.45	8.70	9.20
农民每人生活消费支出（元）	Per Capita Living Expenditare of Rural Residents (yuan)	2.51	2.97	4.99	6.58	7.58
#食品消费	Food Consumption	1.78	1.44	2.35	3.10	3.13
社会消费品零售总额（万元）	Total Retail Sales of Consumer Goods (10 000 yuan)	6593	10400	17482	28044	32411
每天其他经济活动	**Other Daily Economic Activities**					
房屋建筑竣工面积（万平方米）	Floor space of Buildings (10 000 sq.m)	4.27	5.03	6.53	5.04	4.72
# 住宅	Residential Buildings	3.20	3.68	4.40	3.17	2.94
货运量（万吨）	Freight Traffic (10 000 tons)	55.55	62.25	70.80	62.31	69.83
客运量（万人）	Passenger Traffic (10 000 persons)	28.90	35.36	48.78	126.03	136.97
函件（万件）	Letters Delivered (10 000 copies)	24.94	27.17	13.89	10.33	10.44
出版报纸（万份）	Newspaper Published (10 000 copies)	61.80	70.30	103.84	105.15	110.48
居民储蓄额（万元）	Amount of Savings Deposit (10 000 yuan)	10416	22432	43470	67449	82930
每天人口变动和婚姻	**Daily Population Changes and Marriages**					
出　生（人）	Births (person)	1379	1007	892	951	962
死　亡（人）	Deaths (person)	433	449	466	481	485
结　婚（对）	Marriages (couples)	426	350	314	323	335
离　婚（对）	Divorces (couples)	12	15	61	63	68

1-10 人均国民经济主要指标

Per Capita Major Indicators of National Economy

指　　标	Itme	1995	2000	2005	2008	2009
人均生产总值（当年价）（元）	Per Capita Gross Regional Product (yuan)	2316	4129	7477	12075	12872
第一产业	Primary Industry	459	761	1191	1763	1889
第二产业	Secondary Industry	1067	1654	3242	5606	5803
第三产业	Tertiary Industry	790	1714	3044	4706	5180
主要工农业产品产量	Output of Major Industry and Agricultural Products					
粮食（千克）	Grain (kg)	260.28	279.82	323.53	338.78	354.41
棉花（千克）	Cotton (kg)	0.95	2.26	4.27	4.70	3.73
油料（千克）	Oil-Bearing (kg)	13.16	16.35	19.45	20.41	22.25
鲜蛋（千克）	Eggs (kg)	3.08	3.97	4.20	3.87	4.01
牛奶（千克）	Milk (kg)	3.97	5.22	11.97	13.94	14.32
粗钢（千克）	Crude Steel (kg)	54.79	90.18	177.23	181.39	238.00
原煤（千克）	Coal (kg)	1110.98	640.13	1399.38	1516.41	1510.74
发电量（千瓦小时）	Electricity (1 000 kwh)	987.29	1099.21	1939.82	2631.78	2672.14
全社会固定资产投资额（元）	Total Investment in Fixed Assets (yuan)	808.40	1730.96	3380.82	6618.48	9421.72
社会消费品零售总额（元）	Total Retail Sales of Consumer Goods (yuan)	999.34	1488.82	2446.32	3775.35	4495.06
财政收入（元）	Financial Revenue (yuan)	284.08	425.06	984.13	1795.66	2294.96
财政支出（元）	Financial Expenditare (yuan)	337.98	738.23	1659.81	3692.59	4735.49
职工平均工资（元）	Average Annual Wage of Staff and Workers (yuan)	5493	7913	14172	23301	26577
城镇居民人均可支配收入（元）	Per Capita Disposable Income of Urban Residents (yuan)	3152.52	4916.25	8086.82	10969.41	11929.78
农民人均纯收入（元）	Per Capita Net Income of Rural Residents (yuan)	880.34	1428.70	1980.00	2723.80	2980.10
城乡居民储蓄存款余额（元）	Saving Depositin Urban and Rural Areas (yuan)	1578.71	3211.15	6133.82	9387.10	11501.46

1-11 历年甘肃生产总值

Gansu Gross Regional Product

单位：亿元 (100 million yuan)

年份 Year	生产总值 Gross Regional Product	第一产业 Primary Industry	第二产业 Secondary Industry	工 业 Industry	建筑业 Construction	第三产业 Tertiary Industry	#交通运输、仓储和邮政业 Transport,Storage and Post	#批发和零售业 Wholesale and Retail Trades	人均生产总值（元）Per Capita Gross Regional Product (yuan)
1978	64.73	13.21	39.04	34.66	4.38	12.48	3.23	4.55	348
1979	67.51	12.89	40.98	36.90	4.08	13.64	3.26	4.83	359
1980	73.90	16.46	39.85	35.25	4.60	17.59	3.27	6.86	388
1981	70.89	17.63	35.30	31.33	3.97	17.96	3.50	7.07	367
1982	76.88	19.68	38.54	33.63	4.91	18.66	3.74	7.18	393
1983	91.50	27.65	42.92	37.52	5.40	20.93	4.07	8.63	462
1984	103.17	27.83	49.98	43.65	6.33	25.36	5.14	10.16	515
1985	123.39	33.08	58.81	50.54	8.27	31.50	7.36	11.40	608
1986	140.74	38.02	65.27	56.01	9.26	37.45	9.33	12.71	684
1987	159.52	45.27	68.40	58.26	10.14	45.85	10.67	15.67	764
1988	191.84	52.77	81.33	67.28	14.05	57.74	10.94	22.55	905
1989	216.84	59.01	91.79	77.62	14.17	66.04	11.82	29.08	1007
1990	242.80	64.06	98.33	83.93	14.40	80.41	12.01	30.64	1099
1991	271.39	66.55	111.91	97.19	14.72	92.93	12.45	31.17	1204
1992	317.79	74.20	128.66	110.21	18.45	114.93	14.18	39.15	1384
1993	372.24	87.43	159.96	136.74	23.22	124.85	15.03	43.11	1600
1994	453.61	103.87	198.67	174.56	24.11	151.07	21.40	50.17	1921
1995	557.76	110.65	256.83	226.29	30.54	190.28	28.72	66.99	2316
1996	722.52	188.12	311.98	276.37	35.61	222.42	33.66	78.86	2946
1997	793.57	190.21	337.79	286.70	51.09	265.58	43.74	89.54	3199
1998	887.67	202.76	373.43	311.25	62.17	311.48	52.20	98.34	3541
1999	956.32	191.84	410.07	326.99	83.08	354.42	60.26	107.15	3778
2000	1052.88	194.10	421.65	327.60	94.04	437.13	78.38	112.81	4129
2001	1125.37	207.96	458.08	355.51	102.56	459.34	89.00	121.28	4386
2002	1232.03	215.51	501.69	389.38	112.31	514.83	107.01	129.91	4768
2003	1399.83	237.91	572.02	448.23	123.78	589.91	124.99	140.18	5429
2004	1688.49	286.78	713.30	574.00	139.30	688.41	121.91	117.54	6566
2005	1933.98	308.06	838.56	685.80	152.76	787.36	144.70	130.78	7477
2006	2277.35	334.00	1043.19	868.13	175.06	900.16	169.58	145.89	8757
2007	2703.98	387.55	1279.32	1063.84	215.48	1037.11	181.24	166.85	10346
2008	3166.82	462.27	1470.34	1188.78	281.56	1234.21	211.11	196.93	12075
2009	3387.56	497.05	1527.24	1203.70	323.54	1363.27	213.64	231.21	12872

注：1.1994年起为经普调整数。

2.2003年及以前年份第一产业不包括农林牧渔服务业；交通运输仓储和邮政业包括电信业，但不包括城市公共交通业；批发与零售业包括餐饮业(下表同)。

3.2006年、2007年又根据农业普查结果进行了数据调整。

4.2008年、2009年又根据第二次经济普查结果进行了数据调整。

a) Data are from economic census since 1994.

b) In 2003 and preceding years, the primary industry did not include service of farming, forestry, animal husbandry and fishery; Transport, storage and post included telecommunication services, but did not include urban public transport; Wholesale and retail trades included catering services. The same as in the following table.

c)In2006, 2007 they were adjusted again according to the Second National Agricultural Census in 2006.

d)Data were adjusted again according to the Second National Economic Census in 2008，2009.

1-12 历年甘肃生产总值指数

Indices of Gansu Gross Regional Product

（上年=100） 本表按可比价格计算 The indices in this table are calculated at comparable prices (preceding year=100)

年份 Year	生产总值 Gross Regional Product	第一产业 Primary Industry	第二产业 Secondary Industry	工业 Industry	建筑业 Construction	第三产业 Tertiary Industry	#交通运输、仓储和邮政业 Transport,Storage and Post	#批发和零售业 Wholesale and Retail Trades	人均生产总值 Per Capita Gross Regional Product
1978	113.21	95.97	115.05	109.61	129.24	131.00	105.47	122.01	112.05
1979	101.41	87.43	104.89	106.45	97.21	108.88	99.98	104.99	100.04
1980	109.08	123.87	98.00	95.92	112.14	127.91	104.36	136.72	107.79
1981	91.56	93.83	85.90	84.07	86.29	102.79	105.21	106.03	90.32
1982	108.92	116.13	108.25	107.21	113.28	103.39	102.97	101.84	107.09
1983	114.86	112.64	113.14	112.07	119.42	110.13	113.70	112.24	113.41
1984	113.76	111.18	112.91	111.96	110.92	118.66	120.99	117.92	112.73
1985	113.19	108.13	113.51	110.30	129.78	118.20	129.54	112.04	111.81
1986	111.03	106.88	106.16	106.08	113.21	124.86	109.69	150.03	109.66
1987	108.92	106.54	102.41	101.94	103.42	122.05	110.21	135.24	107.21
1988	113.65	107.64	113.94	111.20	118.77	117.84	111.10	124.30	112.21
1989	108.75	105.99	109.75	108.79	108.23	109.33	112.20	114.20	106.52
1990	105.63	104.97	105.36	106.10	102.40	106.45	97.30	105.60	103.43
1991	106.57	101.61	108.99	108.90	108.90	107.70	105.40	109.20	104.49
1992	109.89	105.80	110.22	109.10	109.90	112.78	108.00	120.10	107.88
1993	111.57	108.81	113.58	114.10	110.20	111.09	109.60	116.70	110.08
1994	110.78	106.08	111.02	111.25	109.42	113.99	121.07	115.19	109.28
1995	110.36	103.15	109.99	110.09	109.29	115.87	122.91	116.16	108.23
1996	111.96	109.90	110.41	110.48	109.91	115.14	121.77	115.38	114.45
1997	109.08	98.06	110.02	110.26	108.31	114.52	124.56	109.34	103.59
1998	109.72	105.13	108.83	107.46	118.60	113.05	119.04	109.61	108.57
1999	109.03	99.48	108.48	97.67	178.65	114.15	116.58	111.29	107.99
2000	109.70	101.56	110.08	110.16	109.80	112.67	119.80	108.21	108.89
2001	109.76	107.56	109.51	109.99	107.84	110.99	114.42	108.51	109.07
2002	109.86	105.86	110.22	110.86	107.94	111.25	121.77	108.74	109.11
2003	110.74	105.48	111.73	112.86	107.62	111.96	121.77	108.13	110.98
2004	111.51	105.92	112.26	114.03	105.47	112.97	122.88	108.86	111.80
2005	111.84	105.86	113.15	115.25	104.47	112.82	114.28	111.02	111.20
2006	111.51	105.18	114.25	115.25	109.77	111.06	107.57	110.23	110.94
2007	112.30	104.00	116.80	116.50	118.50	110.50	106.40	109.50	111.80
2008	110.14	107.12	108.43	109.45	103.70	113.17	107.99	109.38	109.69
2009	110.29	105.10	111.02	110.46	113.79	111.18	100.81	115.33	109.83

1-13 历年甘肃生产总值构成

Composition of Gansu Gross Regional Product

单位：% 本表按当年价格计算 Data in value terms in this table are caculated at current prices (%)

年份 Year	生产总值 Gross Regional Product	第一产业 Primary Industry	第二产业 Secondary Industry	工业 Industry	建筑业 Construction	第三产业 Tertiary Industry	# 交通运输、仓储和邮政业 Transport,Storage and Post	# 批发和零售业 Wholesale and Retail Trades
1978	100	20.41	60.31	53.55	6.77	19.28	4.99	7.03
1979	100	19.09	60.70	54.66	6.04	20.20	4.83	7.15
1980	100	22.27	53.92	47.70	6.22	23.80	4.42	9.28
1981	100	24.87	49.80	44.20	5.60	25.34	4.94	9.97
1982	100	25.60	50.13	43.74	6.39	24.27	4.86	9.34
1983	100	30.22	46.91	41.01	5.90	22.87	4.45	9.43
1984	100	26.97	48.44	42.31	6.14	24.58	4.98	9.85
1985	100	26.81	47.66	40.96	6.70	25.53	5.96	9.24
1986	100	27.01	46.38	39.80	6.58	26.61	6.63	9.03
1987	100	28.38	42.88	36.52	6.36	28.74	6.69	9.82
1988	100	27.51	42.39	35.07	7.32	30.10	5.70	11.75
1989	100	27.21	42.33	35.80	6.53	30.46	5.45	13.41
1990	100	26.38	40.50	34.57	5.93	33.12	4.95	12.62
1991	100	24.52	41.24	35.81	5.42	34.24	4.59	11.49
1992	100	23.35	40.49	34.68	5.81	36.17	4.46	12.32
1993	100	23.49	42.97	36.73	6.24	33.54	4.04	11.58
1994	100	22.90	43.80	38.48	5.31	33.31	4.72	11.06
1995	100	19.84	46.05	40.57	5.48	34.12	5.15	12.01
1996	100	26.04	43.18	38.25	4.93	30.78	4.66	10.91
1997	100	23.97	42.57	36.13	6.44	33.47	5.51	11.28
1998	100	22.84	42.07	35.06	7.00	35.09	5.88	11.08
1999	100	20.06	42.88	34.19	8.69	37.06	6.30	11.20
2000	100	18.44	40.05	31.11	8.93	41.52	7.44	10.71
2001	100	18.48	40.70	31.59	9.11	40.82	7.91	10.78
2002	100	17.49	40.72	31.60	9.12	41.79	8.69	10.54
2003	100	17.00	40.86	32.02	8.84	42.14	8.93	10.01
2004	100	16.99	42.24	33.99	8.25	40.77	7.22	6.96
2005	100	15.93	43.36	35.46	7.90	40.71	7.48	6.76
2006	100	14.67	45.81	38.12	7.69	39.53	7.45	6.41
2007	100	14.33	47.31	39.34	7.97	38.35	6.70	6.17
2008	100	14.60	46.40	37.50	8.90	39.00	6.67	6.22
2009	100	14.70	45.10	36.00	9.00	40.20	6.31	6.83

1-14 甘肃生产总值指数

Indices of Gansu Gross Regional Product

(1978=100)　　（本表按可比价格计算）(Date in this table are calculated at comparable prices)　　(year of 1978=100)

年份 Year	生产总值 Gross Regional Product	第一产业 Primary Industry	第二产业 Secondary Industry	工业 Industry	建筑业 Construction	第三产业 Tertiary Industry	# 交通运输、仓储和邮政业 Transport,Storage and Post	# 批发和零售业 Wholesale and Retail Trades	人均生产总值 Per Capita Gross Regional Product
1979	101.41	87.43	104.89	106.45	97.21	108.88	99.98	104.99	100.04
1980	110.62	108.30	102.79	102.11	109.01	139.27	104.34	143.54	107.79
1981	101.28	101.62	88.30	85.84	94.07	143.15	109.78	152.20	97.39
1982	110.32	118.01	95.58	92.03	106.56	148.01	113.04	155.00	104.30
1983	126.71	132.92	108.14	103.14	127.25	163.00	128.52	173.97	118.29
1984	144.14	147.79	122.10	115.47	141.15	193.42	155.50	205.15	133.34
1985	163.16	159.80	138.60	127.37	183.18	228.62	201.43	229.85	149.08
1986	181.15	170.79	147.14	135.11	207.38	285.45	220.95	344.84	163.48
1987	197.31	181.96	150.68	137.73	214.47	348.39	243.51	466.36	175.26
1988	224.25	195.87	171.69	153.16	254.73	410.55	270.54	579.68	197.54
1989	243.87	207.60	188.43	166.62	275.69	448.85	303.55	662.00	210.42
1990	257.60	217.92	198.53	176.79	282.31	477.80	295.35	699.07	217.65
1991	274.52	221.43	216.38	192.52	307.43	514.59	311.30	763.38	227.41
1992	301.67	234.27	238.49	210.04	337.87	580.36	336.20	916.82	245.32
1993	336.57	254.91	270.88	239.65	372.33	644.72	368.48	1069.93	270.05
1994	372.85	270.40	300.73	266.63	407.40	734.89	446.13	1232.51	295.10
1995	411.47	278.92	330.76	293.52	445.24	851.50	548.33	1431.72	319.40
1996	460.70	306.53	365.20	324.29	489.38	980.43	667.73	1651.85	365.55
1997	502.53	300.58	401.79	357.58	530.03	1122.79	831.69	1806.12	378.69
1998	551.38	316.01	437.26	384.26	628.61	1269.37	990.01	1979.73	411.15
1999	601.19	314.36	474.33	375.31	1123.01	1448.94	1154.17	2203.19	444.00
2000	659.51	319.24	522.13	413.42	1233.08	1632.51	1382.65	2383.98	483.49
2001	723.91	343.37	571.80	454.73	1329.81	1811.86	1581.97	2586.74	527.32
2002	795.32	363.48	630.23	504.11	1435.41	2015.76	1926.37	2812.89	575.34
2003	880.74	383.39	704.17	568.93	1544.75	2256.85	2345.80	3041.53	638.53
2004	982.12	406.08	790.48	648.76	1629.28	2549.45	2882.41	3310.93	713.90
2005	1098.47	429.88	894.45	747.71	1702.06	2876.38	3294.06	3675.85	793.86
2006	1224.87	452.14	1021.89	861.71	1868.29	3194.61	3543.33	4051.92	880.39
2007	1375.50	470.23	1193.60	1004.00	2214.00	3530.00	3770.10	4436.85	984.27
2008	1514.98	503.71	1294.22	1098.88	2295.92	3994.90	4071.33	4853.03	1079.65
2009	1670.87	529.40	1436.84	1213.82	2612.53	4441.53	4104.31	5597.02	1185.78

1-15 甘肃生产总值项目构成

Composition of Gansu Gross Regional Product by Item

单位：亿元　　(2009)　　(100 million yuan)

项　目	Item	增加值 Added Value	劳动者报酬 Remuneration for Labors	生产税净额 Net Taxes on Production	固定资产折旧 Depreciation of Fixed Asset	营业盈余 Operating Surplus
生产总值	**Gross Regional Product**	**3387.56**	**1590.40**	**422.93**	**598.00**	**776.23**
第一产业	Primary Industry	497.05	359.01	0.00	53.43	84.61
第二产业	Secondary Industry	1527.24	630.91	347.60	253.18	295.55
工业	Industry	1203.70	435.08	286.37	231.69	250.56
建筑业	Construction	323.54	195.83	61.23	21.49	44.99
第三产业	Tertiary Industry	1363.27	600.49	75.33	291.39	396.07
交通运输、仓储及邮政业	Transport,Storage and Post	213.64	85.73	17.13	69.21	41.57
信息传输、计算机服务和软件业	Information Transmission,Computer Services and software	100.49	19.90	5.73	52.81	22.05
批发和零售业	Wholesale and Retail Trade	231.21	22.59	22.41	7.36	178.85
住宿和餐饮业	Hotels and Catering Services	88.52	17.09	8.25	5.66	57.51
金融业	Financial Intermediation	88.27	36.17	8.38	2.56	41.17
房地产业	Real Estate	101.37	10.21	4.26	86.73	0.17
科学研究、技术服务和地质勘查业	Scientific Research,Technical Services and Geologic Prospecting	53.29	37.47	2.50	6.35	6.97
水利、环境和公共设施管理业	Management of Water Conservance, Environment and Public Facilities	16.52	15.27	0.25	4.55	-3.55
教育	Education	128.74	110.24	0.30	12.78	5.42
卫生、社会保障和社会福利业	Health care,Social Security and Social Welfare	64.62	49.98	0.60	4.59	9.45
其他	Others	276.60	195.83	5.52	38.79	36.46

注：本表按新的国民经济行业划分标准统计。

a) The data in the table is count up according to new division standard.

1-16 三次产业贡献率

Share Rate of the Three Industries to the Increase of GRP

年 份 Year	生产总值 Gross Pruduct	第一产业 Primary Industry	第二产业 Secondary Industry	#工 业 Industry	第三产业 Tertiary Industry
1995	100	7.12	41.52	36.66	51.36
1996	100	18.10	37.35	32.90	44.55
1997	100	−4.59	46.70	41.88	57.89
1998	100	10.20	38.76	28.75	51.05
1999	100	−1.07	39.74	−9.46	61.33
2000	100	2.71	43.75	34.40	53.54
2001	100	14.27	39.02	31.84	46.71
2002	100	10.72	41.39	34.32	47.89
2003	100	8.88	43.78	37.67	47.34
2004	100	8.52	43.07	39.08	48.41
2005	100	7.89	45.20	42.21	46.91
2006	100	7.17	53.69	46.98	39.14
2007	100	4.87	60.57	48.93	34.56
2008	100	9.77	38.42	35.43	51.81
2009	100	6.81	48.69	38.34	44.50

注：产业贡献率指各产业增加值增量与生产总值增量之比。

a) Share of the three industries refers to the proportion of the increment of every industrial value added to the increment of GRP.

1-17 三次产业对国内生产总值增长的拉动

Contribution of the Three Strata of Industry to GDP Growth

年 份 Year	生产总值 Gross Pruduct	第一产业 Primary Industry	第二产业 Secondary Industry	#工 业 Industry	第三产业 Tertiary Industry
1995	10.36	0.74	4.30	3.80	5.32
1996	11.96	2.17	4.47	3.94	5.33
1997	9.08	−0.42	4.24	3.80	5.26
1998	9.72	0.99	3.77	2.79	4.96
1999	9.03	−0.10	3.59	−0.85	5.54
2000	9.70	0.26	4.24	3.34	5.19
2001	9.76	1.39	3.81	3.11	4.56
2002	9.86	1.06	4.08	3.39	4.72
2003	10.74	0.95	4.70	4.05	5.08
2004	11.51	0.98	4.96	4.50	5.57
2005	11.84	0.93	5.35	5.00	5.55
2006	11.51	0.82	6.18	5.41	4.51
2007	12.30	0.60	7.45	6.02	4.25
2008	10.14	0.99	3.90	3.59	5.25
2009	10.29	0.70	5.01	3.95	4.58

注：产业拉动指GDP增长速度与各产业贡献率之乘积。

a)Contribution of the three strata of industry to GDP growth refers to the growth rate of GDP multiplied the industrial shares.

1-18 按支出法计算的甘肃生产总值

Gansu Gross Regional Product by Expenditure Approuch

年份 Year	支出法生产总值（亿元） Gross Regional Product by Expenditure Approach (100 million yuan)	最终消费 Final Consumption Expenditures	资本形成总额 Gross Capital Formation	货物和服务净出口 Net Exports of Goods and Services	投资率（%） Capital Formation Rate (%)	消费率（%） Final Corsumption Rate (%)
1978	64.73	43.12	30.73	−9.12	47.47	66.62
1979	67.51	46.57	30.04	−9.10	44.50	68.98
1980	73.90	53.77	24.38	−4.25	32.99	72.76
1981	70.89	57.24	22.32	−8.67	31.49	80.74
1982	76.88	61.32	25.34	−9.78	32.96	79.76
1983	91.50	68.10	31.58	−8.18	34.51	74.43
1984	103.17	73.43	35.46	−5.72	34.37	71.17
1985	123.39	86.23	47.16	−10.00	38.22	69.88
1986	140.74	104.24	60.02	−23.52	42.65	74.07
1987	159.52	119.56	62.02	−22.06	38.88	74.95
1988	191.84	139.60	77.57	−25.33	40.43	72.77
1989	216.84	158.00	90.06	−31.22	41.53	72.86
1990	242.80	170.20	104.91	−32.31	43.21	70.10
1991	271.39	195.73	113.17	−37.51	41.70	72.12
1992	317.79	227.96	130.90	−41.07	41.19	71.73
1993	372.24	263.00	152.27	−43.03	40.91	70.65
1994	453.61	322.59	177.10	−46.09	39.04	71.12
1995	557.76	385.35	221.20	−48.78	39.66	69.09
1996	722.52	503.16	277.46	−58.10	38.40	69.64
1997	793.57	543.95	323.18	−73.56	40.72	68.54
1998	887.67	563.03	366.34	−41.70	41.27	63.43
1999	956.32	592.61	413.12	−49.41	43.20	61.97
2000	1052.88	635.71	453.44	−36.27	43.07	60.38
2001	1125.37	702.29	523.05	−99.97	46.48	62.41
2002	1232.03	770.54	586.44	−124.95	47.60	62.54
2003	1399.83	863.46	672.98	−136.61	48.08	61.68
2004	1688.49	1047.66	817.23	−176.40	48.40	62.05
2005	1933.98	1217.63	916.96	−200.61	47.41	62.96
2006	2277.35	1387.87	1090.73	−201.25	47.89	60.94
2007	2703.98	1615.37	1322.52	−233.91	48.91	59.74
2008	3166.82	1913.10	1621.28	−367.56	51.20	60.41
2009	3387.56	2111.30	1915.97	−639.71	56.56	62.33

1-19 资本形成及构成

Gross Capital Formation and Its Composition

年 份 Year	资本形成总额（亿元） Gross Capital Formation (100 million yuan)	固定资本形成总额 Gross Fixed Capital Formation	存货增加 Changes in inventories	资本形成总额为100 Total=100 固定资本形成总额 Gross Fixed Capital Formation	存货增加 Changes in inventories
1978	30.73	28.16	2.57	91.64	8.36
1979	30.04	27.42	2.62	91.28	8.72
1980	24.38	22.18	2.2	90.98	9.02
1981	22.32	19.79	2.53	88.66	11.34
1982	25.34	21.87	3.47	86.31	13.69
1983	31.58	26.84	4.74	84.99	15.01
1984	35.46	29.65	5.81	83.62	16.38
1985	47.16	39.17	7.99	83.06	16.94
1986	60.02	45.83	14.19	76.36	23.64
1987	62.02	52.19	9.83	84.15	15.85
1988	77.57	53.64	23.93	69.15	30.85
1989	90.06	59.78	30.28	66.38	33.62
1990	104.91	67.19	37.72	64.05	35.95
1991	113.17	76.47	36.7	67.57	32.43
1992	130.9	85.73	45.17	65.49	34.51
1993	152.27	98.42	53.85	64.64	35.36
1994	177.10	116.57	60.54	65.82	34.18
1995	221.20	146.35	74.84	66.16	33.84
1996	277.46	188.67	88.79	68.00	32.00
1997	323.18	229.49	93.69	71.01	28.99
1998	366.34	258.10	108.24	70.45	29.55
1999	413.12	310.90	102.22	75.26	24.74
2000	453.44	373.90	79.54	82.46	17.54
2001	523.05	463.13	59.91	88.55	11.45
2002	586.44	534.75	51.70	91.18	8.82
2003	672.98	617.62	55.37	91.77	8.23
2004	817.23	756.02	61.21	92.51	7.49
2005	916.96	874.52	42.44	95.37	4.63
2006	1090.73	1027.78	62.95	94.23	5.77
2007	1322.52	1221.96	100.56	92.40	7.60
2008	1621.28	1493.47	127.81	92.12	7.88
2009	1915.97	1788.34	127.63	93.34	6.66

1-20 最终消费及构成

Final Consumption Expenditures and Its Composition

年份 Year	最终消费（亿元）Final Consumption Expenditure (100 million yuan)	居民消费 Resident Consumption	农村居民 Rural Resident	城镇居民 Urban Resident	政府消费 Government Consumption	最终消费=100 Final Consumption Expenditure=100 居民消费 Resident Consumption	政府消费 Government Consumption	居民消费=100 Resident Consumption Expenditure=100 农村居民 Rural Resident	城镇居民 Urban Resident
1978	43.12	31.90	17.98	13.92	11.22	73.98	26.02	56.36	43.64
1979	46.57	34.98	19.74	15.24	11.59	75.11	24.89	56.43	43.57
1980	53.77	39.81	21.82	17.99	13.96	74.04	25.96	54.81	45.19
1981	57.24	42.74	24.50	18.24	14.50	74.67	25.33	57.32	42.68
1982	61.32	47.05	26.52	20.53	14.27	76.73	23.27	56.37	43.63
1983	68.10	51.54	29.44	22.10	16.56	75.68	24.32	57.12	42.88
1984	73.43	55.99	31.73	24.26	17.44	76.25	23.75	56.67	43.33
1985	86.23	66.10	37.98	28.12	20.13	76.66	23.34	57.46	42.54
1986	104.24	77.82	42.84	34.98	26.42	74.65	25.35	55.05	44.95
1987	119.56	90.63	49.94	40.69	28.93	75.80	24.20	55.10	44.90
1988	139.60	107.43	58.73	48.70	32.17	76.96	23.04	54.67	45.33
1989	158.00	120.26	67.34	52.92	37.74	76.11	23.89	56.00	44.00
1990	170.20	130.36	72.14	58.22	39.84	76.59	23.41	55.34	44.66
1991	195.73	147.60	82.55	65.05	48.13	75.41	24.59	55.93	44.07
1992	227.96	170.10	96.85	73.25	57.86	74.62	25.38	56.94	43.06
1993	263.00	194.69	105.48	89.21	68.31	74.03	25.97	54.18	45.82
1994	322.59	239.33	127.98	111.35	83.26	74.19	25.81	53.47	46.53
1995	385.35	291.08	151.39	139.69	94.27	75.54	24.46	52.01	47.99
1996	503.16	397.93	197.35	200.59	105.23	79.09	20.91	49.59	50.41
1997	543.95	430.74	196.38	234.37	113.21	79.19	20.81	45.59	54.41
1998	563.03	437.87	194.33	243.54	125.16	77.77	22.23	44.38	55.62
1999	592.61	460.49	195.83	264.66	132.13	77.70	22.30	42.53	57.47
2000	635.71	496.35	206.07	290.28	139.37	78.08	21.92	41.52	58.48
2001	702.29	538.73	218.26	320.46	163.57	76.71	23.29	40.51	59.49
2002	770.54	594.61	220.11	374.50	175.92	77.17	22.83	37.02	62.98
2003	863.46	668.37	244.85	423.52	195.08	77.41	22.59	36.63	63.37
2004	1047.66	775.53	277.09	498.44	272.13	74.02	25.98	35.73	64.27
2005	1217.63	893.15	331.22	561.93	324.48	73.35	26.65	37.08	62.92
2006	1387.87	990.76	340.02	650.74	397.11	71.39	28.61	34.32	65.68
2007	1615.37	1116.31	367.34	748.97	499.06	69.11	30.89	32.91	67.09
2008	1913.10	1276.99	443.21	833.78	636.11	66.75	33.25	34.71	65.29
2009	2111.30	1390.67	472.77	917.90	720.63	65.87	34.13	34.00	66.00

1-21 主要年份居民消费水平及指数

Households Consumption Expenditure and Indices in Main Years

年份	居民消费水平（元/人） Households Consumption Level (yuan/person)	城镇居民 Urban Households	农村居民 Rural Households	指数（1978年为100） Index (1978=100)	城镇居民 Urban Households	农村居民 Rural Households	指数（上年为100） Index (precceding year=100)	城镇居民 Urban Households	农村居民 Rural Households
1978	168.00	535.00	112.00	100.00	100.00	100.00	112.77	102.23	103.33
1980	208.00	647.00	133.00	115.09	122.03	120.43	111.59	114.74	103.70
1985	323.00	881.00	220.00	171.72	150.19	192.46	105.41	102.57	109.15
1990	590.00	1608.00	392.00	194.27	160.22	226.95	99.44	98.55	99.27
1991	655.00	1730.00	440.00	203.57	170.62	234.30	104.79	106.49	103.24
1992	741.00	1888.00	508.00	218.27	186.84	244.21	107.22	109.51	104.23
1993	837.00	2241.00	547.00	231.37	201.42	251.54	106.00	107.80	103.00
1994	1013.38	2245.06	685.95	248.37	206.85	278.20	107.35	102.70	110.60
1995	1208.76	2515.96	817.05	268.46	208.20	303.50	108.09	100.65	109.09
1996	1622.62	3510.23	1049.18	298.86	233.42	334.19	111.33	112.12	110.11
1997	1736.50	4010.13	1035.69	307.70	259.48	319.42	102.96	111.16	95.58
1998	1746.73	4087.98	1016.87	310.37	267.10	313.92	100.87	102.94	98.28
1999	1819.41	4365.14	1017.46	330.75	319.83	290.01	106.57	119.74	92.38
2000	1946.66	4735.77	1063.96	360.95	356.74	305.97	109.13	111.54	105.50
2001	2099.43	5147.58	1123.04	384.67	385.82	315.90	106.57	108.15	103.25
2002	2301.22	5742.92	1139.42	424.91	433.57	322.73	110.46	112.38	102.16
2003	2592.36	6160.18	1295.01	473.50	460.84	361.68	111.43	106.29	112.07
2004	3015.85	6923.35	1496.51	523.21	492.01	396.65	110.50	106.76	109.67
2005	3452.80	7409.81	1811.55	573.34	512.09	447.18	109.58	104.08	112.74
2006	3810.00	8190.00	1883.00	624.37	559.20	458.36	108.90	109.20	102.50
2007	4274.00	9150.00	2049.00	663.70	593.87	469.36	106.30	106.20	102.40
2008	4869.00	9975.00	2480.00	698.21	599.21	522.86	105.20	100.90	111.40
2009	5284.00	10765.00	2657.00	747.78	641.15	547.96	107.10	107.00	104.80

1-22 最终消费

Final Consumption Expenditure

单位：亿元　　(100 million yuan)

指　标	Item	2008	2009
最终消费	Final Consumption	1913.10	2111.30
居民消费	Resident Consumption	1276.99	1390.67
农村居民	Rural Resident	443.21	472.77
食　品	Food	202.36	203.18
衣　着	Clothing	24.06	27.98
居　住	Housing	33.44	36.88
医疗保健	Health Care	39.57	42.18
文教娱乐用品及服务	Education,Culture and Recreation Services	39.29	38.67
城镇居民	Urban Residents	833.78	917.90
食　品	Food	266.12	286.45
衣　着	Clothing	85.48	99.74
居　住	Housing	70.73	68.32
医疗保健	Health Care	81.55	90.50
文教娱乐用品及服务	Education,Culture and Recreation Services	78.26	87.44
政府消费	Government Consumption	636.11	720.63

1-23 各地区生产总值

Gross Product by Prefecture

单位：万元 （2009） (10 000 yuan)

地 区	Region	地区生产总值 Gross Regional Products	第一产业 Primary Industry	第二产业 Secondary Industry	工 业 Industry	建筑业 Construction	第三产业 Tertiary Industry	#交通运输、仓储及邮政业 Transport,Storage and Post	#信息传输、计算机服务和软件业 Information Transmission,Compu-ter Services and Software	#批发和零售业 Wholesale and Retail Trades
兰州市	Lanzhou	9259821	305453	4336200	3312200	1024000	4618168	643749	179248	902851
嘉峪关市	Jiayuguan	1600500	22800	1262400	1226200	36200	315300	75900	32449	79600
金昌市	Jinchang	1947493	102439	1556767	1429278	127489	288287	29391	13941	51045
白银市	Baiyin	2653311	328840	1466198	1245384	220814	858273	156711	53531	164390
天水市	Tianshui	2600022	479193	1010654	707839	302815	1110175	208969	73349	199825
武威市	Wuwei	1927902	534973	737695	486495	251200	655234	154841	19359	91631
张掖市	Zhangye	1920761	536915	725148	550148	175000	658698	113410	31280	122144
平凉市	Pingliang	1956563	433852	887538	715838	171700	635173	78530	57693	64668
酒泉市	Jiuquan	3210479	469601	1551384	1223802	327582	1189494	204243	48719	245269
庆阳市	Qingyang	3022211	435014	1812243	1627805	184438	774954	82362	53574	102317
定西市	Dingxi	1319394	406000	310967	187567	123400	602427	98438	32076	69323
陇南市	Longnan	1423386	383234	359355	231365	127990	680797	81178	25875	64593
临夏州	Linxia	931710	202042	286486	196686	89800	443182	27784	26522	43855
甘南州	Gannan	576547	143099	134942	124042	10900	298506	23918	8289	28295

1-23续表 continued

单位：万元 (10 000 yuan)

地 区	Region	#住宿和餐饮业 Hotel and Restaurants	#金融业 Financial Intermedia-tion	#房地产业 Real Estate	#科学研究、技术服务和地质勘查业 Scientific Research,Technical Service and Geologic Prospecting	#水利、环境和公共设施管理业 Management of water conser-vancy,Environment and public facilities	#教育 Education	#卫生、社会保障和社会福利业 Health,Social Security and Social welfare	人均生产总值（元） Per Capita Gross Regional Product (yuan)
兰州市	Lanzhou	251789	365156	342675	271057	49834	428557	140046	27904
嘉峪关市	Jiayuguan	8200	25100	21300	1649	2214	14304	7583	76087
金昌市	Jinchang	17172	34992	17764	2416	3814	31320	15588	41060
白银市	Baiyin	43173	54238	47024	13302	9286	84272	71624	15125
天水市	Tianshui	44983	34348	105712	20836	7841	144813	44670	7584
武威市	Wuwei	15316	16356	76796	13885	13677	86934	34537	10068
张掖市	Zhangye	28325	35214	48775	9097	14092	71489	28752	14949
平凉市	Pingliang	25410	59667	59776	22052	5430	78568	32690	8899
酒泉市	Jiuquan	75947	75531	103890	32745	49829	64426	74139	31512
庆阳市	Qingyang	72787	37654	52656	6738	5580	110271	24134	11973
定西市	Dingxi	27075	24448	60116	7980	3248	92530	31480	4491
陇南市	Longnan	29674	46980	45511	9438	3534	92625	47788	5248
临夏州	Linxia	25999	21577	39325	7259	5904	67536	18339	4673
甘南州	Gannan	18142	20057	12795	4713	2263	47273	16618	8472

1-24 各地区生产总值指数

Indices of Gross Product by Prefecture

（上年=100） (2009) (preceding year=100)

地区	Region	地区生产总值 Regional Gross Product	第一产业 Primary Industry	第二产业 Secondary Industry	工业 Industry	建筑业 Construction	第三产业 Tertiary Industry	# 交通运输、仓储和邮政业 Transport,Storage and Post	# 批发和零售业 Wholesale and Retail Trades	人均生产总值 Per Capita Gross Regional Product
兰州市	Lanzhou	110.8	106.2	110.2	109.4	113.6	111.6	101.1	115.1	110.2
嘉峪关市	Jiayuguan	110.0	111.1	109.6	110.0	96.8	111.3	105.1	111.9	109.0
金昌市	Jinchang	114.2	98.2	116.1	116.9	106.7	108.2	101.2	108.3	113.5
白银市	Baiyin	111.1	105.1	112.9	113.5	109.2	110.2	103.0	113.0	110.9
天水市	Tianshui	110.4	108.6	108.6	108.2	109.4	112.8	104.6	112.1	110.2
武威市	Wuwei	109.4	106.6	111.4	113.4	108.1	109.4	102.4	112.5	110.0
张掖市	Zhangye	111.5	107.2	113.4	114.6	109.5	113.1	104.9	113.4	111.1
平凉市	Pingliang	110.8	108.1	111.4	109.2	122.5	112.0	106.2	114.7	111.0
酒泉市	Jiuquan	114.7	107.1	118.3	118.9	115.6	113.9	112.6	117.0	114.1
庆阳市	Qingyang	114.6	110.7	116.5	115.6	119.8	113.2	108.7	121.5	114.0
定西市	Dingxi	110.3	105.5	114.2	111.5	119.0	111.7	110.8	114.0	110.0
陇南市	Longnan	109.0	106.3	107.0	107.0	107.0	111.5	111.5	108.1	114.9
临夏州	Linxia	110.0	107.1	110.6	108.5	116.1	110.9	105.1	117.1	110.9
甘南州	Gannan	112.5	107.0	109.3	109.9	104.1	116.1	103.5	108.2	112.5

1-25 各地区生产总值构成

Composition of Regional Gross Product by Prefecture

单位：% (2009) (%)

地区	Region	地区生产总值 Regional Gross Product	第一产业 Primary Industry	第二产业 Secondary Industry	工业 Industry	建筑业 Construction	第三产业 Tertiary Industry	# 交通运输、仓储和邮政业 Transport,Storage and Post	# 批发和零售业 Wholesale and Retail Trades
兰州市	Lanzhou	100	3.30	46.83	35.77	11.06	49.87	6.95	9.75
嘉峪关市	Jiayuguan	100	1.40	78.90	76.61	2.26	19.70	4.74	4.97
金昌市	Jinchang	100	5.26	79.94	73.39	6.55	14.80	1.51	2.62
白银市	Baiyin	100	12.39	55.26	46.94	8.32	32.35	5.91	6.20
天水市	Tianshui	100	18.40	38.90	27.22	11.65	42.70	8.04	7.69
武威市	Wuwei	100	27.75	38.26	25.23	13.03	33.99	8.03	4.75
张掖市	Zhangye	100	28.00	37.80	28.64	9.11	34.30	5.90	6.36
平凉市	Pingliang	100	22.18	45.36	36.59	8.77	32.46	4.01	3.31
酒泉市	Jiuquan	100	14.63	48.32	38.12	10.20	37.05	6.36	7.64
庆阳市	Qingyang	100	14.40	60.00	53.86	6.10	25.60	2.73	3.39
定西市	Dingxi	100	30.77	23.57	14.22	9.35	45.66	7.46	5.25
陇南市	Longnan	100	26.92	25.25	16.26	8.99	47.83	5.70	4.54
临夏州	Linxia	100	21.70	30.80	21.11	9.64	47.50	2.98	4.71
甘南州	Gannan	100	24.80	23.40	21.52	1.86	51.80	4.15	4.91

1-26 各地县生产总值

Gross Product by Prefecture, County

单位：万元 （2009） (10 000 yuan)

地区	Region	地区生产总值 Regional Gross Product	第一产业 Primary Industry	第二产业 Secondary Industry	工业 Industry	建筑业 Construction
兰州市	**Lanzhou**	**9259821**	**305453**	**4336200**	**3312200**	**1024000**
城关区	Chengguan	3291294	9265	701183	355290	345893
七里河区	Qilihe	1827835	28769	981847	753847	228000
西固区	Xigu	1780162	21281	1326521	1153521	173000
安宁区	Anning	595376	2013	338600	263600	75000
红古区	Honggu	554176	48526	376156	314000	62156
永登县	Yongdeng	630137	78858	305158	255263	49895
皋兰县	Gaolan	212790	36518	117121	95721	21400
榆中县	Yuzhong	337298	80225	171903	131903	40000
嘉峪关市	**Jiayuguan**	**1600500**	**22800**	**1262400**	**1226200**	**36200**
金昌市	**Jinchang**	**1947493**	**102439**	**1556767**	**1429278**	**127489**
金川区	Jinchuan	1603038	21456	1393736	1285625	108111
永昌县	Yongchang	344456	80983	163031	143653	19378
白银市	**Baiyin**	**2653311**	**328840**	**1466198**	**1245384**	**220814**
白银区	Baiyin	1279512	33722	796571	715733	80838
平川区	Pingchuan	479279	18397	377585	348350	29235
靖远县	Jingyuan	355621	126477	94952	54763	40189
会宁县	Huining	283354	90555	80744	45272	35472
景泰县	Jingtai	295386	62170	130895	99266	31629
天水市	**Tianshui**	**2600022**	**479193**	**1010654**	**707839**	**302815**
秦州区	Qinzhou	832181	60554	395796	277305	118491
麦积区	Maiji	701323	67299	332799	277264	55535
清水县	Qingshui	180118	57041	38670	23550	15120
秦安县	Qinan	251873	84767	60987	32752	28235
甘谷县	Gangu	268384	81916	94510	43562	50948
武山县	Wushan	239188	91975	54371	30876	23495
张家川县	Zhangjiachuan	128402	30485	30521	22530	7991
武威市	**Wuwei**	**1927902**	**534973**	**737695**	**486495**	**251200**
凉州区	Liangzhou	1279793	323468	502825	368473	134352
民勤县	Minqin	277141	122359	68607	37540	31067
古浪县	Gulang	206757	60555	84832	38112	46720
天祝县	Tianzhu	168565	28801	76671	42372	34299
张掖市	**Zhangye**	**1920761**	**536915**	**725148**	**550148**	**175000**

1-26 续表 1 continued

单位：万元 (10 000 yuan)

地　区	Region	地区生产总值 Regional Gross Product	第一产业 Primary Industry	第二产业 Secondary Industry	工业 Industry	建筑业 Construction
甘州区	Ganzhou	845708	212232	292203	208827	83376
肃南县	Sunan	116850	20508	70492	61692	8800
民乐县	Minle	215037	77205	71332	60385	10947
临泽县	Linze	246130	76757	97975	76252	21723
高台县	Gaotai	240490	95501	87612	66920	20692
山丹县	Shandan	252061	54678	105521	76072	29449
平凉市	**Pingliang**	**1956563**	**433852**	**887538**	**715838**	**171700**
崆峒区	Kongtong	662590	79955	285041	210620	74421
泾川县	Jingchuan	270800	87017	85218	55076	30142
灵台县	Lingtai	153600	65021	25382	15452	9930
崇信县	Chongxin	140106	34421	80050	75528	4522
华亭县	Huating	432000	37281	340259	338054	2205
庄浪县	Zhuanglang	157715	62885	33954	19846	14108
静宁县	Jingning	172492	67270	52317	32764	19553
酒泉市	**Jiuquan**	**3210479**	**469601**	**1551384**	**1223802**	**327582**
肃州区	Suzhou	931518	153051	361874	269162	92712
金塔县	Jinta	299155	99052	70620	44353	26267
瓜州县	Guazhou	330581	56979	160120	85073	75047
肃北县	Subei	152579	3286	120918	116500	4418
阿克塞县	Akesai	59655	2820	37228	33144	4084
玉门市	Yumen	1000007	60030	697783	621571	76212
敦煌市	Dunhuang	430108	94879	103611	57536	46075
庆阳市	**Qingyang**	**3022211**	**435014**	**1812243**	**1627805**	**184438**
西峰区	Xifeng	741374	76637	371788	287913	83875
庆城县	Qingcheng	790412	47439	669715	639499	30216
环　县	Huanxian	209170	36776	103228	93018	10210
华池县	Huachi	504977	26369	435173	424619	10554
合水县	Heshui	139934	38455	61477	55328	6149
正宁县	Zhengning	129200	46623	23947	11226	12721
宁　县	Ningxian	261092	82077	62091	44861	17230
镇原县	Zhenyuan	249250	80636	84826	71343	13483
定西市	**Dingxi**	**1319394**	**406000**	**310967**	**187567**	**123400**
安定区	Anding	270873	62139	66026	40650	25376
通渭县	Tongwei	144126	51895	14781	5860	8921

1-26 续表 2 continued

单位：万元 (10 000 yuan)

地 区	Region	地区生产总值 Regional Gross Product	第一产业 Primary Industry	第二产业 Secondary Industry	工业 Industry	建筑业 Construction
陇西县	Longxi	287708	69445	95587	77758	17829
渭源县	Weiyuan	116405	54254	10086	4071	6015
临洮县	Lintao	247888	79802	69172	33764	35408
漳 县	Zhangxian	77038	30321	9708	4960	4748
岷 县	Minxian	136464	52464	29400	17000	12400
陇南市	**Longnan**	**1423386**	**383234**	**359355**	**231365**	**127990**
武都区	Wudu	403823	71755	73339	23086	50253
宕昌县	Tanchang	81259	26522	17794	9180	8614
成 县	Chengxian	222643	56674	78231	42318	35913
康 县	Kangxian	81204	26336	20233	18218	2015
文 县	Wenxian	118876	28951	49134	44899	4235
西和县	Xihe	155090	44257	22322	19854	2468
礼 县	Lixian	141803	51976	34247	26654	7593
两当县	Liangdang	31435	12328	3229	2661	568
徽 县	Huixian	205839	68780	75821	42867	32954
临夏州	**Linxia**	**931710**	**202042**	**286486**	**196686**	**89800**
临夏市	linxia	236115	20846	45509	28524	16985
临夏县	linxia	134643	38223	32130	10210	21920
康乐县	Kangle	78464	28470	12752	3965	8787
永靖县	Yongjing	207972	32249	130754	117700	13054
广河县	Guanghe	77794	17036	20599	17434	3165
和政县	Hezheng	65150	22966	14587	4733	9854
东乡县	Dongxiang	71534	24205	19862	6807	13055
积石山县	Jishishan	59999	18046	10293	7313	2980
甘南州	**Gannan**	**576547**	**143099**	**134942**	**124042**	**10900**
合作市	Hezuo	133969	10799	26047	23311	2736
临潭县	Lintan	73130	17100	10486	8836	1650
卓尼县	Zhuoni	65163	20510	18086	17936	150
舟曲县	Zhouqu	62782	19164	10491	9191	1300
迭部县	Diebu	45455	12311	11962	7733	4229
玛曲县	Maqu	83496	25716	31121	30916	205
碌曲县	Luqu	41197	13864	14180	13680	500
夏河县	Xiahe	70951	23635	12569	12439	130

1-26 续表 3 continued

单位：万元 (10 000 yuan)

地 区	Region	第三产业 Tertiary Industry	#交通运输、仓储和邮政业 Transport,Storage and Post	#批发和零售业 Wholesale and Retail Trades	人均生产总值（元） Per Capita Gross Regional Product (yuan)
兰州市	**Lanzhou**	**4618168**	**643749**	**902851**	**27904**
城关区	Chengguan	2580846	213109	575838	35420
七里河区	Qilihe	817219	185691	140376	36195
西固区	Xigu	432360	78995	106996	53716
安宁区	Anning	254763	1842	25500	26132
红古区	Honggu	129494	44707	15513	37495
永登县	Yongdeng	246121	100547	16858	13460
皋兰县	Gaolan	59151	16050	6565	11893
榆中县	Yuzhong	85170	13790	11240	7833
嘉峪关市	**Jiayuguan**	**315300**	**75900**	**79600**	**76087**
金昌市	**Jinchang**	**288287**	**29391**	**51045**	**41060**
金川区	Jinchuan	187846	17984	38004	74662
永昌县	Yongchang	100442	8631	13041	13274
白银市	**Baiyin**	**858273**	**156711**	**164390**	**15125**
白银区	Baiyin	449219	100112	88853	45260
平川区	Pingchuan	83297	12173	17705	24534
靖远县	Jingyuan	134192	23984	25542	7682
会宁县	Huining	112055	9923	13340	4866
景泰县	Jingtai	102321	21967	25140	12793
天水市	**Tianshui**	**1110175**	**208969**	**199825**	**7584**
秦州区	Qinzhou	375831	25454	68253	13228
麦积区	Maiji	301225	74403	77114	12248
清水县	Qingshui	84407	16076	7986	5882
秦安县	Qinan	106119	17518	2192	4224
甘谷县	Gangu	91958	29066	13062	4607
武山县	Wushan	92842	35248	12005	5534
张家川县	Zhangjiachuan	67396	10773	9311	4161
武威市	**Wuwei**	**655234**	**154841**	**91631**	**10068**
凉州区	Liangzhou	453500	146691	60868	12786
民勤县	Minqin	86175	7530	14400	9160
古浪县	Gulang	61370	7260	6150	5224
天祝县	Tianzhu	63093	5653	12950	7818
张掖市	**Zhangye**	**658698**	**113410**	**122144**	**14949**

1-26 续表 4 continued

单位：万元 (10 000 yuan)

地 区	Region	第三产业 Tertiary Industry	#交通运输、仓储和邮政业 Transport,Storage and Post	#批发和零售业 Wholesale and Retail Trades	人均生产总值（元） Per Capita Gross Regional Product (yuan)
甘州区	Ganzhou	341273	54163	66762	16780
肃南县	Sunan	25850	2152	4276	32013
民乐县	Minle	66500	5428	10993	9014
临泽县	Linze	71398	19599	8987	16552
高台县	Gaotai	57377	3767	9246	15002
山丹县	Shandan	91861	18504	11269	12828
平凉市	**Pingliang**	**635173**	**78530**	**64668**	**8899**
崆峒区	Kongtong	297594	33380	27921	13235
泾川县	Jingchuan	98565	13938	9005	8057
灵台县	Lingtai	63197	9459	4274	6770
崇信县	Chongxin	25635	3211	2366	14640
华亭县	Huating	54460	5542	10412	24434
庄浪县	Zhuanglang	60876	6724	4826	3791
静宁县	Jingning	52905	6166	4756	3707
酒泉市	**Jiuquan**	**1189494**	**204243**	**245269**	**31512**
肃州区	Suzhou	416593	109381	69166	23218
金塔县	Jinta	129483	19831	17844	20490
瓜州县	Guazhou	113482	30634	20302	27298
肃北县	Subei	28375	9086	3196	126098
阿克塞县	Akesai	19607	6643	935	71018
玉门市	Yumen	242194	17740	70202	54945
敦煌市	Dunhuang	231618	43888	56922	30504
庆阳市	**Qingyang**	**774954**	**82362**	**102317**	**11973**
西峰区	Xifeng	292949	40691	38885	21353
庆城县	Qingcheng	73258	6830	4749	24778
环 县	Huanxian	69166	5956	6904	6233
华池县	Huachi	43435	5366	2736	38934
合水县	Heshui	40002	3857	3850	8460
正宁县	Zhengning	58630	4385	6013	5605
宁 县	Ningxian	116924	9061	25687	5140
镇原县	Zhenyuan	83788	8120	12751	5023
定西市	**Dingxi**	**602427**	**98438**	**69323**	**4491**
安定区	Anding	142708	24260	9700	5758
通渭县	Tongwei	77450	11405	10134	3149

1-26 续表 5 continued

单位：万元 (10 000 yuan)

地　区	Region	第三产业 Tertiary Industry	#交通运输、仓储和邮政业 Transport,Storage and Post	#批发和零售业 Wholesale and Retail Trades	人均生产总值（元） Per Capita Gross Regional Product (yuan)
陇西县	Longxi	122676	27367	23468	5920
渭源县	Weiyuan	52065	5924	6889	3350
临洮县	Lintao	98914	11277	13168	4579
漳　县	Zhangxian	37009	3787	2324	4016
岷　县	Minxian	54600	5200	5100	3077
陇南市	**Longnan**	**680797**	**81178**	**64593**	**5248**
武都区	Wudu	258729	45020	60466	6956
宕昌县	Tanchang	36943	2079	5922	2706
成　县	Chengxian	87738	16644	19281	8670
康　县	Kangxian	34635	3537	3405	4203
文　县	Wenxian	40791	3354	4391	4736
西和县	Xihe	88511	8794	14963	4043
礼　县	Lixian	55580	4435	6526	2849
两当县	Liangdang	15878	886	1279	6225
徽　县	Huixian	61238	11236	6249	9386
临夏州	**Linxia**	**443182**	**27784**	**43855**	**4673**
临夏市	linxia	169760	9234	22236	10979
临夏县	linxia	64290	3856	2854	3465
康乐县	Kangle	37242	1758	1778	3126
永靖县	Yongjing	44969	4425	5421	10290
广河县	Guanghe	40159	2241	5875	3537
和政县	Hezheng	27597	1956	3090	3266
东乡县	Dongxiang	27467	2354	633	2562
积石山县	Jishishan	31660	1960	1958	2521
甘南州	**Gannan**	**298506**	**23918**	**28295**	**8472**
合作市	Hezuo	97123	7784	7177	15651
临潭县	Lintan	45544	4910	4917	5009
卓尼县	Zhuoni	26567	1884	2739	6439
舟曲县	Zhouqu	33127	4071	4182	4740
迭部县	Diebu	21182	1459	1985	8205
玛曲县	Maqu	26659	585	2584	17560
碌曲县	Luqu	13153	1004	1468	12360
夏河县	Xiahe	34747	4669	4042	8727

1-27 各地县生产总值指数

Indices of Gross Product by Prefecture, County

（上年=100）（2009）(preceding year=100)

地 区	Region	地区生产总值 Regional Gross Product	第一产业 Primary Industry	第二产业 Secondary Industry	工 业 Industry	建筑业 Construction
兰州市	**Lanzhou**	**110.8**	**106.2**	**110.2**	**109.4**	**113.6**
城关区	Chengguan	111.4	105.0	112.1	111.4	112.9
七里河区	Qilihe	113.3	105.0	113.7	109.0	137.1
西固区	Xigu	112.3	106.3	112.1	112.3	111.0
安宁区	Anning	118.1	94.8	123.2	126.3	113.7
红古区	Honggu	112.8	105.3	114.4	115.6	107.1
永登县	Yongdeng	109.5	104.7	108.5	102.6	140.0
皋兰县	Gaolan	112.9	107.9	115.8	115.2	118.1
榆中县	Yuzhong	109.5	109.9	107.7	102.9	129.1
嘉峪关市	**Jiayuguan**	**110.0**	**111.1**	**109.6**	**110.0**	**96.8**
金昌市	**Jinchang**	**114.2**	**98.2**	**116.1**	**116.9**	**106.7**
金川区	Jinchuan	115.6	102.6	116.8	117.6	107.1
永昌县	Yongchang	106.8	96.8	108.8	109.5	104.5
白银市	**Baiyin**	**111.1**	**105.1**	**112.9**	**113.5**	**109.2**
白银区	Baiyin	111.6	104.9	111.6	111.6	111.2
平川区	Pingchuan	105.8	106.1	103.9	102.9	116.5
靖远县	Jingyuan	111.3	105.3	118.6	117.6	120.3
会宁县	Huining	111.8	106.1	119.4	119.3	119.6
景泰县	Jingtai	111.6	105.6	115.8	116.9	111.8
天水市	**Tianshui**	**110.4**	**108.6**	**108.6**	**108.2**	**109.4**
秦州区	Qinzhou	111.0	103.7	109.8	110.3	108.6
麦积区	Maiji	111.8	107.8	111.4	112.1	108.2
清水县	Qingshui	110.3	107.1	112.5	112.2	113.0
秦安县	Qinan	110.4	111.1	107.6	108.0	102.7
甘谷县	Gangu	110.0	106.1	111.0	111.5	110.6
武山县	Wushan	112.4	119.2	106.9	108.6	105.0
张家川县	Zhangjiachuan	110.2	106.6	108.5	107.9	110.3
武威市	**Wuwei**	**109.4**	**106.6**	**111.4**	**113.4**	**108.1**
凉州区	Liangzhou	109.3	106.2	111.3	113.8	105.1
民勤县	Minqin	109.0	104.2	115.4	115.3	115.5
古浪县	Gulang	110.0	108.2	109.2	115.7	104.2
天祝县	Tianzhu	110.3	108.6	112.2	118.2	105.1
张掖市	**Zhangye**	**111.5**	**107.2**	**113.4**	**114.6**	**109.5**

1-27 续表 1 continued

（上年=100） (preceding year=100)

地　区	Region	地区生产总值 Regional Gross Product	第一产业 Primary Industry	第二产业 Secondary Industry	工业 Industry	建筑业 Construction
甘州区	Ganzhou	111.5	107.5	112.5	114.2	108.0
肃南县	Sunan	121.8	108.8	131.8	135.3	107.0
民乐县	Minle	112.0	106.1	118.7	119.2	115.4
临泽县	Linze	111.6	106.6	114.6	115.3	112.4
高台县	Gaotai	111.6	107.0	116.3	116.7	115.0
山丹县	Shandan	111.8	107.7	113.8	113.1	116.1
平凉市	**Pingliang**	**110.8**	**108.1**	**111.4**	**109.2**	**122.5**
崆峒区	Kongtong	110.1	108.0	107.6	104.2	119.3
泾川县	Jingchuan	110.7	107.2	114.0	112.3	117.7
灵台县	Lingtai	110.0	108.9	112.9	115.1	110.0
崇信县	Chongxin	115.0	108.0	119.4	120.2	108.7
华亭县	Huating	111.0	108.6	110.9	110.9	114.5
庄浪县	Zhuanglang	110.0	105.1	114.6	115.1	113.8
静宁县	Jingning	110.5	110.6	113.2	114.3	112.6
酒泉市	**Jiuquan**	**114.7**	**107.1**	**118.3**	**118.9**	**115.6**
肃州区	Suzhou	127.8	107.9	179.7	268.8	93.1
金塔县	Jinta	116.5	105.2	123.1	124.0	121.8
瓜州县	Guazhou	120.5	108.1	137.1	119.1	163.4
肃北县	Subei	115.1	104.7	121.6	121.9	117.6
阿克塞县	Akesai	120.6	114.2	125.5	125.5	125.4
玉门市	Yumen	114.5	110.9	112.4	113.0	107.6
敦煌市	Dunhuang	115.5	105.6	118.3	125.7	105.9
庆阳市	**Qingyang**	**114.6**	**110.7**	**116.5**	**115.6**	**119.8**
西峰区	Xifeng	112.8	107.2	115.3	115.4	114.8
庆城县	Qingcheng	112.5	115.4	111.5	111.3	110.8
环　县	Huanxian	112.7	102.0	113.8	108.2	111.0
华池县	Huachi	115.5	111.0	115.1	114.5	145.8
合水县	Heshui	119.5	109.4	143.7	148.9	124.5
正宁县	Zhengning	116.1	113.0	129.0	134.1	124.9
宁　县	Ningxian	118.3	116.3	127.6	128.4	118.0
镇原县	Zhenyuan	119.8	108.7	148.6	165.1	98.4
定西市	**Dingxi**	**110.3**	**105.5**	**114.2**	**111.5**	**119.0**
安定区	Anding	110.4	101.2	116.9	110.4	128.9
通渭县	Tongwei	110.2	103.8	118.0	110.5	124.2

1-27续表 2 continued

（上年=100） (preceding year=100)

地 区	Region	地区生产总值 Regional Gross Product	第一产业 Primary Industry	第二产业 Secondary Industry	工业 Industry	建筑业 Construction
陇西县	Longxi	111.3	104.2	112.6	110.8	121.0
渭源县	Weiyuan	109.2	101.8	118.6	114.7	121.3
临洮县	Lintao	110.8	105.1	111.5	106.6	117.0
漳 县	Zhangxian	113.3	109.6	136.4	154.4	123.0
岷 县	Minxian	110.2	103.5	113.5	113.7	127.0
陇南市	**Longnan**	**109.0**	**106.3**	**107.0**	**107.0**	**107.0**
武都区	Wudu	110.5	107.2	118.2	122.9	116.5
宕昌县	Tanchang	114.4	105.1	122.1	128.4	117.4
成 县	Chengxian	103.4	105.5	95.7	83.1	143.7
康 县	Kangxian	112.5	103.2	121.1	121.4	118.6
文 县	Wenxian	109.9	107.9	105.5	103.2	134.1
西和县	Xihe	110.8	110.3	96.3	70.0	175.7
礼 县	Lixian	111.6	107.0	111.8	109.6	114.7
两当县	Liangdang	108.1	106.4	106.6	106.3	107.8
徽 县	Huixian	109.2	108.9	106.6	99.8	119.0
临夏州	**Linxia**	**110.0**	**107.1**	**110.6**	**108.5**	**116.1**
临夏市	linxia	110.0	105.5	105.2	98.6	120.6
临夏县	linxia	109.8	107.7	109.8	105.3	111.9
康乐县	Kangle	109.5	107.8	106.2	85.2	118.7
永靖县	Yongjing	110.1	106.4	110.7	110.1	115.8
广河县	Guanghe	110.5	105.8	115.3	114.9	117.3
和政县	Hezheng	110.6	108.0	115.5	110.5	117.9
东乡县	Dongxiang	110.3	106.4	114.4	113.5	115.0
积石山县	Jishishan	109.8	109.4	116.4	106.0	110.7
甘南州	**Gannan**	**112.5**	**107.0**	**109.3**	**109.9**	**104.1**
合作市	Hezuo	112.5	107.6	104.4	104.0	108.2
临潭县	Lintan	114.8	106.4	104.7	104.4	106.1
卓尼县	Zhuoni	121.0	106.3	129.3	133.7	105.4
舟曲县	Zhouqu	111.7	107.9	106.5	106.8	104.8
迭部县	Diebu	107.4	105.6	106.1	108.9	101.9
玛曲县	Maqu	110.6	106.7	100.6	100.5	113.4
碌曲县	Luqu	110.7	107.2	105.2	105.1	106.0
夏河县	Xiahe	111.7	108.2	110.2	110.2	105.9

1–27 续表 3 continued

（上年=100） (preceding year=100)

地　区	Region	第三产业 Tertiary Industry	# 交通运输、仓储和邮政业 Transport,Storage and Post	# 批发和零售业 Wholesale and Retail Trades	人均生产总值 Per Capita Gross Regional Product
兰州市	**Lanzhou**	**111.6**	**101.1**	**115.1**	**110.2**
城关区	Chengguan	111.2	108.3	111.8	110.4
七里河区	Qilihe	113.1	104.8	128.2	112.8
西固区	Xigu	113.1	99.2	120.4	111.6
安宁区	Anning	112.0	106.0	112.9	117.8
红古区	Honggu	111.1	110.9	110.9	112.8
永登县	Yongdeng	112.5	107.7	114.2	105.0
皋兰县	Gaolan	110.8	107.6	111.7	111.9
榆中县	Yuzhong	112.0	108.1	142.8	109.6
嘉峪关市	**Jiayuguan**	**111.3**	**105.1**	**111.9**	**109.0**
金昌市	**Jinchang**	**108.2**	**101.2**	**108.3**	**113.5**
金川区	Jinchuan	107.2	101.2	108.3	114.9
永昌县	Yongchang	110.1	100.4	108.3	106.2
白银市	**Baiyin**	**110.2**	**103.0**	**113.0**	**110.9**
白银区	Baiyin	110.7	108.2	113.6	111.0
平川区	Pingchuan	112.8	112.0	115.0	105.5
靖远县	Jingyuan	111.3	110.5	114.3	111.1
会宁县	Huining	110.8	105.8	111.3	111.7
景泰县	Jingtai	110.7	107.5	112.5	111.6
天水市	**Tianshui**	**112.8**	**104.6**	**112.1**	**110.2**
秦州区	Qinzhou	113.5	109.1	117.2	111.0
麦积区	Maiji	113.0	115.7	112.7	111.6
清水县	Qingshui	112.0	116.4	113.0	110.1
秦安县	Qinan	111.5	119.4	117.3	110.1
甘谷县	Gangu	112.4	108.5	107.9	106.3
武山县	Wushan	110.3	103.5	116.5	111.9
张家川县	Zhangjiachuan	112.8	110.7	132.4	110.2
武威市	**Wuwei**	**109.4**	**102.4**	**112.5**	**110.0**
凉州区	Liangzhou	109.5	109.8	114.6	110.3
民勤县	Minqin	112.2	107.5	115.9	109.5
古浪县	Gulang	113.2	109.3	117.9	109.4
天祝县	Tianzhu	109.0	102.3	110.0	110.8
张掖市	**Zhangye**	**113.1**	**104.9**	**113.4**	**111.1**

1–27 续表 4 continued

（上年=100） (preceding year=100)

地 区	Region	第三产业 Tertiary Industry	#交通运输、仓储和邮政业 Transport,Storage and Post	#批发和零售业 Wholesale and Retail Trades	人均生产总值 Per Capita Gross Regional Product
甘州区	Ganzhou	113.1	106.0	114.6	110.9
肃南县	Sunan	107.3	102.3	107.1	121.1
民乐县	Minle	111.9	110.1	110.7	112.0
临泽县	Linze	113.1	105.1	120.4	111.0
高台县	Gaotai	112.8	103.9	113.2	111.6
山丹县	Shandan	112.0	111.1	115.0	111.4
平凉市	**Pingliang**	**112.0**	**106.2**	**114.7**	**111.0**
崆峒区	Kongtong	113.4	112.9	111.4	109.1
泾川县	Jingchuan	110.3	114.2	106.1	110.2
灵台县	Lingtai	110.0	107.5	118.9	109.8
崇信县	Chongxin	111.3	110.4	110.7	115.4
华亭县	Huating	113.7	112.8	115.2	109.3
庄浪县	Zhuanglang	112.8	113.8	118.2	110.1
静宁县	Jingning	112.0	101.7	114.7	109.0
酒泉市	**Jiuquan**	**113.9**	**112.6**	**117.0**	**114.1**
肃州区	Suzhou	110.1	106.0	121.8	115.7
金塔县	Jinta	123.0	110.6	124.9	115.9
瓜州县	Guazhou	114.8	112.6	119.3	119.1
肃北县	Subei	103.6	107.3	117.6	108.5
阿克塞县	Akesai	112.8	128.1	110.2	118.6
玉门市	Yumen	122.6	108.1	111.6	114.5
敦煌市	Dunhuang	119.2	117.4	127.3	114.6
庆阳市	**Qingyang**	**113.2**	**108.7**	**121.5**	**114.0**
西峰区	Xifeng	110.9	110.8	115.8	111.4
庆城县	Qingcheng	114.6	114.6	112.8	113.0
环 县	Huanxian	114.2	117.4	111.0	112.7
华池县	Huachi	114.1	114.1	117.5	119.4
合水县	Heshui	113.0	111.8	110.7	119.2
正宁县	Zhengning	113.6	113.0	112.9	116.0
宁 县	Ningxian	114.0	113.9	118.8	124.2
镇原县	Zhenyuan	112.9	107.9	122.3	119.0
定西市	**Dingxi**	**111.7**	**110.8**	**114.0**	**110.0**
安定区	Anding	111.9	108.3	114.7	105.0
通渭县	Tongwei	113.6	111.0	116.0	110.2

1-27 续表 5 continued

（上年=100） (preceding year=100)

地 区	Region	第三产业 Tertiary Industry	#交通运输、仓储和邮政业 Transport,Storage and Post	#批发和零售业 Wholesale and Retail Trades	人均生产总值 Per Capita Gross Regional Product
陇西县	Longxi	114.8	114.9	118.0	111.0
渭源县	Weiyuan	116.1	115.4	116.5	103.6
临洮县	Lintao	115.3	116.0	118.2	106.0
漳 县	Zhangxian	111.9	111.0	113.8	112.1
岷 县	Minxian	115.8	107.0	106.3	111.0
陇南市	**Longnan**	**111.5**	**111.5**	**108.1**	**114.9**
武都区	Wudu	109.6	109.1	112.0	111.0
宕昌县	Tanchang	110.5	117.6	112.5	112.0
成 县	Chengxian	110.4	106.3	112.0	100.0
康 县	Kangxian	114.7	115.7	114.3	112.3
文 县	Wenxian	116.2	105.9	105.7	109.0
西和县	Xihe	119.8	118.1	117.0	109.0
礼 县	Lixian	114.7	114.2	116.8	111.6
两当县	Liangdang	109.7	110.6	122.2	109.9
徽 县	Huixian	116.2	124.8	121.8	109.2
临夏州	**Linxia**	**110.9**	**105.1**	**117.1**	**110.9**
临夏市	linxia	111.7	107.5	118.4	110.4
临夏县	linxia	111.1	103.0	114.3	108.9
康乐县	Kangle	112.1	109.0	112.5	110.1
永靖县	Yongjing	111.6	102.6	110.5	113.1
广河县	Guanghe	110.1	107.6	113.4	110.4
和政县	Hezheng	110.5	110.2	114.1	110.9
东乡县	Dongxiang	111.1	104.9	117.2	111.3
积石山县	Jishishan	110.8	105.6	111.1	113.2
甘南州	**Gannan**	**116.1**	**103.5**	**108.2**	**112.5**
合作市	Hezuo	115.5	109.6	106.8	112.5
临潭县	Lintan	120.1	126.3	112.9	116.4
卓尼县	Zhuoni	105.4	109.6	106.2	135.8
舟曲县	Zhouqu	115.1	108.5	110.8	112.6
迭部县	Diebu	108.9	110.7	113.0	112.3
玛曲县	Maqu	124.2	111.9	113.4	111.7
碌曲县	Luqu	118.9	122.0	116.7	110.7
夏河县	Xiahe	114.3	109.5	116.6	117.7

1-28 2007年投入产出基本流量表

单位：万元　　按当年生产者价格计算

投入 Input \ 产出 Output		农林牧渔业 Agriculture, Forestry, Animal Husbandry & Fishery	煤炭开采和洗选业 Mining and Washing of Coal
总投入	**Total Inputs**	**6462441.50**	**946961.57**
中间投入	**Intermediate Input**	**2602767.71**	**375470.19**
农林牧渔业	Agriculture, Forestry, Animal Husbandry & Fishery	527568.03	14774.54
煤炭开采和洗选业	Mining and Washing of Coal	33367.85	381.96
石油和天然气开采业	Extraction of Petroleum and Natural Gas		
金属矿采选业	Mining of Metal Ores		893.20
非金属矿及其他矿采选业	Mining and Processing of Nonmetal Ores and Other Ores	5.43	1389.05
食品制造及烟草加工业	Manufacture of Foods and Tobacco	428977.21	
纺织业	Manufacture of Textile	289.45	302.70
纺织服装鞋帽皮革羽绒及其制品业	Manufacture of Textile Wearing Apparel, Footwear, Caps, Leather, Fur, Feather(Down) and Its products	278.61	33298.78
木材加工及家具制造业	Processing of Timbers and Manufacture of Furniture	387.15	16026.84
造纸印刷及文教体育用品制造业	Papermaking, Printing and Manufacture of Articles for Culture, Education and Sports Activities	7479.77	2253.74
石油加工、炼焦及核燃料加工业	Processing of Petroleum, Coking, Processing of Nuclear Fuel	151314.58	13011.35
化学工业	Chemical Industry	991804.68	13116.66
非金属矿物制品业	Manufacture of Nonmetallic Mineral Products	48.83	8450.71
金属冶炼及压延加工业	Smelting and Rolling of Metals	50.66	24735.74
金属制品业	Manufacture of Metal Products	258.70	14182.30
通用、专用设备制造业	Manufacture of General Purpose and Special Purpose Machinery	102715.04	28041.58
交通运输设备制造业	Manufacture of Transport Equipment	419.71	3206.56
电气机械及器材制造业	Manufacture of Electrical Machinery and Equipment	43.42	24767.59
通信设备、计算机及其他电子设备制造业	Manufacture of Communication Equipment, Computer and Other Electronic Equipment	116.42	1578.14
仪器仪表及文化办公用机械制造业	Manufacture of Measuring Instrument and Machinery for Cultural Activity & Office Work	39.79	2138.42
工艺品及其他制造业	Manufacture of Artwork, Other Manufacture	9.05	1968.65
废品废料	Scrap and Waste		
电力、热力的生产和供应业	Production and Supply of Electric Power and Heat Power	88775.02	49484.64
燃气生产和供应业	Production and Distribution of Gas	74.60	110.89
水的生产和供应业	Production and Distribution of Water	187677.01	3753.80

注：本表为42部门投入产出表（产品部门×产品部门），下表同。

Note:The table is the Input-Output Table with 42-Commodity by 42-Commodity,the next is the same。

Basic Matrix Part of 2007 Input-Output Table

Data are calculated at producers' prices in 2007 (10 000 yuan)

中间使用 Intermediate Use								
石油和天然气开采业 Extraction of Petroleum and Natural Gas	金属矿采选业 Mining of Metal Ores	非金属矿及其他矿采选业 Mining and Processing of Nonmetal Ores and Other Ores	食品制造及烟草加工业 Manufacture of Foods and Tobacco	纺织业 Manufacture of Textile	纺织服装鞋帽皮革羽绒及其制品业 Manufacture of Textile Wearing Apparel, Footwear, Caps, Leather, Fur, Feather(Down) and Its products	木材加工及家具制造业 Processing of Timbers and Manufacture of Furniture	造纸印刷及文教体育用品制造业 Papermaking, Printing and Manufacture of Articles for Culture, Education and Sports Activities	石油加工、炼焦及核燃料加工业 Processing of Petroleum, Coking, Processing of Nuclear Fuel
1347009.43	**884805.82**	**273868.72**	**2546608.06**	**185888.59**	**178708.29**	**102869.04**	**307912.52**	**7420192.94**
434629.00	**520425.43**	**151595.65**	**1493701.28**	**122504.59**	**115178.53**	**62709.92**	**178206.50**	**7519135.90**
	5.33		790871.30	37618.34	52258.98	4725.93	6877.50	
1451.19	4401.22	15136.47	19309.21	1382.86	1415.32	1111.01	7534.47	18306.36
6.00	2064.46	456.47	625.47	237.08		0.78	311.98	6407947.37
	221689.71					4.07		
912.35	599.62	15886.64	2671.15	7.37	0.83	8.25	45.56	320.65
275.52			238725.82			140.05	219.16	389.28
1141.47	737.16	1754.61	1498.79	58506.64	24378.66	642.53	38.34	984.27
4959.41	2383.36	154.21	1687.30	4082.15	4957.17	105.56	361.43	3296.74
1889.31	1752.83	21.12	3282.39	25.20	30.25	43678.66	1528.45	5770.10
6454.95	2582.15	266.04	74943.33	527.61	4208.42	251.29	100477.80	6287.82
25604.24	18420.29	13945.10	6692.01	245.64	143.29	839.35	2841.51	646246.97
45811.48	70427.90	4867.23	94823.44	3348.75	5653.69	982.14	9593.46	163946.52
9052.92	3181.83	88.95	41119.54	156.43	131.64	73.22	740.53	22693.11
93992.80	6065.63	732.48	14061.40	32.14	36.79	11.94	1452.51	6453.17
19072.04	12606.82	49072.22	18337.52	268.01	1292.92	2855.07	1310.82	44929.58
66838.15	10720.44	823.97	5268.02	895.09	492.76	361.13	2434.76	20483.11
4070.84	2531.26	332.48	2146.16	202.16	97.39	126.82	800.84	8982.00
11972.70	8804.62	319.11	1961.32	322.10	415.55	181.64	1408.55	13469.20
5591.71	1349.57	128.42	679.34	62.01	186.58	41.34	219.39	1006.90
6303.20	1699.84	199.96	16177.45	101.55	76.20	70.44	435.09	8570.89
1654.17	1738.72	583.28	1165.41	139.94	216.33	120.57	311.18	900.20
		4447.05		84.62			6018.30	
66257.88	62070.27	15254.46	38393.28	8122.34	6462.78	1400.52	14446.05	52583.97
0.12	36.77	8.39	319.04				5.31	1.16
2585.29	1375.31	524.59	2678.54	152.61	614.82	34.06	849.75	1236.13

1-28 续表 1

单位：万元

产出 Output / 投入 Input		化学工业 Agriculture, Forestry, Animal Husbandry & Fishery	非金属矿物制品业 Mining and Washing of Coal
总投入	**Total Inputs**	**2440503.93**	**1468964.00**
中间投入	**Intermediate Input**	**1685892.07**	**908305.31**
农林牧渔业	Agriculture, Forestry, Animal Husbandry & Fishery	35567.77	
煤炭开采和洗选业	Mining and Washing of Coal	70075.30	170659.46
石油和天然气开采业	Extraction of Petroleum and Natural Gas	46627.85	10218.75
金属矿采选业	Mining of Metal Ores	5756.82	361.32
非金属矿及其他矿采选业	Mining and Processing of Nonmetal Ores and Other Ores	7953.27	30001.15
食品制造及烟草加工业	Manufacture of Foods and Tobacco	27870.57	
纺织业	Manufacture of Textile	3595.40	8634.56
纺织服装鞋帽皮革羽绒及其制品业	Manufacture of Textile Wearing Apparel, Footwear, Caps, Leather, Fur, Feather(Down) and Its products	4595.02	1788.83
木材加工及家具制造业	Processing of Timbers and Manufacture of Furniture	6480.86	5570.53
造纸印刷及文教体育用品制造业	Papermaking, Printing and Manufacture of Articles for Culture, Education and Sports Activities	18985.05	8198.58
石油加工、炼焦及核燃料加工业	Processing of Petroleum, Coking, Processing of Nuclear Fuel	36582.25	15885.62
化学工业	Chemical Industry	793935.86	240539.46
非金属矿物制品业	Manufacture of Nonmetallic Mineral Products	35088.20	108945.65
金属冶炼及压延加工业	Smelting and Rolling of Metals	105336.06	21196.09
金属制品业	Manufacture of Metal Products	159424.63	29813.61
通用、专用设备制造业	Manufacture of General Purpose and Special Purpose Machinery	18041.64	10052.09
交通运输设备制造业	Manufacture of Transport Equipment	2470.14	2898.76
电气机械及器材制造业	Manufacture of Electrical Machinery and Equipment	8387.90	3793.69
通信设备、计算机及其他电子设备制造业	Manufacture of Communication Equipment, Computer and Other Electronic Equipment	3467.04	1020.34
仪器仪表及文化办公用机械制造业	Manufacture of Measuring Instrument and Machinery for Cultural Activity & Office Work	9599.08	1839.03
工艺品及其他制造业	Manufacture of Artwork, Other Manufacture	1442.96	1018.14
废品废料	Scrap and Waste	134.07	9612.59
电力、热力的生产和供应业	Production and Supply of Electric Power and Heat Power	115136.40	117318.09
燃气生产和供应业	Production and Distribution of Gas	507.16	42.30
水的生产和供应业	Production and Distribution of Water	3213.45	1517.01

continue

(10 000 yuan)

中间使用 Intermediate Use								
金属冶炼及压延加工业 Extraction of Petroleum and Natural Gas	金属制品业 Mining of Metal Ores	通用、专用设备制造业 Mining and Processing of Nonmetal Ores and Other Ores	交通运输设备制造业 Manufacture of Foods and Tobacco	电气机械及器材制造业 Manufacture of Textile	通信设备、计算机及其他电子设备制造业 Manufacture of Textile Wearing Apparel, Footwear, Caps, Leather, Fur, Feather(Down) and Its products	仪器仪表及文化办公用机械制造业 Processing of Timbers and Manufacture of Furniture	工艺品及其他制造业 Papermaking, Printing and Manufacture of Articles for Culture, Education and Sports Activities	废品废料 Processing of Petroleum, Coking, Processing of Nuclear Fuel
11478595.75	**286636.20**	**1048503.31**	**249366.73**	**468877.09**	**148202.57**	**27784.55**	**223119.46**	**10119.39**
7937073.27	**211929.45**	**723009.26**	**107989.23**	**337207.44**	**86176.47**	**16691.67**	**139084.19**	**4619.11**
1202.88			447.40				45.55	31.38
231902.42	1183.54	3311.61	942.86	2189.77	509.87	3.16	88634.11	320.25
19021.34	29.93	748.86	347.19		3.17		55.74	
4561791.98		283.48						
16466.36	255.65	76.08	36.13	4.22	195.43	18.06	1911.02	0.04
14.95		59.48	120.38					8.03
3212.24	2.29	416.65	39.31	718.94	6.39	69.28	6363.80	54.34
7416.79	729.76	2300.69	853.68	8244.98	155.93	78.67	939.19	9.19
8888.63	82.43	2186.00	189.99	5505.14	1128.02	833.93	10551.98	56.29
3807.72	919.65	2419.45	439.36	6387.98	742.45	164.14	386.24	72.46
1032522.73	775.48	9325.09	1576.79	3855.48	518.05	226.08	2029.95	94.56
154124.93	2269.82	10914.17	1137.37	28868.32	9550.99	624.77	1863.76	218.59
97274.73	809.34	2215.84	600.63	2071.38	1194.71	162.87	730.32	401.43
274804.96	87466.51	247795.29	10733.42	112563.18	27072.90	3860.70	6545.49	54.53
64276.61	46571.98	114386.66	41653.63	46923.28	10801.28	2190.34	787.28	683.94
92755.23	28867.17	132706.44	8731.80	5682.78	430.36	1179.65	1167.54	5.26
17237.54	3476.89	8994.14	1206.69	784.79	104.57	42.26	463.30	3.63
35436.04	16063.15	35440.52	4503.11	45478.45	1911.72	707.24	782.96	219.85
3236.05	289.06	6724.96	11922.78	959.36	415.32	1134.18	132.80	1.45
12531.87	322.71	11125.05	4859.88	2336.10	16873.56	1140.77	73.27	0.65
3245.79	235.29	767.05	266.43	1725.00	113.35	59.72	172.98	5.61
7553.85	37.09	644.48				294.58		34.21
757983.70	7601.51	47771.20	6980.89	11359.86	5115.14	1190.27	4778.27	437.75
2199.43	53.48	1087.97	2.58	175.23			0.98	
2706.07	458.38	912.34	364.06	570.50	286.45	30.22	158.11	10.27

1-28 续表 2

单位：万元

产出 Output / 投入 Input		电力、热力的生产和供应业 Production and Supply of Electric Power and Heat Power	燃气生产和供应业 Production and Distribution of Gas
总投入	**Total Inputs**	**3507011.95**	**64297.28**
中间投入	**Intermediate Input**	**2177886.51**	**32517.98**
农林牧渔业	Agriculture, Forestry, Animal Husbandry & Fishery		
煤炭开采和洗选业	Mining and Washing of Coal	1208885.72	20602.59
石油和天然气开采业	Extraction of Petroleum and Natural Gas	11573.03	196.40
金属矿采选业	Mining of Metal Ores		
非金属矿及其他矿采选业	Mining and Processing of Nonmetal Ores and Other Ores	5137.45	
食品制造及烟草加工业	Manufacture of Foods and Tobacco	27.36	
纺织业	Manufacture of Textile	141.61	13.68
纺织服装鞋帽皮革羽绒及其制品业	Manufacture of Textile Wearing Apparel, Footwear, Caps, Leather, Fur, Feather(Down) and Its products	8104.09	472.15
木材加工及家具制造业	Processing of Timbers and Manufacture of Furniture	786.14	22.43
造纸印刷及文教体育用品制造业	Papermaking, Printing and Manufacture of Articles for Culture, Education and Sports Activities	4421.62	160.55
石油加工、炼焦及核燃料加工业	Processing of Petroleum, Coking, Processing of Nuclear Fuel	10300.78	877.93
化学工业	Chemical Industry	12344.81	872.78
非金属矿物制品业	Manufacture of Nonmetallic Mineral Products	21138.16	77.11
金属冶炼及压延加工业	Smelting and Rolling of Metals	4632.03	36.24
金属制品业	Manufacture of Metal Products	11134.33	47.63
通用、专用设备制造业	Manufacture of General Purpose and Special Purpose Machinery	41766.18	217.16
交通运输设备制造业	Manufacture of Transport Equipment	5486.62	107.86
电气机械及器材制造业	Manufacture of Electrical Machinery and Equipment	24973.73	142.98
通信设备、计算机及其他电子设备制造业	Manufacture of Communication Equipment, Computer and Other Electronic Equipment	2524.39	35.35
仪器仪表及文化办公用机械制造业	Manufacture of Measuring Instrument and Machinery for Cultural Activity & Office Work	3143.56	90.41
工艺品及其他制造业	Manufacture of Artwork, Other Manufacture	1409.43	134.93
废品废料	Scrap and Waste		
电力、热力的生产和供应业	Production and Supply of Electric Power and Heat Power	527914.53	4619.86
燃气生产和供应业	Production and Distribution of Gas		3.60
水的生产和供应业	Production and Distribution of Water	13970.52	71.07

continue

(10 000 yuan)

中间使用 Intermediate Use									
水的生产和供应业 Production and Distribution of Water	建筑业 Construction	交通运输及仓储业 Traffic, Transport and Storage	邮政业 Post	信息传输、计算机服务和软件业 Information Transmission, Computer Services and Software	批发和零售业 Wholesale and Retail Trades	住宿和餐饮业 Hotels and Catering Services	金融业 Financial Intermediation	房地产业 Real Estate	租赁和商务服务业 Leasing and Business Services
82999.23	**8725960.13**	**3365544.55**	**77557.92**	**1165121.79**	**2321060.85**	**1439308.37**	**1095770.60**	**1834889.13**	**434130.33**
27114.47	**6571169.18**	**1585736.33**	**44975.60**	**476314.17**	**652560.85**	**757208.37**	**479778.81**	**667306.26**	**210709.31**
	123220.74	204535.54				124806.95		672.22	
87.93	44533.80	7754.86	839.20			66.53			
						14455.63			
3.11	313094.63	3877.43					0.93	21.85	
		2312.64	96.76			333095.49			
15.06	1359.09	2814.20		182.25	538.22	9555.42	564.35	1067.09	10.28
253.09	48439.28	8183.74	716.57	3024.95	3507.62	1395.35	12065.52	1077.94	1830.50
45.19	110803.15	2022.76	492.39	3157.98	1112.54	2937.90	3897.52	9004.64	82.04
142.42	39972.11	10526.25	2993.69	8007.09	6253.36	7564.49	37679.02	61130.71	791.02
309.13	97511.71	515526.61	3087.58	447.49	7894.56	14486.12	24143.97	1380.82	6206.99
1492.21	265090.98	36020.63	114.96	3452.12	1720.01	8508.27	29572.26	8427.27	72.68
209.32	1340276.92	3629.67	68.02	26.04	6.02	978.26	13.19	301.06	
134.36	1633525.13	13899.28			3.01	286.54	0.93	21.85	
2387.74	408924.76	2256.43	90.05	573.01	374.86	3784.24	2157.06	2320.85	97972.72
1097.66	242258.68	7966.01	993.43	1941.38	4203.75	1841.07	2988.00	1382.48	338.42
103.64	33772.72	136447.85	1437.93	1413.59	20872.00	5144.59	7206.38	314.27	922.47
685.04	727410.87	5953.88	407.14	22451.25	803.93	996.74	555.80	1712.90	194.84
58.71	11517.68	5375.45	592.99	48400.65	2297.44	1223.84	3908.21	15202.44	263.68
217.13	19012.06	2040.59	164.78	56786.47	620.80	7415.51	23785.69	46797.80	534.02
81.08	43139.50	1589.87		1947.54	3.01	129.56	409.49	6819.65	265.01
9003.03	185871.47	130165.15	3236.06	93009.10	14857.30	60600.60	19369.18	47894.64	29482.07
	3495.87	123.88	479.96			361.16			
1742.48	62746.47	3639.97	523.06	2298.42	1754.42	10035.85	3502.03	19589.18	1706.77

1-28 续表 3

单位：万元

产出 Output / 投入 Input		研究与试验发展业 Research and Experimental Development	综合技术服务业 Comprehensive Technical Services
总投入	**Total Inputs**	**330151.91**	**465316.37**
中间投入	**Intermediate Input**	**174074.62**	**199463.27**
农林牧渔业	Agriculture, Forestry, Animal Husbandry & Fishery		
煤炭开采和洗选业	Mining and Washing of Coal		
石油和天然气开采业	Extraction of Petroleum and Natural Gas		
金属矿采选业	Mining of Metal Ores		
非金属矿及其他矿采选业	Mining and Processing of Nonmetal Ores and Other Ores	497.01	33.83
食品制造及烟草加工业	Manufacture of Foods and Tobacco		
纺织业	Manufacture of Textile		49.66
纺织服装鞋帽皮革羽绒及其制品业	Manufacture of Textile Wearing Apparel, Footwear, Caps, Leather, Fur, Feather(Down) and Its products	46.12	123.59
木材加工及家具制造业	Processing of Timbers and Manufacture of Furniture	8956.18	949.09
造纸印刷及文教体育用品制造业	Papermaking, Printing and Manufacture of Articles for Culture, Education and Sports Activities	5072.44	20936.93
石油加工、炼焦及核燃料加工业	Processing of Petroleum, Coking, Processing of Nuclear Fuel	4539.58	4431.52
化学工业	Chemical Industry	7495.96	12304.33
非金属矿物制品业	Manufacture of Nonmetallic Mineral Products	6957.93	470.10
金属冶炼及压延加工业	Smelting and Rolling of Metals	497.01	33.83
金属制品业	Manufacture of Metal Products	2981.97	1138.91
通用、专用设备制造业	Manufacture of General Purpose and Special Purpose Machinery	1460.24	588.00
交通运输设备制造业	Manufacture of Transport Equipment	1455.12	363.96
电气机械及器材制造业	Manufacture of Electrical Machinery and Equipment	6240.63	7029.33
通信设备、计算机及其他电子设备制造业	Manufacture of Communication Equipment, Computer and Other Electronic Equipment	1685.68	39887.80
仪器仪表及文化办公用机械制造业	Manufacture of Measuring Instrument and Machinery for Cultural Activity & Office Work	3145.95	2418.98
工艺品及其他制造业	Manufacture of Artwork, Other Manufacture	322.79	601.11
废品废料	Scrap and Waste		
电力、热力的生产和供应业	Production and Supply of Electric Power and Heat Power	58978.62	13002.52
燃气生产和供应业	Production and Distribution of Gas		
水的生产和供应业	Production and Distribution of Water	2321.03	3702.89

continue

(10 000 yuan)

中间使用 Intermediate Use							最终使用Total Final Use		
							最终消费支出 Total Final Consumption Expenditure		
							居民 Household		
水利、环境和公共设施管理业 Management of Water Conservancy, Environment and Public Facilities	居民服务和其他服务业 Services to Households and Other Services	教育 Education	卫生、社会保障和社会福利业 Health, Social Security and Social Welfare	文化、体育和娱乐业 Culture, Sports and Entertainment	公共管理和社会组织 Public Management and Social Organization	中间使用合计 Total Intermediate Use	农村 Rural	城镇 Urban	小计 Subtotal
183141.19	**519188.79**	**1335650.51**	**902205.77**	**257768.97**	**2152888.82**	**68767903.92**			
62515.82	**220496.19**	**351086.98**	**419993.22**	**135482.39**	**738596.16**	**41719288.66**	**3673411.23**	**7489698.01**	**11163109.24**
15831.79	14037.74					1955099.91	391424.11	802418.91	1193843.02
						1956300.90	144050.14	11279.30	155329.44
						6514927.50		33677.61	33677.61
						4790780.58			
68.34		604.98	427.97	134.02	458.64	403124.50			
				371.66		1032704.36	1063912.91	1078790.74	2142703.65
	29.30					129728.03	13915.81	40489.05	54404.86
1262.10	73.70	2082.70	60.82	317.12	405.72	176120.12	172054.11	754154.06	926208.17
1238.48	215.46	10830.04	7704.74	2413.65	8149.64	290688.06	35641.19	86709.72	122350.91
1894.66	2506.14	30119.84	2586.73	7171.84	55001.23	553188.14	16780.73	52827.68	69608.41
8167.80	11656.44	25032.08	8870.48	6937.23	57153.29	2791658.52	33022.16	15936.12	48958.28
4835.85	68124.12	9520.92	140978.76	13694.87	7232.38	3280300.16	130342.21	311700.95	442043.16
963.04		8420.07	5992.85	1877.59	6332.72	1732970.88	200565.11	57614.69	258179.80
68.34		604.98	427.97	134.02	458.64	2699818.55			
2608.56	38914.13	3610.02	2568.33	804.42	2716.55	1269065.81	9171.86	25570.35	34742.21
148.82	361.49	27094.95	202701.67	1925.52	899.63	1080868.55	3492.12	18636.58	22128.70
144.12	3367.20	1200.04	856.19	1195.70	899.63	283310.81	73233.89	109511.29	182745.18
958.40	215.23	7229.96	5136.44	2536.32	5450.74	1037476.58	65990.42	126451.33	192441.75
445.35	11354.11	2023.19	936.13	30957.17	4604.01	223557.43	26655.76	192089.22	218744.98
2706.19	1313.24	5831.56	910.36	529.26	1270.07	275249.23	739.89	22256.94	22996.83
69.81	273.17	49.59	42.58	268.89	211.68	75628.51	23565.47	104382.03	127947.50
						28860.84			
2211.12	13155.71	48457.50	12837.18	13555.81	130552.94	2897698.68	48110.24	318532.65	366642.89
						9089.88		23946.37	23946.37
492.20	4735.66	12069.75	3267.89	1991.44	20321.18	382191.05	5741.23	26186.20	31927.43

1-28 续表 4

单位：万元

投入 Input \ 产出 Output		最终消费支出 Total Final Consumption Expenditure	
		政府 Government Consumption Expenditure	合计 Total Final Consumption Expenditure
总投入	**Total Inputs**		
中间投入	**Intermediate Input**	**4990601.12**	**16153710.36**
农林牧渔业	Agriculture, Forestry, Animal Husbandry & Fishery	290905.63	1484748.65
煤炭开采和洗选业	Mining and Washing of Coal	8615.33	163944.77
石油和天然气开采业	Extraction of Petroleum and Natural Gas		33677.61
金属矿采选业	Mining of Metal Ores	41549.45	41549.45
非金属矿及其他矿采选业	Mining and Processing of Nonmetal Ores and Other Ores		
食品制造及烟草加工业	Manufacture of Foods and Tobacco		2142703.65
纺织业	Manufacture of Textile		54404.86
纺织服装鞋帽皮革羽绒及其制品业	Manufacture of Textile Wearing Apparel, Footwear, Caps, Leather, Fur, Feather(Down) and Its products		926208.17
木材加工及家具制造业	Processing of Timbers and Manufacture of Furniture		122350.91
造纸印刷及文教体育用品制造业	Papermaking, Printing and Manufacture of Articles for Culture, Education and Sports Activities		69608.41
石油加工、炼焦及核燃料加工业	Processing of Petroleum, Coking, Processing of Nuclear Fuel		48958.28
化学工业	Chemical Industry	62.17	442105.33
非金属矿物制品业	Manufacture of Nonmetallic Mineral Products	849.64	259029.44
金属冶炼及压延加工业	Smelting and Rolling of Metals		
金属制品业	Manufacture of Metal Products		34742.21
通用、专用设备制造业	Manufacture of General Purpose and Special Purpose Machinery	193.71	22322.41
交通运输设备制造业	Manufacture of Transport Equipment		182745.18
电气机械及器材制造业	Manufacture of Electrical Machinery and Equipment	46.85	192488.60
通信设备、计算机及其他电子设备制造业	Manufacture of Communication Equipment, Computer and Other Electronic Equipment		218744.98
仪器仪表及文化办公用机械制造业	Manufacture of Measuring Instrument and Machinery for Cultural Activity & Office Work		22996.83
工艺品及其他制造业	Manufacture of Artwork, Other Manufacture	246.87	128194.37
废品废料	Scrap and Waste		
电力、热力的生产和供应业	Production and Supply of Electric Power and Heat Power	87.40	366730.29
燃气生产和供应业	Production and Distribution of Gas		23946.37
水的生产和供应业	Production and Distribution of Water		31927.43

continue

(10 000 yuan)

最终使用Final Use					进口（流入）Imports	其他 Errors	总产出 Gross Output
资本形成总额 Gross Capital Formation			出口（流出）Exports	最终使用合计 Total Final Use			
固定资本形成总额 Gross Fixed Capital Formation	存货增加 Changes in Inventories	合计 Total Final Consumption Expenditure					
12219617.03	**1114189.72**	**13333806.75**	**19509347.74**	**48996864.85**	**21948249.59**		**68767903.92**
645689.81	67002.18	712691.99	2339700.80	4537141.44	677467.65	647667.80	6462441.50
248042.91	14792.17	262835.08	202634.32	629414.17	57922.79	−1580830.71	946961.57
147574.23	1314.87	148889.10	871723.44	1054290.15	141909.72	−6080298.50	1347009.43
174986.15	20222.81	195208.96	663058.50	899816.91	535436.52	−4270355.15	884805.82
50237.93	924.55	51162.48	89142.12	140304.60	18031.53	−251528.85	273868.72
424525.61	111860.76	536386.37	516488.27	3195578.29	2142671.51	460996.92	2546608.06
31709.43	5601.96	37311.39	110642.63	202358.88	138974.88	−7223.44	185888.59
6055.24	5429.83	11485.07	35731.47	973424.71	909894.95	−60941.59	178708.29
35367.74	751.91	36119.65	9401.72	167872.28	127713.16	−227978.14	102869.04
33953.26	4827.67	38780.93	157959.80	266349.14	136643.12	−374981.64	307912.52
222943.75	115273.11	338216.86	98853.87	486029.01	584971.97	4727477.38	7420192.94
445958.89	69170.43	515129.32	2014057.47	2971292.12	2216680.26	−1594408.09	2440503.93
123046.04	26323.68	149369.72	507371.15	915770.31	355111.62	−824665.57	1468964.00
888192.78	408832.64	1297025.42	5450182.65	6747208.07	3205685.59	5237254.72	11478595.75
46689.25	8271.22	54960.47	35248.38	124951.06	50244.31	−1057136.36	286636.20
80395.49	47045.20	127440.69	905866.49	1055629.59	730135.54	−357859.29	1048503.31
44515.87	9123.32	53639.19	82962.98	319347.35	177969.85	−175321.58	249366.73
31582.63	20994.49	52577.12	266992.73	512058.45	380388.80	−700269.14	468877.09
11472.73	6457.60	17930.33	143671.74	380347.05	318320.95	−137380.96	148202.57
2541.56	1398.25	3939.81	47057.28	73993.92	62901.04	−258557.56	27784.55
12725.66	22187.27	34912.93	2877.68	165984.98	81949.71	63455.68	223119.46
10768.30	278.51	11046.81		11046.81	5546.53	−24241.73	10119.39
1621882.35	8268.85	1630151.20	94612.00	2091493.49	762368.05	−719812.17	3507011.95
79326.99	1356.33	80683.32	4694.08	109323.77	77544.47	23428.10	64297.28
51270.52	2822.24	54092.76	457.21	86477.40	30592.64	−355076.58	82999.23

1-28 续表 5

单位：万元

投入 Input \ 产出 Output		农林牧渔业 Agriculture, Forestry, Animal Husbandry & Fishery	煤炭开采和洗选业 Mining and Washing of Coal	石油和天然气开采业 Extraction of Petroleum and Natural Gas
建筑业	Construction	1.81	839.66	1513.86
交通运输及仓储业	Traffic, Transport and Storage	25518.25	29846.18	8484.50
邮政业	Post	1180.10	178.32	471.19
信息传输、计算机服务和软件业	Information Transmission, Computer Services and Software	1520.22	1508.31	2928.16
批发和零售业	Wholesale and Retail Trades	7554.88		
住宿和餐饮业	Hotels and Catering Services	4424.34	6473.35	6900.57
金融业	Financial Intermediation	24039.64	24471.50	7963.57
房地产业	Real Estate		64.00	511.43
租赁和商务服务业	Leasing and Business Services	5492.70	9349.10	303.98
研究与试验发展业	Research and Experimental Development	441.43	1292.84	504.61
综合技术服务业	Comprehensive Technical Services	761.64	832.59	302.77
水利、环境和公共设施管理业	Management of Water Conservancy, Environment and Public Facilities	2406.10	12191.10	370.06
居民服务和其他服务业	Services to Households and Other Services	181.54	5236.91	854.95
教育	Education	2352.68	3354.59	1614.78
卫生、社会保障和社会福利业	Health，Social Security and Social Welfare	4748.36	20550.38	24255.48
文化、体育和娱乐业	Culture, Sports and Entertainment	86.62	1413.52	1751.35
公共管理和社会组织	Public Management and Social Organization	356.39		
增加值合计	**Total Value Added**	**3859673.79**	**571491.38**	**912380.43**
劳动者报酬	Compensation of Employees	2712229.43	275760.34	74530.21
生产税净额	Net Taxes on Production		120709.34	163083.28
固定资产折旧	Depreciation of Fixed Assets	418773.74	54510.18	50050.58
营业盈余	Operating Surplus	728670.62	120511.52	624716.36

continue

(10 000 yuan)

中间使用 Intermediate Use							
金属矿采选业 Mining of Metal Ores	非金属矿及其他矿采选业 Mining and Processing of Nonmetal Ores and Other Ores	食品制造及烟草加工业 Manufacture of Foods and Tobacco	纺织业 Manufacture of Textile	纺织服装鞋帽皮革羽绒及其制品业 Manufacture of Textile Wearing Apparel, Footwear, Caps, Leather, Fur, Feather(Down) and Its products	木材加工及家具制造业 Processing of Timbers and Manufacture of Furniture	造纸印刷及文教体育用品制造业 Papermaking, Printing and Manufacture of Articles for Culture, Education and Sports Activities	石油加工、炼焦及核燃料加工业 Processing of Petroleum, Coking, Processing of Nuclear Fuel
199.31	7.52	139.05	61.82	49.51	3.01	382.65	8546.73
32730.01	8984.20	65698.91	1903.97	5506.01	1107.06	7147.74	30709.16
186.73	24.02	117.41	21.72	15.48	8.44	27.51	292.92
3179.22	184.35	1882.35	127.01	138.18	63.05	411.63	1719.63
		92.06					332.72
10911.82	3071.66	7712.88	778.23	829.84	487.48	1661.38	4410.39
15840.73	8219.38	16388.36	842.62	3710.93	834.00	2699.04	1633.88
977.97	25.58	4756.01	567.84	141.37	1620.36	3113.97	443.62
8016.14	2560.39	9375.95	962.23	423.30	352.85	139.69	6471.72
		693.31	121.48	180.12			2606.30
628.24	32.36	2492.34	18.71	412.85	3.77	37.30	1930.61
526.05	36.11	484.43	2.41	403.57	3.79	11.28	4298.40
2757.25	2395.28	4179.14	22.59	27.27	13.17	414.69	2265.55
477.70	15.19	533.14	68.86	138.75	263.99	74.53	929.31
4486.03	72.80	476.60	313.21	52.10		1439.93	16538.64
2263.12	963.56	1242.11	171.25	78.88	182.58	382.42	1200.82
364380.39	**122273.07**	**1052906.78**	**63384.00**	**63529.76**	**40159.12**	**129706.02**	**-98942.96**
80548.42	41535.09	201452.64	27406.70	20787.05	15486.44	56913.75	34647.03
70408.28	22090.99	371094.72	10413.51	10629.25	7203.98	22767.14	−18929.31
35474.12	9347.64	107314.98	7342.40	7340.63	4702.91	22606.72	16331.74
177949.57	49299.35	373044.44	18221.39	24772.83	12765.79	27418.41	−130992.42

1-28 续表 6

单位：万元

投入 Input \ 产出 Output		化学工业 Chemical Industry	非金属矿物制品业 Manufacture of Nonmetallic Mineral Products	金属冶炼及压延加工业 Smelting and Rolling of Metals
建筑业	Construction	1248.59	477.99	1682.42
交通运输及仓储业	Traffic, Transport and Storage	44136.71	36511.97	154870.91
邮政业	Post	295.18	275.70	240.72
信息传输、计算机服务和软件业	Information Transmission, Computer Services and Software	3534.88	1876.74	2763.17
批发和零售业	Wholesale and Retail Trades	52.54		104.98
住宿和餐饮业	Hotels and Catering Services	11657.02	5757.24	11713.60
金融业	Financial Intermediation	32799.58	17631.95	226631.82
房地产业	Real Estate	2019.57	4058.97	769.19
租赁和商务服务业	Leasing and Business Services	45374.83	13315.23	18235.48
研究与试验发展业	Research and Experimental Development	5435.11	23.92	27426.17
综合技术服务业	Comprehensive Technical Services	4909.64	476.77	10569.61
水利、环境和公共设施管理业	Management of Water Conservancy, Environment and Public Facilities	997.59	339.89	3478.98
居民服务和其他服务业	Services to Households and Other Services	5267.86	19074.31	52376.25
教育	Education	1462.02	481.06	9372.93
卫生、社会保障和社会福利业	Health，Social Security and Social Welfare	4706.39	5580.53	1833.03
文化、体育和娱乐业	Culture, Sports and Entertainment	1719.81	1497.39	3389.17
公共管理和社会组织	Public Management and Social Organization			
增加值合计	**Total Value Added**	**754611.86**	**560658.69**	**3541522.48**
劳动者报酬	Compensation of Employees	963850.29	163923.85	913093.74
生产税净额	Net Taxes on Production	313290.52	121745.73	892237.77
固定资产折旧	Depreciation of Fixed Assets	221769.74	76433.26	451886.58
营业盈余	Operating Surplus	−744298.69	198555.85	1284304.39

continue

(10 000 yuan)

中间使用 Intermediate Use							
金属制品业 Manufacture of Metal Products	通用、专用设备制造业 Manufacture of General Purpose and Special Purpose Machinery	交通运输设备制造业 Manufacture of Transport Equipment	电气机械及器材制造业 Manufacture of Electrical Machinery and Equipment	通信设备、计算机及其他电子设备制造业 Manufacture of Communication Equipment, Computer and Other Electronic Equipment	仪器仪表及文化办公用机械制造业 Manufacture of Measuring Instrument and Machinery for Cultural Activity & Office Work	工艺品及其他制造业 Manufacture of Artwork, Other Manufacture	废品废料 Scrap and Waste
132.03	496.90	276.78	202.16	1.10	4.44	46.32	0.31
3784.41	24523.35	2567.89	13116.04	1813.73	1016.59	5609.43	188.67
74.42	164.74	24.25	174.49	28.12	5.89	23.55	0.57
614.51	2141.87	165.89	1401.34	133.55	176.16	197.73	7.62
				3.24	25.70	113.12	
2507.06	6670.54	1441.73	12319.51	1037.51	425.09	931.51	24.95
920.15	6437.78	1369.22	4806.32	2070.36	163.22	946.10	58.18
153.71	465.25	50.77	47.20	389.12	64.34		1.16
2133.02	11316.32	632.12	9588.86	1471.07	133.05	1654.29	4.82
43.41	11599.76	1518.77	972.13	184.92	313.37	66.23	
92.76	1573.12	312.12	497.25	1532.71	240.47	9.66	2.33
	163.61	412.41	105.74	3.79			
2128.56	1287.14	196.22	1503.19	136.47	12.87	166.15	1597.98
376.84	1013.13	405.18	1973.40	106.81	28.41	453.88	
37.18	11206.36	175.87	462.59	1.26	21.84	39.13	
430.28	1335.89	483.65	3632.48	133.05	49.34	252.45	8.81
74706.75	**325494.05**	**141377.50**	**131669.65**	**62026.10**	**11092.88**	**84035.27**	**5500.28**
25887.29	148819.55	52584.12	64369.68	23562.50	6669.76	41657.12	1523.16
12158.01	66527.12	27012.19	29834.04	9793.50	2127.80	7440.98	1252.69
9300.69	40926.50	18855.47	11156.31	13757.48	734.27	20228.66	394.62
27360.76	69220.88	42925.72	26309.62	14912.62	1561.05	14708.51	2329.81

1-28 续表7

单位：万元

投入 Input \ 产出 Output		电力、热力的生产和供应业 Production and Supply of Electric Power and Heat Power	燃气生产和供应业 Production and Distribution of Gas	水的生产和供应业 Production and Distribution of Water
建筑业	Construction	649.26	18.70	47.61
交通运输及仓储业	Traffic, Transport and Storage	36631.74	150.30	892.43
邮政业	Post	288.32	11.81	9.70
信息传输、计算机服务和软件业	Information Transmission, Computer Services and Software	2259.45	90.42	193.38
批发和零售业	Wholesale and Retail Trades			
住宿和餐饮业	Hotels and Catering Services	7522.10	516.42	522.56
金融业	Financial Intermediation	84294.05	1771.70	2258.97
房地产业	Real Estate	252.25	5.65	71.15
租赁和商务服务业	Leasing and Business Services	4924.80	30.70	566.44
研究与试验发展业	Research and Experimental Development	9650.75	69.64	
综合技术服务业	Comprehensive Technical Services	2873.43	39.73	26.06
水利、环境和公共设施管理业	Management of Water Conservancy, Environment and Public Facilities	2918.19		3396.62
居民服务和其他服务业	Services to Households and Other Services	86228.59	434.09	576.29
教育	Education	2629.64	232.77	274.03
卫生、社会保障和社会福利业	Health，Social Security and Social Welfare	14801.54	144.44	90.16
文化、体育和娱乐业	Culture, Sports and Entertainment	2146.31	198.90	120.74
公共管理和社会组织	Public Management and Social Organization			
增加值合计	**Total Value Added**	**1329125.44**	**31779.30**	**55884.76**
劳动者报酬	Compensation of Employees	301587.23	7945.48	22216.16
生产税净额	Net Taxes on Production	318622.25	6829.11	7040.74
固定资产折旧	Depreciation of Fixed Assets	425175.30	6668.77	25907.58
营业盈余	Operating Surplus	283740.66	10335.94	720.28

continue

(10 000 yuan)

中间使用 Intermediate Use								
建筑业 Construction	交通运输及仓储业 Traffic, Transport and Storage	邮政业 Post	信息传输、计算机服务和软件业 Information Transmission, Computer Services and Software	批发和零售业 Wholesale and Retail Trades	住宿和餐饮业 Hotels and Catering Services	金融业 Financial Intermediation	房地产业 Real Estate	租赁和商务服务业 Leasing and Business Services
	38078.06	4110.70	12932.96	12008.10	24604.31	5493.58	902.15	7853.10
263690.09	142172.29	7760.59	12666.50	211052.18	8329.92	42777.66	59031.49	5727.02
1514.88	541.34	3768.69	981.32	870.25	1182.35	13621.90	4178.66	44.34
12259.02	23671.51	1870.94	60555.32	3669.71	5003.40	33889.95	14504.64	223.82
		4711.35	19604.52					
45172.75	46080.04	765.41	30250.96	62048.45	21013.15	83279.63	58183.54	8188.09
36763.57	137635.52	1880.80	9270.58	169097.38	18144.78	11028.07	133480.39	20647.00
1293.09	5713.54	664.85	12660.87	16424.97	24248.71	25639.50	3161.45	5.87
335145.95	10397.17	1774.18	19854.47	52253.50	9255.05	60070.24	3662.88	21217.87
69219.09	1439.87		104.15					
16627.42	187.43		368.38	36.16	372.50	49.91		
220.34	1685.03		663.90	128.99	762.17	2503.92	71.62	1297.13
18853.76	56400.29	153.28	40330.27	28968.67	28981.43	7919.76	21498.64	1887.85
	8257.05	483.78	3282.60	4791.33	2685.68	5492.47	104787.57	1086.99
				110.95	123.55	1004.40	621.54	
14431.60	6814.50	643.77	5668.04	24277.36	2831.26	15040.44	38070.17	1689.29
		52.69				147.85	11.86	167.43
2154790.95	**1779808.22**	**32582.32**	**688807.62**	**1668500.00**	**682100.00**	**615991.79**	**1167582.87**	**223421.02**
1333671.43	541596.88	37515.01	136401.52	338400.00	127100.00	332251.93	114373.48	62649.08
350608.13	129900.47	2923.79	39300.02	513500.00	50100.00	89899.06	46082.32	14619.44
167574.62	227807.28	10317.05	362004.56	162500.00	60000.00	38924.00	991504.26	124049.60
302936.77	880503.59	−18173.53	151101.52	654100.00	444900.00	154916.80	15622.81	22102.90

1-28 续表 8

单位：万元

产出 Output / 投入 Input		研究与试验发展业 Research and Experimental Development	综合技术服务业 Comprehensive Technical Services	水利、环境和公共设施管理业 Management of Water Conservancy, Environment and Public Facilities
建筑业	Construction	6358.48	941.18	846.40
交通运输及仓储业	Traffic, Transport and Storage	10211.49	30354.82	2599.19
邮政业	Post	297.17	697.46	63.29
信息传输、计算机服务和软件业	Information Transmission, Computer Services and Software	6573.68	2477.16	825.14
批发和零售业	Wholesale and Retail Trades			
住宿和餐饮业	Hotels and Catering Services	11348.94	25268.10	2513.44
金融业	Financial Intermediation	1324.78	7623.02	6291.61
房地产业	Real Estate	3186.94	8786.80	1.82
租赁和商务服务业	Leasing and Business Services	8833.20	2714.36	1090.92
研究与试验发展业	Research and Experimental Development		589.25	21.85
综合技术服务业	Comprehensive Technical Services		97.36	3.64
水利、环境和公共设施管理业	Management of Water Conservancy, Environment and Public Facilities	3120.31	539.46	
居民服务和其他服务业	Services to Households and Other Services	3986.20	2314.19	2545.48
教育	Education	25.61	1530.20	182.61
卫生、社会保障和社会福利业	Health，Social Security and Social Welfare	4139.94	958.27	619.22
文化、体育和娱乐业	Culture, Sports and Entertainment	1957.25	6096.06	796.24
公共管理和社会组织	Public Management and Social Organization	56.37	409.20	
增加值合计	**Total Value Added**	**156077.29**	**265853.10**	**120625.37**
劳动者报酬	Compensation of Employees	93886.34	202761.36	79997.39
生产税净额	Net Taxes on Production	6099.11	13698.22	1100.33
固定资产折旧	Depreciation of Fixed Assets	18697.28	31593.00	32206.35
营业盈余	Operating Surplus	37394.56	17800.52	7321.30

continue

(10 000 yuan)

中间使用 Intermediate Use						最终使用Total Final Use		
						最终消费支出 Total Final Consumption Expenditure		
						居民Household		
居民服务和其他服务业 Services to Households and Other Services	教育 Education	卫生、社会保障和社会福利业 Health，Social Security and Social Welfare	文化、体育和娱乐业 Culture, Sports and Entertainment	公共管理和社会组织 Public Management and Social Organization	中间使用合计 Total Intermediate Inputs	农村 Rural	城镇 Urban	小计 Subtotal
2396.96	7220.03	5136.66	3564.00	5433.09	154909.30	34653.02	142868.32	177521.34
4638.74	26251.96	1671.61	7103.22	59693.45	1439182.38	60529.16	197366.66	257895.82
367.76	2628.18	61.81	374.30	2399.03	37734.03	514.15	4192.83	4706.98
2761.47	13805.33	2822.37	3228.08	47292.58	264652.94	106220.99	306575.40	412796.39
					32595.11			
15148.69	24050.24	1945.69	10724.50	200671.57	757361.97	117553.25	546830.57	664383.82
5963.39	19104.43	627.54	10015.07	3946.97	1081647.95	37073.14	355600.00	392673.14
6300.97	24546.12	766.30	1379.79	15346.72	170698.79	198600.00	438989.14	637589.14
3459.58	8251.45	4203.80	5398.67	7796.84	708209.21	2952.32	102905.68	105858.00
					134518.48			
					48351.64			
40.11	1081.01		51.39		44715.50			
4032.15	7834.92	3953.77	2495.09	31575.43	453065.49	184187.42	135499.12	319686.54
150.26	13686.32	1543.69	399.76	9807.79	186827.33	227768.95	372014.42	599783.37
	3193.47	178.59	88.34	3986.62	127058.74	220072.17	424832.57	644904.74
4863.16	4651.35	707.40	3843.65	48527.38	206043.42	21127.95	242359.14	263487.09
40.11		66.90			1308.80	3749.35	6502.37	10251.72
298692.60	**984563.53**	**482212.55**	**122286.58**	**1414292.66**	**27048615.26**			
64498.50	842268.80	373013.20	78589.26	1396003.32	12433964.53			
12299.71	2299.91	4499.92	7199.07		3879513.13			
10299.91	98296.36	34199.14	14599.05		4441563.33			
211594.48	41698.46	70500.29	21899.20	18289.34	6293574.27			

1-28 续表 9

单位：万元

产出 Output / 投入 Input		最终使用Final Use 最终消费支出 Total Final Consumption Expenditure 政府 Government Consumption Expenditure	合计 Total Final Consumption Expenditure
建筑业	Construction		177521.34
交通运输及仓储业	Traffic, Transport and Storage	362388.89	620284.71
邮政业	Post		4706.98
信息传输、计算机服务和软件业	Information Transmission, Computer Services and Software	1968.68	414765.07
批发和零售业	Wholesale and Retail Trades		
住宿和餐饮业	Hotels and Catering Services		664383.82
金融业	Financial Intermediation	320.75	392993.89
房地产业	Real Estate	36125.45	673714.59
租赁和商务服务业	Leasing and Business Services	9911.86	115769.86
研究与试验发展业	Research and Experimental Development	33264.81	33264.81
综合技术服务业	Comprehensive Technical Services	31062.51	31062.51
水利、环境和公共设施管理业	Management of Water Conservancy, Environment and Public Facilities	185112.23	185112.23
居民服务和其他服务业	Services to Households and Other Services		319686.54
教育	Education	1142549.58	1742332.95
卫生、社会保障和社会福利业	Health，Social Security and Social Welfare	1288821.58	1933726.32
文化、体育和娱乐业	Culture, Sports and Entertainment	141978.98	405466.07
公共管理和社会组织	Public Management and Social Organization	1414538.75	1424790.47
增加值合计	**Total Value Added**		
劳动者报酬	Compensation of Employees		
生产税净额	Net Taxes on Production		
固定资产折旧	Depreciation of Fixed Assets		
营业盈余	Operating Surplus		

continue

(10 000 yuan)

最终使用Final Use					进口（流入）	其他	总产出
资本形成总额 Gross Capital Formation			出口（流出）	最终使用合计			
固定资本形成总额 Gross Fixed Capital Formation	存货增加 Changes in Inventories	合计 Total Final Consumption Expenditure	Exports	Total Final Use	Imports	Errors	Gross Output
822619.28	65502.13	888121.41	1493090.17	2558732.92	403941.97	6416259.88	8725960.13
1168055.51	−22500.73	1145554.78	873972.26	2639811.75	860003.53	146553.95	3365544.55
669.20		669.20	29485.14	34861.32	2279.00	7241.57	77557.92
168148.39		168148.39	111725.22	694638.68	5831.06	211661.23	1165121.79
330598.41	88073.05	418671.46	1249828.54	1668500.00		619965.74	2321060.85
110324.02	2583.42	112907.44	78807.03	856098.29	173998.29	−153.60	1439308.37
14292.62		14292.62	272829.71	680116.22	64124.43	−601869.14	1095770.60
1752760.12		1752760.12	117727.52	2544202.23	1376619.36	496607.47	1834889.13
49888.84		49888.84	193084.10	358742.80	135321.78	−497499.90	434130.33
24793.70		24793.70	110893.53	168952.04	12874.75	39556.14	330151.91
29429.94		29429.94	233390.82	293883.27	28030.17	151111.63	465316.37
744968.73		744968.73		930080.96	809455.59	17800.32	183141.19
62934.10		62934.10	50402.92	433023.56	134330.96	−232569.30	519188.79
203618.84		203618.84		1945951.79	961388.26	164259.65	1335650.51
115938.15		115938.15		2049664.47	1567451.92	292934.48	902205.77
105344.79		105344.79	42722.00	553532.86	431246.28	−70561.03	257768.97
1043777.27		1043777.27		2468567.74	1054275.08	737287.36	2152888.82

1-29 2007年投入产出直接消耗系数表

投入 Input \ 产出 Output		农林牧渔业 Agriculture, Forestry, Animal Husbandry & Fishery	煤炭开采和洗选业 Mining and Washing of Coal
总投入	**Total Inputs**	**1.000000**	**1.000000**
中间投入	**Intermediate Input**	**0.402753**	**0.396500**
农林牧渔业	Agriculture, Forestry, Animal Husbandry & Fishery	0.081636	0.015602
煤炭开采和洗选业	Mining and Washing of Coal	0.005163	0.000403
石油和天然气开采业	Extraction of Petroleum and Natural Gas	0.000000	0.000000
金属矿采选业	Mining of Metal Ores	0.000000	0.000943
非金属矿及其他矿采选业	Mining and Processing of Nonmetal Ores and Other Ores	0.000001	0.001467
食品制造及烟草加工业	Manufacture of Foods and Tobacco	0.066380	0.000000
纺织业	Manufacture of Textile	0.000045	0.000320
纺织服装鞋帽皮革羽绒及其制品业	Manufacture of Textile Wearing Apparel, Footwear, Caps, Leather, Fur, Feather(Down) and Its products	0.000043	0.035164
木材加工及家具制造业	Processing of Timbers and Manufacture of Furniture	0.000060	0.016924
造纸印刷及文教体育用品制造业	Papermaking, Printing and Manufacture of Articles for Culture, Education and Sports Activities	0.001157	0.002380
石油加工、炼焦及核燃料加工业	Processing of Petroleum, Coking, Processing of Nuclear Fuel	0.023414	0.013740
化学工业	Chemical Industry	0.153472	0.013851
非金属矿物制品业	Manufacture of Nonmetallic Mineral Products	0.000008	0.008924
金属冶炼及压延加工业	Smelting and Rolling of Metals	0.000008	0.026121
金属制品业	Manufacture of Metal Products	0.000040	0.014977
通用、专用设备制造业	Manufacture of General Purpose and Special Purpose Machinery	0.015894	0.029612
交通运输设备制造业	Manufacture of Transport Equipment	0.000065	0.003386
电气机械及器材制造业	Manufacture of Electrical Machinery and Equipment	0.000007	0.026155
通信设备、计算机及其他电子设备制造业	Manufacture of Communication Equipment, Computer and Other Electronic Equipment	0.000018	0.001667
仪器仪表及文化办公用机械制造业	Manufacture of Measuring Instrument and Machinery for Cultural Activity & Office Work	0.000006	0.002258
工艺品及其他制造业	Manufacture of Artwork, Other Manufacture	0.000001	0.002079
废品废料	Scrap and Waste	0.000000	0.000000
电力、热力的生产和供应业	Production and Supply of Electric Power and Heat Power	0.013737	0.052256
燃气生产和供应业	Production and Distribution of Gas	0.000012	0.000117

Direct Input Coefficents Matrix Part of 2007 Input-Output Table

石油和天然气开采业 Extraction of Petroleum and Natural Gas	金属矿采选业 Mining of Metal Ores	非金属矿及其他矿采选业 Mining and Processing of Nonmetal Ores and Other Ores	食品制造及烟草加工业 Manufacture of Foods and Tobacco	纺织业 Manufacture of Textile	纺织服装鞋帽皮革羽绒及其制品业 Manufacture of Textile Wearing Apparel, Footwear, Caps, Leather, Fur, Feather(Down) and Its products	木材加工及家具制造业 Processing of Timbers and Manufacture of Furniture	造纸印刷及文教体育用品制造业 Papermaking, Printing and Manufacture of Articles for Culture, Education and Sports Activities	石油加工、炼焦及核燃料加工业 Processing of Petroleum, Coking, Processing of Nuclear Fuel
1.000000	**1.000000**	**1.000000**	**1.000000**	**1.000000**	**1.000000**	**1.000000**	**1.000000**	**1.000000**
0.322662	**0.588180**	**0.553534**	**0.586545**	**0.659022**	**0.644506**	**0.609609**	**0.578757**	**1.013334**
0.000000	0.000006	0.000000	0.310559	0.202370	0.292426	0.045941	0.022336	0.000000
0.001077	0.004974	0.055269	0.007582	0.007439	0.007920	0.010800	0.024470	0.002467
0.000004	0.002333	0.001667	0.000246	0.001275	0.000000	0.000008	0.001013	0.863582
0.000000	0.250552	0.000000	0.000000	0.000000	0.000000	0.000040	0.000000	0.000000
0.000677	0.000678	0.058008	0.001049	0.000040	0.000005	0.000080	0.000148	0.000043
0.000205	0.000000	0.000000	0.093743	0.000000	0.000000	0.001361	0.000712	0.000052
0.000847	0.000833	0.006407	0.000589	0.314740	0.136416	0.006246	0.000125	0.000133
0.003682	0.002694	0.000563	0.000663	0.021960	0.027739	0.001026	0.001174	0.000444
0.001403	0.001981	0.000077	0.001289	0.000136	0.000169	0.424605	0.004964	0.000778
0.004792	0.002918	0.000971	0.029429	0.002838	0.023549	0.002443	0.326319	0.000847
0.019008	0.020818	0.050919	0.002628	0.001321	0.000802	0.008159	0.009228	0.087093
0.034010	0.079597	0.017772	0.037235	0.018015	0.031636	0.009547	0.031156	0.022095
0.006721	0.003596	0.000325	0.016147	0.000842	0.000737	0.000712	0.002405	0.003058
0.069779	0.006855	0.002675	0.005522	0.000173	0.000206	0.000116	0.004717	0.000870
0.014159	0.014248	0.179182	0.007201	0.001442	0.007235	0.027754	0.004257	0.006055
0.049620	0.012116	0.003009	0.002069	0.004815	0.002757	0.003511	0.007907	0.002760
0.003022	0.002861	0.001214	0.000843	0.001088	0.000545	0.001233	0.002601	0.001210
0.008888	0.009951	0.001165	0.000770	0.001733	0.002325	0.001766	0.004575	0.001815
0.004151	0.001525	0.000469	0.000267	0.000334	0.001044	0.000402	0.000713	0.000136
0.004679	0.001921	0.000730	0.006353	0.000546	0.000426	0.000685	0.001413	0.001155
0.001228	0.001965	0.002130	0.000458	0.000753	0.001211	0.001172	0.001011	0.000121
0.000000	0.000000	0.016238	0.000000	0.000455	0.000000	0.000000	0.019545	0.000000
0.049189	0.070151	0.055700	0.015076	0.043695	0.036164	0.013615	0.046916	0.007087
0.000000	0.000042	0.000031	0.000125	0.000000	0.000000	0.000000	0.000017	0.000000

1-29 续表 1

产出 Output / 投入 Input		化学工业 Chemical Industry	非金属矿物制品业 Manufacture of Nonmetallic Mineral Products
总投入	**Total Inputs**	**1.000000**	**1.000000**
中间投入	**Intermediate Input**	**0.690797**	**0.618331**
农林牧渔业	Agriculture, Forestry, Animal Husbandry & Fishery	0.014574	0.000000
煤炭开采和洗选业	Mining and Washing of Coal	0.028713	0.116177
石油和天然气开采业	Extraction of Petroleum and Natural Gas	0.019106	0.006956
金属矿采选业	Mining of Metal Ores	0.002359	0.000246
非金属矿及其他矿采选业	Mining and Processing of Nonmetal Ores and Other Ores	0.003259	0.020423
食品制造及烟草加工业	Manufacture of Foods and Tobacco	0.011420	0.000000
纺织业	Manufacture of Textile	0.001473	0.005878
纺织服装鞋帽皮革羽绒及其制品业	Manufacture of Textile Wearing Apparel, Footwear, Caps, Leather, Fur, Feather(Down) and Its products	0.001883	0.001218
木材加工及家具制造业	Processing of Timbers and Manufacture of Furniture	0.002656	0.003792
造纸印刷及文教体育用品制造业	Papermaking, Printing and Manufacture of Articles for Culture, Education and Sports Activities	0.007779	0.005581
石油加工、炼焦及核燃料加工业	Processing of Petroleum, Coking, Processing of Nuclear Fuel	0.014990	0.010814
化学工业	Chemical Industry	0.325316	0.163748
非金属矿物制品业	Manufacture of Nonmetallic Mineral Products	0.014377	0.074165
金属冶炼及压延加工业	Smelting and Rolling of Metals	0.043162	0.014429
金属制品业	Manufacture of Metal Products	0.065324	0.020296
通用、专用设备制造业	Manufacture of General Purpose and Special Purpose Machinery	0.007393	0.006843
交通运输设备制造业	Manufacture of Transport Equipment	0.001012	0.001973
电气机械及器材制造业	Manufacture of Electrical Machinery and Equipment	0.003437	0.002583
通信设备、计算机及其他电子设备制造业	Manufacture of Communication Equipment, Computer and Other Electronic Equipment	0.001421	0.000695
仪器仪表及文化办公用机械制造业	Manufacture of Measuring Instrument and Machinery for Cultural Activity & Office Work	0.003933	0.001252
工艺品及其他制造业	Manufacture of Artwork, Other Manufacture	0.000591	0.000693
废品废料	Scrap and Waste	0.000055	0.006544
电力、热力的生产和供应业	Production and Supply of Electric Power and Heat Power	0.047177	0.079865
燃气生产和供应业	Production and Distribution of Gas	0.000208	0.000029

continue

金属冶炼及压延加工业 Smelting and Rolling of Metals	金属制品业 Manufacture of Metal Products	通用、专用设备制造业 Manufacture of General Purpose and Special Purpose Machinery	交通运输设备制造业 Manufacture of Transport Equipment	电气机械及器材制造业 Manufacture of Electrical Machinery and Equipment	通信设备、计算机及其他电子设备制造业 Manufacture of Communication Equipment, Computer and Other Electronic Equipment	仪器仪表及文化办公用机械制造业 Manufacture of Measuring Instrument and Machinery for Cultural Activity & Office Work	工艺品及其他制造业 Manufacture of Artwork, Other Manufacture	废品废料 Scrap and Waste
1.000000	**1.000000**	**1.000000**	**1.000000**	**1.000000**	**1.000000**	**1.000000**	**1.000000**	**1.000000**
0.691467	**0.739367**	**0.689563**	**0.433054**	**0.719181**	**0.581478**	**0.600754**	**0.623362**	**0.456461**
0.000105	0.000000	0.000000	0.001794	0.000000	0.000000	0.000000	0.000204	0.003101
0.020203	0.004129	0.003158	0.003781	0.004670	0.003440	0.000114	0.397250	0.031647
0.001657	0.000104	0.000714	0.001392	0.000000	0.000021	0.000000	0.000250	0.000000
0.397417	0.000000	0.000270	0.000000	0.000000	0.000000	0.000000	0.000000	0.000000
0.001435	0.000892	0.000073	0.000145	0.000009	0.001319	0.000650	0.008565	0.000004
0.000001	0.000000	0.000057	0.000483	0.000000	0.000000	0.000000	0.000000	0.000794
0.000280	0.000008	0.000397	0.000158	0.001533	0.000043	0.002493	0.028522	0.005370
0.000646	0.002546	0.002194	0.003423	0.017585	0.001052	0.002831	0.004209	0.000908
0.000774	0.000288	0.002085	0.000762	0.011741	0.007611	0.030014	0.047293	0.005563
0.000332	0.003208	0.002308	0.001762	0.013624	0.005010	0.005908	0.001731	0.007161
0.089952	0.002705	0.008894	0.006323	0.008223	0.003496	0.008137	0.009098	0.009344
0.013427	0.007919	0.010409	0.004561	0.061569	0.064446	0.022486	0.008353	0.021601
0.008474	0.002824	0.002113	0.002409	0.004418	0.008061	0.005862	0.003273	0.039669
0.023941	0.305148	0.236332	0.043043	0.240070	0.182675	0.138951	0.029336	0.005389
0.005600	0.162478	0.109095	0.167038	0.100076	0.072882	0.078833	0.003529	0.067587
0.008081	0.100710	0.126567	0.035016	0.012120	0.002904	0.042457	0.005233	0.000520
0.001502	0.012130	0.008578	0.004839	0.001674	0.000706	0.001521	0.002076	0.000359
0.003087	0.056040	0.033801	0.018058	0.096994	0.012899	0.025454	0.003509	0.021726
0.000282	0.001008	0.006414	0.047812	0.002046	0.002802	0.040821	0.000595	0.000143
0.001092	0.001126	0.010610	0.019489	0.004982	0.113855	0.041058	0.000328	0.000064
0.000283	0.000821	0.000732	0.001068	0.003679	0.000765	0.002149	0.000775	0.000554
0.000658	0.000129	0.000615	0.000000	0.000000	0.000000	0.010602	0.000000	0.003381
0.066035	0.026520	0.045561	0.027994	0.024228	0.034515	0.042839	0.021416	0.043259
0.000192	0.000187	0.001038	0.000010	0.000374	0.000000	0.000000	0.000004	0.000000

1-29 续表 2

产出 Output / 投入 Input		电力、热力的生产和供应业 Production and Supply of Electric Power and Heat Power	燃气生产和供应业 Production and Distribution of Gas
总投入	**Total Inputs**	**1.000000**	**1.000000**
中间投入	**Intermediate Input**	**0.621009**	**0.505744**
农林牧渔业	Agriculture, Forestry, Animal Husbandry & Fishery	0.000000	0.000000
煤炭开采和洗选业	Mining and Washing of Coal	0.344705	0.320427
石油和天然气开采业	Extraction of Petroleum and Natural Gas	0.003300	0.003055
金属矿采选业	Mining of Metal Ores	0.000000	0.000000
非金属矿及其他矿采选业	Mining and Processing of Nonmetal Ores and Other Ores	0.001465	0.000000
食品制造及烟草加工业	Manufacture of Foods and Tobacco	0.000008	0.000000
纺织业	Manufacture of Textile	0.000040	0.000213
纺织服装鞋帽皮革羽绒及其制品业	Manufacture of Textile Wearing Apparel, Footwear, Caps, Leather, Fur, Feather(Down) and Its products	0.002311	0.007343
木材加工及家具制造业	Processing of Timbers and Manufacture of Furniture	0.000224	0.000349
造纸印刷及文教体育用品制造业	Papermaking, Printing and Manufacture of Articles for Culture, Education and Sports Activities	0.001261	0.002497
石油加工、炼焦及核燃料加工业	Processing of Petroleum, Coking, Processing of Nuclear Fuel	0.002937	0.013654
化学工业	Chemical Industry	0.003520	0.013574
非金属矿物制品业	Manufacture of Nonmetallic Mineral Products	0.006027	0.001199
金属冶炼及压延加工业	Smelting and Rolling of Metals	0.001321	0.000564
金属制品业	Manufacture of Metal Products	0.003175	0.000741
通用、专用设备制造业	Manufacture of General Purpose and Special Purpose Machinery	0.011909	0.003377
交通运输设备制造业	Manufacture of Transport Equipment	0.001564	0.001678
电气机械及器材制造业	Manufacture of Electrical Machinery and Equipment	0.007121	0.002224
通信设备、计算机及其他电子设备制造业	Manufacture of Communication Equipment, Computer and Other Electronic Equipment	0.000720	0.000550
仪器仪表及文化办公用机械制造业	Manufacture of Measuring Instrument and Machinery for Cultural Activity & Office Work	0.000896	0.001406
工艺品及其他制造业	Manufacture of Artwork, Other Manufacture	0.000402	0.002099
废品废料	Scrap and Waste	0.000000	0.000000
电力、热力的生产和供应业	Production and Supply of Electric Power and Heat Power	0.150531	0.071852
燃气生产和供应业	Production and Distribution of Gas	0.000000	0.000056

continue

水的生产和供应业 Production and Distribution of Water	建筑业 Construction	交通运输及仓储业 Traffic, Transport and Storage	邮政业 Post	信息传输、计算机服务和软件业 Information Transmission, Computer Services and Software	批发和零售业 Wholesale and Retail Trades	住宿和餐饮业 Hotels and Catering Services	金融业 Financial Intermediation
1.000000	**1.000000**	**1.000000**	**1.000000**	**1.000000**	**1.000000**	**1.000000**	**1.000000**
0.326683	**0.753060**	**0.471168**	**0.579897**	**0.408811**	**0.281148**	**0.526092**	**0.437846**
0.000000	0.014121	0.060773	0.000000	0.000000	0.000000	0.086713	0.000000
0.001059	0.005104	0.002304	0.010820	0.000000	0.000000	0.000046	0.000000
0.000000	0.000000	0.000000	0.000000	0.000000	0.000000	0.010043	0.000000
0.000000	0.000000	0.000000	0.000000	0.000000	0.000000	0.000000	0.000000
0.000037	0.035881	0.001152	0.000000	0.000000	0.000000	0.000000	0.000001
0.000000	0.000000	0.000687	0.001248	0.000000	0.000000	0.231427	0.000000
0.000181	0.000156	0.000836	0.000000	0.000156	0.000232	0.006639	0.000515
0.003049	0.005551	0.002432	0.009239	0.002596	0.001511	0.000969	0.011011
0.000544	0.012698	0.000601	0.006349	0.002710	0.000479	0.002041	0.003557
0.001716	0.004581	0.003128	0.038599	0.006872	0.002694	0.005256	0.034386
0.003724	0.011175	0.153178	0.039810	0.000384	0.003401	0.010065	0.022034
0.017979	0.030380	0.010703	0.001482	0.002963	0.000741	0.005911	0.026988
0.002522	0.153596	0.001078	0.000877	0.000022	0.000003	0.000680	0.000012
0.001619	0.187203	0.004130	0.000000	0.000000	0.000001	0.000199	0.000001
0.028768	0.046863	0.000670	0.001161	0.000492	0.000162	0.002629	0.001969
0.013225	0.027763	0.002367	0.012809	0.001666	0.001811	0.001279	0.002727
0.001249	0.003870	0.040543	0.018540	0.001213	0.008992	0.003574	0.006577
0.008254	0.083362	0.001769	0.005249	0.019269	0.000346	0.000693	0.000507
0.000707	0.001320	0.001597	0.007646	0.041541	0.000990	0.000850	0.003567
0.002616	0.002179	0.000606	0.002125	0.048739	0.000267	0.005152	0.021707
0.000977	0.004944	0.000472	0.000000	0.001672	0.000001	0.000090	0.000374
0.000000	0.000000	0.000000	0.000000	0.000000	0.000000	0.000000	0.000000
0.108471	0.021301	0.038676	0.041724	0.079828	0.006401	0.042104	0.017676
0.000000	0.000401	0.000037	0.006188	0.000000	0.000000	0.000251	0.000000

1-29 续表 3

产 出 Output / 投 入 Input		房地产业 Real Estate	租赁和商务服务业 Leasing and Business Services
总投入	**Total Inputs**	**1.000000**	**1.000000**
中间投入	**Intermediate Input**	**0.363677**	**0.485360**
农林牧渔业	Agriculture, Forestry, Animal Husbandry & Fishery	0.000366	0.000000
煤炭开采和洗选业	Mining and Washing of Coal	0.000000	0.000000
石油和天然气开采业	Extraction of Petroleum and Natural Gas	0.000000	0.000000
金属矿采选业	Mining of Metal Ores	0.000000	0.000000
非金属矿及其他矿采选业	Mining and Processing of Nonmetal Ores and Other Ores	0.000012	0.000000
食品制造及烟草加工业	Manufacture of Foods and Tobacco	0.000000	0.000000
纺织业	Manufacture of Textile	0.000582	0.000024
纺织服装鞋帽皮革羽绒及其制品业	Manufacture of Textile Wearing Apparel, Footwear, Caps, Leather, Fur, Feather(Down) and Its products	0.000587	0.004216
木材加工及家具制造业	Processing of Timbers and Manufacture of Furniture	0.004907	0.000189
造纸印刷及文教体育用品制造业	Papermaking, Printing and Manufacture of Articles for Culture, Education and Sports Activities	0.033316	0.001822
石油加工、炼焦及核燃料加工业	Processing of Petroleum, Coking, Processing of Nuclear Fuel	0.000753	0.014298
化学工业	Chemical Industry	0.004593	0.000167
非金属矿物制品业	Manufacture of Nonmetallic Mineral Products	0.000164	0.000000
金属冶炼及压延加工业	Smelting and Rolling of Metals	0.000012	0.000000
金属制品业	Manufacture of Metal Products	0.001265	0.225676
通用、专用设备制造业	Manufacture of General Purpose and Special Purpose Machinery	0.000753	0.000780
交通运输设备制造业	Manufacture of Transport Equipment	0.000171	0.002125
电气机械及器材制造业	Manufacture of Electrical Machinery and Equipment	0.000934	0.000449
通信设备、计算机及其他电子设备制造业	Manufacture of Communication Equipment, Computer and Other Electronic Equipment	0.008285	0.000607
仪器仪表及文化办公用机械制造业	Manufacture of Measuring Instrument and Machinery for Cultural Activity & Office Work	0.025504	0.001230
工艺品及其他制造业	Manufacture of Artwork, Other Manufacture	0.003717	0.000610
废品废料	Scrap and Waste	0.000000	0.000000
电力、热力的生产和供应业	Production and Supply of Electric Power and Heat Power	0.026102	0.067911
燃气生产和供应业	Production and Distribution of Gas	0.000000	0.000000

continue

研究与试验发展业 Research and Experimental Development	综合技术服务业 Comprehensive Technical Services	水利、环境和公共设施管理业 Management of Water Conservancy, Environment and Public Facilities	居民服务和其他服务业 Services to Households and Other Services	教育 Education	卫生、社会保障和社会福利业 Health，Social Security and Social Welfare	文化、体育和娱乐业 Culture, Sports and Entertainment	公共管理和社会组织 Public Management and Social Organization
1.000000	**1.000000**	**1.000000**	**1.000000**	**1.000000**	**1.000000**	**1.000000**	**1.000000**
0.527256	**0.428662**	**0.341353**	**0.424694**	**0.262858**	**0.465518**	**0.525596**	**0.343072**
0.000000	0.000000	0.086446	0.027038	0.000000	0.000000	0.000000	0.000000
0.000000	0.000000	0.000000	0.000000	0.000000	0.000000	0.000000	0.000000
0.000000	0.000000	0.000000	0.000000	0.000000	0.000000	0.000000	0.000000
0.000000	0.000000	0.000000	0.000000	0.000000	0.000000	0.000000	0.000000
0.001505	0.000073	0.000373	0.000000	0.000453	0.000474	0.000520	0.000213
0.000000	0.000000	0.000000	0.000000	0.000000	0.000000	0.001442	0.000000
0.000000	0.000107	0.000000	0.000056	0.000000	0.000000	0.000000	0.000000
0.000140	0.000266	0.006891	0.000142	0.001559	0.000067	0.001230	0.000188
0.027127	0.002040	0.006762	0.000415	0.008108	0.008540	0.009364	0.003785
0.015364	0.044995	0.010345	0.004827	0.022551	0.002867	0.027823	0.025548
0.013750	0.009524	0.044598	0.022451	0.018741	0.009832	0.026913	0.026547
0.022705	0.026443	0.026405	0.131213	0.007128	0.156260	0.053128	0.003359
0.021075	0.001010	0.005258	0.000000	0.006304	0.006642	0.007284	0.002941
0.001505	0.000073	0.000373	0.000000	0.000453	0.000474	0.000520	0.000213
0.009032	0.002448	0.014243	0.074952	0.002703	0.002847	0.003121	0.001262
0.004423	0.001264	0.000813	0.000696	0.020286	0.224673	0.007470	0.000418
0.004407	0.000782	0.000787	0.006486	0.000898	0.000949	0.004639	0.000418
0.018902	0.015107	0.005233	0.000415	0.005413	0.005693	0.009840	0.002532
0.005106	0.085722	0.002432	0.021869	0.001515	0.001038	0.120097	0.002139
0.009529	0.005199	0.014777	0.002529	0.004366	0.001009	0.002053	0.000590
0.000978	0.001292	0.000381	0.000526	0.000037	0.000047	0.001043	0.000098
0.000000	0.000000	0.000000	0.000000	0.000000	0.000000	0.000000	0.000000
0.178641	0.027943	0.012073	0.025339	0.036280	0.014229	0.052589	0.060641
0.000000	0.000000	0.000000	0.000000	0.000000	0.000000	0.000000	0.000000

1-29 续表 4

投入 Input \ 产出 Output		农林牧渔业 Agriculture, Forestry, Animal Husbandry & Fishery	煤炭开采和洗选业 Mining and Washing of Coal	石油和天然气开采业 Extraction of Petroleum and Natural Gas
水的生产和供应业	Production and Distribution of Water	0.029041	0.003964	0.001919
建筑业	Construction	0.000000	0.000887	0.001124
交通运输及仓储业	Traffic, Transport and Storage	0.003949	0.031518	0.006299
邮政业	Post	0.000183	0.000188	0.000350
信息传输、计算机服务和软件业	Information Transmission, Computer Services and Software	0.000235	0.001593	0.002174
批发和零售业	Wholesale and Retail Trades	0.001169	0.000000	0.000000
住宿和餐饮业	Hotels and Catering Services	0.000685	0.006836	0.005123
金融业	Financial Intermediation	0.003720	0.025842	0.005912
房地产业	Real Estate	0.000000	0.000068	0.000380
租赁和商务服务业	Leasing and Business Services	0.000850	0.009873	0.000226
研究与试验发展业	Research and Experimental Development	0.000068	0.001365	0.000375
综合技术服务业	Comprehensive Technical Services	0.000118	0.000879	0.000225
水利、环境和公共设施管理业	Management of Water Conservancy, Environment and Public Facilities	0.000372	0.012874	0.000275
居民服务和其他服务业	Services to Households and Other Services	0.000028	0.005530	0.000635
教育	Education	0.000364	0.003542	0.001199
卫生、社会保障和社会福利业	Health, Social Security and Social Welfare	0.000735	0.021701	0.018007
文化、体育和娱乐业	Culture, Sports and Entertainment	0.000013	0.001493	0.001300
公共管理和社会组织	Public Management and Social Organization	0.000055	0.000000	0.000000
增加值合计	**Total Value Added**	**0.597247**	**0.603500**	**0.677338**
劳动者报酬	Compensation of Employees	0.419691	0.291205	0.055330
生产税净额	Net Taxes on Production	0.000000	0.127470	0.121071
固定资产折旧	Depreciation of Fixed Assets	0.064801	0.057563	0.037157
营业盈余	Operating Surplus	0.112755	0.127261	0.463780

continue

金属矿采选业 Mining of Metal Ores	非金属矿及其他矿采选业 Mining and Processing of Nonmetal Ores and Other Ores	食品制造及烟草加工业 Manufacture of Foods and Tobacco	纺织业 Manufacture of Textile	纺织服装鞋帽皮革羽绒及其制品业 Manufacture of Textile Wearing Apparel, Footwear, Caps, Leather, Fur, Feather(Down) and Its products	木材加工及家具制造业 Processing of Timbers and Manufacture of Furniture	造纸印刷及文教体育用品制造业 Papermaking, Printing and Manufacture of Articles for Culture, Education and Sports Activities	石油加工、炼焦及核燃料加工业 Processing of Petroleum, Coking, Processing of Nuclear Fuel
0.001554	0.001915	0.001052	0.000821	0.003440	0.000331	0.002760	0.000167
0.000225	0.000027	0.000055	0.000333	0.000277	0.000029	0.001243	0.001152
0.036991	0.032805	0.025799	0.010243	0.030810	0.010762	0.023214	0.004139
0.000211	0.000088	0.000046	0.000117	0.000087	0.000082	0.000089	0.000039
0.003593	0.000673	0.000739	0.000683	0.000773	0.000613	0.001337	0.000232
0.000000	0.000000	0.000036	0.000000	0.000000	0.000000	0.000000	0.000045
0.012332	0.011216	0.003029	0.004187	0.004644	0.004739	0.005396	0.000594
0.017903	0.030012	0.006435	0.004533	0.020765	0.008107	0.008766	0.000220
0.001105	0.000093	0.001868	0.003055	0.000791	0.015752	0.010113	0.000060
0.009060	0.009349	0.003682	0.005176	0.002369	0.003430	0.000454	0.000872
0.000000	0.000000	0.000272	0.000654	0.001008	0.000000	0.000000	0.000351
0.000710	0.000118	0.000979	0.000101	0.002310	0.000037	0.000121	0.000260
0.000595	0.000132	0.000190	0.000013	0.002258	0.000037	0.000037	0.000579
0.003116	0.008746	0.001641	0.000122	0.000153	0.000128	0.001347	0.000305
0.000540	0.000055	0.000209	0.000370	0.000776	0.002566	0.000242	0.000125
0.005070	0.000266	0.000187	0.001685	0.000292	0.000000	0.004676	0.002229
0.002558	0.003518	0.000488	0.000921	0.000441	0.001775	0.001242	0.000162
0.000000	0.000000	0.000000	0.000000	0.000000	0.000000	0.000000	0.000000
0.411820	**0.446466**	**0.413455**	**0.340978**	**0.355494**	**0.390391**	**0.421243**	**-0.013334**
0.091035	0.151661	0.079106	0.147436	0.116318	0.150545	0.184837	0.004669
0.079575	0.080663	0.145721	0.056020	0.059478	0.070031	0.073940	−0.002551
0.040093	0.034132	0.042140	0.039499	0.041076	0.045717	0.073419	0.002201
0.201117	0.180011	0.146487	0.098023	0.138622	0.124097	0.089046	−0.017654

1-29 续表 5

产出 Output / 投入 Input		化学工业 Chemical Industry	非金属矿物制品业 Manufacture of Nonmetallic Mineral Products	金属冶炼及压延加工业 Smelting and Rolling of Metals
水的生产和供应业	Production and Distribution of Water	0.001317	0.001033	0.000236
建筑业	Construction	0.000512	0.000325	0.000147
交通运输及仓储业	Traffic, Transport and Storage	0.018085	0.024856	0.013492
邮政业	Post	0.000121	0.000188	0.000021
信息传输、计算机服务和软件业	Information Transmission, Computer Services and Software	0.001448	0.001278	0.000241
批发和零售业	Wholesale and Retail Trades	0.000022	0.000000	0.000009
住宿和餐饮业	Hotels and Catering Services	0.004776	0.003919	0.001020
金融业	Financial Intermediation	0.013440	0.012003	0.019744
房地产业	Real Estate	0.000828	0.002763	0.000067
租赁和商务服务业	Leasing and Business Services	0.018592	0.009064	0.001589
研究与试验发展业	Research and Experimental Development	0.002227	0.000016	0.002389
综合技术服务业	Comprehensive Technical Services	0.002012	0.000325	0.000921
水利、环境和公共设施管理业	Management of Water Conservancy, Environment and Public Facilities	0.000409	0.000231	0.000303
居民服务和其他服务业	Services to Households and Other Services	0.002159	0.012985	0.004563
教育	Education	0.000599	0.000327	0.000817
卫生、社会保障和社会福利业	Health，Social Security and Social Welfare	0.001928	0.003799	0.000160
文化、体育和娱乐业	Culture, Sports and Entertainment	0.000705	0.001019	0.000295
公共管理和社会组织	Public Management and Social Organization	0.000000	0.000000	0.000000
增加值合计	**Total Value Added**	**0.309203**	**0.381669**	**0.308533**
劳动者报酬	Compensation of Employees	0.394939	0.111591	0.079548
生产税净额	Net Taxes on Production	0.128371	0.082879	0.077731
固定资产折旧	Depreciation of Fixed Assets	0.090870	0.052032	0.039368
营业盈余	Operating Surplus	−0.304977	0.135167	0.111887

continue

金属制品业 Manufacture of Metal Products	通用、专用设备制造业 Manufacture of General Purpose and Special Purpose Machinery	交通运输设备制造业 Manufacture of Transport Equipment	电气机械及器材制造业 Manufacture of Electrical Machinery and Equipment	通信设备、计算机及其他电子设备制造业 Manufacture of Communication Equipment, Computer and Other Electronic Equipment	仪器仪表及文化办公用机械制造业 Manufacture of Measuring Instrument and Machinery for Cultural Activity & Office Work	工艺品及其他制造业 Manufacture of Artwork, Other Manufacture	废品废料 Scrap and Waste
0.001599	0.000870	0.001460	0.001217	0.001933	0.001088	0.000709	0.001015
0.000461	0.000474	0.001110	0.000431	0.000007	0.000160	0.000208	0.000031
0.013203	0.023389	0.010298	0.027973	0.012238	0.036588	0.025141	0.018644
0.000260	0.000157	0.000097	0.000372	0.000190	0.000212	0.000106	0.000056
0.002144	0.002043	0.000665	0.002989	0.000901	0.006340	0.000886	0.000753
0.000000	0.000000	0.000000	0.000000	0.000022	0.000925	0.000507	0.000000
0.008746	0.006362	0.005782	0.026274	0.007001	0.015300	0.004175	0.002466
0.003210	0.006140	0.005491	0.010251	0.013970	0.005874	0.004240	0.005749
0.000536	0.000444	0.000204	0.000101	0.002626	0.002316	0.000000	0.000115
0.007442	0.010793	0.002535	0.020451	0.009926	0.004789	0.007414	0.000476
0.000151	0.011063	0.006091	0.002073	0.001248	0.011279	0.000297	0.000000
0.000324	0.001500	0.001252	0.001061	0.010342	0.008655	0.000043	0.000230
0.000000	0.000156	0.001654	0.000226	0.000026	0.000000	0.000000	0.000000
0.007426	0.001228	0.000787	0.003206	0.000921	0.000463	0.000745	0.157913
0.001315	0.000966	0.001625	0.004209	0.000721	0.001023	0.002034	0.000000
0.000130	0.010688	0.000705	0.000987	0.000009	0.000786	0.000175	0.000000
0.001501	0.001274	0.001940	0.007747	0.000898	0.001776	0.001131	0.000871
0.000000	0.000000	0.000000	0.000000	0.000000	0.000000	0.000000	0.000000
0.260633	**0.310437**	**0.566946**	**0.280819**	**0.418522**	**0.399246**	**0.376638**	**0.543539**
0.090314	0.141935	0.210871	0.137285	0.158988	0.240053	0.186703	0.150519
0.042416	0.063450	0.108323	0.063629	0.066082	0.076582	0.033350	0.123791
0.032448	0.039033	0.075613	0.023794	0.092829	0.026427	0.090663	0.038996
0.095455	0.066019	0.172139	0.056112	0.100623	0.056184	0.065922	0.230232

1-29 续表 6

投入 Input \ 产出 Output		电力、热力的生产和供应业 Production and Supply of Electric Power and Heat Power	燃气生产和供应业 Production and Distribution of Gas
水的生产和供应业	Production and Distribution of Water	0.003984	0.001105
建筑业	Construction	0.000185	0.000291
交通运输及仓储业	Traffic, Transport and Storage	0.010445	0.002338
邮政业	Post	0.000082	0.000184
信息传输、计算机服务和软件业	Information Transmission, Computer Services and Software	0.000644	0.001406
批发和零售业	Wholesale and Retail Trades	0.000000	0.000000
住宿和餐饮业	Hotels and Catering Services	0.002145	0.008032
金融业	Financial Intermediation	0.024036	0.027555
房地产业	Real Estate	0.000072	0.000088
租赁和商务服务业	Leasing and Business Services	0.001404	0.000477
研究与试验发展业	Research and Experimental Development	0.002752	0.001083
综合技术服务业	Comprehensive Technical Services	0.000819	0.000618
水利、环境和公共设施管理业	Management of Water Conservancy, Environment and Public Facilities	0.000832	0.000000
居民服务和其他服务业	Services to Households and Other Services	0.024587	0.006751
教育	Education	0.000750	0.003620
卫生、社会保障和社会福利业	Health，Social Security and Social Welfare	0.004221	0.002246
文化、体育和娱乐业	Culture, Sports and Entertainment	0.000612	0.003093
公共管理和社会组织	Public Management and Social Organization	0.000000	0.000000
增加值合计	**Total Value Added**	**0.378991**	**0.494256**
劳动者报酬	Compensation of Employees	0.085995	0.123574
生产税净额	Net Taxes on Production	0.090853	0.106211
固定资产折旧	Depreciation of Fixed Assets	0.121236	0.103718
营业盈余	Operating Surplus	0.080907	0.160752

continue

水的生产和供应业 Production and Distribution of Water	建筑业 Construction	交通运输及仓储业 Traffic, Transport and Storage	邮政业 Post	信息传输、计算机服务和软件业 Information Transmission, Computer Services and Software	批发和零售业 Wholesale and Retail Trades	住宿和餐饮业 Hotels and Catering Services	金融业 Financial Intermediation
0.020994	0.007191	0.001082	0.006744	0.001973	0.000756	0.006973	0.003196
0.000574	0.000000	0.011314	0.053002	0.011100	0.005174	0.017095	0.005013
0.010752	0.030219	0.042243	0.100062	0.010871	0.090929	0.005787	0.039039
0.000117	0.000174	0.000161	0.048592	0.000842	0.000375	0.000821	0.012431
0.002330	0.001405	0.007033	0.024123	0.051973	0.001581	0.003476	0.030928
0.000000	0.000000	0.000000	0.060746	0.016826	0.000000	0.000000	0.000000
0.006296	0.005177	0.013692	0.009869	0.025964	0.026733	0.014599	0.076001
0.027217	0.004213	0.040895	0.024250	0.007957	0.072853	0.012607	0.010064
0.000857	0.000148	0.001698	0.008572	0.010867	0.007076	0.016847	0.023399
0.006825	0.038408	0.003089	0.022876	0.017041	0.022513	0.006430	0.054820
0.000000	0.007933	0.000428	0.000000	0.000089	0.000000	0.000000	0.000000
0.000314	0.001906	0.000056	0.000000	0.000316	0.000016	0.000259	0.000046
0.040924	0.000025	0.000501	0.000000	0.000570	0.000056	0.000530	0.002285
0.006943	0.002161	0.016758	0.001976	0.034615	0.012481	0.020136	0.007228
0.003302	0.000000	0.002453	0.006238	0.002817	0.002064	0.001866	0.005012
0.001086	0.000000	0.000000	0.000000	0.000000	0.000048	0.000086	0.000917
0.001455	0.001654	0.002025	0.008301	0.004865	0.010460	0.001967	0.013726
0.000000	0.000000	0.000000	0.000679	0.000000	0.000000	0.000000	0.000135
0.673317	**0.246940**	**0.528832**	**0.420103**	**0.591189**	**0.718852**	**0.473908**	**0.562154**
0.267667	0.152840	0.160924	0.483703	0.117071	0.145795	0.088306	0.303213
0.084829	0.040180	0.038597	0.037698	0.033730	0.221235	0.034808	0.082042
0.312142	0.019204	0.067688	0.133024	0.310701	0.070011	0.041687	0.035522
0.008678	0.034717	0.261623	−0.234322	0.129687	0.281811	0.309107	0.141377

1-29 续表 7

投入 Input \ 产出 Output		房地产业 Real Estate	租赁和商务服务业 Leasing and Business Services	研究与试验发展业 Research and Experimental Development
水的生产和供应业	Production and Distribution of Water	0.010676	0.003931	0.007030
建筑业	Construction	0.000492	0.018089	0.019259
交通运输及仓储业	Traffic, Transport and Storage	0.032172	0.013192	0.030930
邮政业	Post	0.002277	0.000102	0.000900
信息传输、计算机服务和软件业	Information Transmission, Computer Services and Software	0.007905	0.000516	0.019911
批发和零售业	Wholesale and Retail Trades	0.000000	0.000000	0.000000
住宿和餐饮业	Hotels and Catering Services	0.031710	0.018861	0.034375
金融业	Financial Intermediation	0.072746	0.047559	0.004013
房地产业	Real Estate	0.001723	0.000014	0.009653
租赁和商务服务业	Leasing and Business Services	0.001996	0.048874	0.026755
研究与试验发展业	Research and Experimental Development	0.000000	0.000000	0.000000
综合技术服务业	Comprehensive Technical Services	0.000000	0.000000	0.000000
水利、环境和公共设施管理业	Management of Water Conservancy, Environment and Public Facilities	0.000039	0.002988	0.009451
居民服务和其他服务业	Services to Households and Other Services	0.011717	0.004349	0.012074
教育	Education	0.057108	0.002504	0.000078
卫生、社会保障和社会福利业	Health，Social Security and Social Welfare	0.000339	0.000000	0.012540
文化、体育和娱乐业	Culture, Sports and Entertainment	0.020748	0.003891	0.005928
公共管理和社会组织	Public Management and Social Organization	0.000006		0.000171
增加值合计	**Total Value Added**	**0.636323**	**0.514640**	**0.472744**
劳动者报酬	Compensation of Employees	0.062333	0.144309	0.284373
生产税净额	Net Taxes on Production	0.025114	0.033675	0.018474
固定资产折旧	Depreciation of Fixed Assets	0.540362	0.285743	0.056632
营业盈余	Operating Surplus	0.008514	0.050913	0.113265

continue

综合技术服务业 Comprehensive Technical Services	水利、环境和公共设施管理业 Management of Water Conservancy, Environment and Public Facilities	居民服务和其他服务业 Services to Households and Other Services	教育 Education	卫生、社会保障和社会福利业 Health，Social Security and Social Welfare	文化、体育和娱乐业 Culture, Sports and Entertainment	公共管理和社会组织 Public Management and Social Organization
0.007958	0.002688	0.009121	0.009037	0.003622	0.007726	0.009439
0.002023	0.004622	0.004617	0.005406	0.005693	0.013826	0.002524
0.065235	0.014192	0.008935	0.019655	0.001853	0.027557	0.027727
0.001499	0.000346	0.000708	0.001968	0.000069	0.001452	0.001114
0.005324	0.004505	0.005319	0.010336	0.003128	0.012523	0.021967
0.000000	0.000000	0.000000	0.000000	0.000000	0.000000	0.000000
0.054303	0.013724	0.029178	0.018006	0.002157	0.041605	0.093210
0.016382	0.034354	0.011486	0.014303	0.000696	0.038853	0.001833
0.018883	0.000010	0.012136	0.018378	0.000849	0.005353	0.007128
0.005833	0.005957	0.006663	0.006178	0.004659	0.020944	0.003622
0.001266	0.000119	0.000000	0.000000	0.000000	0.000000	0.000000
0.000209	0.000020	0.000000	0.000000	0.000000	0.000000	0.000000
0.001159	0.000000	0.000077	0.000809	0.000000	0.000199	0.000000
0.004973	0.013899	0.007766	0.005866	0.004382	0.009680	0.014667
0.003289	0.000997	0.000289	0.010247	0.001711	0.001551	0.004556
0.002059	0.003381	0.000000	0.002391	0.000198	0.000343	0.001852
0.013101	0.004348	0.009367	0.003482	0.000784	0.014911	0.022541
0.000879	0.000000	0.000077	0.000000	0.000074	0.000000	0.000000
0.571338	**0.658647**	**0.575306**	**0.737142**	**0.534482**	**0.474404**	**0.656928**
0.435749	0.436807	0.124229	0.630606	0.413446	0.304883	0.648433
0.029439	0.006008	0.023690	0.001722	0.004988	0.027928	0.000000
0.067896	0.175855	0.019838	0.073594	0.037906	0.056636	0.000000
0.038255	0.039976	0.407548	0.031220	0.078142	0.084957	0.008495

1-30 完全消耗系数表

产出 Output / 投入 Input		农林牧渔业 Agriculture, Forestry, Animal Husbandry & Fishery	煤炭开采和洗选业 Mining and Washing of Coal
农林牧渔业	Agriculture, Forestry, Animal Husbandry & Fishery	0.128134	0.045619
煤炭开采和洗选业	Mining and Washing of Coal	0.038262	0.044737
石油和天然气开采业	Extraction of Petroleum and Natural Gas	0.045314	0.037880
金属矿采选业	Mining of Metal Ores	0.022860	0.042477
非金属矿及其他矿采选业	Mining and Processing of Nonmetal Ores and Other Ores	0.001642	0.002837
食品制造及烟草加工业	Manufacture of Foods and Tobacco	0.087971	0.008636
纺织业	Manufacture of Textile	0.001873	0.009904
纺织服装鞋帽皮革羽绒及其制品业	Manufacture of Textile Wearing Apparel, Footwear, Caps, Leather, Fur, Feather(Down) and Its products	0.003330	0.040710
木材加工及家具制造业	Processing of Timbers and Manufacture of Furniture	0.004276	0.034776
造纸印刷及文教体育用品制造业	Papermaking, Printing and Manufacture of Articles for Culture, Education and Sports Activities	0.012034	0.012450
石油加工、炼焦及核燃料加工业	Processing of Petroleum, Coking, Processing of Nuclear Fuel	0.045699	0.041290
化学工业	Chemical Industry	0.279045	0.067735
非金属矿物制品业	Manufacture of Nonmetallic Mineral Products	0.008347	0.014946
金属冶炼及压延加工业	Smelting and Rolling of Metals	0.041333	0.077171
金属制品业	Manufacture of Metal Products	0.037403	0.051242
通用、专用设备制造业	Manufacture of General Purpose and Special Purpose Machinery	0.035405	0.056759
交通运输设备制造业	Manufacture of Transport Equipment	0.002938	0.008145
电气机械及器材制造业	Manufacture of Electrical Machinery and Equipment	0.008276	0.039598
通信设备、计算机及其他电子设备制造业	Manufacture of Communication Equipment, Computer and Other Electronic Equipment	0.001999	0.004856
仪器仪表及文化办公用机械制造业	Manufacture of Measuring Instrument and Machinery for Cultural Activity & Office Work	0.003838	0.006801
工艺品及其他制造业	Manufacture of Artwork, Other Manufacture	0.000641	0.002915

Cumulative Input Coefficients Matrix of 2007 Input-Output Table

石油和天然气开采业 Extraction of Petroleum and Natural Gas	金属矿采选业 Mining of Metal Ores	非金属矿及其他矿采选业 Mining and Processing of Nonmetal Ores and Other Ores	食品制造及烟草加工业 Manufacture of Foods and Tobacco	纺织业 Manufacture of Textile	纺织服装鞋帽皮革羽绒及其制品业 Manufacture of Textile Wearing Apparel, Footwear, Caps, Leather, Fur, Feather(Down) and Its products	木材加工及家具制造业 Processing of Timbers and Manufacture of Furniture	造纸印刷及文教体育用品制造业 Papermaking, Printing and Manufacture of Articles for Culture, Education and Sports Activities	石油加工、炼焦及核燃料加工业 Processing of Petroleum, Coking, Processing of Nuclear Fuel
0.010704	0.021120	0.019741	0.396364	0.353022	0.398185	0.103938	0.052424	0.013141
0.044096	0.073203	0.113458	0.044371	0.059185	0.054603	0.045197	0.085606	0.053015
0.041298	0.060260	0.085182	0.033116	0.027983	0.031721	0.030841	0.036524	0.989901
0.065426	0.370023	0.064724	0.022820	0.016943	0.019374	0.022948	0.023684	0.068683
0.002016	0.002794	0.063200	0.002897	0.001253	0.001344	0.000993	0.001556	0.002386
0.005200	0.011155	0.009025	0.137462	0.030900	0.034972	0.015117	0.010574	0.006297
0.003701	0.005028	0.013023	0.002968	0.467546	0.207533	0.017715	0.002975	0.004246
0.007469	0.009396	0.008471	0.004182	0.036928	0.037225	0.005470	0.006909	0.008427
0.007221	0.010988	0.007492	0.007184	0.004629	0.005160	0.741820	0.018558	0.009430
0.012707	0.015300	0.011393	0.056172	0.014511	0.045872	0.013414	0.491855	0.014811
0.044786	0.060521	0.093544	0.033295	0.026358	0.031933	0.033549	0.037270	0.142272
0.085465	0.194629	0.074645	0.176734	0.139124	0.166244	0.066492	0.106089	0.123170
0.012921	0.013006	0.008636	0.025271	0.006914	0.007219	0.005235	0.010702	0.017397
0.122707	0.065970	0.121302	0.041847	0.030960	0.035396	0.042580	0.043800	0.128599
0.047378	0.064254	0.263528	0.039129	0.029175	0.037727	0.077045	0.036078	0.060369
0.077901	0.042595	0.051583	0.024103	0.027811	0.026121	0.025493	0.031538	0.081754
0.006577	0.009812	0.009655	0.004808	0.004669	0.005030	0.005676	0.008114	0.008406
0.021062	0.027417	0.028227	0.009025	0.010548	0.011484	0.012939	0.017692	0.024599
0.006985	0.006019	0.004746	0.002739	0.002614	0.003618	0.003208	0.004001	0.007366
0.008932	0.007939	0.006060	0.010607	0.003975	0.004459	0.004804	0.006088	0.010506
0.001950	0.003543	0.003446	0.001148	0.001716	0.002053	0.002665	0.002265	0.002135

1-30 续表 1

投入 Input \ 产出 Output		化学工业 Chemical Industry	非金属矿物制品业 Manufacture of Nonmetallic Mineral Products
农林牧渔业	Agriculture, Forestry, Animal Husbandry & Fishery	0.047758	0.026277
煤炭开采和洗选业	Mining and Washing of Coal	0.105039	0.199815
石油和天然气开采业	Extraction of Petroleum and Natural Gas	0.083684	0.055679
金属矿采选业	Mining of Metal Ores	0.084416	0.046373
非金属矿及其他矿采选业	Mining and Processing of Nonmetal Ores and Other Ores	0.007179	0.025824
食品制造及烟草加工业	Manufacture of Foods and Tobacco	0.028015	0.010178
纺织业	Manufacture of Textile	0.006657	0.013601
纺织服装鞋帽皮革羽绒及其制品业	Manufacture of Textile Wearing Apparel, Footwear, Caps, Leather, Fur, Feather(Down) and Its products	0.010014	0.011928
木材加工及家具制造业	Processing of Timbers and Manufacture of Furniture	0.014281	0.017511
造纸印刷及文教体育用品制造业	Papermaking, Printing and Manufacture of Articles for Culture, Education and Sports Activities	0.026903	0.020028
石油加工、炼焦及核燃料加工业	Processing of Petroleum, Coking, Processing of Nuclear Fuel	0.061135	0.047628
化学工业	Chemical Industry	0.540825	0.306422
非金属矿物制品业	Manufacture of Nonmetallic Mineral Products	0.030825	0.091378
金属冶炼及压延加工业	Smelting and Rolling of Metals	0.149742	0.084452
金属制品业	Manufacture of Metal Products	0.155557	0.084450
通用、专用设备制造业	Manufacture of General Purpose and Special Purpose Machinery	0.049876	0.040333
交通运输设备制造业	Manufacture of Transport Equipment	0.008269	0.008337
电气机械及器材制造业	Manufacture of Electrical Machinery and Equipment	0.025884	0.021305
通信设备、计算机及其他电子设备制造业	Manufacture of Communication Equipment, Computer and Other Electronic Equipment	0.006155	0.004849
仪器仪表及文化办公用机械制造业	Manufacture of Measuring Instrument and Machinery for Cultural Activity & Office Work	0.011318	0.007006
工艺品及其他制造业	Manufacture of Artwork, Other Manufacture	0.002054	0.002077

continue

金属冶炼及压延加工业 Smelting and Rolling of Metals	金属制品业 Manufacture of Metal Products	通用、专用设备制造业 Manufacture of General Purpose and Special Purpose Machinery	交通运输设备制造业 Manufacture of Transport Equipment	电气机械及器材制造业 Manufacture of Electrical Machinery and Equipment	通信设备、计算机及其他电子设备制造业 Manufacture of Communication Equipment, Computer and Other Electronic Equipment	仪器仪表及文化办公用机械制造业 Manufacture of Measuring Instrument and Machinery for Cultural Activity & Office Work	工艺品及其他制造业 Manufacture of Artwork, Other Manufacture	废品废料 Scrap and Waste
0.016834	0.018053	0.017398	0.014153	0.031850	0.016877	0.022348	0.040613	0.023826
0.092670	0.072455	0.073110	0.044727	0.070251	0.061370	0.059829	0.437633	0.078850
0.127483	0.070384	0.068744	0.037296	0.070007	0.051107	0.054306	0.039040	0.034965
0.574226	0.253493	0.205931	0.091693	0.197734	0.151786	0.133523	0.042670	0.039497
0.003705	0.003424	0.002340	0.001642	0.002580	0.003644	0.002722	0.010845	0.002173
0.007692	0.009322	0.008333	0.006581	0.016079	0.008858	0.010690	0.007927	0.007989
0.004154	0.004122	0.004326	0.003047	0.010112	0.003652	0.007804	0.048327	0.010571
0.008568	0.010888	0.009806	0.008387	0.026746	0.007150	0.009113	0.023433	0.006507
0.009914	0.009735	0.013266	0.008575	0.030803	0.026038	0.062536	0.098093	0.015525
0.011935	0.016629	0.014552	0.010522	0.034672	0.018708	0.019821	0.011220	0.018836
0.140086	0.076494	0.074306	0.039086	0.074720	0.053825	0.058814	0.042532	0.036880
0.126439	0.094099	0.089120	0.052329	0.171764	0.154004	0.095394	0.060625	0.104763
0.018996	0.015225	0.013623	0.009625	0.016997	0.018864	0.016208	0.012109	0.048783
0.081861	0.477180	0.386821	0.172436	0.371648	0.285134	0.251015	0.079025	0.073625
0.051880	0.262389	0.197226	0.239800	0.184545	0.140674	0.147582	0.042530	0.123897
0.043007	0.168956	0.192319	0.081036	0.058147	0.041996	0.084944	0.037502	0.026911
0.008531	0.022216	0.018050	0.011470	0.010382	0.007182	0.009306	0.008021	0.006200
0.022430	0.095487	0.067548	0.044992	0.131348	0.036242	0.050991	0.024369	0.038755
0.004944	0.007111	0.012628	0.052536	0.007892	0.012103	0.047938	0.003970	0.006291
0.007396	0.009067	0.019434	0.030392	0.012352	0.124781	0.053732	0.004872	0.004289
0.002310	0.002747	0.002434	0.002185	0.005588	0.002265	0.003623	0.002422	0.001517

1-30 续表 2

产出 Output / 投入 Input		电力、热力的生产和供应业 Production and Supply of Electric Power and Heat Power	燃气生产和供应业 Production and Distribution of Gas
农林牧渔业	Agriculture, Forestry, Animal Husbandry & Fishery	0.025192	0.024066
煤炭开采和洗选业	Mining and Washing of Coal	0.432798	0.372910
石油和天然气开采业	Extraction of Petroleum and Natural Gas	0.031629	0.036239
金属矿采选业	Mining of Metal Ores	0.028392	0.021944
非金属矿及其他矿采选业	Mining and Processing of Nonmetal Ores and Other Ores	0.003491	0.001506
食品制造及烟草加工业	Manufacture of Foods and Tobacco	0.006503	0.007406
纺织业	Manufacture of Textile	0.005399	0.006058
纺织服装鞋帽皮革羽绒及其制品业	Manufacture of Textile Wearing Apparel, Footwear, Caps, Leather, Fur, Feather(Down) and Its products	0.020785	0.023239
木材加工及家具制造业	Processing of Timbers and Manufacture of Furniture	0.016548	0.014609
造纸印刷及文教体育用品制造业	Papermaking, Printing and Manufacture of Articles for Culture, Education and Sports Activities	0.011317	0.012279
石油加工、炼焦及核燃料加工业	Processing of Petroleum, Coking, Processing of Nuclear Fuel	0.030160	0.036148
化学工业	Chemical Industry	0.053544	0.057654
非金属矿物制品业	Manufacture of Nonmetallic Mineral Products	0.015473	0.008773
金属冶炼及压延加工业	Smelting and Rolling of Metals	0.052153	0.040128
金属制品业	Manufacture of Metal Products	0.040000	0.028932
通用、专用设备制造业	Manufacture of General Purpose and Special Purpose Machinery	0.046154	0.030503
交通运输设备制造业	Manufacture of Transport Equipment	0.007195	0.005947
电气机械及器材制造业	Manufacture of Electrical Machinery and Equipment	0.029079	0.019616
通信设备、计算机及其他电子设备制造业	Manufacture of Communication Equipment, Computer and Other Electronic Equipment	0.004884	0.004044
仪器仪表及文化办公用机械制造业	Manufacture of Measuring Instrument and Machinery for Cultural Activity & Office Work	0.006158	0.005967
工艺品及其他制造业	Manufacture of Artwork, Other Manufacture	0.001944	0.003378

continue

水的生产和供应业 Production and Distribution of Water	建筑业 Construction	交通运输及仓储业 Traffic, Transport and Storage	邮政业 Post	信息传输、计算机服务和软件业 Information Transmission, Computer Services and Software	批发和零售业 Wholesale and Retail Trades	住宿和餐饮业 Hotels and Catering Services	金融业 Financial Intermediation
0.014866	0.039220	0.084017	0.027129	0.016856	0.018292	0.200865	0.031851
0.060304	0.091500	0.040594	0.058765	0.052401	0.014230	0.040833	0.030705
0.020150	0.070856	0.171295	0.076210	0.018514	0.027036	0.040567	0.044698
0.021664	0.161389	0.027091	0.030114	0.027501	0.010067	0.018323	0.020554
0.001044	0.043944	0.002815	0.003527	0.001486	0.000814	0.002027	0.001277
0.005625	0.010889	0.014302	0.010931	0.011594	0.011729	0.277326	0.026021
0.002527	0.007213	0.003774	0.004505	0.002971	0.002030	0.011833	0.005437
0.007703	0.014741	0.006921	0.015696	0.007145	0.004214	0.004697	0.014985
0.005684	0.033353	0.005976	0.019110	0.013373	0.003709	0.008644	0.012468
0.009301	0.020631	0.013778	0.070784	0.018572	0.012615	0.026677	0.061807
0.021142	0.075111	0.195715	0.085950	0.019229	0.030033	0.032274	0.048492
0.052580	0.158069	0.073750	0.048406	0.043467	0.024675	0.093933	0.075533
0.007250	0.177097	0.009127	0.016016	0.006953	0.003495	0.012586	0.006259
0.040371	0.303030	0.050528	0.056325	0.051461	0.018795	0.033878	0.038220
0.057375	0.136985	0.036485	0.043353	0.038164	0.021300	0.031397	0.043028
0.031578	0.071139	0.028157	0.037715	0.018708	0.010697	0.019253	0.020002
0.004633	0.012376	0.046031	0.028806	0.005054	0.015088	0.006926	0.011814
0.019177	0.114152	0.013338	0.023026	0.033614	0.005488	0.009762	0.010754
0.003360	0.006444	0.007406	0.014845	0.049957	0.005161	0.004243	0.010727
0.006741	0.009090	0.006995	0.010261	0.062482	0.004839	0.010973	0.029664
0.001601	0.006884	0.001350	0.001284	0.002668	0.000455	0.000918	0.001255

1-30 续表 3

产出 Output / 投入 Input		房地产业 Real Estate	租赁和商务服务业 Leasing and Business Services
农林牧渔业	Agriculture, Forestry, Animal Husbandry & Fishery	0.018555	0.016585
煤炭开采和洗选业	Mining and Washing of Coal	0.028357	0.055413
石油和天然气开采业	Extraction of Petroleum and Natural Gas	0.019787	0.041967
金属矿采选业	Mining of Metal Ores	0.013531	0.069524
非金属矿及其他矿采选业	Mining and Processing of Nonmetal Ores and Other Ores	0.000823	0.002142
食品制造及烟草加工业	Manufacture of Foods and Tobacco	0.013641	0.010482
纺织业	Manufacture of Textile	0.002928	0.003200
纺织服装鞋帽皮革羽绒及其制品业	Manufacture of Textile Wearing Apparel, Footwear, Caps, Leather, Fur, Feather(Down) and Its products	0.004012	0.010226
木材加工及家具制造业	Processing of Timbers and Manufacture of Furniture	0.015170	0.006023
造纸印刷及文教体育用品制造业	Papermaking, Printing and Manufacture of Articles for Culture, Education and Sports Activities	0.060917	0.012892
石油加工、炼焦及核燃料加工业	Processing of Petroleum, Coking, Processing of Nuclear Fuel	0.021102	0.046126
化学工业	Chemical Industry	0.036705	0.041688
非金属矿物制品业	Manufacture of Nonmetallic Mineral Products	0.004327	0.009392
金属冶炼及压延加工业	Smelting and Rolling of Metals	0.025218	0.130689
金属制品业	Manufacture of Metal Products	0.021559	0.311840
通用、专用设备制造业	Manufacture of General Purpose and Special Purpose Machinery	0.013274	0.049829
交通运输设备制造业	Manufacture of Transport Equipment	0.004407	0.009997
电气机械及器材制造业	Manufacture of Electrical Machinery and Equipment	0.008138	0.029435
通信设备、计算机及其他电子设备制造业	Manufacture of Communication Equipment, Computer and Other Electronic Equipment	0.014838	0.004578
仪器仪表及文化办公用机械制造业	Manufacture of Measuring Instrument and Machinery for Cultural Activity & Office Work	0.032896	0.006577
工艺品及其他制造业	Manufacture of Artwork, Other Manufacture	0.004318	0.001755

continue

研究与试验发展业 Research and Experimental Development	综合技术服务业 Comprehensive Technical Services	水利、环境和公共设施管理业 Management of Water Conservancy, Environment and Public Facilities	居民服务和其他服务业 Services to Households and Other Services	教育 Education	卫生、社会保障和社会福利业 Health，Social Security and Social Welfare	文化、体育和娱乐业 Culture, Sports and Entertainment	公共管理和社会组织 Public Management and Social Organization
0.024741	0.025520	0.110945	0.048352	0.012403	0.014697	0.024747	0.027393
0.100710	0.035595	0.023395	0.039671	0.029020	0.044023	0.052920	0.040930
0.039434	0.036923	0.060571	0.047604	0.031385	0.041793	0.054499	0.042112
0.029412	0.028036	0.019551	0.041037	0.015035	0.065418	0.040346	0.011945
0.004376	0.001398	0.001553	0.001887	0.001455	0.002738	0.002912	0.001214
0.014854	0.019950	0.015067	0.016647	0.007879	0.007714	0.019638	0.028621
0.003432	0.002535	0.003046	0.002374	0.001740	0.002619	0.003160	0.002221
0.007050	0.004075	0.009948	0.004156	0.004252	0.004831	0.006511	0.003304
0.055385	0.010696	0.016011	0.006275	0.017879	0.021315	0.025082	0.010983
0.032130	0.076641	0.022831	0.016907	0.039594	0.013255	0.053411	0.045325
0.041755	0.039496	0.067423	0.048744	0.034758	0.041127	0.058514	0.046138
0.082429	0.082435	0.090559	0.235143	0.034080	0.270430	0.133592	0.037006
0.033054	0.007458	0.010777	0.008598	0.010846	0.017020	0.018180	0.007943
0.054689	0.052279	0.036256	0.075872	0.028050	0.121453	0.075132	0.022193
0.053481	0.036684	0.041687	0.130880	0.022729	0.079845	0.055862	0.019226
0.031277	0.017475	0.018296	0.028669	0.034270	0.279975	0.030310	0.012815
0.009879	0.006672	0.004026	0.011204	0.003939	0.007097	0.010124	0.004104
0.036220	0.026522	0.013603	0.015990	0.012951	0.028192	0.025616	0.009842
0.010551	0.091163	0.005982	0.026573	0.004574	0.005727	0.126958	0.008081
0.016339	0.020365	0.019383	0.010210	0.008479	0.008223	0.022638	0.005555
0.002179	0.002181	0.000978	0.001417	0.000621	0.001137	0.002170	0.000712

1-30 续表 4

产 出 Output / 投 入 Input		农林牧渔业 Agriculture, Forestry, Animal Husbandry & Fishery	煤炭开采和洗选业 Mining and Washing of Coal	石油和天然气开采业 Extraction of Petroleum and Natural Gas
废品废料	Scrap and Waste	0.000429	0.000562	0.000604
电力、热力的生产和供应业	Production and Supply of Electric Power and Heat Power	0.059338	0.101991	0.098328
燃气生产和供应业	Production and Distribution of Gas	0.000149	0.000252	0.000158
水的生产和供应业	Production and Distribution of Water	0.034960	0.007515	0.003957
建筑业	Construction	0.001186	0.003123	0.002485
交通运输及仓储业	Traffic, Transport and Storage	0.020577	0.049957	0.022074
邮政业	Post	0.000565	0.000923	0.000760
信息传输、计算机服务和软件业	Information Transmission, Computer Services and Software	0.002303	0.004988	0.004510
批发和零售业	Wholesale and Retail Trades	0.001407	0.000206	0.000149
住宿和餐饮业	Hotels and Catering Services	0.006935	0.016894	0.011938
金融业	Financial Intermediation	0.016317	0.040713	0.018298
房地产业	Real Estate	0.001456	0.002827	0.001894
租赁和商务服务业	Leasing and Business Services	0.010289	0.018891	0.007243
研究与试验发展业	Research and Experimental Development	0.001573	0.003026	0.002326
综合技术服务业	Comprehensive Technical Services	0.001101	0.001659	0.001052
水利、环境和公共设施管理业	Management of Water Conservancy, Environment and Public Facilities	0.002712	0.014323	0.001398
居民服务和其他服务业	Services to Households and Other Services	0.004459	0.012238	0.006354
教育	Education	0.001447	0.005162	0.002362
卫生、社会保障和社会福利业	Health，Social Security and Social Welfare	0.004084	0.025235	0.021806
文化、体育和娱乐业	Culture, Sports and Entertainment	0.001245	0.003669	0.002767
公共管理和社会组织	Public Management and Social Organization	0.000071	0.000021	0.000010

continue

金属矿采选业 Mining of Metal Ores	非金属矿及其他矿采选业 Mining and Processing of Nonmetal Ores and Other Ores	食品制造及烟草加工业 Manufacture of Foods and Tobacco	纺织业 Manufacture of Textile	纺织服装鞋帽皮革羽绒及其制品业 Manufacture of Textile Wearing Apparel, Footwear, Caps, Leather, Fur, Feather(Down) and Its products	木材加工及家具制造业 Processing of Timbers and Manufacture of Furniture	造纸印刷及文教体育用品制造业 Papermaking, Printing and Manufacture of Articles for Culture, Education and Sports Activities	石油加工、炼焦及核燃料加工业 Processing of Petroleum, Coking, Processing of Nuclear Fuel
0.000607	0.017824	0.001486	0.001112	0.001165	0.000430	0.029479	0.000707
0.158057	0.127950	0.063539	0.112215	0.096727	0.057619	0.117569	0.110508
0.000205	0.000219	0.000244	0.000098	0.000109	0.000088	0.000127	0.000178
0.005351	0.005618	0.014556	0.013487	0.017447	0.005371	0.007841	0.004394
0.003096	0.002791	0.001642	0.001957	0.002208	0.001552	0.003628	0.003945
0.070644	0.059581	0.045852	0.030708	0.051891	0.031860	0.050968	0.028868
0.001073	0.001046	0.000542	0.000651	0.000828	0.000707	0.000699	0.000836
0.008732	0.005153	0.003223	0.003182	0.003941	0.003536	0.004777	0.004998
0.000254	0.000188	0.000608	0.000516	0.000594	0.000234	0.000196	0.000217
0.027554	0.025499	0.010393	0.012644	0.014130	0.015628	0.016089	0.013424
0.042208	0.050778	0.020699	0.020394	0.037021	0.025636	0.027525	0.020261
0.004216	0.002993	0.004130	0.005991	0.003814	0.029111	0.017021	0.002190
0.023655	0.021848	0.012183	0.015061	0.012468	0.012232	0.008150	0.009704
0.001942	0.001902	0.001576	0.002264	0.002486	0.000963	0.001391	0.002935
0.001972	0.001050	0.001903	0.000932	0.003196	0.000573	0.000886	0.001471
0.002571	0.002434	0.001876	0.001904	0.004321	0.001207	0.001884	0.002214
0.013149	0.021734	0.006995	0.005878	0.006258	0.004946	0.013213	0.007561
0.002554	0.002213	0.001564	0.001982	0.002367	0.007112	0.002561	0.002624
0.011559	0.006370	0.003591	0.005921	0.004272	0.002680	0.010938	0.023756
0.005737	0.006572	0.001952	0.002697	0.002328	0.004986	0.003777	0.003106
0.000021	0.000021	0.000033	0.000031	0.000036	0.000016	0.000013	0.000012

1-30 续表 5

产出 Output 投入 Input		化学工业 Chemical Industry	非金属矿物制品业 Manufacture of Nonmetallic Mineral Products	金属冶炼及压延加工业 Smelting and Rolling of Metals
废品废料	Scrap and Waste	0.001205	0.008169	0.001254
电力、热力的生产和供应业	Production and Supply of Electric Power and Heat Power	0.143755	0.167033	0.171227
燃气生产和供应业	Production and Distribution of Gas	0.000475	0.000218	0.000347
水的生产和供应业	Production and Distribution of Water	0.006276	0.005339	0.004257
建筑业	Construction	0.003541	0.002951	0.002748
交通运输及仓储业	Traffic, Transport and Storage	0.051913	0.055097	0.054087
邮政业	Post	0.000982	0.000967	0.000986
信息传输、计算机服务和软件业	Information Transmission, Computer Services and Software	0.006172	0.005350	0.006055
批发和零售业	Wholesale and Retail Trades	0.000269	0.000197	0.000209
住宿和餐饮业	Hotels and Catering Services	0.019498	0.016721	0.018580
金融业	Financial Intermediation	0.040418	0.037074	0.047002
房地产业	Real Estate	0.004065	0.005792	0.003273
租赁和商务服务业	Leasing and Business Services	0.039086	0.024709	0.016683
研究与试验发展业	Research and Experimental Development	0.005279	0.002387	0.004297
综合技术服务业	Comprehensive Technical Services	0.003960	0.001719	0.002234
水利、环境和公共设施管理业	Management of Water Conservancy, Environment and Public Facilities	0.002903	0.003700	0.002651
居民服务和其他服务业	Services to Households and Other Services	0.012881	0.025279	0.015179
教育	Education	0.002976	0.002742	0.002918
卫生、社会保障和社会福利业	Health，Social Security and Social Welfare	0.008988	0.011859	0.009451
文化、体育和娱乐业	Culture, Sports and Entertainment	0.003674	0.003793	0.003991
公共管理和社会组织	Public Management and Social Organization	0.000030	0.000021	0.000019

continue

金属制品业 Manufacture of Metal Products	通用、专用设备制造业 Manufacture of General Purpose and Special Purpose Machinery	交通运输设备制造业 Manufacture of Transport Equipment	电气机械及器材制造业 Manufacture of Electrical Machinery and Equipment	通信设备、计算机及其他电子设备制造业 Manufacture of Communication Equipment, Computer and Other Electronic Equipment	仪器仪表及文化办公用机械制造业 Manufacture of Measuring Instrument and Machinery for Cultural Activity & Office Work	工艺品及其他制造业 Manufacture of Artwork, Other Manufacture	废品废料 Scrap and Waste
0.001169	0.001643	0.000819	0.001284	0.002120	0.011995	0.000634	0.004255
0.139333	0.151703	0.089431	0.126778	0.119759	0.127903	0.089110	0.098365
0.000596	0.001426	0.000221	0.000668	0.000200	0.000235	0.000155	0.000126
0.005588	0.004700	0.004141	0.005756	0.005287	0.004744	0.005364	0.005195
0.003307	0.003542	0.002926	0.004103	0.002391	0.003078	0.002592	0.002379
0.052913	0.059987	0.032665	0.065741	0.044334	0.067688	0.054827	0.037960
0.001086	0.000954	0.000631	0.001305	0.000985	0.000933	0.000744	0.000651
0.007334	0.007178	0.003998	0.008385	0.005679	0.011183	0.004333	0.004219
0.000231	0.000228	0.000157	0.000283	0.000322	0.001256	0.000683	0.000148
0.026200	0.022488	0.016743	0.044664	0.021781	0.029930	0.015523	0.015482
0.033230	0.033770	0.021300	0.039903	0.037046	0.029179	0.028824	0.021466
0.003489	0.003372	0.002282	0.004086	0.005970	0.006295	0.003466	0.004013
0.023547	0.025955	0.012384	0.037879	0.022932	0.017312	0.019148	0.010003
0.004462	0.015475	0.008514	0.005105	0.004820	0.014444	0.002181	0.001360
0.002033	0.003214	0.002829	0.002702	0.012619	0.010634	0.001034	0.000997
0.002039	0.002220	0.002908	0.002299	0.001729	0.001722	0.006329	0.001628
0.019899	0.013115	0.008449	0.015143	0.010474	0.012370	0.008950	0.166736
0.004102	0.003519	0.003312	0.007136	0.002993	0.003453	0.005040	0.001599
0.007511	0.018181	0.004645	0.007088	0.004933	0.006108	0.011955	0.003974
0.005341	0.004734	0.004213	0.011846	0.003906	0.004902	0.003652	0.004198
0.000020	0.000024	0.000014	0.000028	0.000029	0.000026	0.000017	0.000023

1-30 续表 6

产　出 Output / 投　入 Input		电力、热力的生产和供应业 Production and Supply of Electric Power and Heat Power	燃气生产和供应业 Production and Distribution of Gas	水的生产和供应业 Production and Distribution of Water
废品废料	Scrap and Waste	0.000519	0.000441	0.000376
电力、热力的生产和供应业	Production and Supply of Electric Power and Heat Power	0.234381	0.132897	0.156913
燃气生产和供应业	Production and Distribution of Gas	0.000154	0.000180	0.000089
水的生产和供应业	Production and Distribution of Water	0.009005	0.005124	0.023914
建筑业	Construction	0.002596	0.002349	0.002322
交通运输及仓储业	Traffic, Transport and Storage	0.039548	0.026400	0.024702
邮政业	Post	0.001002	0.001039	0.000819
信息传输、计算机服务和软件业	Information Transmission, Computer Services and Software	0.004815	0.005040	0.005361
批发和零售业	Wholesale and Retail Trades	0.000181	0.000187	0.000167
住宿和餐饮业	Hotels and Catering Services	0.015216	0.018947	0.014963
金融业	Financial Intermediation	0.049718	0.047667	0.040875
房地产业	Real Estate	0.002934	0.002641	0.002909
租赁和商务服务业	Leasing and Business Services	0.013730	0.011085	0.014313
研究与试验发展业	Research and Experimental Development	0.005021	0.002765	0.001297
综合技术服务业	Comprehensive Technical Services	0.001892	0.001504	0.000900
水利、环境和公共设施管理业	Management of Water Conservancy, Environment and Public Facilities	0.007378	0.005489	0.043095
居民服务和其他服务业	Services to Households and Other Services	0.036267	0.014897	0.014523
教育	Education	0.003637	0.006081	0.004682
卫生、社会保障和社会福利业	Health，Social Security and Social Welfare	0.016342	0.012475	0.004390
文化、体育和娱乐业	Culture, Sports and Entertainment	0.003501	0.005434	0.003360
公共管理和社会组织	Public Management and Social Organization	0.000021	0.000017	0.000015

continue

建筑业 Construction	交通运输及仓储业 Traffic, Transport and Storage	邮政业 Post	信息传输、计算机服务和软件业 Information Transmission, Computer Services and Software	批发和零售业 Wholesale and Retail Trades	住宿和餐饮业 Hotels and Catering Services	金融业 Financial Intermediation
0.002654	0.000512	0.001731	0.001153	0.000359	0.000804	0.001639
0.132510	0.089247	0.104784	0.134266	0.032515	0.088796	0.067254
0.000676	0.000134	0.006635	0.000093	0.000058	0.000374	0.000179
0.012035	0.005931	0.011244	0.005292	0.003101	0.015462	0.007292
0.003657	0.014004	0.060221	0.014164	0.008658	0.018920	0.010427
0.069988	0.059825	0.135890	0.030036	0.105100	0.026972	0.058737
0.001020	0.001129	0.052059	0.001505	0.001677	0.001468	0.013780
0.006467	0.011302	0.031415	0.057877	0.006245	0.006432	0.036376
0.000239	0.000376	0.064485	0.017974	0.000236	0.000457	0.001520
0.022946	0.024708	0.025987	0.038095	0.038936	0.023431	0.088330
0.035549	0.054554	0.050699	0.024414	0.084842	0.027057	0.028071
0.003849	0.004627	0.013494	0.014512	0.010695	0.019700	0.027852
0.057136	0.012005	0.038165	0.026721	0.031698	0.014990	0.065860
0.010877	0.002019	0.002022	0.001992	0.000640	0.001293	0.001332
0.003417	0.000821	0.000937	0.001872	0.000352	0.001183	0.000926
0.002692	0.001936	0.001910	0.001922	0.000867	0.002168	0.003594
0.015794	0.023285	0.012622	0.044017	0.017912	0.026236	0.015771
0.002798	0.004169	0.009321	0.005071	0.003888	0.004080	0.008129
0.007109	0.005702	0.004570	0.002827	0.001493	0.003145	0.003761
0.005680	0.004392	0.012479	0.007733	0.013014	0.004067	0.016707
0.000036	0.000021	0.000740	0.000021	0.000028	0.000025	0.000178

1-30 续表 7

投入 Input \ 产出 Output		房地产业 Real Estate	租赁和商务服务业 Leasing and Business Services	研究与试验发展业 Research and Experimental Development
废品废料	Scrap and Waste	0.001617	0.000581	0.001161
电力、热力的生产和供应业	Production and Supply of Electric Power and Heat Power	0.063714	0.135065	0.259172
燃气生产和供应业	Production and Distribution of Gas	0.000079	0.000192	0.000133
水的生产和供应业	Production and Distribution of Water	0.014096	0.007546	0.011496
建筑业	Construction	0.003829	0.021414	0.022710
交通运输及仓储业	Traffic, Transport and Storage	0.049123	0.036621	0.053573
邮政业	Post	0.003827	0.001251	0.001586
信息传输、计算机服务和软件业	Information Transmission, Computer Services and Software	0.013685	0.005235	0.024395
批发和零售业	Wholesale and Retail Trades	0.000520	0.000195	0.000557
住宿和餐饮业	Hotels and Catering Services	0.045651	0.033909	0.046272
金融业	Financial Intermediation	0.085255	0.066283	0.026088
房地产业	Real Estate	0.007348	0.003284	0.013501
租赁和商务服务业	Leasing and Business Services	0.011582	0.063521	0.038184
研究与试验发展业	Research and Experimental Development	0.001020	0.001890	0.002106
综合技术服务业	Comprehensive Technical Services	0.000743	0.000859	0.001046
水利、环境和公共设施管理业	Management of Water Conservancy, Environment and Public Facilities	0.001468	0.004731	0.011873
居民服务和其他服务业	Services to Households and Other Services	0.018217	0.014377	0.024762
教育	Education	0.059389	0.004637	0.002697
卫生、社会保障和社会福利业	Health，Social Security and Social Welfare	0.002546	0.003948	0.017769
文化、体育和娱乐业	Culture, Sports and Entertainment	0.023690	0.006980	0.008754
公共管理和社会组织	Public Management and Social Organization	0.000029	0.000423	0.000196

continue

综合技术服务业 Comprehensive Technical Services	水利、环境和公共设施管理业 Management of Water Conservancy, Environment and Public Facilities	居民服务和其他服务业 Services to Households and Other Services	教育 Education	卫生、社会保障和社会福利业 Health，Social Security and Social Welfare	文化、体育和娱乐业 Culture, Sports and Entertainment	公共管理和社会组织 Public Management and Social Organization
0.001847	0.000797	0.000626	0.001007	0.000783	0.001540	0.001048
0.077504	0.046350	0.079431	0.069170	0.082165	0.118382	0.104004
0.000108	0.000081	0.000155	0.000090	0.000416	0.000145	0.000083
0.011613	0.007660	0.013179	0.011370	0.006361	0.011868	0.013061
0.005545	0.006492	0.006982	0.007314	0.007519	0.017514	0.006161
0.085171	0.027611	0.027991	0.031561	0.027042	0.051325	0.040843
0.002319	0.001117	0.001371	0.002593	0.000541	0.002608	0.001651
0.009386	0.007702	0.008747	0.013258	0.006412	0.017797	0.025692
0.000355	0.000352	0.000306	0.000406	0.000175	0.000519	0.000574
0.066003	0.022336	0.039376	0.025190	0.012245	0.056292	0.101843
0.033705	0.044169	0.027216	0.024681	0.017712	0.058895	0.014598
0.022982	0.002683	0.014751	0.020927	0.002973	0.010147	0.010973
0.014915	0.013693	0.018019	0.011776	0.018537	0.035005	0.009597
0.002600	0.001190	0.001684	0.001014	0.004604		0.000857
0.001836	0.000714	0.001246	0.000461	0.001497	0.002265	0.000520
0.002548	0.001041	0.001619	0.001953	0.001372	0.002016	0.001426
0.012794	0.018323	0.014777	0.011001	0.010949	0.018844	0.022824
0.006016	0.002180	0.002447	0.012417	0.003375	0.003903	0.006303
0.005001	0.006158	0.003435	0.004832	0.006507	0.004436	0.004686
0.015806	0.006140	0.011652	0.005298	0.002909	0.018060	0.024592
0.000896	0.000021	0.000094	0.000012	0.000088	0.000029	0.000011

1-31 个体工商业基本情况

Basic Statistics on Individual Industrial and Commercial Business

(2009)

行业	Itme	户数(户) Number of Unit (household)	从业人员(人) Personal (person)	资金数额(万元) Amount of Funds (10 000yuan)
合计	**Total**	**479308**	**879349**	**1201485**
农林牧渔业	Agriculture, Forestry, Animal Husbandry and Fishery	1675	4082	35206.50
采矿业	Mining	545	2572	13728.70
制造业	Manufacturing	29981	64969	122053.68
电力、燃气及水的生产和供应业	Production and Distribution of Electricity, Gas and Water	703	1263	2680.00
建筑业	Construction	502	2663	4744.52
交通运输、仓储和邮政业	Transport, Storage and Post	3670	5669	18688.80
信息传输、计算机服务和软件业	Information Transmission, Computer Services and Software	2789	5540	14832.66
批发和零售业	Wholesale and Retail Trade	296303	498018	671796.00
住宿和餐饮业	Hotels and Catering Services	69262	166833	177765.13
房地产业	Real Estate	107	129	44.83
租凭和商务服务业	Leasing and Business Services	3357	7961	14529.59
居民服务和其他服务业	Services to Households and Other Services	58117	97215	90462.91
卫生、社会保障和社会福利业	Health, Social Security and Social Welfare	5294	10076	13116.63
文化、体育和娱乐业	Culture, Sports and Entertainment	3355	7137	15758.63
其他行业	Others	2198	3556	3534.37

1-31 续表 continued

行 业	Itme	总产值(万元) Total Output Value (10 000yuan)	销售额(或营业收入)(万元) Total Sales Value (10 000yuan)	社会消费品零售额(万元) Retail Sales Value of Consumer Goods (10 000yuan)
合 计	**Total**	**527546.84**	**3844735.67**	**3052165.04**
农林牧渔业	Agriculture, Forestry, Animal Husbandry and Fishery	34786.49	39703.38	17684.35
采矿业	Mining	45449.92	6974.02	8049.29
制造业	Manufacturing	428899.82	188491.83	221728.15
电力、燃气及水的生产和供应业	Production and Distribution of Electricity, Gas and Water	7774.60	118.40	2890.60
建筑业	Construction	10636.01	10214.25	8518.32
交通运输、仓储和邮政业	Transport, Storage and Post		58934.36	49810.15
信息传输、计算机服务和软件业	Information Transmission, Computer Services and Software		42524.92	24909.52
批发和零售业	Wholesale and Retail Trade		2178902.17	1664047.89
住宿和餐饮业	Hotels and Catering Services		646098.08	535950.56
房地产业	Real Estate		12.20	4.20
租赁和商务服务业	Leasing and Business Services		24958.80	16813.69
居民服务和其他服务业	Services to Households and Other Services		557836.85	452379.23
卫生、社会保障和社会福利业	Health, Social Security and Social Welfare		34393.63	19481.69
文化、体育和娱乐业	Culture, Sports and Entertainment		35838.56	20088.74
其他行业	Others		11551.97	5755.10

1-32 私营企业基本情况

Basic Conditions of Private Enterprises

(2009)

行　业	Item	户 数（户）Number of Enterpr-ises (unit)	投资者人数（人）Number of Investor (person)	雇工人数（人）Number of Employ-ee (person)	注册资本(金)(万元) Regist-ered Capital (10 000yuan)
合　计	**Total**	**70678**	**143218**	**552442**	**10647822.74**
农林牧渔业	Agriculture, Forestry, Animal Husbandry and Fishery	2744	6078	23724	425614.59
采矿业	Mining	980	2416	14545	325548.47
制造业	Manufacturing	8690	19777	117292	1392779.47
电力、燃气及水的生产和供应业	Production and Distribution of Electricity, Gas and Water	658	2057	7144	322131.06
建筑业	Construction	3533	7930	60945	1141829.48
交通运输、仓储和邮政业	Transport, Storage and Post	1715	4216	17879	196948.12
信息传输、计算机服务和软件业	Information Transmission, Computer Services and Software	2809	4446	13254	200910.40
批发和零售业	Wholesale and Retail Trade	34572	68150	195171	4033821.51
住宿和餐饮业	Hotels and Catering Services	2013	3516	20764	164520.45
房地产业	Real Estate	2604	5554	23212	1085282.82
租凭和商务服务业	Leasing and Business Services	5509	10157	26612	742553.47
居民服务和其他服务业	Services to Households and Other Services	2254	3989	15639	130410.80
卫生、社会保障和社会福利业	Health, Social Security and Social Welfare	137	200	907	14902.00
文化、体育和娱乐业	Culture, Sports and Entertainment	509	862	3010	47950.00
其他行业	Others	511	974	4887	86678.00

1–32 续表 continued

行　业	Item	总产值（万元） Gross Output Value (10 000 yuan)	销售额（或营业收入）（万元） Sales Revenue (10 000 yuan)	社会消费品零售额（万元） Retail Sales Value of Consumer Goods (10 000 yuan)
合　计	**Total**	**1607267.33**	**3411145.53**	**2209556.35**
农林牧渔业	Agriculture, Forestry, Animal Husbandry and Fishery	163711.30	93545.84	41991.75
采矿业	Mining	130095.62	50125.29	33166.28
制造业	Manufacturing	958519.77	195302.49	194275.99
电力、燃气及水的生产和供应业	Production and Distribution of Electricity, Gas and Water	54929.56	16835.52	13766.84
建筑业	Construction	300011.08	237026.34	117184.96
交通运输、仓储和邮政业	Transport, Storage and Post		91438.70	108749.90
信息传输、计算机服务和软件业	Information Transmission, Computer Services and Software		94234.84	42927.47
批发和零售业	Wholesale and Retail Trade		1787870.40	1222670.05
住宿和餐饮业	Hotels and Catering Services		182097.51	129509.16
房地产业	Real Estate		374373.98	156302.01
租凭和商务服务业	Leasing and Business Services		141453.47	50694.96
居民服务和其他服务业	Services to Households and Other Services		72956.45	53358.27
卫生、社会保障和社会福利业	Health, Social Security and Social Welfare		21179.50	19330.12
文化、体育和娱乐业	Culture, Sports and Entertainment		19910.85	10535.43
其他行业	Others		16104.40	8273.90

主要统计指标解释

行政区划 指国家对行政区域的划分。根据有关法规规定，我国的行政区域划分如下：(1)全国分为省、自治区、直辖市；(2)省、自治区分为自治州、县、自治县、市；(3)自治州分为县、自治县、市；(4)县、自治县分为乡、民族乡、镇；(5)直辖市和较大的市分为区、县；(6)国家在必要时设立的特别行政区。

森林覆盖率 指一个国家或地区森林面积占土地总面积的百分比。森林覆盖率是反映森林资源的丰富程度和生态平衡状况的重要指标。在计算森林覆盖率时，森林面积包括郁闭度 0.2 以上的乔木林地面积和竹林地面积，国家特别规定的灌木林地面积、农田林网以及四旁(村旁、路旁、水旁、宅旁)林木的覆盖面积。计算公式为：

$$森林覆盖率(\%)=\frac{森林面积}{土地总面积}\times 100\%$$

气温 指空气的温度，我国一般以摄氏度(℃)为单位表示。气象观测的温度表是放在离地面约 1.5 米处通风良好的百叶箱里测量的，因此，通常说的气温指的是离地面 1.5 米处百叶箱中的温度。其统计计算方法为：

月平均气温是将全月各日的平均气温相加，除以该月的天数而得。

年平均气温是将 12 个月的月平均气温累加后除以 12 而得。

相对湿度 指空气中实际所含水蒸气密度和同温度下饱和水蒸气密度的百分比值。其统计方法与气温相同。

降水量 指从天空降落到地面的液态或固态(经融化后)水，未经蒸发、渗透、流失而在地面上积聚的深度。其统计计算方法为：

月降水量是将全月各日的降水量累加而得。

年降水量是将 12 个月的月降水量累加而得。

日照时数 指太阳实际照射地面的时间。其统计方法与降水量相同。

平均增长速度 平均增长速度表明社会经济现象在一个较长的时期内逐期平均增长变化的程度，它不能根据各个环比增长速度直接求得，但与平均发展速度之间存在着一定的数量关系：平均增长速度 = 平均发展速度 – 1。

平均发展速度是一种根据环比发展速度计算的序时平均数，由于各时期对比的基础不同，所以计算平均发展速度不能采用一般的序时平均数的计算方法，计算方法分为水平法和累计法。水平法，又称几何平均法，即将环比发展速度按连乘法用几何平均数公式计算。累计法，也称方程法，根据一段时期内各年发展水平总和与基期水平的关系，列出方程式计算平均发展速度。水平法着重考虑最后一年所达到的发展水平；累计法着重考虑整个时期累计发展水平的总量。

国民经济行业分类 自 2003 年定期报表开始使用新的《国民经济行业分类》(GB/T4754-2002)。该分类是由国家统计局组织修订，经国家质量监督检验检疫总局批准，于 2002 年 5 月 10 日发布实施。这次修订是在 1994 年分类标准的基础上，参照联合国《全部经济活动的国际标准产业分类》(ISIC/Rev.3) 进行的。修订后的《国民经济行业分类》(GB/T4754-2002) 共有门类 20 个，大类 95 个，中类 396 个，小类 913 个。新增门类 4 个，大类增加 3 个，中类增加 28 个，小类增加 67 个。

企业(单位)登记注册类型 是以在工商行政管理机关登记注册的各类企业为划分对象，以工商行政管理部门对企业登记注册的类型为依据，将企业登记注册类型分为内资企业、港澳台商投资企业和外商投资企业三大类。内资企业包括国有企业、集体企业、股份合作企业、联营企业、有限责任公司、股份有限公司、私营公司和其他企业；港澳台商投资企业和外商投资企业分别包括合资经营企业、合作经营企业、独资经营企业和股份有限公司。对不在工商行政管理部门进行登记注册的行政机关、事业单位和社会团体，主要按其经费来源和管理方式进行划分。

国有企业 指企业全部资产归国家所有，并按《中华人民共和国企业法人登记管理条例》规定登记注册的非公司制的经济组织。不包括有限责任公司中的国有独资公司。

集体企业 指企业资产归集体所有，并按《中华人民共和国企业法人登记管理条例》规定登记注册的经济组织。

股份合作企业 指以合作制为基础，由企业职工共同出资入股，吸收一定比例的社会资产投资组建，实行自主经营，自负盈亏，共同劳动，民主管理，按劳分配与按股分红相结合的一种集体经济组织。

联营企业 指两个及两个以上相同或不同所有制性质的企业法人或事业单位法人，按自愿、平等、互利的原则，共同投资组成的经济组织。联营企业包括国有联营企业、集体联营企业、国有与集体联营企业和其他联营企业。

有限责任公司 指根据《中华人民共和国公司登记管理条例》规定登记注册，由两个以上、五十个以下的股东共同出资，每个股东以其所认缴的出资额对公司承担有限责任，公司以其全部资产对其债务承担责任的经济组织。有限责任公司包括国有独资公司以及其他有限责任公司。

股份有限公司 指根据《中华人民共和国公司登记管理条例》规定登记注册，其全部注册资本由等额股份构成并通过发行股票筹集资本，股东以其认购的股份对公司承担有限责任，公司以其全部资产对其债务承担责任的经济组织。

私营企业 指由自然人投资设立或由自然人控股，以雇佣劳动为基础的营利性经济组织。包括按照《公司法》、《合伙企业法》、《私营企业暂行条例》规定登记注册的私营有限责任公司、私营股份有限公司、私营合伙企业和私营独资企业。

其他企业 指上述企业之外的其他内资经济组织。

与港澳台商合资经营企业 指港澳台地区投资者与内地企业依照《中华人民共和国中外合资经营企业法》及有关法律的规定，按合同规定的比例投资设立、分享利润和分担风险的企业。

与港澳台商合作经营企业 指港澳台地区投资者与内地企业依照《中华人民共和国中外合作经营企业法》及有关法律的规定，依照合作合同的约定进行投资或提供条件设立、分配利润和分担风险的企业。

港澳台商独资经营企业 指依照《中华人民共和国外资企业法》及有关法律的规定，在内地由港澳台地区投资者全额投资设立的企业。

港澳台商投资股份有限公司 指根据国家有关规定，经原外经贸部依法批准设立，其中港、澳、台商的股本占公司注册资本的比例达 25% 以上的股份有限公司。凡其中港、澳、台商的股本占公司注册资本的比例小于 25%的，属于内资企业中的股份有限公司。

中外合资经营企业 指外国企业或外国人与中国内地企业依照《中华人民共和国中外合资经营企业法》及有关法律的规定，按合同规定的比例投资设立、分享利润和分担风险的企业。

中外合作经营企业 指外国企业或外国人与中国内地企业依照《中华人民共和国中外合作经营企业法》及有关法律的规定，依照合作合同的约定进行投资或提供条件设立、分配利润和分担风险的企业。

外资企业 指依照《中华人民共和国外资企业法》及有关法律的规定，在中国内地由外国投资者全额投资设立的企业。

外商投资股份有限公司 指根据国家有关规定，经原外经贸部依法批准设立，其中外资的股本占公司注册资本的比例达 25% 以上的股份有限公司。凡其中外资股本占公司注册资本的比例小于 25%的，属于内资企业中的股份有限公司。

行政机关、事业单位和社会团体 参照企业登记注册类型，主要按其经费来源和管理方式划分。具体规定如下：

⑴行政机关：包括国家机关和政党机关，原则上均列为“国有”。但有特殊规定的，如供销社等，则列为“集体”。

⑵事业单位：包括经国家机构编制部门和有关业务主管部门批准成立的各类事业单位，不包括实行企业化管理的事业单位。

国内生产总值(GDP) 指按市场价格计算的一个国家(或地区)所有常住单位在一定时期内生产活动的最终成果。国内生产总值有三种表现形态，即价值形态、收入形态和产品形态。从价值形态看，它是所有常住单位在一定时期内生产的全部货物和服务价值超过同期投入的全部非固定资产货物和服务价值的差额，即所有常住单位的增加值之和；从收入形态看，它是所有常住单位在一定时期内创造并分配给常住单位和非常住单位的初次收入之和；从产品形态看，它是所有常住单位在一定时期内最终使用的货物和服务价值减去货物和服务进口价值。在实际核算中，国内生产总值有三种计算方法，即生产法、收入法和支出法。三种方法分别从不同的方面反映国内生产总值及其构成。

三次产业 三产业的划分是世界上较为常用的产业结构分类，但各国的划分不尽一致。我国的三次产业划分是：

第一产业是指农业、林业、畜牧业、渔业和农林牧渔服务业。

第二产业是指采矿业，制造业，电力、煤气及水的生产和供应业，建筑业。

第三产业是指除第一、二产业以外的其他行业。

劳动者报酬 指劳动者因从事生产活动所获得的全部报酬。包括劳动者获得的各种形式的工资、奖金和津贴，既包括货币形式的，也包括实物形式的，还包括劳动者所享受的公费医疗和医药卫生费、上下班交通补贴、单位支付的社会保险费、住房公积金等。对于个体经济来说，其所有者所获得的劳动报酬和经营利润不易区分，这两部分统一作为劳动者报酬处理。

生产税净额 指生产税减生产补贴后的余额。生产税指政府对生产单位从事生产、销售和经营活动以及因从事生产活动使用某些生产要素(如固定资产、土地、劳动力)所征收的各种税、附加费和规费。生产补贴与生产税相反，指政府对生产单位的单方面转移支出，因此视为负生产税，包括政策亏损补贴、价格补贴等。

固定资产折旧 指一定时期内为弥补固定资产损耗按照规定的固定资产折旧率提取的固定资产折旧，或按国民经济核算统一规定的折旧率虚拟计算的固定资产折旧。它反映了固定资产在当期生产中的转移价值。各类企业和企业化管理的事业单位的固定资产折旧是指实际计提的折旧费；不计提折旧的政府机关、非企业化管理的事业单位和居民住房的固定资产折旧是按照统一规定的折旧率和固定资产原值计算的虚拟折旧。

营业盈余 指常住单位创造的增加值扣除劳动者报酬、生产税净额和固定资产折旧后的余额。它相当于企业的营业利润加上生产补贴，但要扣除从利润中开支的工资和福利等。

支出法国内生产总值 是从最终使用的角度反映一个国家(或地区)一定时期内生产活动最终成果的一种方法，包括最终消费支出、资本形成总额及货物和服务净出口三部分。计算公式为：

支出法国内生产总值=最终消费支出+资本形成总额+货物和服务净出口

最终消费支出 指常住单位为满足物质、文化和精神生活的需要，从本国经济领土和国外购买的货物和服务的支出。它不包括非常住单位在本国经济领土内的消费支出。最终消费支出分为居民消费支出和政府消费支出。

居民消费支出 指常住住户在一定时期内对于货物和服务的全部最终消费支出。居民消费支出除了直接以货币形式购买的货物和服务的消费支出外，还包括以其他方式获得的货物和服务的消费支出，即所谓的虚拟消费支出。居民虚拟消费支出包括如下几种类型：单位以实物报酬及实物转移的形式提供给劳动者的货物和服务；住户生产并由本住户消费了的货物和服务，其中的服务仅指住户的自有住房服务；金融机构提供的金融媒介服务；保险公司提供的保险服务。

政府消费支出 指政府部门为全社会提供的公共服务的消费支出和免费或以较低的价格向居民住户提供的货物和服务的净支出，前者等于政府服务的产出价值减去政府单位所获得的经营收入的价值，后者等于政府部门免费或以较低价格向居民住户提供的货物和服务的市场价值减去向住户收取的价值。

资本形成总额 指常住单位在一定时期内获得减去处置的固定资产和存货的净额，包括固定资本形成总额和存货增加两部分。

固定资本形成总额 指常住单位在一定时期内获得的固定资产减处置的固定资产的价值总额。固定资产是通过生产活动生产出来的，且其使用年限在一年以上、单位价值在规定标准以上的资产，不包括自然资产。可分为有形固定资本形成总额和无形固定资本形成总额。有形固定资本形成总额包括一定时期内完成的建筑工程、安装工程和设备工器具购置(减处置)价值，以及土地改良、新增役、种、奶、毛、娱乐用牲畜和新增经济林木价值。无形固定资本形成总额包括矿藏的勘探、计算机软件等获得减处置。

存货增加 指常住单位在一定时期内存货实物量变动的市场价值，即期末价值减期初价值的差额，再扣除当期由于价格变动而产生的持有收益。存货增加可以是正值，也可以是负值，正值表示存货上升，负值表示存货下降。存货包括生产单位购进的原材料、燃料和储备物资等存货，以及生产单位生产的产成品、在制品和半成品等存货。

货物和服务净出口 指货物和服务出口减货物和服务进口的差额。出口包括常住单位向非常住单位出售或无偿转让的各种货物和服务的价值；进口包括常住单位从非常住单位购买或无偿得到的各种货物和服务的价值。由于服务活动的提供与使用同时发生，一般把常住单位从非常住单位得到的服务作为进口，非常住单位从常住单位得到的服务作为出口。货物的出口和进口都按离岸价格计算。

人口、劳动力

Population, Employment

2

简要说明

一、本篇资料主要内容

本篇资料主要包括2009年及历年人口方面的基本情况；甘肃省计划生育情况；从业人员人数及在岗职工人数情况。

二、本篇资料来源

1.本篇资料由省统计局人口与就业处整理。人口数据为人口变动情况抽样调查推算数据，2—7表中农业人口、非农业人口数据为公安年报户籍统计数据。

2.就业基本情况是由省统计局人口与就业处根据劳动统计年报搜集、加工整理。

3.计划生育情况资料来源于省人口和计划生育委员会。

2-1 人口自然变动情况
Status of Population Natural Changes

年 份 Year	出生人口（人） Number of Briths (person)	出生率（‰） Birth Rate (‰)	死亡人口（人） Number of Deaths (person)	死亡率（‰） Death Rate (‰)	自然增长率（‰） Natural Growth Rate (‰)
1978	332308	17.77	109772	5.87	11.9
1980	317116	16.53	98799	5.15	11.38
1985	375884	18.31	122088	5.46	12.85
1986	440851	21.14	123247	5.91	15.23
1987	434783	20.55	120808	5.71	14.84
1988	438437	20.41	108696	5.06	15.35
1989	493123	22.57	120604	5.6	16.97
1990	466266	20.68	137084	6.08	14.6
1991	442818	19.38	138238	6.05	13.33
1992	448259	19.37	153662	6.64	12.73
1993	472798	20.16	160414	6.84	13.32
1994	497025	20.82	163288	6.84	13.98
1995	503437	20.65	158223	6.49	14.16
1996	454642	18.43	163800	6.64	11.79
1997	429501	17.22	154640	6.2	11.02
1998	414436	16.45	161492	6.41	10.04
1999	396897	15.61	163742	6.44	9.17
2000	367681	14.38	163897	6.41	7.97
2001	349717	13.58	165588	6.43	7.15
2002	340043	13.16	166662	6.45	6.71
2003	327148	12.58	167995	6.46	6.12
2004	324554	12.43	170241	6.52	5.91
2005	325669	12.59	169948	6.57	6.02
2006	334718	12.86	172304	6.62	6.24
2007	343626	13.14	173912	6.65	6.49
2008	347137	13.22	175426	6.68	6.54
2009	351243	13.32	176927	6.71	6.61

2-2 五次人口普查基本情况

Basic Statistics on National Population Census
in 1953, 1964, 1982, 1990 and 2000

指　标	Item	1953	1964	1982	1990	2000
总人口	**Total population (10 000 persons)**	**1109.36**	**1263.06**	**1956.93**	**2237.11**	**2512.43**
男	Male	580.80	657.17	1012.37	1159.28	1302.17
女	Female	528.56	605.89	944.56	1077.83	1210.26
性别比（以女性为100）	Sex ratio (female=100)	109.88	108.33	107.18	107.56	107.59
家庭户规模（人／户）	**Average Family Household Size(person/household)**	**5.40**	**4.95**	**5.17**	**4.58**	**3.99**
各年龄组人口（%）	**Population by Age Group (%)**					
0-14岁	Aged 0-14	39.56	40.18	36.32	27.97	27.00
15-64岁	Aged 15-64	57.35	57.75	60.19	67.97	68.00
65岁及以上	Aged 65 and over	3.09	2.07	3.49	4.06	5.00
民族人口	**Population by Ethnicity**					
汉族（万人）	Han (10 000 persons)	1013.18	1167.50	1802.03	2051.50	2292.51
占总人口比重（%）	percentage to total population (%)	91.33	92.43	92.08	91.70	91.25
少数民族（万人）	ethnic minorities (10 000 persons)	96.18	95.56	154.90	185.61	219.92
占总人口比重（%）	percentage to total population (%)	8.67	7.57	7.92	8.30	8.75
每十万人拥有的各种受教育程度人口（人）	**Population with Various Education Attainments Per 100 000 Persons (person)**					
大专及以上	Junior College and Above			551	1104	2665
高中和中专	Senior Secondary School and Technical Secondary School			6246	7825	9863
初　中	Junior Secondary School			12190	16851	23925
小　学	Primary School			27679	29127	36907
文盲人口及文盲率	**Illiterate Population and Illiterate Rate**					
文盲人口（万人）	Illiterate Population (10 000 persons)			634.48	631.06	361.32
文盲率（%）	Illiterate Rate (%)			50.91	39.17	19.68
城乡人口（万人）	**Population by Residence (10 000 persons)**					
城镇人口	Urban Population	111.27	140.58	300.19	493.06	603.23
乡村人口	Rural Population	998.09	1122.48	1656.74	1744.05	1909.20
平均预期寿命（岁）	**Life Expectancy (year old)**			**65.75**	**68.25**	**70.39**
男	Male			65.05	67.42	69.28
女	Female			66.49	69.17	71.88

2-3 人口数及构成（人口抽样调查数）

Population and Its Composition (Population Sampling Survey)

单位：万人 (10 000 persons)

年份 Year	年末总人口 Total Population (year-end)	按性别分 By Sex 男 Male 人口数 Population	比重(%) Proportion	女 Female 人口数 Population	比重(%) Proportion	按城乡分 By Residence 城镇人口 Urban 人口数 Population	比重(%) Proportion	乡村人口 Rural 人口数 Population	比重(%) Proportion
1990	2254.67	1151.95	51.09	1102.72	48.91	496.25	22.01	1758.42	77.99
1991	2284.92	1180.85	51.68	1104.07	48.32	508.76	22.27	1776.16	77.73
1992	2314.19	1197.59	51.75	1116.60	48.25	521.59	22.54	1792.60	77.46
1993	2345.23	1194.25	50.92	1150.98	49.08	534.75	22.80	1810.48	77.20
1994	2387.25	1222.27	51.20	1164.98	48.8	548.23	22.96	1839.02	77.04
1995	2437.95	1256.49	51.54	1181.46	48.46	562.06	23.05	1875.89	76.95
1996	2466.86	1276.67	51.75	1190.19	48.25	572.07	23.19	1894.79	76.81
1997	2494.20	1278.57	51.26	1215.63	48.74	582.26	23.34	1911.94	76.66
1998	2519.37	1289.16	51.17	1230.21	48.83	592.63	23.52	1926.74	76.48
1999	2542.58	1292.05	50.82	1250.53	49.18	603.18	23.72	1939.40	76.28
2000	2556.89	1325.24	51.83	1231.65	48.17	613.91	24.01	1942.98	75.99
2001	2575.24	1334.75	51.83	1240.49	48.17	631.19	24.51	1944.05	75.49
2002	2592.58	1343.99	51.84	1248.59	48.16	673.03	25.96	1919.55	74.04
2003	2603.34	1347.23	51.75	1256.11	48.25	712.79	27.38	1890.55	72.62
2004	2618.78	1354.43	51.72	1264.35	48.28	749.23	28.61	1869.55	71.39
2005	2594.36	1334.54	51.44	1259.82	48.56	778.83	30.02	1815.53	69.98
2006	2606.25	1339.09	51.38	1267.16	48.62	810.28	31.09	1795.97	68.91
2007	2617.16	1343.91	51.35	1273.25	48.65	826.76	31.59	1790.40	68.41
2008	2628.12	1348.75	51.32	1279.37	48.68	844.94	32.15	1783.18	67.85
2009	2635.46	1351.46	51.28	1284.00	48.72	860.48	32.65	1774.98	67.35

注：2005年及以后数据是按常住人口口径统计的。

a)Data since 2005 were obtained from the standand of permanent population .

2-4 各地区人口年龄构成和抚养比

Age Composition and Dependency Ratio of Population by Region

(2009)

地区	Region	年末常住人口（万人） Permanent Population (10 000 persons)	0−14岁 Aged 0-14	15−64岁 Aged 15-64	65岁及以上 Aged 65 and Over	总抚养比（%） Gross Dependency Ratio (%)	少年儿童抚养比 Children Dependency Ratio	老年人抚养比 Old Dependency Ratio
甘肃省	**Gansu**	**2635.46**	**548.44**	**1885.93**	**201.09**	**39.47**	**29.08**	**10.66**
兰州市	Lanzhou	332.18	48.94	253.41	29.83	31.08	19.31	11.77
嘉峪关市	Jiayuguan	21.09	3.39	15.75	1.95	33.90	21.52	12.38
金昌市	Jinchang	47.57	8.44	36	3.13	32.14	23.44	8.69
白银市	Baiyin	175.72	52.19	115.8	7.73	51.74	45.07	6.68
天水市	Tianshui	343.07	95.36	224.21	23.5	53.01	42.53	10.48
武威市	Wuwei	191.83	44.75	135.09	11.99	42.00	33.13	8.88
张掖市	Zhangye	128.81	22.55	101.03	5.23	27.50	22.32	5.18
平凉市	Pingliang	220.15	62.03	145.88	12.24	50.91	42.52	8.39
酒泉市	Jiuquan	101.88	22.92	73.86	5.1	37.94	31.03	6.90
庆阳市	Qingyang	252.68	68.52	167.25	16.91	51.08	40.97	10.11
定西市	Dingxi	294.13	71.94	200.76	21.43	46.51	35.83	10.67
陇南市	Longnan	262.21	60.23	181.45	20.53	44.51	33.19	11.31
临夏州	Linxia	196.06	56.89	129.25	9.92	51.69	44.02	7.68
甘南州	Gannan	68.08	14.97	47.82	5.29	42.37	31.30	11.06

2-5 分地区城乡人口数及构成

Urban Population And Rural Population by Region

单位：万人　　(2009)　　(10 000 persons)

地区	Region	年末常住人口（万人）Permanent Population (10 000 persons)	城镇人口 Urban Population 人口数 Illiterate Population (person)	比重(%) Proportion	乡村人口 Rural Population 人口数 Illiterate Population (person)	比重(%) Proportion
甘肃省	**Gansu**	**2635.46**	**860.48**	**32.65**	**1774.98**	**67.35**
兰州市	Lanzhou	332.18	203.73	61.33	128.45	38.67
嘉峪关市	Jiayuguan	21.09	19.05	90.32	2.04	9.68
金昌市	Jinchang	47.57	27.43	57.66	20.14	42.34
白银市	Baiyin	175.72	62.40	35.51	113.32	64.49
天水市	Tianshui	343.07	98.80	28.80	244.27	71.20
武威市	Wuwei	191.83	65.43	34.11	126.40	65.89
张掖市	Zhangye	128.81	45.73	35.50	83.08	64.50
平凉市	Pingliang	220.15	69.17	31.42	150.98	68.58
酒泉市	Jiuquan	101.88	59.11	58.02	42.77	41.98
庆阳市	Qingyang	252.68	68.63	27.16	184.05	72.84
定西市	Dingxi	294.13	40.71	13.84	253.42	86.16
陇南市	Longnan	262.21	54.49	20.78	207.72	79.22
临夏州	Linxia	196.06	25.19	12.85	170.87	87.15
甘南州	Gannan	68.08	12.24	17.98	55.84	82.02

2-6 计划生育情况

Family Planning

项 目	Item	2005	2006	2007	2008	2009
全省计划生育状况	**Family Planning**					
计划内生育（人）	Births Under Control (person)	218450	226026	233179	238857	237860
计划生育率（%）	Family Planning Rate (%)	87.29	88.60	88.95	90.07	90.45
已婚育龄妇女人数（人）	Married Women at Childbearing Age (person)	5240803	5226891	5259131	5316259	5401120
实际采取节育措施的人数（人）	Number of Married People Adopting Contraception (person)	4728292	4945698	4690304	4733495	4785241
独生子女领证率（%）	Coverage of One-child Certificate (%)	11.77	12.21	12.20	12.80	12.40
城市计划生育状况	**Urban Areas**					
计划内生育（人）	Births Under Control (person)	35328	36148	37710	36710	34910
计划生育率（%）	Family Planning Rate (%)	99.39	99.20	99.00	99.18	99.07
已婚育龄妇女人数（人）	Married Women at Childbearing Age (person)	939919	946786	962234	991943	1033016
实际采取节育措施的人数（人）	Number of Married People Adopting Contraception (person)	826240	839666	843438	869063	889691
独生子女领证率（%）	Coverage of One-child Certificate (%)	57.29	56.39	54.14	54.38	49.49
农村计划生育状况	**Rural Areas**					
计划内生育（人）	Births Under Control (person)	181241	187339	193887	200292	200137
计划生育率（%）	Family Planning Rate (%)	85.24	86.71	87.19	88.52	89.00
已婚育龄妇女人数（人）	Married Women at Childbearing Age (person)	4223309	4198967	4197485	4204967	4254328
实际采取节育措施的人数（人）	Number of Married People Adopting Contraception (person)	3834215	4033880	3760068	3764056	3800681

2-7 各地县人口

Population by Prefecture,County

单位：万人 （2009年抽样调查数） (sampling survey in 2009) (10 000 persons)

地 区	Region	年末常住人口 Permanent Population	#女 性 Female	农业人口 Agricultural Population	非农业人口 Non-Agricultural Population	人口自然增长率(‰) Natural Growth Rate (‰)
兰州市	**Lanzhou**	**332.18**	**159.27**	**129.41**	**202.77**	**4.97**
城关区	Chengguan	99.07	48.04	7.28	91.79	4.02
七里河区	Qilihe	50.60	23.73	11.74	38.86	4.25
西固区	Xigu	35.63	17.13	8.39	27.24	4.32
安宁区	Anning	23.66	10.85	2.90	20.76	4.77
红古区	Honggu	14.78	6.81	5.46	9.32	4.79
永登县	Yongdeng	48.60	23.69	41.29	7.31	5.82
皋兰县	Gaolan	17.26	8.42	14.41	2.85	5.65
榆中县	Yuzhong	42.58	20.49	37.96	4.62	5.21
嘉峪关市	**Jiayuguan**	**21.09**	**9.73**	**4.44**	**16.65**	**5.81**
金昌市	**Jinchang**	**47.57**	**22.72**	**25.47**	**22.10**	**5.82**
金川区	Jinchuan	21.53	10.33	5.91	15.62	5.33
永昌县	Yongchang	26.04	12.42	19.56	6.48	6.10
白银市	**Baiyin**	**175.72**	**84.98**	**129.34**	**46.38**	**6.91**
白银区	Baiyin	28.43	13.36	7.35	21.08	5.25
平川区	Pingchuan	19.58	9.26	8.82	10.76	7.05
靖远县	Jingyuan	46.34	22.55	41.43	4.91	7.26
会宁县	Huining	58.28	28.50	53.49	4.79	7.30
景泰县	Jingtai	23.09	11.27	18.24	4.85	7.15
天水市	**Tianshui**	**343.07**	**166.41**	**244.82**	**98.25**	**6.95**
秦州区	Qinzhou	62.95	30.36	29.69	33.26	6.67
麦积区	Maiji	57.29	27.55	27.17	30.12	6.53
清水县	Qingshui	30.62	14.88	27.90	2.72	6.83
秦安县	Qinan	59.66	29.37	45.88	13.78	7.21
甘谷县	Gangu	58.39	28.46	52.92	5.47	7.11
武山县	Wushan	43.25	20.63	35.08	8.17	6.99
张家川县	Zhangjiachuan	30.91	15.11	26.18	4.73	7.56
武威市	**Wuwei**	**191.83**	**92.72**	**158.53**	**33.30**	**6.69**
凉州区	Liangzhou	100.27	48.48	78.04	22.23	6.64
民勤县	Minqin	30.31	14.66	26.44	3.87	6.60
古浪县	Gulang	39.65	19.37	36.52	3.13	6.84
天祝县	Tianzhu	21.60	10.24	17.53	4.07	6.96
张掖市	**Zhangye**	**128.81**	**62.71**	**93.05**	**35.76**	**5.81**

注：非农业人口为公安年报数。

a) None-Agricultural Population is from the Police Annals.

2-7 续表 1 continued

单位：万人 (10 000 persons)

地　区	Region	年末常住人口 Permanent Population	#女　性 Female	农业人口 Agricultural Population	非农业人口 Non-Agricultural Population	人口自然增长率(‰) Natural Growth Rate (‰)
甘州区	Ganzhou	50.53	24.74	31.42	19.11	5.75
肃南县	Sunan	3.66	1.74	2.52	1.14	6.72
民乐县	Minle	23.91	11.56	20.39	3.52	5.68
临泽县	Linze	14.91	7.29	12.53	2.38	5.58
高台县	Gaotai	16.07	7.77	13.41	2.66	5.64
山丹县	Shandan	19.73	9.59	12.78	6.95	5.77
平凉市	**Pingliang**	**220.15**	**106.83**	**180.47**	**39.68**	**6.75**
崆峒区	Kongtong	48.31	23.21	31.68	16.63	7.43
泾川县	Jingchuan	33.65	16.64	30.39	3.26	6.10
灵台县	Lingtai	22.74	11.10	20.56	2.18	6.54
崇信县	Chongxin	9.57	4.46	8.00	1.57	7.99
华亭县	Huating	17.92	8.38	9.37	8.55	6.32
庄浪县	Zhuanglang	41.48	20.34	38.45	3.03	6.97
静宁县	Jingning	46.48	22.71	42.02	4.46	7.58
酒泉市	**Jiuquan**	**101.88**	**48.74**	**66.27**	**35.61**	**5.55**
肃州区	Suzhou	36.54	17.76	19.03	17.51	6.01
金塔县	Jinta	14.60	7.02	11.49	3.11	5.44
瓜州县	Guazhou	12.11	5.61	9.53	2.58	5.17
肃北县	Subei	1.21	0.50	0.65	0.56	5.68
阿克塞县	Akesai	0.83	0.33			7.73
玉门市	Yumen	18.20	8.58	13.27	4.93	5.13
敦煌市	Dunhuang	18.39	8.91	14.36	4.03	5.11
庆阳市	**Qingyang**	**252.68**	**122.05**	**220.81**	**31.87**	**7.45**
西峰区	Xifeng	34.15	16.60	23.67	10.48	7.53
庆城县	Qingcheng	31.90	15.31	26.52	5.38	6.92
环　县	Huanxian	33.56	16.16	31.05	2.51	7.59
华池县	Huachi	12.97	6.19	11.07	1.90	7.72
合水县	Heshui	16.58	8.04	14.48	2.10	7.52
正宁县	Zhengning	23.05	11.15	20.36	2.69	6.44
宁　县	Ningxian	50.83	24.60	47.22	3.61	7.64
镇原县	Zhenyuan	49.64	23.98	46.46	3.18	7.82
定西市	**Dingxi**	**294.13**	**141.85**	**261.12**	**33.01**	**6.37**
安定区	Anding	47.08	22.89	38.04	9.04	6.46
通渭县	Tongwei	45.80	22.18	42.14	3.66	6.07

2-7 续表 2 continued

单位：万人 (10 000 persons)

地 区	Region	年末常住人口 Permanent Population	# 女 性 Female	农业人口 Agricultural Population	非农业人口 Non-Agricultural Population	人口自然增长率(‰) Natural Growth Rate (‰)
陇西县	Longxi	48.66	23.45	41.13	7.53	6.50
渭源县	Weiyuan	34.78	16.49	32.55	2.23	6.28
临洮县	Lintao	54.20	26.33	49.15	5.05	6.34
漳 县	Zhangxian	19.20	9.22	17.39	1.81	6.10
岷 县	Minxian	44.41	21.24	40.73	3.68	6.68
陇南市	**Longnan**	**262.21**	**124.02**	**218.58**	**43.63**	**6.20**
武都区	Wudu	52.19	24.83	39.04	13.15	7.13
宕昌县	Tanchang	26.68	12.71	24.35	2.33	7.02
成 县	Chengxian	25.89	12.26	15.74	10.15	5.68
康 县	Kangxian	19.17	8.92	17.25	1.92	1.09
文 县	Wenxian	23.89	11.39	20.31	3.58	6.38
西和县	Xihe	38.08	17.95	33.78	4.30	7.39
礼 县	Lixian	49.80	23.44	45.78	4.02	6.85
两当县	Liangdang	4.90	2.27	3.84	1.06	1.29
徽 县	Huixian	21.61	10.21	18.50	3.11	5.19
临夏州	**Linxia**	**196.06**	**94.44**	**164.78**	**31.28**	**7.52**
临夏市	linxia	22.32	10.84	9.88	12.44	6.34
临夏县	linxia	37.86	18.23	35.60	2.26	7.44
康乐县	Kangle	24.72	11.88	22.90	1.82	6.80
永靖县	Yongjing	20.10	9.69	15.80	4.30	4.19
广河县	Guanghe	21.90	10.63	19.53	2.37	10.81
和政县	Hezheng	19.42	9.37	17.72	1.70	7.75
东乡县	Dongxiang	26.56	12.68	22.23	4.33	9.94
积石山县	Jishishan	23.18	11.10	21.11	2.07	6.42
甘南州	**Gannan**	**68.08**	**33.06**	**51.94**	**16.14**	**8.13**
合作市	Hezuo	8.56	4.10	3.00	5.56	6.78
临潭县	Lintan	14.50	7.03	12.61	1.89	7.06
卓尼县	Zhuoni	10.12	4.89	8.49	1.63	8.47
舟曲县	Zhouqu	13.27	6.45	11.26	2.01	7.44
迭部县	Diebu	5.38	2.63	3.62	1.76	8.11
玛曲县	Maqu	4.78	2.26	3.91	0.87	13.42
碌曲县	Luqu	3.36	1.66	2.64	0.72	9.82
夏河县	Xiahe	8.11	3.99	6.42	1.69	8.44

2-8 各地县总户数

Total Number of Households by Prefecfure,County

单位：万户 (2009) (10 000 households)

地 区	Region	年末总户数 Total Number of Households	#乡村户数 Number of Rural Households	地 区	Region	年末总户数 Total Number of Households	#乡村户数 Number of Rural Households
兰州市	**Lanzhou**	**98.35**	**33.50**	瓜州县	Guazhou	3.67	2.58
城关区	Chengguan	29.46	1.30	肃北县	Subei	0.47	0.20
七里河区	Qilihe	15.16	2.54	阿克塞县	Akesai	1.47	0.10
西固区	Xigu	11.11	2.19	玉门市	Yumen	4.61	2.54
安宁区	Anning	5.91	1.20	敦煌市	Dunhuang	4.83	2.65
红古区	Honggu	4.85	1.39	**庆阳市**	**Qingyang**	**72.14**	**51.00**
永登县	Yongdeng	14.94	11.34	西峰区	Xifeng	10.47	5.84
皋兰县	Gaolan	5.48	3.99	庆城县	Qingcheng	8.84	5.39
榆中县	Yuzhong	11.43	9.55	环 县	Huanxian	8.72	6.76
嘉峪关市	**Jiayuguan**	**5.95**	**0.56**	华池县	Huachi	3.85	2.49
金昌市	**Jinchang**	**15.39**	**6.11**	合水县	Heshui	4.81	3.45
金川区	Jinchuan	7.32	1.28	正宁县	Zhengning	6.82	4.91
永昌县	Yongchang	8.07	4.83	宁 县	Ningxian	14.63	11.24
白银市	**Baiyin**	**51.12**	**30.07**	镇原县	Zhenyuan	13.99	10.92
白银区	Baiyin	9.53	1.92	**定西市**	**Dingxi**	**78.93**	**60.37**
平川区	Pingchuan	6.28	2.08	安定区	Anding	11.92	8.99
靖远县	Jingyuan	13.16	9.88	通渭县	Tongwei	11.45	8.75
会宁县	Huining	15.44	11.51	陇西县	Longxi	13.69	9.66
景泰县	Jingtai	6.72	4.68	渭源县	Weiyuan	9.66	7.74
天水市	**Tianshui**	**95.57**	**64.96**	临洮县	Lintao	14.90	11.68
秦州区	Qinzhou	18.75	9.22	漳 县	Zhangxian	5.13	4.08
麦积区	Maiji	17.17	9.91	岷 县	Minxian	12.18	9.47
清水县	Qingshui	7.95	6.23	**陇南市**	**Longnan**	**76.29**	**56.56**
秦安县	Qinan	15.31	12.39	武都区	Wudu	16.10	11.64
甘谷县	Gangu	15.93	12.06	宕昌县	Tanchang	7.80	6.14
武山县	Wushan	12.34	8.95	成 县	Chengxian	7.76	5.28
张家川县	Zhangjiachuan	8.11	6.20	康 县	Kangxian	5.86	4.52
武威市	**Wuwei**	**52.35**	**37.47**	文 县	Wenxian	7.94	5.81
凉州区	Liangzhou	28.07	19.41	西和县	Xihe	10.55	7.69
民勤县	Minqin	7.69	5.80	礼 县	Lixian	12.24	10.00
古浪县	Gulang	10.76	8.24	两当县	Liangdang	1.63	0.96
天祝县	Tianzhu	5.83	4.02	徽 县	Huixian	6.39	4.52
张掖市	**Zhangye**	**41.64**	**26.15**	**临夏州**	**Linxia**	**51.93**	**35.67**
甘州区	Ganzhou	16.32	9.19	临夏市	linxia	6.71	2.22
肃南县	Sunan	1.32	0.72	临夏县	linxia	9.60	7.84
民乐县	Minle	7.39	5.49	康乐县	Kangle	6.26	4.79
临泽县	Linze	4.85	3.30	永靖县	Yongjing	5.94	3.69
高台县	Gaotai	5.26	3.62	广河县	Guanghe	5.19	3.55
山丹县	Shandan	6.49	3.83	和政县	Hezheng	5.07	4.01
平凉市	**Pingliang**	**64.21**	**43.34**	东乡县	Dongxiang	7.20	5.07
崆峒区	Kongtong	15.79	7.52	积石山县	Jishishan	5.97	4.50
泾川县	Jingchuan	9.07	7.30	**甘南州**	**Gannan**	**19.82**	**11.41**
灵台县	Lingtai	6.91	5.15	合作市	Hezuo	2.70	0.56
崇信县	Chongxin	2.83	1.91	临潭县	Lintan	4.32	3.09
华亭县	Huating	5.99	3.16	卓尼县	Zhuoni	3.01	1.76
庄浪县	Zhuanglang	11.24	8.82	舟曲县	Zhouqu	3.98	2.80
静宁县	Jingning	12.38	9.48	迭部县	Diebu	1.51	0.79
酒泉市	**Jiuquan**	**32.35**	**16.89**	玛曲县	Maqu	1.35	0.74
肃州区	Suzhou	12.54	5.87	碌曲县	Luqu	0.89	0.48
金塔县	Jinta	4.76	2.95	夏河县	Xiahe	2.05	1.19

注：1.年末总户数为公安年报数。2.全省年末总户数为756.06万户，乡村户数为474.06万户。

a)Number of Households are from the Ministry of Public Security Annals.

b) Total number of households in Gansu at Year-end is 7.5606 million, the number of rural households is 4.7406million.

2-9 就业基本情况

Employment

项　目	Item	2005	2006	2007	2008	2009
经济活动人口 (万人)	**Economically Active Population (10 000 persons)**	**1400.61**	**1411.05**	**1424.27**	**1455.77**	**1498.91**
从业人员合计（万人）	**Total Number of Employed Persons (10 000 persons)**	**1391.36**	**1401.36**	**1414.76**	**1446.34**	**1488.63**
第一产业	Primary Industry	885.82	886.08	886.48	901.79	923.09
第二产业	Secondary Industry	203.96	207.26	212.26	218.63	227.16
第三产业	Tertiary Industry	301.58	308.02	316.02	325.92	338.38
从业人员构成（合计=100）	**Composition of Employed Persons (total=100)**					
第一产业	Primary Industry	63.67	63.23	62.66	62.35	62.01
第二产业	Secondary Industry	14.66	14.79	15.00	15.12	15.26
第三产业	Tertiary Industry	21.67	21.98	22.34	22.53	22.73
按城乡分从业人员（万人）	**Number of Employed Persons by Urban and Rural Areas (10 000 persons)**					
城镇从业人员	Urban Employed Persons	364.07	371.73	382.73	397.74	413.84
#国有单位	State-owned Units	158.98	143.95	145.53	145.38	147.24
城镇集体单位	Urban Collective Owned Units	12.60	8.75	8.12	6.94	7.32
股份合作单位	Share Holding Units	4.49	1.73	1.88	1.05	1.01
联营单位	Joint Owned Units	2.36	1.04	0.30	0.24	0.27
有限责任公司	Limited Liability Corporations	9.31	26.87	26.13	25.00	23.79
股份有限公司	Share-holding Corporations Ltd.	3.50	9.48	9.69	1.95	9.57
其他	Others	1.78	1.58	2.13	9.19	2.27
港澳台商投资单位	Units whit funds from Hong Kong, Macao & Taiwan	0.62	0.46	0.46	2.38	0.54
外商投资单位	Foreign Funded Units	0.62	0.66	0.73	0.42	0.97
私营企业	Privite Units	67.70	70.65	74.62	77.93	79.24
个　体	Self-employed Individuals	102.11	106.56	113.14	127.26	141.62
乡村从业人员	Rural Employed Persons	1027.29	1029.63	1032.03	1048.60	1074.79
职工人数（万人）	**Number of Staff and Workers (10 000 persons)**	**205.72**	**203.29**	**201.67**	**198.00**	**195.15**
国有单位	State-owned Units	168.63	149.26	148.84	149.56	148.42
城镇集体单位	Urban Collective Owned Units	13.33	9.11	8.53	7.04	7.11
其他单位	Units of Other Types of Ownership	23.76	44.92	44.30	41.40	39.62
城镇单位女性从业人员（万人）	**Number of Female Employee in Urban Units (10 000 persons)**	**64.34**	**63.64**	**64.37**	**64.54**	**62.56**
城镇登记失业人数（万人）	**Number of Registered Unemployed Persons in Urban Areas (10 000 persons)**	**9.26**	**9.69**	**9.51**	**9.43**	**10.28**
城镇登记失业率（%）	**Registered Unemployment Rate in Urban Areas (%)**	**3.26**	**3.63**	**3.34**	**3.20**	**3.25**

注：从业人员是按常住人口口径统计。

a)Data were obtained from the standand of permanent population.

2-10 从业人员

Employed Persons

单位：万人 (10 000 persons)

年 份 Year	经济活动人口 Population of Economic Activity	从业人员 Number of Employed Persons	按三次产业分 by Three Strata of Industry			按城乡分 by Urban and Rural Areas	
			第一产业 Primary Industry	第二产业 Secondary Industry	第三产业 Tertiary Industry	城 镇 Urban Area	乡 村 Rural Area
1978		694.00				160.40	533.60
1979		713.00				164.00	549.00
1980	804.60	796.00				172.90	623.10
1981	852.80	842.00				182.30	659.70
1982	879.00	870.00				186.80	683.20
1983	998.90	993.80	797.10	108.10	88.60	191.00	802.80
1984	1051.30	1047.00	803.30	124.30	119.40	205.30	841.70
1985	1088.60	1081.40	785.90	153.00	142.50	211.30	870.10
1986	1106.00	1098.90	789.50	178.70	130.70	221.00	877.90
1987	1150.50	1139.70	753.70	171.20	214.80	231.20	908.50
1988	1190.80	1178.80	798.30	188.90	191.60	236.30	942.50
1989	1227.70	1214.00	824.20	183.60	206.20	237.30	976.70
1990	1304.90	1292.40	899.40	186.30	206.70	240.20	1052.20
1991	1313.70	1302.40	900.00	197.60	204.80	257.10	1045.30
1992	1315.40	1305.90	898.50	205.00	202.40	264.10	1041.80
1993	1427.90	1417.80	973.94	232.26	211.60	271.10	1146.70
1994	1449.20	1438.81	936.37	256.80	245.64	281.81	1157.00
1995	1492.40	1483.32	942.30	281.50	259.52	283.33	1199.99
1996	1531.00	1521.46	961.30	288.80	271.36	288.28	1233.18
1997	1538.70	1530.32	945.55	308.47	276.30	284.47	1245.85
1998	1548.10	1539.80	922.30	310.50	307.00	320.10	1219.70
1999	1496.80	1489.00	878.50	297.80	312.70	336.00	1153.00
2000	1484.19	1476.45	880.56	279.78	316.11	320.19	1156.26
2001	1496.33	1488.93	886.66	274.85	327.42	324.37	1164.56
2002	1509.25	1500.59	888.80	278.36	333.43	326.91	1173.68
2003	1520.15	1510.85	890.04	282.23	338.58	332.71	1178.14
2004	1529.99	1520.46	890.61	284.63	345.22	339.27	1181.19
2005	1400.61	1391.36	885.82	203.96	301.58	364.07	1027.29
2006	1411.05	1401.36	886.08	207.26	308.02	371.73	1029.63
2007	1424.27	1414.76	886.48	212.26	316.02	382.73	1032.03
2008	1455.77	1446.34	901.79	218.63	325.92	397.74	1048.60
2009	1498.91	1488.63	923.09	227.16	338.38	413.84	1074.79

注:2005年及以后从业人员是按常住人口口径统计的。

a) Data of Employed Persons since 2005 were obtained from the standard of permanent population.

2-11 分行业年底在岗职工人数

Number of Fully-employed Staff and Workers at the Year-end by Sector

单位：万人　(10 000 persons)

行　业	Sector	2008	2009
总 计	**Total**	**188.20**	**187.50**
农、林、牧、渔业	Agriculture,Forestry,Animal Husbadry and Fishery	5.83	5.19
采矿业	Mining	8.45	8.60
制造业	Manufacturing	36.50	38.09
电力、燃气及水的生产和供应业	Production and Supply of Electricity,Gas and Water	6.37	6.57
建筑业	Construction	15.28	13.15
交通运输、仓储和邮政业	Transport, Storage, Post and Telecommunication Services	9.92	10.10
信息传输、计算机服务和软件业	Information Transmission,Computer Service and Software	1.49	2.16
批发和零售业	Wholesale and Retail Trade	5.95	5.50
住宿和餐饮业	Hoteling and Catering Services	1.91	1.94
金融业	Financial Intermediation	6.19	6.33
房地产业	Real Estate	1.40	1.68
租赁和商务服务业	Renting and Business Services	1.88	1.44
科学研究、技术服务和地质勘查业	Scientific Research,Technical Services and Geologic Prospecting	4.77	4.88
水利、环境和公共设施管理业	Management of Water,Environment,and Public Facilities Conservancy	3.30	3.14
居民服务和其他服务业	Services to Households and Other Services	0.34	0.34
教　育	Education	33.19	32.81
卫生、社会保障和社会福利业	Health care,Social Security,Social Welfare	8.68	8.87
文化、体育和娱乐业	Culture,Sports and Recreations	2.37	2.43
公共管理和社会组织	Public Management and Social Organizations	34.37	34.28

2-12 分登记注册类型和细行业年底在岗职工人数

Number of Fully-employed Staff and Workers at the Year-End by Status of Registration and Sector in Detail

单位：人 (2009) (person)

项目	Item	合计 Total	国有单位 State-owned Units	城镇集体单位 Urban Collective-owned Units	其他单位 Units of Other Types
总计	**National Total**	**1875048**	**1430381**	**67867**	**376800**
按企、事业和机关分组	**Grouped by Enterprises, Institutions and Agencies**				
企业	Enterprises	978959	539558	64192	375209
事业	Institutions	625828	621551	3190	1087
机关	Agencies & Organizations	268032	267978	15	39
按国民经济行业分组	**Grouped by Sector**				
农、林、牧、渔业	**Agricultrue,Forestry,Animal Husbadry and Fishery**	**51924**	**50453**	**126**	**1345**
农业	Agricultrue	21627	21141		486
林业	Forestry	12451	12388	63	
畜牧业	Animal Husbadry	977	914	63	
渔业	Fishery	22	22		
农、林、牧、渔服务业	Services	16847	15988		859
采矿业	**Mining**	**85969**	**31029**	**2099**	**52841**
煤炭开采及洗选业	Mining and Coal Washing	62751	25736	1470	35545
石油和天然气开采业	Extraction of Petroleum and Natural Gas	10900			10900
黑色金属矿采选业	Mining and Washing of Ferrous Metals	1140		73	1067
有色金属矿采选业	Mining and Washing of Nonferrous Metals	10488	4663	556	5269
非金属矿采选业	Mining and Washing of Nonmetal Minerals	407	347		60
其他采矿业	Mining and Washing of Other Minerals	283	283		
制造业	**Manufacturing**	**380908**	**208519**	**16250**	**156139**
农副食品加工业	Food Processing from Agriculture Products	9691	2129	136	7426
食品制造业	Food Production	3952	429	14	3509
饮料制造业	Beverage Production	15382	2630	666	12086
烟草加工业	Tobacco Processing	2099	2099		
纺织业	Textile Industry	6917	1289	18	5610
纺织服装.鞋.帽制造业	Textile,Garment,Shoes,Caps	1421		397	1024
皮革、毛皮、羽毛(绒)及其制品业	Leather,Furs,Down and Related Products	1220	955	136	129
木材加工及木.竹、藤、棕、草制品业	Processing of Timber,Bamboo,Cane,Palm Fiber and Straw Products	952	268	4	680
家具制造业	Furniture Manufacturing	1412	973	32	407
造纸及纸制品业	Papermaking and Paper Products	1515	57	268	1190
印刷业和记录媒介的复制	Printing and Record Medium Reproduction	3382	2465	285	632

2-12 续表1 continued

单位：人 (person)

项　目	Item	合　计 Total	国有单位 State-owned Units	城镇集体单位 Urban Collective-owned Units	其他单位 Units of Other Types
文教体育用品制造业	Cultural,Educational and Sports Goods	17		17	
石油加工炼焦及核燃料加工业	Petroleum Processing,Coking,Processing of Nucleus Fuel	9118	3819	3762	1537
化学原料及化学制品	Raw Chemical Materials and	30007	29515	492	
制造业	Chemical Products	16404			16404
医药制造业	Manufactare of Medicines	8924	3416	79	5429
化学纤维制造业	Manufacture of Chemical Fiber	2129	2129		
橡胶制品业	Rubber Products	90		18	72
塑料制品业	Plastic Products	5308	1759	692	2857
非金属矿物制品业	Non-metalic Mineral Products	27129	7373	1425	18331
黑色金属冶炼及压延加工业	Manufacture and Processing of Ferrous Metals	38358	31073	1570	5715
有色金属冶炼及压延加工业	Maufacture and Processing of Nonferrous Metals	115052	81993	3661	29398
金属制品业	Metal Products	3236	1448	261	1527
通用设备制造业	General Purposes Equipment Manufacturing	14961	6165	1016	7780
专用设备制造业	Special Purpose Equipment Manufacturing	14874	4250	37	10587
交通运输设备制造业	Transport Equipment Manufacturing	12211	8763	186	3262
电气机械及器材制造业	Electric Equipment and Machinery	16037	5180	588	10269
通讯设备.计算机及其他电子设备制造业	Communication Equipment,Computer and Other Elctronic Equipment	9012	701		8311
仪器仪表及文化、办公用机械制造业	Manufacture of Measuring Instrument and Machinery for Cultural Activity and Office Work	1050	227		823
工艺品及其他制造业	Artwork and Other Manufacturing	1693	59	490	1144
废弃资源和废旧材料回收加工业	Recycling and Disposal of Waste	7355	7355		
电力、燃气及水的生产和供应业	**Electric Power, Gas and Water Production and Supply**	**65735**	**53822**	**1801**	**10112**
电力、热力的生产与供应业	Production and Supply of Electric Power and Heat Power	52729	42719	249	9761
燃气生产和供应业	Production and Supply of Gas	2656	1119	1487	50
水的生产和供应业	Production and Supply of Water	10350	9984	65	301
建筑业	**Construction**	**131539**	**52516**	**19495**	**59528**
房屋和土木工程建筑业	Building Construction and Civil Engineering Industry	113330	39957	18856	54517

2-12 续表2 continued

单位：人 (person)

项　目	Item	合　计 Total	国有单位 State-owned Units	城镇集体单位 Urban Collective-owned Units	其他单位 Units of Other Types
建筑安装业	Architectural Installation Industry	16645	11887	401	4357
装修装饰业	Architectural Decoration	853	447		406
其他建筑业	Other Construction	711	225	238	248
交通运输、仓储和邮政业	**Traffic,Transport, Storage and Post**	**100996**	**83507**	**845**	**16644**
铁路运输业	Railway Transport	46111	46058	53	
道路运输业	Road Transport	25994	20461	507	5026
城市公共交通业	Urban Public Transport	12936	1374	69	11493
水上运输业	Waterway Transport	60	60		
航空运输业	Air Transport	1220	1220		
管道运输业	Pipeline Transport				
装卸搬运与其他运输服务业	Loading and Unloading,Portage and Other Transport Services	2801	2801		
仓储业	Storage	3877	3536	216	125
邮政业	Post and Telecommunication Services	7997	7997		
信息传输、计算机服务和软件业	**Information Transmission,Computer Service and Software**	**21623**	**13475**	**354**	**7794**
电信和其他信息传输服务业	Telecommunication and Other Information Transmission Service	17718	11232	12	6474
计算机服务业	Computer Services	3661	2243	342	1076
软件业	Software Industry	244			244
批发和零售业	**Wholesale and Retail Trade**	**54984**	**21877**	**6128**	**26979**
批发业	Wholesale Trade	27756	12295	2353	13108
零售业	Retail Trade	27228	9582	3775	13871
住宿和餐饮业	**Hotels and Catering Services**	**19398**	**10184**	**652**	**8562**
住宿业	Hotels	16753	9968	614	6171
餐饮业	Catering Services	2645	216	38	2391
金融业	**Financial Intermediation**	**63269**	**29488**	**11476**	**22305**
银行业	Banking	47173	25183	11241	10749
证券业	Negotiable Securities	40	40		
保险业	Insurance	15658	4103	1	11554
其他金融活动	Other Financial Activities	398	162	234	2
房地产业	**Real Estate**	**16820**	**6236**	**1684**	**8900**
租赁和商务服务业	**Leasing and Business Services**	**6678**	**1225**	**3270**	**2183**
租赁业	Leasing	726	483	98	145
商务服务业	Business Services	5303	93	3172	2038

2–12 续表3 continued

单位：人 (person)

项　目	Item	合　计 Total	国有单位 State-owned Units	城镇集体单位 Urban Collective-owned Units	其他单位 Units of Other Types
科学研究、技术服务和地质勘查业	**Scientific Research,Technical Services and Geological Prospecting**	**48802**	**45617**	**1036**	**2149**
研究与试验发展	Research and Trial Development	14529	13476	580	473
专业技术服务业	Professional Technology Services	14703	12784	436	1483
科技交流和推广服务业	Exchange and Popularizing Services	10394	9979	222	193
地质勘查业	Geological Prospecting	9398	9378	20	
水利、环境和公共设施管理业	**Water Conservancy,Environment and Public Facilities**	**31390**	**31352**	**19**	**19**
水利管理业	Water Conservancy	16218	16218		
环境管理业	Environmental Management	8462	8443		19
公共设施管理业	Management of Public Facilities Conservancy	6710	6691	19	
居民服务和其他服务业	**Services to Households and Other Services**	**3433**	**2955**	**319**	**159**
居民服务业	Resident Services Other Services	2887	2562	303	22
其他服务业	Other Services	546	393	16	137
教育	**Education**	**328055**	**327135**	**551**	**369**
卫生、社会保障和社会福利业	**Health Care,Social Security and Social Welfare**	**88662**	**86741**	**1592**	**329**
卫　生	Health Care	85930	84009	1592	329
社会保障业	Social Security	1305	1305		
社会福利业	Social Welfare	1427	1427		
文化、体育和娱乐业	**Culture,Sports and Recreations**	**24301**	**23937**	**121**	**243**
新闻出版业	News and Publishing Undertakings	3281	3197	64	20
广播、电视、电影和音像业	Radio, Television ,Film and Audiovisubls	8860	8860		
文化艺术业	Culture and Arts	10130	10036	57	37
体　育	Sports	1460	1454		6
娱乐业	Entertainment	570	390		180
公共管理和社会组织	**Public Administration and Social Organizations**	**342871**	**342622**	**49**	**200**
中国共产党机关	Chinese Communist Agencies	24391	24391		
国家机构	Government Agencies	310200	310151	49	
人民政协和民主党派	C.P.P.C. and Democratic Party	3551	3551		
群众团体、社会团体和宗教组织	Non-Governmental Institutions,Social Organizations and Religion Organizations	4729	4529		200

2-13 单位从业人员变动情况
Changes in the Number of Employed Persons

单位：人　　(2009)　　(person)

项　目	Item	合计 Total	国有单位 State-owned Units	城镇集体单位 Urban Collective Owned Units	其他单位 Units of Other Types of Ownership
净增人数	**Net Increase Persons**	**14110**	**13041**	**1235**	**-166**
增加人数	**Increase of Employed Persons**	**105862**	**64162**	**4647**	**37053**
从农村招收	Recruited from Rural Areas	22521	3283	2853	16385
从城镇招收	Recruited from Urban Areas	8803	4520	333	3950
录用的复员转业军人	Demobilized Soldiers	2820	2151	37	632
录用的大、中专、技校毕业生	Graduates from Colleges, Secondry Technical Schools and Trade Schools	33653	27365	590	5698
调入	Transferred in	16944	15714	180	1050
# 由外省区调入	From Outside Provinces	395	320	10	65
其他	Others	21121	11129	654	9338
减少人数	**Decreasing of Employed Persons**	**91752**	**51121**	**3412**	**37219**
离休、退休、退职	Retired and Job Quitting	26014	19414	648	5952
开除、除名、辞退	Expeled and Discharged	2665	1089	221	1355
终止解除合同	Contract Terminated	20846	6552	1554	12740
离岗仍保留劳动关系	Preserving Labor Relation	6371	4136	328	1907
死亡	Death	1785	1444	42	299
调出	Transferred Out	17231	15757	153	1321
# 调至外省、区、市	To Outside Provinces,Regions and Cities	733	510		223
其他	Others	16840	2729	466	13645

2-14 城镇登记失业人数及失业率
Registered Unemployment and It's Rate in Urban Areas

单位：人　　(person)

年　份 Year	本年失业人数 Unemployment	本年失业人员就业人数 Reemployment	年末尚有失业人数 Unemployment at the Year-end	城镇登记失业率（%） Registered Unemployment Rate in Urban Areas (%)
2000	93259	97724	73518	2.70
2001	100530	97879	74414	2.80
2002	109332	96969	86559	3.20
2003	110310	103372	93095	3.40
2004	105582	103221	95256	3.40
2005	124315	126865	92554	3.26
2006	129913	123175	96866	3.63
2007	135840	135566	95101	3.34
2008	146505	145302	94308	3.20
2009	193711	183157	102826	3.25

主要统计指标解释

人口数 指一定时点、一定地区范围内有生命的个人总和。年末统计的年末人口数指每年12月31日24时的人口数。

城镇人口和乡村人口 城镇人口是指居住在城镇范围内的全部常住人口；乡村人口是除上述人口以外的全部人口。

出生率(又称粗出生率) 指在一定时期内(通常为一年)一定地区的出生人数与同期内平均人数(或期中人数)之比，用千分率表示。本资料中的出生率指年出生率，其计算公式为：

$$出生率=\frac{年出生人数}{年平均人数}\times 1000‰$$

式中：出生人数指活产婴儿，即胎儿脱离母体时(不管怀孕月数)，有过呼吸或其他生命现象。年平均人数指年初、年底人口数的平均数，也可用年中人口数代替。

死亡率(又称粗死亡率) 指在一定时期内(通常为一年)一定地区的死亡人数与同期内平均人数(或期中人数)之比，用千分率表示。本资料中的死亡率指年死亡率，其计算公式为：

$$死亡率=\frac{年死亡人数}{年平均人数}\times 1000‰$$

人口自然增长率 指在一定时期内(通常为一年)人口自然增加数(出生人数减死亡人数)与该时期内平均人数(或期中人数)之比，用千分率表示。计算公式为：

$$人口自然增长率=\frac{本年死亡人数}{本年出生人数–年平均人数}\times 1000‰$$

$$=人口出生率-人口死亡率$$

总抚养比 也称总负担系数。指人口总体中非劳动年龄人口数与劳动年龄人口数之比。通常用百分比表示。说明每100名劳动年龄人口大致要负担多少名非劳动年龄人口。用于从人口角度反映人口与经济发展的基本关系。计算公式为：

$$GDR=\frac{P_{0\sim14}+P_{65^+}}{P_{15\sim64}}\times100\%$$

其中：GDR为总抚养比；

$P_{0\sim14}$为0～14岁少年儿童人口数；

P_{65+}为65岁及65岁以上的老年人口数；

$P_{15\sim64}$为15～64岁劳动年龄人口数。

老年人口抚养比 也称老年人口抚养系数。指某一人口中老年人口数与劳动年龄人口数之比。通常用百分比表示。用以表明每100名劳动年龄人口要负担多少名老年人。老年人口抚养比是从经济角度反映人口老化社会后果的指标之一。计算公式为：

$$ODR=\frac{P_{65^+}}{P_{15\sim64}}\times100\%$$

其中：ODR为老年人口抚养比；

P_{65+}为65岁及65岁以上的老年人口数；

$P_{15\sim64}$为15～64岁的劳动年龄人口数。

少年儿童抚养比 也称少年儿童抚养系数。指某一人口中少年儿童人口数与劳动年龄人口数之比。通常用百分比表示。以反映每100名劳动年龄人口要负担多少名少年儿童。计算公式为：

$$CDR=\frac{P_{0\sim14}}{P_{15\sim64}}\times100\%$$

其中：CDR为少年儿童抚养比；

$P_{0\sim14}$为0～14岁少年儿童人口数；

$P_{15\sim64}$为15～64岁劳动年龄人口数。

经济活动人口 指在16周岁及以上，有劳动能力，参加或要求参加社会经济活动的人口。包括就业人员和失业人员。

从业人员 指在16周岁及以上，从事一定社会劳动并取得劳动报酬或经营收入的人员。这一指标反映了一定时期内全部劳动力资源的实际利用情况，是研究我国基本国情国力的重要指标。

单位从业人员 指在各级国家机关、政党机关、社会团体及企业、事业单位中工作，取得工资或其他形式的劳动报酬的全部人员。包括在岗职工、再就业的离退休人员、民办教师以及在各单位中工作的外方人员和港澳台方人员、兼职人员、借用的外单位人员和第二职业者。不包括离开本单位仍保留劳动关系的职工。各单位的就业人员反映了各单位实际参加生产或工作的全部劳动力。

城镇私营和个体从业人员 城镇私营从业人员指在工商管理部门注册登记，其经营地址设在县城关镇(含县城关镇)以上的私营企业从业人员，包括私营企业投资者和雇工。城镇个体就业人员指在工商管理部门注册登记，并持有城镇户口或在城镇长期居住，经批准从事个体工商经营的就业人员，包括个体经营者和在个体工商户劳动的家庭帮工和雇工。

职工 指在国有、城镇集体、联营、股份制、外商和港、澳、台投资、其他单位及其附属机构工作，并由其支付工资的各类人员。不包括下列人员：(1)乡镇企业就业人员；(2)私营企业就业人员；(3)城镇个体劳动者；(4)离休、退休、退职人员；(5)再就业的离、退休人员；(6)民办教师；(7)在城镇单位中工作的外方及港、澳、台人员；(8)其他按有关规定不列入职工统计范围的人员。

在岗职工 指在本单位工作并由单位支付工资的人员，以及有工作岗位，但由于学习、病伤产假等原因暂未工作，仍由单位支付工资的人员。

城镇登记失业人员 指有非农业户口，在一定的劳动年龄内(16周岁至退休年龄)，有劳动能力，无业而要求就业，并在当地就业服务机构进行求职登记的人员。

城镇登记失业率 城镇登记失业人员与城镇单位就业人员(扣除使用的农村劳动力、聘用的离退休人员、港澳台及外方人员)、城镇单位中的不在岗职工、城镇私营业主、个体户主、城镇私营企业和个体就业人员、城镇登记失业人员之和的比。计算公式为：

$$\text{城镇登记失业率}=\frac{\text{城镇登记失业人数}}{(\text{城镇单位就业人员}-\text{使用的农村劳动力}-\text{聘用的离退休人员}-\text{聘用的港澳台及外方人员})+\text{不在岗职工}+\text{城镇私营业主}+\text{城镇个体户主}+\text{城镇私营企业及个体就业人员}+\text{城镇登记失业人数}}\times 100\%$$

3 固定资产投资

Investment in Fixed Assets

简要说明

一、本篇资料主要内容

本篇资料主要内容包括：历年全社会固定资产投资及其主要分组；2009 年分地区城镇项目施工、竣工房屋建筑面积和价值以及城镇能源工业投资情况；2009 年全省重点项目建设情况；农村非农户固定资产投资情况；房地产开发企业基本情况等。

二、本篇资料来源

本篇资料由省统计局固定资产投资处汇总、加工整理。

3-1 全社会固定资产投资

Total Investment in Fixed Assets

指　标	Item	2005	2006	2007	2008	2009
投资总额（亿元）	**Total Investment (100 million yuan)**	**874.53**	**1024.87**	**1310.38**	**1735.79**	**2479.60**
按城乡分	**By Urban and Rural Area**					
城　镇	Urban	790.22	925.92	1177.47	1495.64	2076.38
#房地产开发	Real Estate Development	85.75	97.72	134.07	170.69	204.14
农　村	Rural	84.31	98.94	132.92	202.02	286.64
#农　户	Farm Households	51.47	55.57	62.55	79.42	110.73
按产业分	**By Industry**					
第一产业	Primary Industry	41.87	49.93	69.12	84.24	129.09
第二产业	Secondary Industry	350.15	436.96	597.87	834.38	1206.31
第三产业	Tertiary Industry	482.51	537.98	643.39	817.17	1144.20
按资金来源分	**By Source of Funds**					
国家预算内资金	State Budgetary Appropriation	84.09	106.88	117.76	198.10	442.15
国内贷款	Domestic Loans	174.06	195.85	260.54	304.10	369.80
利用外资	Foreign Investment	14.43	16.36	11.22	13.26	17.62
自筹资金	Self-raising Funds	483.71	544.15	741.23	955.83	1385.39
其他资金	Others	118.24	161.63	179.63	264.51	330.95
按构成分	**By Use of Funds**					
建筑安装工程	Constructionand Installation	595.15	711.08	889.66	1192.19	1684.46
设备工具器具购置	Purchaseof Equipmentand Instruments	187.37	195.37	239.32	324.72	492.56
其他费用	Others	92.01	118.42	181.40	218.88	302.58
按隶属关系分	**By Subordination**					
中央项目	Center	138.66	145.65	161.36	239.11	406.03
地方项目	Local	735.87	879.22	1149.02	1496.68	2073.57

注：全社会固定资产投资中含跨省项目投资，城乡分组合计不等于全社会。

a) Total investment in fixed assets includes Inter-provincial project, and the subentry figures by Urban and Rural Area do not add up to the total.

3-1 续表 continued

指　标	Item	2005	2006	2007	2008	2009
按登记注册类型分	**By Registration Categories**					
内　资	Domestic Funded Enterprises	789.67	931.16	1219.85	1609.98	2313.62
国　有	State-owned Enterprises	505.92	560.60	690.04	899.56	1379.41
集　体	Collective-owned Enterprises	50.26	43.37	40.33	43.58	56.33
股份合作	Cooperative Enterprises	6.73	4.75	5.65	6.88	5.00
联营企业	Joint Enterprises	3.36	2.62	3.46	7.51	5.55
国有联营	State Joint Enterprises	1.18	0.64	0.07	0.32	0.32
集体联营	Collective-owned Joint Enterprises	1.16	0.57	2.31	2.95	1.53
国有与集体联营	State and Collective Joint Enterprises	0.53	0.36	0.41	0.01	0.24
其他联营	Other Joint Enterprises	0.49	1.05	0.68	4.23	3.45
有限责任公司	Limited Liability	129.80	172.84	241.62	329.36	463.24
国有独资公司	State-owned Enterprises	3.66	6.43	9.98	61.45	51.21
其他有限责任公司	Companies with Limited Liabilities	126.14	166.41	231.64	267.91	412.03
股份有限公司	Stock-holding Companies with Limited Liabilties	31.08	51.64	68.55	81.61	103.70
私　营	Private Enterprises	52.54	99.50	144.02	198.26	229.68
其　他	Others	9.98	19.28	26.18	43.22	70.72
港澳台商投资	Enterprises with Investment from Hong Kong ,Macao Taiwan	13.74	7.47	10.12	15.76	28.72
外商投资经济	Enterprises with Investment from Foreign	17.12	23.91	13.35	12.84	12.77
个体经营	Individual	54.00	62.33	67.06	97.21	124.49
房屋建筑面积（万平方米）	**Floor Space of Buildings (10 000 sq.m)**					
施工面积	Floor Space Under Construction	5200.53	4146.12	4476.73	6808.00	7848.87
竣工面积	Floor Space Completed	2382.68	1484.03	1517.76	1632.00	1599.84
#住　宅	Residential Buildings	1604.86	818.24	754.77	1008.00	916.07

3-2 历年全社会固定资产投资

Total Investment in Fixed Assets

指 标 Item	总 计 Total	国有经济 State-owned Units	集体经济 Collective-owned Units	个体经济 Individuals	其他经济 Others
投资额（万元） Investment (10 000 yuan)					
1978	92978	92575	403		
1979	112164	111510	654		
1980	126451	125653	798		
1981	141023	117326	7626	16071	
1982	156855	133568	10721	12566	
1983	189053	164159	9196	15698	
1984	245050	199823	17108	28119	
1985	338964	259740	39528	39696	
1986	404246	310899	39943	53404	
1987	479055	383870	31096	64089	
1988	595397	469973	47636	77788	
1989	511920	406488	33273	72159	
1990	593470	492667	30572	70231	
1991	685897	570272	34770	80855	
1992	851286	717578	44453	89255	
1993	1220812	957031	141721	122060	
1994	1590534	1251759	99289	136588	102898
1995	1946681	1566056	77110	177061	126454
1996	2148328	1539023	127015	216815	265475
1997	2643882	1860338	135835	350665	297044
1998	3310060	2246724	167369	506814	389153
1999	3840826	2558515	233637	517719	530955
2000	4413518	2973021	277047	541339	622111
2001	5054200	3378767	283300	563100	829033
2002	5758344	3821155	354824	509444	1072921
2003	6550718	4071846	413158	508987	1556727
2004	7560144	4685324	496843	534839	1843138
2005	8745250	5107600	580595	539971	2517084
2006	10248651	5676745	252476	623318	3696112
2007	13103759	7000896	482940	670610	4949313
2008	17357895	9613256	534076	972050	6238513
2009	24795998	14309438	628608	1244894	8613058

注：本表国有经济为大口径，含国有、国有联营和国有独资公司；集体经济为大口径，含集体、集体联营和股份合作。

a)Data of state-owned units in the table are based on wide coverage including state-owned, joint ownership of state-owned and wholly state-owned company; Collective-owned units are based on wide standard including collective-owned, collective-owned joint and cooperative units.

3-2 续表 continued

指 标 Item	总 计 Total	国有经济 State-owned Units	集体经济 Collective-owned Units	个体经济 Individuals	其他经济 Others
发展速度（上年=100）					
Growth Rate (previous year=100)					
1978					
1979	120.63	120.45	162.28		
1980	112.74	112.68	122.02		
1981	111.52	93.37	955.63		
1982	111.23	113.84	140.58	78.19	
1983	120.53	122.90	85.78	124.92	
1984	129.62	121.73	186.04	179.12	
1985	138.32	129.99	231.05	141.17	
1986	119.26	119.70	101.05	134.53	
1987	118.51	123.47	77.85	120.01	
1988	124.29	122.43	153.19	121.37	
1989	85.98	86.49	69.85	92.76	
1990	115.93	121.20	91.88	97.33	
1991	115.57	115.75	113.73	115.13	
1992	124.11	125.83	127.85	110.39	
1993	143.41	133.37	318.81	136.75	
1994	130.28	130.80	70.06	111.90	
1995	122.39	125.11	77.66	129.63	122.89
1996	110.36	98.27	164.72	122.45	209.94
1997	123.07	120.88	106.94	161.73	111.89
1998	125.20	120.77	123.21	144.53	131.00
1999	116.03	113.88	139.59	102.15	136.44
2000	114.91	116.20	118.76	104.56	117.68
2001	114.52	113.65	102.26	104.02	133.26
2002	113.93	113.09	125.25	90.47	129.42
2003	113.76	106.56	116.44	99.92	145.09
2004	115.41	115.07	120.25	105.08	118.40
2005	115.68	109.01	116.85	100.96	136.57
2006	117.19	111.14	43.49	133.86	142.89
2007	127.86	123.33	191.28	107.59	133.91
2008	132.47	137.31	110.59	144.95	126.05
2009	142.85	148.85	117.70	128.07	138.06

3-3 城镇固定资产投资

Investment in Fixed Assets in Urban Area

指　标	Item	2005	2006	2007	2008	2009
投资额（亿元）	**Total Investment (100 million yuan)**	**790.22**	**925.92**	**1177.46**	**1495.64**	**2076.38**
#房地产开发	Real Estate Development	85.75	97.72	134.07	170.69	204.14
按产业分	**By Industry**					
第一产业	Primary Industry	24.02	30.75	37.49	56.52	74.59
第二产业	Secondary Industry	342.65	418.97	570.74	744.83	1089.20
#工　业	Industry	303.38	369.67	490.36	637.93	906.07
第三产业	Tertiary Industry	423.54	476.20	569.23	694.29	912.59
按资金来源分	**By Source of Funds**					
国家预算内资金	State Budgetary Appropriation	72.62	92.90	108.40	169.86	331.50
国内贷款	Domestic Loans	163.31	184.47	253.88	275.19	337.20
债　券	Bonds	8.27	2.05	5.06	0.20	1.72
利用外资	Foreign Investment	13.97	14.83	11.30	12.78	16.55
自筹资金	Self-raising Funds	411.75	490.12	663.72	792.05	1143.87
其他资金	Others	120.29	141.56	164.88	207.43	264.36
按构成分	**By Use of Funds**					
建筑安装工程	Constructionand Installation	547.38	646.74	801.31	1008.09	1369.81
设备工具器具购置	Purchaseof Equipmentand Instruments	164.36	174.43	212.45	294.54	462.38
其他费用	Others	78.48	104.75	163.70	193.01	244.19
按隶属关系分	**By Subordination**					
中央项目	Center	110.21	135.65	161.36	201.11	289.45
地方项目	Local	680.01	790.27	1016.10	1294.53	1786.93

3-3 续表 continued

指 标	Item	2005	2006	2007	2008	2009
按登记注册类型分	**By Registration Categories**					
内 资	Domestic Funded Enterprises	751.80	889.25	1151.76	1455.27	2024.33
国 有	State-owned Enterprises	495.35	540.20	652.25	796.02	1160.49
集 体	Collective-owned Enterprises	17.32	16.85	34.07	34.91	45.64
股份合作	Cooperative Enterprises	6.74	4.60	5.65	6.85	4.76
联营企业	Joint Enterprises	3.36	2.53	3.41	7.08	2.30
国有联营	State Joint Enterprises	1.18	0.64	0.07	0.32	0.27
集体联营	Collective-owned Joint Enterprises	1.16	0.49	2.30	2.90	1.50
国有与集体联营	State and Collective Joint Enterprises	0.53	0.36	0.41		
其他联营	Other Joint Enterprises	0.49	1.03	0.64	3.87	0.52
有限责任公司	Limited Liability	130.72	169.67	237.30	323.78	452.84
国有独资公司	State-owned Enterprises	4.58	6.43	9.98	61.45	51.21
其他有限责任公司	Companies with Limited Liabilities	126.14	163.24	227.31	262.33	401.63
股份有限公司	Stock-holding Companies with Limited Liabilties	31.07	51.32	67.96	80.94	101.16
私 营	Private Enterprises	52.36	86.33	128.21	171.57	202.17
其 他	Others	14.88	17.77	22.91	34.12	54.97
港澳台商投资	Enterprises with Investment from Hong Kong ,Macao Taiwan	13.74	7.46	9.94	15.76	28.58
外商投资经济	Enterprises with Investment from Foreign	17.13	23.34	12.99	12.79	12.77
个体经营	Individual	7.55	5.86	2.77	11.82	10.70
房屋建筑面积（万平方米）	**Floor Space of Buildings (10 000 sq.m)**					
施工面积	Floor Space Under Construction	4087.25	4000.10	4268.11	6357.39	7848.87
#住 宅	Residential Buildings	2274.38	2245.16	2389.42	4150.02	4980.60
竣工面积	Floor Space Completed	1207.11	736.65	1433.99	1446.37	1599.84
#住 宅	Residential Buildings	626.68	512.85	721.12	915.84	916.07

3-4 各地区城镇和农村非农户固定资产投资

Urban and Non-agriculture Households Investment in Fixed Assets by Prefecture

单位：万元 (2009) (10 000 yuan)

地 区	Region	城镇投资额 Investment in Urban Area	#房地产开发投资 Real estate development	农村非农户投资额 Non-agriculture Households Investment
总 计	**Total**	**20763802**	**2041378**	**1759157**
兰州市	Lanzhou	4756602	986080	139724
嘉峪关市	Jiayuguan	377676	109098	26727
金昌市	Jinchang	808754	59790	53800
白银市	Baiyin	1359331	68368	39453
天水市	Tianshui	1424143	150620	209443
武威市	Wuwei	1011590	104407	61233
张掖市	Zhangye	850046	49021	10677
平凉市	Pingliang	1696070	127225	116264
酒泉市	Jiuquan	2506801	105316	396185
庆阳市	Qingyang	2292000	107840	238379
定西市	Dingxi	1078101	99519	116186
陇南市	Longnan	1452293	36749	152112
临夏州	Linxia	691862	37345	39668
甘南州	Gannan	458533		159306

注：城镇投资和农村非农户口径为50万元及以上固定资产项目投资;庆阳市城镇投资额中含长庆油田数据为2841044万元。

a) Urban and Non-agriculture Households Investment refer to Construction projects over 500 Thousand Yuan; Investment in Qingyang prefecture including changqing is 174.4260 billion.

3-5 按建设性质分的城镇项目固定资产投资

Investment in Fixed Assets in Urban area by Type of Construction

单位:万元 (2009) (10 000 yuan)

行 业	Sector	投资额 Total Investment	#新 建 New construction	#扩 建 Expansion	#改 建 Reconstruction
总 计	**Total**	**18722424**	**13521879**	**2454093**	**2154861**
农、林、牧、渔业	Farming,Forestry,Animal Husbandry and Fishery	745882	621256	69386	31064
采矿业	Mining	1008764	715617	142284	150283
制造业	Manufacturing	3974018	2430788	555442	820261
电力、燃气及水的生产和供应业	Electric Power, Gas and Water Production and Supply	4077950	3064526	652537	354435
建筑业	Construction	1831261	1621206	84059	31918
交通运输、仓储和邮政业	Transport, Storage, Post	1450400	907600	356917	124570
信息传输、计算机服务和软件业	Information Transmission,Computer Services and Software	186175	79670	12140	93128
批发和零售业	Wholesale and Retail Trade	388983	276949	52489	52531
住宿和餐饮业	Hotel and Catering Serrices	188761	99601	31954	48012
金融业	Financial Intermediation	28299	11627	2279	12937
房地产业	Real Estate	611548	529248	23075	33780
租赁和商务服务业	Leasing and Business Services	64007	49421	9284	2020
科学研究、技术服务和地质勘查业	Scientific Research,Technical Services and Geological Prospecting	194435	123630	10193	28333
水利、环境和公共设施管理业	Management of Water Conservancy,Environment and Public Facilities	939557	632172	120280	161373
居民服务和其他服务业	Households Services and Other Services	44394	31323	5381	6123
教 育	Education	507641	357788	94970	23262
卫生、社会保障和社会福利业	Health,Social Security,Social Welfare	276668	199890	28028	17771
文化、体育和娱乐业	Culture,Sports and Recreations	179187	124503	23842	20089
公共管理和社会组织	Public Administration Social Organizations	2024494	1645064	179553	142971

3-6 城镇固定资产投资项目个数及新增固定资产

Number of Urban Investment Projects in fixed Assets

and Newly Increased Fixed Assets

(2009)

行　业	Sector	施工项目（个）Number of Projects under Construction (unit)	全部建成投产项目（个）Number of Projects Completed and Put into Use (unit)	建成项目投产率（%）Rate of Projects Completed and Put into Use (%)	新增固定资产（万元）Newly Increased Fixed Assets (10 000 yuan)
总　计	**Total**	**9460**	**5599**	**59.19**	**9750036**
农、林、牧、渔业	Farming,Forestry,Animal Husbandry and Fishery	645	454	70.39	459075
采矿业	Mining	247	122	49.39	424212
制造业	Manufacturing	1384	662	47.83	2191035
电力、燃气及水的生产和供应业	Electric Power, Gas and Water Production and Supply	672	357	53.13	1237613
建筑业	Construction	826	349	42.25	536311
交通运输、仓储和邮政业	Transport, Storage, Post and	418	220	52.63	1415704
信息传输、计算机服务和软件业	Information Transmission,Computer Services and Software	451	333	73.84	128198
批发和零售业	Wholesale and Retail Trades	254	157	61.81	257026
住宿和餐饮业	Hotel and Catering Services	166	124	74.70	122901
金融业	Financial Intermediation	43	35	81.40	25751
房地产业	Real Estate	291	148	50.86	325367
租赁和商务服务业	Leasting and Commercial Services	36	22	61.11	66899
科学研究、技术服务和地质勘查业	Scientific Research,Technical Services and Geological Prospecting	112	73	65.18	150147
水利、环境和公共设施管理业	Management of Water Conservancy,Environment and Public Facilities	624	320	51.28	379647
居民服务和其他服务业	Households Services and Other Services	58	33	56.90	27759
教　育	Education	758	454	59.89	321635
卫生、社会保障和社会福利业	Health,Social Security,Social Welfare	445	277	62.25	145033
文化、体育和娱乐业	Culture,Sports and Recreations	231	137	59.31	99981
公共管理和社会组织	Public Administration and Social Organizations	1799	1322	73.49	1435742

3-7 分地区城镇固定资产投资项目个数及新增固定资产

Number of Urban Construction Project Putting into Use

and Newly Increased Fixed Assets by Area

(2009)

地　区	Region	施工项目（个）Number of Projects under Construction (unit)	全部建成投产项目（个）Number of Projects Completed and Put into Use (unit)	建成项目投产率（%）Rate of Projects Completed and Put into Use (%)	新增固定资产（万元）Newly Increased Fixed Assets (10 000 yuan)	固定资产交付使用率（%）Rate of Fixed Assets Put into Use (%)
甘肃省	**Gansu**	**9460**	**5599**	**59.19**	**9750036**	**52.08**
兰州市	Lanzhou	1335	918	68.76	1995190	52.92
嘉峪关市	Jiayuguan	119	51	42.86	515297	191.86
金昌市	Jinchang	307	98	31.92	550459	73.50
白银市	Baiyin	712	400	56.18	515502	39.93
天水市	Tianshui	789	468	59.32	1176367	92.37
武威市	Wuwei	439	232	52.85	351833	38.78
张掖市	Zhangye	688	417	60.61	392280	48.97
平凉市	Pingliang	724	516	71.27	1000515	63.77
酒泉市	Jiuquan	571	250	43.78	827121	34.44
庆阳市	Qingyang	1290	1013	78.53	1101986	50.45
定西市	Dingxi	872	492	56.42	510168	52.13
陇南市	Longnan	641	267	41.65	319099	22.54
临夏州	Linxia	457	204	44.64	229629	35.08
甘南州	Gannan	516	273	52.91	264590	57.70

注：庆阳市新增固定资产中含长庆油田

a)Qingyang Newly Increased Fixed Assets Included Changqing Oilfield.

3-8 分地区城镇项目施工、竣工房屋建筑面积和价值

Value and Floor Space of Buildings under Construction

and Buildings Completed in Urban Area by Region

(2009)

地　区	Region	施工房屋建筑面积（万平方米）Floor Space of Buildings under Construction (10 000 sq.m)	#住　宅 Residential Buildings	竣工房屋建筑面积（万平方米）Floor Space of Buildings Completed (10 000 sq.m)	#住　宅 Residential Buildings	竣工房屋价　值（万元）Value of Buildings Completed (10 000 yuan)	#住　宅 Residential Buildings
全　省	**Total**	**4435.54**	**2226.14**	**865.61**	**339.82**	**1184895**	**492260**
兰州市	Lanzhou	1092.92	441.37	277.17	108.15	450669	182627
嘉峪关市	Jiayuguan	59.72	13.91	13.10	0.51	22462	652
金昌市	Jinchang	65.24	35.86	8.29	0.65	12596	850
白银市	Baiyin	239.57	180.90	43.19	23.14	50082	26418
天水市	Tianshui	387.79	112.08	103.26	17.51	118464	20071
武威市	Wuwei	105.42	52.55	35.71	20.33	54391	35941
张掖市	Zhangye	260.15	192.18	49.64	26.83	67403	41092
平凉市	Pingliang	208.81	92.33	101.45	45.35	122765	52324
酒泉市	Jiuquan	238.12	126.19	37.87	20.87	58516	33780
庆阳市	Qingyang	233.05	51.10	66.44	27.38	98426	39220
定西市	Dingxi	217.30	59.45	19.38	8.69	23362	9662
陇南市	Longnan	559.57	468.98	19.94	10.52	30691	15372
临夏州	Linxia	355.99	130.12	61.66	8.68	39511	8426
甘南州	Gannan	411.89	269.12	28.49	21.21	35557	25825

3-9 分地区城镇能源工业投资

Investment in Energy Industry in Urban Area by Region

单位：万元 （2009） (10 000 yuan)

地　　区	Region	合　计 Total	煤炭开采及洗选业 Mining and Washing of Coal	石油及天然气开采业 Extraction of Petroleum and Natural Gas	石油加工、炼焦及核燃料加工业 Processing of Petroleum,Coking	电力、热力及燃气的生产和供应业 Production and Supply of Electricity,Gas and Water
全　省	**Total**	**5288714**	**532484**	**175559**	**600168**	**3980503**
兰州市	Lanzhou	978209	62870	2606	361619	551114
嘉峪关市	Jiayuguan	29682			2096	27586
金昌市	Jinchang	137217	2040			135177
白银市	Baiyin	498147	22671			475476
天水市	Tianshui	60997			1550	59447
武威市	Wuwei	71209	36547		595	34067
张掖市	Zhangye	152929	22351		168	130410
平凉市	Pingliang	619027	200957			418070
酒泉市	Jiuquan	1637456	10600	77190		1549666
庆阳市	Qingyang	560710	174448	91000	234140	61122
定西市	Dingxi	85843				85843
陇南市	Longnan	143136		4463		138673
临夏州	Linxia	126172		300		125872
甘南州	Gannan	187980				187980

3-10 全省重点项目建设情况

Key Project Plan Achievement Situation in 2009

单位：万元 (10 000 yuan)

项目名称	Name of Projects Under Construction	计划总投资 Total Plan Investment	至2009年底累计完成投资 Accumulative Investment by 2009	本年计划投资 Plan Investment	本年完成投资 Achieved Investment
总计	**Total**	**24761894**	**9862112**	**5531385**	**5620192**
续建项目	**Continued Construction Project**	**16641984**	**9362306**	**4753670**	**5168270**
引洮供水一期工程	Water Supply from Taohe River(First Phase)	372167	213410	23500	52100
石羊河流域重点治理工程	Key Emergency Harnessing Projects of Shiyang River Basin	474886	202000	3000	100000
GZ45线宝鸡至天水	Line GZ45(Baoji to Tianshui)	669629	656475	42110	28956
西部通道罗汉洞至定西	Western Corridor (Luohandong to Dingxi)	767900	766000	161900	160000
GZ45线天水至定西	Line GZ45(Tianshui to Dingxi)	875129	529120	200000	200120
西部通道康家崖至临夏	Western Corridor(Kangjiaya to Linxia)	258893	170099	80000	80099
G212线临罐路武都至罐子沟	Line G212 Linguan Road(Wudu to Guanzigou)	1171342	156000	100000	100000
西峰至长庆桥至凤翔路口	Expressway of Xifeng-Changqingqiao-Fengxiang junction	328689	168100	100000	108100
GZ45线宝天高速公路天水过境段	Line GZ45(Expressway of Baoji-Tianshui,Tianshui Section)	222196	141130	80000	80130
GZ45线永登（徐家磨）至古浪	Line GZ45(Yongdeng(Xujiamo) to Gulang)	586902	212000	120000	132000
兰渝铁路（甘肃段，含部分枢纽工程）	Lanzhou-Chongqing Railway (Gansu section,Including Partial Pivotal Projects)	4200000	959937	600000	849937
西安至平凉铁路（甘肃段）	Xi'an-Pingliang Railway(Gansu Section)	250000	92700	80000	82700
天水至平凉铁路	Tianshui-Pingliang Railway	540000	107000	90000	92000
国电兰州热电公司热电联产扩建工程	Expansion Project of Cogeneration Project of Lanzhou Thermoelectric Company of State Grid	282698	172443	134165	134702
永昌电厂“上大压小”热电联产工程	"Substituting Small Units with Large Units" Project of Yongchang Power Plant	260743	244027	130894	114178
黄河炳灵水电站	Bing Ling Water Power Station of Yellow River	197700	184731	26000	26000
黄河乌金峡水电站	Wu Jingxia Water Power Station of Yellow River	138800	142000	25000	25000
白龙江苗家坝水电站	Miaojiaba Hydropower Station of Bailong River	215730	108337	70619	75039
洮河莲麓一、二级水电站	First and Second-cascade Hydropower Station at Lianlu of Taohe River	75386	65216	14900	15481
黄河河口水电站	Hydropower Station at Hekou of Yellow River	85194	29877	22000	23386

3-10 续表1 continued

单位：万元 (10 000 yuan)

项目名称	Name of Projects Under Construction	计划总投资 Total Plan Investment	至2009年底累计完成投资 Accumulative Investment by 2009	本年计划投资 Plan Investment	本年完成投资 Achieved Investment
玉门昌马风电特许权项目	Yumen Changma Wind Power Concession Project	173417	160943	80000	90943
大唐景泰电厂	Jingtai Power Plant of Datang	459842	482876	184395	182158
平凉电厂二期	Project of Pingliang Power Plant (Second Phase)	392874	383656	182000	243656
崇信电厂	Chongxin Power Plant	410440	379386	274000	246759
华亭煤业集团公司大柳煤矿及选煤厂	Daliu Coal and Coal Dressing Plant of Huating Coal Company	158000	69322	46000	36411
民勤红沙岗煤矿二号井	No.2 well at Red Sand hill Coal Mine, Minqin	50901		35000	
西气东输二线（甘肃段）	Second Line of West-East Gas Transmission(Gansu Section)	1400000	1336000	1050000	1200000
金川公司20万吨/年离子膜烧碱工程	200,000 tons of Ion Film Caustic Soda per year of Jin Chuan Co.,Ltd	78114	55084	68000	45884
酒钢（集团）公司150万吨碳钢冷轧项目	1.5 million tons Cold-rolled Carbon Steel Project of JISCO	329600	350500	109600	130500
中铝西北铝加工分公司10万吨/年铝箔项目	100,000 tons of Aluminum Plate Foil Material per year of Northwest Aluminum Company	145519	155013	80506	90000
中石油庆阳石化300万吨／年迁改加工项目	Relocation and Reconstruction Project of Qingyang Petrochemical with 3 million tons per year	472000	208950	240000	160250
中石油兰州石化5万吨/年丁腈橡胶项目	The NBR Project of Lanzhou Petrochemical Company with 50,000 tons per year	86638	95795	36638	45795
华亭中煦60万吨/年甲醇项目	Project of 600,000 tons of Methanol of Huating Zhongxu Coal Chemical Industry Company	289000	243892	189000	143892
中铝连城铝厂25万吨高精度板带箔用铝合金扁锭及工业交通用铝合金圆锭项目	250,000 tons of High-precision Aluminum Alloy Flat Section Ingots for Plate and Strip Foil Use and Round Aluminum Alloy Ingots for Industrial and Traffic Use of Lanzhou Liancheng Aluminum Company	59913	37323	22043	15280

3-10 续表2 continued

单位：万元 (10 000 yuan)

项目名称	Name of Projects Under Construction	计划总投资 Total Plan Investment	至2009年底累计完成投资 Accumulative Investment by 2009	本年计划投资 Plan Investment	本年完成投资 Achieved Investment
甘肃社会主义学院搬迁项目	Relocation Project of Gansu Socialism Institute	4925	5300	1400	3700
甘肃会展中心建筑群项目	Architectural Complex of Gansu Convention and Exhibition Center	126509	57764	41000	49764
省人民医院住院部大楼	In-patient Building of the People's Hostpital of Gansu Province	30308	19900	10000	3350
新开工项目	**Newly-commenced Projects**	**8119910**	**499806**	**777715**	**451922**
陕甘宁盐环定扬黄续建工程甘肃专用工程	Shan Gan Ning Yanhuandingyanghuang Extension Project of Special Projects in Gansu	46692	3000	3000	3000
连霍公路瓜州至星星峡高速公路	Highway Lianhuo(Expressway of Guazhou-Xingxingxia)	220000		100000	
兰新铁路第二双线（甘肃段）	Lanzhou-Wulumuqi Railway Second Double Line(Gansu Section)	5000000	13500	50000	13500
兰州中川机场扩建工程	Extension Project of Lanzhou Zhongchuan Airport	148600		35000	
金昌机场	Jinchang Airport	31000	7366	18000	7366
白龙江橙子沟水电站	Chengzigou Hydropower Station of Bailong River	121422	18206	9200	14692
瓜州风电设备本地化示范项目	Localization of Demonstration Project for the Wind Power Equipment in Guazhou	249814	37184	8935	37184
750千伏金昌至酒泉至安西输变电工程	750 kV Power Transmission Project from Jinchang to Jiuquan to Anxi	773382	33096	85000	33096
酒泉热电厂	Jiuquan Thermal Power Plant	281900	48357	197000	24357
涩宁兰复线（甘肃段）	Gas Pipeline from Sening to Lanfu (Gansu Section)	13600	10000	10000	10000
核桃峪煤矿	Hetaoyu Coalmine	448648	190000	12000	190000
中石油兰州石化公司550万吨常减压装置异地改建项目	Relocation and Reconstruction Project of Crude oil unit with 5.5 million tons per yearof CNPC Lanzhou Petrochemical Company	78000	60000	78000	60000
中铝西北铝加工分公司20万吨/年铝板带项目	200,000 tons per year of Aluminum Plate of Northwest Aluminum Company	228927		50000	
中铝连城铝分公司淘汰落后环保节能更新改造项目	Backward Elimination,Energy Saving and Renovation Project of Lanzhou Liancheng Aluminum Company	436270		114000	
敦煌莫高窟保护利用设施项目	Dunhuang Mogao Grottoes Protection and Utilization of Facilities Projects	26100	23196	1000	4926
省中医院门诊医技综合楼	Chinese Medicine Hospital Clinic Medical Technology Comprehensive Building of Gansu Province	15555	8600	6580	6500
S212线金昌至永昌高速公路（调入项目）	Line S212 Expressway of Jinchang-Yongchang (Transferred projects)		31500		31500
讨赖河三道湾水电站（调入项目）	Sandaowan hydropower station of Taolai River (Transferred projects)		15801		15801

3-11 房地产开发企业基本情况

Basic Conditions of Real Estate Enterprises

指 标	Item	2005	2006	2007	2008	2009
开发企业个数（个）	Number of Enterprises (unit)	843	895	1045	1058	1110
内资	Domestic Funded	787	841	989	1031	1083
#国有	State-owned Enterprises	73	73	80	58	57
集体	Collective-owned Enterprises	37	40	40	28	32
港澳台投资经济	Funded by Entrepreneurs from Hong Kong,Macao and Taiwan	35	23	24	17	16
外商投资经济	Foreign Funded	21	31	32	10	11
年平均从业人员（人）	Average Number of Employed Persons (person)	22346	21593	19151	32911	27394
资产总计（万元）	Total Assets (10 000 yuan)	3033176	3171041	4486104	5405709	6251062
固定资产累计折旧（万元）	Total Depreciation (10 000 yuan)	65950	61984	83777	116256	127676
# 本年折旧	Depreciation This Year	9552	13147	15137	24581	24907
负债合计（万元）	Total Liabilities (10 000 yuan)	2161002	2098763	2970998	3834949	4443952
所有者权益合计（万元）	Creditors Equity (10 000 yuan)	872174	1072278	1515106	1570760	1807110
经营收入总计（万元）	Total Revenue (10 000 yuan)	517622	750186	919431	1235221	1340581
土地转让收入	Land Transferred	11618	5395	7475	13689	10179
商品房屋销售收入	Commercial Houses Sold	468319	707794	864314	1171994	1221075
房屋出租收入	Houses Leased	10050	6983	22120	14362	6327
其他收入	Others	27635	300147	25522	35176	103000
营业利润（万元）	Business Profits (10 000 yuan)	19328	4540	27719	155381	168714
利润总额（万元）	Total Profits (10 000 yuan)	29785	7438	26547	30988	32561
商品房屋销售额（万元）	Total Sales of Commerical Houses (10 000 yuan)	641126	917439	1296720	1022333	1745876
#住 宅	Residential Buildings	509779	822420	1193722	950135	1595008
商品房屋销售面积（万平方米）	Floor Space of Selling Commerical Houses (10 000 cu.m)	340.37	515.48	592.27	471.32	696.26
#住 宅	Residential Buildings	299.17	482.89	556.25	451.03	657.33

3-12 房地产开发投资完成情况
Real Estate Development

项 目	Item	2005	2006	2007	2008	2009
房地产开发投资（万元）	**Real Estate Development Investment (10 000 yuan)**	**857534**	**977206**	**1340699**	**1706914**	**2041378**
#地 方	Local	852865	975206	1340699	1706914	2025962
土地开发投资额	Land Development	11496	72405	103959	77267	101599
#地 方	Local	11496	72405	103959	77267	101599
按构成分	**By Composing**					
建筑工程	Construction	627627	679240	892791	1164124	1361658
安装工程	Installation	73549	91983	113015	143372	147402
设备工器具购置	Purchase of Equipment and Instruments	15261	10260	18054	18397	11374
其他费用	Others	141097	195723	316839	381021	520944
按工程用途分	**By Purpose**					
住 宅	Residential Buildings	603145	717882	950760	1241946	1373165
办公楼	Office Buildings	31261	27738	27397	46733	29019
商业营业用房	Houses for Business Use	110507	103587	131265	104080	214000
其 他	Others	112621	127999	231277	314155	425194
按资金来源分	**By Source of Funds**					
国内贷款	Domestic Loans	156876	188706	296812	323465	413224
利用外资	Foreign Investment		145		1280	
自筹资金	Self-raising Funds	396981	432705	650662	784536	967237
其 他	Others	372738	478369	602531	701459	1074460
新增固定资产（万元）	**Newly Increased Fixed Assets (10 000 yuan)**	**474805**	**467209**	**578481**	**614056**	**1052286**
#地 方	Local	449525	467209	578481	614056	1052286
本年购置土地面积（万平方米）	Purchase Area of Land in This Year (10 000sq.m)	188.23	199.15	371.77	311.67	344.75
#地 方	Local	188.23	199.15	371.77	311.67	344.75
完成开发的土地面积（万平方米）	Area of Land Development Complete (10 000 sq.m)	116.66	160.06	441.12	196.26	191.43
竣工房屋造价（元/平方米）	Value of Buildings Completed (yuan/sq.m)	1292.55	975.09	1076.77	1488.78	1623.17

3-13 房地产施工、竣工面积及价值

Value and Floor Space of Buildings under construction and Completed

（2009）

项　目	Item	施工面积（平方米）Floor Space Under Construction (sq.m)	#新开工 Started This Year	竣工房屋面积（平方米）Floor Space of Buildings Completed (sq.m)	竣工房屋价值（万元）Value of Buildings Completed (10 000 yuan)
总　计	**Total**	**25430952**	**10754993**	**5451618**	**884890**
住宅	Residential Buildings	20975429	8967248	4622760	726872
#别墅、高档公寓	Villas and Good Apartments	42898	1307	1307	182
经济适用房	Economical Houses	3893098	1403287	892228	132961
办公楼	Office Buildings	499884	133148	118479	22939
商业营业用房	Houses for Business Use	2557353	998946	537854	106173
其他	Others	1398286	655651	172525	28906

3-14 分地区房地产开发企业建设投资总规模及完成情况

General Scale of Construction and Actually Completed Investment of Enterprises for Real Estate Development

单位：万元　　（2009）　　(10 000 yuan)

地区	Region	计划总投资 Total Investment Planned	自开始建设至本年底累计完成投资 Accumulative Investment Actually Completed Since Starting of Construction up to the End of This Year	#本年完成投资 Investment Completed This Year	#土地开发投资 Investment in Land Development
全　省	**Total**	**9742954**	**4987181**	**2041378**	**101599**
兰州市	Lanzhou	6317636	3233418	986080	29226
嘉峪关市	Jiayuguan	300531	173532	109098	1525
金昌市	Jinchang	258473	98610	59790	5680
白银市	Baiyin	220584	159289	68368	4558
天水市	Tianshui	513287	325357	150620	8545
武威市	Wuwei	217669	121544	104407	208
张掖市	Zhangye	87408	50575	49021	1840
平凉市	Pingliang	245016	214417	127225	10811
酒泉市	Jiuquan	187628	157643	105316	1920
庆阳市	Qingyang	652068	150201	107840	18821
定西市	Dingxi	295455	169245	99519	11720
陇南市	Longnan	188036	72761	36749	6375
临夏州	Linxia	259163	60589	37345	370
甘南州	Gannan				

3-15 分地区商品房屋销售情况

Sale of Commercialized Buildings

(2009)

地区	Region	商品房销售面积（万平方米）Floor Space of Commercialized Buildings Sold (10 000 sq.m)	#住宅 Residential Buildings	商品房销售额（万元）Total Sale of Commercialized Buildings (10 000 yuan)	#住宅 Residential Buildings
全　省	**Total**	**696.26**	**657.33**	**1745876**	**1595008**
兰州市	Lanzhou	241.88	221.96	873556	776949
嘉峪关市	Jiayuguan	96.17	95.42	147541	145076
金昌市	Jinchang	37.21	34.78	79373	74501
白银市	Baiyin	49.22	46.72	105909	99274
天水市	Tianshui	58.61	52.80	137929	123075
武威市	Wuwei	11.10	10.80	21677	21144
张掖市	Zhangye	36.15	34.31	68422	64614
平凉市	Pingliang	55.03	53.90	91784	85818
酒泉市	Jiuquan	38.05	37.39	72705	70398
庆阳市	Qingyang	32.78	29.75	75032	65259
定西市	Dingxi	27.77	27.31	54890	52167
陇南市	Longnan	7.49	7.49	10401	10401
临夏州	Linxia	4.80	4.70	6657	6332
甘南州	Gannan				

3-16 分地区房地产开发企业建设房屋面积和造价

Floor Space and Cost of Buildings Developed by Enterprises for Real Estate Development

(2009)

地区	Region	施工房屋面积（万平方米）Floor Space of Buildings under Construction (10 000 sq.m)	竣工房屋面积（万平方米）Floor Space of Buildings Completed (10 000 sq.m)	房屋建筑面积竣工率（%）Rate of Floor Space of Buildings Completed (%)	竣工房屋价值（万元）Value of Buildings Completed (10 000 yuan)	竣工房屋造价（元/平方米）Cost of Buildings Completed (yuan/sq.m)
全　省	**Total**	**2543.10**	**545.16**	**21.44**	**884890**	**1623**
兰州市	Lanzhou	1256.06	215.09	17.12	395527	1839
嘉峪关	Jiayuguan	171.90	62.46	36.34	80309	1286
金昌市	Jinchang	87.66	27.90	31.83	43888	1573
白银市	Baiyin	104.35	23.04	22.08	27826	1208
天水市	Tianshui	224.96	30.61	13.61	47746	1560
武威市	Wuwei	43.50	18.04	41.47	31489	1746
张掖市	Zhangye	59.31	26.95	45.43	46632	1731
平凉市	Pingliang	114.40	10.77	9.42	17523	1627
酒泉市	Jiuquan	95.22	39.23	41.20	62732	1599
庆阳市	Qingyang	103.02	32.79	31.83	54630	1666
定西市	Dingxi	108.00	36.28	33.59	48688	1342
陇南市	Longnan	51.61	11.53	22.34	14734	1278
临夏州	Linxia	123.11	10.47	8.50	13166	1257
甘南州	Gannan					

3-17 农村非农户固定资产投资情况

Investiment in Fixed Assets by No Rural Households in Rural

单位:万元　　(2009)　　(10 000 yuan)

行　业	Sector	投资额 Total Investment	#新建 New construction	#扩建 Expansion	#改建 Reconst-rection
总　计	**Total**	**1759157**	**1405100**	**192862**	**116111**
农、林、牧、渔业	Farming,Forestry,Animal Husbandry	381328	313209	18544	25758
采矿业	Mining	41187	21843	9404	9940
制造业	Manufacturing	182141	89578	78716	12604
电力、燃气及水的生产和	Electric Power, Gas and Water Production	128877	107492	12394	4461
供应业	and Supply				
建筑业	Construction	285455	242387	26174	15770
交通运输、仓储和邮政业	Transport, Storage, Post	65367	44491	7868	10971
信息传输、计算机服务和	Information Transmission,Computer	5962	4321		
软件业	Service and Software				
批发和零售业	Wholesale and Retail Trade	28520	25345	2565	480
住宿和餐饮业	Hotel and Catering Services	17265	17265		
金融业	Financial Intermediation	150	150		
房地产业	Real Estate	112092	111825	100	167
租赁和商务服务业	Leasing and Commercial Services	1473	1290	183	
科学研究、技术服务和地	Scientific Research,Technical Services and	22588	12700		9888
质勘查业	Geological Prospecting	94431	78702	10157	3243
水利、环境和公共设施	Management of Water Conservancy,				
管理业	Environment and Public Facilities	4272	4272		
居民服务和其他服务业	Resident and Other Services				
教育	Education	54776	49946	1187	3643
卫生、社会保障和社会福利业	Health,Social Security,Social Welfare	13038	12838	200	
文化、体育和娱乐业	Culture,Sports and Recreations	18620	16174	710	
公共管理和社会组织	Public Administration and Entertainment	301615	251272	24660	19186
	Social Organizations				

3-18 农村非农户固定资产投资项目个数及新增固定资产

Number of Construction Projects and Newly Increased Fixed Assets in Rural Area With Non-Agriculture Households

(2009)

行业	Sector	施工项目（个） Number of Projects under Construction (unit)	全部建成投产项目（个） Number of Projects Completed and Put into Use (unit)	建成项目投产率（%） Rate of Projects Completed and Put into Use (%)	新增固定资产（万元） Newly Increased Fixed Assets (10 000 yuan)
总　计	**Total**	**2131**	**1558**	**73.11**	**1332618**
农、林、牧、渔业	Farming,Forestry,Animal Husbadry	489	365	74.64	404651
采矿业	Mining	39	30	76.92	28293
制造业	Manufacturing	187	127	67.91	126325
电力、燃气及水的生产和供应业	Electric Power, Gas and Water Production and Supply	111	75	67.57	76581
建筑业	Construction	305	218	71.48	186735
交通运输、仓储和邮政业	Transport, Storage, Post	95	68	71.58	42674
信息传输、计算机服务和软件业	Information Transmission,Computer Service and Software	14	11	78.57	3949
批发和零售业	Wholesale and Retail Trades	48	36	75.00	17816
住宿和餐饮业	Hotel and Catering Services	17	8	47.06	8710
金融业	Financial Intermediation	2	1	50.00	100
房地产业	Real Estate	50	25	50.00	83414
租赁和商务服务业	Leasting and Commercial Services	5	5	100.00	1453
科学研究、技术服务和地质勘查业	Scientific Research,Technical Services and Geological Prospecting	10	4	40.00	5063
水利、环境和公共设施管理业	Management of Water Conservancy, Environment and Public Facilities	107	75	70.09	58005
居民服务和其他服务业	Resident and Other Services	12	7	58.33	2792
教育	Education	99	73	73.74	16811
卫生、社会保障和社会福利业	Health,Social Security,Social Welfare	45	27	60.00	9273
文化、体育和娱乐业	Culture,Sports and Recreations	36	21	58.33	8099
公共管理和社会组织	Public Administration and Social Organizations	460	382	83.04	251874

3-19 各地县全社会固定资产投资和城镇新增固定资产

Total Investment in Fixed Assets and Newly Increased Fixed Assets in Urban Area by Prefecture and County

(2009)

单位：万元 (10 000 yuan)

地区	Region	投资总额 Total Investment	第一产业 Primary Industry	第二产业 Secondary Industry	第三产业 Tertiary Industry	#住宅 Residential Buildings	城镇新增固定资产 Newly Increased Fixed Assets in Urban Area
兰州市	**Lanzhou**	**5061847**	**49290**	**1861236**	**3151321**	**897986**	**2312886**
城关区	Chengguan	1818537		203502	1615035	435658	1052403
七里河区	Qilihe	759716	4682	242638	512396	100409	395440
西固区	Xigu	840419	477	768880	71062	24396	174504
安宁区	Anning	680037	500	135827	543710	183217	331053
红古区	Honggu	250036	10483	139397	100156	36191	85598
永登县	Yongdeng	352236	17010	228803	106423	36931	105466
皋兰县	Gaolan	106032	10955	42357	52720	7393	68305
榆中县	Yuzhong	254834	5183	99832	149819	73791	100117
嘉峪关市	**Jiayuguan**	**404403**	**21155**	**232900**	**150348**	**6742**	**515297**
金昌市	**Jinchang**	**891369**	**20529**	**715246**	**155594**	**28294**	**550459**
金川区	Jinchuan	555551	14580	525281	15690	10929	473838
永昌县	Yongchang	335818	5949	189965	139904	17365	76621
白银市	**Baiyin**	**1482830**	**148193**	**938921**	**395716**	**179419**	**566350**
白银区	Baiyin	589875	25837	415473	148565	70678	228871
平川区	Pingchuan	299141	16652	234167	48322	38111	112849
靖远县	Jingyuan	143125	29713	33243	80169	27274	56018
会宁县	Huining	130905	53730	29264	47911	34300	39352
景泰县	Jingtai	319784	22261	226774	70749	9056	129260
天水市	**Tianshui**	**2028886**	**363138**	**516134**	**1149614**	**476830**	**1247526**
秦州区	Qinzhou	556648	98145	150930	307573	86836	229933
麦积区	Maiji	329515	19449	107733	202333	82593	586811
清水县	Qingshui	200992	71556	16044	113392	42765	57224
秦安县	Qinan	175027	12841	47711	114475	48096	63572
甘谷县	Gangu	357411	79720	126738	150953	123342	147762
武山县	Wushan	238506	31839	40641	166026	53522	98935
张家川县	Zhangjiachuan	170787	49588	26337	94862	39676	63289
武威市	**Wuwei**	**1338170**	**147718**	**326384**	**864068**	**42172**	**351833**
凉州区	Liangzhou	751937	78100	200570	473267		2117
民勤县	Minqin	212110	29864	51307	130939	6455	51388
古浪县	Gulang	177734	27721	28171	121842	25630	111367
天祝县	Tianzhu	196389	12033	46336	138020	10087	186961
张掖市	**Zhangye**	**951653**	**113540**	**419868**	**418245**	**182933**	**444165**

3-19 续表 1 continued

单位：万元 (10 000 yuan)

地　区	Region	投资总额 Total Investment	第一产业 Primary Industry	第二产业 Secondary Industry	第三产业 Tertiary Industry	#住　宅 Residential Buildings	城镇新增固定资产 Newly Increased Fixed Assets in Urban Area
甘州区	Ganzhou	332406	22516	211838	98053	114465	76373
肃南县	Sunan	194730	18653	118070	58007	12628	131690
民乐县	Minle	107151	21720	33264	52166	9175	46549
临泽县	Linze	107898	20991	22750	64157	23760	60420
高台县	Gaotai	97534	15131	17193	65210	16753	61719
山丹县	Shandan	111934	14529	16753	80652	6152	67414
平凉市	**Pingliang**	**1946222**	**216556**	**994023**	**735643**	**231445**	**1000515**
崆峒区	Kongtong	566378	30176	378983	157719	27669	456164
泾川县	Jingchuan	172340	18292	61837	92211	43537	101522
灵台县	Lingtai	105342	22928	34874	47540	21190	52941
崇信县	Chongxin	310061	9354	219360	80847	13916	6802
华亭县	Huating	375000	32306	245163	97531	32496	143414
庄浪县	Zhuanglang	151603	47970	17358	86275	54987	61035
静宁县	Jingning	265498	55530	36448	173520	37650	178637
酒泉市	**Jiuquan**	**3001638**	**119309**	**2284279**	**598050**	**268098**	**892233**
肃州区	Suzhou	552758	18169	298001	236588	94442	120637
金塔县	Jinta	140215	32632	74626	32957	28251	63221
瓜州县	Guazhou	869560	20723	802994	45843	21816	221270
肃北县	Subei	130160	182	125707	4271	710	113536
阿克塞县	Akesai	51123	4580	24906	21637	28	908
玉门市	Yumen	967797	28157	859971	79669	24533	246585
敦煌市	Dunhuang	290025	14866	98074	177085	98318	126076
庆阳市	**Qingyang**	**3535307**	**390726**	**1408582**	**1735999**	**75160**	**1861639**
西峰区	Xifeng	748118	29180	179472	539466	200	142146
庆城县	Qingcheng	256800	42750	167694	46356	4250	180658
环　县	Huanxian	336368	54652	152635	129081		38579
华池县	Huachi	235808	13020	1860	220928	8380	152361
合水县	Heshui	254464	14402	41361	198701		183611
正宁县	Zhengning	346772	134410	101491	110871	48471	137993
宁　县	Ningxian	431909	72445	96350	263114	8000	335190
镇原县	Zhenyuan	376024	29867	118675	227482	5859	142057
定西市	**Dingxi**	**1256633**	**58438**	**419081**	**779114**	**75493**	**581008**
安定区	Anding	232888	30787	51479	150622	27252	134394
通渭县	Tongwei	102833	1189	14939	86705	11868	66215

3-19 续表 2 continued

单位：万元　　(10 000 yuan)

地　区	Region	投资总额 Total Investment	第一产业 Primary Industry	第二产业 Secondary Industry	第三产业 Tertiary Industry	#住　宅 Residential Buildings	城镇新增固定资产 Newly Increased Fixed Assets in Urban Area
陇西县	Longxi	216764	3060	138008	75696	70	109069
渭源县	Weiyuan	120197	11853	36202	72142	5770	46827
临洮县	Lintao	216534	4879	100521	111134	5108	56231
漳　县	Zhangxian	92641	1390	8599	82652		67921
岷　县	Minxian	145261	5280	69333	70648	25425	100351
陇南市	**Longnan**	**2009500**	**630765**	**1080546**	**298189**	**331082**	**328576**
武都区	Wudu	523500	254633	246217	22650	39200	
宕昌县	Tanchang	151000	97765	7679	45556	9689	76081
成　县	Chengxian	166600	72003	64318	30279	10986	32906
康　县	Kangxian	206000	25983	174607	5410	159570	4437
文　县	Wenxian	314500	15198	295786	3516		43161
西和县	Xihe	251500	58490	177985	15025	7291	68976
礼　县	Lixian	178000	50821		127179	44392	55691
两当县	Liangdang	69600	21061	48539		5400	
徽　县	Huixian	148800	34811	65415	48574	54554	47324
临夏州	**Linxia**	**764909**	**24847**	**331181**	**408881**	**49572**	**229629**
临夏市	linxia	101303	3285	17959	80059	3280	38129
临夏县	linxia	71164	4931	19902	46331		15998
康乐县	Kangle	55237	1087	22623	31527	10310	24290
永靖县	Yongjing	178044	5633	124471	47940	3425	55266
广河县	Guanghe	108013	797	42511	64705	14604	16717
和政县	Hezheng	109704	2314	39425	67965	11360	29539
东乡县	Dongxiang	62880	5295	20658	36927	5003	21695
积石山县	Jishishan	78564	1505	43632	33427	1590	27995
甘南州	**Gannan**	**623392**	**37439**	**366096**	**219857**	**121558**	**264590**
合作市	Hezuo	81376	6891	43983	30502	120	60063
临潭县	Lintan	55280	11653	25115	18512	17605	17352
卓尼县	Zhuoni	66653	2006	29136	35511	16278	23876
舟曲县	Zhouqu	182002	6378	127974	47650	75497	78703
迭部县	Diebu	113178	3680	97205	12293		31435
玛曲县	Maqu	34521	4314	11129	19078	750	14248
碌曲县	Luqu	39101	435	7623	31043	7724	18219
夏河县	Xiahe	51281	2082	23931	25268	3584	20694

主要统计指标解释

全社会固定资产投资 是以货币形式表现的在一定时期内全社会建造和购置固定资产的工作量以及与此有关的费用的总称。该指标是反映固定资产投资规模、结构和发展速度的综合性指标,又是观察工程进度和考核投资效果的重要依据。全社会固定资产投资按登记注册类型可分为国有、集体、个体、联营、股份制、外商、港澳台商、其他等。

城镇固定资产投资 指城镇各种登记注册类型的企业、事业、行政单位及个体户进行的计划总投资(或实际需要总投资)50万元及50万元以上的建设项目投资、房地产开发投资、城镇和工矿区私人建房投资。县城及以上区域内发生的投资，县及县以上各级政府及主管部门直接领导、管理的建设项目和企业事业单位的投资均为城镇固定资产投资。

房地产开发投资 指各种登记注册类型的房地产开发公司、商品房建设公司及其他房地产开发法人单位和附属于其他法人单位实际从事房地产开发或经营活动的单位统一开发的包括统代建、拆迁还建的住宅、厂房、仓库、饭店、宾馆、度假村、写字楼、办公楼等房屋建筑物和配套的服务设施，土地开发工程（如道路、给水、排水、供电、供热、通讯、平整场地等基础设施工程）的投资；不包括单纯的土地交易活动。

农村投资 包括在农村区域范围内进行固定资产投资活动的企业、事业、行政单位及农村个人投资。

固定资产投资的资金来源 根据固定资产投资的资金来源不同，分为国家预算内资金、国内贷款、利用外资、自筹资金和其他资金。

(1) 国家预算内资金 分为财政拨款和财政安排的贷款两部分。包括中央财政的基本建设基金(分经营性基金和非经营性基金两部分)、专项支出(如煤代油专项等)、收回再贷、贴息资金，财政安排的挖潜改造和新产品试制支出、城建支出、商业部门简易建筑支出、不发达地区发展基金等资金中用于固定资产投资的资金；地方财政中由国家统筹安排的资金等。

(2) 国内贷款 指报告期固定资产投资单位向银行及非银行金融机构借入的用于固定资产投资的各种国内借款，包括银行利用自有资金及吸收的存款发放的贷款、上级主管部门拨入的国内贷款、国家专项贷款、地方财政专项资金安排的贷款、国内储备贷款、周转贷款等。

(3) 利用外资 指报告期收到的用于固定资产建造和购置的国外资金(包括设备、材料、技术在内)。包括对外借款(外国政府、国际金融组织贷款、出口信贷、外国银行商业贷款、对外发行债券和股票)、外商直接投资及外商其他投资。不包括我国自有外汇资金(国家外汇、地方外汇、留成外汇、调剂外汇和中国银行自有资金发行的外汇贷款等)。计算利用外资时，需要折算成人民币，折算中所使用的外汇汇率按现汇计算，即按使用外汇时的汇率计算。

(4) 自筹资金 指固定资产投资单位报告期收到的，由各地区、各部门及企、事业单位筹集用于固定资产投资的预算外资金，包括中央各部门、各级地方和企、事业单位的自筹资金。

(5) 其他资金 指在报告期收到的除以上各种资金之外其他用于固定资产投资的资金，包括企业或金融机构通过发行各种债券筹集到的资金、群众集资、个人资金、无偿捐赠的资金及其他单位拨入的资金等。

固定资产投资按国民经济行业分 根据建设项目建成投产后的主要产品或主要用途及社会经济活动性质来确定国民经济行业。一般情况下，一个建设项目或一个企业、事业单位只能属于一种国民经济行业。

固定资产投资按隶属关系分 是按建设单位或企业、事业、行政单位的主管上级机关确定的。

(1) 中央：是指中共中央、人大常委会和国务院各部、委、局、总公司以及直属机构直接领导的建设项目和企业、事业、行政单位。这些单位的固定资产投资计划由国务院各部门直接编制和下达，建设中所需物资、主要设备以及建设中的问题都由中央有关部门安排和解决。

(2) 地方：是由省（自治区、直辖市）、地区（州、盟、省辖市）、县（旗、县级市）三级政府及业务主管部门直接领导和管理的建设项目、企业、事业、行政单位。地方项目还包括不隶属以上各级政府及主管部门的建设项目和企业、事业单位，如外商投资企业和无主管部门的企业等。

固定资产投资按建设性质分 根据整个建设项目情况来确定。建设项目的性质一般分为新建、扩建、改建和技术改造、迁建、恢复。房地产开发单位、农村投资、城镇工矿区私人建房投资不划分建设性质。

(1) 新建：一般指从无到有开始建设的企业、事业和行政单位或建设项目。现有企业、事业、行政单位一般不属于新建。但如有的单位原有基础很小，经过建设后新增的固定资产价值超过该企、事业、行政单位原有固定资产价值(原值)三倍以上的也应作为新建。

(2) 扩建：指在厂内或其他地点，为扩大原有产品的生产能力(或效益)或增加新的产品生产能力，而增建主要的生产车间(或主要工程)、分厂、独立的生产线。行政、事业单位在原单位增建业务用房(如学校增建教学用房、医院增建门诊部、病房等)也作为扩建。

(3) 改建和技术改造：指现有企业、事业单位，对原有设施进行技术改造或更新(包括相应配套的辅助性生产、生活福利设施) 的建设项目。现有企业、事业单位为适应市场变化的需要，而改变企业的主要产品种类(如军工企业转产民用品等) 的建设项目，应作为改建。原有产品生产作业线由于各工序(车间)之间能力不平衡，为填平补齐充分发挥原有生产能力而增建不增加本企业主要产品设计能力的车间，也应作为改建。技术改造是指企业、事业单位在现有基础上，用先进的技术代替落后的技术，用先进的工艺和装备代替落后的工艺和装备，以改变企业落后的技术经济面貌，实现以内涵为主的扩大再生产，达到提高产品质量、促进产品更新换代、节约能源、降低消耗、扩大生产规模、全面提高社会经济效益的目的。技术改造具体包括以下内容：机器设备和工具的更新改造；生产工艺改革、节约能源和原材料的改造；厂房建筑和公共设施的改造；劳动条件和生产环境的改造等。

固定资产投资按国民经济行业分　根据建设项目建成投产后的主要产品或主要用途及社会经济活动性质来确定国民经济行业。一般情况下，一个建设项目或一个企业、事业单位只能属于一种国民经济行业。

固定资产投资按隶属关系分　是按建设单位或企业、事业、行政单位的主管上级机关确定的。

(1) 中央：是指中共中央、人大常委会和国务院各部、委、局、总公司以及直属机构直接领导的建设项目和企业、事业、行政单位。这些单位的固定资产投资计划由国务院各部门直接编制和下达，建设中所需物资、主要设备以及建设中的问题都由中央有关部门安排和解决。

(2) 地方：是由省（自治区、直辖市）、地区（州、盟、省辖市）、县（旗、县级市）三级政府及业务主管部门直接领导和管理的建设项目、企业、事业、行政单位。地方项目还包括不隶属以上各级政府及主管部门的建设项目和企业、事业单位，如外商投资企业和无主管部门的企业等。

固定资产投资按建设性质分　根据整个建设项目情况来确定。建设项目的性质一般分为新建、扩建、改建和技术改造、迁建、恢复。房地产开发单位、农村投资、城镇工矿区私人建房投资不划分建设性质。

(1) 新建：一般指从无到有开始建设的企业、事业和行政单位或建设项目。现有企业、事业、行政单位一般不属于新建。但如有的单位原有基础很小，经过建设后新增的固定资产价值超过该企、事业、行政单位原有固定资产价值(原值)三倍以上的也应作为新建。

(2) 扩建：指在厂内或其他地点，为扩大原有产品的生产能力(或效益)或增加新的产品生产能力，而增建主要的生产车间(或主要工程)、分厂、独立的生产线。行政、事业单位在原单位增建业务用房(如学校增建教学用房、医院增建门诊部、病房等)也作为扩建。

现有企、事业单位为扩大原有主要产品生产能力或增加新的产品生产能力，增建一个或几个主要生产车间(或主要工程)、分厂，同时进行一些更新改造工程的，也应作为扩建。

(3) 改建和技术改造：指现有企业、事业单位，对原有设施进行技术改造或更新(包括相应配套的辅助性生产、生活福利设施) 的建设项目。现有企业、事业单位为适应市场变化的需要，而改变企业的主要产品种类(如军工企业转产民用品等) 的建设项目，应作为改建。原有产品生产作业线由于各工序(车间)之间能力不平衡，为填平补齐充分发挥原有生产能力而增建不增加本企业主要产品设计能力的车间，也应作为改建。技术改造是指企业、事业单位在现有基础上，用先进的技术代替落后的技术，用先进的工艺和装备代替落后的工艺和装备，以改变企业落后的技术经济面貌，实现以内涵为主的扩大再生产，达到提高产品质量、促进产品更新换代、节约能源、降低消耗、扩大生产规模、全面提高社会经济效益的目的。技术改造具体包括以下内容：机器设备和工具的更新改造；生产工艺改革、节约能源和原材料的改造；厂房建筑和公共设施的改造；劳动条件和生产环境的改造等。

固定资产投资按构成分　固定资产投资活动按其工作内容和实现方式分为建筑安装工程，设备、工具、器具购置，其他费用三个部分。

(1) 建筑安装工程(建筑安装工作量)　指各种房屋、建筑物的建造工程和各种设备、装置的安装工程。包括各种房屋建造工程；各种用途设备基础和各种工业窑炉的砌筑工程及金属结构工程；为施工而进行的各种准备工作和临时工程以及完工后的清理工作等；铁路、道路的铺设，矿井的开凿及石油管道的架设等；水利工程；防空地下建筑等特殊工程；列入房屋工程预算内的暖气、卫生、通风、照明、煤气等设备的价值及装设油饰工程；列入建筑工程预算内的各种管道(蒸汽、压缩空气、石油、给排水等管道)、电力、电讯电缆导线等的敷设工程；以及各种机械设备的安装工程；为测定安装工程质量，对设备进行的试运工作；房地产开发单位进行的商品房屋开发建设工程、土地开发工程。

在安装工程中，不包括被安装设备本身的价值。

(2) 设备、工具、器具购置　指建设单位或企、事业单位购置或自制的，达到固定资产标准的设备、工具、器具的价值。新建单位及扩建单位的新建车间，按照设计或计划要求购置或自制的全部设备、工具、器具，不论是否达到固定资产标准均计入“设备、工具、器具购置”中。

(3) 其他费用　指在固定资产建造和购置过程中发生的，除上述几项内容以外的各种应分摊计入固定资产的费用。

施工项目　指报告期内进行过建筑或安装施工活动的项目。凡是报告期内施过工的建设项目，不论施工时间长短，均作为施工项目统计。施工项目个数可以反映一定时期固定资产投资的实际规模，与同期全部建成投产项目个数相比，可以从建设速度的角度反映固定资产投资的效果。根据建设项目施工活动的不同性质，施工项目又分为：本年正式施工项目、本年收尾项目和以前年度全部停缓建项目。

全部建成投产项目　工业项目指设计文件规定形成生产能力的主体工程及其相应配套的辅助设施全部建成，经负荷试运转，证明具备生产设计规定合格产品的条件，并经过验收鉴定合格或达到竣工验收标准，与生产性工程配套的生活福利设施可以满足近期正常生产的需要，正式移交生产的建设项目。非工业项目指设计文件规定的主体工程和相应的配套工程全部建成，能够发挥设计规定的全部效益，经验收鉴定合格或达到竣工验收标准，正式移交使用的建设项目。

房屋建筑面积　指房屋建筑物勒脚以上外墙外围的水平截面面积，包括房屋建筑物的有效面积和结构面积。该指标是从实物形态上反映建设规模和建设成果的重要指标之一，也是检查工程形象进度、计算工程造价、分析投资效果、研究施工任务和建筑材料之间平衡情况的重要依据。

住宅建筑面积　指施工和竣工房屋建筑面积中供居住用的房屋建筑面积。

施工面积　指报告期内施工的全部房屋建筑面积。包括本期新开工的面积和上期开工跨入本期继续施工的房屋面积，以及上期已停建在本期恢复施工的房屋面积。本期竣工和本期施工后又停缓建的房屋，其建筑面积仍计入本期房屋施工面积中。

竣工面积　指在报告期内房屋建筑按照设计要求已经全部完工，达到住人和使用条件，经验收鉴定合格(或达到竣工验收标准)，正式移交使用单位的各栋房屋建筑面积的总和。

新增固定资产　指报告期内已经完成建造和购置过程，并已交付生产或使用单位的固定资产价值。该指标是表示固定资产投资成果的价值指标，也是反映建设进度，计算固定资产投资效果的重要指标。

项目建成投产率　指一定时期内全部建成投产项目个数与同期施工项目个数的比率。该指标是从建设单位建设速度的角度反映投资效果的指标。

固定资产交付使用率　指一定时期新增固定资产与同期完成投资额的比率。该指标是反映固定资产动用速度，衡量建设过程中宏观投资效果的综合指标。由于新增固定资产是较长时期内形成的结果，而投资额则是当年完成的，因此，该指标一般适宜于反映较长时期内固定资产的动用情况。

商品房销售面积　指报告期内出售商品房屋的合同总面积(即双方签署的正式买卖合同中所确定的建筑面积)。由现房销售建筑面积和期房销售建筑面积两部分组成。

商品房销售额　指报告期内出售商品房屋的合同总价款(即双方签署的正式买卖合同中所确定的合同总价)。该指标与商品房销售面积同口径，由现房销售额和期房销售额两部分组成。

对外经济贸易

Foreign Trade and Economic Cooperation

4

简要说明

一、本篇资料主要内容

本篇综合反映甘肃省对外贸易、利用外资、对外经济合作的历年概况，重点反映对外经济贸易的近期发展状况。

二、本篇资料来源

本篇资料由省统计局贸易外经处搜集整理。数据来源于兰州海关、省商务厅、省工商局。

4-1 对外经济贸易

Foreign Trade and Economic Cooperation

指　　标	Item	2005	2006	2007	2008	2009
进出口总额（万美元）	Total Imports and Exports (USD 10 000)	263136	382450	549594	609355	386175
出口总额	Total Exports	109098	150925	165921	160217	73551
进口总额	Total Imports	154038	231525	383673	449138	312624
进出口差额	Balance	−44940	−80600	−217752	−288921	−239073
对外签订利用外资协议（合同）项目（个）	Number of Projects for Utilization of Foreign Capital in the Signed Agreements or Contracts (unit)	51	49	44	49	32
对外借款	Foreign Loans	17	11	9	12	6
外商直接投资	Direct Foreign Investments	34	38	35	37	26
对外签订利用外资协议（合同）金额（万美元）	Total Amount of Foreign Capital to Be Utilized in the Signed Agreements or Contracts (USD 10 000)	53996	53533	34242	35776	79533
对外借款	Foreign Loans	40600	44977	19080	6840	45000
外商直接投资	Foreign Direct Investments	13396	8556	15162	28936	34533
外商其他投资	Other Foreign Investments					
实际利用外资额（万美元）	Total Amount of Foreign Capital Actually Used (USD 10 000)	25639	27241	38202	47642	51383
对外借款	Foreign Loans	23595	24287	26400	34800	38000
外商直接投资	Direct Foreign Investments	2044	2954	11802	12842	13383
外商其他投资	Other Foreign Investments					
外商投资企业基本情况	Registered Foreign-funded Enterprises					
年底登记户数（户）	Number of Registered Enterprises (unit)	658	431	398	408	397
投资总额（万美元）	Total Investment (USD 10 000)	316957	278916	306393	382693	491972
注册资本（万美元）	Registered Capital (USD 10 000)	198853	156057	165335	184735	225819
# 外方	Capital from Foreign Partners	137173	104896	106365	116198	147327
对外经济合作（万美元）	Economic Cooperation with Foreign Countries & Territories (USD 10 000)					
合同金额	Contracted Value	9626	10138	24198	10115	28928
# 对外承包工程	Contracted Projects	9626	10080	24121	9950	28877
对外劳务合作	Labor Services		58	77	165	51
完成营业额	Value of Business Fulfilled	5789	5405	10617	30322	28383
# 对外承包工程	Contracted Projects	5723	5349	10538	30247	28332
对外劳务合作	Labour Cooperation With Foreign Countrie	66	56	79	75	51

4-2 进出口贸易总额

Total Imports and Exports

年份 Year	人民币（万元） RMB 10 000 进出口总额 Total Imports & Exports	出口总额 Total Exports	进口总额 Total Imports	差额 Balance	美元（万元） USD 10 000 进出口总额 Total Imports & Exports	出口总额 Total Exports	进口总额 Total Imports	差额 Balance
1978	5941	5941		5941	3454	3454		3454
1979	5905	5905		5905	3972	3972		3972
1980	5883	5883		5883	3927	3927		3927
1981	8871	7683	1188	6495	5129	4336	793	3543
1982	8850	7743	1107	6636	5069	4330	739	3591
1983	10151	8529	1622	6907	5695	4612	1083	3529
1984	20638	15849	4789	11060	6631	4573	2058	2515
1985	37917	29382	8535	20847	10004	7098	2906	4192
1986	59353	47126	12227	34899	13648	10107	3541	6566
1987	68291	57706	10585	47121	15504	12660	2844	9816
1988	67085	61837	5248	56589	16624	15205	1419	13786
1989	103668	87955	15713	72242	18674	15338	3336	12002
1990	102965	95208	7757	87451	20221	18574	1647	16927
1991	144052	131730	12322	119408	27649	25284	2365	22919
1992	231656	195936	35720	160215	41590	35177	6413	28764
1993	275937	161578	114359	47129	48435	28347	20088	8259
1994	431631	316295	115336	200959	50960	37343	13617	23726
1995	253405	182413	70984	111429	30494	21951	8542	13409
1996	395553	225972	169581	56391	47135	26778	20356	6422
1997	398636	299860	98776	201084	51169	37778	13392	24386
1998	378081	292517	85564	206953	45574	35261	10313	24948
1999	336358	262468	73890	188578	40623	31699	8924	22776
2000	471570	343578	127992	215586	56953	41495	15458	26037
2001	644789	394279	250510	143769	77887	47631	30256	17375
2002	726263	454328	271935	182393	87740	54893	32847	22046
2003	1098872	726322	372550	353772	132714	87720	44994	42726
2004	1459880	825003	634877	190126	176314	99638	76676	22962
2005	2157715	894604	1263111	−368507	263136	109098	154038	−44940
2006	3059600	1207400	1852200	−644800	382450	150925	231525	−80600
2007	4176914	1260999	2915915	−1654916	549594	165921	383673	−217752
2008					609355	160217	449138	−288921
2009					386175	73551	312624	−239073

注：货物进出口差额负数为逆差。

a) A negative balance indicates trade deficit. That is, imports surpassing exports.

4-3 海关进出口商品分类金额

Value of Imports and Exports by Category of Commodities (Customs Statistics)

单位：万美元 (2009) (USD 10 000)

商品类别	Categories of Commodities	进出口总额 Total of Imports and Exports	#出口 Exports
总　额	**Total Value**	386175	73551
活动物、动物产品	Live Animals & Animal Products	783	783
植物产品	Vegetables; Fruits and Cereals	14883	13997
动、植物油、脂及分解产品; 精制食用油脂; 动、植物蜡	Animal and Vegetable Oils; Fats and Wax; Refined Edible Oils and Fats	129	110
食品；饮料、酒及醋; 烟草及烟草代用品的制品	Food; Beverages; Liquor and Vinegar; Tobacco and Tobacco Substitutes	7830	7823
矿产品	Minerals	218031	210
化学工业及其相关工业的产品	Chemicals and Related Products	12543	9784
塑料及其制品; 橡胶及其制品	Plastics and Related Products;Rubber and Related Products	890	466
生皮、皮革、毛皮及其制品; 鞍具及挽具;旅行用品、手提包及类似品;动物肠线(蚕胶丝除外)制品	Raw Hides; Leather; Furs and Related Products; Saddle; Travel Articles; Handbags and Similar Containers	311	179
木及木制品; 木炭; 软木及软木制品; 稻草、秸秆、针茅或其他编结材料制品; 篮筐及柳条编结品	Wood and Wooden Products; Charcoal; Cork and Related Products; Straws; Plaited Products; Baskets and Wickerwork	219	219
木浆及其他纤维状纤维素浆;纸及纸板的废碎品; 纸、纸板及其制品	Paper Pulp and Cellulose Pulp; Paper and Waste Paper; Paperboard and Related Products	71	45
纺织原料及纺织制品	Textile Materials and Products	4820	4415
鞋、帽、伞、杖、鞭及其零件; 已加工的羽毛及其制品;人造花;人发制品	Footwear; Headgear; Umbrellas; Canes; Whips; Processed Feather; Artificial Flowers; Wigs	855	854
石料、石膏、水泥、石棉、云母及类似材料的制品; 陶瓷产品; 玻璃及其制品	Stone, gypsum, cement, asbestos, mica and similar materials products;Ceramic products; glass and its products	417	327
天然或养殖珍珠、宝石或半宝石、贵金属、包贵金属及其制品;仿首饰硬币	Natural or Cultivated Pearls; Precious or Semi-Precious Stones; Jewelery of Precious Metal or Rolled Precious Metal; Artificial Jewelery; Coins	2759	2759
贱金属及其制品	Base Metals and Related Products	79087	15280
机器、机械器具、电气设备及其零件; 录音机及放声机、电视图像、声音的录制和重放设备及其零件、附件	Machinery; Electric Equipment and Accessories; Recorders; Videorecorder and Accessories	36356	13195
车辆、航空器、船舶及有关运输设备	Locomotives; Vehicles; Aircraft; Ship and Related Transportation Equipment	911	908
光学、照相、电影、计量、检验、医疗或外科用仪器及设备、精密仪器及设备；钟表；乐器；上述物品的零附件	Optical, Photographic, Film, Measuring , Checking and Medical Instruments and Equipment; Precise Instruments and Equipment; Clocks; Musical Instruments; Related Parts and Accessories	3725	743
武器、弹药及其零件、附件	Weapon, Ammunition and Accessories		
杂项制品	Sundry and Goods Related Products	1554	1453

4-4 甘肃省同主要国家（地区）海关进出口总额

Gansu's Foreign Trade with Main Countries and Territories (Customs Statistics)

单位：万美元 (USD 10 000)

国别（地区）	Coutry (Territory)	2008 进出口总额 Total Imports & Exports	2008 出口总额 Total Exports	2008 进口总额 Total Imports	2009 进出口总额 Total Imports & Exports	2009 出口总额 Total Exports	2009 进口总额 Total Imports
总计	**Total**	**609355**	**160217**	**449138**	**386175**	**73551**	**312624**
中国香港	Hongkong,China	7157	6612	545	6581	6333	248
台湾	Taiwan,China	6168	5547	621	3814	2565	1249
印度尼西亚	Indonesia	2863	2477	385	3720	1643	2077
日本	Japan	28540	16931	11609	6120	3234	2886
马来西亚	Malaysia	1983	1644	339	1644	1184	460
新加坡	Singapore	5982	4571	1411	3046	1604	1442
韩国	Korea	23854	22178	1676	5987	4874	1113
泰国	Tailand	2664	2505	159	3010	2994	16
英国	United Kingdom	1811	1538	273	2301	1747	554
法国	France	2102	817	1285	1397	567	830
比利时	Belgium	1554	1272	282	476	341	135
德国	Germany	11064	5516	5548	13047	3453	9594
意大利	Italy	17907	15895	2012	4558	2087	2471
荷兰	Netherlands	10183	9588	595	4826	4453	373
瑞士	Switzerland	486	58	428	776	23	753
俄罗斯	Russia	2830	2319	511	5659	787	4872
巴西	Brazil	2594	1648	946	932	866	66
智利	Chile	45777	45	45732	36425	100	36325
加拿大	Canada	1776	664	1112	6047	667	5380
美国	United States	38836	26996	11840	28858	16459	12399
澳大利亚	Australia	123230	1780	121450	70159	754	69405
新西兰	New Zealand	248	248		184	173	11

4-5 海关出口主要商品数量和金额

Main Export Commodities in Volume and Value (Customs Statistics)

单位：万美元 (USD 10 000)

品　名	Item	2008		2009	
		数 量 Volume	金 额 Value	数 量 Volume	金 额 Value
盐渍绵羊肠衣（吨）	Sheep Casings (ton)	228	947	145	631
蕨菜干（吨）	Dried Tterribothyte (ton)	136	100	125	86
干扁豆（吨）	Dried Haricot (ton)	6160	460	4261	296
干蚕豆（吨）	Dried Horsebean (ton)	9138	567	5709	374
荞麦（吨）	Buckwheat (ton)	724	27	1155	50
当归（吨）	Angelica (ton)	60	43	47	21
黄芪（吨）	Root of Menbianous Mile Wetch (ton)	47	10	47	14
苦杏仁（吨）	Bitter Apricot Kernel (ton)	2706	521	2097	423
黑瓜子（吨）	Black Melon Seeds (ton)	1744	344	1937	410
番茄酱罐头（吨）	Ketchup Tin (ton)	29687	2891	35062	3231
其他硅（吨）	Other Silicon (ton)	180	36		
硫化钠（吨）	Sulfuration Natrium (ton)	5276	169	2149	77
氧化铈（吨）	Oxygenation Cerium (ton)	145	72	91	31
已梳无毛山羊绒（吨）	Non-Hair Cashmere (ton)	11	54	25	112
交流发电机（台）	Altermator (unit)	28	4	49	6
其它车床（台）	Other Machine Tool (unit)	322	58		
棉制男衬衫（件）	Cotton Shirt (piece)	22906	11		
滚珠轴承（万套）	Ball Bearing (10 000 sets)	1140	758	621	358

4-6 利用外资概况
Utilization of Foreign Capital

单位：个、万美元 (unit,USD 10 000)

年份 Year	总计 Total 项目 Number of Projects	总计 Total 金额 Value	对外借款 Foreign Loans 项目 Number of Projects	对外借款 Foreign Loans 金额 Value	外商直接投资 Direct Foreign Investments 项目 Number of Projects	外商直接投资 Direct Foreign Investments 金额 Value
签订利用外资协议（合同）额 Total Amount of Foreign Capital to Be Utilized through the Signed Agreements and Contracts						
1995	177	44199	21	25224	156	18975
1996	138	34365	16	25813	122	8552
1997	69	30882	7	20160	62	10722
1998	72	27995	4	19631	68	8364
1999	73	28592	5	19150	68	9442
2000	84	32250	8	19910	76	12340
2001	78	26230	6	10720	72	15510
2002	63	32026	12	21000	51	11026
2003	73	69464	14	45000	59	24464
2004	92	57031	29	24467	63	32564
2005	51	53996	17	40600	34	13396
2006	49	53533	11	44977	38	8556
2007	44	34242	9	19080	35	15162
2008	49	35776	12	6840	37	28936
2009	32	79533	6	45000	26	34533
实际利用外资额 Total Amount of Foreign Capital Actually Used						
1995		35854		24900		10954
1996		29317		20315		9002
1997		21638		16368		5270
1998		14552		10688		3864
1999		20746		16642		4104
2000		20122		13887		6235
2001		20558		13119		7439
2002		22620		17392		5228
2003		24609		20722		3887
2004		26297		22758		3539
2005		25639		23595		2044
2006		27241		24287		2954
2007		38202		26400		11802
2008		47642		34800		12842
2009		51383		38000		13383

4-7 外商投资合同项目和投资额

Foreign Investment Through Signed Contract and It's Value

（2009）

项　目	Rtem	签订合同项目（个） Number of Contracts (unit)	签订合同投资额（万美元） Contracted Value (USD 10 000)	实际吸收外资金额（万美元） Amount of Foreign Capital Actually Used (USD 10 000)
合　计	**Total**	**26**	**34533**	**13383**
按登记注册类型分	**By Investment Manner**			
合资经营	Jonint Venture	10	9544	7794
合作经营	Cooperative operation	4	5919	367
独资经营	Foreing Funded Enterprises	12	19070	5222
股份制	Share Holding			
其他	Others			
按行业分	**By Sector**			
农、林、牧、渔业	Farming, Forestry, Animal Husbandry and Fishery	2	738	7
采矿业	Mining and Dressing of Minred		2	313
制造业	Manufacturing	7	7118	1668
电力、燃气及水的生产和供应业	Electric Power, Gas and Water Production and Supply	4	21566	10508
建筑业	Construction			
交通运输、仓储和邮政业	Transport, Storage, Post and Telecommunication Services		45	
信息传输、计算机服务和软件业	Information Transmission,Computer Services and Software			
批发和零售业	Wholesale and Retail Trade	4	2253	339
住宿和餐饮业	Hoteling and Catering Services	1	1000	163
金融业	Financial Intermediation			
房地产业	Real Estate		-29	
租赁和商务服务业	Leasing and Commercial Services	3	105	247
科学研究、技术服务和地质勘查业	Scientific Research,Polytechnic Services and Geological Prospecting	2	1032	54
水利、环境和公共设施管理业	Water,Environment,and Public Facilities Conservancy	1	513	
居民服务和其他服务业	Resident and Other Services			
教育	Education			
卫生、社会保障和社会福利业	Health Care,Social Security,Social Welface			
文化、体育和娱乐业	Culture,Sports and Recreations	2	190	84
公共管理和社会组织	Public Administration and Entertainment Social Organizations			
其他	Others			
按客商国别（地区）分	**By Country(Region)of Foreign Partner**			
香港地区	Hongkong,China	15	15212	6486
台湾地区	Taiwan,China	2	49	19
日本	Japan	2	557	
泰国	Thailand			
新加坡	Singapore	1	365	155
法国	France		18	
美国	United States	1	271	153
德国	Germany			
新西兰	New Zealand			
韩国	Korea			
英国	United Kingdom			
奥地利	Austria			
加拿大	Canada			4
其他	Others	5	18061	6566

4-8 年末登记外商投资企业行业分布情况

Sector Distribution Registered of Foreign-Funded Enterprises at the Year-end

(2009)

行业	Sector	企业数(户) Number of Registered Enterprises (unit)	投资总额(万美元) Total Investment (USD 10 000)	注册资本(万美元) Registered Capital (USD 10 000)	#外方 Capital Invested by Foreign Partner
合计	**Total**	**397**	**491972**	**225819**	**147327**
农、林、牧、渔业	Farming,Forestry,Animal Husbandry	26	14529	7259	4995
采矿业	Mining and Dressing of Minred	12	10236	4985	4026
制造业	Manufacturing	149	98176	60209	39394
电力、燃气及水的生产和供应业	Electric Power, Gas and Water Production and Supply	16	254581	82312	42415
建筑业	Construction	20	3311	2619	1802
交通运输、仓储和邮政业	Transport, Storage, Post and Telecommunication Services	4	681	566	499
信息传输、计算机服务和软件业	Information Transmission,Computer Services and Software	7	38044	20661	20661
批发和零售业	Wholesale and Retail Trade	54	12013	9067	4965
住宿和餐饮业	Hotel and Catering Services	25	12457	7809	5030
金融业	Finance	1	121	86	53
房地产业	Real Estate	37	24467	15389	10738
租赁和商务服务业	leasing and Commercial Services	16	6720	4297	4182
科学研究、技术服务和地质勘查业	Scientific Research,Technology Services and Geological Prospecting	16	13589	7601	6023
水利、环境和公共设施管理业	Water,Environment,and Public Facilities Conservancy	2	451	451	451
居民服务和其他服务业	Resident and Other Services	6	793	708	642
教育	Education	3	32	32	29
卫生、社会保障和社会福利业	Health Care,Social Security,Social Welface				
文化、体育和娱乐业	Culture,Sports and Recreations	3	1769	1769	1421
公共管理和社会组织	Public Administration and Social Organizations				
其他	Others				

4-9 各地区进出口及外商投资企业进出口商品总值（按经营单位所在地分）

Import and Export Value and that of Foreign Funded Enterprises by Prefecture

(by Location of Foreign Trade Managing Units)

单位：万美元 (2009) (USD 10 000)

地　区	Region	进出口商品总值		
		进出口 Total	出口 Exports	进口 Imports
全　省	**Total Provincial**	**386175**	**73551**	**312624**
兰州市	Lanzhou	48819	30627	18192
嘉峪关市	Jiayuguan	40904	2725	38179
金昌市	Jinchang	229923	9372	220551
白银市	Baiyin	35310	5023	30287
天水市	Tianshui	12000	7933	4067
武威市	Wuwei	712	712	
张掖市	Zhangye	2000	1991	9
平凉市	Pingliang	904	904	
酒泉市	Jiuquan	6424	5950	474
庆阳市	Qingyang	6031	5985	46
定西市	Dingxi	1281	499	782
陇南市	Longnan	610	591	19
临夏州	Linxia	863	863	
甘南州	Gannan	394	376	18

4-9 续表 continue

单位：万美元 (2009) (USD 10 000)

地　区	Region	外商投资企业进出口商品总值		
		进出口 Total	出口 Exports	进口 Imports
全　省	**Total Provincial**	**10693**	**8206**	**2487**
兰州市	Lanzhou	7364	4996	2368
嘉峪关市	Jiayuguan			
金昌市	Jinchang			
白银市	Baiyin	99	99	
天水市	Tianshui	10	9	1
武威市	Wuwei	122	122	
张掖市	Zhangye	171	165	6
平凉市	Pingliang	179	179	
酒泉市	Jiuquan	2050	1938	112
庆阳市	Qingyang	698	698	
定西市	Dingxi			
陇南市	Longnan			
临夏州	Linxia			
甘南州	Gannan			

主要统计指标解释

进出口总额 指实际进出我国国境的货物总金额。包括对外贸易实际进出口货物，来料加工装配进出口货物，国家间、联合国及国际组织无偿援助物资和赠送品，华侨、港澳台同胞和外籍华人捐赠品，租赁期满归承租人所有的租赁货物，进料加工进出口货物，边境地方贸易及边境地区小额贸易进出口货物(边民互市贸易除外)，中外合资企业、中外合作经营企业、外商独资经营企业进出口货物和公用物品，到、离岸价格在规定限额以上的进出口货样和广告品(无商业价值、无使用价值和免费提供出口的除外)，从保税仓库提取在中国境内销售的进口货物，以及其他进出口货物。该指标可以观察一个国家在对外贸易方面的总规模。我国规定出口货物按离岸价格统计，进口货物按到岸价格统计。

商品经营单位所在地进、出口额 指在所在地海关注册登记的有进出口经营权的企业实际进、出口额。

利用外资 指我国各级政府、部门、企业和其他经济组织通过对外借款、吸收外商直接投资以及用其他方式筹措的境外现汇、设备、技术等。

对外借款 指通过对外正式签订借款协议，从境外筹措的资金，包括外国政府贷款、国际金融组织贷款、外国银行商业贷款、出口信贷以及对外发行债券等。1996 年及以前还包括对外发行股票。该指标是我国利用外资的重要部分。

外商直接投资 指外国企业和经济组织或个人(包括华侨、港澳台胞以及我国在境外注册的企业)按我国有关政策、法规，用现汇、实物、技术等在我国境内开办外商独资企业、与我国境内的企业或经济组织共同举办中外合资经营企业、合作经营企业或合作开发资源的投资(包括外商投资收益的再投资)，以及经政府有关部门批准的项目投资总额内企业从境外借入的资金。

外商其他投资 指除对外借款和外商直接投资以外的各种利用外资的形式。包括企业在境内外股票市场公开发行的以外币计价的股票（目前主要是在香港证券市场发行的 H 股和在境内证券市场发行的 B 股）发行价总额，国际租赁进口设备的应付款，补偿贸易中外商提供的进口设备、技术、物料的价款，加工装配贸易中外商提供的进口设备、物料的价款。

对外承包工程 指各对外承包公司以招标议标承包方式承揽的下列业务：(1)承包国外工程建设项目；(2)承包我国对外经援项目；(3)承包我国驻外机构的工程建设项目；(4)承包我国境内利用外资进行建设的工程项目；(5)与外国承包公司合营或联合承包工程项目时我国公司分包部分；(6)对外承包兼营的房屋开发业务。对外承包工程的营业额是以货币表现的本期内完成的对外承包工程的工作量，包括以前年度签订的合同和本年度新签订的合同在报告期内完成的工作量。

对外劳务合作 指以收取工资的形式向业主或承包商提供技术和劳动服务的活动。我国对外承包公司在境外开办的合营企业，中国公司同时又提供劳务的，其劳务部分也纳入劳务合作统计。劳务合作营业额按报告期内向雇主提交的结算数（包括工资、加班费和奖金等）统计。

5

能源消费

Energy Consumption

简要说明

一、本篇资料主要内容

本篇资料主要内容包括：能源生产量、能源消费量，能源消费的行业构成和品种构成，综合能源平衡表和主要能源品种的单项平衡表，能源生产和消费弹性系数，分主要能源品种的消费量及万元生产总值能耗、电耗数据。

二、本篇资料来源

本篇资料是由省统计局能源处搜集、加工整理，数据均来自历年能源平衡表。

5-1 综合能源平衡表

Overall Energy Balance Sheet

单位：万吨标准煤 (10 000 tons of SCE)

项 目	Item	2005	2006	2007	2008	2009
可供消费的能源总量	**Total Energy Available for Consumption**	**4367.67**	**4742.69**	**5109.29**	**5346.39**	**5481.60**
一次能源生产量	Primary Energy Output	3605.12	3798.83	3985.59	4069.28	4232.34
回收能源	Recovery of Energy	133.83	147.58	135.53	128.69	167.76
进口量	Imports	2793.02	2790.52	2975.20	3476.27	3519.16
出口量（－）	Exports (-)	−2124.21	−1994.80	−1968.59	−2083.44	−2449.00
年初年末库存差额	Stock Changes in the Year	−40.09	0.56	−18.45	−244.42	11.34
能源消费总量	**Total Energy Consumption**	**4367.67**	**4743.05**	**5109.29**	**5346.33**	**5481.60**
在总量中:	Consumption by Sector					
农、林、牧、渔业	Farming,Forestry,Animal Husbandry, Fishery	240.24	249.05	245.10	257.53	264.63
工 业	Industry	3195.43	3536.69	3840.28	3988.50	4022.40
建筑业	Construction	58.17	59.04	65.56	68.50	70.97
交通运输、仓储和邮政业	Transportation,Storage and Post	282.51	299.27	318.88	341.42	364.10
批发、零售业和住宿、餐饮业	Wholesale and Retail Trades,Hotels and Catering Services	53.18	52.27	54.91	60.19	69.23
其他	Others	69.50	71.70	78.55	92.67	107.85
生活消费	Residential Consumption	468.64	475.03	506.01	536.63	582.37
在总量中:	Consumption by Usage					
终端消费	Final Consumption	4111.51	4414.29	4744.18	5057.53	5185.92
#工 业	Industry	2939.30	3207.92	3475.16	3700.59	3726.77
加工转换损失量	Losses in Processing and Transformation	182.65	221.99	246.41	168.31	175.20
#炼 焦	Coking	7.40	58.30	10.67	20.72	23.33
炼 油	Petroleum Refining	172.74	155.97	217.97	133.74	142.36
损失量	Other Losses	73.48	106.77	118.71	120.49	120.48
#输变电损失量	Losses in Transmission and Subelectricity	72.87	106.25	118.19	119.96	120.48
平衡差额	**Balance**		**-0.36**		**0.06**	

5-2 煤炭平衡表
Coal Balance Sheet

单位：万吨 (10 000 tons)

项　目	Item	2005	2006	2007	2008	2009
可供量	**Total Energy Available for Consumption**	**3750.67**	**3959.09**	**4468.92**	**4682.87**	**4478.50**
生产量	Outputs	3620.00	3822.79	3949.34	3952.37	3975.96
进口量	Imports	1107.45	1042.67	1448.94	1921.99	2152.20
出口量（-）	Exports (-)	-980.32	-912.51	-940.00	-950.00	-1721.67
年初年末库存差额	Stock Changes in the Year	3.54	6.14	10.64	-241.49	72.01
消费量	**Total Energy Consumption**	**3750.67**	**3959.09**	**4468.92**	**4682.87**	**4478.50**
在消费量中:	Consumption by Sector					
农、林、牧、渔业	Farming,Forestry,Animal Husbandry, Fishery	35.01	36.50	37.80	40.00	43.00
工 业	Industry	3215.01	3409.90	3906.03	4089.92	3870.50
建筑业	Construction	23.80	21.60	25.00	24.50	25.00
交通运输、仓储和邮政业	Transportation,Storage and Post	48.07	52.59	54.59	53.00	53.00
批发、零售业和住宿、餐饮业	Wholesale and Retail Trades,Hotels and Catering Services	21.08	23.10	23.00	25.00	28.00
其他	Others	12.00	13.30	15.50	17.46	19.50
生活消费	Residential Consumption	395.70	399.10	407.00	433.00	439.50
在消费量中:	Consumption by Usage					
终端消费	Final Consumption	1480.80	1525.94	1521.78	1640.36	1573.65
#工 业	Industry	945.14	976.75	958.89	1047.40	965.65
中间消费	Intermediate Consumption	2269.87	2433.15	2947.14	3042.51	2904.85
（用于加工转换）	(Consumed in Transformation)					
发 电	Power Generation	1597.00	1660.92	1969.03	2216.90	2060.00
供 热	Heating	293.70	343.10	389.52	385.88	376.85
炼 焦	Coking	372.30	426.29	531.68	428.85	433.16
制 气	Gas Production	8.46	8.93	6.83	4.94	6.75
洗选损耗	Losses in Coal Washing and Dressing	13.50	9.19	65.36	19.94	28.09
平衡差额	**Balance**					

5-3 电力平衡表

Electricity Balance Sheet

单位：亿千瓦小时 (100 million kwh)

项　目	Item	2005	2006	2007	2008	2009
可供量	**Total Energy Available for Consumption**	**489.48**	**536.33**	**614.74**	**677.76**	**705.51**
生产量	Output	506.17	531.89	618.76	690.39	703.25
水 电	Hydropower	166.47	171.65	194.39	222.35	262.10
火 电	Thermal Power	339.70	360.24	424.37	468.04	441.15
进口量	Imports	51.14	4.44	61.26	58.86	2.26
出口量（-）	Exports (-)	-67.83		-65.28	-71.49	
消费量	**Total Energy Consumption**	**489.48**	**536.33**	**614.74**	**677.76**	**705.51**
在消费量中:	Consumption by Sector					
农、林、牧、渔业	Farming,Forestry,Animal Husbandry, Fishery	51.70	53.82	52.65	55.26	56.38
工 业	Industry	364.46	404.70	472.85	520.43	534.43
建筑业	Construction	4.08	3.98	4.46	5.82	5.83
交通运输、仓储和邮政业	Transportation,Storage and Post	15.34	17.97	24.61	27.71	28.92
批发、零售业和住宿、餐饮业	Wholesale and Retail Trades,Hotels and Catering Services	6.72	7.07	7.62	8.44	10.12
其他	Others	14.72	15.09	16.25	19.47	23.50
生活消费	Residential Consumption	32.46	33.70	36.30	40.63	46.33
在消费量中:	Consumption by Usage					
终端消费	Final Consumption	467.96	504.53	579.00	641.46	668.74
#工 业	Industry	342.94	372.90	437.11	484.13	497.66
输配电损失量	Losses in Transmission	21.52	31.80	35.74	36.30	36.77

5-4 分行业能源消费总量和主要能源品种消费量

(2009)

行业	Sector	能源消费总量（万吨标准煤）Total Energy Consumption (10000 tons of SCE)	煤炭（万吨）Coal (10 000 tons)
消费总量	**Total Consumption**	**5481.60**	**4478.50**
农、林、牧、渔业	Farming,Forestry,Animal Husbandry,Fishery and Water Conservancy	264.63	43.00
工业	Industry	4022.40	3870.50
采掘业	Mining and Quarrying	150.65	100.85
煤炭开采和洗选业	Coal Mining and Dressing	57.13	83.62
石油和天然气开采业	Petroleum and Natural Gas Extraction	56.06	1.77
黑色金属矿采选业	Ferrous Metals Mining and Dressing	14.31	6.40
有色金属矿采选业	Nonferrous Metals Mining and Dressing	16.63	5.86
非金属矿采选业	Nonmetal Minerals Mining and Dressing	6.52	3.20
其他采矿业	Mining and Dressing of Other Minerals		
制造业	Manufacturing	3565.56	1740.73
农副食品加工业	Agriculture and Sideline Food Production	37.93	24.14
食品制造业	Food Production	21.66	21.76
饮料制造业	Beverage Production	27.66	24.38
烟草制品业	Tobacco Processing	1.53	
纺织业	Textile Industry	4.31	1.61
纺织服装、鞋、帽制造业	Textile,Garment,Shoes,Caps	1.10	1.11
皮革、毛皮、羽毛(绒)及其制品业	Leather, Furs, Down and Related Products	1.66	1.81
木材加工及木、竹、藤、棕、草制品业	Timber Processing,Bamboo,Cane,Palm Fiberand Straw Products	0.92	0.92
家具制造业	Furniture Manufacturing	0.32	0.20
造纸及纸制品业	Papermaking and Paper Products	11.38	11.03
印刷业和记录媒介的复制	Printing and Record Medium Reproduction	1.39	0.76
文教体育用品制造业	Cultural, Educational and Sports Goods	0.03	0.01
石油加工、炼焦及核燃料加工业	Petroleum Processing and Coking	628.51	132.02
化学原料及化学制品制造业	Raw Chemical Materials and Chemical Products	415.95	183.98
医药制造业	Medical and Pharmaceutical Products	12.26	10.35
化学纤维制造业	Chemical Fiber	50.14	49.22
橡胶制品业	Rubber Products	1.41	0.08
塑料制品业	Plastic Products	6.86	1.55
非金属矿物制品业	Nonmetal Mineral Products	389.01	330.22
黑色金属冶炼及压延加工业	Smelting and Pressing of Ferrous Metals	1100.21	546.63
有色金属冶炼及压延加工业	Smelting and Pressing of Nonferrous Metals	790.05	361.69
金属制品业	Metal Products	5.67	3.41
通用设备制造业	General Purposes Eguipment Manufacturing	15.75	10.51
专用设备制造业	Equipment Manufacturing For Special Purposes	12.40	8.09
交通运输设备制造业	Transport Equipment Manufacturing	6.00	4.89
电气机械及器材制造业	Electric Equipment and Machinery	8.86	5.22
通信设备、计算机及其他电子设备制造业	Telecommunication Equipment,Computer and Other Elctronic Equipment	4.72	2.55
仪器仪表及文化、办公用机械制造业	Instruments,Meters,Cultural and Office Machinery	0.54	0.25
工艺品及其他制造业	Arts and Other Manufacturing	6.68	2.32
废弃资源和废旧材料回收加工业	Waste Resources and Materials Recycling and Processing	0.67	
电力煤气及水生产供应业	Electric Power, Gas and Water Production and Supply	306.19	2028.93
电力、热力的生产和供应业	Production and Supply of Electric power and heat	299.35	2027.88
燃气生产和供应业	Production and Supply of Gas	0.87	0.71
水的生产和供应业	Production and Supply of Water	5.97	0.34
建筑业	Construction	70.97	25.00
交通运输、仓储及邮电通信业	Transportation, Storage, Postal & Telecommunications Services	364.10	53.00
批发和零售贸易餐饮业	Wholesale, Retail Trade and Catering Services	69.23	28.00
其他行业	Others	107.85	19.50
生活消费	Residential Consumption	582.37	439.50

Consumption of Total Energy and Its Main Varieties by Sector

焦炭（万吨） Coke (10 000 tons)	原油（万吨） Crude Oil (10 000 tons)	汽油（万吨） Gasoline (10 000 tons)	煤油（万吨） Kerosene (10 000 tons)	柴油（万吨） Diesel Oil (10 000 tons)	燃料油（万吨） Fuel Oil (10 000 tons)	液化石油气（万吨） Liquefied Petroleum Gas (10 000 tons)	天然气（亿立方米） Natural Gas (100 million cu.m)	电力（亿千瓦小时） Electricity (100 million kwh)
540.33	**1440.79**	**50.14**	**5.45**	**185.62**	**13.39**	**6.42**	**12.43**	**705.51**
		3.20	0.02	27.00				56.38
540.33	1440.79	7.04	0.14	22.32	13.39	0.10	9.62	534.43
0.77	1.24	3.64		11.93			0.93	18.31
		0.26		1.55				7.14
	1.24	2.68		4.60			0.93	6.42
0.59		0.43		2.85				1.26
		0.15		1.47				3.00
0.18		0.12		1.46				0.49
537.73	1439.55	2.81	0.14	10.05	13.06	0.10	8.61	436.85
0.01		0.41		0.39				5.64
		0.04		0.05			0.01	1.53
		0.11		0.12			0.14	2.17
				0.07			0.06	0.20
		0.02		0.01				0.63
								0.08
		0.01						0.09
		0.01		0.02				0.06
								0.04
		0.01		0.02				0.92
		0.02						0.22
								0.01
	1439.55	0.63		1.19	5.58	0.01	3.67	25.46
50.46		0.24		0.77	1.21	0.03	2.96	53.20
0.10		0.06		0.04			0.04	1.13
2.15		0.02		0.02				3.80
								0.41
0.40		0.09	0.01	0.04				1.39
14.44		0.25		2.60	0.02		0.93	33.56
443.91		0.05		0.88				113.25
25.44		0.32	0.08	3.17	6.21	0.05	0.53	186.05
0.27		0.12		0.10			0.01	0.68
0.36		0.10	0.02	0.11	0.03	0.01	0.02	2.09
0.04		0.12		0.06			0.15	1.24
0.02		0.04	0.02	0.15			0.01	0.54
0.11		0.08		0.05			0.09	1.05
		0.01						0.84
0.03								0.10
		0.02		0.03				0.33
				0.15				0.14
1.83		0.59		0.34	0.33		0.08	79.27
1.77		0.53		0.32	0.33		0.07	77.57
0.06		0.02		0.01				0.06
		0.04		0.01				1.63
		8.20	0.02	10.50			0.03	5.83
		17.50	5.24	121.96		0.70	1.30	28.92
		3.90	0.01	1.80		0.09	0.49	10.12
		7.30	0.01	1.80			0.21	23.50
		3.00	0.01	0.24		5.53	0.78	46.33

5-5 能源生产弹性系数

Elasticity Ratio of Energy Production

年 份 Year	能源生产比上年增长（%） Growth Rate of Energy Production over Preceding Year (%)	电力生产比上年增长（%） Growth Rate of Electricity Production over Preceding Year (%)	甘肃生产总值比上年增长（%） Growth Rate of Gansu Gross Product Over Preceding Year (%)	能源生产弹性系数 Elasticity Ratio of Energy Production	电力生产弹性系数 Elasticity Ratio of Electricity Production
2000	−13.06	6.83	9.70		0.70
2001	5.39	8.26	9.76	0.55	0.85
2002	37.66	12.53	9.86	3.82	1.27
2003	16.84	18.71	10.74	1.57	1.74
2004	17.71	13.18	11.51	1.54	1.15
2005	7.29	10.70	11.84	0.62	0.90
2006	5.39	5.08	11.51	0.47	0.44
2007	4.92	16.33	12.30	0.40	1.33
2008	2.10	11.58	10.14	0.21	1.14
2009	4.01	1.86	10.29	0.39	0.18

5-6 能源消费弹性系数

Elasticity Ratio of Energy Consumption

年 份 Year	能源消费比上年增长（%） Growth Rate of Energy Consumption over Preceding Year (%)	电力消费比上年增长（%） Growth Rate of Electricity Consumption over Preceding Year (%)	甘肃生产总值比上年增长（%） Growth Rate of Gross Product of Gansu Over Preceding Year (%)	能源消费弹性系数 Elasticity Ratio of Energy Consumption	电力消费弹性系数 Elasticity Ratio of Electricity Consumption
2000	3.23	1.29	9.70	0.33	0.13
2001	1.88	1.58	9.76	0.19	0.16
2002	4.36	11.84	9.86	0.44	1.20
2003	11.82	16.36	10.74	1.10	1.52
2004	15.78	13.47	11.51	1.37	1.17
2005	11.77	8.29	11.84	0.99	0.70
2006	8.59	9.57	11.51	0.75	0.83
2007	7.73	14.62	12.30	0.63	1.19
2008	4.64	10.25	10.14	0.46	1.01
2009	2.53	4.09	10.29	0.25	0.40

5-7 平均每天各种能源消费量

Average Daily Energy Consumption by Variety

能源品种	Item	2005	2006	2007	2008	2009
合计（万吨标准煤）	**Total (10 000 tons of SCE)**	**11.97**	**12.99**	**14.00**	**14.65**	**15.02**
煤炭（万吨）	Coal (10 000 tons)	10.28	10.85	12.24	12.83	12.27
焦炭（万吨）	Coke (10 000 tons)	1.16	1.29	1.54	1.49	1.48
原油（万吨）	Crude Oil (10 000 tons)	3.37	3.63	3.93	3.82	3.94
燃料油（万吨）	Fuel Oil (10 000 tons)	0.04	0.04	0.04	0.03	0.04
汽油（万吨）	Gasoline (10 000 tons)	0.24	0.24	0.24	0.14	0.14
煤油（万吨）	Kerosene (10 000 tons)	0.01	0.01	0.02	0.02	0.01
柴油（万吨）	Diesel Oil (10 000 tons)	0.32	0.32	0.31	0.46	0.51
电力（亿千瓦小时）	Electricity (100 million kwh)	1.34	1.47	1.68	1.86	1.93

5-8 分品种生活能源年消费总量

Average Annual Energy Consumption for Non-Production Purposes by Variety

能源品种	Item	2005	2006	2007	2008	2009
合计（万吨标准煤）	**Total (10 000 tons of SCE)**	**468.64**	**475.03**	**506.01**	**536.63**	**582.37**
煤炭（万吨）	Coal (10 000 tons)	395.70	399.10	407.00	433.00	439.50
煤油（万吨）	Kerosene (10 000 tons)	0.01	0.01	0.01	0.01	0.01
液化石油气（万吨）	Liquefied Petroleum Gas (10 000 tons)	4.92	4.99	4.99	5.45	5.53
焦炉煤气（亿立方米）	Gas (100 million cu.m)	0.37	0.39	0.41	0.55	0.70
天然气（亿立方米）	Natural Gas (100 million cu.m)	0.40	0.70	0.72	0.76	0.78
热力（万百万千焦）	Heat (10 billion kilo-joule)	1681.01	1601.07	1734.99	1874.76	1890.00
电力（亿千瓦小时）	Electricity (100 million kwh)	32.46	33.70	36.30	40.63	46.33

5-9 每人年平均生活用能源

Annual Average Per Capita Energy Consumption for Non-Production Purpose

年份 Year	平均每人生活消费能源（千克标准煤） Annual Per Capita Consumption for Non-Production Purpose (kg of SCE)	#煤炭（千克） Coal (kg)	#电力（千瓦小时） Electricity (kwh)	#液化石油气（千克） Liquefied Petroleum Gas (kg)	#煤气、天燃气（立方米） Gas (cu.m)
2000	164	155	84.00	2.09	1.64
2001	174	152	88.31	1.60	1.99
2002	156	150	89.49	1.50	1.31
2003	172	149	91.34	1.62	1.77
2004	169	147	105.29	1.61	2.38
2005	181	153	125.12	1.90	3.05
2006	182	153	129.30	1.91	4.18
2007	193	156	138.70	1.91	4.43
2008	204	165	154.60	2.07	5.10
2009	221	167	175.79	2.10	5.73

5-10 万元生产总值能耗

Energy Consumption per 10000 yuan GRP

年份 Year	能源消费总量（万吨标准煤） Total Consumption of Energy (10 000 tons of SCE)	万元生产总值能耗（吨标准煤/万元） Energy Consumption per 10000 yuan GRP (ton of SCE/ 10 000yuan)	电力消费总量（亿千瓦小时） Electric Consumption (100 million kwh)	万元生产总值电耗（千瓦小时/万元） Electricity Consumption per 10 000 yuan GRP (kwh/10 000yuan)
2000	3011.62	2.86	295.34	2805
2001	3068.36	2.72	306.09	2720
2002	3174.23	2.57	342.33	2779
2003	3525.08	2.52	398.33	2846
2004	3907.74	2.31	452.00	2677
2005	4367.67	2.26	489.48	2531
2006	4743.05	2.20	536.33	2487
2007	5109.29	2.11	614.74	2537
2008	5346.33	2.00	677.76	2539
2009	5481.60	1.86	705.51	2399

注：2000-2004年万元生产总值能耗和电耗是按现价计算，2005年以后是按2005年可比价计算的。

a)Data from 2000 to 2004 of Energy Consumption per 10000 yuan of GRP & Electricity Consumption per 10000 yuan of GRP are calculated at current prices.Data after 2005 are calculated at Comparable Prices in 2005.

主要统计指标解释

能源生产总量　指一定时期内，一次能源生产量的总和。该指标是观察能源生产水平、规模、构成和发展速度的总量指标。一次能源生产量包括原煤、原油、天然气、水电、核能及其他动力能(如风能、地热能等)发电量，不包括低热值燃料生产量、生物质能、太阳能等的利用和由一次能源加工转换而成的二次能源产量。

能源消费总量　指一定时期内，各行业和居民生活消费的各种能源的总和。该指标是观察能源消费水平、构成和增长速度的总量指标。能源消费总量包括原煤和原油及其制品、天然气、电力，不包括低热值燃料、生物质能和太阳能等的利用。能源消费总量分为终端能源消费量、能源加工转换损失量和能源损失量三部分。

能源生产弹性系数　是研究能源生产增长速度与国民经济增长速度之间关系的指标。计算公式：

$$能源生产弹性系数=\frac{能源生产总量年平均增长速度}{国民经济年平均增长速度}$$

电力生产弹性系数　是研究电力生产增长速度与国民经济增长速度之间关系的指标。一般来说，电力的发展应当快于国民经济的发展，也就是说电力应超前发展。计算公式为：

$$电力生产弹性系数=\frac{电力生产量年平均增长速度}{国民经济年平均增长速度}$$

能源消费弹性系数　反映能源消费增长速度与国民经济增长速度之间比例关系的指标。计算公式为：

$$能源消费弹性系数=\frac{能源消费量年平均增长速度}{国民经济年平均增长速度}$$

电力消费弹性系数　反映电力消费增长速度与国民经济增长速度之间比例关系的指标。计算公式为：

$$电力消费弹性系数=\frac{电力消费量年平均增长速度}{国民经济年平均增长速度}$$

单位国内生产总值能耗　指一定时期内，一个国家或地区每生产一个单位的国内生产总值所消耗的能源。计算公式为：

$$单位国内生产总值能源=\frac{能源消费总量}{国内生产总值}$$

单位国内生产总值电耗　指一定时期内，一个国家或地区每生产一个单位的国内生产总值所消耗的电力。计算公式为：

$$单位国内生产总值电耗=\frac{全社会用电量}{国内生产总值}$$

单位工业增加值能耗　指一定时期内，一个国家或地区每生产一个单位的工业增加值所消耗的能源。计算公式为：

$$单位工业增加值=\frac{工业能源消费量}{工业增加值}$$

财政、金融、保险

Finance, Banking, Insurance

6

简要说明

一、本篇资料主要内容

本篇反映甘肃省财政收支状况；金融业的发展情况。主要内容包括地方财政收支、政府性基金收支资料；金融机构存贷及现金收支等活动；保险业务情况。

二、本篇资料来源

本篇资料由省统计局国民经济核算处搜集、加工整理：

1.财政收支状况资料来源于省财政厅。

2.金融资料来源于中国人民银行兰州中心支行。

3.保险数据来源于中国保监会甘肃监管局。

6-1 财政收支

Financial Revenue and Expenditure

单位：万元 (10 000 yuan)

年 份 Year	财政收入 Total Revenue	#地方财政收入 Local Financial Revenue	# 各项税收 Taxes	#附：上交中央税收 Turn Over Revenue to the Central Government	财政支出 Financial Expenditure
1978	205280		79168		143429
1979	184606		79407		141810
1980	149348		44606		123045
1981	129859		43143		111955
1982	124713		82870		127857
1983	109003		92004		155256
1984	132338		114322		211510
1985	163814		189074		239971
1986	197635		210832		300125
1987	225831		235266		317747
1988	249786		267766		363835
1989	315242		317768		412645
1990	342065		341541		459395
1991	399801		359225		513188
1992	399736		393208		534786
1993	521132		520393		631676
1994	626198	290797	270086	335401	723817
1995	684142	339211	302594	344931	813908
1996	822714	433733	367663	388981	909538
1997	919259	494108	416575	425151	1067215
1998	974793	540253	465578	434540	1253382
1999	1030025	583657	490034	446368	1477868
2000	1083752	612849	516624	470903	1882322
2001	1241396	699485	587853	541911	2354643
2002	1503365	762432	654283	740933	2740111
2003	1771750	876561	722434	895189	3000070
2004	2158581	1041600	823382	1104105	3569366
2005	2545665	1235026	919615	1310639	4293479
2006	2949750	1412152	1108360	1537598	5285946
2007	3918687	1909107	1420532	2009580	6753372
2008	4709361	2649650	1628049	2059711	9684336
2009	6039849	2865898	1760411	3173951	12462817

6-2 财政收入情况
Financial Revenue

单位:万元 (10 000 yuan)

项 目	Item	2008	2009
财政收入	**Government Revenue**	**4709361**	**6039849**
地方财政收入	**Local Financial Revenue**	**2649650**	**2865898**
税收收入	Tax Revenue	1628049	1760411
国内增值税	Value Added Tax	379120	371096
营业税	Business Tax	531536	652494
企业所得税	Company Income Tax	206233	169511
企业所得税退税	Tax Rebate for Company Income Tax	-679	-37
个人所得税	Individual Income Tax	81306	89876
资源税	Resources Tax	55469	51265
固定资产投资方向调节税	Fixed Assets Investment Ajustment Tax	2	
城市维护建设税	Tax on City Maintenance and Construction	155398	182536
房产税	Tax on Real Estates	66292	77317
印花税	Stamp Tax	30059	38360
城镇土地使用税	Tax on the use of Urban Land	38640	41106
土地增值税	Land Value Added Tax	29294	4220
车船税	Tax on the use of Vehicles and Ships	10282	18699
耕地占用税	Tax on the Occurpancy of Cultivated Land	11078	18290
契税	Contract Tax	32744	44127
烟叶税	Tobacco tax	1268	1551
其他税收收入	Other Revenues	7	
非税收入	Nonrevenue Income	1021601	1105487
专项收入	Special Project Income	317268	467475
行政事业性收费收入	Income from Administrative Fees	146344	163550
罚没收入	Penalty and Confiscatory Income	59318	73371
国有资本经营收入	Profit from Stat_owned Assets	57816	162513
#国有资本投资收益	State-owned Capital Investment Income		
国有企业计划亏损补贴	Planning Subsidies to Loss-suffering Stated-owned Enterprises	-9203	-8253
产权转让收入	Property Rights Transfer	23720	148345
国有资源(资产)有偿使用收入	Paid use of State-owned Resources (Assets)	27164	56754
其他收入	Other Income	413691	181824
上划中央税收收入	**Revenue Turned over to the Central government**	2059711	3173951
#增值税	Value Added Tax	1137360	1238578
消费税	Consumption Tax	408795	1324049
企业所得税	Company Income Tax	309411	261357
个人所得税	Individual Income Tax	121963	134811
车辆购置税	Vehicle Purchase Tax	82182	122374

6-3 财政支出情况

Financial Expenditures

单位：万元 (10 000 yuan)

项　　目	Item	2008	2009
地方财政支出	**Local Financial Expenditures**	**9684336**	**12462817**
一般公共服务	General public services	1271358	1500716
#人大事务	People's Congress Affairs	36069	37840
政协事务	Political Consultative Conference Affairs	28879	31166
政府办公厅（室）及相关机构事务	Government Office (room) and Related Agencies Affairs	323492	358207
共产党事务	Communist Party affairs	134499	155730
外交	Diplomacy	910	241
国防	National Defence	9642	16531
公共安全	Public security	452703	575194
#公安	Police	242153	307311
检察	Procuratorate	42595	59137
法院	Court	71452	88903
教育	Education	1829256	2063573
#普通教育	General Education	1537893	1726656
科学技术	Science and Technology	94743	101833
文化体育与传媒	Culture, Sports and the Media	194465	244968
#文化	Culture	57204	89598
体育	Sports	28154	29912
广播影视	Broadcasting, Film and Television	60414	74924
新闻出版	News and Pubulsh	12208	11682
社会保障和就业	Social Security and Employment	1536984	1997489
#行政事业单位离退休	Administrative Institutions Retired	458505	524082
就业补助	Employment subsidies	76339	104229
城市居民最低生活保障	Urban Minimum Living Standard	130318	175211
自然灾害生活救助	Natural Disaster Living Relief	266896	61312
医疗卫生	Medical and Health	583150	883735
环境保护	Environmental Protection	468469	531503
城乡社区事务	Urban and Rural Communities Affairs	447835	454735
农林水事务	Agriculture, Forestry and Water Conservancy Affairs	1073358	1589535
#农业	Agriculture	450664	751906
林业	Forestry	116999.0	165263
水利	Water Conservancy	289345.0	414001
交通运输	Transportation	347976	611736
地震灾后恢复重建支出	Post-earthquake reconstruction spending	671941	1153902
其他支出	Other Expenditures	238414	737126

6-4 政府性基金收支情况
Renvenue and Expenditure of Government Fund

单位：万元 (10 000 yuan)

项　目	Item	2008	2009
政府性基金收入合计	**Total Renvenue of Government Fund**	**718117**	**646035**
农网还贷资金收入	Rural Network Loan Funds Revenue		·
能源建设基金收入	Energy-building fund Revenue		
库区维护建设基金收入	Reservoir Maintenance and Construction Funds Income		
养路费收入	Road Toll Income	134977	
公路客货运附加费收入	Highway Passenger and Freight Transportation Surcharge Revenue	26954	
散装水泥专项资金收入	Bulk Cement Special Funds Income	394	468
墙体材料专项基金收入	Wall Materials Special Fund Revenue	1561	1449
文化事业建设费收入	Culture-building Income	2058	2471
地方教育附加收入	Additional Income of Local Education	8779	9728
新菜地开发基金收入	New Vegetable Development Fund Income	444	6820
国有土地使用权出让金收入	Income of State-owned Land Use Right Transfer	430216	494075
国有土地收益基金收入	Fund revenue receipts of state-owned land	2334	3369
新增建设用地土地有偿使用费收入	Add the land compensation for the use of land for building fee income	26197	33726
森林植被恢复费	Forest Vegetation Restoration Fee	6375	1349
残疾人就业保障金收入	The income of Disabled Person Employment Security Payments	5210	6115
政府住房基金收入	Government Housing Fund Income	3809	13151
城镇公用事业附加收入	Additional Income of Urban Public Utilities	6200	6318
彩票公益金收入	Lottery and public welfare funds Revenue	56462	30717
其他基金收入	Other funds income	6147	36279
政府性基金支出合计	**Total Expenditure of Government Fund**	**710540**	**717293**
一般公共服务	General public services	31673	95492
教育	Education	6244	7369
文化体育与传媒	Cultural, Sports and Media	2939	2294
社会保障和就业	Social Security and Employment	3776	4980
城乡社区事务	Urban and Rural Community Affairs	472062	552072
农林水事务	Agriculture, Forestry and Water Conservancy Affairs	17781	29535
交通运输	Transportation	166854	10348
工业商业金融等事务	Industrial,business and Financial affairs	6355	
采掘电力信息等事务	The Affairs of Mining,Electric Power and Information and so on		1126
粮油物资储备管理等事务	The Affairs of Management for Grains and Oils Materials Reserves and so on		5929
其他支出	Other Expenditure	2856	8148

6-5 各地县财政收支

Financial Revenue and Expenditure by Perfecture ,County

单位：万元　　　　(2009)　　　　(10 000 yuan)

地 区	Region	财政收入 Total Revenue	财政支出 Total Expenditures	地 区	Region	财政收入 Total Revenue	财政支出 Total Expenditures
兰州市	**Lanzhou**	**570385**	**1198342**	瓜州县	Guazhou	7604	52924
城关区	Chengguan	86840	173888	肃北县	Subei	14729	29015
七里河区	Qilihe	36337	91969	阿克塞县	Akesai	3104	17553
西固区	Xigu	32400	77297	玉门市	Yumen	10943	68163
安宁区	Anning	37625	70637	敦煌市	Dunhuang	14749	59960
红古区	Honggu	8424	44924	**庆阳市**	**Qingyang**	**226429**	**888352**
永登县	Yongdeng	24323	116689	西峰区	Xifeng	26640	114393
皋兰县	Gaolan	9191	57326	庆城县	Qingcheng	17571	80653
榆中县	Yuzhong	19701	108499	环　县	Huanxian	8188	110326
嘉峪关市	**Jiayuguan**	**74808**	**103122**	华池县	Huachi	6579	66052
金昌市	**Jinchang**	**92328**	**213872**	合水县	Heshui	3888	56477
金川区	Jinchuan	19780	47464	正宁县	Zhengning	17487	73674
永昌县	Yongchang	11498	68148	宁　县	Ningxian	6301	100573
白银市	**Baiyin**	**99241**	**587801**	镇原县	Zhenyuan	10551	118989
白银区	Baiyin	24356	78695	**定西市**	**Dingxi**	**50439**	**726790**
平川区	Pingchuan	17401	66436	安定区	Anding	9522	117280
靖远县	Jingyuan	6016	105136	通渭县	Tongwei	2839	101260
会宁县	Huining	3152	127255	陇西县	Longxi	10434	103949
景泰县	Jingtai	7648	64556	渭源县	Weiyuan	2900	75944
天水市	**Tianshui**	**113718**	**993037**	临洮县	Lintao	9302	104445
秦州区	Qinzhou	28036	162772	漳　县	Zhangxian	2206	49166
麦积区	Maiji	17172	137721	岷　县	Minxian	4743	84558
清水县	Qingshui	3355	89874	**陇南市**	**Longnan**	**79437**	**1461525**
秦安县	Qinan	6023	117169	武都区	Wudu	8100	258005
甘谷县	Gangu	8711	117690	宕昌县	Tanchang	4348	113306
武山县	Wushan	4536	101062	成　县	Chengxian	14358	134273
张家川县	Zhangjiachuan	4150	86439	康　县	Kangxian	4041	129520
武威市	**Wuwei**	**48442**	**614785**	文　县	Wenxian	8509	156930
凉州区	Liangzhou	18099	239665	西和县	Xihe	5770	146951
民勤县	Minqin	5129	121835	礼　县	Lixian	10129	151528
古浪县	Gulang	4218	91288	两当县	Liangdang	1335	66862
天祝县	Tianzhu	7443	91918	徽　县	Huixian	10688	114284
张掖市	**Zhangye**	**63169**	**503598**	**临夏州**	**Linxia**	**40322**	**645878**
甘州区	Ganzhou	16681	123287	临夏市	linxia	9829	64879
肃南县	Sunan	8888	41169	临夏县	linxia	2279	75482
民乐县	Minle	5937	65004	康乐县	Kangle	2139	52954
临泽县	Linze	5663	63280	永靖县	Yongjing	11480	78726
高台县	Gaotai	5570	63721	广河县	Guanghe	2634	59245
山丹县	Shandan	6080	61995	和政县	Hezheng	3379	55554
平凉市	**Pingliang**	**188153**	**758105**	东乡县	Dongxiang	2091	83760
崆峒区	Kongtong	16409	133403	积石山县	Jishishan	1989	65507
泾川县	Jingchuan	4426	77046	**甘南州**	**Gannan**	**30104**	**608877**
灵台县	Lingtai	3252	74442	合作市	Hezuo	3678	48586
崇信县	Chongxin	10352	46091	临潭县	Lintan	1769	76832
华亭县	Huating	29328	83464	卓尼县	Zhuoni	2040	64276
庄浪县	Zhuanglang	3594	100884	舟曲县	Zhouqu	1815	138155
静宁县	Jingning	4331	120463	迭部县	Diebu	2665	51843
酒泉市	**Jiuquan**	**96490**	**459725**	玛曲县	Maqu	8392	50389
肃州区	Suzhou	11391	88301	碌曲县	Luqu	3724	41864
金塔县	Jinta	4644	55334	夏河县	Xiahe	1761	57325

6-6 金融机构现金收入

Cash Income of Financial Institutions

单位：万元 (10 000 yuan)

项　目	Item	2005	2006	2007	2008	2009
收入合计	**Total Income**	**58339730**	**58524593**	**72241267**	**82082318**	**101805346**
商品销售收入	Income from Commodity Sales	5502390	5594549	6051684	6111232	6904613
服务业收入	Income from Service Trade	2910521	3123476	3390007	3372602	3813528
行政税费收入	Income from Administration tax and fee	362594	428462	520490	664654	771899
城乡个体经营收入	Income from Urban and Rural Individual Business	2341409	2150187	2438847	2639621	2836927
储蓄存款收入	Income from Savings Deposits	40766426	41430561	52979645	61655875	77071662
其他金融性公司收入	Income from Other Financial Institutions	337945	223652	138422	341263	442244
居民归还贷款收入	Income from Repayment of Loans by Residents	1794454	1866339	2211948	2503114	2926985
汇兑收入	Income from Remittances	475706	433050	553110	614501	586912
有价证券及其他投资性收入	Income from Securities and Other Investment	31970	41636	147666	87054	60160
其他收入	Other Income	3816314	3232681	3809447	4092401	6390416
#兑换外币收入	Income from Exchange of Foreign Currencies	3687	5431	23123	59894	49304

注：2007年以前“行政税费收入”为税款收入；“其他金融性公司收入”为“其他金融机构收入”；“有价证券及其他投资性收入”为“有价证券收入”。

a)Before 2007, indictor " Income from Administration tax and fee " refers to " Income from Taxes", "Expenditure for Other Financial Companies" refers to "Other Financial institutions expenditures." and "Income from Securities and Other Investment" refers to "Income from Securities".

6-7 金融机构现金支出

Cash Expenditures of Financial Institutions

单位：万元 (10 000 yuan)

项　目	Item	2005	2006	2007	2008	2009
支出合计	**Total**	**58262154**	**58504365**	**72124091**	**82122497**	**102196514**
工资性及个人其他支出	Wages and Other Personal Expenditure	4720683	4873721	4958895	5138341	5981382
农副产品采购支出	Purchases of Agricultural and Sideline Products	1782652	1710887	2195344	2100390	2271659
工矿及其他产品采购支出	Expenditure for Purchases of Industrial and Mineral Products	420008	444934	478641	452938	614628
行政企业管理费与经营费支出	Government and Enterprises Overhead and Operating Expenditure	1976735	2331579	2403015	2499277	2610720
城乡个体经营支出	Expenditure for Individual Business	2267388	2296994	2466356	2231702	2558557
储蓄存款支出	Expenditure for Savings Deposits	40316293	41323247	52957831	62715318	78480687
其他金融性公司支出	Expenditure for Other Financial Institutions	226789	216354	152079	183639	347544
居民提取贷款支出	Expenditure for Loans by Residents	1771414	1934537	2362741	2541820	3133843
汇兑支出	Expenditure for Remittances	382033	317787	388059	510465	391228
有价证券支出	Expenditure for Securities	80427	49250	78252	50742	46410
其他支出	Other Expenditure	4317731	3005075	3682879	3697864	5759856
#兑换外币支出	Expenditure for Exchange of Foreign Currencies	23879	34354	56874	71248	63726

注：2007年以前“工资性及个人其他支出”为“工资性支出”；“行政企业管理费与经营费支出”为“行政企事业管理费支出”；“其他金融性公司支出”为”其他金融机构支出”。

a)Before 2007, indictor "wages and other personal expenses" refers to "wages", "Government and Enterprises Overhead and operating expenses" refers to "Government and Enterprises Overhead " and "Expenditure for Other Financial Companies" refers to "Other Financial institutions expenditures."

6-8 金融机构人民币信贷资金平衡表

Credit Funds Balance Sheet of Finanical Institutions

单位：万元 （年末余额）(year-end balance) (10 000 yuan)

项 目	Item	2005	2006	2007	2008	2009
资金来源合计	**All Sources**	**28980441**	**33778422**	**34835135**	**44378468**	**55367627**
各项存款	Total Deposits	28958610	33169583	37471108	47288246	58818151
企业存款	Deposits by Enterprises	8738792	9719890	11253581	13661738	16970930
财政存款	Fiscal Deposits	804974	842166	1132529	1930768	1575163
机关团体存款	Deposits by Governments and Organizations	1198778	1809012	2447230	3145819	4268668
储蓄存款	Savings Deposits	15866560	18254366	19152386	24618977	30269418
农业存款	Agricultural Deposits	518297	623983	995923	1355726	2333667
委托存款	Trusted Deposits	81230	87039	130090	167100	353020
金融债券	Financial Bonds	23	23	23	23	23
各项准备	Total Reserves	301044	539016	607130	786652	824782
所有者权益	Creditor's Equity	316461	301182	713201	881962	1365063
资金运用合计	**Funds Uses**	**28980441**	**33778422**	**34835135**	**44378468**	**55367627**
各项贷款	Total Loans	19234608	21120802	24036323	27318936	36496154
#短期贷款	Short-term Loans	9362352	9385868	10466806	12075840	15895973
工业贷款	Industrial Loans	2924924	2201021	2729536	3637027	4224661
商业贷款	Commercial Loans	1949152	2017222	2290495	2184206	2255216
建筑业贷款	Construction Loans	240382	205953	160801	151321	274126
农业贷款	Agricultural Loans	1759923	1995647	2037723	2725342	3681724
中长期贷款	Medium-term & Long-term Loans	8949730	10467282	12488025	14048927	18421716
基本建设贷款	Capital Construction Loans	5081099		7872138	8876876	10649625
技术改造贷款	Technological Transformation Loans	263820		393230	389241	403374
其他中长期贷款	Other Medium-term & Long-term Loans	3604811		4222657	4782810	7368717
#个人中长期消费贷款	Personal Medium-term & Long-term Consumer Loans	922639		932106	1031209	1521267
有价证券及投资	Securities & Investment	827387	983341	1356346	1502038	1826347
委托投资	Trusted Investment					
库存现金	Cash on Hand	207100	203701	270977	268035	311008

6-9 金融机构现金投放回笼差额

Cash Statistics of Finacial Institutions

单位：万元 (10 000 yuan)

年 份 Year	现金收入 Cash Income	现金支出 Cash Expenditures	投 放 Currency Issuance
1978	227277	235135	7858
1979	267876	283895	16019
1980	329708	346269	16561
1981	366503	376470	9967
1982	410917	420156	9239
1983	486015	505015	19000
1984	595671	645334	49663
1985	794412	830103	35691
1986	949269	1000329	51060
1987	1236539	1280075	43536
1988	1680491	1817567	137076
1989	1881051	1926671	45620
1990	2097575	2165930	68355
1991	2447670	2590503	142833
1992	3277098	3499825	222727
1993	4835103	5026269	191166
1994	6450599	6728606	278007
1995	8795741	8979802	184061
1996	10728888	10915152	186264
1997	13133973	13439535	305562
1998	13930503	14514566	584063
1999	21519452	21896639	377187
2000	25813702	26132380	318678
2001	29962369	30112199	149830
2002	35602300	35785063	182763
2003	43811414	43885805	74391
2004	54351572	54050792	-300780
2005	58339730	58262154	-77576
2006	58524593	58504365	-20228
2007	72241267	72124091	-117176
2008	82082318	82122497	40180
2009	101805346	102196514	391168

注：投放栏中的负数表示现金回笼。
a) A negative amount in currency issue indicates cash withdrawn.

6-10 个人消费贷款总额

Total Amount of Individual Consumption Loan

单位：万元 (10 000 yuan)

指 标	Indicators	2005	2006	2007	2008	2009
个人消费贷款总额	Total Amount of Individual Consumption Loan	987994	915567	1114068	1261810	1860528
#中长期个人消费贷款	Medium-term & Long-term Indiidual Consumption Loan	922639	858898	932106	1031209	1521267
住房贷款	Housing Mortgage Loan	666644	640378	729759	834408	1257182

6-11 商业银行（汇总）人民币信贷资金平衡表（资金来源）

Credit Funds Balance Sheet of Commercial Banks (Sources of Funds)

单位：万元 (10 000 yuan)

项 目	Item	2005	2006	2007	2008	2009
资金来源合计	**Funds Sources**	**23283846**	**27102922**	**30057969**	**38270945**	**45176584**
各项存款	Total Deposits	22556061	26113706	29185862	35722550	43853201
企业存款	Deposits by Enterprises	8197917	9145563	10605617	12727993	15444056
机关团体存款	Deposits by Government Departments and Organizations	1152071	1749595	2383348	3062012	4075761
储蓄存款	Savings Deposits	11514120	13342170	13818936	17599549	21210995
活期储蓄	Demand Deposits	4178207	4909322	5472508	6627871	8543658
定期储蓄	Time Deposits	7335913	8432848	8346427	10971678	12667337
农业存款	Agricultural Deposits	101654	24684	25742	30569	46244
其他类存款	Other Deposits	1590298	1851693	2352220	2302426	3076145
代理财政性存款	Fiscal Deposits	59221	56043	108961	188291	143560
金融债券	Financial Bonds	23	23	23	23	23
应付及暂收款	Payable and Suspense Credit	285324	356847	603360	813268	901058
卖出回购资产	Sell Reparchase					189370
向中央银行借款	Liabilities to Central Bank	16503	10373	9693	9693	9688
同业往来	Inter-bank Credits	235446	358159	475854	777257	512474
行内资金往来	Inter-bank Trasaction					
委托存款及委托投资基金(净)	Trusted Deposits	73141	42089	53436	88921	164360
代理金融机构委托贷款基金	Make Trusred Loans On Behelf of Other Institutions		161837	171837	185370	142870
各项准备	All Reserves	203243	309878	312297	419888	438563
所有者权益	Creditors Equity	15068	17385	344347	436338	600680
其 他	Others	-160184	-323418	-1207702	-370654	-1779262

6-12 商业银行（汇总）人民币信贷资金平衡表（资金运用）

Credit Funds Balance Sheet of Total Commerical Banks(Funds Uses)

单位：万元 (10 000 yuan)

项　目	Item	2005	2006	2007	2008	2009
资金运用合计	**Funds Uses**	**23283846**	**27102922**	**30057969**	**38270945**	**45176584**
各项贷款	Total Loans	12874746	13775895	15262246	16598882	21800539
短期贷款	Short-term Loans	5629861	5151754	5681777	6184417	7797381
工业贷款	Loans to Industrial Sector	2902752	2188599	2696903	3633545	4219959
商业贷款	Loans to Commerical Sector	740090	715377	856446	692247	898916
建筑业贷款	Loan to Construction Sector	240382	205953	157951	145471	274036
农业贷款	Loans to Agricultural Sector	271031	253991	231065	197552	272276
乡镇企业贷款	Loans to Township Enterprises	143970				350
三资企业贷款	Loans to Enterprises whith Foreign Funds	17342	23222	79675	39306	57550
私营企业及个体贷款	Loans to Private Enterprises and Individuals	235458	313112	315723	299677	575719
其他短期贷款	Other Short-term Loans	1078836	1451500	1344013	1176620	1498575
中长期贷款	Medium-term & Long-term Loans	6369828	7394183	8574898	9246597	11875803
票据融资	Bills for Financing	863787	1219424	995402	1166363	2125566
各项垫款	All Advanced Money	11270	10534	10170	1504	1790
有价证券投资	Securities & Investment	505395	689902	785555	795915	774602
应收及预付款	Accounts Receivable & Prepayable	149952	141112	180926	232021	257326
买入返售资产	Buying Return to sell asset	69699	129109	21824	61363	145861
存放中央银行准备金存款	Reserve Deposits at Central Bank	848653	772692	698249	711810	800479
缴存中央银行财政性存款	Treasury Deposits at Central Bank	30491	44397	122035	371679	114752
同业往来	Interbank Transactions	8948	7632	6217	406	43250
库存现金	Cash in hand	107968	108012	147248	147800	183816
外汇占款	Purchase of Foreign Exchanges	−5091	−2886	−1159	−10053	−1609

6-13 各地区金融机构存款

Deposits of Banking Institutions by Prefecture

单位：万元 (2009) (10 000 yuan)

地 区	Region	各项存款 Total Deposits	# 企业存款 Deposits of Enterprises	# 财政存款 Treasury Deposits	# 机关团体存款 Deposits of Government Agencies and Organizations	# 储蓄存款 Urban and Rural Household Savings Deposits	定 期 Time Deposits	活 期 Demand Depostis	# 农业存款 Agricultural Deposits
兰州市	Lanzhou	26211979	10202250	749611	1513563	10899721	7184673	3715048	632593
嘉峪关市	Jiayuguan	1536757	681552	38650	91141	629104	402574	226530	16037
金昌市	Jinchang	1601814	385978	34482	105431	845576	512366	333210	46681
白银市	Baiyin	3127972	1107048	59252	123596	1653527	938958	714568	106099
天水市	Tianshui	3860747	711401	47728	230915	2574323	1434481	1139843	174495
武威市	Wuwei	2611183	341237	36562	277199	1801166	1043937	757230	94339
张掖市	Zhangye	2143600	398799	64530	166604	1377925	742249	635676	83035
平凉市	Pingliang	2648776	590003	64621	169535	1670819	933023	737796	91388
酒泉市	Jiuquan	4054450	911250	52636	244339	2369397	1447067	922330	157592
庆阳市	Qingyang	2895656	430732	143082	206161	1991278	1089560	901718	76669
定西市	Dingxi	2137336	297953	65800	249554	1379922	713992	665930	113657
陇南市	Longnan	3417842	538584	94572	554047	1606281	635080	971201	521450
临夏州	Linxia	1488327	206917	78035	120391	998703	442763	555940	49201
甘南州	Gannan	1081712	167227	45602	216191	471674	175769	295906	170431

6-14 各地区金融机构贷款

Loans of Banking Institutions by Perfecture

单位：万元 (2009) (10 000 yuan)

地 区	Region	各项贷款 Total Loans	# 短期贷款 Short-term Loans	# 工 业 Industrial Loans	# 商 业 Commercial Loans	# 农 业 Agricultural Loans	# 中长期贷款 Medium-term & Long-term Loans
兰州市	Lanzhou	20071912	6629302	2011697	958152	344274	12049886
嘉峪关市	Jiayuguan	1730137	874166	632210	94372	39518	450803
金昌市	Jinchang	1354432	847163	607207	78932	63098	206757
白银市	Baiyin	1389411	813916	263624	107557	219809	545125
天水市	Tianshui	1595420	864017	67522	66723	370750	727974
武威市	Wuwei	1171598	662208	25775	217060	208213	504547
张掖市	Zhangye	1133653	583050	56276	130003	269999	538255
平凉市	Pingliang	1603099	951065	296986	128947	299742	646516
酒泉市	Jiuquan	1488668	970032	147258	207818	299592	497001
庆阳市	Qingyang	1046256	612438	7707	87288	404039	433819
定西市	Dingxi	1162411	689353	22149	68876	337086	471634
陇南市	Longnan	1486623	841085	63310	62759	529628	645494
临夏州	Linxia	745170	365292	15651	40066	181025	379428
甘南州	Gannan	517363	192886	7290	6663	114951	324478

6-15 保险事业发展情况

Insurance Business Development

（2009）

项目	Item	合计 Total	财产险 Property Insurance	人身险 Life Insurance
保险事业机构（个）	Number of Insurance Institution (unit)	1206	481	725
#省级	Province	20	11	9
地市级	Prefecture	131	86	45
县级	County	1055	384	671
年末实有职工人数（人）	Number of Staff and Worker at Year-end (person)	53630	9075	44555
承保额（亿元）	Amount Insured (10 0 million yuan)	12542	9103	3438
保费（万元）	Premium (10 000 yuan)	1143842	281428	862414
赔付支出 (万元)	Decided Indemnity (10 000 yuan)	318460	149057	169403

注：以上指标均按公司类型划分。

Note: The above indicators are divided on the type of companies.

6-16 保险业务情况

Major Indicators of Insurance Business

单位：万元 (10 000 yuan)

项目	Item	2005	2006	2007	2008	2009
保费收入	Premium Income	482372	568564	703560	974504	1143842
财产保险	Property Insurance	129667	151786	187812	226151	270538
#机动车辆险	Motor Vehicle Insurance	89142	108677	140094	165005	213075
企业财产险	Enterprise Property Insurance	26891	24078	24924	29144	27526
家庭财产险	Family Property Insurance	848	747	815	795	896
人身保险	Life Insurance	352705	416777	515748	748353	873305
寿险	Life Insurance	309786	370744	463620	688207	803374
健康险	Health Insurance	13905	30826	35190	42874	49107
意外伤害险	Accidents Insurance	29014	15207	16938	17272	20823
赔付支出	Payment	118321	142279	287250	312541	318460
财产保险	Property Insurance	71458	85717	113713	140086	144288
#机动车辆险	Motor Vehicle Insurance	51575	63760	87289	101238	112579
企业财产险	Enterprise Property Insurance	15230	16024	16044	24367	15810
家庭财产险	Family Property Insurance	318	326	376	407	342
人身保险	Life Insurance	46863	56562	173537	172455	174172
寿险	Life Insurance	29984	39117	152619	149889	149122
健康险	Health Insurance	12338	12216	14617	17441	19217
意外伤害险	Accidents Insurance	4542	5229	6302	5125	5834

主要统计指标解释

财政收入 指国家财政参与社会产品分配所取得的收入，是实现国家职能的财力保证。主要包括：

(1) 各项税收：包括国内增值税、国内消费税、进口货物增值税和消费税、出口货物退增值税和消费税、营业税、企业所得税、个人所得税、资源税、城市维护建设税、房产税、印花税、城镇土地使用税、土地增值税、车船税、船舶吨税、车辆购置税、关税、耕地占用税、契税、烟叶税等。

(2) 非税收入：包括专项收入、行政事业性收费、罚没收入和其他收入。

财政支出 指国家财政将筹集起来的资金进行分配使用，以满足经济建设和各项事业的需要。主要包括：

(1) 一般公共服务：指政府提供基本公共管理与服务的支出，包括人大事务、政协事务、政府办公厅（室）及相关机构事务、发展与改革事务、统计信息事务、财政事务、税收事务、审计事务、海关事务、人力资源事务、纪检监察事务、人口与计划生育事务、商贸事务、知识产权事务、工商行政管理事务、国土资源事务、海洋管理事务、测绘事务、地震事务、气象事务、民族事务、宗教事务、港澳台侨事务、档案事务、共产党事务、民主党派事务及工商联事务、群众团体事务、彩票事务等。

(2) 外交：指政府外交事务支出，包括外交行政管理、驻外机构、对外援助、国际组织、对外合作与交流、边界勘界联检等方面的支出。

(3) 国防：指政府用于国防方面的支出，包括用于现役部队、预备役部队、民兵、国防科研事业、专项工程、国防动员等方面的支出。

(4) 公共安全：指政府维护社会公共安全方面的支出，包括武装警察、公安、国家安全、检察、法院、司法行政、监狱、劳教、国家保密、缉私警察等。

(5) 教育：指政府教育事务支出，包括教育行政管理、学前教育、小学教育、初中教育、普通高中教育、普通高等教育、初等职业教育、中专教育、技校教育、职业高中教育、高等职业教育、广播电视教育、留学生教育、特殊教育、干部继续教育、教育机关服务等。

(6) 科学技术：指用于科学技术方面的支出，包括科学技术管理事务、基础研究、应用研究、技术研究与开发、科技条件与服务、社会科学、科学技术普及、科技交流与合作等。

(7) 文化教育与传媒：指政府在文化、文物、体育、广播影视、新闻出版等方面的支出。

(8) 社会保障和就业：指政府在社会保障与就业方面的支出，包括社会保障和就业管理事务、民政管理事务、财政对社会保险基金的补助、补充全国社会保障基金、行政事业单位离退休、企业改革补助、就业补助、抚恤、退役安置、社会福利、残疾人事业、城市居民最低生活保障、其他城镇社会救济、农村社会救济、自然灾害生活救助、红十字事务等。

(9) 医疗卫生：指政府医疗卫生方面的支出，包括医疗卫生管理事务支出、医疗服务支出、医疗保障支出、疾病预防控制支出、卫生监督支出、妇幼保健支出、农村卫生支出等。

(10) 环境保护：指政府环境保护支出，包括环境保护管理事务支出、环境监测与监察支出、污染治理支出、自然生态保护支出、天然林保护工程支出、退耕还林支出、风沙荒漠治理支出、退牧还草支出、已垦草原退耕还草、能源节约利用、污染减排、可再生能源和资源综合利用等支出。

(11) 城乡社区事务：指政府城乡社区事务支出，包括城乡社区管理事务支出、城乡社区规划与管理支出、城乡社区公共设施支出、城乡社区住宅支出、城乡社区环境卫生支出、建设市场管理与监督支出等。

(12) 农林水事务：指政府农林水事务支出，包括农业支出、林业支出、水利支出、扶贫支出、农业综合开发支出等。

(13) 交通运输：指政府交通运输和邮政业方面的支出，包括公路运输支出、水路运输支出、铁路运输支出、民用航空运输支出、邮政业支出等。

(14) 工业商业金融等事务：指政府对工业、商业及金融等方面的支出，包括采掘业支出、制造业支出、建筑业支出、工业和信息产业监管支出、国有资产监管支出、商业流通事务支出、金融业监管支出、旅游业管理与服务支出等。

信贷资金 指金融机构以信用方式积聚和分配的货币资金。金融机构信贷资金的来源有各项存款、金融债券、对国际金融机构负债、流通中现金、其他项目等；信贷资金的运用有各项贷款、有价证券及投资、金银占款、外汇占款、财政借款及在国际金融机构中的资产等。

存款 指企业、机关、团体或居民根据资金必须收回的原则，把货币资金存入银行或其他信贷机构保管并取得一定利息的一种信用活动形式。根据存款对象或性质的不同可划分为企业存款、财政存款、机关团体存款、城乡储蓄存款、农业存款、信托及委托类存款、其他存款等科目。它是银行信贷资金的主要来源。

贷款 指银行或其他信贷机构根据资金必须归还的原则，按一定利率，为企业、个人等提供资金的一种信用活动形式。我国银行贷款分为短期贷款、委托及信托类贷款、其他类贷款等。

保险公司 在中国境内的、经过保险监督管理部门批准设立，并依法登记注册的各类商业保险公司。

保险金额 指保险人承担赔偿或者给付保险金责任的最高限额。

保费 指投保人为取得保险人在约定范围内所承担赔偿责任而支付给保险人的费用。

赔款 指保险人根据保险合同的规定，向被保险人支付的赔偿保险责任损失的金额。

给付 包括死伤医疗给付和满期给付。死伤医疗给付是指保险人根据人寿保险及长期健康保险合同的规定，因被保险人在保险期内发生保险责任范围内的保险事故支付给被保险人(或受益人)的金额。满期给付是指被保险人生存期满，保险人按人寿保险合同规定支付给被保险人的满期保险金额。

7 物价

Price

简要说明

一、本篇资料的主要内容

本篇资料反映了全省生产、投资、流通、消费等环节价格变动状况，主要包括居民消费、商品零售、生产资料、工业品出厂、原材料燃料动力购进、固定资产投资、房地产等价格指数。

二、本篇资料的来源

1.居民消费、商品零售和农业生产资料价格指数来源于消费价格统计调查年报，由国家统计局甘肃调查总队消费价格调查处整理提供。

2.工业品出厂、原材料燃料动力购进、固定资产投资、房地产等价格指数来源于生产投资价格统计调查年报，由国家统计局甘肃调查总队生产投资价格调查处整理提供。

7-1 各种物价总指数

Price Indices

（上年＝100）　　(preceding year =100)

年　份 Year	居民消费价格总指数 Consumer Price Index	城　市 Urban Areas	农　村 Rural Areas	商品零售价格总指数 Retail Price Index	农业生产资料价格指数 General Index	工业品出厂价格总指数 Ex-Factory Price Indices of Industrial Products	原材料、燃料和动力购进价格指数 Indices of Purchasing Price of Raw Materials, Fuels and Power	固定资产投资价格总指数 Indices of Investment in Fixed Assets
1978	100.6	100.8		100.5	100.2			
1979	101.1	101.1	101.0	100.8	100.2			
1980	104.2	105.2	102.7	104.1	100.2			
1981	101.7	102.2	100.7	101.6	99.8			
1982	101.1	101.1	101.1	101.2	101.3			
1983	100.4	100.4	100.4	100.6	104.4			
1984	102.5	103.3	101.5	103.0	108.3			
1985	109.2	110.6	107.1	108.5	104.6			
1986	106.6	107.0	106.0	106.0	100.6			
1987	107.6	108.4	106.5	107.4	104.8			
1988	119.1	120.6	116.0	118.6	114.3			
1989	117.9	118.2	117.6	116.4	113.7			
1990	103.2	101.9	104.7	103.4	111.2			105.6
1991	104.9	105.7	104.5	104.6	104.5	104.2		109.0
1992	107.2	107.3	106.4	105.8	106.7	110.3		117.4
1993	115.4	115.2	115.8	113.0	120.1	125.3		126.2
1994	123.7	124.6	123.5	122.5	123.2	121.2		112.6
1995	119.8	118.9	120.3	116.5	129.6	115.0	113.7	109.4
1996	110.2	110.3	109.7	106.6	110.7	104.4	107.6	104.9
1997	102.9	102.8	102.9	101.6	101.4	105.0	102.2	102.7
1998	99.0	99.0	98.9	98.2	96.3	95.2	96.4	100.3
1999	97.6	97.2	98.2	97.2	95.8	98.2	98.3	101.0
2000	99.5	99.2	100.1	99.1	103.9	107.2	111.8	102.5
2001	104.0	103.0	105.5	99.6	98.6	98.5	101.4	102.0
2002	100.0	99.3	100.9	98.9	100.4	97.9	98.4	100.2
2003	101.1	100.9	101.4	100.2	101.8	110.0	105.6	101.7
2004	102.3	101.3	104.3	102.1	107.4	114.3	112.5	105.5
2005	101.7	101.2	103.0	99.9	109.0	109.6	109.9	102.2
2006	101.3	101.2	101.4	101.2	104.4	109.8	108.8	104.1
2007	105.5	105.2	106.3	104.4	107.1	105.5	104.3	102.8
2008	108.2	108.0	108.7	107.9	114.7	104.9	110.2	106.7
2009	101.3	100.9	102.2	101.8	99.0	91.0	90.5	101.5

7-2 各种物价总指数

Price Indices

（1978 =100）　　(year of 1978 =100)

年　份 Year	居民消费价格总指数 Consumer Price Index	城　市 Urban Areas	农　村 Rural Areas	商品零售价格总指数 Retail Price Index	农业生产资料价格指数 General Index
1978	100.0	100.0	100.0	100.0	100.0
1979	101.1	101.1	101.0	100.8	100.2
1980	105.3	106.4	103.7	104.9	100.4
1981	107.1	108.7	104.5	106.6	100.2
1982	108.3	109.9	105.6	107.9	101.5
1983	108.7	110.3	106.0	108.5	106.0
1984	111.5	113.9	107.6	111.7	114.8
1985	121.7	126.1	115.3	121.2	120.0
1986	129.8	134.9	122.2	128.5	120.8
1987	139.6	146.2	130.1	137.9	126.6
1988	166.3	176.3	150.9	163.6	144.7
1989	196.1	208.4	177.5	190.5	164.5
1990	202.3	212.4	185.8	196.9	182.9
1991	212.2	224.5	194.2	206.0	191.1
1992	227.5	240.9	206.6	217.9	203.9
1993	262.6	277.5	239.3	246.4	244.9
1994	324.8	345.7	295.5	301.8	301.8
1995	389.1	411.1	355.5	351.6	391.1
1996	428.8	453.4	389.9	374.8	432.9
1997	441.2	466.1	401.3	380.8	439.0
1998	436.8	461.5	396.9	373.9	422.7
1999	426.3	448.5	389.7	363.2	405.0
2000	424.2	444.9	390.1	360.2	420.8
2001	441.2	458.3	411.6	358.8	414.9
2002	441.2	455.1	415.3	354.9	416.5
2003	446.1	459.2	421.1	355.6	424.0
2004	456.4	465.2	439.2	363.1	455.4
2005	464.2	470.8	452.4	362.7	496.4
2006	470.2	476.4	458.7	367.1	518.2
2007	496.1	501.2	487.1	383.4	555.0
2008	536.8	541.3	529.5	413.7	636.6
2009	543.8	546.2	541.2	421.2	630.2

7-3 居民消费价格指数
Consumer Price Index

（上年=100）　　（2009）　　(preceding year =100)

项　目	Item	全省 Province	城市 Urban Areas	农村 Rural Areas
居民消费价格总指数	**Consumer Price Index**	**101.3**	**100.9**	**102.2**
食品	**Food**	**103.5**	**103.5**	**103.5**
粮食	Grain	105.2	105.0	105.7
淀粉	Starches	104.6	104.0	104.6
干豆类及豆制品	Beans and Bear Products	99.9	100.7	101.8
油脂	Oil or Fat	85.1	84.3	88.1
肉禽及其制品	Meal, Poultry and Their Products	93.2	92.3	95.7
蛋	Eggs	103.3	103.5	105.8
水产品	Aquatic Products	103.1	102.7	100.9
菜	Vegetables	120.3	120.7	120.6
#鲜菜	Fresh Vegetables	122.1	122.8	122.0
调味品	Flavoring	104.0	104.6	103.4
糖	Sugar	100.8	102.0	99.1
茶及饮料	Tea and Beverages	104.5	105.2	102.3
茶叶	Tea	105.7	108.7	101.3
饮料	Beverages	103.8	103.8	103.2
干鲜瓜果	Dried and Fresh Melons and Fruits	109.9	109.4	110.9
糕点饼干	Cake and Biscuit	103.7	104.3	101.5
液体乳及乳制品	Milk and Its Products	101.4	100.9	103.0
在外用餐食品	Outward Dinner Food	104.4	104.6	103.5
其它食品	Other Foods	103.3	104.1	102.3
烟酒及用品	**Tobacco,Liquor and Articles**	**102.6**	**102.9**	**102.0**
烟草	Tobacco	100.9	100.0	101.8
酒	Liquor	105.4	106.9	102.3
吸烟、饮酒用品	Articles for Smoking and Drinking	100.3	100.1	101.5
衣着	**Clothing**	**99.8**	**99.0**	**101.4**
服装	Garments	98.1	96.8	101.1
衣着材料	Clothing Material	101.4	101.3	101.4
鞋袜帽	Footgear and Hats	103.8	104.7	102.1
# 鞋	Shoes	104.2	105.1	101.9
衣着加工服务	Clothing Manufacturing Services	105.1	105.9	101.0
家庭设备用品及维修服务	**Household Facilities,Articles and Services**	**101.4**	**101.5**	**101.5**
耐用消费品	Durable Consumer Goods	100.6	100.8	100.3
家具	Furniture	102.7	103.4	101.5
家庭设备	Household Facilities	99.0	98.9	99.3

7–3 续表 continued

（上年=100）　　(preceding year =100)

项　目	Item	全 省 Province	城 市 Urban Areas	农 村 Rural Areas
室内装饰品	Interior Room Decorations	100.7	101.1	99.9
床上用品	Bed Articles	101.5	100.8	102.3
家庭日用杂品	Household Articles for Daily use	101.5	101.7	101.7
家庭服务及加工维修服务	Household House hold Services ence and Maintain Services	105.5	105.2	105.7
医疗保健和个人用品	**Medicine,Medical Services and Personal Articles**	**101.4**	**101.3**	**101.6**
医疗保健	Health Care	101.4	101.5	101.2
#中药材及中成药	Traditional Chinese Medicine	101.8	104.4	94.8
西药	Western Medicine	100.2	100.0	100.7
保健器具及用品	Medicine Appliances and Articles	100.5	100.7	100.2
医疗保健服务	Health Care Services	102.8	100.0	105.5
个人用品及服务	Personal Articles and Services	101.3	100.8	102.5
交通和通信	**Transportation and Communication**	**97.5**	**96.5**	**99.9**
交通	Transportation	100.0	99.8	100.3
#交通工具	Transportation Facilities	98.9	96.6	101.0
通信	Communication	94.2	93.1	98.8
通信工具	Communication Facilities	77.4	72.5	98.4
通信服务	Communication Services	99.6	99.8	98.9
娱乐教育文化用品及服务	**Recreation, Education and Culture Articles**	**100.3**	**100.7**	**99.3**
文娱用耐用消费品及服务	Durable Consumer Goods for Cultural and Recreational Use and Services	94.7	92.5	98.9
教育	Education	101.7	103.7	97.4
教材及参考书	Teaching Materials and Reference Books	98.7	97.9	99.8
学杂托幼费	Tuition and Child Care	102.2	104.6	96.9
文化娱乐	Cultural and Recreational Articles	102.0	101.9	102.3
文化娱乐用品	Cultural and Recreational Articles	100.3	98.7	103.6
书报杂志	Newspapers and Magazines	107.3	108.8	102.8
文娱费	Expenditure of Culture and Recreation	100.4	100.6	99.4
旅游	Touring	102.0	101.4	103.8
居住	**Residence**	**101.0**	**99.6**	**103.6**
建房及装修材料	Building and Building Decoration Materials	103.7	105.0	102.2
租房	Renting	108.3	110.1	101.4
自有住房	Private housing	84.9	84.3	86.6
水、电、燃料	Water, Electricity and Fuels	105.6	102.1	112.1

7-4 商品零售价格分类指数

Retail Price Indices by Category of Commodities

（上年=100）　　（2009）　　(preceding year =100)

项　目	Item	全省 Province	城市 Urban Indices	农村 Rural Indices
商品零售价格总指数	**Retail Price Index**	**101.8**	**101.5**	**102.3**
食品	**Food**	**103.3**	**103.5**	**103.1**
粮食	Grain	104.8	105.2	104.3
#大米	Rice	105.5	104.4	107.7
面粉	Flour	105.1	106.2	103.9
淀粉	Starches	101.4	104.1	98.7
干豆类及豆制品	Beans and Bean Products	100.9	101.3	100.5
油脂	Oil or Fat	86.6	84.8	88.9
#食用植物油	Plant Oil	85.4	86.4	83.9
植物油制品	Plant Oil Products	88.1	82.7	94.9
肉禽及其制品	Meats, Poultry and Related Products	93.2	92.3	95.5
食用畜肉及副产品	Meat and Sideline Product	90.0	89.3	92.1
#猪肉	Pork	84.0	84.5	82.3
牛肉	Beef	97.9	95.1	103.1
羊肉	Mutton	99.4	98.7	100.8
禽	Poultry	102.7	103.7	101.1
肉禽加工制品	Meat Poultry and Their Products	98.5	97.3	100.6
蛋	Eggs	103.0	102.7	103.7
#鲜蛋	Fresh Eggs	103.3	103.1	104.1
水产品	Aquatic Products	104.0	105.0	101.7
鱼	Fish	104.0	104.6	102.4
其它水产品	Other Aquatic Products	104.3	106.7	99.8
菜	Vegetables	120.5	122.4	117.2
#鲜菜	Fresh Vegetables	121.4	122.6	118.9
干菜及菜制品	Dry Vegetables and Their Products	99.4	98.1	99.9
调味品	Condiments	104.7	105.2	104.2
糖	Sugar	101.2	102.1	100.1
干鲜瓜果	Dried and Fresh Melons and Fruits	109.2	109.9	107.6
鲜瓜果	Fresh	111.2	111.8	109.6
干（坚）果	Dried	101.8	101.3	102.4
糕点饼干面包	Cake, Biscuit and Bread	104.0	104.7	102.6
液体乳及乳制品	Milk and Its Products	102.3	101.0	105.3
#巴氏杀菌奶或消毒奶	Pasteurized Milk or Processed Milk	101.0	100.4	103.7
在外用餐食品	Outward Dinner Food	104.3	104.3	104.1
主食	Staple Food	103.2	103.2	103.3
炒菜	Fried Dishes	105.3	105.8	103.9

7–4 续表1 continued

（上年=100）　　(preceding year =100)

项　目	Item	全　省 Province	城　市 Urban Indices	农　村 Rural Indices
地方小吃	Local Snack	103.3	100.8	106.0
其他食品	Other Food	103.4	103.6	102.9
饮料、烟酒	**Beverages, Tobacco and Liquor**	**103.3**	**103.8**	**102.3**
茶及饮料	Tea and Beverages	104.8	105.6	101.9
烟草	Tobacco	100.6	100.0	101.9
#国产卷烟	Cigarettes made In China	100.8	100.0	102.5
酒	Liquor	104.9	105.9	102.8
服装、鞋帽	**Garments, Shoes and Hats**	**99.8**	**98.8**	**101.7**
#服装	Garments	98.2	96.7	101.4
鞋袜帽	Footgear and Hats	103.7	104.4	102.4
纺织品	**Textiles**	**101.2**	**100.8**	**101.8**
衣着材料	Clothing Material	102.0	102.0	101.9
床上用品	Bed Articles	100.5	100.0	101.7
家用电器及音像器材	**Household Appliances,Music and Video Equipment**	**97.8**	**97.4**	**98.5**
家庭设备	Household Appliances	98.7	98.8	98.7
洗衣机	Washing Machine	97.3	96.5	99.2
电风扇	Electric Fan	98.9	99.7	98.4
电冰箱(柜)	Refrigerator and Freezer	99.9	100.0	99.6
吸排油烟机	Smoke Absorber	97.2	97.0	97.4
空调器	Air Conditioner	99.8	99.6	101.2
热水器	Water Heater	99.9	101.0	97.0
微波炉	Oven	96.8	96.7	97.0
电炊具	Electric Cooking Appliances	98.8	96.9	99.3
文娱用耐用消费品	Durable Consumer Goods for Recreational Use	96.0	94.6	98.1
#电视机	Television Set	94.3	92.5	97.7
摄像机	Pickup Camera	96.9	97.1	96.6
家用音响设备	Music Center	99.6	99.1	100.0
音像器材	Household Appliances and Hifi	99.4	99.3	99.7
文化办公用品	**Cultural Articles for Office Use**	**97.9**	**96.4**	**100.8**
日用品	**Articles for Daily Use**	**102.9**	**102.6**	**103.3**
#日用百货	Articles for Daily Use	103.8	103.3	104.8
日用杂品	Sundries for Daily Use	100.7	99.8	103.0

7-4 续表2 continued

（上年=100）　　(preceding year =100)

项　目	Item	全省 Province	城市 Urban Indices	农村 Rural Indices
洗涤用品	Articles for Washing	103.8	104.1	103.4
体育娱乐用品	**Sports and Entertainment**	**100.8**	**100.8**	**100.7**
体育用品	Sports Goods	100.8	100.8	100.9
娱乐用品	Recreation Articles	100.7	100.9	100.5
交通、通信用品	**Transportation and Communication Equipments**	**100.9**	**102.3**	**98.8**
交通运输机械	Transportation Equipments	108.9	112.2	99.9
#轿车	Cars	94.7	94.7	93.5
通信器材	Communication Equipments	89.9	79.0	98.1
#固定电话机	Regular Telephone	98.4	95.5	100.0
移动电话机	Mobile Telephone	83.9	66.0	97.4
家具	**Furniture**	**102.3**	**102.8**	**101.7**
化妆品	**Cosmetics**	**100.7**	**100.8**	**100.6**
金银珠宝	**Jewelry**	**93.9**	**93.0**	**95.4**
#金饰品	Gold	100.8	101.6	98.7
中西药品及医疗保健用品	**Chinese Traditional and Western Medicine, Medical Care Product**	**100.9**	**101.5**	**100.0**
医疗器具及用品	Medical Instruments and Articles	101.9	101.1	102.6
中药材及中成药	Traditional Chinese Medicine	100.7	103.8	96.5
西药	Western Medicine	100.9	100.0	102.3
保健器具及用品	Health Care Articles and Appliances	100.8	100.9	100.6
书报杂志及电子出版物	**Book,Magazines and E-journals**	**100.9**	**100.8**	**101.1**
教材及参考书	Teaching Materials and Reference Books	99.1	98.2	100.5
书报杂志	Newspapers and Magazines	106.2	108.5	103.1
电子音像制品	E-journal	96.4	92.5	99.5
燃料	**Fuels**	**101.4**	**96.4**	**111.6**
煤炭及制品	Coal and Coal Products	125.4	120.7	130.2
石油及制品	Petroleum and Related Products	89.4	88.8	91.2
#液化石油气	Liquefied Petroleum Gas	84.4	83.7	88.7
管道燃气	Pipeline Gas	100.1	100.1	99.7
建筑材料及五金电料	**Building Materials and Hardware**	**103.3**	**103.8**	**102.5**
建筑装璜材料	Building Decoration Materials	103.1	103.7	101.8
五金电料	Hardware	104.1	103.9	104.4

7-5 居民消费价格分类指数
Consumer Price Indices by Category

（上年=100）　　(preceding year =100)

项　目	Item	2005	2006	2007	2008	2009
居民消费价格指数	**Consumer Price Index**	**101.7**	**101.3**	**105.5**	**108.2**	**101.3**
食品	**Food**	**101.2**	**103.7**	**112.1**	**116.2**	**103.5**
#粮食	Grain	102.1	103.4	106.8	107.2	105.2
油脂	Oil or Fat	96.9	98.9	126.2	138.8	85.1
肉禽及其制品	Meat, Poultry and Their Products	102.3	98.4	132.7	126.6	93.2
蛋	Eggs	104.8	95.4	127.1	101.2	103.3
水产品	Aquatic Products	103.0	100.3	105.0	116.2	103.1
菜	Vegetables	100.7	116.0	104.7	108.5	120.3
干鲜瓜果	Dried and Fresh Melons and Fruits	102.7	116.8	102.0	109.6	109.9
烟酒及用品	**Tobacco,Liquor and Articles**	**97.9**	**99.2**	**101.8**	**104.4**	**102.6**
衣着	**Clothing**	**97.1**	**94.7**	**98.5**	**100.6**	**99.8**
家庭设备用品及维修服务	**Household Facilities and Maintenance Services**	**99.4**	**100.5**	**103.0**	**103.1**	**101.4**
医疗保健个人用品	**Medicine,Medical Services and Personal Articles**	**103.3**	**102.8**	**107.0**	**103.5**	**101.4**
交通和通讯	**Transportation and Communication**	**97.3**	**100.3**	**98.7**	**99.6**	**97.5**
#交通工具	Means of Transportations	99.7	101.1	100.1	100.1	98.9
通信工具	Means of Communications	85.1	84.3	75.0	79.0	77.4
通信服务	Communication Services	95.0	99.9	101.0	99.3	99.6
娱乐教育文化用品及服务	**Recreation, Education and Culture Articles**	**104.1**	**98.1**	**99.6**	**100.5**	**100.3**
#教材及参考书	Teaching Materials and Reference Books	103.0	94.2	94.9	103.5	98.7
文化娱乐用品	Cultural and Recreational Articles	100.4	99.3	100.0	101.1	100.3
居住	**Residence**	**109.1**	**105.2**	**107.1**	**111.3**	**101.0**

7-6 商品零售价格分类指数
Retail Price Indices by Category

（上年=100）　　(preceding year =100)

项　目	Item	2005	2006	2007	2008	2009
商品零售价格指数	**Retail Price Index**	**99.9**	**101.2**	**104.4**	**107.9**	**101.8**
食品	**Food**	**101.2**	**104.0**	**112.5**	**116.5**	**103.3**
#粮食	Grain	102.8	12.8	106.7	107.6	104.8
油脂	Oil or Fat	96.1	98.0	126.8	144.6	86.6
肉禽及其制品	Meat, Poultry and Their Products	103.8	98.0	134.0	127.6	93.2
蛋	Eggs	104.5	94.6	125.7	101.0	103.0
水产品	Aquatic Products	103.6	101.6	105.8	116.1	104.0
菜	Vegetables	99.4	116.4	104.6	107.6	120.5
调味品	Condiments	101.1	104.4	110.0	109.2	104.7
糖	Sugar	102.3	110.5	103.0	112.9	101.2
干鲜瓜果	Dried and Fresh Melons and Fruits	100.3	117.3	102.9	109.7	109.2
糕点饼干面包	Cake, Biscuit and Bread	101.7	100.6	104.5	111.3	104.0
液体乳及乳制品	Milk and Its Products	100.3	98.6	102.4	110.3	102.3
在外用餐食品	Outward Dinner Food	100.6	100.9	108.0	115.9	104.3
饮料、烟酒	**Beverages, Tobacco and Liquor**	**98.2**	**100.0**	**102.4**	**105.1**	**103.3**
茶及饮料	Tea and Beverages	99.7	101.6	103.3	105.9	104.8
烟草	Tobacco	97.1	100.0	100.8	100.6	100.6
酒	Liquor	98.4	98.6	103.5	109.2	104.9
服装、鞋帽	**Garments, Shoes and Hats**	**96.9**	**94.5**	**97.9**	**100.4**	**99.8**
#服装	Garments	98.0	92.8	99.3	99.6	98.2

7-6续表 continued

(上年=100)　　(preceding year =100)

项　目	Item	2005	2006	2007	2008	2009
鞋袜帽	Footgear and Hats	93.8	97.8	94.5	102.8	103.7
纺织品	**Textiles**	**100.1**	**100.3**	**98.4**	**98.9**	**101.2**
衣着材料	Clothing Material	100.2	99.7	100.2	100.6	102.0
床上用品	Bed Articles	100.0	101.0	96.3	96.5	100.5
家用电器及音像器材	**Household Appliances,Music and Video Equipment**	**95.9**	**98.6**	**96.9**	**97.5**	**97.8**
文化办公用品	**Cultural Goods**	**97.6**	**98.6**	**98.3**	**98.6**	**97.9**
日用品	**Articles for Daily Use**	**98.4**	**97.8**	**101.9**	**104.6**	**102.9**
#日用百货	Articles for Daily Use	100.0	100.3	101.7	105.0	103.8
日用杂品	Sundries for Daily Use	95.4	93.3	103.1	102.1	100.7
体育娱乐用品	**Sports and Entertainment**	**99.5**	**98.6**	**99.3**	**100.0**	**100.8**
交通、通信用品	**Transportation and Communication Equipments**	**93.8**	**95.8**	**92.9**	**95.0**	**100.9**
家具	**Furniture**	**100.0**	**101.4**	**103.4**	**103.3**	**102.3**
化妆品	**Cosmetics**	**100.6**	**101.7**	**99.8**	**101.0**	**100.7**
金银珠宝	**Jewelry**	**104.0**	**118.3**	**108.7**	**124.2**	**93.9**
中西药品及医疗保健用品	**Chinese Traditional and Western Medicine, Medical Care Product**	**97.7**	**100.7**	**110.3**	**104.0**	**100.9**
#中药材及中成药	Traditional Chinese Medicine	94.6	102.3	121.7	108.5	100.7
西药	Western Medicine	99.3	99.9	104.5	101.0	100.9
书报杂志及电子出版物	**Book,Magazines and E-journals**	**98.6**	**100.9**	**96.1**	**101.1**	**100.9**
燃料	**Fuels**	**113.0**	**111.2**	**103.1**	**119.1**	**101.4**
建筑材料及五金电料	**Building Materials and Hardware**	**102.4**	**101.3**	**103.5**	**109.6**	**103.3**

7-7 各地区居民消费价格指数

Consumer Price Indices by Prefecture

(上年=100)　　(2009)　　(preceding year =100)

地区	Region	居民消费价格总指数 Consumer Price Index	食品 Food	烟酒及用品 Tobacco, Liquor and Recreational Article	衣着 Clothing	家庭设备用品及维修服务 Household Facilities,Articles and Repair Service	医疗保健和个人用品 Medicines,Medical Services and Personal Article	交通和通讯 Means of Transportation & Communication	娱乐教育文化用品及服务 Recreation, Education & Culture Articles	居住 Residence
兰州市	Lanzhou	99.6	103.6	102.9	98.6	101.0	100.8	97.0	102.5	89.4
嘉峪关市	Jiayuguan	101.0	100.4	101.7	103.5	104.2	100.4	98.1	101.0	101.2
金昌市	Jinchang	101.7	105.7	100.3	97.8	100.6	99.2	101.3	99.8	100.6
白银市	Baiyin	102.1	103.7	101.6	101.5	100.5	100.2	98.2	101.7	105.5
天水市	Tianshui	101.5	103.2	101.5	97.1	100.1	102.6	102.3	100.0	103.5
武威市	Wuwei	101.5	102.6	100.4	101.2	100.4	101.9	99.9	98.6	104.6
张掖市	Zhangye	101.8	104.8	103.4	99.2	98.4	101.6	100.0	97.0	105.1
平凉市	Pingliang	101.6	102.8	102.6	101.0	96.7	103.4	99.1	98.2	102.7
酒泉市	Jiuquan	101.3	103.1	101.6	100.8	104.2	100.8	97.3	101.0	98.0
庆阳市	Qingyang	101.1	104.1	102.7	101.2	101.6	101.0	98.2	91.0	103.1
定西市	Dingxi	102.7	107.1	103.5	100.0	100.7	96.1	101.2	96.9	104.3
陇南市	Longnan	102.2	103.8	100.2	101.6	102.9	101.7	101.3	99.3	102.6
临夏州	Linxia	99.5	98.8	98.7	100.0	98.9	103.8	98.1	94.8	102.9
甘南州	Gannan	102.6	103.5	102.5	101.6	102.3	105.0	97.8	100.7	104.9

注:本表数据为各市、州调查点数据，不完全代表各市、州价格总水平。

a) Data in this table are obtained from the sampling points in municipalities and prefectures, not entirely represent the general level of prices of them .

7-8 各地区商品零售价格指数

Retail Price Indices by Prefecture

(上年=100)　　(2009)　　(preceding year =100)

地 区	Region	商品零售价格总指数 General Index	食 品 Food	饮料烟酒 Beverage、cigarette and alcohol	服装鞋帽 Clothing,Shoes and Hats	纺织品 Textiles	家用电器及音像器材 Household appliance and audio-video material	文化办公用品 Office supplies	日用品 Articles for Daily Use	体育娱乐用品 Sport and entertainment goods
兰州市	Lanzhou	100.5	103.9	103.7	99.0	99.8	96.8	82.7	102.7	100.9
嘉峪关市	Jiayuguan	101.2	100.2	101.3	103.9	101.6	99.9	92.9	103.0	98.8
金昌市	Jinchang	101.9	106.7	100.2	97.2	100.1	99.9	100.0	100.7	100.0
白银市	Baiyin	101.9	106.8	100.4	101.8	96.3	95.9	97.5	100.3	98.5
天水市	Tianshui	101.6	103.0	104.1	96.4	101.8	99.4	99.3	105.3	103.6
武威市	Wuwei	101.6	103.2	100.7	100.9	100.0	97.0	99.6	102.0	100.0
张掖市	Zhangye	103.3	112.4	103.4	97.5	92.2	88.7	92.6	105.9	98.2
平凉市	Pingliang	101.8	101.4	106.4	99.0	107.2	95.9	99.2	101.0	99.2
酒泉市	Jiuquan	100.6	102.9	101.8	100.5	101.4	97.2	95.5	104.0	98.8
庆阳市	Qingyang	102.1	103.1	102.1	101.0	100.6	97.9	99.1	101.4	100.0
定西市	Dingxi	103.3	107.3	103.2	100.0	101.8	99.9	100.4	102.7	100.3
陇南市	Longnan	102.3	104.9	100.4	101.8	100.6	99.6	100.4	105.3	102.8
临夏州	Linxia	99.1	99.4	96.2	99.8	101.8	88.1	98.5	99.7	99.9
甘南州	Gannan	103.0	102.8	101.9	101.4	102.4	97.3	99.9	105.6	101.5

注:本表数据为各市、州调查点数据，不完全代表各市、州价格总水平。

a) Data in this table are obtained from the sampling points in municipalities and prefectures, not entirely represent the general level of prices of them.

7-8 续表 continued

(上年=100)　　(preceding year =100)

地 区	Region	交通、通信用品 Traffic & Communi-cation Goods	家 具 Furniture	化妆品 Cosmetics	金银珠宝 Gold、sliver and jewellery	中西药品及医疗保健用品 Chinese traditional medicine and western medicine and health product	书包杂志及电子出版物 Book&newspaper、megazine and e-publication	燃 料 Fuels	建筑材料及五金电料 Architectural and hardware material
兰州市	Lanzhou	81.6	102.5	101.8	89.2	100.3	97.6	103.7	105.4
嘉峪关市	Jiayuguan	94.7	104.1	99.8	103.7	101.7	106.2	106.1	100.3
金昌市	Jinchang	100.0	100.6	100.8	99.6	100.0	100.0	95.2	100.6
白银市	Baiyin	91.9	100.4	100.7	105.8	98.1	108.2	102.1	106.0
天水市	Tianshui	95.9	100.4	100.5	95.5	104.3	102.7	102.7	101.3
武威市	Wuwei	89.0	100.2	99.7	95.1	103.7	101.2	100.2	108.6
张掖市	Zhangye	91.5	104.0	96.6	96.5	106.7	96.2	108.9	112.3
平凉市	Pingliang	97.0	100.0	100.8	91.5	105.1	105.0	109.0	102.9
酒泉市	Jiuquan	93.7	104.4	91.5	86.8	101.5	110.0	93.3	95.6
庆阳市	Qingyang	97.8	102.6	100.5	94.6	101.2	100.1	116.6	103.6
定西市	Dingxi	100.2	100.3	100.6	106.7	91.2	100.5	117.3	99.8
陇南市	Longnan	100.0	100.0	102.2	82.6	101.6	100.6	106.3	99.5
临夏州	Linxia	92.2	98.5	100.0	102.7	104.3	98.8	105.1	99.6
甘南州	Gannan	98.7	99.9	100.1	98.4	104.5	101.9	109.8	106.1

7-9 农产品生产价格指数
Price Indices of Farm Products

(上年=100)　　(preceding Year =100)

指标	Item	2005	2006	2007	2008	2009
农产品生产价格指数	**Price indices of Farm Produce**	**103.1**	**102.6**	**111.4**	**114.0**	**100.2**
农业产品	**Agricultural Products**	**103.3**	**104.0**	**109.9**	**107.9**	**104.9**
谷物（原粮）	Cereal (Unprocessed Food Grains)	105.1	103.6	107.9	107.8	100.4
#小麦	Wheat	106.4	104.2	103.8	109.6	106.1
玉米	Corn	101.4	104.2	110.6	108.2	96.6
豆类	Beans	101.1	102.0	113.3	123.5	93.3
#大豆	Beans	100.0	101.8	112.7	125.7	92.8
蚕豆	Broad Bean	110.5	104.9	122.7	100.8	96.9
薯类	Tubers	105.4	109.0	103.5	94.2	108.2
油料	Oil-bearing Crops	101.1	100.2	115.2	123.0	90.3
#油菜籽	Rapeseeds	97.3	100.4	128.7	116.7	95.1
胡麻籽	Benne	107.4	101.4	108.6	127.5	83.3
棉花（籽棉）	Cotton (Unginned Cotton)	98.2	100.7	103.8	94.6	98.1
蔬菜	Vegetable	101.6	104.6	111.3	105.0	124.0
水果（含果用瓜）	Fruit (Fruit Included Melons)	107.5	104.8	106.9	111.2	95.4
#苹果	Apple	103.9	103.3	112.2	101.8	98.3
梨	Pears	113.3	123.3	106.2	114.1	98.7
桃	Peach	116.0	89.6	95.0	124.0	110.6
杏	Apricot	98.7	112.4	94.2	122.9	75.5
西瓜	Water Melon	106.9	94.7	99.3	115.3	86.2
中药材	Chinese Herbal Medicine Material	96.7	108.4	140.2	121.1	60.7
#党参	Dangsheng	94.2	103.7	140.2	90.2	76.3
当归	Chinese Anglica	98.9	113.8	143.2	153.1	38.0
黄芪	Roof of Membranous Milk Vetch	97.9	103.5	125.6	105.4	100.9
甘草	Licorice Root	83.9	114.3	128.4	116.5	81.2
林业产品	**Forestry Products**	**99.7**	**113.5**	**100.1**	**115.9**	**92.9**
牧业（畜产品）	**Animal Husbandry Products (Poultry Products)**	**102.7**	**99.6**	**114.7**	**125.8**	**91.1**
#牛的饲养	Cattle raising	99.5	101.7	112.5	131.6	102.2
羊的饲养	Sheep raising	101.5	96.1	113.6	126.3	97.5
猪的饲养	Pig raising	103.0	98.6	118.4	134.2	85.4
鸡	Chicken	103.6	100.2	111.3	121.0	95.1
奶产品	Milk Products	102.2	102.3	101.7	117.2	92.3
鸡蛋	Eggs	103.6	99.8	108.4	101.5	102.6
渔业	**Fishing Products**	**101.4**	**101.2**	**104.9**	**113.8**	**108.2**

7-10 农业生产资料价格分类指数

Price Indices of Agricultural Means of Production by Category

（上年=100）　　（preceding year =100）

项　　目	Item	2005	2006	2007	2008	2009
农业生产资料价格指数	**General Index**	**109.0**	**104.4**	**107.1**	**114.7**	**99.0**
#农用手工工具	Small Farm Tools	105.7	112.6	109.6	106.2	106.6
饲料	Forage	100.3	107.6	111.7	106.7	111.0
产品畜	Young Livestock & Fowls	113.6	79.8	144.5	150.6	91.7
半机械化农具	Semi-mechanized Farm Tools	100.8	101.7	102.7	101.1	101.7
机械化农具	Mechanized Farm Machinery	96.9	101.1	102.2	99.0	100.5
化学肥料	Chemical Fertilizer	114.3	105.7	104.3	120.9	95.3
农药及农药器械	Pesticide & Its Appliances	103.6	101.6	101.9	101.9	101.7
农机用油	Oil for Farm Machinery	115.1	119.3	104.8	116.6	97.4

7-11 固定资产投资价格指数

Price Indices of Investment in Fixed Assets

（上年 =100）　　(preceding year =100)

项　　目	Item	2005	2006	2007	2008	2009
固定资产投资价格总指数	**Indices of Investment in Fixed Assets**	**102.2**	**104.1**	**102.8**	**106.7**	**101.5**
建筑安装工程	Construction and Installtion	102.4	104.4	103.9	111.8	100.7
设备、工器具购置	Purchase of Equipment, Tools and Instruments	102.2	104.6	101.8	103.5	101.0
其他费用	Others	100.6	100.8	102.3	103.0	103.4

7-12 建筑安装工程价格指数

Price Indices of Construction and Installtion

（上年=100）　(preceding year =100)

项　目	Item	2005	2006	2007	2008	2009
建筑安装工程价格总指数	**Investment in Fixed Assets**	**102.4**	**104.4**	**103.9**	**111.8**	**100.7**
#人工费	Labour Cost	106.5	111.5	110.5	114.9	108.2
材料费	Materials	101.4	101.8	102.5	112.1	97.9
机械使用费	Usage in Machinary	101.3	105.0	102.5	108.0	104.7

7-13 原材料、燃料和动力购进价格指数

Purchasing Price Indices of Raw Material, Fuel and Power

（上年=100）　(preceding year =100)

类　别	Types	2005	2006	2007	2008	2009
总指数	**General Index**	**109.9**	**108.8**	**104.3**	**110.2**	**90.5**
燃料、动力类	Fuel and Power	113.7	113.0	102.8	114.3	91.3
黑色金属材料类	Ferrous Metals	107.3	99.7	102.2	110.3	89.4
#钢材	Rolled-steel	105.9	97.2	103.9	109.5	89.7
有色金属材料和电线类	Nonferrous Metals and Electric Wire	112.6	126.4	108.5	95.0	78.5
化工原料类	Raw Chemical Materials	113.3	100.3	103.9	103.1	76.4
木材及纸浆类	Timber and Paper Pulp	102.1	102.9	105.3	98.0	95.2
建筑材料及非金属矿类	Building Materials and Nonmetal Mine	103.2	100.2	99.6	108.9	100.5
其他工业原材料及半成品类	Other Industrial Raw and Processed Materials	103.1	106.3	121.1	105.1	98.5
农副产品类	Farm and Sideline Products	104.6	104.3	109.4	104.3	98.9
纺织原料类	Textile Raw Material	100.4	94.9	95.6	95.8	101.7

7-14 主要工业品出厂价格指数
Ex-Factory Price Indices of Main Industrial Products

（上年=100）　(preceding year =100)

项　目	Item	2005	2006	2007	2008	2009
工业品出厂价格总指数	**Ex-Factory Price Indices of Industrial Products**	**109.6**	**109.8**	**105.5**	**104.9**	**91.0**
按轻重工业分	**Grouped by Light & Heavy Industry**					
轻工业	Light Industry	102.2	100.4	102.3	106.2	101.6
以农产品为原料	Using Farm Products as Raw Materials	100.6	100.3	102.5	104.7	101.6
以非农产品为原料	Using Non-Farm Products as Raw Materials	104.3	100.6	102.1	108.2	101.6
重工业	Heavy Industry	112.0	112.1	106.4	104.7	89.3
采掘工业	Mining and Quarrying	118.8	114.2	103.3	117.1	83.7
原料工业	Raw Materials Industry	112.5	116.2	107.8	100.3	89.2
加工工业	Manufacturing Industry	102.4	98.8	105.2	114.3	93.3
按两大部类分	**Grouped by Division**					
生产资料	Means of Production	110.9	111.1	105.9	104.9	90.1
采掘	Mining & Quarrying Industry	118.3	114.1	103.3	117.4	84.1
原料	Raw Materials Industry	112.5	116.2	107.9	100.2	89.2
加工	Manufacturing Industry	103.1	99.1	104.4	112.6	95.1
生活资料	Consumer Goods	101.0	100.4	102.4	105.4	101.8
食品	Food	100.7	100.4	102.6	104.1	102.0
衣着	Clothing	103.2	104.1	98.1	109.2	108.7
一般日用品	Articles for Daily Use	101.9	98.4	100.4	114.6	100.7
耐用消费品	Durable Consumer Goods	100.4	105.5	105.5	100.9	99.3
按工业部门分	**Grouped by Sector**					
冶金工业	Metallurgical Industry	108.2	110.6	112.6	97.5	81.7
电力工业	Power Industry	103.6	101.9	101.3	101.3	100.2
煤炭及炼焦工业	Coal Industry	108.6	104.3	105.6	122.5	108.5
石油工业	Petroleum Industry	120.0	122.6	103.5	114.6	90.5
化学工业	Chemical Industry	112.1	101.9	103.5	108.6	91.5
机械工业	Machine Buiding Industry	103.9	106.7	102.2	104.8	102.9
建筑材料工业	Building Materials Industry	100.1	98.5	101.0	106.8	111.8
森林工业	Timber Industry	100.9	99.3	99.5	103.2	106.2
食品工业	Food Industry	100.4	100.2	102.3	104.5	102.0
纺织工业	Textile Industry	99.8	99.1	107.0	107.8	93.7
缝纫工业	Tailoring Industry	103.0	103.3	96.8	113.9	110.4
皮革工业	Leather Industry	105.8	101.0	103.8	106.0	98.1
造纸工业	Paper Industry	100.2	100.9	103.8	107.0	98.5
文教艺术用品工业	Cultural,Educational & Handicrafts Articles	100.5	100.3	100.5	103.7	103.0
其他工业	Others	105.3	101.7	103.0	115.3	99.7

7-15　按工业行业分工业品出厂价格指数
Ex-Factory Price Indices of Industrial Products by Sector

(上年＝100)　　(preceding year =100)

行　业	Sector	2005	2006	2007	2008	2009
工业品出厂价格指数	**Ex-Factory Price Indices of Industrial Products**	**109.6**	**109.8**	**105.5**	**104.9**	**91.0**
煤炭开采和洗选业	Mining and Washing of Coal	108.8	104.2	105.8	122.3	109.1
石油和天然气开采业	Extraction of Petroleum and Natural Gas	124.9	119.0	100.7	115.3	66.3
黑色金属矿采选业	Mining and Processing of Ferrous Metal Ores	138.5	113.4	115.7	141.5	87.4
有色金属矿采选业	Mining and Processing of Non-Ferrous Metal Ores	111.7	119.1	117.6	111.8	85.9
非金属矿采选业	Mining and Processing of Nonmetal Ores	106.3	100.7	102.6	105.9	99.5
农副食品加工业	Processing of Food from Agricultural Products	100.4	99.5	103.8	105.5	103.2
食品制造业	Processing of Foodstuff	101.6	98.4	102.4	108.6	95.0
饮料制造业	Manufacture of Beverages	100.9	102.3	101.7	104.2	100.1
烟草制品业	Manufacture of Tobacco	99.2	100.4	100.5	100.8	104.7
纺织业	Manufacture of Textile	99.9	99.2	105.8	108.4	94.1
纺织服装、鞋、帽制造业	Manufacture of Textile Wearing Apparel, Footware, and Caps	102.6	104.4	96.3	109.8	110.9
皮革、毛皮、羽毛(绒)及其制品业	Manufacture of Leather, Fur, Feather and Related Products	105.8	101.0	103.8	106.0	98.1
木材加工及木、竹、藤、棕、草制品业	Processing of Timber, Manufacture of Wood, Bamboo, Rattan, Palm and Straw Products	101.9	96.9	96.5	101.7	106.5
家具制造业	Manufacture of Furniture	100.1	100.8	102.4	105.7	105.9
造纸及纸制品业	Manufacture of Paper and Paper Products	100.2	100.9	103.8	107.0	98.5
印刷业和记录媒介的复制	Printing, Reproduction of Recording Media	100.7	100.8	100.1	103.9	103.0
文教体育用品制造业	Manufacture of Articles for Culture, Education and Sport Activities	98.9	97.6	101.8	100.6	100.3
石油加工、炼焦及核燃料加工业	Processing of Petroleum, Coking, Processing of Nuclear Fuel	118.2	123.8	105.4	114.7	96.6
化学原料及化学制品制造业	Manufacture of Raw Chemical Materials and Chemical Products	111.3	102.0	103.5	109.3	89.8
医药制造业	Manufacture of Medicines	101.0	99.4	103.6	102.5	100.2
化学纤维制造业	Manufacture of Chemical Fibers	91.4	98.1	101.9	116.0	108.7
橡胶制品业	Manufacture of Rubber	99.3	102.0	101.9	99.1	99.7
塑料制品业	Manufacture of Plastics	118.8	103.9	103.8	106.6	91.2
非金属矿物制品业	Manufacture of Non-metallic Mineral Products	100.0	98.8	101.5	108.7	107.8
黑色金属冶炼及压延加工业	Smelting and Pressing of Ferrous Metals	100.5	94.0	106.6	120.6	87.4
有色金属冶炼及压延加工业	Smelting and Pressing of Non-ferrous Metals	111.3	125.6	122.2	83.3	78.0
金属制品业	Manufacture of Metal Products	100.0	100.5	103.7	115.1	92.5
通用设备制造业	Manufacture of General Purpose Machinery	100.3	99.7	100.3	105.4	102.7
专用设备制造业	Manufacture of Special Purpose Machinery	115.0	102.4	101.0	106.7	115.2
交通运输设备制造业	Manufacture of Transport Equipment	100.7	102.3	99.8	103.3	100.4
电气机械及器材制造业	Manufacture of Electrical Machinery and Equipment	105.2	112.2	104.6	102.9	97.2
通信设备、计算机及其他电子设备制造业	Manufacture of Communication Equipment, Computers and Other Electronic Equipment	96.7	102.2	99.1	104.1	94.8
仪器仪表及文化、办公用机械制造业	Manufacture of Measuring Instruments and Machinery for Cultural Activity and Office Work	99.6	97.6	100.4	100.5	104.7
工艺品及其他制造业	Manufacture of Artwork and Other Manufacturing	105.6	100.2	99.3	122.7	112.5
废弃资源和废旧材料回收加工业	Recycling and Disposal of Waste				109.7	84.5
电力、热力的生产和供应业	Production and Supply of Electric Power and Heat Power	103.6	101.9	101.3	101.3	100.2
燃气生产和供应业	Production and Supply of Gas	102.4	103.7	100.7	100.9	100.1
水的生产和供应业	Production and Supply of Water	105.0	107.7	110.0	106.9	109.5

7-16 房地产价格指数

Price Indices of Real Estate

(上年=100)　　(preceding year =100)

项　目	Item	2001	2002	2003	2004
房屋销售价格指数	**Selling Price Indices of Houses**	**103.4**	**104.3**	**101.8**	**108.8**
# 新建住宅	Newly Built Residential Building	106.5	107.9	103.0	111.4
二手住宅	Second-hand House				
房屋租赁价格指数	**Renting Price Indices of Houses**	**99.7**	**100.3**	**97.8**	**97.8**
# 住宅租赁	Renting Price Indices of Residential Buildings	100.3	100.1	100.0	99.9
物业管理价格指数	**Property Management Price Indices**				
土地交易价格指数	**Transactions Price Indices of Land**	**100.0**	**100.0**	**100.0**	**100.0**
# 住宅用地	Land for Residential Building Use	100.0	100.0	100.0	100.0

7-16 续表 continued

项　目	Item	2005	2006	2007	2008	2009
房屋销售价格指数	**Selling Price Indices of Houses**	**105.6**	**104.7**	**106.0**	**109.8**	**104.1**
# 新建住宅	Newly Built Residential Building	106.8	105.7	107.7	109.8	104.0
二手住宅	Second-hand House	101.7	102.1	103.5	113.2	105.1
房屋租赁价格指数	**Renting Price Indices of Houses**	**100.0**	**99.7**	**100.3**	**101.5**	**102.7**
# 住宅租赁	Renting Price Indices of Residential Buildings	101.6	100.4	100.5	102.8	104.6
物业管理价格指数	**Property Management Price Indices**	**101.4**	**100.2**	**101.7**	**100.1**	**101.4**
土地交易价格指数	**Transactions Price Indices of Land**	**100.0**	**100.0**	**100.0**	**100.0**	**100.0**
# 住宅用地	Land for Residential Building Use	100.0	100.0	100.0	100.0	100.0

注：房地产价格指数为兰州市城市房地产价格数据。

a) Data from the price indices of real estate in Lanzhou city .

主要统计指标解释

居民消费价格指数　是反映一定时期内城乡居民所购买的生活消费品价格和服务项目价格变动趋势和程度的相对数，是对城市居民消费价格指数和农村居民消费价格指数进行综合汇总计算的结果。该指数可以观察和分析消费品的零售价格和服务价格变动对城乡居民实际生活费支出的影响程度。

城市居民消费价格指数　是反映一定时期内城市居民家庭所购买的生活消费品价格和服务项目价格变动趋势和程度的相对数。该指数可以观察和分析消费品的零售价格和服务项目价格变动对城镇职工货币工资的影响，作为研究职工生活和确定工资政策的依据。

农村居民消费价格指数　是反映一定时期内农村居民家庭所购买的生活消费品价格和服务项目价格变动趋势和程度的相对数。该指数可以观察农村消费品的零售价格和服务项目价格变动对农村居民生活消费支出的影响，直接反映农民生活水平的实际变化情况，为分析和研究农村居民生活问题提供依据。

商品零售价格指数　是反映一定时期内城乡商品零售价格变动趋势和程度的相对数。商品零售物价的变动直接影响到城乡居民的生活支出和国家的财政收入，影响居民购买力和市场供需的平衡，影响到消费与积累的比例关系。因此，该指数可以从一个侧面对上述经济活动进行观察和分析。

农业生产资料价格指数　指反映一定时期内农业生产资料价格变动趋势和程度的相对数。农业生产资料价格指数分为小农具、饲料、幼禽家畜、半机械化农具、机械化农具、化学肥料、农药及农药械、农机用油等八大类。其编制目的是了解农业生产中物质资料投入价格的变动状况，服务于国民经济核算。1994 年以前，农业生产资料价格指数仅仅是商品零售价格指数的一个类别，此后，从商品零售价格指数中分离出来，单独编制。

农产品生产价格指数　是反映一定时期内，农产品生产者出售农产品价格水平变动趋势及幅度的相对数。该指数可以客观反映全国农产品生产价格水平和结构变动情况，满足农业与国民经济核算需要。其中某代表品生产价格指数是通过对全部有出售该产品行为的调查单位的个体指数进行几何平均求得的，类价格指数是通过对其所属的类（或代表品）的价格指数进行加权平均求得的。季度累计价格指数的计算方法与分季指数的计算方法相同。

工业品出厂价格指数　是反映一定时期内全部工业产品出厂价格总水平的变动趋势和程度的相对数，包括工业企业售给本企业以外所有单位的各种产品和直接售给居民用于生活消费的产品。该指数可以观察出厂价格变动对工业总产值及增加值的影响。

原材料、燃料和动力购进价格指数　是反映工业企业作为生产投入，而从物资交易市场和能源、原材料生产企业购买原材料、燃料和动力产品时，所支付的价格水平变动趋势和程度的统计指标，是扣除工业企业物质消耗成本中的价格变动影响的重要依据。

固定资产投资价格指数　是反映一定时期内固定资产投资品及项目的价格变动趋势和程度的相对数。固定资产投资额是由建筑安装工程投资完成额、设备工器具购置投资完成额和其他费用投资完成额三部分组成的。编制固定资产投资价格指数应首先分别编制上述三部分投资的价格指数，然后采用加权算术平均法求出固定资产投资价格总指数。

房地产价格指数　是反映一定时期内房地产价格变动趋势和程度的相对数，包括房屋销售价格指数、房屋租赁价格指数、土地交易价格指数和物业管理价格指数。这四套指数的计算方法相似，均采用由下到上逐级汇总的方法。

8 人民生活

People's living Condition

简要说明

一、本篇资料的主要内容

本篇资料反映了全省职工工资及城乡居民储蓄存款；城镇、农村居民的家庭收支、居住、耐用消费品拥有、生产和生活等方面的情况。

二、本篇资料的来源

1.职工工资相关资料来源于劳动工资统计年报，由甘肃省统计局人口与就业处整理提供。

2.城乡居民储蓄存款数据取自中国人民银行兰州中心支行，由甘肃省统计局核算处提供。

3.城镇居民家庭相关资料来源于城镇住户调查年报，由国家统计局甘肃调查总队城镇住户调查处整理提供。

4.农民家庭相关资料来源于农村住户调查年报，由国家统计局甘肃调查总队农村住户调查处整理提供。

8-1 人民物质文化生活情况
People's Material and Cultural Life

项　目	Item	2005	2006	2007	2008	2009
就　业	**Employment**					
每一农村劳动力负担人数（人）	Number of Dependents per Rural Laborer (person)	1.67	1.64	1.60	1.59	1.57
每一城镇就业者负担人数（人）	Number of Dependents per Urban Employee (person)	1.90	1.92	1.87	2.00	1.99
城镇就业率（%）	Urban Employment Rate (%)	96.74	96.37	96.66	96.80	96.75
收　入	**Income of Rural and Urban Residents**					
农村居民家庭人均纯收入（元）	Annual Per Capita Net Income of Rural Residents (yuan)	1980.00	2134.00	2328.92	2723.80	2980.10
城镇居民家庭人均可支配收入（元）	Annual Per Capita Disposable Income of Urban Residents (yuan)	8086.82	8920.59	10012.34	10969.41	11929.78
职工年平均工资（元）	Annual Average Wages of Staff and Workers (yuan)	14172	16565	20157	23301	27177
消费水平（元）	**Annual Per Capita Consumption (yuan)**					
全体居民	Per Capita Consumption of All Residents	3453	3810	4274	4869	5284
农村居民	Agricultural Residents	1812	1883	2049	2480	2657
城镇居民	Non-agricultural Residents	7410	8190	9150	9975	10765
储　蓄	**Savings**					
城乡居民年底储蓄存款余额（亿元）	Balance of Savings Deposit of Rural and Urban Residents (year-end)(100 million yuan)	1586.66	1825.44	1915.24	2461.90	3026.94
人均储蓄存款余额（元）	Per Capita Balance of Saving Deposit (yuan)	6133.81	7020.07	7333.29	9387.10	11501.46
住房面积（平方米）	**Per Capita Floor Space of Residential Buildings (sq.m)**					
农村居民人均居住面积	Per Capita Living Space in Rural Areas	18.71	19.12	19.46	19.87	20.55
城镇居民人均居住面积	Per Capita Living Space in Urban Areas	24.16	25.60	27.04	27.19	27.35
文　化	**Culture**					
城镇每百户有彩色电视机（台）	Number of Color TV Sets per 100 Households in Urban Areas (set)	117.98	114.96	113.72	107.39	108.85
农村每百户有彩色电视机（台）	Number of TV sets per 100 Households in Rural Areas (set)	86.44	89.44	97.22	99.89	103.72
广播人口覆盖率（%）	Broadcast Covering Rate of Population (%)	90.50	90.70	91.23	91.95	92.63
电视人口覆盖率（%）	TV Covering Rate of Population (%)	90.80	91.10	91.50	91.94	92.91
教　育	**Education**					
学龄儿童入学率（%）	Enrollment Ratio of School-Age Children (%)	98.87	98.89	98.94	99.14	99.45
每万人口中在校大学生数（人）	Number of University Students per 10 000 Persons (person)	88	101	113	126	137
卫　生	**Public Health**					
每万人口医院床位数（张）	Number of Hospital Beds per 10 000 Persons (bed)	25	25	27	29	29
每万人口执业(助理)医师数（人）	Number of Doctors per 10 000 Persons (person)	14	12	13	14	14

8-2 在岗职工工资总额

Total Wages of Fully-employed Staff and Workers

单位：万元 (2009) (10 000 yuan)

项目	Item	合计 Total	国有单位 State -owned	城镇集体单位 Urban Collective Ownership	其他 Others
工资总额	**Total**	**5112345**	**4084117**	**130486**	**897742**
按隶属关系分	**Crouped by Administrative Relationship**				
# 中央	Central	858744	858744		
地方	Local	3225373	3225373		
按国民经济行业分组	**Grouped by Sector**				
农、林、牧、渔业	Agriculture, Forestry, Animal Husbandry and Fishery	87998	85252	227	2519
# 农业	Farming	30529	29557		972
采矿业	Mining and Dressing of Minred	371461	122133	3217	246111
制造业	Manufacturing	1001072	649740	43976	307356
电力、燃气及水的生产和供应业	Electric Power, Gas and Water Production and Supply	218309	179878	3083	35348
电力、热力的生产与供应业	Production and Supply of Electric power and heat	189531	154527	306	34698
燃气生产和供应业	Production and Supply of Gas	6346	3602	2650	94
水的生产和供应业	Production and Supply of Water	22432	21750	127	555
建筑业	Construction	229318	100882	25915	102521
交通运输、仓储和邮政业	Transport, Storage, Post and Telecommunication Services	318765	284595	1352	32818
信息传输、计算机服务和软件业	Information Transmission,Computer Serviecis and Software	48957	33370	389	15198
电信和其他信息传输服务业	Telecommunication and Other Imfomation Transmission Service	43064	29196	22	13846
批发和零售业	Wholesale and Retail Trade	92759	47448	6313	38998
批发业	Wholesale	53275	30720	2543	20012
零售业	Retail Trade	39484	16728	3770	18986
住宿和餐饮业	Stay Place and Catering	29989	17258	1033	11698
餐饮业	Catering Services	3246	300	37	2909
金融业	Finance	200959	94971	29143	76845
银行业	Banking	165943	87305	28659	49979
证券业	Negotiable Securities	104	104		
保险业	Insurance	34110	7244	2	26864
房地产业	Real Estate Trade	31182	13156	2525	15501
租赁和商务服务业	Tenancy and Commercial Servecis	30365	21054	5471	3840
科学研究、技术服务和地质勘查业	Scientific Research，Polytechnic Services and Geological Prospecting	148056	139206	2074	6776
研究与试验发展	Research and Trial Development	45520	42969	1235	1316
专业技术服务业	Professional Technology Services	47490	41661	804	5025
水利、环境和公共设施管理业	Water,Environment,and Public Facilities Conservancy	70067	69969	30	68
居民服务和其他服务业	Resident Services Other Services	6794	6278	364	152
教育	Education	953309	951534	1152	623
卫生、社会保障和社会福利业	Health Care,Social Security and Social Welfare	239660	235124	3860	676
# 卫生	Health Care	231661	227125	3860	676
文化、体育和娱乐业	Culture,Art,Sports and Recreation	62758	62259	207	292
新闻出版业	News and Publishing Undertakings	9006	8816	146	44
广播、电视、电影和音像业	Radio,Television,Film and Audiovisubls	21418	21418		
公共管理和社会组织	Public Manage and Social Organization	970571	970012	155	404
国际组织	International Organization				

8-3 在岗职工平均工资

Average Wage of Fully-employed Staff and Workers

单位：元 （2009） (yuan)

项　　目	Item	合计 Total	国有单位 State-owned	城镇集体单位 Urban Collective Ownership	其他 Others
职工平均工资	**Per Capita Wage of Staff and Workers**	**27177**	**28565**	**19453**	**23360**
按隶属关系分	**Crouped by Administrative Relationship**				
# 中央	Central	38598	38598		
地方	Local	26716	26716		
按国民经济行业分组	**Grouped by Sector**				
农、林、牧、渔业	Farming, Forestry, Animal Husbandry and Fishery	17045	17006	17703	18403
# 农业	Farming	14026	13897		
采矿业	Mining and Dressing of Minred	43103	38885	16548	46589
制造业	Manufacturing	26105	30976	27077	19517
电力、燃气及水的生产和供应业	Electric Power, Gas and Water Production and Supply	33204	33379	17517	35008
电力、热力的生产与供应业	Production and Supply of Electric power and heat	35916	36118	14576	35493
燃气生产和供应业	Production and Supply of Gas	24101	32801	17848	18780
水的生产和供应业	Production and Supply of Water	21686	21733	19462	20487
建筑业	Construction	16583	18303	13695	15957
交通运输、仓储和邮政业	Transport, Storage, Post and Telecommunication Services	31281	33696	15700	19787
信息传输、计算机服务和软件业	Information Transmission,Computer Serviecis and Software	22347	24510	10787	19161
电信和其他信息传输服务业	Telecommunication and Other Imfomation Transmission Service	23950	25658	17000	21014
批发和零售业	Wholesale and Retail Trade	16845	21594	10338	14452
批发业	Wholesale	19023	24838	10766	15075
零售业	Retail Trade	14591	17416	10068	13848
住宿和餐饮业	Stay Place and Catering	15223	16819	15607	13328
餐饮业	Catering Services	11820	13884	9605	11675
金融业	Financial Intermediation	31466	32300	25499	33361
银行业	Banking	35216	34752	25602	46256
证券业	Negotiable Securities	25900	25900		
保险业	Insurance	20910	17734	24000	21971
房地产业	Real Estate Trade	18181	20952	15039	16862
租赁和商务服务业	Tenancy and Business Servecis	21220	23982	16583	17212
科学研究、技术服务和地质勘查业	Scientific Research，Polytechnic Services and Geological Prospecting	30346	30542	20455	30828
研究与试验发展	Research and Trial Development	31485	32081	21298	27194
专业技术服务业	Professional Technology Services	32400	32755	19408	32970
水利、环境和公共设施管理业	Water,Environment,and Public Facilities Conservancy	22372	22373	15579	26154
居民服务和其他服务业	Resident Services Other Services	19569	21146	10520	9701
教育	Education	29142	29171	20898	16362
卫生、社会保障和社会福利业	Health Care,Social Security and Social Welfare	27418	27501	24371	20532
# 卫生	Health Care	27351	27435	24371	20532
文化、体育和娱乐业	Culture,Art,Sports and Recreation	27460	27696	16967	11530
新闻出版业	News and Publishing Undertakings	27405	27532	22813	21750
广播、电视、电影和音像业	Radio,Television,Film and Audiovisubls	28806	28806		
公共管理和社会组织	Public Management and Social Organization	28467	28471	31612	20286
国际组织	International Organization				

8-4 职工平均工资及指数

Average Wage of Staff and Workers and Related Indices

年份 Year	平均货币工资（元） Average Money Wage (yuan)				指数（上年=100） Indices (preceding year=100) 货币工资 Average Money Wage				实际工资 Average Real Wage			
	合计 Total	国有单位 State-Owned Units	城镇集体单位 Urban Collective-Owned Units	其他单位 Other Ownership Units	合计 Total	国有单位 State-Owned Units	城镇集体单位 Urban Collective-Owned Units	其他单位 Other Ownership Units	合计 Total	国有单位 State-Owned Units	城镇集体单位 Urban Collective-Owned Units	其他单位 Other Ownership Units
1978	708	751	437									
1979	792	824	557		111.8	109.7	127.5		110.7	108.6	126.2	
1980	875	896	676		110.5	108.7	121.4		105.0	103.3	115.4	
1981	878	904	676		100.3	100.9	100.0		98.1	98.7	97.8	
1982	907	937	649		103.3	103.6	96.0		102.2	102.5	95.0	
1983	944	973	702		104.1	103.8	108.2		103.7	103.4	107.8	
1984	1200	1251	866		127.1	128.6	123.4		123.0	124.5	119.5	
1985	1363	1400	1116	1640	113.6	111.9	128.9		102.7	101.2	116.5	
1986	1555	1630	1090	1848	114.1	116.4	97.7	112.7	106.6	108.8	91.3	105.3
1987	1680	1761	1188	1880	108.0	108.0	109.0	101.7	99.6	99.6	100.6	93.8
1988	1949	2040	1400	2331	116.0	115.8	117.8	124.1	96.2	96.0	97.7	102.9
1989	2207	2317	1577	1927	113.2	113.5	112.6	82.7	95.8	96.0	95.3	70.0
1990	2407	2546	1675	2058	109.1	109.9	106.2	106.8	107.1	107.9	104.2	104.8
1991	2566	2706	1918	2155	106.6	106.3	114.5	104.7	100.9	100.6	108.3	99.1
1992	2902	3077	2127	2205	113.1	113.7	110.9	102.3	105.4	106.0	103.4	95.3
1993	3422	3627	2457	3389	117.9	117.9	115.5	153.7	102.3	102.3	100.3	133.4
1994	4796	5059	3506	4409	140.2	139.5	142.7	130.1	112.5	112.0	114.5	104.4
1995	5493	5747	3944	6534	114.5	113.6	112.5	148.2	96.3	95.5	94.6	124.6
1996	5882	6131	4471	6734	107.1	106.7	113.4	103.1	97.1	96.7	102.8	93.5
1997	6182	6445	4598	6703	105.1	105.1	102.8	99.5	102.2	102.2	100.0	96.8
1998	6418	6757	4774	5528	103.8	104.8	103.8	82.5	104.8	105.9	104.8	83.3
1999	6928	7311	5118	5837	107.9	108.2	107.2	105.6	111.0	111.3	110.3	108.6
2000	7913	8278	6228	6504	114.2	113.2	121.7	111.4	115.1	114.1	122.7	112.3
2001	9177	9690	5929	8244	116.0	113.2	95.2	126.8	112.6	109.9	92.4	123.1
2002	10272	10925	6127	8712	111.9	112.7	103.3	105.7	112.7	113.5	104.0	106.4
2003	11419	12079	6674	10115	111.2	110.6	108.9	116.1	110.2	109.6	107.9	115.1
2004	12711	13427	7676	10957	111.3	111.2	115.0	108.3	109.9	109.8	113.5	106.9
2005	14172	15075	8550	11121	111.5	112.3	111.4	101.5	110.2	111.0	110.1	100.3
2006	16565	17506	10759	14674	116.9	116.1	125.8	131.9	115.5	114.7	124.3	130.3
2007	20157	21569	12126	16978	121.7	123.2	112.7	115.7	115.7	117.1	107.1	110.0
2008	23301	24620	15343	20174	115.6	114.1	126.5	118.8	107.0	105.6	117.1	110.0
2009	26577	28013	18783	22658	114.1	113.8	122.4	112.3	113.1	112.8	121.3	111.3

8-5 分地区在岗职工平均工资

Average Wage of Staff and Workers by Region

单位：元 (yuan)

地区	Region	2005	2006	2007	2008	2009 合计 Total	国有单位 State-Owned Units	城镇集体单位 Urban Collective-Owned Units	其他单位 Other Ownership Units
兰州市	Lanzhou	16960	19090	22569	26118	28995	32260	20504	23393
嘉峪关市	Jiayuguan	25699	28276	30785	36614	39391	40232	36356	27479
金昌市	Jinchang	20393	24293	29791	35460	37291	39441	40383	20042
白银市	Baiyin	13670	15496	20514	25968	30781	28718	16506	35882
天水市	Tianshui	11194	13711	15620	17207	21989	24957	12099	15300
武威市	Wuwei	11631	13064	15662	17364	19063	20360	15537	12046
张掖市	Zhangye	11978	13727	16478	18713	20905	23222	21900	13703
平凉市	Pingliang	16057	18180	21862	25895	28477	29032	17440	22706
酒泉市	Jiuquan	16964	20803	23338	26309	29636	30230	25348	29013
庆阳市	Qingyang	12087	13927	17454	22194	27226	27528	21518	21770
定西市	Dingxi	12538	14548	18350	20960	23481	25265	14935	12788
陇南市	Longnan	12343	14809	17305	19989	23367	24738	16477	13645
临夏州	Linxia	13081	15729	19719	23717	27104	28414	16674	16544
甘南州	Gannan	13945	14984	19138	21590	24471	25002	17112	18752

8-6 全省城乡居民储蓄存款年底余额

Savings Deposit of Urban and Rural Areas at the Year-end

单位：万元 (10 000 yuan)

年份 Year	年底余额 Outstanding Amount 总计 Total Saving	城镇 Urban	农户 Rural	年增加额 Increased Amount 总计 Total	城镇 Urban	农户 Rural
2000	8187607	7093513	1094094	814000	675776	138224
2001	9207078	7995286	1211792	1020647	902950	117697
2002	10422181	8979129	1443052	1213625	984936	228689
2003	12173882	10517505	1656377	1749967	1536641	213326
2004	13831098	11914297	1916801	1657216	1396792	260424
2005	15866560	13520146	2346414	2035462	1605849	429613
2006	18254366	15388163	2866203	2387806	1868017	519789
2007	19152386	15532987	3619399	898020	144824	753196
2008	24618977	19548344	5070633	5466591	4015357	1451234
2009	30269418	23420414	6849004	5650441	3872070	1778371

8-7 各地县金融机构城乡居民储蓄存款

Savings Deposit of Financial Institutions in Urban and Rural Areas by Prefecture, County

单位：万元 (2009) (10 000 yuan)

地区	Region	城乡居民储蓄存款 Savings Deposit in Urban and Rural Areas	地区	Region	城乡居民储蓄存款 Savings Deposit in Urban and Rural Areas
兰州市	**Lanzhou**	**10899723**	瓜州县	Guazhou	161004
城关区	Chengguan		肃北县	Subei	16466
七里河区	Qilihe		阿克塞县	Akesai	17873
西固区	Xigu		玉门市	Yumen	273031
安宁区	Anning		敦煌市	Dunhuang	745143
红古区	Honggu	292215	**庆阳市**	**Qingyang**	**1991278**
永登县	Yongdeng	374860	西峰区	Xifeng	650189
皋兰县	Gaolan	198798	庆城县	Qingcheng	373705
榆中县	Yuzhong	396151	环县	Huanxian	107149
嘉峪关市	**Jiayuguan**	**629104**	华池县	Huachi	89998
金昌市	**Jinchang**	**845576**	合水县	Heshui	99616
金川区	Jinchuan	596084	正宁县	Zhengning	163193
永昌县	Yongchang	249492	宁县	Ningxian	284951
白银市	**Baiyin**	**1653527**	镇原县	Zhenyuan	222477
白银区	Baiyin	748889	**定西市**	**Dingxi**	**1379922**
平川区	Pingchuan	330231	安定区	Anding	376457
靖远县	Jingyuan	196066	通渭县	Tongwei	109069
会宁县	Huining	195004	陇西县	Longxi	279385
景泰县	Jingtai	183337	渭源县	Weiyuan	95868
天水市	**Tianshui**	**2574323**	临洮县	Lintao	316091
秦州区	Qinzhou	1085199	漳县	Zhangxian	58335
麦积区	Maiji	529994	岷县	Minxian	144717
清水县	Qingshui	103650	**陇南市**	**Longnan**	**1606281**
秦安县	Qinan	289859	武都区	Wudu	349106
甘谷县	Gangu	280286	宕昌县	Tanchang	101164
武山县	Wushan	182804	成县	Chengxian	264043
张家川县	Zhangjiachuan	102531	康县	Kangxian	96058
武威市	**Wuwei**	**1801166**	文县	Wenxian	158998
凉州区	Liangzhou	1171407	西和县	Xihe	205738
民勤县	Minqin	337493	礼县	Lixian	204265
古浪县	Gulang	156057	两当县	Liangdang	40349
天祝县	Tianzhu	136209	徽县	Huixian	186560
张掖市	**Zhangye**	**1377925**	**临夏州**	**Linxia**	**998703**
甘州区	Ganzhou	743354	临夏市	linxia	447606
肃南县	Sunan	38033	临夏县	linxia	80504
民乐县	Minle	123073	康乐县	Kangle	68538
临泽县	Linze	144684	永靖县	Yongjing	191184
高台县	Gaotai	161235	广河县	Guanghe	68335
山丹县	Shandan	167546	和政县	Hezheng	61180
平凉市	**Pingliang**	**1670819**	东乡县	Dongxiang	34949
崆峒区	Kongtong	632945	积石山县	Jishishan	46407
泾川县	Jingchuan	225280	**甘南州**	**Gannan**	**471674**
灵台县	Lingtai	133273	合作市	Hezuo	131569
崇信县	Chongxin	75067	临潭县	Lintan	70166
华亭县	Huating	259872	卓尼县	Zhuoni	43568
庄浪县	Zhuanglang	166643	舟曲县	Zhouqu	90834
静宁县	Jingning	177739	迭部县	Diebu	46466
酒泉市	**Jiuquan**	**2369397**	玛曲县	Maqu	30445
肃州区	Suzhou	872733	碌曲县	Luqu	15878
金塔县	Jinta	160745	夏河县	Xiahe	42748

注：兰州市四区数据为9637699万元。

a)Data in this table of four districts in Lanzhou City amount to 96.38 billion yuan.

8-8 城镇居民家庭生活基本情况

Basic Conditions of Urban Households

年份 Year	每一城镇就业者负担人数（人） Number of Dependents per Urban Employee (person)	城镇居民人均可支配收入（元） Per Capita Annual Disposable Income (yuan)	城镇居民人均消费性支出（元） Per Capita Annual Living Expenditures for Consumption (yuan)	#食 品 Food	恩格尔系数（%） Engle modulus (%)	人均居住面积（平方米） Average Living Floor Space Per Capita (sq.m)
1978		407.53				
1979		418.07				4.63
1980	2.64	403.44	399.00	211.88	53.10	4.82
1981	1.80	447.73	433.38	238.20	54.96	5.60
1982	1.75	473.52	447.40	252.36	56.41	6.01
1983	1.74	490.62	482.30	273.84	56.78	6.74
1984	1.70	571.89	552.16	310.44	56.22	7.11
1985	1.83	640.77	625.21	316.32	50.59	7.44
1986	1.83	776.76	737.11	375.66	50.96	7.51
1987	1.82	870.52	828.94	430.83	51.97	7.65
1988	1.84	978.92	1026.53	501.71	48.87	8.29
1989	1.82	1132.70	1065.36	586.45	55.05	8.55
1990	1.87	1196.72	1030.54	556.73	54.02	8.86
1991	1.85	1368.80	1234.86	665.77	53.91	9.09
1992	1.75	1707.78	1457.40	765.22	52.51	8.99
1993	1.73	2002.56	1679.74	851.76	50.71	8.96
1994	1.84	2658.13	2209.08	1117.20	50.57	10.44
1995	1.86	3152.52	2617.74	1353.01	51.69	10.74
1996	1.82	3353.94	2838.52	1443.01	50.84	11.10
1997	1.89	3592.43	2946.27	1439.30	48.85	12.70
1998	1.91	4009.61	3099.36	1432.76	46.23	13.30
1999	1.71	4475.23	3681.50	1525.57	41.44	15.16
2000	1.80	4916.25	4126.47	1552.77	37.63	15.21
2001	1.86	5382.91	4420.31	1639.17	37.08	15.54
2002	1.96	6151.42	5064.22	1792.60	35.40	21.55
2003	1.98	6657.24	5298.91	1908.10	36.01	22.27
2004	1.85	7376.74	5937.30	2204.04	37.12	22.90
2005	1.90	8086.82	6529.20	2352.82	36.04	24.16
2006	1.92	8920.59	6974.21	2408.37	34.53	25.60
2007	1.87	10012.34	7875.78	2824.42	35.86	27.04
2008	2.00	10969.41	8308.62	3183.79	38.32	27.19
2009	1.99	11929.78	8890.79	3359.3	37.78	27.35

注：2002年以后人均居住面积口径为建筑面积。

a) The Living Floor Space refers to the usable floor area after 2002.

8-9 城镇居民家庭生活基本情况

Basic Conditions of Urban Households

指标	Item	2005	2006	2007	2008	2009
调查户数（户）	Number of Households Surveyed (household)	880	880	880	880	880
平均每户家庭人口（人）	Average Household Size (person)	2.89	2.90	2.83	2.80	2.79
平均每户就业人口（人）	Average Number of Employed Persons per Household (person)	1.52	1.51	1.51	1.40	1.40
平均每户就业面（%）	Percentage of Employment per Household (%)	52.60	52.07	53.36	50.00	50.18
平均每一就业者负担人数(含就业者本人)（人）	Number of Dependents per Employee (including the employee himself or herself)(person)	1.90	1.92	1.87	2.00	1.99
平均每人全年家庭总收入（元）	Per Capita Annual Income (yuan)	8738.11	9586.46	10859.69	11669.33	12918.04
平均每人可支配收入（元）	Per Capita Disposable Income (yuan)	8086.82	8920.59	10012.34	10969.41	11929.78
平均每人借贷收入（元）	Average Per Capita Borrowing (yuan)	2677.74	2693.16	3356.12	2636.46	2458.37
平均每人全年家庭总支出（元）	Per Capita Actual Expenditures (yuan)	8631.90	9205.01	10558.06	10241.06	11259.98
平均每人消费性支出（元）	Per Capita Annual Consumption Expenditure (yuan)	6529.20	6974.21	7875.78	8308.62	8890.79
平均每人借贷支出（元）	Average Per Capita Lending (yuan)	2641.15	2957.04	3429.98	3734.90	3949.71

8-10 城镇居民家庭平均每人全年收入构成

Composition of Per Capita Annual Income of Urban Households

单位：元　　（2009）　　(yuan)

指标	Item	全省平均 Average	最低收入户 Lowest Income Households	低收入户 Low Income Households	较低收入户 Lower Middle Income Households	中等收入户 Middle Income Households	较高收入户 Upper Middle Income Households	高收入户 High Income Households	最高收入户 Highest Income Households
家庭总收入（元）	**Annual Total Income (yuan)**	**12918.04**	**4520.70**	**6269.44**	**8388.78**	**12089.83**	**16169.97**	**21631.32**	**32103.29**
工资性收入	Income From Wages	9182.24	3300.13	4966.99	5992.12	9048.45	11525.20	15081.18	21022.15
#工资及补贴收入	Wage and Subsidies	8861.48	3016.22	4412.44	5703.07	8831.59	11329.86	14928.75	20167.82
经营性收入	Net Business Income	690.41	307.44	413.17	555.61	355.22	809.81	887.69	2351.63
财产性收入	Property Income	59.49	2.83	5.78	28.40	71.27	82.39	81.75	198.98
转移性收入	Transfer Income	2985.90	910.31	883.49	1812.64	2614.89	3752.57	5580.70	8530.53
#可支配收入	Disposable Income	11929.78	4100.87	5657.40	7800.96	11046.56	14992.40	20018.94	29915.61
家庭总收入构成（%）	**Composition of Annual Total Income (%)**	**100.00**	**100.00**	**100.00**	**100.00**	**100.00**	**100.00**	**100.00**	**100.00**
工资性收入	Income from Wages	71.08	73.00	79.23	71.43	74.84	71.28	69.72	65.48
# 工资及补贴收入	Wage and Subsidies	68.60	66.72	70.38	67.98	73.05	70.07	69.01	62.82
非工资性收入	Income From Non-wages	28.92	27.00	20.77	28.57	25.16	28.72	30.28	34.52

8-11 城镇居民家庭平均每人全年现金收支情况

Per Capita Annual Cash Income and Expenditure of Urban Households

单位：元 (yuan)

指　标	Item	2005	2006	2007	2008	2009
平均每人家庭总收入	**Per Capita Annual Actual Income (yuan)**	**8738.11**	**9586.46**	**10859.69**	**11669.33**	**12918.04**
工资性收入	Income from Wages and Salaries	6486.84	8920.59	8140.72	8354.63	9182.24
#工资及补贴收入	Laborage and Allowance Income	6314.79	7008.40	7948.65	8064.15	8861.48
其它劳动收入	Other Income from work	172.05	6749.55	192.08	290.48	320.76
经营性收入	Net Business Income	373.84	258.85	519.58	638.76	690.41
财产性收入	Property Income	39.58	403.57	45.84	65.33	59.49
# 利息收入	Interest Income	9.63	32.14	6.17	13.23	24.27
股息与红利收入	Capital Bonus Income	5.84	8.26	26.25	4.55	7.78
转移性收入	Transfer Income	1837.84	3.00	2153.55	2610.61	2985.90
#可支配收入	Disposable Income	8086.82	8920.59	10012.34	10969.41	11929.78
出售财物收入	**Proceeds from sales of Belongings**	**31.32**	**54.52**	**37.55**	**1.04**	**77.22**
借贷收入	**Loan Income**	**2677.74**	**2693.15**	**3356.12**	**2636.46**	**2458.37**
平均每人家庭总支出	**Per Capita Actual Expenditures**	**8631.90**	**9205.01**	**10558.06**	**10241.06**	**11259.98**
消费性支出	Living Expenditures	6529.20	6974.21	7875.78	8308.62	8890.79
# 服务性消费支出	Service Living Expenditures	1794.00	2027.36	2137.19	2110.66	2225.35
财产性支出	Property Insurance	0.61		6.79	15.98	20.95
转移性支出	Ambulant Expenditures	856.09	1119.55	1148.70	1095.47	1221.90
#交纳所得税	Income tax payment	40.40	19.64	25.44	41.76	27.25
捐赠支出	Gift Expenditures	450.01	540.65	575.22	618.35	731.43
赡养支出	Support Expenditures	316.85	493.73	438.99	350.60	340.26
社会保障支出	Social Security Insurance	583.96	611.12	780.79	608.80	904.93
# 个人交纳的养老基金	Annuities	204.51	236.32	295.83	226.80	335.28
个人交纳的住房公积金	Housing Accumulation fund	254.33	239.55	342.62	265.31	403.54
个人交纳的医疗基金	Iatrical Accumulation fund	71.26	79.02	98.82	83.33	122.81
购房与建房支出	Expenditures on Purchasing and Building	662.04	498.42	746.01	212.18	221.42
借贷支出	**Debit and Credit Expenditure**	**2641.15**	**2957.08**	**3429.98**	**3734.90**	**3949.71**
# 存入储蓄款	Deposit Money in Bank	2131.27	2395.02	2668.13	3075.99	3475.83
归还借款	Returning Loans	103.15	103.62	107.80	151.54	111.65
储蓄性保险支出	Save up Premiums	137.08	152.25	132.86	120.42	107.57
购买有价证券	Buy Negotiable Securities	63.19	0.13	115.18	78.53	9.53
归还住房贷款	Return the Housing Provide a Loan	94.05	179.70	202.10	215.68	153.59

8-12 城镇居民家庭平均每人全年消费支出情况(按收入水平分组)

Per Capita Annual Living Expenditure of Urban Households by Level of Income

单位：元 （2009） (yuan)

指　标	Item	全省平均 Average	最低收入户 Lowest Income Households	低收入户 Low Income Households	较低收入户 Lower Middle Income Households	中等收入户 Middle Income Households	较高收入户 Upper Middle Income Households	高收入户 High Income Households	最高收入户 Highest Income Households
消费性支出	**Total Consumption Expenditure**	**8890.79**	**3913.93**	**5039.35**	**6856.88**	**8741.99**	**10939.52**	**13618.92**	**17825.33**
食品	**Food**	**3359.30**	**1772.25**	**2165.47**	**2766.68**	**3348.82**	**4190.85**	**4723.80**	**5666.20**
# 粮食	Grain	315.84	278.84	278.40	323.84	312.43	324.43	348.75	358.99
淀粉及薯类	Starches and Tubers	27.02	22.88	20.26	24.57	27.71	27.97	36.55	35.12
干豆类及豆制品	Beans and Bean Products	39.75	34.10	37.59	41.11	39.38	37.63	45.05	48.24
油脂类	Oil and Fats	142.75	124.95	120.63	139.24	139.65	148.34	158.76	188.31
肉禽蛋水产品类	Meat, Poultry and Related Products	617.00	331.39	395.89	576.11	628.21	758.78	798.23	929.31
# 猪肉	Pork	227.24	129.20	141.00	217.16	234.20	272.40	288.74	340.50
蛋类	Eggs	62.07	47.67	49.70	61.27	66.16	65.85	71.06	75.85
水产品类	Aquatic Products	65.27	29.78	38.26	52.85	67.28	85.68	83.28	119.30
蔬菜类	Vegetables	363.79	262.98	302.26	348.29	368.50	393.06	438.86	487.52
# 鲜菜	Fresh Vegetables	345.56	253.17	289.35	332.53	348.12	374.24	414.03	455.89
烟草类	Tobacco	201.25	78.98	91.34	160.51	195.61	276.61	299.06	385.51
酒类	Liquor	123.69	33.15	41.98	72.36	110.49	175.75	228.06	310.56
饮料	Beverages	66.39	36.38	40.64	54.22	66.33	77.13	87.76	133.29
干鲜瓜果类	Dried and Fresh Melons and Fruits	275.98	123.66	170.77	232.83	275.44	346.35	397.82	479.60
糕点	Cake	54.49	22.05	31.96	44.02	59.03	62.01	75.41	113.08
奶及奶制品	Milk and Dairy Products	149.56	71.06	103.47	117.45	158.87	191.64	214.71	228.73
其他食品	Other Food	148.17	81.64	114.84	126.86	132.28	191.49	166.48	272.18
食品加工服务费	Food Processing Service Fees	0.35	0.07	0.45	0.79	0.28	0.16	0.40	0.03
在外饮食	Dining Out	752.15	206.10	350.63	433.75	749.91	1090.34	1323.91	1589.84

8-12 续表 1 continued

单位：元 (yuan)

指标	Item	全省平均 Average	最低收入户 lowest Income Households	低收入户 Low Income Households	较低收入户 Lower Middle Income Households	中等收入户 Middle Income Households	较高收入户 Upper Middle Income Households	高收入户 High Income Households	最高收入户 Highest Income Households
衣着	**Clothing**	**1169.7**	**466.33**	**625.26**	**837.68**	**1230.21**	**1457.62**	**1657.41**	**2552.44**
#服装	Garments	820.97	303.85	424.82	567.00	877.57	1015.51	1201.76	1843.32
衣着材料	Clothing Materials	16.87	9.16	11.01	15.16	19.98	21.77	15.08	24.78
鞋类	Shoes	272.45	127.88	151.91	213.57	272.19	349.09	367.76	540.30
居住	**Residence**	**801.21**	**453.02**	**406.98**	**732.44**	**802.59**	**775.44**	**1168.36**	**1743.15**
住房	Housing	176.55	16.47	33.15	196.17	183.20	143.93	330.36	473.67
#租赁房房租	Rent	17.14	15.46	20.28	24.57	0.68	32.93	11.26	5.55
水电燃料及其他	Water, Electricity, Fuels and Others	573.45	411.45	347.42	505.91	561.01	581.85	776.11	1113.58
#水	Water	34.88	24.19	22.03	35.58	33.24	34.93	40.82	65.58
电	Electricity	169.20	123.50	124.87	159.25	169.78	177.95	214.15	258.75
家庭设备用品及服务	**Houshold Facilities, Articles and Services**	**559.06**	**206.64**	**212.78**	**395.48**	**581.29**	**661.81**	**912.80**	**1346.61**
耐用消费品	Durable Consumer Goods	248.89	41.41	41.40	159.13	260.70	315.18	507.90	634.57
室内装饰品	Room Decorations	21.37	2.71	1.49	6.44	28.45	8.33	32.13	119.19
床上用品	Bed Articles	50.12	16.95	22.06	38.70	44.89	63.90	44.14	158.84
家庭日用杂品	Household Articles for Daily Use	216.67	144.19	140.69	172.54	228.54	248.85	276.46	383.27
家具材料	Furniture Materials	5.90	0.01	0.52	4.04	2.31	10.88	26.38	2.11
家庭服务	Household Services	16.10	1.38	6.61	14.63	16.39	14.67	25.78	48.64
医疗保健	**Medical Services**	**746.77**	**223.20**	**497.54**	**652.95**	**675.56**	**882.10**	**1272.10**	**1444.24**
#药品费	Medication	415.12	157.06	261.56	376.18	459.44	444.09	672.26	682.06
滋补保健品	Invigorant	48.15	1.59	5.53	15.73	26.81	72.22	81.11	224.92
医疗费	Medical Treatment	258.74	62.03	227.83	247.82	181.07	313.43	479.55	456.43

8-12 续表 2 continued

单位：元 (yuan)

指 标	Item	全省平均 Average	最低收入户 Lowest Income Households	低收入户 Low Income Households	较低收入户 Lower Middle Income Households	中等收入户 Middle Income Households	较高收入户 Upper Middle Income Households	高收入户 High Income Households	最高收入户 Highest Income Households
交通和通讯	**Transportation and Communications**	**894.35**	**293.35**	**480.26**	**559.67**	**815.78**	**1236.49**	**1653.08**	**1847.75**
交通	Transportation	440.26	105.75	162.88	187.93	332.10	689.28	1035.63	1036.97
#交通费	Traffic	260.99	98.69	128.99	168.44	230.94	291.81	451.90	733.82
通信	Communications	454.09	187.61	317.38	371.74	483.68	547.22	617.44	810.78
教育文化娱乐服务	**Education，Culture and Recreation Services**	**1025.47**	**400.49**	**506.53**	**742.53**	**981.78**	**1274.47**	**1608.36**	**2360.90**
文化娱乐用品	Recreational Durable Consumer Goods	306.54	89.02	139.25	175.66	329.71	399.07	481.08	760.12
#彩色电视机	Color TV	66.46	8.10	15.02	18.07	52.06	106.81	160.03	194.00
家用电脑	Computer	76.40	0.27	30.55	57.11	90.15	104.39	69.65	219.95
书报杂志	Newspapers and Magazines	38.29	20.07	25.14	31.16	38.98	48.79	52.08	62.72
文化娱乐服务	Recreation	292.20	25.24	59.46	125.75	293.01	357.60	635.27	941.01
参观游览	Sightseeing	81.74	0.97	5.11	26.68	101.12	77.44	244.45	244.16
团体旅游	Team Tour	99.92	2.48	17.08	47.31	92.94	103.15	206.61	399.02
教育	Education	426.73	286.24	307.82	441.12	359.07	517.80	492.01	659.77
#非义务教育学杂费	Nobligation Tuition	192.77	151.66	141.06	243.48	123.62	237.51	130.71	332.19
义务教育学杂费	Tuition	26.64	26.52	43.56	16.74	19.24	34.16	30.70	23.88
托幼费	Child Care	22.19	9.68	11.32	23.35	16.43	22.64	49.78	37.01
家教费	Home Tutor	32.03	27.89	22.74	37.25	25.55	27.54	56.67	37.50
其他商品和服务	**Miscellaneous Goods and Services**	**334.95**	**98.64**	**144.54**	**169.44**	**305.95**	**460.74**	**623.01**	**864.04**
#金银珠宝饰品	Jewelry	47.22	0.36	1.51	8.95	22.36	67.58	198.16	131.30
理发美容用具	Bathing and Haircut	2.52	0.41	0.50	2.05	2.49	4.21	2.75	5.86
化妆品	Cosmetics	98.15	31.53	48.36	51.50	91.85	142.65	154.89	242.97
旅馆住宿费	Hotel Charges	21.84	1.17	1.06	3.49	23.48	20.89	33.36	116.96
理发洗澡费	Haircut & Bathing Costs	32.33	14.76	17.60	22.26	36.93	39.41	41.51	69.17
美容费	Beauty Treatment Costs	12.69	1.84	3.54	7.65	11.09	20.98	20.33	31.87
其他服务费	Other Services	24.93	7.16	19.36	14.11	22.80	33.70	51.71	43.75

8-13 城镇居民家庭平均每人全年购买商品数量

Per Capita Annual Purchases of Commodities of Urban Households

(2009)

指 标	Item	全省平均 Average	最低收入户 Lowest Income Households	低收入户 Low Income Households	较低收入户 Lower Middle Income Households	中等收入户 Middle Income Households	较高收入户 Upper Middle Income Households	高收入户 High Income Households	最高收入户 Highest Income Households
大米（千克）	Rice (kg)	22.01	19.10	18.74	22.26	22.61	23.66	22.54	24.71
面粉（千克）	Flour (kg)	39.37	40.69	36.03	42.75	39.49	37.25	38.30	39.29
食用植物油（千克）	Edible Vegetable Oil (kg)	11.03	10.09	10.00	11.05	10.64	11.66	11.86	12.42
猪肉（千克）	Pork (kg)	11.60	6.67	7.43	11.18	11.82	13.80	14.35	17.65
牛肉（千克）	Beef (kg)	2.27	1.12	1.72	2.27	3.06	2.32	2.38	2.67
羊肉（千克）	Mutton (kg)	1.51	0.42	0.83	1.35	1.53	2.18	2.50	1.85
鲜蛋（千克）	Fresh Eggs (kg)	3.11	1.58	2.36	3.53	3.03	3.65	3.30	4.26
鱼（千克）	Fish (kg)	3.28	1.68	2.16	2.76	3.51	4.12	3.90	5.48
鲜菜（千克）	Fresh Vegetables (kg)	108.41	88.47	95.06	110.02	108.58	110.46	124.81	131.46
白酒（千克）	Liquor (kg)	1.17	0.58	0.60	0.96	1.04	1.66	1.73	2.04
啤酒（千克）	Beer (kg)	2.93	1.26	2.31	2.44	3.01	3.89	4.39	3.67
碳酸饮料（千克）	Soda Pop and Coke (kg)	1.11	0.48	0.76	0.92	1.11	1.61	1.69	1.27
鲜果（千克）	Fresh Fruits (kg)	40.23	20.85	30.93	35.39	42.41	46.49	51.39	64.22
鲜瓜（千克）	Fresh melons (kg)	20.69	10.74	14.44	19.15	20.32	25.24	31.30	27.81
糕点（千克）	Cake (kg)	3.84	1.83	2.45	3.36	4.27	4.12	5.06	7.17
鲜乳品（千克）	Fresh Milk (kg)	20.72	10.92	16.98	18.29	20.67	25.13	27.57	29.92
奶粉（千克）	Milk Powder (kg)	0.32	0.20	0.30	0.24	0.37	0.38	0.50	0.27
服装（件）	Garments (piece)	7.37	4.54	5.11	6.35	7.85	8.73	9.35	11.19
鞋类（双）	Shoes (pair)	2.83	2.17	2.45	2.56	2.83	3.13	3.36	3.85
水（吨）	Water (ton)	17.37	10.47	11.62	17.27	16.85	18.02	20.18	33.31
电（度）	Electricity (kw.h)	325.24	238.35	242.25	306.16	322.92	343.71	416.20	492.06
煤炭（千克）	Coal (kg)	35.85	57.76	70.99	55.26	17.99	16.59	17.02	9.99
管道天然气（立方米）	Piped natural gas (cubic meters)	20.64	9.24	11.54	15.33	16.62	24.18	30.11	56.31

8-14 城镇居民家庭平均每百户主要耐用消费品拥有量

Number of Major Durable Consumer Goods Owned Per 100 Urban Households at the Year-End

(2009)

指　标	Item	全省平均 Average	最低收入户 Lowest Income Households	低收入户 Low Income Households	较低收入户 Lower Middle Income Households	中等收入户 Middle Income Households	较高收入户 Upper Middle Income Households	高收入户 High Income Households	最高收入户 Highest Income Households
摩托车（辆）	Motorcycle (unit)	7.14	2.67	6.99	6.19	8.07	9.04	10.02	5.75
助力车（辆）	Hand Car (unit)	7.77	1.80	7.07	3.18	10.67	10.65	12.77	8.10
家用汽车（辆）	Automobile (unit)	2.53				1.64	4.44	4.57	8.82
洗衣机（台）	Washing Machine (set)	96.92	90.79	88.35	97.45	99.89	98.12	99.37	100.89
电冰箱（台）	Refrigerator (set)	85.11	61.96	67.08	80.59	92.22	93.26	91.96	101.86
彩色电视机（台）	Color TV Set (set)	108.85	100.00	102.01	104.69	109.01	110.63	117.30	121.73
家用电脑（台）	Computer (set)	38.24	5.94	16.64	27.54	41.10	52.48	56.00	66.27
组合音响（套）	Hi-Fi Stereo Component System (set)	20.25	11.52	6.59	15.09	20.18	24.23	29.95	36.71
摄像机（架）	Pickup Camera (set)	2.71				3.01	4.24	2.59	10.42
照相机（架）	Camera (set)	24.27	5.40	5.58	9.62	20.75	33.68	46.34	59.56
钢琴（架）	Piano (set)	1.33		0.57	0.17	2.01	0.47	5.21	2.43
其他中高档乐器（件）	Other Medium and High Grade Musical Instrument (unit)	2.85		1.00	1.98	1.03	2.64	10.57	5.77
微波炉（台）	Oven (unit)	35.01	14.69	15.81	24.31	37.41	42.60	52.18	61.85
空调器（台）	Air Conditioner (unit)	5.28	1.25	1.36	0.87	5.40	3.97	7.56	22.73
淋浴热水器（台）	Shower (unit)	61.41	30.41	46.86	50.56	59.16	73.44	89.36	85.03
消毒碗柜（台）	Disinfection Cupboard (unit)	1.24		0.57	0.81	0.18		1.98	7.97
洗碗机（台）	Dishwasher (unit)	0.16			0.81				
健身器材（台）	Health Equipment (set)	1.90	1.25		1.50	1.40	0.69	6.25	4.40
固定电话（部）	Local Telephone (unit)	60.82	40.26	48.17	60.73	60.98	65.29	70.85	77.74
移动电话（部）	Mobile Telephone (unit)	152.87	104.01	127.81	142.14	154.79	175.63	178.09	180.54

8-15 城镇居民家庭平均每人全年购买的主要商品数量

Per Capita Annual Purchases of Major Commodities in Urban Households

项　目	Item	2005	2006	2007	2008	2009
大米（千克）	Rice (kg)	18.83		21.82	24.23	22.01
面粉（千克）	Flour (kg)	33.81		38.46	41.66	39.37
鲜菜（千克 ）	Fresh Vegetables (kg)	110.31	116.00	112.45	114.07	108.41
食用植物油（千克 ）	Edible Vegetable Oil (kg)	9.88	10.39	10.77	11.35	11.03
猪肉（千克 ）	Pork (kg)	12.33	13.97	10.57	10.30	11.6
牛肉（千克）	Beef (kg)	1.71		2.16	1.89	2.27
羊肉（千克）	Mutton (kg)	2.17		1.76	1.35	1.51
鲜蛋（千克 ）	Fresh Eggs (kg)	9.38	9.86	8.39	8.47	3.11
鱼（千克）	Fish (kg)	3.35		3.83	3.10	3.28
白酒（千克）	Liquor (kg)	1.63		1.38	1.16	1.17
啤酒（千克）	Beer (kg)	2.73		3.67	2.47	2.93
鲜果（千克）	Fresh Fruits (kg)	42.40		44.57	38.19	40.23
鲜瓜（千克）	Fresh melons (kg)	28.88		23.61	21.37	20.69
鲜乳品（千克）	Fresh Dairy Products (kg)	32.39	31.94	25.98	20.16	20.72
服装（件）	Clothing (piece)	6.74	6.63	8.33	6.72	7.37
煤炭（千克 ）	Coal (kg)	56.35	36.80	34.15	70.44	35.85
管道天然气（立方米）	Piped natural gas (cubic meters)	24.29	21.61	16.63	19.09	20.64
水（吨）	Water (ton)	22.99	21.09	19.61	20.22	17.37
电（千瓦时）	Electricity (kw.h)	284.67	298.19	310.02	318.74	325.24

8-16 城镇居民家庭平均每百户年底耐用消费品拥有量

Number of Major Durable Consumer Goods Owned Per 100 Urban Households at Year-End

项　目	Item	2005	2006	2007	2008	2009
摩托车（辆）	Motorcycle (unit)	10.83		11.10	6.12	7.14
助力车（辆）	Hand Car (unit)	5.60	135.23	7.83	6.05	7.77
家用汽车（辆）	Automobile (unit)	0.46		1.35	2.15	2.53
洗衣机（台）	Washing Machine (set)	98.35	98.92	97.61	94.94	96.92
电冰箱（台）	Refrigerator (set)	89.08	82.84	87.07	82.84	85.11
彩色电视机（台）	Color TV Set (set)	117.98	114.96	113.72	107.39	108.85
照相机（架）	Camera (set)	42.83	39.12	32.67	21.90	24.27
家用电脑（台）	computer (set)	22.99	28.68	33.14	35.18	38.24
摄像机（架）	Video Camera (unit)	2.06	2.50	3.86	2.39	2.71
微波炉（台）	Microwave Oven (unit)	28.13	33.00	34.91	31.34	35.01
空调器（台）	Air Conditioner (unit)	3.61	3.85	3.75	6.03	5.28
淋浴热水器（台）	Water Heater (unit)	59.93	58.90	62.32	57.38	61.41
健身器材（台）	Health Equipment (set)	1.78		1.24	1.62	1.90
固定电话（部）	Local Telephone (unit)	82.38		69.06	59.30	60.82
移动电话（部）	Mobile Phone (unit)	120.52	143.18	145.52	146.04	152.87

8-17 分地区城镇居民家庭人均收支情况

Per Capita Income and Expenditures

in Urban Areas by Prefecture

单位：元 (2009) (yuan)

地 区	Region	可支配收入 Disposable Income	总收入 Total Income	工薪收入 Income from Wages and Salaries	经营净收入 Net Business Income	财产性收入 Income from Properties	转移性收入 Income from Transfers	消费性支出 Consumption Expenditures	#食 品 Food	恩格尔系数（%） Engle modulus (%)
兰州市	Lanzhou	12760.66	13683.62	8992.01	486.42	44.56	4160.63	9653.36	3696.28	38.29
嘉峪关市	Jiayuguan	15123.13	17322.28	13698.37	813.10	270.64	2540.17	10852.50	3796.23	34.98
金昌市	Jinchang	16316.74	19403.45	14455.70	1226.23	187.52	3534.01	13260.35	4820.00	36.35
白银市	Baiyin	13134.83	14568.20	12017.82	443.21	43.65	2063.52	9616.86	3307.10	34.39
天水市	Tianshui	9931.55	10612.82	7915.80	491.02	23.35	2182.65	7492.58	2789.47	37.23
武威市	Wuwei	10446.58	11019.00	7304.85	1354.87	52.97	2306.31	8217.05	3300.09	40.16
张掖市	Zhangye	10153.28	10997.59	8270.37	451.92	53.72	2221.58	9577.71	2780.28	29.03
平凉市	Pingliang	10678.30	11404.91	8705.20	704.46	48.89	1946.37	6641.36	2641.15	39.77
酒泉市	Jiuquan	13704.59	14817.54	10467.25	2090.72	65.45	2194.12	10858.22	3674.73	33.84
庆阳市	Qingyang	11130.01	11916.28	9359.04	876.50	103.85	1576.89	8934.96	3236.57	36.22
定西市	Dingxi	9857.77	10821.02	7987.58	203.20	7.10	2623.14	7567.86	2972.90	39.28
陇南市	Longnan	9477.31	9942.02	7628.23	804.12	1.62	1508.04	7637.67	2899.20	37.96
临夏州	Linxia	7289.03	7393.55	4608.33	1144.85	1.65	1638.72	5340.88	2528.26	47.34
甘南州	Gannan	8756.31	9464.99	8492.77	419.88	0.41	551.93	7390.57	2598.18	35.16

8-18 分地区农村居民家庭人均收支情况

Per Capita Annual Income and Expenditures

of Rural Households by Prefecture

单位：元 (2009) (yuan)

地 区	Region	纯收入 Net Income	工资性收入 Income from Wages and Salaries	家庭经营纯收入 Income from Household Operations	财产性收入 Income from Properties	转移性收入 Income from Transfers	生活消费支出 living Expenditures	#食 品 Food	恩格尔系数（%） Engle modulus (%)
兰州市	Lanzhou	4001	1947.46	1589.63	224.18	239.76	3317.33	1405.63	42.37
嘉峪关市	Jiayuguan	6956	1811.01	4870.91	116.15	157.98	4664.95	2079.45	44.58
金昌市	Jinchang	5441	1123.48	4157.78	−208.35	368.09	3919.48	1428.79	36.45
白银市	Baiyin	2984	1127.68	1464.64	9.11	382.76	2849.64	1198.28	42.05
天水市	Tianshui	2404	991.99	1161.87	60.43	189.71	2253.27	985.69	43.74
武威市	Wuwei	3972	1105.60	2655.09	92.83	118.89	1909.57	676.07	35.40
张掖市	Zhangye	4989	1303.06	3452.14	17.91	215.34	3912.68	1569.76	40.12
平凉市	Pingliang	2716	1158.93	1237.31	33.19	286.57	2459.25	1035.46	42.10
酒泉市	Jiuquan	6410	1138.29	5071.82	62.08	138.08	5156.01	1844.34	35.77
庆阳市	Qingyang	2686	947.60	1340.65	72.20	325.83	2010.49	892.56	44.40
定西市	Dingxi	2380	828.60	1308.45	37.87	205.44	2264.95	1121.51	49.52
陇南市	Longnan	2284	814.16	984.03	23.95	462.08	3160.72	1144.07	36.20
临夏州	Linxia	2089	806.40	1120.29	33.01	129.75	2094.85	958.01	45.73
甘南州	Gannan	2301	556.48	1433.01	32.05	279.44	1978.24	1127.62	57.00

8-19 农村居民家庭生活基本情况

Basic Conditions of Rural Households

年份 Year	每个农村劳动力负担人数（人） Average Number of Persons Supported by a Laborer (person)	人均纯收入（元） Per Capita Annual Net Income (yuan)	人均生活消费支出（元） Per Capita Annual Expenditure for Consumption (yuan)	#食品 Food	恩格尔系数（%） Engle modulus (%)	人均居住面积（平方米） Per Capita Net Living Space (sq.m)
1978	2.42	100.93	88.18	65.98	74.82	
1979	2.36	111.57	96.69	69.69	72.08	
1980	2.32	153.41	125.54	81.35	64.80	13.87
1981	2.25	158.63	135.23	92.99	68.76	12.75
1982	2.14	174.16	141.05	95.65	67.81	13.53
1983	1.95	213.06	162.68	103.62	63.70	12.95
1984	1.91	221.05	178.39	113.01	63.35	12.96
1985	1.75	257.00	204.61	123.52	60.37	13.24
1986	1.73	282.89	232.79	137.84	59.21	13.44
1987	1.73	302.82	252.84	144.42	57.12	13.93
1988	1.70	345.14	276.98	152.24	54.96	14.32
1989	1.69	375.80	296.38	163.80	55.27	14.67
1990	1.67	430.99	339.24	205.22	60.49	11.88
1991	1.68	446.42	403.41	238.21	59.05	12.85
1992	1.69	489.47	419.68	247.76	59.04	13.13
1993	1.67	550.83	537.76	297.20	55.27	13.77
1994	1.57	723.73	674.17	443.92	65.85	14.54
1995	1.66	880.34	915.25	649.29	70.94	15.64
1996	1.63	1100.59	986.34	669.36	67.86	14.15
1997	1.67	1210.00	976.27	561.40	57.50	14.56
1998	1.65	1393.05	939.55	556.85	59.27	16.47
1999	1.65	1412.98	944.90	531.27	56.22	18.22
2000	1.72	1428.70	1084.00	525.17	48.45	18.00
2001	1.69	1508.61	1127.37	519.78	46.11	17.58
2002	1.69	1590.30	1153.29	531.37	46.07	17.58
2003	1.66	1673.00	1336.85	586.38	43.86	17.60
2004	1.64	1852.00	1464.34	703.41	48.04	17.88
2005	1.67	1980.00	1819.58	858.89	47.20	18.71
2006	1.64	2134.00	1855.49	865.99	46.67	19.12
2007	1.60	2328.92	2017.21	944.14	46.80	19.46
2008	1.59	2723.80	2400.95	1132.53	47.17	19.87
2009	1.57	2980.10	2766.45	1142.05	41.28	20.55

8-20 农村居民家庭基本情况

Basic Conditions of Rural Households

项　目	Item	2005	2006	2007	2008	2009
调查户数（户）	Number of Households Surveyed (Household)	1800	1800	1800	1800	1800
平均每户常住人口（人）	Average Number of Permanent Residents per Household (Person)	4.65	4.63	4.62	4.61	4.59
平均每户整半劳动力（人）	Average Number of Able-bodied and Semi-able-bodied Laborers per Household (Person)	2.78	2.82	2.89	2.89	2.93
平均每个劳动力负担人口（含本人）（人）	Average Number of Persons Supported by a Laborer (including the laborer himself or herself) (Person)	1.67	1.64	1.60	1.59	1.57
平均每人年收入	Per Capita Annual Income					
总收入（元）	Total Revenue (yuan)	2887.98	3105.77	3340.94	3959.24	4291.03
现金收入（元）	Cash Income (yuan)	2217.35	2401.67	2567.48	2986.30	3517.15
纯收入（元）	Net Income (yuan)	1980.00	2134.05	2328.92	2723.80	2980.10
平均每人年支出	Per Capita Annual Expenditures					
总支出（元）	Total Expenditure (yuan)	2828.88	2957.09	3162.94	3784.83	4255.03
现金支出（元）	Cash Expenditure (yuan)	2170.13	2327.04	2521.11	3003.40	3540.78

8-21 农村居民按纯收入分组的户数占调查户比重

Percentage of Rural Households Grouped by Per Capita Annual Net Income

项 目	Item	2005	2006	2007	2008	2009
按纯收入分组户数占调查户比重 (%)	**Percentage of Households Grouped by Per Capita Annual Net Income (%)**					
100元以下	100 yuan and below				0.06	0.22
100-200 元	100-200 yuan	0.44			0.11	0.17
200-300 元	200-300 yuan	0.17	0.33		0.28	0.06
300-400 元	300-400 yuan	0.72	0.28	0.11	0.00	0.22
400-500 元	400-500 yuan	0.89	0.28	0.44	0.33	0.28
500-600 元	500-600 yuan	1.28	1.39	0.78	0.39	0.28
600-800 元	600-800 yuan	4.67	4.61	3.39	1.28	0.83
800-1000 元	800-1000 yuan	7.50	7.72	4.89	3.11	2.61
1000-1200 元	1000-1200 yuan	9.00	6.22	7.00	4.94	6.06
1200-1300 元	1200-1300 yuan	3.89	4.17	3.95	2.44	2.33
1300-1500 元	1300-1500 yuan	9.39	9.94	8.78	6.94	4.50
1500-1700 元	1500-1700 yuan	9.89	9.17	7.94	6.89	6.22
1700-2000 元	1700-2000 yuan	12.22	10.89	10.06	10.83	8.39
2000-2500 元	2000-2500 yuan	12.94	15.72	14.94	15.33	13.50
2500-3000 元	2500-3000 yuan	8.61	7.44	11.22	12.06	12.17
3000-3500 元	3000-3500 yuan	4.39	6.22	7.89	7.83	9.22
3500-4000 元	3500-4000 yuan	4.00	3.94	3.89	6.00	7.11
4000-4500 元	4000-4500 yuan	3.56	4.06	4.05	5.72	5.11
4500-5000 元	4500-5000 yuan	2.00	1.89	3.61	4.33	5.33
5000元以上	5000 yuan and over	4.44	5.72	7.06	11.11	15.39

8-22 农村住户总收入

Gross Income of Rural Households

单位：元 (yuan)

指　　标	Item	2005	2006	2007	2008	2009
总收入	**Gross Income**	**2887.98**	**3105.77**	**3340.94**	**3959.24**	**4291.03**
工资性收入	Income from Wage	586.71	637.37	716.43	867.98	994.94
#在非企业组织中的劳动收入	Working in Non-enterprise	107.96	111.47	122.04	151.66	160.47
在本地劳动得到收入	Working in Local Enterprise	169.41	171.16	175.16	235.21	296.40
外出从业得到收入	Income from Outworker	309.34	354.74	419.23	481.11	538.07
其他收入	Others					
家庭经营收入	Income from Household Business	2159.36	2251.59	2429.38	2766.19	2878.57
农业收入	Agriculture	1439.96	1553.98	1661.31	1917.59	1958.26
林业收入	Forestry	43.72	35.39	68.62	82.41	84.93
牧业收入	Animal Husbandry	372.10	349.18	413.74	462.09	486.92
渔业收入	Fishery	0.66	1.87	2.11	1.32	2.84
工业收入	Industry	34.77	34.39	25.76	22.03	22.27
建筑业收入	Construction	38.60	35.61	36.59	42.59	52.29
交通、运输、邮电业收入	Transportation and Communications	81.43	95.99	98.64	104.84	111.02
批发和零售贸易、餐饮业收入	Wholesale and Retail,Catering Trades	93.82	86.11	73.41	78.51	91.65
社会服务业收入	Social Services	18.11	18.89	18.80	18.78	29.20
文教卫生业收入	Culture,Education and Health	7.80	11.23	9.27	12.62	12.45
其它行业收入	Others	28.39	28.95	21.13	23.41	26.74
财产性收入	Property Income	20.57	52.56	23.20	19.49	34.07
转移性收入	Transfer Income	121.33	164.25	171.93	305.59	383.45

8-23 农村住户总支出

Gross Expenditure of Rural Households

单位：元 (yuan)

指　　标	Item	2005	2006	2007	2008	2009
总支出	**Gross Expenditure**	**2828.88**	**2957.09**	**3162.94**	**3784.83**	**4255.03**
家庭经营费用支出	Expenditure for Household Business	790.73	848.95	884.45	1096.68	1164.54
农业生产支出	Expenditure of Agricultural Production	490.04	574.03	602.65	738.18	764.11
林业生产支出	Forestry	13.05	7.55	18.01	26.38	24.09
牧业生产支出	Animal Husbandry	183.95	189.84	204.17	269.69	286.64
渔业生产支出	Fishery	0.13	1.04	0.70	0.36	0.53
工业生产支出	Industry	18.73	16.27	5.42	5.65	4.97
建筑业生产支出	Construction	15.05	4.77	3.24	4.67	13.17
交通、运输、邮电业支出	Transportation and Communications	27.97	23.67	21.24	20.14	24.70
批发和零售贸易、餐饮业支出	Wholesale and Retail Trade and Catering Trades	33.56	23.35	18.68	17.53	30.46
社会服务业支出	Social Services	4.13	4.13	6.22	6.09	10.73
文教卫生业支出	Culture for Culture, Education and Health Care		0.78	0.20	1.80	0.41
其他家庭经营支出	Others	4.12	3.52	3.92	6.19	4.73
购置生产性固定资产支出	Expenditure on Purchasing Productive Fixed Assets	115.53	135.15	124.18	128.90	158.60
税费支出	Taxes Paid	4.45	3.97	2.79	4.64	1.41
生活消费支出	Living Expenditure	1819.58	1855.49	2017.21	2400.95	2766.45
财产性支出	Expenditure for Property	3.86	5.35	0.89	4.72	5.72
转移性支出	Transfer Expenditure	93.07	104.14	131.78	145.95	157.23

8-24 农村住户纯收入

Net Income of Rural Households

单位：元 (yuan)

指标	Item	2005	2006	2007	2008	2009
纯收入	**Net Income**	**1980.00**	**2134.05**	**2328.92**	**2723.80**	**2980.10**
工资性收入	Income from Wage	586.71	637.37	716.43	867.98	994.94
#在非企业组织中的劳动收入	Working in Non-enterprise	107.96	111.47	122.04	151.66	160.47
在本地劳动得到收入	Working in Local Enterprise	169.41	171.16	175.16	235.21	296.40
外出从业得到收入	Income from Outworker	309.34	354.74	419.23	481.11	538.07
其他收入	Others					
家庭经营纯收入	Income from Household Business	1263.42	1291.85	1426.86	1543.24	1583.23
第一产业纯收入	Net Income from Primary Industry	1080.21	1073.03	1219.65	1321.84	1347.20
农业收入	Agriculture	871.95	897.06	972.55	1089.06	1100.16
林业收入	Forestry	30.19	27.33	50.24	55.12	60.47
牧业收入	Animal Husbandry	177.54	147.91	195.55	176.80	184.37
渔业收入	Fishery	0.53	0.73	1.31	0.86	2.20
第二产业纯收入	Net Income from Secondary Industry	38.11	47.12	52.38	52.02	54.28
工业收入	Industry	14.63	16.79	19.49	15.41	16.46
建筑业收入	Construction	23.48	30.33	32.88	36.61	37.82
第三产业纯收入	Net Income from Tertiary Industry	145.09	171.70	154.84	169.38	181.75
交通、运输、邮电业收入	Transportation and Communications	42.98	63.57	67.00	74.74	75.14
批发和零售贸易、餐饮业收入	Wholesale and Retail,Catering Trades	58.36	60.29	51.83	57.88	57.80
社会服务业收入	SocialServicesandHealthcare	13.49	14.19	11.49	11.25	17.16
文教卫生业收入	Culture,EducationandHealthCare	6.24	9.75	8.41	10.21	11.44
其它行业收入	Others	24.02	23.90	16.11	15.30	20.21
财产性纯收入	Property Income	20.57	52.56	23.20	19.49	34.06
转移性纯收入	Transfer Income	109.18	152.27	162.43	293.09	367.87

8-25 按收入五等份分农村居民家庭基本情况

Basic Conditions of Rural Households by Income Quintile

(2009)

项 目	Item	全省平均 Average	低收入户 Low Income Households	中低收入户 Lower Middle Income Households	中等收入户 Middle Income Households	中高收入户 Upper Middle Income Households	高收入户 High Income Households
平均每户常住人口(人)	Average Number of Usual Residents Per Household (person)	4.59	5.15	4.93	4.68	4.44	3.77
平均每户整半劳动力(人)	Average Number of Full/Semi Labour Force Per Household (person)	2.93	3.09	3.05	3.02	2.84	2.68
平均每个劳动力负担人口(人)	Average Number of Dependents per Labour Force (person)	1.57	1.66	1.62	1.55	1.57	1.41
平均每人总收入(元)	Per Capita Annual Income (yuan)	4291.03	2091.75	2761.63	3681.84	5006.41	9211.46
#现金收入	Cash Income	3517.15	1535.08	2037.64	2908.84	4180.44	8135.83
平均每人总支出(元)	Per Capita Annual Expenditures (yuan)	4255.03	2764.08	2933.20	3758.73	4661.33	8160.23
#现金支出	Cash Expenditures	3540.78	2101.65	2238.57	3042.67	3974.99	7318.85
平均每人纯收入(元)	Per Capita Annual Net Income (yuan)	2980.10	1128.47	1909.08	2668.73	3722.01	6424.18
工资性收入	Income from Wages and Salaries	994.94	416.89	651.82	948.72	1429.00	1779.45
家庭经营纯收入	Income from Household Operations	1583.23	544.09	1022.09	1362.16	1849.75	3698.06
财产性收入	Income from Properties	34.06	11.90	10.25	22.45	43.85	98.41
转移性收入	Income from Transfers	367.87	155.59	224.92	335.39	399.42	848.27

8-26 按收入五等份分农村居民家庭平均每人生活消费支出

Per Capita Consumption Expenditure of Rural Households by Income Quintile

单位：元 (2009) (yuan)

项 目	Item	全省平均 Average	低收入户 Low Income Households	中低收入户 Lower Middle Income Households	中等收入户 Middle Income Households	中高收入户 Upper Middle Income Households	高收入户 High Income Households
生活消费总支出	**Consumption Expenditure**	**2766.45**	**1724.90**	**1960.85**	**2643.23**	**3189.88**	**4898.18**
食品	Food	1142.05	895.33	967.03	1089.22	1252.16	1644.09
衣着	Clothing	157.29	99.21	110.01	139.47	188.67	283.66
居住	Residence	648.63	308.97	366.38	705.40	746.35	1296.68
家庭设备用品及服务	Household Facilities, Articles and Services	142.72	95.74	83.45	109.00	155.20	311.68
交通通讯	Transport and Communications	237.92	142.09	160.57	202.77	283.86	459.59
文教娱乐用品及服务	Education, Cultural and Recreation and Services	217.35	84.27	132.96	190.51	294.35	452.17
医疗保健	Health Care and Medical Services	180.09	81.53	119.10	173.98	216.79	358.95
其他商品及服务	Miscellaneous Goods and Services	40.40	17.76	21.34	32.89	52.48	91.38
生活消费现金支出	**Cash Consumption Expenditure**	**2231.88**	**1234.79**	**1446.98**	**2100.15**	**2668.32**	**4270.97**
食品	Food	615.87	411.47	461.43	555.71	741.02	1024.48
衣着	Clothing	157.29	99.21	110.01	139.47	188.67	283.66
居住	Residence	640.25	302.73	358.12	695.83	735.93	1289.13
家庭设备用品及服务	Household Facilities, Articles and Services	142.71	95.74	83.45	109.00	155.20	311.63
交通通讯	Transport and Communications	237.92	142.09	160.57	202.77	283.86	459.59
文教娱乐用品及服务	Education, Cultural and Recreation and Services	217.35	84.27	132.96	190.51	294.35	452.17
医疗保健	Health Care and Medical Services	180.09	81.53	119.10	173.98	216.79	358.95
其他商品及服务	Miscellaneous Goods and Services	40.40	17.76	21.34	32.89	52.48	91.38

8-27 农村居民家庭平均每人生活消费支出

Per Capita Living Expenditure of Rural Households

单位：元 (yuan)

指 标	Item	2005	2006	2007	2008	2009
生活消费支出	**Living Expenditure By Category of Consumption**	**1819.58**	**1855.49**	**2017.21**	**2400.95**	**2766.45**
#服务性支出	Services	495.52	518.01	553.45	612.63	722.31
食 品	Food Consumption Expenditures	858.89	865.99	944.14	1132.53	1142.05
食品消费品支出	Consumption Expenditure on Food	802.41	794.51	861.76	1031.16	1027.71
谷 物	Cereal	310.43	304.04	315.03	360.91	347.89
薯 类	Tubers	34.13	40.58	43.38	44.50	44.37
豆 类	Beans	9.19	14.01	9.05	16.75	14.39
食用油	Edible Oil	29.92	30.58	38.20	58.86	47.91
蔬菜及制品	Vegetables and Their Products	41.79	43.22	46.52	55.26	63.89
肉、禽、蛋、奶及制品	Meat,Poultry,Eggs and Their Products	202.27	180.75	209.79	233.80	217.75
水产品及制品	Aquatic Products	2.02	2.65	2.76	3.78	4.11
烟、酒	Cigarette,Liquor	86.56	90.33	101.56	122.14	144.66
茶叶、饮料	Tea,Beverages	10.54	12.29	14.55	18.39	21.34
其它类食品	Other Food	75.57	76.06	80.91	116.77	121.40
食品消费服务性支出	Expenditure of Food Consumption	56.47	71.48	82.38	101.37	114.34
在外饮食	Outdoor Dinner	42.06	58.85	69.94	88.94	101.26
食品加工费	Food Process	12.89	11.11	11.02	11.59	12.04
其他服务性支出	Other Services	1.53	1.52	1.41	0.84	1.04
衣 着	Expenditure of Clothing Consumption	92.33	97.23	112.20	134.66	157.29
衣着消费品支出	Consumption Expenditure on Clothing	91.09	96.09	111.20	133.54	156.32
衣着消费服务性支出	Closthing Services	1.24	1.14	1.00	1.12	0.97
居 住	Expenditure of Residence Consumption	240.74	251.79	295.23	387.83	648.63
居住消费品支出	Consumption Expenditure on Residence	189.75	199.65	221.99	312.99	508.39
居住消费服务性支出	Residence Services	50.99	52.14	73.23	74.84	140.24
家庭设备、用品及服务	Expenditure of Household Facilities and Articles Consumption	74.09	78.69	91.40	95.58	142.72
家庭设备用品支出	Consumption Expenditure on Household Facilities and Articles	60.83	61.37	74.51	78.67	115.79
家庭设备服务消费支出	Household Facilities and Articles Services	13.26	17.32	16.89	16.91	26.93
交通和通讯	Expenditure of Traffic and Communication Comsumption	155.03	174.60	186.17	234.69	237.92
交通和通讯用品支出	Consumption Expenditure on Transport and Communication	69.19	75.28	79.45	108.10	97.68
交通和通讯服务消费支出	Traffic and Communication Services	85.85	99.32	106.72	126.59	140.24
文化教育、娱乐用品及服务	Expenditure of culture,education and Recreation Consumption	257.88	228.43	208.90	219.91	217.35
文化教育、娱乐用品	Consumer Goods for Culture, Education and Recreation	43.54	38.15	38.68	37.67	41.05
教育服务消费支出	Education Services	211.25	186.62	166.08	176.61	170.34
文化.体育.娱乐服务消费支出	Culture,Sport and Recreation Services	3.09	3.66	4.14	5.63	5.96
医疗保健	Expenditure of Medical and Medical Services	113.96	127.35	149.82	164.72	180.09
医疗保健用品	Consumer Goods for Health Care and Medical	53.29	55.16	59.55	68.72	73.41
医疗保健服务消费支出	Medical and Medical Services	60.67	72.19	90.27	96.00	106.68
其他商品和服务	Expenditure of Other Commodities and Serveics	26.65	31.41	29.36	31.05	40.40
其他商品支出	Other expenditure on Commodities	13.95	17.28	16.62	17.48	23.79
其他消费服务支出	Other Commodities services	12.70	14.13	12.74	13.58	16.61

8-28 农村居民家庭平均每人生活消费支出构成

Per Capita Living Expenditure of Rural Households

单位：% (%)

指　　标	Item	2005	2006	2007	2008	2009
生活消费支出	**Living Expenditure**	**100.00**	**100.00**	**100.00**	**100.00**	**100.00**
食品	Food	47.20	46.67	46.80	47.17	41.28
衣着	Clothing	5.07	5.24	5.56	5.61	5.69
居住	Residence	13.23	13.57	14.64	16.15	23.45
家庭设备用品及服务	Household Facilities, Articles and Services	4.07	4.24	4.53	3.98	5.16
医疗保健	Medicines and Medical Services	6.26	9.41	7.43	6.86	8.60
交通和通讯	Transportation and Communication	8.52	12.31	9.23	9.77	7.86
文教娱乐用品及服务	Cultural,Educational and Recreational Articles and Services	14.17	6.86	10.35	9.16	6.51
其他商品和服务	Other Commodities and Services	1.48	1.69	1.46	1.29	1.46
生活消费现金支出	**Cash Consumption Expenditure**	**100.00**	**100.00**	**100.00**	**100.00**	**100.00**
食品	Food	26.80	27.91	29.15	30.56	27.59
衣着	Clothing	7.11	7.12	7.45	7.41	7.05
居住	Residence	17.67	18.12	19.21	20.96	28.69
家庭设备用品及服务	Household Facilities, Articles and Services	5.70	5.70	6.07	5.26	6.39
医疗保健	Medicines and Medical Services	8.80	12.79	9.95	12.92	10.66
交通通讯	Transportation and Communication	11.97	16.73	12.36	12.11	9.74
文教娱乐用品及服务	Cultural,Educational and Recreational Articles and Services	19.90	9.33	13.87	9.07	8.07
其他商品及服务	Other Commodities and Services	2.05	2.30	1.94	1.71	1.81

8-29 农村居民家庭平均每人主要消费品消费量

Per Capita Consumption of Major Consumer Goods in Rural Households

单位：千克 (kg)

品　　名	Item	2005	2006	2007	2008	2009
粮食（原粮）	Grain (Unprocessed)	265.69	264.79	257.67	248.49	233.91
豆类及豆制品	Beans and Bean Products	5.31	7.66	4.33	5.76	5.59
蔬菜	Vegetables	43.57	39.10	38.86	42.37	39.06
食油	Edible Oil	3.61	3.73	3.67	3.94	4.14
猪肉	Pork	14.87	14.10	12.46	11.56	11.17
牛肉	Beef	0.41	0.77	0.29	0.21	0.21
羊肉	Mutton	1.28	1.26	0.79	0.74	0.87
家禽	Poultry	0.81	0.86	0.75	1.15	1.04
蛋及蛋制品	Eggs and Related Products	1.66	1.75	1.66	2.17	2.51
奶和奶制品	Milk and Processed Products	1.36	2.01	2.39	2.38	2.24
水产品	Fish and Shrimp	0.21	0.29	0.28	0.29	0.37
瓜果	Fruits	12.56	13.65	11.71	16.82	16.61
食糖	Sugar	0.75	0.75	0.81	1.00	0.99
酒	Liquor	4.88	5.27	5.89	6.66	7.29

8-30 农村居民家庭平均每百户年底耐用消费品拥有量

Number of Durable Consumer Goods Owned Per 100 Rural Households at the Year-End

品　名	Item	2005	2006	2007	2008	2009
洗衣机（台）	Washing Machine (set)	39.06	41.89	47.56	52.11	56.78
电冰箱（台）	Refrigerator (set)	7.06	7.22	10.33	10.94	14.39
热水器（台）	waterheater (units)	2.27	2.33	2.22	3.06	5.50
自行车（辆）	Bicycle (set)	102.50	100.89	100.00	99.56	100.44
摩托车（辆）	Motorcycle (set)	37.05	42.78	47.33	51.33	53.94
电风扇（台）	Electric Fan (set)	26.30				
黑白电视机（台）	Black and White TV Set (set)	19.67	13.94	10.61	9.83	7.39
彩色电视机（台）	Color TV Set (set)	86.44	89.44	97.22	99.89	103.72
影碟机（台）	Video Disc Player (set)	31.78	32.39	33.00	34.39	35.44
照相机（架）	Camera (set)	2.78	2.39	2.06	2.50	2.44
固定电话（部）	Local Telephone (unit)	54.56	61.56	67.94	67.11	60.56
移动电话（部）	Mobile Phone (unit)	42.56	42.56	54.61	70.78	95.11
家用电脑（台）	computer (set)		0.44	1.11	1.94	2.72

8-31 农村住户建房和居住情况
Housing Condition of Rural Housholds

指　　标	Item	2005	2006	2007	2008	2009
建房情况（户均）	**Conditions of Built Houses (Per household)**					
年内新建(购)房屋面积（平方米）	Floor Space of Newly Built(purchased) Residential Buildings within the year (sq.m)	2.47	1.52	1.62	2.50	5.73
# 砖木结构面积	Brick and Wood Structure	1.33	0.89	0.69	1.52	1.48
钢筋混凝土结构面积	Reinforced Concrete Structure	0.82	0.38	0.71	0.81	4.09
年内新建(购)房屋价值（元）	Value of Newly Built (purchased) Houses this year (yuan)	776.00	560.67	693.61	1633.53	4128.30
新建(购)楼房面积（平方米）	Floor Space of Newly Built (purchased) Storied Houses (sq.m)	0.37	0.24	0.41	0.45	0.68
居住情况（户均）	**Living Rooms Per Household**					
年末住房面积（平方米）	Living Floor Space at Year-end (sq.m)	86.99	88.50	89.99	91.59	94.38
# 砖木结构面积	Brick and Wood Structure	30.48	30.39	29.73	32.58	31.47
钢筋混凝土结构面积	Reinforced Concrete Structure	4.99	4.99	6.78	7.72	11.59
年末住房价值（元）	Value of Rooms at Year-end (yuan)	15868.93	16281.79	17072.92	18972.84	22588.35
人均指标（平方米）	**Per Capita Indices (sq.m)**					
平均每人年末住房面积	Living Floor Space at Year-end	18.71	19.12	19.46	19.87	20.55
平均每户本年新建(购)房屋	Newly Built (purchased) Residential Buildings per Household this year	2.47	1.52	1.62	2.50	5.73
平均每人年内新建(购)房屋面积	Floor Space of Newly Built (purchased) Residential Buildings per Household this year	0.53	0.33	0.35	0.54	1.25
平均每户新建(购)楼房面积	Floor Space of Newly Built (purchased) Storied Houses Per Household	0.37	0.24	0.41	0.45	0.68

8-32 各地县农民人均纯收入

Per Capita Net Income of Farmers

by Perfecture, County

单位：元/人 (2009) (yuan/person)

地 区	Region	农民人均纯收入 Annual Per Capita Net Income of Rural Residents	工资性收入 Income from Wages and Salaries	家庭经营纯收入 Income from Household Operations	财产性收入 Income from Properties	转移性收入 Income from Transfers
兰州市	**Lanzhou**	**4001.00**	**1947.46**	**1589.63**	**224.18**	**239.76**
城关区	Chengguan	10942.41	4367.13	2799.31	3202.33	573.65
七里河区	Qilihe	6108.00	2855.10	2735.08	429.44	88.39
西固区	Xigu	6741.00	3840.28	1967.88	357.96	574.89
安宁区	Anning	6961.00	4510.05	1029.43	967.68	453.84
红古区	Honggu	6615.00	2008.56	4178.66	255.98	171.80
永登县	Yongdeng	3106.00	1757.39	1129.55	37.51	181.55
皋兰县	Gaolan	3207.20	1154.49	1785.37	20.03	247.31
榆中县	Yuzhong	2748.40	1309.24	1183.78	24.51	230.87
嘉峪关市	**Jiayuguan**	**6956.00**	**1811.01**	**4870.91**	**116.15**	**157.98**
金昌市	**Jinchang**	**5441.00**	**1123.48**	**4157.78**	**-208.35**	**368.09**
金川区	Jinchuan	6160.94	1507.01	4880.47	-483.86	257.33
永昌县	Yongchang	5262.59	1028.44	3978.69	-140.07	395.53
白银市	**Baiyin**	**2984.00**	**1127.68**	**1464.64**	**9.11**	**382.76**
白银区	Baiyin	5049.80	1797.43	2676.63		575.75
平川区	Pingchuan	3188.14	1946.21	734.53	20.84	486.56
靖远县	Jingyuan	3212.10	1127.89	1895.73	14.38	174.10
会宁县	Huining	2350.90	818.50	1004.91		527.49
景泰县	Jingtai	3435.90	1339.95	1758.09	20.56	317.31
天水市	**Tianshui**	**2404.00**	**991.99**	**1161.87**	**60.43**	**189.71**
秦州区	Qinzhou	2629.65	1207.77	1332.72	25.64	63.52
麦积区	Maiji	2399.39	988.20	1126.56	112.96	171.67
清水县	Qingshui	2304.29	1081.57	874.38		348.34
秦安县	Qinan	2441.71	706.46	1471.17	114.94	149.14
甘谷县	Gangu	2449.23	1037.44	1121.46	95.86	194.48
武山县	Wushan	2334.90	987.00	1111.40	5.40	231.11
张家川县	Zhangjiachuan	2116.22	1051.08	805.34	0.00	259.80
武威市	**Wuwei**	**3972.00**	**1105.60**	**2655.09**	**92.83**	**118.89**
凉州区	Liangzhou	4823.29	1539.41	3081.24	164.30	38.35
民勤县	Minqin	4665.50	355.91	4007.91	12.99	288.69
古浪县	Gulang	2380.00	759.60	1424.27	31.02	165.11
天祝县	Tianzhu	2395.60	856.54	1377.67	0.81	160.58
张掖市	**Zhangye**	**4989.00**	**1303.06**	**3452.14**	**17.91**	**215.34**
甘州区	Ganzhou	5261.14	1042.55	3973.81	28.88	215.90
肃南县	Sunan	6098.02	1143.20	4538.06	18.78	397.98
民乐县	Minle	4452.41	1484.00	2759.33	15.06	194.02
临泽县	Linze	5116.00	1016.93	3878.80	22.26	198.00
高台县	Gaotai	5023.26	1431.14	3418.66	8.30	165.17
山丹县	Shandan	4818.71	1782.52	2763.48	1.66	271.05
平凉市	**Pingliang**	**2716.00**	**1158.93**	**1237.31**	**33.19**	**286.57**
崆峒区	Kongtong	3503.87	1758.19	1355.77	47.38	342.54
泾川县	Jingchuan	2808.96	1073.95	1596.89	9.44	128.67
灵台县	Lingtai	2748.02	794.04	1458.80	29.24	465.94
崇信县	Chongxin	2803.36	1551.40	1083.24	1.59	167.13
华亭县	Huating	3226.96	1914.83	1066.70	28.24	217.20
庄浪县	Zhuanglang	2260.32	1236.47	813.45	3.69	206.71
静宁县	Jingning	2327.62	594.80	1268.56	76.20	388.06
酒泉市	**Jiuquan**	**6410.00**	**1138.29**	**5071.82**	**62.08**	**138.08**
肃州区	Suzhou	6257.66	829.79	5247.63	36.51	143.73
金塔县	Jinta	6426.00	1253.14	4853.43	204.16	115.28

8-32 续表 1 continued

地区	Region	农民人均纯收入 Annual Per Capita Net Income of Rural Residents	工资性收入 Income from Wages and Salaries	家庭经营纯收入 Income from Household Operations	财产性收入 Income from Properties	转移性收入 Income from Transfers
瓜州县	Guazhou	6339.23	1170.37	5086.65	9.49	72.73
肃北县	Subei	7489.00	883.55	6440.54	91.82	73.09
阿克塞县	Akesai	7962.07	1705.52	6147.42	14.29	94.84
玉门市	Yumen	6332.31	1304.13	4804.87	5.27	218.04
敦煌市	Dunhuang	6774.78	1493.99	5059.35	74.70	146.75
庆阳市	**Qingyang**	**2686.00**	**947.60**	**1340.65**	**72.20**	**325.83**
西峰区	Xifeng	3608.02	1560.25	1719.20	180.79	147.77
庆城县	Qingcheng	2696.07	1014.99	1328.18	70.40	282.49
环　县	Huanxian	2179.07	837.82	974.20	0.63	366.42
华池县	Huachi	2607.06	1032.67	1032.59	183.25	358.55
合水县	Heshui	2574.00	717.29	1548.79	−6.37	314.29
正宁县	Zhengning	2932.29	869.27	1528.14	262.89	271.98
宁　县	Ningxian	2746.03	719.50	1541.61	35.93	448.99
镇原县	Zhenyuan	2434.03	991.55	1119.71	17.40	305.37
定西市	**Dingxi**	**2380.00**	**828.60**	**1308.45**	**37.87**	**205.44**
安定区	Anding	2397.26	842.91	1181.28	47.08	325.99
通渭县	Tongwei	2259.27	907.67	1022.95	8.14	320.52
陇西县	Longxi	2497.84	1098.46	1187.49	5.02	206.88
渭源县	Weiyuan	2306.65	787.52	1322.27	47.99	148.87
临洮县	Lintao	2555.17	483.40	1923.61	15.00	133.16
漳　县	Zhangxian	2339.64	967.72	1160.91		211.01
岷　县	Minxian	2237.92	839.49	1155.25	125.04	118.14
陇南市	**Longnan**	**2284.00**	**814.16**	**984.03**	**23.95**	**462.08**
武都区	Wudu	2400.00	680.96	1121.17	11.96	585.92
宕昌县	Tanchang	1511.00	1002.39	217.05	41.06	250.50
成　县	Chengxian	3150.00	875.55	1661.22	64.42	548.81
康　县	Kangxian	2138.00	580.80	931.32	7.04	618.83
文　县	Wenxian	2220.00	663.73	881.51	53.81	620.95
西和县	Xihe	2162.93	1072.72	556.92	18.40	514.88
礼　县	Lixian	2093.90	725.00	1028.18	15.15	325.57
两当县	Liangdang	2210.13	390.50	1307.46	4.75	507.42
徽　县	Huixian	3153.37	1006.94	1882.81	0.22	263.40
临夏州	**Linxia**	**2089.00**	**806.40**	**1120.29**	**33.01**	**129.75**
临夏市	linxia	4201.52	1240.30	2429.04	109.58	422.59
临夏县	linxia	2077.54	882.93	1068.78	37.51	88.33
康乐县	Kangle	2076.54	787.40	1191.10	16.65	81.38
永靖县	Yongjing	2088.53	847.91	1044.87	39.20	156.55
广河县	Guanghe	2200.53	994.84	1054.89	45.01	105.79
和政县	Hezheng	1956.55	613.37	1219.16	43.29	80.73
东乡县	Dongxiang	1601.53	463.09	1003.71	18.54	116.19
积石山县	Jishishan	1777.53	880.03	720.08	2.81	174.60
甘南州	**Gannan**	**2301.00**	**556.48**	**1433.01**	**32.05**	**279.44**
合作市	Hezuo	2378.00	431.60	1757.90	20.59	167.91
临潭县	Lintan	2020.00	468.36	1068.55	30.46	452.63
卓尼县	Zhuoni	2050.31	614.34	1337.60	65.88	32.49
舟曲县	Zhouqu	2241.00	934.37	801.80	4.02	500.81
迭部县	Diebu	2326.00	657.85	1504.69	19.71	143.74
玛曲县	Maqu	3380.00		3357.67	22.33	
碌曲县	Luqu	2959.75	573.42	2281.50	15.98	88.84
夏河县	Xiahe	2375.25	261.36	1822.81	68.15	222.93

主要统计指标解释

一、职工工资

工资总额 指各单位在一定时期内直接支付给本单位全部职工的劳动报酬总额。工资总额的计算原则应以直接支付给职工的全部劳动报酬为根据。各单位支付给职工的劳动报酬以及其他根据有关规定支付的工资，不论是计入成本的还是不计入成本的，不论是按国家规定列入计征奖金税项目的，还是未列入计征奖金税项目的，不论是以货币形式支付的还是以实物形式支付的，均包括在工资总额内。

平均工资 指企业、事业、机关单位的职工在一定时期内平均每人所得的货币工资额。它表明一定时期职工工资收入的高低程度，是反映职工工资水平的主要指标。计算公式为:

$$平均工资=\frac{报告期实际支付的全部职工工资总额}{报告期全部职工平均人数}$$

平均工资指数 指报告期职工平均工资与基期职工平均工资的比率，是反映不同时期职工货币工资水平变动情况的相对数。计算公式为:

$$平均工资指数=\frac{报告期职工平均工资}{基期职工平均工资}\times 100\%$$

平均实际工资指数 职工平均实际工资指扣除物价变动因素后的职工平均工资。职工平均实际工资指数是反映实际工资变动情况的相对数，表明职工实际工资水平提高或降低的程度。计算公式为：

$$平均实际工资指数=\frac{报告期职工平均工资指数}{报告期城镇居民消费价格指数}\times 100\%$$

二、城镇住户

城镇家庭人口 指居住在一起，经济上合在一起共同生活的家庭成员。凡计算为家庭人口的成员其全部收支都包括在本家庭中。

城镇就业面 指就业人口占家庭人口的百分比。

城镇就业者负担人数 指家庭人口与就业人口之比。

城镇家庭总收入 指家庭成员得到的工薪收入、经营净收入、财产性收入、转移性收入之和，不包括出售财物收入和借贷收入。

城镇家庭可支配收入 指家庭成员得到可用于最终消费支出和其它非义务性支出以及储蓄的总和，即居民家庭可以用来自由支配的收入。它是家庭总收入扣除交纳的所得税、个人交纳的社会保障支出以及记账补贴后的收入。计算公式为：

可支配收入=家庭总收入-交纳所得税-个人交纳的社会保障支出-记帐补贴

城镇家庭总支出 指除借贷支出以外的全部家庭支出。包括消费性支出、购房建房支出、转移性支出、财产性支出、社会保障支出。

城镇家庭消费性支出 指家庭用于日常生活的支出，包括食品、衣着、家庭设备用品及服务、医疗保健、交通和通信、娱乐教育文化服务、居住、杂项商品和服务等八大类支出。

城镇家庭收入分组方法 将所有调查户依户人均可支配收入由低到高排队，按 10%，10%，20%，20%，20%，10%，10%的比例依次分成：最低收入户、低收入户、中等偏下收入户、中等收入户、中等偏上收入户、高收入户、最高收入户等七组。总体中最低 5%的户为困难户。

恩格尔系数 指食物支出金额在消费性总支出金额中所占的比例。计算公式为：

恩格尔系数=食品支出金额/消费性总支出金额×100%

三、农村住户

农村住户 指农村常住户。农村常住户指长期(一年以上)居住在乡镇(不包括城关镇)行政管理区域内的住户，以及长期居住在城关镇所辖行政村范围内的农村住户。户口不在本地而在本地居住一年及以上的住户也包括在本地农村常住户范围内；有本地户口，但举家外出谋生一年以上的住户，无论是否保留承包耕地都不包括在本地农村住户范围内。

常住人口 指全年经常在家或在家居住 6 个月以上，而且经济和生活与本户连成一体的人口。外出从业人员在外居住时间虽然在 6 个月以上，但收入主要带回家中，经济与本户连为一体，仍视为家庭常住人口；在家居住，生活和本户连成一体的国家职工、退休人员也为家庭常住人口。但是现役军人、中专及以上(走读生除外)的在校学生、以及常年在外(不包括探亲、看病等)且已有稳定的职业与居住场所的外出从业人员，不算家庭常住人口。家庭常住人口主要作为计算农村住户平均每人收入、消费和积累水平及分析家庭人口状况的依据。

整、半劳动力 整劳动力指男子 18 周岁到 50 周岁，女子 18 周岁到 45 周岁；半劳动力指男子 16 周岁到 17 周岁，51 周岁到 60 周岁；女子 16 周岁到 17 周岁，46 周岁到 55 周岁，同时具有劳动能力的人。虽然在劳动年龄之内，但已丧失劳动能力的人，不应算为劳动力；超过劳动年龄，但能经常参加劳动，计入半劳动力数内。常住人口中的职工，若这些职工为劳动力，就包括在本户的整半劳动力中。

总收入 指调查期内农村住户和住户成员从各种来源渠道得到的收入总和。按收入的性质划分为工资性收入、家庭经营收入、财产性收入和转移性收入。

工资性收入 指农村住户成员受雇于单位或个人，靠出卖劳动而获得的收入。

家庭经营收入 指农村住户以家庭为生产经营单位进行生产筹划和管理而获得的收入。农村住户家庭经营活动按行业划分为农业、林业、牧业、渔业、工业、建筑业、交通运输业邮电业、批发和零售贸易餐饮业、社会服务业、文教卫生业和其他家庭经营。

财产性收入 指金融资产或有形非生产性资产的所有者向其他机构单位提供资金或将有形非生产性资产供其支配，作为回报而从中获得的收入。

转移性收入 指农村住户和住户成员无须付出任何对应物而获得的货物、服务、资金或资产所有权等，不包括无偿提供的用于固定资本形成的资金。一般情况下，是指农村住户在二次分配中的所有收入。

现金收入 指农村住户和住户成员在调查期内得到以现金形态表现的收入。按来源分成工资性收入、家庭经营现金收入、财产性收入、转移性收入。

纯收入 指农村住户当年从各个来源得到的总收入相应地扣除所发生的费用后的收入总和。计算方法：

纯收入=总收入-税费支出-家庭经营费用支出-生产性固定资产折旧-赠送农村亲友支出

纯收入主要用于再生产投入和当年生活消费支出，也可用于储蓄和各种非义务性支出。“农民人均纯收入”按人口平均的纯收入水平，反映的是一个地区或一个农户农村居民的平均收入水平。

总支出 指农村住户用于生产、生活和再分配的全部支出。家庭经营费用支出、购置生产性固定资产支出、生产性固定资产折旧、税费支出、生活消费支出、财产性支出和转移性支出。

城市概况

9

General Survey of Cities

简要说明

一、本篇资料的主要内容

本篇资料反映了全省各城市主要社会经济和城市公用事业基本情况。城市公用事业基本情况包括市政建设、设施水平、供水、供气、供热、公共交通、园林绿化、环境卫生等。

二、本篇资料的来源

本篇资料中城市主要社会经济指标部分的资料由省统计局社会科技处依据国家统计局制定的《市、县社会经济基本情况统计报表制度》提供。

城市公用事业基本情况指标部分的资料来源于甘肃省建设厅城市建设统计年报，由省统计局社会科技处整理提供。

三、本篇资料的统计范围

本篇资料的统计范围是 12 个地级城市，为城市行政区，含市辖建制镇，不含市辖市、市辖县。

2006 起年建设部对《城市建设统计报表制度》陆续进行了修订，范围、口径及部分指标计算方法有所调整，故数据不能与上年数据直接比较。

9-1 分城市主要社会经济指标

Main Social and Economic Indicators by Cities

(2009)

指　标	Item	合计 Total	兰州市 Lanzhou	嘉峪关市 Jiayuguan	金昌市 Jinchang
年底人口数（万人）	Population (year-end)(10 000 persons)	811.60	210.47	20.87	21.53
# 非农业人口	Non-agricultural Population				
年底单位从业人员（万人）	Number of Employed Persons (year-end) (10 000 persons)	103.95	45.28	4.53	5.47
地区生产总值（万元）	Regional Gross Product (10 000yuan)	19680355	8048843	1600500	1603038
第一产业	Primary Industry	1313309	109854	22800	21456
第二产业	Secondary Industry	10236272	3724307	1262400	1393736
第三产业	Tertiary Industry	8130774	4214682	315300	187846
规模以上工业总产值（万元）	Gross Industrial Output Value of Industrial Enterprises above Designated Size (10 000 yuan)	26609306	11474200	4174200	3883170
规模以上工业企业	Industrial Enterprises above Designated Size				
主营业务收入（万元）	Revenue from Principal Business (10 000 yuan)	28684167	11545300	4463800	7097296
利税总额（万元）	Pre-tax Profits (10 000 yuan)	1079355	630300	127400	243812
邮电局所数（个）	Number of Post and Telecommunication Offices (unit)	429	108	16	9
本地电话用户（万户）	Number of Telephone Sets (year-end) (10 000 households)	223.09	84.71	7.45	5.54
年末移动电话用户（万户）	Nember of Mobile Phone Set (year-end) (10 000 households)	325.00	28.40	26.48	20.66
国际互联网用户（万户）	Internet Service Users (10 000 households)	68.39	36.80	4.08	1.30
固定资产投资额（万元）	Total Investment in Fixed Assets (10 000 yuan)	9880567	3270712	404403	722289
房地产开发投资额（万元）	Total Investment in Real Estate Development (10 000 yuan)	1680203	953236	109098	36592
# 住宅	Residential Buildings	1011556	491696	86887	9189
社会消费品零售总额（万元）	Total Retail Sales of Consumer Goods (10 000 yuan)	7824749	4476705	204509	222355
在校学生数	Student Enrollment				
普通高等学校（人）	Regular Institutions of Higher Education (person)	343961	261847	2789	
中等职业技术学校（人）	Specialized Secondary Schools (person)	208953	94173	3780	827
普通中学（万人）	Number of Regular Secondary Schools (10 000 persons)	56.78	12.10	0.88	1.70
小学（万人）	Number of Primary Schools (10 000 persons)	67.40	14.53	1.61	1.80
医院、卫生院数（个）	Number of Hospitals (unit)	502	100	8	7
医院、卫生院床位数（张）	Number of Beds in Hospitals (bed)	44366	19753	1386	1046
执业（助理）医师（人）	Licensed (Assistant) Doctors (person)	22791	8471	730	635
在岗职工工资总额（万元）	Total Wages of Staff and Workers (10 000 yuan)	2846018	1323215	175262	221252
城乡居民储蓄存款（万元）	Outstanding Amount of Savings Deposit in Urban and Rural Areas (10 000 yuan)	18554007	9929912	632476	598932

9-1 续表 1 continued

指　　标	Item	白银市 Baiyin	天水市 Tianshui	武威市 Wuwei	张掖市 Zhangye	平凉市 Pingliang
年底人口数（万人）	Population (year-end)(10 000 persons)	49.66	126.06	103.57	51.87	49.99
# 非农业人口	Non-agricultural Population					
年底单位从业人员（万人）	Number of Employed Persons (year-end) (10 000 persons)	10.08	11.77	7.00	4.62	4.20
地区生产总值（万元）	Regional Gross Product (10 000yuan)	1758791	1533504	1279793	845708	662590
第一产业	Primary Industry	52119	127853	323468	212232	79955
第二产业	Secondary Industry	1174156	728595	502825	292203	285023
第三产业	Tertiary Industry	532516	677056	453500	341273	297612
规模以上工业总产值（万元）	Gross Industrial Output Value of Industrial Enterprises above Designated Size (10 000 yuan)	2940680	1019975	1004585	436939	315200
规模以上工业企业	Industrial Enterprises above Designated Size					
主营业务收入（万元）	Revenue from Principal Business (10 000 yuan)	2703288	715148	595517	383098	317300
利税总额（万元）	Pre-tax Profits (10 000 yuan)	31567	40097	10641	120	−19600
邮电局所数（个）	Number of Post and Telecommunication Offices (unit)	26	60	80	28	22
本地电话用户（万户）	Number of Telephone Sets (year-end) (10 000 households)	12.22	24.01	28.00	15.58	8.07
年末移动电话用户（万户）	Nember of Mobile Phone Set (year-end) (10 000 households)	39.04	52.99	31.00	25.68	28.00
国际互联网用户（万户）	Internet Service Users (10 000 households)	4.63	4.40	3.59	3.27	2.58
固定资产投资额（万元）	Total Investment in Fixed Assets (10 000 yuan)	889016	886163	751937	332406	566378
房地产开发投资额（万元）	Total Investment in Real Estate Development (10 000 yuan)	48986	83074	93913	30430	95937
# 住宅	Residential Buildings	41347	61159	30828	25132	88447
社会消费品零售总额（万元）	Total Retail Sales of Consumer Goods (10 000 yuan)	474136	558144	383309	348609	318500
在校学生数	Student Enrollment					
普通高等学校（人）	Regular Institutions of Higher Education (person)		32400	2824	16585	6100
中等职业技术学校（人）	Specialized Secondary Schools (person)	9966	46605	3625	6046	13348
普通中学（万人）	Number of Regular Secondary Schools (10 000 persons)	4.86	8.34	8.24	3.81	2.30
小学（万人）	Number of Primary Schools (10 000 persons)	4.25	12.41	8.25	3.83	4.85
医院、卫生院数（个）	Number of Hospitals (unit)	29	68	120	33	22
医院、卫生院床位数（张）	Number of Beds in Hospitals (bed)	3054	5076	3720	2070	1565
执业（助理）医师（人）	Licensed (Assistant) Doctors (person)	1426	3344	2914	1336	879
在岗职工工资总额（万元）	Total Wages of Staff and Workers (10 000 yuan)	326084	221682	120236	84895	81700
城乡居民储蓄存款（万元）	Outstanding Amount of Savings Deposit in Urban and Rural Areas (10 000 yuan)	1079120	1615193	1171407	743353	632900

9-1 续表 2 continued

指标	Item	酒泉市 Jiuquan	庆阳市 Qingyang	定西市 Dingxi	陇南市 Longnan
年底人口数（万人）	Population (year-end) (10 000 persons)	40.12	35.57	46.73	55.16
# 非农业人口	Non-agricultural Population				
年底单位从业人员（万人）	Number of Employed Persons (year-end) (10 000 persons)	3.66	2.68	2.59	2.07
地区生产总值（万元）	Regional Gross Product (10 000yuan)	931518	741374	270873	403823
第一产业	Primary Industry	153051	76637	62139	71745
第二产业	Secondary Industry	361874	371788	66026	73339
第三产业	Tertiary Industry	416593	292949	142708	258739
规模以上工业总产值（万元）	Gross Industrial Output Value of Industrial Enterprises above Designated Size (10 000 yuan)	675762	542871	114359	27365
规模以上工业企业	Industrial Enterprises above Designated Size				
主营业务收入（万元）	Revenue from Principal Business (10 000 yuan)	638885	105650	96726	22159
利税总额（万元）	Pre-tax Profits (10 000 yuan)	28100	−15449	1687	680
邮电局所数（个）	Number of Post and Telecommunication Offices (unit)	25	11	21	23
本地电话用户（万户）	Number of Telephone Sets (year-end) (10 000 households)	10.28	13.20	7.30	6.73
年末移动电话用户（万户）	Nember of Mobile Phone Set (year-end) (10 000 households)	27.44	15.08	11.90	18.33
国际互联网用户（万户）	Internet Service Users (10 000 households)	3.10	2.39	1.17	1.08
固定资产投资额（万元）	Total Investment in Fixed Assets (10 000 yuan)	552757	748118	232888	523500
房地产开发投资额（万元）	Total Investment in Real Estate Development (10 000 yuan)	81417	84203	45830	17487
# 住宅	Residential Buildings	72584	59548	27252	17487
社会消费品零售总额（万元）	Total Retail Sales of Consumer Goods (10 000 yuan)	320463	245032	153070	119917
在校学生数	Student Enrollment				
普通高等学校（人）	Regular Institutions of Higher Education (person)	5768	11196	4452	
中等职业技术学校（人）	Specialized Secondary Schools (person)	6079	15243	6862	2399
普通中学（万人）	Number of Regular Secondary Schools (10 000 persons)	2.94	3.43	3.99	4.19
小学（万人）	Number of Primary Schools (10 000 persons)	3.04	3.34	3.71	5.78
医院、卫生院数（个）	Number of Hospitals (unit)	34	17	27	37
医院、卫生院床位数（张）	Number of Beds in Hospitals (bed)	2032	2083	1336	1245
执业（助理）医师（人）	Licensed (Assistant) Doctors (person)	970	736	574	776
在岗职工工资总额（万元）	Total Wages of Staff and Workers (10 000 yuan)	96893	73985	66798	54016
城乡居民储蓄存款（万元）	Outstanding Amount of Savings Deposit in Urban and Rural Areas (10 000 yuan)	872733	650188	376793	251000

9-2 城市公用事业基本情况

Basic Statistics on Urban Public Utilities

指　　标	Item	2008	2009
建成区面积（平方公里）	Developed Areas (sq.km)	554	604
城市人口密度（人/平方公里）	Population Density of Urban Districts (person/sq.km)	3802	3814
全年供水总量（万吨）	Total Annual Volume of Water Supply (10 000 tons)	60314	60618
# 生活用水	Water Consumption for Residential use	18016	20214
人均日生活用水量(升)	Per capita daily water consumption(liters)	156.05	158.58
用水普及率（%）	Percentage of Population with Access to Tap Water (%)	87.85	89.66
年末实有公共汽(电)车营运车辆数（辆）	Year-end the number of actual operation public transportation (electric) vehicles (units)	3849	3986
全年公共汽(电)车客运总量（万人次）	The total passenger traffic of annual public transportation (electric) vehicles (million)	77879.11	81037.28
年末实有出租汽车数（辆）	Year-end the actual taxi number (units)	19293	21103
年末实有道路长度（公里）	Length of Paved Roads at Year-end (km)	2687	2992
城市排水管道长度（公里）	Length of City Sewaeg Pipes (km)	2624	3053
液化石油气家庭用量（万吨）	Consumption of Liquefied Gas for Residential use (10 000 tons)	2.75	6.96
燃气普及率（%）	Percentage of Population with Access to Gas (%)	65.32	73.03
城市绿地面积（公顷）	Area of Urban Green Areas (hectare)	13097	14702
人均拥有公园绿地面积（平方米）	Per Capita area of greenbelt (sq.m)	7.87	7.99
公园数（个）	Number of Parks (unit)	69	81
公园面积（公顷）	Area of Parks (hectare)	2204	2394
生活垃圾清运量（万吨）	Volume of Garbage Disposal (10 000 tons)	242	264

9-3 各地区城市建设情况

Statistics on City Construction by Region

(2009年)

地 区	Region	城区面积（平方公里）Urban Area(sq.km)	建成区面积(平方公里) Area of build disticts(sp.km)	城市建设用地面积(平方公里) Area of Land Used for Urban Construction (sq.km)	征用土地面积(平方公里) Land Put in Requisition for State Construction Projects (sq.km)	城市人口密度(人/平方公里) Population Density of Urban Area (persons/sq.km)
甘肃省	**Gansu**	**1351.62**	**566.14**	**529.70**	**20.00**	**3814**
兰州市	Lanzhou	193.35	183.85	167.20	10.73	10264
嘉峪关市	Jiayuguan	120.00	44.10	44.10		1550
金昌市	Jinchang	42.00	36.69	36.71	0.85	3914
白银市	Baiyin	90.18	53.98	53.64	0.40	4391
天水市	Tianshui	58.61	42.24	42.24		11694
武威市	Wuwei	27.37	27.37	23.68	1.89	9028
张掖市	Zhangye	29.17	29.17	28.88	2.01	5540
平凉市	Pingliang	255.00	36.00	33.11		1051
酒泉市	Jiuquan	232.00	37.10	30.57		1328
庆阳市	Qingyang	24.00	19.10	18.76	0.38	8042
定西市	Dingxi	200.00	22.96	17.94	1.04	897
陇南市	Longnan	40.00	10.40	9.15	0.05	3780
临夏州	Linxia	27.50	14.20	17.93	2.65	6673
甘南州	Gannan	12.44	8.98	5.79		4445

9-4 各地区城市供水情况

Basic Statistics on Tap Water Supply in Cities by Region

(2009年)

地 区	Region	年末供水综合生产能力(万立方米/日) ProductionCapacity ofTap WaterSupply(year-end)(10 000cu.m/day)	年末供水管道长度(公里) Length of Water Supply Pipelines (year-end)(km)	全年供水总量(万立方米) Total Annual Volume of Water Supply (10 000 cu.m)	#生活用水 For Residential Use	#生产用水 For Productive Use	用水人口(万人) Number of Residents with Access to Tap Water (10 000 persons)	人均日生活用水量(升) Per Capita Daily Consumption of Tap Water for Residential Use (liter)
甘肃省	**Gansu**	**379.07**	**3578.04**	**58503.19**	**19693.66**	**22645.60**	**461.51**	**1808.82**
兰州市	Lanzhou	156.86	854.10	27461.59	9595.74	11323.43	183.32	190.51
嘉峪关市	Jiayuguan	83.90	544.11	3700.58	430.30	228.66	18.60	157.70
金昌市	Jinchang	33.00	326.40	8064.76	888.00	5237.00	14.90	241.61
白银市	Baiyin	44.90	283.00	7023.76	3249.92	2731.71	38.66	264.75
天水市	Tianshui	9.90	182.00	3599.80	1790.00	962.00	52.00	138.46
武威市	Wuwei	10.00	187.00	1639.50	800.00	329.00	21.90	137.74
张掖市	Zhangye	10.00	164.99	1009.80	605.80	40.80	15.00	149.33
平凉市	Pingliang	6.30	315.21	1347.60	526.90	519.00	25.67	85.05
酒泉市	Jiuquan	10.70	226.30	2462.00	714.00	890.00	30.80	120.74
庆阳市	Qingyang	5.44	133.80	552.00	415.00	22.00	18.44	74.73
定西市	Dingxi	5.00	140.53	503.00	165.00	103.00	16.20	36.70
陇南市	Longnan	1.57	63.10	234.60	83.00	27.00	7.22	52.59
临夏州	Linxia	1.50	100.00	560.20	310.00	72.00	14.30	71.85
甘南州	Gannan		57.50	344.00	120.00	160.00	4.50	87.06

9-5 各地区城市燃气情况

Basic Statistics on Supply of Gas in Cities by Region

(2009年)

地 区	Region	人工煤气生产能力(万立方米/日) Production Capacity of Gaswork Gas (10 000 cu.m/day)	管道长度(公里) Length of Gas Pipelines (km) 人工煤气 Coal Gas	液化石油气 Liquefied Petroleum Gas	天然气 Natural Gas	全年供气总量 Volume of Gas Supply 人工煤气(万立方米) Coal Gas (10 000 cu.m)	液化石油气(吨) Liquefied Petroleum Gas (ton)	天然气(万立方米) Natural Gas (10 000 cu.m)	用气人口(万人) Population with Access to Gas (10 000 persons) 人工煤气 Coal Gas	液化石油气 Liquefied Petroleum Gas	天然气 Natural Gas
甘肃省	**Gansu**	**15.9**	**613.7**	**1.0**	**704.4**	**9426.7**	**149532.7**	**58244.8**	**21.7**	**180.5**	**170.4**
兰州市	Lanzhou				434.1		101400.3	57615.0		13.5	162.1
嘉峪关市	Jiayuguan	9.9	383.7		18.2	1916.7	40.0	40.0	15.5	0.1	3.0
金昌市	Jinchang						800.0			10.0	
白银市	Baiyin	6.0	230.0		157.0	7510.0	1710.0	131.1	6.2	12.1	3.6
天水市	Tianshui						9015.0			39.2	
武威市	Wuwei						3370.0			13.2	
张掖市	Zhangye						4840.0			15.8	
平凉市	Pingliang				31.5		2450.0	5.0		13.8	1.1
酒泉市	Jiuquan				29.7		15430.0	338.7		30.0	0.6
庆阳市	Qingyang				15.0		6947.0	113.5		13.7	
定西市	Dingxi						601.0			7.9	
陇南市	Longnan						571.4			4.0	
临夏州	Linxia			1.0	19.0		1014.0	1.5		2.3	
甘南州	Gannan						1344.0			5.0	

9-6 各地区城市集中供热情况

Basic Statistics on Heating in Cities by Region

(2009年)

地 区	Region	供应能力 Heating Capacity 蒸汽(吨/小时) Steam (ton/hour)	热水(兆瓦) Hot Water (Mega Watts)	供热总量 Quantity of Heat Supplied 蒸汽(万吉焦) Steam (10 000 gigajoules)	热水(万吉焦) Hot Water (10 000 gigajoules)	管道长度 Length of Heating Pipelines 蒸汽(公里) Steam (km)	热水(公里) Hot Water (km)	供热面积(万平方米) Area of Centralized Heating (10 000 sq.m)
甘肃省	**Gansu**	**4305**	**8522**	**5841**	**5283**	**417**	**2642**	**9136.8**
兰州市	Lanzhou	4015	2946	5841	2089	113	731	3942.2
嘉峪关市	Jiayuguan		1029		611		456	823.5
金昌市	Jinchang		137		160		206	375
白银市	Baiyin	290	591		168	304	42	883
天水市	Tianshui		348		324		92	420
武威市	Wuwei		1440		381		163	830
张掖市	Zhangye		232		197		31	250
平凉市	Pingliang		355		207		524	470
酒泉市	Jiuquan		768		586		256	590
庆阳市	Qingyang		98		22		30	63.8
定西市	Dingxi		279		208		43	187
陇南市	Longnan							
临夏州	Linxia		241		312		28	224.3
甘南州	Gannan		58		18		40	78

9–7 各地区城市市政设施

Basic Statistics on Municipal Infrastructure in Cities by Region

(2009年)

地　区	Region	年末实有道路长度(公里) Length of Paved Roads (year-end) (km)	年末实有道路面积(万平方米) Area of Paved Roads (year-end) (10 000 sq.m)	城市桥梁(座) Number of City Bridges (unit)	城市排水管道长度(公里) Length of City Sewage Pipes (km)	城市污水处理厂日处理能力(万立方米) Daily Disposal Capacity of City Sewage (10 000 cu.m)	城市道路照明灯(千盏) Number of Street Lights (1 000 units)
甘肃省	**Gansu**	**2929.4**	**5654.3**	**355**	**2875**	**97.2**	**169335**
兰州市	Lanzhou	898.6	1822.2	205	711	44.0	73814
嘉峪关市	Jiayuguan	271.2	314.5	6	332	5.0	15870
金昌市	Jinchang	131.8	322.0	6	156	8.0	13716
白银市	Baiyin	329.6	537.7	14	151	4.0	6650
天水市	Tianshui	302.0	592.4	36	323	6.0	12292
武威市	Wuwei	134.0	253.0	6	131	9.0	6009
张掖市	Zhangye	96.8	262.2		207	4.0	5899
平凉市	Pingliang	150.9	520.6	30	264	5.0	8674
酒泉市	Jiuquan	273.3	421.7	6	247	4.0	11854
庆阳市	Qingyang	129.0	178.1	2	132	2.0	3320
定西市	Dingxi	65.0	148.0	8	90	1.0	2730
陇南市	Longnan	40.7	64.2	8	56	3.0	2500
临夏州	Linxia	84.5	149.7	16	45	1.5	4007
甘南州	Gannan	22.0	68.0	12	30	0.7	2000

9–8 各地区城市公共交通情况

Basic Statistics on Public Transportation in Cities by Region

(2009年)

地 区	Region	年末实有公共汽(电)车营运车辆数(辆) Number of Public Vehicles under Operation at Year-end(unit)	全年公共汽(电)车客运总量(万人次) Passengers Transported by Public Vehicles(10 000 person-times)	年末实有出租汽车数(辆) Number of Taxi(unit)
甘肃省	**Gansu**	**3986**	**81037**	**21103**
兰州市	Lanzhou	2118	58854	7551
嘉峪关市	Jiayuguan	92	1077	612
金昌市	Jinchang	110	1440	529
白银市	Baiyin	240	5780	3166
天水市	Tianshui	295	40.18	1400
武威市	Wuwei	172	2403	2902
张掖市	Zhangye	177	672.1	1266
平凉市	Pingliang	136	1704	957
酒泉市	Jiuquan	262	5144	810
庆阳市	Qingyang	309	2680	1200
定西市	Dingxi	53	659	440
陇南市	Longnan	22	584	270
临夏州	Linxia			
甘南州	Gannan			

9-9 各地区城市绿地和园林

Basic Statistics on Parks and Green Areas in Cities by Region

(2009)

地 区	Region	城市园林绿地面积(公顷) Area of Parks and Green Land(hectare)	#公园绿地 Park Green Areas	公园(个) Number of Parks (unit)	公园面积(公顷) Area of Parks(hectare)	建成区绿化覆盖率(%) Green Covered Area as of Completed Area (%)
甘肃省	**Gansu**	**13751**	**4097**	**73**	**2283**	**345.50**
兰州市	Lanzhou	4374	1691	14	550	26.37
嘉峪关市	Jiayuguan	1516	328	6	374	36.15
金昌市	Jinchang	1065	252	2	63	31.62
白银市	Baiyin	1070	261	11	171	22.36
天水市	Tianshui	1291	384	12	260	35.20
武威市	Wuwei	596	96	4	96	22.29
张掖市	Zhangye	793	302	2	140	30.89
平凉市	Pingliang	1232	216	6	133	29.94
酒泉市	Jiuquan	1203	276	5	226	34.02
庆阳市	Qingyang	199	57	2	43	15.86
定西市	Dingxi	239	164	3	177	25.57
陇南市	Longnan	23	19	2	4	2.50
临夏州	Linxia	86	19	2	29	26.27
甘南州	Gannan	64	32	2	17	6.46

9-10 各地区城市市容环境卫生情况

Basic Statistics on Urban Sanitation in Cities by Region

(2009)

地 区	Region	清扫保洁面积(万平方米) Area under Cleaning Program(10 000 sq.m)	生活垃圾清运量(万吨) Volume of Garbage Disposal(10 000 tons)	粪便清运量(万吨) Volume of Excrement and Urine Disposal(10 000 tons)	市容环卫专用车辆设备总数(台) Number of Special Vehicles for Environmental Sanitation (unit)	公共厕所(座) Number of Public Lavatories (unit)	#三类以上 Third Grade and Above
甘肃省	**Gansu**	**5664**	**257.29**	**23.16**	**880**	**1102**	**769**
兰州市	Lanzhou	1324	120.58	5.14	482	296	232
嘉峪关市	Jiayuguan	435	7.60	0.20	31	94	77
金昌市	Jinchang	550	10.92	2.73	44	112	60
白银市	Baiyin	480	15.80	0.16	64	89	79
天水市	Tianshui	283	32.10		27	48	29
武威市	Wuwei	289	11.00		48	96	70
张掖市	Zhangye	367	6.20	2.80	15	73	41
平凉市	Pingliang	490	10.70	6.30	16	72	52
酒泉市	Jiuquan	772	9.50		52	58	55
庆阳市	Qingyang	380	9.49		46	61	45
定西市	Dingxi	95	8.00	5.53	9	32	29
陇南市	Longnan	54	5.80		24	38	
临夏州	Linxia	94	6.60	0.20	15	21	
甘南州	Gannan	51	3.00	0.10	7	12	

主要统计指标解释

建城区面积　指市政区范围内经过征用的土地和实际建设发展起来的非农业生产建设地段，包括市区集中连片的部分以及分散在近郊区与城市有着密切联系，具有基本完善的市政共用设施的城市建设用地（如机场、污水处理厂、通讯电台）。

供水综合生产能力　指城建部门系统自来水公司所属自来水厂及各单位自备水源取水、净化、送水、出厂输水干管等环节的综合生产能力，以四个环节中最薄弱的环节为主确定能力，超负荷运行增加的能力不应计算。

年末供水管道长度　指从送水泵至用户水表之间所有管道的长度。不包括新安装尚未使用、水厂内以及用户建筑物内的管道。

全年供水总量　指报告期供水企业(单位)供出的全部水量。包括有效供水量和损失水量。

生活用水量　包括公共服务用水和居民家庭用水。公共服务用水指为城市社会公共生活服务的用水。包括行政事业单位、部队营区和公共设施服务、社会服务业、批发零售贸易业、旅馆饮食业以及其他公共服务业等单位的用水。居民家庭用水指城市范围内所有居民家庭的日常生活用水。包括城市居民、农民家庭、公共供水站用水。

用水普及率　指城市用水人口数与城市人口总数的比率。

煤气（人工煤气、天然气）供气总量　指城市煤气企业向城市生产用户、家庭用户和其他用户供应的全部煤气量，包括外购及损失量。

燃气普及率　指报告期末使用燃气的城市人口数与城市人口总数的比率。

年末道路长度　指年末道路长度和与道路相通的桥梁、隧道的长度，按车行道中心线计算。在统计时只统计路面宽度在3.5米(含3.5米)以上的各种铺装道路，包括开放型工业区和住宅区道路在内。

年末运营车数　指年末城市用于公共交通运营业务的全部车辆数。新购、新制和调入的运营车辆，自投入之日起开始计算；调出、报废和调作他用的运营车辆，自上级主管机关批准之日起不再计入。

城市绿地面积　指用作绿化的各种绿地面积。包括公园绿地、单位附属绿地、居民区绿地、生产绿地、防护绿地和风景林地的总面积。

公园绿地面积　指开放的各级各类公园绿地。

清扫保洁面积　指报告期末对城市道路和公共场所（主要包括城市行车道、人行道、车行隧道、人行过街地下通道、道路附属绿地、地铁站、高架路、人行过街天桥、立交桥、广场、停车场及其他设施等）进行清扫保洁的面积。一天清扫多次的，按清扫保洁面积最大的一次计算。

市容环卫专用车辆　指用于环境卫生作业、监察的专用车辆和设备，包括用于道路清扫、冲洗、洒水、除雪、垃圾粪便清运、市容监察以及与其配套使用的车辆和设备。

每万人拥有公共交通车辆　指报告期末城区内每万人平均拥有的公共交通车辆标台数。

10 环境保护

Environmental Protection

简要说明

一、本篇资料主要内容

本篇反映甘肃省环境保护事业发展情况。主要内容包括生态环境、大气环境、固体废物及环境污染治理投资等内容。主要反映工业废水和生活污水的排放及治理情况；城市空气质量、废气排放及处理情况；工业固体废物的产生、处理及利用情况、环境污染与破坏事故情况；环境污染治理投资等情况。

二、本篇资料来源

本篇资料均由省环境保护厅提供。

10-1 自然保护情况

Basic Statistics on of Natural Protection

指　标	Item	2009
自然保护区情况	**Nature Reserves**	
自然保护区个数(个)	Number of Nature Reserves (unit)	58
#国家级	National Level	15
省　级	Provincal Level	39
自然保护区面积（公顷）	Area of Nature Reserves (hectare)	9759838
#国家级	National Level	7199620
省　级	Provincal Level	2445318
生态功能保护区个数（个）	Number of Region of Ecological Function (unit)	2
生态功能保护区面积（公顷）	Area of Region of Ecological (hectare)	7657217
有机、绿色及无公害产品基地情况	**Organic, Green and Nuisance-free Products Base**	
建立有机食品基地面积（公顷）	Area of Organic Food base (hectare)	
建立绿色食品基地面积（公顷）	Area of Organic Food base (hectare)	
建立无公害食品基地面积（公顷）	Area of Nuisance-free Food base (hectare)	
已命名国家有机食品生产基地（个）	Denominated National Organic Food production Bases (unit)	
规模化畜禽养殖污染防治情况	**Pollution Prevention of Large-scale livestock and Poultry Raising**	
年出栏量大于50头的养猪场户数（个）	Number of Pig Farms with Slaughtered Fattened Hogs more than 50 per Year (unit)	
年出栏量大于10头的养牛场户数（个）	Number of Cattle Farms with Slaughtered Cattle more than 10 per Year (unit)	
年出栏量大于30头的养羊场户数（个）	Number of Sheep and Goats Farms with Slaughtered Sheep and Goats more than 30 per Year (unit)	
年存栏量大于500只养禽场户数（个）	Number of Poultry Farms Slaughtered Poultry more than 500 per Year (unit)	
集中式饮用水水源情况	**Centralized drinking water sources**	
地表水集中式饮用水源保护区个数（个）	Number of Protected areas of Surface water source for centralized drinking water (unit)	170
地表水集中式饮用水源保护区面积（平方公里）	Protection area of Surface water source for centralized drinking-water (sq.km)	2484
地下水集中式饮用水源保护区个数（个）	Number of Protected areas of Groundwater source for centralized drinking water (unit)	192
地下水集中式饮用水源保护区面积（平方公里）	Protection area of Groundwater source for centralized drinking-water (sq.km)	1057
集中式饮用水源服务人口（万人）	Service population of Centralized drinking water source (10 000 persons)	894.7

10-2 全省“三废”排放、处理及综合利用情况

Discharge,Treatment and Comprehensive Utilization of Waste Water, Waste Gas and Solid Wastes

项目	Item	2005	2006	2007	2008	2009
废水	**Waste Water**					
工业废水排放量(万吨)	Industry (10 000 tons)	16798	16570	15856	16405	16364
生活污水排放量(万吨)	Consumption (10 000 tons)	26930	29151	28479	31064	32907
工业废水排放达标量(万吨)	Industrial Waste Water Meeting Discharge Standards (10 000 tons)	12301	13103	12837	9669	13266
工业废水排放达标率(%)	Percentage of Industrial Waste Water Meeting Discharge Standards (%)	73.00	79.08	80.96	58.94	81.07
化学需氧量排放量(万吨)	Discharge Amount of COD (10 000 tons)	18.23	17.81	17.41	17.05	16.81
工业	Industry	5.88	5.40	5.02	4.78	4.87
生活	Consumption	12.35	12.41	12.39	12.27	11.94
氨氮排放量(万吨)	Ammonia Nitrogen Discharge (10 000 tons)	3.44	3.34	2.45	2.21	2.67
工业	Industry	2.14	2.00	0.85	0.88	1.19
生活	Consumption	1.30	1.34	1.40	1.34	1.48
废气	**Waste Gas**					
工业废气排放量(亿标立方米)	Industrial Waste Gas Emission (100 million cu.m)	4250	4761	5818	5685	6314
燃料燃烧	Fuels Combustion	2647	2850	2589	3197	3375
生产工艺	Process of Industrial Production	1603	1911	3228	2489	2939
二氧化硫排放量(万吨)	Sulphur Dioxide Emission (10 000 tons)	56.25	54.60	52.31	50.15	50.03
工业	Industry	51.68	46.30	43.57	41.24	40.09
生活	Consumption	4.57	8.30	8.74	8.92	9.94
烟尘排放量(万吨)	Soot Emission (10 000 tons)	16.17	15.88	13.21	13.65	16.18
工业	Industry	12.36	11.39	8.96	8.79	9.16
生活	Consumption	3.81	4.49	4.25	4.85	7.02

10-2 续表1 continued

项　目	Item	2005	2006	2007	2008	2009
工业粉尘排放量 (万吨)	Industrial Dust Emission (10 000 tons)	16.63	16.12	9.93	8.58	8.37
工业二氧化硫去除量 (万吨)	Industrial Sulphur Dioxide Removed (10 000 tons)	67.21	89.2	106.47	139.05	191.34
工业烟尘去除量 (万吨)	Industrial Soot Removed (10 000 tons)	359.88	326.41	256.88	327.52	304.71
工业粉尘去除量 (万吨)	Industrial Dust Romoved (10 000 tons)	75.08	66.45	89.58	83.99	89.35
固体废物	**Solid Wastes**					
工业固体废物产生量 (万吨)	Industrial Solid Wastes Produced (10 000 tons)	2249.00	2590.50	3001.46	3199.12	3150.21
#危险废物	Hazardous Wastes	2.90	15.77	11.64	22.38	20.94
工业固体废物综合利用量 (万吨)	Industrial Solid Wastes Utilized (10 000 tons)	678.24	723.48	1121.42	1124.27	1072.65
工业固体废物综合利用率 (%)	Ratio of Industrial Solid Wastes Utilized (%)	29.43	27.11	36.07	34.09	33.35
工业固体废物排放量 (万吨)	Industrial Solid Wastes Discharged (10 000 tons)	41.00	33.73	24.82	11.63	12.31
"三废"综合利用产品产值（万元）	Output Value of Products Made from Waste Gas, WasteWater & Solid Wastes (10 000 yuan)	91665	104991	167268	211219	260170
环境污染	**Pollution**					
环境污染与破坏事故次数（次）	Pollution Accidents (unit)	135	72	26	37	20
#水污染	Water Pollution	67	43	12	11	
大气污染	Air Pollution	31	3	7	24	
固体废物污染	Solid Wastes Pollution	21	20			
噪声与震动危害	Noise and Vibration Pollution			7		

10-2 续表2 continued

项　目	Item	2005	2006	2007	2008	2009
其他	Others	16	6		2	
污染直接经济损失（万元）	Direct Economic Loss Due to Pollution (10 000 yuan)	191.8	22.4	40.4	62.2	
污染事故赔款总额（万元）	Reparations for Pollution Incidents (10 000 yuan)	102.5	64.3	30.4		
污染事故罚款总额（万元）	Fines to Pollution Incidents (10 000 yuan)	74.1	5.2	32.0	8.3	37.3
环境污染治理投资总额（万元）	Investment in Pollution Treatment (10 000 yuan)	106001.0	174721.5	425305.9	426585.8	400371.9
工业污染源治理投资	Urban Environmental Infrastructure	66609.6	152625.2	149086.7	118435.8	123301.9
建设项目"三同时"环保投资	Urban Environmental Infrastructure	39391.4	22096.3	276219.2	308150.0	277070.0
环境污染治理投资总额占生产总值比重（%）	Investment in Pollution Treatment Out of Gross Regional Product (%)	0.55	0.77	1.57	1.34	1.18
工业污染治理项目及投资情况	**Industrial Pollution Treatment Projects**					
当年施工污染治理项目数（个）	Projects under Construction of the Year (unit)	193	315	329	270	171
污染治理项目本年完成投资（万元）	Investment Completed in Pollution Treatment Projects (10 000 yuan)	276445.0	136467.9	149086.7	118435.8	123301.9
治理废水	Waste Water	98322.1	20605.1	64990.4	46778.4	56648.5
治理废气	Waste Gas	145145.9	33205.0	45919.2	61521.8	51172.8
治理固体废物	Solid Wastes	16025.7	7183.4	8250.3	8044.2	13313.5
治理噪声	Noise Pollution	866.1	123.2	83.0	17.0	511.0
治理其他	Others	16085.2	772.1	29843.8	2074.4	1656.1

10-3 各行业重点调查工业污染排放及处理利用情况

Production, Treatment and Utilization of Industrial Pollution Covered in the Key Survey by Sector

(2009)

行业	Sector	工业废气排放总量(万标立方米) Total Volume of Industrial Waste Gas (10000 cu.m)	#燃烧过程中废气排放量 Volume of Waste Gas in the Process of Fuel Burning	#生产工艺过程中废气排放量 Volume of Waste Gas in the Process of Production	工业二氧化硫去除量(吨) Removed Volume of Sulphur Dioxide of Industry (ton)
总计	**Total**	**63139457**	**196540**	**138280**	**1913386**
煤炭开采和洗选业	Mining and Washing of Coal	124235	1282		41
石油和天然气开采业	Extraction of Petroleum and Natural Gas	1165959	6432	279	1373
黑色金属矿采选业	Mining and Processing of Ferrous Metal Ores	4774	48		
有色金属矿采选业	Mining and Processing of Non-Ferrous Metal Ores	506967	3862	61004	361421
非金属矿采选业	Mining and Processing of Nonmetal Ores	33922	318	26	65
农副食品加工业	Processing of Food from Agricultural Products	228159	2925		463
食品制造业	Manufacture of Foods	174595	1613		947
饮料制造业	Manufacture of Beverages	148084	1320		320
烟草制品业	Manufacture of Tobacco	21940	36		7
纺织业	Manufacture of Textile	17967	160		32
纺织服装、鞋、帽制造业	Manufacture of Textile Wearing Apparel, Footware, and Caps	612	7		
皮革、毛皮、羽毛(绒)及其制品业	Manufacture of Leather, Fur, Feather and Related Products	18635	215		
木材加工及木、竹、藤、棕、草制品业	Timber Processing, Bamboo, Cane, Palm Fiber and Straw Products	290	4		1
家具制造业	Manufacture of Furniture	450	8		
造纸及纸制品业	Manufacture of Paper and Paper Products	77471	1018		215
印刷业和记录媒介的复制	Printing,Reproduction of Recording Media	3420	34		13
文教体育用品制造业	Manufacture of Articles For Culture, Education and Sport Activity	580	3		
石油加工、炼焦及核燃料加工业	Processing of Petroleum, Coking, Processing of Nuclear Fuel	2093627	4621	3239	1969
化学原料及化学制品制造业	Manufacture of Raw Chemical Materials and Chemical Products	2225297	8729	2264	2736
医药制造业	Manufacture of Medicines	131755	1703		291

9-3 续表 1 continued

行　业	Sector	工业废气排放总量(万标立方米) Total Volume of Industrial Waste Gas (10000 cu.m)	#燃烧过程中废气排放量 Volume of Waste Gas in the Process of Fuel Burning	#生产工艺过程中废气排放量 Volume of Waste Gas in the Process of Production	工业二氧化硫去除量（吨） Removed Volume of Sulphur Dioxide of Industry (ton)
化学纤维制造业	Manufacture of Chemical Fibers	195225	1210.38	36.25	78.12
橡胶制品业	Manufacture of Rubber	1170	21.24		
塑料制品业	Manufacture of Plastics	1263	6.62		
非金属矿物制品业	Manufacture of Non-metallic Mineral Products	7875809	7073.02	9845.39	2959.69
黑色金属冶炼及压延加工业	Smelting and Pressing of Ferrous Metals	12218696	10654.40	18871.48	5489.58
有色金属冶炼及压延加工业	Smelting and Pressing of Non-ferrous Metals	13888106	20845.36	42677.51	1278442.18
金属制品业	Manufacture of Metal Products	8509	61.99	1.88	22.05
通用设备制造业	Manufacture of General Purpose Machinery	31548	285.79		47.33
专用设备制造业	Manufacture of Special Purpose Machinery	85584	274.73	14.50	
交通运输设备制造业	Manufacture of Transport Equipment	22060	231.45		10.81
电气机械及器材制造业	Manufacture of Electrical Machinery and Equipment	26585	254.97		59.26
通信设备、计算机及其他电子设备制造业	Manufacture of Communication Equipment, Computers and Other Electronic Equipment	16037	140.29	21.60	52.50
仪器仪表及文化、办公用机械制造业	Manufacture of Measuring Instruments and Machinery for Cultural Activity and Office Work	225	3.20		
电力、热力的生产和供应业	Production and Supply of Electric Power and Heat Power	21773379	121011.80		256329.40
燃气生产和供应业	Production and Supply of Gas	16200	128.16	0.20	
水的生产和供应业	Production and Supply of Water				
其它行业	Other Sectors	322			

10-3 续表 2 continued

行 业	Sector	#燃料燃烧过程中去除量 Removed Volume in the Process of Fuel Burning	工业二氧化硫排放量（吨） Volume of Sulphur Dioxide Discharged (ton)	工业烟尘去除量(吨) Volume of Soot Removed (ton)	工业烟尘排放量(吨) Volume of Soot Discharged (ton)
总计	**Total**	**290755**	**334826**	**3047105**	**81315**
煤炭开采和洗选业	Mining and Washing of Coal	41.29	1281.88	4437.65	1056.69
石油和天然气开采业	Extraction of Petroleum and Natural Gas	1373.09	6710.79	5613.96	1409.34
黑色金属矿采选业	Mining and Processing of Ferrous Metal Ores		47.85	24.44	60.88
有色金属矿采选业	Mining and Processing of Non-Ferrous Metal Ores	2933.77	64865.92	209.67	3196.46
非金属矿采选业	Mining and Processing of Nonmetal Ores	54.43	343.70	324.35	505.54
农副食品加工业	Processing of Food from Agricultural Products	462.90	2925.17	5010.09	1290.19
食品制造业	Manufacture of Foods	946.76	1613.33	5876.97	756.66
饮料制造业	Manufacture of Beverages	319.72	1319.83	2816.96	702.39
烟草制品业	Manufacture of Tobacco	6.83	35.84	214.62	48.18
纺织业	Manufacture of Textile	32.44	159.76	390.19	136.40
纺织服装、鞋、帽制造业	Manufacture of Textile Wearing Apparel, Footware, and Caps		7.34	13.60	1.36
皮革、毛皮、羽毛(绒)及其制品业	Manufacture of Leather, Fur, Feather and Related Products		214.77	622.30	137.89
木材加工及木、竹、藤、棕、草制品业	Timber Processing, Bamboo, Cane, Palm Fiber and Straw Products	0.70	4.00	7.37	1.81
家具制造业	Manufacture of Furniture		8.00	10.14	2.86
造纸及纸制品业	Manufacture of Paper and Paper Products	215.43	1017.52	2126.63	726.88
印刷业和记录媒介的复制	Printing,Reproduction of Recording Media	13.44	33.76	171.50	41.79
文教体育用品制造业	Manufacture of Articles For Culture, Education and Sport Activity	0.00	3.36	12.76	1.28
石油加工、炼焦及核燃料加工业	Processing of Petroleum, Coking, Processing of Nuclear Fuel	1948.16	7860.08	3093.70	1152.62
化学原料及化学制品制造业	Manufacture of Raw Chemical Materials and Chemical Products	2107.48	10992.96	45608.49	4765.47
医药制造业	Manufacture of Medicines	290.95	1702.76	2332.60	525.14

10-3 续表 3 continued

行 业	Sector	# 燃料燃烧过程中去除量 Removed Volume in the Process of Fuel Burning	工业二氧化硫排放量（吨） Volume of Sulphur Dioxide Discharged (ton)	工业烟尘去除量(吨) Volume of Soot Removed (ton)	工业烟尘排放量(吨) Volume of Soot Discharged (ton)
化学纤维制造业	Manufacture of Chemical Fibers	78.12	1246.63	2496.17	353.61
橡胶制品业	Manufacture of Rubber		21.24	18.74	24.06
塑料制品业	Manufacture of Plastics		6.62		9.57
非金属矿物制品业	Manufacture of Non-metallic Mineral Products	420.38	16918.42	252570.75	13669.17
黑色金属冶炼及压延加工业	Smelting and Pressing of Ferrous Metals	5479.08	29525.88	109343.18	7026.75
有色金属冶炼及压延加工业	Smelting and Pressing of Non-ferrous Metals	17509.12	63522.87	215809.18	8998.68
金属制品业	Manufacture of Metal Products	22.05	63.87	285.92	77.63
通用设备制造业	Manufacture of General Purpose Machinery	47.33	285.79	1044.79	238.75
专用设备制造业	Manufacture of Special Purpose Machinery		289.23	916.55	94.86
交通运输设备制造业	Manufacture of Transport Equipment	10.81	231.45	378.69	257.72
电气机械及器材制造业	Manufacture of Electrical Machinery and Equipment	59.26	254.97	916.67	179.97
通信设备、计算机及其他电子设备制造业	Manufacture of Communication Equipment, Computers and Other Electronic Equipment	52.50	161.89	651.37	150.34
仪器仪表及文化、办公用机械制造业	Manufacture of Measuring Instruments and Machinery for Cultural Activity and Office Work		3.20	12.25	2.75
电力、热力的生产和供应业	Production and Supply of Electric Power and Heat Power	256329.40	121011.80	2382947.00	33622.99
燃气生产和供应业	Production and Supply of Gas		128.36	795.96	79.20
水的生产和供应业	Production and Supply of Water				
其它行业	Other Sectors		5.00		9.00

10-3 续表 4 continued

行　业	Sector	工业粉尘去除量(吨) Volume of Dust Recovered (ton)	工业粉尘排放量(吨) Volume of Dust Discharged (ton)	工业固体废物综合利用量(万吨) Utilized in a Comprehensive Way (10 000 tons)	工业固体废物排放量(万吨) Volume Discharged (10 000tons)
总计	**Total**	**893509**	**83751**	**1022.15**	**10.56**
煤炭开采和洗选业	Mining and Washing of Coal	2.50	2013.80	42.03	5.55
石油和天然气开采业	Extraction of Petroleum and Natural Gas			1.40	
黑色金属矿采选业	Mining and Processing of Ferrous Metal Ores		67.50	17.40	0.24
有色金属矿采选业	Mining and Processing of Non-Ferrous Metal Ores	917.00	2530.44	43.27	0.14
非金属矿采选业	Mining and Processing of Nonmetal Ores	36.00	448.00	18.47	1.00
农副食品加工业	Processing of Food from Agricultural Products	10.40	21.23	11.34	0.10
食品制造业	Manufacture of Foods	12.00		7.91	0.34
饮料制造业	Manufacture of Beverages	23.81	16.91	7.39	0.01
烟草制品业	Manufacture of Tobacco			0.14	
纺织业	Manufacture of Textile			0.39	0.01
纺织服装、鞋、帽制造业	Manufacture of Textile Wearing Apparel, Footware, and Caps			0.02	
皮革、毛皮、羽毛(绒)及其制品业	Manufacture of Leather, Fur, Feather and Related Products			0.84	
木材加工及木、竹、藤、棕、草制品业	Timber Processing, Bamboo, Cane, Palm Fiber and Straw Products			0.03	
家具制造业	Manufacture of Furniture		1998.83	0.01	
造纸及纸制品业	Manufacture of Paper and Paper Products		4439.32	2.15	
印刷业和记录媒介的复制	Printing,Reproduction of Recording Media		0.02	0.11	
文教体育用品制造业	Manufacture of Articles For Culture, Education and Sport Activity			0.02	
石油加工、炼焦及核燃料加工业	Processing of Petroleum, Coking, Processing of Nuclear Fuel		1998.83	9.16	
化学原料及化学制品制造业	Manufacture of Raw Chemical Materials and Chemical Products	31394.02	4439.32	36.47	0.16
医药制造业	Manufacture of Medicines		0.02	3.41	

10-3 续表 5 continued

行　业	Sector	工业粉尘去除量(吨) Volume of Dust Recovered (ton)	工业粉尘排放量(吨) Volume of Dust Discharged (ton)	工业固体废物综合利用量(万吨) Utilized in a Comprehensive Way (10 000 tons)	工业固体废物排放量(万吨) Volume Discharged (10 000tons)
化学纤维制造业	Manufacture of Chemical Fibers		21.50	15.45	
橡胶制品业	Manufacture of Rubber			0.04	
塑料制品业	Manufacture of Plastics			0.03	
非金属矿物制品业	Manufacture of Non-metallic Mineral Products	344532.70	46933.66	161.11	0.23
黑色金属冶炼及压延加工业	Smelting and Pressing of Ferrous Metals	272420.80	14340.80	227.02	0.02
有色金属冶炼及压延加工业	Smelting and Pressing of Non-ferrous Metals	244155.70	4449.99	63.42	2.70
金属制品业	Manufacture of Metal Products			0.22	
通用设备制造业	Manufacture of General Purpose Machinery		29.80	1.00	
专用设备制造业	Manufacture of Special Purpose Machinery	4.46	1.40	0.91	
交通运输设备制造业	Manufacture of Transport Equipment			0.52	
电气机械及器材制造业	Manufacture of Electrical Machinery and Equipment			0.93	
通信设备、计算机及其他电子设备制造业	Manufacture of Communication Equipment, Computers and Other Electronic Equipment			0.53	
仪器仪表及文化、办公用机械制造业	Manufacture of Measuring Instruments and Machinery for Cultural Activity and Office Work			0.01	
电力、热力的生产和供应业	Production and Supply of Electric Power and Heat Power			347.89	0.07
燃气生产和供应业	Production and Supply of Gas			0.36	
水的生产和供应业	Production and Supply of Water				
其它行业	Other Sectors			0.75	

10-4 各地区废水排放及处理情况

Discharge and Treatment of Industrial Waste Water by Region

单位：万吨 (2009) (10 000 tons)

地区 Region	废水治理设施数(套) Number of Facilities for Treatment of Waste Water (set)	工业废水排放总量 Total Volume of Waste Water Discharge	工业废水排放达标量 Industrial Waste Water Meeting Discharge Standards	工业废水中化学需氧量排放量 COD Discharge from Industrial Waste Water	工业废水中氨氮排放量 Ammonia Nitrogen Discharge from Industrial Waste Water	生活污水排放量 Consumption Waste Water Discharge	生活污水中化学需氧量排放量 COD Discharge from Consumption Waste Water	生活污水中氨氮排放量 Ammonia Nitrogen Discharge from Consumption Waste Water
甘肃省 Gansu	**657**	**16363.61**	**13265.66**	**4.87**	**1.19**	**32906.56**	**11.94**	**1.48**
兰州市 Lanzhou	78	2945.18	2905.47	0.18	0.01	13922.56	4.61	0.49
嘉峪关市 Jiayuguan	22	2715.89	2705.89	0.16	0.05	695.33	0.12	0.04
金昌市 Jinchang	82	1851.43	1515.77	0.53	0.65	1351.61	0.43	0.39
白银市 Baiyin	85	1956.10	1520.67	0.34	0.29	2031.44	0.76	0.15
天水市 Tianshui	56	529.17	451.08	0.10	0.00	2446.74	1.05	0.12
武威市 Wuwei	37	727.25	365.84	0.61	0.40	1986.40	0.33	0.05
张掖市 Zhangye	63	811.74	505.68	1.28	0.01	2210.08	0.55	0.09
平凉市 Pingliang	45	1457.96	1089.56	0.55	0.09	1345.39	0.57	0.07
酒泉市 Jiuquan	38	650.60	609.55	0.09	0.01	1917.13	0.86	0.10
庆阳市 Qingyang	25	122.27	105.55	0.14		729.31	0.68	0.07
定西市 Dingxi	29	214.72	140.60	0.18	0.02	1143.76	0.40	0.07
陇南市 Longnan	66	593.46	398.34	0.27		1558.29	0.69	0.10
临夏州 Linxia	21	830.80	458.29	0.11	0.01	1196.62	0.54	0.06
甘南州 Gannan	4	48.00	4.97	0.08		335.40	0.31	0.03

10–5 主要城市空气质量指标

Ambient Air Quality in Major Cities

单位：毫克/立方米 (2009) (mg/m^3)

地 区	Region	可吸入颗粒物 Particulate Matters	二氧化硫 Sulphur Dioxide	二氧化氮 Nitrogen Dioxide	空气质量达到及好于二级的天数(天) Days of Air Quality Equal to or Above Grade II (day)	空气质量达到二级以上天数占全年比重(%) Proportion of Days of Air Quality Equal to or above Grade II in the Whole Year (%)
甘肃省	**Gansu**					
兰州市	Lanzhou	0.150	0.056	0.042	236	64.7
嘉峪关市	Jiayuguan	0.091	0.033	0.024	334	91.5
金昌市	Jinchang	0.087	0.076	0.028	325	89.0
白银市	Baiyin	0.121	0.036	0.023	297	81.4
天水市	Tianshui	0.069	0.035	0.024	357	97.8
武威市	Wuwei	0.085	0.030	0.025	360	98.6
张掖市	Zhangye	0.081	0.032	0.018	341	93.4
平凉市	Pingliang	0.074	0.023	0.022	359	98.4
酒泉市	Jiuquan	0.096	0.020	0.019	348	95.3
庆阳市	Qingyang	0.057	0.019	0.017	353	96.7
定西市	Dingxi	0.060	0.030	0.011	359	98.4
陇南市	Longnan	0.305★	0.005	0.026		
临夏州	Linxia	0.184★	0.015	0.019		
甘南州	Gannan	0.179★	0.006	0.006		

注：★号项为总悬浮颗粒物。

Note: * is total suspended particulate

10–6 各地区工业固体废物产生及处理利用情况

Production, Treatment and Utilization of Industrial Solid Wastes by Region

(2009)

地 区	Region	工业固体废物产生量(万吨) Volume of Industrial Solid Wastes Produced (10 000 tons)	#危险废物 Hazardous Wastes	工业固体废物综合利用量(万吨) Volume of Industrial Solid Wastes Utilized (10 000 tons)	工业固体废物贮存量(万吨) Volume of Industrial Solid Wastes in Stocks (10 000 tons)	工业固体废物处置量(万吨) Volume of Industrial Solid Wastes Treated (10 000 tons)	工业固体废物排放量(吨) Volume of Industrial Solid Wastes Discharged (ton)	"三废"综合利用产品产值(万元) Output Value of Products Made from Utilization of Waste Gas, Water & Solid Wastes (10 000 yuan)
甘肃省	**Gansu**	**3148.71**	**20.94**	**1071.15**	**936.96**	**1216.75**	**12.31**	**260170**
兰州市	Lanzhou	485.82	15.79	364.88	102.00	30.35		119160
嘉峪关市	Jiayuguan	608.40	1.19	158.48		449.92		4168
金昌市	Jinchang	930.45	0.65	149.55	244.04	611.17	0.15	71528
白银市	Baiyin	325.00	2.10	76.39	244.82	4.37		15426
天水市	Tianshui	41.36		36.43	0.73	4.20		12750
武威市	Wuwei	31.92		24.96		0.87	6.08	1937
张掖市	Zhangye	90.39	0.93	67.33	22.41	0.45	0.36	22858
平凉市	Pingliang	119.05		107.89	2.85	7.42	0.95	7414
酒泉市	Jiuquan	136.73	0.16	49.06	10.96	76.16	0.56	1854
庆阳市	Qingyang	5.49		5.23	0.06	0.19	0.01	234
定西市	Dingxi	9.33	0.12	6.74	2.49		0.10	821
陇南市	Longnan	304.91		5.64	287.88	12.59	0.47	522
临夏州	Linxia	12.70		10.64	1.82	0.01	0.27	1470
甘南州	Gannan	33.14		0.85	10.05		3.28	24

主要统计指标解释

工业废水排放量 指经过企业厂区所有排放口排到企业外部的工业废水量。包括生产废水、外排的直接冷却水、超标排放的矿井地下水和与工业废水混排的厂区生活污水，不包括外排的间接冷却水(清污不分流的间接冷却水应计算在内)。

工业废水排放达标量 指报告期内废水中各项污染物指标都达到国家或地方排放标准的外排工业废水量，包括未经处理外排达标的，经废水处理设施处理后达标排放的，以及经污水处理厂处理后达标排放的。

工业废水排放达标率 指工业废水排放达标量占工业废水排放量的百分率，计算公式为：

$$\text{工业废水排放达标率}=\frac{\text{工业废水排放达标量}}{\text{工业废水排放量}}\times100\%$$

生活污水排放量 指城镇居民每年排放的生活污水。用人均系数法测算。测算公式为：

$$\frac{\text{生活污水}}{\text{排放量}}=\frac{\text{城镇生活污水}}{\text{排放系数}}\times\frac{\text{市镇非}}{\text{农业人口}}\times365$$

生活污水中化学需氧量(COD)排放量 指城镇居民每年排放的生活污水中的 COD 的量。用人均系数法测算。测算公式为：

$$\frac{\text{城镇生活污水}}{\text{中}COD\text{排放量}}=\frac{\text{城镇生活污水中}}{COD\text{产生系数}}\times\frac{\text{市镇非}}{\text{农业人口}}\times365$$

化学需氧量(COD) 指用化学氧化剂氧化水中有机污染物时所需的氧量。COD 值越高，表示水中有机污染物污染越重。

工业废气排放量 指报告期内企业厂区内燃料燃烧和生产工艺过程中产生的各种排入大气的含有污染物的气体的总量，以标准状态(273K，101325Pa)计算。测算公式为：

$$\frac{\text{工业废气}}{\text{排放量}}=\frac{\text{燃料燃烧过程}}{\text{中废气排放量}}+\frac{\text{生产工艺过程}}{\text{中废气排放量}}$$

生活及其他 SO_2 排放量 以生活及其他煤炭消费量和其含硫量为基础，根据以下公式计算：

$$\frac{\text{生活及其他}}{SO_2\text{排放量}}=\frac{\text{生活及其他}}{\text{煤炭消费量}}\times\text{含硫量}\times0.8\times2$$

工业 SO_2 排放量 指报告期内企业在燃料燃烧和生产工艺过程中排入大气的 SO_2 总量，计算公式为：

$$\frac{\text{工业}SO_2}{\text{排放量}}=\frac{\text{燃料燃烧过程}}{\text{中}SO_2\text{排放量}}+\frac{\text{生产工艺过程}}{\text{中}SO_2\text{排放量}}$$

工业烟尘排放量 指企业厂区内燃料燃烧过程中产生的烟气中夹带的颗粒物排放量。

生活及其他烟尘排放量 指除工业生产活动以外的所有社会、经济活动及公共设施的经营活动中燃烧所排放的烟尘纯重量。以生活及其他煤炭消费量为基础进行测算。

工业粉尘排放量 指企业在生产工艺过程中排放的能在空气中悬浮一定时间的固体颗粒物排放量。如钢铁企业的耐火材料粉尘、焦化企业的筛焦系统粉尘、烧结机的粉尘、石灰窑的粉尘、建材企业的水泥粉尘等。不包括电厂排入大气的烟尘。

工业固体废物排放量 指报告期内企业将所产生的固体废物排到固体废物污染防治设施、场所以外的数量，不包括矿山开采的剥离废石和掘进废石(煤矸石和呈酸性或碱性的废石除外)。

工业固体废物综合利用量 指报告期内企业通过回收、加工、循环、交换等方式，从固体废物中提取或者使其转化为可以利用的资源、能源和其他原材料的固体废物量(包括当年利用往年的工业固体废物贮存量)，如用作农业肥料、生产建筑材料、筑路等。综合利用量由原产生固体废物的单位统计。

工业固体废物综合利用率 指工业固体废物综合利用量占工业固体废物产生量(包括综合利用往年贮存量)的百分率。计算公式为：

$$\frac{\text{工业固体废物}}{\text{综合利用率}}=\frac{\text{工业固体废物综合利用率}}{\text{工业固体废物产生量}+\text{综合利用往年贮存量}}\times100\%$$

“三废”综合利用产品产值 指报告期内利用“三废”作为主要原料生产的产品价值(现行价)；已经销售或准备销售的应计算产品价值，留作生产自用的不应计算产品价值。

自然保护区 指对有代表性的自然生态系统、珍稀濒危野生动植物物种的天然分布区、水源涵养区、有特殊意义的自然历史遗迹等保护对象所在的陆地、陆地水体或海域，依法划出一定面积进行特殊保护和管理的区域。以县及县以上各级人民政府正式批准建立的自然保护区为准(包括“六五”以前由部门或“革委会”批准且现仍存在的自然保护区)。风景名胜区、文物保护区不计在内。

生态示范区 指省级以上环境保护行政主管部门批准，以省、地、县政府为主按批准的生态示范区建设规划实施的行政区域。包括已经过国家或省级环境保护行政主管部门验收的和正在开展试点工作的。

环境污染与破坏事故 指由于违反环境保护法规的经济、社会活动与行为，以及意外因素的影响或不可抗拒的自然灾害等原因，致使环境受到污染，国家重点保护的野生动植物、自然保护区受到破坏，人体健康受到危害，社会经济和人民财产受到损失，造成不良社会影响的突发性事件。

环境污染治理投资 指在工业污染源治理和城市环境基础设施建设的资金投入中，用于形成固定资产的资金。包括工业新老污染源治理工程投资、建设项目“三同时”环保投资，以及城市环境基础设施建设所投入的资金。

11 农业

Agriculture

简要说明

一、本篇资料的主要内容

本篇资料反映了全省农业生产和农村经济的基本情况，主要包括农林牧渔业总产值、增加值、农村劳动力、耕地、主要农产品产量、农业机械年末拥有量、农村电气化和农业化学化情况以及农田水利建设等方面的内容。

二、本篇资料的来源

本篇资料来源于农村社会经济统计年报，由甘肃省统计局农村处整理提供。

三、本篇资料的统计范围和统计口径

农村社会经济统计报表制度的统计范围包括省内所属的各种经济类型、各个系统的全部农林牧渔业生产单位以及各非农行业附属的农林牧渔业生产活动单位。军委系统的农业生产（除军马外）也包括在内，但不包括农业科学实验机构进行的农业生产。

本篇资料中 2003 年及以后年份的农林牧渔业总产值、增加值按新口径计算。即调整了农业中种植业和其他农业的分类，将原属于其他农业的农民家庭兼营商品性工业剔除，作为附记指标统计，采集的野生植物一部分划归农业，一部分划归林业；林业中竹木采运统计范围由村及村以下改为全社会；增加农林牧渔服务业统计。

根据第一、二次农业普查结果，对部分历史数据进行了调整。

11-1 甘肃省农村基层组织情况

Basic Conditions of Rural GrassRoots Unit

项 目	Item	2005	2006	2007	2008	2009
村民委员会（个）	Number of Villagers' Committees (unit)	16585	16357	16253	16178	16165
村民小组（个）	Villagers'Group (unit)	97647	96782	96407	96378	96559
农村户数（万户）	Number of Rural Households (10 000 households)	463.69	464.50	465.94	469.39	474.06
农村人口（万人）	Rural Population (10 000 persons)	2074.76	2079.37	2079.54	2081.76	2085.21
农村从业人员（万人）	Number of Rural Laborers (10 000 persons)	1084.25	1089.03	1095.58	1101.89	1106.16
男	Male	570.79	574.61	578.59	581.76	585.45
女	Female	513.46	514.42	516.99	520.13	520.71
按行业分	By Sector					
农林牧渔业	Agriculture, Forestry, Animal Husbandry & Fishery	761.37	751.01	741.39	727.57	732.90
工 业	Industry	35.28	36.68	37.67	37.88	39.09
建筑业	Construction	63.34	67.77	73.17	77.01	80.35
交通运输仓储和邮政业	Transportation, Storage, Postal and Telecommunications Services	23.07	23.75	24.50	25.32	25.86
信息传输、计算机服务和软件业	Information Transmission,Computer Serviecis and Software		1.41	1.56	1.76	2.01
批发与零售业	Wholesale and Retail Trades	25.62	26.48	26.49	27.44	27.87
住宿和餐饮业	Hotels and Catering Serices	13.15	14.04	15.13	15.92	16.57
科学研究事业和综合技术服务	Scientific Research， Polytechnic Services	2.53	2.30	1.96	1.95	1.71
教育、文化艺术和广播电视事业	Education,Culture and Arts, Radio,Film and Television	5.96	6.02	6.04	6.14	6.10
卫生、体育和社会福利事业	Health Care,Sporting and Social Welfare	3.46	3.48	3.57	3.72	3.63
乡镇经济组织（乡务）管理	Villages and Towns Economic Organizations (Country affairs) Management	0.60	0.67	0.72	0.74	0.86
金融保险事业	Finance and Insurance	0.80	0.66	0.84	1.01	1.06
其 他	Others	149.07	154.76	164.10	175.43	168.15

11-2 各地区农村基本情况

Basic Conditions of Rural by Region

(2009)

地　区	Region	村民委员会（个） Number of Villagers' Committees (unit)	村民小组（个） Villagers'Group (unit)	农村户数（万户） Number of Rural Households (10 000 units)	农村人口（万人） Rural Population (10 000 persons)
兰州市	Lanzhou	789	4274	33.50	131.37
嘉峪关市	Jiayuguan	17	112	0.56	2.03
金昌市	Jinchang	138	1082	6.11	24.17
白银市	Baiyin	700	4466	30.07	135.17
天水市	Tianshui	2494	11390	64.96	306.6
武威市	Wuwei	1125	8285	37.47	159.23
张掖市	Zhangye	840	5655	26.15	99.23
平凉市	Pingliang	1529	9122	43.34	193.41
酒泉市	Jiuquan	431	2413	16.89	63.37
庆阳市	Qingyang	1260	9086	51.00	228.99
定西市	Dingxi	1829	12630	60.37	265.92
陇南市	Longnan	3201	13995	56.56	246.37
临夏州	Linxia	1149	11089	35.67	174.31
甘南州	Gannan	663	2960	11.41	55.04

11-3 各地区农村从业人员

Rural Laborers by Region

单位：万人　　(2009)　　(10 000 persons)

地　区	Region	农林牧渔业 Farming, Forestry, Animal Husbandry & Fishery	工　业 Industry	建筑业 Construction	交通运输仓储业和邮政业 Transportation, Storage and Post Services	批发零售贸易 Wholesale, Retail Sale and Catering Trades	其他非农行业 Other Non-agricultural Trades
兰州市	Lanzhou	40.77	6.07	4.45	3.47	2.65	13.28
嘉峪关市	Jiayuguan	1.01	0.08	0.05	0.04	0.02	0.12
金昌市	Jinchang	9.29	0.50	1.08	0.65	0.26	1.80
白银市	Baiyin	51.27	2.38	4.51	1.51	1.76	9.62
天水市	Tianshui	103.85	5.77	14.81	3.22	3.87	31.27
武威市	Wuwei	57.74	3.12	6.16	2.21	2.15	12.51
张掖市	Zhangye	37.19	1.75	5.39	2.07	1.79	11.19
平凉市	Pingliang	63.05	3.36	8.99	2.17	2.48	21.92
酒泉市	Jiuquan	24.31	1.04	2.31	1.04	1.15	5.31
庆阳市	Qingyang	78.51	5.30	5.97	2.23	3.44	20.34
定西市	Dingxi	89.26	3.15	12.19	2.34	2.79	26.79
陇南市	Longnan	92.07	2.38	5.27	2.07	2.48	27.68
临夏州	Linxia	61.15	3.54	8.12	2.21	2.44	14.45
甘南州	Gannan	23.43	0.65	1.05	0.63	0.59	3.81

11-4 各地县农村从业人员

Rural Laborers by Prefecture, County

单位：万人 （2009） (10 000 person)

地 区	Region	农村从业人员 Number of Rural Laborers	#农、林、牧、渔业 Farming,Forestry, Animal Husbandry and Fishery	地 区	Region	农村从业人员 Number of Rural Laborers	#农、林、牧、渔业 Farming,Forestry, Animal Husbandry and Fishery
兰州市	**Lanzhou**	**70.69**	**40.77**	瓜州县	Guazhou	6.14	5.02
城关区	Chengguan	2.28	0.90	肃北县	Subei	0.33	0.28
七里河区	Qilihe	5.93	3.41	阿克塞县	Akesai	0.19	0.14
西固区	Xigu	4.41	1.91	玉门市	Yumen	5.35	3.59
安宁区	Anning	2.17	0.67	敦煌市	Dunhuang	5.30	3.39
红古区	Honggu	3.13	2.02	**庆阳市**	**Qingyang**	**115.79**	**78.51**
永登县	Yongdeng	24.40	13.60	西峰区	Xifeng	12.89	7.80
皋兰县	Gaolan	8.14	5.01	庆城县	Qingcheng	12.49	9.65
榆中县	Yuzhong	20.23	13.25	环 县	Huanxian	16.93	12.85
嘉峪关市	**Jiayuguan**	**1.32**	**1.01**	华池县	Huachi	6.10	5.24
金昌市	**Jinchang**	**13.58**	**9.29**	合水县	Heshui	8.13	5.21
金川区	Jinchuan	2.82	1.86	正宁县	Zhengning	11.45	8.53
永昌县	Yongchang	10.76	7.43	宁 县	Ningxian	25.55	15.23
白银市	**Baiyin**	**71.05**	**51.27**	镇原县	Zhenyuan	22.25	14.00
白银区	Baiyin	3.32	1.92	**定西市**	**Dingxi**	**136.52**	**89.26**
平川区	Pingchuan	5.11	3.37	安定区	Anding	19.91	12.30
靖远县	Jingyuan	22.78	17.01	通渭县	Tongwei	22.38	14.05
会宁县	Huining	29.42	22.10	陇西县	Longxi	19.77	11.75
景泰县	Jingtai	10.42	6.87	渭源县	Weiyuan	16.65	12.20
天水市	**Tianshui**	**162.79**	**103.85**	临洮县	Lintao	25.67	17.55
秦城区	Qincheng	22.83	16.03	漳 县	Zhangxian	9.70	4.94
北道区	Beidao	23.15	13.80	岷 县	Minxian	22.44	16.47
清水县	Qingshui	14.80	10.36	**陇南市**	**Longnan**	**131.95**	**92.07**
秦安县	Qinan	29.85	20.74	武都区	Wudu	24.85	21.25
甘谷县	Gangu	30.89	16.02	宕昌县	Tanchang	16.66	11.89
武山县	Wushan	22.66	13.44	成 县	Chengxian	11.72	7.35
张家川县	Zhangjiachuan	18.61	13.46	康 县	Kangxian	9.85	7.24
武威市	**Wuwei**	**83.89**	**57.74**	文 县	Wenxian	12.20	7.81
凉州区	Liangzhou	41.56	26.56	西和县	Xihe	19.61	14.45
民勤县	Minqin	12.10	9.60	礼 县	Lixian	25.00	15.43
古浪县	Gulang	19.92	14.24	两当县	Liangdang	2.12	1.51
天祝县	Tianzhu	10.31	7.34	徽 县	Huixian	9.94	5.14
张掖市	**Zhangye**	**59.38**	**37.19**	**临夏州**	**Linxia**	**91.91**	**61.15**
甘州区	Ganzhou	21.50	11.22	临夏市	linxia	5.22	2.60
肃南县	Sunan	1.30	0.97	临夏县	linxia	19.73	11.77
民乐县	Minle	12.91	10.35	康乐县	Kangle	12.58	10.31
临泽县	Linze	7.02	4.61	永靖县	Yongjing	8.62	5.77
高台县	Gaotai	8.09	6.09	广河县	Guanghe	10.58	7.57
山丹县	Shandan	8.56	3.95	和政县	Hezheng	9.61	6.43
平凉市	**Pingliang**	**101.97**	**63.05**	东乡县	Dongxiang	13.31	8.99
崆峒区	Kongtong	17.13	10.89	积石山县	Jishishan	12.26	7.71
泾川县	Jingchuan	16.41	9.73	**甘南州**	**Gannan**	**30.16**	**23.43**
灵台县	Lingtai	10.96	6.87	合作市	Hezuo	2.06	1.80
崇信县	Chongxin	5.02	2.56	临潭县	Lintan	7.34	5.52
华亭县	Huating	6.85	3.45	卓尼县	Zhuoni	4.63	3.83
庄浪县	Zhuanglang	22.68	12.48	舟曲县	Zhouqu	6.81	4.38
静宁县	Jingning	22.92	17.07	迭部县	Diebu	2.09	1.76
酒泉市	**Jiuquan**	**35.16**	**24.31**	玛曲县	Maqu	1.96	1.81
肃州区	Suzhou	11.85	6.94	碌曲县	Luqu	1.52	1.41
金塔县	Jinta	6.00	4.95	夏河县	Xiahe	3.75	2.92

11-5 全省农村劳动力转移构成情况

Transference of Rural Laborers

单位：%　　(%)

指　标	Indicators	2005	2006	2007	2008	2009
当年转移的劳动力	Labor Force Transferred in This Year					
按文化程度分组	By Educational Level	100.00	100.00	100.00	100.00	100.00
不识字或识字很少	Illiterate and Semi-Illiterate	3.89	3.90	3.09	3.39	2.87
小学程度	Primary School	20.86	19.79	19.69	18.97	16.62
初中程度	Junior School	55.97	55.38	54.22	54.50	53.18
高中程度	Senior School	12.15	14.36	16.19	15.20	17.76
中专程度	Specialized Secondary School	4.61	4.31	4.32	5.13	5.74
大专程度	Three Years College	2.52	2.26	2.49	2.81	3.83
按转向行业分组	By Industrial Sectors of Laborers Transfer to	100.00	100.00	100.00	100.00	100.00
转移到二产业就业劳动力	Transferred to Secondary Industry	45.39	47.38	49.38	49.95	47.08
采矿业	Mining	2.41	2.26	2.78	2.61	2.18
制造业	Manufacturing	15.20	14.77	16.29	18.01	18.36
电力煤气及水的生产供应业	Electric Power, Gas and Water Production and Supply	0.84	0.92	0.72	0.87	0.78
建筑业	Construction	26.94	29.44	29.59	28.46	25.76
转移到三产业就业劳动力	Transferred to Tertiary Industry	54.61	50.87	49.38	48.31	51.61
交通运输仓储及邮电通讯业	Transport, Storage, Post and Telecommunication Services	7.34	6.56	5.67	6.20	7.66
批发和零售贸易业	Wholesale and Retail Trade	7.34	5.64	6.91	5.42	5.40
住宿和餐饮业	Hotel and Catering Services	10.48	10.26	11.03	10.16	10.79
居民服务和其他服务业	Resident and Other Services	9.85	10.77	11.13	11.71	14.71
教育	Education	4.93	5.54	4.74	4.55	5.05
卫生.社会保障和社会福利业	Health Care,Social Securities and Social Welfare	2.20	2.05	2.37	2.42	2.09
文化.体育和娱乐业	Culture,Sports and Enter tainment	1.57	0.62	0.62	0.77	0.70
其他	Other	10.90	9.44	6.91	7.07	5.22
按转向地域分组	By Location of Transferred Laborers	100.00	100.00	100.00	100.00	100.00
转向东部地区	Transferred to East Area	24.57	31.96	32.65	35.85	30.94
转向中部地区	Transferred to Middle Area	5.67	4.83	5.57	5.41	4.80
转向西部地区	Transferred to West Area	69.76	62.93	61.78	58.74	64.03

11-6 主要年份农林牧渔业总产值

Gross Output Value of Main Year's Farming, Forestry,Animal Husbandry and Fishery

单位：万元　　(10 000 yuan)

年份 Year	农林牧渔业总产值 Gross Output Value of Farming,Forestry,Animal Husbandry and Fishery	农业 Farming	林业 Forestry	牧业 Animal Husbandry	渔业 Fishery	农林牧渔服务业 Service for Farming,Forestry,Animal Husbandry and Fishery
1978	224533	163057	6153	37871	15	17437
1979	232810	167282	6020	42142	22	17344
1980	273886	204964	6509	47391	22	15000
1981	280174	206490	9850	47008	26	16800
1982	305248	211363	16903	53768	29	23185
1983	400865	284715	21158	68525	31	26436
1984	403253	264127	32261	72533	28	34304
1985	488182	326444	36296	104723	90	20629
1986	563960	380401	34052	125629	248	23630
1987	655161	418447	34509	169234	563	32408
1988	847166	532298	38231	242954	1233	32450
1989	891232	563476	33209	252186	1811	40551
1990	1024993	686857	32679	257733	2156	45568
1991	1065704	712525	35284	264560	2669	50666
1992	1194970	811291	41310	279057	3312	60000
1993	1353978	928773	47260	311061	4218	62666
1994	2121949	1479266	57959	479308	5595	99821
1995	2694508	1885426	65048	619212	7845	116977
1996	3073203	2339849	65780	646457	8508	12609
1997	2992411	2099008	74206	678147	9309	131741
1998	3346943	2358231	87791	722056	11645	167220
1999	3199866	2332447	96697	600261	10352	160108
2000	3201176	2228126	111534	688108	11878	161530
2001	3396579	2396351	86471	759285	10896	143576
2002	3528583	2532054	138735	807290	10004	40500
2003	4278433	2758234	198140	854917	9571	457571
2004	5035034	3313663	161915	1057696	9863	491898
2005	5497110	3628896	158959	1143231	10237	555787
2006	5937000	3958383	149934	1182928	10369	635386
2007	6860990	4587283	194286	1311680	10469	757272
2008	8080990	5295644	224366	1682607	10112	868261
2009	8762818	5872679	242400	1718887	11130	917722

注：农业总产值和牧业总产值根据第一、二次农业普查结果对部分历史数据进行了调整；农林牧渔服务业2002年以前主要为农民家庭兼营工业。

a)Part of historical data of Gross output value of agriculture, animal husbandry was adjusted according to the First and Second National Agricultural Census; Service for Farming, Forestry, Animal Husbandry and Fishery before 2002 refer to the Industry Rural Households part-timely engaged.

11-7 农林牧渔业总产值指数

Indices of Gross Output Value of Main Year's Farming, Forestry,Animal Husbandry and Fishery

年　份 Year	农林牧渔业总产值 Gross Output Value of Farming,Forestry,Animal Husbandry and Fishery	#农　业 Farming	#林　业 Forestry	#牧　业 Animal Husbandry	#渔　业 Fishery
（1978=100） （year of 1978=100）					
1979	93.52	91.55	88.71	101.35	120.24
1980	103.88	105.36	101.95	99.35	100.00
1981	95.82	96.63	87.43	95.16	104.76
1982	108.56	105.20	122.59	116.45	116.67
1983	123.57	121.14	147.28	125.91	125.00
1984	134.67	127.34	203.93	142.20	172.62
1985	153.04	138.22	230.30	183.93	273.81
1986	164.14	148.43	196.74	209.07	397.62
1987	168.21	152.33	181.01	218.37	795.24
1988	180.21	169.50	160.58	220.78	1069.05
1989	193.14	178.46	150.63	252.58	1458.33
1990	203.30	190.57	152.81	257.99	1713.10
1991	205.41	191.27	155.92	264.46	1941.67
1992	219.02	208.32	166.85	266.87	2229.76
1993	236.02	228.23	174.28	276.13	2586.90
1994	246.26	238.12	181.41	288.07	2951.19
1995	246.03	234.70	176.62	299.20	3789.29
1996	275.54	271.45	178.74	310.89	4039.29
1997	276.65	272.61	170.68	313.78	4453.57
1998	320.71	324.64	168.83	341.76	5241.32
1999	317.64	319.23	189.46	339.94	6311.08
2000	333.26	330.22	232.02	364.14	6913.68
2001	359.27	363.01	165.18	390.14	7210.06
2002	380.01	376.61	270.27	414.01	7241.61
2003	402.37	388.59	400.97	444.70	7038.81
2004	430.94	419.87	324.10	489.70	7535.05
2005	461.23	450.14	294.45	524.13	7981.12
2006	482.50	466.26	251.90	571.51	8403.32
2007	503.29	485.70	329.89	553.39	9005.84
2008	540.29	528.86	361.15	569.63	9110.40
2009	571.57	556.25	419.69	612.35	9205.15

11-7 续表 continued

年 份 Year	农林牧渔业总产值 Gross Output Value of Farming,Forestry, Animal Husbandry and Fishery	农 业 Farming	林 业 Forestry	牧 业 Animal Husbandry	渔 业 Fishery	农林牧渔服务业 Service for Farming,Forestry, Animal Husbandry and Fishery
（上年=100） **(preceding year=100)**						
1978	105.19	104.32	96.75	110.95	84.62	
1979	93.52	91.55	88.71	101.35	120.24	
1980	111.08	115.08	114.92	98.03	83.17	
1981	92.24	91.71	85.76	95.79	104.76	
1982	113.30	108.87	140.21	122.37	111.36	
1983	113.83	115.15	120.15	108.13	107.14	
1984	108.98	105.12	138.46	112.93	138.10	
1985	113.64	108.54	112.93	129.35	158.62	
1986	107.25	107.39	85.43	113.67	145.22	
1987	102.48	102.63	92.00	104.45	200.00	
1988	107.14	111.27	88.71	101.10	134.43	
1989	107.17	105.29	93.81	114.40	136.41	
1990	105.26	106.78	101.45	102.14	117.47	
1991	101.04	100.37	102.04	102.51	113.34	
1992	106.62	108.91	107.01	100.91	114.84	
1993	107.76	109.56	104.46	103.47	116.02	
1994	104.34	104.33	104.09	104.33	114.08	
1995	99.91	98.56	97.36	103.86	128.40	
1996	112.00	115.66	101.20	103.91	106.60	
1997	100.40	100.43	95.49	100.93	110.26	
1998	115.93	119.08	98.92	108.92	117.69	
1999	99.04	98.33	112.22	99.47	120.41	
2000	104.92	103.44	122.46	107.12	109.55	
2001	107.81	109.93	71.19	107.14	104.29	
2002	105.77	103.75	163.62	106.12	100.44	
2003	105.88	103.18	148.36	107.41	97.20	
2004	107.10	108.05	80.83	110.12	107.05	105.00
2005	107.03	107.21	90.85	107.03	105.92	111.30
2006	104.61	103.58	85.55	109.04	105.29	112.99
2007	104.31	104.17	130.96	96.83	107.17	112.76
2008	107.35	108.89	109.48	102.93	101.16	105.24
2009	105.79	105.18	116.21	107.50	101.04	103.57

11-8 各地县农林牧渔业总产值

Gross Output Value of Farming,Forestry, Animal Husbandry and Fishery by Prefecture, County

单位：万元　　(2009)　　(10 000 yuan)

地　区	Region	农林牧渔业总产值 Gross Output Value of Farming Forestry, Animal Husbandry Fishery	农　业 Farming	林　业 Forestry	牧　业 Animal Husbandry	渔　业 Fishery	农林牧渔服务业 Service for Farming, Forestry,Animal usbandry and Fishery	农林牧渔业总产值指数（按可比价计算）（上年=100） Indices (preceding year=100)
兰州市	**Lanzhou**	**504318.16**	**400600.63**	**4624.28**	**73558.14**	**3044.46**	**22490.65**	**105.61**
城关区	Chengguan	18304.17	12130.05	1814.00	1826.12		2534.00	104.70
七里河区	Qilihe	45293.86	30012.08	94.22	9431.63		5755.93	104.54
西固区	Xigu	36900.15	30418.80	121.85	5725.10	144.40	490.00	105.44
安宁区	Anning	3114.90	1718.51	677.90	718.49			85.55
红古区	Honggu	80806.78	73017.75	336.63	6545.49	109.06	797.85	104.85
永登县	Yongdeng	121767.41	93618.58	275.49	23765.87	2703.60	1403.87	102.85
皋兰县	Gaolan	63563.47	50767.25	974.02	7150.60	26.60	4645.00	105.40
榆中县	Yuzhong	134567.42	108917.61	330.17	18394.84	60.80	6864.00	110.24
嘉峪关市	**Jiayuguan**	**36095.88**	**29245.81**	**53.61**	**5064.26**	**91.20**	**1641.00**	**102.84**
金昌市	**Jinchang**	**185113.03**	**150233.26**	**653.17**	**26617.70**	**1391.55**	**6217.35**	**98.36**
金川区	Jinchuan	41734.34	32788.43	494.69	5505.63		2945.59	107.16
永昌县	Yongchang	143378.69	117444.83	158.48	21112.07	1391.55	3271.76	95.89
白银市	**Baiyin**	**540880.31**	**366045.45**	**15679.60**	**145096.27**	**1425.76**	**12633.23**	**104.21**
白银区	Baiyin	55448.94	39310.13	833.29	13527.72	592.80	1185.00	105.36
平川区	Pingchuan	25648.11	16690.10	1956.32	6270.89	60.80	670.00	102.52
靖远县	Jingyuan	208637.45	166432.12	3807.90	34792.44	692.36	2912.63	104.66
会宁县	Huining	151644.47	80415.20	4173.59	63895.68		3160.00	105.58
景泰县	Jingtai	99501.34	63197.90	4908.50	26609.54	79.80	4705.60	101.31
天水市	**Tianshui**	**799900.47**	**641188.64**	**38488.02**	**115579.13**	**781.28**	**3863.40**	**109.52**
秦州区	Qinzhou	101353.52	88292.61	1494.54	11198.37	190.00	178.00	103.78
麦积区	Maiji	103834.72	81482.12	6414.78	15460.92	145.92	330.98	107.78
清水县	Qingshui	94318.16	65626.28	6139.25	22137.75	104.88	310.00	106.15
秦安县	Qinan	145843.89	118712.90	3401.73	23559.90	5.32	164.04	110.99
甘谷县	Gangu	138125.92	110173.69	7538.36	18423.56	126.16	1864.15	105.87
武山县	Wushan	156178.98	137386.07	3509.36	14440.01	170.24	673.30	119.34
张家川县	Zhangjiachuan	51869.03	39514.97	1613.75	10358.62	38.76	342.93	104.55
武威市	**Wuwei**	**864275.20**	**616193.10**	**5532.40**	**223816.33**	**161.00**	**18572.37**	**105.26**
凉州区	Liangzhou	504479.62	357995.99	1849.67	136880.16	155.80	7598.00	106.60
民勤县	Minqin	204231.64	164590.42	1770.45	32870.77		5000.00	100.78
古浪县	Gulang	106059.84	72404.21	1640.45	28643.18		3372.00	107.63
天祝县	Tianzhu	49504.10	21202.48	271.83	25422.22	5.20	2602.37	105.64
张掖市	**Zhangye**	**929790.36**	**591315.15**	**14494.23**	**197386.83**	**1614.52**	**124979.63**	**105.46**

11-8 续表 1 continued

单位：万元　　(10 000 yuan)

地　区	Region	农林牧渔业总产值 Gross Output Value of Farming Forestry, Animal Husbandry Fishery	农　业 Farming	林　业 Forestry	牧　业 Animal Husbandry	渔　业 Fishery	农林牧渔服务业 Service for Farming,Forestry ,Animal Husbandry and Fishery	农林牧渔业总产值指数（按可比价计算）（上年=100） Indices (preceding year=100)
甘州区	Ganzhou	376396.36	199896.09	4220.40	81844.25	548.62	89887.00	104.95
肃南县	Sunan	32499.23	8949.46	167.24	21802.53		1580.00	108.57
民乐县	Minle	133345.03	100542.66	3939.37	23794.37		5068.63	107.35
临泽县	Linze	140184.46	83875.33	2977.27	28262.06	469.80	24600.00	102.94
高台县	Gaotai	152064.50	119953.70	2601.80	26053.58	563.42	2892.00	104.21
山丹县	Shandan	78337.85	61928.69	588.15	14836.33	32.68	952.00	106.69
平凉市	**Pingliang**	**691700.33**	**515857.22**	**21082.83**	**146387.48**	**1211.90**	**7160.90**	**106.11**
崆峒区	Kongtong	134082.59	94754.33	3897.49	34076.37	372.40	982.00	103.62
泾川县	Jingchuan	126689.16	90607.00	7911.43	26651.53	433.20	1086.00	111.64
灵台县	Lingtai	94297.37	75530.04	1738.71	15712.22	315.40	1001.00	106.96
崇信县	Chongxin	52798.30	35936.34	2316.25	13983.94	71.67	490.10	106.09
华亭县	Huating	57934.78	35809.65	2064.49	19160.41	19.23	881.00	106.60
庄浪县	Zhuanglang	102470.09	79472.34	2230.57	20387.18		380.00	104.82
静宁县	Jingning	123428.04	103747.52	923.89	16415.83		2340.80	103.45
酒泉市	**Jiuquan**	**861411.60**	**504045.21**	**10871.34**	**145228.92**	**1535.12**	**199731.01**	**105.06**
肃州区	Suzhou	301207.13	169498.10	2018.26	63380.76	663.63	65646.38	108.27
金塔县	Jinta	188194.84	108339.48	4844.11	28708.77	302.48	46000.00	104.51
瓜州县	Guazhou	103103.99	67437.53	1389.62	12280.92	259.92	21736.00	103.01
肃北县	Subei	6577.79	1570.95	48.02	4895.82		63.00	103.39
阿克塞县	Akesai	4268.90	951.45	78.00	3199.45		40.00	116.96
玉门市	Yumen	90680.73	66032.03	1131.65	18518.41	113.01	4885.63	109.71
敦煌市	Dunhuang	167378.22	90215.67	1361.68	14244.79	196.08	61360.00	98.95
庆阳市	**Qingyang**	**785673.01**	**603311.96**	**15665.04**	**103477.06**	**544.16**	**62674.79**	**104.04**
西峰区	Xifeng	144600.22	89038.04	1902.15	9617.93	98.80	43943.30	97.03
庆城县	Qingcheng	89157.50	75186.81	615.30	9524.99	30.40	3800.00	110.73
环　县	Huanxian	71152.07	46472.68	1337.88	22917.61	41.80	382.10	110.23
华池县	Huachi	43162.22	33646.66	819.72	8520.36	55.48	120.00	105.04
合水县	Heshui	71769.76	61984.22	1252.48	8050.06	76.00	407.00	107.13
正宁县	Zhengning	77714.82	66678.35	1868.83	4784.45	60.80	4322.39	105.62
宁　县	Ningxian	145852.12	119305.87	3484.67	20471.90	89.68	2500.00	102.44
镇原县	Zhenyuan	142264.30	110999.33	4384.01	19589.76	91.20	7200.00	104.00
定西市	**Dingxi**	**654115.69**	**486814.59**	**5746.48**	**129854.42**	**1030.20**	**30670.00**	**101.60**
安定区	Anding	113816.54	90811.96	1203.14	20343.84	7.60	1450.00	98.54
通渭县	Tongwei	86889.13	66366.39	1017.31	18583.30	2.13	920.00	103.62

11-8 续表 2 continued

单位：万元 (10 000 yuan)

地 区	Region	农林牧渔业总产值 Gross Output Value of Farming Forestry, Animal Husbandry Fishery	农 业 Farming	林 业 Forestry	牧 业 Animal Husbandry	渔 业 Fishery	农林牧渔服务业 Service for Farming,Forestry, Animal Husbandry and Fishery	农林牧渔业总产值指数（按可比价计算）（上年=100） Indices (preceding year=100)
陇西县	Longxi	117246.23	81398.30	360.84	17788.29	98.80	17600.00	103.38
渭源县	Weiyuan	75158.18	61777.58	346.60	12572.68	138.32	323.00	102.75
临洮县	Lintao	138638.56	93110.13	834.60	34389.83	418.00	9886.00	101.88
漳 县	Zhangxian	46742.05	36075.23	1155.33	9050.53	319.96	141.00	100.87
岷 县	Minxian	75625.00	57275.00	828.66	17125.95	45.39	350.00	100.00
陇南市	**Longnan**	**612117.52**	**378977.53**	**93079.41**	**131836.79**	**1290.79**	**6933.00**	**106.24**
武都区	Wudu	122370.45	59507.83	36664.48	25241.64	235.50	721.00	109.00
宕昌县	Tanchang	51340.14	38372.74	2806.50	9895.90		265.00	112.98
成 县	Chengxian	81170.11	54662.68	9718.85	15340.24	160.34	1288.00	104.37
康 县	Kangxian	40129.41	19001.55	11225.28	9251.55	97.03	554.00	102.46
文 县	Wenxian	44595.54	25734.05	6637.95	11676.34	394.20	153.00	104.70
西和县	Xihe	68651.45	49494.74	6418.67	11680.52	77.52	980.00	103.71
礼 县	Lixian	85634.62	53291.72	7595.30	22816.90	30.70	1900.00	105.31
两当县	Liangdang	17213.21	10914.02	2611.62	3284.47	113.10	290.00	106.61
徽 县	Huixian	101012.59	67998.20	9400.76	22649.23	182.40	782.00	106.01
临夏州	**Linxia**	**316721.09**	**207698.72**	**13177.41**	**83555.09**	**1552.41**	**10737.46**	**106.64**
临夏市	linxia	26255.62	17441.00	151.21	7010.85	118.56	1534.00	105.35
临夏县	linxia	57819.40	35866.02	3969.58	16126.20	56.60	1801.00	106.24
康乐县	Kangle	41182.95	29900.44	315.07	9061.89	45.55	1860.00	107.74
永靖县	Yongjing	52899.67	35284.56	2259.40	12581.12	1105.13	1669.46	105.72
广河县	Guanghe	27438.26	21149.30	916.86	4510.10		862.00	105.51
和政县	Hezheng	32127.58	22161.57	613.18	8353.23	45.60	954.00	107.26
东乡县	Dongxiang	43967.08	21458.63	1574.81	19709.06	124.58	1100.00	104.88
积石山县	Jishishan	35030.53	24437.20	3377.30	6202.64	56.39	957.00	111.11
甘南州	**Gannan**	**187291.33**	**59647.93**	**3373.84**	**122031.60**	**58.00**	**2179.96**	**104.67**
合作市	Hezuo	13961.53	4076.68	132.29	9582.56		170.00	106.74
临潭县	Lintan	26564.70	15668.40	195.90	10340.60	28.00	331.80	103.60
卓尼县	Zhuoni	27293.55	10706.82	104.94	16208.79		273.00	102.60
舟曲县	Zhouqu	24884.86	14511.53	2380.75	7532.58		460.00	105.05
迭部县	Diebu	15783.41	6641.94	455.44	8634.03		52.00	97.05
玛曲县	Maqu	32284.56	247.95		31795.45	30.00	211.16	107.73
碌曲县	Luqu	17022.75	1235.86	44.57	15396.32		346.00	106.49
夏河县	Xiahe	29495.97	6558.75	59.95	22541.27		336.00	106.35

11-9 农林牧渔业增加值

Added Value of Farming,Forestry,Animal Husbandry,Fishery

指　标	Item	2005	2006	2007	2008	2009	2009年比2008年增长（%）2009 to 2008 Increase or Decrease (%)
农林牧渔业增加值(万元)	**Increased Value (10 000 yuan)**	**3080566**	**3333497**	**3875463**	**4622710**	**4970399**	**5.05**
农　业	Farming	2107314	2311396	2705007	3117643	3450069	4.96
林　业	Forestry	63743	58405	76255	97090	100474	11.31
牧　业	Animal Husbandry	756026	908384	884054	1175393	1173679	5.08
渔　业	Fishery	7378	8584	5876	6836	7570	1.65
农林牧渔服务业	Service for Farming, Forestry,Animal Husbandry and Fishery	146105	46728	204271	225748	238608	3.57

11-10 各地区农林牧渔业增加值

Added Value by Prefecture

单位：万元　　（2009）　　(10 000 yuan)

地　区	Region	农林牧渔业增加值 Increased Value	农　业 Farming	林　业 Forestry	牧　业 Animal Husbandry	渔　业 Fishery	农林牧渔服务业 Service for Farming,Forestry, Animal Husbandry and Fishery
兰州市	Lanzhou	305453.65	248499.34	1911.75	46525.01	2669.97	5847.58
嘉峪关市	Jiayuguan	22798.26	20032.50	−0.54	2287.89	51.75	426.66
金昌市	Jinchang	95958.99	75324.46	119.85	17904.19	993.98	1616.51
白银市	Baiyin	327142.14	207237.39	9655.75	105987.82	976.55	3284.63
天水市	Tianshui	474036.58	383365.89	21922.91	67068.09	675.21	1004.48
武威市	Wuwei	535184.15	366930.24	1546.64	161738.47	139.99	4828.81
张掖市	Zhangye	536914.62	365112.41	10871.37	127366.28	1069.85	32494.71
平凉市	Pingliang	433851.68	327160.00	10205.52	93760.26	864.06	1861.84
酒泉市	Jiuquan	449512.76	299724.05	6097.48	90837.41	923.76	51930.06
庆阳市	Qingyang	435013.79	341807.47	6996.64	69490.88	423.36	16295.44
定西市	Dingxi	400321.19	296199.05	2747.02	92472.17	928.75	7974.20
陇南市	Longnan	385101.89	212121.29	78986.70	91095.95	1095.37	1802.58
临夏州	Linxia	202042.15	127898.94	7677.64	62452.80	1221.03	2791.74
甘南州	Gannan	142878.18	42498.86	2266.24	97515.69	30.60	566.79

11-11 耕地面积

Cultivated Area

单位：公顷　(hectare)

指　标	Indicators	2005	2006	2007	2008	2009
年初耕地面积	**Cultivated Area (Year-beginning)**	**3403893**	**3421047**	**3441353**	**3448993**	**3468353**
当年增加的耕地面积	**Increase in the Year**	**35573**	**27100**	**16013**	**27027**	**23140**
#新开荒地面积	Newly Developed Wasteland	23713	12013	12047	7027	10253
河造田面积	Cultivated River Land	453	793	487	113	173
当年减少的耕地面积	**Decrease in the Year**	**18420**	**6793**	**8373**	**7667**	**6306**
国家征用	Government Requisition	998	1426	1172	2544	2947
农村基建	Rural Capital Construction	228	220	306	364	266
农民个人建房	Private Building	366	307	266	618	852
还林还牧	Give Back to Forest and Herd Area	15440	1940	641	54	787
其他	Others	1387	2660	5988	4087	1454
年末耕地面积	**Cultivated Area (Year-end)**	**3421047**	**3441353**	**3448993**	**3468353**	**3485187**
水田	Paddy Fields	10920	12560	10573	10187	10920
旱地	Dry Fields	3410127	3428793	3438420	3458166	3474267

11-12 各地区耕地面积

Cultivated Area by Region

单位：公顷　(2009)　(hectare)

地　区	District	年初耕地面积 Cultivated Area (Year-beginning)	当年增加耕地面积 Increased Area of Cultivated Land in the Year	当年减少耕地面积 Decreased Area of Cultivated Land in the Year	年末耕地面积 Cultivated Area (Year-end)
兰州市	Lanzhou	209860.00	53.33	240.00	209673.33
嘉峪关市	Jiayuguan	2840.00			2840.00
金昌市	Jinchang	61860.00	4380.00	80.00	66160.00
白银市	Baiyin	299940.00	386.67	93.33	300233.33
天水市	Tianshui	382040.00	193.33	740.00	381493.33
武威市	Wuwei	254246.67	526.67	106.67	254666.67
张掖市	Zhangye	223720.00	6620.00	720.00	229620.00
平凉市	Pingliang	372573.33	2980.00	846.67	374706.67
酒泉市	Jiuquan	154440.00	2313.33	226.67	156526.67
庆阳市	Qingyang	444306.67	4433.33	2380.00	446360.00
定西市	Dingxi	512933.33	13.33	160.00	512786.67
陇南市	Longnan	288486.67	273.33	566.67	288193.33
临夏州	Linxia	143406.67	26.67	13.33	143420.00
甘南州	Gannan	67020.00	26.67	66.67	66980.00

11-13 农业机械拥有量

Number of Agricultural Machinery Owned

指　标	Item	2005	2006	2007	2008	2009
农业机械总动力合计（万千瓦）	Total Power of Agricultural Machinery Power (10 000 kw)	1406.92	1466.34	1577.27	1686.32	1822.65
#柴油发动机动力	Diesel Motor	1117.73	1167.39	1268.04	1360.70	1472.74
汽油发动机动力	Petrolic Motor	50.55	50.27	48.43	49.16	25.39
电动机动力	Electromotor	237.41	248.00	260.18	275.66	323.95
农业机械原值（亿元）	Original Value of Agricultural Machinery (100 million yuan)	90.40	95.05	100.59	108.07	116.30
农业机械净值（亿元）	Net Value of Agricultural Machinery (100 million yuan)	63.01	66.17	68.60	75.42	82.30
农用大中型拖拉机（台）	Number of large and Medium Agricultural Tractors (unit)	18342	23999	31240	38285	58200
大中型拖拉机（万千瓦）	Capacity of Large and Medium Agricultural Tractors (10 000 kw)	57.16	67.86	83.01	100.30	128.78
小型拖拉机（台）	Number of Mini-tractors (unit)	375612	384533	411560	423180	437200
小型拖拉机（万千瓦）	Capacity of Mini-tractors (10 000 kw)	402.74	414.01	453.89	468.77	480.06
大中型拖拉机配套农具（万部）	Number of Large and Medium Tractor Towing Farm Machinery (10 000 units)	2.89	4.88	5.78	6.45	18.13
小型拖拉机配套农具（万部）	Number of Mini-Tractor Towing Farm Machinery (10 000 units)	69.58	76.60	81.99	80.38	74.72
农用排灌动力机械动力（万千瓦）	Powers of Drainage and Irrigation Machinery (10 000 kw)	130.97	134.31	139.29	143.20	152.26
联合收割机（台）	Combine Harvesters (set)	1763	2271	2313	2630	2900
机动脱粒机（台）	Motorized Thresher (set)	64765	69559	74152	93834	107700
种子精选机（台）	Seed Choice Machines (set)	1131	1991	1757	2143	600
机动喷雾机（部）	Motorized Nebulizer (set)	12170	13396	14547	16473	24300
饲料粉碎机（万台）	Fodder Grinder (10 000 sets)	6.27	7.97	8.26	10.18	15.39
榨油机（万部）	Oil Mill (10 000 units)	1.84	1.84	1.92	2.35	2.24

11-14 农业生产条件
Agriculture Production Condition

指　标	Item	2005	2006	2007	2008	2009
农业机械化	**Agriculture Mechanization**					
当年机耕地面积（千公顷）	Areas of Motorized Cultivation (1 000 hectares)	1439.38	1483.09	1548.61	1608.27	1705.60
占地面积（%）	Rate in Total (%)	42.28	43.10	44.90	46.37	49.17
当年机播面积（千公顷）	Areas of Motorized Planting (1 000 hectares)	865.78	915.88	979.96	1020.35	1159.89
占总面积（%）	Rate in Total (%)	23.24	26.61	25.56	29.42	29.45
农业水利化	**Agriculture Irrigation and Water**					
有效灌溉面积（千公顷）	Effective Irrigated Area (1 000 hectares)	1030.43	1050.24	1063.04	1069.17	1075.62
占耕地面积（%）	Rate in Cultivated Land (%)	30.12	28.06	30.82	30.83	30.86
水平梯田面积（千公顷）	Terrace Area (1 000 hectares)	1705.99	1723.05	1731.97	1754.18	1790.81
占耕地面积（%）	Rate in Cultivated Land (%)	49.87	46.03	50.22	50.58	51.38
条田面积（千公顷）	Strip Area (1 000 hectares)	825.11	840.95	848.67	850.07	850.23
农业电气化	**Agriculture Electrization**					
农村用电量（万千瓦时）	Amount of Electric Power Generation (10 000 kwh)	338510	350418	368814	385599	405669
农村生产用电	For Produce	234958	238623	247521	254382	264038
农民生活用电	For Living	103552	111795	121293	131217	141632
农村水电站（个）	Hydropower in Rural Areas (unit)	234	255	255	264	302
已通电村（个）	Electrified Villages (unit)	16176	16187	16170	16118	16112
占全省总数（%）	Rate in Total (%)	97.53	98.96	99.49	99.63	99.67
农业化学化	**Chemical for Agriculture**					
农用化肥施用量（实物量）（万吨）	Chemical Fertilizer Consumption (real)(10 000 tons)	262.92	263.95	273.74	280.84	289.88
农用化肥施用量（折纯量）（万吨）	Chemical Fertilizer Consumption (convert to pure amount)(10 000 tons)	75.92	76.50	80.14	81.37	86.11
农药施用量（吨）	Farm Pesticides Consumption (ton)	22787.67	21651.19	35317.27	39253.72	43077.76
农用塑料薄膜使用量（吨）	Household Plastic Film Consumption (ton)	78173.57	79188.71	84642.16	90670.24	105389.56

11-15 各地县农业生产条件

Agriculture Production Condition by Prefecture,County

(2009)

地 区	Region	耕地面积（公顷） Cultivated Area (hectare)	#水 地 Paddy Fields	#旱 地 Dry Fields	农业机械总动力（万千瓦时） Total Power of Agricultural Machinery (10 000 kwh)	农村用电量（万千瓦小时） Amount of Electric Power Generation (10 000 kwh)	化肥施用折纯量（吨） Chemical Fertilizer Consumption(convert to pure amount) (ton)
兰州市	**Lanzhou**	**209673**	**67**	**209606**	**137**	**40442**	**40647**
城关区	Chengguan	1027		1027	3	2734	297
七里河区	Qilihe	10033		10033	16	2448	2502
西固区	Xigu	3587		3587	14	3632	1633
安宁区	Anning	273		273	31	2061	353
红古区	Honggu	4373		4373	1	4013	4083
永登县	Yongdeng	91853		91853	12	8737	8057
皋兰县	Gaolan	28260		28260	29	11790	5272
榆中县	Yuzhong	70267	67	70200	31	5028	18450
嘉峪关市	**Jiayuguan**	**2840**		**2840**	**10**	**1015**	**1592**
金昌市	**Jinchang**	**66160**		**66160**	**88**	**16717**	**20765**
金川区	Jinchuan	12833		12833	23	7261	6173
永昌县	Yongchang	53327		53327	65	9455	14592
白银市	**Baiyin**	**300233**	**3287**	**296946**	**168**	**38322**	**47345**
白银区	Baiyin	9340	27	9313	53	4312	6995
平川区	Pingchuan	17267		17267	29	5826	1944
靖远县	Jingyuan	76947	3020	73927	22	17973	17156
会宁县	Huining	150707		150707	20	3502	11176
景泰县	Jingtai	45973	240	45733	44	6709	10075
天水市	**Tianshui**	**381493**	**3493**	**378000**	**109**	**28184**	**71992**
秦州区	Qinzhou	63400	107	63293	10	3460	8693
麦积区	Maiji	47453		47453	20	6082	12535
清水县	Qingshui	62353		62353	14	2170	6045
秦安县	Qinan	70053		70053	17	5384	17846
甘谷县	Gangu	58433		58433	9	5016	8938
武山县	Wushan	42173	3387	38786	18	3805	14849
张家川县	Zhangjiachuan	37627		37627	22	2267	3086
武威市	**Wuwei**	**254667**		**254667**	**308**	**59348**	**143709**
凉州区	Liangzhou	97327		97327	130	31373	85214
民勤县	Minqin	59587		59587	115	14935	42830
古浪县	Gulang	76513		76513	44	12076	12053
天祝县	Tianzhu	21240		21240	18	964	3612
张掖市	**Zhangye**	**229620**	**73**	**229547**	**195**	**31276**	**78957**

11-15 续表 1 continued

地　区	Region	耕地面积（公顷） Cultivated Area (hectare)	#水 地 Paddy Fields	#旱 地 Dry Fields	农业机械总动力（万千瓦时） Total Power of Agricultural Machinery (10 000 kwh)	农村用电量（万千瓦小时） Amount of Electric Power Generation (10 000 kwh)	化肥施用折纯量（吨） Chemical Fertilizer Consumption(convert to pure amount) (ton)
甘州区	Ganzhou	48980	73	48907	61	11957	35292
肃南县	Sunan	5807		5807	5	1857	951
民乐县	Minle	62553		62553	43	1538	19714
临泽县	Linze	19687		19687	33	4010	7992
高台县	Gaotai	22033		22033	24	3946	6159
山丹县	Shandan	39893		39893	30	7968	5781
平凉市	**Pingliang**	**374707**		**374707**	**83**	**24758**	**77992**
崆峒区	Kongtong	63860		63860	21	4212	11781
泾川县	Jingchuan	44833		44833	11	4471	11325
灵台县	Lingtai	55007		55007	10	3110	11409
崇信县	Chongxin	23900		23900	5	906	5888
华亭县	Huating	27760		27760	6	1540	3900
庄浪县	Zhuanglang	61100		61100	14	4119	13901
静宁县	Jingning	98247		98247	16	6400	19788
酒泉市	**Jiuquan**	**156527**		**156527**	**177**	**26725**	**71977**
肃州区	Suzhou	41793		41793	57	7550	21578
金塔县	Jinta	28127		28127	38	3886	14579
瓜州县	Guazhou	33527		33527	25	4557	11316
肃北县	Subei	693		693	3	101	276
阿克塞县	Akesai	213		213	2	225	98
玉门市	Yumen	35227		35227	27	5420	13841
敦煌市	Dunhuang	16947		16947	25	4986	10288
庆阳市	**Qingyang**	**446360**	**427**	**445933**	**121**	**35817**	**89034**
西峰区	Xifeng	39327		39327	23	3042	7936
庆城县	Qingcheng	54147		54147	16	4608	11862
环　县	Huanxian	90113		90113	12	10867	11415
华池县	Huachi	34420		34393	10	1447	4476
合水县	Heshui	23540	333	23207	10	2954	6710
正宁县	Zhengning	28667	67	28600	11	2667	10812
宁　县	Ningxian	63500		63500	19	5426	12618
镇原县	Zhenyuan	112647		112647	23	4806	23205
定西市	**Dingxi**	**512787**		**512787**	**188**	**21573**	**68840**
安定区	Anding	114507		114507	56	5183	7587
通渭县	Tongwei	122020		122020	20	2575	10168

11-15 续表 2 continued

地　区	Region	耕地面积（公顷） Cultivated Area (hectare)	#水 地 Paddy Fields	#旱 地 Dry Fields	农业机械总动力（万千瓦时） Total Power of Agricultural Machinery (10 000 kwh)	农村用电量（万千瓦小时） Amount of Electric Power Generation (10 000 kwh)	化肥施用折纯量（吨） Chemical Fertilizer Consumption(convert to pure amount) (ton)
陇西县	Longxi	78460		78460	24	3289	12475
渭源县	Weiyuan	53373		53373	38	2893	7091
临洮县	Lintao	71787		71787	26	4394	20287
漳　县	Zhangxian	31180		31180	11	833	4866
岷　县	Minxian	41460		41460	12	2406	6366
陇南市	**Longnan**	**288193**	**3220**	**284973**	**113**	**27820**	**64983**
武都区	Wudu	47166	1613	45553	24	11330	12055
宕昌县	Tanchang	28706	593	28113	8	1709	2779
成　县	Chengxian	27460		27460	18	2895	8340
康　县	Kangxian	20840	33	20807	8	1131	5389
文　县	Wenxian	20720	773	19947	15	2750	4297
西和县	Xihe	40133		40133	10	2064	8062
礼　县	Lixian	68867		68867	14	2998	8800
两当县	Liangdang	7953	7	7946	4	417	389
徽　县	Huixian	26347	200	26147	14	2526	14872
临夏州	**Linxia**	**143420**		**143420**	**68**	**34578**	**22531**
临夏市	linxia	2320		2320	4	3724	1162
临夏县	linxia	25053		25053	10	2218	4759
康乐县	Kangle	21740		21740	13	5963	2618
永靖县	Yongjing	23307		23307	5	11449	4484
广河县	Guanghe	12860		12860	8	2920	2193
和政县	Hezheng	15693		15693	11	988	920
东乡县	Dongxiang	24527		24527	6	5923	2774
积石山县	Jishishan	17920		17920	11	1392	3622
甘南州	**Gannan**	**66980**	**187**	**66793**	**27**	**4865**	**3079**
合作市	Hezuo	9640		9640	1	171	72
临潭县	Lintan	17680		17680	8	1311	1503
卓尼县	Zhuoni	11007	47	10960	4	603	555
舟曲县	Zhouqu	9533	13	9520	6	1058	821
迭部县	Diebu	5140	127	5013	3	643	64
玛曲县	Maqu				0	322	
碌曲县	Luqu	2773		2773	1	216	16
夏河县	Xiahe	11207		11207	3	539	46

11-16 水库、灌溉情况
Reservoirs and Irrigation

指　标	Item	2005	2006	2007	2008	2009
水库数（座）	Number of Reservoirs (unit)	272	274	287	288	311
大型水库	Large-scale Reservoir	7	7	7	7	8
中型水库	Medium-scale Reservoir	26	27	27	27	38
小型水库	Small-scale Reservoir	239	240	253	254	265
水库库容量（万立方米）	Capacity of Reservoirs (10 000 cu.m)	886533	885498	886251	886290	1030029
大型水库	Large-scale Reservoir	749500	745500	744980	744980	839280
中型水库	Medium-scale Reservoir	93001	94987	95003	95003	141967
小型水库	Small-scale Reservoir	44032	45011	46268	46307	48782
灌溉面积（千公顷）	Irrigated Area (1 000 hectares)	1355.48	1370.01	1385.40	1399.88	1417
有效灌溉面积（千公顷）	Effective Irrigated Area (1 000 hectares)	1226.85	1238.22	1246.46	1254.73	1264
旱涝保收面积（千公顷）	Harvest Area (1 000 hectares)	1007.16	979.48	989.56	999.77	999
机电灌溉面积（千公顷）	Motorized Irrigation Area (1 000 hectares)	417.65	421.14	424.90	433.21	446
固定机电提灌面积（千公顷）	Fixed Area by Electrical lift irrigation (1 000 hectares)	244.81		250.97	261.55	258
水利工程年供水量（万立方米）	Water for Irrigation Engineering in Quantity in a Year (10 000 cu.m)	1221961	1224124	1234821	1220731	1231633
为农业年供水量（万立方米）	Water for Agriculture in One Year (10 000 cu.m)	989752	994067	989105	976914	980729
为工业年供水量（万立方米）	Water for Industry in One Year (10 000 cu.m)	135614	133581	133137	136667	135762
为城乡生活年供水量（万立方米）	Water for Living in One Year (10 000 cu.m)	71059	68137	71932	68764	70954
为生态环境年供水量（万立方米）	Water for Ecological Environment One Year (10 000 cu.m)	30756		40647	38386	44187

注：此表为水利部门数据。

a)Data from water resources department.

11-17 除涝、治水、治碱情况

Flood Prevention, Water and Soil Conservation and Improvement of Saline- Alkaline Land

指　标	Item	2005	2006	2007	2008	2009
易涝面积（千公顷）	Flooded or Waterlogged Area (1 000 hectares)	34.23	34.20	34.20	34.20	34.23
除涝面积（千公顷）	Flooded or Waterlogged Area Under Control (1 000 hectares)	12.48	12.48	12.48	12.48	12.48
占易涝面积比重（%）	Ratio in Flooded or Waterlogged Area (%)	36.46	36.46	36.46	36.46	36.46
水土流失面积（千公顷）	Area of Soil Erosion (1 000 hectares)	13614.78	13614.78	15459.50	15459.45	15459.45
水土流失治理面积（千公顷）	Area of Soil Erosion Under Control (1 000 hectares)	7744.07	7910.21	7914.30	7683.78	7807.10
占流失面积的比重（%）	Ratio of Soil Erosion Area (%)	56.88	58.10	51.19	49.70	50.50
小流域治理面积（千公顷）	Area of Small Valley Under Control (1 000 hectares)	1565.30	1581.84	1638.00	1687.19	1866.37
堤防长度（公里）	Total Length of Dikes (km)	3002.89	3079.34	3220.82	3329.38	3504.83
堤防保护面积（千公顷）	Area of Land Protected by Dikes (1 000 hectares)	209.49	213.71	204.04	209.90	216.96
盐碱地耕面积（千公顷）	Saline land farming area (1 000 hectares)	125.75		142.85	145.53	145.53
#治理面积	Harnessing Area	62.75		55.26	52.58	52.58

注：此表为水利部门数据。

a)Data from water resources department.

11-18 农村居民家庭平均每户年末生产性固定资产原值

Original Value of Productive Fixed Assets Per Rural Household at the End of Year

单位：元　　(yuan)

指　标	Item	2005	2006	2007	2008	2009
合计	**Total**	**7025.89**	**7418.05**	**7995.61**	**8408.13**	**8915.33**
#役畜、产品畜	Draught and Commodity Animals	1500.59	1551.15	1738.00	1810.92	1885.19
大中型铁木农具	Large and Medium Wood and Iron Farm Tools	474.93	518.74	488.13	514.23	584.21
农林牧渔业机械	Machinery of Farming, Animal Husbandry & Fishery	2019.98	2130.36	2279.11	2449.12	2595.46

11-19 农村居民家庭平均每百户拥有主要生产性固定资产数量

Number of Major Productive Fixed Assets Per 100 Rural Households

指　标	Item	2005	2006	2007	2008	2009
汽车（辆）	Motor Vehicles (set)	0.78	1.00	1.11	0.72	0.89
大中型拖拉机（台）	Large and Medium Tractors (set)	2.30	3.17	4.78	4.28	3.72
小型和手扶拖拉机（台）	Mini and Walking Tractors (set)	33.00	36.00	31.00	30.56	32.22
机动脱粒机（台）	Motorized Threshing Machines (set)	3.00	3.20	3.54	4.56	5.83
胶轮大车（辆）	Carts with Rubber Tyres (set)	18.00	15.89	15.60	16.22	16.78
农用水泵（台）	Pumps (set)	7.00	6.10	8.28	8.78	10.44
役畜（头）	Draught Animals (unit)	75.00	77.17	69.72	68.83	64.83
产品畜（头）	Commodity Animals (unit)	52.00	47.78	52.10	48.39	42.94

11-20 农作物播种面积

Total Sown Areas of Farm Crops

指　标	Item	2005	2006	2007	2008	2009
总播种面积（千公顷）	**Total Sown Area (1 000 hectares)**	**3726.01**	**3743.35**	**3834.69**	**3868.61**	**3938.64**
粮食作物	Sown Area of Grain Crops	2587.19	2598.84	2687.03	2682.99	2740.03
谷物	Cereal	1811.11		1796.11	1797.67	1889.29
#稻谷	Rice	5.10		5.28	5.53	5.67
小麦	Wheat	961.39	936.69	924.14	903.53	917.38
玉米	Corn	503.13	517.72	499.21	557.21	702.94
豆类	Soybeans	245.05		233.10	227.93	207.19
#大豆	Soja	94.17	89.04	98.96	99.75	91.27
薯类	Tubers	531.03	579.99	657.83	657.40	643.55
油料	Oil-bearing Crops	328.91	324.93	305.20	331.69	351.87
#油菜籽	Rapeseed	157.34		152.49	162.09	188.86
棉花	Cotton	63.95	76.01	79.26	72.73	55.68
烟叶	Tobacco	14.16	15.89	4.79	4.01	4.40
#烤烟	Fluecured Tobacco	13.33		3.89	3.07	3.50
中药材	Traditional Chinese Medician Materials	142.83	144.16	149.35	160.53	165.19
蔬菜	Vegetables	306.81	317.47	346.97	367.79	371.64
瓜类	Melon	35.41	39.93	44.25	46.35	49.44
其它	Others	246.75	266.18	217.84	202.52	200.39
占总播种面积比重（%）	**Total Sown Area (%)**					
粮食作物	Sown Area of Grain Crops	69.44	69.40	70.07	69.35	69.57
谷物	Cereal	48.61		46.84	46.47	47.97
#稻谷	Rice	0.14		0.14	0.14	0.14
小麦	Wheat	25.80	25.00	24.10	23.36	23.29
玉米	Corn	13.50	13.80	13.02	14.40	17.85
豆类	Soybeans	6.58		6.08	5.89	5.26
#大豆	Soja	2.53	2.40	2.58	2.58	2.32
薯类	Tubers	14.25	15.49	17.15	16.99	16.34
油料	Oil-bearing Crops	8.83	8.70	7.96	8.57	8.93
#油菜籽	Rapeseed	4.22		3.98	4.19	4.80
棉花	Cotton	1.72	2.00	2.07	1.88	1.41
烟叶	Tobacco	0.38	0.42	0.12	0.10	0.11
#烤烟	Fluecured Tobacco	0.36		0.10	0.08	0.09
中药材	Traditional Chinese Medician Materials	3.83	3.85	3.89	4.15	4.19
蔬菜	Vegetables	8.23	8.50	9.05	9.51	9.44
瓜类	Melon	0.95	1.07	1.15	1.20	1.26
其它	Others	6.62	6.06	5.68	5.23	5.09

11-21 各地县农作物播种面积
Sown Areas of Farm Crops by Prefecture, County

单位：千公顷　　(2009)　　(1 000 hectares)

地　区	Region	农作物播种面积 Total Sown Area	粮　食 Grain Crops	#小　麦 Wheat	#玉　米 Corn	棉　花 Cotton	油　料 Oil-bearing Crops	蔬　菜 Vegetables	果园面积 Area of Orchards at Year-end
兰州市	**Lanzhou**	**213.26**	**133.00**	**48.83**	**27.70**		**16.73**	**47.77**	**10.59**
城关区	Chengguan	1.66	0.15	0.01	0.13			1.34	0.49
七里河区	Qilihe	10.13	2.69	1.25	1.06		0.15	7.11	0.61
西固区	Xigu	4.88	0.75	0.33	0.37		0.05	3.95	0.97
安宁区	Anning	0.36						0.35	0.29
红古区	Honggu	6.59	1.62	0.69	0.88		0.17	4.49	1.46
永登县	Yongdeng	85.75	61.66	25.19	6.21		8.20	6.55	2.15
皋兰县	Gaolan	25.59	12.81	5.07	1.45		2.43	6.49	4.29
榆中县	Yuzhong	78.29	53.33	16.28	17.59		5.73	17.49	0.33
嘉峪关市	**Jiayuguan**	**3.86**	**0.89**	**0.49**	**0.30**		**0.31**	**1.59**	**1.31**
金昌市	**Jinchang**	**72.39**	**54.81**	**23.24**	**7.55**		**5.07**	**7.97**	**1.53**
金川区	Jinchuan	15.33	7.95	4.42	2.28		2.16	2.40	0.87
永昌县	Yongchang	57.06	46.87	18.82	5.27		2.91	5.57	0.67
白银市	**Baiyin**	**287.91**	**226.65**	**52.81**	**72.42**	**0.11**	**17.13**	**16.97**	**13.12**
白银区	Baiyin	8.93	6.38	3.79	1.13		0.61	1.84	0.72
平川区	Pingchuan	16.63	13.25	4.50	3.89	0.01	1.15	0.79	0.35
靖远县	Jingyuan	76.53	51.26	12.42	15.05	0.10	3.31	9.49	2.93
会宁县	Huining	150.31	128.77	22.15	46.69		8.07	3.33	6.02
景泰县	Jingtai	35.51	26.99	9.95	5.65		3.99	1.51	3.11
天水市	**Tianshui**	**431.13**	**307.37**	**134.85**	**78.64**	**0.03**	**50.78**	**46.36**	**74.49**
秦州区	Qinzhou	66.20	46.78	22.43	12.41		12.46	4.81	10.51
麦积区	Maiji	55.73	43.97	19.78	15.32		4.75	4.79	12.24
清水县	Qingshui	67.91	44.38	17.50	13.29		9.74	5.39	10.21
秦安县	Qinan	73.70	56.56	24.46	14.27		6.59	3.85	24.93
甘谷县	Gangu	67.33	47.91	23.37	9.75	0.03	7.46	8.05	11.56
武山县	Wushan	60.29	37.04	14.12	5.28		4.71	17.01	2.17
张家川县	Zhangjiachuan	39.97	30.73	13.19	8.31		5.07	2.45	2.88
武威市	**Wuwei**	**243.68**	**155.25**	**66.10**	**43.03**	**10.27**	**18.51**	**35.24**	**14.09**
凉州区	Liangzhou	112.55	77.13	30.57	31.93		8.55	20.67	8.57
民勤县	Minqin	49.68	19.69	14.07	5.20	10.27	3.99	7.06	3.15
古浪县	Gulang	60.86	47.70	16.99	5.89		3.59	3.41	2.23
天祝县	Tianzhu	20.59	10.73	4.48			2.38	4.11	0.15
张掖市	**Zhangye**	**231.61**	**152.14**	**45.39**	**56.34**	**2.15**	**36.89**	**17.78**	**33.63**

11-21 续表 1 continued

单位：千公顷　　(1 000 hectares)

地　区	Region	农作物播种面积 Total Sown Area	粮　食 Grain Crops	#小　麦 Wheat	#玉　米 Corn	棉　花 Cotton	油　料 Oil-bearing Crops	蔬　菜 Vegetables	果园面积 Area of Orchards at Year-end
甘州区	Ganzhou	53.69	40.28	6.95	28.79		1.19	8.03	12.62
肃南县	Sunan	5.40	3.23	0.97	0.85	0.01	0.09	0.27	0.15
民乐县	Minle	60.09	41.90	18.83	2.97		10.43	1.64	7.10
临泽县	Linze	18.99	16.28	0.78	15.46	0.07	0.02	1.53	7.19
高台县	Gaotai	25.01	12.47	3.04	8.11	2.07	0.76	6.10	3.82
山丹县	Shandan	37.75	26.99	13.35	0.15		4.73	0.21	2.75
平凉市	**Pingliang**	**443.61**	**325.40**	**131.43**	**73.43**		**47.02**	**39.08**	**89.23**
崆峒区	Kongtong	75.15	53.99	20.04	13.63		6.09	10.57	10.65
泾川县	Jingchuan	62.04	45.49	22.05	7.56		6.57	5.74	19.92
灵台县	Lingtai	72.01	50.63	20.15	13.35		11.35	7.36	11.78
崇信县	Chongxin	28.02	17.99	7.06	4.73		5.34	2.78	4.91
华亭县	Huating	35.19	24.05	8.79	7.68		3.00	3.00	1.58
庄浪县	Zhuanglang	71.34	55.47	23.15	11.73		6.99	4.42	8.14
静宁县	Jingning	99.85	77.78	30.18	14.75		7.67	5.21	32.26
酒泉市	**Jiuquan**	**164.66**	**47.11**	**22.98**	**18.17**	**36.53**	**4.95**	**20.81**	**12.92**
肃州区	Suzhou	47.43	19.12	5.83	12.72	0.13	1.22	10.61	3.21
金塔县	Jinta	30.15	7.31	4.14	3.09	11.08	1.09	2.16	2.25
瓜州县	Guazhou	31.93	7.91	5.71	0.89	8.19	0.62	1.89	0.59
肃北县	Subei	0.69	0.52	0.29			0.13	0.02	0.01
阿克塞县	Akesai	0.45	0.15	0.04	0.11			0.01	0.01
玉门市	Yumen	36.52	11.55	6.83	1.07	4.27	1.89	3.08	0.94
敦煌市	Dunhuang	17.49	0.55	0.14	0.29	12.85		3.03	5.91
庆阳市	**Qingyang**	**630.55**	**424.35**	**154.96**	**116.30**		**78.43**	**80.81**	**114.11**
西峰区	Xifeng	54.81	30.50	13.44	5.46		7.31	11.95	15.94
庆城县	Qingcheng	88.31	54.19	20.40	14.13		9.60	18.60	20.61
环　县	Huanxian	121.99	107.49	28.33	40.53		8.64	3.57	6.15
华池县	Huachi	49.46	35.79	7.33	12.93		6.96	2.97	3.95
合水县	Heshui	45.93	25.22	6.87	6.74		6.72	12.32	14.70
正宁县	Zhengning	34.95	19.29	8.03	5.03		6.23	5.10	12.81
宁　县	Ningxian	105.79	68.01	34.20	11.29		17.82	7.79	17.25
镇原县	Zhenyuan	129.29	83.86	36.35	20.19		15.15	18.51	22.69
定西市	**Dingxi**	**525.29**	**409.99**	**75.26**	**89.59**		**21.03**	**16.70**	**9.27**
安定区	Anding	113.28	102.67	11.84	18.00		4.73	3.07	2.05
通渭县	Tongwei	120.19	101.81	24.27	38.57		8.82	0.87	1.70

11–21 续表 2 continued

单位：千公顷 (1 000 hectares)

地 区	Region	农作物播种面积 Total Sown Area	粮 食 Grain Crops	#小 麦 Wheat	#玉 米 Corn	棉 花 Cotton	油 料 Oil-bearing Crops	蔬 菜 Vegetables	果园面积 Area of Orchards at Year-end
陇西县	Longxi	87.28	62.35	10.89	21.73		3.07	3.12	2.23
渭源县	Weiyuan	53.27	37.05	9.35	1.15		1.25	0.42	0.77
临洮县	Lintao	77.39	62.10	13.56	8.80		1.72	7.64	1.53
漳 县	Zhangxian	32.43	20.33	3.00	1.33		0.76	1.33	0.81
岷 县	Minxian	41.46	23.66	2.35			0.67	0.25	0.18
陇南市	**Longnan**	**412.53**	**311.70**	**99.15**	**66.33**	**0.03**	**21.46**	**30.79**	**30.66**
武都区	Wudu	75.41	53.35	13.29	10.55	0.03	1.67	8.81	1.07
宕昌县	Tanchang	32.65	19.08	4.47	2.47		1.66	1.09	0.51
成 县	Chengxian	43.55	34.13	12.37	8.88		3.35	3.93	1.01
康 县	Kangxian	36.14	31.09	10.78	8.19		0.38	1.74	0.70
文 县	Wenxian	33.45	26.01	6.27	9.50		1.95	2.13	0.65
西和县	Xihe	57.17	46.21	13.33	5.67		2.61	3.87	4.78
礼 县	Lixian	69.76	58.64	24.70	7.51		4.83	1.79	20.01
两当县	Liangdang	10.62	8.16	2.80	3.03		0.27	0.41	0.52
徽 县	Huixian	53.79	35.03	11.13	10.53	0.01	4.73	7.03	1.41
临夏州	**Linxia**	**158.41**	**124.31**	**37.41**	**40.62**		**16.69**	**7.71**	**5.50**
临夏市	linxia	3.15	2.15	0.38	1.59		0.03	0.86	0.30
临夏县	linxia	30.51	24.45	10.17	9.61		2.01	0.96	0.17
康乐县	Kangle	21.79	17.09	7.72	3.25		2.23	0.07	0.05
永靖县	Yongjing	24.33	18.79	3.25	8.77		1.20	3.55	2.39
广河县	Guanghe	14.60	12.10	1.07	8.22		0.67	1.00	0.21
和政县	Hezheng	16.52	10.19	6.31	2.19		5.90	0.09	1.35
东乡县	Dongxiang	25.47	24.73	3.79	3.99		0.05	0.30	0.30
积石山县	Jishishan	22.04	14.82	4.73	3.00		4.60	0.88	0.72
甘南州	**Gannan**	**68.89**	**35.73**	**10.29**	**2.76**		**14.31**	**0.74**	**1.05**
合作市	Hezuo	7.87	4.65	0.28			1.79	0.07	
临潭县	Lintan	17.68	5.48	2.27			6.31	0.04	0.09
卓尼县	Zhuoni	10.43	5.08	1.59			2.55	0.07	0.02
舟曲县	Zhouqu	15.96	12.47	4.20	2.71		1.05	0.51	0.59
迭部县	Diebu	5.53	3.54	1.39	0.05		0.30	0.06	0.33
玛曲县	Maqu								
碌曲县	Luqu	2.19	1.09				0.47		
夏河县	Xiahe	9.23	3.42	0.56			1.83		0.01

11-22 各地区主要农作物播种面积构成

Sown Area and Structure of Major Crop by Prefecture

单位：%　　（2009）　　(%)

地区	Region	农作物播种面积 Total Sown Area	粮食 Grain Crops	#小麦 Wheat	#玉米 Corn	棉花 Cotton	油料 Oil-bearing Crops	烟叶 Tobacco	中药材 Traditional Chinese Medician Materials	蔬菜 Vegetables	瓜果 Fruit and Melon
全省	**Total**	**100.00**	**69.57**	**23.29**	**17.85**	**1.41**	**8.93**	**0.11**	**4.19**	**9.44**	**1.26**
兰州市	Lanzhou	100.00	62.37	22.90	12.99		7.84	0.04	0.90	22.40	2.04
嘉峪关市	Jiayuguan	100.00	23.14	12.78	7.77		7.94			41.28	2.25
金昌市	Jinchang	100.00	75.72	32.11	10.43		7.01		0.68	11.01	0.63
白银市	Baiyin	100.00	78.72	18.34	25.15	0.04	5.95		1.79	5.89	1.99
天水市	Tianshui	100.00	71.29	31.28	18.24	0.01	11.78	0.01	1.87	10.75	0.50
武威市	Wuwei	100.00	63.71	27.13	17.66	4.21	7.59		0.73	14.46	1.26
张掖市	Zhangye	100.00	65.69	19.60	24.33	0.93	15.93		1.69	7.68	0.42
平凉市	Pingliang	100.00	73.35	29.63	16.55	0.00	10.60	0.03	1.71	8.81	0.97
酒泉市	Jiuquan	100.00	28.61	13.96	11.04	22.18	3.00		4.06	12.64	3.66
庆阳市	Qingyang	100.00	67.30	24.58	18.44		12.44	0.34	1.24	12.82	2.92
定西市	Dingxi	100.00	78.05	14.33	17.06		4.00	0.01	12.96	3.18	0.10
陇南市	Longnan	100.00	75.56	24.03	16.08	0.01	5.20	0.45	9.65	7.46	0.45
临夏州	Linxia	100.00	78.48	23.62	25.64		10.53		3.02	4.87	
甘南州	Gannan	100.00	51.87	14.93	4.01		20.77	0.13	8.96	1.07	

11-23 各地区主要农作物播种面积占全省的比重

Proportion of Major Crop's Sown Area by Prefecture

单位：%　　（2009）　　(%)

地区	Region	农作物播种面积 Total Sown Area	粮食 Grain Crops	#小麦 Wheat	#玉米 Corn	棉花 Cotton	油料 Oil-bearing Crops	烟叶 Tobacco	中药材 Traditional Chinese Medician Materials	蔬菜 Vegetables	瓜果 Fruit and Melon
全省	**Total**	**100**	**100**	**100**	**100**	**100**	**100**	**100**	**100**	**100**	**100**
兰州市	Lanzhou	5.41	4.85	5.32	3.94		4.75	1.97	1.17	12.85	8.81
嘉峪关市	Jiayuguan	0.10	0.03	0.05	0.04		0.09			0.43	0.18
金昌市	Jinchang	1.84	2.00	2.53	1.07		1.44		0.30	2.14	0.92
白银市	Baiyin	7.31	8.27	5.76	10.30	0.20	4.87		3.13	4.57	11.58
天水市	Tianshui	10.95	11.22	14.70	11.19	0.05	14.43	0.91	4.87	12.47	4.36
武威市	Wuwei	6.19	5.67	7.21	6.12	18.44	5.26		1.08	9.48	6.19
张掖市	Zhangye	5.88	5.55	4.95	8.01	3.86	10.48		2.37	4.78	1.98
平凉市	Pingliang	11.26	11.88	14.33	10.45		13.36	3.33	4.60	10.52	8.71
酒泉市	Jiuquan	4.18	1.72	2.50	2.59	65.60	1.41		4.05	5.60	12.18
庆阳市	Qingyang	16.01	15.49	16.89	16.54		22.29	48.18	4.75	21.75	37.24
定西市	Dingxi	13.34	14.96	8.20	12.75		5.98	1.21	41.21	4.49	1.02
陇南市	Longnan	10.47	11.38	10.81	9.44	0.06	6.10	42.42	24.09	8.28	3.74
临夏州	Linxia	4.02	4.54	4.08	5.78		4.74		2.89	2.08	0.01
甘南州	Gannan	1.75	1.30	1.12	0.39		4.07	1.97	3.74	0.20	

11-24 主要农产品产量
Yield of Major Farm Crops

指　标	Item	2005	2006	2007	2008	2009
主要农产品产量（万吨）	**Yield of Major Farm Crops (10 000tons)**					
粮食	Grain Crops	836.89	808.05	824.43	888.50	906.20
夏粮	Summer Grain Crops	338.01	339.12	316.75	351.30	341.30
秋粮	Autumn Grain Crops	498.88	468.93	507.68	537.20	564.90
谷物	Cereal	607.24	580.64	582.18	637.14	681.09
#稻谷	Rice	4.11	4.02	3.41	3.82	3.90
小麦	Wheat	264.84	260.70	237.42	268.10	261.10
玉米	Corn	248.51	218.60	242.65	265.40	312.60
豆类	Beans	41.65	39.46	35.61	36.76	33.71
薯类	Tubers	189.87	187.95	206.64	214.60	191.40
油料	Oil-bearing Crops	50.31	48.99	46.36	53.54	58.54
#油菜籽	Rapeseed	26.64	26.70	24.58	28.55	33.11
棉花	Cotton	11.05	12.75	12.94	12.32	9.54
麻类	Fiber Crops	1.74	1.32	0.88	0.48	0.40
甜菜	Beetroots	14.54	19.02	27.80	20.09	20.42
烟叶	Tobacco	3.38	3.94	0.99	1.04	1.23
#烤烟	Fluecured Tobacco	3.14	3.62	0.80	0.82	1.02
蔬菜	Vegetables	866.91	933.85	999.92	1082.29	1145.35
水果	Fruit	172.45	205.09	228.10	248.14	277.56
农产品单位面积产量（千克／公顷）	**Yield of Farm Crops Per Hectare (kg/hectare)**					
粮食	Grain Crops	3234.75	3109.27	3068.18	3311.60	3307.26
谷物	Cereal	3352.86	3236.56	3241.34	3544.29	3604.99
棉花	Cotton	1728.24	1677.45	1632.60	1693.59	1714.16
油菜籽	Rapeseed	1692.92	1644.44	1611.91	1761.65	1753.11
甜菜	Beetroots	32707.29	37519.74	47228.82	43798.76	45717.51
烟叶	Tobacco	2386.94	2479.81	2066.15	2582.73	2803.77

11-25 各地县农产品产量

Yield of Farm Crops by Prefecture County

单位：吨　　(2009)　　(ton)

地　区	Region	粮　食 Grain Crops	#小　麦 Wheat	#玉　米 Corn	棉　花 Cotton	油　料 Oil-bearing Crops	蔬　菜 Vegetables	人均粮食占有量（千克） Per Capita Grain Crops (kg)
兰州市	**Lanzhou**	**387930**	**117499**	**137489**		**19811**	**1866554**	**117**
城关区	Chengguan	549	24	525			64100	1
七里河区	Qilihe	7372	2303	4444		205	180260	15
西固区	Xigu	3966	865	2883		96	196482	11
安宁区	Anning						9188	
红古区	Honggu	12813	3755	8845		545	458056	87
永登县	Yongdeng	162979	63427	28025		7424	256653	335
皋兰县	Gaolan	48031	12755	12194		4924	184858	278
榆中县	Yuzhong	152219	34371	80573		6618	516957	357
嘉峪关市	**Jiayuguan**	**7122**	**3464**	**3023**		**595**	**159000**	**34**
金昌市	**Jinchang**	**344498**	**126960**	**69332**		**18853**	**440603**	**724**
金川区	Jinchuan	52300	26760	17442		10736	90945	243
永昌县	Yongchang	292198	100200	51890		8117	349658	1122
白银市	**Baiyin**	**607491**	**143353**	**266529**	**255**	**16414**	**1160702**	**346**
白银区	Baiyin	24280	7930	11625		1244	195451	85
平川区	Pingchuan	32393	10035	18435	30	1145	32258	165
靖远县	Jingyuan	180877	46863	72523	225	3741	749970	390
会宁县	Huining	227741	32840	113201		3244	89251	391
景泰县	Jingtai	142200	45685	50745		7040	93772	616
天水市	**Tianshui**	**1044610**	**303829**	**422603**	**11**	**65428**	**1500087**	**304**
秦州区	Qinzhou	179300	51782	89352		17863	138482	285
麦积区	Maiji	147713	38257	71132		5745	125381	258
清水县	Qingshui	149725	38325	73778		14103	58823	489
秦安县	Qinan	188000	51366	66371		7406	91600	315
甘谷县	Gangu	160288	57296	53201	11	9042	324571	275
武山县	Wushan	118880	33166	27634		6968	704460	275
张家川县	Zhangjiachuan	100704	33638	41135		4301	56770	326
武威市	**Wuwei**	**953050**	**337940**	**429411**	**16170**	**55506**	**1623897**	**497**
凉州区	Liangzhou	609134	175100	343922		20780	1157630	607
民勤县	Minqin	154274	101829	49530	16170	21276	285480	509
古浪县	Gulang	157061	47997	35959		9980	116219	396
天祝县	Tianzhu	32582	13014			3470	64568	151
张掖市	**Zhangye**	**1071235**	**276213**	**464788**	**5780**	**78608**	**1032634**	**832**

11–25 续表 1 continued

单位：吨　　(ton)

地　区	Region	粮　食 Grain Crops	#小　麦 Wheat	#玉　米 Corn	棉　花 Cotton	油　料 Oil-bearing Crops	蔬　菜 Vegetables	人均粮食占有量（千克） Per Capita Grain Crops (kg)
甘州区	Ganzhou	351886	58835	240568		8071	431512	696
肃南县	Sunan	16661	4211	6315	5	149	16442	455
民乐县	Minle	255473	100182	24371		34622	33500	1068
临泽县	Linze	136955	6833	127081	275	180	138858	919
高台县	Gaotai	105249	28721	65073	5500	2387	399334	655
山丹县	Shandan	162880	71271	1380		12548	12988	826
平凉市	**Pingliang**	**891001**	**335606**	**350141**		**62888**	**899734**	**405**
崆峒区	Kongtong	182709	57589	91412		8061	250732	378
泾川县	Jingchuan	141063	56938	42103		7469	141911	419
灵台县	Lingtai	154062	55441	74111		18937	147189	677
崇信县	Chongxin	50845	14854	28535		6516	86807	531
华亭县	Huating	75100	15835	43649		4478	57128	419
庄浪县	Zhuanglang	130515	59774	35200		5906	140560	315
静宁县	Jingning	156706	75176	35131		11521	75407	337
酒泉市	**Jiuquan**	**360608**	**143880**	**176350**	**63375**	**13479**	**900975**	**354**
肃州区	Suzhou	162346	40025	118559	158	2535	460189	444
金塔县	Jinta	69989	32484	35005	21700	5700	133224	479
瓜州县	Guazhou	37011	25959	7878	11982	1172	46308	306
肃北县	Subei	4775	2295	33		291	632	395
阿克塞县	Akesai	1618	275	1251		12	32	195
玉门市	Yumen	80764	41962	10717	5134	3770	110341	444
敦煌市	Dunhuang	4105	879	2907	24401		150249	22
庆阳市	**Qingyang**	**1108690**	**369341**	**517602**		**107808**	**696907**	**439**
西峰区	Xifeng	120012	43949	40238		12601	122056	351
庆城县	Qingcheng	123098	37069	56116		13400	123900	386
环　县	Huanxian	137763	39609	75139		8424	28152	410
华池县	Huachi	106178	16237	79499		7536	20950	819
合水县	Heshui	93863	20831	51460		8257	112810	566
正宁县	Zhengning	90032	28309	39792		11503	104800	391
宁　县	Ningxian	237117	111357	82894		30838	98038	466
镇原县	Zhenyuan	200627	71980	92463		15250	86200	404
定西市	**Dingxi**	**1113928**	**121396**	**412957**		**29928**	**427784**	**379**
安定区	Anding	248366	6482	87102		6987	77852	528
通渭县	Tongwei	238941	29131	166579		11514	31710	522

11–25 续表 2 continued

单位：吨 (ton)

地　区	Region	粮　食 Grain Crops	#小　麦 Wheat	#玉　米 Corn	棉　花 Cotton	油　料 Oil-bearing Crops	蔬　菜 Vegetables	人均粮食占有量（千克） Per Capita Grain Crops (kg)
陇西县	Longxi	162532	10729	94540		2660	97180	334
渭源县	Weiyuan	119650	18143	8462		2194	7613	344
临洮县	Lintao	203166	42582	48654		4478	175811	375
漳　县	Zhangxian	66395	8275	7620		1093	34518	346
岷　县	Minxian	74878	6054			1003	3100	169
陇南市	**Longnan**	**966055**	**339134**	**305205**	**24**	**35824**	**389223**	**368**
武都区	Wudu	151056	47178	37137	15	2500	74378	289
宕昌县	Tanchang	72133	13997	15459		2841	13986	270
成　县	Chengxian	142239	55650	61272		7069	95628	549
康　县	Kangxian	55891	30748	14525		591	9636	292
文　县	Wenxian	65453	16119	29146		3250	45677	274
西和县	Xihe	162204	47080	37443		1533	8599	426
礼　县	Lixian	131343	66320	20099		9083	21320	264
两当县	Liangdang	32684	11731	17287		408	2891	667
徽　县	Huixian	153052	50312	72838	9	8549	117108	708
临夏州	**Linxia**	**587252**	**152001**	**281040**		**50148**	**225936**	**300**
临夏市	linxia	21530	2220	18387		90	84926	96
临夏县	linxia	128006	42826	68420		4735	24371	338
康乐县	Kangle	80843	36422	18402		8210	1800	327
永靖县	Yongjing	91909	11161	62377		3029	77055	457
广河县	Guanghe	78334	4904	61881		3750	24481	358
和政县	Hezheng	50409	28470	13489		19710	3665	260
东乡县	Dongxiang	67211	7459	18329		423	3465	253
积石山县	Jishishan	69010	18540	19755		10200	6173	298
甘南州	**Gannan**	**86762**	**27117**	**9939**		**20859**	**12798**	**127**
合作市	Hezuo	9390	642			2367	1600	110
临潭县	Lintan	14529	6076			8842	440	100
卓尼县	Zhuoni	12832	4552			4120	1263	127
舟曲县	Zhouqu	30704	10485	9808		2407	8552	231
迭部县	Diebu	8411	3125	131		378	937	156
玛曲县	Maqu							
碌曲县	Luqu	2131				331		63
夏河县	Xiahe	8764	2237			2415	5	108

11-26 各地区主要农产品单位面积产量

Yield of Major Farm Crops Per Hectare by Prefecture

单位：千克／公顷 （2009） (kg / hectare)

地 区	Region	粮 食 Grain Crops	谷 物 Cereal	棉 花 Cotton	油菜籽 Rapeseed	甜 菜 Beetroots	烟 叶 Tobacco	水 果 Fruit
全 省	**Total**	**3307**	**3605**	**1714**	**1753**	**45718**	**2804**	**6744**
兰州市	Lanzhou	2917	3179		963	11732	1972	11937
嘉峪关市	Jiayuguan	7972	8177		1977			2755
金昌市	Jinchang	6285	6208		2707	45000		4398
白银市	Baiyin	2680	3241	2257	843	57000		10096
天水市	Tianshui	3399	3411	389	1272	16865	3000	10040
武威市	Wuwei	6139	6818	1575	2277	47671		6632
张掖市	Zhangye	7041	6886	2688	2017	94877		5734
平凉市	Pingliang	2738	2975		1350		3627	7930
酒泉市	Jiuquan	7654	7611	1735	1681	64666		10232
庆阳市	Qingyang	2613	2894		1548		3506	3569
定西市	Dingxi	2717	3118		1705	10925	6000	4220
陇南市	Longnan	3099	3783	712	1801		1956	3318
临夏州	Linxia	4724	5537		3011	52508		8606
甘南州	Gannan	2428	2432		1458	4473	1275	7840

11-27 各地区主要农产品人均占有量

Output of Major Farm Corps Per Capita by Prefecture

单位：千克／人 （2009） (kg / person)

地 区	Region	粮 食 Grain Crops	谷 物 Cereal	棉 花 Cotton	油菜籽 Rapeseed	甜 菜 Beetroots	烟 叶 Tobacco	水 果 Fruit
全 省	**Total**	**354.41**	**266.37**	**3.73**	**12.95**	**7.99**	**0.48**	**108.55**
兰州市	Lanzhou	116.78	84.01		1.08	1.34	0.05	38.07
嘉峪关市	Jiayuguan	33.77	30.76		2.44			17.07
金昌市	Jinchang	724.19	697.22		10.85	1.89		14.17
白银市	Baiyin	345.72	263.91	0.15	0.78	0.43		75.38
天水市	Tianshui	304.49	227.49		12.16	1.97	0.03	217.98
武威市	Wuwei	496.82	434.21	8.43	13.97	40.92		48.72
张掖市	Zhangye	831.64	674.37	4.49	53.03	46.16		149.72
平凉市	Pingliang	404.72	340.60		6.73		0.24	321.43
酒泉市	Jiuquan	353.95	345.68	62.21	3.01	38.93		129.76
庆阳市	Qingyang	438.77	385.96		24.46		2.94	161.17
定西市	Dingxi	378.72	185.03		2.56	0.62	0.11	13.30
陇南市	Longnan	368.43	262.76	0.01	11.05		1.39	38.80
临夏州	Linxia	299.53	221.06		23.86	4.82		24.14
甘南州	Gannan	127.44	93.64		30.19	0.74	0.16	12.05

11-28 水果生产
Fruits Production

指　标	Item	2005	2006	2007	2008	2009
园林水果产量（吨）	Gardens (ton)	1724459	2050916	2280994	2481416	2775594
# 苹果	Apples	1012568	1254141	1424253	1641352	1856204
梨	Pears	283345	314798	294239	285490	320460
葡萄	Grapes	77506	90443	105950	99601	116185
红枣	Date	75450	81528	111653	82771	94108
柿子	Persimmon	14858	17390	21133	22462	24031
杏子	Apricots	103756	95156	119020	127692	124630
桃子	Peachs	102261	139400	142204	152605	161822
果园面积（千公顷）	Area of Orchards (1 000 hectares)	347.59	373.62	415.59	411.85	411.55
# 苹果园	Apples	183.77	207.37	247.64	246.52	261.59
梨园	Pears	49.45	48.42	46.81	44.43	35.57
桃园	Peachs	14.17	14.15	13.81	13.57	12.88

11-29 各地区水果产量
Yield of Fruit by Prefecture

单位：吨　　（2009）　　(ton)

地　区	Region	水果产量 Fruits	#苹果 Apples	#梨 Pears	#葡萄 Grapes	#红枣 Date	#柿子 Persimmon	#杏子 Apricots	#桃子 Peaches
兰州市	Lanzhou	126452.88	59437.80	24938.15	3021.65	4827.90		5429.28	27418.10
嘉峪关市	Jiayuguan	3600.00	2042.11	750.00	278.57	38.00		235.00	150.00
金昌市	Jinchang	6743.03	1913.30	2638.35	1077.80	581.20		442.38	90.00
白银市	Baiyin	132455.20	68817.21	22710.13	244.00	16835.40	75.00	3397.57	19993.96
天水市	Tianshui	747813.46	569333.86	42833.80	25439.50	8.00	1171.50	9861.10	84289.00
武威市	Wuwei	93462.63	59215.03	10184.00	19117.60	4542.00		129.00	50.00
张掖市	Zhangye	192859.32	49797.82	64814.50	10170.47	48677.10		10612.30	1003.90
平凉市	Pingliang	707638.00	595102.10	42682.24	752.00	5211.10	9667.00	25532.06	8889.50
酒泉市	Jiuquan	132196.59	16977.22	29633.11	50510.32	2685.85		4637.10	9187.86
庆阳市	Qingyang	407242.20	327492.00	2923.70	1456.40	6660.80	914.50	53338.90	3836.90
定西市	Dingxi	39105.23	15358.02	14710.48	383.00	101.00	30.00	5613.73	780.80
陇南市	Longnan	101737.00	67993.22	5551.91	1644.53	134.00	10594.16	691.12	5341.17
临夏州	Linxia	47334.53	6836.40	30326.05	181.57	3789.00		4400.57	598.30
甘南州	Gannan	8206.38	5296.32	960.06	136.30	9.08	1578.60	35.56	92.18

11-30 林业生产
Forestry Production

指 标	Item	2005	2006	2007	2008	2009
当年造林面积（千公顷）	Total Afforested Area in Current Year (1 000 hectares)	262.23	157.77	144.31	157.73	177.95
人工造林	Artificial Afforested	249.89	156.11	144.04	157.73	177.95
飞机播种造林	Sown by Airplane	12.33	1.67	0.27		
#防护林	Windbreak Forest	237.95	113.15	105.20	103.74	125.12
用材林	Material Forest	4.59	4.41	3.70	4.82	5.33
经济林	Economic Forest	14.26	38.25	32.19	47.92	42.45
幼林抚育面积（千公顷）	Area of Tending Young Forest (1 000 hectares)	349.59	283.27	332.55	315.08	319.43
成林抚育面积（千公顷）	Area of Tending Adult Forest (1 000 hectares)	181.73	242.14	243.56	256.98	245.37
迹地更新（千公顷）	Area of Slash Reforestation (1 000 hectares)	1.34	1.24	1.59	1.50	0.43
当年零星（四旁）植树（万株）	Odd Planting in Current Year (10 000 unit)	8049.36	8873.19	6805.97	6646.45	6832.37
年末实有育苗面积（千公顷）	Actual Area of Grown Seedlings at Year-end (1 000 hectares)	11.89	11.81	10.85	10.84	13.25
#本年新育面积	Raise Seedlings Areas in Current year	6.58	6.24	5.82	5.83	6.79
林产品产量（吨）	Output of Forest Products (ton)					
#油桐籽	Tung-oil Seeds	545.50	518.50	367.30	372.90	330.86
核桃	Walnuts	24636.01	23610.08	33331.38	39854.38	45215.46
毛栗	Chestnut	972.97	1082.46	1523.59	1449.10	1597.47
花椒	Chinese Prickly Ash	17036.42	14287.47	19778.59	22861.42	26957.48
木耳	Agaric	435.71	294.37	321.62	224.41	230.44
集体和个人采伐的木材（万立方米）	Output of Timber Cut (10 000 cu.m)	7.01	7.87	8.05	9.23	9.75

注：集体和个人采伐的木材2000年以前为村及村以下木材采伐量。

a) Output of timber cut by callecttive and Individual Owonership Was Called as that by Village and Village Below before 2000.

11-31 牲畜存栏及畜产品产量
Number of Livestock in Stock and Output of Livestock Products

指 标	Item	2005	2006	2007	2008	2009
大牲畜年末头数（万头）	Large Animals (year-end) (10 000 heads)	563.09	629.30	576.24	597.67	623.22
#牛	Cattle	385.77	431.03	415.25	437.52	464.49
马	Horses	15.09	24.34	13.72	13.70	13.60
骡	Mule	47.41	59.54	44.05	44.00	43.00
驴	Donkeys	113.33	112.12	101.77	101.00	100.68
骆驼	Camels	1.50	2.27	1.45	1.45	1.45
肉猪出栏头数（万头）	Slaughtered Fattened Hogs (10 000 heads)	540.10	809.55	594.30	612.00	638.93
猪年末头数（万头）	Hogs (year-end)(10 000 head)	592.54	708.59	562.00	578.60	600.59
羊年末只数（万只）	Sheep and Goats (year-end)(10 000 heads)	1466.19	1573.40	1594.39	1647.89	1726.70
山羊	Goats	322.99	344.65	334.15	342.14	348.13
绵羊	Sheep	1143.20	1228.75	1260.24	1305.75	1378.57
肉类产量（万吨）	Output of Meat (10 000 tons)	69.81	93.21	76.90	79.21	83.32
#猪牛羊肉	Output of Pork,Beef and Mutton	64.09	86.49	70.85	73.13	77.34
猪肉	Pork	38.35	57.80	41.80	43.21	45.11
牛肉	Beef	12.64	14.33	14.46	14.47	15.85
羊肉	Mutton	13.10	14.36	14.60	15.45	16.38
奶类（万吨）	Milk (10 000 tons)	31.69	36.43	35.22	37.10	38.26
#牛奶	Cow Milk	31.19	35.91	34.69	36.55	37.69
绵羊毛（吨）	Sheep Wool (ton)	21134	21738	22365	24733	26353
山羊毛（吨）	Goat Wool (ton)	1794	1948	1860	1711	1741
羊绒（吨）	Cashmere (ton)	416	423	434	342	348
禽蛋（万吨）	Poultry Eggs (10 000 tons)	10.95	14.79	10.49	10.14	10.55
水产品产量（吨）	Aquatic Products (ton)	10370	16500	11449	11650	11942

注：有关畜牧业及水产品数据根据第一、二次农业普查结果进行了相应衔接调整。

a)According to the First and Second National Agricultural Census, Data of animal husbandry and aquatic products were adjusted accordingly.

11-32 各地县畜牧业

Stock Raising by Prefecture County

(2009)

地　区	Region	大牲畜存栏（万头） Large Animals (10 000 heads)	羊存栏数（万只） Sheep and Goats (10 000 heads)	牛出栏数（万头） Cattle (10 000 heads)	猪出栏数（万头） Hogs (10 000 heads)	羊出栏数（万只） Sheep and Goats (10 000 heads)	绵羊毛产量（吨） Sheep Wool (ton)	猪牛羊肉总产量（吨） Total Output of Pork,Beef and Mutton (ton)
兰州市	**Lanzhou**	**10.51**	**55.04**	**0.54**	**31.08**	**22.90**	**852.40**	**26450.50**
城关区	Chengguan	0.13	0.45	0.02	0.55	0.14	6.30	442.40
七里河区	Qilihe	1.22	2.20		1.64	0.55	31.75	1274.30
西固区	Xigu	0.41	1.40	0.03	0.92	0.73	20.40	829.80
安宁区	Anning	0.05	0.19		0.20	0.06	3.15	154.20
红古区	Honggu	0.55	3.78	0.06	2.44	1.32	55.50	2053.20
永登县	Yongdeng	3.22	25.24	0.28	11.51	9.14	405.20	9952.20
皋兰县	Gaolan	0.38	9.82		3.29	5.60	192.66	3208.80
榆中县	Yuzhong	4.55	11.96	0.15	10.53	5.36	137.44	8535.60
嘉峪关市	**Jiayuguan**	**0.46**	**4.46**	**0.06**	**2.63**	**2.06**	**67.95**	**2210.00**
金昌市	**Jinchang**	**4.12**	**73.28**	**0.84**	**6.51**	**25.17**	**1221.55**	**9424.20**
金川区	Jinchuan	0.54	9.40	0.28	1.88	4.90	180.60	2380.00
永昌县	Yongchang	3.58	63.88	0.56	4.63	20.27	1040.95	7044.20
白银市	**Baiyin**	**24.34**	**152.76**	**3.52**	**61.40**	**110.22**	**2033.27**	**63978.40**
白银区	Baiyin	0.74	8.45	0.04	6.96	5.01	99.00	5802.70
平川区	Pingchuan	1.45	6.51	0.03	2.73	3.69	61.90	2494.50
靖远县	Jingyuan	3.69	30.74	0.02	15.34	21.49	388.41	14288.30
会宁县	Huining	17.52	55.06	3.40	25.00	51.03	810.76	29054.50
景泰县	Jingtai	0.94	52.00	0.03	11.37	29.00	673.20	12338.40
天水市	**Tianshui**	**52.05**	**27.41**	**7.76**	**70.88**	**10.06**	**232.50**	**58885.00**
秦州区	Qinzhou	6.86	2.01	0.50	6.71	0.77	13.60	5312.50
麦积区	Maiji	4.37	2.42	0.75	9.78	0.97		7741.50
清水县	Qingshui	9.46	3.22	2.65	11.49	1.48	15.40	10915.00
秦安县	Qinan	7.02	3.94	0.26	18.00	1.20	50.80	13040.00
甘谷县	Gangu	5.50	1.35	0.42	14.21	0.48	16.80	10439.00
武山县	Wushan	6.95	3.83	0.48	9.44	1.86	22.70	7367.00
张家川县	Zhangjiachuan	11.89	10.64	2.70	1.25	3.30	113.20	4070.00
武威市	**Wuwei**	**56.62**	**271.57**	**17.07**	**98.66**	**124.50**	**4753.20**	**104807.00**
凉州区	Liangzhou	32.85	81.46	10.10	72.44	37.24	1457.40	66394.00
民勤县	Minqin	6.00	85.22	1.70	5.90	42.56	1227.30	12214.00
古浪县	Gulang	7.01	45.46	1.34	13.11	20.40	632.90	13577.00
天祝县	Tianzhu	10.76	59.43	3.93	7.21	24.30	1435.60	12622.00
张掖市	**Zhangye**	**63.63**	**216.99**	**17.31**	**69.68**	**127.57**	**4870.88**	**84994.50**

11–32 续表 1 continued

地　区	Region	大牲畜存栏（万头）Large Animals (10 000 heads)	羊存栏数（万只）Sheep and Goats (10 000 heads)	牛出栏数（万头）Cattle (10 000 heads)	猪出栏数（万头）Hogs (10 000 heads)	羊出栏数（万只）Sheep and Goats (10 000 heads)	绵羊毛产量（吨）Sheep Wool (ton)	猪牛羊肉总产量（吨）Total Output of Pork,Beef and Mutton (ton)
甘州区	Ganzhou	27.72	51.86	8.96	30.71	26.14	1330.84	35535.40
肃南县	Sunan	3.48	61.57	1.27	0.23	46.10	1879.06	8155.50
民乐县	Minle	6.43	20.95	0.43	14.41	11.09	449.18	12180.50
临泽县	Linze	10.54	12.80	4.11	10.50	6.70	191.40	11940.00
高台县	Gaotai	10.38	23.00	2.03	11.02	11.79	324.60	10843.60
山丹县	Shandan	3.98	45.02	0.30	2.79	25.30	662.45	6048.00
平凉市	**Pingliang**	**73.95**	**20.70**	**33.05**	**42.50**	**13.09**	**204.60**	**64763.50**
崆峒区	Kongtong	14.28	7.41	10.99	2.92	3.25	88.90	13521.50
泾川县	Jingchuan	10.94	1.80	6.90	7.57	0.97	4.00	12344.50
灵台县	Lingtai	10.33	3.44	5.20	1.61	1.24	44.00	6513.00
崇信县	Chongxin	6.89	3.93	3.07	2.72	3.48	47.70	5496.00
华亭县	Huating	9.23	2.65	4.81	5.61	2.45	13.20	9104.50
庄浪县	Zhuanglang	10.19	0.68	1.30	10.96	1.36	0.30	9176.00
静宁县	Jingning	12.09	0.79	0.78	11.11	0.34	6.50	8608.00
酒泉市	**Jiuquan**	**17.47**	**298.38**	**8.23**	**20.03**	**197.33**	**5124.00**	**51850.50**
肃州区	Suzhou	10.55	64.71	6.60	9.07	50.00	1534.30	20449.00
金塔县	Jinta	1.72	70.40	0.35	5.43	51.00	1228.00	11801.00
瓜州县	Guazhou	1.53	31.61	0.66	1.74	20.26	561.50	4917.00
肃北县	Subei	1.14	25.83	0.10	0.06	9.07	224.20	1502.50
阿克塞县	Akesai	0.52	13.64	0.01		7.42	156.90	1123.00
玉门市	Yumen	1.44	63.40	0.24	2.19	33.80	843.30	6843.00
敦煌市	Dunhuang	0.57	28.79	0.27	1.54	25.78	575.80	5215.00
庆阳市	**Qingyang**	**52.00**	**150.35**	**13.68**	**32.18**	**55.51**	**392.90**	**49432.60**
西峰区	Xifeng	1.76	9.94	0.70	4.97	3.40	113.10	5111.50
庆城县	Qingcheng	5.43	16.84	1.49	2.95	6.03	2.70	4965.30
环　县	Huanxian	12.78	61.16	1.48	5.71	24.67	53.90	10005.70
华池县	Huachi	4.19	14.95	0.82	2.81	5.38	2.60	3952.30
合水县	Heshui	2.27	15.71	0.85	2.26	5.40	22.40	3579.00
正宁县	Zhengning	1.37	2.03	0.55	2.06	0.75	12.50	2325.00
宁　县	Ningxian	7.66	9.00	4.14	7.13	2.96	63.90	10789.10
镇原县	Zhenyuan	16.54	20.72	3.65	4.29	6.92	121.80	8704.70
定西市	**Dingxi**	**53.00**	**72.80**	**5.11**	**85.46**	**33.40**	**589.60**	**72495.60**
安定区	Anding	7.48	12.94	0.75	12.16	8.11	218.40	13032.10
通渭县	Tongwei	12.34	2.89	0.80	13.10	1.36	50.00	10174.00

11-32 续表 2 continued

地　区	Region	大牲畜存栏（万头）Large Animals (10 000 heads)	羊存栏数（万只）Sheep and Goats (10 000 heads)	牛出栏数（万头）Cattle (10 000 heads)	猪出栏数（万头）Hogs (10 000 heads)	羊出栏数（万只）Sheep and Goats (10 000 heads)	绵羊毛产量（吨）Sheep Wool (ton)	猪牛羊肉总产量（吨）Total Output of Pork,Beef and Mutton (ton)
陇西县	Longxi	8.48	8.30	0.30	13.28	3.04		10052.00
渭源县	Weiyuan	5.09	5.96	0.40	8.94	1.90	27.90	6943.00
临洮县	Lintao	6.63	21.94	1.71	19.14	14.45	283.40	17275.50
漳　县	Zhangxian	4.15	7.54	0.09	7.09	0.59	6.50	5141.50
岷　县	Minxian	8.83	13.23	1.06	11.75	3.95	3.40	9877.50
陇南市	**Longnan**	**49.20**	**29.68**	**9.57**	**86.27**	**14.83**	**21.20**	**72183.50**
武都区	Wudu	7.63	5.51	0.40	19.59	3.40		14623.00
宕昌县	Tanchang	8.36	4.76	0.92	6.30	1.69	7.60	5583.50
成　县	Chengxian	2.57	1.63	1.22	9.80	0.78	0.90	8197.00
康　县	Kangxian	2.99	2.18	0.60	5.52	1.00		4614.00
文　县	Wenxian	5.47	3.21	0.31	8.89	1.41		6744.50
西和县	Xihe	4.12	1.95	0.79	7.62	1.08	5.60	6286.00
礼　县	Lixian	10.44	8.52	2.15	13.60	4.12	4.10	12288.00
两当县	Liangdang	2.05	0.42	0.43	1.89	0.25		1790.50
徽　县	Huixian	5.57	1.50	2.75	13.06	1.10	3.00	12057.00
临夏州	**Linxia**	**32.10**	**115.11**	**8.85**	**22.65**	**71.58**	**2279.75**	**42087.00**
临夏市	linxia	0.86	1.38	1.55	1.67	0.93	45.15	3537.00
临夏县	linxia	5.13	13.80	0.79	5.88	5.19	323.75	6181.00
康乐县	Kangle	5.37	11.32	1.90	2.33	3.52	300.20	4439.00
永靖县	Yongjing	2.66	12.22	0.12	7.27	7.58	222.90	7488.00
广河县	Guanghe	3.44	13.40	0.86		4.35	356.70	1770.50
和政县	Hezheng	3.21	10.14	1.56	2.45	4.34	264.50	4856.00
东乡县	Dongxiang	5.17	39.05	1.06	1.02	42.76	525.95	10746.00
积石山县	Jishishan	6.26	13.80	1.01	2.03	2.91	240.60	3069.50
甘南州	**Gannan**	**133.67**	**243.43**	**27.97**	**16.14**	**86.80**	**2227.14**	**51217.00**
合作市	Hezuo	9.12	21.47	2.45	1.29	6.38	192.40	3544.40
临潭县	Lintan	4.84	12.80	0.97	3.71	6.18	89.12	4679.50
卓尼县	Zhuoni	14.27	25.49	3.42	3.62	9.32	192.70	7812.60
舟曲县	Zhouqu	4.95	3.47	0.45	3.93	2.44	6.40	4443.00
迭部县	Diebu	8.36	4.87	1.40	2.60	4.37	22.70	2965.50
玛曲县	Maqu	55.45	50.14	10.97		16.12	501.40	12548.50
碌曲县	Luqu	21.53	50.81	3.31	0.27	14.59	506.00	5427.50
夏河县	Xiahe	15.15	74.38	5.00	0.72	27.40	716.42	9796.00

11-33 受灾面积和成灾面积

Areas Covered and Affected by Natural Disaster

单位：千公顷　　(1 000 hectares)

年 份 Year	受灾面积 Areas Covered	成灾面积 Areas Affected	成灾面积占受灾面积比重（%） Percentage of Disaster Areas Affected to Areas Covered (%)	水 灾 Flood 受灾面积 Areas Covered	水 灾 Flood 成灾面积 Areas Affected	旱 灾 Drought 受灾面积 Areas Covered	旱 灾 Drought 成灾面积 Areas Affected
2000	2004.12	1572.91	78.48	55.77	41.82	1622.33	1303.93
2001	1575.59	1180.72	74.94	33.53	24.53	1089.83	833.13
2002	1270.29	913.25	71.89	50.61	35.68	636.83	483.13
2003	1176.41	813.87	69.18	229.70	169.51	562.63	383.31
2004	1243.84	866.83	69.69	80.08	42.44	378.59	286.02
2005	1137.95	739.98	65.03	101.30	76.76	607.03	380.82
2006	1422.13	1061.68	74.65	73.91	48.95	875.49	662.81
2007	1436.16	1040.57	72.45	110.55	77.95	975.71	700.30
2008	1238.71	871.81	70.38	35.05	20.23	731.83	520.05
2009	1299.83	981.59	75.52	38.51	23.23	1008.87	792.49

11-34 各地区受灾面积和成灾面积

Areas Covered and Affected by Natural Disaster by Prefecture

单位：千公顷　　(2009)　　(1 000 hectares)

地 区	Region	受灾面积 Areas Covered	成灾面积 Areas Affected	成灾面积占受灾面积比重（%） Percentage of Disaster Areas Affected to Areas Covered (%)	水 灾 Flood 受灾面积 Areas Covered	水 灾 Flood 成灾面积 Areas Affected	旱 灾 Drought 受灾面积 Areas Covered	旱 灾 Drought 成灾面积 Areas Affected
兰州市	Lanzhou	82.99	61.09	73.61	0.01	0.01	74.53	54.80
嘉峪关市	Jiayuguan	0.03					0.01	
金昌市	Jinchang	25.69	13.29	51.75			24.29	13.29
白银市	Baiyin	165.18	139.13	84.23	2.45	2.14	152.75	129.05
天水市	Tianshui	100.82	60.16	59.67	2.05	1.56	59.67	37.34
武威市	Wuwei	105.48	92.45	87.64			86.66	83.99
张掖市	Zhangye	43.97	37.14	84.47	0.70	0.38	29.45	23.89
平凉市	Pingliang	129.88	89.63	69.01	0.70	0.59	112.39	77.39
酒泉市	Jiuquan	4.91	4.31	87.65	0.01	0.01	0.51	0.51
庆阳市	Qingyang	281.27	217.97	77.50	8.96	4.52	235.16	192.57
定西市	Dingxi	226.30	169.11	74.73	2.85	2.03	173.42	128.89
陇南市	Longnan	62.47	42.07	67.34	17.02	10.26	19.16	14.40
临夏州	Linxia	39.89	33.78	84.69	0.37	0.27	30.30	27.72
甘南州	Gannan	11.50	9.69	84.29	0.89	0.64	3.55	3.22

主要统计指标解释

农林牧渔业总产值　指以货币表现的农、林、牧、渔业全部产品和对农林牧渔业生产活动进行的各种支持性服务活动的价值总量，它反映一定时期内农林牧渔业生产总规模和总成果。1957 年以前的农林牧渔业总产值中包括了厩肥和农民自给性手工业(如农民自制衣服、鞋、袜，自己从事粮食初步加工等)。1958 年及以后，林业中增加了村及村以下竹木采伐产值；牧业中取消了厩肥产值；副业中取消了农民自给性手工业产值，增加了村及村以下办的工业产值；渔业中增加了海洋捕捞水产品产值。1980 年及以后，在副业中增加了农民家庭兼营工业商品部分的产值。从 1984 年起村及村以下工业产值划归工业。从 1993 年起取消副业，将野生动物的捕猎划入牧业，野生植物采集和农民家庭兼营商品性工业划归农业。从 2003 年起，执行新的国民经济行业分类标准，农林牧渔业总产值中包括了农林牧渔服务业产值。林业中增加了森林采运业产值。农业中取消了家庭兼营商品性工业产值，将野生林产品的采集划归林业。

粮食产量　指全社会的产量。包括国有经济经营的、集体统一经营的和农民家庭经营的粮食产量，还包括工矿企业办的农场和其他生产单位的产量。粮食除包括稻谷、小麦、玉米、高粱、谷子及其他杂粮外，还包括薯类和豆类。

棉花产量　指全社会的产量。包括春播棉和夏播棉。产量　按皮棉计算。3 公斤籽棉折 1 公斤皮棉，不包括木棉。

油料产量　指全部油料作物的生产量。包括花生、油菜籽、芝麻、向日葵籽、胡麻籽（亚麻籽）和其他油料。不包括大豆、木本油料和野生油料。花生以带壳干花生计算。

猪、牛、羊肉产量　指当年出栏并已屠宰、除去头蹄下水后带骨肉(即胴体重)的重量。包括全社会范围内的产量。

期初(末)畜禽存栏头(只)数　指报告期初(末)农村各种合作经济组织和国营农场、农民个人、机关、团体、学校、工矿企业、部队等单位以及城镇居民饲养的大牲畜、猪、羊、家禽等畜禽的存栏数。

常用耕地　是指耕地总资源中专门种植农作物并经常进行耕种、能够正常收获的土地。包括当年实际耕种的熟地；弃耕、休闲不满三年，随时可以复耕的地；开荒利用三年以上的土地。在统计口径上包括南方小于 1 米、北方小于 2 米宽的沟、渠、路和田埂。不包括临时种植农作物的坡度在 25 度以上的陡坡地；在河套、湖畔、库区临时开发的成片或零星土地；也不包括已列为国家和省（区、市）退耕计划但临时耕种的土地。

农作物播种面积　指实际播种或移植有农作物面积。凡是实际种植有农作物的面积，不论种植在耕地上还是种植在非耕地上，均包括在农作物播种面积中。在播种季节基本结束后，因遭灾而重新改种和补种的农作物面积，也包括在内。

有效灌溉面积　指具有一定的水源，地块比较平整，灌溉工程或设备已经配套，在一般年景下当年能够进行正常灌溉的耕地面积。在一般情况下，有效灌溉面积应等于灌溉工程或设备已经配备，能够进行正常灌溉的水田和水浇地面积之和。

农用化肥施用量　指本年内实际用于农业生产的化肥数量，包括氮肥、磷肥、钾肥和复合肥。化肥施用量要求按折纯量计算数量。折纯量是指把氮肥、磷肥、钾肥分别按含氮、含五氧化二磷、含氧化钾的百分之百成份进行折算后的数量。复合肥按其所含主要成分折算。

农业机械总动力　指主要用于农、林、牧、渔业的各种动力机械的动力总和。包括耕作机械、排灌机械、收获机械、农用运输机械、植物保护机械、牧业机械、林业机械、渔业机械和其他农业机械〔内燃机按引擎马力折成瓦(特)计算、电动机按功率折成瓦(特)计算〕。不包括专门用于乡、镇、村、组办工业、基本建设、非农业运输、科学试验和教学等非农业生产方面用的动力机械与作业机械。

乡村户数　指长期(一年以上)居住在乡镇(不包括城关镇)行政管理区域内的住户，还包括居住在城关镇所辖行政村范围内的农村住户。户口不在本地而在本地居住一年及以上的住户也包括在本地农村住户内；有本地户口，但举家外出谋生一年以上的住户，无论是否保留承包耕地都不包括在本地农村住户范围内。不包括乡村地区内的国有经济的机关、团体、学校、企业、事业单位的集体户。

乡村人口数　指乡村地区常住居民户数中的常住人口数，即经常在家或在家居住 6 个月以上，而且经济和生活与本户连成一体的人口。外出从业人员在外居住时间虽然在 6 个月以上，但收入主要带回家中，经济与本户连为一体，仍视为家庭常住人口；在家居住，生活和本户连成一体的国家职工、退休人员也为家庭常住人口。但是现役军人、中专及以上(走读生除外)的在校学生、以及常年在外(不包括探亲、看病等)且已有稳定的职业与居住场所的外出从业人员，不应当作家庭常住人口。

12 工业 Industry

简要说明

一、本篇资料主要内容

本篇反映甘肃省工业经济方面的基本情况。主要包括规模以上工业企业主要经济指标、构成资料；全省主要工业产品产量、规模以上工业主要产品生产能力资料；国有及国有控股工业企业情况；支柱产业情况。

二、本篇资料来源

本篇资料是由省统计局工业交通处根据工业统计年报表中有关资料整理汇总。

12-1 规模以上工业企业工业增加值

Industrial Added Value of Industrial Enterprises above Designated Size

项　目	Item	2005	2006	2007	2008	2009	2009年比2008年增长% Increase Rate in 2009 over 2008
工业增加值（万元）	**Value Added of Industry (10 000yuan)**	**6018000**	**7742099**	**9566751**	**11351662**	**11367135**	**10.60**
按登记注册类型分	**By Registration Categories**						
内　资	Domestic Funded Enterprises	5906804	7524557	9328655	11047306	11046310	10.77
国有企业	State-owned Enterprises	2372056	2579434	3904410	3226093	3051528	15.30
集体企业	Collective-owned Enterprises	298093	387970	408663	403951	380557	27.01
股份制企业	Share-holding Corporations	3071580	4328665	4803445	7175399	7366168	7.90
其他企业	Others	165075	228488	212137	241863	248057	19.70
外商及港澳台商投资企业	Enterprises with Investment from Foreign, Hong Kong ,Macao Taiwan	111196	217542	238096	304356	320825	4.20
按企业规模分	Grouped by Size of Enterprises						
大型企业	Large Enterprises	3604301	4474308	5704389	6169170	6263739	13.20
中型企业	Medium-size Enterprises	1102100	1431863	1569997	2578432	2360521	-2.00
小型企业	Small Enterprises	1311599	1835928	2292365	2604060	2742875	22.50
按轻重工业分	**Grouped by Light and Heavy Industries**						
轻工业	Light Industry	832762	1145876	1196734	1499332	1696167	9.00
重工业	Heavy Industry	5185238	6596223	8370017	9852330	9670968	10.90

注：1.工业增加值中含长庆油田甘肃部分。2.规模以上企业为年主营业务收入在500万元以上的企业（以下表均同）。

a) The value added of industry included the data of Gansu Part of Changqing oil field.

b) Industrial enterprises above designated size are those with annual revenue from principal business over 5 million yuan. The same applies to the tables following.

12-2 规模以上工业企业主要经济指标

单位：万元 (2009)

类 别	Item	企业单位数（个） Number of Enterprises (unit)	#亏损企业 Loss-making Enterprises	工业总产值 Gross Industrial Output Value
总 计	**Total**	**1987**	**518**	**37703787**
按登记注册类型分	**Grouped by Registration Categories**			
内 资	Domestic Funded Enterprises	1937	509	36849819
国有企业	State-owned Enterprises	1937	81	5625265
集体企业	Collective-owned Enterprises	107	25	942427
股份合作企业	Cooperative Enterprises	40	14	208584
联营企业	Joint Owned Enterprises	7	1	46848
有限责任公司	Companies with Limited Liabilities	657	190	16116693
股份有限公司	Stock-holding Companies with Limited Liabilties	104	33	10662964
私营企业	Private Enterprises	768	163	3200609
其他企业	Others	10	2	46431
港澳台商投资企业	Enterprises with Investment from Hong Kong ,Macao Taiwan	21	4	204972
外商投资企业	Enterprises with Investment from Foreign	29	5	648996
按轻重工业分	**Grouped by Light and Heavy Industries**			
轻工业	Light Industry	637	147	4436870
重工业	Heavy Industry	1350	371	33266917
按企业规模分	**Grouped by Size of Enterprises**			
大型企业	Large-sized	29	6	22639750
中型企业	Medium-sized	253	59	8120044
小型企业	Small-sized	1705	453	6943993
按工业行业分	**Grouped by Sector**			
煤炭开采和洗选业	Coal Mining and Dressing	87	10	1421487
石油和天然气开采业	Petroleum and Natural Gas Extraction	6		1976906
黑色金属矿采选业	Ferrous Metals Mining and Dressing	52	25	227060
有色金属矿采选业	Nonferrous Metals Mining and Dressing	78	25	351438
非金属矿采选业	Nonmetal Minerals Mining and Dressing	28	11	101030
其他采矿业	Mining and Dressing of Other Minerals			
农副食品加工业	Agriculture and Sideline Food Production	259	40	1361900
食品制造业	Food Production	67	17	343440
饮料制造业	Beverage Production	85	28	699569
烟草制品业	Tobacco Processing	2	1	641355
纺织业	Textile Industry	31	8	124155
纺织服装、鞋、帽制造业	Textile,Garment,Shoes,Caps	7	2	16490
皮革、毛皮、羽毛（绒）及其制品业	Leather, Furs, Down and Related Products	11	3	98752

Main Indicators of Industrial Enterprises above Designated Size

(10 000 yuan)

工业销售产值 Sales Value of Industry Products	#出口交货值 Delivery Value for Export	全部从业人员年平均人数（人） Employment (person)	年末资产总计 Total Assets	#产成品 Finished Product	流动资产合计 Total of Current Assets
36477231	**307373**	**690305**	**52905365**	**2515183**	**19288464**
35676319	276595	677007	51243360	2480068	18858309
5546622	14183	139046	9853403	239874	2873343
854120	240	24404	936951	72250	433669
192428		6296	215610	10415	90072
46919		3336	51842	9766	32147
15428687	174881	309879	26604945	1530558	11388573
10597312	48025	94418	9733710	262930	2335580
2965385	39266	97899	3807673	352690	1691123
44846		1729	39225	1585	13802
205365	699	5799	713677	16793	148835
595547	30079	7499	948328	18322	281321
4117440	142159	141077	7279583	504614	3176192
32359791	165214	549228	45625782	2010569	16112272
22379788	122889	297124	29499315	1333820	10957371
7789919	66182	189738	11607423	505558	4645409
6307524	118302	203443	11798626	675805	3685684
1360219		79375	2526055	61820	962432
1897290		15843	2681917	3865	477618
176757		5600	229115	26708	117971
298884		14370	784986	68761	352385
77020		4451	83454	9566	30782
1248888	60183	38463	1945459	187381	660493
303468	25367	11885	359917	42564	147272
648082	30498	18437	1045159	100378	543979
630624		2239	609513	5231	473591
124253	7608	8577	156302	14510	69593
15796		1713	26974	3705	11857
76846		2069	115101	8992	70882

12-2 续表 1

单位：万元

类　别	Item	企业单位数（个）Number of Enterprises (unit)	#亏损企业 Loss-making Enterprises	工业总产值 Gross Industrial Output Value
木材加工及木、竹、藤、棕、草制品业	Timber Processing,Bamboo,Cane,Palm Fiberand Straw Products	6	1	12299
家具制造业	Furniture Manufacturing	4	1	10371
造纸及纸制品业	Papermaking and Paper Products	22	7	90068
印刷业和记录媒介的复制	Printing and Record Medium Reproduction	18	6	47582
文教体育用品制造业	Cultural, Educational and Sports Goods	1		3130
石油加工、炼焦及核燃料加工业	Petroleum Processing , Coking, Nuclear Fuel Processing	21	6	7617607
化学原料及化学制品制造业	Raw Chemical Materials and Chemical Products	146	48	1872947
医药制造业	Medical and Pharmaceutical Products	60	12	434491
化学纤维制造业	Chemical Fiber Manufacturing	5	1	86316
橡胶制品业	Rubber Products	5	2	21843
塑料制品业	Plastic Products	67	12	242854
非金属矿物制品业	Nonmetal Mineral Products	201	31	1207854
黑色金属冶炼及压延加工业	Smelting and Pressing of Ferrous Metals	109	46	4927561
有色金属冶炼及压延加工业	Smelting and Pressing of Nonferrous Metals	50	10	6477761
金属制品业	Metal Products	63	15	456448
通用设备制造业	General Purpose Equipment Manufacturing	79	25	455158
专用设备制造业	Equipment Manufacturing For Special Purposes	62	15	595528
交通运输设备制造业	Transport Equipment Manufacturing	22	8	318680
电气机械及器材制造业	Electric Equipment and Machinery	59	11	984394
通信设备、计算机及其他电子设备制造业	Telecommunication Equipment,Computer and Other Elctronic Equipment	8	1	152778
仪器仪表及文化、办公用机械制造业	Instruments,Meters,Cultural and Office Machinery	7	2	26634
工艺品及其他制造业	Arts and Other Manufacturing	9	1	267398
废弃资源和废旧材料回收加工业	Waste Resources and Materials Recycling and Processing	1	1	10001
电力、热力的生产和供应业	Production and Supply of Electric power and heat	222	71	3883471
燃气生产和供应业	Production and Supply of Gas	6	2	73179
水的生产和供应业	Production and Supply of Water	21	13	63852

continue

(10 000 yuan)

工业销售产值 Sales Value of Industry Products	#出口交货值 Delivery Value for Export	全部从业人员年平均人数（人） Employment (person)	年末资产总计 Total Assets	#产成品 Finished Product	流动资产额合计 Total of Circulating Funds
10152		843	15387	1171	5549
10034		929	7813	500	2132
78525		6199	112222	10786	37909
48009		3877	91839	1519	36145
3067		120	450	7	36
7657895	2183	32345	3932905	189902	1005807
1796490	35342	57451	2349097	109733	1088470
388341	2130	11643	897463	73736	456903
80341	14850	16635	524408	26460	148793
21489	181	1340	24309	2386	8504
230291	179	9729	254277	24072	132039
1175638	3599	42598	1961747	84147	815877
4763903	25834	51661	7485715	636733	2915364
6306415	15224	77272	9323010	606177	4902882
426025		9023	534927	26701	270727
426417	33486	19850	649497	53461	390350
546913	31086	18981	778386	35599	421278
299813	109	9738	404918	10921	200810
915892	6490	18118	692605	53513	467642
141009	11442	9039	393139	12217	215382
24315	59	1275	28249	3033	17401
262698	1524	5794	683728	10620	346886
9615		560	16276	695	8216
3861009		74297	10547716	7471	1340962
73676		1819	185330	−226	59174
61132		6147	446003	371	74372

12–2 续表 2 continued

单位：万元　　(10 000 yuan)

类　别	Item	固定资产合计 Total of Fixed Assets	年末负债合计 Total Liabilities at Year-end	主营业务收入 Revenue from Principal Business	#主营业务成本 Cost of Principal Business
总　计	**Total**	**27026444**	**30717470**	**38669917**	**31898561**
按登记注册类型分	**By Registration Categories**				
内资	Domestic Funded Enterprises	26102064	29885777	37824060	31282564
国有企业	State-owned Enterprises	5615643	6926893	5627106	5053288
集体企业	Collective-owned Enterprises	408669	495227	840596	682808
股份合作企业	Cooperative Enterprises	96691	117033	196060	157698
联营企业	Joint Owned Enterprises	18085	35601	46321	32676
有限责任公司	Companies with Limited Liabilities	11581015	15650058	18595865	15959487
股份有限公司	Stock-holding Companies with Limited Liabilties	6931412	4658371	9928403	7244191
私营企业	Private Enterprises	1428714	1986597	2547815	2115161
其他企业	Others	21834	15998	41894	37254
港澳台商投资企业	Enterprises with Investment from Hong Kong ,Macao Taiwan	371244	343714	197400	167156
外商投资企业	Enterprises with Investment from Foreign	553136	487979	648457	448841
按轻重工业分	**Grouped by Light and Heavy Industries**				
轻工业	Light Industry	2355016	3679579	37922301	2755101
重工业	Heavy Industry	24671428	27037891	34877616	29143460
按企业规模分	**By Size of Enterprises**				
大型企业	Large-sized	15318746	17546983	25395006	21373343
中型企业	Medium-sized	5710258	6455586	7639119	5918578
小型企业	Small-sized	5997440	6714901	5635792	4606640
按工业行业分	**By Sector**				
煤炭开采和洗选业	Coal Mining and Dressing	1124467	1579187	1214493	810737
石油和天然气开采业	Petroleum and Natural Gas Extraction	2172117	1415577	1442444	712136
黑色金属矿采选业	Ferrous Metals Mining and Dressing	99447	104399	186411	87536
有色金属矿采选业	Nonferrous Metals Mining and Dressing	271401	461795	299188	191749
非金属矿采选业	Nonmetal Minerals Mining and Dressing	46466	26638	71165	58876
其他采矿业	Mining and Dressing of Other Minerals				
农副食品加工业	Agriculture and Sideline Food Production	453592	979878	1030115	880130
食品制造业	Food Production	142189	199244	243248	202382
饮料制造业	Beverage Production	368287	626765	619205	454538
烟草制品业	Tobacco Processing	120715	135404	644889	218893
纺织业	Textile Industry	65360	69549	118711	103091
纺织服装、鞋、帽制造业	Textile,Garment,Shoes,Caps	13474	14757	17183	14035
皮革、毛皮、羽毛（绒）及其制品业	Leather, Furs, Down and Related Products	29513	58699	78561	67864

12-2 续表 3 continued

单位：万元 (10 000 yuan)

类 别	Item	固定资产合计 Total Fixed Assets	年末负债合计 Total Liabilities at Year-end	主营业务收入 Revenue from Principal Business	#主营业务成本 Cost of Principal Business
木材加工及木、竹、藤、棕、草制品业	Timber Processing,Bamboo,Cane,Palm Fiber and Straw Products	7417	10768	10807	9466
家具制造业	Furniture Manufacturing	2284	3491	6733	5947
造纸及纸制品业	Papermaking and Paper Products	62260	56737	73201	63898
印刷业和记录媒介的复制	Printing and Record Medium Reproduction	43595	36427	44527	33656
文教体育用品制造业	Cultural, Educational and Sports Goods	400	38	3067	2707
石油加工、炼焦及核燃料加工业	Petroleum Processing and Coking	2866923	1986561	7651829	5815136
化学原料及化学制品制造业	Raw Chemical Materials and Chemical Products	1088321	1369119	2104161	1876727
医药制造业	Medical and Pharmaceutical Products	209495	306860	378080	209057
化学纤维制造业	Chemical Fiber	173127	259637	140460	130187
橡胶制品业	Rubber Products	14687	11048	10455	8134
塑料制品业	Plastic Products	85256	126798	223146	193051
非金属矿物制品业	Nonmetal Mineral Products	717059	982927	1116175	838116
黑色金属冶炼及压延加工业	Smelting and Pressing of Ferrous Metals	3133951	4665109	5126545	4546745
有色金属冶炼及压延加工业	Smelting and Pressing of Nonferrous Metals	3965259	4908888	9187046	8525124
金属制品业	Metal Products	150057	370071	296204	255799
通用设备制造业	General Purpose Equipment Manufacturing	207597	427611	395633	327607
专用设备制造业	Equipment Manufacturing For Special Purposes	294748	422182	579937	502302
交通运输设备制造业	Transport Equipment Manufacturing	120379	229753	285724	250418
电气机械及器材制造业	Electric Equipment and Machinery	115883	408482	774914	610370
通信设备、计算机及其他电子设备制造业	Telecommunication Equipment,Computer and Other Elctronic Equipment	134034	216900	128164	94768
仪器仪表及文化、办公用机械制造业	Instruments,Meters,Cultural and Office Machinery	7564	14014	21843	17882
工艺品及其他制造业	Arts and Other Manufacturing	243763	653794	214053	211758
废弃资源和废旧材料回收加工业	Waste Resources and Materials Recycling and Processing	8059	12007	4344	5629
电力、热力的生产和供应业	Production and Supply of Electric power and Heat power	8020647	7352700	3788088	3457436
燃气生产和供应业	Production and Supply of Gas	123395	71256	78219	56787
水的生产和供应业	Production and Supply of Water	323258	142404	60952	47887

12-2 续表 4 continued

单位：万元　　(10 000 yuan)

类　别	Item	#主营业务税金及附加 Taxes and Other Charges on Principal Business	管理费用 Overhead Expenses	利润总额 Total Profits	利税总额 Total Pre-tax Profits
总　计	**Total**	**1777982**	**2121042**	**1690979**	**4920847**
按登记注册类型分	**By Registration Categories**				
内　资	Domestic Funded Enterprises	1765953	2091018	1635579	4812395
国有企业	State-owned Enterprises	164632	379367	17941	388320
集体企业	Collective-owned Enterprises	5263	38719	34666	63873
股份合作企业	Cooperative Enterprises	2325	10524	17409	28245
联营企业	Joint Owned Enterprises	554	4627	2946	5145
有限责任公司	Companies with Limited Liabilities	417563	1081677	667063	1727524
股份有限公司	Stock-holding Companies with Limited Liabilties	1144659	454985	773984	2391521
私营企业	Private Enterprises	30692	115603	120142	204404
其他企业	Others	265	5515	1429	3363
港澳台商投资企业	Enterprises with Investment from Hong Kong ,Macao Taiwan	2595	11054	9994	19654
外商投资企业	Enterprises with Investment from Foreign	9434	18970	45406	88799
按轻重工业分	**Grouped by Light and Heavy Industries**				
轻工业	Light Industry	365458	244522	229368	735743
重工业	Heavy Industry	1412524	1876520	1461611	4185104
按企业规模分	**By Size of Enterprises**				
大型企业	Large-sized	1207257	1299598	1029364	3140637
中型企业	Medium-sized	507204	510975	409357	1287818
小型企业	Small-sized	63521	310469	252258	492392
按工业行业分	**By Sector**				
煤炭开采和洗选业	Coal Mining and Dressing	25899	194149	94700	263609
石油和天然气开采业	Petroleum and Natural Gas Extraction	32191	47245	472554	596556
黑色金属矿采选业	Ferrous Metals Mining and Dressing	1573	8884	12004	16679
有色金属矿采选业	Nonferrous Metals Mining and Dressing	4483	31947	37698	58836
非金属矿采选业	Nonmetal Minerals Mining and Dressing	2892	5211	3054	9285
其他采矿业	Other Mining and Dressing				
农副食品加工业	Agriculture and Sideline Food Production	3700	43383	42683	56879
食品制造业	Food Production	3069	10174	10740	21221
饮料制造业	Beverage Production	29966	24720	38255	88192
烟草制品业	Tobacco Processing	323369	28841	63281	456873
纺织业	Textile Industry	647	6506	4024	6673
纺织服装、鞋、帽制造业	Textile,Garment,Shoes,Caps	63	1694	851	1199
皮革、毛皮、羽毛(绒)及其制品业	Leather, Furs, Down and Related Products	277	11474	6213	8382

12-2 续表 5 continued

单位：万元 (10 000 yuan)

类 别	Item	#主营业务税金及附加 Taxes and Other Charges on Principal Business	管理费用 Overhead Expenses	利润总额 Total Profits	利税总额 Total Pre-tax Profits
木材加工及木、竹、藤、棕、草制品业	Timber Processing,Bamboo,Cane,Palm Fiber and Straw Products	56	1902	−1	249
家具制造业	Furniture Manufacturing	24	391	66	285
造纸及纸制品业	Papermaking and Paper Products	162	6038	676	2403
印刷业和记录媒介的复制	Printing and Record Medium Reproduction	422	8836	442	2088
文教体育用品制造业	Cultural, Educational and Sports Goods	40	3	310	350
石油加工、炼焦及核燃料加工业	Petroleum Processing and Coking	1229781	340277	252686	1828764
化学原料及化学制品制造业	Raw Chemical Materials and Chemical Products	17131	164256	16540	90011
医药制造业	Medical and Pharmaceutical Products	2415	37562	73926	93960
化学纤维制造业	Chemical Fiber	194	9629	−4452	−2916
橡胶制品业	Rubber Products	32	1198	759	934
塑料制品业	Plastic Products	1552	9788	8736	13501
非金属矿物制品业	Nonmetal Mineral Products	8275	89701	142533	206831
黑色金属冶炼及压延加工业	Smelting and Pressing of Ferrous Metals	33066	274052	51382	275061
有色金属冶炼及压延加工业	Smelting and Pressing of Nonferrous Metals	18334	351339	253648	399197
金属制品业	Metal Products	2105	16488	16581	30032
通用设备制造业	General Purpose Equipment Manufacturing	1807	45018	15550	26487
专用设备制造业	Equipment Manufacturing for Special Purposes	3522	70888	27362	50373
交通运输设备制造业	Transport Equipment Manufacturing	361	32604	12863	18204
电气机械及器材制造业	Electric Equipment and Machinery	1845	37624	64083	92636
通信设备、计算机及其他电子设备制造业	Telecommunication Equipment,Computer and Other Elctronic Equipment	482	18478	12462	17598
仪器仪表及文化、办公用机械制造业	Instruments,Meters,Cultural and Office Machinery	55	2221	777	1555
工艺品及其他制造业	Arts and Other Manufacturing	22	26113	1417	1604
废弃资源和废旧材料回收加工业	Waste Resources and Materials Recycling and Processing	28	301	−999	−632
电力、热力的生产和供应业	Production and Supply of Electric power and Heat Power	26761	143603	−47561	176398
燃气生产和供应业	Production and Supply of Gas	877	6529	6971	9539
水的生产和供应业	Production and Supply of Water	506	11975	−1834	1953

12-3 按行业分规模以上工业企业主要经济效益指标

（2009）

类 别	Branch	总资产贡献率（%） Ratio of Total Assets to Industrial Output Value (%)	资产负债率（%） Assets Liability Ratio (%)
总 计	**Total**	**11.16**	**60.41**
煤炭开采和洗选业	Coal Mining and Dressing	11.15	62.52
石油和天然气开采业	Petroleum and Natural Gas Extraction	22.40	52.78
黑色金属矿采选业	Ferrous Metals Mining and Dressing	7.90	45.57
有色金属矿采选业	Nonferrous Metals Mining and Dressing	8.60	58.83
非金属矿采选业	Nonmetal Minerals Mining and Dressing	11.66	31.92
其他采矿业	Mining and Dressing of Other Minerals		
农副食品加工业	Agriculture and Sideline Food Production	3.85	50.37
食品制造业	Food Production	7.13	55.36
饮料制造业	Beverage Production	9.55	59.97
烟草制品业	Tobacco Processing	75.32	22.22
纺织业	Textile Industry	4.86	44.50
纺织服装、鞋、帽制造业	Textile,Garment,Shoes,Caps	5.68	54.71
皮革、毛皮、羽毛(绒)及其制品业	Leather, Furs, Down and Related Products	8.23	51.00
木材加工及木、竹、藤、棕、草制品业	Timber Processing,Bamboo,Cane,Palm Fiberand Straw Products	2.69	69.98
家具制造业	Furniture Manufacturing	5.43	44.68
造纸及纸制品业	Papermaking and Paper Products	3.25	50.56
印刷业和记录媒介的复制	Printing and Record Medium Reproduction	2.76	39.66
文教体育用品制造业	Cultural, Educational and Sports Goods	78.67	8.44
石油加工、炼焦及核燃料加工业	Petroleum Processing and Coking	46.92	50.51
化学原料及化学制品制造业	Raw Chemical Materials and Chemical Products	4.43	58.28
医药制造业	Medical and Pharmaceutical Products	10.88	34.19
化学纤维制造业	Chemical Fiber	0.27	49.51
橡胶制品业	Rubber Products	4.68	45.45
塑料制品业	Plastic Products	6.32	49.87
非金属矿物制品业	Nonmetal Mineral Products	11.67	50.10
黑色金属冶炼及压延加工业	Smelting and Pressing of Ferrous Metals	4.93	62.32
有色金属冶炼及压延加工业	Smelting and Pressing of Nonferrous Metals	5.31	52.65
金属制品业	Metal Products	6.18	69.18
通用设备制造业	General Purpose Equipment Manufacturing	4.99	65.84
专用设备制造业	Equipment Manufacturing For Special Purposes	6.84	54.24
交通运输设备制造业	Transport Equipment Manufacturing	5.10	56.74
电气机械及器材制造业	Electric Equipment and Machinery	13.89	58.98
通信设备、计算机及其他电子设备制造业	Telecommunication Equipment,Computer and Other Elctronic Equipment	5.08	55.17
仪器仪表及文化、办公用机械制造业	Instruments,Meters,Cultural and Office Machinery Arts and Other Manufacturing	5.66	49.61
工艺品及其他制造业	Waste Resources and Materials Recycling and Processing	0.09	95.62
废弃资源和废旧材料回收加工业	Electric Power, Gas and Water Production and Supply	-1.00	73.77
电力、热力的生产和供应业	Production and Supply of Electric power and heat	3.79	69.71
燃气生产和供应业	Production and Supply of Gas	5.59	38.45
水的生产和供应业	Production and Supply of Water	0.77	31.93

Main Indicators on Economic Benefit of Industrial Enterprises above Designated Size

流动资产周转次数（次/年）Number of Times of Annual of Turnover Circulating Funds (times/year)	工业成本费用利润率（%）Ratio of Profits to Industrial Cost (%)	全员劳动生产率（元/人）Overall Labor Productivity (yuan/person-year)	产品销售率（%）Proportion of Products Sold (%)
1.91	**4.50**	**153201**	**97.54**
1.26	8.86	92526	95.69
3.02	61.41	679217	95.97
1.58	11.77	216909	77.85
0.85	15.78	171207	85.05
2.31	4.55	101011	76.24
1.56	4.39	98271	91.70
1.65	4.63	80558	88.36
1.14	6.97	116278	92.64
1.36	24.49	1808814	98.33
1.71	3.42	42466	100.08
1.45	5.06	32789	95.79
1.11	7.60	179746	77.82
1.95	−0.01	40110	82.54
3.16	0.98	49959	96.75
1.93	0.93	50593	87.18
1.23	1.00	62592	100.90
85.19	11.40	86449	97.99
7.61	4.06	181223	100.53
1.93	0.78	110074	95.92
0.83	25.46	164448	89.38
0.94	−3.00	5821	93.08
1.23	7.45	43748	98.38
1.69	4.11	44563	94.83
1.37	14.07	89019	97.33
1.76	1.01	228583	96.68
1.87	2.81	204137	97.35
1.09	5.88	110872	93.33
1.01	3.81	69017	93.69
1.38	4.62	112823	91.84
1.42	4.18	143249	94.08
1.66	9.51	105252	93.04
0.60	10.41	50378	92.30
1.26	3.65	81731	91.30
0.62	0.60	32648	98.24
0.53	−15.55	104207	96.14
2.82	−1.24	178606	99.42
1.32	9.45	183477	100.68
0.82	−2.90	75090	95.74

12-4 规模以上工业企业经济效益指数

Indices of Economic Benefit of Industrial Enterprises above Designated Size

（2009）

类　别	Items	工业经济效益综合指数（%）Comprehensive Index of Industry Economic Benefit (%)	总资产贡献率（%）Ratio of Total Assets to Industrial Output Value (%)	资本保值增值率（%）Ratio of Capital Hold and Rise (%)	资产负债率（%）Asset-Liability Ratio (%)
总　计	**Total**	**187.44**	**11.16**	**95.00**	**60.41**
#国有及国有控股企业	State-owned and State Holding Enterprises	198.44	11.74	54.33	62.08
#大中型	Large and Medium Enterprises	205.09	12.01	90.92	59.55
按轻、重工业分	By Light and Heavy Industries				
轻工业	Light Industry	169.17	12.13	127.23	52.28
重工业	Heavy Industry	192.50	11.02	90.66	61.64
按隶属关系分	By Subordination				
中央工业	Central	277.34	19.90	91.83	65.86
地方工业	Local	158.30	6.88	96.20	57.97

12-4 续表 continued

类　别	Items	流动资产周转次数（次/年）Turnover Times of Circulating Assets (times/year)	工业成本费用利润率（%）Ratio of Profits to Industria Cost (%)	全员劳动生产率（元/人）Overall Industrial Labor Productivity (yuan/person)	产品销售率（%）Proportion of Products Sold (%)
总　计	**Total**	**1.91**	**4.50**	**153201**	**97.54**
#国有及国有控股企业	State owned and State Holding Enterprises	2.08	4.21	177572	99.62
#大中型	Large and Medium Enterprises	2.02	4.73	177114	99.56
按轻、重工业分	By Light and Heavy Industries				
轻工业	Light Industry	1.19	6.36	117288	90.81
重工业	Heavy Industry	2.05	4.33	161896	98.49
按隶属关系分	By Subordination				
中央工业	Central	2.95	5.71	251271	100.93
地方工业	Local	1.59	3.88	128299	95.32

12-5 主要工业产品产量

Output of Major Industrial Products

产品名称	Product name	2005	2006	2007	2008	2009	2009年比2008年增长(%) Growth in 2009 than in 2008 %
原煤（万吨）	Coal (10 000 tons)	3619.84	3822.79	3949.34	3976.99	3975.96	−0.03
天然原油（万吨）	Natural Crude Oil (10 000 tons)	304.55	332.36	351.67	365.15	359.91	−1.44
天然气（万立方米）	Natural Gas (10 000 cu.m)	15987.00	15339.88	14942.00	14773.00	14850.00	0.52
铁矿石原矿（万吨）	iron ore (10 000 tons)	556.80	629.60	566.10	719.11	950.32	32.15
小麦粉（万吨）	wheatmeal (10 000 tons)	83.39	108.73	141.69	143.09	157.42	10.01
饮料、酒（万千升）	drinks (10 000kl)	39.99	46.24	44.50	57.54	65.50	13.83
软饮料（万吨）	soft drinks (10 000 tons)	11.32	39.51	36.26	98.86	144.78	46.45
卷烟（万箱）	Cigarettes (10 000 case)	71.00	71.00	74.40	77.90	78.40	0.64
原油加工量（万吨）	Crude Oil Processing (10 000 tons)	1225.17	1310.76	1246.16	1384.63	1436.59	3.75
焦炭（万吨）	Coke (10 000 tons)	221.85	240.80	249.39	241.47	243.13	0.69
硫酸（万吨）	Sulfuric Acid (10 000 tons)	122.68	150.08	184.34	203.16	253.26	24.66
烧碱（万吨）	Caustic Soda (10 000 tones)	7.30	7.18	8.42	10.55	14.27	35.26
纯碱（万吨）	Soda Ash (10 000 tons)	18.01	18.96	20.52	23.10	12.77	−44.72
电石（万吨）	Calcium Carbide (10 000 tons)	31.51	44.91	50.08	70.55	82.57	17.04
乙烯（万吨）	Ethene (10 000 tons)	24.57	24.01	68.18	70.15	69.38	−1.10
农用化肥（万吨）	Chemical Fertilizer (10 000 tons)	113.51	110.83	99.50	71.34	80.99	13.53
化学农药（万吨）	Chemical Pesticide (10 000 tons)	0.04	0.58	0.18	0.13	0.16	23.08
塑料制品（万吨）	Plastic Products (ton)	10.13	10.62	10.32	9.50	12.22	28.63
水泥（万吨）	Cement (10 000 tons)	1553.29	1454.76	1540.21	1560.32	1816.10	16.39
平板玻璃（万重量箱）	Plate Glass (10 000 weight cases)	339.62	428.92	588.09	576.18	508.09	−11.82
生铁（万吨）	Pig Iron (10 000 tons)	468.72	545.77	592.78	550.79	612.14	11.14
粗钢（万吨）	Crude Steel (10 000 tons)	458.44	545.29	602.80	515.78	626.36	21.44
钢材（万吨）	Rolled Steel (10 000 tons)	452.25	534.75	597.89	577.30	644.54	11.65
铁合金（万吨）	Iron Alloy (10 000 tons)	64.34	74.67	87.81	86.56	93.56	8.09
十种有色金属（万吨）	Ten Kinds of Nonferrous Metals (10 000 tons)	117.93	130.96	142.75	162.82	172.65	6.04
铜（万吨）	Copper (10 000 tons)	23.79	28.19	31.78	36.72	41.89	14.08
铅（万吨）	Lead (10 000 tons)	6.07	5.13	2.86	2.08	3.02	45.19
锌（万吨）	Zinc (10 000 tons)	22.61	23.05	23.23	20.77	19.85	−4.43
镍（万吨）	Nickel (10 000 tons)	8.28	10.12	10.61	10.43	13.00	24.64
铝（万吨）	Aluminium (10 000 tons)	56.94	63.76	74.27	95.77	94.79	−1.02
汽车（辆）	Motor Vehicles (set)				9362.00	18685.00	99.58
发电设备（万千瓦小时）	Power Generating Equipment (10 000 kwh)		111.44	102.60	30.31	9.51	−68.62
变压器（万千伏安）	Power Transformer (10 000 kva)	154.89	165.54	129.01	137.70	209.18	51.91
集成电路（万块）	Integrated Circuits (10 000 units)	243278.00	539386.60	475763.00	307075.00	328539.50	6.99
发电量（亿千瓦小时）	Electricity (100 million kwh)	506.17	531.89	618.85	690.22	703.25	1.89
#火力发电量	Fire Power	339.70	356.78	424.36	456.37	432.45	−5.24
#水力发电量	Hydraulic Power	145.12	167.12	180.19	216.05	250.20	15.81

12-6 规模以上工业企业分行业主要指标构成

单位：%　　(2009)

行　业	Item	工业总产值 Gross Industrial Output Value	工业销售产值 Value of Industrial Products Sales
全省总计	**Provincal Total**	**100.00**	**100.00**
煤炭开采和洗选业	Coal Mining and Dressing	3.77	3.73
石油和天然气开采业	Petroleum and Natural Gas Extraction	5.24	5.20
黑色金属矿采选业	Ferrous Metals Mining and Dressing	0.60	0.48
有色金属矿采选业	Nonferrous Metals Mining and Dressing	0.93	0.82
非金属矿采选业	Nonmetal Minerals Mining and Dressing	0.27	0.21
其他采矿业	Mining and Dressing of Other Minerals		
农副食品加工业	Agriculture and Sideline Food Production	3.61	3.42
食品制造业	Food Production	0.91	0.83
饮料制造业	Beverage Production	1.86	1.78
烟草制品业	Tobacco Processing	1.70	1.73
纺织业	Textile Industry	0.33	0.34
纺织服装、鞋、帽制造业	Textile,Garment,Shoes,Caps	0.04	0.04
皮革、毛皮、羽毛（绒）及其制品业	Leather, Furs, Down and Related Products	0.26	0.21
木材加工及木、竹、藤、棕、草制品业	Timber Processing,Bamboo,Cane,Palm Fiberand Straw Products	0.03	0.03
家具制造业	Furniture Manufacturing	0.03	0.03
造纸及纸制品业	Papermaking and Paper Products	0.24	0.22
印刷业和记录媒介的复制	Printing and Record Medium Reproduction	0.13	0.13
文教体育用品制造业	Cultural, Educational and Sports Goods	0.01	0.01
石油加工、炼焦及核燃料加工业	Petroleum Processing and Coking	20.20	20.99
化学原料及化学制品制造业	Raw Chemical Materials and Chemical Products	4.97	4.92
医药制造业	Medical and Pharmaceutical Products	1.15	1.06
化学纤维制造业	Chemical Fiber	0.23	0.22
橡胶制品业	Rubber Products	0.06	0.06
塑料制品业	Plastic Products	0.64	0.63
非金属矿物制品业	Nonmetal Mineral Products	3.20	3.22
黑色金属冶炼及压延加工业	Smelting and Pressing of Ferrous Metals	13.07	13.06
有色金属冶炼及压延加工业	Smelting and Pressing of Nonferrous Metals	17.18	17.29
金属制品业	Metal Products	1.21	1.17
通用设备制造业	General Purposes Equipment Manufacturing	1.21	1.17
专用设备制造业	Equipment Manufacturing For Special Purposes	1.58	1.50
交通运输设备制造业	Transport Equipment Manufacturing	0.85	0.82
电气机械及器材制造业	Electric Equipment and Machinery	2.61	2.51
通信设备、计算机及其他电子设备制造业	Telecommunication Equipment,Computer and Other Elctronic Equipment	0.41	0.39
仪器仪表及文化、办公用机械制造业	Instruments,Meters,Cultural and Office Machinery	0.07	0.07
工艺品及其他制造业	Arts and Other Manufacturing	0.71	0.72
废弃资源和废旧材料回收加工业	Waste Resources and Materials Recycling and Processing	0.03	0.03
电力、热力的生产和供应业	Production and Supply of Electric power and heat	10.30	10.58
燃气生产和供应业	Production and Supply of Gas	0.19	0.20
水的生产和供应业	Production and Supply of Water	0.17	0.17

Composition of Main Indicators of Industrial Enterprises above Designated Size by Sector

(%)

年末资产总计 Total Assets	流动资产 Total Assets Current	固定资产 Fixed Assets	流动负债 Total Liquid Liabilities	长期负债 Long-term Liabilities	所有者权益 Creditors'Equity	利润总额 Total Profits	本年应交增值税 Value Added Tax Payable
100.00	**100.00**	**100.00**	**100.00**	**100.00**	**100.00**	**100.00**	**100.00**
4.77	4.99	4.16	6.01	4.13	4.26	5.60	9.85
5.07	2.48	8.04	6.46	1.52	5.74	27.95	6.32
0.43	0.61	0.37	0.41	0.01	0.55	0.71	0.21
1.48	1.83	1.00	1.59	0.84	1.45	2.23	1.15
0.16	0.16	0.17	0.10	0.01	0.26	0.18	0.23
3.68	3.42	1.68	2.85	2.03	4.33	2.52	0.72
0.68	0.76	0.53	0.70	0.52	0.71	0.64	0.51
1.98	2.82	1.36	2.73	0.80	1.86	2.26	1.38
1.15	2.46	0.45	0.68		2.15	3.74	4.84
0.30	0.36	0.24	0.24	0.20	0.38	0.24	0.14
0.05	0.06	0.05	0.07	0.01	0.06	0.05	0.02
0.22	0.37	0.11	0.16	0.16	0.26	0.37	0.13
0.03	0.03	0.03	0.01	0.08	0.02		0.01
0.01	0.01	0.01	0.02		0.02		0.01
0.21	0.20	0.23	0.25	0.07	0.25	0.04	0.11
0.17	0.19	0.16	0.15	0.07	0.25	0.03	0.08
						0.02	
7.43	5.21	10.61	6.41	7.27	8.82	14.94	23.85
4.44	5.64	4.03	5.18	3.35	4.42	0.98	3.88
1.70	2.37	0.78	1.21	0.39	2.67	4.37	1.21
0.99	0.77	0.64	1.30	0.06	1.20	−0.26	0.09
0.05	0.04	0.05	0.05	0.01	0.06	0.04	0.01
0.48	0.68	0.32	0.53	0.19	0.56	0.52	0.22
3.71	4.23	2.65	3.17	1.94	4.41	8.43	3.86
14.15	15.11	11.60	16.23	15.65	12.75	3.04	13.13
17.62	25.42	14.67	17.24	9.76	19.99	15.00	8.76
1.01	1.40	0.56	1.23	0.36	0.74	0.98	0.78
1.23	2.02	0.77	1.73	0.90	0.99	0.92	0.63
1.47	2.18	1.09	1.95	0.44	1.61	1.62	1.34
0.77	1.04	0.45	1.03	0.30	0.69	0.76	0.34
1.31	2.42	0.43	1.88	0.36	1.27	3.79	1.84
0.74	1.12	0.50	0.80	0.64	0.80	0.74	0.32
0.05	0.09	0.03	0.06	0.02	0.06	0.05	0.05
1.29	1.80	0.90	1.96	2.89	0.13	0.08	0.01
0.03	0.04	0.03	0.06		0.02	−0.06	0.02
19.94	6.95	29.68	15.01	43.96	14.45	−2.81	13.58
0.35	0.31	0.46	0.27	0.18	0.43	0.41	0.12
0.84	0.39	1.20	0.26	0.88	1.38	0.11	0.23

12-7 规模以上工业主要产品生产能力

Production capacity of major products of the industrial enterprises above designated size

enterprises above designated size

(2009)

产品名称	Product name	年末生产能力 The production capacity at Year-end
原煤（万吨）	Coal (10 000 tons)	4458.46
卷烟（万支）	Cigarettes (10 000 piece)	4090500
原油加工量（万吨）	Crude Oil Processing (10 000 tons)	1467.00
焦炭（万吨）	Coke (10 000 tons)	275.00
碳化钙（万吨）	Calcium Carbide(10 000 tons)	112.63
农用氮、磷、钾化学肥料总计（万吨）	Chemical Fertilizer (10 000 tons)	104.05
化学纤维（吨）	Chemical Fiber (tons)	6728.00
水泥熟料（万吨）	Cement Clinker(10 000 tons)	2070.74
水泥（万吨）	Ethene (10 000 tons)	2809.17
平板玻璃（万重量箱）	Plate Glass (10 000 weight cases)	601.00
生铁（万吨）	Chemical Pesticide (10 000 tons)	626.00
粗钢（万吨）	Plastic Products (10 000 tons)	780.00
钢材（万吨）	Rolled Steel (10 000 tons)	700.84
铁合金（万吨）	Plate Glass (10 000 tons)	136.37
原铝（万吨）	Primary Aluminium (10 000 tons)	105.00
汽车（万辆）	Motor Vehicles(10 000 sets)	5.00
#轿车	Cars(10 000 sets)	5.00
发电设备容量总计（万千瓦）	Electricity(10 000 kwh)	1692.06
火电设备容量总计	Fire Power	1047.49
水电设备容量总计	Hydropower	550.23
核电设备容量总计	Nuclear Power	
风电设备容量总计	Wind Power	89.48

12-8 国有及国有控股企业主要指标占全省比重

Proportion of the Major Indexes of Enterprises Owned by the State or with the State Holding Major Shares

单位：亿元　　(2009)　　(100 million yuan)

指　标	Item	全　省 Total	国有及国有控股企业 Enterprises Owned By The State or With The State Holding Major Shares	占全省比重 (%) Proportion	国有及国有控股大中型企业 Large And Medium-sized State Holding Major Shares Enterprises Owned By The State or With The State Holding Major Shares	占全省比重 (%) Proportion
企业单位数（个）	Number of Enterprises (unit)	1987	452	22.75	143	7.20
从业人员（万人）	Year-end Employees (10 000 persons)	69.0	44.0	63.74	38.2	55.32
工业总产值	Gross Output Value	3770.38	2931.16	77.74	2725.16	72.28
工业增加值	Value Added of Industry	1136.71	847.10	74.52	778.53	68.49
年末资产总计	Total Property (year-end)	5290.54	4211.17	79.60	3636.28	68.73
流动资产合计	Total Of Circulating Funds	1928.85	1443.17	74.82	1330.63	68.99
固定资产合计	Total of Fixed Assets	2702.64	2281.47	84.42	1932.75	71.51
年末负债合计	Total Liabilities (year-end)	3071.75	2494.54	81.21	2172.23	70.72
年末所有者权益	Right and Interests (year-end)	2207.44	1710.77	77.50	1459.05	66.10
#实收资本	Paid-up Capital	1364.51	1079.28	79.10	962.57	70.54
主营业务收入	Revenue from Principal Business	3866.99	3154.12	81.57	2979.23	77.04
主营业务税金及附加	Taxes and Other Charges on Principal Business	177.80	170.40	95.84	167.55	94.24
利润总额	Total After-Tax Profits	169.10	125.83	74.41	116.50	68.89
税金总额	Total Tax and Duty	356.36	320.09	89.82	308.13	86.47
全员劳动生产率（元/人）	Labor Productivity (yuan/person)	153201	177572	24371	177114	23913
亏损企业数（个）	Number of Loss-making Enterprises (unit)	518	136	26.25	36	6.95
亏损企业亏损额	Total Losses Made By Enterprises-in-red	47.86	39.56	82.66	34.61	72.32

12-9 支柱工业主要指标占全省比重

Proportion to Total Industry in Gansu of Main Indicators of Bigboned Industry

单位：%　　(%)

指　标	Item	2005	2006	2007	2008	2009
单位数	Number of Enterprises	75.36	75.19	77.57	85.28	75.99
从业人员	Year-end Employees	83.20	83.42	83.82	80.29	82.11
工业总产值	Gross Output Value of Industry	93.11	93.81	91.01	93.81	92.82
工业增加值	Value Added	92.88	91.76	92.78	89.32	91.20
年末资产总计	Total Property (year-end)	89.58	90.41	89.57	89.40	84.98
利润总额	Total After-Tax Profits	100.44	96.28	95.33	81.27	77.92
利税总额	Total Tax and Duty	96.22	95.57	95.30	87.23	87.86
工业销售产值	Sales Value of Industry Products	93.53	93.66	93.93	89.32	90.39

12−10 支柱工业主要指标

Main Indicators of Bigboned Industry

行　业	Sector	2008	2009	2009年比2008年增长% Increase Rate in 2009 over 2008
单位数（个）	**Number of (unit)**	**1541**	**1510**	**-2.01**
石化工业	Petrochemical	251	230	−8.37
有色工业	Coloured	131	130	−0.76
电力工业	Electric Power	210	208	−0.95
冶金工业	Metallurgy	180	175	−2.78
机械工业	Machine	292	282	−3.42
食品工业	Food	401	398	−0.75
煤炭工业	Coal Industry	76	87	14.47
从业人员（万人）	**Year-end Employees (10 000 persons)**	**58.17**	**56.68**	**-2.56**
石化工业	Petrochemical	13.04	13.33	2.23
有色工业	Coloured	9.47	9.16	−3.24
电力工业	Electric Power	7.46	7.43	−0.40
冶金工业	Metallurgy	6.05	5.73	−5.29
机械工业	Machine	8.07	5.99	−25.80
食品工业	Food	6.91	7.10	2.73
煤炭工业	Coal Industry	7.17	7.94	10.74
工业增加值（亿元）	**Value Added (100 million yuan)**	**1048.69**	**1036.69**	**10.63**
石化工业	Petrochemical	291.34	258.86	13.51
有色工业	Coloured	214.75	200.55	15.03
电力工业	Electric Power	138.74	145.95	8.29
冶金工业	Metallurgy	155.59	143.24	2.61
机械工业	Machine	76.48	87.08	13.69
食品工业	Food	101.72	120.23	10.06
煤炭工业	Coal Industry	70.07	80.78	4.92
年末资产总计（亿元）	**Total Property (100 million yuan)**	**4080.17**	**4495.95**	**10.19**
石化工业	Petrochemical	941.87	958.03	1.72
有色工业	Coloured	893.92	1024.57	14.61
电力工业	Electric Power	824.42	847.05	2.75
冶金工业	Metallurgy	624.88	775.61	24.12

12-10 续表 continued

行　业	Sector	2008	2009	2009年比2008年增长 % Increase Rate in 2009 over 2008
机械工业	Machine	240.30	263.08	9.48
食品工业	Food	347.43	375.00	7.94
煤炭工业	Coal Industry	207.36	252.61	21.82
利润总额（亿元）	**Total Profit (100 million yuan)**	**94.64**	**131.77**	**39.23**
石化工业	Petrochemical	−38.42	72.63	
有色工业	Coloured	60.89	29.98	−50.76
电力工业	Electric Power	8.89	−7.37	
冶金工业	Metallurgy	21.61	6.05	−72.01
机械工业	Machine	8.55	8.31	−2.75
食品工业	Food	22.75	12.70	−44.17
煤炭工业	Coal Industry	10.37	9.47	−8.68
利税总额（亿元）	**Total Tax and Duty (100 million yuan)**	**287.27**	**432.32**	**50.49**
石化工业	Petrochemical	−0.11	246.10	
有色工业	Coloured	93.79	44.67	−52.37
电力工业	Electric Power	38.43	13.94	−63.73
冶金工业	Metallurgy	45.59	28.05	−38.47
机械工业	Machine	15.19	14.61	−3.80
食品工业	Food	70.30	58.59	−16.66
煤炭工业	Coal Industry	24.08	26.36	9.47
工业销售产值（亿元）	**Sales Value of Industry Products (100 million yuan)**	**3360.98**	**3297.15**	**-1.90**
石化工业	Petrochemical	1182.44	1163.70	−1.58
有色工业	Coloured	726.27	658.23	−9.37
电力工业	Electric Power	375.01	358.81	−4.32
冶金工业	Metallurgy	506.87	468.34	−7.60
机械工业	Machine	200.07	232.64	16.28
食品工业	Food	247.39	279.41	12.95
煤炭工业	Coal Industry	122.92	136.02	10.66

12-11 全部独立核算“三资”工业企业主要财务指标

Main Indicators on Economics Benefit of Foreign-funded Industrial Enterprises

(2009)

单位：万元　(10 000 yuan)

类　别	Item	企业单位数(个) Number of Enterprises (unit)	工业总产值 Gross Output Value	年末资产总计 Total Assets at Year-end	年末负债合计 Total Liabilities at Year-end
总　计	**Total**	**50**	**853968**	**1662005**	**831693**
外商投资经济	Foreign Funded Enterprises	29	648996	948328	487979
中外合资经营企业	Joint Venture	19	462977	707556	335965
中外合作经营企业	Cooperate	2	59342	42500	29733
外资企业	Foreign Funds	8	126677	198272	122281
港、澳、台投资经济	Enterprises with Investment from Hong Kong ,Macao Taiwan	21	204972	713677	343714
与大陆合资经营企业	Joint Venture	15	168706	629661	284509
港、澳、台独资企业	Solely Owned	3	27626	68877	50953
在总计中：	In Total				
轻工业	Light Industry	26	413961	602734	226396
重工业	Heavy Industry	24	440008	1059271	605298
在总计中：	In Total				
大型企业	Large-sized				
中型企业	Medium-sized	10	531306	988875	451952
小型企业	Small-sized	40	322663	673130	379742
农副食品加工业	Agriculture and Sideline Food Production	11	143561	150549	93045
食品制造业	Food Production	2	2322	3713	3715
饮料制造业	Beverage Production	7	220053	194430	71977
纺织业	Textile Industry				
纺织服装、鞋、帽制造业	Textile ,Garment,Shoes,Cops				
皮革、毛皮、羽绒及其制品业	Leather, Furs, Down and Related Products				
造纸及纸制品业	Papermaking and Paper Products				
化学原料及化学制品制造业	Raw Chemical Materials and Chemical Products	6	160373	104707	12747
医药制造业	Medical and Pharmaceutical Products	1	2971	3643	1193
塑料制造业	Plastic Products	4	22348	37054	23595
黑色金属冶炼及压延加工业	Smelting and Pressing of Ferrous Metals				
有色金属冶炼及压延业	Smelting and Pressing of Nonferrous Metals	1	34127	121918	87043
通用设备制造业	General Purpose Equipment Manufacturing	1	520	1662	1450

12-11 续表 continued

单位：万元　　(10 000 yuan)

类　　别	Item	主营业务收入 Revenue from Principal Business	利润总额 Total Profits	税金总额 Total Tax and Duty	成本费用总额 Total Cost
总　计	**Total**	**845857**	**55400**	**59552**	**712105**
外商投资经济	Foreign Funded Enterprises	648457	45406	48157	525239
中外合资经营企业	Joint Venture	486531	28043	39236	376428
中外合作经营企业	Cooperate	66653	3601	633	63545
外资企业	Solely Owned	95273	13763	8288	85266
港、澳、台投资经济	Enterprises with Investment from Hong Kong ,Macao Taiwan	197400	9994	11395	186866
与大陆合资经营企业	Joint Venture	165581	7835	9813	157492
港、澳、台独资企业	Solely Owned	23572	1538	425	22073
在总计中：	In Total				
轻工业	Light Industry	376410	42361	28328	335030
重工业	Heavy Industry	469447	13039	31224	377074
在总计中：	In Total				
大型企业	Large-sized				
中型企业	Medium-sized	566281	35176	41457	455188
小型企业	Small-sized	279576	20224	18095	256917
农副食品加工业	Agriculture and Sideline Food Production	113265	7839	2941	106522
食品制造业	Food Production	2486	32	62	2461
饮料制造业	Beverage Production	218148	32540	22449	185807
纺织业	Textile Industry				
纺织服装、鞋、帽制造业	Textile ,Garment,Shoes,Cops				
皮革、毛皮、羽绒及其制品业	Leather, Furs, Down and Related Products				
造纸及纸制品业	Papermaking and Paper Products				
化学原料及化学制品制造业	Raw Chemical Materials and Chemical Products	151397	8899	9040	141348
医药制造业	Medical and Pharmaceutical Products	2257	301	118	1934
塑料制造业	Plastic Products	21825	121	318	21479
黑色金属冶炼及压延加工业	Smelting and Pressing of Ferrous Metals				
有色金属冶炼及压延业	Smelting and Pressing of Nonferrous Metals	35103	−2851	2950	39242
通用设备制造业	General Purpose Equipment Manufacturing	524	3	2	522

12-12 各地区规模以上工业企业主要经济指标

Main Economic Indicators of Industrial Enterprises above Designated Size by Region

单位：万元　　（2009）　　(10 000 yuan)

指　　标	Item	兰州市 Lanzhou	嘉峪关市 Jiayuguan	金昌市 Jinchang	白银市 Baiyin	天水市 Tianshui
企业单位数（个）	Number of Enterprises (unit)	480	45	56	191	168
亏损企业	Loss-making Enterprises	110	23	26	49	44
工业总产值（当年价格）	Gross Output Value (At Current Prices)	14641196	4138241	4189110	2972371	998095
工业增加值（生产法）	Value Added of Industry (Production-Based Estimates)	3081700	1196900	1410048	1123295	475277
工业增加值指数（可比价,快报）	Indices of Value-added of Industry （at comparable prices, from annual statistical reporting forms）	109.80	110.00	117.04	115.42	108.30
工业销售产值（当年价格）	Sales Value of Industry Products (at current prices)	14404952	4035016	4090129	2831502	955745
#出口交货值	Delivery Value for Export	80834	15712	6210	35707	63546
全部从业人员年平均人数	Employment	228298	38164	47441	82027	43906
年末资产总计	Total Assets (Year-end)	16190913	7912971	5858061	4337669	1655050
流动资产合计	Total Current Assets	5317219	2866406	3433258	1997099	760203
#存　货	Stock	2135647	1271468	2306964	648139	213133
#产成品	Finished Product	527443	556417	474949	228935	90027
固定资产合计	Total Fixed Assets	8980252	3186197	2361804	1755460	690430
固定资产原价合计	Total Original Value of Fixed Assets	12224447	4262871	2438676	2655275	854356
累计折旧	Accumulative Total Depreciation	4550958	1635115	930494	1037153	244436
年末负债合计	Total Liabilities at Year-end	9600315	4603687	3249719	2420108	997789
#流动负债	Total Liquid Liabilities	5580998	2983123	2541416	1746349	639896
长期负债	Long-term Liabilities	3313142	1426034	696149	646922	344676
年末所有者权益	Creditors'Equity at Year-end	6536362	3304074	2607747	1911781	653514
实收资本	Actural Capital	4698625	1387776	803610	1397238	576171
主营业务收入	Revenue from Principal Business	14664638	4408378	7151175	2760001	947437
#主营业务成本	Cost of Principal Business	11919846	3811936	6636990	2318973	781458
主营业务税金及附加	Taxes and Other Charges on Principal Business	1287750	21025	12554	18106	5836
其他业务利润	Other Bussiness Profits	39392	−11083	−67647	1812	4123
管理费用	Overhead Expenses	746070	253281	184879	275430	114484
#税　金	Tax	21400	13126	13441	4353	5603
利润总额	Total Profits	543579	118847	219502	80622	26885
利税总额	Total Pre-tax Profits	2457337	321785	326452	201217	64914

12-12 续表 1 continued

单位：万元　(10 000 yuan)

指　标	Item	武威市 Wuwei	张掖市 Jiuquan	平凉市 Pingliang	酒泉市 Jiuquan	庆阳市 Qingyang
企业单位数（个）	Number of Enterprises (unit)	185	159	89	235	73
亏损企业	Loss-making Enterprises	30	38	21	73	11
工业总产值（当年价格）	Gross Output Value (At Current Prices)	1206937	1059142	1100999	3097626	2837240
工业增加值（生产法）	Value Added of Industry (Production-Based Estimates)	407672	456035	610955	1009811	1547255
工业增加值指数（可比价,快报）	Indices of Value-added of Industry （at comparable prices， from annual statistical reporting forms）	114.10	116.20	110.22	114.19	115.60
工业销售产值（当年价格）	Sales Value of Industry Products (at current prices)	1176935	908557	1015622	2926271	2744163
出口交货值	Delivery Value for Export		23730	1894	11537	56981
全部从业人员年平均人数	Employment	57704	23625	39677	47484	26680
年末资产总计	Total Assets (Year-end)	1391032	1715107	2668731	4582643	3254262
流动资产合计	Total Current Assets	475389	592931	642675	1446309	686112
#存　货	Stock	132023	205718	109247	581290	62458
#产成品	Finished Product	56273	133827	60577	203597	39781
固定资产合计	Total Fixed Assets	519786	969673	1683033	2569772	2494846
固定资产原价合计	Total Original Value of Fixed Assets	806762	1319340	1822306	2887282	2392756
累计折旧	Accumulative Total Depreciation	351240	392971	441244	681547	335655
年末负债合计	Total Liabilities at Year-end	693356	1174407	1780810	2456001	1693706
#流动负债	Total Liquid Liabilities	401228	554199	1187694	1471577	1419623
长期负债	Long-term Liabilities	222218	522944	446297	786079	239763
年末所有者权益	Creditors'Equity at Year-end	683076	534439	886876	2120777	1557326
实收资本	Actural Capital	284756	369974	531922	1444170	1231968
主营业务收入	Revenue from Principal Business	770710	859703	996276	2579520	2247379
#主营业务成本	Cost of Principal Business	632229	697796	731037	2024003	1325246
主营业务税金及附加	Taxes and Other Charges on Principal Business	8529	6880	19033	229165	151673
其他业务利润	Other Bussiness Profits	950	4432	12556	4005	462
管理费用	Overhead Expenses	31904	35550	126997	161927	75577
#税　金	Tax	3129	917	7162	2134	3715
利润总额	Total Profits	26230	45324	49432	-27975	510897
利税总额	Total Pre-tax Profits	64052	85220	149592	284478	788597

12-12 续表 2 continued

单位：万元　(10 000 yuan)

指　　标	Item	定西市 Dingxi	陇南市 Longnan	临夏州 Linxia	甘南州 Gannan
企业单位数（个）	Number of Enterprises (unit)	80	114	66	46
亏损企业	Loss-making Enterprises	25	34	16	18
工业总产值（当年价格）	Gross Output Value (At Current Prices)	388236	443361	419869	211365
工业增加值（生产法）	Value Added of Industry (Production-Based Estimates)	126958	171365	155258	86327
工业增加值指数（可比价,快报）	Indices of Value-added of Industry （at comparable prices，from annual statistical reporting forms）	112.50	102.30	109.50	114.20
工业销售产值（当年价格）	Sales Value of Industry Products (at current prices)	368183	440313	388450	191395
#出口交货值	Delivery Value for Export	1284		8035	1905
全部从业人员年平均人数	Employment	15516	21847	12998	4938
年末资产总计	Total Assets (Year-end)	728084	1167245	744169	699428
流动资产合计	Total Current Assets	185906	488957	182482	213519
#存　货	Stock	78663	110209	60070	14609
#产成品	Finished Product	50719	54586	30561	7491
固定资产合计	Total Fixed Assets	461879	411624	484041	457648
固定资产原价合计	Total Original Value of Fixed Assets	514013	647229	692000	523069
累计折旧	Accumulative Total Depreciation	78974	301000	324547	78115
年末负债合计	Total Liabilities at Year-end	458553	686132	415519	487368
#流动负债	Total Liquid Liabilities	202349	477239	202659	145416
长期负债	Long-term Liabilities	134941	162963	47555	338619
年末所有者权益	Creditors'Equity at Year-end	267348	479853	320340	210839
实收资本	Actural Capital	306359	232096	219310	161083
主营业务收入	Revenue from Principal Business	316954	446930	341575	179242
#主营业务成本	Cost of Principal Business	280717	325952	293758	118620
主营业务税金及附加	Taxes and Other Charges on Principal Business	2194	12341	1894	1004
其他业务利润	Other Bussiness Profits	865	−436	4257	1486
管理费用	Overhead Expenses	16427	40916	43563	14038
#税　金	Tax	507	1680	495	145
利润总额	Total Profits	279	48819	25089	23448
利税总额	Total Pre-tax Profits	11825	91826	38329	35225

12-13 各地区规模以上工业企业主要经济效益指标

Main Indicators on Economic Benefit of Industrial Enterprises above Designated Size by Prefecture

(2009)

地　　区	Region	综合效益指数 (%) Ratio of Value Added to Gross Industrial Output Value (%)	总资产贡献率 (%) Ratio of Total Assets to Industiral Output Value (%)	资本保值增值率 (%) Capital Value-preserved and Value-adding Rate (%)	资产负债率 (%) Assets-Liability Ratio (%)
兰州市	Lanzhou	179.94	16.73	91.98	62.78
嘉峪关市	Jiayuguan	238.37	6.17	64.80	57.75
金昌市	Jinchang	250.59	6.97	104.96	56.65
白银市	Baiyin	149.84	4.82	109.80	56.84
天水市	Tianshui	137.24	6.53	120.18	62.93
武威市	Wuwei	123.57	5.63	119.62	56.58
张掖市	Zhangye	198.92	7.16	119.24	69.50
平凉市	Pingliang	178.08	8.50	119.21	70.18
酒泉市	Jiuquan	170.25	7.16	90.20	63.62
庆阳市	Qingyang	692.29	25.67	163.48	51.22
定西市	Dingxi	101.36	2.84	104.86	65.08
陇南市	Longnan	158.47	10.69	97.62	60.41
临夏州	Linxia	144.90	5.34	160.62	53.37
甘南州	Gannan	249.35	11.87	146.42	67.61

12-13 续表 continued

地　　区	Region	流动资产周转次数 (次/年) Times of Circulating Funds (times/year)	工业成本费用利润率 (%) Ratio of Profits to Industrial Cost (%)	全员劳动生产率 (元/人) Overall Labor Productivity (yuan/person)	产品销售率 (%) Proportion of Products Sold (%)
兰州市	Lanzhou	2.42	4.02	119460	98.06
嘉峪关市	Jiayuguan	1.62	2.90	274443	98.66
金昌市	Jinchang	2.17	3.15	272502	101.61
白银市	Baiyin	1.36	2.78	128715	95.43
天水市	Tianshui	1.33	2.79	100573	94.33
武威市	Wuwei	1.75	3.18	71507	97.16
张掖市	Zhangye	1.72	5.50	180799	86.60
平凉市	Pingliang	1.56	5.37	145872	87.11
酒泉市	Jiuquan	1.34	-4.81	207003	93.73
庆阳市	Qingyang	2.50	39.48	700057	105.95
定西市	Dingxi	1.41	-0.31	74756	93.79
陇南市	Longnan	0.83	11.89	77650	98.54
临夏州	Linxia	1.90	1.80	106480	93.78
甘南州	Gannan	1.61	18.53	162637	90.71

主要统计指标解释

工业　指从事自然资源的开采，对采掘品和农产品进行加工和再加工的物质生产部门。具体包括：(1)对自然资源的开采，如采矿、晒盐等(但不包括禽兽捕猎和水产捕捞)；(2)对农副产品的加工、再加工，如粮油加工、食品加工、缫丝、纺织、制革等；(3)对采掘品的加工、再加工，如炼铁、炼钢、化工生产、石油加工、机器制造、木材加工等，以及电力、自来水、煤气的生产和供应等；(4)对工业品的修理、翻新，如机器设备的修理、交通运输工具(如汽车)的修理等。

国有及国有控股企业　指国有企业加上国有控股企业。国有企业(即原全民所有制工业或国营工业)指企业全部资产归国家所有，并按《中华人民共和国企业法人登记管理条例》规定登记注册的非公司制的经济组织。包括国有企业、国有独资公司和国有联营企业。1957年以前的公私合营和私营工业，后均改造为国营工业，1992年改为国有工业，这部分工业的资料不单独分列时，均包括在国有企业内。国有控股企业是对混合所有制经济的企业进行的“国有控股”分类。它是指这些企业的全部资产中国有资产(股份)相对其他所有者中的任何一个所有者占资(股)最多的企业。该分组反映了国有经济控股情况。

工业总产值　工业总产值是以货币形式表现的，工业企业在一定时期内生产的工业最终产品或提供工业性劳务活动的总价值量。它反映一定时间内工业生产的总规模和总水平。

资产总计　指企业拥有或控制的能以货币计量的经济资源，包括各种财产、债权和其他权利。资产按流动性分为流动资产、长期投资、固定资产、无形资产、递延资产和其他资产。该指标根据企业会计“资产负债表”中“资产总计”项目的期末数增列。

流动资产　指企业可以在一年内或者超过一年的一个生产周期内变现或者耗用的资产，包括现金及各种存款、短期投资，应收及预付款项、存货等。

负债合计　指企业所承担的能以货币计量，将以资产或劳务偿付的债务，偿还形式包括货币、资产或提供劳务。负债一般按偿还期长短分为流动负债和长期负债。根据会计“资产负债表”中“负债合计”的年末数填列。

所有者权益　指企业投资人对企业净资产的所有权。企业净资产等于企业全部资产减去全部负债后的余额，包括企业投资人对企业的最初投入的实际到位的资产及资本公积金、盈余公积金和未分配利润。所有者权益合计数小于零，表示企业资不抵债。

总资产贡献率　反映企业全部资产的获利能力，是企业经营业绩和管理水平的集中体现，是评价和考核企业盈利能力的核心指标。计算公式为：

$$\text{总资产贡献率}(\%)=\frac{\text{利润总额}+\text{税金总额}+\text{利息支出}}{\text{平均资金总额}}\times100\%$$

公式中：税金总额为产品销售税金及附加与应交增值税之和；平均资产总额为期初期末资产之和的算术平均值。

资产负债率　该指标既反映企业经营风险的大小，也反映企业利用债权人提供的资金从事经营活动的能力。计算公式为：

$$\text{资产负债率}(\%)=\frac{\text{负债总额}}{\text{资产总额}}\times100\ \%$$

资产与负债均为报告期期末数。

流动资产周转次数　指一定时期内流动资产完成的周转次数，反映投入工业企业流动资金的周转速度。计算公式为：

$$\text{流动资产周转次数}=\frac{\text{产品销售收入}}{\text{全部流动资产平均余额}}$$

公式中：全部流动资产平均余额为期初和期末的流动资产之和的算术平均值。

成本费用利润率　反映企业投入的生产成本及费用的经济效益，同时也反映企业降低成本所取得的经济效益。计算公式为：

$$\text{成本费用利润率}(\%)=\frac{\text{利润总额}}{\text{成本费用总额}}\times100\%$$

公式中：成本费用总额为产品销售成本、销售费用、管理费用、财务费用之和。

产品销售率　该指标反映工业产品已实现销售的程度，是分析工业产销衔接情况，研究工业产品满足社会需求的指标。计算公式为：

$$\text{产品销售率}(\%)=\frac{\text{工业销售产值}}{\text{工业总产值(现价)}}\times100\%$$

建筑业

Construction

13

简要说明

一、本篇资料主要内容

本篇反映甘肃省建筑业概况和发展情况。主要包括建筑业企业基本情况和生产经营情况，主要指标有企业个数、从业人员数、建筑业总产值、房屋建筑面积、利润、税金、劳动生产率、主要建筑材料消耗量等。

二、本篇资料来源

本篇资料是由省统计局固定资产投资处根据国家统计局制定的《建筑业统计报表制度》整理、汇总。

13-1 建筑业企业概况

Main Indicators on Construction Enterprises

年　份 Year	总 计 Total	国有企业 State-owned	集体企业 Urban Collective-owned	其他 Others
企业单位数（个）				
Number of Enterprises(unit)				
2005	933	148	156	629
2006	951	145	150	656
2007	930	134	147	649
2008	926	111	114	701
2009	919	101	110	708
从业人员（万人）				
Number of Persons Engaged				
(10 000 persons)				
2005	42.77	9.25	9.04	24.48
2006	43.67	8.51	9.53	25.63
2007	43.88	7.32	9.40	27.16
2008	42.03	5.66	5.39	30.98
2009	44.98	5.35	5.67	33.96
建筑业总产值（万元）				
Gross Output Value				
(10 000 yuan)				
2005	3141700	1169235	376213	1596252
2006	3443287	1103154	486291	1853842
2007	4369039	974710	662602	2731727
2008	4812744	900868	529097	3382779
2009	5798859	987574	508935	4302350

注：数据口径为资质以上建筑业企业。

a)Data in this table included construction enterprises over qualification grades.

13-2 建筑业企业主要经济指标

(2009)

指 标	Item	合 计 Total Enterprises	内资企业 Domestic Funded
企业单位数(个)	Number of Construction Enterprises (unit)	919	917
从业人员(万人)	Number of Persons Engaged (10 000 persons)	44.98	44.98
年末自有施工机械设备总台数(万台)	Number of Construction Machinery and Equipment Owned at Year-end (10 000 sets)	16.15	16.15
年末自有施工机械设备净值(万元)	Net Value of Construction Machinery and Equipment Owned at Year-end (10 000 yuan)	389722	389722
年末自有施工机械设备总功率(万千瓦)	Total Power of Construction Machinery and Equipment Owned at Year-end (10 000 kw)	847.65	847.65
建筑业总产值(万元)	Gross Output Value of Construction (10 000 yuan)	5798859.00	5798385.40
建筑业增加值(亿元)	Value Added of Construction (10 000 yuan)	319.73	319.70
劳动生产率(元/人)	Overall Labor Productivity (yuan/person)		
按总产值计算	In Terms of Gross Output Value	118186	118182
按增加值计算	In Terms of Value-added	65164	65162
工程结算收入(万元)	Income from Project Settle Accounts (10 000 yuan)	5539515.20	5539041.60
工程结算成本(万元)	Cost on Project Settle Accounts (10 000 yuan)	4823885.20	4823508.60
工程结算税金及附加(万元)	Taxes and Extra Charges on Project Settle Accounts (10 000 yuan)	213838.10	213823.70
工程结算利润(万元)	Profits of Project Settle Accounts (10 000 yuan)	435300.70	435218.20
管理费用中的税金(万元)	Taxes and Extra Charges in Management Expenses (10 000 yuan)	23017.60	23017.60
房屋建筑施工面积(万平方米)	Floor Space of Buildings under Construction (10 000 sq.m)	4178.20	4178.20
房屋建筑竣工面积(万平方米)	Floor Space of Buildings Completed (10 000 sq.m)	1724.38	1724.38
#住 宅	Residential Housing	1073.76	1073.76
利润总额(万元)	Total Profits (10 000 yuan)	152245.80	152235.40
税金总额(万元)	Total Tax (10 000 yuan)	265891.80	265877.40
技术装备率(元/人)	Value of Machines per Laborer (yuan/person)	8664.26	8664.76
动力装备率(千瓦/人)	Power of Machines per Laborer (kw/person)	18.84	18.85
房屋建筑面积竣工率(%)	Rat of Floor Space of Buildings Completed (%)	41.27	41.27
产值利润率(%)	Ratio of Profit to Gross Output Value (%)	2.63	2.63
产值利税率(%)	Ratio of Pre-tax Profit to Gross Output Value (%)	7.21	7.21

Main Economic Indicators on Construction Enterprises

国有企业 State-owned	集体企业 Collective-owned	股份合作企业 Cooperative Enterprises	联营企业 Joint Owned	有限责任公司 Limited-Liability Company	股份有限公司 Share Holding Company with Limited Liabilities	私营企业 Private	其他企业 Others	港、澳、台商投资企业 Funded by Entrepreneurs from Hong Kong,Macao and Taiwan	外商投资企业 Foreign Funded
101	110	11	5	319	56	312	3	1	1
5.35	5.67	1.08	0.06	17.28	3.73	11.71	0.10		
2.14	2.02	0.82	0.04	5.92	0.67	4.52	0.02		
97734	39688	18161	872	129557	9867	92114	1729		
50.27	574.17	15.96	0.58	127.04	7.73	71.57	0.33		
987573.80	508935.10	143878.70	5451.30	2733766.90	450946.40	957666.40	10166.80	472.60	1.00
54.45	28.06	7.93	0.30	150.73	24.86	52.80	0.56	0.03	
175488	79947	133481	87081	144840	108922	74570	141010	295375	1000
96758	44080	73597	48014	79860	60056	41115	77748	162860	
1095198.50	508405.00	188280.90	7670.80	2519042.20	404218.80	809773.30	6452.10	472.60	1.00
1003146.10	429379.10	174396.10	6370.40	2217595.90	333109.90	655141.60	4369.50	376.40	0.20
34048.50	15788.70	6692.90	185.30	99802.40	19851.40	36289.40	1165.10	14.30	0.10
54107.90	56629.30	6525.50	991.80	175553.30	45193.90	95524.00	692.50	81.90	0.60
1656.50	3002.00	77.70	24.70	10094.50	4753.70	3316.20	92.30		
597.54	509.05	65.74	0.81	1684.26	527.98	777.85	14.98		
215.41	223.82	38.34	0.63	634.42	225.18	384.29	2.30		
131.58	141.95	21.79	0.51	377.71	154.88	243.34	2.00		
3525.60	27332.80	7020.80	60.20	62521.20	14071.70	37718.40	−15.30	10.00	0.40
39023.70	23953.50	7204.50	219.70	120725.60	26393.60	47099.40	1257.40	14.30	0.10
18269.40	7005.56	16759.60	13839.68	7499.42	2643.55	7869.46	16790.29		
9.40	101.35	14.73	9.15	7.35	2.07	6.11	3.20		
36.05	43.97	58.32	76.77	37.67	42.65	49.40	15.36		
0.36	5.37	4.88	1.10	2.29	3.12	3.94	−0.15	2.12	40.00
4.31	10.08	9.89	5.13	6.70	8.97	8.86	12.22	5.14	50.00

13-3 建筑施工企业主要财务指标

单位：万元　　(2009)

项　目	Item	实收资本 Actural Capitals	资产总计 Total Assets	#流动资产 Circulation Funds	#固定资产 Fixed Assets	#长期投资 Long-term capital
总　计	**Total**	1389367.30	4882698.50	3292870.60	1295333.20	145374.40
按企业登记注册类型分	**By Type of Enterprises Registered**					
内资企业	Domestic Funded Enterprises	1389022.60	4881714.80	3292003.70	1295216.40	145374.40
国有企业	State-owned Enterprises	190358.50	1013166.80	700409.70	254485.10	14191.30
集体企业	Collective-owned Enterprises	121365.30	323618.80	201424.70	111561.50	7880.10
股份合作企业	Cooperative Enterprises	29001.70	136723.70	103373.40	26822.50	6137.60
联营企业	Joint Owned Enterprises	4066.30	21783.10	9477.60	11634.50	227.60
有限责任公司	Limited-Liability Company	563607.80	2150077.20	1522521.60	499873.70	57367.60
股份有限公司	Share Holding Company	76264.20	342106.90	251351.00	74372.30	6394.70
私营企业	Private Enterprises	403499.40	882322.30	493586.10	314410.40	53175.50
其他企业	Others	859.40	11916.00	9859.60	2056.40	
港、澳、台商投资企业	Enterprises with Investment from Hong Kong ,Macao Taiwan	285.80	924.80	866.90	57.90	
外商投资企业	Enterprises with Investment from Foreign	58.90	58.90		58.90	
按行业类别分	**By Sector**					
房屋和土木工程建筑	Housing and Civil Engineering	1136456.90	4142302.90	2811884.90	1104876.80	96433.50
建筑安装业	Building and Installing Industry	166349.40	514391.40	336750.70	148894.50	11207.70
建筑装饰业	Building and Decorating Industry	55723.70	87649.30	64031.80	19780.60	2771.10
其他建筑业	Other Building Industry	30837.30	138354.90	80203.20	21781.30	34962.10
按隶属关系分	**By Administrative Relationship**					
中　央	Central	85154.50	663275.50	500538.90	113900.00	4825.80
地　方	Local	1304212.80	4219423.00	2792331.70	1181433.20	140548.60
市　属	City Owned	205552.20	643183.90	409254.80	204402.40	14610.70
区县属	District and County	196351.50	407940.00	219891.10	179551.10	2552.00

Main Financial Indicators of Construction Enterprises

(10 000 yuan)

#无形及递延资产 Intangible and Deferred Assets	负债合计 Total Liabilities	流动负债 Liquid Liabilities	长期负债 Long-term Liabilities	所有者权益 Creditors	企业总收入 Total Income of Enterprises	工程结算收入 Revenue of Project Accounts	其他业务收入 Other Revenue from Business	利税总额 Total Tax Profits	利润总额 Total Profits
127882.10	3015040.50	2888084.60	126955.90	1867658.00	5653984.70	5539515.20	114469.50	418137.60	152245.80
127882.10	3014401.50	2887445.60	126955.90	1867313.30	5653511.10	5539041.60	114469.50	418112.80	152235.40
35906.00	694983.80	703288.50	−8304.70	318183.00	1149888.80	1095198.50	54690.30	42549.30	3525.60
2711.30	151766.50	147142.30	4624.20	171852.30	513364.30	508405.00	4959.30	51286.30	27332.80
264.60	96396.10	93529.50	2866.60	40327.60	193997.30	188280.90	5716.40	14225.30	7020.80
443.40	17449.90	13979.90	3470.00	4333.20	7722.10	7670.80	51.30	279.90	60.20
64375.70	1423618.30	1346325.30	77293.00	726458.90	2541539.20	2519042.20	22497.00	183246.80	62521.20
9202.80	254959.60	247261.80	7697.80	87147.30	423127.10	404218.80	18908.30	40465.30	14071.70
14978.30	364914.30	325740.30	39174.00	517408.00	817415.40	809773.30	7642.10	84817.80	37718.40
	10313.00	10178.00	135.00	1603.00	6456.90	6452.10	4.80	1242.10	−15.30
	639.00	639.00		285.80	472.60	472.60		24.30	10.00
				58.90	1.00	1.00		0.50	0.40
114880.40	2593111.50	2488262.00	104849.50	1549191.40	4815020.50	4714475.40	100545.10	350585.50	131133.20
11198.90	302562.20	281939.20	20623.00	211829.20	671531.50	663892.60	7638.90	41342.20	11188.30
483.90	26959.80	25696.60	1263.20	60689.50	68257.70	67805.00	452.70	13562.30	1265.30
1318.90	92407.00	92186.80	220.20	45947.90	99175.00	93342.20	5832.80	12647.60	8659.00
39180.30	503486.70	508140.30	−4653.60	159788.80	972496.60	933686.90	38809.70	35070.80	6184.00
88701.80	2511553.80	2379944.30	131609.50	1707869.20	4605828.30	4605828.30		383066.80	146061.80
13969.90	357968.70	339694.00	18274.70	285215.20	645316.30	621971.20	23345.10	65777.00	19163.70
4382.90	146818.70	134160.00	12658.70	261121.30	804815.80	803107.80	1708.00	73360.30	36892.80

13-4 按行业分建筑企业主要指标

Main Indicators of Construction Enterprises by Branch

（2009）

类　别	Items	企业数（个）Number of Enterprises (unit)	年末从业人员（万人）Year-end Employment (10 000 persons)	建筑业总产值（万元）Output Value of Construction (10 000 yuan)	#建筑工程 Construction	#安装工程 Installation
总　计	**Total**	**919**	**44.98**	**5798859.0**	**4789582.2**	**825390.0**
按行业分	By Type of Enterprises Registered					
房屋和土木工程建筑业	Housing and Civil Engineering	614	39.92	5001445.2	4359034.3	522401.1
房屋工程建筑	Housing Industry	436	34.69	3821647.3	3339025.1	395476.6
土木工程建筑	Civil Engineering	178	5.23	1179797.9	1020009.2	126924.5
铁路、道路、隧道和桥梁工程建筑	Railways,Tunnels,Highways and Bridges building	73	2.36	664033.7	639877.0	12983.2
水利和港口工程建筑	WaterPower and Harbour building	37	1.10	148379.4	139153.6	7136.0
工矿工程建筑	Mining and Building Industry	23	0.80	173206.0	129000.0	32651.1
架线和管道工程建筑	Pipes and Lines Installation	27	0.88	186383.4	107157.8	73153.2
其他土木工程建筑	Other Civil Engineering	18	0.10	7795.4	4820.8	1001.0
建筑安装业	Building and Installing Industry	150	3.93	637109.8	315186.4	286824.6
建筑装饰业	Building and Decorating Industry	129	0.71	82147.5	49162.2	15389.0
其他建筑业	Other Building Industry	26	0.42	78156.5	66199.3	775.3
工程准备	Engineering Preparing	10	0.04	8342.4	7880.6	
提供施工设备服务	Providing Service of Construction	2	0.00	263.7	252.1	
其他围列明的建筑活动	Other Unindicated Building Industry	14	0.38	69550.4	58066.6	775.3

13-4 续表 continued

类　别	Items	竣工产值（万元）Output Value of Construction Completed (10 000 yuan)	房屋建筑面积（万平方米）Floor Space of Buildings (10 000 sq.m)		年末自有机械设备 Machines Owned (Year-end)	
			施工面积 Under Construction	竣工面积 Completed	总台数（万台）Number (10 000 units)	总功率（万千瓦）Capacity (10 000kw)
总　计	**Total**	**3604337.0**	**4178.21**	**1724.38**	**16.15**	**847.65**
按行业分	By Type of Enterprises Registered					
房屋和土木工程建筑业	Housing and Civil Engineering	2994007.3	3994.37	1612.65	14.14	812.16
房屋工程建筑	Housing Industry	2569325.7	3950.86	1596.86	11.79	722.14
土木工程建筑	Civil Engineering	424681.6	43.51	15.79	2.35	90.02
铁路、道路、隧道和桥梁工程建筑	Railways,Tunnels,Highways and Bridges building	203859.1	9.30	3.37	0.85	51.41
水利和港口工程建筑	WaterPower and Harbour building	78160.5	4.88	2.62	0.57	14.84
工矿工程建筑	Mining and Building Industry	65782.1	29.33	9.80	0.49	14.40
架线和管道工程建筑	Pipes and Lines Installation	70019.6	0.01		0.36	7.14
其他土木工程建筑	Other Civil Engineering	6860.3			0.08	2.23
建筑安装业	Building and Installing Industry	492196.0	183.48	111.73	1.36	26.39
建筑装饰业	Building and Decorating Industry	54245.5	0.36		0.37	5.01
其他建筑业	Other Building Industry	63888.2			0.29	4.10
工程准备	Engineering Preparing	1755.0			0.04	0.50
提供施工设备服务	Providing Service of Construction	263.7			0.01	0.10
其他未列明的建筑活动	Other Unindicated Building Industry	61869.5			0.24	3.50

13-5 建筑业材料消耗量

Consumption of Building Materials

（2009）

项　目	Item	钢 材（万吨） Steel (10 000 tons)	木 材（万立方米） Timber (10 000 cu.m)	水 泥（万吨） Cement (10 000 tons)	平板玻璃（万重量箱） Plate Glass (10000 Weight-box/year)	铝 材（万吨） Aluminum (10 000 tons)
总　计	**Total**	**284.84**	**61.18**	**869.94**	**38.32**	**14.84**
按行业分	By Type of Industry					
房屋和土木工程建筑业	Housing and Civil Engineering	216.52	52.88	826.43	35.51	14.59
房屋工程建筑	Housing Industry	174.30	48.26	573.22	35.22	11.66
土木工程建筑	Civil Engineering	42.22	4.61	253.21	0.29	2.93
铁路、道路、隧道和桥梁工程建筑	Railways,Tunnels,Highways and Bridges building	28.76	2.43	216.26	0.17	0.07
水利和港口工程建筑	WaterPower and Harbour building	5.12	0.76	11.47	0.02	
工矿工程建筑	Mining and Building Industry	4.28	1.17	14.14	0.02	2.84
架线和管道工程建筑	Pipes and Lines Installation	4.00	0.24	10.94	0.03	0.02
其他土模工程建筑	Other Civil Engineering	0.05	0.01	0.41	0.05	
建筑安装业	Building and Installing Industry	66.53	6.97	37.92	1.54	0.13
建筑装饰业	Building and Decorating Industry	0.51	1.16	1.36	1.27	0.12
其他建筑业	Other Building Industry	1.29	0.18	4.23		
工程准备	Engineering Preparing	0.06		0.30		
提供施工设备服务	Providing Servive of Construction			0.01		
其他未列明的建筑活动	Other Unindicated Building Industry	1.23	0.18	3.92		
按经济类型分	By Ownership					
内资企业	Domestic Funded Enterprises	284.84	61.19	869.94	38.32	14.84
国有企业	State-owned Enterprises	50.11	5.01	86.74	5.22	0.96
集体企业	Collective-owned Enterprises	18.61	10.98	103.02	4.97	3.82
股份合作企业	Cooperative Enterprises	11.78	1.95	91.10	0.28	0.87
联营企业	Joint Owned Enterprises	0.04		0.74		
有限责任公司	Companies with Limited Liabilities	144.44	25.24	366.12	20.36	7.27
股份有限公司	Stock-holding Companies with Limited Liabilties	17.13	3.40	49.35	0.42	0.54
私营企业	Private Enterprises	41.64	14.39	169.11	7.04	1.37
其他企业	Others	1.08	0.21	3.76	0.03	
港、澳、台商投资企业	Enterprises with Investment from Hong Kong ,Macao Taiwan Funded	0.01				
外商投资企业	Enterprises with Investment from Foreign					

13-6 各地县建筑业企业情况

Basic Conditions of Construction Enterprises
by Prefecture ,County
(2009)

地　区	Region	建筑业企业单位数（个）Number of Construction Enterprises (unit)	从业人员（人）Number of Persons Engaged (person)	建筑业总产值（万元）Gross Output Value of Construction (10 000 yuan)
兰州市	**Lanzhou**	**343**	**121229**	**2441892**
城关区	Chengguan	216	47579	1271172
七里河区	Qilihe	57	31145	687263
西固区	Xigu	41	26047	404245
安宁区	Anning	11	9256	29452
红古区	Honggu	6	1386	17728
永登县	Yongdeng	5	734	7376
皋兰县	Gaolan	3	577	6702
榆中县	Yuzhong	4	4505	17952
嘉峪关市	**Jiayuguan**	**19**	**7398**	**108522**
金昌市	**Jinchang**	**29**	**25535**	**390516**
金川区	Jinchuan	19	24591	377479
永昌县	Yongchang	10	944	13037
白银市	**Baiyin**	**53**	**28944**	**303386**
白银区	Baiyin	30	6730	82275
平川区	Pingchuan	8	3592	27286
靖远县	Jingyuan	7	8987	119981
会宁县	Huining	3	6398	41842
景泰县	Jingtai	5	3237	32002
天水市	**Tianshui**	**73**	**27885**	**254743**
秦州区	Qinzhou	39	14744	141681
麦积区	Maiji	12	3103	27905
清水县	Qingshui			
秦安县	Qinan	2	780	4632
甘谷县	Gangu	11	6995	66143
武山县	Wushan	7	1751	12161
张家川县	Zhangjiachuan	2	512	2221
武威市	**Wuwei**	**41**	**22151**	**226758**
凉州区	Liangzhou	31	18640	189430
民勤县	Minqin	4	1486	20080
古浪县	Gulang	5	1565	17108
天祝县	Tianzhu	1	460	140
张掖市	**Zhangye**	**61**	**15367**	**174786**

13–6 续表 1 continued

地　区	Region	建筑业企业单位数（个） Number of Construction Enterprises (unit)	从业人员（人） Number of Persons Engaged (person)	建筑业总产值（万元） Gross Output Value of Construction (10 000 yuan)
甘州区	Ganzhou	38	8313	93177
肃南县	Sunan	1	250	3320
民乐县	Minle	3	1550	10874
临泽县	Linze	4	848	11535
高台县	Gaotai	10	1242	25093
山丹县	Shandan	5	3164	30788
平凉市	**Pingliang**	**38**	**39757**	**262666**
崆峒区	Kongtong	16	11280	84700
泾川县	Jingchuan	4	3735	19361
灵台县	Lingtai	2	2584	18427
崇信县	Chongxin	2	2002	6668
华亭县	Huating	3	1607	15055
庄浪县	Zhuanglang	5	5926	42176
静宁县	Jingning	6	12623	76277
酒泉市	**Jiuquan**	**44**	**27863**	**648849**
肃州区	Suzhou	18	9227	165429
金塔县	Jinta	5	3788	32181
瓜州县	Anxi	3	2470	105650
肃北县	Subei			
阿克塞县	Akesai	2	551	5280
玉门市	Yumen	8	10700	238950
敦煌市	Dunhuang	8	1127	101359
庆阳市	**Qingyang**	**61**	**45469**	**411232**
西峰区	Xifeng	34	27422	246504
庆城县	Qingcheng	9	4828	69817
环　县	Huanxian	3	1991	16558
华池县	Huachi	5	1228	20858
合水县	Heshui	1	110	599
正宁县	Zhengning	3	2724	16318
宁　县	Ningxian	4	4886	31810
镇原县	Zhenyuan	2	2280	8768
定西市	**Dingxi**	**48**	**31847**	**247258**
安定区	Anding	15	6147	64757
通渭县	Tongwei	5	3687	26804

13-6 续表 2 continued

地　区	Region	建筑业企业单位数（个） Number of Construction Enterprises (unit)	从业人员（人） Number of Persons Engaged (person)	建筑业总产值（万元） Gross Output Value of Construction (10 000 yuan)
陇西县	Longxi	7	5348	31919
渭源县	Weiyuan	2	1732	7446
临洮县	Lintao	11	13103	97690
漳　县	Zhangxian	1	34	7861
岷　县	Minxian	7	1796	10781
陇南市	**Longnan**	**48**	**14048**	**91326**
武都区	Wudu	28	8654	65719
宕昌县	Tanchang	3	789	3766
成　县	Chengxian	3	1448	13406
康　县	Kangxian	1		
文　县	Wenxian	2	580	1939
西和县	Xihe	2	466	3868
礼　县	Lixian	1		
两当县	Liangdang	1	231	1850
徽县	Huixian	7	1880	779
临夏州	**Linxia**	**42**	**38719**	**205034**
临夏市	linxia	23	15548	73083
临夏县	linxia	4	6313	25967
康乐县	Kangle	4	107	14537
永靖县	Yongjing	5	6026	48222
广河县	Guanghe	2	1300	11222
和政县	Hezheng	1	3837	17000
东乡县	Dongxiang	2	5582	15002
积石山县	Jishishan	1	6	
甘南州	**Gannan**	**19**	**3590**	**31891**
合作市	Hezuo	10	1249	13864
临潭县	Lintan	1	140	722
卓尼县	Zhuoni			
舟曲县	Zhouqu	1	85	80
迭部县	Diebu	4	1768	14397
玛曲县	Maqu	2	96	529
碌曲县	Luqu	1	252	2300
夏河县	Xiahe			

主要统计指标解释

建筑业统计单位 指从事房屋、构筑物建造和设备安装活动的法人企业。建筑业法人企业应具有建筑业资质并能够独立核算，同时其应具备以下条件：①依法成立，有自己的名称、组织机构和场所，能够承担民事责任；②独立拥有和使用资产，承担负债，有权与其他单位签订合同；③独立核算盈亏，能够编制资产负债表。

建筑业总产值 是以货币形式表现的建筑业企业在一定时期内生产的建筑业产品和提供的服务的总和。建筑业总产值包括：

(1) 建筑工程产值 指列入建筑工程预算内的各种工程价值。

(2) 安装工程产值 指设备安装工程价值，不包括被安装设备本身的价值。

(3) 其他产值 建筑业总产值中除建筑工程、安装工程以外的产值。包括房屋构筑物修理产值、非标准设备制造产值、总包企业向分包企业收取的管理费以及不能明确划分的施工活动所完成的产值。

建筑业增加值 指建筑业企业在报告期内以货币形式表现的建筑业生产经营活动的最终成果。

从 2004 年第一次全国经济普查开始，建筑业现价增加值按生产法和分配法(收入法)两种方法计算，以收入法的计算结果为准，即从收入的角度出发，根据生产要素在生产过程中应得的收入份额计算。具体计算方法：经济普查年度建筑业增加值按照《经济普查年度 GDP 核算方案》计算，非经济普查年度建筑业增加值按照《非经济普查年度 GDP 核算方案》计算。

房屋建筑施工面积 指在报告期内施过工的全部房屋建筑面积，包括本期新开工的房屋面积、上期施工跨入本期继续施工的房屋面积、上期停缓建在本期恢复施工的房屋面积、本期竣工的房屋面积及本期施工后又停缓建的房屋面积。

房屋建筑竣工面积 指在报告期内房屋建筑按照设计要求全部完工，达到了使用条件，经验收鉴定合格，正式移交使用单位的房屋建筑面积。

年末自有机械设备净值 指本企业自有机械设备经过使用、磨损后实际存在的价值，即原值减去累计折旧后的净额。

年末自有机械设备总台数 指年末本企业（或单位）自有的直接用于工程施工的各种机械设备的台数。不包括附属辅助生产机械设备、运输机械设备、生产试验机械设备的台数。

年末自有机械设备总功率 指年末本企业（或单位）自有的直接用于工程施工的各种机械设备年末总功率、按设定能力或查定能力计算。包括施工机械本身的动力和为该机械服务的单独动力设备，如电动机等。但不包括附属辅助生产机械设备、运输机械设备、生产试验机械设备的功率。计量单位用千瓦，动力换算可按 1 马力 = 0.735 千瓦折合成千瓦数。电焊机、变压器、锅炉不计算动力。

工程结算收入 指企业经营主要业务所取得的收入总额，这里指建筑企业承包工程实现的工程价款结算收入以及向发包单位收取的除工程价款以外按规定列作营业收入的各种款项，如临时设施费、劳动保险费，施工机构调迁费等，以及向发包单位收取的各种索赔款。

工程结算成本 指企业从事主要业务活动而发生的成本，这里指建筑企业在报告期内与发包单位办理工程价款结算的已完成工程实际成本。

工程结算税金及附加 指企业因销售产品或提供劳务等主要业务活动而取得的收入，按税法献定交纳营业税、消费税、资源税、城市维护建设税等以及随同营业税金一并计算交纳的教育费附加等。这里指建筑企业因从事建筑业生产活动，取得工程价款结算收入而按规定应该交纳的各项税金及附加等。

工程结算利润 指企业从事主要业务活动取得的利润，这里指建筑企业从事建筑业生产活动取得的利润。

交通运输、邮电通信业

Transport, Postal, Telecommunication Services

14

简要说明

一、本篇资料主要内容

本篇反映甘肃省交通运输业，邮政、通信业发展的基本状况。

交通运输业资料包括：四种运输方式的线路里程及完成的货物运输量和旅客运输量、周转量。

邮政、电信业资料主要包括：邮政局（所）及邮路情况，邮电通信主要电路及设备拥有量，主要的邮电业务完成情况及邮电通信发展水平资料。

二、本篇资料来源

本篇资料由省统计局工业交通处搜集、加工整理。

1.交通运输资料分别由兰州铁路局、省交通厅、东航甘肃分公司、省公安厅交警大队车管部门提供。

2.邮政、电信业资料由省邮政公司、省通信管理局提供。

14-1 交通运输业基本情况

Basic Conditions of Transportation

指　　标	Item	2005	2006	2007	2008	2009
运输线路长度（公里）	**Length of Transportation Routes (km)**	**47297**	**100704**	**105834**	**110860**	**122051**
铁路营业里程	Length of Railways in Operation	2013	1987	2148	2149	2149
电气化里程	Electrified Railways	1754	2208	2208	2213	2346
公　路	Highways	41330	95642	100612	105638	114000
民　航	Total Civil Aviation Routes	2200	2200	2200	2200	2200
客运量总计（万人）	**Total Passenger Traffic (10 000 persons)**	**17803**	**19066**	**20435**	**46002**	**49995**
铁　路	Railways	1230	1402	1566	1844	2038
公　路	Highways	16247	17319	18510	43962	47755
民用航空	Civil Aviation	85	100	113	103	109.71
旅客周转量总计（万人公里）	**Total Passenger-Kilometers (10 000 passenger km)**	**2883045**	**3199586**	**3489326**	**4413419**	**4699944**
铁　路	Railways	1726990	1952819	2135378	2322174	2482313
公　路	Highways	1048886	1130009	1209272	1967056	2065849
民用航空	Civil Aviation	104980	114463	142336	122109	149732
货运量总计（万吨）	**Total Freight Traffic (10 000 tons)**	**25843**	**27512**	**29505**	**22742**	**25489**
铁　路	Railways	3274	3633	4126	4512	4646
公　路	Highways	22520	23826	25325	18201	20812
民用航空	Civil Aviation	1.08	1.32	1.33	1.44	1.33
货物周转量总计（万吨公里）	**Total Freight Ton-kilometers (10 000 tons km)**	**8550947**	**9245649**	**10248126**	**14546351**	**14770589**
铁　路	Railways	7175573	7768408	8680625	9795759	9871265
公　路	Highways	1373122	1464606	1564847	4748432	4897214
民用航空	Civil Aviation	1532	1598	1896	2130	2076
民用汽车拥有量（万辆）	**Number of Civil Motor Vehicles Owned (10 000 units)**	**45.77**	**46.85**	**53.23**	**62.44**	**105.15**
#载客汽车辆数	Number of Buses and Cars	19.31	22.71	27.18	32.89	43.86
载货汽车辆数	Number of Trucks	13.62	13.60	14.71	16.36	20.91
#普通载货汽车	Ordinary Trucks	10.77	10.58	11.22	12.16	14.65
#公路部门营运汽车	Number of Motor Vehicles Owned by Highway Departments	12.95	12.92	13.54	14.53	16.84
#私人汽车拥有量	Number of Motor Vehicles Owned by Individuals	24.73	24.21	28.75	35.94	51.18

注：1.2008年以后公路客、货运输数据为交通部专项调查数据（包括出租车和公交车）。2.私人汽车拥有量中含三轮汽车和低速货车。

a)Data of transport of both travelers and goods after 2008 are from ad hoc survey by Ministry of Communications, including taxicab and bus.

b) Possession of Private Vehicles includes tricar and low speed freight car.

14-2 运输线路长度

Length of Transportation Routes

单位：公里 (km)

年份 Year	铁路营业里程 Railways revenue kilometres	#电气化里程 Electrified Railways	公路 Length of Highways	等级路 Expressway and Class I to IV Highway	等外路 Highway Below Class IV	民航 Length of Civil Aviation Routes
2000	1962	1766	39344	29393	9951	2166
2001	1962	1766	39844	30283	9561	2166
2002	1961	1766	40223	30806	9417	2166
2003	1962	1766	40293	30947	9346	2198
2004	1938	1748	40751	31614	9137	2200
2005	2013	1754	41330	32792	8538	2200
2006	1987	2208	95642	42866	52776	2200
2007	2148	2208	100612	50662	49950	2200
2008	2149	2213	105638	58381	47257	2200
2009	2149	2346	114000	76631	37369	2200

注：自1995年起电气化里程、无缝线路里程为兰州铁路局全路局数。2007年起铁路营业里程中包括敦煌铁路161.48公里。

a)Since 1995, Data in Electrified Railways from the Lanzhou Railway Bureau. Since 2007, Data in Length of Railways in Operation included 161.48 km of the Dunhuang Railway.

14-3 运输线路质量

Quality of Transportation Routes

指标	Item	2005	2006	2007	2008	2009
铁路营业里程（公里）	Length of Railways in Operation (km)	2013.00	1986.70	2147.98	2149.00	2149.00
# 复线里程	Double-Tracking Length	1326.30	1370.60	1304.80	1430.39	1363.30
无缝线路里程（公里）	Length of Continuous Welded Rail(km)			3342.80	3573.30	3750.71
公路线路里程（公里）	Length of Highways (km)	41330.00	95642.08	100612.00	105638.00	114000.00

14-4 货运量和货运周转量

Freight Traffic & Freight Ton-Kilometers

年份 Year	货运量合计（万吨） Total (10 000 tons)	铁路 Railways	公路 Highways	民航 Civil Aviation	货运周转量合计（万吨公里） Total (10 000 tons-km)	铁路 Railways	公路 Highways	民航 Civil Aviation
1978	4422.65	2216	2206	0.65	1755838	1639720	115549	569
1979	4196.80	2112	2084	0.80	1748310	1637919	109522	809
1980	3801.90	2059	1742	0.90	1670043	1581640	87594	809
1981	3184.47	1867	1317	0.47	1471411	1401651	69182	578
1982	3388.16	1904	1484	0.16	1629900	1546783	82556	561
1983	3454.08	2051	1403	0.08	1844799	47755	87535	476
1984	3883.11	2192	1691	0.11	2067094	1965203	100862	1029
1985	10112.12	2414	7698	0.12	2549908	2198316	350133	1459
1986	10448.19	2384	8064	0.19	2690694	2321373	369231	90
1987	14543.28	2373	12170	0.28	2956050	2467467	488295	288
1988	14585.28	2361	12224	0.28	3307597	2065849	636195	338
1989	14317.26	2397	11920	0.26	3364697	2822220	542184	293
1990	16614.28	2386	14228	0.28	3430561	2867147	563117	297
1991	14726.32	2426	12300	0.32	3642872	3033640	608898	334
1992	17144.30	2501	14643	0.30	3913987	20812	786101	313
1993	19193.30	2571	16622	0.30	3991162	3180172	810653	337
1994	19921.35	2571	17350	0.35	4166823	3320168	846225	430
1995	20275.00	2555	17719	1.00	4329026	3442644	885896	486
1996	20813.00	2602	18210	1.00	4355906	4897214	927744	403
1997	21236.30	2628	18608	0.30	4481783	3510000	970783	1000
1998	21613.99	2546	19035	0.39	4544182	3532400	1010587	700
1999	22059.97	2691	19333	0.47	4944052	3902035	1040687	800
2000	22722.09	2885	19800	1.09	5414243	4318100	1093800	1798
2001	23207.70	2991	20179	0.90	5731518	4589095	1140253	1615
2002	23540.99	3092	20408	0.99	5914802	4727078	1185412	1707
2003	23915.26	3158	20713	1.26	6329270	5089413	1237113	2089
2004	24776.26	3270	21460	1.26	7463255	6160593	1300096	1883
2005	25843.07	3274	22520	1.08	8550947	7175573	1373122	1532
2006	27512.32	3633	23826	1.32	9236681	7768408	1464606	1598
2007	29505.33	4126	25325	1.33	10248126	8680625	1564847	1896
2008	22742.44	4512	18201	1.44	14546351	9795759	4748432	2130
2009	25489.33	4646	20812	1.33	14770589	9871265	4897214	2076

14-5 客运量和客运周转量

Passenger Traffic & Passenger-Kilometers

年 份 Year	客运量合计（万人） Total (10 000 persons)	铁 路 Railways	公 路 Highways	民 航 Civil Aviation	客运周转量合计（万人公里） Total (10 000 persons-km)	铁 路 Railways	公 路 Highways	民 航 Civil Aviation
1978	3038	686	2324	28	517244	394470	101700	21074
1979	3374	772	2567	34	604842	459070	116453	29319
1980	3865	789	3038	38	615282	462433	137295	15554
1981	3882	751	3123	8	630667	456567	156107	17993
1982	4387	883	3494	10	671083	491181	170374	9528
1983	4871	893	3974	4	747147	47755	192306	3290
1984	5526	1026	4496	4	846471	622656	220324	3491
1985	6355	1094	5256	5	1026714	758260	264594	3857
1986	7053	1131	5910	12	1135579	817713	310882	6984
1987	8010	1173	6819	18	1227471	837559	369660	20252
1988	9550	1244	8286	20	1355410	2065849	391904	25514
1989	10101	1083	9001	17	1324260	877921	426463	19876
1990	8712	860	7832	20	1170899	727603	420304	22992
1991	8845	850	7970	25	1270144	799460	442582	28103
1992	9108	874	8208	26	1305117	20812	440311	29139
1993	9580	883	8668	29	1407127	914261	458720	34146
1994	10148	926	9186	36	1506567	978776	485571	42220
1995	10547	942	9563	42	1506159	951327	504754	50078
1996	10748	841	9872	35	1524313	4897214	543747	43680
1997	11234	884	10319	31	1609997	970000	575997	64000
1998	11881	886	10796	31	1761177	1079200	617471	63000
1999	12361	923	11223	35	1818744	1093499	659525	64100
2000	12907	1039	11600	76	2061583	1245700	706300	107868
2001	13921	1080	12560	70	2268380	1390319	777658	98504
2002	14750	1038	13420	72	2327182	1387254	840621	97294
2003	15004	948	13732	84	2307861	1327067	871629	106963
2004	16519	1125	15050	109	2683583	1577558	963182	140701
2005	17803	1230	16247	85	2883045	1726990	1048886	104980
2006	19066	1402	17319	100	3199586	1952819	1130009	114463
2007	20435	1566	18510	113	3489326	2135378	1209272	142336
2008	46002	1844	43962	103	4413419	2322174	1967056	122109
2009	49995	2038	47755	110	4699944	2482313	2065849	149732

14-6 邮电通信行业基本情况

Basic Conditions of Post and Telecommunication Services

指　标	Item	2005	2006	2007	2008	2009
局所及通信网络	**Offices and Network**					
邮政局所（处）	Number of Post Offices (unit)	1280	1286	1310	1269	1269
邮路总长度（公里）	Length of Postal Routes (km)		74696	75686	76826	77471
#汽车邮路总长度	Length of Postal Routes and Rural		30735	21130	33201	31003
铁路邮路总长度	Delivery Routes	5312	5312	5270	5171	6010
农村投递线路总长度（公里）	Rural Delivery Routes (km)	104848	104393	104906	109679	110944
长途电话业务电路（2M）	Long-distance Call Lines (line)	15388	6465	49595	50700	164543
数据通信网长途电路（2M）	Long-distance Lines of Data Traffic Network (line)	7501	9910	105694	42937	184944
邮电业务总量（万元）	Business Volume of Post and Telecommunications Service (10 000 yuan)	1359246	1674725	2192824	2798088	3618685
邮政业务总量	Business Volume of Post	70225	87945	77052	79622	89399
电信业务总量	Business Volume of Telecommunication Services	1289021	1586780	2115772	2718499	3529286
函件（万件）	Number of Letters (10 000 pcs)	5071	4019	3490	3769	3811
包裹（万件）	Number of Parcels (10 000 pcs)	111	112	103	96	102
特快专递（万件）	Pieces of Express Mail Services (10 000 pcs)	227	233	226	301	347
报刊期发数（万份）	Newspapers and Magazines Circulation (10 000 copies)	175	200	189	303	200
集邮业务（万枚）	Philately (10 000 units)	1700	1400	1427	1800	1600
长途电话（万次）	Number of Long-distance Calls (10 000 times)	66919	51700	106530	108929	42471
移动电话用户期末数（万户）	Number of Mobile Telephones Subscribers at Year-end (10 000 subscribers)	408.44	545.37	686.40	896.48	1194.37
本地电话用户（万户）	Local Telephone Subscribers of at Year-end (10 000 subscribers)	548.04	607.49	585.46	519.19	453.93
# 城　市	Number of Urban Telephone Subscribers	395.29	432.11	394.41	334.67	285.94
住宅电话用户（万户）	Residential Telephone Subscribers (10 000 subscribers)	388.67	437.37	314.93	380.86	293.59
# 城　市	Number of Urban Telephone Subscribers	252.76	280.89	252.36	213.93	145.72
公用电话（万户）	Public Telephone (10 000 Subscribers)	60.88	67.24	67.97	56.93	54.55
国际互联网用户（万户）	Number of Subscribers of Internet Service (10 000 Subscribers)	56.54	63.74	77.77	68.04	98.30
电信主要通信能力	**Major Capacity of Telecommunication Services**					
长途电话交换机容量（路端）	Capacity of Long-distance Call Exchanges (unit)	166938	180096	229895	230757	243536
局用电话交换机容量（万门）	Capacity of Office Telephone Exchanges (10 000 units)	712	436	431	426	439
移动电话交换机容量（万户）	Capacity of Mobile Telephone Exchanges (10 000 subscribers)	433	627.8	1071	1539	1719
长途光缆线路长度（公里）	Length of Optical Cable Lines (km)	19729	23091	27122	27772	30106

注：1.长途电话业务电路包括固定长途电话业务电路和移动长途电话业务电路。

2.长途电话为本地网内区间电话通话量。

Note: 1.Long-distance telephone circuits,including fixed and mobile long-distance telephone circuits.

2.Long-distance calls are calls volume within the range of the local network.

14-7 邮电业务量

Telecommunications Services

年 份 Year	邮电业务总量（万元）Business Volume of Post and Telecommunication (10 000 yuan)	函件（万件）Number of Letters (10 000 pcs)	特快专递（万件）Pieces of Express Mail Services (10 000 pcs)	报刊期发数（万份）Number of Newspapers and Magazines (10 000 copies)	集邮业务（万枚）Philately (10 000 copies)	长途电话（万次）Number of Long-distance Calls (10 000 times)
1995	70773	9104	29	496	4161	8736
1996	101699	9716	48	474	4897	11524
1997	141615	8969	61	500	7942	14490
1998	203094	8245	72	502	10997	16850
1999	273767	7817	79	656	11150	20788
2000	421000	9919	101	679	10767	22671
2001	468927	10032	104	672	8110	27562
2002	603679	12215	128	421	4276	47792
2003	760655	10483	196	469	2876	51571
2004	1079503	5645	213	353	2495	57148
2005	1359246	5071	227	175	1700	66919
2006	1674725	4019	233	200	1400	51700
2007	2192824	3490	226	189	1427	106530
2008	2798088	3769	301	303	1800	108929
2009	3618685	3811	347	200	1600	42471

14-7 续表 continued

年 份 Year	本地电话年末用户（户）Local Telephone Subscribers at Year-end (Subscriber)	城 市 Number of Urban Telephone Subscribers	#住 宅 Residential Telephone Subscribers	乡 村 Rural Telephone Subscribers	#住 宅 Residential Telephone Subscribers	公用电话（户）Public Telephone (Subscriber)
1995	433220	402583	267260	30637	11428	4995
1996	576450	535232	377493	41218	21960	9453
1997	734907	672876	494494	62031	32289	16809
1998	952254	854756	703621	97498	66674	25190
1999	1181494	1002645	747372	178849	131328	35191
2000	1801652	1379679	1084635	421973	346499	48971
2001	2504332	1832282	1358956	672050	570326	53518
2002	3219924	2333960	1816255	885964	802411	67505
2003	4023000	2873000	1254421	1150000	1015437	376085
2004	4772531	3445689	2320587	1326842	1181692	564617
2005	5480404	3952917	2527573	1527487	1359097	711751
2006	6074903	4321131	2808921	1753772	1564753	672376
2007	5854600	3944100	2523600	1910500	625700	679700
2008	5191900	3346700	2139300	1843600	1669300	569287
2009	4539323	2859379	1457162	1679944	1478734	545480

14-8 邮电局所数及邮递线路、邮电通信电路

Postal and Telecommunications Services Facilities

年份 Year	邮电局所（处） Number of Post and Telecommunication Offices (unit)	邮路及农村投递线路总长度（公里） Length of Postal Routes (km)	农村投递线路（公里） Rural Delivery Routes (km)	长话业务电路（路） Number of Long-distance Calls (line)	长途光缆线路长度（公里） Length of Long Distance Optical Cable Lines(km)
1995	1217	164629	106265	12174	2462
1996	1254	179278	106321	15253	4909
1997	1286	179241	106397	15596	6524
1998	1526	167616	105925	30742	8336
1999	1278	143249	105794	28147	8410
2000	1290	180748	105856	28650	10140
2001	1293	181034	106216	55712	12474
2002	1289	174706	105985	108971	18061
2003	1279	174599	106200	135051	20703
2004	1281	175896	106089	254790	21873
2005	1280	179404	104848	440670	19729
2006	1286	179089	104393	637300	23091
2007	1310	180592	104906	1588192	27122
2008	1269	186505	109679	3042030	27772
2009	1269	188415	110944	5269198	30106

14-9 邮 电 通 信 水 平

Level of Postal and Telecommunication Services

指　　标	Item	2005	2006	2007	2008	2009
平均每人每年发函件数（件）	Annual Average Number of Letters Mailed per Capita (copy)	2.00	2.00	1.34	1.40	1.50
平均每百人每年订报刊数（份）	Annual Average Number of Newspaper and Magazine Subscribed per 100 Persons (copy)	7.00	7.69	7.23	11.50	7.62
固定电话普及率（部／百人）	Popularization Rate of Fixed Telephone (set/100 persons)	21.12	23.31	22.37	19.80	17.22
移动电话普及率（部／百人）	Popularization Rate of mobile Telephone (set/100 persons)	15.74	20.93	26.23	34.21	45.32
城市固定电话普及率（部／百人）	Popularization Rate of Urban Fixed Telephone (set/100 persons)	50.75	53.32	47.70	39.61	33.23
农村邮电通信水平	Rural Level					
设有邮电局、所的乡（镇）比重(%)	Percentage of Townships with Post and Telecommunication Offices (%)	68.70	70.50	70.35	71.00	72.00
通电话的乡（镇）比重(%)	Percentage of Townships with Telephone Communication (%)	100.00	100.00	100.00	100.00	100.00
进入长话自动网的乡（镇）比重(%)	Percentage of Townships with Connected Autoexchange Net of Long Distance Call (%)	100.00	100.00	100.00	100.00	100.00

主要统计指标解释

铁路营业里程 又称营业长度(包括正式营业和临时营业里程)，指办理客货运输业务的铁路正线总长度。凡是全线或部分建成双线及以上的线路，以第一线的实际长度计算；复线、站线、段管线、岔线和特殊用途线以及不计算运费的联络线都不计算营业里程。该指标可以反映铁路运输业基础设施的发展水平，也是计算客货周转量、运输密度和机车车辆运用效率等指标的基础资料。

铁路电气化里程 指在全部铁路营业里程中已安装了供电线路及设备，可以供电力机车牵引列车运行的区段的总里程。

铁路自动、半自动闭塞里程 指装有列车自动或人工完成闭塞状态的铁路设备里程。为保证列车安全运行，在一个区间、同一时间内，一般只允许一列列车运行，这种保证列车在这个区间安全间隔运行的技术方法称为"闭塞"。自动或半自动闭塞里程占铁路营业里程的比重是反映铁路现代化的重要标志之一。

公路里程 指在一定时期内实际达到《公路工程[WTBZ]技术标准 JTJ01-88》规定的等级公路，并经公路主管部门正式验收交付使用的公路里程数。包括大中城市的郊区公路以及通过小城镇街道部分的公路里程和桥梁、渡口的长度，不包括大中城市的街道、厂矿、林区生产用道和农业生产用道的里程。两条或多条公路共同经由同一路段，只计算一次，不得重复计算里程长度。该指标可以反映公路建设的发展规模，也是计算运输网密度等指标的基础资料。

货(客)运量 指在一定时期内，各种运输工具实际运送的货物(旅客)数量。该指标是反映运输业为国民经济和人民生活服务的数量指标，也是制定和检查运输生产计划、研究运输发展规模和速度的重要指标。货运按吨计算，客运按人计算。货物不论运输距离长短、货物类别，均按实际重量统计。旅客不论行程远近或票价多少，均按一人一次客运量统计；半价票、小孩票也按一人统计。

货物(旅客)周转量 指在一定时期内，由各种运输工具运送的货物(旅客)数量与其相应运输距离的乘积之总和。该指标可以反映运输业生产的总成果，也是编制和检查运输生产计划，计算运输效率、劳动生产率以及核算运输单位成本的主要基础资料。计算货物周转量通常按发出站与到达站之间的最短距离，也就是计费距离计算。计算公式为：

货物（旅客）周转量=Σ（货物（旅客）运输量×运输距离）

民用汽车拥有量 指报告期末，在公安交通管理部门按照《机动车注册登记工作规范》，已注册登记领有民用车辆牌照的全部汽车数量。汽车拥有量统计的主要分类：根据汽车结构分为载客汽车、载货汽车及其他汽车；根据汽车所有者不同分为个人(私人)汽车、单位汽车；根据汽车的使用性质分为营运汽车、非营运汽车；根据汽车大小规格不同载客汽车分为大型、中型、小型和微型，载货汽车分为重型、中型、轻型和微型。

邮电业务总量 指以价值量形式表现的邮电通信企业为社会提供各类邮电通信服务的总数量。邮电业务量按专业分类包括函件、包件、汇票、报刊发行、邮政快件、特快专递、邮政储蓄、集邮、传真、长途电话、出租电路、移动电话、分组交换数据通信、出租代维等。计算方法为各类产品乘以相应的平均单价(不变价)之和，再加上出租电路和设备、代用户维护电话交换机和线路等的服务收入。该指标综合反映了一定时期邮电业务发展的总成果，是研究邮电业务量构成和发展趋势的重要指标。计算公式为：

邮电业务总量=Σ（各类邮电业务量×不变单价）+出租代维及其他业务收入=邮政业务总量+电信业务总量

长途电话交换机容量 指用于接入长途电话网的电话交换机的设备额定容量，包括国际电话交换机容量。

局用交换机容量 指安装在电信运营企业内用于接续本地固定电话的电话交换机容量，包括现用和备用的人工或自动交换机的全部容量。不包括用户交换机容量。

移动电话交换机容量 指移动电话交换机根据一定话务模型和交换机处理能力计算出来的最大同时服务用户的数量。

15 批发零售贸易业、餐饮业及旅游

Wholesale and Retail Trades, Catering Services and Tourism

简要说明

一、本篇资料主要内容

本篇资料主要包括社会消费品零售总额；限额以上批发和零售业商品流转情况；限额以上批发和零售业及限额以上餐饮业分行业财务主要指标；国际旅游发展状况。

二、本篇资料来源

本篇资料由甘肃省统计局贸易外经处加工整理；旅游资料由省旅游局提供。

15-1 社会消费品零售总额（按所在地分）

Total Retail Sale of Consumer Goods by Location of Retailers

年份 Year	社会消费品零售总额（万元） Total Retail Sales of Consumer Goods (10 000 yuan)	市 City	县 County	县以下 Under County Level	构成（%）Composition (%) 总额=100 Total=100 市 City	县 County	县以下 Under County Level
1978	207222	68860	71222	67140	33.23	34.37	32.40
1979	226592	75568	78174	72849	33.35	34.50	32.15
1980	264779	90422	86159	88198	34.15	32.54	33.31
1981	291566	103244	94613	93709	35.41	32.45	32.14
1982	311925	110047	101469	100409	35.28	32.53	32.19
1983	344704	132642	100929	111133	38.48	29.28	32.24
1984	402855	159450	124039	119366	39.58	30.79	29.63
1985	518104	252990	106937	158177	48.83	20.64	30.53
1986	619019	354884	126651	137484	57.33	20.46	22.21
1987	721103	421917	138163	161022	58.51	19.16	22.33
1988	927708	558573	179419	189716	60.21	19.34	20.45
1989	1006533	622138	187114	197280	61.81	18.59	19.60
1990	961640	576311	192713	192616	59.93	20.04	20.03
1991	1061667	645918	199381	216368	60.84	18.78	20.38
1992	1282631	798951	233439	250241	62.29	18.20	19.51
1993	1634338	1104812	304967	224558	67.60	18.66	13.74
1994	1964475	1221707	345355	397413	62.19	17.58	20.23
1995	2406481	1475414	450975	480093	61.31	18.74	19.95
1996	2716917	1700518	448020	568379	62.59	16.49	20.92
1997	2915252	1853517	497634	564101	63.58	17.07	19.35
1998	3177625	2016203	526215	635207	63.45	16.56	19.99
1999	3469967	2219044	557277	693646	63.95	16.06	19.99
2000	3796143	2448892	602448	744803	64.51	15.87	19.62
2001	4137796	2677154	657082	803560	64.70	15.88	19.42
2002	4535024	2940963	722429	871632	64.85	15.93	19.22
2003	4965852	3221845	798012	945995	64.88	16.07	19.05
2004	5606447	3657085	888061	1061300	65.23	15.84	18.93
2005	6380830	4105426	1017742	1257662	64.34	15.95	19.71
2006	7295050	4703119	1163561	1428371	64.47	15.95	19.58
2007	8543709	5526674	1358578	1658456	64.69	15.90	19.41
2008	10236221	6604733	1639251	1992236	64.52	16.01	19.46
2009	11830052	7629518	1916933	2283600	64.49	16.20	19.30

15-1 续表 continued

年 份 Year	分行业社会消费品零售总额（万元） By Sector (10 000yuan)			构 成（%） Composition (%) 总 额=100 Total=100		
	批零贸易业 Wholesale and Retail Sale Trade	餐饮业 Catering Trade	其他行业 Others	批零贸易业 Wholesale and Retail Sale Trade	餐饮业 Catering Trade	其他行业 Others
1978	155189	12848	39185	74.89	6.20	18.91
1979	169694	14049	42849	74.89	6.20	18.91
1980	198293	16416	50070	74.89	6.20	18.91
1981	218354	18077	55135	74.89	6.20	18.91
1982	233601	19339	58985	74.89	6.20	18.91
1983	258149	21372	65183	74.89	6.20	18.91
1984	301698	24977	76180	74.89	6.20	18.91
1985	390702	31449	95953	75.41	6.07	18.52
1986	463583	38379	117057	74.89	6.20	18.91
1987	540034	44708	136361	74.89	6.20	18.91
1988	694761	57518	175429	74.89	6.20	18.91
1989	753793	62405	190335	74.89	6.20	18.91
1990	720232	59668	181740	74.90	6.20	18.90
1991	795148	65874	200645	74.90	6.20	18.90
1992	960639	79585	242407	74.90	6.20	18.90
1993	1233090	108365	292883	75.45	6.63	17.92
1994	1368980	185094	410401	69.69	9.42	20.89
1995	1614693	227004	564784	67.10	9.43	23.47
1996	1790886	288744	637287	65.92	10.63	23.46
1997	1815065	318609	781577	62.26	10.93	26.81
1998	1967268	371782	838575	61.91	11.70	26.39
1999	2133353	435523	901091	61.48	12.55	25.97
2000	2461947	487984	846211	64.85	12.85	22.29
2001	2710190	542854	884753	65.50	13.12	21.38
2002	3019494	611360	904170	66.58	13.48	19.94
2003	4062509	699780	203563	81.81	14.09	4.10
2004	4557794	829405	219248	81.30	14.79	3.91
2005	5159539	1005619	215672	80.86	15.76	3.38
2006	5887835	1179610	227606	80.71	16.17	3.12
2007	6889136	1401861	252711	80.63	16.41	2.96
2008	8318334	1693314	224573	81.26	16.54	2.19
2009	9647593	1947583	234875	81.55	16.46	1.99

注：从2003年起，国家统计局对行业划分进行了重新调整，故与历年没有可比性，1993年起为经普调整数。

a)The standard of dividing sector has been adjusted by NBS from 2003,Its core is different from that of the past,Data from the beginning of 1993 get from the economic Census.

15-2 限额以上批发零售贸易业商品购进、销售、库存总额

Total Purchases, Sales and Inventory of Enterprise above Designated Size in Wholesale and Retail Trade by Sector

（2009）

单位：万元 (10 000 yuan)

项目	Item	法人企业数（个） Number of Corporation (unit)	活动单位数（个） Number of Basic Units Engaged (unit)	商品购进总额 Total Purchases of Commodities	#进口 Imports
批发、零售贸易企业总计	**Wholesale and Retail Sale Trade**	**521**	**1427**	**13509394**	**31645**
# 国有及国有控股	State-owned or Controlling Share Hold Industry				
批发业	**Wholesale**	**246**	**253**	**11579064**	**31517**
按登记注册类型分	Grouped by Type of Enter-prises Registered				
内资企业	Domestic-Funded Enterprises	243		11567037	31517
国有企业	State-owned Enterprises	50		2267718	3107
集体企业	Collective-owned Enterprises	7		62447	
股份合作企业	Cooperative Enterprises	4		23818	
联营企业	Joint Ownership Enterprises				
有限责任公司	Limited Liability Corporations	86		1651268	296
股份有限公司	Share-holding Corporations Ltd.	18		6544161	26106
私营企业	Private Enterprises	77		1011553	2009
其他企业	Other Enterprises	1		6072	
港、澳、台商投资企业	Enterprises With Investment from Hong Kong, Macao and Taiwan	2		9113	
外商投资企业	Enterprises With Foreign Investment	1		2915	
按国民经济行业分	By Sector				
农畜产品批发业	Agricultural and Animal Products	20		89479	
食品、饮料及烟草制品批发业	Wholesale of Food, Beverages and Tobaccos	37		699543	247
#米、面制品及食用油批发业	Rice,Flour and Cooking Oil	6		24419	
烟草制品批发业	Wholesale of Tobaccos	18		605772	247
纺织、服装及日用品批发业	Wholesale of Textiles, Garments, Shoes and Hats	6		28402	
文化、体育用品及器材批发业	Products and Equipment of Cultrue or Sports	3		74078	
医药及医疗器材批发业	Wholesale of Medicines and Medical Appliances	22		306805	
矿产品、建材及化工产品批发业	Mineral,Construction Material,Chemical Products	107		9456107	31270
#煤炭及制品批发业	Wholesale of Coal and Related Products	9		46953	
石油及制品批发业	Wholesale of Petroleum and Related Products	20		7853496	26106
金属及金属矿批发业	Metal Products and Metal Minerals	44		996407	5164
建材批发业	Wholesale of Building Materials	9		155217	
化肥批发业	Wholesale of Chemical Fertilizer	12		188543	
机械设备、五金交电及电子产品批发业	Machinery,Hardware,Electrical Appliance and Electronic Product	46		912261	
#汽车、摩托车及零配件批发业	Wholesale of Motor Vehicles, Motorcycles and Parts	11		228831	
家用电器批发业	Household Electrical Equipment	5		457334	
计算机、软件及辅助设备批发业	Computers,Softwares and Accessorial	11		50959	
贸易经纪与代理	Trade and Deputy	1		169	
其他批发业	Other Wholesale	4		12221	

15-2 续表1 continued

单位：万元 (10 000 yuan)

项　　目	Item	法人企业数（个） Number of Corporation (unit)	活动单位数（个） Number of Basic Units Engaged (unit)	商品购进总额 Total Purchases of Commodities	#进口 Imports
零售业	**Wholesale and Retail Sale Trade**	**275**	**1174**	**1930330**	**128**
按登记注册类型分	Grouped by Statue of Registration				
内资企业	Domestic-funded Enterprises	273		1912547	128
国有企业	State-owned Enterprises	55		95448	
集体企业	Collective-owned Enterprises	9		17468	
股份合作企业	Cooperative Enterprises	5		5847	
联营企业	Joint Ownership Enterprises				
有限责任公司	Limited Liability Corporations	84		563620	128
股份有限公司	Share-holding Corporations Ltd.	15		683809	
私营企业	Private Enterprises	99		489217	
其他企业	Other Enterprises	6		57138	
港、澳、台商投资企业	Enterprises With Investment from Hong Kong,Macao and Taiwan				
外商投资企业	Enterprises With Foreign Investment	2		17784	
综合零售业	Integrated Retail	63		404602	
#百货零售业	Retail of Consumer Goods	41		330703	
超级市场零售业	Retail Sale of supermarket	21		73145	
食品、饮料及烟草制品专门零售业	Retail of Food, Beverages and Tobaccos	20		47990	
纺织、服装及日用品专门零售业	Retail of Textiles, Garments, Shoes and Hats	3		5598	
文化、体育用品及器材专门零售业	Culture and Sports Articles and Equipments	48		61731	
医药及医疗器材专门零售业	Retail of Medicines and Medical Appliances	21		63042	
汽车、摩托车、燃料及零配件专门零售业	Automobile,Motorcycle,Elding and Spares or Fittings	74		1240611	128
家用电器及电子产品专门零售业	Household Appliances and Electronic Product	36		90569	
五金、家具及室内装修材料专门零售业	Hardware,Electrial Appliance Furniture	5		5383	
无店铺及其他零售业	Non-Shop and Other Retails	5		10804	

15-2 续表 2 continued

单位：万元 (10 000 yuan)

项目	Item	商品销售总额 Total Sales of Commodities	批发 Wholesale Trade	#出口 Exports	零售 Retail Trade	年末库存总额 Inventory (year-end)
批发、零售贸易企业总计	**Wholesale and Retail Sale Trade**	**14876815**	**11730921**	**48441**	**3145894**	**1782957**
# 国有及国有控股	State-owned or Controlling Share Hold Industry					
批发业	**Wholesale**	**12521695**	**11583677**	**48441**	**938018**	**1443846**
按登记注册类型分	Grouped by Type of Enter-prises Registered					
内资企业	Domestic-Funded Enterprises	12508498	11570479	48441	938018	1442968
国有企业	State-owned Enterprises	2828712	2353091	4160	475621	145853
集体企业	Collective-owned Enterprises	70854	70854	1757		6171
股份合作企业	Cooperative Enterprises	26395	26395			6075
联营企业	Joint Ownership Enterprises					
有限责任公司	Limited Liability Corporations	1821235	1719109	24249	102126	217514
股份有限公司	Share-holding Corporations Ltd.	6740339	6412716		327623	970048
私营企业	Private Enterprises	1015305	982656	18275	32649	96676
其他企业	Other Enterprises	5657	5657			630
港、澳、台商投资企业	Enterprises With Investment from Hong Kong, Macao and Taiwan	9568	9568			377
外商投资企业	Enterprises With Foreign Investment	3630	3630			501
按国民经济行业分	By Sector					
农畜产品批发业	Agricultural and Animal Products	108352	107696	5674	6566	32276
食品、饮料及烟草制品批发业	Wholesale of Food, Beverages and Tobaccos	1081928	1072636	168	9292	79360
# 米、面制品及食用油批发业	Rice,Flour and Cooking Oil	30529	28149		2380	7865
烟草制品批发业	Whole of Tobaccos	950351	948973	168	1378	62001
纺织、服装及日用品批发业	Wholesale of Textiles, Garments, Shoes and Hats	32760	30446	4147	2314	7246
文化、体育用品及器材批发业	Products and Equipment of Cultrue or Sports	74145	73911		234	13745
医药及医疗器材批发业	Wholesale of Medicines and Medical Appliances	308054	300070		7984	23145
矿产品、建材及化工产品批发业	Mineral,Construction Material,Chomical Products	9915002	9089606	37765	825396	1120847
# 煤炭及制品批发业	Wholesale of Coal and Related Products	45825	33028		12797	8152
石油及制品批发业	Wholesale of Petroleum and Related Products	8231381	7433355	1757	798026	991719
金属及金属矿批发业	Metal Products and Metal Minerals	1007829	996807	15906	11022	70924
建材批发业	Wholesale of Building Materials	155650	155650			9172
化肥批发业	Chemical Fertilizer	252358	248807		3551	24990
机械设备、五金交电及电子产品批发业	Machinery,Hardware,Electrical Appliance and Electronic Product	988157	896126		92031	163229
# 汽车、摩托车及零配件批发业	Wholesale of Motor Vehicles, Motorcycles and Parts	224775	135876		88899	15623
家用电器批发业	Household Electrical Equipment	530621	529379		1242	118551
计算机、软件及辅助设备批发业	Computers,Softwares and Accessorial	50231	48340		1891	4107
贸易经纪与代理	Trade and Deputy	687	687	687		2939
其他批发业	Other Wholesale	12609	12499		110	1058

15–2 续表3 continued

单位：万元　　(10 000 yuan)

项　　目	Item	商品销售总额 Total Sales of Commodities	批发 Wholesale Trade	#出口 Exports	零售 Retail Trade	年末库存总额 Inventory (year-end)
零售业	**Wholesale and Retail Sale Trade**	**2355119**	**147244**		**2207875**	**339111**
按登记注册类型分	Grouped by Statue of Registration					
内资企业	Domestic-Funded Enterprises	2337024	147244		2189780	335431
国有企业	State-owned Enterprises	97913	4731		93182	16240
集体企业	Collective-owned Enterprises	17159	1709		15450	3776
股份合作企业	Cooperative Enterprises	5978			5978	868
联营企业	Joint Ownership Enterprises					
有限责任公司	Limited Liability Corporations	668651	24209		644442	64432
股份有限公司	Share-holding Corporations Ltd.	819725	83947		735778	177446
私营企业	Private Enterprises	669555	23991		645564	68546
其他企业	Other Enterprises	58043	8657		49386	4123
港、澳、台商投资企业	Enterprises With Investment from Hong Kong, Macao and Taiwan					
外商投资企业	Enterprises With Foreign Investment	18095			18095	3680
综合零售业	Total retail	583718	2278		581440	56655
#百货零售业	Retail of Consumer Goods	487996	1710		486286	33677
超级市场零售业	Retail Sale of supermarket	94982	568		94414	22822
食品、饮料及烟草制品专门零售业	Retail of Food, Beverages and Tobaccos	83742	665		83077	8989
纺织、服装及日用品专门零售业	Retail of Textiles, Garments, Shoes and Hats	5784			5784	152
文化、体育用品及器材专门零售业	Culture and Sports Articles and Equipments	65425	738		64687	13402
医药及医疗器材专门零售业	Retail of Medicines and Medical Appliances	73111	3992		69119	10637
汽车、摩托车、燃料及零配件专门零售业	Automobile,Motorcycle,Elding and Spares or Fittings	1372968	113290		1259678	234992
家用电器及电子产品专门零售业	Household Appliances and Electronic Product	150100	24140		125960	13196
五金、家具及室内装修材料专门零售业	Hardware,Electrial Appliance Furniture	6602			6602	505
无店铺及其他零售业	No Shop of Area of Business and Others	13669	2141		11528	583

15-3 限额以上批发零售贸易业商品分类销售额

Total Sales of Enterprises above Designated Size in Wholesale and Refail Trade by Category of Main Commodities

单位：万元 (10 000 yuan)

项　目	Item	销售合计 Total Sales		批　发 Wholesale Trade		零　售 Retail Trade	
		2008	2009	2008	2009	2008	2009
合　计	**Total**	**14359844**	**15323500**	**12041102**	**12400562**	**2318742**	**2922938**
食品、饮料、烟酒	Food, Beverages, Tobacco and Liquor	1130417	1433302	916876	1123917	213541	309385
粮油	Grain and Vegetable Oil	53537	91126	26751	46871	26786	44255
肉禽蛋	Meat, Poultry and Eggs	27197	29895	6463	6265	20734	23630
其他食品	Other Food	117877	156469	43389	61246	74488	95223
饮料	Beverages	18619	22733	2620	5252	15999	17481
烟酒	Tobacco and Liquor	913187	1133079	837653	1004283	75534	128796
服装鞋帽、针、纺织品	Garments, Footwear , Hats	190071	227106	12530	6825	177541	220281
化妆品	Cosmetics	28617	34267	5354	6600	23263	27667
金银珠宝	Gold, Silver and Jewelry	45184	60286			45184	60286
日用品	Articles for Daily Use	57369	77878	12475	23911	44894	53967
五金、电器	Hardware and Electrical Materials	2943	4551	1083	1930	1860	2621
体育、娱乐用品	Sports and Recreation Articles	5314	6329	223	31	5091	6298
书报杂志	Newspapers and Magazines	66994	97568	8747	35683	58247	61885
电子出版物及音像制品	E-journal and Video Products	1361	18005	28	3	1333	18002
家用电器和音像器材	Household Appliances and Video appliances	639073	697249	554427	589395	84646	107854
中西药品	Traditional Chinese and Western Medicines	203248	349118	171430	288683	31818	60435
文化办公用品	Cultural and Official Goods	66307	76325	27503	34923	38804	41402
家具	Furniture	2872	4741	67	1637	2805	3104
通讯器材	Communication appliances	36194	34450	7485	7856	28709	26594
煤炭及制品	Coal and Related Product	46460	83613	44884	74232	1576	9381
木材及制品	Wood and Wooden Product						
石油及制品	Petroleum and Related Product	8835195	9078977	7668029	7778120	1167166	1300857
化工材料及制品	Raw Chemical Materials	176749	254613	176579	254613	170	
# 化肥	Fertilizer	94775	107907	94775	107907		
金属材料	Metal Materials	2130283	1679095	2130283	1679095		
建筑及装潢材料	Building and Decoration Materials	59413	72854	55977	69281	3436	3573
机电产品及设备	Mechanical and Electrical Products	70768	159461	67525	156359	3243	3102
# 农机	Agricultural Mechinery	20694	22506	20694	22506		
汽车	Automobile	453349	776523	94500	186281	358849	590242
种子、饲料	Seed and Feedstuff	2325	24980	2325	24980		
棉麻	Cotton, Hemp	26570	26573	26570	26564		9
其他	Others	82768	45636	56202	29643	26566	15993

15-4 限额以上批发零售贸易业商品销售数量

Total Sales Number of Enterprises above Designated Size in Wholesale and Retail Sale Trade by Commodities

项目	Item	销售合计 Total Sales		批发 Wholesale Trade		零售 Retail Trade	
		2008	2009	2008	2009	2008	2009
粮食（吨）	Grain (ton)	183980	391871	169830	273628	14150	118243
食用植物油（吨）	Edible Vegetable Oil (ton)	13398	17479	7156	6918	6242	10561
肉及肉制品（吨）	Meat and Processed Products (ton)						
食糖（吨）	Sugar (ton)	1791	2428	15	1202	1776	1226
卷烟（万支）	Cigarettes (10 000 fleets)	4105834	6332004	4007154	6082935	98680	249069
酒（吨）	Liquor (ton)	9168	15739	4511	10348	4657	5391
棉花（吨）	Cotton (ton)	18978	19728	18974	19722	4	6
布（百米）	Cloth (100 meter)	3298	7679			3298	7679
各种服装（百件）	Dress (100 pieces)	109771	102804	49064	11556	60707	91248
鞋（百双）	Shoes (100 pairs)	52732	44785	31883	8365	20849	36420
照相机（台）	Cameras (unit)	193361	296945	167583	269615	25778	27330
# 数码照相机	Digital Cameras	188253	279967	167583	267230	20670	12737
彩色电视机（台）	Color Television Set (unit)	1017462	1354140	918057	1195009	99405	159131
组合音响（台）	Hi-Fi Stereo Component System (unit)	7142	5645	1362	292	5780	5353
摄像机（台）	Pickup Camera (unit)	14343	24551	12432	21564	1911	2987
影碟机（台）	Video Disc Player (unit)	49049	39370	10275	13849	38774	25521
家用电冰箱（台）	Household Refrigerator (unit)	290754	265287	228140	215714	62614	49573
家用洗衣机（台）	Household Washing Machine (unit)	371055	182492	297565	127429	73490	55063
房间空调器（台）	Room Air Conditioner (unit)	137897	90541	130305	76528	7592	14013
微波炉（台）	Micro-oven (unit)	85099	67289	38845	24607	46254	42682

15-4 续表 continued

项　目	Item	销售合计 Total Sales		批　发 Wholesale Trade		零　售 Retail Trade	
		2008	2009	2008	2009	2008	2009
微型计算机（台）	Personal Computer (unit)	241313	316401	142589	206103	98724	110298
热水器（台）	water heaters (unit)						
普通电话机（台）	Telephone (unit)	9054	8400			9054	8400
移动电话机（台）	Mobile Telephone (unit)	226672	111366	107090	1547	119582	109819
化学肥料（吨）	Chemical Fertilizers (ton)	538035	719257	538035	711428		7829
化学农药（吨）	Chemical Pesticide (ton)	7083	377	7083	377		
农用薄膜（吨）	Farming Pellicle (ton)	2901	5501	2901	5501		
煤炭（吨）	Coal (ton)	850017	1320193	796976	1084349	53041	235844
木材（立方米）	Wood (cu.m)	2		2			
汽油（吨）	Gasoline (ton)	5584741	4659038	5069069	4004882	515672	654156
煤油（吨）	Kerosene (ton)	1140472	606458	1139090	605340	1382	1118
柴油（吨）	Diesel Oil (ton)	20009118	11295692	18330697	9703073	1678421	1592619
钢材（吨）	Steel Products (ton)	6149370	5468817	6149370	5467974		843
铜（吨）	Copper (ton)		7		7		
铝（吨）	Aluminum (ton)		22902		22902		
水泥（吨）	Cement (ton)	1120693	1108792	1120553	1108682	140	110
汽车（辆）	Motor Vehicles (unit)	50131	88576	15185	22522	34946	66054
# 轿车	Car	21515	47934	1964	7365	19551	40569
摩托车（辆）	Motor (unit)	22839	24595	16973	13798	5866	10797
拖拉机（台）	Tractors (unit)	7209	4111	7209	4111		

15-5 限额以上批发零售贸易企业财务指标

单位：万元 （2009）

项 目	Item	企业数（个） Number of Industrial Enterprises (unit)	流动资产 Current Funds
合 计	**Total**	**521**	**4909361**
#国有及国有控股	State-owned or Controlling Share Hold Industry		
按登记注册类型分	**Grouped by Type of Enter-prises Registered**		
内资企业	Domestic-Funded Enterprises	516	4879378
国有企业	State-owned Enterprises	105	533380
集体企业	Collective-owned Enterprises	16	62333
私营企业	Private Enterprises	176	1081308
联营企业	Joint Ownership Enterprises		
股份合作企业	Cooperative Enterprises	9	9255
股份有限公司	Share-holding Corporations Ltd.	33	1485951
有限责任公司	Limited Liability Corporations	170	1687391
其他企业	Other Enterprises	7	19760
港、澳、台商投资企业	Enterprises With Investment from Hong Kong, Macao and Taiwan	2	17714
外商投资企业	Enterprises With Foreign Investment	3	12270
按国民经济行业分	**Grouped by Sectors**		
批发企业合计	Wholesale Trade	246	4263509
农畜产品批发业	Agricultural and Animal Products	20	122636
食品、饮料及烟草制品批发业	Wholesale of Food, Beverages and Tobaccos	37	371473
#米、面制品及食用油批发业	Rice,Flour and Cooking Oil	6	14634
烟草制品批发业	Wholesale of Tobaccos	18	297099
纺织、服装及日用品批发业	Wholesale of Textiles, Garments, Shoes and Hats	6	12888
文化、体育用品及器材批发业	Products and Equipment of Cultrue or Sports	3	41501
医药及医疗器材批发业	Wholesale of Medicines and Medical Appliances	22	132465
矿产品、建材及化工产品批发业	Mineral,Construction Material,Chemical Products	107	2384542
#煤炭及制品批发业	Wholesale of Coal and Related Products	9	21390

Main Financial Indicators of Enterprises above Designated Size in Wholesale and Retail by Sector

(10 000 yuan)

#存货 Inventories	固定资产 Total Fixed Assets	资产总计 Total Assets	负债合计 Total Liabilities	所有者权益 Creditors' Equity	主营业务收入 Main Bussiness Income
1579549	**720566**	**6409841**	**4329852**	**2079989**	**14462405**
1575352	714886	6373611	4295853	2077758	14430653
140948	257035	924743	476296	448447	2745922
10027	9995	77194	64242	12952	85364
154207	67940	1534325	1125429	408896	1659377
6766	2434	12852	8288	4564	32503
977292	281599	1903475	1010193	893282	7485218
282338	93654	1897421	1592301	305120	2366401
3775	2229	23600	19103	4497	55868
377	126	18392	18254	138	10028
3820	5554	17837	15744	2093	21725
1409780	506667	5332518	3570566	1761952	12209159
34619	19143	144835	132304	12531	108022
69423	77327	516015	170501	345514	1032975
7203	8155	24118	25405	-1287	27291
49178	49651	396016	80714	315302	905327
7246	4236	18761	13021	5740	32141
10082	26355	68175	46787	21388	52063
23806	6410	156232	135981	20251	307995
1099079	358042	3191517	1949546	1241971	9742341
6080	4683	32551	20110	12441	46547

15–5 续表 1

单位：万元

项　目	Item	企业数（个） Number of Industrial Enterprises (unit)	流动资产 Current Funds
石油及制品批发业	Wholesale of Petroleum and Related Products	20	1415107
金属及金属矿批发业	Metal Products and Metal Minerals	44	731049
建材批发业	Wholesale of Building Materials	9	48638
化肥批发业	Chemical Fertilizer	12	70043
机械设备、五金交电及电子产品批发业	Machinery,Hardware,Electrical Appliance and Electronic Product	46	1119105
# 汽车、摩托车及零配件批发业	Wholesale of Motor Vehicles, Motorcycles and Parts	11	90363
家用电器批发业	Household Electrical Equipment	5	919349
计算机、软件及辅助设备批发业	Computers,Softwares and Accessorial	11	23869
贸易经纪与代理	Trade and Deputy	1	73799
其他批发业	Other Wholesale	4	5100
零售企业合计	Total Retail	275	645852
综合零售业	Overall Retail	63	214449
# 百货零售业	Retail of Consumer Goods	41	169610
超级市场零售业	Retail Sale of supermarket	21	44737
食品、饮料及烟草制品专门零售业	Retail of Food, Beverages and Tobaccos	20	22502
纺织、服装及日用品专门零售业	Retail of Textiles, Garments, Shoes and Hats	3	3340
文化、体育用品及器材专门零售业	Culture and Sports Articles and Equipments	48	34762
医药及医疗器材专门零售业	Retail of Medicines and Medical Appliances	21	37654
汽车、摩托车、燃料及零配件专门零售业	Automobile,Motorcycle,Elding and Spares or Fittings	74	249112
家用电器及电子产品专门零售业	Household Appliances and Electronic Product	36	76145
五金、家具及室内装修材料专门零售业	Hardware,Electrial Appliance Furniture	5	3047
无店铺及其他零售业	Non-Shop and Other Retails	5	4840

continued

(10 000 yuan)

#存货 Inventories	固定资产 Total Fixed Assets	资产合计 Total Assets	负债合计 Total Liabilities	所有者权益 Creditors' Equity	主营业务收入 Main Bussiness Income
964625	308176	1848625	958100	890525	8104088
86939	36068	1067448	787095	280353	984295
11158	1499	54216	44840	9377	144697
14463	5099	85255	66832	18424	241368
161578	10769	1152443	1030548	121895	921143
11577	3589	108665	104617	4048	223518
118633	463	919902	821534	98368	459152
4631	273	29593	23933	5660	51240
2940	1845	76644	81798	−5154	687
1008	2541	7895	10079	−2184	11795
169769	213899	1077323	759286	318037	2253246
44005	125106	446979	311699	135279	551256
28087	115563	379742	255218	124524	457305
15911	9469	67061	56425	10635	93211
10441	5527	29974	18840	11134	78455
2038	554	6087	4569	1518	8353
10514	25069	61979	36143	25836	61751
16052	7354	82686	43305	39381	72482
71249	42365	348614	270702	77912	1313314
14420	3724	85954	64741	21213	148394
493	1842	6907	4681	2226	6602
558	2357	8143	4604	3539	12639

15-5 续表 2

单位：万元

项　　目	Item	主营业务成本 Main Bussiness Cost	主营业务税金及附加 Tax and Extra Charges on main Bussiness
合　计	**Total**	**13161784**	**49741**
#国有及国有控股	State-owned or Controlling Share Hold Industry		
按登记注册类型分	**Grouped by Type of Enter-prises Registered**		
内资企业	Domestic-Funded Enterprises	13132464	49713
国有企业	State-owned Enterprises	2361465	33331
集体企业	Collective-owned Enterprises	78764	1019
私营企业	Private Enterprises	1542458	6370
联营企业	Joint Ownership Enterprises		
股份合作企业	Cooperative Enterprises	30417	35
股份有限公司	Share-holding Corporations Ltd.	6863433	3514
有限责任公司	Limited Liability Corporations	2204119	5378
其他企业	Other Enterprises	51808	66
港、澳、台商投资企业	Enterprises With Investment from Hong Kong, Macao and Taiwan	9337	
外商投资企业	Enterprises With Foreign Investment	19983	28
按国民经济行业分	**Grouped by Sectors**		
批发企业合计	Wholesale Trade	11162010	38490
农畜产品批发业	Agricultural and Animal Products	102253	12
食品、饮料及烟草制品批发业	Wholesale of Food, Beverages and Tobaccos	758784	31163
#米、面制品及食用油批发业	Rice,Flour and Cooking Oil	23082	45
烟草制品批发业	Wholesale of Tobaccos	673060	30468
纺织、服装及日用品批发业	Wholesale of Textiles, Garments, Shoes and Hats	27991	42
文化、体育用品及器材批发业	Products and Equipment of Cultrue or Sports	44731	58
医药及医疗器材批发业	Wholesale of Medicines and Medical Appliances	296576	199
矿产品、建材及化工产品批发业	Mineral,Construction Material,Chomical Products	9057560	6104
#煤炭及制品批发业	Wholesale of Coal and Related Products	38183	592

continued

(10 000 yuan)

主营业务利润 Main Bussiness Profits	营业费用 Bussiness Expenses	管理费用 Management Cost	财务费用 Financial Expenses	#利息支出 Interest Payment	营业利润 Operating Profits	利润总额 Total Profits	应交所得税 Income Tax Payable
1250880	**572459**	**192869**	**73123**	**53530**	**453038**	**421311**	**46684**
1248476	571385	191861	72304	53526	453276	420563	46607
351126	91124	79625	8657	549	175303	177395	33295
5581	3778	1810	516	458	−221	321	115
110549	61429	33310	27485	22046	−5591	28493	4352
2051	1456	636	161	154	−5	146	28
618271	321962	44240	25690	24823	240444	190308	3047
156904	89269	31044	9492	5432	43104	23640	5702
3994	2368	1197	303	64	243	261	68
691	84	788	14		−196	−204	3
1714	990	220	805	5	−42	952	74
1008659	458352	137535	60323	46377	377149	367668	38529
5757	3325	2357	2711	2592	−2233	−399	94
243028	36811	68712	959	−1672	140024	138101	32494
4164	1244	585	483	306	2145	−29	1
201799	13121	59622	−282	−2535	130750	128796	31193
4108	1396	1906	296	74	509	510	108
7274	2490	3884	31	31	876	576	11
11219	5127	4274	994	912	879	1294	225
678677	389561	47411	51946	42146	202462	211820	3628
7773	2336	2914	115	103	2988	563	88

15-5 续表 3

单位：万元

项　　目	Item	主营业务成本 Main Bussiness Cost	主营业务税金及附加 Tax and Extra Charges on main Bussiness
石油及制品批发业	Wholesale of Petroleum and Related Products	7472492	2640
金属及金属矿批发业	Metal Products and Metal Minerals	954327	1464
建材批发业	Wholesale of Building Materials	141324	39
化肥批发业	Wholesale of Chemical Fertilizer	245232	6
机械设备、五金交电及电子产品批发业	Machinery,Hardware,Electrical Appliance and Electronic Product	863257	882
#汽车、摩托车及零配件批发业	Wholesale of Motor Vehicles, Motorcycles and Parts	217412	573
家用电器批发业	Household Electrical Equipment	427030	159
计算机、软件及辅助设备批发业	Computers,Softwares and Accessorial	48854	20
贸易经纪与代理	Trade and Deputy	347	0.4
其他批发业	Other Wholesale	10513	29
零售企业合计	Total Retail	1999773	11252
综合零售业	Overall Retail	454395	5950
#百货零售业	Retail of Consumer Goods	373364	5020
超级市场零售业	Retail Sale of supermarket	80336	911
食品、饮料及烟草制品专门零售业	Retail of Food, Beverages and Tobaccos	67693	197
纺织、服装及日用品专门零售业	Retail of Textiles, Garments, Shoes and Hats	7853	20
文化、体育用品及器材专门零售业	Culture and Sports Articles and Equipments	47454	727
医药及医疗器材专门零售业	Retail of Medicines and Medical Appliances	59940	216
汽车、摩托车、燃料及零配件专门零售业	Automobile,Motorcycle,Elding and Spares or Fittings	1209440	2630
家用电器及电子产品专门零售业	Household Appliances and Electronic Product	137312	601
五金、家具及室内装修材料专门零售业	Hardware,Electrical Appliance Furniture	5105	468
无店铺及其他零售业	No Shop of Area of Business and Others	10582	443

continued

(10 000 yuan)

主营业务利润 Main Bussiness Profits	营业费用 Bussiness Expenses	管理费用 Management Cost	财务费用 Financial Expenses	#利息支出 Interest Payment	营业利润 Operating Profits	利润总额 Total Profits	应交所得税 Income Tax Payable
628956	346779	30627	28157	22393	233173	206529	1977
28504	24288	9577	20055	17555	-23661	13244	1087
3334	2276	1152	620	571	-230	545	113
-3869	2792	1735	2068	716	-10389	-9783	46
57004	18186	8647	1309	218	36745	17862	1962
5533	3452	1645	909	46	-286	-311	79
31963	2585	1161	28	-2	35193	14614	1553
2367	763	448	107	51	1117	1117	2
340	184	219	2062	2062	-2125	-2125	
1254	1271	125	14	14	13	29	7
242221	114108	55335	12799	7154	75889	53643	8155
90910	46270	25627	5427	2764	21455	22341	4539
78921	37700	22699	5191	2611	18904	19661	4295
11965	8544	2913	224	153	2579	2680	244
10566	3820	2680	908	289	3835	3843	1054
480	180	54	9	5	237	51	22
13571	4275	6777	140	72	3009	578	29
12325	10796	2084	218	82	-797	-400	55
101245	39044	14764	5329	3695	45379	23665	1777
10480	6710	2563	504	193	3867	4244	514
1030	2705	468	192	65	-2009	-1584	138
1613	309	318	74	-10	912	906	27

15-6 限额以上餐饮业企业主要财务指标（按登记注册类型和行业分）

单位：万元 （2009）

指标	Item	企业数（个） Number of Industrial Enterprises (unit)	流动资产合计 Total Circulating Funds
总　计	**Total**	**133**	**40381**
按登记注册类型分	**By Status of Registration**		
内资企业	Domestic-Funded Enterprises	131	39200
国有企业	State-owned Enterprises	1	214
集体企业	Collective-owned Enterprises	2	400
股份合作企业	Cooperative Enterprises		
联营企业	Joint Ownership Enterprises		
有限责任公司	Limited Liability Corporations	29	6493
国有独资公司	State-funded Corporations		
其他有限责任公司	Other Limited Liability Corporations	29	6493
股份有限公司	Share-holding Corporations Ltd.	6	2652
私营企业	Private Enterprises	83	25604
私营独资企业	Private-funded Enterprises	25	4301
私营合伙企业	Private Partnership Enterprises		
私营有限责任公司	Private Limited Liability Corporations	55	21183
私营股份有限公司	Private Share-holding Corporations Ltd.	3	120
其他企业	Other Enterprises	9	2397
港、澳、台商投资企业	Enterprises With Investment from Hong Kong, Macau and Taiwan	1	80
外商投资企业	Enterprises With Foreign Investment	1	1101
按国民经济行业分	**By Sector**		
正餐服务业	Restaurant	125	37217
快餐服务业	Snack	4	2442
饮料及冷饮服务业	Berverage and Cold Drink		
其他餐饮服务业	Others	4	722

Main Finalcial Indicators of Enterprises above Designated Size in Catering Trades by Types of Registration and by Sector

(10 000 yuan)

#存货 Inventories	固定资产 Original Value of Fixed Assets	资产总计 Total Assets	负债合计 Total Liabi-lities	所有者权益合计 Creditors' Equity	主营业务收入 Main Bussiness Income
7422	**55611**	**116230**	**71733**	**44496**	**127978**
6709	52478	111199	69808	41391	110120
45	850	1087	386	701	727
174	488	1750	423	1327	1775
1066	12368	21503	11801	9702	28220
1066	12368	21503	11801	9702	28220
125	940	4733	2620	2113	5721
4722	27623	67494	43070	24425	67603
755	5521	20311	15171	5140	12284
3938	21991	46660	27718	18941	54484
28	110	524	181	343	835
361	3944	6860	5644	1216	5399
1	2	82	2	80	437
712	3131	4949	1923	3026	17420
6595	51387	107501	67852	39649	107020
750	3481	6951	3014	3937	19405
77	742	1778	867	910	1554

15-6 续表

单位：万元

指　标	Item	主营业务成本 Main Bussiness Cost	主营业务税金及附加 Tax and Extra Charges on main Bussiness	主营业务利润 Main Bussiness Profits
总　计	**Total**	**66639**	**9384**	**51955**
按登记注册类型分	**By Status of Registration**			
内资企业	Domestic-Funded Enterprises	60158	8581	41382
国有企业	State-owned Enterprises	355	52	319
集体企业	Collective-owned Enterprises	719	105	951
股份合作企业	Cooperative Enterprises	236	42	397
联营企业	Joint Ownership Enterprises			
有限责任公司	Limited Liability Corporations	15765	1989	10466
国有独资公司	State-funded Corporations			
其他有限责任公司	Other Limited Liability Corporations	15765	1989	10466
股份有限公司	Share-holding Corporations Ltd.	2891	334	2496
私营企业	Private Enterprises	37468	5647	24488
私营独资企业	Private-funded Enterprises	7259	871	4154
私营合伙企业	Private Partnership Enterprises			
私营有限责任公司	Private Limited Liability Corporations	29493	4714	20278
私营股份有限公司	Private Share-holding Corporations Ltd.	716	62	57
其他企业	Other Enterprises	2723	412	2265
港、澳、台商投资企业	Enterprises With Investment from Hong Kong, Macau and Taiwan	189	22	226
外商投资企业	Enterprises With Foreign Investment	6292	781	10348
按国民经济行业分	**By Sector**			
正餐服务业	Restaurant	58484	8345	40191
快餐服务业	Snack	7369	925	11110
饮料及冷饮服务业	Berverage and Cold Drink			
其他餐饮服务业	Others	785	114	655

contiued

(10 000 yuan)

营业费用 Business Cost	管理费用 Management Cost	财务费用 Financial Expenses	#利息支出 Interest Payment	营业利润 Operating Profits	利润总额 Total Profits	应交所得税 Income Tax Payable
35861	**12112**	**1359**	**231**	**2705**	**3334**	**1368**
28167	10843	1370	242	1083	1701	960
252	60	6	6	6	6	
443	566	106	−108	−164	−1	
444	101			−143	−142	
6669	2788	342	235	682	888	207
6669	2788	342	235	682	888	207
2112	342	6	3	37	63	11
16283	6531	770	92	957	1143	707
2915	1579	204	36	−541	−522	27
13323	4843	566	56	1597	1656	679
45	109			−99	9	
1965	455	140	14	−293	−255	35
175	46			5	5	1
7519	1223	−11	−11	1617	1628	407
27199	10649	1342	223	1084	1641	948
8124	1401	−8	−11	1593	1665	416
538	63	26	18	28	29	4

15-7 各地区限额以上批发零售贸易企业财务指标

Financial Indicators of Enterprises above Designated Size in Wholesale and Retail Trade by Prefecture

(2009)

单位：万元 (10 000 yuan)

地区	Region	流动资产合计 Total Current Assets	#存货 Inventories	固定资产原价 Fixed Assets Original Value	资产总计 Total Assets	所有者权益 Owners'Equities	#实收资本 Paid-up Capital
兰州市	Lanzhou	3754531	1329624	633920	4511171	1412307	1226852
嘉峪关市	Jiayuguan	343201	34439	11710	377244	106381	84826
金昌市	Jinchang	43725	18713	17477	62000	16654	11775
白银市	Baiyin	34303	12351	14448	116203	34062	6343
天水市	Tianshui	140503	35573	41293	184401	59093	32983
武威市	Wuwei	43160	8127	197725	223090	64501	7108
张掖市	Zhangye	60756	24980	17391	74695	25885	18203
平凉市	Pingliang	38852	12738	15416	61444	38652	12467
酒泉市	Jiuquan	118843	31117	58982	179835	51219	42762
庆阳市	Qingyang	39081	15547	12971	50398	36902	6458
定西市	Dingxi	48023	20812	13200	60320	30458	9821
陇南市	Longnan	216960	26692	23670	468871	182346	65730
临夏州	Linxia	21482	5607	5546	25480	16456	5137
甘南州	Gannan	5942	3232	11970	14688	5075	141

15-7 续表 contiued

单位：万元 (10 000 yuan)

地区	Region	主营业务收入 Main Bussiness Income	主营业务成本 Main Bussiness Cost	主营业务税金及附加 Tax and Extra Charges on main Bussiness	主营业务利润 Main Bussiness Profits	管理费用 Management Cost	利润总额 Total Profits	应缴增值税 Value-added Tax Payable
兰州市	Lanzhou	10111188	9413055	19786	678347	106616	126437	388074
嘉峪关市	Jiayuguan	416088	394499	1339	20251	3911	7474	6168
金昌市	Jinchang	185148	167600	1063	16484	4104	6858	2299
白银市	Baiyin	315032	163189	3177	148666	7860	116928	3959
天水市	Tianshui	494169	434063	3949	56158	12905	23010	6433
武威市	Wuwei	177435	144399	760	32277	6097	6320	3935
张掖市	Zhangye	234725	207625	1745	25356	6355	6355	3626
平凉市	Pingliang	261512	229984	2766	28762	5262	11195	4215
酒泉市	Jiuquan	1216878	1125031	4521	87325	8700	26243	148186
庆阳市	Qingyang	233761	198888	2847	32026	7417	29486	3864
定西市	Dingxi	312639	254998	2537	55104	7506	7829	4030
陇南市	Longnan	259515	213226	3208	43082	12023	36403	6614
临夏州	Linxia	115604	99861	1479	14263	2669	7811	728
甘南州	Gannan	67810	60100	459	7250	1444	3631	597

15-8 各地县社会消费品零售总额

Total Retail Sale of Consumer Goods by Prefecture, County

单位：万元 (2009) (10 000 yuan)

地 区	Region	社会消费品零售总额 Total Retail Sales of Consumer Goods	批零贸易业 Wholesale and Retail Trades	餐饮业 Catering Trade	其他行业 Other
兰州市	**Lanzhou**	**4697711**	**3842104**	**764723**	**90884**
城关区	Chengguan	2685171	2320472	310757	53942
七里河区	Qilihe	819719	697378	122130	211
西固区	Xigu	569125	328905	204834	35386
安宁区	Anning	260818	221753	39065	
红古区	Honggu	141872	101491	40381	
永登县	Yongdeng	90643	72185	17113	1345
皋兰县	Gaolan	35101	30209	4893	
榆中县	Yuzhong	95262	69711	25551	
嘉峪关市	**Jiayuguan**	**204509**	**167236**	**37273**	
金昌市	**Jinchang**	**321122**	**262992**	**58130**	
金川区	Jinchuan	222355	187667	34688	
永昌县	Yongchang	98767	75325	23442	
白银市	**Baiyin**	**742658**	**610951**	**109990**	**21718**
白银区	Baiyin	389796	313431	61285	15080
平川区	Pingchuan	84340	65172	18823	345
靖远县	Jingyuan	91690	77057	14032	601
会宁县	Huining	112204	102713	4882	4609
景泰县	Jingtai	64628	52578	10968	1083
天水市	**Tianshui**	**1096252**	**819736**	**232776**	**43740**
秦州区	Qinzhou	365714	215110	123250	27354
麦积区	Maiji	338288	279624	53003	5660
清水县	Qingshui	34526	22992	6771	4764
秦安县	Qinan	116651	105956	9883	813
甘谷县	Gangu	124291	95844	24978	3468
武山县	Wushan	86536	77856	8680	
张家川县	Zhangjiachuan	30246	22355	6211	1681
武威市	**Wuwei**	**648944**	**498105**	**142720**	**8119**
凉州区	Liangzhou	383309	281271	96860	5178
民勤县	Minqin	93351	73335	17774	2242
古浪县	Gulang	75625	65822	9562	241
天祝县	Tianzhu	96659	77677	18524	458
张掖市	**Zhangye**	**572465**	**476040**	**96425**	

15-8 续表1 continued

单位：万元 (10 000 yuan)

地区	Region	社会消费品零售总额 Total Retail Sales of Consumer Goods	批零贸易业 Wholesale and Retail Trades	餐饮业 Catering Trade	其他行业 Other
甘州区	Ganzhou	348609	289480	59129	
肃南县	Sunan	19853	17302	2551	
民乐县	Minle	58304	46954	11349	
临泽县	Linze	44458	40447	4011	
高台县	Gaotai	48585	39212	9373	
山丹县	Shandan	52657	42646	10012	
平凉市	**Pingliang**	**741178**	**646617**	**87393**	**7168**
崆峒区	Kongtong	318500	297201	21299	
泾川县	Jingchuan	89465	70775	18690	
灵台县	Lingtai	50520	44755	4572	1193
崇信县	Chongxin	29302	21153	5807	2342
华亭县	Huating	83213	59737	23476	
庄浪县	Zhuanglang	69926	62358	5723	1846
静宁县	Jingning	100252	90638	7827	1787
酒泉市	**Jiuquan**	**758257**	**633083**	**99840**	**25334**
肃州区	Suzhou	320463	253871	52922	13670
金塔县	Jinta	54265	46877	3588	3800
瓜州县	Guazhou	86087	76118	8392	1577
肃北县	Subei	8641	7312	839	490
阿克塞县	Akesai	8158	6602	1556	
玉门市	Yumen	112967	102841	10126	
敦煌市	Dunhuang	167676	139462	22417	5797
庆阳市	**Qingyang**	**781743**	**659109**	**115128**	**7506**
西峰区	Xifeng	245032	185470	58867	696
庆城县	Qingcheng	120226	95392	19399	5435
环　县	Huanxian	57195	52048	5147	
华池县	Huachi	43794	36519	6320	955
合水县	Heshui	42209	37638	4341	230
正宁县	Zhengning	58539	52349	6189	
宁　县	Ningxian	114600	105267	9333	
镇原县	Zhenyuan	100148	94426	5532	190
定西市	**Dingxi**	**454166**	**377682**	**54880**	**21605**
安定区	Anding	153020	137248	15772	
通渭县	Tongwei	30474	28107	2367	

15-8 续表2 continued

单位：万元 (10 000 yuan)

地 区	Region	社会消费品零售总额 Total Retail Sales of Consumer Goods	批零贸易业 Wholesale and Retail Trades	餐饮业 Catering Trade	其他行业 Other
陇西县	Longxi	106778	86141	11766	8871
渭源县	Weiyuan	28166	25136	3030	
临洮县	Lintao	76909	50279	14529	12101
漳 县	Zhangxian	15769	14414	1355	
岷 县	Minxian	43050	36357	6060	633
陇南市	**Longnan**	**350546**	**299195**	**51351**	
武都区	Wudu	119917	105837	14080	
宕昌县	Tanchang	30961	26295	4666	
成 县	Chengxian	41449	33071	8378	
康 县	Kangxian	27883	21173	6710	
文 县	Wenxian	28286	24776	3510	
西和县	Xihe	29642	23889	5753	
礼 县	Lixian	34304	30322	3982	
两当县	Liangdang	9297	8460	837	
徽 县	Huixian	28807	25372	3435	
临夏州	**Linxia**	**293990**	**226008**	**58890**	**9092**
临夏市	linxia	150001	114606	31197	4198
临夏县	linxia	26399	21350	4409	640
康乐县	Kangle	21217	16718	4499	
永靖县	Yongjing	25879	18546	6754	579
广河县	Guanghe	29512	21562	4940	3010
和政县	Hezheng	13200	10070	2710	420
东乡县	Dongxiang	9275	6954	2321	
积石山县	Jishishan	18507	16202	2060	245
甘南州	**Gannan**	**166513**	**125739**	**38164**	**2610**
合作市	Hezuo	55222	36984	18238	
临潭县	Lintan	17343	14273	2869	201
卓尼县	Zhuoni	16145	12640	2754	751
舟曲县	Zhouqu	14712	13031	1681	
迭部县	Diebu	13363	9962	2822	579
玛曲县	Maqu	14863	12480	2006	377
碌曲县	Luqu	10582	9156	1426	
夏河县	Xiahe	24283	17213	6368	702

15-9 接待港澳台侨胞和外国旅游人数

Hongkong, Macao and Taiwan Chinese and Foreign Tourists

国别	Country	2005	2006	2007	2008	2009
旅游人数（人次）	**Total (person-times)**	**288484**	**303254**	**331238**	**83196**	**60711**
港澳台同胞	Hongkong, Macao and Taiwan Chinese	116441	118635	97352	23352	15617
外国人	Foreigner	172043	184619	233886	59844	45094
#日本人	Japanese	39804	39134	41067	10290	11540
韩国人	South Korea	11214		30553	7838	2874
菲律宾人	Filipino	1283	1107	1287	137	264
新加坡人	Singaporean	6851	9136	11516	2458	2199
泰国人	Thai	2847	2002	3164	1072	509
印尼人	Indonesian	1352	3211	2015	561	397
美国人	American	15803	17291	29966	9779	5358
加拿大人	Canadian	6346	4523	6534	1245	1550
英国人	British	9144	8201	11694	3599	2824
德国人	German	9292	14301	13362	4997	2806
法国人	French	10810	8174	14036	3310	2470
意大利人	Italian	4400	7957	7350	793	826
瑞士人	Swiss	4377	2843	5315	657	571
瑞典人	Swedish	3202	1705	4839	271	147
荷兰人	Dutch		1437	1357	326	311
西班牙人	Spanish	1731	1415	2439	434	413
澳大利亚人	Australian	8825	6992	9203	3509	1997
新西兰人	New Zealander	1425	1400	1490	319	175
俄罗斯人	Russian	3264	2255	5129	379	268
其他	Others	41287	51535	62123	15708	7595
涉外饭店（个）	**Tourist Hotels (unit)**	**209**	**236**	**274**	**280**	**305**

15-10 国际旅游外汇收入及构成

Foreign Exchange Earning from International Tourism and It's Composition

单位：万美元,% (USD 10 000, %)

指　标	Item	2008 数　额 Value	2008 比　重 Percentage	2009 数　额 Value	2009 比　重 Percentage
总　计	**Total**	**1603.42**	**100.00**	**1253.84**	**100.00**
长途交通	Long-distance Traffic	612.51	38.20	497.77	39.70
民航	Civil Aviation	383.22	23.90	231.96	18.50
铁路	Railway	123.46	7.70	186.82	14.90
汽车	Motor Vehicles	105.83	6.60	78.99	6.30
轮船	Steamship				
游览	Visit	91.39	5.70	63.95	5.10
住宿	Accommodation	192.41	12.00	163.00	13.00
餐饮	Catering Service	131.48	8.20	115.35	9.20
商品销售	Commodity	375.20	23.40	259.54	20.70
娱乐	Entertainment	44.90	2.80	25.08	2.00
邮电通讯	Post and Telecommunication	41.69	2.60	45.14	3.60
市内交通	Local Transpotation	25.65	1.60	10.03	0.80
其他服务	Other Service	88.19	5.50	73.98	5.90

15-11 各地区国际旅游外汇及接待国际旅游人数

Foreign Exchange Earning from Tourism and Number of Foreign Tourists by Region

地　区	Region	国际旅游外汇收入（万美元） Foreign Exchange Earning from Tourism (USD 10 000) 2008	2009	国际旅游人数（人次） Foreign Tourists (person) 2008	2009
全　省	**Total**	**1603.42**	**1253.84**	**83196**	**60711**
兰州市	Lanzhou	359.51	288.61	13280	12636
嘉峪关市	Jiayuguan	211.77	207.41	12861	12009
金昌市	Jinchang	7.04	3.83	222	231
白银市	Baiyin	2.81	2.41	140	123
天水市	Tianshui	11.66	4.73	747	251
武威市	Wuwei	56.79	84.46	3125	5759
张掖市	Zhangye	18.43	3.67	1242	182
平凉市	Pingliang	4.33	7.20	335	446
酒泉市	Jiuquan	833.95	608.76	45180	26460
庆阳市	Qingyang	0.66	3.25	43	199
定西市	Dingxi	11.76	1.64	756	103
陇南市	Longnan	0.02	0.96	1	38
临夏州	Linxia	9.70	11.25	587	696
甘南州	Gannan	74.98	25.66	4677	1578

主要统计指标解释

社会消费品零售总额 指批发和零售业、餐饮业、新闻出版业、邮政业和其他服务业等，售予城乡居民用于生活消费的商品和社会集团用于公共消费的商品之总量。社会消费品零售总额包括：

批发和零售业企业（单位）售予城乡居民用于生活消费和社会集团用于公共消费的商品。

餐饮业出售的主食、菜肴、烟酒饮料和其他商品。

新闻出版业、邮政业售予城乡居民、企事业单位、军队和武警等机构的书报杂志、音像制品、邮品等。

其他服务业出售的食品、烟酒饮料、服装鞋帽、日常生活用品、医药保健用品、艺术品、工艺美术品、玩具、殡葬用品以及其他消费品。

批发和零售业商品购进、销售、库存总额 指各种登记注册类型的批发和零售业企业(单位)以本企业(单位)为总体的，从国内、国外市场购进的商品总量，销售和出口的商品总量、库存的商品总量等情况。该指标可以反映商品流转过程中商品的购进、销售、库存之间的比例关系和存在的问题。

商品购进总额 指从本企业(单位)以外的单位和个人购进(包括从境外直接进口)作为转卖或加工后转卖的商品总额。它反映批发和零售业从国内、国外市场上购进商品的总量。商品购进总额包括：(1)从工农业生产者购进的商品；(2)从出版社、报社的出版发行部门购进的图书、杂志和报纸；(3)从各种登记注册类型的批发和零售业企业(单位)购进的商品；(4)从其他单位购进的商品，如从机关、团体、企业等单位购进的剩余物资，从住宿和餐饮业、其他服务业购进的商品，从海关、市场管理部门购进的缉私和没收的商品，从居民手中收购的废旧商品等；(5)从国(境)外直接进口的商品。不包括企业(单位)为自身经营用和未通过买卖行为而收入的商品以及销售退回、商品升溢等。

销售总额 指对本企业(单位)以外的单位和个人出售(包括对境外直接出口)的商品总额。它反映批发和零售业在国内市场上销售商品以及出口商品的总量。商品销售总额包括：(1)售给城乡居民和社会集团消费用的商品；(2)售给工业、农业、建筑业、运输邮电业、批发和零售业、住宿和餐饮业、其他服务业等作为生产、经营使用的商品；(3)售给批发和零售业作为转卖或加工后转卖的商品；(4)对国(境)外直接出口的商品。不包括出售本企业(单位)自用的废旧包装用品，未通过买卖行为付出的商品，经本单位介绍、由买卖双方直接结算、本单位只收取手续费的业务，购货退出的商品以及商品损耗和损失等。

库存总额 指报告期末各种登记注册类型的批发和零售业企业(单位)已取得所有权的商品。它反映批发和零售业企业(单位)的商品库存情况和对市场商品供应的保证程度。商品库存总额包括：(1)存放在批发和零售业经营单位(如门市部、批发站、经营处)仓库、货场、货柜和货架中的商品；(2)挑选、整理、包装中的商品；(3)已记入购进而尚未运到本单位的商品，即发货单或银行承兑凭证已到而货未到的商品；(4)寄放他处的商品，如因购货方拒绝承付而暂时存放在购货方的商品和已办完加工成品收回手续而未提回的商品；(5)委托其他单位代销(未作销售或调出)尚未售出的商品；(6)代其他单位购进尚未交付的商品。不包括所有权不属于本单位的商品、委托外单位加工生产尚未收回成品的商品、外贸企业代理其他单位从国外进口尚未付给订货单位的商品、代国家物资储备部门保管的商品等。

入境旅游人数 指报告期内来我国观光、度假、探亲访友、就医疗养、购物、参加会议或从事经济、文化、体育、宗教活动的外国人、港澳台同胞等入境游客。统计时，外国人、港澳台同胞每入境一次统计 1 人次。

国际旅游(外汇)收入 指入境游客在中国（大陆）境内旅行、游览过程中用于交通、参观游览、住宿、餐饮、购物、娱乐等全部花费。

16 教育、科技及文化

Education, Science, Technology and Culture

简要说明

一、本篇资料主要内容

本篇反映甘肃省教育、文化、新闻出版、广播电视事业的发展情况；科学技术活动的基本情况。

教育包括高等教育（研究生教育、普通本专科教育、成人本专科、其他各类高等学历教育）；中等教育（高中阶段、初中阶段）；小学教育；教育经费情况等资料。主要包括学校数、在校学生数、招生数、毕业生数、教职工数和专任教师数；各类学校教育经费情况。

科学技术资料因第二次全国R&D资源清查，2009年数据资料将在2010年年鉴中列示。

文化、新闻出版、广播电视事业发展列示了重点年份的数据资料。

二、本篇资料来源

本篇资料由省统计局社会科技处搜集、整理。

1.教育资料由省教育厅提供。

2.科技资料来源于省统计局《科技统计综合年报》、《大中型工业企业科技统计年报》、甘肃省人事厅、省科学技术厅。

3.文化、新闻出版、广播电视数据来源于省文化厅、省新闻出版局、省广播电视厅。

16-1 各级各类学校、教职工和专任教师情况

Basic Statistics on Schools, Teachers and Staff and Full-time Teachers

(2009)

项目	Item	学校数(所) Number of Schools (unit)	教职工数(人) Teachers and Staff (person)	专任教师(人) Full-time Teachers (person)
高等教育	**Higher Education**		**33546**	**24574**
研究生培养机构	Institutions Providing Postgraduate Programs	17		3736
普通高校	Regular Institutions of Higher Education			
科研机构	Research Institutions			
普通高等学校	Regular Institutions of Higher Education	34	31576	19629
本科院校	Universities with Full Undergraduate Courses	14	20804	12046
专科院校	Colleges with Specialized Courses	20	8304	5871
#职业技术学院	Vocational and Technical Colleges	14	5267	3909
其他机构(教学点)	Other Institutions	(5)	2468	1712
#独立学院	Non-university Tertiary	(5)	2468	1712
成人高等学校	Institutions of Higher Education for Adult	10	1494	984
民办的其他高等教育机构	Other Private Institutions of Higher Education	30	476	225
中等教育	**Secondary Education**			
高中阶段教育	Senior Secondary Education	762	19834	50942
高　中	Senior Secondary Schools	465		36610
普通高中	Regular Senior Secondary Schools	463		36450
成人高中	Adult Senior Secondary Schools	2	166	160
中等职业教育	Vocational Secondary Education	297	19668	14332
普通中专	Regular Specialized Secondary Schools	90	8139	5528
成人中专	Adult Specialized Secondary Schools	37	1570	827
职业高中	Vocational Senior Secondary Schools	170	9959	7977
技工学校	Technical Schools	78	4205	2928
其他机构(教学点)	Other Institutions	(20)	63	47
初中阶段教育	Junior Secondary Education	1655	128955	80729
普通初中	Regular Junior Secondary Schools	1618	128653	80433
职业初中	Vocational Junior Secondary Schools	7	9	7
成人初中	Adult Junior Secondary Schools	30	293	289
初等教育	**Primary Education**	**18404**	**157916**	**146191**
普通小学	Regular Primary Schools	12637	144144	139966
成人小学	Adult Primary Schools	5767	13772	6225
#扫盲班	Literacy Courses		10670	3544
工读学校	**Schools for Juvenile Delinquents**	**5005**		
特殊教育	**Special Education**	**15**	**477**	**380**
学前教育	**Pre-school Education**	**2452**	**18156**	**12365**

注:普通初中教职工数包含普通高中的教职工数，( )表示不计校数。

Note: a)Number of Staff and Teachers in Regular Junior Secondary Schools includes Regular Senior Second Schools.
( ) indicates That does not count the number of schools.

16-2 各级各类学历教育学生情况

Basic Statistics on Students by Level and Type of Education

单位：人 (2009) (person)

项　目	Item	招生数 New Enrollment	在校学生数 Total Enrollment	毕业生数 Graduates
高等教育	**Students Received Higher Education**	**163506**	**534030**	**281995**
研究生	Postgraduates	8463	23469	6122
博士	Doctor's Degree	887	3153	663
硕士	Master's Degree	7576	20316	5459
普通本专科	Regular Undergraduates and College Students	112280	361490	84082
本科	Enrolled in Full Undergraduate Courses	62493	219103	39628
专科	Enrolled in Specialized Courses	49787	142387	44454
成人本专科	Adult Undergraduates and College Students	30263	89601	26120
本科	Enrolled in Full Undergraduate Courses	12227	38522	12942
专科	Enrolled in Specialized Courses	18036	51079	13178
其他高等学历教育	Other Degree of Higher Education Employees	12500	59470	165671
在职人员攻读博士、硕士学位	Enrolled in Graduate Programs Leading to Doctor or Master Degrees	1158	4461	
网络本专科生	Students Enrolled in Internet-based Courses	8203	17026	1753
本科	Enrolled in Full Undergraduate Courses	4660	11988	1367
专科	Enrolled in Specialized Courses	3603	5038	386
学历文凭考试	Students Taking Exam Leading to Diploma			
自学考试	Students Taking Unified Exams after Completing Self-learning Programs			
其他	Others	4297	42444	163918
中等教育	**Students Received Secondary Education**			
高中阶段教育	Senior Secondary Education	358463	971998	278723
高中	Senior Secondary Schools	216982	632120	194609
普通高中	Regular Senior Secondary Schools	216982	630654	192269
成人高中	Adult Senior Secondary Schools		1466	2340
中等职业教育	Vocational Secondary Education	141481	339878	84114
普通中专	Regular Specialized Secondary Schools	59212	152437	40678
成人中专	Adult Specialized Secondary Schools	9592	19787	3872
职业高中	Vocational Senior Secondary Schools	72677	167654	39564
技工学校	Technical Schools	41016	71060	12549
初中阶段教育	Junior Secondary Education	482333	1417583	471784
普通初中	Regular Junior Secondary Schools	482318	1410974	463372
职业初中	Junior Secondary Vocational Schools	15	45	15
成人初中	Adult Junior Secondary Schools		6564	8397
初等教育	**Students Received Primary Education**	**372689**	**2940923**	**873003**
普通小学	Regular Primary Schools	372689	2525962	492720
成人小学	Adult Primary Schools		414961	380283
#扫盲班	Literacy Courses		257634	223103
工读学校	**Schools for Juvenile Delinquents**			
特殊教育	**Students Received Special Education**	**1954**	**13687**	**1965**
学前教育	**Students Received Pre-school Education**	**214315**	**358748**	**140262**

注：特殊教育学生数中包括普通中小学随班就读的学生。

a) Students received special education include those learning in the same classes of formal regular junior and primary schools.

16-3 各级各类学校数

Number of Schools by Level and Type of School

单位：所 (Unit)

年份 Year	普通高等学校 Regular Institutions of Higher Education	普通中学 Regular Secondary Schools	高中 Senior Secondary Schools	初中 Junior Secondary Schools	职业中学 Vocational Secondary Schools	普通小学 Primary Schools	特殊教育学校 Special Schools	学前教育 Pre-primary Education
1995	17	1626	444	1182	190	23718	11	1235
1996	17	1657	430	1227	180	23658	11	1321
1997	17	1656	427	1229	182	22848	11	1545
1998	17	1666	421	1245	178	22634	10	1803
1999	18	1667	410	1257	177	22560	10	2040
2000	18	1689	419	1270	170	21557	12	2249
2001	25	1979	435	1544	154	17477	11	1992
2002	25	2004	438	1566	156	16648	14	2286
2003	31	2031	453	1578	140	15635	14	2276
2004	31	2054	470	1584	151	15347	14	2377
2005	33	2050	497	1553	153	14963	14	2451
2006	33	2155	495	1660	154	14685	14	2556
2007	34	2130	493	1637	162	14002	14	2457
2008	34	2103	480	1623	181	13424	15	2503
2009	34	2081	463	1618	177	12637	15	2452

16-4 各级各类学校专任教师数

Number of Full-time Teachers by Level and Type of School

单位：人 (person)

年份 Year	普通高等学校 Regular Institutions of Higher Education	普通中学 Regular Secondary Schools	高中 Senior Secondary Schools	初中 Junior Secondary Schools	职业中学 Vocational Secondary Schools	普通小学 Primary Schools	特殊教育学校 Special Schools	学前教育 Pre-primary Education
1995	6284	62669	12970	49699	4173	130032	224	9776
1996	6282	63912	13151	50761	4013	129823	235	8758
1997	6403	66124	13723	52401	4190	130628	248	10194
1998	6505	67774	13703	54071	4415	131473	221	10765
1999	6899	70711	14233	56478	4615	128839	297	10669
2000	7208	74082	15200	58882	4549	125172	269	11953
2001	8826	78439	16562	61877	4598	122038	271	10109
2002	10021	82709	18582	64127	4751	124017	279	10115
2003	12274	87753	21754	65999	3945	126740	294	11109
2004	13727	93024	25458	67566	4614	128725	296	9933
2005	14816	99150	29127	70023	5158	130841	303	10221
2006	16105	106106	32081	74025	5803	135491	314	10939
2007	17439	110204	33979	76225	7337	137149	345	10950
2008	18581	114963	35524	79439	7537	141371	341	12589
2009	19629	116883	36450	80433	8256	139966	380	12365

16-5 各级各类学校招生数

Number of New Students Enrollment by Level and Type of School

单位:人 (person)

年 份 Year	普通高等学 校 Regular Institutions of Higher Education	普通中学 Regular Secondary Schools	高 中 Senior Secondary Schools	初 中 Junior Secondary Schools	职业中学 Vocational Secondary Schools	普通小学 Primary Schools	特殊教育学 校 Special Schools
1995	15119	337758	64113	273645	19260	525875	311
1996	15567	354996	63001	291995	19533	548661	281
1997	16313	375656	63782	311874	20593	563443	333
1998	16813	404014	69652	334362	19790	546980	842
1999	23010	455111	75439	379672	21180	538695	1049
2000	33425	508648	90840	417808	21461	552740	1094
2001	45382	547593	109805	437788	20945	601257	1644
2002	53079	590617	143666	446951	23013	609934	1231
2003	60069	621290	168181	453109	19212	572321	975
2004	66182	657600	186561	471039	26738	508787	979
2005	71572	691600	205710	485890	32313	461894	915
2006	90373	711676	207257	504419	52175	481721	1301
2007	98569	678575	204816	473759	71267	435661	1614
2008	110889	696897	210511	486386	72436	411003	2051
2009	112280	699300	216982	482318	72692	372689	1954

16-6 各级各类学校在校学生数

Number of Students Enrollment by Level and Type of School

单位:人 (person)

年 份 Year	普通高等学 校 Regular Institutions of Higher Education	普通中学 Regular Secondary Schools	高 中 Senior Secondary Schools	初 中 Junior Secondary Schools	职业中学 Vocational Secondary Schools	普通小学 Primary Schools	特殊教育学 校 Special Schools	学前教育 Pre-primary Education
1995	45480	915263	168589	746674	42747	2737059	1529	409893
1996	47578	966394	176444	789950	45696	2857986	1523	403714
1997	50678	1021024	180035	840989	48111	2992795	1476	398426
1998	54014	1079819	185946	893873	48889	3092488	4003	376575
1999	62637	1185891	201138	984753	49866	3131747	4653	407489
2000	81734	1314710	229500	1085210	52573	3164603	6438	427960
2001	110898	1459845	276573	1183272	52657	3189816	9953	401681
2002	143009	1606592	346294	1260298	56483	3229371	9192	402653
2003	173391	1733035	427011	1306024	49529	3227592	7673	372225
2004	200282	1844406	499609	1344797	62506	3155535	7732	350749
2005	229459	1943839	566168	1377671	73451	3035794	8339	349407
2006	263691	2047847	603358	1444489	100062	2984425	9127	342279
2007	295992	2036640	613906	1422734	131929	2846312	11606	330213
2008	331895	2038447	618253	1420194	155909	2689631	13443	337843
2009	361490	2041628	630654	1410974	167699	2525962	13687	358748

16-7 各级各类学校毕业生数

Number of Graduates by Level and Type of School

单位:人 (person)

年份 Year	普通高等学校 Regular Institutions of Higher Education	普通中学 Regular Secondary Schools	高中 Senior Secondary Schools	初中 Junior Secondary Schools	职业中学 Vocational Secondary Schools	普通小学 Primary Schools	特殊教育学校 Special Schools
1995	14288	252360	46948	205412	14053	319684	141
1996	13314	256098	48060	208038	12993	336205	121
1997	13140	274961	52911	222050	14884	355832	132
1998	13251	291067	54794	236273	14726	383938	258
1999	14007	305292	53867	251425	17030	424250	684
2000	13971	327787	56479	271308	15210	459255	948
2001	17000	351876	62793	289083	16785	488961	900
2002	21647	402829	72295	330534	17021	486101	712
2003	29582	456044	89040	367004	14753	481495	466
2004	39390	506391	109055	397336	16975	488842	612
2005	49886	561654	138165	423489	19144	502605	684
2006	57381	595637	164257	431380	19539	506371	701
2007	63315	628548	179335	449213	24451	478740	1089
2008	75051	645494	194146	451348	29687	485899	1664
2009	84082	655641	192269	463372	39579	492720	1965

16-8 研究生教育基本情况

Basic Statistics of Doctor and Master Students

单位:人 (person)

年份 Year	招生数 New Enrollment	在校学生数 Total Enrollment	硕士 Master's Degree	博士 Doctor's Degree	毕业生数 Graduates	硕士 Master's Degree	博士 Doctor's Degree
1995	689	1873	1512	361	416	340	76
1996	780	2146	1706	440	484	413	71
1997	884	2350	1855	495	601	508	93
1998	875	2563	2040	523	623	496	127
1999	1075	2874	2277	597	706	567	139
2000	1558	3579	2815	764	801	671	130
2001	2147	4781	3118	963	1096	813	283
2002	2703	6403	5167	1236	940	772	168
2003	3634	8555	6961	1594	1349	1131	218
2004	6073	11496	9509	1986	1965	1675	290
2005	6146	14895	12575	2320	2484	2106	378
2006	6710	18069	15486	2583	3201	2727	474
2007	7117	20034	17269	2765	4831	4236	595
2008	7502	21580	18627	2953	5649	5049	600
2009	8463	23469	20316	3153	6122	5459	633

16-9 平均每万人口在校学生数和大中小学学生构成

Number of Students Per 10 000 Population and It's Composition

年 份 Year	平均每万人口在校学生数（人） Students Enrollment Per 10 000 Persons (person)			大、中、小学学生占学生总数（%） Students of Different Level as Percentage to Total Students (%)		
	大学生 University and College Students	中学生 Secondary School Students	小学生 Primary School Students	大学生 University and College Students	中学生 Secondary School Students	小学生 Primary School Students
1995	19	383	1146	0.88	16.90	50.50
1996	20	398	1177	0.82	16.00	47.20
1997	21	416	1218	0.82	15.80	46.30
1998	22	435	1245	0.88	16.80	48.20
1999	25	466	1232	1.01	18.30	48.30
2000	32	514	1238	1.26	19.40	46.70
2001	42	588	1239	2.09	27.44	59.95
2002	55	681	1246	2.57	28.91	58.13
2003	67	725	1240	3.05	33.26	56.85
2004	76	769	1205	3.73	37.49	58.78
2005	88	818	1170	4.26	39.38	56.36
2006	101	868	1145	4.78	41.06	54.16
2007	113	778	1088	5.72	39.33	54.95
2008	126	776	1023	6.56	40.29	53.15
2009	137	907	1116	6.35	41.98	51.67

16-10 各级学校教师负担学生数

Student-Teacher Ratio of School by Level

单位：人 (person)

年 份 Year	平均每个教师负担学生数 Students Taught Each Teacher			
	普通高等学校 Institutions of Higher Education	普通中等专业学校 Secondary Schools	普通中学 Regular Secondary Schools	普通小学 Primary School
1995	7	9	15	21
1996	8	10	15	22
1997	8	10	15	23
1998	8	11	16	24
1999	9	11	17	24
2000	12	12	18	25
2001	13	14	19	26
2002	14	16	19	26
2003	14	17	20	25
2004	15	18	19	25
2005	15	20	20	23
2006	16	22	19	22
2007	17	22	18	21
2008	18		18	19
2009	18		17	18

16-11 普通高校分性质类别学生数

Number of Students of Regular Institutions of High Education by Field of Study

单位：人 (2009) (person)

各类学校	Type	学校数（所） Number of Schools (unit)	毕业生数 Graduates	#本科 Regular College Course	招生数 New Student Enrollment	#本科 Regular College Course	在校学生数 Student Enrollment	#本科 Regular College Course
普通高等学校	Regular Institutions of Higher Education	39	81784	39628	106013	61059	356501	219103
#本科院校	Universities with Full Undergraduate Courses	19	48942	39628	64773	61059	236874	219103
专科院校	Colleges with Specialized Courses	20	32842		41240		119627	
#高等职业	Vocational and Technical Colleges	14	22103		28567		80601	
#综合大学	Comprehensive Universities	7	16817	7678	20086	12587	69311	45850
理工院校	Institute of Technology	12	26849	10390	34716	15778	114380	56615
农业院校	Agriculture College	3	4733	2582	7294	4000	22504	13868
林业院校	Forestry	1	2094		2469		7446	
医药院校	Medical College	3	4863	921	4969	1379	15358	4544
师范院校	Normal School	7	14971	8446	19293	10807	67520	40682
财经院校	Economics and Finance	3	5241	4329	8992	8992	29486	29021
政法院校	University of Pilitical Science and Law	2	2937	2049	3194	2516	12083	10110
民族院校	Nationality Schools	1	3279	3233	5000	5000	18413	18413

16-12 高等学校本、专科分学科学生数

Number of Students of Regular Undergraduates by Field of Study and College Students

单位：人 (2009) (person)

类别	Item	毕业生数 Graduates	#本科 Regular College Course	招生人数 New Student Enrollment	#本科 Regular College Course	在校学生数 Student Enrollment	#本科 Regular College Course
总 计	**Total**	**84082**	**39628**	**112280**	**62493**	**361490**	**219103**
哲 学	Philosophy	28	28	68	68	162	162
经济学	Economy	2817	1965	4919	4172	15661	13269
法 学	Law	3991	2656	4787	3329	16899	12919
教育学	Education	10417	1872	10941	3057	37316	10955
文 学	Literature	9515	7045	13251	10864	45532	38819
# 外语	Foreign language	3452	2227	3845	2784	13524	10456
历史学	History	641	641	928	928	3247	3247
理 学	Science	5855	5694	8836	8604	31777	31124
工 学	Engineering	30275	11096	40470	17745	126889	61861
农 学	Agriculture	2558	955	4113	1828	11775	5943
医 学	Medicine	5967	1979	6950	2696	19831	9017
管理学	Management	12018	5697	17017	9202	52401	31787

16-13 网络本、专科分学科学生数

Number of Students Enrolled in Internet-based Courses by Field of Study

单位：人 (2009) (person)

类 别	Item	毕业生数 Graduates	#本科 Regular College Course	招生人数 New Student Enrollment	#本科 Regular College Course	在校学生数 Student Enrollment	#本科 Regular College Course
总 计	**Total**	**1753**	**1367**	**8263**	**4660**	**17026**	**11988**
哲 学	Philosophy						
经济学	Economy			602	404	1390	1168
法 学	Law	175	175	759	473	1953	1597
教育学	Education						
文 学	Literature	204	204	555	555	1179	1179
# 外语	Foreign language					1	1
历史学	History						
理 学	Science			48	48	84	84
工 学	Engineering			648	321	1361	998
农 学	Agriculture						
医 学	Medicine	358	113	1153	549	2406	1147
管理学	Management	1016	875	4498	2310	8653	5815

16-14 中等职业教育基本情况

Basic Statistics on Vocational Secondary Education

单位：人 (2009) (person)

类 别	Item	学校数（所） Number of Schools (unit)	毕业生数 Graduates	招生数 New Student Enrollment	在校学生数 Student Enrollment	教职员工 Number of Staff and Teachers	# 专任教师 Number of Full-time Teachers
合 计	**Total**	**297**	**84114**	**141481**	**339878**	**19668**	**14332**
普通中专	Regular Specialized Secondary Schools	90	40678	59212	152437	8139	5528
成人中专	Adult Specialized Secondary Schools	37	3872	9592	19787	1570	827
职业高中	Vocational Senior Secondary Schools	170	39564	72677	167654	9959	7977

16-15 职业中学和技工学校基本情况

Basic Statistics of Secondary Vocational Shcools and Technical Worker Schools

单位：人 (2009) (person)

类 别	Item	学校数（所） Number of Schools (unit)	毕业生数 Graduates	招生数 New Student Enrollment	在校学生数 Student Enrollment	教职员工 Number of Staff and Teachers	# 专任教师 Number of Full-time Teachers
职业中学	Vocational Secondary Schools	177	39579	72692	167699	9968	8256
技工学校	Technical Worker Schools	78	12549	41016	71060	4205	2928

16-16 普通中学基本情况

Basic Statistics of Regular Secondary Shcools

单位：人　　(2009)　　(person)

类别	Item	学校数（所） Number of Schools (unit)	毕业生数 Graduates	招生数 New Student Enrollment	在校学生数 Student Enrollment	教职员工 Number of Staff and Teachers	#专任教师 Number of Full-time Teachers
普通中学	Regular Secondary Shcools	2081	655641	699300	2041628		
高中	Senior Secondary Schools	463	192269	216982	630654		
初中	Junior Secondary Schools	1618	463372	482318	1410974	128653	80433

注:普通初中教职工数包含普通高中的教职工数。

a)Number of Staff and Teachers in Regular Junior Secondary Schools includes Regular Senior Second Schools.

16-17 普通小学及幼儿园情况

Basic Statistics on Regular Primary Schools and Kindergartens

单位：人　　(2009)　　(person)

类别	Item	学校数（所） Number of Schools (unit)	毕业生数 Graduates	招生数 New Student Enrollment	在校学生数 Student Enrollment	专任教师 Number of Full-time Teachers	幼儿园数（所） Number of Kindergarten (unit)	在园儿童数 Number of Children Enrolled in Kindergarten	学龄儿童入学率（%） School-age Children Enrollment Rate (%)
普通小学	Primary Schools	12637	492720	372689	2525962	139966			99.45
幼儿园	Kindergartens		140262	214315		12365	2452	358748	

16-18 各级各类成人教育基本情况

Basic Statistics of Adult Education at Various Levels

单位：人　　(2009)　　(person)

类别	Item	学校数（所） Number of Schools (unit)	毕业生数 Graduates	招生数 New Student Enrollment	在校学生数 Student Enrollment	教职员工 Number of Staff and Teachers	#专任教师 Number of Full-time Teachers
总计	**Total**	**79**	**38389**	**39855**	**117418**	**3357**	**2100**
成人高等教育	Adult Education Schools	10	26120	30263	89601	1494	984
广播电视大学	Radio and TV Universities	1	1367	3078	5827	217	104
职工高等学校	Staff Higher Education Schools	8	579	459	1391	986	663
教育学院	Education Academy	1	457	300	1025	291	217
函授	Correspondence Education		15380	20855	62046		
夜大	Evening College Education		3748	6157	17744		
成人脱产	Off-job Adult Education		6992	3251	9811		
成人中等专业学校	Secondary Schools for Adults	37	3872	9592	19787	1570	827
成人中学	Adult Middle School	32	8397		8030	293	289
成人技术培训学校	Adults Technical Secondary Schools						

16-19 学龄儿童入学率和各级普通学校毕业生升学率

Net Enrollment Ratio of Primary Schools and Promotion Rate of Various Schools

单位：%

年 份 Year	学龄儿童净入学率 Net Enrollment Ratio of Primary Schools	小学升学率 Promotion Rate from Primary Schools to Junior Secondary Schools	初中升学率 Promotion Rate from Junior Secondary Schools to Senior Secondary Schools	高中升学率 Promotion Rate from Senior Secondary Schools to Higher Education
1995				
1996	97.20	86.85		
1997	97.68	87.93		
1998	98.20	87.40		
1999	98.62	89.49		
2000	98.83	90.98		
2001	98.02	89.53	37.98	35.48
2002	98.55	91.95	43.46	38.20
2003	97.99	94.10	45.83	40.33
2004	98.27	96.36	46.95	42.16
2005	98.87	96.67	48.58	42.77
2006	98.89	99.61	48.04	44.50
2007	98.94	98.96	45.59	52.00
2008	99.14	100.10	46.64	60.00
2009	99.45	97.89	46.83	70.00

16-20 各地县普通中学基本情况

Basic Statistics of Regular Primary Schools by Prefecture, County

单位：人　(2009)　(person)

地　区	Region	普通中学学校数（所） Number of Schools (unit)	毕业生数 Graduates	招生数 New Student Enrollment	高中在校学生数 Senior Secondary Schools	初中在校学生数 Junior Secondary Schools	专任教师 Number of Full-time Teachers
兰州市	**Lanzhou**	**221**	**67631**	**67290**	**73753**	**129720**	**13703**
城关区	Chengguan	44	16637	18048	20358	32468	3590
七里河区	Qilihe	29	7675	7661	6949	15758	1632
西固区	Xigu	28	7369	7866	10460	13655	1664
安宁区	Anning	15	3595	4034	4877	7184	831
红古区	Honggu	13	3031	3044	3282	6038	905
永登县	Yongdeng	44	13312	11561	12259	24292	2222
皋兰县	Gaolan	15	5806	5134	5413	10296	965
榆中县	Yuzhong	33	10206	9942	10155	20029	1894
嘉峪关市	**Jiayuguan**	**11**	**4508**	**4992**	**6853**	**8777**	**939**
金昌市	**Jinchang**	**27**	**11684**	**12067**	**15120**	**21697**	**2176**
金川区	Jinchuan	13	5093	5783	6610	10397	1000
永昌县	Yongchang	14	6591	6284	8510	11300	1176
白银市	**Baiyin**	**168**	**63373**	**62238**	**61701**	**133535**	**10849**
白银区	Baiyin	19	8285	8922	10964	15700	1598
平川区	Pingchuan	22	6904	7064	6531	15390	1421
靖远县	Jingyuan	50	16878	17367	15748	36174	2782
会宁县	Huining	56	22352	21176	19597	48947	3575
景泰县	Jingtai	21	8954	7709	8861	17324	1473
天水市	**Tianshui**	**275**	**95202**	**84972**	**75820**	**180017**	**15232**
秦州区	Qinzhou	42	16880	17957	13927	31197	2830
麦积区	Maiji	51	13813	14446	12892	25372	2784
清水县	Qingshui	30	7542	6781	5215	15668	1153
秦安县	Qinan	40	19289	14532	14543	32189	2784
甘谷县	Gangu	57	19050	12891	15250	35239	2732
武山县	Wushan	36	10815	9553	8594	19938	1824
张家川县	Zhangjiachuan	19	7813	8812	5399	20414	1125
武威市	**Wuwei**	**147**	**49224**	**54251**	**53995**	**111539**	**9029**
凉州区	Liangzhou	77	27168	26887	26710	55703	4594
民勤县	Minqin	21	9567	10025	10660	20510	1606
古浪县	Gulang	30	8032	12008	11493	23822	1673
天祝县	Tianzhu	19	4457	5331	5132	11504	1156
张掖市	**Zhangye**	**101**	**28921**	**29759**	**29794**	**61663**	**5727**

16–20 续表 1 continued

单位：人 (person)

地 区	Region	普通中学学校数（所） Number of Schools (unit)	毕业生数 Graduates	招生数 New Student Enrollment	高中在校学生数 Senior Secondary Schools	初中在校学生数 Junior Secondary Schools	专任教师 Number of Full-time Teachers
甘州区	Ganzhou	40	12508	12876	13195	24925	2461
肃南县	Sunan	8	582	753	406	1794	174
民乐县	Minle	13	6744	5962	7039	12183	1048
临泽县	Linze	11	2067	2752	2432	6801	616
高台县	Gaotai	11	3092	3665	2721	8155	705
山丹县	Shandan	18	3928	3751	4001	7805	723
平凉市	**Pingliang**	**167**	**58267**	**64453**	**57221**	**128962**	**10263**
崆峒区	Kongtong	37	8854	11383	10440	19300	1906
泾川县	Jingchuan	23	9242	9606	7753	19458	1507
灵台县	Lingtai	18	4994	6352	5149	12858	910
崇信县	Chongxin	11	2693	2909	2155	6514	452
华亭县	Huating	13	3791	4570	4059	9690	999
庄浪县	Zhuanglang	28	13358	13378	11229	28456	2020
静宁县	Jingning	37	15335	16255	16436	32686	2469
酒泉市	**Jiuquan**	**84**	**21341**	**24370**	**21579**	**49830**	**4526**
肃州区	Suzhou	31	8615	9879	9868	19535	1769
金塔县	Jinta	6	3621	3938	3311	8134	636
瓜州县	Guazhou	12	2445	3271	2304	6960	606
肃北县	Subei	2	192	235	305	383	92
阿克塞县	Akesai	1	148	189	178	392	65
玉门市	Yumen	17	2707	3112	2300	7004	642
敦煌市	Dunhuang	15	3613	3746	3313	7422	716
庆阳市	**Qingyang**	**194**	**61572**	**70044**	**59715**	**147621**	**11191**
西峰区	Xifeng	28	9669	12077	13969	20352	2045
庆城县	Qingcheng	24	5072	5990	4497	12598	1088
环 县	Huanxian	28	9574	9993	8337	23477	1536
华池县	Huachi	13	2456	3011	2562	7177	572
合水县	Heshui	14	2600	4050	2611	10387	689
正宁县	Zhengning	16	5898	6303	5601	13128	1154
宁 县	Ningxian	35	12543	13583	10255	28736	1989
镇原县	Zhenyuan	36	13760	15037	11883	31766	2118
定西市	**Dingxi**	**293**	**85042**	**90230**	**81902**	**165013**	**13785**
安定区	Anding	68	19472	14760	21178	23170	2635
通渭县	Tongwei	47	14351	14560	12590	26474	2287

16-20 续表 2 continued

单位：人 (person)

地　区	Region	普通中学学校数（所）Number of Schools (unit)	毕业生数 Graduates	招生数 New Student Enrollment	高中在校学生数 Senior Secondary Schools	初中在校学生数 Junior Secondary Schools	专任教师 Number of Full-time Teachers
陇西县	Longxi	51	13810	16878	12231	34328	2405
渭源县	Weiyuan	34	9851	9670	9845	15997	1527
临洮县	Lintao	50	11769	16192	15914	31544	2399
漳　县	Zhangxian	16	5542	6807	3443	11536	753
岷　县	Minxian	27	10247	11363	6701	21964	1779
陇南市	**Longnan**	**232**	**63214**	**72607**	**52218**	**140284**	**10298**
武都区	Wudu	38	13943	17155	10239	31702	2118
宕昌县	Tanchang	27	6632	4855	4419	12339	1031
成　县	Chengxian	28	5948	6628	5524	15064	1117
康　县	Kangxian	20	3790	4552	3683	8050	774
文　县	Wenxian	22	4700	6095	5430	13103	852
西和县	Xihe	25	9984	10614	7135	22166	1551
礼　县	Lixian	40	11773	15375	9194	26362	1784
两当县	Liangdang	10	2298	2890	1076	2541	434
徽　县	Huixian	22	4146	4443	5518	8957	637
临夏州	**Linxia**	**110**	**31333**	**44607**	**28795**	**96893**	**6684**
临夏市	linxia	12	6958	7187	6487	12298	1224
临夏县	linxia	22	7654	9072	4562	20358	1191
康乐县	Kangle	15	4310	5545	3756	10508	793
永靖县	Yongjing	17	3856	4856	6148	9817	1057
广河县	Guanghe	9	4294	4567	1851	11196	561
和政县	Hezheng	9	1871	3223	2279	9186	534
东乡县	Dongxiang	17	1788	5607	1761	11766	528
积石山县	Jishishan	9	602	4550	1951	11764	796
甘南州	**Gannan**	**51**	**14329**	**17420**	**12188**	**35423**	**2481**
合作市	Hezuo	4	2095	2656	2775	4664	427
临潭县	Lintan	10	3935	4169	2706	8938	529
卓尼县	Zhuoni	11	1723	2454	1468	5393	348
舟曲县	Zhouqu	12	3041	3535	2579	7244	455
迭部县	Diebu	6	1204	1218	952	2224	257
玛曲县	Maqu	2	401	875	328	1905	116
碌曲县	Luqu	2	387	774	488	1364	117
夏河县	Xiahe	4	1543	1739	892	3691	232

16-21 各地县普通小学基本情况

Basic Statistics of Primary Schools and Kindergartens by Prefecture, County

(2009)

地　区	Region	学龄儿童入学率（%）School-age Children Enrollment Rate (%)	学校数（所）Number of Schools (unit)	在校学生数（人）Student Enrollment (person)	专任教师数（人）Number of Full-time Teachers (person)
兰州市	**Lanzhou**	**99.99**	**733**	**221638**	**14120**
城关区	Chengguan	100.00	83	66073	3101
七里河区	Qilihe	99.95	82	34381	2093
西固区	Xigu	100.00	58	23095	1568
安宁区	Anning	100.00	18	11793	696
红古区	Honggu	100.00	34	9992	955
永登县	Yongdeng	100.00	212	33161	2474
皋兰县	Gaolan	100.00	49	13979	960
榆中县	Yuzhong	100.00	197	29164	2273
嘉峪关市	**Jiayuguan**	**100.00**	**20**	**16122**	**830**
金昌市	**Jinchang**	**100.00**	**123**	**36994**	**2198**
金川区	Jinchuan	100.00	32	17943	965
永昌县	Yongchang	100.00	91	19051	1233
白银市	**Baiyin**	**99.76**	**818**	**167736**	**11660**
白银区	Baiyin	100.00	45	23445	1503
平川区	Pingchuan	100.00	72	19048	1669
靖远县	Jingyuan	99.44	212	43988	3243
会宁县	Huining	99.79	353	61564	3599
景泰县	Jingtai	99.91	136	19691	1646
天水市	**Tianshui**	**99.87**	**1910**	**409833**	**18527**
秦州区	Qinzhou	99.99	300	66785	3474
麦积区	Maiji	99.98	288	57269	3261
清水县	Qingshui	99.95	207	34214	1613
秦安县	Qinan	99.90	364	69614	2993
甘谷县	Gangu	99.83	337	87660	3166
武山县	Wushan	99.47	207	53292	1935
张家川县	Zhangjiachuan	99.98	207	40999	2085
武威市	**Wuwei**	**99.93**	**866**	**166005**	**11289**
凉州区	Liangzhou	99.93	386	82486	5677
民勤县	Minqin	99.94	120	22754	1757
古浪县	Gulang	99.93	209	44576	2156
天祝县	Tianzhu	99.98	151	16189	1699
张掖市	**Zhangye**	**99.94**	**580**	**95755**	**6187**

16-21 续表 1 continued

地　区	Region	学龄儿童入学率（%）School-age Children Enrollment Rate (%)	学校数（所）Number of Schools (unit)	在校学生数（人）Student Enrollment (person)	专任教师数（人）Number of Full-time Teachers (person)
甘州区	Ganzhou	100.00	108	38351	2344
肃南县	Sunan	100.00	6	2647	234
民乐县	Minle	99.79	162	20146	971
临泽县	Linze	100.00	103	10214	819
高台县	Gaotai	99.84	106	10859	728
山丹县	Shandan	100.00	95	13538	1091
平凉市	**Pingliang**	**98.83**	**1416**	**214110**	**12321**
崆峒区	Kongtong	99.85	215	48584	2503
泾川县	Jingchuan	97.09	216	31503	1712
灵台县	Lingtai	99.88	167	18463	1199
崇信县	Chongxin	99.85	67	7002	504
华亭县	Huating	99.91	105	14718	1379
庄浪县	Zhuanglang	99.63	310	47968	2360
静宁县	Jingning	97.42	336	45872	2664
酒泉市	**Jiuquan**	**100.00**	**322**	**88288**	**4833**
肃州区	Suzhou	100.00	135	32927	1743
金塔县	Jinta	100.00	32	14671	789
瓜州县	Guazhou	100.00	72	13184	701
肃北县	Subei	100.00	4	837	116
阿克塞县	Akesai	100.00	1	691	67
玉门市	Yumen	100.00	37	12464	727
敦煌市	Dunhuang	100.00	41	13514	690
庆阳市	**Qingyang**	**99.34**	**1497**	**226065**	**15015**
西峰区	Xifeng	99.80	120	33447	2548
庆城县	Qingcheng	98.47	190	20566	1588
环　县	Huanxian	99.80	296	37208	1871
华池县	Huachi	99.72	114	10456	800
合水县	Heshui	97.86	90	13920	894
正宁县	Zhengning	99.83	109	17567	1446
宁　县	Ningxian	99.81	270	42673	3063
镇原县	Zhenyuan	98.72	308	50228	2805
定西市	**Dingxi**	**99.40**	**1600**	**270568**	**14733**
安定区	Anding	99.90	261	29912	2573
通渭县	Tongwei	99.52	286	52061	2403

16-21 续表 2 continued

地　区	Region	学龄儿童入学率（%） School-age Children Enrollment Rate (%)	学校数（所） Number of Schools (unit)	在校学生数（人） Student Enrollment (person)	专任教师数（人） Number of Full-time Teachers (person)
陇西县	Longxi	99.79	263	47305	2845
渭源县	Weiyuan	99.55	192	33084	1887
临洮县	Lintao	98.44	300	36906	2420
漳　县	Zhangxian	99.74	119	24884	990
岷　县	Minxian	99.12	179	46416	1615
陇南市	**Longnan**	**99.38**	**1320**	**293648**	**13617**
武都区	Wudu	99.39	199	57844	2570
宕昌县	Tanchang	99.19	111	32826	1134
成　县	Chengxian	99.82	150	21715	1504
康　县	Kangxian	99.82	82	16191	1007
文　县	Wenxian	99.28	161	23622	1264
西和县	Xihe	99.14	181	57024	2115
礼　县	Lixian	99.42	205	63717	2577
两当县	Liangdang	98.90	54	3810	317
徽　县	Huixian	99.58	177	16899	1129
临夏州	**Linxia**	**97.77**	**886**	**228611**	**9580**
临夏市	linxia	99.70	54	20600	1152
临夏县	linxia	97.83	147	36450	1651
康乐县	Kangle	97.42	129	30072	1282
永靖县	Yongjing	99.10	114	17629	1252
广河县	Guanghe	98.14	101	32139	1028
和政县	Hezheng	98.18	72	21447	937
东乡县	Dongxiang	96.91	131	36753	1273
积石山县	Jishishan	96.50	138	33521	1005
甘南州	**Gannan**	**98.30**	**546**	**90589**	**5056**
合作市	Hezuo	99.02	34	8929	622
临潭县	Lintan	98.06	127	21162	913
卓尼县	Zhuoni	98.50	104	12077	777
舟曲县	Zhouqu	98.54	133	20979	830
迭部县	Diebu	98.08	71	6989	513
玛曲县	Maqu	96.97	12	6255	341
碌曲县	Luqu	98.68	26	5018	439
夏河县	Xiahe	98.26	39	9180	621

16-22 教育经费情况

Basic Statistics on Educational Funds by Region

单位：万元 (10 000 yuan)

年份 Year	合计 Total	国家财政性教育经费 Government Appropriation for Education	#预算内教育经费 Budgetary	民办学校办学经费 Funds from Private Schools	社会捐赠经费 Donations and Fund-raising for Running Schools	事业收入 Income from Teaching Research and Other Auxiliary Activity	#学杂费 Tuition and Miscel-laneous Fees	其他教育经费 Other Educational Funds
2000	535287	425021	352952	1831	11207	88887	63864	8341
2001	686750	520918	442922	4401	7428	135660	104008	18342
2002	836719	618783	538793	8872	9239	182477	132539	17348
2003	914336	652146	582181	18685	5686	212472	156053	25348
2004	1031445	727916	659017	21274	7037	248453	174186	26765
2005	1195074	847512	785026	34541	5555	273897	198727	33569
2006	1448234	1108365	1024273	41261	5451	260510	188990	32646
2007	1779095	1413920	1342179	2256	6090	326870	244610	29959
2008	2469385	2077502	2009317	1245	11587	354513	272808	24538
2009	2957602	2502298	2426498	2361	28287	395001	311653	29655

16-23 各类学校教育经费情况

Educational Funds in Various School

单位：万元 (2009) (10 000 yuan)

学校类别	Type of Schools	合 计 Total	国家财政性教育经费 Government Appropriation for Education	#预算内教育经费 Budgetary	民办学校中举办者投入 Funds from School Runners of Private Schools	社会捐赠经费 Donations and FundRaising for Running Schools	事业收入 Income from Teaching Research and Other Auxiliary Activity	#学杂费 Tuition and Miscellaneous Fees	其他教育经费 Other Educational Funds
按学校类别分组	**Grouped by Type of Schools**								
高等学校	Institutions of Higher Education	611447	363797	359315		2537.2	223995.2	189105.3	21117.6
普通高等学校	Regular Institutions of Higher Education	591353	355696	353039		2533.2	213256.0	179209.7	19868.3
成人高等学校	Institutions of Higher Education for Adults	20094	8101	6276		4.0	10739.2	9895.6	1249.3
中等职业学校	Vocational Secondary Schools	222143	161620	152469	1223.0	2552.1	53457.7	48159.3	3290.1
中等专业学校	Specialized Secondary Schools	146530	102167	98670	442.7	2016.6	38995.3	35143.1	2908.5
职业高中	Vocational Senior Secondary Schools	66702	53331	48924	759.6	535.5	11698.8	10530.7	376.7
技工学校	Technical Schools	4503	2214	1654	20.7		2266.6	2120.1	2.2
成人中专学校	Specialized Secondary Schools for Adults	4408	3908	3222			497.0	365.4	2.7
中学	Secondary Schools	#####	904296	867395	1068.6	11558.3	86116.5	65659.0	1606.0
普通中学	Regular Secondary Schools	#####	904296	867395	1068.6	11558.3	86116.5	65659.0	1606.0
普通高中	Regular Senior Secondary Schools	340430	255244	238608	601.7	2644.7	81306.3	64790.1	633.6
普通初中	Regular Junior Secondary Schools	664215	649052	628787	466.9	8913.6	4810.2	868.9	972.4
#农村	Rural Areas	472541	463069	456034		8042.5	849.9		579.4
成人中学	Secondary Schools for Adults								
小学	Primary Schools	961180	946946	926921	69.8	11108.3	2312.8	404.4	743.4
普通小学	Regular Primary Schools	961151	946916	926895	69.8	11108.3	2312.8	404.4	743.4
#农村	Rural Areas	740312	730104	719651		9277.2	536.2		394.7
成人小学	Primary Schools for Adults	29	29	26					
特殊教育学校	Special Education Schools	7244	7188	7139		0.2	53.5		2.7
幼儿园	Kindergartens	36707	29652	29347		119.9	6920.1	6568.5	15.4
教育行政单位	Education Administrative Unit	27224	24173	22440		248.3	2391.5		411.4
教育事业单位	Education Institution	51881	37567	34412		21.9	12596.0		1695.7
其它	Others	35131	27060	27060		141.0	7157.4	1756.1	772.3

16-24 科技活动情况

Basic Statistics of Scientific and Technological Activities

指　标	Item	2005	2006	2007	2008	2009
科技活动单位数（个）	Number of Scientific Technological Activities Institutions (unit)	2587	2554	2599	2707	
#科研单位	Scientific Research Institutions	107	102	106	106	
大中型工业企业	Large and Medium Industrial Enterprises	228	234	250	283	
高等院校	College and university	56	33	33	34	
科技活动人员数（万人）	Number of Persons Engaged in Scientific and Technological Activities (10 000 persons)	5.04	5.68	5.27	5.62	
#科学家和工程师	Scientists and Engineers	3.42	3.90	3.56	3.93	
科技活动经费筹集总额（亿元）	Funding for Scientific and Technological Activities (100 million yuan)	44.36	57.51	72.17	78.35	
#自筹资金	Funds Self-raising	26.05	35.37	48.68	51.3	
银行贷款	Bank Loan	0.45	0.71	0.98	0.70	
科技活动经费内部支出总额（亿元）	Expenditures for Scientific and Technological Activities (100 million yuan)	37.23	48.87	60.21	66.57	
#劳务费	Service Fees	8.72	10.24	13.57	15.1	
固定资产构建支出	Purchases of Fixed Assets	11.83	13.32	17.31	19.37	
#研究与发展经费内部支出	Research and Development Expenses	19.49	23.86	25.60	32.50	
研究与发展经费支出占生产总值比重（%）	Proportion of Research and Development Expenses to Gross Regional Product (%)	1.01	1.05	0.95	1.02	

16-25 科技成果情况

Achievements in Scientific and Technological Research

指标	Item	2005	2006	2007	2008	2009
基本情况（项）	**Basic Condition (unit)**					
鉴定项目数	Number of Appraisal Projects	577	646	635	672	
登记项目数	Number of Book in Projects	634	704	748	788	
奖励项目数	Number of Prized Projects	156	178	180	181	
成果水平（项）	**Apprais of Scientific Achievements (unit)**					
国际领先	Keep Ahead at International Level	15	12	17	12	
国际先进	International Advanced Level	65	67	79	95	
国内领先	Keep Ahead at Domestically Level	361	450	446	442	
国内先进	Domestically Advanced Level	145	116	124	138	
其他	Others	6	6		6	
应用领域（项）	**Applied Field (unit)**					
工业（交通、邮电、建筑、地质）	Industry (Transportation, Post and Telecommunications, Construction, Geology)	163	163	154	208	
农业（林、牧、渔）	Agriculture (Forestry, Animal Husbandry and Fishery)	185	196	211	162	
已应用项目数（项）	**Number of Adopted Project (unit)**	497	533	514	546	

16-26 获国家级科学技术奖

Number of National Scientific and Technological Prizes Awarded

单位：项 (unit)

指标	Item	2005	2006	2007	2008	2009
获国家级科学技术奖	Number of National Scientific and Technological Prizes Awarded	3	2	5	11	
#获国家自然科学奖	Natural Science		1	2	2	
获国家发明奖	National Invention Prizes Awarded					
获国家科技进步奖	National Scientific and Technological Progress Prizes Awarded	3	1	3	9	

16-27 专利申请及授权情况

Statistics of Patent Application and Grant

单位：项 (unit)

指标	Item	申请量 Applications Examined		授权量 Applications Granted	
		2008	2009	2008	2009
总计	**Total**	**2178**		**1047**	
按种类分	By Category				
发明专利	Inventions	952		211	
实用新型	Utility Models	970		675	
外观设计	Designs	256		161	
按对象分	By Object				
大专院校	Universities and Colleges	265		84	
科研单位	Research Instituions	338		96	
工矿企业	Industrial and Mineral Enterprises	663		380	
机关团体	Government Agencies and Organizations	31		0	
个人	Individual	884		487	

16-28 广播电视事业基本情况

Basic Statistics of Broadcasting and Television

项 目	Item	2005	2006	2007	2008	2009
广播电台（座）	Number of Broadcasting Stations (set)	5	4	4	4	4
中短波广播发射和转播台（座）	Medium and Short Wave Transmission Stations and Relay Stations (set)	26	26	30	30	30
中短波广播发射功率（千瓦）	Medium and Short Wave Transmission Power (kw)	696	695	695	701	702
发射台及转播台（座）	Transmission Stations and Relay Stations (set)	697	781	784	807	839
发射机功率（千瓦）	Power of Transmitters (kw)	146	177	183	225	243
节目（套）	Number of Programs (set)	74	85	84	84	85
平均每日播出时间（时、分）	Broadcasting Hours Per Day/Week (hour)	537	610	638	679	
制作广播节目（小时）	Production of Broadcasting (hour)	100567	94424	99464	99723	105554
#新闻节目	News Programs	20222	22320	20176	20252	21372
专题节目	Special Subject Programs	31937	29610	32707	7949	31323
文艺节目	Entertainment Programs	30472	23491	28173	28623	27071
服务节目	Service Programs	5871	7695	6570	29277	7773
县广播电视台（座）	County Broadcasting Stations (set)	72	73	73	73	73
广播人口覆盖率（%）	Listener Percentage (%)	90.5	90.7	91.2	92.0	92.6
电视台（座）	Television Stations (set)	12	10	10	9	9
发射台及转播台（座）	Transmission Stations and Relay Stations (set)	3078	3207	3205	3126	3183
发射机功率（千瓦）	Power of Transmitters (kw)	168	176	203	331	355
节目（套）	Number of Programs (set)	95	102	104	103	103
平均每日播出时间（时、分）	Broadcasting Hours Per Day (hour, minite)	905	966	1029	1047	
制作电视节目（小时）	Production of Tv Programs (hour)	70718	64820	63642	59385	59015
#新闻节目	News Programs	20150	17921	17835	18747	18753
专题节目	Special Subject Programs	13600	15243	16088	7201	14112
文艺节目	Entertainment Programs	9738	9269	9759	8628	8354
服务节目	Service Programs	11552	8601	6499	14983	7686
电视人口覆盖率（%）	Viewer Percentage (%)	90.8	91.1	91.5	91.9	92.9
有线电视入户率（%）	CATV Coverage of Household (%)	26.5	26.5	26.5	26.2	26.5

16-29 图书、杂志、报纸出版数量
Number of Books, Magazines and Newspapers Published

项　　目	Item	2005	2006	2007	2008	2009
图书出版	**Books Published**					
种数（种）	Number of Publications (kind)	1111	1108	1233	1277	1704
# 出版	New Publications	834	728	871	775	1704
总印数（万册）	Printed Sheets (10 000 copies)	5895	6485	6967	6463	6525
总印张（千印张）	Printed Sheets (1 000 sheets)	335038	414519	462151	411168	450973
杂志出版	**Magazines Publised**					
种数（种）	Number of Publications (kind)	128	128	128	131	123
总印数（万册）	Printed Volumes (10 000 copies)	14766	13190	13688	12741	11088
总印张（千印张）	Printed Sheets (1 000 sheets)	592000	534100	549905	529901	456366
报纸出版	**Newspapers Publised**					
种数（种）	Number of Publications (kind)	68	68	68	56	62
总印数（万份）	Printed Sheets (10 000 copies)	37900	35033	37365	38379	40326
总印张（千印张）	Printed Sheets (1 000 sheets)	1198299	1147264	1142998	1149684	1268899

16-30 文化事业基本情况
Basic Statistics of Culture

项　　目	Item	2005	2006	2007	2008	2009
文化事业机构数（个）	Number of Institution (unit)	7531	7636	6927	6149	4578
文化部门	Culture Institution	1609	1609	1625	1704	1863
其他部门	Other Institution	5922	6208	5302	4445	2715
文化事业人员数（人）	Number of Persons Engaged (person)	30515	30548	31775	28592	29129
文化部门	Culture Institution	11537	11989	13536	13262	14904
其他部门	Other Institution	18978	18559	18239	15330	14225
各类文化艺术事业单位数（个）	Number of Culture and Art Institution (unit)	1588	1597	1623	1702	1863
文化馆、艺术馆	Cultural Centers and Art Station	100	101	100	100	100
公共图书馆	Public Libraries	92	92	92	92	93
博物馆	Museum	69	70	73	81	91
电影院	Cinema					
艺术表演场所	Art Performance Places	30	28	27	31	30
艺术表演团体	Art Performance Troupes	76	75	77	82	81

主要统计指标解释

普通高等学校 指按照国家规定的设置标准和审批程序批准举办的，通过全国普通高等学校统一招生考试，招收高中毕业生为主要培养对象，实施高等教育的全日制大学、独立设置的学院和高等专科学校、高等职业学校和其他机构。

成人高等学校 指按照国家规定的设置标准和审批程序批准举办的，通过全国成人高等学校统一招生考试，招收具有高中毕业或同等学历的在职从业人员为主要培养对象，利用函授、业余、脱产等多种形式对其实施高等学历教育的学校。包括职工高等学校、农民高等学校、管理干部学院、教育学院、独立函授学院、广播电视大学、其他机构等。其他机构是承担国家成人招生计划任务不计校数的机构。

科技活动人员 指直接从事科技活动、以及专门从事科技活动管理和为科技活动提供直接服务，累计的实际工作时间占全年制度工作时间10%及以上的人员。(1)直接从事科技活动的人员包括：在独立核算的科学研究与技术开发机构、高等学校、各类企业及其他事业单位内设的研究室、实验室、技术开发中心及中试车间(基地)等机构中从事科技活动的研究人员、工程技术人员、技术工人及其它人员；虽不在上述机构工作，但编入科技活动项目(课题)组的人员；科技信息与文献机构中的专业技术人员；从事论文设计的研究生等。(2)专门从事科技活动管理和为科技活动提供直接服务的人员，包括：独立核算的科学研究与技术开发机构、科技信息与文献机构、高等学校、各类企业及其他事业单位主管科技工作的负责人，专门从事科技活动的计划、行政、人事、财务、物资供应、设备维护、图书资料管理等工作的各类人员，但不包括保卫、医疗保健人员、司机、食堂人员、茶炉工、水暖工、清洁工等为科技活动提供间接服务的人员。该指标用来反映投入科技活动人力的规模。

科学家与工程师 指科技活动人员中具有高、中级技术职称(职务)的人员和不具有高、中级技术职称(职务)的大学本科及以上学历人员。该指标用来反映投入科技活动人力的素质。

研究与试验发展(R&D) 指在科学技术领域，为增加知识总量，以及运用这些知识去创造新的应用进行的系统的创造性的活动，包括基础研究、应用研究、试验发展三类活动。国际上通常采用 R&D 活动的规模和强度指标反映一国的科技实力和核心竞争力。

研究与试验发展人员 指参与研究与试验发展项目研究、管理和辅助工作的人员，包括项目(课题)组人员，企业科技行政管理人员和直接为项目(课题)活动提供服务的辅助人员。反映投入从事拥有自主知识产权的研究开发活动的人力规模。

专业技术人员 指从事专业技术工作和专业技术管理工作的人员，即企事业单位中已经聘任专业技术职务从事专业技术工作和专业技术管理工作的人员，以及未聘任专业技术职务，现在专业技术岗位上工作的人员。包括工程技术人员，农业技术人员，科学研究人员，卫生技术人员，教学人员，经济人员，会计人员，统计人员，翻译人员，图书资料、档案、文博人员，新闻出版人员，律师、公证人员，广播电视播音人员，工艺美术人员，体育人员，艺术人员及企业政治思想工作人员，共十七个专业技术职务类别。用来反映科技人力资源情况。

科技活动经费筹集 指从各种渠道筹集到的计划用于科技活动的经费，包括政府资金、企业资金、事业单位资金、金融机构贷款、国外资金和其他资金等。反映各社会经济主体对促进科技进步所做的努力。

科技活动经费内部支出 指报告年内用于科技活动的实际支出，包括劳务费、科研业务费、科研管理费，非基建投资购建的固定资产、科研基建支出以及其他用于科技活动的支出。不包括生产性活动支出、归还贷款支出及转拨外单位支出。反映科技投入实际完成情况。

专利 是专利权的简称，是对发明人的发明创造经审查合格后，由专利局依据专利法授予发明人和设计人对该项发明创造享有的专有权。包括发明、实用新型和外观设计。反映拥有自主知识产权的科技和设计成果情况。

文化事业机构 指从事专业文化工作和为专业文化工作服务的独立建制的单位。不包括这些单位另外举办独立核算的其他机构和各部门的业余文化组织。该指标主要反映文化事业机构发展规模水平。

17 卫生、社会福利及其他

Health, Social Welfare and Others

简要说明

一、本篇资料主要内容

本篇资料主要包括卫生、民政事业、劳动保障及其他社会统计情况。

卫生主要包括:卫生机构、卫生技术人员、床位数、医院诊疗人次及入院人数等。

新型农村合作医疗情况。

民政事业和劳动保障主要包括社会福利事业机构、人员和社会救济情况、社会保障、婚姻登记等情况。

二、本篇资料来源

本篇资料由甘肃省统计局社会科技处搜集、加工整理。

1.卫生、新型农村合作医疗资料由省卫生厅提供。

2.民政事业、劳动保障及其他社会统计情况数据来源于省民政厅、省劳动和社会保障厅、省委统战部、省妇联、省总工会。

17-1 医疗卫生机构基本情况

Basic Statistics of Health Institutions

项　　目	Item	2008	2009
卫生机构数（个）	**Number of Health Institutions (unit)**	**10534**	**10221**
#医院	Hospitals	377	373
#县级以上医院小计	At and Above County level	377	373
#综合医院	Comprehensive Hospital	262	259
中医医院	Hospitals of Traditional Chinese Medicine	70	68
中西医结合医院	Hospitals of Combination of Chinese and Western Medicine	1	1
专科医院	Special Illness Hospital	34	35
社区卫生服务中心(站)	Community Health-care Service Centers (Stations)	320	341
卫生院	Rural Township Hospitals	1333	1341
门诊部	Clinics	82	76
妇幼保健院(所、站)	Women and Children Care Agencies	100	99
专科疾病防治院(所、站)	Specialized Disease Prevention & Treatment Institute	7	7
疾病预防控制中心（防疫站）	Disease Prevention and Contral Centers	104	103
医学科学研究机构	Institutions of Medical Science	5	5
床位（张）	**Beds (unit)**	**76663**	**87412**
#医院	Hospitals	53847	56767
#县级以上医院小计	At and Above County level	53847	56767
#综合医院	Comprehensive Hospital	41984	43912
中医医院	Hospitals of Traditional Chinese Medicine	8330	9263
中西医结合医院	Hospitals of Combination of Chinese and Western Chinese	92	116
专科医院	Special Illness Hospital	3059	3058
社区卫生服务中心(站)	Community Health-care Service Centers (Stations)	1359	1607
卫生院	Rural Township Hospitals	18468	20258
门诊部	Clinics	160	6041
妇幼保健院(所、站)	Women and Children Care Agencies	1911	2021
专科疾病防治院(所、站)	Specialized Disease Prevention & Treatment Institute	14	28
疾病预防控制中心（防疫站）	Disease Prevention and Control Centers	82	
医学科学研究机构	Institutions of Medical Sciences		
卫生技术人员（人）	**Medical Technical Personnel (person)**	**87633**	**90210**
执业医师	Medical Practioners Senior	29015	29923
执业助理医师	Assistant Practitioner	7161	6826
注册护士	Registered Nurses	24950	26427
药剂人员	Pharmacists	4859	4773
检验人员	Laboratory Technicians	5148	3357
其　他	Others	16500	16932
每万人口执业(助理)医师（人）	Number of Licensed (Assistant) Doctors per 10 000 Population(person)	13.76	13.90
每万人口注册护士（人）	Number of Registered Nurses per 10 000 Population(person)	9.50	10.00

17-2 卫生机构数

Number of Health Institutions

单位：个 (unit)

年 份 Year	总 计 Total	#医 院 Hospitals	#县及县以上医院 At and Above County level	#卫生院 Rural Township Hospitals	#门诊部、诊所 Clinics	#专科疾病防治院(所、站) Specialized Disease Prevention & Treatment Institute	#卫生防疫机构 Sanitation and Antiepidemic Agencies	#妇幼保健院(所、站) Women and Children Care Agencies	#医学科学研究机构 Research Institutes of Medical Sciences
1995	4131	354	351	1489	1854	27	108	92	9
1996	2377	369	368	1481	66	27	107	90	10
1997	2401	374	373	1487	69	26	106	90	11
1998	2416	367	366	1503	70	26	106	90	11
1999	2415	366	363	1507	71	25	105	90	10
2000	2402	365	361	1502	67	24	105	90	10
2001	2393	366	362	1501	66	21	107	91	9
2002	2333	382	382	1486	127	12	102	99	7
2003	2324	384	384	1477	96	10	103	97	5
2004	2294	376	376	1442	91	8	105	100	4
2005	2219	383	383	1358	88	7	103	99	4
2006	2226	381	381	1351	92	7	106	99	4
2007	2470	379	379	1338	86	7	105	99	5
2008	2476	377	377	1333	82	7	104	100	5
2009	2490	373	373	1341	76	7	103	99	5

注：本表不含县区诊所、卫生所、医务室、社区卫生服务站。

a) The table don't include the clinics,Infirmaries and Nurse Station.

17-3 卫生机构人员数

Number of Employed Personnel in Health Institutions

单位：人 (person)

年 份 Year	总 计 Total	#卫生技术人员 Medical Technical Personnel	#执业(助理)医师 Licensed (Assistant) Doctors	#注册护士 Registered Nurses	每万人口执业(助理)医师 Number of Doctors per 10 000 Persons
1995	100283	82831	38823	19355	15.9
1996	97710	80426	37615	20421	15.2
1997	99219	81526	38077	20983	15.3
1998	99276	81907	38304	21129	15.2
1999	99809	82551	38795	21499	15.3
2000	95050	79201	37695	21606	14.7
2001	95699	80208	37408	22376	14.5
2002	95504	81175	34780	22380	13.4
2003	96878	82620	35206	22460	13.5
2004	96423	81932	34451	22283	13.2
2005	97140	83017	35246	22403	13.6
2006	99431	85581	30238	20425	11.6
2007	101903	85471	35158	23999	13.4
2008	104179	87633	36176	24950	13.8
2009	107563	90210	36749	26427	13.9

注：2001年及以前执业(助理)医师系医生数，注册护士系护师(士)数，17-5同口径。

a) Licensed (assistant) doctors refer to the general doctors, registered nurses refer to senior and junior nurses before 2001.Table 17-5 is the same.

17-4 卫生机构床位数

Number of Beds in Health Institutions

单位：张 (unit)

年 份 Year	总 计 Total	医 院 Hospitals	#县及县以上医 院 At and Above County Level	卫生院 Rural Township Hospitals	疗养院 Sanatoriums	其他卫生机构 Other Health Institutions	每万人口医院、卫生院床位 Number of Beds of Hospitals and Health Centers per 10 000 Population
1995	56378	41065	41005	11723	1017	440	23.1
1996	56362	41783	41753	12134	1067	526	22.8
1997	57060	42284	42224	12126	1080	646	22.9
1998	58287	42893	42833	12582	1044	720	23.1
1999	58992	43410	43300	12683	1094	696	23.2
2000	59441	43511	43336	13046	985	675	23.2
2001	60336	44303	44148	13072	913	827	23.4
2002	60936	44698	44698	13443	652	423	23.5
2003	61223	44387	44387	12715	1032	535	23.5
2004	61801	45123	45123	12906	950	2822	23.6
2005	63638	47073	47073	12783	850	2932	24.5
2006	66197	48779	48779	13672	782	2964	25.4
2007	70358	50459	50459	16035	540	3324	26.9
2008	76663	53847	53847	18468	810	3538	29.2
2009	87412	56767	56767	20258	690	9697	29.2

17-5 按市县分卫生机构床位数和卫生技术人员

Beds and Medical Technical Personnel in Health Care Institutions by City and County Areas

年 份 Year	卫生机构床位数（张） Beds (unit)		卫生技术人员（人） Number of Medical Technical Personnel (person)		#执业(助理)医师 Licensed (Assistant) Doctors		#注册护士 Registered Nurses	
	市 City	县 County	市 City	县 County	市 City	县 County	市 City	县 County
1995	30193	26185	43891	38940	19113	19710	12645	6711
1996	29823	26539	46476	31002	18815	19272	11636	6702
1997	29992	27068	36956	31863	15017	15335	11918	6933
1998	30816	27471	36757	32443	14925	15654	11775	7222
1999	31189	27803	36765	33079	14968	16102	11953	7414
2000	31287	28154	35977	33341	15037	16614	11924	7526
2001	32146	28190	37069	33214	15485	16885	12440	7780
2002	32317	28619	34808	31806	14494	15331	12518	7647
2003	32877	28346	35344	31899	14692	15232	12318	7846
2004	33455	28346	35004	31499	14697	14718	12296	7758
2005	35673	27965	36444	30482	15357	14344	12470	7611
2006	37327	28870	36876	31631	15633	14605	12707	7718
2007	39500	30858	47721	37750	19977	15181	16042	7957
2008	42447	34216	48611	39022	20507	15669	16524	8426
2009	49323	38089	50597	39613	21030	15719	17682	8745

注：2001年及以前按市县分的卫生机构床位数为医院、卫生院床位数。

a) Number of beds in health care institutions by city and county before 2001 referred to hospital beds.

17-6 医院、卫生院基本情况

Basic Statistics of Hospital and Rural Township Hospital

(2009)

项　目	Item	医院数（个）Hospitals (unit)	床位数（张）Beds (unit)	人员数（人）Personnel (person)	#卫生技术人员 Medical Technical Personnel	执业医师 Practitioner Doctors
总　计	**Total**	**1714**	**77025**	**77248**	**64415**	**21407**
医院	Hospitals	373	56767	57876	47479	16863
县及县以上医院小计	At and Above County level	373	56767	57876	47479	16863
市	City	204	35383	38805	31570	11103
县	County	169	21384	19071	15909	5760
卫生院	Rural Township Hospitals	1341	20258	19372	16936	4544

17-6 续表 continued

项　目	Item	执业助理医师 Assistant Practitioner Doctors	注册护士 Registered Nurses	药剂人员 Pharmacists	检验人员 Laboratory Technicians	其他 Others
总　计	**Total**	**3978**	**20692**	**3730**	**2233**	**7612**
医院	Hospitals	2089	18364	3094	1965	3682
县及县以上医院小计	At and Above County level	2089	18364	3094	1968	3682
市	City	1033	12931	2037	1361	2152
县	County	1056	5433	1057	604	1530
卫生院	Rural Township Hospitals	1889	2328	636	268	3930

17-7 医院、卫生院诊疗人次及入院人数

Number of Hospital Patients

(2009)

项目	Item	诊疗人次（万人次） Total Number of Patients Treated (10000 person-times)	#门、急诊 Out-patients and Emergency Patients	入院人数（万人） Hospital Admissions (10 000 patients)	每百诊次的入院人数（人） Hospital Amissions per 100 Patient-Times (person)	每百门、急诊次的入院人数（人） Hospital Admissions per 100 Out-Patient times and Emergency Patient-Times (person)
医院、卫生院合计	**Total**	**19085.30**	**3982.30**	**192.78**	**8.95**	**9.33**
县及县以上医院合计	Hospitals at and above County Level	2495.30	2408.60	133.03	5.34	5.53
卫生院	Rural Township Hospitals	16590.00	1573.70	59.75	3.61	3.80

17-8 各地区医院、卫生院基本情况

Basic Statistics of Hospital and Rural Township Hospital by Prefecture

(2009)

地区	Region	医院、卫生院数（个） Number of Hospitals (unit)	医院、卫生院床位数（张） Number of Hospital Beds (unit)	医院、卫生院技术人员数（人） Number of Medical Techniceal Personnel (person)
总计	**Total**	**1714**	**77025**	**64415**
兰州市	Lanzhou	159	14841	15138
嘉峪关市	Jiayuguan	8	1274	1222
金昌市	Jinchang	21	1729	1736
白银市	Baiyin	92	5499	4619
天水市	Tianshui	169	8583	6249
武威市	Wuwei	129	5593	4191
张掖市	Zhangye	111	4773	3229
平凉市	Pingliang	130	6381	5212
酒泉市	Jiuquan	97	4640	3796
庆阳市	Qingyang	147	5438	4021
定西市	Dingxi	158	6836	5166
陇南市	Longnan	234	4669	4534
临夏州	Linxia	142	5000	3163
甘南州	Gannan	117	1769	2139

17-9 各地区卫生机构基本情况

Basic Statistics of Health Institutions by Prefecture ,County

(2009)

地区	Region	卫生机构数（个） Number of Health Institutions (unit)	#医院 Hospitals	卫生机构床位数（张） Number of Hospital Beds (unit)	卫生机构人员数（人） Number of Persons Engaged in Health Institutions (person)	#卫生技术人员 Medical Technical Personnel	#执业(助理)医师 Licensed (Assistant) Doctors	#注册护士 Registered Nurses
总计	**Total**	**10221**	**373**	**87412**	**107563**	**90210**	**36749**	**26427**
兰州市	Lanzhou	1537	90	21873	27322	22382	9447	8272
嘉峪关市	Jiayuguan	105	5	1386	2029	1778	730	688
金昌市	Jinchang	349	9	1781	2937	2530	1033	787
白银市	Baiyin	518	24	5885	6891	5873	2493	1966
天水市	Tianshui	704	35	9416	9772	8067	3281	2093
武威市	Wuwei	302	20	5834	6340	5248	2214	1641
张掖市	Zhangye	409	26	5067	5343	4394	1832	1284
平凉市	Pingliang	1174	27	6625	8518	7215	2728	1871
酒泉市	Jiuquan	377	29	4788	5982	5043	1985	1799
庆阳市	Qingyang	1476	27	5738	7855	6514	2494	1542
定西市	Dingxi	601	22	6979	7463	6364	2852	1549
陇南市	Longnan	1837	23	4853	8059	7046	2400	1206
临夏州	Linxia	645	17	5298	5648	4727	1898	1095
甘南州	Gannan	187	19	1889	3404	3029	1362	634

17-10 新型农村合作医疗情况

Statistics on New Rural Cooperative Medical System

年份 Year	开展新农合县(市、区)(个) Number of Counties Participated (unit)	参加新农合人数(万人) Number of Persons Participated (10 000 persons)	参合率(%) Rate of Participation (%)	当年基金支出(万元) Expenditure of Funds this Year (10 000 yuan)	补偿支出受益人次(万人次) Persons Benefited from Compensation (10 000 persons-times)
2007	78	1739.84	88.42	60022.53	846.83
2008	87	1869.12	93.20	148529.99	1050.45
2009	86	1906.92	95.54	187884.43	1296.70

17-11 各地区新型农村合作医疗情况

Statistics on New Rural Cooperative Medical System by Region

(2009)

地 区	Region	县(市、区)数 (个) Number of Counties (unit)	开展新农合县(市、区) (个) Number of Counties Participated (unit)	参加新农合人数 (万人) Number of Persons Participated (10 000 persons)	补偿受益人次 (万人次) Persons Benefited from Compensation (10 000 persons-times)	本年度筹资总额 (万元) Funds Raised this Year (10 000 yuan)
甘肃省	**Gansu**	87	86	1906.92	1296.70	196022.53
兰州市	Lanzhou	8	7	112.34	77.16	11464.95
嘉峪关市	Jiayuguan	1	1	1.84	0.93	276.65
金昌市	Jinchang	2	2	22.52	19.36	2389.11
白银市	Baiyin	5	5	124.53	60.75	12733.33
天水市	Tianshui	7	7	286.07	215.69	29240.59
武威市	Wuwei	4	4	142.94	129.55	14407.26
张掖市	Zhangye	6	6	92.58	53.99	9392.92
平凉市	Pingliang	7	7	179.39	144.51	18093.32
酒泉市	Jiuquan	7	7	56.75	15.65	6009.87
庆阳市	Qingyang	8	8	214.04	209.40	24022.45
定西市	Dingxi	7	7	233.58	97.05	23477.82
陇南市	Longnan	9	9	231.39	91.61	23163.72
临夏州	Linxia	8	8	156.77	151.30	15951.66
甘南州	Gannan	8	8	52.20	29.75	5398.88

17-12 妇联组织及干部基本情况

Basic Conditions of Women's Federation

指 标	Item	2005	2006	2007	2008	2009
乡及乡以上妇联组织机构（个）	Women's Federation Institution of Township and Above Township (unit)	2615	2450	1464	1466	2323
乡及乡以上妇联干部（人）	Cadres of Township and Race's above Township (person)	1805	1798	1865	1890	1857
在干部中少数民族干部数（人）	Number of Minority Cadres (person)	254	232	253	302	256
占干部总数（%）	Minority Race's Cadres as Percentage to the Total (%)	14.0	12.9	13.6	16.0	14.3

17-13 各党派党员(成员)数

Number of Different Parties Member

项　　目	Item	2005	2006	2007	2008	2009
中国共产党（万人）	Communist Party of China (10 000 persons)	129	133	137	139	145
中国国民党革命委员会（人）	Revolutionary Committee of Kuomingdan (person)	2088	2186	2278	2390	2529
中国民主同盟（人）	Democracy League (person)	5402	5564	5793	5967	6227
中国民主建国会（人）	China Democratic National Construction Association (person)	1867	2005	2088	2186	2351
中国民主促进会（人）	China Association Promoting Democracy (person)	2117	2226	2394	2527	2647
中国农工民主党（人）	Chinese Peasants' and Workers' Democratic Party (person)	1472	1620	1672	1836	1969
九三学社（人）	Jiu San Society (person)	2329	2421	2532	2645	2781

17-14 工会组织情况

Basic Statistics on Trade Unions

年份 Year	工会基层组织数（个） Number of Grassroots Unions (unit)	已建立工会组织的基层单位的职工与会员人数（万人） Membership and Number of Staff and Workers in Grassroots Unions(10 000 persons)				工会专职干部人员数（人） Number of Full-time Personnel of Unions (person)
		职工人数 Number of Staff and Workers	#女职工 Female	会员人数 Membership	#女会员 Female	
1995	12251	194.29	68.44	173.91	62.31	11532
1996	12052	196.34	71.72	175.78	63.88	10020
1997	10596	173.33	61.80	155.82	54.46	8601
1998	10519	173.68	62.45	159.78	57.14	9073
1999	9788	177.23	60.71	157.06	55.36	9554
2000	10768	168.25	60.86	154.69	55.16	8714
2001	14675	177.76	63.50	163.40	56.00	6257
2002	15320	222.27	75.81	209.00	70.25	5789
2003	24291	206.12	69.16	190.43	63.72	5861
2004	23061	206.42	71.29	195.35	67.31	6279
2005	17522	219.05	75.67	207.14	70.49	5475
2006	19328	238.70	83.80	225.35	79.50	5051
2007	21642	268.76	93.14	256.68	89.44	4895
2008	24366	294.22	102.26	281.12	99.18	4890
2009	26936	312.17	105.12	301.35	102.03	5267

17-15 婚姻登记和离婚情况

Number of Marriages and Divorces

年　份 Year	准予登记结婚（对） Registered Marriages (couples)	初　婚(万人) First Marriages (10 000 persons)	再　婚(万人) Remarriages (10 000 persons)	离　婚（对） Divorces (couples)	离婚率（‰） Divorce Rate (‰)
1995	155553	302938	8168	4541	0.38
1996	170379	331815	8943	4855	0.40
1997	154302	298654	9950	4409	0.36
1998	136978	262488	11468	5061	0.41
1999	133121	255203	11039	5241	0.42
2000	127799	244975	10623	5541	0.43
2001	126045	239734	12656	5790	0.45
2002	122033	227496	16570	6224	0.48
2003	118476	222219	14573	23000	1.77
2004	121187	225150	17008	21499	1.64
2005	114554	209947	19161	22260	1.72
2006	132615	245015	20215	23287	1.76
2007	115761	218565	12957	22017	1.68
2008	118023	223252	12794	22928	1.68
2009	122398	233316	11480	24742	1.88

注：从2003年起离婚人数包含法院判决离婚人数。

a)the number of divorce has included the number of divorce Sentenced by the courts Since 2003.

17-16 社会福利事业单位基本情况

Basic Statistics on Social Welfare Institutions

（2009）

项　　目	Item	院　数（个） Number of Homes (unit)	工作人员（人） Number of Staff and Workers (person)	床　位（张） Number of Beds (unit)	收养人员（人） Number of Persons Housed (person)
全省合计	**Total**				
优抚事业单位	Administration Agencies for Martyrs				
复退军人精神病院	Asylum for Demobilized Soldiers	3	93	290	139
国家办光荣院	Homes for the Disabled Veterans	3	19	58	14
社会福利事业单位	Social Welfare Enterprises				
社会福利院	Social Welfare Homes	23	353	2672	1554
儿童福利院	Baby Welfare Homes	10	186	996	726
社会福利精神病院	Psychopathy Welfare Homes	2	88	250	190
城镇、乡村集体办养老院	Urban and Rural Collective Beadhouse				

17-17 社会保障基本情况
Basic Statistics of Social Security

项目	Item	2005	2006	2007	2008	2009
参加保险职工人数（万人）	Number of Employees Participated in Insurance (10 000 persons)					
养老保险	Endowment insurance	142.18	143.43	147.80	157.00	163.37
失业保险	Unemployment Insurance	159.70	160.49	162.80	162.99	164.08
医疗保险	Medical Insurance	130.40	144.13	159.87	180.10	194.52
工伤保险	Work injury insurance	70.07	86.29	98.17	108.88	119.73
生育保险	Maternity Insurance	40.02	46.96	53.31	59.14	71.24
城镇低保人数（万人）	Number of Persons Receiving Lowest Living-cost in Urban Area (10 000 persons)	68.04	72.74	72.93	89.90	83.46
农村低保人数（万人）	Number of Persons Receiving Lowest Living-cost in Rural Area (10 000 persons)	2.32	58.12	172.37	323.50	293.20

17-18 抚恤及社会福利救济费用
Basic Statistics on Pensions and Social Welfare Relief Funds

单位:万元　　　　(2009)　　　　(10 000 yuan)

地区	Region	抚恤 Pensions	城市居民最低生活保障 Urban Rural and Other Social Relief	农村最低生活保障线救济费 Rural Basic Provision Protection	自然灾害生活救助 Living Relief for Natural Disasters
全省总计	**Total**	**33664.8**	**173442.4**	**171581.3**	**71307.0**
兰州市	Lanzhou	4567.8	30567.1		2341.7
嘉峪关市	Jiayuguan	189.4	1091.9	5634.7	38.3
金昌市	Jinchang	431.4	3878.1	63.0	633.0
白银市	Baiyin	2618.1	16751.8	903.8	6871.5
天水市	Tianshui	4034.0	22708.3	13065.2	6113.0
武威市	Wuwei	2486.3	10534.7	16683.8	5433.0
张掖市	Zhangye	2391.2	11317.3	12979.2	4476.0
平凉市	Pingliang	2607.5	12028.6	5961.2	5176.6
酒泉市	Jiuquan	1433.4	9755.3	13345.6	3125.0
庆阳市	Qingyang	4319.4	12223.1	7607.1	13148.9
定西市	Dingxi	2824.7	11339.7	16435.2	7420.0
陇南市	Longnan	2962.4	11432.3	20176.8	8104.0
临夏州	Linxia	1682.4	12331.0	27093.8	4486.2
甘南州	Gannan	562.2	7337.2	20843.1	3673.0

17-19 各地区参加基本养老保险职工人数

Number of Staff and works Participated in Basic Pension Insurance by Region

单位：万人 (10 000 persons)

地 区	Region	2005	2006	2007	2008	2009
全省总计	**Total**					
兰 州 市	Lanzhou	19.39	19.69	20.88	22.68	27.18
嘉峪关市	Jiayuguan	4.21	4.23	4.32	4.58	4.77
金 昌 市	Jinchang	1.83	2.09	1.87	2.02	2.90
白 银 市	Baiyin	5.25	5.21	5.72	6.02	6.41
天 水 市	Tianshui	10.25	10.25	10.50	10.82	11.89
武 威 市	Wuwei	4.80	5.18	5.42	5.70	6.14
张 掖 市	Zhangye	4.38	4.39	4.56	5.48	5.92
平 凉 市	Pingliang	5.23	5.28	5.38	6.15	6.44
酒 泉 市	Jiuquan	4.10	4.08	4.52	5.12	5.54
庆 阳 市	Qingyang	2.49	2.49	2.76	4.90	4.39
定 西 市	Dingxi	4.40	4.40	4.64	5.20	5.61
陇 南 市	Longnan	3.21	3.30	3.82	3.94	5.53
临 夏 州	Linxia	2.48	2.45	2.60	2.82	3.04
甘 南 州	Gannan	1.17	1.17	1.27	1.26	1.41

17-20 各地区参加基本医疗保险职工人数

Number of Staff and works Participated in Basic Medical Care Insurance by Region

单位：万人 (10 000 persons)

地 区	Region	2005	2006	2007	2008	2009
全省总计	**Total**					
兰 州 市	Lanzhou	33.62	35.97	40.89	45.05	49.87
嘉峪关市	Jiayuguan	3.81	4.17	4.68	5.30	5.30
金 昌 市	Jinchang	5.24	5.88	6.01	5.89	6.59
白 银 市	Baiyin	11.70	10.80	11.26	12.49	13.41
天 水 市	Tianshui	10.77	11.54	13.80	16.30	17.76
武 威 市	Wuwei	6.30	6.40	7.26	8.17	9.39
张 掖 市	Zhangye	5.55	5.57	6.25	7.97	8.85
平 凉 市	Pingliang	6.05	6.12	7.23	8.88	10.06
酒 泉 市	Jiuquan	6.10	6.24	7.80	8.81	9.70
庆 阳 市	Qingyang	6.44	6.39	7.04	9.12	8.99
定 西 市	Dingxi	5.38	5.65	6.28	8.80	9.14
陇 南 市	Longnan	6.15	6.22	7.19	7.76	9.11
临 夏 州	Linxia	5.82	5.84	6.18	6.87	7.50
甘 南 州	Gannan	2.64	2.74	3.13	3.71	4.04

17-21 各地区城乡居民最低生活保障情况

Basic Statistics on Receiving Lowest Cost-of-Living in Urban and Rural Area

(2009)

地 区	Region	城镇低保人数（人） Number of Persons Receiving Lowest Living-cost in Urban Area(person)	#"三无"对象 Personnel of No Identity,No Address and No Source of Income	#失业人员 Unemployment	农村低保人数（人） Number of Persons Receiving Lowest Living-cost in Rural Area (person)
全省总计	**Total**	**835523**	**17780**		**2932012**
兰州市	Lanzhou	110604	920		69396
嘉峪关市	Jiayuguan	4736	51		582
金昌市	Jinchang	21508	502		37400
白银市	Baiyin	81970	861		199798
天水市	Tianshui	125656	1472		322000
武威市	Wuwei	55465	1328		211961
张掖市	Zhangye	53460	2122		74818
平凉市	Pingliang	60322	1497		219212
酒泉市	Jiuquan	47987	945		127582
庆阳市	Qingyang	59117	1670		250440
定西市	Dingxi	62683	1621		442938
陇南市	Longnan	54702	943		430134
临夏州	Linxia	62397	3446		348500
甘南州	Gannan	34256	395		197251

17-22 各地区城镇社区服务和农村服务网络情况

Basic Statistics on Urban Welfare Facilities and Rural Social Security Network

(2009)

地 区	Region	城镇社区服务设施数(个) Number of Urban Welfare Facilities (unit)	从业人员数（人） Number of employee (person)	#安置下岗人员数 Number of Reemployed	城镇便民利民服务网点（个） Number of Urban Service Points for Civilian (unit)	社区服务志愿者组织数(个) Number of Institution of Social Service Volunteer (unit)	社区服务志愿者人数（个） Number of Social Volunteer (unit)
全省总计	**Total**	**1772**	**5240**	**1979**	**7971**	**594**	**18864**
兰州市	Lanzhou	366	412	122	31		
嘉峪关市	Jiayuguan	59	286	43	56	89	2679
金昌市	Jinchang	27	52	14			
白银市	Baiyin	159	146	38	16		
天水市	Tianshui	148	372		5102	25	247
武威市	Wuwei	192	839	432	112	57	14803
张掖市	Zhangye	345	2702	1126	2600	405	936
平凉市	Pingliang	49	94	33	11	18	199
酒泉市	Jiuquan	48	82	27			
庆阳市	Qingyang	76	70	22	5		
定西市	Dingxi	112	116	110	38		
陇南市	Longnan	98	30				
临夏州	Linxia	21	24	7			
甘南州	Gannan	72	15	5			

注：数据资料由省民政厅提供。a) Data provided by provincial Civil Affairs Department.

主要统计指标解释

卫生机构 指从卫生行政部门取得《医疗机构执业许可证》，或从民政、工商行政、机构编制管理部门取得法人单位登记证书，为社会提供医疗保健、疾病控制、卫生监督服务或从事医学科研和教育等工作的单位。卫生机构包括医院、疗养院、社区卫生服务中心(站)、卫生院、门诊部、诊所(卫生所、医务室)、急救中心(站)、采供血机构、妇幼保健院(所、站)、专科疾病防治院(所、站)、疾病预防控制中心(防疫站)、卫生监督所、卫生监督检验(监测、检测)机构、医学科研机构、医学在职培训机构、健康教育所(站)等其他卫生机构。

医疗机构 指从卫生行政部门取得《医疗机构执业许可证》的机构，包括医院、疗养院、社区卫生服务中心(站)、卫生院、门诊部、诊所(卫生所、医务室)、妇幼保健院(所、站)、专科疾病防治院(所、站) 、急救中心(站)和临床检验中心。

医院 包括综合医院、中医医院、中西医结合医院、民族医院、各类专科医院和护理院。

卫生技术人员 指卫生机构中医生、护理人员 、药剂人员、检验人员等卫生技术人员。

执业医师 指具有《医师执业证》及其“级别”为“执业医师”且实际从事医疗、预防保健工作的人员，不包括实际从事管理工作的执业医师。执业医师类别分为临床、中医、口腔和公共卫生。

执业助理医师 指具有《医师执业证》及其“级别”为“执业助理医师”且实际从事医疗、预防保健工作的人员，不包括实际从事管理工作的执业助理医师。执业助理医师类别同样分为临床、中医、口腔和公共卫生四类。

基本养老保险（参保）职工人数 指报告期末按照国家法律、法规和有关政策规定参加基本养老保险并在社保经办机构已建立缴费记录档案的职工人数，包括中断缴费但未终止养老保险关系的职工人数，不包括只登记未建立缴费记录档案的人数。

基本医疗保险参保人数 指报告期末按国家有关规定参加基本医疗保险的人数。包括参加保险的职工人数和退休人员人数。

失业保险参保人数 指报告期末按照国家法律、法规和有关政策规定参加了失业保险的城镇企业事业单位的职工及地方政府规定参加失业保险的其他人员的人数。

工伤保险参加保险人数 指报告期末依据国家有关规定参加工伤保险的职工人数。

生育保险参保人数 指报告期末依据有关规定参加生育保险的职工人数。

城镇居民最低生活保障人数 指报告期末家庭平均收入在当地规定的最低生活保障线以下的城镇居民数。包括“三无”对象、失业人员和在职、下岗、退休人员等。

农村居民最低生活保障人数 指报告期末在建立农村最低生活保障制度的地区，得到当地政府或集体给予最低生活保障的农业人口家庭人数。

18 少数民族

Ethnic Minorities

简要说明

一、本篇资料主要内容

本篇资料反映甘肃省2个少数民族自治州、5个少数民族自治县的经济社会发展情况。重点反映了民族自治地方农牧业的发展状况；教育、卫生方面的情况。

二、本篇资料来源

本篇资料由省统计局国民经济综合处搜集、加工整理。数据来源于相关处、部门的统计资料，人口数据为公安年报户籍统计数。

18-1 民族自治地方年末人口与人口自然变动情况

Total Population at Year-end and It's Natural Changes in Minority Nationality Autonomous Areas

单位：万人、‰ (10 000 persons,‰)

年份 Year	总人口 Total Population	在总人口中 Total Population 农业人口 Agricultural Population	非农业人口 Non-Agricultural Population	出生率 Birth Rate	死亡率 Death Rate	自然增长率 Natural Growth Rate
1990	272.63	245.20	27.43	30.58	5.74	24.84
1991	275.73	247.72	28.00	16.89	5.11	11.78
1992	279.07	250.46	28.61	16.48	4.99	11.49
1993	283.89	254.25	29.64	17.38	5.13	12.25
1994	287.71	256.93	30.78	17.26	5.07	12.19
1995	291.36	258.06	33.30	17.06	5.46	11.60
1996	296.35	262.98	33.37	17.90	5.55	12.35
1997	300.41	265.56	34.85	16.77	5.40	11.37
1998	304.99	269.24	35.74	15.72	4.55	11.17
1999	308.27	271.65	36.62	14.14	5.27	8.87
2000	311.61	274.20	37.42	15.72	5.98	9.74
2001	313.58	275.13	38.44	12.17	4.33	7.84
2002	315.51	274.04	41.48	11.28	4.40	6.88
2003	318.02	275.21	42.81	12.27	4.22	8.05
2004	319.26	275.05	44.21	11.94	4.67	7.27
2005	317.64	273.20	44.44	14.35	7.05	7.30
2006	318.09	269.64	48.45	14.46	7.13	7.33
2007	319.88	268.67	51.21	14.49	7.10	7.39
2008	321.49	267.99	53.50	14.45	7.01	7.44
2009	322.35	267.03	55.32	14.54	6.94	7.60

注：2005年以前为公安年报数，2005年起数据是按常住人口口径统计的。

Note:Data before 2005 are from the Ministry of Public Security Annals, since2005, are obtained from the standard of permanent population.

18-2 民族自治地方财政金融

Finance and Banking in Minority Nationality Autonomous Areas

单位：万元 (10 000 yuan)

指标	Item	2005	2006	2007	2008	2009
财 政	**Public Finance**					
地方财政收入	Local Government Revenue	43701	57112	71232	98975	108740
地方财政支出	Local Government Expenditures Science & Health Care	462323	604647	860776	1171001	1520849
金 融	**Finance**					
金融机构存款余额	Deposit Balance in Banking	1244463	1419824	1766780	2390489	3163320
金融机构贷款余额	Loan Balance in Banking	659572	771802	868562	1002388	1442901
城乡居民储蓄存款	Saving Deposit Balance of Urban and Rural Residents	802981	935710	1073513	1408108	1781489

18-3 民族自治地方农牧业生产基本情况

Basic Statistic on Farming and Animal Husbandry in Minority Nationality Autonomous Areas

指　标	Item	2005	2006	2007	2008	2009	2009年比2008年增长% Increase Rate in 2009 over 2008(%)
农业总产值（万元）	**Output Value of Farming (10 000 yuan)**	**445735.54**	**477478.20**	**558780.11**	**599046.60**	**648731.50**	
农业	Farming	223298.52	241493.25	279105.07	316013.01	339536.00	
林业	Forestry	13281.80	13020.77	16537.82	19114.60	18730.09	
牧业	Animal Husbandry	185226.27	197129.22	235267.13	247022.69	271265.30	
渔业	Fishery	1023.83	1278.16	1383.99	1520.59	1654.37	
耕地面积（千公顷）	**Cultivated Area (1 000 hectares)**	**274.51**	**274.51**	**274.65**	**275.13**	**275.97**	**0.31**
# 有效灌溉面积	Irrigated Area	71.45	72.54	72.16	71.69	71.71	0.03
总播种面积（千公顷）	**Total Sown Area (1 000 hectares)**	**289.61**	**290.85**	**291.22**	**292.25**	**294.39**	**0.73**
# 粮食作物	Sown Area of Grain Crops	209.40	207.87	209.44	205.73	205.41	−0.16
主要农作物产量	**Yield of Major Farm Crops**						
粮食（万吨）	Grain Crops (10 000 tons)	72.24	71.53	73.79	77.27	83.04	7.47
油料（吨）	Oil-bearing (ton)	60634.28	63676.58	65665.42	71140.42	79230.27	11.37
甜菜（吨）	Beetroots (ton)	10400.32	11308.84	11711.17	11329.29	10264.35	−9.40
畜牧业产品产量（吨）	**Yield of Stockbreeding Produce (ton)**						
猪肉产量	Pork	40411.5	45297.5	44567.5	32392.0	33822.5	4.42
牛肉产量	Beef	38333.5	41883.9	45790.4	38657.4	43544.2	12.64
羊肉产量	Mutton	37140.8	40082.9	43198.9	38887.9	43410.2	11.63
牛奶产量	Cow Milk	90627.9	92691.7	104101.5	98585.8	102329.7	3.80
羊毛产量	Wool	6647.5	6875.6	7304.8	8139.8	8746.6	7.45
当年造林面积（公倾）	**Total Afforested Area in the Year (hectare)**	**30366.67**	**25793.33**	**23853.33**	**26093.33**	**11633.33**	**-55.42**
农机、用电、化肥	**Agricultural Machinery,Electricity and Chemical Fertilizer**						
农业机械总动力（万千瓦特）	Total Power of Agricultural Machinery (10 000 kw)	105.50	109.03	113.44	120.68	131.01	8.56
农村用电量（万千瓦时）	Electricity Consumed in Rural Area (10 000 kwh)	41444.80	42657.50	44507.25	45202.00	44855.59	−0.77
化肥施用量（万吨）	Chemical Fertilizer Cosumption (10 000 tons)						
按实物量计算	Consumtion of Chemical Fertilizer	10.02	10.16	11.07	11.51	11.40	−0.96
按折纯量计算	Convert to pure amount	2.96	3.03	3.19	3.27	3.36	2.75

注：2008年农业总产值数据为农业普查衔接数。

a)Gross output value of agriculture in 2008 was adjusted according to the National Agricultural Census

18-4 民族自治地方农、林、牧、渔业总产值及增加值

Gross Output value and value-added of Farming,Forestry,Animal Husbandry and Fishery in Minority Nationality Autonomous Area

单位：万元 (2009) (10 000 yuan)

地 县	Region and County	农、林、牧、渔业总产值 Gross Output Value of Farming,Forestry, Animal Husbandry and Fishery	农业 Farming	林业 Forestry	牧业 Animal Husbandry	渔业 Fishery	农、林、牧、渔业总产值指数（上年=100） Indices	农、林、牧、渔业增加值 Value Added
民族自治地方合计	**Total**	**648731.47**	**339535.96**	**18730.09**	**271265.33**	**1654.37**		**430619.90**
临夏回族自治州	Linxia	316721.09	207698.72	13177.41	83555.09	1552.41	107.05	202042.15
甘南藏族自治州	Gannan	187291.33	59647.93	3373.84	122031.6	58	107.02	142878.18
肃北蒙古族自治县	Subei	6577.79	1570.95	48.02	4895.82		101.96	3085.48
阿克塞哈萨克族自治县	Akesai	4268.9	951.45	78	3199.45		119.44	2820.37
肃南裕固族自治县	Sunan	32499.23	8949.46	167.24	21802.53		108.80	20507.74
天祝藏族自治县	Tianzhu	49504.1	21202.48	271.83	25422.22	5.2	106.87	28801.40
张家川回族自治县	Zhangjiachuan	51869.03	39514.97	1613.75	10358.62	38.76	106.64	30484.59

18-5 民族自治地方牲畜头数

Number of Domestic Animals in Minority Nationality Autonomous Areas

年份 Year	大牲畜年末数（百头） Large Animals (year-end)	牛 Cows	马 Horses	驴 Donkeys	骡 Mules	骆驼 Camels	羊年末数（百只） Sheep and Goats(year-end) (hundred) 山羊 Goats	绵羊 Sheep	猪年末数（百头） Hogs (year-end) (hundred)
1990	17009	13949	1379	932	628	121	7166	30920	4474
1991	16887	13864	1353	920	641	109	7179	29405	4575
1992	16994	13917	1359	940	684	94	7410	29754	4802
1993	16954	13862	1367	938	707	80	7578	29915	5048
1994	17022	13914	1368	929	738	73	7958	30472	5198
1995	17119	14016	1362	916	754	71	8204	30462	5333
1996	17126	13995	1366	910	786	69	8325	30559	5410
1997	16985	13878	1360	893	784	70	8555	30633	5542
1998	15522	13180	946	617	717	58	8107	30094	4256
1999	15418	13122	916	573	749	58	8172	28199	4393
2000	15356	13020	902	603	778	53	8444	28001	4648
2001	15137	12804	864	628	789	52	8555	27882	4797
2002	15235	12913	897	641	740	44	8581	28448	5200
2003	15330	13103	877	636	669	45	8491	29602	5464
2004	15619	13371	864	639	698	47	8414	30702	5839
2005	16435	14185	848	648	701	53	8988	32288	6146
2006	16971	14734	835	665	679	58	9368	34027	6232
2007	17776	15522	827	676	690	61	9828	36611	6077
2008	18953	16906	709	633	641	64	9165	41916	4694
2009	19356	17231	719	682	657	67	8413	44552	4863

注：2008年数据为农业普查衔接数。

a)Data in 2008 was adjusted according to the National Agricultural Census.

18-6 民族自治地方牲畜增长率

Increasing Ratio of Livestock in Minority Nationality Autonomous Areas

单位：%　　　　(%)

年 份 Year	大牲畜 Large Animals	牛 Cows	马 Horses	驴 Donkeys	骡 Mules	骆驼 Camels	羊 Sheep and Goats		猪 Hogs
							山 羊 Goats	绵 羊 Sheep	
"一五"时期	7.40	9.13	3.79	2.67	4.79	3.19	11.03	3.99	15.28
"二五"时期	−6.59	−4.89	−10.63	−15.96	−6.35	0.36	−3.50	0.04	−8.50
1963−1965年	11.60	11.73	11.08	13.80	0.33	10.94	18.10	15.06	−23.51
"三五"时期	2.89	2.73	5.66		4.21	5.59	−0.27	0.41	4.39
"四五"时期	2.47	2.19	4.53	0.90	5.01	6.37	1.56	5.38	1.87
"五五"时期	2.69	2.96	−0.01	4.35	3.13	1.23	−0.94	3.48	−0.19
"六五"时期	3.95	4.54	1.42	0.91	6.69	−6.96	−1.45	−0.24	3.51
"七五"时期	1.04	1.31	−1.01	1.72	10.17	2.68	3.73	0.88	2.08
"八五"时期	0.13	−0.48	−0.25	−0.35	3.72	−10.11	2.74	−0.30	3.58
"九五"时期	−2.15	−1.46	−7.91	−8.02	0.63	−5.68	0.58	−1.67	−2.71
"十五"时期	1.37	1.73	−1.23	1.45	−2.06		1.26	2.89	5.75
2006−2009	4.80	5.36	−4.86	0.85	−1.09	4.93	−3.52	9.40	−7.94

18-7 民族自治地方牲畜存栏及畜产品产量占全省比重

Proportion to whole Gansu of Number of Livestock in Stock and Output of Livestock Products in Minority Nationality Autonomous Areas

单位：%　　　　(%)

年 份 Year	存栏数 Amount of livestock on hand			畜产品产量 Output of Livestock Products		
	大牲畜 Large Animals	羊 Sheep and Goats	猪 Hogs	牛肉 Pork	羊肉 Beef	猪肉 Mutton
1990	29.12	34.32	7.52	49.28	36.81	6.70
1991	28.86	35.87	7.66	47.47	33.40	6.52
1992	28.77	36.72	7.66	43.95	35.21	6.74
1993	28.43	36.56	7.83	42.78	32.83	7.88
1994	28.00	35.68	7.73	39.86	35.69	6.54
1995	27.72	34.32	7.75	32.12	32.99	6.39
1996	27.12	33.10	7.66	33.79	33.38	6.29
1997	26.82	33.39	7.93	35.39	31.81	6.83
1998	28.48	32.36	7.51	36.54	31.95	6.11
1999	28.09	32.29	7.78	36.82	33.28	7.29
2000	27.28	31.33	7.85	32.99	31.61	7.74
2001	26.75	31.07	8.05	33.37	32.42	7.40
2002	26.52	31.05	8.37	34.02	31.56	7.40
2003	26.31	29.62	8.53	33.60	30.40	7.48
2004	26.23	27.76	8.90	31.60	29.10	7.54
2005	26.74	26.94	8.96	30.30	28.32	7.51
2006	26.97	27.58	8.78	29.24	27.92	7.84
2007	27.67	28.20	9.00	29.25	28.20	8.16
2008	31.71	31.00	8.11	26.72	25.17	7.50
2009	31.06	30.67	8.10	27.48	26.50	7.50

注：2008年数据为农业普查衔接数。

a)Data in 2008 was adjusted according to the National Agricultural Census.

18-8 民族自治地方社会消费品零售总额

Total Retail Sale of Consumer Goods in Minority Nationality Autonomous Areas

单位：万元　　（2009）　　(10 000 yuan)

地　区	Region and County	社会消费品零售总额 Total Retail Sale of Consumer Goods	贸易业 Wholesale and Retail sale	餐饮业 Catering Trade	其他行业 Other
民族自治地方合计	**Total**	**624059**	**482994**	**126735**	**14331**
临夏回族自治州	Linxia	293990	226008	58890	9092
甘南藏族自治州	Gannan	166513	125739	38164	2610
肃北蒙古族自治县	Subei	8641	7312	839	490
阿克塞哈萨克族自治县	Akesai	8158	6602	1556	
肃南裕固族自治县	Sunan	19853	17302	2551	
天祝藏族自治县	Tianzhu	96659	77677	18524	458
张家川回族自治县	Zhangjiachuan	30246	22355	6211	1681

18-9 民族自治地方教育情况

Basic Statistics on Education in Minority Nationality Autonomous Areas

单位：所，人　　(unit,person)

指　标	Item	2005	2006	2007	2008	2009
高等学校所数	Institutions of Higher Education	1	1	1	1	1
专任教师数	Number of Full-time Teachers	262	262	317	358	384
在校学生数	Student Enrollment	4095	4102	5800	7098	8224
中等学校所数	Number of Secondary Schools	10	9	9	8	7
专任教师数	Number of Full-time Teachers	521	633	657	494	482
在校学生数	Student Enrollment	6029	6228	6819	5725	6498
普通中学数	Regular Secondary Schools	214	220	155	220	157
专任教师数	Number of Full-time Teachers	8897	9578	10051	11057	8198
在校学生数（万人）	Student Enrollment（10 000 persons）	17.46	18.88	19.10	20.62	21.92
小学校所数	Number of Primary School	2015	2011	2018	1966	1801
专任教师数	Number of Full-time Teachers	17313	17629	17850	18708	18837
在校学生数（万人）	Student Enrollment（10 000 persons）	39.04	40.68	40.67	39.31	38.06

18-10 民族自治地方医疗卫生机构床位数

Number of Health Institutions and Beds in Minority Nationality Autonomous Areas

(2009)

指 标	Item	机构数(个) Health Institutions (unit)	#卫生部门 Health Departments	床位数(张) Beds (bed)	#卫生部门 Health Departments
总 计	**Total**	**1091**	**397**	**8950**	**8053**
#医院	Hospitals	47	37	5494	5017
市	City	5	5	1627	1627
县	Counties	42	32	3867	3390
卫生院合计	Township Hospitals	287	287	2978	2847

注:本表含诊所,卫生所,医务室,下表同。

a) Date in this table include clinics, medical station and infirmary, the same as the following table.

18-11 民族自治地方专业卫生人员数

Number of Medical Personnel in Minority Nationality Autonomous Areas

单位:人 (2009) (person)

指 标	Item	总计 Total	市 City	县 Counties	#卫生部门 Health Departments	市 City	县 Counties
卫生人员数	Medical Personnel	11204	2688	8516	9620	2417	7149
# 卫生技术人员	Medical Technical Personnel	9620	2188	7432	8144	1977	6167

19 企业景气指数

Business Climate Index

简要说明

一、本章资料的主要内容及范围

本章资料包括企业景气调查。

企业景气调查包括工业、建筑业、交通运输仓储和邮政业、批发和零售业、房地产业、社会服务业、信息传输、计算机服务和软件业、住宿和餐饮业等行业的具有法人资格的企业及其负责人（如厂长、总经理等）以及依照法人单位进行统计的产业活动单位及其负责人。

二、本章资料的来源

本章资料来源于企业景气调查，由国家统计局甘肃调查总队统计监测处提供。

19-1 企业家信心指数

Entrepreneur Confidence Survey Index

(2009)

指　标	Item	一季度 1st.Quarter	二季度 2nd.Quarter	三季度 3st.Quarter	四季度 4th.Quarter
全省企业家信心指数	**Entrepreneur Confidence Survey Index**	**92.8**	**102.2**	**116.2**	**119.3**
按登记注册类型分	**Grouped by Type of Enterprises Registered**				
国有企业	State-owned Enterprises	115.8	113.7	123.8	121.6
集体企业	Collective-owned Enterprises	80.5	111.5	105.9	110.9
股份合作企业	Cooperative Enterprises	116.7	131.3	100.0	116.7
有限责任公司	Limited Liability Corporations	70.4	87.6	114.7	120.0
股份有限公司	Share-holding Corporations Ltd.	94.0	98.4	116.0	121.2
私营企业	Private Enterprises	100.0	100.0	100.0	100.0
外商及港、澳、台投资企业	Enterprises With Investment from Foreign Countries,Hong Kong, Macao and Taiwan	119.7	110.1	107.1	106.7
按行业门类分	**By Sector**				
工业	Industry	75.4	87.8	112.6	115.1
# 采掘业	Mining and Quarrying	42.0	36.0	93.9	90.8
制造业	Manufacturing	74.4	89.4	113.1	117.6
电力、煤气及水的生产和供应业	Production and Supply of Electric Power, Gas and Water	146.7	145.8	142.6	124.9
建筑业	Construction	110.3	134.8	132.9	136.1
交通运输业、仓储及邮政业	Transportation Post and Telecommunications	127.3	114.5	120.9	128.2
批发和零售业	Wholesale,Retail Services	137.4	137.3	123.1	123.7
房地产业	Real Estate	86.8	105.0	115.6	131.3
社会服务业	Social Services	80.8	88.5	92.3	84.6
信息传输、计算机服务软件业	Information Transmission,Computer Services and software	120.5	120.2	120.1	139.5
住宿和餐饮业	Hotel and Catering Services	108.8	106.3	126.1	117.4
按企业规模分	**Grouped by Size of Enterprises**				
特大型及大型企业	Oversize and Large	67.0	88.1	111.5	108.8
# 特大型	Oversize	61.1	83.1	100.0	100.0
大　型	Large-sized	125.1	137.4	111.5	108.8
中　型	Medium-sized	103.1	103.5	131.1	130.9
小　型	Small-sized	75.0	75.0	105.4	111.6
附：乡镇企业	Township and Village Enterprises	136.1	156.3	108.3	108.3
上市公司	Share Listed Companies	12.9	18.6	118.6	108.1
国有及国有控股企业	State-owned and State Share-held Enterprises	81.6	94.8	117.9	118.0

19-2 企业景气指数

Business Climate Index

（2009）

指　　标	Item	一季度 1st.Quarter	二季度 2nd.Quarter	三季度 3st.Quarter	四季度 4th.Quarter
全省企业景气指数	**Business Climate Index**	**105.3**	**108.3**	**121.1**	**121.4**
按登记注册类型分	**Grouped by Type of Enterprises Registered**				
国有企业	State-owned Enterprises	117.7	126.1	122.3	123.6
集体企业	Collective-owned Enterprises	84.3	106.9	110.5	111.6
股份合作企业	Cooperative Enterprises	68.7	77.7	116.7	83.3
有限责任公司	Limited Liability Corporations	85.7	95.2	109.3	118.6
股份有限公司	Share-holding Corporations Ltd.	138.2	109.5	141.3	132.0
私营企业	Private Enterprises	106.3	100.0	118.8	118.8
外商及港、澳、台投资企业	Enterprises With Investment from Foreign Countries,Hong Kong, Macao and Taiwan	96.6	121.9	114.3	120.0
按行业门类分	**By Sector**				
工业	Industry	99.7	100.7	123.9	120.3
# 采掘业	Mining and Quarrying	38.4	88.4	96.0	109.9
制造业	Manufacturing	101.9	99.1	126.0	121.2
电力、煤气及水的生产和供应业	Production and Supply of Electric Power, Gas and Water	147.5	145.5	108.7	137.9
建筑业	Construction	118.8	139.2	138.5	133.3
交通运输业、仓储及邮政业	Transportation Post and Telecommunication	114.8	116.9	118.2	120.6
批发和零售业	Wholesale,Retail Sales	117.9	134.7	112.3	130.4
房地产业	Real Estate	104.0	92.5	103.1	115.6
社会服务业	Services	73.1	69.2	92.3	100.0
信息传输、计算机服务软件业	Information Transmission,Computer software	154.4	122.9	121.5	131.2
住宿和餐饮业	Accommodation and Catering	98.2	109.1	121.7	113.0
按企业规模分	**Grouped by Size of Enterprises**				
特大型及大型企业	Oversize and Large	108.8	112.3	139.2	124.2
# 特大型	Oversize	108.5	109.9	100.0	100.0
大　型	Large-sized	110.9	136.7	139.2	124.2
中　型	Medium-sized	98.1	96.9	132.3	130.9
小　型	Small-sized	58.3	75.0	102.7	109.3
附：乡镇企业	Township and Village Enterprises	131.5	157.1	133.3	125.0
上市公司	Share Listed Companies	16.7	105.9	118.6	133.5
国有及国有控股企业	State-owned and State Share-held Enterprises	105.4	107.7	123.9	117.5

19-3 企业生产总量景气指数

Gross Output Climate Index

(2009)

指 标	Item	一季度 1st.Quarter	二季度 2nd.Quarter	三季度 3st.Quarter	四季度 4th.Quarter
全省企业生产总量景气指数	**Gross Output Climate Index**	**86.3**	**112.7**	**119.7**	**100.5**
按登记注册类型分	**Grouped by Type of Enterprises Registered**				
国有企业	State-owned Enterprises	85.0	109.4	121.6	108.7
集体企业	Collective-owned Enterprises	85.0	123.4	115.9	88.3
股份合作企业	Cooperative Enterprises	118.7	155.3	100.0	33.3
有限责任公司	Limited Liability Corporations	108.1	129.9	116.0	104.6
股份有限公司	Share-holding Corporations Ltd.	51.7	57.1	123.0	86.6
私营企业	Private Enterprises	87.5	43.8	87.5	62.5
外商及港、澳、台投资企业	Enterprises With Investment from Foreign Countries,Hong Kong, Macao and Taiwan	60.9	88.2	121.4	106.7
按行业门类分	**By Sector**				
工业	Industry	86.8	104.6	124.0	99.7
# 采掘业	Mining and Quarrying	11.4	49.3	95.0	99.5
制造业	Manufacturing	93.2	110.8	126.0	100.8
电力、煤气及水的生产和供应业	Production and Supply of Electric Power, Gas and Water	78.1	73.5	95.2	98.7
建筑业	Construction	43.9	157.7	144.0	114.1
交通运输业、仓储及邮政业	Transportation Post and Telecommunication	115.0	123.2	107.3	117.1
批发和零售业	Wholesale,Retail Sales	121.0	124.8	95.4	99.1
房地产业	Real Estate	90.0	94.7	115.6	75.0
社会服务业	Services	80.8	119.2	100.0	84.6
信息传输、计算机服务软件业	Information Transmission,Computer software	67.1	56.7	80.0	97.1
住宿和餐饮业	Accommodation and Catering	74.2	107.2	145.7	89.1
按企业规模分	**Grouped by Size of Enterprises**				
特大型及大型企业	Oversize and Large	92.9	109.9	150.1	88.1
# 特大型	Oversize	92.9	106.4	100.0	100.0
大 型	Large-sized	93.0	144.0	150.1	88.1
中 型	Medium-sized	85.3	104.7	121.1	100.6
小 型	Small-sized	66.7	75.0	105.4	96.9
附：乡镇企业	Township and Village Enterprises	164.5	84.2	83.3	100.0
上市公司	Share Listed Companies	188.6	180.6	99.0	117.6
国有及国有控股企业	State-owned and State Share-held Enterprises	90.7	108.4	126.9	96.7

19-4 企业税后利润景气指数

After-tax Profits Climate Index

（2009）

指　标	Item	一季度 1st.Quarter	二季度 2nd.Quarter	三季度 3st.Quarter	四季度 4th.Quarter
全省企业税后利润景气指数	**After-tax Profits Climate Index**	**76.8**	**95.1**	**104.0**	**105.2**
按登记注册类型分	**Grouped by Type of Enterprises Registered**				
国有企业	State-owned Enterprises	81.4	113.3	106.6	114.0
集体企业	Collective-owned Enterprises	78.4	84.3	116.9	118.5
股份合作企业	Cooperative Enterprises	85.4	147.9	83.3	50.0
有限责任公司	Limited Liability Corporations	45.0	92.9	98.0	105.1
股份有限公司	Share-holding Corporations Ltd.	130.8	57.4	109.4	74.1
私营企业	Private Enterprises	106.3	62.5	81.3	81.3
外商及港、澳、台投资企业	Enterprises With Investment from Foreign Countries,Hong Kong, Macao and Taiwan	92.2	71.3	107.1	73.3
按行业门类分	**By Sector**				
工业	Industry	69.3	87.8	106.1	100.8
# 采掘业	Mining and Quarrying	18.2	33.4	57.7	80.8
制造业	Manufacturing	74.5	91.5	112.0	102.0
电力、煤气及水的生产和供应业	Production and Supply of Electric Power, Gas and Water	42.8	107.4	43.3	118.7
建筑业	Construction	69.1	121.6	120.7	150.1
交通运输业、仓储及邮政业	Transportation Post and Telecommunication	89.2	108.9	95.1	104.9
批发和零售业	Wholesale,Retail Sales	129.9	131.6	99.8	114.7
房地产业	Real Estate	85.3	77.0	87.5	100.0
社会服务业	Services	80.8	84.6	88.5	76.9
信息传输、计算机服务软件业	Information Transmission,Computer software	59.2	49.8	88.4	72.2
住宿和餐饮业	Accommodation and Catering	54.7	85.9	113.0	95.7
按企业规模分	**Grouped by Size of Enterprises**				
特大型及大型企业	Oversize and Large	71.0	97.7	109.2	82.9
# 特大型	Oversize	66.6	94.0	100.0	100.0
大　型	Large-sized	114.2	134.4	109.2	82.9
中　型	Medium-sized	75.6	83.3	124.2	114.8
小　型	Small-sized	50.0	75.0	86.9	95.4
附：乡镇企业	Township and Village Enterprises	135.1	114.8	116.7	108.3
上市公司	Share Listed Companies	12.7	181.7	127.8	145.5
国有及国有控股企业	State-owned and State Share-held Enterprises	71.3	95.7	107.0	101.4

19-5 企业流动资金景气指数

Liquidity Climate Index

(2009)

指 标	Item	一季度 1st.Quarter	二季度 2nd.Quarter	三季度 3st.Quarter	四季度 4th.Quarter
全省企业流动资金景气指数	**Liquidity Climate Index**	**61.0**	**70.0**	**63.2**	**67.1**
按登记注册类型分	**Grouped by Type of Enterprises Registered**				
国有企业	State-owned Enterprises	70.4	74.0	66.8	64.9
集体企业	Collective-owned Enterprises	54.7	57.7	50.5	57.1
股份合作企业	Cooperative Enterprises	50.0	61.0	66.7	66.7
有限责任公司	Limited Liability Corporations	38.0	53.3	57.0	60.2
股份有限公司	Share-holding Corporations Ltd.	122.2	127.5	96.8	104.4
私营企业	Private Enterprises	62.5	81.3	68.8	93.8
外商及港、澳、台投资企业	Enterprises With Investment from Foreign Countries,Hong Kong, Macao and Taiwan	96.2	94.8	100.0	100.0
按行业门类分	**By Sector**				
工业	Industry	59.1	71.9	65.9	69.8
#采掘业	Mining and Quarrying	52.2	25.7	34.0	34.0
制造业	Manufacturing	58.5	74.3	65.7	69.0
电力、煤气及水的生产和供应业	Production and Supply of Electric Power, Gas and Water	79.5	91.8	89.4	99.8
建筑业	Construction	35.9	52.6	40.0	50.4
交通运输业、仓储及邮政业	Transportation Post and Telecommunication	63.2	68.1	49.9	59.6
批发和零售业	Wholesale,Retail Sales	120.1	114.4	85.2	86.2
房地产业	Real Estate	40.7	39.4	53.1	59.4
社会服务业	Services	57.7	65.4	65.4	53.9
信息传输、计算机服务软件业	Information Transmission,Computer software	63.7	48.1	74.7	71.0
住宿和餐饮业	Accommodation and Catering	46.3	58.3	73.9	78.3
按企业规模分	**Grouped by Size of Enterprises**				
特大型及大型企业	Oversize and Large	74.4	98.1	97.0	110.1
#特大型	Oversize	71.8	98.1	100.0	100.0
大 型	Large-sized	99.4	97.9	97.0	110.1
中 型	Medium-sized	51.2	51.2	70.8	72.2
小 型	Small-sized	50.0	41.7	53.3	55.6
附：乡镇企业	Township and Village Enterprises	42.9	26.1	33.3	50.0
上市公司	Share Listed Companies	3.3	4.4	35.1	81.0
国有及国有控股企业	State-owned and State Share-held Enterprises	65.3	78.9	70.1	71.8

19-6 企业货款拖欠景气指数

Loan Delinquency Climate Index

(2009)

指标	Item	一季度 1st.Quarter	二季度 2nd.Quarter	三季度 3st.Quarter	四季度 4th.Quarter
全省企业货款拖欠景气指数	**Loan Delinquency Climate Index**	**86.9**	**93.7**	**99.8**	**94.8**
按登记注册类型分	**Grouped by Type of Enterprises Registered**				
国有企业	State-owned Enterprises	83.0	84.5	99.0	91.2
集体企业	Collective-owned Enterprises	105.9	113.8	116.9	112.6
股份合作企业	Cooperative Enterprises	116.7	116.7	100.0	116.7
有限责任公司	Limited Liability Corporations	78.6	89.4	102.0	95.8
股份有限公司	Share-holding Corporations Ltd.	98.8	104.9	103.5	102.4
私营企业	Private Enterprises	100.0	106.3	93.8	93.8
外商及港、澳、台投资企业	Enterprises With Investment from Foreign Countries,Hong Kong, Macao and Taiwan	109.9	117.9	107.1	93.3
按行业门类分	**By Sector**				
工业	Industry	80.1	94.5	100.1	91.4
# 采掘业	Mining and Quarrying	116.6	72.3	95.6	84.2
制造业	Manufacturing	78.4	98.1	99.0	90.3
电力、煤气及水的生产和供应业	Production and Supply of Electric Power, Gas and Water	62.0	64.1	137.1	122.9
建筑业	Construction	98.9	80.7	79.7	72.4
交通运输业、仓储及邮政业	Transportation Post and Telecommunication	109.3	88.0	110.9	110.9
批发和零售业	Wholesale,Retail Sales	100.3	121.0	119.4	120.6
房地产业	Real Estate	107.8	137.3	115.6	125.0
社会服务业	Services	76.9	88.5	80.8	100.0
信息传输、计算机服务软件业	Information Transmission,Computer software	44.9	43.2	102.0	85.8
住宿和餐饮业	Accommodation and Catering	94.5	75.6	91.3	76.1
按企业规模分	**Grouped by Size of Enterprises**				
特大型及大型企业	Oversize and Large	76.7	92.8	100.1	98.4
# 特大型	Oversize	75.0	90.1	100.0	100.0
大　型	Large-sized	93.9	119.4	100.1	98.4
中　型	Medium-sized	93.8	94.6	109.3	95.1
小　型	Small-sized	83.3	91.7	98.5	97.7
附：乡镇企业	Township and Village Enterprises	124.8	128.4	116.7	91.7
上市公司	Share Listed Companies	100.5	97.5	125.2	102.4
国有及国有控股企业	State-owned and State Share-held Enterprises	82.4	93.3	100.5	95.1

19-7 企业用工景气指数

Labor Climate Index

(2009)

指标	Item	一季度 1st.Quarter	二季度 2nd.Quarter	三季度 3st.Quarter	四季度 4th.Quarter
全省企业用工景气指数	**Labor Climate Index**	**96.0**	**98.6**	**110.9**	**95.2**
按登记注册类型分	**Grouped by Type of Enterprises Registered**				
国有企业	State-owned Enterprises	96.0	97.9	108.4	92.9
集体企业	Collective-owned Enterprises	87.0	99.3	103.7	84.8
股份合作企业	Cooperative Enterprises	113.1	129.7	83.3	50.0
有限责任公司	Limited Liability Corporations	110.2	90.2	115.7	102.2
股份有限公司	Share-holding Corporations Ltd.	84.6	90.4	97.3	100.0
私营企业	Private Enterprises	93.8	62.5	81.3	62.5
外商及港、澳、台投资企业	Enterprises With Investment from Foreign Countries,Hong Kong, Macao and Taiwan	77.1	113.5	121.4	120.0
按行业门类分	**By Sector**				
工业	Industry	103.2	91.9	112.6	99.0
# 采掘业	Mining and Quarrying	52.0	37.1	85.0	75.0
制造业	Manufacturing	107.0	97.7	114.8	101.9
电力、煤气及水的生产和供应业	Production and Supply of Electric Power, Gas and Water	116.4	71.7	93.5	67.2
建筑业	Construction	81.4	156.2	140.0	73.6
交通运输业、仓储及邮政业	Transportation Post and Telecommunication	99.8	108.2	97.6	104.9
批发和零售业	Wholesale,Retail Sales	86.0	85.8	92.5	94.1
房地产业	Real Estate	80.2	90.6	103.1	96.9
社会服务业	Services	65.4	65.4	88.5	76.9
信息传输、计算机服务软件业	Information Transmission,Computer software	101.7	92.1	90.3	103.2
住宿和餐饮业	Accommodation and Catering	105.4	97.5	139.1	100.0
按企业规模分	**Grouped by Size of Enterprises**				
特大型及大型企业	Oversize and Large	106.3	91.7	120.1	97.5
# 特大型	Oversize	107.7	89.9	100.0	100.0
大　型	Large-sized	92.7	109.0	120.1	97.5
中　型	Medium-sized	92.3	93.4	113.0	96.3
小　型	Small-sized	91.7	75.0	104.3	95.8
附：乡镇企业	Township and Village Enterprises	115.5	116.8	83.3	75.0
上市公司	Share Listed Companies	96.6	96.7	98.3	109.3
国有及国有控股企业	State-owned and State Share-held Enterprises	100.9	94.5	113.4	96.6

19-8 企业固定资产投资景气指数
Climate Index of Fixed Assets Investment

(2009)

指　　标	Item	一季度 1st.Quarter	二季度 2nd.Quarter	三季度 3st.Quarter	四季度 4th.Quarter
全省企业固定资产投资景气指数	**Fixed Assets Investment Climate Index**	**94.2**	**113.3**	**109.3**	**109.1**
按登记注册类型分	**Grouped by Type of Enterprises Registered**				
国有企业	State-owned Enterprises	101.0	105.9	109.1	116.3
集体企业	Collective-owned Enterprises	99.9	92.1	107.9	99.2
股份合作企业	Cooperative Enterprises	100.0	114.6	116.7	100.0
有限责任公司	Limited Liability Corporations	95.0	124.7	96.2	101.3
股份有限公司	Share-holding Corporations Ltd.	90.2	109.5	128.3	136.7
私营企业	Private Enterprises	75.0	93.8	87.5	75.0
外商及港、澳、台投资企业	Enterprises With Investment from Foreign Countries,Hong Kong, Macao and Taiwan	78.4	117.7	128.6	106.7
按行业门类分	**By Sector**				
工业	Industry	94.5	117.4	112.2	108.4
#采掘业	Mining and Quarrying	36.2	64.7	58.4	74.9
制造业	Manufacturing	96.1	120.7	113.9	107.4
电力、煤气及水的生产和供应业	Production and Supply of Electric Power, Gas and Water	147.3	140.0	91.4	145.5
建筑业	Construction	81.9	123.6	107.0	106.1
交通运输业、仓储及邮政业	Transportation Post and Telecommunication	129.3	123.6	127.9	132.8
批发和零售业	Wholesale,Retail Sales	86.2	112.2	91.7	100.7
房地产业	Real Estate	92.0	93.0	90.6	100.0
社会服务业	Services	96.2	88.5	88.5	92.3
信息传输、计算机服务软件业	Information Transmission,Computer software	66.9	72.7	121.3	135.5
住宿和餐饮业	Accommodation and Catering	82.7	98.5	108.7	100.0
按企业规模分	**Grouped by Size of Enterprises**				
特大型及大型企业	Oversize and Large	97.1	139.2	144.3	148.2
#特大型	Oversize	98.2	140.1	100.0	100.0
大　型	Large-sized	86.5	130.1	144.3	148.2
中　型	Medium-sized	93.4	91.1	112.4	105.6
小　型	Small-sized	58.3	83.3	96.5	100.8
附：乡镇企业	Township and Village Enterprises	95.8	111.7	116.7	108.3
上市公司	Share Listed Companies	9.2	186.5	81.6	135.2
国有及国有控股企业	State-owned and State Share-held Enterprises	99.0	118.2	116.7	119.8

19-9 企业产品订货景气指数
Product Orders Climate Index

(2009)

指　标	Item	一季度 1st.Quarter	二季度 2nd.Quarter	三季度 3st.Quarter	四季度 4th.Quarter
全省企业产品订货景气指数	**Product Orders Climate Index**	**88.7**	**106.1**	**112.9**	**98.5**
按登记注册类型分	**Grouped by Type of Enterprises Registered**				
国有企业	State-owned Enterprises	94.2	106.7	109.0	100.3
集体企业	Collective-owned Enterprises	76.2	96.3	102.9	87.7
股份合作企业	Cooperative Enterprises	53.6	124.0	83.3	66.7
有限责任公司	Limited Liability Corporations	88.9	91.0	102.3	99.3
股份有限公司	Share-holding Corporations Ltd.	92.0	109.5	134.7	91.9
私营企业	Private Enterprises	75.0	62.5	100.0	93.8
外商及港、澳、台投资企业	Enterprises With Investment from Foreign Countries,Hong Kong, Macao and Taiwan	84.1	79.0	121.4	100.0
按行业门类分	**By Sector**				
工业	Industry	89.4	95.0	116.9	98.4
#采掘业	Mining and Quarrying	39.3	69.3	77.5	88.2
制造业	Manufacturing	93.3	96.7	119.8	99.7
电力、煤气及水的生产和供应业	Production and Supply of Electric Power, Gas and Water	94.6	96.3	103.1	90.5
建筑业	Construction	54.1	174.9	144.9	104.9
交通运输业、仓储及邮政业	Transportation Post and Telecommunication	117.2	122.2	102.4	119.5
批发和零售业	Wholesale,Retail Sales	101.3	116.9	80.7	95.3
房地产业	Real Estate	105.4	85.1	109.4	87.5
社会服务业	Services	73.1	65.4	88.5	69.2
信息传输、计算机服务软件业	Information Transmission,Computer software	99.6	97.2	85.1	92.1
住宿和餐饮业	Accommodation and Catering	73.8	95.2	128.3	97.8
按企业规模分	**Grouped by Size of Enterprises**				
特大型及大型企业	Oversize and Large	92.2	103.9	124.5	103.1
#特大型	Oversize	91.4	100.9	100.0	100.0
大　型	Large-sized	100.2	133.8	124.5	103.1
中　型	Medium-sized	85.3	92.3	121.1	103.1
小　型	Small-sized	25.0	66.7	96.1	90.0
附：乡镇企业	Township and Village Enterprises	121.1	117.1	75.0	66.7
上市公司	Share Listed Companies	99.8	94.5	107.1	100.5
国有及国有控股企业	State-owned and State Share-held Enterprises	88.2	101.6	115.8	97.8

19-10 企业融资景气指数

Financing Climate Index

(2009)

指　　标	Item	一季度 1st.Quarter	二季度 2nd.Quarter	三季度 3st.Quarter	四季度 4th.Quarter
全省企业融资景气指数	**Financing Climate Index**	**60.0**	**74.6**	**62.5**	**60.1**
按登记注册类型分	**Grouped by Type of Enterprises Registered**				
国有企业	State-owned Enterprises	72.1	74.1	62.0	60.3
集体企业	Collective-owned Enterprises	51.2	59.4	52.1	56.4
股份合作企业	Cooperative Enterprises	11.2	20.0	33.3	40.0
有限责任公司	Limited Liability Corporations	53.5	74.2	62.2	52.3
股份有限公司	Share-holding Corporations Ltd.	79.8	98.9	78.3	90.4
私营企业	Private Enterprises	56.3	56.3	56.3	75.0
外商及港、澳、台投资企业	Enterprises With Investment from Foreign Countries,Hong Kong, Macao and Taiwan	68.7	77.8	71.4	73.3
按行业门类分	**By Sector**				
工业	Industry	60.6	79.3	68.7	63.1
# 采掘业	Mining and Quarrying	45.4	84.2	60.4	60.4
制造业	Manufacturing	58.0	76.5	65.6	60.2
电力、煤气及水的生产和供应业	Production and Supply of Electric Power, Gas and Water	124.1	105.6	100.5	96.8
建筑业	Construction	45.9	58.3	44.6	48.0
交通运输业、仓储及邮政业	Transportation Post and Telecommunication	67.6	71.4	58.5	46.3
批发和零售业	Wholesale,Retail Sales	79.8	101.5	66.6	72.0
房地产业	Real Estate	44.3	52.3	50.0	59.4
社会服务业	Services	40.0	53.9	44.0	50.0
信息传输、计算机服务软件业	Information Transmission,Computer software	85.3	78.6	66.0	78.9
住宿和餐饮业	Accommodation and Catering	52.3	53.2	65.2	56.5
按企业规模分	**Grouped by Size of Enterprises**				
特大型及大型企业	Oversize and Large	76.9	106.7	117.1	98.7
# 特大型	Oversize	77.7	107.1	100.0	100.0
大　型	Large-sized	68.6	102.9	117.1	98.7
中　型	Medium-sized	47.5	49.4	60.9	65.8
小　型	Small-sized	41.7	36.4	50.4	47.5
附：乡镇企业	Township and Village Enterprises	18.6	30.4	58.3	54.6
上市公司	Share Listed Companies	2.9	4.1	79.4	90.2
国有及国有控股企业	State-owned and State Share-held Enterprises	65.9	83.5	72.6	65.9

主要统计指标解释

企业景气调查 也称为经济周期调查或短期经济观测调查，是以企业家为调查对象，采用问卷方式，定期收集有关宏观经济和企业生产经营景气状况变动判断的一种统计调查。简言之，企业景气调查就是调查企业家对宏观经济态势，对企业生产经营状况所做出的判断和预期。调查采用重点调查和抽样调查相结合的方法，调查范围覆盖国民经济八个主要行业，即：工业、建筑业、交通运输仓储和邮政业、批发和零售业、房地产业、社会服务业、信息传输计算机服务和软件业、住宿和餐馆业。

景气指数 又称景气度，它是对企业景气调查中的定性指标通过定量方法加以汇总，综合反映某一特定调查群体或某一社会经济现象所处的状态或发展趋势的一种指标。企业的景气指数是根据调查企业中，选择“好”或“上升”或“乐观”的企业与选择“差”或“下降”或“不乐观”的企业的所占份额(一般以主营业务收入对比重加权，下同)之差来计算的，统一用纯正数形式表示，以100作为景气指数的临界值，其数值范围在0---200之间；当景气指数大于100时，表明经济状况趋于上升或改善，处于景气状态；当景气指数小于100时，表明经济状况趋于下降或恶化，处于不景气状态。其具体计算方法为：(选择“好”的企业份额—选择“差”的企业份额) × 100+100。

企业家信心指数 是根据企业家对企业外部市场经济环境与宏观政策的认识、看法、判断与预期(通常为对“乐观”、“一般”、“不乐观”的选择)而编制的指数，用以综合反映企业家对宏观经济环境的感受与信心。

企业景气指数 是根据企业家对本企业综合生产经营情况的判断与预期(通常为对“良好”、“一般”、“不佳”的选择)而编制的指数，用以综合反映企业的生产经营状况。

各单项景气指数 是在单项指标名称之后加景气指数四个字表示，如由产品订货指标综合而成的景气指数则称之为“产品订货景气指数”。用来表示各单项指标的景气状况。

甘肃省第二次全国经济普查主要数据公报

（第一号）

甘肃省第二次全国经济普查领导小组办公室

为了全面掌握我省第二产业和第三产业[1]的发展规模及布局，了解我省产业组织、产业结构、产业技术的现状以及各生产要素的构成，摸清全省各类企业和单位能源消耗的基本情况，建立健全覆盖国民经济各行业的基本单位名录库、基础信息数据库和统计电子地理信息系统，为加强和改善宏观调控、科学制定中长期发展规划提供科学准确的统计信息支持，根据国务院和省政府的决定，我省于 2008 年进行了第二次全国经济普查。这次普查的标准时点为 2008 年 12 月 31 日，时期资料为 2008 年度。普查对象是在我省境内从事第二产业和第三产业的全部法人单位、产业活动单位和个体经营户[2]。普查主要内容包括单位基本属性、从业人员、财务状况、生产经营情况、生产能力、能源消耗、科技活动情况等。

经过全省各级普查办和有关部门及全体普查人员近两年的共同努力，全省经济普查的登记填报及数据审核汇总工作基本完成。甘肃省第二次全国经济普查领导小组办公室采取分层随机等距整群抽样方法，对 14 个市（州）、26 个县（区）的数据质量进行了抽查，共抽查 26 个普查小区的 331 个法人单位和产业活动单位（抽查比例约为 2.21‰），1037 户个体经营户（抽查比例约为 1.64‰）。抽查汇总结果，数据填报综合差错率为 2.92‰，数据质量达到预期目标要求。

根据《全国经济普查条例》的有关要求，经省政府批准，甘肃省第二次全国经济普查领导小组办公室和省统计局将向社会发布经济普查公报。现将第一号公报发布如下：

一、单位基本情况

2008 年末，全省共有法人单位 94367 个，与 2004 年第一次经济普查相比，增加 9087 个，增长 10.66%；产业活动单位 139866 个，增加 11140 个，增长 8.65%；有证照的个体经营户 419146 户，增加 117247 户，增长 38.84%（详见表 1）。

表 1　单位数与有证照的个体经营户

	单位数 (个)	比重 (%)
一、法人单位	94367	100
企业法人	40106	42.5
机关、事业法人	24910	26.4
社会团体及其他法人	29351	31.1
二、产业活动单位	139866	100
第二产业	17723	12.67
第三产业	122143	87.33
三、有证照的个体经营户	419146	100
第二产业	28760	6.86
第三产业	390386	93.14

2008 年末，企业法人单位 40106 个，比 2004 年增加 6818 个，增长 20.48%。其中，国有企业 2122 个，

减少 1959 个，下降 48%；集体企业 2675 个，减少 2961 个，下降 52.54%；股份合作企业 714 个，减少 248 个，下降 25.78%；联营企业 192 个，减少 2 个，下降 1.03%；有限责任公司 6233 个增加 367 个，增长 6.26%；股份有限公司 1504 个，增加 637 个，增长 73.47%；私营企业 25372 个，增加 10306 个，增长 68.41%；其他内资企业 1045 个，增加 698 个，增长 201.15%；港、澳、台商投资企业和外商投资企业是 106 个和 143 个，分别减少了 13 个和 7 个单位（详见表 2）。

我省法人单位数名列前五位的市州依此是：兰州、天水、临夏、陇南、白银；产业单位数名列前五位的市州是：兰州、天水、陇南、临夏、定西；个体经营户较多的前五位市州是：兰州、天水、庆阳、平凉、陇南。

在产业活动单位中，从事公共管理和社会组织的单位 50434 个，占 36.06%；教育 18760 个，占 13.41%；批发和零售业 18057 个，占 12.91%，以上三个行业合计占 62.38%（详见表 4）。

表 2　按登记注册类型分组的企业法人单位

	单位数（个）	比　重 (%)
合　　计	40106	100
内资企业	39857	99.38
国有企业	2122	5.29
集体企业	2675	6.67
股份合作企业	714	1.78
联营企业	192	0.48
国有联营企业	28	0.07
集体联营企业	78	0.2
国有与集体联营企业	21	0.05
其他联营企业	65	0.16
有限责任公司	6233	15.54
国有独资公司	97	0.24
其他有限责任公司	6136	15.3
股份有限公司	1504	3.75
私营企业	25372	63.26
其他企业	1045	2.61
港、澳、台商投资企业	106	0.26
外商投资企业	143	0.36

表 3 单位与有证照个体经营户的地区分布

	法人单位		产业活动单位		有证照的个体经营户	
	数量（个）	比重（%）	数量（个）	比重（%）	数量（户）	比重（%）
合　计	94367	100	139866	100	419146	100
兰　州	20774	22.01	25996	18.59	61586	14.69
嘉峪关	1423	1.51	2259	1.61	6467	1.54
金　昌	1927	2.04	2913	2.08	12743	3.04
白　银	7150	7.58	9386	6.71	28230	6.74
天　水	9308	9.86	14225	10.17	53416	12.75
武　威	6311	6.69	10273	7.34	28502	6.8
张　掖	5118	5.42	9075	6.49	30266	7.22
平　凉	5699	6.04	9164	6.55	33546	8
酒　泉	5364	5.69	7895	5.65	31747	7.58
庆　阳	6668	7.07	9639	6.89	35815	8.55
定　西	6645	7.04	10357	7.41	25369	6.05
陇　南	7268	7.7	11957	8.55	31947	7.62
临　夏	8115	8.6	11603	8.3	27338	6.52
甘　南	2597	2.75	5124	3.66	12174	2.9

表 4 产业活动单位的行业分布

	单位数(个)	比重(%)
合　计	139866	100
农、林、牧、渔业 *	1033	0.74
采矿业	1688	1.21
制造业	10997	7.86
电力、燃气及水的生产和供应业	1932	1.38
建筑业	3106	2.22
交通运输、仓储和邮政业	2605	1.86
信息传输、计算机服务和软件业	1822	1.3
批发和零售业	18057	12.91
住宿和餐饮业	2315	1.66
金融业	4689	3.35
房地产业	2221	1.59
租赁和商务服务业	3496	2.5
科学研究、技术服务和地质勘查业	3531	2.52
水利、环境和公共设施管理业	1543	1.1
居民服务和其他服务业	1365	0.98
教育	18760	13.41
卫生、社会保障和社会福利业	8333	5.96
文化、体育和娱乐业	1939	1.39
公共管理和社会组织	50434	36.06

*此处的农、林、牧、渔业为第二、三产业法人兼营的第一产业活动单位。

有证照的个体经营户较为集中的五个行业是：批发和零售业 233566 户，占 55.72%；交通运输业 56288 户，占 13.43%；住宿和餐饮业 38187 户，占 9.11%；居民服务和其他服务业 36795 户，占 8.78%；工业 26272 户，占 6.27%（详见表 5）。

表 5　有证照个体经营户的行业分布

	单位数（户）	比重（%）
合计	419146	100
工业*	26272	6.27
建筑业	2488	0.59
交通运输业	56288	13.43
批发和零售业	233566	55.72
住宿和餐饮业	38187	9.11
房地产业	333	0.08
租赁和商务服务业	3080	0.74
居民服务和其他服务业	36795	8.78
教育	428	0.1
卫生和社会福利业	15133	3.61
文化、体育和娱乐业	3041	0.73
其他	3552	0.84

* 包括采矿业、制造业和电力、燃气及水的生产和供应业。

二、从业人员

2008 年末，全省第二、三产业单位和个体经营户从业人员[3]数为 447.85 万人，与 2004 年第一次全国经济普查相比，减少 1.72 万人，降低 0.38%。其中，第二产业的从业人员为 168.60 万人，减少了 12.52 万人，降低 6.91%；第三产业的从业人员为 279.26 万人，增加 10.81 万人，增长 4.03%。在从业人员中，单位从业人员 327.22 万人，占 73.06%；个体经营人员 120.63 万人，占 26.94%。

在单位从业人员中，制造业 72.79 万人，占 22.24%；公共管理和社会组织 57.50 万人，占 17.57%；建筑业 49.44 万人，占 15.11%；教育 33.89 万人，占 10.36%；批发和零售业 18.33 万人，占 5.6%（详见表 6）。

表 6　单位从业人员的行业分布

	从业人员(万人)	比　重(%)
合　计	327.22	100
农、林、牧、渔业	1.57	0.48
采矿业	14.58	4.45
制造业	72.79	22.24
电力、燃气及水的生产和供应业	7.97	2.44
建筑业	49.44	15.11
交通运输、仓储和邮政业	15.65	4.78
信息传输、计算机服务和软件业	2.29	0.7
批发和零售业	18.33	5.6
住宿和餐饮业	6.66	2.03
金融业	8.5	2.6
房地产业	5.41	1.65
租赁和商务服务业	7.94	2.43
科学研究、技术服务和地质勘查业	6.53	2
水利、环境和公共设施管理业	3.62	1.11
居民服务和其他服务业	1.76	0.54
教育	33.89	10.36
卫生、社会保障和社会福利业	10	3.06
文化、体育和娱乐业	2.79	0.85
公共管理和社会组织	57.5	17.57

在单位从业人员中，具有研究生及以上、大学本科、专科、高中、初中及以下学历的人员分别占 1.34%、13.36%、22.21%、32.99%和 30.1%。具有技术职称的人员共 71.7 万人，占单位从业人员的 21.91%；具有技术等级资格证书的人员共 41.91 万人，占单位从业人员的 12.81%（详见表 7）。

表 7　单位从业人员学历、职称、技术等级情况

	从业人员(万人)	比重(%)
一、从业人员合计	327.22	100
具有研究生及以上学历者	4.4	1.34
具有大学本科学历者	43.72	13.36
具有大专学历者	72.68	22.21
具有高中学历者	107.94	32.99
具有初中及以下学历者	98.48	30.1
二、具有技术职称的人员合计	71.7	100
具有高级技术职称者	7.3	10.18
具有中级技术职称者	26.32	36.71
具有初级技术职称者	38.08	53.11
三、具有技术等级证书人员合计	41.91	100
高级技师	1.34	3.2
技师	3.26	7.78
高级工	16.88	40.27
中级工	20.43	48.75

三、企业资产总额

2008年末，全省第二、三产业企业法人单位资产总额[3]为13527.05亿元，比2004年末增加5073.89亿元，增长60.02%。其中，国有企业资产总额3402.55亿元，比2004年末增加192.13亿元，增长5.98%；集体企业资产总额679.19亿元，减少8.23亿元，下降1.2%；股份合作企业资产总额882.31亿元，增加769.91亿元，增长684.97%；私营企业资产总额1483.58亿元，增加1013.28亿元，增长215.45%；港、澳、台商投资企业资产总额109.77亿元，增加8.54亿元，增长8.44%；外商投资企业资产总额212.96亿元，增加141.46亿元，增长197.85%（详见表8）。

表8 按登记注册类型分组的企业资产总额

	资产总额（亿元）	比重(%)
合　计	13527.05	100
内资企业	13204.32	97.61
国有企业	3402.55	25.15
集体企业	679.19	5.02
股份合作企业	882.31	6.52
联营企业	19.25	0.14
国有联营企业	5.4	0.04
集体联营企业	3.39	0.03
国有与集体联营企业	7.02	0.05
其他联营企业	3.44	0.02
有限责任公司	3413.47	25.24
国有独资公司	1390.02	10.28
其他有限责任公司	2023.45	14.96
股份有限公司	3280.85	24.25
私营企业	1483.58	10.97
其他企业	43.12	0.32
港、澳、台商投资企业	109.77	0.82
外商投资企业	212.96	1.57

四、企业实收资本

2008年末，我省第二、三产业企业法人单位（不含行政事业单位和个体经营户）的实收资本[4]总额为2839.53亿元，比2004年末增加956.56亿元，增长50.8%。在全部企业法人单位的实收资本总额中，国家资本1425.32亿元，增加184.68亿元，增长14.89%；集体资本132.90亿元，减少80.64亿元，降低37.76%；个人资本502.16亿元，增加114.27亿元，增长29.46%；港澳台资本16.12亿元，减少12.07亿元，降低42.83%；外商资本42.60亿元，增加29.89亿元，增长235.16%。

注释：

[1]三次产业的划分：

第一产业是指农、林、牧、渔业。

第二产业是指采矿业，制造业，电力、燃气及水的生产和供应业，建筑业。

第三产业是指除第一、二产业以外的其他行业，具体包括：交通运输、仓储和邮政业，信息传输、计算机服务和软件业，批发和零售业，住宿和餐饮业，金融业，房地产业，租赁和商务服务业，科学研究、技术服务和地质勘查业，水利、环境和公共设施管理业，居民服务和其他服务业，教育，卫生、社会保障和社会福利业，文化、体育和娱乐业，公共管理和社会组织，国际组织。本次普查未包括国际组织。

[2]单位的划分：

法人单位是指具备以下条件的单位：

（1）依法成立，有自己的名称、组织机构和场所，能够独立承担民事责任；

（2）独立拥有和使用（或授权使用）资产，承担负债，有权与其他单位签订合同；

（3）会计上独立核算，能够编制资产负债表。

法人单位包括企业法人、事业单位法人、机关法人、社会团体法人和其他法人。

产业活动单位是指具备以下条件的单位：

（1）在一个场所从事一种或主要从事一种社会经济活动；

（2）相对独立组织生产经营或业务活动；

（3）掌握收入和支出等业务核算资料。

有证照的个体经营户是指除农户外，生产资料归劳动者个人所有，以个体劳动为基础，劳动成果归劳动者个人占有和支配的一种经营单位。即按照《民法通则》和《城乡个体工商户管理暂行条例》规定经各级工商行政管理机关登记注册、领取《营业执照》的个体工商户。具体是指公民在法律允许范围内，依法经核准登记，从事工业、商业、建筑业、运输业、餐饮业、服务业等活动的个体劳动者。

[3]从业人员：是指 2008 年 12 月 31 日在第二、三产业单位和有证照的个体经营户在岗的从业人员。未包括上述范围之外的从业人员。

单位从业人员是指在本单位工作并取得劳动报酬或收入的年末实有人员数。包括：在各单位工作的外方人员、港澳台方工作人员、兼职人员、再就业的离退休人员、借用的外单位人员和第二职业者。但不包括离开本单位仍保留劳动关系的职工。

[4]实收资本：是指投资者按照企业章程，或合同、协议的约定，实际投入企业的资本。企业实收资本按照投资主体划分为国家资本、集体资本、法人资本、个人资本、港澳台资本和外商资本六种。

[5]表中的合计数和部分计算数据因小数取舍而产生的误差，均未作机械调整。

甘肃省第二次全国经济普查主要数据公报

（第二号）

甘肃省第二次全国经济普查领导小组办公室

一、工业

（一）企业单位数和从业人员

2008 年末，全省共有工业企业法人单位 1.27 万个，比 2004 年末增长 4.96%。从业人员 94.90 万人，比 2004 年末下降 6.0%。工业有证照的个体经营户 5.88 万户，从业人员 11.73 万人，分别比 2004 年末下降 23.93 %和 42.89%。

在工业企业法人单位中，国有企业及国有独资公司 0.06 万个，占 4.36%；集体企业 0.09 万个，占 7.41%；私营企业 0.89 万个，占 69.92%；港、澳、台商投资企业 360 个，占 0.28%；外商投资企业 560 个，占 0.44%；其余类型企业 0.03 万个，占 2.04%。

在工业企业法人单位从业人员中，国有企业及国有独资公司占 9.2%，集体企业占 2.9%，私营企业占 44.4%，港、澳、台商投资企业占 10.7%，外商投资企业占 11.7%，其余类型企业占 21.1%（详见表 1）。

表 1　按登记注册类型分组的工业企业法人单位和从业人员

	企业法人（万个）	从业人员（万人）
合　计	1.2708	94.8958
内资企业	1.2616	93.4892
国有企业	0.053	15.2455
集体企业	0.0942	5.4024
股份合作企业	0.0248	1.5843
联营企业	0.006	0.47
国有联营企业	0.001	0.17
集体联营企业	0.0031	0.0953
国有与集体联营企业	0.0009	0.1775
其他联营企业	0.001	0.0272
有限责任公司	0.1377	31.2808
国有独资公司	0.0024	13.4649
其他有限责任公司	0.1353	17.8159
股份有限公司	0.0315	9.1527
私营企业	0.8885	29.546
其他企业	0.0259	0.8075
港、澳、台商投资企业	0.0036	0.6552
外商投资企业	0.0056	0.7514

在工业企业法人单位中，采矿业 0.15 万个，制造业 1.04 万个，电力、燃气及水的生产和供应业 0.08

万个，分别占 12.05%、81.89%和 6.06%。

在工业企业法人单位的从业人员中，采矿业占 15.32%，制造业占 76.33%，电力、燃气及水的生产和供应业占 8.35%。在工业行业大类中，非金属矿物制品业、煤炭开采和洗选业、有色金属冶炼及压延加工业从业人员数位居前三位，分别占 14.81%、8.83%和 8.58%（详见表 2）。

表 2　工业企业法人单位和从业人员的行业分布

	企业法人（万个）	从业人员（万人）		企业法人（万个）	从业人员（万人）
合计	1.2708	94.8958	石油加工、炼焦及核燃料加工业	0.0059	3.3226
采矿业	0.1531	14.5414	化学原料及化学制品制造业	0.0616	6.6151
煤炭开采和洗选业	0.0311	8.3783	医药制造业	0.0203	1.5451
石油和天然气开采业	0.0009	0.9802	化学纤维制造业	0.0009	0.2746
黑色金属矿采选业	0.0228	1.3213	橡胶制品业	0.0053	0.1971
有色金属矿采选业	0.0259	2.1016	塑料制品业	0.0349	1.6341
非金属矿采选业	0.0693	1.6885	非金属矿物制品业	0.3051	14.054
其他采矿业	0.0031	0.0715	黑色金属冶炼及压延加工业	0.0228	6.4498
制造业	1.0354	72.4334	有色金属冶炼及压延加工业	0.0135	8.1454
农副食品加工业	0.1345	5.6538	金属制品业	0.0532	1.6204
食品制造业	0.0478	2.0119	通用设备制造业	0.0461	2.9654
饮料制造业	0.0341	2.4295	专用设备制造业	0.0309	3.0234
烟草制品业	0.001	0.2532	交通运输设备制造业	0.0323	1.5466
纺织业	0.0161	1.592	电气机械及器材制造业	0.0252	2.6101
纺织服装、鞋、帽制造业	0.0083	0.4338	通信设备、计算机及其他电子设备制造业	0.0042	1.0472
皮革、毛皮、羽毛(绒)及其制品业	0.0092	0.4124	仪器仪表及文化、办公用机械制造业	0.0048	0.3915
木材加工及木、竹、藤、棕、草制品业	0.0129	0.3459	工艺品及其他制造业	0.0241	1.0921
家具制造业	0.0161	0.4235	废弃资源和废旧材料回收加工业	0.0035	0.1494
造纸及纸制品业	0.0162	1.0704	电力、燃气及水的生产和供应业	0.0811	7.8932
印刷业和记录媒介的复制	0.0428	1.0852	电力、热力的生产和供应业	0.0642	6.7231
文教体育用品制造业	0.0018	0.0379	燃气生产和供应业	0.0027	0.178
			水的生产和供应业	0.0142	0.9921

（二）主要工业产品产量

2008 年主要工业产品产量见表 3。

表 3 主要工业产品产量

产品名称	计量单位	产 量
原煤	万吨	3952.37
天然原油	万吨	365.39
天然气	万立方米	14773
汽油	万吨	288.07
柴油	万吨	591.89
硫酸（折 100%）	万吨	203.16
乙烯	万吨	70.15
合成氨（无水氨）	万吨	4887.2
水泥	万吨	1572.09
焦炭	万吨	241.47
生铁	万吨	556.35
粗钢	万吨	515.78
钢材	万吨	583.63
原铝（电解铝)	万吨	92.3
氧化铝	万吨	
金属切削机床	万台	0.42
大中型拖拉机	台	
汽车	万辆	0.93
其中:轿车	万辆	0.93
发电量	亿千瓦小时	686.27
其中:火电	亿千瓦小时	456.36

（三）资产负债和所有者权益

2008 年末，工业企业法人单位资产合计 4942.13 亿元，比 2004 年末增长 84.83%；负债合计 2698.60 亿元，比 2004 年末增长 60.56%；所有者权益合计[1] 2243.53 亿元，比 2004 年末增长 125.89%（详见表 4）。

工业企业法人单位资产负债率，采矿业为 42.64%；制造业为 52.44%；电力、燃气及水的生产和供应业为 69.38%。

（四）主营业务收入和利润总额

2008 年，工业企业法人单位主营业务收入 3975.86 亿元，比 2004 年增长 134.22%。其中，采矿业占 9.50%，制造业占 80.57%，电力、燃气及水的生产和供应业占 9.93%。主营业务收入超过 50 亿元的行业有 14 个，比 2004 年增加 6 个。

工业企业法人单位利润总额 192.05 亿元，比 2004 年增长 200.22%。其中，采矿业占 64.63%，制造业占 28.65%，电力、燃气及水的生产和供应业占 6.72%。利润总额超过亿元的行业有 25 个，比 2004 年增加 14 个（详见表 5）。

表4 工业企业法人单位资产负债和所有者权益的行业分布

单位：亿元

	资产合计	负债合计	所有者权益合计
合 计	4942.13	2698.6	2243.53
采矿业	562.05	239.69	322.37
煤炭开采和洗选业	232.26	133.42	98.84
石油和天然气开采业	147.37	21.25	126.12
黑色金属矿采选业	60.67	28.45	32.22
有色金属矿采选业	102.56	49.35	53.22
非金属矿采选业	17.93	6.8	11.13
其他采矿业	1.26	0.42	0.84
制造业	3423.25	1795.17	1628.08
农副食品加工业	186.31	93.04	93.27
食品制造业	38.6	19.7	18.9
饮料制造业	101.03	55.67	45.36
烟草制品业	79.75	25.58	54.17
纺织业	22.64	11.5	11.14
纺织服装、鞋、帽制造业	4.17	2.07	2.1
皮革、毛皮、羽毛(绒)及其制品业	12.22	5.96	6.27
木材加工及木、竹、藤、棕、草制品业	4.2	2.43	1.77
家具制造业	3.04	1.25	1.78
造纸及纸制品业	14.74	8.61	6.13
印刷业和记录媒介的复制	15.47	5.88	9.59
文教体育用品制造业	0.38	0.15	0.22
石油加工、炼焦及核燃料加工业	477.3	171.09	306.22
化学原料及化学制品制造业	265.57	130.74	134.83
医药制造业	72.4	27.63	44.78
化学纤维制造业	50.64	25.72	24.93
橡胶制品业	7.92	5.08	2.84
塑料制品业	27.65	14.82	12.83
非金属矿物制品业	239.65	140.19	99.46
黑色金属冶炼及压延加工业	583.02	399.55	183.47
有色金属冶炼及压延加工业	821.83	399.64	422.19
金属制品业	38.23	21.3	16.93
通用设备制造业	65.94	40.1	25.85
专用设备制造业	85.79	47.46	38.33
交通运输设备制造业	38.97	22.76	16.21
电气机械及器材制造业	56.12	35.15	20.97
通信设备、计算机及其他电子设备制造业	43.85	24.92	18.92
仪器仪表及文化、办公用机械制造业	3.46	1.54	1.93
工艺品及其他制造业	59.61	53.89	5.72
废弃资源和废旧材料回收加工业	2.76	1.77	0.99
电力、燃气及水的生产和供应业	956.64	663.72	292.92
电力、热力的生产和供应业	885.44	640.2	245.24
燃气生产和供应业	14.79	5.73	9.05
水的生产和供应业	56.42	17.79	38.63

表 5 工业企业法人单位主营业务收入和利润总额的行业分布

单位：亿元

	主营业务收入	利润总额
合　　计	3975.86	192.05
采矿业	377.91	124.13
煤炭开采和洗选业	124.8	14.12
石油和天然气开采业	150.47	86.72
黑色金属矿采选业	37.68	8.53
有色金属矿采选业	45.34	8.35
非金属矿采选业	19.15	6.24
其他采矿业	0.47	0.17
制造业	3203.24	55.01
农副食品加工业	124.31	18.95
食品制造业	31.42	4.97
饮料制造业	60.86	5.68
烟草制品业	69.82	8.1
纺织业	14.39	1.61
纺织服装、鞋、帽制造业	3.34	0.68
皮革毛皮羽毛(绒)及制品业	9.79	0.88
木材加工及木竹藤棕草制品业	2.87	0.77
家具制造业	2.97	0.88
造纸及纸制品业	10	1.2
印刷业和记录媒介的复制	10.65	1.91
文教体育用品制造业	0.59	0.13
石油加工、炼焦及核燃料加工业	801.75	-116.54
化学原料及化学制品制造业	214.94	-6.71
医药制造业	37.8	9.25
化学纤维制造业	17.27	0.09
橡胶制品业	2.25	0.13
塑料制品业	24.35	2.26
非金属矿物制品业	145.89	31.98
黑色金属冶炼及压延加工业	510.61	11.52
有色金属冶炼及压延加工业	836.4	54.09
金属制品业	28.94	4.72
通用设备制造业	54.67	5.72
专用设备制造业	66.43	3.49
交通运输设备制造业	28.26	2.34
电气机械及器材制造业	50.64	2.71
通信设备、计算机及其他电子设备制造业	14.31	1.5
仪器仪表及文化、办公用机械制造业	2.51	0.27
工艺品及其他制造业	23.08	1.99
废弃资源和废旧材料回收加工业	2.14	0.43
电力、燃气及水的生产和供应业	394.7	12.91
电力、热力的生产和供应业	376.06	11.92
燃气生产和供应业	8.75	0.73
水的生产和供应业	9.9	0.25

2008年，工业企业法人单位主营业务收入占全省比重前五位的市州是：兰州、金昌、嘉峪关、白银、酒泉。工业企业利润总额超过10亿元的市州是：庆阳、金昌、白银、天水、武威、嘉峪关、张掖。

二、建筑业

（一）企业单位数和从业人员

2008年末，我省共有建筑业法人企业单位2058个，从业人员49.44万人；建筑业有证照的个体经营户2345户，从业人员11.63万人。

建筑业企业法人单位中，国有企业及国有独资公司0.02万个，占7.3%；集体企业0.02万个，占7.6%；私营企业0.10万个，占49.9%；其余类型企业0.07万个，占35.2%。

建筑业企业法人单位从业人员中，国有企业及国有独资公司占13.4%，集体企业占11.5%，私营企业占30.4%，其他有限责任公司占32.5%，其余类型企业占12.2%（详见表6）。

表6　按登记注册类型分组的建筑业企业法人单位和从业人员

	企业法人（个）	从业人员（万人）
合　　计	2058	49.44
内资企业	2049	49.37
国有企业	145	6.10
集体企业	156	5.66
股份合作企业	25	1.39
联营企业	8	0.16
国有联营企业	0	0
集体联营企业	2	0.05
国有与集体联营企业	3	0.05
其他联营企业	3	0.06
有限责任公司	504	16.58
国有独资公司	6	0.51
其他有限责任公司	498	16.06
股份有限公司	73	3.25
私营企业	1026	15.04
其他内资企业	112	1.20
港、澳、台商投资企业	3	0.06
外商投资企业	6	0.01

建筑业企业法人单位中，房屋和土木工程建筑业占62.1%；建筑安装业占16.0%；建筑装饰业占16.9%；其他建筑业占5.0%。

建筑业企业法人单位从业人员中，房屋和土木工程建筑业占86.4%；建筑安装业占10.2%；建筑装饰业占2.3%；其他建筑业占1.1%（详见表7）。

表 7　建筑业企业法人单位和从业人员的行业分布

	合计		资质内企业		资质外企业	
	企业法人(个)	从业人员(人)	企业法人(个)	从业人员(人)	企业法人(个)	从业人员(人)
合　　计	2058	494422	965	424697	1092	69717
房屋和土木工程建筑业	1279	427001	638	373938	640	53055
建筑安装业	330	50252	164	41436	166	8816
建筑装饰业	348	11299	134	5745	214	5554
其他建筑业	101	5870	29	3578	72	2292

（二）建筑业总产值

2008 年，我省建筑业企业法人单位的建筑业总产值 555.44 亿元。其中，资质内企业完成[2]482.89 亿元，资质外企业完成 72.55 亿元。

在建筑业企业法人单位的建筑业总产值中，房屋和土木工程建筑业占 84.0%；建筑安装业占 11.6%；建筑装饰业占 2.6%；其他建筑业占 1.8%（详见表 8）。

表 8　建筑业企业法人单位建筑业总产值的行业分布

单位：亿元

	合　计	资质内企业	资质外企业
合　　计	555.44	482.89	72.55
房屋和土木工程建筑业	466.79	413.28	53.51
建筑安装业	64.59	56.98	7.61
建筑装饰业	14.34	5.57	8.77
其他建筑业	9.72	7.06	2.66

（三）房屋建筑面积及竣工价值

2008 年，全省总承包和专业承包建筑业企业[3]房屋建筑施工面积 3792.46 万平方米，房屋建筑竣工面积 1843.08 万平方米，竣工价值 182.64 亿元，其中住宅建筑竣工面积 1158.79 万平方米，竣工价值 105.19 亿元（详见表 9）。

表9 总承包和专业承包建筑业企业房屋建筑完成情况

	房屋建筑竣工面积（万平方米）	房屋建筑竣工价值（亿元）
合　计	1843.08	182.64
厂房、仓库	185.19	28.18
住宅	1158.79	105.19
办公用房	151.99	18.09
批发和零售用房	29.40	2.95
住宿和餐饮用房	36.26	4.52
居民服务业用房	16.67	1.99
教育用房	97.18	9.14
文化、体育用房	17.70	1.99
卫生医疗用房	22.78	1.95
科研用房	1.08	0.13
其他用房	126.04	8.51

（四）资产负债和所有者权益

2008年末，我省总承包和专业承包建筑业企业的资产合计为438.73亿元，负债合计为275.33亿元，企业所有者权益合计为163.40亿元，资产负债率为62.8%（详见表10）。

表10 总承包和专业承包建筑业企业法人单位资产负债和所有者权益行业分布

单位：亿元

	资产合计	负债合计	所有者权益合计
合　计	438.73	275.33	163.40
房屋和土木工程建筑业	374.13	236.78	137.35
建筑安装业	43.74	27.45	16.29
建筑装饰业	8.69	2.95	5.74
其他建筑业	12.17	8.14	4.02

（五）工程结算收入和利润总额

2008年，我省总承包和专业承包建筑业企业法人单位工程结算收入464.23亿元，其中，房屋和土木工程建筑业占86.0%，建筑安装业占11.4%，建筑装饰业占1.1%，其他建筑业占1.5%；利润总额15.73亿元，其中，房屋和土木工程建筑业占84.7%，建筑安装业占12.3%，建筑装饰业占0.6%，其他建筑业占2.4%（详见表11）。

表 11　总承包和专业承包建筑业企业法人单位工程结算收入和利润总额

单位：亿元

	工程结算收入	利润总额
合　　计	464.23	15.73
房屋和土木工程建筑业	399.18	13.33
建筑安装业	52.81	1.93
建筑装饰业	5.12	0.09
其他建筑业	7.13	0.38

注释：

[1]所有者权益合计：是指所有者在企业资产中享有的经济利益，即企业资产减去负债后的余额。所有者权益包括实收资本（或股本）、资本公积、盈余公积和未分配利润等。

[2]资质内建筑业企业：是指依据建设部《建筑业企业资质管理规定》（中华人民共和国建设部令 2001 年第 87 号）及《建筑业企业资质等级标准》（建[2001]82 号），已经领取《建筑业企业资质证书》的企业。资质外建筑业企业指虽然没有领取《建筑业企业资质证书》，但实际从事建筑生产经营活动的建筑业企业。

[3]总承包和专业承包企业：总承包企业是指具有施工总承包资质，可以对工程实行施工总承包或者对主体工程实行施工承包的建筑业企业。专业承包企业是指具有专业承包资质，可以承接总承包企业分包的专业工程或者建设单位按照规定发包的专业工程的建筑业企业。不包括资质以外的建筑业企业和个体经营户。

[4]表中的合计数和部分计算数据因小数取舍而产生的误差，均未作机械调整。

甘肃省第二次全国经济普查主要数据公报

（第三号）

甘肃省第二次全国经济普查领导小组办公室

一、交通运输、仓储和邮政业

（一）单位数和从业人员

2008年末，全省共有交通运输、仓储和邮政业企业法人单位0.13万个，比2004年末增加0.05万个；从业人员15.65万人，比2004年末增加0.95万人（详见表1）。

在交通运输、仓储和邮政业企业法人单位中，交通运输业[1]占 81.49%，仓储业占 16.10%，邮政业占 2.41%；在企业法人单位从业人员中，交通运输业占89.01%，仓储业占4.72%，邮政业占6.27%。

表1　交通运输、仓储和邮政业企业法人单位和从业人员

	企业法人单位（个）	从业人员（万人）
合　计	1329	15.65
铁路运输业	7	5.05
道路运输业	669	4.92
城市公共交通业	145	2.59
水上运输业	6	0.01
航空运输业	25	0.30
管道运输业	1	0.00
装卸搬运和其他运输服务业	230	1.06
仓储业	214	0.74
邮政业	32	0.98

（二）资产总计、营业收入和营业利润

2008年末，交通运输、仓储和邮政业企业法人单位资产总计580.95亿元，比2004年末增长28.81%。在资产总计中，交通运输业、仓储业和邮政业分别占89.94%、8.18%和1.88%。

2008年，交通运输、仓储和邮政业企业法人单位营业收入212.38亿元，比2004年增长60.43%。在营业收入中，交通运输业、仓储业和邮政业分别占85.27%、11.47%和3.26%。

2008年，交通运输、仓储和邮政业企业法人单位营业利润11.55亿元，比2004年增长373.36%。在营业利润中，交通运输业、仓储业和邮政业分别占98.17%、6.24%和-4.41%（详见表2）。

表 2　交通运输、仓储和邮政业企业法人单位资产总计、营业收入和营业利润

单位：亿元

	资产总计	营业收入	营业利润
合　　计	580.95	212.38	11.55
铁路运输业	424.67	108.45	8.74
道路运输业	45.40	28.13	3.64
城市公共交通业	18.21	11.14	1.04
水上运输业	0.26	0.04	0.01
航空运输业	18.47	8.16	-5.38
管道运输业	0.02	0.01	0.00
装卸搬运和其他运输服务业	15.50	25.16	3.28
仓储业	47.52	24.36	0.72
邮政业	10.91	6.93	-0.51

二、批发和零售业

（一）企业法人单位数和从业人员

表 3　批发和零售业企业法人单位数和就业人员

	企业法人（个）	就业人员(万人)
合计	14040	18.33
批发业	7745	9.89
农畜产品批发	641	0.81
食品、饮料及烟草制品批发	713	1.69
纺织、服装及日用品批发	298	0.40
文化、体育用品及器材批发	201	0.18
医药及医疗器材批发	372	0.77
矿产品、建材及化工产品批发	2911	3.31
机械设备、五金交电及电子产品批发	2161	2.16
贸易经纪与代理	57	0.07
其他批发	391	0.50
零售业	6295	8.44
综合零售	1009	2.81
食品、饮料及烟草制品专门零售	557	0.59
纺织、服装及日用品专门零售	574	0.73
文化、体育用品及器材专门零售	447	0.48
医药及医疗器材专门零售	428	0.67
汽车、摩托车、燃料及零配件专门零售	701	0.92
家用电器及电子产品专门零售	1199	0.96
五金、家具及室内装修材料专门零售	729	0.54
无店铺及其他零售	651	0.74

2008年末，全省共有批发和零售业企业法人单位14040个，从业人员18.33万人，分别比2004年末增长25.58%和-12.26%。

在批发和零售业企业法人单位中，批发业7745个，零售业6295个，分别占55.16%和44.84%。

在批发和零售业企业法人单位从业人员中，批发业占53.95%，零售业占46.05%（详见表3）。

在批发和零售业企业法人单位中，国有企业575个，占4.10%，集体企业830个，占5.91%，私营企业9527个，占67.86%，港、澳、台商投资企业21个，占0.15%，外商投资企业27个，占0.19%（详见表4）。

在批发和零售业企业法人单位从业人员中，国有企业占 11.39%，集体企业占 6.81%，私营企业占50.26%，港、澳、台商投资企业占0.24%，外商投资企业占0.65%。

表4　按登记注册类型分组的批发和零售业企业法人单位和就业人员

	企业法人（个）	就业人员（万人）
合计	14040	18.33
1.内资企业	13992	18.17
#国有企业	575	2.09
集体企业	830	1.25
股份合作企业	228	0.36
国有联营企业	9	0.01
集体联营企业	24	0.01
国有独资公司	26	0.08
其他有限责任公司	1992	3.48
股份有限公司	432	1.27
私营企业	9527	9.21
2.港、澳、台商投资企业	21	0.04
3.外商投资企业	27	0.12

（二）资产总计

2008年末，批发和零售业企业法人单位资产总计858.84亿元，比2004年末增长51.98%。其中，批发业法人单位资产665.47亿元，零售业法人单位资产193.37亿元，分别比2004年增长58.53%和33.05%（详见表5）。

表 5　批发和零售业企业法人单位资产总计

单位：亿元

合计	858.84
批发业	665.47
农畜产品批发	43.26
食品、饮料及烟草制品批发	76.95
纺织、服装及日用品批发	8.42
文化、体育用品及器材批发	8.09
医药及医疗器材批发	28.62
矿产品、建材及化工产品批发	373.43
机械设备、五金交电及电子产品批发	106.17
贸易经纪与代理	9.64
其他批发	10.90
零售业	193.37
综合零售	55.76
食品、饮料及烟草制品专门零售	11.06
纺织、服装及日用品专门零售	9.37
文化、体育用品及器材专门零售	12.22
医药及医疗器材专门零售	7.39
汽车、摩托车、燃料及零配件专门零售	37.23
家用电器及电子产品专门零售	21.83
五金、家具及室内装修材料专门零售	8.79
无店铺及其他零售	29.74

（三）主营业务收入

2008 年，批发和零售业企业法人单位主营业务收入 1867.69 亿元，比 2004 年增长 78.99%。其中，批发业 1620.29 亿元，零售业 247.40 亿元，分别比 2004 年增长 84.83%和 48.27%（详见表 6）。

表 6　批发和零售业企业法人单位主营业务收入

	主营业务收入（亿元）		主营业务收入（亿元）
合计	1867.69	零售业	247.40
批发业	1620.29	综合零售	57.58
农畜产品批发	29.41	食品、饮料及烟草制品专门零售	10.90
食品、饮料及烟草制品批发	106.23	纺织、服装及日用品专门零售	5.36
纺织、服装及日用品批发	12.18	文化、体育用品及器材专门零售	9.90
文化、体育用品及器材批发	8.28	医药及医疗器材专门零售	8.44
医药及医疗器材批发	39.18	汽车、摩托车、燃料及零配件专门零售	106.34
矿产品、建材及化工产品批发	1249.49	家用电器及电子产品专门零售	24.29
机械设备、五金交电及电子产品批发	162.49	五金、家具及室内装修材料专门零售	7.73
贸易经纪与代理	1.47	无店铺及其他零售	16.86
其他批发	11.57		

三、住宿和餐饮业

（一）企业法人单位数和从业人员

2008 年末，全省共有住宿和餐饮业企业法人单位 1884 个，从业人员 6.66 万人，分别比 2004 年末增长 12.54%和 5.75%。

在住宿和餐饮业企业法人单位中，住宿业 992 个，餐饮业 892 个，分别占 52.65%和 47.35%。在住宿和餐饮业企业法人单位从业人员中，住宿业占 52.71%，餐饮业占 47.29%（详见表 7）。

表 7　住宿和餐饮业企业法人单位和就业人员

	企业法人（个）	就业人员（万人）
合计	1884	6.66
住宿业	992	3.51
旅游饭店	244	2.08
一般旅馆	671	1.26
其他住宿服务	77	0.18
餐饮业	892	3.15
正餐服务	757	2.82
快餐服务	43	0.15
饮料及冷饮服务	21	0.03
其他餐饮服务	71	0.15

在住宿和餐饮业企业法人单位中，国有企业 1884 个，占 9.50%，集体企业 168 个，占 8.92%，私营企业 1167 个，占 61.94%，港、澳、台商投资企业 4 个，占 0.21%，外商投资企业 4 个，占 0.21%。

在住宿和餐饮业企业法人单位从业人员中，国有企业占 17.68%，集体企业占 5.18%，私营企业占 48.71%，港、澳、台商投资企业占 0.61%，外商投资企业占 1.62%（详见表 8）。

表 8　按登记注册类型分组的住宿和餐饮业企业法人单位、就业人员

	企业法人（个）	就业人员（万人）
合计	1884	6.66
1.内资企业	1876	6.51
#国有企业	179	1.18
集体企业	168	0.35
股份合作企业	21	0.03
国有联营企业	1	0.01
集体联营企业	6	0.01
国有独资公司	4	0.01
其他有限责任公司	210	1.36
股份有限公司	5	0.16
私营企业	1167	3.24
2.港、澳、台商投资企业	4	0.04
3.外商投资企业	4	0.11

（二）资产总计

2008 年末，住宿和餐饮业企业法人单位资产总计为 92.85 亿元，比 2004 年末增长 30.16%（详见表 9）。

表 9 住宿和餐饮业企业法人单位资产总计

	资产总计（亿元）
合计	92.85
住宿业	68.24
旅游饭店	47.81
一般旅馆	17.45
其他住宿服务	2.98
餐饮业	24.61
正餐服务	21.16
快餐服务	1.31
饮料及冷饮服务	0.16
其他餐饮服务	1.99

（三）主营业务收入

2008 年，住宿和餐饮业企业法人单位主营业务收入 37.06 亿元，比 2004 年增长 48.37%。其中，住宿业 18.25 亿元，餐饮业 18.81 亿元，分别比 2004 年增长 33.23%和 66.75%（详见表 10）。

表 10 住宿和餐饮业企业法人单位主营业务收入

	主营业务收入（亿元）
合计	37.06
住宿业	18.25
旅游饭店	12.34
一般旅馆	5.25
其他住宿服务	0.66
餐饮业	18.81
正餐服务	16.12
快餐服务	1.85
饮料及冷饮服务	0.14
其他餐饮服务	0.71

四、房地产业

（一）企业单位数

2008 年末，全省共有房地产业企业 2062 个，比 2004 年末增加 703 个。其中，房地产开发业 1079 个，物业管理企业 684 个，中介服务业 253 个，分别比 2004 年末增加 278 个、301 个和 147 个；其他房地产 46 个，比 2004 年末减少了 24 个（详见表 11）。

表 11　房地产业企业单位地区分布

地　区	房地产企业（个）	房地产开　发	物业管理	中介服务	其他房地产
合　计	2062	1079	684	253	46
兰　州	1020	463	352	193	12
嘉峪关	52	18	26	6	2
金　昌	52	26	16	3	7
白　银	141	71	52	14	4
天　水	173	106	46	11	10
武　威	89	62	21	6	0
张　掖	95	58	34	2	1
平　凉	86	66	20	0	0
酒　泉	96	50	34	10	2
庆　阳	68	44	23	1	0
定　西	79	37	34	5	3
陇　南	55	43	8	0	4
临　夏	49	29	17	2	1
甘　南	7	6	1	0	0

（二）从业人员

2008 年末，我省房地产业企业的从业人员合计 5.41 万人，比 2004 年末增加 1.41 万人。其中，房地产开发业 2.79 万人，物业管理企业 2.31 万人，中介服务业 0.21 万人，分别比 2004 年末增加 0.64 万人、0.69 万人、0.1 万人；其他房地产 0.10 万人，比 2004 年末减少 0.02 万人（详见表 12）。

表 12　房地产业企业单位从业人员地区分布

地　区	房地产从业人员（人）	房地产开发	物　业管　理	中　介服　务	其他房地产
合　计	54075	27958	23096	2051	970
兰　州	26959	10827	14509	1378	245
嘉峪关	964	437	441	73	13
金　昌	1197	532	457	90	118
白　银	2830	1352	1282	139	57
天　水	4269	3120	1002	111	36
武　威	2913	1151	1708	54	0
张　掖	1421	759	648	11	3
平　凉	2537	2264	273	0	0
酒　泉	3023	1683	1277	53	10
庆　阳	2512	1829	605	78	0
定　西	1490	836	552	53	49
陇　南	809	715	55	0	39
临　夏	3051	2364	276	11	400
甘　南	100	89	11	0	0

（三）主营业务收入、实收资本和营业利润

2008年，我省房地产企业的主营业务收入131.87亿元，比2004年增长99.3%，其中，房地产开发业121.99亿元，物业管理企业8.91亿元，中介服务业0.79亿元，其他房地产0.17亿元，分别比2004年增长99.9%、109.7%、347.1%和-76.1%。（详见表13）。房地产企业实收资本133.6亿元，营业利润15.32亿元。

表13 房地产业企业主营业务收入地区分布情况

地 区	房地产业主营业务收入（万元）				
		房地产开发	物业管理	中介服务	其他房地产
合 计	1318655.2	1219871.8	89146.7	7931.9	1704.8
兰 州	636444.3	578430.2	54297	2993.2	723.9
嘉峪关	34834.7	33179.1	1036	547.4	72.2
金 昌	35703.7	34231.4	970.4	132.4	369.5
白 银	79718.5	73580.1	4957.7	1014.5	166.2
天 水	75224.2	72212.1	2553.7	357.4	101
武 威	62018	59388.9	703.3	1925.8	0
张 掖	52724.1	47870.9	4458.7	392	2.5
平 凉	87315.5	85591.6	1723.9	0	0
酒 泉	89797.3	77328.9	12138	210.9	119.5
庆 阳	77349.5	72938	4185.2	226.3	0
定 西	33216.3	31391.9	1752.4	72	0
陇 南	20627.7	20430.9	46.8	0	150
临 夏	33677.7	33297.8	319.9	60	0
甘 南	3.7	0	3.7	0	0

2008年，主营业务收入超五亿元的地区共8个，依次为：兰州、平凉、酒泉、庆阳、白银、天水、武威、张掖。

五、其他第三产业

（一）单位数和从业人员

2008年末，全省共有从事其他第三产业[2]的法人单位数5.97万个，比2004年末增加0.34万个。从业人员134.81万人，比2004年末增加21.49万人。其中，企业法人单位0.60万个，从业人员22.42万人，行政事业及其他非企业法人单位5.38万个，从业人员112.39万人（详见表14）。

表 14 其他第三产业法人单位和从业人员

	法人单位(个)		从业人员（万人）	
	企业	行政事业及其他	企业	行政事业及其他
合　计	5959	53787	22.42	112.39
信息传输、计算机服务和软件业	716	88	2.15	0.15
金融业	465	60	7.89	0.61
租赁和商务服务业	2418	493	7.45	0.49
科学研究、技术服务和地质勘查业	681	1282	2.14	4.38
水利、环境和公共设施管理业	119	702	0.24	3.37
居民服务和其他服务业	999	160	1.5	0.26
教育	180	8794	0.26	33.63
卫生、社会保障和社会福利业	116	3344	0.31	9.7
文化、体育和娱乐业	265	856	0.48	2.31
公共管理和社会组织	--	38008		57.5

（二）企业法人单位的资产总计、营业收入和营业利润

2008 年，其他第三产业企业法人单位资产总计 6227.55 亿元，营业收入 188.37 亿元，营业利润 11.05 亿元。在资产总计中，金融业、信息传输及计算机服务和软件业、租赁和商务服务业所占比重分别是 84.5%、3.0%和 9.9%，三个行业合计占 97.4%。在营业收入中，金融业、信息传输及计算机服务和软件业、租赁和商务服务业所占比重分别是 1.8%、47.0%和 23.5%，三个行业合计占 72.3%。（详见表 15）。

表 15 其他第三产业企业法人单位资产总计、营业收入和营业利润

单位：亿元

	资产总计	营业收入	营业利润
合　计	6227.55	188.37	11.05
信息传输、计算机服务和软件业	187.73	88.61	17.34
金融业	5259.36	3.37	0.29
信息传输、计算机服务和软件业	187.73	88.61	17.34
金融业	5259.36	3.37	0.29
租赁和商务服务业	617.9	44.27	-9.35
科学研究、技术服务和地质勘查业	77.52	27.29	0.87
水利、环境和公共设施管理业	10.97	1.24	-0.05
居民服务和其他服务业	18.45	12.02	1.42
教育	18.46	2.49	0.26
卫生、社会保障和社会福利业	17.41	3.89	-0.43
文化、体育和娱乐业	19.76	5.19	0.69

（三）行政事业和其他非企业法人单位的资产、收入和支出（或费用）。

2008 年末，其他第三产业中的行政事业单位和其他非企业法人单位固定资产原价 925.62 亿元，全年收入合计 785.06 亿元，全年支出（或费用）合计 766.94 亿元（详见表 16）。

表 16　行政事业和其他非企业法人单位固定资产、收入和支出

单位：亿元

	固定资产原价	本年收入合计	本年支出（或费用）合计
合　计	925.62	785.06	766.94
信息传输、计算机服务和软件业	1.62	0.58	0.56
金融业	3.57	1.06	2.60
租赁和商务服务业	3.10	2.54	2.14
科学研究、技术服务和地质勘查业	43.90	45.96	34.50
水利、环境和公共设施管理业	82.36	25.94	22.44
居民服务和其他服务业	2.11	1.42	1.36
教育	318.38	196.31	226.00
卫生、社会保障和社会福利业	92.42	109.04	101.28
文化、体育和娱乐业	24.29	16.52	16.12
公共管理和社会组织	353.88	385.68	359.94

注释：

[1]交通运输业：包括铁路运输业、道路运输业、城市公共交通业、水上运输业、航空运输业、管道运输业、装卸搬运和其他运输服务业。

[2]其他第三产业：包括信息传输、计算机服务和软件业；金融业；租赁和商务服务业；科学研究、技术服务和地质勘查业；水利、环境和公共设施管理业；居民服务和其他服务业；教育；卫生、社会保障和社会福利业；文化、体育和娱乐业；公共管理和社会组织。

[3]表中的合计数和部分计算数据因小数取舍而产生的误差，均未作机械调整。

（京）新登字041号

图书在版编目（CIP）数据

甘肃发展年鉴. 2010 : 汉英对照 / 《甘肃发展年鉴》编委会编. -- 北京 : 中国统计出版社，2010.9

ISBN 978-7-5037-6082-2

Ⅰ. ①甘… Ⅱ. ①甘… Ⅲ. ①地区经济－经济发展－甘肃省－2010－年鉴－汉、英②社会发展－甘肃省－2010－年鉴－汉、英 Ⅳ. ①F127.42-54

中国版本图书馆CIP数据核字(2010)第178488号

甘肃发展年鉴-2010

作　　者/ 《甘肃发展年鉴》编委会
责任编辑/ 佘竞雄　王立群
出版发行/ 中国统计出版社
通信地址/ 北京市丰台区西三环南路甲6号　中国统计出版社
邮　　编/ 100073
电　　话/ (010)63376907
E-mail / yearbook@gj.stats.cn
印　　刷/ 香港爱达彩色印刷有限公司
经　　销/ 新华书店
开　　本/ 880×1230 毫米　1/16
字　　数/ 170万字
印　　张/ 53印张
版　　别/ 2010 年 9 月第 1 版
版　　次/ 2010 年 9 月第 1 次印刷
书　　号/ ISBN 978-7-5037-6082-2/F·2943
定　　价/ 330.00 元